DICTIONNAIRE ÉTYMOLOGIQUE

DE LA

LANGUE FRANÇOISE.

—

TOME PREMIER.

A–K

Paris, Imprimerie de Decourchant,
RUE D'ERFURTH, N° 1, PRÈS DE L'ABBAYE.

DICTIONNAIRE ÉTYMOLOGIQUE

DE

LA LANGUE FRANCOISE,

OU LES MOTS SONT CLASSÉS PAR FAMILLES;

CONTENANT

LES MOTS DU DICTIONNAIRE DE L'ACADÉMIE FRANÇOISE,

AVEC LES PRINCIPAUX TERMES D'ARTS, DE SCIENCES ET DE MÉTIERS;

Par B. DE ROQUEFORT,

Des Académies royales de Goettingue, des Antiquaires de France et de Normandie; de celles de Lyon, de Grenoble, de Dijon, de Toulouse, de Vaucluse, de Caen, du Nord, etc., etc.; auteur du GLOSSAIRE DE LA LANGUE ROMANE; de l'ÉTAT DE LA POÉSIE FRANÇOISE DANS LES XIIe ET XIIIe SIÈCLES, ouvrage couronné par l'Institut en 1813.

PRÉCÉDÉ

D'une Dissertation sur l'Étymologie,

PAR J. J. CHAMPOLLION-FIGEAC,

Conservateur des Chartres et Diplômes de la Bibliothèque du Roi.

TOME PREMIER.

PARIS,

DECOURCHANT, IMPRIMEUR-ÉDITEUR,

RUE D'ERFURTH, N° 1,

Près de l'Église de l'Abbaye Saint-Germain-des-Prés.

1829

N. B. Les Exemplaires non revêtüs des signatures ci-après, seront réputés contrefaits et saisis par M. Decourchant.

Signature de l'Editeur.   Signature de l'Auteur.

A Monsieur

Champollion-Figeac,

Conservateur des Chartres et Diplômes de la Bibliothèque du Roi, Correspondant de l'Institut royal de France, Membre des Sociétés royales de Goettingue, des Antiquaires de France, etc.

Monsieur et honorable Ami,

Depuis vingt-cinq ans vous n'avez cessé de m'éclairer de vos conseils et de vos lumières.

Permettez-moi de vous en remercier et de vous offrir l'hommage de ce travail, comme un témoignage de mon estime et de ma reconnoissance. Je désire qu'il vous soit agréable et qu'il devienne auprès de vous l'interprète de mon sincère et éternel attachement.

Votre tout dévoué et affectionné,

B. de Roquefort.

Paris, 1er décembre 1828.

NOMS DES AUTEURS

ET DES OUVRAGES CONSULTÉS.

Académie des Inscriptions.
Baïf.
Barbazan.
Benneton.
Bérault (l'abbé).
Boiste.
Borel.
Bourdelot.
Bouvelles.
Brosses (le prés. de).
Budée.
Butet de la Sarthe.
Cange (du).
Capuron.
Caseneuve.
Chambray (de).
Court de Gébelin.
Covarruvias.
Crusca (Dictionnaire de la).
Estienne (les).
Fauchet.
Félibien.
Ferrari.
Festus.
Gardin-Dumesnil.
Gastelier.
Gattel (Dict. de).
Gautruche (le P.)
Guichard.
Herbelot (d').
Huet.
Isidore.
Jeannet.
Jauffret.
Jault.
Labbe (le P.)
Lancelot.
Larcher.
Lebel.

Le Duchat.
Lefèvre de Villebrune.
Martial.
Ménage.
Ménestrier (le P.)
Millin.
Monnoye (de la).
Morin.
Moysant de Brieux.
Nicot.
Nodier (Ch.)
Noël.
Olivier.
Pasquier.
Périon.
Perrault.
Pezron.
Picard.
Pithou.
Pline.
Scaliger.
Saumaise.
Sciences médicales (Dict. des).
Sylvius.
Thomassin (le P.)
Trippault (Léon).
Trévoux (Dict. de).
Tuet.
Universal Etymological.
Vaines (dom de).
Varron.
Vergy.
Vitruve.
Vocabulaire général.
Vossius.
Volney.
Wachter.
Wailly.

ABRÉVIATIONS.

Abyss.	Abyssinien.	Ind.	Indien.
Af.	Africain.	Ion.	Ionien.
All.	Allemand.	Irl.	Irlandois.
Am.	Américain.	Isl.	Islandois.
Anc. franç.	Ancien françois.	It.	Italien.
Anc. gr.	Ancien grec.	Hébr.	Hébreu.
Anc. sax.	Ancien saxon.	Holl.	Hollandois.
Anc. teut.	Ancien teuton.	Hong.	Hongrois.
Angl.	Anglois.	Lang.	Languedocien.
Angl. sax.	Anglo-saxon.	Lat.	Latin.
Ar.	Arabe.	Lat. barb.	Latin barbare.
Att.	Attique.	Lang. rom.	Langue romane.
Bas br.	Bas-Breton.	Nap.	Napolitain.
Bass. lat.	Basse latinité.	Or.	Oriental.
Bel.	Belge.	Os.	Osque.
Brés.	Brésilien.	Pers.	Persan.
Celt.	Celtique.	Per.	Péruvien.
Chald.	Chaldéen.	Phén.	Phénicien.
Chin.	Chinois.	Pol.	Polonois.
Cop.	Copte.	Port.	Portugais.
Dan.	Danois.	Pun.	Punique.
Dor.	Dorien.	Run.	Runique.
Écoss.	Écossois.	Russ.	Russe.
Égypt.	Égyptien.	Sab.	Sabin.
Éol.	Éolien.	Sam.	Samnite.
Esp.	Espagnol.	Sans.	Sanskrit.
Éth.	Éthiopien.	Sav.	Savoyard.
Étr.	Étrusque.	Sax.	Saxon.
Fl.	Flamand.	Scand.	Scandinave.
Fr.	Franc.	Siam.	Siamois.
Gall.	Gallois.	Slav.	Slavon.
Gaul.	Gaulois.	Suéd.	Suédois.
Germ.	Germain.	Tart.	Tartare.
Got.	Gothique.	Teut.	Teuton.
Gr.	Grec.	T.	Turk.
Gr. anc.	Grec ancien.	Zél.	Zélandois.
Gr. mod.	Grec moderne.		

DISCOURS PRÉLIMINAIRE.

Je venois de terminer le *Glossaire de la langue romane*, lorsque je conçus l'idée du *Dictionnaire étymologique de la langue françoise*. Dès ma première jeunesse, l'histoire littéraire, civile et militaire de la France, la connoissance des monuments de la littérature et des arts, furent l'objet de mes occupations et de mes travaux.

L'Italie possédoit le dictionnaire de la Crusca, les origines de sa langue par Ferrari et par notre savant Ménage ; l'Espagne, le dictionnaire de Covarruvias ; l'Allemagne, celui de Wachter ; l'Angleterre, l'*Etymologicon universale* (1).

Et pourquoi la France, si célèbre dans tous les genres de supériorités, n'auroit-elle pas son Dictionnaire général d'Etymologies, lorsque les autres nations ses voisines présentent celui de leur langue ?

La plupart des ouvrages publiés en France jusqu'à ce jour peuvent à peine servir de renseignements, parce que plusieurs sont rédigés dans un esprit de système dont les auteurs n'ont pas su se garantir, et qui leur a fait débiter bien des absurdités, pour ne pas dire plus.

(1) *Or universal Etymological Dictionary, on a new plan.* in-4°; Cambrige, 1811.

Les premiers écrivains qui, dans le xvie siècle, voulurent parcourir le domaine étymologique, dûrent naturellement s'égarer. Allant sans guide, dénués de méthode, n'ayant point de plan, point d'objet de comparaison, ils marchoient au hasard, sans prévoir quel seroit le but de leur course. En examinant les ouvrages de Budée, de Baïf, de Bouvelles, des Estiennes, de Nicot, de Périon, de Borel, de Sylvius, de Picard, de Tripault, de Guichard, du Père Labbe, de Pezron, de Cazeneuve, de Moysant de Brieux, de Ménage, et de tant d'autres, tels que Leduchat et Bernard de La Monnoye, du président de Brosses, de Court de Gébelin, etc., on voit des auteurs qui, à côté de quelques heureuses découvertes, présentent les erreurs les plus graves.

A la connoissance intime de leurs productions, il falloit joindre la lecture des étymologistes de tous les âges, de tous les pays; il falloit, après les avoir consultés, les conférer ensemble, afin de parvenir au but proposé.

Les progrès faits, à l'époque actuelle, dans l'étude comparative des langues en général, ont répandu de nouvelles lumières sur la théorie de chacune d'elles en particulier, et la langue françoise y a gagné comme toutes les autres. L'art grammatical s'est perfectionné, et on a pu s'avancer avec quelque sûreté dans l'examen de la connoissance intime de notre idiome national. Le Glossaire de la langue romane et ce Dictionnaire étymologique, sont une conséquence de ces progrès et des nouvelles conquêtes faites dans la science et la métaphysique du langage.

On aura sans doute observé que toutes les langues en général sont plus douces et plus harmonieuses dans leur enfance que lorsqu'elles sont parvenues à l'âge viril. De même que l'on voit l'enfant perdre peu à peu cette rondeur de formes qui distingue le premier âge, pour prendre de jour en jour un caractère plus prononcé; ainsi les langues voisines de leur naissance, chargées d'une surabondance d'expressions pittoresques, harmonieuses, imitatives, acquièrent, en se perfectionnant, plus de force, d'énergie et de précision, aux dépens de la naïveté et de la grâce. Les voyelles diminuent, elles deviennent muettes et moins sonores. Celles qu'on appelle pures, A et U (ou), se perdent; les diphthongues et les E muets prennent leur place.

Le besoin crée les langues, le temps les forme, le talent les perfectionne, le génie les fixe. Les ouvrages de nos grands écrivains des xviie et xviiie siècles ont fixé pour long-temps la langue françoise.

Il n'y a point de langue qui n'ait puisé quelques mots dans une autre langue. A mesure qu'un peuple acquiert des lumières, ou qu'il s'occupe de nouveaux objets, le besoin de les exprimer lui fait créer des mots jusqu'alors inconnus chez lui, ou bien les lui fait emprunter à ceux de ses voisins qui les possèdent.

C'est ainsi que pendant les croisades, et par leurs relations commerciales avec l'Orient, les François prirent des Arabes un assez grand nombre de mots;

de même que des Italiens, pour le commerce et la marine; puis ensuite des Allemands, pour les termes de guerre.

Mais si la langue françoise, lorsqu'elle s'est formée, fut, comme toutes les langues naissantes, remarquable par une naïveté d'expressions qui se contente de peindre simplement et fortement les objets, par la propriété du terme, bientôt les arts et les sciences lui fournirent une nombreuse série de mots figurés qui y introduisirent l'abondance avant que le luxe et la mollesse lui eussent donné des formes élégantes. C'est de cette abondance que sont venus les composés et les figurés qui ont si souvent exercé la patience des étymologistes et de ceux qui ont écrit sur les langues. Peut-être auroient-ils eu moins de peine s'ils avoient consulté les écrits de nos anciens auteurs, car ce n'est que chez eux qu'on peut bien découvrir l'origine de certains mots. Par exemple, de *simul* se sont formés les mots *assemblage*, *assemblée*, *assembler*, *ensemble*; de *computum* on a fait *à-compte*, *compter*, *décompter*, *escompter* et *recompter*; de *manus*, main, sont venus les composés *manche*, *manteau*, *mander*, *commander*, *demander*, *menacer*, *mendier*, *mener*, *manufacture*, *démancher*, *emmancher*, *manier*, *manifester*, *manœuvrer*, etc.

Si l'on pouvoit ramener ainsi tous les mots de notre langue à leur première origine, n'offriroit-on pas à la fois et le moyen de les mieux comprendre et celui de donner à de nouvelles créations de mots toute la régularité qu'exige une langue bien faite?

C'est le but que je me suis proposé dans mon travail (1).

Platon enseignoit que la connoissance des mots conduisoit à celle des choses; et peut-on parvenir à la parfaite connoissance des mots sans leur étymologie? L'art étymologique, dit Falconnet, est celui de débrouiller ce qui déguise les mots, de les dépouiller de ce qui, pour ainsi dire, leur est étranger, et par ce moyen les amener à la simplicité qu'ils ont tous dans l'origine.

La nature nous porte dès l'enfance à exprimer par des onomatopées, c'est-à-dire par des paroles imitatrices, les bruits qui nous frappent et les cris des animaux qui nous entourent.

Pour faire passer une sensation dans l'esprit des autres, on a dû représenter l'objet qui la produisoit par son bruit et sa figure.

Ainsi, *aboyer, miauler, hennir, roucouler, hurler, grogner, frémir, coasser, croasser, beugler,* ne sont point des mots faits au hasard. Tous les autres ont eu primitivement aussi leur raison; sans doute que cette raison seroit très-sensible pour nous, si l'on pouvoit remonter à leur origine.

Dans toutes les langues il n'existe qu'un certain nombre de mots radicaux, dont l'explication entraîne celle de tous les autres. Ainsi, connoissant

(1) Je n'ai rien négligé pour le remplir; malgré mon zèle et mes recherches, je crains d'avoir commis des erreurs; je prierai les amis de la science de vouloir bien faire parvenir leurs observations à l'Éditeur.

l'étymologie de *concile*, on aura celles de *concilier, inconciliable, réconcilier, irréconciliable*; ou de *côté*, on aura celles de *côte, coteau, côtelette, côtoyer, accoster, écoter*, etc.

Plus des deux tiers des mots que renferme notre vocabulaire sont des mots composés, dont l'explication est très-simple dès qu'on sait la valeur des primitifs qui les forment. En joignant aux mots composés la nombreuse classe des mots figurés, on verra s'aplanir davantage toutes les difficultés de l'art étymologique, et on sera pleinement convaincu que tous les mots ont une raison.

« Il n'y a pas un terme intellectuel dans toutes les langues, dit Court de Gébelin, qui n'ait commencé par avoir une signification physique.

» Rien de plus subtil que l'esprit ; c'est une vapeur que l'on ne peut saisir, qui ne tombe pas sous les sens; on le compara donc à ce souffle qui forme la respiration; de là son nom.

» Ce qui, dans nous, fut envisagé comme la chose qui nous anime, fut appelé *anima*, souffle, respiration, mot que nous avons altéré dans le mot *âme* (1).

» Cette âme considère ses idées, elle les pèse pour les comparer, pour en tirer des résultats; ce que les Latins appeloient *pensare* : de là le mot *pensata*, pensée; chose pesée, réfléchie, considérée.

» Ce qui nous porte au bien avec force fut appelé *vertu*, en latin *virtus*, de *vires*, forces (2).

(1) *Mécanisme du Langage*, tom. II, p. 251.
(2) *Voy.* le mot Viril.

» Le penchant au mal, ce penchant contre lequel il falloit s'armer, qu'on devoit éviter, s'appela *vice*, en latin *vitium;* mot à mot, *ce qu'il faut éviter*.

» Ainsi se formèrent tous les mots figurés; ils furent aussi abondants que les mots physiques; car tout mot physique peut être pris dans un sens abstrait, et tous le furent. C'est ainsi, par exemple, que les parties du corps humain donnèrent naissance à un nombre infini de figurés.

» Les promontoires ou les terres avancées dans les eaux furent des *caps*, c'est-à-dire des têtes.

» Les défilés furent des *cols;* et les montagnes eurent des *têtes*, des *pieds* et un *front*.

» Les pays eurent un *cœur* et des *extrémités*.

» La terre eut des *veines*, des *entrailles*, un *sein;* elle fut *nue* ou *habillée;* sa *robe* fut magnifique, sa *dépouille* riche. »

Qui entend bien les mots comprend bien les choses, disoit Varron, que Cicéron regardoit comme le plus savant des Romains. Et s'il est difficile de retenir les termes qu'on n'entend pas, comment pouvoir y parvenir sans le secours de l'étymologie?

J'ai toujours été surpris que, dans le mode d'éducation suivi en France, on n'ait jamais songé à expliquer aux élèves les noms barbares employés dans la grammaire; ne seroit-il pas utile de leur donner quelques notions d'étymologie, pour leur apprendre la définition succincte des termes dont ils doivent faire un emploi fréquent?

Pour parvenir à des résultats certains, j'ai suivi la

méthode employée par mon confrère feu Butet de la Sarthe, avec lequel je devois faire le *Glossaire général de la langue françoise*, que des événements ont fait ajourner. Pour parvenir plus sûrement au but proposé, je formai les familles des mots en françois, en latin et en grec, pour mieux connoître leur descendance, et je procédai de la manière suivante :

AÎNÉ. — ANTÈ-NATUS.
Antè-natus.
Antè-nati.
Antenet.
Anténé.
Antné.
Ansné.
Ainsné.
Aisné.
Aîné.

DIMANCHE. — DIES DOMINICA.
Dies-dominica.
Diei-dominicæ.
Diidominicæ.
Didominicæ.
Didominicq.
Didomenicque.
Didominique.
Didminique.
Dimincque.
Diminque.
Diminche.
Dimanche.

En vieux françois on a dit :
Diemaine, Diemance, Diemange, Diemence, Diemanche, *Diemenge, Dimane, Dimence, Dimenche* (1).

RÉGLISSE. — GLYCYRRHIZA.
Glycyrrhiza.
Liquitia.
Liquoritia.
Liquorice.
Rigalice.
Régolice.
Régalice.
Régalisse.
Réglisse.

SERMENT. — SACRAMENTUM.
Sacramentum.
Sacramant.
Sacrement.
Sarment.
Serment.

Il en est de même des mots *gril*, de *craticula*; *maître*, de *magister*; *merci*, de *misericordia*; *imbécile*, de *baculus*, etc.

(1) On voit que pour la formation des mots la connoissance du vieux françois est indispensable.

Chaque peuple procède à la fabrique de son propre langage avec un certain mécanisme qui lui est particulier. L'observation montre de quelle manière chaque peuple a coutume d'altérer les mots qu'il tire d'une nation voisine ; elle fait connoître l'aptitude que la nature a donnée à l'homme, selon la diversité des climats où elle l'a fait naître, à se servir facilement de tels ou tels organes de la parole. C'est de là que dépendent les accents qui caractérisent une nation. Chaque peuple a son alphabet qui lui est particulier, qui n'est pas celui d'un autre, et dans lequel plusieurs lettres sont impossibles à prononcer pour tout autre.

L'air, le climat, la nourriture, le genre de vie, produisent des variétés dans la structure de l'organisation.

Dans l'émigration des mots d'un langage à un autre, à mesure qu'ils s'avancent vers le nord, l'habitant les charge de sifflement labial et nasal; au contraire, à mesure qu'ils s'avancent vers le midi, il les recule au fond du canal vocal, en les chargeant d'aspirations gutturales.

Sans être toujours délicate sur le choix, l'imagination a imposé des noms aux choses spirituelles, invisibles, en un mot aux êtres qui peuvent le moins tomber sous les sens extérieurs.

Un riche citoyen d'Athènes, nommé *Académus*, avoit un jardin magnifique, orné de portiques et de belles statues; après sa mort, ce jardin fut converti en un gymnase, où s'assembloient les gens de lettres. Le divin Platon y enseigna la philosophie; de là ses disciples prirent le nom d'*académiciens*, et son école celui d'*académie*.

Qu'on veuille, dit le président de Brosses, peindre une inquiétude qu'on a dans l'âme, et provenue d'une petite cause en apparence, mais par laquelle on sent néanmoins à tout moment sa conscience gênée et blessée; on dit *scrupule*; c'est-à-dire qu'on va chercher l'image d'une petite pierre qui, étant entrée dans le soulier, met en peine et blesse le pied en marchant, pour la comparer à l'effet d'un embarras inquiétant qu'on a sur la conscience. Car c'est là ce que signifie à la lettre le mot *scrupulus*. Il ne veut dire autre chose dans son origine, qu'un petit éclat de pierre, ou un gravier détaché d'un bloc en le creusant et l'escavant avec force.

Le latin *stipula*, paille, chaume, tuyau du blé, forma le verbe *stipuler*, demander, exiger, faire promettre en contractant; en latin *stipulari*, rompre la paille en signe de convention, d'engagement, parce que les contractants rompoient une paille lorsqu'ils concluoient un traité.

Le grec *stoa*, galerie, portique, forma le mot *stoïcien*; et le mot *stoïcisme* signifia d'abord promenade dans une galerie, sous un portique.

Pour éviter l'ennui des répétitions, pour mieux faire connoître la filiation et la descendance des mots, je les ai classés par familles. J'ai exécuté cette partie de mon travail, non pas dans le système du président de Brosses, qui a si bien réussi à égarer Court de Gébelin, mais en suivant l'ordre naturel des langues anciennes. Par suite de mon plan, j'ai été forcé de donner un grand nombre de nouvelles définitions pour appuyer mon sentiment et mieux faire sentir la justesse de l'étymologie. Le système des racines organiques ou clef primordiale, et des racines absolues, pèchera toujours par ses fondements. De ce que le caractère AC désigne tout ce qui est pointu, épineux, perçant, aigu, pénétrant; de ce que la palatale roulante R sert à nommer la classe des choses rapides, rudes, ruineuses, rompues, qui ont des rugosités; de ce que la première lettre de l'alphabet se trouve presque dans tous les mots qui peignent les scènes de la campagne, comme dans *charrue, vache, cheval, âne, vallée, montagne, arbre, pâturage, laitage, bétail*, etc.; et enfin de ce que le caractère PO, PU, désigne toutes les choses élevées et quelquefois les choses profondes, il n'en faut pas conclure que toutes les lettres de l'alphabet ont les mêmes propriétés. Le système que Gébelin a emprunté à l'auteur du traité de la formation mécanique des langues est spirituel et séduisant, mais par trop conjectural, en un mot, comme la plupart des systèmes. Je n'ai adopté mes étymologies qu'après avoir consulté les auteurs qui ont traité de cette science : dans le cas de dissidence, j'ai rapporté fidèlement leurs raisons; souvent j'ai pris sur moi de proposer la mienne et de trancher la difficulté.

J'ai cherché dans mes définitions à être clair, bref, substantiel.

L'article *linot*, dans le dictionnaire de Ménage, tient une grande colonne d'in-folio; cette longueur m'a engagé à être plus concis et plus laconique.

En adoptant une infinité de mots tirés des langues étrangères, tant anciennes que modernes, et même en naturalisant ces mots, les François en ont réglé la signification de la manière la plus arbitraire; tels sont les mots *bouquin*, *hère*, *lande*, *rapière*, *rossé*, et autres tirés de l'allemand. Cela s'établit, l'usage l'autorise et personne ne réclame ou ne s'inscrit en faux contre.

J'ai cherché à puiser la lumière partout où j'ai pensé la trouver; j'ai extrait des mémoires de l'académie des Inscriptions les notes de Lefebvre de Villebrune sur Athénée, de Larcher sur Hérodote, de Perrault sur Vitruve, les ouvrages anciens et modernes, les dictionnaires d'arts et de sciences publiés depuis quelques années; indépendamment des secours que m'offroient le Glossaire de la langue romane et son supplément, le Trépied étymologique, le Dictionnaire des onomatopées par M. Nodier, ceux de Jauffret, de Gattel, de Boiste, de Noel, de Wailly, etc., j'ai recueilli une foule de renseignements curieux dans un grand nombre d'ouvrages historiques.

J'ai ajouté quelques noms d'hommes et de lieux; les premiers furent des sobriquets, mot inventé en France; et il ne faut, pour en trouver la cause, que consulter le penchant naturel qu'a tout homme à se moquer de ses semblables. Le sobriquet fut donc tiré de la force, de la dignité, des fonctions, des qualités personnelles, de la profession, de l'habitation, des défauts corporels.

J'ai suivi l'orthographe du Dictionnaire de l'Académie françoise (1).

(1) Philipon-la-Madeleine, *des Homonymes françois*, Préf.; p. 14.

Qu'un particulier se fasse créateur d'un mot, il le peut. Le placement de ce terme en détermine le sens, et son succès dépend de l'heureux emploi que l'auteur en fait.

Quant à l'orthographe, *elle ne sauroit varier au gré des écrivains*; sans quoi il faudroit qu'un lecteur changeât de méthode à mesure qu'il change de volume. La lecture devenue un travail cesseroit d'être un plaisir, et l'intérieur d'une bibliothèque ne seroit plus qu'une suite de travestissements pénibles à ceux qui viendroient la consulter.

Il faut donc qu'un corps littéraire, éloigné, par son organisation, de la mobilité et du caprice des particuliers, veille sur le double dépôt de la grammaire et de l'orthographe; car rien n'est plus propre à décréditer une langue, que l'instabilité et l'altération dans ces deux parties de son mécanisme.

Ces raisons m'ont fait préférer l'orthographe de l'Académie à celle de quelques auteurs qui en ont interverti les éléments, quoiqu'ils l'aient fait quelquefois avec avantage.

Mais, en suivant leur système, nos bons écrivains des XVIIe et XVIIIe siècles deviendroient bientôt illisibles, ou ils auroient besoin d'être réimprimés.

Laissons à notre orthographe quelques défauts, pour ne pas la livrer à beaucoup d'abus. A force de changer, on dénature. Si nous cessons d'orthographier comme Boileau, Bossuet, Lafontaine, Molière, Racine, Fénelon, nous cesserons bientôt d'étudier ces grands modèles.

J'avouerai cependant que l'orthographe de l'Académie s'éloigne un peu de la leur; mais, ou ce n'est pas sur des points essentiels, ou les changements adoptés par elle sont si naturels, que, loin de fatiguer la vue, ils la reposent.

L'accent circonflexe a remplacé quelques lettres oiseuses qui, dans beaucoup de mots, suivoient les voyelles d'une prononciation longue et ouverte. Ainsi *hoste, paste, feste, blasme, teste*, etc., s'écrivent *hôte, pâte, fête, blâme, tête*, etc. La manie de changer est parvenue à un tel point, que des littérateurs, d'ailleurs estimables, écrivent *bienfet, bienfeteur*, outragent à la fois le bon sens, l'orthographe et l'étymologie.

Je passerai sous silence quelques jurés peseurs de diphthongues qui, joignant aux grâces de la syntaxe tout l'esprit du rudiment, ne proposent rien moins que de changer tout le système d'orthographe adopté.

Je ne finirai point cet avertissement sans payer mon juste tribut de reconnoissance à mes amis MM. Champollion-Figeac, Lallement fils et Miger, qui, en éclairant mes études, ont bien voulu revoir mes épreuves, et m'honorer de leurs observations particulières.

Le morceau sur l'art des étymologies que le premier a bien voulu me donner pour cet ouvrage, ne peut manquer d'intéresser les lecteurs.

DISSERTATION

SUR

L'ÉTYMOLOGIE,

PAR M. CHAMPOLLION-FIGEAC.

Platon, Varron, Cicéron et Quintilien ont défini la science des étymologies : elle donne la vraie connoissance de l'expression des mots d'après leur origine et les éléments de leur composition. On juge déjà par là quelle est l'importance de cette science, puisqu'une langue bien faite (et l'intelligence ne peut se passer de son secours) suppose tous les mots qui la composent bien connus et bien définis dans leur acception. On voit, en même temps, que les meilleurs esprits de l'antiquité ont reconnu l'utilité de la science; l'ont-ils pleinement appréciée? en ont-ils généralisé les applications, proclamé les principes? C'est ce que nous examinerons bientôt.

Et d'abord, l'étude des étymologies mérite-t-elle le nom de science? Au dire de quelques esprits superficiels, cette question seroit oiseuse en elle-même : nous serons ici moins timorés, et nous donnerons le nom de science à une étude qui a ses principes reconnus, et des règles certaines qu'on ne viole pas sans compromettre son jugement; qui est féconde en déductions rationnelles; qui a pour objet une connoissance toujours utile et souvent nécessaire; qui porte l'analyse dans une des opérations les plus communes et les plus déliées de l'entendement humain; qui est enfin un des plus puissans agens des recherches de la philosophie dans l'histoire de l'homme et des sociétés civiles, par l'étude comparative des langues.

Les anciens ne pensèrent à rien de tout cela; les peuples lettrés de l'Occident ne songèrent pas trop à leurs origines;

ils se disoient tous sortis de la terre qu'ils habitoient, et quand la fortune les éleva par des conquêtes, l'orgueil les empêcha de se demander d'où ils venoient, et d'où venoient aussi les peuples nouveaux dont ils faisoient leurs esclaves. Aussi leurs meilleurs écrivains, tout en faisant des étymologies, ne comprirent jamais l'intérêt historique ou littéraire de la science étymologique. Platon en a mis un assez grand nombre dans son *Cratyle,* mais on ne sait s'il veut amuser ou bien instruire son lecteur. Varron, avec ses étymologies latines, travailla très-sérieusement, et c'est un malheur de plus pour sa réputation; on a rarement abusé plus complètement des ressources d'un esprit cultivé, et de la faculté d'asservir le jugement aux caprices de l'imagination. La science enregistre donc historiquement ce qu'ont fait les anciens; mais elle regrettera éternellement qu'ils n'aient pu faire ni mieux ni davantage.

Il est digne de remarque, que cette science ne soit fondée qu'alors même qu'elle a plus de difficultés à vaincre, et moins de chances de pouvoir devenir complète. Qu'on se représente l'état des peuples civilisés du globe, il y a quatre mille ans; l'histoire écrite d'après des traditions recueillies bien long-temps après, et l'autorité des monuments, ne nous apprennent que peu de faits sur les dispersions simultanées de ces peuples et sur leurs migrations, poussés par la guerre ou par la faim. Cependant l'Orient avoit alors ses lois et ses religions; l'Inde enfantoit ses lointaines colonies, méditoit déjà les profonds mystères de son culte religieux et de sa singulière psychologie; elle avoit sa langue, source commune de nombreux dialectes encore subsistans; et l'Egypte, sa contemporaine, venue des déserts de la Libye jusqu'aux embouchures du Nil, élevoit ses impérissables monuments, qui témoignent pour elle, dans ces mêmes temps, de toutes les pratiques sociales, et ces pratiques n'étoient pas celles de l'Inde. L'Assyrie et le reste du continent asiatique avoient aussi leurs idiomes et leurs lois, et on ignore encore comment ils avoient institué leur civilisation. La barbarie s'agitoit aussi en même temps; des hordes nombreuses, venues on ne sait d'où, des déserts de la Scythie peut-être, faisoient la guerre à cette civilisation, sans rien apprendre de l'état social, et sans rien oublier des sauvages coutumes d'une ignorance farouche. La Grèce vint bientôt après à la lumière; elle eut des rois et des lois, des prêtres et des poètes; elle fut visitée et instruite par des colonies sorties d'une école civile déjà expérimentée, par des navigateurs accoutumés au joug des institutions sociales : ils enseignèrent aux philosophes grecs le chemin de l'Orient; et le génie d'Homère fit le reste. La vieille Italie avoit aussi connu l'Orient par ces navigateurs et profité de ses enseignemens; l'antique Gaule n'y étoit pas ignorée; vers les plus anciennes époques, elle avoit porté la terreur jusque dans les temples encore rustiques de la primitive Grèce.

Mais alors déjà, que de confusion, et que de mélanges de peuples, de langues et d'idées! Si donc un bon esprit s'étoit montré dans ce temps-là, qui, cherchant à connoître le mieux possible les causes et les conséquences de tant de perturbations, eût fidèlement enregistré les unes et les autres, combien de lumières n'auroit-il pas répandues sur des sujets dignes de toute l'estime des hommes instruits! Car l'histoire des peuples n'a pas de guide plus certain que l'histoire des langues et des opinions successivement dominantes dans les diverses régions du globe. Mais il n'y a que des regrets à exprimer à l'égard de ce période, actuellement primitif, des sociétés humaines. La Grèce pouvoit étudier pour nous et pour elle l'Egypte, l'Inde et le reste de l'Asie; elle ne le fit pas, et nous ne pouvons plus le faire comme elle : les faits généraux relatifs aux langues des peuples qui la précédèrent nous sont connus en partie, mais il nous faut remplir les lacunes par des divinations. Les efforts soutenus de la critique moderne ont enfin rattaché avec certitude les origines *grecques* et *latines* à la langue sacrée de l'Inde : qui expliquera ce grand phénomène? L'histoire écrite est impuissante; la science étymologique met ce fait hors de tout doute; c'est le seul secours qu'elle puisse nous prêter, mais ce secours est un trait de lumière qui nous fait pénétrer dans les obscurités de la primitive antiquité.

La Grèce, vaniteuse jusqu'à la superstition, nous laissa ainsi le soin de sa propre généalogie, et Rome estimoit trop la science de l'épée pour ne pas mépriser toutes les autres : de bourg étrusque, elle s'éleva au rang de capitale du monde; ne pensant qu'à conquérir la terre par la force, elle délaissa dédaigneusement aux esclaves le domaine de l'intelligence; et cependant elle dominoit dans cette vieille Italie qui, avant que Rome fût puissante, avoit connu l'Orient, créé des institutions appropriées aux localités, proclamé des préceptes religieux fortifiés par un culte public, cultivé les arts et généralisé l'usage de l'alphabet, que ses monuments nous ont conservé avec sa langue nationale. Rome méprisa son propre berceau, et ne nous a rien enseigné sur cette langue, l'une des sources les plus fécondes de celle de Virgile et de Cicéron. C'est encore la critique moderne qui est appelée à faire, s'il se peut, la généalogie de Rome.

Sa puissance fut aussi l'agent d'un second période de confusion des langues et de mélanges des peuples : la simple esquisse de ce tableau est au-dessus des forces de la plus habile et de la plus tenace critique, et cependant il lui faut avoir le courage de l'entreprendre, trait à trait, élément par élément, les séparant d'abord pour les grouper ensuite selon des analogies indubitablement reconnues, composant ainsi successivement les masses principales, qu'il ne ramènera jamais, peut-être, à cette unité désirable, sans doute, mais qu'il est plus facile de croire que de démontrer, tant le monde est vieux, et tant ses premiers âges sont pour nous incertains.

L'état actuel des langues est l'ouvrage de la puissance romaine; elle mit en communauté de servitude l'Asie, l'Afrique et l'Europe : les barbares du Nord posèrent bientôt après leur épée dans la balance; mais, s'ils apprirent quelque chose, ils gâtèrent aussi ce que nous savions. L'Europe romaine s'abâtardit en subissant cette nouvelle influence; la civilisation ne fit que reculer loin du but; le morcellement des empires morcela aussi l'intelligence générale; les peuples, sans liberté, furent sans génie, et tout dormoit dans l'obscurité du même tombeau, quand les Turcs rejetèrent sur l'Europe les débris de la Grèce, qui réveillèrent les grands souvenirs de Rome.

De nouveaux états se créèrent de nouveaux idiomes : voilà déjà le troisième période connu de la confusion des langues et des idées; voilà le terrain véritable sur lequel doit s'exercer aujourd'hui la science étymologique.

Après la renaissance des lettres, des savants de divers pays, avertis par le petit nombre d'exemples qu'ils rencontroient dans les auteurs anciens, excités aussi sans doute par la conviction éclairée de l'utilité de leurs recherches, s'adonnèrent aux études étymologiques. Mais il faut encore ici faire la part des idées reçues ou dominantes : il fut dit et reconnu que les sciences profanes ne devoient chercher leurs principes que dans les écrits qui sont les fondemens de la foi, et l'esprit d'investigation fut privé de sa qualité la plus nécessaire, celle de l'examen des faits hors de toute préoccupation; et dès que la langue hébraïque eut été déclarée la plus ancienne et la mère de toutes les autres, la conséquence toute naturelle de ce principe fut de ne chercher que dans l'hébreu l'origine et l'étymologie de tous les autres idiomes. On vit donc Z. *Bogan* publier son *Homerus hebraïsans,* pour montrer que l'hébreu étoit la clef de l'interprétation du grec d'Homère, et *Bochart,* dans son *Phaleg* et son *Chanaan,* vouloir expliquer aussi les idiomes et les peuples anciens par l'hébreu. Il y avoit dans les *Delphi Phœnicisantes* quelque chose de plus raisonnable, en tant qu'on admet l'influence des Phéniciens sur la Grèce, ce qui, soit dit en passant, n'est pas indifférent pour excuser ceux qui hébraïsent Homère, si l'hébreu et le phénicien peuvent être considérés comme deux provenances de la même souche; d'où il résulte que, dans Bochart comme dans les autres érudits adonnés aux mêmes recherches, ce n'est que ce qu'il y a d'absolu dans leurs systèmes qui répugne à l'expérience. L'abbé Rivière, professeur au Collége de France à la fin du dernier siècle, avoit réduit l'utilité de l'hébreu, à l'égard d'Homère, à l'explication de quelques mots difficiles : ce sont là de ces travaux qu'on ne peut ni approuver ni condamner dans leur ensemble. Du reste, comme il n'y a pas d'erreur au monde qui n'ait fait école, tant est grande la diversité des esprits, et comme pour prendre sa revanche sur tous ses devanciers, qui avoient laissé peu de place aux sottes suppositions sur les langues de la terre, *Gorope-Bakan* s'occupa de celle du ciel, et fit un livre pour prouver que le flamand étoit la langue qu'on parloit dans le paradis terrestre. Il y a du moins un peu plus de réserve dans les trois volumes in-8° de M. le chanoine de Grave, qui n'ont pour but que de démontrer, par les étymologies, que les scènes de l'Iliade se sont passées dans l'île d'Héligoland et qu'Homère étoit Belge. Ceci prouve combien l'erreur peut être ingénieuse : elle n'a, sans doute, l'art de charmer, que parce qu'on la prend pour la vérité même. C'est elle qui, pour les Hongrois, faisoit descendre Attila de Nemrod en ligne droite, les *Danois* des *Danai* partis de *Dodone*, traversant le *Danube* en lui donnant leur nom, et se fixant enfin dans la contrée qu'ils nommèrent *Danemark;* et nos chroniqueurs, aussi forts étymologistes qu'habiles critiques, ne font-ils pas fonder le royaume de *France* par *Francus,* l'un des fils d'Hector, sauvé tout exprès du sac de Troie !

Mais l'absurdité même de ces vains systèmes servit utilement la véritable science : les sentiers sans issue indiquèrent la véritable route, et de très-bons esprits ne redoutèrent pas de s'y engager. Au dix-septième siècle, l'érudition se montroit riche de bons exemples et de bons préceptes; des mots grecs et latins, on étoit arrivé aux langues mêmes; la science grammaticale se perfectionna par l'analyse; la pratique apprit à préférer le doute à toute interprétation incertaine. Bien de grandes questions furent soulevées, et l'on prit sagement sur les plus graves le parti d'un plus amplement informé. La méthode s'offrit à tous comme le fil conducteur dans tous ces labyrinthes : on s'adonna avec ardeur aux recherches sur les langues; des intérêts qui n'étoient pas purement littéraires entretenoient néanmoins cette ardeur, et quelques principes féconds en bonnes conséquences s'introduisirent enfin dans l'école, accrédités par le succès même de ceux qui les avoient dévoilés. On comprit finalement que c'étoit l'histoire des vicissitudes diverses d'une nation, qui devoit éclairer les investigations relatives à la langue de cette nation; on soupçonna qu'il pourroit se trouver de l'arabe dans l'espagnol et dans le portugais, du françois et du saxon dans l'anglois; du grec et du latin partout. Poussant ensuite plus haut, on fut conduit à examiner s'il n'y auroit pas d'influence asiatique dans le grec d'Europe, du grec et de l'étrusque dans le latin ; et la science étymologique ayant alors reconnu son véritable objet, put distinguer, avec le secours de l'histoire, les langues *influentes* des langues *influencées*, c'est-à-dire : 1° les idiomes modernes influencés par les vieilles langues locales, par le grec, le latin, l'arabe et les langues du Nord; 2° le grec et le latin influencés par les idiomes de l'Asie, de l'Afrique et ceux des plus anciens peuples de l'Occident, leurs contemporains; 3° ces mêmes idiomes de l'Asie, ramenés ou non à une souche commune dont on ignore la souche antérieure ou du moins les commencemens, et ces mêmes langues locales de la plus vieille Europe, dont on ignore aussi la souche, et dont quelques débris seulement nous sont parvenus par les écrivains ou par les monuments. Ces trois classes d'idiomes correspondent exactement aux trois périodes de confusion déjà indiqués : l'étymologiste ne franchit pas sans réflexion les limites de l'un à l'autre ; c'est déjà beaucoup pour lui d'avoir ainsi reconnu et jalonné son terrain.

On a déjà pu pressentir, par ce qui précède, que les travaux qui, depuis la renaissance des lettres, ont eu pour objet les recherches étymologiques, depuis, surtout, l'introduction des bonnes méthodes dans toutes les études, ont dû plus particulièrement s'appliquer aux idiomes de la première classe, les langues modernes, résultat d'innombrables combinaisons que la critique ne sauroit toujours exactement apprécier.

On vit bientôt, en effet, se produire à l'envi, dans tous les états lettrés, des recherches étymologiques sur les idiomes nationaux : Henry Étienne, dans son *Trésor de la langue grecque*, avoit montré l'utilité des lexiques où les mots, ramenés d'abord à leur racine originelle, sont rangés à la suite dans l'ordre de leur composition ; et les travaux sur la langue arabe, ou sur quelques idiomes bibliques, justifioient pleinement les tentatives de ce genre. Mais on sentit heureusement qu'elles n'étoient possibles et fructueuses qu'à l'égard des langues dont la formation toute logique, et procédant par des principes constants préalablement admis, pouvoient se prêter pour cela même à une décomposition méthodique; et tels n'étoient pas les idiomes modernes sur lesquels les savans du temps avoient à opérer. Comme ils étoient presque tous le produit du troisième période de confusion déjà énoncé, ce n'étoit plus sur des mots analogues d'origine et de formation, que les linguistes devoient porter le scalpel de l'analyse et appliquer les règles d'assimilation; c'étoit par masses de mots qu'ils devoient procéder, parce qu'il y avoit partout un peu de tout. Guidés par ce premier principe, avertis par l'histoire sur les vicissitudes de la nation, et conséquemment de la langue qu'ils étudioient, ils jugèrent sans peine qu'il leur falloit d'abord dresser une sorte de géographie de cette langue, et que l'examen de ses mots, en prenant pour guides les faits de l'histoire, porteroit successivement leurs recherches vers les climats les plus opposés. Quand ils en furent là, les plus utiles principes de la science étoient reconnus, et ils furent appliqués avec plus ou moins de succès, selon l'étendue d'esprit et de jugement propre à chaque investigateur. Alors *Aldrete* et *Covarruvias* travaillèrent, dans ce but, sur la langue espagnole; *Nunas Deliao*, sur le portugais; *Ohenart* et le *P. Morel*, sur le basque; *Monosini*, après *le Dante* le père, sur l'italien; *Bullet* trouva dans sa langue celtique la matière de trois volumes in-folio; les dialectes de la langue romane, ou des troubadours, ceux du vieux françois ou des trouvères, prirent peu à peu la place que leur assigne leur littérature, et concoururent enfin à l'étude étymologique de la langue françoise. *Fauchet* et *Caseneuve* avoient ébauché ces recherches; *Ménage* vint, qui essaya de les constituer en corps de doctrine. C'étoit un assez bon esprit, homme instruit et consciencieux, modéré vraisemblablement en tout, puisqu'il ne laissa prédominer aucun système dans son ouvrage, et qui assura en quelque sorte le succès de ses étymologies françoises par l'estime que les savans d'Italie témoignèrent pour ses origines de la langue italienne, en les mettant au-dessus des travaux faits jusque là par les Italiens mêmes. Dans le nord de l'Europe, les idiomes étoient encore incertains; des nombreux dialectes de l'allemand, les uns, fidèles aux exemples laissés par les *mennesingers*, ou trouvères du Nord, ne cherchoient pas à se perfectionner par leur essence propre; d'autres, par des tentatives hasardeuses, blessèrent parfois les règles du goût et de la logique grammaticale; enfin *Schiller* et *Klopstock* naquirent, et leur génie créa d'un seul jet et les règles de la langue, et les plus parfaits modèles de sa littérature; ils donnèrent une forme régulière à la matière, et l'animèrent en même temps d'une vie toute nouvelle: leurs écrits préserveront la langue allemande du chaos d'où ils la retirèrent. La savante et patriotique Allemagne n'est pas en arrière sur ce qui intéresse ses origines; les nombreux ouvrages qui ont pour objet celles de sa langue nationale, jettent la lumière sur leurs obscurités : c'est un bon exemple, et ses résultats ne sont pas sans intérêt pour les autres nations. Les Germains ont aussi disséminé les mots de leurs idiomes dans les autres contrées européennes; on travaille ainsi partout pour l'utilité de tous. L'allemand se rattache aussi à l'antique langue sacrée de l'Inde : encore un point de contact médiat ou immédiat entre la vieille Europe et le sanskrit. Mais l'esprit investigateur s'égare dans ce labyrinthe de peuples et de langues; l'histoire écrite cesse d'être pour lui le fil secourable qui devoit le guider. Arrêtons-nous donc aussi à ces considérations générales, et ramenons le sujet de cet article à des données plus directement concluantes par leur spécialité même.

C'est ici, cependant, le lieu de faire remarquer combien les louables travaux qui viennent d'être rappelés nuisirent indirectement à la science même. En ne considérant que ses résultats, on la crut très-aisée et à la portée de tous les esprits; on la déconsidéra, parce que les plus médiocres furent les plus hardis. Malheureusement on ne les méprisa pas; on s'en divertit, et Ménage en fut réduit à avouer ses recherches presque comme une faute ou une méprise, parce que, de son temps, la science des étymologies n'étoit plus regardée que comme un agréable amusement. Aujourdhui je n'oserois pas affirmer qu'elle soit plus estimée : pour leurs travaux philologiques, les hommes les plus instruits n'osent recourir aux étymologies qu'*incognito*, et il n'y a que les moins habiles qui soient moins réservés. Mais la linguistique rend trop de bons services à l'histoire, pour que la véritable science des étymologies ne reprenne pas, dans l'estime publique, la place qui lui est due : c'est aux savans dont l'Europe lettrée honore le plus les travaux, à la lui assurer.

Nous allons donc exposer sommairement les principes les plus utiles de la science des étymologies. Pour les présenter avec toute la clarté nécessaire, et afin de ne pas les priver de la certitude que doivent leur donner l'unité d'origine et l'analogie des exemples, nous devons les tirer d'un seul idiome, propre toutefois, par son état actuel, à suffire à toutes les discussions, à toutes les démonstrations; et ce ne sera pas s'arrêter à celui de tous où les effets de profonde confusion et d'inextricables mélanges sont le moins sensibles, que de préférer la langue françoise. L'intérêt de nos lecteurs nous en feroit un devoir, si même le désir d'être utile ne nous imposoit pas l'obligation de nous soumettre aux rigueurs d'un tel sujet.

Considérée dans son état actuel, la langue françoise est composée des mots qui nous sont restés des dialectes gaulois, et des mots qui s'y sont mêlés avec eux par la succession des siècles, et provenant du grec, du latin, des idiomes d'outre-Rhin, de l'arabe et de ses dérivations en usage dans l'Orient. Ce sont là les sources les plus abondantes où notre langue a puisé; toutefois ces sources se multiplieroient presque à l'infini, si l'on considéroit ici autre chose que les masses principales; on pourroit trouver cent mots importés de cent pays divers; mais isolés entre eux et de tous les autres, n'ayant pas, si on peut le dire, pris racine dans notre langue, ni formé une famille, ils ne sont plus que des locutions individualisées et adoptées pour un besoin ou pour un moment. Nous ne mettons pas non plus dans le compte des influences exotiques, l'italien, l'espagnol ni l'anglois : ces idiomes ont pu transmettre au françois des mots qu'ils avoient eux-mêmes empruntés à un autre idiome, mais celui-ci étant déjà au nombre de nos origines, cette communauté d'emprunts peut dispenser de noter minutieusement ces transmissions en général réciproques.

Outre les *mots,* notre langue a aussi sa *constitution grammaticale,* et cette constitution est, à l'égard de toutes les langues, l'*essence même* de la science étymologique; c'est l'ensemble des règles pour la formation des mots, conséquemment aussi la règle de leur décomposition ou de leur étymologie. Ignorer ces règles, c'est vouloir analyser chimiquement une substance solide en la brisant à coups de marteau. On doit connoître ces lois essentielles de la vitalité de notre langue : les principales sont, en outre de toute la *phraséologie,* 1° *les désinences,* 2° *les augments initiaux,* 3° *le mot radical,* 4° *l'euphonie,* 5° *l'orthographe* et ses variations.

Les *désinences* ne sont, de fait, que des *particules affixes* ou ajoutées à la fin des mots; assemblage de lettres toujours monosyllabique, n'ayant par elles-mêmes aucune acception propre, pour nous du moins aujourd'hui, et pour toute fonction, que celle de signes moniteurs du caractère particulier et phraséologique du mot dont ils sont la dernière syllabe. Les désinences sont donc un des éléments principaux de toute langue bien faite, un instrument grammatical d'un usage universel pour tous les mots, à la seule exception des noms propres, et des mots radicaux, caractérisés par l'absence même des désinences. C'est cet instrument qui, avec les mots radicaux, fait les noms, les adjectifs, les verbes et les adverbes, les genres et les nombres, et d'un seul monosyllabe de deux ou trois lettres compose les mots les plus longs de notre langue, ceux de cinq ou de six syllabes et de douze à quinze lettres. Les désinences ont cependant pour notre langue une valeur conventionnelle, mais absolue, qui modifie, dans un sens déterminé, l'idée dont le mot écrit est le signe; elles ont toutes la régularité qui distingue les idiomes anciens les plus estimés; on ne les viole pas sans inconvénient, et ce n'est pas la faute de la langue si nos grammairiens ont négligé ce point de sa constitution. L'étymologiste doit donc porter sur lui les premiers efforts de son attention, et s'il reconnoît exactement la nature de la désinence du mot qu'il analyse, ce mot se dégage aussitôt de la partie qui déguise le plus sensiblement sa racine primitive. Le critique doit donc posséder à fond la connoissance des désinences propres, on ne sait pourquoi ni comment, à la langue dont il s'occupe.

Il en est de même des *augments initiaux*, ou placés au commencement des mots. Ces particules sont toujours des *prépositions*, d'ordinaire monosyllabiques comme les désinences, parce qu'elles devoient, les unes et les autres, entrer dans la formation des mots sans leur imposer un trop grand nombre de syllabes. Au contraire des désinences, les prépositions ont un sens par elles-mêmes, une acception propre, qui, frappant, selon ce sens, sur le mot radical auquel elle est unie, modifie l'idée absolue dont ce mot est le signe, au moyen de l'acception, absolue aussi, qui est celle de la préposition. Il en résulte une nouvelle idée qui est la combinaison des deux autres, sans être absolument ni l'une ni l'autre, mais étant l'une et l'autre à la fois, comme le nombre 3, qui, n'étant ni 1 ni 2, renferme cependant les nombres isolés 1 et 2. L'étymologiste doit donc opérer sur ces prépositions avec la même attention qu'il l'a fait sur les désinences, et après les avoir tranchées, le mot radical se montre de plus en plus libre des accessoires qui l'enveloppoient.

Ce *mot radical*, ou *racine* du mot, est le véritable but vers lequel tendent les recherches analytiques de l'étymologiste. S'il l'a reconnu avec certitude, il s'enquiert alors de sa véritable origine. Après avoir déterminé, je dirai en toute conscience, l'acception pure, incontestable, généralement reçue, de ce mot radical, il appelle à son aide toutes les langues qui, par leur influence connue sur le françois, ont pu lui donner ce mot radical, et il fera honneur de ce don à celle de ces langues, et à la plus prochaine, où ce mot se retrouve avec la même acception. Son but est alors atteint; il a pour résultat, 1° l'origine certaine du mot radical; 2° son mode de formation au moyen des élémens de sa composition en son état actuel; 3° l'acception rigoureuse qui en est la conséquence; et il a obtenu de ce mot une étymologie incontestable, démontrée par sa décomposition, son origine et son élément radical.

Un autre élément, que j'appellerai secondaire, doit aussi être pris en considération par l'étymologiste; c'est l'influence de l'*euphonie*. On appelle ainsi le soin qu'on se donne pour que la consonnance résultant de la série des syllabes qui se succèdent dans la prononciation d'un mot, ne frappe pas désagréablement l'oreille; et ici, trop souvent la raison a dû se soumettre au goût, si ce n'est aux exigences d'une puérile délicatesse. C'est elle qui a fait du mot *augustus* le nom de mois *août*. L'euphonie supprime donc arbitrairement des lettres dans les mots, même des plus nécessaires pour en constater l'origine, comme le sont les consonnes; et nous dirons, à ce sujet, que toute étymologie seroit suspecte qui, dans l'examen de la racine de ce mot, ne l'assimileroit au mot d'une autre langue, qu'en sacrifiant quelqu'une des consonnes. Celles-ci sont comme la charpente du vaisseau; les voyelles peuvent n'en être que le revêtement; mais il est prudent de n'y toucher qu'avec précaution. Dans les langues où, comme celles de l'Orient, on n'écrit pas les voyelles rigoureusement, où souvent encore les dialectes particuliers ne diffèrent entre eux que par l'emploi non uniforme de certaines voyelles, il est permis d'user de cette disparité pour s'éclairer; mais, dans les idiomes de notre Occident, on ne doit point renoncer trop légèrement à tenir compte des voyelles; elles prouvent parfois quelque chose, pourquoi vouloir que jamais elles ne prouvent rien? Ajoutons que l'euphonie n'est pas absolument restrictive, et qu'elle est aussi souvent caractérisée par l'addition de quelques lettres, que par la suppression de plusieurs. On donnera donc à l'euphonie certaines lettres évidemment isolées, qui n'appartiennent ni à la racine des mots, ni à la désinence, ni aux augments initiaux.

L'*orthographe* est un point extrêmement essentiel dans les recherches étymologiques sur la langue françoise. La fausseté de l'étymologie, en apparence la plus régulière, d'un mot françois d'après son orthographe actuelle, seroit bien souvent démontrée par sa seule orthographe ancienne. C'est donc un principe important dans le sujet actuel, de rechercher d'abord dans les auteurs de tous les siècles de notre littérature, comment ils ont écrit le mot dont on veut connoître l'étymologie. Il y a deux avantages marquans dans cet examen : 1° on se rapproche plus sûrement de la véritable origine du mot; 2° on connoît quelles ont été ses acceptions successives, et les modifications qu'il a subies, à cet égard, par l'effet du temps. Par exemple, il ne faudroit pas remonter bien haut pour voir que le verbe *permettre* n'avoit qu'un sens actif, et ne s'employoit jamais sans un complément; on *permettoit la faculté* de faire une chose; on *transmettoit* cette faculté, *permittere*, et l'acception du mot répondoit alors à son étymologie; elle s'en écarte totalement aujourd'hui. Il est certain que l'orthographe et la prononciation sont dans une dépendance mutuelle : l'orthographe, avec tous ses agens, figure la prononciation au moyen des valeurs conventionnelles données aux signes de l'écriture, et la prononciation n'est que l'expression tonique de ces mêmes valeurs. Dans l'intérêt des étymologies, j'oserai dire dans l'intérêt de l'existence et de la généalogie littéraire et philosophique de toute langue écrite, la meilleure orthographe sera celle qui respectera le plus les formes originelles des mots. Le procédé contraire a de graves inconvéniens, et si l'on y ajoute la variabilité des acceptions trop facilement inventées, trop facilement admises, on comprendra comment chaque siècle, en France, a pu et pourra avoir sa langue françoise. Un plus grand mal encore résulte de l'introduction de mots mal faits, et je donne ce nom à tous ceux qui, même légitimés par leur racine, blessent cependant l'un des principes constitutifs de la langue, et particulièrement celui des désinences qui n'ont rien d'arbitraire dans leur expression. On pourroit prendre pour exemple le mot *utiliser*, repoussé, non sans raison, par les écrivains qui respectent la langue : ce mot n'est pas analogique aux lois constitutives de l'idiome, et si *utiliser* doit signifier *rendre utile, profitable*, on devoit dire *utilifier*, comme *clarifier*, rendre clair, *purifier*, rendre pur, etc. On peut citer beaucoup de mots qui justifieroient *utiliser*, mais ce sont des mots aussi mal faits, que l'usage peut absoudre, mais que le bon goût et les bonnes règles n'adopteront que par respect pour cet usage même.

Après cet exposé très-sommaire des principes essentiels de la science étymologique (et de longs développements sur un tel sujet n'auroient rien de superflu), nous citerons quelques exemples, pris des mots les plus longs de notre langue :

Désagréablement : *ment*, désinence des adverbes; *able*, désinence d'un adjectif participe; *dé*, augment initial, emportant l'idée contraire à l'action du mot devant lequel il est placé (*faire*, *défaire*; *mêler*, *démêler*, etc.); *à*, article ayant en composition le sens d'*avec* (*à* plaisir, *avec* plaisir); *gré*, racine du mot, d'où il résulte que le *s*, entre *dé* et *à*, n'est qu'une lettre euphonique. Ainsi, le mot *désagréablement*, de six syllabes et de quinze lettres, est ramené à un mot radical monosyllabique, et de trois lettres seulement, *gré*, analogue à *grat*, racine du latin *gratus*, qui a le même sens.

Individuellement : *ment*, désinence adverbiale; *el*, *elle*, désinence adjective; *in*, préposition négative, *non*; *di*, signe de l'idée *séparer* (en grec, étrusque, etc.); *idu* et *vidu*, soit du latin *videre*, *videri*, *dividere*, parce que ce qui est séparé est *vu* deux ou plusieurs fois; soit plutôt, comme le veut Vossius, du mot étrusque et latin *iduo*, je sépare, je divise : un individu est donc un être qui n'est pas ou qui ne peut être divisé. *Individuellement* a le même sens adverbialement, et la racine de ce mot de sept syllabes est, en définitive, le mot italiote *id*, qui a fait le verbe *iduo*, *viduo* avec le *v* euphonique, et qu'on retrouve dans le latin *dividia*, discorde, *divido*, je divise, fait de l'ancien latin *dididuo*, où le second *d* est euphonique, et qui avoit le même sens : *divis*, *divise* (portion de la fasce dans un blason), *diviser* et tous ses temps et modes; *diviseur*, *divisibilité*, *divisif*, *division*, et peut-être *divorce*, avec tous leurs composés, appartiennent à cette même racine; et l'augment *di* est aussi employé dans une foule d'autres mots, tels que *discorde*, *dispersion*, et avec le même sens.

Au sujet du mot françois *individuellement*, il suffit de remonter au mot latin, l'étymologiste n'étant pas tenu de poursuivre une racine jusqu'à son origine primitive : il doit seulement la rapporter à la langue influente la plus prochaine, et dans le cas présent, c'est le latin. La même règle s'applique au mot suivant :

GIRAFFE : il est arrivé tout fait dans le françois ; c'est le mot *zoraféh*, et l'on peut s'en tenir à la seule énonciation de cette origine. Si l'on veut cependant remonter plus haut, on peut considérer que les syllabes de ce mot n'ont, en arabe, aucun sens analogue à ce quadrupède, et l'explication qu'en donnent les lexiques est tout-à-fait arbitraire. On en conclut tout naturellement que la langue arabe aussi a reçu ce mot tout fait d'un autre idiome. Si l'on s'avance dans cette recherche, on trouve que le mot égyptien *sor-aphé* est composé de deux racines qui signifient rigoureusement *long col* ou *tête alongée*, et tel est le caractère éminent de la giraffe. Ce mot est donc d'origine égyptienne, et la giraffe, en effet, venue des contrées au midi de l'Égypte, et qui n'a pu être connue des Arabes que par les Égyptiens, est plusieurs fois figurée sur leurs anciens monumens, non-seulement de sculpture, mais encore dans les peintures de manuscrits ; et ce fait n'est pas indifférent pour justifier l'étymologie du nom françois de ce singulier quadrupède.

Tous les mots de notre langue n'exigent point le même travail anatomique ; mais il n'en est pas non plus dont cette opération ne pût rendre un compte satisfaisant à un bon esprit. On doit remarquer, à cet égard, que ceci ne s'applique absolument qu'aux mots véritablement *françois*, je veux dire à ceux qui, nés d'une *racine* dont l'origine primitive ou secondaire peut être ou non déterminée, ont suivi dans leurs accroissements ou composition les *règles imposées par la constitution grammaticale de la langue françoise*. De celles-ci, la plupart sont communes à d'autres idiomes, surtout au latin, et quelques autres, venant on ne sait d'où, lui sont tout-à-fait inconnues. Pour les *articles* et les *cas*, par exemple, le latin n'a pas les premiers et emploie les seconds ; le français, au contraire, ne connoît pas les *cas*, et a adopté les *articles* : le grec a admis les uns et les autres. On ne considérera donc pas comme *françois*, quant à l'étymologie, les mots introduits d'une autre langue, tout faits, d'un seul jet, dans la langue françoise : ils sont composés selon la constitution propre à l'idiome d'où ils sont tirés. Si donc on veut les analyser, c'est à cette constitution qu'il faut recourir, et tels sont les mots de notre langue qui sont tout grecs, tout arabes, etc., dont les désinences, les augments, l'euphonie, etc., ont suivi les règles de ces langues mêmes. Leur origine une fois reconnue, donne bientôt leur véritable étymologie.

Mais l'espace nous presse d'imposer des limites à l'exposition plus complète d'un sujet propre à un grand nombre d'importantes considérations. Nous n'en ajouterons plus qu'une que l'état, aujourd'hui si prospère, de l'étude comparative des langues, nous fait un devoir de ne pas omettre. Nous dirons donc que l'utilité de cette étude, nommée récemment *linguistique*, ne pouvant être douteuse, il faut ne pas la décréditer par l'usage d'une méthode erronée. Cette comparaison, pour être fructueuse, doit reposer sur des élémens bien déterminés, incontestables, certains pour tous en raison même de leur authenticité. Mais dans l'état actuel des choses, ce sont ces élémens qui nous manquent pour la plupart, et cependant on se hâte de combiner le petit nombre de ceux qui sont acquis, d'en conclure absolument des choses quelquefois très-surprenantes, mais qui, malheureusement, ne portent avec elles aucune conviction : c'est ce que nous appelons décréditer habilement la science. On travaille sur des vocabulaires, des recueils de mots venus de tous les coins du monde : mais quelle foi ajouter à ces nomenclatures recueillies par des voyageurs, d'ordinaire fort curieux, mais qui, ne voyageant pas pour les former, les dressent au hasard, les transcrivent comme ils peuvent avec notre alphabet, figurent bien ou mal des sons entièrement étrangers à notre idiome, après avoir bien ou mal entendu ce qu'on leur dit, en supposant encore que ceux qu'ils ont interrogés savoient bien ce qu'on leur demandoit et aussi ce qu'ils répondoient. Il n'en est pas ainsi pour les langues écrites, mais la variété de la prononciation, sur laquelle les linguistes s'accordent si peu, est encore ici une chance commune d'erreurs. On ne doit donc pas s'étonner de ces rapprochemens de langues, de ces analogies, quelquefois si inattendues, que les presses de l'Europe produisent si fréquemment : mais on les admire plus qu'on ne les estime; ils prouvent quelquefois beaucoup d'esprit ou d'imagination, et plus souvent peu de connoissances positives sur le sujet. La véritable science est plus prudente, elle repose sur des certitudes, elle ne fait pas chaque jour une découverte nouvelle, mais elle seule aussi éclaire la philosophie de l'histoire, la guide dans ses recherches sur les origines et les fortunes diverses de la civilisation; elle seule enfin obtient et mérite l'approbation et la reconnoissance des hommes.

DICTIONNAIRE ÉTYMOLOGIQUE

DE LA

LANGUE FRANÇOISE.

A

A, première lettre de l'alphabet dans presque toutes les langues, et le plus simple de tous les sons. En chiffres romains l'A sert à désigner le nombre 500, et si l'on y ajoute une ligne droite $\bar{a}$, il marque 5000. (*Voyez* Ducange, *Gloss. med. et infim. latinitatis.*)

<small>Possidet A numeros quingentos ordine recto.</small>

En matière criminelle l'A sert à indiquer que l'accusé n'est pas jugé, que le crime qu'on lui impute n'est pas suffisamment prouvé, et qu'il en sera plus amplement informé. (*Voyez* Rabelais, lib. IV, ch. XXVII.)

Les Latins appeloient la lettre A *littera felix*, parce qu'elle marquoit l'absolution dans le scrutin des juges. A. *absolvo.*

A *prépos.* Du latin *ad.*

Dans la suscription du plain-chant l'A signifie qu'il faut élever la voix.

L'A privatif des Grecs (*alpha*) entre dans la composition de plusieurs noms françois où il marque la privation. Cette lettre, qui répond, en général, à la préposition *sans*, ou à une négation, se place toujours au commencement du mot. Quelquefois, mais rarement, elle marque une augmentation.

ABAQUE, *abacot*, table pour apprendre à compter; sorte de table de Pythagore; partie supérieure du couronnement du chapiteau de la colonne et du pilastre. Du lat. *abacus*, formé du grec *abax*, *abacos*, comptoir, table, buffet.

ABATTRE, jeter bas, mettre à bas; renverser, affoiblir, tomber. Du lat. *bassus*, selon Henri Estienne. *Voyez* BAS. Ménage le tire de l'italien *abbattere*. Des étymologistes le dérivent du lat. *battuere*, ou de *vastare*. *Voyez* BATTRE.

ABAT, action de tuer et d'abattre les animaux.

ABATTAGE, coupe des bois; frais pour abattre les bois qui sont sur pied.

ABATTIS, choses abattues; séparation des pierres de leur banc dans une carrière; renversement des bois dans une forêt; parties détachées d'une volaille.

ABATTEMENT, affoiblissement, diminution de force ou de courage.

ABATTEUR, qui abat.

ABATTOIR, lieu où l'on abat les animaux.

ABATTUE, travail d'une poêle sur le feu.

ABATTURES, foulures qu'un cerf laisse en passant dans les broussailles.

Rabattre, abaisser, diminuer, aplatir, faire descendre.

Rabat, sorte de collet rabattu à l'usage des gens de robe et d'église.

Rabattage, diminution de la tare.

ABBÉ, supérieur d'un monastère d'hommes; ecclésiastique en général. D'*abbate*, abl. d'*abbas*, formé du syriaque *abba*, père.

Abbesse, supérieure d'un couvent de filles; femme qui tient une maison de prostitution.

Abbaye, couvent, monastère d'hommes et de femmes; maison du palais abbatial; les bâtimens et dépendances d'une abbaye. *Abbatia*.

Abbatial, qui dépend d'un abbé ou d'une abbaye; qui appartient à l'abbé ou à l'abbesse.

ABC, commencement de l'alphabet; commencement d'un art, d'une science, d'une affaire.

Abécédaire, petit livre contenant l'alphabet et la combinaison des lettres.

ABCÈS, amas d'humeurs corrompues qui se fixent en quelque partie du corps, et qui y forment une humeur. D'*abcessus*, part. d'*abscedere*.

Abcéder, se tourner, se résoudre en abcès.

ABDIQUER, renoncer à une dignité souveraine; se dépouiller d'une charge importante. Du lat. *ab-dicare*, cesser de se dédier à une chose.

Abdication, action d'abdiquer.

ABDOMEN, partie du bas-ventre; partie postérieure du corps des insectes. *Abdomen*. *Omen*, en lat. a d'abord signifié ventre; *abdomen* est le bas-ventre ou la partie du ventre que l'on cache. Du lat. *abdere*, *abdo*, cacher.

Abdominal, du bas-ventre; de l'abdomen.

Abdominaux, poissons qui ont des nageoires sous le ventre.

ABÉE, ouverture par laquelle coule l'eau qui fait tourner un moulin. Du latin *apertura*.

ABEILLE, insecte hyménoptère, mouche à miel. D'*apicula*, formé d'*apis*.

Abeillage, abeillon, ruche pour les mouches à miel.

Aboillage, droit sur les abeilles et sur le miel.

Abigeat, vol de ruches, de mouches à miel; vol de troupeaux.

ABERRATION, déviation perceptible des astres dans leur cours; mouvement des étoiles; erreur. Du lat. *aberratio*.

AB HOC ET AB HAC, mots empruntés du lat. pour dire: confusément, sans ordre ni raison, à tort et à travers.

ABIME pour abyme, gouffre très-profond; l'enfer; excès; tout ce qui est impénétrable, incompréhensible. Du lat. *abissus*, fait du gr. *abussos*, d'*a* privatif et de *bussos*, qui n'a point de fond.

Abîmer, *abymer*, renverser, précipiter dans l'abîme; faire périr, ruiner, salir, détruire, anéantir.

ABLAIS, dépouilles de la terre; dépouilles de blé; blés coupés. D'*ablatus*, emporté, transporté. D'autres le dérivent de *bladum*, blé.

ABLATIF, un des six cas des noms dans la déclinaison; celui qui indique les causes par lesquelles on est transporté dans l'état actuel. Du latin *ablativus*, formé d'*ablatus*, emporté, transporté.

Ablativo, tout en un tas.

ABOLIR, annuler, mettre hors d'usage; supprimer, révoquer. Du lat. *abolere*.

Abolissement, *abolition*, action d'abolir, extinction, anéantissement, abrogation. *Abolitio*.

ABOMASUS, l'un des quatre estomacs des animaux ruminants. *Abomasus*.

ABOMINABLE, détestable, exécrable, digne d'horreur, criminel. De la bass. lat. *abominabilis*, pris pour *abominandus*. Court de Gébelin prétend que le mot *abominable* signifia d'abord de mauvais augure. Comme on consultoit les entrailles des animaux pour y lire l'avenir, on exprima, dit-il, le mot *présage* par le mot *omen*, ventre. De là, dit cet auteur, se forma *ominosus*, de mauvais augure, dont on a fait *abominable*.

Abominablement, d'une manière horrible, affreuse.

Abomination, chose abominable; exécration. *Abominatio*.

Abominer, avoir en horreur, exécrer. *Abominari*.

ABONDER, avoir en grande quantité, croître en abondance, venir en foule. Du lat. *abundare*.

ABONDANT, qui abonde, qui est en grande quantité. *Abundans.*

ABONDANCE, affluence, grande quantité. *Abundantia.*

ABONDAMMENT, en abondance. *Abundanter.*

SURABONDER, abonder avec excès. *Super abundare.*

SURABONDANT, qui surabonde.

SURABONDANCE, très-grande abondance.

SURABONDAMMENT, avec surabondance.

ABOYEMENT, ABOI, onomatopée qui exprime le cri du chien ou le bruit que fait le chien en aboyant. En lat. *adbaubare*, formé de *baubare.*

ABOYER, japper, crier, faire retentir sa voix, en parlant du chien.

ABOIS (être aux), mot employé par les chasseurs pour indiquer que le cerf n'en pouvant plus, est contraint de se rendre, et que les chiens l'aboient de toutes parts.

ABOYEUR, qui aboie sans approcher. Homme qui crie beaucoup sans rien entreprendre.

ABRICOT, fruit à noyau, de couleur jaune, et très-hâtif. C'est par cette raison que les Latins l'appeloient *mala præcoqua*, et *præcocia*; les Grecs *berikokkon*, fruit du printemps; les Arabes *albercóq*; les Espagnols *alvarcoque.* Gébelin le dérive du latin *avercoccus*, fruit à coquille qui naît au printemps. Le P. Labbe prétend que les abricots ont été ainsi nommés, de ce qu'il faut élever les abricotiers à l'abri des mauvais vents, contre des murs exposés au midi, et que ce mot viendroit d'*apericotia*, fait d'*apricari.*

ABRICOTIER, arbre originaire d'Arménie; d'autres disent de Perse, lequel produit les abricots.

ABRICOTE, abricoté, dragées, conserve d'abricots.

ABROTONE, l'aurone, plante fibreuse et odoriférante, qui conserve toujours sa verdeur. Du grec *abrotonon*, formé d'*a* privatif et de *brotos*, mortel; c'est-à-dire qui ne meurt pas, parce que cette plante conserve toujours sa verdeur.

ABROTONOÏDE, sorte de madrépore qui croît sur les rochers, au fond de la mer, ainsi dit de sa ressemblance avec l'aurone. D'*abrotonon* et d'*eidos*, forme, ressemblance.

AURONE, plante vivace, espèce d'absinthe; le nom françois de cette plante vient également du gr. *abrotonon*, par syncope *abronon*, que les Grecs modernes prononcent *avronon.*

ABRUPTO (ex), adverbe latin, qui signifie à l'improviste, sur-le-champ, subitement.

ABSENT, qui est éloigné de sa demeure ordinaire, qui n'est pas présent en un lieu. Du lat. *absens*, fait d'*ab-sum.*

ABSENCE, éloignement d'une personne ou d'une chose qui n'est point dans la place qu'elle doit occuper, ou qu'elle occupe ordinairement. *Absentia*, manque, privation d'une chose.

S'ABSENTER, s'éloigner de quelque lieu, s'en retirer.

ABSIDES, APSIDES, les deux points de l'orbite d'un astre, le plus rapproché et le plus éloigné. Du gr. *hapsides*, voûte, arc, courbure.

ABSINTHE, plante médicinale très-amère, corymbifère, aromatique. Du lat. *absinthium*, fait du gr. *apsinthion.*

ABSORBER, engloutir, consumer, dissiper, dépenser, faire disparoître. Du lat. *absorbere.*

ABSORBANT, substance qui a la propriété d'absorber les acides en s'y unissant; médicament terrestre et poreux qui s'imbibe des humeurs surabondantes. *Absorbens.*

ABSORPTION, action d'absorber; anéantissement d'une chose par une autre. *Absorptio.*

RÉSORPTION, action d'absorber une seconde fois.

ABSTÈME, qui ne boit pas de vin. Du lat. *abstemius*, fait du priv. *ab*, sans, et de *temetum*, vin.

ABSTERGER, nettoyer une plaie. *Abstergere.*

ABSTERSIF, ABSTERGENT, qui nettoie, qui déterge; propre à dissoudre la concrétion. *Abstersivus.*

ABSTERSION, action d'absterger.

DÉTERGER, nettoyer, rendre propre; débarrasser des humeurs, purger. Du lat. *detergere.*

DÉTERGENT, DÉTERSIF, remède qui nettoie, qui purge, qui purifie.

DÉTERSION, action de déterger.

ABSTRUS, difficile à entendre, à

comprendre, à pénétrer, à trouver, à découvrir; caché, enfoncé. Du lat. *abstrusus*.

ACACIA, sorte d'arbre épineux dont il y a plusieurs espèces à fleurs blanches, roses ou jaunes, en grappes. Du lat. *acacia*, fait du gr. *akakia*, formé d'*aka*, *aké*, pointe, épine.

ACADÉMIE, jardin près d'Athènes; qu'un particulier, nommé *Académus*, céda à Platon pour y tenir son école; société de gens de lettres, de savants ou d'artistes; lieu où ils se rassemblent pour tenir leurs exercices; école pour les beaux-arts et pour les exercices du corps; maison de jeu. Du lat. *academia*, dérivé du gr. *akadmia*.

ACADÉMICIEN, membre d'une académie.

ACADÉMIQUE, dans les formes d'académie; discours qui sent le travail. *Academicus*.

ACADÉMIQUEMENT, d'une manière académique.

ACADÉMISTE, élève d'académie ou d'école publique pour les armes, l'équitation, la gymnastique, l'écriture, etc.

ACAJOU, sorte d'arbre résineux qui croît en Amérique. Du brésil. *acajaiba*.

ACAMPTE, qui ne réfléchit pas la lumière. D'*a* priv. et de *kampto*, fléchir.

ACANTHE, la branche-ursine, plante épineuse dont les feuilles, représentées en sculpture, servent d'ornement au chapiteau des ordres corinthien et composite. Du lat. *acanthus*, dérivé du gr. *akanthos*, épine.

ACANTHABOLE, instrument de chirurgie, en forme de pincettes, qui sert à tirer du corps les épines, les esquilles d'os, et autres corps étrangers. D'*akantha*, épine, et de *ballô*, je jette.

ACANTHACÉ, épineux, rempli d'épines. *Akanthicon*.

ACANTHIES, insectes sautants, du genre des punaises.

ACANTHOÏDES, familles de plantes épineuses, du genre de l'acanthe. D'*akanthos* et d'*eidos*, ressemblance.

ACANTHOPODE, familles de poissons dont les nageoires sont armées de piquants; D'*akantha*, épine, et de *pous*, pied.

AIGLANTIER, et non pas *Églantier*, le rosier sauvage où des haies, également nommé *gratte-cul*, *rose de chien*, *rose cochonnière*; arbrisseau épineux qui produit des fleurs roses et des fruits rouges. Du lat. *akanthus*, dérivé du gr. *akanthos*.

AIGLANTINE, et non pas *Églantine*, le gratte-cul ou fruit de l'aiglantier. Prix des Jeux Floraux qui la représente.

L'auteur Fabre d'Eglantine avoit pris ce surnom parce qu'il avoit remporté le prix de l'Aiglantine aux Jeux Floraux.

ACARNE, *acarnan*, poisson de mer. Du gr. *akarnan*.

ACARNE, chardon à fleur large et jaune. Du gr. *akarna*.

ACCENT, élévation ou abaissement de la voix; prononciation propre à chaque langue; prononciation vicieuse d'un département, d'une province; signe pour modifier la nature des sons, la valeur des lettres, pour déterminer le sens de quelques mots. Du lat. *accentus*.

ACCENTUER, mettre des accents où il convient.

ACCENTUATION, manière d'accentuer; action de faire sentir les accents dans le discours, dans le chant et dans la musique.

ACCEPTER, recevoir une chose offerte. D'*acceptare*, pour *accipere*, fait d'*ad*, à, vers, et de *caperé*, prendre.

ACCEPTATION, action d'accepter, de recevoir. *Acceptatio*.

ACCEPTABLE, qu'on peut accepter.

ACCEPTANT, qui accepte et ne refuse point.

ACCEPTEUR, qui s'engage à payer une lettre de change.

ACCEPTION, préférence, égard; signification d'un mot, manière dont il est accepté.

INACCEPTABLE, qu'on ne peut pas accepter.

ACHETER, * *achepter*, acquérir à prix d'argent; accepter une proposition. D'*acceptare*, et non d'*acquirere*. Et en effet, dans un marché, une vente, l'un propose et l'autre accepte.

ACHAT, emplette, acquisition à prix d'argent.

ACHETEUR, celui qui achète.

ACABIT, qualité d'une denrée qu'on veut acheter.

RACHETER, acheter de nouveau ce qu'on a vendu; acheter en remplacement.

RACHAT, action de racheter.

RACHETABLE, qui peut se racheter ou être racheté.

SURACHETER, acheter au-dessus de la valeur.

ACCAPARER, acheter d'avance pour vendre ensuite plus cher. D'*accipere*. Jauffret le dérive du lat. *capere*; d'autres d'*ad parare*, acheter sans revendre.

ACCAPAREMENT, action d'accaparer; amas considérable de marchandises, fait pour amener une augmentation dans les prix.

ACCAPAREUR, qui fait métier d'accaparer.

ACCIPITRES, dénomination générale des oiseaux de proie, parce qu'ils enlèvent et prennent les animaux. Du lat. *accipiter*.

ACCIPER, prendre, enlever. *Accipere*.

ACCIPÉ, prenez, enlevez. *Accipe*.

CHIPER, mot factice, pour prendre, voler, enlever; de là on a fait: *Chiper*, apprêter des peaux; donner le chipage; *Chipage*, apprêt des peaux; *Chipoter*, vétiller, faire peu à peu, faire enrager, contrarier; *Chipotier*, qui chipote : mots dont on auroit peine à reconnoître l'origine.

RÉCIPÉ, prenez.

ACCOINTER, se lier d'amitié, fréquenter, hanter familièrement. Du lat. *ad comitare*.

ACCOINTANCE, liaison intime, fréquentation, habitudes.

ACCOINTABLE, avec qui l'on peut former une liaison d'amitié.

ACCON, *acon*, petit bateau plat, les extrémités en pointes, pour aller sur la vase et dans les marais; le batelier qui est dedans le mène en poussant la terre avec un pied. Du latin *aco*, *aconis*, que Ménage fait venir d'*acus*, à cause que ces bateaux sont pointus.

ACCORT, doué de politesse, de courtoisie; qui a l'esprit délié, simple, rusé. De l'italien *accorto*, qui a la même signification, et qui vient du latin *adcorgere*, selon Ménage.

ACCORTISE, affabilité, politesse, souplesse d'esprit, manières insinuantes.

ACCUSER, reprocher, annoncer, avouer, déférer en justice. Du lat. *accusare*.

ACCUSATEUR, *accusatrice*, qui dénonce, qui accuse en justice. *Accusator*, *accusatrix*.

ACCUSABLE, qu'on peut accuser, qui donne prise à quelque imputation défavorable. *Accusabilis*.

ACCUSATIF, un des six cas de la langue; c'est le cas passif qui désigne l'objet sur lequel se porte l'action dont il est parlé. Il accuse, il révèle l'objet de cette action. *Accusativus*.

ACCUSATION, plainte, reproche d'une faute, d'un délit. *Accusatio*.

ACCUSATOIRE, qui accuse.

ACCUSÉ, dénoncé, déféré en justice. *Accusatus*.

EXCUSER, admettre les excuses; décharger d'une imputation.

EXCUSABLE, susceptible d'être excusé.

EXCUSE, raison pour disculper.

EXCUSATION, cause alléguée pour être déchargé d'une tutelle, pour la refuser.

RÉCUSER, rejeter un juge, un témoin.

RÉCUSABLE, qui peut être récusé, qu'on a le droit de récuser.

RÉCUSATION, action de récuser.

ACÈRES, insectes qui n'ont point d'antennes. D'*a* privatif, et de *kéras*, corne.

ACHE, le céleri, plante potagère, ombellifère, sorte de grand persil. Du lat. *apium*. *Céleri* est le mot italien qui désigne la plante.

ACHÉRON, fleuve des Enfers. En lat. *acheron*, fait du gr. *achéos*, douleur, et de *rhoos*, fleuve, fait du verbe *rhéô*, je coule.

ACHORES, petits ulcères qui viennent à la tête et aux joues, et qui n'occupent qu'une très-petite place; sorte de teigne qui attaque particulièrement les enfans. Du gr. *achôr*, ulcère de la tête; dérivé d'*a* privatif, et de *chôros*, lieu, espace.

ACIDE, sel primitif; toute substance qui a une saveur aigre et piquante, laquelle est composée d'une base acidifiable et d'un principe acidifiant; combinaison de l'oxigène avec un combustible. Du lat. *acidus*; dérivé du gr. *akis*, *akidos*, pointu, tranchant, piquant.

ACESCENCE, disposition à l'acide ou à s'aigrir. D'*acescere*, aigrir; fait d'*acer*.

ACESCENT, qui tend à l'acide, qui tient de l'acide, qui devient aigre.

ACÉTATE, *acétite*, sels formés par l'union de l'acide acétique avec différentes bases.

ACÉTÉ, *acéteux*, aigrelet; qui tient du goût du vinaigre. D'*acetum*.

ACÉTIQUE, acide de vinaigre où le principe acidifiant est en excès.

ACÉTITE, vinaigre distillé avec une base.

ACETUM, vinaigre très-acide.

ACIDIFÈRE, substance susceptible de se combiner avec des acides. D'*acidus*, et de *fero*, je porte.

ACIDIFIABLE, qui peut être converti en acide.

ACIDIFIANT, qui convertit en acide les bases acidifiables.

ACIDITÉ, qualité de ce qui est acide.

ACIDULE, sel avec excès d'acide.

ACIDULÉ, qui tient de l'acide; un peu acide.

ACIDULER, rendre légèrement acide.

ACIER, fer raffiné ou combiné avec le charbon pur; fer plus dur et plus élastique que le fer commun. De la bass. lat. *aciarium*, fait d'*acies*, dérivé du gr. *akis*, pointu, tranchant.

ACÉRAIN, qui tient de l'acier.

ACÉRÉ, tranchant, coupant, piquant, mordant.

ACÉRER, mettre de l'acier dans le fer pour le rendre tranchant.

ACIÉRATION, conversion du fer en acier.

ACIÉRER, convertir le fer en acier.

ACIÉRIE, atelier où l'on fabrique et l'on dégrossit l'acier.

ACINACÈS, sabre long et recourbé des Perses et des Parthes. Du lat. *acinaces*, fait d'*akis*.

ACINACIFORME, feuilles alongées et charnues, dont l'un des bords est obtus, et l'autre est tranchant. D'*acinaces* et de *forma*.

ACOLYTE, clerc promu au premier des quatre ordres mineurs. Il accompagne et sert les prêtres à l'autel. Du lat. *acolytus*, formé du gr. *akólutos*, libre, sans engagement.

ACOLYTAT, le premier des quatre ordres mineurs.

ACONIT, plante vénéneuse, renonculacée, qui croît sur les rochers. En lat. *aconitum*, du gr. *akoniton*.

ACORUS, le jonc odorant; plante médicinale, vivace, dont on se sert dans les maladies de la prunelle de l'œil. Du gr. *akoron*, formé d'*a* privatif, et de *koré*, prunelle de l'œil.

ACOUSTIQUE, théorie des sons et de leurs propriétés; science qui traite de l'ouïe.

ACOUSTIQUE, qui concerne l'ouïe; instrument qui sert à augmenter le son; nerf auditif. Du gr. *akousticos*, qui entend; dérivé d'*akouô*, j'entends.

ACOUSMATE, bruit de voix et d'instrumens que des personnes, dont l'imagination est frappée, croient entendre dans l'air. Du gr. *akousma*, ce que l'on entend; dérivé d'*akouô*.

ACOUSMATIQUE, auditeur; nom donné aux élèves de Pythagore, qui, pendant cinq ans, écoutoient ses leçons derrière un voile, en gardant un rigoureux silence. Du gr. *akouô*.

CATACOUSTIQUE, partie de l'acoustique qui a pour objet les échos ou les sons réfléchis. Du gr. *kata*, contre, et d'*akouô*, j'entends : que M. Morin explique par, « J'entends des sons contrariés dans leur direction, ou j'entends par réflexion. »

DIACOUSTIQUE, partie de l'acoustique qui considère les propriétés des sons répartis, selon qu'ils passent par différens intermédiaires. Du gr. *dia*, par, à travers, et d'*akouô*, j'entends.

ÉCOUTER, * *escouter*, prêter l'oreille pour entendre; acquiescer à une proposition. *S'écouter*, parler lentement et avec affectation; prendre un soin puéril de sa santé. Du lat. *auscultare*, dont les Ital. ont fait *ascoltare*; dérivé du gr. *akouô*.

ÉCOUTANT, qui écoute.

ÉCOUTE, lieu duquel on entend sans être vu. *Être aux écoutes*, observer, être attentif à ce qu'on dit ou à ce qu'on fait.

ÉCOUTEUR, qui écoute, qui observe.

ÉCOUTEUX, cheval distrait par tout ce qui le frappe.

ÉCOUTILLE, trappe du tillac d'un navire pour descendre dans le fond.

ÉCOUTILLON, ouverture dans l'écoutille.

ACRATIE, foiblesse ou incapacité de se mouvoir. Du gr. *akratéia*, fait d'*a* privatif, et de *kratos*, force.

ACRATISME; c'étoit chez les anciens Grecs le repas que nous appelons *déjeûner*, lequel consistoit en du pain trempé dans du vin pur. Du gr. *akratizô*, qui a la même signification; fait d'*akraton*, vin sans mélange.

Acratophore, qui donne le vin pur; surnom de Bacchus; fait d'*acraton*, vin pur, et de *phérô*, je porte, je donne.

Acre, portion de terre de la contenance d'un arpent et demi. Du saxon *acher*, formé du latin *ager*, en bass. lat. *acra*. Des étymologistes pensent que le mot *acra* auroit été dit pour *acna, acnua*, employés par Varron et par Colùmelle pour désigner une mesure de terre de cent vingt pieds. *Acna* pourroit venir du gr. *akaina, akéna*, mesure de dix pieds de long.

Acre, piquant, aigre, mordicant, rude au goût. Du lat. *acer*, fait du grec *aké, akis*, pointe.

Acreté, acrimonie, qualité âcre et piquante. *Acritudo, acrimonia*.

Acrimonieux, qui a de l'âcreté, de l'acrimonie.

Acrisie, crudité des humeurs, qui empêche la séparation et l'expulsion de la matière morbifique; crise pénible sans soulagement.

Acerbe, rude, âcre, rigoureux, âpre. *Acerbus*.

Acerbité, rudesse de caractère, âcreté, âpreté au goût, mordacité d'humeurs. *Acerbitas*.

Aigre rude, âpre, d'une saveur piquante; qui a de l'aigreur.

Aigre-doux, fruits qui ont un goût mêlé d'aigre et de doux.

Aigrelet, *aigret*, un peu aigre, qui tire sur l'aigre.

Aigrement, d'une manière aigre, avec aigreur.

Aigrette, oiseau, du genre des hérons, qui porte sur la tête une plume droite et blanche; ainsi dit de sa voix aigre et rauque; par analogie avec cette plume, on a dit *aigrette*, pour un ornement de tête, de lit, de cheval, etc. Dans ce dernier sens Gébelin le dérive de *crista*, crête.

Aigreur, qualité dure et piquante d'une substance qui tourne à l'aigre. Disposition à piquer, à offenser. *Acor, acritudo*.

Aigreurs, rapport des alimens mal digérés.

Aigri, devenu aigre.

Aigrir, rendre aigre, devenir aigre; irriter, fâcher, offenser.

Agriotte, sorte de cerise sauvage, d'un goût fort aigre.

Besaigre, vin qui s'aigrit étant au bas.

ACRIDOPHAGE, nom des peuples qui se nourrissent de sauterelles. Du gr. *akris, akridos*, sauterelle, et de *phagein*, manger.

ACROATIQUE, nom donné aux ouvrages des philosophes de l'antiquité, qu'on ne pouvoit comprendre s'ils n'en donnoient eux-mêmes la signification. Du gr. *akroasthai*, écouter, entendre les leçons du maître.

ACROBATE, danseur de corde chez les anciens. Du gr. *akrobatein*, marcher sur la pointe du pied; dérivé d'*akron*, extrémité, et de *bainô*, je marche.

Acrobation, machine de guerre des anciens, formée d'une espèce d'échelle pliante sur laquelle on montoit pour reconnoître les travaux de l'ennemi. Du gr. *akron* et de *bainô*, je marche.

ACROCÉRAUNIENS, hautes montagnes de l'Épire, dont le sommet est souvent frappé de la foudre. Du gr. *akron*, extrémité, sommet, et de *kéraunos*, foudre.

ACROCHIRISME, lutte des anciens, dans laquelle on n'employoit que les mains. Du gr. *akros*, extrême, haut, et de *cheir*, la main; d'où le verbe *akrocheirizomai*, lutter, se toucher avec le haut des mains.

Acrochiriste, lutteur qui s'adonnoit à l'acrochirisme.

ACROCHORDON, sorte de verrue, attachée par un filet délié à la peau, d'où elle semble pendre comme une corde. Du gr. *akron*, extrémité, et de *chordé*, corde.

ACROCOME, chevelu, à cheveux longs. D'*akros* et de *coma*, chevelure.

ACROMION, extrémité de l'épaule; éminence supérieure de l'épaule qui reçoit l'omoplate. Du gr. *akros*, extrême, et d'*ômos*, l'épaule.

ACROMPHALION, extrémité du cordon ombilical. Du gr. *akros*, et d'*omphalos*, en lat. *umbilicus*, le nombril.

ACROPOLE, citadelle située à l'extrémité ou en haut d'une ville. Du lat. *Acropolis*, fait du gr. *akros*, extrême, et de *polis*, ville.

ACROSTICHE, petite pièce de poésie dont chaque vers commence par une lettre du nom de la chose ou de la personne qui en fait le sujet. Du grec *akrostichis*, composé d'*akros*, extrême, et de *stichos*, ordre, marqué par ordre aux extrémités.

ACROTÈRES, petits piédestaux aux extrémités, au milieu d'un fronton, ou au-dessus d'autres parties élevées d'un édifice. Les acrotères servent de bases aux figures, aux vases et autres amortissemens. Du lat. *acroteria*, dérivé du gr. *akrôtérion*, extrémités de toutes sortes de corps.

ACTIAQUE, ère qui tire son origine et son nom de la bataille d'*Actium*.

ACTINIE, anénomes de mer; genre de zoophytes rayonnans, de la bouche desquels sortent des tentacules ou espèces de bras disposés en cercle. Du gr. *aktin*, rayon.

ACTINOTE, le schorl vert; substance minérale qui offre dans son tissu des espèces de rayons. Du gr. *aktinôtos*, rayonnant; dér. d'*aktin*.

ADAGE, maxime, sentence, proverbe. Du lat. *adagium*.

ADAGIO, mot ital. qui désigne en musique un mouvement moins lent que le *largo*.

ADAM, nom du premier homme, et que l'on prétend signifier *père* ou *premier* dans la langue hébraïque.

ADAMITES, secte d'individus, lesquels imitoient la nudité d'Adam avant son péché. *Præadamites*, hommes antérieurs à Adam, selon le système de Lapereyre.

ADELIE, genre d'arbrisseaux de la famille des tithymaloïdes, dont les fleurs, très-petites, sont peu apparentes. Du gr. *adélos*, non apparent; formé d'*a* privatif et de *délos*, manifeste.

ADÉLOBRANCHES, mollusques gastéropodes qui, n'ayant point de branchies ou ouïes apparentes, tirent leur respiration par un trou ou par une fente placée sur les côtés du corps. Du gr. *adélos*, qui n'est point apparent, et de *bragchia*, branchie, ouïe de poisson.

ADÉLOPODE, animaux dont les pieds ne sont pas apparents. Du grec *adélos*, et de *pous*, pied.

ADEMPTION, retranchement, révocation d'un legs, d'une dotation. Du lat. *adimere*, retrancher.

ADÈNE, glande, partie du corps simple, molle, friable et spongieuse. Du gr. *adén*, glande.

ADÉNOGRAPHIE, description des glandes. Du gr. *adén* et de *graphô*, je décris.

ADÉNOÏDE, glanduleux, qui a la forme d'une glande. D'*adén* et d'*eidos*, forme, figure, ressemblance.

ADÉNOLOGIE, partie de l'anatomie qui traite des glandes. D'*adén* et de *logos*, discours.

ADÉNO-MÉNINGÉE, fièvre pituiteuse indiquant une irritation des membranes muqueuses qui revêtent certaines cavités. D'*adén* et de *méningx*, membrane.

ADÉNO-NERVEUSE, sorte de fièvre dans laquelle les glandes et les nerfs sont attaqués. D'*adén* et de *neuron*; en latin *nervus*, nerf.

ADÉNO-PHARYNGIEN, les deux muscles qui, partant de la glande thyroïde, vont s'unir de chaque côté au thyropharyngien. D'*adén* et de *pharugx*, pharynx.

ADÉNOTOMIE, dissection des glandes. D'*adén* et de *tomé*, incision; dérivé de *temnô*, je coupe.

ADÉPHAGIE, appétit vorace, insatiable, appétit glouton. Du gr. *adéphagia*, fait d'*adén*, abondamment, et de *phagô*, je mange.

ADÉPHAGIE, la déesse de la gourmandise, fort honorée dans la Sicile.

ADEPTE, qui est initié dans les secrets de la science hermétique ou d'une secte. Du lat. *adeptus*, part. d'*adipiscor*, j'obtiens.

ADHÉRER, être attaché à; se joindre; consentir, être du sentiment; s'unir, tenir fortement; confirmer un acte par un subséquent. Du latin *adhærere*, formé de *ad*, à, et de *hæreo*, je tiens, je suis attaché.

ADHÉRENCE, union d'une chose à une autre; jointure, liaison, jonction.

ADHÉRENT, attaché à; uni à; partisan. *Adhærens*.

ADHÉSION, action d'adhérer; union, jonction, consentement; *adhæsio*.

ADIANTE, sorte de fougère ou de capillaire, plante sur les feuilles de laquelle l'eau des pluies ne s'arrête jamais. Du lat. *adiantum*, fait du gr. *adianton*, formé d'*a* privatif et de *diainô*, humecter.

ADIAPHORE : le chimiste Boyle a donné ce nom à une sorte d'esprit tiré du tartre, lequel esprit n'étoit ni acide, ni vineux, ni urineux. Du gr. *adiaphoros*, indifférent; formé d'*a* privatif, et de *diaphorô*, je diffère.

ADIAPHORISTE : dans le XVIe siècle on donna ce nom aux luthériens mitigés qui approuvoient la doctrine de Luther, sans cesser de reconnoître l'autorité de l'église. Du gr. *adiaphoros.*

ADIPEUX, gras, graisseux, qui appartient à la graisse. Du lat. *adiposus,* fait d'*adeps, adipis,* graisse.

ADIPOCIRE, substance analogue à la graisse et à la cire qu'on tire d'une cavité située sous le museau du cachalot, et dont on fait de belles bougies. D'*adeps*, graisse, et de *cera*, cire.

ADIPSIE, défaut de soif, d'appétit pour les liquides. Du gr. *adipsos*, fait d'*a* privatif, et de *dipsos*, soif.

ADIPSOS, grand palmier d'Egypte dont le fruit, lorsqu'il n'est pas encore mûr, a la vertu d'apaiser la soif.

ADIRER, égarer, perdre, manquer. Du lat. *adire.*

ADITION, acceptation d'un héritage. D'*ad*, vers, et d'*eo*, je vais.

ADOLESCENT, jeune homme ou jeune fille qui a atteint le terme de sa croissance. Du lat. *adolescens.*

ADOLESCENCE, jeunesse; l'âge de quatorze ans à vingt-cinq; terme de la croissance. *Adolescentia*, d'*adolescere*, formé de l'augmentatif *ad* et de *crescere*, croître, grandir. *Voy.* CROÎTRE.

ADULTE, adolescent parvenu à l'âge de raison et au terme de la croissance. Du lat. *adultus*, part. d'*adolescere,* croître.

ADONIS, nom du favori de Vénus; jeune et beau garçon. Dérivé du syriaque *adon, adonaï,* seigneur.

ADONIDE, chanson consacrée à la mémoire d'Adonis.

ADONIES, *adoniennes,* fêtes en l'honneur d'Adonis.

ADONIQUE, *adonien,* petit vers latin composé d'un dactyle et d'un spondée qui se place à la fin de chaque strophe des vers saphiques, ainsi nommé de ce qu'il étoit fort usité dans les fêtes célébrées en l'honneur d'Adonis.

ADONISER (s'), prendre trop de soin de sa personne.

ADONIDE, plante de la famille des renoncules à fleurs d'anémone, jaunes ou rouges, ainsi appelée à cause de son éclat.

ADORER, aimer avec passion, vouer un culte; prier avec onction; rendre à la divinité le culte qui lui est dû. Du lat. *adorare,* formé de *ad*, à, et d'*orare*, prier; fait d'*os, oris*, la bouche, parce que les Romains, lors de leurs prières, portoient la main à la bouche.

ADORABLE, digne d'être adoré. *Adorandus.*

ADORATEUR, *adoratrice,* qui adore; qui rend à la divinité le culte qui lui est dû. *Adorator.*

ADORATION, action par laquelle on adore. *Adoratio.*

ORACLE, réponse des dieux d'Athènes et de Rome aux questions qui leur étoient faites. D'*oraculum*, fait d'*os, oris*, la bouche.

ORAISON, discours en général; prières; construction grammaticale des mots d'une phrase. D'*oratio.*

ORAL, voile pour se cacher la figure. D'*os, oris*, bouche, figure, visage.

ORAL, transmis de bouche en bouche.

ORARIUM, mouchoir des anciens. *Orarium.*

ORATEUR, homme qui compose et débite des oraisons ou des discours. *Orator.*

ORATOIRE, lieu destiné à la prière. *Oratorium*, fait d'*orare.*

ORATOIRE, qui appartient à l'orateur.

ORATOIREMENT, d'une manière oratoire.

ORATORIO, petit drame dont le sujet, tiré de la Bible, est toujours mis en musique. De l'it. *oratorio.*

INEXORABLE, dur, sévère, qui ne se laisse point fléchir. *Inexorabilis.*

INEXORABLEMENT, durement, sans pitié.

ADOUBER : chez nos pères ce verbe étoit employé dans les acceptions suivantes : accommoder, boucher, ajuster, garnir, arranger, orner, parer, habiller, préparer, armer des vêtements et armes de la chevalerie. De la bass. lat. *adobare,* fait d'*adaptare.* Aujourd'hui, *adouber* signifie réparer un vaisseau; boucher des trous dans une fontaine; toucher les pièces du jeu d'échecs sans être obligé de les jouer.

RADOUBER, réparer un vaisseau.

RADOUB, action de radouber.

ADULER, flatter bassement. Du lat. *adulari.* Ce verbe, employé généralement aujourd'hui, a été introduit dans la langue par Diderot.

ADULATEUR, vil flatteur. *Adulator.*

ADULATION, action d'aduler; flatterie basse. *Adulatio.*

ADUSTE, brûlé, en parlant des humeurs du corps humain. Du lat. *adustus*, fait d'*adurere*, formé de l'augmentatif *ad*, et d'*urere*, brûler, enflammer.

ADUSTION, état de ce qui est brûlé. *Adustio.*

ÆGAGROPILE, *égagropile*, boule de poils qui se trouve dans l'estomac de la plus grande partie des animaux ruminants. L'intérieur de ces boules présente des poils ou des crins entassés comme la laine d'une balle. Du gr. *aix, aigos*, chèvre, *agrios*, sauvage, et de *pilos*, balle de laine.

ÆGILOPS, *égilops*, ulcère au grand angle de l'œil qui n'attaque point le sac lacrymal, en quoi il diffère de la fistule lacrymale. Du gr. *aix, aigos*, chèvre, et *ôps*, œil. Ainsi dit, soit parce que les chèvres sont sujettes à cette maladie, soit parce qu'elle fait tourner les yeux comme les chèvres.

ÉGILOPE, plante graminée à fleurs en épis.

ÆGIPANS, *égipans*, divinités champêtres qu'on représentoit avec des cornes à la tête, des pieds de chèvre et une queue. Du gr. *aix, aigos*, chèvre, et de *Pan*, dieu des jardins.

ÆGOLÉTHRON, arbuste qui croît dans la Mingrelie, qui fait périr les animaux qui en mangent, et particulièrement les chèvres. D'*aix, aigos*, et d'*oléthros*, mort; la mort aux chèvres.

ÆGOPHAGE, *égophage*, mangeuse de chèvres; surnom donné à Junon, à cause des chèvres qu'on lui immoloit. D'*aix, aigos*, et de *phagô*, je mange.

AEMÈRE, nom donné aux saints dont on ignore le nom propre et l'époque de la mort. Du gr. *a* privatif, et d'*hêméra*, jour; qui n'a point de jour certain.

ÆTITE, *étite*, la pierre d'aigle, fer oxidé, rubicigeux, sphérique en géodes. Ainsi dite de ce qu'on croyoit que les aigles en portoient dans leurs nids pour faciliter leur ponte. Du gr. *aëtités*, fait d'*aëtos*, aigle, sous-entendu *lithos*, pierre.

AFFLIGER, causer du chagrin; faire de la peine tant au physique qu'au moral; sentir du déplaisir. Du lat. *affligere, afflictari*, formés d'*ad* et de *fligere*, heurter, battre, choquer, qu'on dit venir du gr. *phligô* pour *thlibô*, presser, serrer, faire souffrir.

AFFLICTIF, châtiment corporel; ce qui frappe le corps d'un coupable.

AFFLICTION, peine, chagrin, déplaisir; malheur, disgrâce; souffrance de l'âme. *Afflictio.*

AFFLIGÉ, tombé dans l'affliction.

AFFLIGEANT, qui afflige, qui cause de l'affliction.

INFLIGER, imposer une peine afflictive. D'*infligere*, formé d'*in*, sur, et de *fligere*, battre, frapper.

INFLICTIF, *inflictive*, à infliger, qui est ou doit être infligé.

INFLICTION, action d'infliger, condamnation à une peine corporelle afflictive. *Inflictio.*

AFFRE, onomatopée qui exprime le frémissement qu'excitent l'épouvante et l'horreur. N'ayant pas reconnu cette onomatopée, des étymologistes l'ont dérivée du gr. *phrix.*

AFFREUX, objet qu'on ne peut voir sans éprouver un sentiment de crainte ou d'aversion. Ménage et Caseneuve dérivent à tort ce mot du lat. *afer*, Africain, parce que, disent-ils, la noirceur de leur peau leur donne un air effrayant.

AFFREUSEMENT, d'une manière affreuse, horrible, épouvantable.

AFRIQUE, l'une des cinq parties du monde. Du lat. *africa.*

Immense presqu'île, jointe à l'Asie par l'isthme de Suez, presqu'entièrement située sous la zone torride; on y éprouve des chaleurs insupportables. De là, des étymologistes ont dérivé son nom du gr. *Friké*, saisissement de froid, précédé de l'*a* négatif, qui fait *a-friké*, privé de froid; ou plutôt, pays où il fait très-chaud. D'autres étymologistes tirent le mot Afrique du lat. *apricum*, exposé au soleil.

AFRICAIN, qui est de l'Afrique; marbre pourpré, tacheté de blanc et de noir. *Africanus, afer.*

AGA, onomatopée qui peint l'étonnement et l'admiration, comme si l'on disoit voyez, regardez, admirez: des étymologistes ont pensé que ce mot avoit été fait du gr. *agaô*, admirer.

AGA, commandant des janissaires;

du turk, *aga*, chef, seigneur, commandant.

AGACEMENT, onomatopée qui désigne l'effet que produisent sous les dents les alimens aigres et acides ; son dont on se sert pour irriter ou agacer les animaux. Lancelot tire ce mot d'*acere*, le P. Labbe d'*agria*, et Ménage d'*alligare*. En gr. *akazein*, piquer, irriter ; formé d'*aké*, pointe.

AGACE, la pie, sorte d'oiseau facile à agacer, à irriter.

AGACER, piquer par des paroles, provoquer par des railleries, irriter.

AGACERIES, mines d'une coquette pour provoquer, exciter ses adorateurs, et s'attirer l'attention.

AGAÇANT : on dit propos, regards agaçans, manières agaçantes ; qui agace, qui excite.

AGAPES, repas que faisoient les premiers chrétiens dans les églises, pour cimenter leur union mutuelle. Du gr. *agapé*, amour ; dérivé d'*agapaô*, j'aime, je chéris.

AGAPÈTES, filles qui vivoient en communauté, sans faire de vœux ; elles se dévouoient au service des ecclésiastiques, par piété et par charité. Du gr. *agapétos*, aimable, bon.

AGARIC, champignon qui vient au pied des arbres ; sorte de racine qui, suivant Dioscoride, est venue d'Agaric, pays de la Sarmatie. Du lat. *agaricum*, fait du gr. *agarikon*.

AGASILIS, *Agasyllis*, arbrisseau qui produit la gomme ammoniaque. Du gr. *agasullis*.

AGATE, *agathe*, pierre extrêmement dure, en partie diaphane, en partie opaque ; elle est mélangée de plusieurs couleurs. Du lat. *achates*, fait du grec *achatés*, ainsi dit de l'ancien nom d'un fleuve de Sicile, sur le bord duquel les premières agates furent découvertes.

AGATISÉ, qui a les propriétés de l'agate.

AGATISER (s'), se changer en agate, prendre les propriétés de l'agate. D'où *Agathe*, nom propre de femme.

AGAVE, sorte d'aloès d'Amérique, remarquable par sa beauté. Du gr. *agaué*, féminin d'*agauos*, admirable ; dérivé d'*agaô*, j'admire.

AGE, portion de temps pendant lequel on a déjà vécu ; durée ordinaire de la vie ; époque, siècle, temps. Du lat. *ævum*, et non d'*ætas*.

AGÉ, vieux, qui a un certain âge, qui a existé long-temps.

LONGÉVITÉ, longue durée de la vie. *Longævitas*.

AGÉRASIE, état d'un vieillard qui a toute la vigueur de la jeunesse. Du gr. *a* privatif, et de *géras*, vieillesse.

AGGLOMÉRER, amonceler, réunir, assembler par peloton. Du lat. *agglomerare*, fait de l'augmentatif *ad*, et de *glomerare*, joindre, assembler.

AGGLOMÉRATION, amoncellement, assemblage ; réunion de choses semblables.

CONGLOMÉRER, réunir, assembler.

AGIO, *agiot*, intérêt de l'argent prêté ou changé contre des valeurs. L'agio est l'âme, le résultat de toutes les affaires qui se font chaque jour dans le commerce. De l'it. *aggio*, fait d'*aggiungere*, ajouter, joindre, augmenter ; dérivé du lat. *jungere*.

AGIOTAGE, action d'agioter, commerce usuraire.

AGIOTER, commercer sur les effets publics et particuliers, pour en tirer un certain profit.

AGIOTEUR, celui qui fait l'agiotage.

AGIOGRAPHE pour *Hagiographe*, qui écrit sur les saints ; auteur de vies des saints. Du gr. *hagios*, saint, et de *graphô*, j'écris.

AGIOGRAPHIE, hagiographie, traité des choses saintes.

AGIOLOGIQUE, hagiologique, qui concerne les saints ou les choses saintes. D'*hagios*, saint, et de *logos*, discours.

AGIOSIMANDRE, instrument de fer, dont les Grecs se servent au lieu de cloche. D'*hagios*, saint, et de *sémainô*, j'indique.

AGIR, être en action, opérer, produire un effet, faire quelque chose. Du lat. *agere*, fait du gr. *agein*, *agô*, conduire, chasser devant soi des animaux, et qui s'est dit ensuite de toutes sortes d'actions où l'on met des soins et de l'activité.

ACTE, tout ce qui se fait ou qui s'est fait ; partie d'une pièce de théâtre ; écrit obligatoire dressé par un officier public ; action d'un agent ; opération. *Actus*.

ACTEUR, *actrice*, qui joue un rôle

dans une action dramatique; qui prend part à une affaire; qui est mis en action. *Actor.*

ACTIF, qui agit; qui a la vertu d'agir promptement; laborieux, empressé. *Actuosus.*

ACTION, ce qu'on fait; chaleur, véhémence; opération d'un agent; mouvement de quelque chose qui agit; activité. *Actio.*

ACTIONNAIRE, qui a une part dans des actions d'une compagnie de commerce; qui fait des mises à la loterie.

ACTIONNER, intenter une action en justice; faire valoir ses droits contre quelqu'un.

ACTIVEMENT, d'une manière active, dans un sens actif. *Actuose.*

ACTIVER, donner de l'activité, mettre en activité.

ACTIVITÉ, qualité d'un être qui se plaît à agir; faculté active, vertu d'agir, promptitude de mouvement; diligence dans le travail.

ACTUEL, effectif, présent; au moment même.

ACTUELLEMENT, présentement, réellement, sur l'heure.

AGENT, tout ce qui agit; celui qui agit pour un autre; entremetteur d'affaires pour le commerce de l'argent. *Agens.*

AGENCE, charge d'agent; fonction de bureau.

AGENDA, livret, note, mémoire de choses qu'on a à faire. D'*agendus, a, um*, fait d'*agere*, sous-entendu *negotia*.

AGILE, leste, léger à l'action; dispos, toujours prêt à agir. *Agilis.*

AGILEMENT, d'une manière agile; avec agilité.

AGILITÉ, légèreté, disposition à agir aisément; vitesse des mouvemens. *Agilitas.*

AGISSANT, qui agit, qui se donne beaucoup de mouvement. *Actuosus.*

AGITATEUR, turbulent, qui agite ou qui cherche à agiter; qui provoque une sédition.

AGITATION, trouble, ébranlement, secouement. *Agitatio.*

AGITÉ, troublé, tourmenté.

AGITER, ébranler, troubler, secouer. D'*agitare*, fréquentatif d'*agere*.

ANAGOGIE, ravissement, élévation vers les choses saintes et divines; mouvement qui conduit aux choses d'en haut. D'*ana*, en haut, et d'*agô*, conduire.

ANAGOGIQUE, ravissant, qui élève l'âme vers les choses saintes.

AUTO-DA-FÉ, acte de foi; jugement de l'inquisition d'Espagne contre de malheureux hérétiques qu'elle fait brûler vifs, en conformité de l'adage *Ecclesia abhorret a sanguine*.

COACTEUR, commis à la douane.

COACTIF, qui contraint, ou qui a droit de contraindre.

COACTION, contrainte. *Coactus, coactio*, fait de *coactare*, forcer, contraindre; dérivé de *cum*, avec, et d'*agere*, agir.

INACTIF, sans activité, qui ne peut agir; paresseux, indolent.

INACTION, cessation d'action, suspension totale de toute action; repos, indolence.

INACTIVITÉ, défaut d'activité.

RÉAGIR, agir de nouveau; résister.

RÉACTIF, qui réagit.

RÉACTION, vengeance; action de réagir, résistance d'un corps à un autre qui le frappe.

RÉTROAGIR, avoir un effet rétroactif. Formé de *retro* et d'*agere*.

RÉTROACTIF, qui agit sur le passé; *Retroactivus.*

RÉTROACTION, *rétroactivité*, effet rétroactif.

TRANSIGER, se désister de ses prétentions par un accord volontaire.

TRANSACTION, acte par lequel on s'arrange dans un différent. *Transactio.*

AGLAIA, *Aglaé*, l'une des trois Grâces. Du grec *aglaïa*, formé d'*aglaos*, beau, magnifique.

AGNEAU, petit de la brebis; sa chair. Du lat. *agnus*, fait du gr. *hagnos*, chaste, pur, innocent; selon Festus, l'agneau, dans les sacrifices des anciens, étoit regardé comme une victime pure et agréable à la divinité.

AGNELER, mettre bas, en parlant des brebis.

AGNELET, petit agneau. *Agnellus.*

AGNELINE, laine des agneaux.

AGNELINS, peaux d'agneaux, laine d'agneaux.

AGNEL, ancienne monnoie de France qui portoit un agneau pour empreinte.

AGNUS-DEI, agneau de cire qui est

béni; petite image de piété à l'usage des enfans.

AGNUS-CASTUS, le vitex, sorte d'arbuste d'agrément.

AGNÈS, jeune fille très-innocente, et douce comme un agneau. Du gr. *hagnos*.

AGNOETES, *agnoïtes*, nom d'une secte dont les membres prétendoient que Dieu ne connoissoit pas tout. Du gr. *agnoéô*, j'ignore; composé d'*a* privatif, et de *gnoô*, je connois.

AGON, combat, jeu public et solennel chez les Athéniens. Du gr. *agôn*, combat.

AGONIE, le dernier combat de la nature contre la mort. Du gr. *agônia*, fait d'*agôn*, lutte, combat.

AGONIR, combattre de paroles; accabler d'injures.

AGONISANT, qui est à l'agonie, qui combat contre la mort.

AGONISER, être à l'agonie.

AGONALES, *agonies*, fêtes romaines en l'honneur de Janus; on les célébroit par des combats et des exercices violents. D'*agôn*.

AGONISTARQUE, officier chargé d'exercer les athlètes au combat. D'*agônistés*, combattant, et d'*archos*, chef.

AGONISTIQUE, l'art des athlètes, la partie de la gymnastique qui avoit rapport au combat. *Agônistikê*, fait d'*agôn*.

AGONISTIQUE, qui concerne les combats des athlètes.

AGONISTIQUES, missionnaires hérétiques qui se disoient envoyés pour combattre les erreurs, et ne faisoient que les augmenter. D'*agônistés*, combattant.

AGONOTHÈTE, officier qui présidoit aux combats des athlètes. D'*agôn*, combat, et de *tithémi*, disposer, ordonner.

ANTAGONISTE, adversaire, qui est en rivalité de prétention, qui est du parti opposé. D'*anti*, contre, et d'*agônisomai*, combattre.

ANTAGONISME, action d'un muscle dans un sens opposé à celle d'un autre muscle son antagoniste.

AGORANOME, magistrat d'Athènes, sorte de commissaire qui étoit chargé de maintenir la police dans les marchés. Du gr. *agora*, marché, place publique, et de *némô*, je gouverne.

AGRÉGER, amasser, réunir, associer; admettre, recevoir dans une corporation. Du lat. *aggregare*, formé d'*ad*, auprès, et de *grex*, *gregis*, troupeau; c'est-à-dire réunir en troupeau.

AGRÉGAT, *agrégation*, *agrégé*, action d'agréger; assemblage, amas, réunion; réception dans un corps.

AGRÉGATIF, qui fait agréger.

AGRÉGÉ, qui appartient à une agrégation; suppléant d'un professeur; avocat au tribunal de commerce.

CONGRÉGATION, corps de plusieurs personnes réunies sous un même réglement; lieu où s'assemblent les congréganistes. *Congregatio*, fait de *congregare*, assembler.

CONGRÉGANISTE, qui fait partie d'une congrégation.

GRÈGE, soie telle qu'elle sort de dessus le cocon, et qui est agrégée.

GRÈGE, peigne de fer qui sert à séparer de sa tige la graine du lin.

DISGRÉGATION, dispersion des rayons, action de blesser la vue; ses effets.

AGRÈS, *agrets*, voiles, cordages, poulies, etc., d'un vaisseau; tout ce qui concerne l'équipement d'un navire. De l'it. *arredi*, ameublement, équipage.

AGRÉEUR, celui qui fournit les agrès d'un vaisseau; courtier pour le commerce d'eau-de-vie; ouvrier qui fait passer le fil de fer par la filière.

GRÉER, munir un vaisseau de tous ses agrès.

GRÉMENT, *gréement*, tout ce qui peut servir à gréer un bâtiment.

DÉGRÉER, ôter les agrès d'un navire.

AGRICOLE, adonné à l'agriculture. *Agricola*. Tous les mots suivants sont formés du lat. *ager*, *agri*, champ, terre labourable; dérivé du gr. *agros*, et de *colere*, cultiver. *Voyez* CULTE.

AGRICULTURE, art de cultiver la terre. *Agri-cultura*.

AGRICULTEUR, cultivateur. *Agri-cultor*.

AGRIER, *agrière*, droit de champart ou de terrage. D'*agrarium*, formé d'*ager*.

AGRAIRE, loi pour le partage des terres chez les Romains. *Agraria lex*.

AGRESTE, rustique, champêtre, sauvage; qui vit ou qui se plait dans les champs; *agrestis*.

AGRONOMIE, science, théorie de l'agriculture. Du gr. *agros*, champ, et de *nomos*, loi, règle.

AGRONOME, qui se livre à l'agronomie, qui écrit sur l'agriculture.

AGRONOMIQUE, concernant l'agronomie.

AGROSTÈME, genre de plantes caryophillées qui croît dans les champs. Du gr. *agros*, champ, et de *stemma*, couronne. Ainsi dite couronne des champs, à cause de la beauté de ses fleurs.

AGROSTIS, genre de plantes graminées dont les fleurs sont ordinairement en panicule, et croissent dans les blés. *Agrostis*, fait d'*agros*.

PÉRAGRATION, *pérégration*, cours, marche, action de parcourir; périodique. Du lat. *peregratio*, fait de *per*, à travers, et d'*ager*, les champs.

PÉRÉGRINAIRE, moine chargé de recevoir les pèlerins ou les voyageurs qui venoient visiter le couvent. *Peregrinarius*.

PÉRÉGRINATION, voyage dans les pays lointains. *Peregrinatio*.

PÉRÉGRINER, voyager, aller en pèlerinage. *Peregrinari*.

PÉRÉGRINITÉ, état des étrangers dans un pays. *Peregrinitas*.

PÉRÉGRINOMANIE, la fureur des voyages.

PÈLERIN, *pérégrin*, voyageur au loin; voyageur dans les lieux saints; adroit, dissimulé, fripon. *Peregrinus*.

PÈLERINAGE, voyage de dévotion; lieu de sainteté que l'on visite.

PÈLERINE, grande collerette de femme semblable à la cape des pèlerins.

AGRIE, dartre corrosive qui fait tomber le poil. Du gr. *agria*.

AGRIONIES, fêtes en l'honneur de Bacchus. Du gr. *agrios*, sauvage, féroce, à cause que le char de ce dieu étoit tiré par des tigres.

AGRIOPHAGE, noms de certains peuples qu'on a supposés se nourrir de chair de lion, de panthère, etc. Du gr. *agrios*, sauvage, et de *phagô*, je mange.

AGRYPNIE, insomnie. Du gr. *agrupnéô*, veiller; dérivé d'*a* privatif, de *gru*, rien, et de *hupnos*, sommeil.

AGYNIENS, secte du VIIe siècle, dont les membres vivoient dans le célibat, et prétendoient que Dieu n'étoit pas l'auteur du mariage. Du gr. *a* privatif, et de *guné*, femme; qui n'avoient point de femmes.

AGYRTES, prêtres de Cybèle, qui mendioient pour le service de leur divinité. Du gr. *agurtis*, mendiant; dérivé d'*ageirô*, je ramasse, je mendie.

AH! interjection de joie, de douleur, d'effroi, d'admiration, de plaisir, d'amour, qui se retrouve dans toutes les langues.

AH-AH, fossé profond au bout d'une allée, ou en avant d'une ouverture faite au mur d'un parc.

AHI, AÏE, interjection de douleur.

AHAN, onomatopée du son que font les manœuvres et les bûcherons pour reprendre leur haleine; peine du corps; grand effort.

AHANER, respirer difficilement, travailler avec peine; haleter en travaillant. Pasquier et Nicot avoient soupçonné cette onomatopée en la dérivant du cri *ah, ahi*, que jettent les gens de peine dans leurs travaux. On ne sait comment Ménage a pu penser que ce mot venoit de l'it. *affanno*, peine, chagrin, inquiétude.

AIDER, assister, secourir. Du lat. *adjuvare*, formé de *ad*, auprès, et de *juvare*, secourir.

AIDE, auxiliaire, celui qui aide à un autre, qui l'assiste; qui est adjoint à un autre dans l'exercice de ses fonctions.

AIDE, secours, assistance donnée ou reçue. *Adjutorium*.

AIDES, impôts établis sur les vins et autres liquides, pour aider à soutenir les dépenses de l'Etat.

AIDEAU, petites pièces de bois passées au travers des ridelles d'une charrette pour soutenir de longues pièces de bois, et les élever au-dessus du limonier.

ADJUDANT, *adjuvant*, auxiliaire, qui porte aide; officier militaire qui en aide un autre. Du lat. *adjuvans*, formé d'*ad*, auprès, et de *juvare*, aider.

ADJUTOIR, aide, secours. *Adjutorium*.

COADJUTEUR, coadjutrice, aide, adjoint; remplaçant; prêtre ou religieuse devant succéder au prélat ou à l'abbesse auxquels ils sont adjoints. *Coadjutor*, formé de *cum*, avec, et *adjutor*, celui qui aide.

COADJUTORERIE, charge de coadjuteur.

AÏDOÏAGRAPHIE, description des parties de la génération. Du gr. *aidoia*, parties génitales, et de *graphô*, je décris.

AÏDOÏALOGIE, traité des parties de la génération. D'*aidoia* et de *logos*, discours.

AÏDOÏATOMIE, préparation anatomique des parties de la génération. D'*aidoia*, et de *tomê*, incision ; dérivé de *temnô*, je coupe.

AÏEUL, ou *ayeul*, grand-père. Du lat. *avus*, *atavus*. En ital. *aiolo*.

AÏEULE, *ayeule*, grand'mère.

AÏEUX, *ayeux*, parents de tous degrés, qui nous ont précédés : les hommes des siècles antérieurs.

BISAYEUL, le père, la mère des aïeux.

TRISAYEUL, le père, la mère des bisaïeux.

AIGLE, oiseau de proie diurne ; le roi des oiseaux. Du lat. *aquila*, ainsi dit de la forme de son bec. Homme d'un génie supérieur.

AIGLON, *aiglette*, petit aigle, ou petit de l'aigle.

AIGLURES, taches rousses semées sur le corps d'un oiseau.

AQUILIN, fait en forme de bec d'aigle. *Aquilinus*.

AQUILON, bise, vent du nord, vent impétueux, qui soufle avec la même rapidité que vole l'aigle. *Aquilo*.

AQUILONAIRE, boréal.

AIGREFIN, sorte de poisson ; frippon, escroc, chevalier d'industrie. Leduchat regarde ce mot comme la corruption d'*aiglefin*, monnoie impériale d'or très-fin, qui portoit l'empreinte d'un aigle ; puis on donna le nom d'*aigrefin* à une monnoie d'or de bas aloi, ou usée ou altérée.

ANCOLIE, les gants-de-Notre-Dame ; plante d'agrément et vivace, à fleur anomale. Du lat. *aquilegia*, dérivé d'*aquila*, parce que sa fleur imite les serres de l'aigle.

ALÉRION, en terme de blason, aiglette à ailes étendues, sans pieds et sans bec. D'*alario*, contraction d'*aquilario*, augmentatif d'*aquila*.

AIGOCÉROS, le fenu-grec ; plante dont les gousses ont la forme des cornes d'une chèvre. Ce mot est formé d'*aix*, *aigos*, chèvre, et de *kéras*, corne.

AIGU, ce qui se termine en pointe très-fine, ou en tranchant fort affilé. Du lat. *acus*, *acutus*.

ACUITÉ, état de ce qui est aigu. *Acuitas* ; en ital. *acutezza*.

ACUMINÉ, plante terminée ou qui se rétrécit en pointe. D'*acumen*.

ACUPUNCTURE, opération de chirurgie qui se fait au moyen d'un instrument pointu. *Acupunctura*, formé d'*acus*, aiguille, et de *punctura*, fait de *pungo*, je pique, piquer avec des aiguilles.

ACUT, aigu, en pointe.

ACUTS, bouts des forêts et des grands pays de bois.

ACUTANGLE, acutangulaire, acutangulé, à angles aigus. *Voy.* ANGLE.

AIGUILLADE, gaule pointue pour piquer les bœufs attelés à la charrue. D'*aculeus*.

AIGUILLE, petit morceau d'acier pointu par un bout et percé par l'autre, qui sert à coudre. De l'it. *aguglia*, fait du lat. *acicula*, dim. d'*acus*.

AIGUILLÉE, longueur de fil convenable pour une aiguille à coudre.

AIGUILLER, ôter la cataracte de l'œil avec une aiguille propre à cette opération.

AIGUILLETTE, morceau de tresse ou de cordon dont les bouts sont attachés avec des morceaux de fer terminés en aiguille. D'*aciculeta*, dim. d'*acicula*, morceau de peau ou de chair coupé en long.

AIGUILLETTES, cordes qui servent à différens usages dans les vaisseaux.

AIGUILLETAGE, effet résultant de l'action d'aiguilletter.

AIGUILLETTÉ, attaché avec des aiguillettes.

AIGUILLETER, attacher avec des aiguillettes ; attacher bout à bout.

AIGUILLETIER, ferreur de lacets et d'aiguilletes.

AIGUILLIER, ouvrier qui fabrique des aiguilles ; étui où on les met.

AIGUILLIÈRE, sorte de filet pointu pour pêcher entre deux eaux.

AIGUILLON, bâton ferré et pointu qui sert à piquer les bœufs ; le petit dard des abeilles, des guêpes ; tout ce qui excite ; piquants de certains animaux, etc. De l'it. *aguglione*, fait du lat. *aculeus*, dim. d'*acus*.

AIGUILLONNER, piquer avec l'aiguillon ; presser, exciter, animer.

AIGUISER, rendre aigu, pointu ou tranchant ; donner le fil.

AIGUISEMENT, action d'aiguiser.

SURAIGU, pour *sur-aigu*, fort aigu, très-élevé.

AIL, au pluriel *aulx*, plante potagère ; petit oignon d'une odeur très-forte, qui vient par gousses. Du lat. *allium*.

AILLADE, sauce faite avec de l'ail. *Alliatum.*

ALLIAIRE, plante vivace et agreste, à fleurs cruciformes, qui a l'odeur de l'ail, et qui est amère au goût.

AILE, ce qui sert aux oiseaux et à quelques insectes pour voler; partie charnue d'un oiseau depuis le haut de l'estomac jusque sous les cuisses; portion latérale d'un bâtiment, d'une armée, d'une fortification; châssis garnis de toile qui composent la roue d'un moulin à vent. Branches d'un arbre, courbées de droite et de gauche en espalier. Du lat. *ala.*

AILÉ, qui a des ailes.

AILERON, extrémité de l'aile d'un oiseau.

AILETTE, *alette,* petite aile ou côté.

AILLEURS, autre part, en un autre lieu. Du lat. *aliorsùm,* pris d'*alio,* fait d'*alius,* autre part; dérivé du grec *allos,* autre.

D'AILLEURS, de plus, en outre, d'un autre côté.

ALIÉNER, transporter, faire passer son bien entre les mains d'un autre; vendre à réméré ce qu'on possède; donner de l'aversion; troubler le raisonnement, perdre; le jugement rendre fou. *Alienare.*

ALIÉNABLE, qui peut être aliéné. Qu'on peut vendre.

ALIÉNÉ, qu'on a détaché de sa possession; qui est privé de sa raison. *Alienatus.*

ALIÉNATION, action par laquelle on se détache de ce que l'on possédoit; privation de la raison. *Alienatio.*

INALIÉNABLE, qu'on ne peut aliéner.

INALIÉNABILITÉ, qualité de ce qui n'est point aliénable.

AIMANT, sorte de pierre, ou substance ferrugineuse, qui attire le fer, et se tourne d'elle-même vers le nord. Du lat. *adamas,* fait du gr. *adamas, adamantos,* indomptable, par la comparaison de la dureté de l'aimant avec celle du diamant.

AIMANTER, toucher, frotter avec l'aimant.

AIMANTIN, qui appartient à l'aimant, qui lui est particulier.

AIMER, avoir de l'affection, de l'amitié, de l'attachement. Prendre plaisir, être amoureux. Du lat. *amare.*

AIMABLE, digne d'être aimé; doué du don de plaire. *Amabilis.*

AIMABLEMENT, d'une manière aimable. *Amabiliter.*

AIMANT, qui aime, enclin à l'amitié. *Amans.*

AIMÉ, qu'on aime, qu'on chérit. *Amatus.*

AMABILITÉ, qualité de ce qui est aimable. Affabilité, douceur. *Amabilitas.*

AMANT, qui aime avec passion une personne d'un autre sexe. *Amans.*

AMÉ, aimé, terme de chancellerie.

AMI, personne qu'on aime et avec laquelle on est lié d'une affection réciproque. « Rien de plus commun que le » nom, rien de plus rare que la chose.» *Amicus.*

AMI, propice, favorable.

AMIABLE, doux, gracieux; ce qui se fait en ami.

AMIABLEMENT, d'une manière amiable.

AMICAL, qui part de l'amitié, qui en a le caractère.

AMICALEMENT, d'une manière amicale.

AMITIÉ, tendre affection que l'on a pour quelqu'un, et qui devroit être mutuelle. *Amicitia.*

AMOUR, passion naturelle d'un sexe pour l'autre; vif attachement à ce qui est ou qui paroît aimable. Divinité qui préside au plaisir. *Amor.*

AMOURACHER (s'), s'engager sans réflexion dans de folles amours, dans une passion inconvenante.

AMOURETTE, amour passager; léger attachement de cœur; certaine partie du mouton fort délicate au goût.

AMOUREUX, qui aime d'amour, avec passion; qui est propre à l'amour, atteint du mal d'amour.

AMOUREUSEMENT, avec amour; tendrement.

AMATEUR, *amatrice,* qui a du goût pour les arts, qui s'y connoît.

ENNEMI, celui qui hait, qui veut du mal à quelqu'un, qui a de l'aversion, qui n'est point ami. Du lat. *inimicus.*

INIMITIÉ, aversion, haine ouverte, antipathie. *Inimicitia.*

AINE, partie du corps où se fait la jonction de la cuisse et du bas-ventre. Du lat. *inguina,* formé d'*inguen.*

INGUINAL, de l'aine. *Inguinalis.*

AÎNÉ, contraction de *ains-né*, le premier né des enfans. Du lat. *antè natus*, né auparavant.

AÎNESSE, primogéniture ; priorité d'âge entre frères et sœurs.

AINSI, de cette façon, de la sorte ; par conséquent. Ménage le dérive du lat. *insic*, composé de la prépos. *in*, et de l'adv. *sic*.

AIR, unité de tons qui composent un chant ; musique adaptée à des paroles. De l'it. *aria*, que Saumaise dérive du lat. *ara*, *aræ*, chiffre, calcul, nombre.

ARIETTE, air détaché, vif et léger ; paroles qu'on chante dessus.

AIR, fluide invisible, impalpable et inodore, ce qu'on appeloit l'un des quatre éléments ; manière, ressemblance, probabilité. Du lat. *aer*, fait du gr. *aêr*.

AÉRÉ, en bon air, qui a de l'air.

AÉRER, donner de l'air, chasser le mauvais air.

AÉRIEN, qui est d'air, qui tient de l'air, ou qui lui appartient. *Aerius*, du gr. *aerios*.

AÉRIFICATION, action de convertir en air, de le tirer des autres corps. D'*aer* et de *facere*.

AÉRIFORME, qui a les propriétés physiques de l'air. D'*aer* et de *forma*.

AÉROLITHE, pierre tombée du ciel. D'*aer* et de *lithos*. Voy. LITHE.

AÉROGRAPHIE, description de l'air. D'*aer* et de *graphô*. Voy. GRAPHIE.

AÉROLOGIE, discours qui traite de l'air. D'*aer* et de *logos*. Voy. LOGIE.

AÉROMANCIE, divination par le moyen de l'air. D'*aer* et de *manteia*. Voy. MANCIE.

AÉROMÈTRE, instrument pour mesurer la densité ou la rareté de l'air. D'*aer* et de *metron*. Voy. MÈTRE.

AÉROMÉTRIE, art de mesurer l'air. Voy. MÉTRIE.

AÉRONAUTE, qui parcourt les airs dans un aérostat. Du gr. *aêr*, et de *nautês*, navigateur.

AÉROPHOBIE, crainte de l'air, sorte de maladie frénétique. D'*aer*, et de *phobos*, crainte.

AÉROPHOBE, attaqué de l'aérophobie.

AÉROPHORE, qui porte l'air. D'*aer*, et de *pherô*, je porte.

AÉROSPHÈRE, sphère ou enveloppe d'éther condensé. D'*aer*, et de *sphaira*, sphère, globe.

AÉROSTAT, globe de toile ou d'étoffe légère, rempli d'un fluide plus léger que l'air, et au moyen duquel on s'élève jusqu'à ce que l'on ait atteint une couche d'atmosphère où l'on soit en équilibre. Du lat. *aer* et de *stare*, *qui stat in aere*; ou du gr. *aer*, et d'*histamai*, je me tiens.

AÉROSTATION, art de faire des aérostats.

AÉROSTIER, celui qui conduit ou qui fait manœuvrer un aérostat.

AÉROSTATIQUE, concernant les aérostats.

AIRAIN, cuivre allié avec de l'étain. Du lat. *æramen*, fait d'*æs*, *æris*.

AIRE, surface plane ; place au milieu d'une grange, sur laquelle on bat le grain ; nid d'un oiseau de proie ; espace marqué dans la boussole pour chacun des trente-deux vents. Du lat. *area*.

AIRÉE, la quantité de gerbes qu'on met en une fois dans l'aire.

AIRER, faire son nid, son aire, en parlant des oiseaux de proie.

ARÉOLE, petite aire, petite surface. *Areola*.

ARÈNE, sable, gravier sur le sol ; amphithéâtre destiné aux combats des gladiateurs. D'*arena*.

ARE, unité dans les nouvelles mesures de surface, cent mètres carrés ou deux perches quatre-vingt-douze centièmes carrés. D'*areum*, fait d'*area*.

ARÉAGE, mesure des terres par are.

ARÉNATION, bain de sable chaud.

ARIDE, sec, stérile par sécheresse ; sans invention. *Aridus*.

ARIDITÉ, sécheresse, stérilité, insensibilité. *Ariditas*.

ARIDURE, atrophie, maigreur, consomption, sécheresse du corps ou d'un membre.

AIS, planche. Du lat. *assis*, *axis*, soliveau ; fait du gr. *axôn*.

ESSIEU, * *aissieu*, morceau de bois ou de fer, arrondi par les deux bouts, qu'on fait passer au travers du moyeu des roues. *Axiculus*, diminutif d'*axis*.

AISSEAU, petit ais qu'on emploie au lieu de tuile pour couvrir les maisons.

AISSEAU, *aissette*, petite hache pour couper les ais.

AISSELIER, pièce de bois pour cintrer dans les quartiers.

AISSELLE, partie creuse sous l'épaule, à la jonction du bras. *Axilla*.

AXILLAIRE, de l'aisselle, qui en sort.

AISE, contentement, commodité, satisfaction, sentiment de joie.

AISE, content, joyeux, satisfait.

AISANCE, facilité qu'on a dans les choses.

AISANCES, *aisément*, lieux où l'on se met à l'aise.

AISÉ, facile, commode; qui est à son aise, qui a de la fortune.

AISÉMENT, d'une manière aisée, sans obstacle.

Ces mots sont faits du gr. *aisios*, heureux, fortuné; dérivé d'*aisa*, sort, destin.

ALÈZE, drap qu'on met sous les malades pour les soutenir et les mettre à l'aise.

AITIOLOGIE, *étiologie*, partie de la médecine qui traite des diverses causes des maladies. Du gr. *aitia*, cause, et de *logos*, discours, traité.

ÉTIOLER, venir foible; monter et jaunir faute d'air.

ÉTIOLEMENT, altération des plantes qui s'étiolent.

AIZOON, plante aquatique toujours verte, qui ressemble à l'aloès commun. Du gr. *aeizóos*, toujours vif; formé d'*aei*, toujours, et de *zóos*, vivant; dérivé de *zoô*, vivre.

AJOUTER, joindre à, augmenter, mettre de plus. Du lat. *adjicere*. Nicot. le dérive du lat. *ad*, à, et de *juxta*, auprès, tout contre; d'autres le font venir d'*ad*, à, et de *jungere*, joindre.

AJOUTAGE, chose ajoutée à une autre.

AJOUTÉE, ligne à laquelle on ajoute quelque chose.

AJOUTOIRE, *ajutage*, *ajutoire*, tuyau ajouté à un jet d'eau.

ADJECTIF, mot qui s'ajoute au substantif, et qui en fait connoître la qualité. *Adjectivus*.

ADJECTION, jonction d'une chose.

ADJECTIVEMENT, en manière d'adjectif.

ALAMBIC, vaisseau qui sert à distiller. De l'article ar. *al*, et d'*anbiq*, en gr. *ambix*, vase, pot; dérivé du verbe ar. *anbaq*, tirer, distiller. Golius veut que le mot *anbiq* soit étranger à la langue arabe, et qu'il vienne du gr. *ambix*. Tout porte à faire présumer que le mot *alambic* tire son origine de l'ar. *al anbiq*, qui a la même signification.

ALAMBIQUÉ, trop subtil, trop raffiné.

ALAMBIQUER, épuiser, rendre trop subtil; fatiguer l'esprit, examiner avec soin.

ALAMBIQUER (s'), s'épuiser, se tourmenter à force de réflexions, de pensées tristes.

ALBATRE,* *albastre*, sorte de pierre blanche de la nature du marbre, mais qui est plus tendre et plus transparente. Les anciens en faisoient des vases à mettre des parfums et de l'huile. On en distingue deux sortes, l'*albâtre calcaire*, ou chaux carbonatée, compacte, et l'*albâtre gypseux*, ou chaux sulfatée, compacte, d'un beau blanc. Du lat. *alabaster*, *alabastrum*, fait du gr. *alabastron*; formé d'*a* privatif, et de *lambanô*, je prends, je saisis : qu'on ne sauroit saisir, parce que les vases d'albâtre étoient si polis, si unis, qu'ils glissoient entre les mains.

ALABASTRIQUE, art de faire des albâtres artificiels.

ALABASTRITE, sorte de faux albâtre dont les anciens se servoient en guise de vitres; pierre blanche, transparente et gypseuse.

ALBERGE, petite pêche jaune et hâtive. De l'article arabe *al*, le, et de *beg*, fruit, selon Saumaise; et non du lat. *albus*, comme le prétend Ménage.

ALBERGIER, arbre qui porte des alberges.

ALBERT, nom propre d'homme. Du saxon *albert*, tout illustre; composé d'*al*, tout-à-fait, et de *bert*, illustre, distingué.

ALBRET, nom propre de pays.

ALCALI, *alkali*, qu'on devroit écrire *al-qaly*, sel poreux, caustique et lixiviel, tiré de la cendre nommée *qaly* ou soude. De l'article arabe *al*, et de *qaly*, soude.

ALCALESCENCE, putréfaction produite par l'effet des alcalis.

ALCALESCENT, qui tient de l'alcali.

ALCALIFIABLE, qui peut être converti en alcali.

ALCALIGÈRE, qui engendre les alcalis. De l'ar. *al-qaly*, et du gr. *gennaô*, engendrer, produire.

ALCALIN, qui a des propriétés de l'alcali.

ALCALISATION, action d'alcaliser.

ALCALISER, tirer l'acide d'un sel neutre pour ne plus laisser que la partie alcaline.

ALCÉE, fameux poète grec, inventeur du vers alcaïque. En gr. *alkaios*.

ALCAÏQUE, sorte de vers en usage d'abord chez les Grecs, ensuite chez les Latins, de deux pieds et demi et de deux dactyles.

ALCOHOL, poudre très-fine; esprit de vin. De l'ar. *al cohol*, subtil ou *d'al kohl*, collyre; pommade dont on teint les cils.

ALCOHOLIQUE, qui tient de l'alcohol.

ALCOHOLISER, réduire en poudre très-subtile ou à l'état d'alcohol.

ALCOHOLISATION, action d'alcoholiser.

ALCOVE, enfoncement pratiqué dans une chambre pour y placer un lit. De l'espag. *alcoba*, chambre à coucher; dérivé de l'ar. *al gobbah*, tente, chambre voûtée qui renferme un lit.

ALCYON, le martin-pêcheur, oiseau qui fréquente la mer et les marécages, et qui fait son nid parmi les roseaux. Du lat. *alcyon*, fait du gr. *halkuôn*; formé de *hals*, la mer, et de *kuô*, produire.

ALCYONIENS, jours de calme pendant lesquels l'alcyon construit son nid; chacun des sept jours avant ou après le solstice d'hiver.

ALÉATOIRE, contrat dont l'exécution dépend d'événements incertains. Du lat. *aleatorius*, fait d'*alea*, jeu de hasard.

ALECTOIRE, alectorienne, pierre qu'on prétendoit se former dans l'estomac des vieux coqs, et à laquelle on attribuoit la vertu de résister aux poisons. Du gr. *alectôr*, coq.

ALECTOROLOPHOS, la crête-de-coq, plante dont les feuilles sont crénelées comme la crête d'un coq. Du gr. *alektôr*, et de *lophos*, crête.

ALECTRIDES, alectroïdes, alectryonides, oiseaux de basse cour, tels que le coq, la poule, etc. Fait d'*alektôr*, et d'*eidos*, forme, ressemblance.

ALECTOROMANCIE, alectyomancie, divination qui se faisoit par le moyen du coq. D'*alektôr*, et de *manteia*, divination.

ALECTON, l'une des trois furies dont les fonctions étoient de tourmenter sans cesse les coupables. Du gr. *alectos*, qui ne donne point de repos, qui tourmente sans cesse; fait d'*a* privatif, et de *légô*, cesser.

ALÈGRE, agile, dispos, gai, vif. De l'it. *allegro*, fait du lat. *alacer*.

ALÈGREMENT, avec gaîté, vivement; d'une manière alègre. De l'it. *allegramente*, fait du lat. *alacriter*.

ALLÉGRESSE, grande joie publique et particulière qui éclate au dehors. De l'it. *allegrezza*.

ALLÉGRO, mouvement de musique très-gai et très-vif.

ALLEGRETTO, mouvement de musique moins vif que l'allégro.

ALÈNE, *alesne*, poinçon de cordonnier; pointe en fer courbé, emmanchée, pour percer le cuir avant de le coudre. De l'esp. *alesna*, ou de l'it. *lesina*, faits tous deux, dit-on, du lat. *lædere*, couper, percer, blesser.

ALÉNIER, qui fabrique et vend des alènes.

ALERTE, *al'erte*, qui agit avec promptitude; vif, éveillé, attentif, vigilant.

ALERTE, cri d'alarme, peur vive; debout, soyez sur vos gardes. De l'it. *all'erta*. *Erta* signifie élévation, colline, chemin qui y conduit, lieu éminent d'où l'on peut tout découvrir. L'it. *erta* vient du lat. *erecta* en sous-entendant *via*. Ainsi être *al'erte*, c'est être dans un lieu élevé d'où l'on peut découvrir tout ce qui se passe autour de soi.

ALESAN, alezan, cheval bai tirant sur le roux fauve. De l'esp. *alazan*, qui a la même signification; dérivé de l'ar. *al hhazan*, étalon, cheval entier.

ALEUROMANCIE, sorte de divination qui se faisoit avec de la farine. Du gr. *aleuron*, farine, et de *manteia*, divination.

ALEXANDRE, roi de Macédoine; nom propre d'homme. Du lat. *alexander*, dérivé du gr. *alexandros*, formé d'*alexô*, je chasse, je repousse, et d'*andros*, homme; chasseur d'hommes. La vie du conquérant macédonien, écrite en vers de douze syllabes, a fait donner à ces vers le nom d'*alexandrins*, dont quelques auteurs attribuent l'invention à Alexandre de Paris, qui ne fut que le continuateur de l'*Alexandriade*, de Gauthier de l'Isle.

ALEXANDRIE, la ville d'Alexandre.

ALEXANDRIN, vers françois de douze syllabes au masculin, et de treize au féminin.

ALEXIS, nom propre d'homme qui signifie chasseur.

ALEXIPHARMAQUE, remède que l'on emploie contre les venins. Du gr. *alexô*, je repousse, je chasse, et de *pharmacon*, poison, venin.

2.

ALEXIPYRÉTIQUE, remèdes propres à chasser la fièvre. D'*alexô*, et de *puretos*, fièvre.

ALEXITÈRE, remède contre la morsure des bêtes venimeuses. D'*alexô*, et de *thêr*, bête féroce ou venimeuse.

ALFIER, porte-drapeau, porte-enseigne; ancienne dignité dans le royaume de Navarre. De l'it. *alfiere*, ou de l'esp. *alferez*, qu'on dérive de l'ar. *farad*, porter, précéder, marcher devant. D'autres étymologistes regardent le mot *alfier* comme une contraction du lat. *aquilifer*, porte-aigle. D'où le nom propre *Alfieri*.

ALGARADE, querelle, sortie brusque contre quelqu'un avec insulte et bravade. De l'esp. *algarada*, en ital., *algaria*. Les étymologistes dérivent ces mots, soit de l'ar. *gara*, molester, accuser faussement; soit de l'héb. *garha*, qui a la même signification.

ALGÈBRE, science où l'arithmétique est ramenée à ses principes généraux sans être appliquée à des quantités déterminées par des nombres; calcul des grandeurs représentées par des valeurs arbitraires; chose difficile à comprendre, extrêmement obscure, au-dessus de l'intelligence. Du lat. *algebra*, dérivé de l'ar. *al gebarah*, fait du mot *gabar*, réduction des parties ou des fractions à un tout; réparation d'un os fracturé.

ALGÉBRIQUE, qui appartient à l'algèbre.

ALGÉBRISER, s'appliquer à l'algèbre, s'y donner tout entier.

ALGÉBRISTE, qui sait ou qui calcule l'algèbre.

ALGUAZIL, soldat ou archer espagnol qui exerce les mêmes fonctions que celles des cavaliers de la maréchaussée ou de la gendarmerie en France. De l'ar. *al*, le, et de *ghazil*, huissier, archer.

ARGOUSIN, sergent de galère ayant l'inspection et la garde des forçats; mot corrompu d'*alguazil*.

ALGUE, plante marine, cryptogame, vulnéraire, de la famille des aroïdes, dont il y a plusieurs espèces. Du lat. *alga*.

ALIBI, mot latin usité au palais, et qui signifie ailleurs, autre part; absence constatée d'une personne par sa présence dans un autre lieu.

ALIBIFORAIN, échappatoire, vaine allégation; mauvaise défaite. Du lat. *alibi*, et de *foras*, dehors.

ALIBORON, *aliborum* (maître), personnage subtil et adroit à trouver des alibiforains; ignorant qui se mêle de tout et qui veut parler de tout. Huet rapporte qu'un avocat plaidant en latin, et voulant dire que sa partie adverse n'étoit pas recevable dans ses alibi, s'écria : *Nulla ratio habenda est istorum aliborum*, d'où lui resta le surnom de maître *aliborum*, donné depuis à l'âne.

ALIDADE, règle mobile terminée par les pinnules, et placée au centre d'un instrument propre à mesurer les angles; aiguille du cadran à canneler. De l'ar. *al hada*, règle.

ALIMENT, tout ce qui nourrit, entretient et conserve le corps. Du lat. *alimentum*, fait d'*alere*, nourrir, substanter.

ALIMENTAIRE, ce qui est destiné pour les aliments, pour l'entretien.

ALIMENTER, nourrir, fournir les aliments nécessaires.

ALIMENTEUX, qui sert d'aliment, qui nourrit.

ALIPTIQUE, art d'oindre le corps des athlètes pour le rendre plus souple et plus vigoureux. Du gr. *aleiphô*, oindre, frotter.

ALIPTE, homme chargé de frotter d'huile le corps des athlètes. *Aleiptés*.

ALIPTÉRION, salle où l'on pratiquoit l'aliptique. *Aleiptérion*.

ALIQUANTE, partie qui n'est pas exactement contenue dans un tout plusieurs fois. D'*aliquantùm*, quelque.

ALIQUOTE, partie contenue juste plusieurs fois dans un tout. D'*aliquis*, quelque, et de *quotùs*, combien.

ALISÉS, *alizés*, vents réglés qui soufflent en certains temps et le long de certaines côtes. On le dérive de l'it. *alito*, fait du lat. *halitus*, souffle, vent doux et favorable. D'autres le regardent comme la corruption d'*elizien*, qui, chez les anciens, désignoit les vents d'est, qui souffloient constamment pendant un certain temps de l'année.

ALISIER, *alizier*, arbre à fleurs roses, qui produit un petit fruit rouge d'un goût aigrelet. Du lat. *alisaria* et *aria*, fait du gr. *aria*.

ALISE, *alize*, fruit de l'alisier.

ALISMA, plante qui croît dans les lieux humides, et dont les feuilles ressemblent à celles du plantain. Emprunté du lat. et du gr. *alisma*.

ALISMOÏDES, famille de plantes du genre de l'alisma.

ALLANTOIDE, troisième membrane, qui fait partie de l'arrière-faix dans la plupart des animaux ; elle enveloppe le fœtus, et ressemble à un long boyau. Du gr. *allas*, *allantos*, boyau, saucisse, et d'*eidos*, figure, forme, ressemblance.

ALLÉCHER, attirer dans un piége par l'attrait du plaisir, par la séduction. Du lat. *allicere*.

ALLÈCHEMENT, action d'allécher ; attrait, apprêt, amorce.

ALLÉGORIE, exposition d'un sujet par des figures emblématiques ; figure de rhétorique par laquelle on dit une chose pour en faire entendre une autre ; fiction dont l'objet offre un sens caché. Du lat. *allegoria*, fait du gr. *allēgoria*; composé d'*allos*, autre, et d'*agora*, discours.

ALLÉGORIQUE, qui renferme ou présente une allégorie.

ALLÉGORIQUEMENT, d'une manière allégorique.

ALLÉGORISER, expliquer selon le sens allégorique.

ALLÉGORISTE, qui explique un auteur dans un sens allégorique.

ALLÉGORISEUR, qui allégorise et prodigue l'allégorie.

ALLÉLUIA, mot hébreu qui signifie louange au Seigneur.

ALLÉLUIA, le pain de coucou ou *trifolium acetosum*, plante potagère, qui a les propriétés de l'oseille ; ainsi dite de ce qu'elle fleurit au temps de Pâques.

ALLEMAGNE, vaste pays de l'Europe. Du lat. *allemania*, formé de l'ancien theuton *al*, tout, et *man*, homme.

ALLEMAND, *allemande*, né en Allemagne, qui en provient ou qui lui appartient. D'*allamanus*.

ALLEMANDE, sorte de danse particulière aux Allemands.

ALLER, marcher, s'avancer, action de se transporter d'un lieu à un autre.

ALLANT, dispos, qui marche volontiers.

ALLÉE, passage pour entrer dans une maison ; lieu propre à se promener, sentier d'un jardin. Dans la première acception, l'allée d'une maison a pris certainement son nom du verbe *aller*, parce qu'elle sert de passage pour *aller* aux différens étages, l'escalier se trouvant au bout. Dans la seconde acception, Ducange fait dériver *allée* de deux mots *la lée*, qui, en vieux françois, a signifié une route coupée dans une forêt; mais *laye* signifioit bois, forêt, du lat. *lignium*, en basse lat. *laia*, et je n'ai jamais rencontré ce mot dans l'acception de route coupée dans une forêt. On dit Saint-Germain-en-Laye pour Saint-Germain la forêt ou dans la forêt. — Espace en longueur, bordé d'arbres parallèles, dans un jardin ou dans les champs.

ALLURE, la manière de marcher d'une personne ; le pas de certains animaux ; conduite, manière.

PRÉALABLE, qui doit être fait ou dit avant tout le reste. De *præ*, avant, et du verbe *aller*.

PRÉALABLEMENT, avant toutes choses.

SUR-ALLER, passer sur la voie sans crier, en parlant des chiens de chasse.

Ces mots sont formés du lat. *ambulare*. *Voy.* AMBLE.

ALLEU (*franc*), fonds de terre exempt de droits seigneuriaux. Les étymologistes sont loin de s'accorder sur l'origine de ce mot. Ducange rapporte celles de Budée, de Cujas, de Ragueau, et de plusieurs autres, sans en adopter aucune, et propose la basse latinité *alodium*, *allodium*. Barbazan le fait venir d'*allocatio*; ce qui détermine son sentiment, c'est le passage suivant cité par Ducange : *Plerique è doctioribus existimant, vocem esse primigeniam Gallicam vel Francicam, quæ prædium, ac rem proprietario jusse possessam denotat*; et que d'*allocatio*, par le changement du c en d, on a fait *allodatio*, action de placer, constituer, accorder, ou franchement, ou quittement, ou enfin à condition de certaines redevances, cens ou rentes.

J'ai pensé que ce mot pouvoit venir du grec *eleuthéros*, libre, maître de soi ; mais MM. Clavier et Millin, en me récusant, le dérivoient d'*a* privatif et de *lodum* ou *lodium*, exempt de lods et ventes, franc de tous droits, ou enfin de *leudis*, et d'*a* privatif, dont on a fait *aleudis*, non vassal.

ALLODIAL, qui est en franc alleu, qui est libre, exempt de service et de rentes.

ALLODIALITÉ, qualité de ce qui est allodial, ou franc de tous droits féodaux.

ALLOBROGES, anciens habitants de la Savoie et du Dauphiné, et que l'on a nommés par corruption, *Brodes*. Du lat. *Allobroges*.

ALLUSION, discours qui se rapporte à un objet différent de celui dont on parle.—Indication de la convenance, du rapport qui se trouvent entre les personnes et les choses. Du lat. *allusio*.

ILLUSION, fantôme, vue d'un objet qui paroît autre qu'il n'est. Apparence trompeuse à l'imagination, aux yeux; pensées chimériques. Du lat. *illusio*.

ILLUSOIRE, captieux, qui n'a nul fondement; qui trompe par l'apparence.

ILLUSOIREMENT, d'une manière illusoire.

ÉLUDER, éviter adroitement, rendre inutile, se jouer des efforts de quelqu'un. Du lat *eludere*. — Ces mots ont été formés du lat. *ludere, ludo*.

ALLUVION, sorte d'atterrissement; accroissement de terrain par la retraite des eaux, par le limon qu'elles y déposent. Du lat. *alluvio*.

ALMAGESTE, recueil d'observations astronomiques et de problèmes géométriques, composé par Ptolémée, vers l'an 140. De l'article arabe *al*, et du gr. *megistos*, très-grand; superlatif de *mégas*, le grand ouvrage, l'ouvrage par excellence.

ALMANACH, nom vulgaire du calendrier; tout ouvrage périodique ayant un calendrier au commencement ou à la fin. De l'ar. *al*, le, et de *manah*, compter, nombrer. Scaliger dérive ce mot de l'article *al*, et du gr. *manakos*; fait de l'ar. *man*, la lune; en grec *mèn*.

ALMANDINE, pour *albandine*, pierre précieuse des anciens, qui tenoit du rubis et de l'améthiste. *Albandina*.

ALOÈS, plante vivace, exotique, de la famille des asphodèles, originaire de l'Inde, à fleur liliacée, très-amère et d'une odeur forte, dont il y a plusieurs espèces. On en retire un suc également nommé *aloès*. Du gr. *aloé*.

ALOÉTIQUE, remède, préparation, dont l'aloès fait la base.

ALOÏDE, plante vulnéraire, dont la feuille ressemble à celle de l'aloès. D'*aloé*, aloès, et d'*eidos*, forme, ressemblance.

ALOGOTROPHIE, nourriture inégale et disproportionnée. Cette maladie a lieu lorsqu'une partie du corps reçoit moins de sucs nourriciers que les autres. D'*a* privatif, de *logos*, proportion, et de *trophé*, nourriture; fait du verbe *tréphô*, je nourris.

ALOPÉCIE, la pelade, maladie qui fait tomber le poil et les cheveux. Du gr. *alôpékia*, fait d'*alôpéx*, renard, animal qui, dit-on, est sujet à cette maladie.

ALOSE, poisson de mer qui remonte dans les rivières. Du lat. *alosa* ou *alausa*, qu'on dit être un mot gaulois.

ALOUETTE, * *aloue*, petit oiseau de l'ordre des passereaux. D'*alaudetta*, dimin. d'*alauda*, mot que Pline, liv. II, chap. 37, dit être gaulois d'origine.

ALOYAU, pièce de bœuf coupée le long du dos, qui fait partie de la hanche, et qui est le meilleur morceau de l'animal. L'étymologie de Vatier, rapportée par Ménage, et celle de ce savant sont ridicules. Court de Gébelin pense que ce mot dut se prononcer *alloyal*, venant d'*allodial*, qui signifie noble. *Voy.* ALLEU.

ALPES, hautes montagnes qui séparent la France de l'Italie et de la Suisse. Du lat. *Alpes*, fait du gr. *alphon, alpion*, que l'abréviateur de Festus dérive d'*albus*, et d'autres de *altus*.

CISALPIN, en deçà des Alpes.

TRANSALPIN, au-delà des Alpes. De *trans*, au-delà.

ALPHA, nom de la première lettre des Grecs que nous appelons *A*. Commencement d'une chose par opposition à l'*oméga* qui en marque la fin.

ALPHA et OMÉGA, le commencement et la fin.

ALPHABET, disposition par ordre des lettres d'une langue. Mot composé de deux lettres de la langue grecque *A* et *B*, *Alpha* et *béta*. En lat. *alphabetum*.

ALPHABÉTIQUE, qui est suivant l'ordre de l'alphabet.

ALPHABÉTIQUEMENT, d'une manière alphabétique.

ALPHITOMANCIE, divination qui se faisoit avec de la farine. Du gr. *alphiton*, farine, et de *mantéia*, divination.

ALPHUS, espèce de lèpre qui occasionc des taches blanches sur la peau. Du gr. *alphos* blanc.

ALSACE, province de France qui forme les deux départements du Haut et du Bas-Rhin. La rivière d'Ill, en lat. *Ellus*, *Illus*, qui passe par Strasbourg, s'appeloit anciennement *alsa*, et de ce mot on a formé celui d'*alsatia*, qui a été donné à la province.

ALSINE, la morgeline, plante médicinale, qui aime les bois et les lieux ombragés. Du gr. *alsiné*, fait d'*alsos*, un bois, une forêt.

ALTE, *halte*, terme militaire, pour faire arrêter les troupes en marche; pause que font les soldats ou les chasseurs dans une marche. De l'all. *halten*, retenir, arrêter.

HALTER, faire halte.

ALTHÉA, la guimauve en arbre, arbrisseau mucilagineux, originaire de Syrie, dont les fleurs imitent celles du liseron. Du gr. *althaia*, guimauve.

ALUN, minéral composé d'acide vitriolique et d'alumine, fort en usage dans les arts. Du lat. *alumen*.

ALUMINE, sorte d'argile pure, l'une des sept terres primitives; terre argileuse, base de l'alun. Du lat. *alumina*.

ALUMINEUX, qui est d'alun, qui tient à l'alun. *Aluminosus*.

ALUMINEUSE, espèce d'ardoise. *Aluminosa*.

ALUNER, tremper dans l'eau d'alun.

ALUNIÈRE, lieu où l'on travaille l'alun.

ALUNAGE, action d'aluner.

ALVÉOLE, cellule des abeilles; cavité dans laquelle les dents sont emboîtées; creux intérieur de l'oreille. Du lat. *alveola*, diminutif d'*alveus*, trou, cavité.

ALVÉOLAIRE, concernant les alvéoles.

ALVÉOLÉ, creusé en alvéoles.

ALVÉOLITHE, polypier pierreux. D'*alveus*, et du gr. *lithos*, pierre.

ALYSSE, *alysson*, plante vivace, que l'on croit bonne contre la rage. D'*a* privatif, et de *lussa*, rage.

AMADIS, bouts de manches boutonnés sur le poignet; manches de femmes, descendant sur le poignet. Ce mot a été fait de l'opéra d'*Amadis*, représenté sous Louis XIV, où tous les acteurs avoient de ces sortes de manches.

AMADOTE, sorte de poire; ainsi dite d'une femme nommée la *dame Oudot*, du village de Demigny, entre Beaune et Châlons, qui, la première, s'avisa de la cultiver en Bourgogne.

AMADOU, espèce de mèche faite avec de l'agaric de chêne, dont on se sert pour avoir du feu et qui est extrêmement douce au toucher.

AMADOUER, flatter, caresser de a main. Gébelin pense que ces mots sont composés de la préposition *a*, du subs. *main*, et de l'adj. *doux*, mot à mot *doux à la main*. C'est à tort que Ménage dérive le verbe *amadouer* de l'inusité *ama tutare*, fait d'*amatus*.

AMALGAME, mélange, alliage de mercure avec d'autres métaux. Du gr. *hama*, ensemble, et de *gamein*, marier, joindre, unir. *Voy.* GAMIES.

AMALGAMATION, action d'amalgamer.

AMALGAMER, unir par le moyen du mercure.

AMANDE, fruit de l'amandier; chair du fruit de l'amande, le dedans de tous les fruits à noyaux. Du lat. *amygdale*, fait du gr. *amugdalé*, dont on a fait par corruption *amandala*.

AMANDÉ, boisson faite avec du lait et des amandes broyées et passées.

AMANDIER, arbre qui porte des amandes; on le dit originaire de la Mauritanie. D'*amygdalus*.

AMYGDALES, glandes en forme d'amande, qui sont placées aux deux côtés de la gorge, sous la luette. D'*amugdalé*.

AMYGDALITHE, *amygdaloïde*, pierre figurée, qui ressemble à une amande, sorte de pierres agrégées, qui renferment des espèces de noyaux. D'*amugdalé* et de *lithos*, pierre; d'*amugdalé* et d'*eidos*, figure, forme, ressemblance.

AMARANTE, sorte de fleur d'automne, à fleur d'un rouge pourpré, qui fait l'ornement de nos jardins; de ce qu'elle ne flétrit pas, on la regarde comme le symbole de l'immortalité. Du lat. *amaranthus*, fait du gr. *amaranton*, composé d'*a* privatif, et de *mairainô*, faner, flétrir.

AMARANTE, couleur d'amarante.

AMARANTINE, sorte d'anémone.

AMARANTOIDES, familles de plantes semblables à l'amarante. D'*amaranton* et d'*eidos*, ressemblance.

AMAUROSE, la goutte sereine, maladie des yeux, qui, sans symptôme apparent, prive entièrement de la vue. Du gr. *amaurôsis*, obscurcissement, dérivé d'*amauros*, obscur.

AMAUROSITE, affecté de l'amaurose.

AMBASSADEUR, envoyé d'une puissance vers une autre, avec un caractère de représentation. De l'it. *ambasciatore*, fait de la basse latinité *ambasciator*, dérivé de l'all. *ambacht* ou *ambachten*, magistrat, ministre, que Saumaise croit avoir été fait du lat. *ambactus*.

AMBASSADRICE, femme d'un ambassadeur.

AMBASSADE, mission, emploi d'un ambassadeur.

AMBE, combinaison de deux numéros au jeu de la loterie; sortie de deux numéros d'un billet. Du lat. *ambo*, fait du gr. *amphô*, tous deux.

AMBESAS ou BESET, sortie de deux as au jeu de trictrac.

AMBI, instrument de chirurgie pour réduire les luxations de l'humerus. Du gr. *ambé*, éminence en forme de sourcil, parce que le lévier de cet instrument est taillé en rond, comme un sourcil, pour l'adapter à la cavité de l'aisselle.

AMBIANT, fluide, air qui entoure, qui environne, qui enveloppe. D'*ambiens*.

AMBIGU, qui a deux sens; dont le sens est douteux. Du lat. *ambiguus*, fait du gr. *amphibolos*, ambigu, équivoque; composé d'*amphi*, de deux côtés, et de *ballô*, jeter, lancer; repas où l'on sert tout à la fois les viandes, la pâtisserie et les fruits.

AMBIGUITÉ, défaut d'un discours équivoque et susceptible de plusieurs significations; louche d'une phrase.

AMBIGUEMENT, d'une manière ambiguë et à double sens.

AMPHIBOLE, le schorl opaque rhomboïdal, ainsi nommé à cause de l'analogie apparente de cette substance avec d'autres. Du gr. *amphibolos*.

AMPHIBOLOGIE, vice du discours qui le rend ambigu et obscur, et dans lequel une même expression peut être prise en deux sens opposés. D'*amphibolos*, ambigu; dérivé d'*amphi*, des deux côtés, de *ballô*, jeter, et de *logos*, parole, discours.

AMPHIBOLOGIQUE, ambigu, douteux, indéterminé, qui a double sens.

AMPHIBOLOGIQUEMENT, d'une manière amphibologique.

AMBITION, passion, désir immodéré de ceux qui cherchent à s'élever, à acquérir des dignités, des richesses. Du lat. *ambitio*, que l'on fait venir d'*ambire*.

AMBITIEUX, dévoré d'ambition, qui cherche à s'élever. *Ambitiosus*.

AMBITIEUSEMENT, d'une manière ambitieuse. *Ambitiosè*.

AMBITIONNER, aspirer à quelque chose; rechercher avec ardeur.

AMBLE, allure du cheval lorsqu'il meut les jambes d'un côté avant de mouvoir celles de l'autre côté. Du lat. *ambulare*, marcher, aller.

AMBLANT, qui va l'amble.

AMBLER, aller l'amble.

AMBLEUR, officier des écuries du roi.

AMBULANCE, sorte d'hôpital militaire, composé de grands chariots qui suivent les armées, et dans lesquels on transporte les blessés.

AMBULANT, *ambulatoire*, qui n'est pas fixe, qui marche toujours.

PRÉAMBULE, exorde, avant-propos. De *præ*, avant, et d'*ambulo*, je marche; discours qui marche avant, qui est à la tête.

AMBLYGONE, qui a un angle obtus. Du gr. *amblugônios*, formé d'*amblus*, obtus, et de *gônia*, angle.

AMBLYOPIE, affoiblissement et obscurcissement de la vue, sans aucun vice apparent; maladie à laquelle les vieillards sont sujets. Du gr. *ambluôpia*, fait d'*amblus*, émoussé, et d'*ops*, œil.

AMBON, jubé, tribune dans les églises; l'ancien usage de l'église étoit d'y lire l'épître et l'évangile, ainsi que d'y faire le prêche. Du lat. *ambo*, fait du gr. *ambôn*, hauteur; éminence; dérivé d'*ambainô* pour *anabainô*, je monte.

AMBON, bord cartilagineux qui environne la cavité des os.

AMBRE, substance aromatique, odorante et légère, que la mer jette sur les côtes; substance résineuse; parfum. Du lat. *ambarum*; en it. *ambra*, et en esp. *ambar*; ce dernier est arabe, et a été fait d'*al ambar*, ambre.

AMBRER, parfumer avec de l'ambre.

AMBRETTE, la graine musquée, arbrisseau; petite fleur ainsi nommée de l'odeur suave qu'elle exhale.

AMBROISIE, *ambrosie*, la nourriture des dieux, qui rendoit immortels ceux qui en mangeoient. En lat. *ambrosia*, du gr. *ambrosia*, dérivé d'*a* privatif et de *brotos*, mortel.

AMBROSIE, plante annuelle d'une odeur aromatique.

AMBROISE, nom propre d'homme. *Ambrosius*, en it. *Ambrogio*.

AMBROSIEN, sorte de plain-chant dont saint Ambroise est l'inventeur.

AME, ce que l'on est convenu d'appeler le principe de la vie chez tous les êtres vivants; cœur, conscience, sentiment; individu des deux sexes; onomatopée qui a fait inventer bien des systèmes. En lat. *anima*, en gr. *anémos*, souffle, respiration.

ANIMER, donner de la vie, du mouvement, exciter, irriter. *Animare*.

ANIMAL, être sensible et organisé; stupide, grossier. *Animal*.

ANIMALCULE, petit animal qu'on ne peut apercevoir qu'au moyen du microscope. *Animalculum*.

ANIMATION, union de l'âme au corps. *Animatio*.

ANIMÉ, irrité, mis en colère. *Animatus*.

ANIMOSITÉ, haine active, ardente à nuire; colère dont on est animé. *Animositas*.

ANIMADVERSION, improbation, censure verbale. *Animadvertio*.

INANIMÉ, privé de mouvement, de vie, de sentiment; qui n'a pas d'âme.

LONGANIMITÉ, clémence de Dieu qui tarde à punir; patience d'un souverain contre les injures, qui vient de bonté et de grandeur d'âme. *Longanimitas*.

LONGANIME, doué de longanimité.

MAGNANIME, qui a l'âme grande, élevée. *Magnanimus*.

MAGNANIMITÉ, élévation, grandeur d'âme. *Magnanimitas*.

MAGNANIMEMENT, avec magnanimité.

RANIMER, donner une nouvelle vie, une nouvelle âme, rendre le courage, la vigueur.

UNANIME, élection, consentement qui réunit tous les suffrages; qui résulte de leur unanimité. *Unanimus*.

UNANIMEMENT, d'une commune voix, à l'unanimité des suffrages.

UNANIMITÉ, conformité des sentimens, universalité des suffrages. *Unanimitas*.

AMEN, ainsi soit-il, fin du discours. De l'ar. *amen*, sécurité, salut; souhait d'adieu des Orientaux.

AMENDE, peine pécuniaire. *Emenda*, fait du lat. *menda*, correction.

AMENDABLE, sujet à l'amende; qui peut se corriger.

AMENDEMENT, correction, modification, amélioration, changement en mieux.

AMENDER, *émender*, corriger, améliorer, changer, réformer. *Emendari*.

AMÉNITÉ, agrément dans la conversation et dans les manières, bonté, douceur de caractère qui fait toujours bien venir celui qui en est pourvu. Du lat. *amœnitas*.

AMENTACÉES, famille de plantes dont les fleurs mâles sont disposées autour d'un axe ou filet particulier, appelé *chaton*. Du lat. *amentum*, lien, courroie, attache.

AMER, ce qui a de l'amertume; triste, douloureux, pénible; fiel des animaux. Du lat. *amarus*.

AMÈREMENT, avec amertume, douloureusement. *Amarè*.

AMERTUME, saveur amère; peine, affliction, déplaisir. *Amaritudo*.

AMÉRIQUE, l'une des cinq parties du monde, ainsi dite de ce qu'elle fut découverte par *Améric Vespuce*.

AMÉRICAIN, qui est d'Amérique.

AMÉTHYSTE, pierre précieuse de couleur violette. Du gr. *améthustos*, fait d'*a* privatif, et de *methuô*, je suis ivre; dérivé de *méthu*, vin.

Les anciens prétendoient que cette pierre, portée en anneau ou taillée en coupe, avoit la vertu de préserver de l'ivresse. Ils racontoient aussi qu'une jeune beauté, fuyant les poursuites de Bacchus, fut changée en cette sorte de pierre précieuse, et pour cela fut nommée *Améthyste*. Peu content de cette métamorphose, le dieu voulut, pour marque de son amour, qu'elle fût teinte de sa couleur, et qu'elle eût la vertu de garantir de l'ivresse.

AMIANTE, substance ou matière minérale, pierreuse, fibreuse, filamenteuse, souple, élastique et incombustible. Du gr. *amiantos*, incorruptible, inaltérable; formé d'*a* privatif et de *miainô*, corrompre, parce que l'amiante résiste au feu, et en sort plus blanc.

AMIANTOÏDE, substance semblable à l'amiante. D'*amiantos* et d'*eidos*, forme, ressemblance.

AMICT, *amit*, linge qui couvre la tête et les épaules du prêtre catholique qui va célébrer le sacrifice de la messe. Du lat. *amictus*, fait d'*amicire*, couvrir.

A-MI-LA, diapason ou note qui donne le *la* ou le ton à tous les instrumens d'un orchestre; branches d'acier qui, étant frappées et mises en vibration, en rendent le son. On se servoit anciennement d'une espèce de sifflet à pompe. Ce mot vient de l'ancienne manière de désigner les notes par les lettres.

AMIRAL, commandant d'une armée navale; général de mer, commandant en chef une escadre; vaisseau qu'il monte. Du gr. *améras*, fait de l'ar. *émyr*, chef, dér. d'*amar*, commander.

AMIRAUTÉ, siége de la juridiction du grand amiral; charge d'amiral.

EMIR, pour *émyr*, titre de noblesse des descendants de Mohammed ou Mahomet; prince de certaines tribus arabes.

AMMAN, officier public, chef, juge, magistrat chez les Suisses. De l'all. *amtman*, formé d'*amt*, chef, et de *man*, homme.

AMMI, plante annuelle des pays méridionaux, de la famille des ombellifères, originaire du Levant; sa graine, très-aromatique, est au nombre des quatre semences chaudes, et entre dans la composition de la thériaque. Du grec *ammi*.

AMMON, surnom de Jupiter, représenté avec deux cornes de bélier. Dérivé du gr. *ammos*, sable, parce que le temple de Jupiter-Ammon étoit bâti dans les sables de la Lybie. — Coquille en spirale, fossile.

AMMITE, *ammonite*, pierre composée de petits grains semblables à du sable. Du grec *ammos*.

AMMOCHRYSE, l'or de chat ou mica brillant jaune, qui, étant pulvérisé, devient cette poudre d'or que l'on met sur l'écriture pour absorber l'encre. D'*ammos*, sable, et de *chrusos*, or.

AMMODYTE, serpent venimeux semblable à la vipère, qui est couleur de sable et moucheté de taches noires, et dont la piqûre est mortelle; petit poisson osseux qui se cache sous le sable de la mer et des rivières. D'*ammos*, sable, et de *dutés*, plongeur; fait de *dunô*, plonger, revêtir.

AMMONIAC, *ammoniaque*, sel neutre formé par la combinaison de l'acide marin avec l'alkali volatil jusqu'au point de saturation; combinaison d'hydrogène et d'azote que l'on extrait du sel ammoniac. Du gr. *ammos*, sable, parce que l'ammoniaque se trouvoit près du temple de Jupiter-Ammon, ou parce que, depuis un temps immémorial, on prépare ce sel en Lybie avec le sable imprégné d'urine et de fiente de chameau.

AMNION, *amnios*, membrane déliée qui enveloppe immédiatement tout le fœtus dans la matrice. Du gr. *amnion*, dérivé de *hama einai*, être ensemble, parce que le fœtus est tout ramassé dans cette membrane.

AMNIOMANCIE, divination au moyen de la coiffe ou membrane que quelques enfans apportent sur la tête en naissant. D'*amnion* et de *mantéia*, divination.

AMNISTIE, loi d'oubli et de clémence, pardon général; déclaration par laquelle un souverain met en oubli le passé à l'égard de ceux dont il a eu lieu de se plaindre. Du lat. *amnistia*, dérivé du gr. *amnêstia*, oubli; dérivé d'*a* privatif et de *mnaomai*, faire mention.

AMODIER, *admodier*, affermer une terre d'abord en grains, puis en argent. De la bass. lat. *admodiare*, fait de *modius*, boisseau, parce que le propriétaire et le fermier partageoient les récoltes par parties égales.

AMODIATEUR, qui prend une terre à ferme.

AMODIATION, bail à ferme d'une terre.

AMOME, fruit d'un arbre odoriférant à fleur blanche qui croît aux Indes. Du gr. *amômon*.

AMOMON, arbuste qui porte des petits fruits rouges.

AMPELITE, terre noire et bitumineuse qui se dissout dans l'huile; sorte d'argile mêlée de terre siliceuse, de pétrole et de pyrite, qui est un excellent engrais pour les vignes. On l'appelle aussi crayon des charpentiers et terre à vigne. Du gr. *ampelitisgé*, fait d'*ampelos*, vigne, et de *gé*, terre.

AMPHIBLESTROÏDE, la tunique ou rétine de l'œil, molle, blanche et glaireuse, qui, jetée dans l'eau, ressemble à un filet. Du grec *amphiblesthron*, filet de pêcheur, et d'*eidos*, forme, ressemblance.

AMPHICTYONS, députés des villes et des peuples de la Grèce, qui représentoient la nation et qui se réunissoient dans des temples qu'elles avoient en commun.

AMPHICTYONIE, assemblée des amphictyons.

AMPHICTYONIDES, villes qui avoient le droit de nommer des amphictyons. D'*Amphictyon*, fils de Deucalion, roi d'Athènes, qui le premier avoit établi ces assemblées; ou d'*amphyktuón*, venu d'*amphiktión*, habitant autour; composé d'*amphi*, autour, et de *ktizó*, établir, loger.

AMPHIMACRE, pied de vers grec et latin, composé d'une brève entre deux longues. Du gr. *amphimakros*, fait d'*amphi*, des deux côtés, et de *makros*, long; pied long à ses deux extrémités.

AMPHIPOLES, archontes ou magistrats de Syracuse, établis par Timoléon après l'expulsion de Denys le tyran. Du gr. *amphipolos*, qui sert, qui administre.

AMPHISBÈNE, double marcheur; nom d'un serpent qui peut marcher en avant et en arrière. D'*amphis*, des deux côtés, et *bainó*, je marche.

AMPHISCIENS, habitans de la zone torride, dont l'ombre tombe tantôt vers le sud, tantôt vers le nord. Du gr. *amphi*, des deux côtés, et de *skia*, ombre.

AMPHORE, vase antique à deux anses; sorte de mesure ancienne pour les liquides. D'*amphora*, fait du gr. *amphiphoreus*, formé d'*amphi*, d'un côté et de l'autre, et de *phéró*, je porte. L'amphore attique contenoit douze conges, et l'amphore romaine n'en contenoit que huit.

AMPLE, long, large, vaste, étendu, considérable. Du lat. *amplius*.

AMPLEMENT, d'une manière très-ample; beaucoup, considérablement. *Amplè*.

AMPLEUR, largeur d'une étoffe; étendue d'étoffe dans les vêtemens, les meubles, etc. *Amplitudo*.

AMPLEXICAULE, qui embrasse la tige. D'*amplexari*, embrasser.

AMPLIATIF, qui augmente, qui étend, ajoute.

AMPLIATION, double d'un acte, d'une lettre. *Ampliatio*.

AMPLIER, augmenter, différer, retarder. *Ampliare*.

AMPLIFICATEUR, qui amplifie, qui exagère les choses. *Amplificator*.

AMPLIFICATION, extension, exagération, développement d'un discours. *Amplificatio*.

AMPLIFIER, exagérer, étendre un discours. *Amplificare*.

AMPLISSIME, très-ample; titre d'honneur donné au recteur de l'ancienne université de Paris.

AMPLITUDE, arc de l'horizon compris entre les points du lever et du coucher d'un astre; courbe que décrit la bombe en tombant. *Amplitudo*.

AMPOULE, fiole sainte que l'on a dit être descendue exprès du ciel pour le baptême de Clovis, et dont l'invention peut remonter au règne de Pépin. Hincmar, archevêque de Rheims, qui vivoit au IXe siècle, est le premier qui en ait fait mention; tumeur, élevure sur la peau, bouffissure. Du lat. *ampulla*.

AMPOULÉ, enflé, bouffi en parlant du style.

AMPOULETTE, horloge à sable; cheville sur la lumière d'une bombe.

AMPUTER, couper, tailler, retrancher un membre; opérer sur le corps humain. Du lat. *amputare*, fait de *putare*, dérivé du gr. *peuthomai*, chercher, demander, s'enquérir, apprendre, s'assurer.

AMPUTATION, action d'amputer. *Amputatio*.

COMPUT, supputation des temps pour l'église. Du lat. *computum*.

COMPUTISTE, qui travaille au comput; receveur des droits du sacré collége.

COMPTER, supputer, calculer, assembler des nombres; apurer des comptes; penser, affirmer, présumer. *Computare*.

COMPTABLE, tenu de rendre compte. *Computabilis*.

COMPTABILITÉ, obligation de rendre compte avec responsabilité.

COMPTANT, argent donné aussitôt l'achat.

COMPTE, balance de dépense et de recette, du passif et de l'actif; calcul, nombre; profit; ce qui revient ou doit revenir. *Computatio.*

COMPTÉ, ce qui est nombré, calculé.

COMPTEUR, détente d'horloge. *Computator.*

COMPTEUSE, femme qui arrange les mains de papier blanc.

COMPTOIR, table de marchand pour recevoir et serrer l'argent; factorerie, établissement de commerce en pays étranger.

A-COMPTE, petite somme donnée pour une plus forte que l'on doit.

DÉCOMPTER, rabattre d'une somme; rabattre de sa bonne opinion.

DÉCOMPTE, retenue sur un compte; erreur dans une affaire.

ESCOMPTE, remise pour un paiement; avance du montant d'un billet, moyennant certaine retenue.

ESCOMPTER, faire l'escompte.

ESCOMPTEUR, homme riche qui escompte les effets de commerce moyennant des intérêts.

MÉCOMPTE, erreur de calcul dans un compte. De *mala computatio*, mauvais compte.

MÉCOMPTER (se), se tromper dans un compte; faire de fausses supputations.

RECOMPTER, compter de nouveau.

DÉPUTÉ, détaché d'un corps pour remplir une mission; envoyé d'un corps constitué vers....

DÉPUTER, envoyer une députation, envoyer comme député.

DÉPUTATION, envoi de plusieurs députés vers....

DISPUTE, différence d'opinion; combat d'esprit; contestation, querelle. *Disputatio.*

DISPUTABLE, susceptible de dispute.

DISPUTAILLER, disputer souvent et sur des riens.

DISPUTER, différer d'opinion, contester, discuter, combattre pour conserver.

DISPUTEUR, qui aime à disputer et à provoquer les disputes.

IMPUTER, attribuer une chose digne de blâme, destiner à.... *Imputare.*

IMPUTATION, compensation d'une somme sur une autre; accusation sans preuve. *Imputatio.*

PUTATIF, celui qui passe pour être le père d'un enfant.

PUTATIVEMENT, d'une manière putative.

RÉFUTER, détruire, combattre des objections par le raisonnement. *Refutare.*

RÉFUTATION, réponse à des objections. *Refutatio.*

SUPPUTER, calculer, nombrer, compter. *Supputare.*

SUPPUTATION, compte, calcul. *Supputatio.*

AMULETTE, prétendu préservatif qu'on porte sur soi pour se garantir des sortiléges, maléfices, sorts, maladies, conjurations, et autres accidents fâcheux. Du lat. *amuletum.*

AN, ANNÉE, révolution du soleil et de la lune pendant douze mois ou 365 jours. Du lat. *annus.*

ABANNATION, exil d'un an.

ANNAL, qui dure un an. *Annuus.*

ANNALES, histoire des peuples par années. *Annales.*

ANNALISTE, qui écrit des annales.

ANNATES, droit du pape sur les bénéfices dont il touche le revenu d'une année à chaque mutation.

ANNION, délai d'une année.

ANNIVERSAIRE, cérémonie qui a lieu le même jour chaque année. *Anniversarius.*

ANNUAIRE, calendrier qui paroît tous les ans. *Annuarius.*

ANNUEL, qui dure un an, qui revient tous les ans.

ANNUELLEMENT, par chaque année, tous les ans.

ANNUITÉ, rente annuelle; profit annuel sur des opérations de finance.

ANNEAU, cercle d'une manière quelconque, bague, tout ce qui est rond en forme de bague; boucle de cheveux. *Annulus.*

ANNULAIRE, en anneau, éclipse entourée d'un anneau lumineux; quatrième doigt de la main, parce qu'on y met l'anneau nuptial. *Annularis.*

ANNELÉ, serpent à anneaux.

ANNELER, boucler les cheveux en anneaux.

ANNELET, petit anneau.

ANNELURE, frisure par anneaux.

ANUS, bout du rectum. *Anus.*

ANTAN, de l'an précédent, de l'an antérieur.

ANTENOIS, agneau, veau d'un an révolu.

BISANNUEL, biennal, qui dure deux ans.

SUR-ANNATION, lettres de chancellerie pour rajeunir des titres surannés.

SURANNÉ, qui n'est plus valide; vieux, hors d'usage.

SURANNER, avoir plus d'un an de date; avoir passé l'année au-delà de laquelle l'effet cesse.

TRISANNUEL, triennal, qui dure trois ans.

ANA, recueil de pensées, traits d'esprit, bons mots d'un homme célèbre. De la finale latine *ana*, que l'on ajoute au nom.

ANACHORÈTE, personnage dévot qui, retiré dans la solitude, a consacré ses jours à Dieu. *Anachoreta*, fait du gr. *anachôréô*, je me retire; composé d'*ana*, en arrière, et de *chôreô*, je vais.

ANACRÉON, célèbre poète grec érotique.

ANACRÉONTIQUE, poésies composées dans le goût et le style d'Anacréon.

ANACTES, nom donné à Castor et Pollux, puis aux rois grecs. Du gr. *Anax*, roi, seigneur.

ANACTES, titre d'honneur affecté aux fils et aux frères des rois de Chypre, parce qu'ils gouvernoient l'état, comme nos maires du palais sous les rois fainéants.

ANADYOMÈNE, surnom de Vénus, formée de l'écume de la mer, et sortant des eaux. Du gr. *anaduoméné*, fait d'*anaduomai*, sortir de la mer.

ANAGALLIS, le mouron, sorte de plante dont il y a plusieurs espèces. En lat. et en gr. *anagallis*.

ANALEME, *analemme*, projection orthographique de tous les cercles de la sphère sur la colure des solstices, ou sur une surface plane. Du grec *analêmma*, hauteur; fait du verbe *analambanô*, prendre d'en haut, parce qu'il sert à trouver la hauteur du soleil à toute heure par une opération graphique.

ANALEPSIE, rétablissement des forces après une maladie. Du grec *analepsis*, fait du verbe *analambanô*, recouvrer ce qu'on a perdu; dérivé d'*ana*, de rechef, et de *lambanô*, prendre.

ANALEPTIQUE, restaurant, qui fortifie; propre à rétablir les forces abattues.

ANALYSE, résolution, décomposition, réduction d'un corps dans tous ses principes élémentaires; résumé des éléments d'un écrit, de la composition d'un tableau; art de résoudre les problèmes par le moyen de l'algèbre; action de décomposer les corps. Méthode pour acquérir des connaissances, et opposée à la synthèse. Du gr. *analusis*, dissolution, résolution; fait d'*ana*, derechef, et de *luô*, dissoudre.

ANALYSER, faire l'analyse d'une chose.

ANALYSTE, versé dans l'analyse mathématique.

ANALYTIQUE, qui vient de l'analyse.

ANALYTIQUEMENT, avec analyse.

ANANAS, plante basse de l'Inde, originaire du Pérou; son fruit en pomme de pin. De l'ind. *ananas*; les naturalistes lui ont donné le nom de *drômélia*.

ANAPESTE, pied de vers gr. et lat. composé de deux brèves et d'une longue, ou d'un dactyle renversé. Du gr. *anapaistos*, dérivé d'*anapaiô*, frapper à contre-temps, parce qu'en dansant, lorsqu'on chantoit des vers anapestes, on frappoit la terre d'une manière contraire à celle dont on battoit la mesure pour des poésies où dominoit le dactyle.

ANAPESTIQUE, vers où domine l'anapeste.

ANAPHORE, répétition de mots à la tête de divers membres d'une période. Du gr. *anaphérô*, fait d'*ana*, derechef, et de *phérô*, je porte.

ANASTASE, élévation, transport des humeurs d'une partie sur une autre. Du gr. *anastasis*, fait d'*anistémi*, élever.

ANASTOMOSE, union, jonction, rebouchement des veines, des artères; embranchement d'un arbre, d'une plante. Du gr. *anastomôsis*, fait d'*anastomoô*, ouvrir, déboucher; formé d'*ana*, pur, et de *stoma*, bouche; union de deux bouches.

ANASTOMOSER (s'), se joindre par anastomose, en anatomie comme en botanique.

ANASTOMIQUE, remèdes qui, en dilatant l'orifice des vaisseaux, facilitent la circulation du sang.

ANATHÈME, dévoué aux dieux infernaux; excommunication de l'église, avec malédiction ou retranchement perpétuel de la communion. D'*anathéma*, exécration ; fait d'*anatithêmi*, vouer, consacrer, suspendre; dérivé d'*ana*, loin de soi, et de *thithêmi*, je place. Les anciens employoient le mot *anathême* en parlant des objets consacrés aux dieux, c'est-à-dire, suspendus à leurs autels comme des *ex-voto*.

ANATHÉMATISER, frapper d'anathême; lancer un anathême.

ANATOCISME, conversion de l'intérêt des intérêts en capital. Du gr. *anatokismos*, fait d'*ana*, répétition, et de *tokos*, usure; renouvellement d'usure.

ANCELLE, servante en général. Du lat. *ancilla*.

ANCILLAIRE, qui concerne les serviteurs; opération chimique, laquelle dispose à l'analyse, à la combinaison.

ANCILLARIOLE, amoureux des servantes.

ANCHE, embouchure de quelques instruments à vent; petit tuyau plat dans lequel on souffle et on introduit le vent dans le hautbois, le basson, etc. Onomatopée de l'air étouffé dans l'étroit canal de l'anche et séparé de l'instrument auquel elle appartient, qui imite très-bien le gémissement aigu et forcé d'un homme qui suffoque.

L'étymologie de Ménage ne mérite pas la peine d'être rapportée. M. Morin dérive le mot *anche* du verbe *agchô*, qui se prononce *anchô*, et qui signifie *serrer la gorge*. Il ajoute que ce mot exprime parfaitement le mouvement que fait faire à son gosier celui qui, tenant l'anche serrée entre ses lèvres, veut la faire sonner.

ANCHOIS, petit poisson de mer. De l'it. *anchioa*, que Ménage tire du lat. *apua*, dérivé du gr. *apluê*; en esp. *anchoua*. D'autres le font venir du lat. *encrasicholus*.

ANCONE, muscle du coude. D'*anconeus*, fait du gr. *agkôn*, le coude.

ANCONÉS, nom des quatre muscles attachés à l'olécrane.

ANCRE, instrument de fer à deux branches ou à double crochet qu'on jette au fond de l'eau pour arrêter les vaisseaux. Du lat. *anchora*, fait du gr. *agkura*, ancre, crochet, dérivé d'*agkulos*, courbé, crochu.

ANCRAGE, lieu propre à jeter l'ancre.

ANCRER, jeter l'ancre ; s'établir avec ténacité.

ANCRURE, petit pli qui se fait à l'étoffe que l'on tond.

ANCYLOMÈLE, sonde recourbée. D'*agkublos*, et de *mêlé*, sonde.

ANCYLOTOME, bistouri recourbé pour couper le ligament de la langue. D'*agkulos*, et de *temnô*, je coupe.

ANCYROÏDE, l'apophyse coracoïde de l'omoplate. D'*agkura*, ancre, crochet, et d'*eidos*, forme, ressemblance.

DÉSANCRER, lever l'ancre.

ANDABATE, gladiateur qui combattoit les yeux bandés. *Andabata*.

ANDAIN, la ligne que le faucheur a parcourue, et le foin qui est renfermé dans cette ligne. D'*Andena*, *andamen*, formés de l'it. *andare*, aller; dérivé d'*ambulare*.

ANDANTE, adverbe italien qui signifie avec modération ; morceau de musique composé sur ce mouvement.

ANDOUILLE, boyau de cochon farci d'autres boyaux ou de la chair du même animal. D'*edulium*, *edulio*, chose bonne à manger, ou selon Ménage d'*indusiola*, diminutif d'*indusia*, *indusium*, vêtement sur la peau, à cause de la robe de l'andouille.

ANDOUILLER, petite excroissance de corne qui vient au bois du cerf; ainsi dite par analogie.

ANDOUILLETTE, petite andouille.

SUR-ANDOUILLER, andouiller plus grand que les autres, au-dessus des cors.

ANDROGYNE, homme-femme; qui est des deux sexes; hermaphrodite ; fleurs qui réunissent à la fois les deux sexes. D'*andros*, génit. d'*anêr*, homme, et de *guné*, femme.

ANDROÏDE, automate à figure humaine, qu'on fait mouvoir au moyen de ressorts. D'*andros*, et d'*eidos*, forme, ressemblance.

ANDROMANIE, amour insensé pour les hommes. D'*andros*, et de *mania*, fureur, passion.

ANDROMAQUE, nom propre de femme qui signifie homme combattant. D'*andros*, et de *maké*, combat.

ANDROMÈDE, constellation de trois étoiles de la seconde grandeur en ligne droite. D'*andros*, et de *médos*, soin.

ANDRON, l'appartement des hommes chez les Grecs.

ANDROSACE, *androselle*, genre de liseron, plante employée contre l'hydropisie et la rétention d'urine. D'*andros*, et d'*akos*, remède, à cause de ses propriétés, ou de *sakos*, bouclier, parce que ses feuilles en ont la forme.

ANDROTOMIE, dissection du corps humain en particulier. *Voy.* TOMIE.

ANE, *aze*, quadrupède de race primitive, à longues oreilles, plus petit que le cheval ; homme stupide, ignorant. Du latin *asinus*, fait du gr. *onos*, qui a la même signification.

ANESSE, femelle de l'âne.

ANÉE, charge d'un âne ; mesure de vin qui fait la charge d'un âne.

ANERIE, grande ignorance de ce qu'il faut savoir ; erreur grossière produite par cette ignorance.

ANIER, qui conduit des ânes. *Asinarius*.

ANON, petit de l'âne ; enfant qui ne sait rien. *Asellus*.

ANNONER, mettre bas en parlant d'une ânesse.

ANNONER, parler, lire en hésitant. L'Académie dérive ce verbe d'*ânon* ; Ménage, avec plus de raison, le regarde comme une onomatopée. En effet, les personnes qui annonent disent souvent *an*, *on*, *an*.

ANNONEMENT, action d'annoner.

ASINE (bête), âne ou ânesse.

ONAGRE, âne sauvage, animal d'Afrique et d'Asie, très-léger à la course. *Onagros*, fait d'*onos*, âne, et d'*agrios*, sauvage.

ONAGRE, l'herbe aux ânes, plante dont ces animaux sont très-friands ; machine de guerre propre à lancer des pierres. Végèce en a donné la description. Selon cet auteur la machine auroit pris son nom de ce que les ânes, étant poursuivis par les chasseurs, leur lancent des pierres en courant.

ANÉMOGRAPHIE, la science ou la description des vents. D'*anémos*, vent, et de *graphô*, je décris.

ANÉMOMÈTRE, instrument pour mesurer la vitesse du vent, sa force et sa direction. D'*anémos*, et de *métron*, mesure.

ANÉMONE, plante de la famille des renonculacés dont les fleurs sont remarquables par la beauté et la variété des couleurs. D'*anémôné*, fleur de vent,

parce que, dit Pline, elle ne s'épanouit que lorsque le vent souffle, ou parce que le vent l'a bientôt abattu.

ANÉMOSCOPE, instrument qui fait connoître la direction du vent. D'*anémos* et de *scopéô*, j'explore.

ANÉVRISME, tumeur molle et sanguine, contre nature, causée par la dilatation ou par la rupture d'une artère. Du gr. *aneurusma*, dérivé d'*ana*, à travers, et d'*eurunô*, je dilate ; fait d'*eurus*, grand, large.

ANÉVRISMAL, qui tient de l'anévrisme.

ANGE, être que l'on croit à la fois spirituel et temporel ; créature intellectuelle de la hiérarchie céleste ; messager, envoyé de Dieu ; qui est d'une piété exemplaire, qui possède toutes les vertus, toutes les bonnes qualités. Du lat. *angelus*, fait du gr. *aggelos*, envoyé, messager, dérivé d'*aggellô*, j'annonce une nouvelle.

ANGÉLIQUE, qui tient de la nature de l'ange, qui a toute la perfection en partage. *Angelicus*.

ANGÉLIQUE, plante odorante de la famille des ombellifères ; ainsi dite de ses bonnes qualités.

ANGÉLIQUEMENT, d'une manière angélique.

ANGELOT, ancienne monnoie d'or et d'argent sous Philippe de Valois, sur laquelle étoit figuré un ange ; fromage de Normandie sur lequel étoit empreinte la figure d'un ange.

ANGELUS, prière des catholiques qui se dit trois fois par jour, le matin, à midi, le soir, en mémoire de la salutation angélique, et qui commence par ce mot. Elle fut ordonnée par le farouche Louis XI.

ARCHANGE, ange d'un ordre supérieur. Du gr. *archaggelos*, fait d'*arché*, primauté, puissance, et d'*aggelos*, ange.

ARCHANGÉLIQUE, plante à laquelle on attribue des vertus extraordinaires, et qui, malgré cet apanage, n'empêche point le malade d'aller de vie à trépas.

ÉVANGILE, bonne nouvelle ; doctrine du Christ ; livre contenant la vie et la loi du Christ qui a apporté aux hommes l'heureuse nouvelle de leur réconciliation avec Dieu. Du latin *evangelium*, fait du gr. *euaggelion*, formé d'*eu*, bien, et d'*aggellô*, j'annonce.

ÉVANGÉLIQUE, selon l'évangile, qui est de l'évangile.

ÉVANGÉLIQUEMENT, d'une manière évangélique.

ÉVANGÉLISER, prêcher, annoncer l'évangile.

ÉVANGÉLISTE, l'un des écrivains qui a rédigé les évangiles.

ÉVANGÉLIAIRE, livre d'évangiles.

ANGINE, l'esquinancie, maladie inflammatoire. Du lat. *angina*, fait d'*angere*, serrer, suffoquer; dérivé du gr. *agchein*.

ANGIOGRAPHIE, description des veines ou vaisseaux du corps. D'*aggeion*, vaisseau, vase, veine, et de *graphô*, je décris.

ANGIOLOGIE, traité des veines. D'*aggeion* et de *logos*, discours.

ANGIOSPERMIE, classe de plantes dont les semences sont renfermées dans une capsule en membrane. D'*aggeion* et de *sperma*, graine, semence.

ANGIOTOMIE, dissection des veines. D'*aggeion* et de *temnô*, je coupe.

ANGLE, espace renfermé entre deux lignes qui se coupent et se joignent; le point de leur réunion. Du lat. *angulus*, fait du gr. *agkulos*, crochu, courbé.

ANGLET, petite cavité creusée en angle droit, comme celles qui séparent les bossages, les pierres de refends. *Angulus*.

ANGLEUX, se dit des noix qu'on détache avec peine de leurs coquilles, à cause qu'elles sont engagées dans certains petits angles.

ANGULAIRE, qui forme un angle. *Angularis*.

ANGULAIREMENT, avec des angles.

ANGULÉ, qui a des angles.

ANGULEUX, dont la surface a plusieurs angles.

ANGLOIS, d'Angleterre; né en Angleterre; qui en vient. Du lat. *anglus*.

ANGLICAN, qui professe la religion des Anglois.

ANGLICISME locution angloise.

ANGLOMANIE, affectation à imiter les Anglois. D'*anglus* et de *mania*, fureur.

ANGLOMANE, admirateur outré des Anglois et de leurs usages.

ANGOISSE, douleur amère, chagrin cuisant, grande affliction d'esprit. De l'it. *angoscia*, fait d'*angustia*, ou plutôt d'*angor*, dérivé du gr. *angareuô*. Nos pères avoient le verbe *anger*, embarrasser, incommoder, mettre en angoisses.

ANGOISSE, sorte de poire d'un goût âpre, dite aussi poire d'étranguillon; elle a été ainsi nommée du village d'Angoisse, dans le Limousin.

ANGOISSE (poire d'), sorte de bâillon que les voleurs mettent dans la bouche des gens qu'ils veulent dévaliser, pour les empêcher de crier. Gaucher, capitaine espagnol au temps de la ligue, en fut l'inventeur, au rapport de Daubigné dans son histoire.

ANGUSTIE, rétrécissement des vaisseaux, des veines. D'*angustia*, resserrement, embarras.

ANGUSTIÉ, chemin étroit, resserré.

ANGUSTICLAVE, bande étroite de pourpre sur les vêtemens des anciens; tunique des chevaliers romains, attachée sur la poitrine avec une fibule à large tête. D'*angustia*, petite bande, et de *clavus*, clou, attache.

ANGON, sorte de demi-pique, en usage chez les Francs. De la basse lat. *ango*, que l'on dérive du Theuton *Dagg, tagg*, pointe.

ANGUILLE, poisson de mer et d'eau douce, à corps long, arrondi et délié. Du lat. *anguilla*, en gr. *egchelis, egchelus*, que quelques-uns dérivent d'*anguis*, serpent, à cause de la ressemblance de l'anguille avec le serpent.

ANGUILLADE, coup de peau d'anguille.

ANIS, plante de la famille des ombellifères, dont la graine a un goût aromatique, très-agréable, et dont on fait des dragées. Du lat. *anisum, anicetum*, fait du gr. *anison*, dérivé d'*a* privatif, et d'*isos*, égal, d'où *anisos*, inégal, à cause de l'inégalité de ses feuilles.

ANISER, mettre de l'anis dans quelque chose pour lui donner du goût.

ANISÉ, qui a le goût d'anis.

ANISETTE, liqueur d'anis.

ANISOTOME, calice de fleurs dont les divisions alternes sont plus petites. Du gr. *anisos*, inégal, et de *temnô*, couper.

ANKYLOSE, privation du mouvement des articulations. Du gr. *agkulos*, courbé, parce qu'il désigne d'abord un membre courbé à son articulation.

ANNEXER, joindre, attacher, unir. D'*adnectere*.

ANNEXE, bien uni à un autre, dépendant d'un autre; église qui dépend d'une cure.

Annexion, union, jointure.

ANNIHILER, anéantir, annuler, révoquer, casser, réduire à rien. D'*ad*, et de *nihil*, rien.

Annihilation, action d'annihiler.

ANODIN, pour *anodyn*, remède adoucissant, purgation qui opère doucement. Du lat. *anodynus*, fait d'*a* priv., et du gr. *oduné*, douleur; sans douleur.

Anodynie, absence du sentiment et de la douleur.

ANOMALIE, irrégularité en général, soit dans la conjugaison des verbes, dans les maladies, les plantes, les battemens du pouls; distance angulaire d'une planète à son aphélie ou à son apogée. Du gr. *anomalia*, irrégularité; fait d'*a* privatif, et de *homalos*, égal, pareil, semblable; d'autres le dérivent d'*a*, sans, et de *nomos*, loi.

Anomal, qui a de l'anomalie; irrégulier, inégal, qui ne suit point la règle des autres.

Anomalistique-(année), temps que la terre met à revenir d'un point de son orbite au même point. D'*anomalos*.

ANSE, courbure, partie faite en arc ou demi-cercle, au moyen de laquelle on prend les objets destinés à être transportés. Du lat. *ansa*.

Ansette, petite anse.

ANSÉRINE, la patte d'oie; sorte de plante dont la feuille a la figure du pied d'une oie. Du lat. *anser*, oie.

ANTANACLASE, répétition d'un même mot dans différentes acceptions. Du gr. *antanaklasis*, fait d'*anti*, contre, et d'*anaklasis*, répercussion; dérivé d'*anaklaô*, frapper une seconde fois.

ANTENNE, longue vergue mobile qui soutient les voiles. Du lat. *antenna*.

Antennes, cornes mobiles et articulées des insectes. *Antennæ*.

Antenniste, insecte pourvu d'antennes.

ANTHOLOGIE, choix de fleurs; recueil de morceaux choisis, en vers, qui sont comme autant de fleurs poétiques. Du gr. *anthologia*, fait d'*anthos*, fleur, et *legô*, je cueille, je ramasse.

ANTHRAX, bubon très-enflammé, accompagné d'une chaleur brûlante, pareille à celle que causeroit un charbon ardent appliqué sur la peau. Du gr. *anthrax*, charbon.

ANTHROPOLOGIE, traité anatomique du corps humain; attribution à Dieu des actions, des formes, des affections humaines. D'*anthrôpos*, homme; et de *logos*, discours.

Anthropométrie, mesures proportionnelles des membres du corps humain.

Anthropomorphe, se dit des animaux qui ressemblent en quelques parties à l'homme. D'*anthrôpos*, et de *morphé*, forme.

Anthropomorphites, sectaires qui attribuoient une forme humaine à la divinité.

Anthropomorphisme, doctrine des anthropomorphites.

Anthropophage, mangeur de chair humaine. D'*anthrôpos*, et de *phagô*, je mange.

Anthropophagie, usage de manger la chair humaine.

ANTI, préposition grecque et latine qui entre dans la composition d'un assez grand nombre de mots françois. Du gr. *anti*; elle signifie contre, opposé, adversaire, alternative, permutation, changement; en lat. *anté*, avant, auparavant, qui précède, opposé.

ANTICIPER, prévenir, devancer, faire une chose avant le temps; consommer d'avance. *Anticipare*, fait d'*anti-capere*, ou plutôt d'*anté caput*, tête en avant, comme précipiter, de *præ-caput*.

Anticipation, action d'anticiper; usurpation sur les droits ou sur les biens d'autrui. *Anticipatio*.

ANTIMOINE, demi-métal blanc, lamelleux, friable, souvent mêlé avec des matières étrangères. En lat. *antimonium*, que l'on dit venir de l'ar. *athmad*, *ithmid*, ou du gr. *anti*, contre, et *monos*, seul; qui ne se trouve pas seul.

ANTIPÉRISTASE, action de deux choses opposées, dont l'une augmente la force de l'autre. Du grec *antiperistasis*, formé d'*anti*, contre, et de *periistamai*, être autour, résister.

ANTISPASE, révulsion, retour des humeurs vers une autre partie du corps. D'*antispasis*, formé d'*anti*, contre, et de *spaô*, tirer, attirer.

Antispastique, remède qui détourne les humeurs, et opère par révulsion.

ANTRE, caverne profonde, obscure et naturelle, qui présente à la vue et à

3

l'idée quelque chose d'affreux. Du lat. *antrum*, fait du gr. *antron*.

ANXIÉTÉ, tourment, inquiétude, peine d'esprit avec embarras. D'*anxietas*.

AORTE, artère, canal qui, sortant du ventricule gauche du cœur, porte le sang dans toutes les parties du corps. Du gr. *aorté*, vaisseau, vase.

AOUT, sixième mois du calendrier romain, institué par Numa, et huitième mois de l'année chrétienne; moisson qui se fait dans le mois d'août. Du lat. *Augustus*, du nom de l'empereur Auguste, auquel il étoit consacré.

AOUTER, mûrir par la chaleur du mois d'août.

AOUTERON, moissonneur qui travaille à la récolte des blés au mois d'août.

AUGUSTE, grand, digne de vénération, respectable. *Augustus*.

AUGUSTIN, religieux de saint Augustin. *Augustianus*.

AUGUSTINE, religieuse de saint Augustin; sorte de chaufferette.

APATHIE, indolence, affaissement, insensibilité de l'âme. Du gr. *apathéia*, dérivé d'*a* privatif, et de *pathos*, passion, trouble, émotion, affection; fait de *paschô*, être ému, troublé, souffrir.

APATHIQUE, indolent, insensible, qui ne s'affecte de rien.

MÉTRIOPATHIE, état d'une personne qui, à l'exemple des stoïciens, modère ses passions et ses douleurs. Du gr. *métrios*, modéré, et de *pathos*.

APEPSIE, impossibilité de pouvoir digérer les aliments. Du gr. *apepsis*, fait d'*a* privatif, et de *pepsis*, digestion, coction.

APHORISME, sentence, proposition qui renferme en peu de mots une maxime générale. Du gr. *aphorismos*, séparation, définition; fait d'*aphorizô*, séparer, définir; dér. d'*oros*, limite.

APHORISTIQUE, qui tient de l'aphorisme.

APHRODITE, surnom de Vénus, née de l'écume de la mer. Du gr. *aphrodité*, fait d'*aphros*, écume.

APHRODITE, l'hérissée ou la taupe de mer, le plus beau des vers connus.

APHRODITES, animaux qui se reproduisent sans copulation apparente, comme la plupart des vers et de quelques insectes, dont la reproduction se fait par la seule section de leur corps.

APHRODISIAQUE, qui a la vertu d'exciter à l'amour, à l'action vénérienne.

APHRODISIES, fête en l'honneur de Vénus aphrodite.

ANAPHRODISIE, perte de l'appétit vénérien. D'*a*, privatif, et d'*aphrodité*.

ANAPHRODITE, qui n'est pas propre à la génération.

ANTIAPHRODISIAQUE, *antiaphroditique*, remède contre l'incontinence de l'acte vénérien. D'*anti*, contre, *aphrodité*, Vénus.

APHTES, *aphthes*, petits ulcères qui viennent dans la bouche. Du grec *aphthai*, que l'on dérive d'*haptô*, j'enflamme, parce qu'ils y causent une grande chaleur.

API, sorte de petite pomme blanche et rouge. Du lat. *apium*. Pline fait mention de pommes appelées *mala apiana*; mais il paroit que ces fruits étoient différents de nos pommes d'api.

API, espèce d'ache ou de grand persil. *Apium*.

APOCALYPSE, livre du nouveau Testament, contenant les révélations faites à saint Jean l'évangéliste dans l'île de Patmos; chose pleine d'obscurité. Du gr. *apokalupsis*, révélation; du verbe *apokaluptô*, révéler, découvrir; formé d'*apo*, de, et de *kaluptô*, voiler, cacher, couvrir.

APOCALYPTIQUE, qui est obscur comme le style de l'Apocalypse.

APOCO, homme inepte et babillard. De l'it. *uomo da poco*, homme de peu, de rien.

APOCOPE, retranchement de lettres à la fin d'un mot; sorte de fracture ou de coupure, dans laquelle une pièce de l'os est séparée et enlevée. Du gr. *apokopé*, fait d'*apokoptô*, couper, séparer, retrancher; composé d'*apo*, hors, et de *koptô*, je coupe.

APOCOPÉ, qui a subi une apocope.

APOCRISIAIRE, agent, ambassadeur des empereurs de Constantinople, qui portoit les messages et les réponses du souverain; officier chargé de l'expédition des édits; trésorier d'un monastère. Du gr. *apokrisiários*, fait d'*apokrisis*, réponse, qui vient du verbe *apokrinomai*, répondre.

APOCRYPHE, écrits dont l'autorité est suspecte ou douteuse; livre dont les saints Pères n'ont pas connu l'origine et les auteurs; livres qui étoient gardés secrètement, et qui étoient lus en particulier et non en public. Du gr. *apokruphos*, secret, caché, inconnu ; formé d'*apo*, hors, et de *kruptô*, je cache.

APOLLON, le dieu des vers et du Parnasse. *Apollo.*

APOLLONIES, fêtes consacrées à Apollon.

APOPHTHEGME, pensée courte, énergique, remarquable et instructive. Du gr. *apophthegma*, fait d'*apo*, très-bien, et de *phtheggomai*, parler.

APOPLEXIE, maladie du cerveau, avec privation du mouvement et du sentiment. D'*apoplexia*, fait d'*apo*, de, et de *plessô*, frapper, abattre, rendre stupide.

APOPLECTIQUE, qui a rapport, qui appartient à l'apoplexie, qui en a le caractère ; qui est menacé ou attaqué d'apoplexie.

APOSIOPÈSE, réticence, ellipse, omission, prétérition. Du gr. *aposiópésis*, fait d'*apo*, de, et de *siopaô*, se taire, passer sous silence.

APOSIS, diminution de la soif. D'*aposis*, fait d'*a* privatif, et de *posis*, soif.

APOSITIE, anorexie, dégoût, aversion pour les aliments. D'*apositia*, fait d'*apositéô*, s'abstenir de manger ; dérivé d'*apô*, loin, et de *sitos*, blé, vivres.

APOSTASIE, désertion d'un ordre religieux ; abandon, changement de la religion ou du parti qu'on avoit embrassé ; action de s'éloigner du parti qu'on avoit suivi, et d'embrasser un parti contraire. D'*apostasia*, fait d'*aphistamaï*, abandonner, se départir d'un lieu pour se fixer dans un autre, s'éloigner ; formé d'*apo*, loin, et d'*histamaï*, se tenir ferme, être debout.

APOSTASIER, renoncer à sa religion, à son parti.

APOSTAT, qui apostasie ou qui a apostasié.

APOSTÈME, *apostume*, abcès, humeur fixée dans une partie du corps et hors de son lieu naturel. D'*aposthéma*, fait d'*aphistamaï*.

APOSTUMER, se résoudre, se former en apostème.

APÔTRE, *apostre*, messager, envoyé, ambassadeur ; disciples du Christ, envoyés pour prêcher son évangile par toute la terre. En lat. *apostolus*, du gr. *apostolos*, fait d'*apostellô*, j'envoie.

APOSTOLAT, ministère d'apôtre.

APOSTOLICITÉ, conformité d'opinions avec l'église, de mœurs avec les apôtres.

APOSTOLIQUE, qui professe la doctrine des apôtres ; qui vient des apôtres ou du pape.

APOSTOLIQUEMENT, d'une manière apostolique.

APOZÈME, décoction d'herbes médicinales. Du gr. *apózéma*, fait d'*apozéô*, bouillir ; dér. de *zeô*, bouillonner.

APPELER, dire le nom, citer en justice, crier au secours, envoyer chercher, mander, exciter. Du lat. *appellare*.

APPEL, recours à un juge supérieur ; défi, provocation ; action d'appeler. *Appellatio.*

APPEAU, instrument avec lequel on imite le chant ou le cri des oiseaux pour les faire tomber dans le piége.

APPELET, sorte de ligne pour pêcher.

APPELANT, qui appelle d'un jugement.

APPELLATIF, nom commun à tout un genre, à toute une espèce. *Appellativus.*

APPELLATION, action d'appeler et d'épeler.

EPELER, appeler les lettres d'un mot et les assembler.

EPELLATION, action d'épeler.

RAPPELER, appeler de nouveau, faire revenir, remettre le passé, faire souvenir.

RAPPEL, action de rappeler ; marche de tambour pour appeler les soldats.

APPLAUDIR, battre des mains pour approuver ; manifester, exprimer son admiration, sa joie. Du lat. *plaudere*.

APPLAUDISSEMENT, action d'applaudir ; grande approbation exprimée par des battements de mains, par acclamation. *Plausus.*

APPLAUDISSEUR, qui applaudit beaucoup.

APRE, *aspre*, rude au goût et au toucher ; violent, raboteux, piquant. Du lat. *asper.*

APREMENT, d'une manière âpre. *Asperè.*

APRETÉ, qualité de tout ce qui est âpre. *Asperitas.*

ASPÉRITÉ, rudesse physique ; ce qui est raboteux.

APRÈLE, herbe fort âpre au toucher ; et qui sert à polir le bois.

APTE, propre à. Du lat. *aptus.*

APTITUDE, disposition naturelle, capacité. *Aptitudo.*

ADAPTER, rendre apte, accommoder

3.

au sujet ; ajuster une chose à une autre. *Adaptare.*

ADAPTATION, action d'adopter.

ADEPTE, initié dans les mystères d'une secte ; reconnu apte pour une chose.

INEPTE, qui n'a nulle aptitude à certaines choses ; sot, absurde. *Ineptus.*

INEPTIE, absurdité, ignorance. *Ineptia.*

ATTITUDE, pour *aptitude*, action, disposition et situation qu'on se donne ou qu'on donne aux figures qu'on représente.

ATTIFER (s'), ou s'*attinter*, se coiffer, se parer, s'arranger. *Se aptum facere.* Quelques étymologistes le font venir du gr. *stéphein*, orner, couronner, environner.

ATTIFET, parures de tête de femmes.

ARABIE, grand pays d'Afrique. En lat. *Arabia.* Les naturels disent *arab.*

ARABE, né en Arabie ; avare, dur, farouche ; usurier intraitable. *Arabs.*

ARABESQUES, rainceaux d'où sortent des feuillages et des ornements de caprice ; ainsi dits parce que les Arabes ont été les premiers qui aient mis en usage ces sortes d'ornements.

ARABETTE, plante, genre de crucifères.

ARABIQUE, d'Arabie, concernant l'Arabie. *Arabicus.*

ARABISER, donner un air arabe.

ARABISME, locution arabe.

ARABLE, labourable, qu'on peut labourer. Du lat. *arabilis*, fait du lat. *arare, aro*; dér. du gr. *aroô.*

ARATOIRE, qui appartient à l'agriculture. *Aratorius*, fait d'*arator*, dér. du gr. *aroter.*

ARAIRE, sorte de nouvelle charrue.

ARATRIFORME, en forme de charrue. D'*aratrum*, charrue, et de *forma*, forme.

ARER, chasser sur ses ancres, parlant d'un vaisseau qui traîne l'ancre. *Arare.*

ARAIGNÉE, insecte à huit pattes, dont il y a plusieurs espèces. Du lat. *aranea*, fait du gr. *arachné.*

ARACHNÉOLITHE, crabe, cancre, ou araignée de mer pétrifiée. D'*arachné*, et de *lithos*, pierre.

ARACHNIDES, insectes du genre des araignées.

ARACHNOÏDE, qui ressemble à la toile d'araignée. Membrane fine, mince et transparente. D'*arachné*, et d'*eidos*, ressemblance.

ARAIGNE, filet mince et teint en brun, dont on se sert pour prendre des merles.

ARAIGNEUX, semblable à de la toile d'araignée.

ARANÉE, minéral d'argent, qui est en fil très-fin comme les fils de l'araignée.

ARANÉEUX, couvert d'araignées.

ARANÉIDES, insectes de la famille des aptères.

ARANTELLES, filandres aux pieds du cerf.

ARBITRE, juge, amiable compositeur nommé à l'effet de terminer un différend ; faculté de se déterminer ; maître absolu. Du lat. *arbiter.*

ARBITRAGE, jugement par arbitres ; comparaison des changes. *Arbitrium.*

ARBITRAIRE, absolu, dépendant de la volonté, du choix, du caprice. *Arbitrarius.*

ARBITRAIREMENT, d'une manière arbitraire, et sans aucun égard pour la loi.

ARBITRAL, sentence d'arbitre.

ARBITRALEMENT, par arbitre.

ARBITRATEUR, espèce d'arbitre.

ARBITRATION, évaluation, estimation.

ARBITRER, remplir les fonctions d'arbitre ; juger, décider en qualité d'arbitre.

SUR-ARBITRE, arbitre choisi pour décider quand les deux arbitres sont partagés.

ARBRE, * *abre*, plante ligneuse ou boiseuse, ayant de grosses racines, une tige plus ou moins haute, garnie de branches plus ou moins fortes, laquelle produit des feuilles, ou des fleurs et des fruits. Du lat. *arbor.*

ARBORÉ, qui a la forme d'un arbre.

ARBORER, planter une chose haut et droit comme un arbre ; montrer une opinion à découvert.

ARBORISATION, dessin naturel d'arbres dans les pierres.

ARBORISÉE, pierre qui représente des feuilles ou des branches d'arbre.

ARBRET, *arbrot*, petit arbre garni de gluaux. D'*arboretum.*

ARBRISSEAU, petit arbre. Plante du genre de l'arbre, moins élevée, à plusieurs tiges, et portant des bourgeons. *Arbuscula.*

ARBUSTE, petit arbrisseau ; plante de consistance ligneuse, sans bourgeons.

DÉSARBORER, abattre l'arbre qui porte le pavillon.

Arbousier, sorte d'arbuste, ou d'arbrisseau qui porte l'arbouse. *Arbutus.*

Arbouse, fruit de l'arbousier. *Arbutum.* D'où le nom de la ville d'*Arbois*, en lat. *Arborosa*

Abri, endroit où l'on se met à couvert des intempéries du climat, et où l'on est hors de tout danger. De l'ancien françois *abre*, on a fait *abri*, ombrage, lieu couvert d'arbres, qui protégent contre l'ardeur du soleil et contre la pluie. *Voy.* Gloss. de la lang. Rom., aux mots Abri et Abrier.

Abriter, * *abrier*, protéger, mettre à l'abri, couvrir.

Arc, arme pour lancer des flèches; toute espèce de chose courbée en ceintre ou en demi-cercle. Du lat. *arcus.*

Arc-boutant, ou *butant*, pilier de voûte, terminé en demi-arc; pilier qui soutient, qui pousse une voûte en dehors. *Arcus pulsans.*

Arc-bouter, soutenir, appuyer.

Arc-doubleau, arcade en saillie sur le creux d'une voûte.

Arc-en-ciel, météore en forme d'arc, à bandes de différentes couleurs. *Arcus cœlestis*, pour *arcus in cœlo.*

Arc de triomphe, monument triomphal, percé en arcades. *Arcus triomphalis.*

Arcade, voûte, ouverture en arc ou ceintrée.

Arceau, petit arc de voûte. *Arculus.*

Arche, voûte d'un pont; le vaisseau de Noé; coffre dont le couvercle est en ceintre. Les Hébreux y tenoient enfermées les tables de la loi; les rois de France de la seconde et troisième race y plaçoient leur chapelle, leur argent et leurs papiers précieux. *Arca.*

Archelet, petit arc. *Arculus.*

Archer, tireur d'arc; soldat armé d'un arc; soldat de police; espèce de milice créée à Paris sous Charles VII. *Arcuarius.*

Archerot, petit archer, surnom donné au fils de Vénus.

Archet, baguette montée de crin, servant à tirer des sons de plusieurs instruments de musique à cordes. L'archet étoit encore très-courbé vers le milieu du xviiie siècle. Chassis en arc, au dessus d'un berceau d'enfant; arc d'acier pour tourner et percer.

Archières, ouvertures pratiquées dans les murs d'un endroit fortifié, par lesquelles les archers tiroient des flèches.

Archives : ce mot désigna d'abord un coffre dans lequel on conservoit les papiers, ordonnances et actes de nos rois, qui s'en faisoient suivre dans leurs voyages, et même lorsqu'ils alloient à l'armée. Aujourd'hui on appelle *archives*, les anciens titres, les vieilles chartres, et le lieu où ils sont gardés; dépôt d'actes, de titres et de lois. Du lat. *arca*, dont on fit *archivum*, dans le moyen âge, et non pas du gr. *archaion.*

Archiviste, garde des archives.

Archivolte, bandeau orné de moulures à la tête des voussoirs d'une arcade; il naît sur les impostes. Du lat. *arcus volutus*, arc contourné.

Arbalête, * *arbaleste*, arc d'acier, monté sur un fût, pour lancer des pierres et des traits. Formé d'*arcus* et de *balista*, dér. du gr. *balló*, je lance.

Arbalétrier, soldat armé d'une arbalète; charpente sur laquelle repose la couverture d'un bâtiment.

Arbalestrille, instrument à mesurer la hauteur des astres.

Arbalétrière, poste où combattent les soldats dans une galère.

Arçon, petit archet; morceau de bois courbé en arc, qui soutient la selle. De l'it. *arcione*, fait du lat. *arctio*; en esp. *arzon.*

Arçonner, battre la laine ou le coton avec l'arçon.

Arçonneur, ouvrier qui se sert de l'arçon.

Désarçonner, mettre hors des arçons; quitter les arçons; confondre en disputant.

Argoulet, homme de néant; autrefois arquebusier à cheval, ainsi nommé de ce qu'il étoit primitivement armé de l'arc.

Arquer, courber en arc. *Arcuare.*

Arquébuse, ancienne arme à jet, dont on a fait une arme à feu. On la fichoit sur une canne et quelquefois sur un trou de poutre, pour l'empêcher de reculer par l'effort du coup. Lieu d'assemblée des arquebusiers.

Arquebusade, coup d'arquebuse.

Arquebusier, soldat armé d'une arquebuse; ouvrier qui fabrique et vend des arquebuses.

Arquebuse, vient de l'it. *archibuso*,

formé d'*arco* et de *busio*, pour *bugio*, trou, c'est-à-dire arc percé. L'Arioste, au chant IXe, strophes 28 et 29, du *Roland le Furieux*, l'appelle *ferro bugio*; c'est en parlant du roi de Frise, qui attaqua le comte de Hollande :

Porta alcun' arme, che l'antica gente
Non vide mai, nè, fuòr ch'a lui, la nova :
Un ferro bugio, lungo da due braccia :
Dentro a cui polve ed una palla caccia.
Col foco dietro, ove la canna è chiusa,
Tocca spiraglio, che si vede appena:
A guisa che toccare il Medico usa,
Dove è bisogno d'allacciar la vena.
Onde vien con tal suon la palla esclusa,
Che si può dir che tuona e che balena,
Nè men che soglia il fulmine, ove passa,
Ciò che tocca, arde, abbatte, apre, e fracassa.

« Il porte des armes que l'antiquité
» ne connut jamais, et que notre siècle
» n'a jamais vues en d'autres mains :
» un fer percé, long de deux brasses,
» dans lequel il fait entrer de la poudre
» et des balles. Mettant ensuite le feu à
» l'endroit où la canne est bouchée, il
» touche un soupirail qu'on voit à peine,
» avec la même légèreté qu'un médecin
» fait une saignée. Cependant la balle
» part aussitôt; elle éclaire, elle tonne;
» et semblable à la foudre, elle brûle,
» elle abat, elle déchire, elle fracasse. »

ARCANE, opération mystérieuse des alchimistes; remède secret. Du lat *arcanum*, qui a la même signification.

ARCANE, *arcanée*, espèce de craie rouge ainsi dite de ce que l'on fit pendant longtemps un secret de sa composition.

ARCHAISME, expression ancienne, tour imité des anciens; locution surannée. Du gr. *archaïos*, ancien; dér. d'*arché*, commencement, principe, et de la terminaison *ismos*, qui marque imitation.

ARCHÉE, feu central, agent universel, âme de tout, que les anciens chimistes regardoient comme le principe de la vie dans tous les végétaux. Du gr. *arché*.

ARCHÉOLOGIE, science des monuments antiques. *Archæologia*, composé d'*archaïos*, ancien, et de *logos*, discours; fait de *légô*, je parle.

ARCHÉOLOGUE, qui étudie ou décrit les monuments de l'antiquité.

ARCHÉOGRAPHIE, description des monuments antiques.

ARCHAL (fil d'), fil de fer ou de laiton passé à la filière. Ménage le dér. de *filum auricalcum*, pour *filum* fil, *aurichalcum*, laiton. Des étymologistes prétendent qu'un nommé Richard *Archal*, ayant inventé la manière de tirer le fil de fer, lui donna son nom.

ARCHI, mot emprunté du gr. *arché*; il signifie primauté, puissance, prééminence, commencement, principe; beaucoup, très, extrêmement.

ANARCHIE, état sans gouvernement, sans chef; désordre; confusion d'autorités rivales. Du gr. *anarchia*, fait d'*a* privatif, et d'*arché*, gouvernement.

ANARCHIQUE, qui tient, qui vient de l'anarchie.

ANARCHISTE, partisan de l'anarchie.

ARCHIMANDRITE, abbé grec, supérieur de certains monastères; abbé régulier. Du gr. *arché*, primauté, prééminence, puissance; et de *mandra*, troupeau, étable, et par métaphore, monastère.

ARCHIMANDRITAT, dignité, bénéfice d'un archimandrite.

ARCHITECTE, qui possède et exerce l'art de bâtir; qui dirige la construction des édifices. Du gr. *archô*, je commande, et de *tektôn*, ouvrier; qui commande aux ouvriers et les dirige.

ARCHITECTURE, l'art de bâtir; ordonnance d'un édifice. D'*architectura*, fait d'*architektoniké*.

ARCHONTE, un des neuf magistrats d'Athènes; qui gouvernèrent la ville après la mort de Codrus, son dernier roi. Du gr. *archon*, commandant; dérivé d'*arché*, commandement.

ARCHONTAT, dignité d'archonte.

ARCTIQUE, le pôle septentrional ou du nord, très-rapproché de la constellation de la petite ourse. Du gr. *arktos*, ours.

ANTARCTIQUE, pôle méridional opposé au pôle arctique. D'*anti*, contre, et d'*arktos*, l'ourse.

ARCTOPHILAX, la constellation du bouvier ou du gardien de l'ourse. D'*arktos*, et de *phulax*, gardien; dérivé de *phulassô*, je garde.

ARCTOPITHÈQUE, l'aï, ou grand paresseux, quadrupède mammifère de l'Amérique. D'*arkton*, ours, et de *pithékos*, singe.

ARCTODITE, genre de plantes corymbifères à semences très-velues et surmontées d'une aigrette. D'*arktos*

ARCTURUS, étoile fixe dans la constellation du bouvier, près de la queue de la grande ourse. D'*arktos*, et d'*oura*, queue.

ARDER, * *ardre*, brûler; au figuré piquer, aiguillonner. Du lat. *ardere*.

ARDEUR, chaleur véhémente; feu des passions; empressement, activité, vivacité. *Ardor*.

ARDEMMENT, avec ardeur. *Ardenter*.

ARDENT, qui brûle avec force, enflammé. *Ardens*.

ARDENT, vif, violent, véhément, plein d'ardeur.

ARDILLON, pointe de métal d'une boucle pour fixer la courroie.

ARDIER, *ardière*, grosse corde autour de l'ensouple pour le tourner.

ARDU, sentier escarpé, inaccessible; question difficile à résoudre.

ARDUOSITÉ, chose difficile à concevoir.

ARS, *arsis*, brûlé. D'*arsus*, partic. d'*ardere*.

ARSIN, bois où le feu a pris par accident.

ARDOISE, pierre tendre, de couleur bleu foncé, qui se coupe par feuilles, et dont on se sert pour couvrir les bâtimens dans le nord de la France. Du lat. *ardosia*, fait d'*ardere*, à cause de la couleur de cette pierre.

ARDOISÉ, qui tire sur la couleur d'ardoise.

ARDOISIÈRE, carrière d'ardoise.

C'est à tort que le Duchat a dit que l'ardoise devoit son nom au pays d'Artois, et que Duvergy a pensé que les premières ardoises avoient été tirées du pays d'Ardes en Irlande, *ardesia*, *lapis ardesius*, d'où l'on en transporta dans toute l'Europe.

ARÉOMÈTRE, instrument qui sert à peser les fluides. Du gr. *araios*, rare, et de *metron*, mesure.

ARÉOPAGE, ancien tribunal d'Athènes, célèbre par la sagesse et l'équité de ses décisions; réunion de magistrats intègres, d'hommes vertueux.

ARÉOPAGITE, juge de l'aréopage. Du gr. *arés*, *areos*, Mars, et de *pagos*, colline, parce que l'Aréopage tenoit ses séances dans un lieu appelé la Colline de Mars.

ARÊTE, * *areste*, os des poissons, long, menu et pointu par un bout. Du lat. *arista*, à cause de leur rapport avec la pointe des épis *aristæ*.

ARÊTE, barbe de l'épi du blé, d'orge.

ARESTIER, pièce de bois formant l'angle des toits en croupe ou en pavillon; ainsi dit de la ressemblance de cette pièce de charpente à une arête de poisson.

ARESTIÈRE, enduit de plâtre sur un toit couvert de tuile, aux endroits où sont les arestiers.

ARGEMONE, le pavot épineux, sorte de plante. Du gr. *argémoné*, qui vient d'*argemon*, ulcère blanc du globe de l'œil; dérivé d'*argos*, blanc, parce que cette plante est très-bonne pour guérir ces sortes d'ulcères.

ARGENT, métal blanc, inaltérable au feu, et le second des métaux; toute sorte de monnoies, numéraire, biens, fortune. Du lat. *argentum*, fait du gr. *arguros*, dérivé d'*argos*, blanc.

ARGENTÉ, couvert d'une feuille d'argent; qui tire sur la couleur de l'argent. *Argenteus*.

ARGENTER, recouvrir de feuilles d'argent.

ARGENTERIE, vaisselle, meubles d'ornement en argent.

ARGENTEUR, ouvrier plaqueur qui argente, dont le métier est d'argenter.

ARGENTEUX, homme riche bien pourvu d'argent.

ARGENTIER, intendant de l'argenterie dans les maisons royales; officier chargé de la distribution de certaines sommes ou fonds.

ARGENTIN, qui a la couleur ou le son de l'argent. *Argenteus*.

ARGENTINE, plante dont les feuilles semblent être argentées en dessous; nom propre de femme. *Argentina*.

ARGENTURE, action d'argenter; argent très-mince appliqué sur un ouvrage.

DÉSARGENTER, ôter l'argent d'une chose argentée; prendre l'argent à quelqu'un; dépenser son argent.

ARGYRASPIDES, corps d'élite de l'armée d'Alexandre de Macédoine, dont les soldats portoient des boucliers d'argent. D'*arguros*, et d'*aspis*, bouclier.

ARGILE, terre compacte, grasse, glutineuse, propre à faire des vases. Du lat. *argilla*, fait du gr. *argos*, blanc, parce que l'argile pure est de couleur blanche.

ARGILEUX, qui tient ou contient de l'argile. *Argillosus*.

ARGOT, certain langage seulement

intelligible pour ceux qui le parlent. On en distingue trois sortes : l'argot des gueux et des mendiants, celui des voleurs et des filoux, et celui des ouvriers et des marchands. De Grandval, à la fin de son poème de *Cartouche* ou du *Vice puni*, a donné un dictionnaire de l'argot, qui a été réimprimé en 1827. Oudin, *Dictionnaire françois-italien*, s'est trompé en expliquant ce mot par gueuserie.

Deux auteurs ont parlé de l'origine du mot *argot*: d'abord, Furetière, puis le Duchat, dans ses notes sur Rabelais, l. II, ch. II, qui en a le mieux parlé. Ragot, dit-il, étoit un fameux bélitre, qui vivoit du temps de Louis XII, et des premières années du règne de François Ier. On a de lui un volume d'une soixantaine de pages, caractères gothiques, dont Bernard de la Monnoye a donné une nouvelle édition in-12, à la suite des *contes d'Eutrapel*, traitant des gueux de l'Hostière, et où le nom de Ragot est souvent répété. C'est de là, parce que les gueux et mendiants prennent toujours le ton plaintif lorsqu'ils vous abordent, qu'on a dit *ragoter*, pour grommeler, se plaindre, murmurer en se plaignant. *Argot* ne signifie donc pas gueuserie, mais jargon de Bohémien. Ce mot vient de *Ragot*, par une légère transposition de lettres, et non pas de la ville d'Argos, parce que, dit bonnement Furetière, la plus grande partie de ce langage est composé de mots tirés du grec.

On pourroit faire observer à l'égard de cette opinion de le Duchat, que si ce mot vient de celui de Ragot, son ancienneté ne remonteroit pas au-dessus de la fin du XVe siècle et on n'auroit pas donné le nom d'Argot au langage des gueux de l'Hostière parce que ces gens sont toujours sur le ton plaintif, mais parce qu'ils auroient parlé le langage de Ragot. D'ailleurs *ragoter* ne signifie pas se plaindre, mais gronder, murmurer souvent et sans sujet contre quelqu'un.

On ne peut sérieusement proposer que l'origine de ce mot vienne de la ville d'Argos, en Grèce, comme l'a fait Furetière; car Grandval a eu en vue de critiquer cette opinion lorsqu'il assemble son héros avec quelques-uns des principaux de sa bande, et leurs maîtresses, au cabaret de la Courtille; il fait dire par Cartouche à son amie, chant x^e:

Dit Cartouche à Lisette en la mangeant des yeux,
Votre aspect, ma déesse, embellit seul ces lieux....
Je veux sur votre nom faire des anagrammes,
Des sonnets, des chansons, des.... Je veux, en un mot
Employer comme il faut le plus sublime *argot*.
Je me surpasserai; que vous serez contente,
Vous qui parlez si bien cette langue charmante!
— Mais à propos d'*argot*, dit alors Limosin,
Ne m'apprendrez-vous pas, vous qui parlez latin,
D'où cette belle langue a pris son origine?
— De la ville d'Argos, et je l'ai lu dans Pline,
Répondit Balagui; le grand Agamemnon
Fit fleurir dans Argos cet éloquent jargon.
Comme sa cour alors étoit des plus brillantes,
Les dames de son temps s'y rendirent savantes.
Electre le parloit, dit-on, divinement.
Iphigénie aussi l'entravoit gourdement.
Jusqu'aux champs phrygiens les Grecs le transportère t,
Tous les chefs en *argot* leurs soldats haranguèrent,
Connoissant quelle étoit sa force et sa vertu,
Pour pouvoir relever un courage abattu.
J'ai vu, s'il m'en souvient, dans Ovide ou Virgile,
Que lorsqu'on disputa pour les armes d'Achille,
L'éloquent roi d'Itaque en eût été le sot,
S'il n'eût pas sçu charmer ses juges en *argot*.

Cartouche prenant ensuite la parole, non-seulement approuve le discours de Balagui, mais poussant encore son origine beaucoup plus haut, il la fait remonter jusqu'à la conquête de la toison d'or.

Il est certain qu'il y a plusieurs mots de ce langage qui viennent du grec, tels sont *arton*, pain, d'*artos*; *esganacer*, rire, du gr. *ganos*, joie; *affre*, vie, du gr. *phren*, esprit, etc., mais *lourde*, porte; *trimard*, chemin, route; *trimer*, marcher; *roti*, la marque sur l'épaule; *débrider*, ouvrir; *tournante*, clef, etc., sont évidemment forgés. Mon savant ami, feu M. Clavier, pensoit que ce langage ayant été formé par les gueux et les voleurs, pour n'être point entendus lorsqu'ils s'entretiendroient de leurs complots, ils lui avoient donné le nom d'*argot*, du mot lat. *ergo*, relativement aux *ergo* des écoles, manière de parler qui n'étoit usitée que là.

Argot, en terme de jardinier, bois au-dessus de l'œil d'une plante, d'un arbre.

Argoter, couper l'argot. V. *ergoter*.

ARGUE, atelier de tireur d'or; machine pour tirer l'or et l'argent, qui vient de la Grèce, où elle a été inventée. Du gr. *ergon*, ouvrage, travail.

Arguer, filer l'or, l'argent avec l'argue.

ARGUER, accuser, reprendre, trouver à redire; convaincre, démontrer clairement. Du lat. *arguere*, que l'on tire du gr. *argos*, lâche, paresseux, parce que les oisifs ou ceux qui négligent leur travail sont dans le cas d'être repris.

ARGUMENT, raisonnement par lequel on tire une conséquence de proposition; preuve, indice; conjecture; sujet et abrégé d'un livre. *Argumentum*.

ARGUMENTANT, qui argumente dans une thèse, dans un acte civil.

ARGUMENTATEUR, qui aime, qui cherche à argumenter.

ARGUMENTATION, manière d'argumenter. *Argumentatio*.

ARGUMENTER, faire des arguments, prouver par arguments; tirer des conséquences. *Argumentari*.

ARGUTIE, vaine subtilité d'esprit, raisonnement sophistique, pointilleux.

RÉDARGUER, blâmer, reprendre, réprimander.

ARGUS, homme fabuleux, à cent yeux; il a servi à désigner ensuite un gardien attentif, un espion domestique ou un jaloux toujours aux aguets.

ARGUS, nom donné à diverses espèces de poissons, de coquilles, de reptiles, de papillons, de lézards, à cause des taches en forme d'yeux qui les distinguent.

ARGUS, le faisan de Junon ou de la Chine.

ARIENS, sectateurs d'Arius, qui nioient la consubstantialité du Père, ou que le Père et le Fils fussent de même nature.

ARISTARQUE : ce mot signifia d'abord bon prince. En lat. *aristarchus*, fait du gr. *aristarchos*, composé d'*aristos*, très-bon, et d'*archos*, prince. Il fut ensuite employé pour désigner un critique équitable et sévère, par allusion à un fameux critique et grammairien, nommé *Aristarque*, célèbre commentateur des poésies d'Homère.

ARISTOCRATIE, gouvernement absolu des grands, ou des personnes les plus considérables d'un état. Du lat. *aristocratia*, fait du gr. *aristos*, très-bon, et de *kratos*, force, puissance, c'est-à-dire le gouvernement des bons.

ARISTOCRATE, partisan de l'aristocratie; terme mis en usage en 1789.

ARISTOCRATIQUE de l'aristocratie.

ARISTOCRATIQUEMENT, d'une manière aristocratique.

ARISTODÉMOCRATIE, état où les grands et le peuple gouvernent conjointement. Du gr. *aristos*, très-bon, de *dèmos*, peuple, et de *kratos*, force, puissance.

ARISTODÉMOCRATIQUE, de l'aristodémocratie.

ARISTOLOCHE, plante médicinale, à feuilles grasses et racines tubéreuses, propre à évacuer les lochies ou vidanges des femmes accouchées. Du lat. *aristolochia*, fait du gr. *aristos*, très-bon; et de *locheia*, couches.

ARISTOLOCHIQUE, remède qui provoque les lochies.

ARISTOPHANE, nom d'un célèbre poète grec. D'*aristos*, très-bon, et de *phainô*, montrer, faire paroître.

ARISTOPHANÉION, emplâtre, émollient, De Paul Eginète.

ARISTOTE, célèbre philosophe de l'antiquité. Du gr. *aristotelès*, fait d'*aristos*, *optimus*, et de *telos*, fin, but.

ARISTOTÉLICIEN, partisan de la philosophie d'Aristote.

ARISTOTÉLISME, philosophie d'Aristote; son adoption. D'*aristos*, et de *telos*, but.

ARITHMÉTIQUE, la science des nombres, des calculs. Du lat. *arithmetica*, fait du gr. *arithmos*, nombre.

ARITHMÉTIQUE, qui appartient à l'arithmétique; ce qui a rapport à la science des nombres. *Arithmeticus*.

ARITHMANCIE, arithmomancie, art de prédire l'avenir par le moyen des nombres. D'*arithmos*, nombre, et de *manteia*, divination.

ARITHMÉTICIEN, qui possède l'arithmétique.

ARITHMÉTIQUEMENT, selon l'arithmétique.

ARME, ce qui sert à attaquer ou à se défendre. Du lat. *arma*.

ARMADILLE, flottille que l'Espagne entretenoit dans les mers du Nouveau-Monde. De l'esp. *armadilla*, diminutif d'*armada*, armée navale.

ARMATEUR, celui qui arme des vaisseaux pour aller en course.

ARMATURE, terme général pour signifier les barres, clefs, boulons, étriers et autres liens de fer, dont on se sert pour retenir un assemblage de charpente, le noyau d'une statue de bronze, pour fortifier une poutre éclatée. D'*armatura*, fait d'*armare*.

ARMES, la guerre; l'arme de l'escrime; certaines marques propres et héréditaires aux maisons nobles.

ARMÉE, corps de troupes de diverses armes, réunis sous un même chef.

ARMEMENT, appareil de guerre; action d'armer; équipages pour les troupes de terre et de mer.

ARMER, fournir, équiper d'armes, lever des troupes, se mettre en état de faire la guerre. *Armare*.

ARMET. *Voy*. AUMUCE.

ARMILUSTRE, revue des armées romaines dans le champ de Mars; elle avoit lieu le 19 octobre. *Armilustrum*, *armilustrium*, fait d'*arma* et de *lustrare*, passer en revue et purifier par un sacrifice.

ARMISLUSTRIE, sacrifice pour l'expiation des guerriers et pour la prospérité du peuple romain. Cette fête étoit célébrée le 19 octobre. *Armilustrium*.

ARMISTICE, suspension d'arme pour un temps déterminé. *Armistitium*, fait d'*arma*, et de *sisto*, j'arrête?

ARMON, partie d'un train de carrosse, dans laquelle s'emboîte le timon.

ARMOIRE, meuble de bois, en forme de buffet, dans lequel on mettoit ses armes, et qui sert à serrer du linge, des habits, etc. *Armarium*.

ARMOIRIES, armes de famille, peintes et enluminées.

ARMORIAL, livre qui contient les armoiries d'un état, d'une province.

ARMORIER, mettre, appliquer, peindre des armoiries.

ARMORISTE, qui fait ou décrit les armoiries.

ARMURE, armes défensives, qui couvrent les diverses parties du corps.

ARMURIER, qui fabrique ou qui vend des armes.

ALARME, cri pour courir aux armes. De l'it. *all'arme*, aux armes!

ALARMER, donner, répandre, jeter l'alarme.

DÉSARMER, ôter les armes, les poser; congédier une armée.

DÉSARMEMENT, action de désarmer; privation d'armes; licenciement des troupes.

ARMILLET, bracelet, cercle; moulures en anneaux autour du chapiteau dorique, sous l'axe. Du lat. *armilla*, boucle, bracelet; fait d'*armus*, bras, dont on a fait *arma*, les armes.

ARMILLAIRE, sphère vide et composée de cercles, pour représenter les mouvemens des astres, les divisions de la terre par cercles. *Armillaris*, d'*armilla*.

ARMOISE, herbe de la Saint-Jean; plante odoriférante, corymbifère. Du lat. *artemisia*.

AROMATE, parfum de tous les végétaux qui exhalent une odeur forte et agréable; drogue odoriférante. Du gr. *arôma*, odeur suave, parfum.

AROMATISER, mêler des aromates avec une substance quelconque.

AROMATISATION, mélange des aromates avec des drogues.

AROMATIQUE, de la nature des aromates, qui en a l'odeur.

AROMATITE, pierre d'une substance bitumineuse, qui ressemble à la myrrhe par sa couleur et son odeur.

ARÔME, qualité odorante des végétaux.

ARPENT, mesure de terre, de la contenance de cent perches carrées. De la bass. latin. *ari pennis*, dér. d'*arpendium*, ou *arvipendium*, mesure d'arpenteur, suiv. Scaliger.

ARPENTAGE, action d'arpenter, de mesurer; la science de l'arpenteur.

ARPENTER, mesurer les terres. Marcher vivement et à grands pas.

ARPENTEUR, homme qui mesure les terres; sorte de graphomètre pour arpenter.

ARPENTEUSE, sorte de chenille qui marche très-vite.

RÉARPENTAGE, arpentage fait une seconde fois.

ARRÊT, que l'on devroit écrire *arest*, comme le prouve Ménage; jugement d'une cour souveraine. La plupart des étymologistes, et en dernier lieu, M. Morin, dont j'emprunte la définition, dérivent ce mot du gr. *areston*, décret, chose conclue et arrêtée; dér. d'*areskô*, plaire. C'est ainsi, continue le savant helléniste, que les lat. ont formé *placitum*, de *placere*, dans la même signification. De là vient cette formule, *car tel est notre bon plaisir*, qui se trouve au bas des édits des rois de France, et qui veut dire *ce qui a été arrêté par nous*, et non *ce qui nous plaît*.

ARRÊTER, résoudre, déterminer, décider de faire, conclure, régler.

ARRÊTISTE, *arrestographe*, compilateur, commentateur d'arrêts.

ARRÊTÉ, résolution de plusieurs personnes, prise par délibération.

ARRÊTER, saisir, retenir, empêcher d'avancer, de reculer, de faire, de conter, de continuer; constituer prisonnier. De l'allem. *rast*, repos; d'autres le font venir de la bass. lat. *arrestare*, de *restare*, être de reste; d'autres enfin le dér. de *restis*, corde.

ARRÊT, sentence qui fait cesser un procès; cessation d'action.

ARRÊT, *arrestation*, détention corporelle, prise de corps; état d'un détenu; saisie de biens.

ARRHES, argent qu'on donne pour assurance de l'exécution d'un marché; gage d'une promesse que l'on a faite. En lat. *arrhabo*, en gr. *arrhabôn*, fait de l'héb. *arab*, promettre, donner des assurances; dér. de l'ar. *araba*, nouer, serrer, affermir.

ARRHEMENT, action d'arrher.

ARRHER, donner des arrhes; s'assurer d'un achat par des arrhes.

ARROI, train, équipage, suite; ordre, arrangement, ordonnance d'une armée. De la bass. lat. *arraiamentum*, *arramentum*, que l'on dit venir d'*arrigare*.

DÉSARROI*, désordre dans les affaires; renversement de fortune. Ces mots paroissent avoir été faits de *radio*, *radionis*, augmentatif de *radius*, qui signifioit origin. une baguette ou verge dont les géomètres se servoient pour tracer, aligner ou mesurer.

ARSENAL*, *arsenac*, magasin de toutes sortes d'armes et de munitions de guerre. Du gr. mod. *arsenales*, d'où l'ital. *arsenale*, fait du mot *darsena*, usité dans la Méditerranée, pour désigner le lieu où l'on construit et l'on renferme les galères. L'ital. *darsena*, et l'esp. *dorsena*, faits de l'ar. *darcenah*, arsenal, semblent dér. du turk. *tershaneh*, lieu où ces peuples mettent leurs galères.

ARSENIC, demi-métal d'un gris brillant; l'acide arsenique, poison très-subtil. Du gr. *arsèn*, homme, et de *nikaô*, je tue, ainsi dit de sa qualité vénéneuse. Gebelin condamne cette étymologie, et dér. le mot *arsenic*, de l'arabe *alzernig*, fait de *zarr*, mordre, brûler, et de *neg*, se hâter; qui brûle et mord promptement.

ARSENIATE, sel formé par l'union du sel arsenique avec différ. bases.

ARSENICAL, qui tient de l'arsenic.

ARSÉNIEUX, combinaison de l'arsenic avec un peu d'oxigène.

ARSENIQUE, acide obtenu de l'acide saturé d'oxigène.

ARSÉNITE, sel formé par l'acide arsenieux.

ART, méthode pour faire un ouvrage selon les règles établies; recueil de ces règles; ensemble de moyens, d'inventions, de procédés, d'expérience pour réussir; toute profession dont l'exercice requiert un certain degré de talent. Du lat. *ars*, *artis*.

ARTIFICE, industrie; ruse, adresse; talent de déguiser; matière inflammable, ou composition, pour les feux d'artifice. D'*artificium*, composé d'*ars* et de *facio*, je fais.

ARTIFICIEL, fait par art à l'imitation de la nature. *Artificiosus*.

ARTIFICIELLEMENT, avec art, d'une manière artificielle.

ARTIFICIER, qui fait des feux d'artifice.

ARTIFICIEUX, plein d'artifice, de ruse, de finesse.

ARTIFICIEUSEMENT, d'une manière artificieuse; avec fourberie, avec finesse.

ARTISAN, ouvrier dans un art mécanique. *Artifex*.

ARTISTE, qui réunit dans un ouvrage le génie qui crée et le talent qui exécute.

ARTISTEMENT, avec art et industrie.

ARTILLERIE, bouches à feu et leur train; corps de troupes attaché à leur service. D'*ars*, *artis*, comme les Grecs ont dit de même *méchanikos* et *méchanè*, de *médô*, et les lat. *ingenium* et *ingeniarii*; enfin les Franç. *engin*.

ARTILLEUR, soldat d'artillerie.

ARTÉMON, troisième moufle au bas de la polypaste ou machine à élever des fardeaux. Du gr. *artémôn*, grande voile d'un navire; fait d'*artaô*, suspendre.

ARTIMON, mât de vaisseau posé à l'arrière, le plus près de la poupe. De l'it. *artimone*, fait du gr. *artemôn*.

ARTÈRE, vaisseau du corps de l'animal qui porte le sang du cœur dans les veines aux extrémités. Du gr. *artèria*, que l'on dit venir d'*aér*, air, et de *térein*, conserver.

ARTÉRIAQUE, qui est bon pour les maladies de la trachée-artère. *Arteriacus*.

ARTÉRIEL, qui appartient aux artères.

ARTÉRIEUX, de la nature de l'artère.

ARTÉRIOGRAPHIE, description des artères. D'*arteria*, et de *graphô*, j'écris.

ARTÉRIOLE, petite artère.

ARTÉRIOLOGIE, traité de l'usage des artères. D'*arteria*, et de *logos*, discours.

ARTÉRIOTOMIE, dissection des artères. d'*arteria* et de *tomé*, incision, fait de *temnô*, je coupe.

ARTHRON, articulation, jonction naturelle des os, dans laquelle les bouts des deux os s'entretouchent. Du gr. *arthron*.

ARTHRITIS, goutte, maladie des articulations. Du gr. *arthron*, *arthritis*, jointure, articulation.

ARTHRITIQUE, toute maladie des jointures; remèdes propres à ces maladies.

ARTHROCACE, ulcère carieux de la cavité d'un os. D'*arthron* et de *kakia*, vice, maladie.

ARTHRODIE, articulation ou conjonction lâche des os. D'*arthrodia*, dérivé d'*arthron*.

ARTHRODYNIE, douleur dans les articulations. D'*arthron* et d'*odune*, douleur.

AMPHIARTHROSE, articulation mixte, tenant de la diarthrose et de la synarthrose. Du gr. *amphi*, des deux côtés, et d'*arthron*.

AMPHIDIARTHROSE, articulation de la mâchoire inférieure. D'*amphi*, de chaque côté, et de *diarthrôsis*, articulation.

DIARTHROSE, charnière, articulation d'os séparés les uns des autres, sorte d'articulation des os dans laquelle le mouvement est évident. *Diarthrôsis*, de *dia*, entre, et d'*arthron*.

ENARTHROSE, emboîture d'une grosse tête d'os dans la cavité d'un autre, avec mouvement en tous sens. D'*en*, dans, et d'*arthron*.

SYNARTHROSE, sorte d'articulation conjointe des os, par laquelle ils sont arrêtés ensemble et demeurent fermes dans leur situation. De *sun*, avec, ensemble, et d'*arthron*.

ARTICLE, jointure des os; petite partie d'un livre, d'un traité, d'un contrat, d'un mémoire, d'un compte; particule ou première des parties du discours, qui précède les noms désignés, en détermine le nombre et le genre. D'*articulus*, dim. d'*artus*, pris d'*arthron*.

ARTICULAIRE, qui a rapport à l'articulation. *Articularis*.

ARTICULATION, jointure des os; action d'articuler; prononciation claire et nette; déduction de faits par articles. *Articulatio*.

ARTICULER, déduire par articles; parler nettement, prouver distinctement, circonstancier.

ORTEIL, le gros doigt du pied. D'*articulus*.

ARTICHAUT, plante potagère, vivace, trisannuelle, qui vient de graine ou d'œilletons. On dérive ce mot d'*arsus*, cuit, et de *carduus*, chardon; mais il vient plutôt de l'esp. *artichofa*, dérivé de l'ar. *harochof*.

ARTISON, petit ver qui perce le bois et qui ronge les étoffes; on disoit autrefois *artuison*, que le P. Labbe dérive de *tinea*.

ARTISONÉ, bois piqué, percé par les artisons.

ARUSPICE, sacrificateur qui prédisoit l'avenir par l'inspection des entrailles des victimes. *Aruspex*, fait d'*aram aspicere*, regarder, considérer l'autel.

ARUSPICINE, divination par les entrailles. *Aruspicinia*.

AS, point unique marqué sur une carte ou sur un dé; ancien poids et monnoie des Romains. *As* vient du gr. *heis*, *ais*, *as*, un, d'où les Latins ont fait *as*, *assis*.

L'*as* étant au jeu de dés le moindre de tous les jets, et comme on risque d'amener ce point malheureux, on a dit *asard* pour *as*, et *asarder* pour risquer; la terminaison en *ard* renfermant une idée de mépris pour la chose signifiée par ce mot. Les jeux de hasard sont ceux où le sort seul décide, et non l'adresse ou le calcul. Les dés sont appelés en latin *tesseræ*; de là se sont formés les mots *azardum* en bas. lat.; *azart* en ancien françois; *azaron* en grec moderne; *azardo* en italien; *azar* en espagnol.

HASARD, risque, sort, fortune, cas fortuit, événement sans cause.

Hasarder, mettre en péril, exposer au hasard.

Hasardeusement, d'une manière hasardeuse; avec péril.

Hasardeux, hardi, courageux, périlleux.

Ambesas, *embesas, besas, beset, bisas*; deux as, double as.

Asbeste, sorte de minéral fibreux ou d'amiante en filets, sorte de lin incombustible. Du gr. *asbestos*, inextinguible, d'*a* priv., sans, et de *sbennumi*, éteindre, parce que les anciens croyoient que son incombustibilité le rendoit propre à faire des mèches ou des lampes perpétuelles.

Ascarides, petits vers ronds et menus, qui se forment et vivent dans les intestins, dans la matrice, et qui sont dans un mouvement continuel. Du gr. *askarides*, fait d'*askarizô*, remuer, sautiller.

Ascète, qui se consacre tout entier aux exercices de piété. Du gr. *askétés*, qui s'exerce; dér. d'*askein*, s'exercer.

Ascétique, qui concerne la vie spirituelle; auteur, livre qui en traite. *Asceticus*.

Ascidie, l'outre de mer, sorte de mollusque acéphale, ou de ver sans tête, qui ressemble à une outre enflée. D'*askidion*, petite outre; dim. d'*askos*, une outre.

Ascite, hydropisie du bas-ventre, qui le tient gonflé comme une outre. D'*askités*, fait d'*askos*.

Ascitique, attaqué de l'hydropisie de bas-ventre.

Asclépiade, sorte de vers grec et latin, composé d'un spondée, de deux coriambes et d'un iambe; ainsi dit d'Asclépiade, poète grec, qui en a été l'inventeur.

Asclépiade, genre de plantes à fleurs monopétales, de la famille des apocynées, qui avoit été consacré à Esculape. Du gr. *asklépias*, nom du dieu de la médecine.

Asie, l'une des parties du monde. Du lat. *asia*.

Asiarque, président des jeux sacrés des villes grecques de l'Asie. D'*asia*, et du gr. *arché*, commandement, autorité.

Asiarchat, dignité d'asiarque.

Asiatique, né dans l'Asie, qui appartient à l'Asie. *Asiaticus*.

Asile pour *asyle*, lieu de refuge établi pour soustraire aux lois les débiteurs, les criminels; habitation; protecteur, recours. Du lat. *asylum*, fait du gr. *asulon*, fait d'*a* privatif et de *sulaô*, ravir, enlever, parce qu'il n'étoit pas permis d'arracher un coupable d'un asile.

Aspalathe, arbrisseau épineux à fleurs jaunes, à bois odorant, qui ressemble à l'aloès. Du gr. *aspalathos*, fait d'*a* privatif, et de *spaô*, j'arrache, parce que cet arbrisseau est très-difficile à arracher à cause de ses piquants.

Asperge, plante potagère à tiges en arbrisseau; pousses tendres d'une plante. Du gr. *asparagos*.

Asparagoïdes, famille de plantes semblables à l'asperge. D'*asparagos*, et d'*eidos*, forme, ressemblance.

Asperger, arroser par petites gouttes avec un goupillon. D'*aspergere*, fait de *spargere*, dérivé du gr. *speirô*, semer, répandre.

Aspercès, goupillon pour asperger; cérémonie, moment, chant de l'aspersion avec de l'eau bénite.

Aspersion, action d'asperger.

Aspersoir, goupillon pour asperger.

Asphalte, le bithume de Judée, compacte et noir, électrique et friable, de mauvaise odeur, qui résiste à l'eau, et qui s'enflamme aisément. Comme ce bithume abonde à la surface du lac Asphaltite, en Judée, il lui a donné son nom. Du gr. *asphaltos*, bithume; fait d'*asphalizô*, je fortifie; dérivé d'*a* privatif, et de *sphallô*, je renverse, parce qu'on en forme un ciment ou mastic qui lie fortement les pierres ensemble.

Asphalite, cinquième vertèbre des lombes, qu'on regarde comme le support de toute l'épine. D'*asphalizô*, je fortifie.

Asphaltite, lac de Judée qui produit beaucoup d'asphalte, et qui en a pris le nom.

Asphixie, privation subite de tous les signes extérieurs de la vie, du pouls, de la respiration, du mouvement. Du gr. *asphuxia*, fait d'*a* priv., et de *sphuxis*, pouls; sans pouls.

Asphixié, frappé d'asphixie; privé d'air vital.

Asphodèle, le bâton royal ou la verge de Jacob, plante d'agrément à fleurs liliacées, à feuilles semblables à celles du porreau, dont la racine en navet, farineuse et nutritive, est employée en médecine. Du gr. *asphodelos*.

ASPHODÉLOÏDES, famille des asphodèles. D'*asphodelos*, et d'*eidos*, forme, ressemblance.

ASPIC, nom donné à plusieurs sortes de serpents et de vipères. Du lat. *aspis*, fait du gr. *aspis*.

ASSASSIN, qui tue en trahison, de guet-à-pens. De l'ar. *haschischin*, peuples de Syrie, appelés aussi Ismaéliens, Baténiens, qui habitoient le *Haschischa*, et qui alloient assassiner les ennemis de leur maître, le Vieux de la Montagne, dit le *Haschisch*.

ASSASSINAT, meurtre en trahison; outrage fait à dessein; noire trahison.

ASSASSINER, tuer quelqu'un de guet-à-pens; excéder de coups, fatiguer, importuner à l'excès.

ASSISTER, se tenir auprès; être présent; secourir, aider, seconder. Du lat. *assistere*, fait de *ad*, auprès, et de *sistere*, se tenir.

ASSISTANCE, présence en un lieu, aide, secours; assemblée de personnes présentes à une action; auditoire.

ASSISTANT, qui est présent, qui assiste, qui aide.

CONSISTER, être composé, formé de...; avoir son essence, ses propriétés dans.... *Consistere*, composé de *cum*, avec, et de *sistere*, se tenir.

CONSISTANCE, épaississement d'un fluide; son état lorsqu'il est devenu solide; fermeté, solidité, permanence d'un corps, d'une chose.

CONSISTANT, qui consiste en...., qui est formé, composé de.... *Consistens*.

CONSISTOIRE, assemblée du pape et des cardinaux; assemblée des pasteurs protestants; lieu, local des assemblées.

CONSISTORIAL, qui émane du consistoire.

CONSISTORIALEMENT, selon les formes du consistoire.

DÉSISTER (se), se départir, renoncer à. *Desistere*.

DÉSISTEMENT, action de se désister; acte qui le constate.

EXISTER, avoir l'être; être actuellement, être en vie. *Existere*.

EXISTANT, qui existe.

EXISTENCE, état de ce qui existe; la vie. *Existentia*.

INEXISTENCE, défaut d'existence.

INSISTER, persévérer, faire instance, appuyer fortement, fonder sur une preuve. *Insistere*.

INSISTANCE, action d'insister.

PERSISTER, demeurer ferme dans ses résolutions, dans son dire. *Persistere*.

PERSISTANCE, action de persister.

PERSISTANT, qui persiste.

RÉSISTER, opposer la force à la force; se défendre, ne pas céder au choc, à l'impulsion d'un corps. *Resistere*.

RÉSISTANCE, faculté des corps de n'être point repoussés, renversés, détruits; défense contre l'attaque; ferme opposition à la volonté.

RÉSISTIBLE, auquel on peut résister.

IRRÉSISTIBLE, auquel on ne peut résister.

IRRÉSISTIBILITÉ, qualité de ce qui est irrésistible.

IRRÉSISTIBLEMENT, d'une manière irrésistible.

SUBSISTER, continuer d'être; demeurer en vigueur; vivre, se nourrir et s'entretenir. *Subsistere*.

SUBSISTANCE, nourriture et entretien; munitions de bouche.

ASTHME, infirmité qui consiste dans une grande difficulté de respirer. Cette onomatopée imite le bruit de la respiration brusquement interrompue. En latin *asthma*, dér. du gr. *asthma*.

ASTHÉMATIQUE, attaqué de l'asthme.

ASTHMATIQUE, sujet à l'asthme. En lat. *asthmaticus*.

ASTHMÉ, oiseau attaqué de l'asthme.

ASTIC. Les cordonniers ont donné le nom d'astic à un gros os pour lisser le cuir; de là ils ont formé le verbe factice:

ASTICOTER, contrarier, tourmenter pour des bagatelles, et d'où vient le nom *astico*, donné par les pêcheurs aux vers qu'ils mettent au bout de leur ligne.

ASTRAGALE, un des os du pied qui forme le talon; plante légumineuse, dont la semence a la forme d'un talon, ou plutôt d'un rein. D'*astragalus*, fait du gr. *astragalos*, le petit os du talon.

ASTRAGALE, petite moulure ronde, en forme de talon, dont on orne le bas et le haut des colonnes, des pilastres, les corniches, les impostes, et autres membres d'architecture. *Astragalus*.

ASTRAGALOÏDE, plantes du genre de l'astragale. D'*astragalos*, et d'*eidos*, forme, ressemblance.

ASTRAGALOMANCIE, sorte de divination avec des osselets marqués des lettres de l'alphabet. D'*astragalos* et de *manteia*, divination.

ASTRE, tout corps céleste, lumineux, ou qui reçoit la lumière. Du lat. *astrum*, fait du gr. *astron*, constellation ; dér. d'*astér*, étoile.

ASTRAL, qui appartient aux astres.

ASTER, genre de plantes, ou sous-arbrisseaux à fleurs radiées, c'est-à-dire qui ont des rayons comme une étoile. Du gr. *astér*.

ASTÉRIE, l'étoile de mer dite Tête de Méduse, sorte de zoophyte. Espèce d'ovale, partie diaphane, partie opaque ; étant exposée au soleil, elle en représente l'image ; pierre précieuse qui, étant taillée, offre par ses reflets une étoile à six rayons.

ASTÉRISME, astre, constellation, assemblage d'étoiles.

ASTÉRISQUE, signe en forme d'étoile pour indiquer un renvoi dans un livre, un manuscrit, pour distinguer une phrase, un mot.

ASTÉROÏDE, la perle, sorte de petite tache opaque, en forme d'étoile, qui vient à la cornée transparente. D'*astér* et d'*eidos*, forme, ressemblance.

ASTÉRÉOMÈTRE, instrument pour calculer le lever et le coucher des astres. Du gr. *astér*, et de *métron*, mesure.

ASTROÏTES, pierres ou madrépores, composés de tuyaux parallèles ; productions de polypes qui se trouvent dans la mer, qui sont couverts de figures étoilées de différentes grandeurs, et dont on distingue plusieurs espèces et variétés.

ASTROLABE, instrument pour mesurer la hauteur des astres. D'*astron*, et de *labó* pour *lambanó*, je prends.

ASTROLOGIE, l'art de connoître l'avenir par l'inspection, la position, et d'après les prétendues influences des astres. D'*astron*, et de *logos*, discours.

ASTROLOGIQUE, qui appartient à l'astrologie.

ASTROLOGUE, qui, étant versé dans l'astrologie, veut se mêler de prédire l'avenir.

ASTRONOMIE, science des astres qui apprend à connoître leur marche, leurs mouvements, et qui donne l'intelligence des phénomènes célestes. D'*astron*, et de *nomos*, loi, règle.

ASTRONOME, celui qui a étudié l'astronomie.

ASTRONOMIQUE, qui appartient à l'astronomie.

ASTRONOMIQUEMENT, d'une manière astronomique.

CATASTÉRISMES, marques, renvois par des astériques. Du gr. *katastérizó*, distinguer par des étoiles ; fait de *kata*, dessus, et d'*astér*.

DÉSASTRE, grand malheur, influence funeste des astres.

DÉSASTREUX, qui est funeste, qui cause la perte, la ruine.

DÉSASTREUSEMENT, d'une manière désastreuse.

ASTUCE, finesse malicieuse, ruse, fourberie. D'*astutia*, dér. du gr. *astu*, ville. Il paroît que dans l'origine ce mot, pris en bonne part, auroit désigné la finesse et la politesse des citadins. M. Morin l'explique par ruse de ville.

ASTUCIEUX, qui a de l'astuce. *Astutus*, du gr. *astukos*.

ATELLANES, petites pièces comiq. et satiriques qu'on représentoit sur l'ancien théâtre romain. Ainsi dites d'*Atella*, petite ville de l'Etrurie où elles furent inventées.

ATHÈNES, capitale de l'Attique. D'*Athéné*, nom grec de Minerve, déesse des sciences.

ATHÉNÉE, lieu de réunion des rhéteurs, des philosophes, des prêtres et des artistes à Athènes ; réunion littéraire.

ATHÉNÉES, *Panathénées*, fêtes athéniennes en l'honneur de Minerve, où assistoient tous les peuples de l'Attique. De *pan*, tout, et d'*Athénaia*, premier nom de ces fêtes.

ATHÉNIEN, *Athénienne*, qui est d'Athènes.

ATHÉNIENNE, meuble servant de cassolette, de console, de vase à fleurs.

ATHLÈTE, homme qui combattoit dans les jeux publics des anciens. Du gr. *athlétés*, dér. d'*aëthlos*, *athlos*, combat.

ATHLÉTIQUE, qui concerne les athlètes.

ATHLOTÈTE, officier qui présidoit aux combats des athlètes ; il proposoit et distribuoit les prix aux vainqueurs dans les jeux. D'*athlon*, prix, récompense des combats, et de *tithémi*, je propose, j'établis.

ATLAS, nom d'un roi de Mauritanie ;

doué d'une si grande force, qu'il portoit, dit-on, le ciel sur les épaules. Du gr. *a*, particule augmentative, et de *talaô, tlaô*, soutenir.

ATLAS, nom de la première vertèbre du cou, qui supporte la tête, ainsi dite d'Atlas, qui portoit le ciel sur ses épaules; recueil de cartes géographiques, parce que ce livre porte en quelque sorte tout le monde, à l'exemple d'Atlas; par extension *atlas* s'est dit d'un recueil de figures, d'estampes dépendant d'un livre, et formant un volume séparé.

ATLANTE, statue d'homme, qui tient lieu de colonne ou de pilastre.

ATMOSPHÈRE, masse d'air qui entoure la terre jusqu'à une hauteur considérable, et dans laquelle se forment les météores. Du gr. *atmos*, fluide, vapeur, et de *sphaira*, sphère.

ATMOSPHÉRIQUE, qui appartient à l'atmosphère.

ATRABILE, bile noire, humeur noire. Du lat. *atrá bilis*. Voy. BILE.

ATRABILAIRE, triste, mélancolique, morose, sombre, ayant l'humeur noire. D'*atrá bili percitus*.

ATRE, foyer de cheminée, place où l'on fait le feu. D'*ater*, noir.

ATROCE, énorme, excessif, en parlant des crimes; féroce, cruel, barbare, horrible. Du lat. *atrox*, qui a d'abord signifié cru, et qui vient du gr. *atrox atrôgos*; formé d'*a* priv., et de *trôgô*, je mange, c'est-à-dire, qui n'est pas bon à manger.

ATROCEMENT, d'une manière atroce. *Atrociter*.

ATROCITÉ, action atroce, horrible et barbare. *Atrocitas*.

ATROPHIE, consomption, dépérissement, amaigrissement du corps, causée par la dépravation ou le défaut des sucs nourriciers. En lat. *atrophia*, formé d'*a* priv., et de *trophé*, nourriture; dér. de *tréphô*, je nourris.

ATROPHIÉ, attaqué de l'atrophie. *Atrophus*.

ATROPOS, l'une des trois Parques occupée à filer la vie des hommes. Du gr. *atrepô*, formé d'*a* priv., et de *trepô*, tourner, parce qu'elle est inflexible.

ATTEINDRE, toucher, frapper de loin, parvenir à une chose; saisir ce qui est ou paroît être hors de la portée; joindre en marchant vite; arriver au bout. Du lat. *adtingere, attingere*, qui peut venir d'*ad tendere*, tenir à. Voy. TENDRE.

ATTEINTE, coup donné ou reçu; attaque portée; premier accès d'un mal.

ATTENTAT, atteinte grave portée aux lois; crime; usurpation.

ATTENTATOIRE, qui porte atteinte aux lois; qui entreprend sur une juridiction.

ATTENTER, faire ou former une entreprise préjudiciable aux lois, aux mœurs.

RATTEINDRE, rattraper, atteindre de nouveau.

ATTELAGE, chevaux, bêtes de somme attelées pour traîner la voiture, pour tirer la charrue; chevaux d'apparat attachés à un carrosse. De la basse lat. *attillamentum*, attelage, agrès, train, équipage; fait de *telum*, train, timon; d'où *protelum*, avant-train.

ATTELER, attacher des chevaux, des bêtes de somme, des bœufs à une voiture, à une charrue.

DÉTELER, détacher les bêtes attelées.

ATTEL, partie d'un harnois; planche du collier des harnois.

ATTELOIRE, pièce, cheville pour atteler, pour attacher les harnois.

ATELIER, * *attèlier*, équipage, train, attirail, lieu où sont tous les ustensiles nécessaires pour atteler et pour entretenir les harnois; lieu où travaillent les artistes et les ouvriers.

Ce mot vient de ce qu'on avoit donné le nom d'*atelier* aux basses-cours des grandes fermes et des métairies, parce qu'on y atteloit les chevaux et les bœufs. Les charrons, bourreliers, maréchaux et autres gens nécessaires pour les travaux de la campagne, logeoient dans ces basses-cours, d'où le nom d'*atelier* s'est étendu depuis aux autres lieux où plusieurs ouvriers travaillent ensemble.

ATTIQUE, pays de l'ancienne Grèce qui s'étendoit sur le rivage de la mer, et dont la capitale étoit Athènes. *Attica*, fait du gr. *akté*, rivage.

ATTIQUE, Athénien; ce qui est à la façon du pays d'Athènes ou de l'Attique; *sel attique*, raillerie fine dans le goût des Athéniens. *Atticus*, du gr. *attikos*, Athénien.

ATTIQUE, petit ordre d'architecture que l'on met au-dessus d'un plus grand pour le terminer et le couronner. Cet ordre n'a point de colonnes, mais seulement des pilastres dont les chapiteaux sont ornés d'un rang de feuilles, et son entablement n'est qu'une corniche architravée. Cet ordre a été ainsi nommé parce qu'on prétend qu'il a été inventé par les Athéniens.

ATTICISME, finesse, délicatesse de goût particulière aux Athéniens. *Atticismus*, d'*attikos*.

AU, article au datif, pour *à le*; au pl. *aux*, pour *à les*. Du lat. *ad*.

AUBAIN, étranger, non naturalisé. De la basse lat. *albanus*, qu'on dérive d'*advena*; d'autres le font venir d'*alibi natus*, né ailleurs. Dans le moyen âge les Ecossois étoient appelés *albani*, parce qu'ils quittoient leur pays pour aller s'établir dans un autre.

AUBAINE, succession aux biens des aubains; droit de la recueillir; profit par hasard, avantage inattendu.

AUBERGE, hôtellerie où les voyageurs et les étrangers logent et mangent en payant.

AUBERGISTE, hôtellier qui tient une auberge.

HÉBERGER, loger, nourrir, recevoir chez soi.

Ces mots sont encore un sujet de discorde pour les étymologistes. Chez nos pères, *auberge*, * *haberge*, désignoit l'habitation, le logement, la maison, le manoir, et jamais un établissement public. On les a donc dérivés d'*habitatio* et d'*habitare*; selon Barbazan, d'*albarium*, crépissure, couverture. Ménage les tire de la basse latinité *heriberga*, *heribergum*, qui, dans les capitulaires, sont employés pour désigner une hôtellerie; chose assez difficile à trouver alors, puisqu'il n'en existoit pas. *Heriberga* et *heribergum* viennent, dit-il, de l'allemand *hebergen*, loger, recevoir une armée; d'où les Italiens ont fait *alberga*, *albergare*.

AUBERVILLIERS, sorte de laitue pommée très-dure; ainsi dite du village d'Aubervilliers, entre Paris et Saint-Denis, où elle est cultivée.

AUCUN, nul, pas un. D'*aliquis unus*; en ital. *alcuno*, en esp. *alguno*.

AUCUNEMENT, nullement.

AUDACE, hardiesse excessive, insolence; témérité coupable; noble et vive hardiesse. Du at. *audacia*.

AUDACIEUSEMENT, avec audace, avec témérité. *Audacter*.

AUDACIEUX, plein d'audace; téméraire, insolent. *Audax, audaculus*.

AUDIENCE, action d'écouter; lieu où l'on plaide; séance des juges en exercice; temps donné par un homme puissant à ceux qui ont à lui parler. D'*audientia*, fait d'*audire*, écouter, entendre.

AUDIENCIER, huissier qui appelle les causes en jugement; officier de chancellerie chargé des rapports des lettres de grâces.

AUDITEUR, celui qui écoute parler; sorte de fonctionnaire au conseil sans voix délibérative. *Auditor*.

AUDITIF, qui concerne l'ouïe, qui lui appartient. *Auditivus*.

AUDITION, action d'entendre, d'écouter; action d'entendre les témoins, d'examiner un compte. *Auditio*.

AUDITOIRE, assemblée qui écoute; tribunal; lieu où l'on plaide. *Auditorium*.

AUGE, pierre ou bois creusé pour donner à boire ou à manger aux animaux Du lat. *alveus*, fait du gr. *aggeion*, *aggos*, vase en général.

AUGÉE, plein une auge de plâtre.

AUGET, petite auge pour la mangeaille et le boire des oiseaux.

ALVÉOLE, cellule d'abeille; trou où est la dent; creux de l'oreille. *Alveolus*.

ALVÉOLAIRE, qui contient des alvéoles. *Alveolaris*.

ALVÉOLÉ, creusé en alvéoles, qui ressemble à un alvéole.

AUGMENTER, agrandir, accroître, rendre plus considérable. De la bass. lat. *augmentare*, fait d'*augmen*, accroissement; dérivé d'*augere*, qui vient du gr. *auxô*, *auxeô*, qu'on reconnoît mieux dans le parfait *auxi*, du verbe lat.

AUGMENT, supplément à la dot, au douaire; addition d'une syllabe.

AUGMENTATIF, IVE, particule qui augmente le sens des mots.

AUGMENTATION, accroissement d'une chose à une autre de même nature.

AULIQUE, conseil suprême de l'empire germanique; thèse de théologie pour le doctorat. Du lat. *aula*, cour, palais d'un souverain; fait du gr. *aulé*, d'où *aulikos*, courtisan.

AUMAILLES, bêtes à cornes; bœufs qui vont à la charrue; animaux de basse-

4

cour. D'*armentum*, que Ducange dérive de *manualia pecora, seu animalia mansueta, quæ ad manus accedere consueverunt.*

AUMONE, * *aulmosne*, ce qu'on donne aux pauvres par charité, par pénitence ou par condamnation juridique. D'*eleemosyna*, fait du gr. *éléémosyné*, commisération, pitié, et qui a signifié ensuite toutes sortes de charités aux pauvres ou à l'église.

AUMÔNER, donner par aumône; faire l'aumône par condamnation.

AUMÔNERIE, bénéfice dans les couvents et les abbayes pour la distribution des aumônes; charge d'aumônier.

AUMÔNIER, prêtre attaché à un prince, à un régiment, à un vaisseau pour dire la messe. *Eleemosynarius*.

AUMÔNIER, qui fait souvent l'aumône aux pauvres.

AUMUCE, *aumusse*, fourrure que les chanoines portoient sur la tête, et qu'ils mettent aujourd'hui sur le bras. C'est un reste du chaperon. De la basse lat. *almutia, helmus*; dér. d'*amicire*, couvrir, ou d'*amictus*, couverture. Wachter le fait venir de l'all. *mütze*, habillement de tête.

AUMUSSIER, marchand et fabricant d'aumuces.

ARMET, pour *helmet*, casque léger, sans visière et sans gorgerin.

HÉAUME, casque lourd à visière et à gorgerin. De la basse lat. *helmus*, qui se trouve dans les lois ripuaires, pour *galea*.

AUNE, * *aulne*, sorte d'arbre à bois tendre et rougeâtre, qui croît dans les lieux humides. Du lat. *alnus*.

AUNAIE, * *aulnaye*, lieu planté d'aunes. *Alnetum*.

AUNETTE, petite aunaie.

D'où les noms propres, *Aunay, Aulnaye, Delaunai, Delaulnaye, Desaulnayes, Desaunais*.

AUNE, * *aulne*, mesure de longueur, en France, qui varie suivant les lieux. Du lat. *ulna*, l'étendue des bras, dér. du gr. *óléné*.

AUNAGE, mesurage à l'aune.

AUNER, mesurer à l'aune.

AUNEUR, inspecteur du mesurage à l'aune.

AUNÉE, plante médicinale, que les anciens croyoient être née des larmes d'Hélène. En lat. *inula, enula campana*; du gr. *elénion*, dont les Italiens ont fait elona et enoa.

AUSSI, de même, pareillement; comme; autant, en cette manière. D'*ad sic*.

AUSSITÔT, dans le moment même, sur l'heure. D'*ad sic*, et de *statim*.

AUSTER, vent du midi extrêmement chaud. Du lat. *auster*, fait du gr. *auô*, je sèche.

AUSTRAL, méridional; terre du midi, vent du midi. Du lat. *australis*.

AUSTRALASIE, la Nouvelle-Hollande, cinquième partie du monde, située aux terres australes.

AUSTÈRE, rigoureux, rude, sévère. En lat. *austerus*, du gr. *austeros*.

AUSTÉRITÉ, sévérité des mœurs, mortification des sens et de l'esprit, rigueur. *Austeritas*.

AUSTÈREMENT, avec austérité. *Austerè*.

AUTEUR, première cause d'une chose créée; inventeur, créateur, qui fait et exécute une chose. D'*auctor*, fait d'*aucto*, fréquentatif d'*augeo*.

AUTHENTIQUE, qui est revêtu d'une autorité suffisante; qui a les formes prescrites par la loi; qui mérite qu'on y ajoute foi; qu'on ne peut rejeter comme faux. D'*authenticus*, fait d'*authentikos*, qui vient d'*authentés*, maître de soi-même, puissant, qui agit de sa propre autorité; dér. d'*autos*, soi-même.

AUTHENTICITÉ, publicité d'une chose; preuves qui en établissent la vérité et qui sont généralement reconnues. *Authenticitas*.

AUTHENTIQUEMENT, d'une manière authentique.

AUTHENTIQUER, rendre authentique; revêtir des formes juridiques.

AUTOCHTHONE, *autocthone*, habitant naturel d'un pays, né dans le pays même qu'il habite; nom que les Grecs donnoient aux premiers habitants d'un pays, pour les distinguer des peuples venus d'ailleurs s'établir dans le même lieu. Les Latins les appeloient aborigènes et indigènes. Du gr. *autos*, soi-même, et de *chthôn*, terre, pays; qui est du pays même.

AUTOCRATE, *autocrator*, souverain absolu; titre du czar ou empereur de Russie.

AUTOCRATRICE, titre de l'impératrice de toutes les Russies.

AUTOCRATIE, gouvernement absolu d'un souverain; puissance indépendante qui tire toute sa force et son pouvoir de son propre fonds. D'*autos*, soi-même, et de *kratos*, autorité, puissance, force, pouvoir.

AUTOGRAPHE, ouvrage écrit de la main de même l'auteur. D'*autos*, soi-même, et de *graphô*, j'écris.

AUTOMATE, instrument ou machine qui a en soi le principe de son mouvement, ou qui imite le mouvement des corps animés; personnage extrêmement stupide. Du gr. *automatos*, volontaire, spontané, qui agit de soi-même; dérivé d'*autos*, soi-même, et de *maô*, désirer, vouloir.

AUTOMATIQUE, de l'automate, qui est fait machinalement.

AUTOMATISME, art des automates; mouvement machinal.

AUTOMNE, la troisième saison de l'année, entre l'été et l'hiver. Du lat. *autumnus*.

AUTOMNAL, de l'automne. *Autumnalis*.

AUTONOME, villes de la Grèce qui se gouvernoient par leurs propres lois. D'*autos*, soi-même, et de *nomos*, loi; dér. de *némô*, régir, gouverner.

AUTONOMIE, droit d'être gouverné par ses propres lois.

AUTOPSIE, chez les anciens ce mot signifioit contemplation, vision intuitive, un prétendu état de l'âme dans lequel ils croyoient avoir un commerce intime avec les dieux; c'étoit l'action de voir de ses propres yeux, de contempler la Divinité face à face. Aujourd'hui l'autopsie est simplement l'ouverture que l'on fait d'un cadavre pour reconnoître la cause mortifère. Du gr. *autos*, soi-même, et de *opsis*, vision; dér. d'*optomai*, voir, considérer.

AUTORITÉ, * *auctorité*, puissance légitime, considération, crédit dont on jouit exemple ou décision tirée d'un auteur célèbre. Du lat. *auctoritas*.

AUTORISATION, * *auctorisation*, pouvoir de faire; permission autorisée.

AUTORISER, * *auctoriser*, donner pouvoir à quelqu'un, permettre, appuyer de son pouvoir. *Auctoriare*.

OCTROI, chose accordée; impôt qu'on est autorisé à lever sur les denrées aux portes des villes.

OCTROYER, accorder, concéder, donner le droit.

AUTOUR, sorte de gros oiseau de proie, du genre des faucons. De l'it. *astore*, fait de la bass. latin. *astur*, *asturcus*, dér. d'*asterias*, qui se trouve dans Pline.

AUTOURSERIE, art de dresser, d'élever les autours.

AUTOURSIER, *autrucier*, qui dresse les autours.

AUTRE,* *altre*, pronom qui marque distinction et différence entre les personnes et les choses. Du latin *alter*, fait du grec *hatéros*, pour *hétéros*.

AUTREMENT, d'une autre manière, d'une autre façon. *Aliter*.

AUTRUI, les autres personnes; ce qui n'est pas nous. Du latin *alterius*, fait du gr. *allotrios*.

ADULTÈRE, qui viole la foi conjugale. Du lat. *adulter*, formé de *ad* et d'*alter*.

ADULTÈRE, *adultération*, altération des monnoies; falsification des drogues; violation de la foi conjugale; commerce illégitime avec une personne mariée. *Adulterium*, *adulteratio*, d'*adulterari*, formé de *ad* et d'*alter*.

ADULTÉRER, altérer, falsifier; commettre un adultère; faire une chose autre qu'elle est. *Adulterare*.

ADULTÉRIN, né d'un adultère. *Adulterinus*.

ALTÉRER, changer l'état d'une chose, la détériorer; falsifier, corrompre; causer la soif. *Alterare*, formé d'*alterum reddere*, rendre autre.

ALTÉRABLE, qui peut être altéré.

ALTÉRANT, *altératif*, qui altère, qui cause et irrite la soif; tout remède qui change les esprits, les humeurs.

ALTÉRATION, changement en mal; action d'altérer; grande soif. *Alteratio*.

DESALTÉRER, ôter la soif, l'apaiser; boire, faire boire.

INALTÉRABLE, qui ne peut être altéré, troublé, falsifié.

ALATERNE, arbrisseau toujours vert, dont les feuilles sont rangées alternativement le long de ses branches.

ALTERNER, faire alternativement avec un autre; exercer tour à tour; mettre, placer, poser, l'un après l'autre. *Alternare*.

4.

ALTERNAT, action, liberté, droit d'alterner.

ALTERNATIF, pris l'un après l'autre. *Alternus.*

ALTERNATION, changement en alternant.

ALTERNATIVE, choix entre deux choses, entre deux propositions; option de prendre l'un ou l'autre.

ALTERNATIVEMENT, l'un après l'autre, tour à tour. *Alternatim.*

ALTERNE, venant l'un après l'autre. *Alternus.*

ALTERNÉ, qui se reprend en alternative, qui se correspond.

ALTERCATION, * *altercas,* débat, querelle, dispute, contestation entre deux personnes. *Altercatio.*

ALTERQUER, débattre, disputer, contester.

ENTR'AUTRES, dans le nombre, particulièrement.

AUTRUCHE, le plus grand et le plus gros des oiseaux, à très-long col et fort vorace. Du lat. *strutchios, struthiocamelus,* dér. du gr. *strouthios.* Au figuré, homme grand, lourd, stupide et grand mangeur.

AUVERGNE, ancienne province de France, qui se compose des départements du Puy-de-Dôme et du Cantal. *Arvernia.*

AUVERGNAT, qui est d'Auvergne.

AUVERNAT, gros vin d'Orléans, rouge foncé, très-fumeux, dont le plant a été apporté de l'Auvergne.

AUXILIAIRE, qui aide, qui porte secours; troupes étrangères, servant dans une armée; verbe qui sert à conjuguer les autres; remède qui augmente l'activité d'un autre. *Auxiliarius,* fait d'*auxilium,* aide, secours.

AVANIE, vexation que font les Turks aux marchands chrétiens pour en tirer de l'argent; affront sans sujet. Du turk *havan,* opprobre, d'où les Grecs modernes ont fait *abania,* calomnie, de l'adv. *abanistos,* sans examen.

AVANT, préposition qui marque priorité d'ordre, de dignité ou de temps. Du lat. *ab* et *antè,* ce qui est par antériorité.

AVANCE, ce qui est en avant, ce qui est déjà fait ou préparé; anticipation; chose faite pour arriver au but, première démarche; saillie d'un bâtiment.

AVANCÉ, qui est avant les autres.

AVANCEMENT, progrès quelconque, établissement de fortune; action d'avancer.

AVANCER, aller, pousser, porter, mettre en avant; être en avant; opérer par anticipation; faire des progrès, payer auparavant, faire des avances, prêter, proposer, parvenir.

AVANCEUR, ouvrier qui donne le quatrième tirage à l'or.

AVANTAGE, ce qui est profitable; effet de la qualité d'être en avant; supériorité, profit, prérogative, honneur, victoire.

AVANTAGER, accorder des avantages, des conditions favorables.

AVANTAGEUX, qui apporte de l'avantage; utile, profitable; présomptueux, qui se croit pourvu de tous les avantages.

AVANTAGEUSEMENT, d'une manière avantageuse.

DAVANTAGE, en plus grande quantité; plus long-temps.

DÉSAVANTAGE, préjudice, perte, dommage, état d'infériorité.

DÉSAVANTAGER, ôter l'avantage, causer du dommage.

DÉSAVANTAGEUX, préjudiciable, qui n'est point à l'avantage.

DÉSAVANTAGEUSEMENT, d'une manière préjudiciable.

DEVANCER, aller en avant, gagner le devant, surpasser, laisser en arrière.

DEVANCIER, qui a été auparavant.

DEVANT, prép. vis-à-vis; en présence; et adv. précédemment.

DEVANTIER, *devanteau,* tablier de femme.

DEVANTIÈRE, jupe fendue par-derrière pour monter à cheval.

DEVANTIÈRE, partie extérieure d'une boutique.

ANCIEN, vieux, âgé; qui est ou qui existoit depuis long-temps; antérieur, qui appartient à l'antiquité. Du lat. *antiquus,* fait de la prépos. *antè.*

ANCIENNEMENT, autrefois, jadis, dans les temps anciens. *Antiquitùs.*

ANCIENNETÉ, antiquité, antériorité, priorité, qualité de ce qui est ancien.

ANTÉCÉDENCE, état d'une planète qui paroît se mouvoir contre l'ordre des signes; c'est en ouest. D'*antè,* avant, et de *cedere,* marcher.

Antécédent, qui précède une époque fixée ; premier terme d'un rapport ; première proposition. *Antecedens.*

Antécédemment, auparavant, avant l'époque actuelle.

Ancêtres, * *ancesseurs*, aïeux, ceux desquels on descend, et qui étoient avant. Du lat. *ancessor*, pour *antecessor.*

Antécesseur, ancêtre ; professeur de droit. *Antecessor.*

Antérieur, qui précède en ordre de temps ; ce qui est avant. *Anterior*, fait d'*anté-ire*, aller devant.

Antérieurement, précédemment, par antériorité.

Antériorité, priorité de temps. *Anterioritas.*

Antique, fort ancien ; ce qui vient des anciens. *Antiquus*, que l'on dit être formé d'*anté*, devant, et d'*usio*, usage, coutume.

Antiquaille, chose ancienne et de peu de valeur.

Antiquaire, qui connoît les antiquités, qui est versé dans la connoissance des monuments antiques. *Antiquarius.*

Antiquité, ancienneté reculée ; monument ou écrit des anciens. *Antiquitas.*

Antiquariat, connoissance de l'antiquité.

Antiquer, enjoliver la tranche ou la couverture d'un livre.

Auparavant,* *au-par-avant*; en premier lieu, avant tout. Formé d'*ad*, de *prius* et d'*anté*.

Avare, chiche, avide de richesses ; qui n'aime point à dépenser ; qui ne donne jamais rien ; qui veut tout pour soi. Du lat. *avarus*, formé d'*aveo*, je désire, et d'*œs*, *œris*, argent.

Avarice, attachement excessif aux richesses ; soif de l'or sans en jouir, désir d'accumuler. *Avaritia.*

Avaricieux, avare.

Avarement, avec avarice, d'une manière avare. *Avaré.*

Avarie, droit de mouillage que paie chaque vaisseau qui entre dans un port ; dépenses imprévues, dommage arrivé, soit au bâtiment, soit aux marchandises pendant une traversée ; compensation des objets jetés à la mer pendant une tempête. De l'it. *avaria*, que l'on dérive du gr. *baris*, barque, fait d'*abaros*, décharge d'un vaisseau pendant la tempête.

Avarié, gâté, corrompu pendant le voyage.

AVE ou *Ave Maria*, salutation de l'ange à la Vierge ; invocation à la Vierge ; grains d'un chapelet sur lequel on récite l'Avé ; temps de le dire. D'*ave*, je vous salue.

Avec, * *avecques*, ensemble, conjointement ; préposition qui indique le moyen par lequel on a exécuté une chose ; la société qui a contribué à cette exécution ; enfin, les personnes avec lesquelles on se trouve. Ménage, d'après Guyet, dérive ce mot du lat. *ab*; d'autres d'*ab quo*, par lequel ; Gébelin, d'*ab* et d'*ambo*, deux.

Aveline, sorte de grosse noisette de couleur violette. Du lat. *avellana.*

Avelinier, variété du coudrier, arbre qui porte des avelines.

Avide, qui désire avec passion, qui a un désir immodéré. Du lat. *avidus.*

Avidité, passion d'avoir ; désir ardent, immodéré, insatiable. *Aviditas.*

Avidemment, avec avidité. *Avidè.*

Avoine, * *aveine*, sorte de grain long, pointu, noirâtre, pour la nourriture des chevaux. Du lat. *avena.*

Avèneron, espèce d'avoine.

Avoinerie, terre semée d'avoine.

AVOIR, posséder de quelque manière que ce soit. Du lat. *habere.*

Avoir, bien, richesse, possession.

Avage, ancien droit de prendre dans les marchés autant de grains ou de denrées que la main peut en contenir.

Ravoir, avoir de nouveau ; retirer des mains d'autrui ; recouvrer.

AVORTER, accoucher avant terme par accident ; échouer, ne pas réussir. Du lat. *abortari.*

Avortement, action d'avorter, accouchement avant terme. *Abortus.*

Avorton, tout ce qui est né avant terme. *Abortivus.*

Abortif, adj. venu avant terme ; qui fait avorter. *Abortivus.*

AXE, essieu, pivot, ligne droite ; morceau de bois ou de fer qui passe par le centre d'un corps, et sert de pivot pour le faire tourner comme la roue autour de son essieu. Du lat. *axis*, fait du gr. *axôn.*

Axifuge, qui s'éloigne de l'axe. D'*axis*, et de *pheugô*, en lat. *fugio*, je fuis, j'évite.

Essieu pour *aissieu*, l'axe d'un e roue, le cylindre sur lequel elle tourne; pieu de bois ou de fer qui traverse le moyeu des roues, les joint et supporte la voiture. *Axis*.

Axonge, partie de la graisse molle, condensée et humide ; graisse solide de l'épiploon des porcs. D'*axungia*, formé d'*axis*, axe, et d'*ungere*, oindre.

Axiome, décision, proposition, maxime si claire, si évidente, qu'elle n'a pas besoin d'être démontrée pour être reçue. Du gr. *axioma*, dignité, autorité; fait d'*axios*, digne, estimable.

Azerole, petit fruit rouge, en forme de cerise, et acide comme celui de l'épine-vinette. Du lat. *azerus*, fait de l'ar. *azral*; en ital. *azerole*.

Azerolier, arbre de la famille des alisiers, qui porte et produit les azeroles.

Azime pour *azyme*, pain sans levain dont se servoient les Juifs dans la célébration de leur pâque. Du gr. *azumos*, qui n'est pas fermenté, formé d'*a* priv., et de *zumé*, levain; qui est sans levain.

Azimite pour *azymite*, qui se sert de pain azyme.

Azimut pour *azimuth*, cercle qui coupe, à angles droits, l'horison et le point vertical ; arc de l'horison entre le méridien et le cercle vertical. De l'ar. *al*, le, et de *zemt*, chemin, chemin droit.

Azimutal, qui mesure ou qui représente des azimuths ; mesure de la déclinaison de l'aiguille aimantée.

Zenith, le point céleste, perpendiculaire au point terrestre. De l'ar. *zemt*.

Azote, fluide atmosphérique, élastique, qui n'est propre ni à la respiration, ni à faciliter la combustion. Du gr. *a* priv., et de *zoé*, vie ; dérivé de *zóó*, vivre; qui prive de la vie, qui n'est pas propre à la vie.

Azur, minéral bleu; cobalt; couleur du ciel dégagé de nuages. De l'it. *azurro*, ou de l'esp. *azul*, faits de l'ar. ou du pers. *lazurd*, bleu, pierre bleue.

Azuré, de couleur d'azur.

Azurer, mettre de l'azur.

Lazuli, *lazulite* (lapis), pierre d'un bleu turquin plus ou moins taché de blanc, où il se trouve des veines d'or et d'argent.

B

B, seconde lettre de l'alphabet, et la première consonne; c'est une labiale, ou lettre qui se prononce des lèvres ; aussi est-elle devenue la source d'un grand nombre de mots, et particulièrement de ceux qui appartiennent au vocabulaire de la première enfance.

Le B ayant toujours été la seconde lettre des anciens alphabets, valut conséquemment deux dans l'arithmétique à lettre.

Marqué au B, homme bossu, borgne, boiteux, bancal.

Le B s'est souvent changé en F, en P et en V.

Babel (tour de), grande confusion de langues et d'opinions. De l'héb. *babel*, confusion.

Babil, abondance, superfluité de paroles sur des choses inutiles ; action de causer, de jaser long-temps et facilement ; onomatopée fort expressive de la manière de parler continuellement, et à la manière des enfants. Les Grecs ont dit *baó, bazó, babazó, babuló, bambainó*, pour causer, jaser.

Babiller, parler beaucoup sans sujet, caqueter; onomatopée du bruit que font des personnes qui parlent beaucoup et toutes à la fois. Les Grecs ont dit *bazó, babázein*, pour balbutier, faire entendre des sons inarticulés, à la manière des enfants. Nicot dérive le mot *babil* de *Babel*, où se fit la confusion des langues.

Babillard, personnage qui babille, qui aime à parler beaucoup.

Babiole, chose de peu d'importance; bagatelle qui ne peut occuper que des enfants.

Babouin, *bambin*, petit enfant qui commence à articuler ; nom d'une espèce de singe. En lat. *babus, babuinus*, enfant.

Bamboche, enfant grotesque et contrefait; grande marionnette.

BAMBOCHADE, genre de peinture représentant des bamboches et des bambins.

BABINES, lèvres de certains animaux, tels que les singes, les chiens, les bœufs et les vaches.

BAVARD, qui parle trop et sans discrétion. Robert Estienne et Nicot le dérivent du gr. *babax*, fait de *bazô*.

BAVARDAGE, *bavarderie*, *bavardise*, action de bavarder, propos insignifiants, caquets; défaut du bavard.

BAVARDER, parler trop et sans circonspection.

BAVE, salive qui coule des lèvres; écume, liqueur visqueuse de certains animaux.

BAVER, jeter de la bave, laisser couler la salive sur les lèvres.

BAVETTE, linge qu'on met sur l'estomac et sous la bouche des enfants pour retenir la bave; partie haute du tablier.

BAVEUX, qui bave.

BAVEUSE, poisson de mer enduit de bave.

BAVOCHE, caractère d'imprimerie qui ne vient pas net, et qui paroît avoir de la bave.

BAVOCHER, manquer de netteté.

BAVOCHURE, défaut de ce qui bavoche.

BAVURE, trace laissée par les joints des pièces d'un moule.

EMBABOUINER, engager par des caresses, par des flatteries.

BABOUCHES, sorte de pantoufles de cuir de couleur; chaussure des peuples de l'Orient; souliers de dessus qu'on ôte en entrant dans un appartement; sandales des paysans. En turk *badbougd*, en persan *papous*, *paspousch*, chaussure en général.

BAC, grand bateau plat qu'on tire avec un câble, et qui sert à traverser les rivières. De l'all. *back*, ou du gr. *baké*, pont de bateaux. *Voy.* BASSIN.

Feu M. Clavier dérivoit le mot *bac* de *baculus*, bâton. Les premiers bateaux furent construits avec des bâtons liés ensemble; construits ensuite avec des planches, ils conservèrent leur ancienne dénomination.

BAQUET, dim. de bac, petit cuvier.

BAQUETER, ôter l'eau d'un bateau avec une pelle de bois ou une écope.

BAQUETTE, tenaille pour tirer à la filière.

BAQUETURE, le vin qui, chez les cabaretiers, tombe dans un baquet placé sous leur comptoir lorsqu'ils mesurent du vin.

BACHOLLE, casserole de papeterie.

BACHOT, petit bateau.

BACHOTAGE, conduite d'un bachot; droit de voiture par bachot.

BACHOTEUR, batelier qui mène un bachot.

BACHOTTE, baquet pour porter du poisson vivant.

BACHOU, hotte en bois pour les boyaudiers.

BARQUE, petit bâtiment pour traverser les eaux. En bas. lat. *barca*.

BARCAROLLE, chanson des gondoliers à Venise.

BARQUEROLLE, *barquette*, petite barque sans mâts pour le cabotage.

EMBARQUER, mettre dans la barque, charger sur un navire; y monter pour partir; engager une affaire.

EMBARCADÈRE, lieu pour s'embarquer.

EMBARCATION, petit bâtiment.

EMBARGO, défense de sortir du port.

EMBARQUEMENT, action d'embarquer ou de s'embarquer.

DÉBARQUER, sortir de la barque, d'un vaisseau; moment du débarquement.

DÉBARCADOUR, lieu marqué pour débarquer les marchandises.

DÉBARQUÉ, étranger qui arrive.

DÉBARQUEMENT, action de débarquer.

DÉSEMBARQUER, tirer hors du vaisseau avant le départ ou l'arrivée.

DÉSEMBARQUEMENT, action de désembarquer.

REMBARQUER, embarquer de nouveau.

REMBARQUEMENT, action de rembarquer ou de se rembarquer.

BERGE, sorte de bateau étroit et long. De *barca*.

BACCHUS, dieu du vin et des buveurs, qui présidoit aux vendanges. En lat. *bacchus*, du gr. *bakchos*, que l'on dit dér. de *bazô*, crier, parler, parce que le vin fournit des paroles au plus muet.

BACCHANALES, fêtes en l'honneur de Bacchus, qui se célébroient dans la dissolution et la débauche. *Bacchanalia*.

BACCHANAL, grand bruit, vacarme, tapage comme on en faisoit aux fêtes de Bacchus.

BACCHANALE, pièce de musique dans laquelle on fait beaucoup de bruit. La plus estimée est celle qui parvient le plus tôt possible à assourdir les auditeurs.

BACCHANTE, prêtresse de Bacchus; femme violente, sans pudeur. *Bacchœ*.

BACCHIQUE, pied de vers gr. et lat., composé d'une brève et de deux longues. Cette mesure étoit ordinairement employée dans les hymnes de Bacchus.

BACHIQUE, concernant Bacchus ou le vin. *Baccheius*.

BACHIONITES, philosophes qui méprisoient les biens du monde.

BACHA, *pacha*, dignité turke; sorte de gouverneur de province qui jouit d'une grande autorité. Du turk *bash*, tête.

PACHALIK, gouvernement d'un pacha.

BACHE, *baghe*, grande toile qui enveloppe les voitures de roulage et leur chargement; coffre de bois des pompes; châssis sur une fosse en maçonnerie. Du lat. *vagina*.

BACHER, *bagher*, couvrir une voiture de la bache.

BAGAGE, diminutif de bache, petit sac propre à renfermer ses effets; équipage de guerre et de voyage.

BACHELIER, jeune homme auquel on a conféré le premier degré dans les lettres, dans les sciences ou dans les arts. Du lat. *baccalaureus*.

BACCALAURÉAT, premier degré pour parvenir au grade de maître ès-arts. *Baccalaureatus*.

BACHELETTE, jeune fille nubile.

BACLER, fermer une porte ou une fenêtre avec des bâtons ou des barres de bois; ranger un bateau pour le charger ou le décharger; terminer, expédier une affaire. De *baculare*, fait de *baculum*, bâton. Les paysans se servent en général d'un bâton ou d'une grosse cheville de bois en guise de verrou pour fermer leurs portes.

BACLAGE, arrrangement de bateaux dans un port, pour charger ou décharger des marchandises.

BACULER, frapper à coups de bâton. *Baculare*.

DÉBACLER, ôter ce qui gêne, ce qui embarrasse; tirer les bâtons qui ferment une porte et l'ouvrir; débarrasser les ports. *Débâcler* se dit des rivières dont des glaces viennent se rompre tout-à-coup.

DÉBACLE, *débâclement*, *débâclage*, débarrassement d'un port, rupture subite des glaces, leur écoulement à la suite du dégel.

DÉBACLEUR, officier chargé du débarras des ports.

BAGUETTE, petit bâton délié, long et pliant, badine; dimin. de *baculum*; de là baguette de tambour, de fusil, de fusée, d'ornement, etc.

IMBÉCILE, individu qui, ayant l'esprit foible, est dépourvu de sens et de raisonnement. Du lat. *imbecillis*, *imbecillus*, fait de la part. priv. *in* et de *bacillus*; c'est-à-dire *sine baculo*, aveugle sans guide, sans bâton; il en est de même du mot *potences*, béquilles, d'où est venu *impotent*.

IMBÉCILLITÉ, faiblesse d'esprit, absence de raisonnement. *Imbecillitas*.

IMBÉCILLEMENT, avec imbécilité.

BADELAIRE, sorte de coutelas à la turke; nom de l'épée de Charles le Chauve. Selon Ménage, *badelaire* n'appartient ni à l'Orient ni à l'Allemagne; il pense qu'il pouvoit avoir été fait de *batalaria*, épée de bataille; le P. Labbe le dér. de *bellux*, combattant, et le P. Menestrier de *balthearis*, épée de baudrier.

BADIGEON, couleur jaunâtre dont on enduit les murs; mot d'ouvrier, dont la naissance ne remonte pas au-delà de la moitié du XVIIIe siècle, et dont l'origine est inconnue.

BADIGEONNER, peindre avec du badigeon.

BADIGEONNEUR, qui badigeonne.

BADIN, plaisant, folâtre. Du gr. *paidnos*, jeune homme sortant de l'enfance. Les étymologies d'Adrien de Valois, de Casaubon, de Ménage, ne sont pas soutenables. Wachter en a plus approché en le dérivant du gr. *paizôn*, jouer, folâtrer comme les enfants; fait de *paidia*, jeu, enfantillage.

BADINAGE, plaisanterie, amusement, bagatelle.

BADINANT, cheval de relai qu'on mène à la suite d'un attelage de six chevaux.

BADINE, canne légère et pliante, qui sert d'amusement; pincettes légères.

BADINER, faire le badin; folâtrer, écrire ou parler avec enjouement, plaisanter avec légèreté.

BADINERIE, bagatelle, enfantillage.

BAGARRE, dispute, querelle, rixe, grand bruit occasioné par une multitude de gens qui sont en discorde; embarras de voiture. Onomatopée qui peint le bruit confus de la multitude.

BAGUE, anneau de métal que l'on porte aux doigts. Ménage dérive ce mot de *bacca*, que les Latins ont dit d'une perle, à cause de la ressemblance qu'ont les perles pour leur rondeur avec les bagues; d'autres de l'all. *boug*, *beag*, anneau, bijou.

BAGUIER, écrin pour serrer les bagues.

BAGUER, arrêter à grands points des plis ronds à un bonnet, à une robe.

BAGUENAUDIER, le faux séné, arbre à fleurs légumineuses, dont les gousses pressées éclatent avec bruit; celui qui baguenaude, qui s'amuse; le *colutea* des botanistes.

BAGUENAUDER, s'amuser à faire claquer les cosses de baguenaudier, qui sont remplies de vent; s'amuser à des futilités, perdre son temps.

BAGUENAUDE, gousse du baguenaudier, qui forme une espèce de vessie. De *bacca*. Voy. Baie.

BAHUT, grand coffre de bois, à couvercle, dans lequel nos pères serroient leurs effets. De l'all. *behalten*, *behuten*, garder, enfermer.

BAHUTIER, faiseur de bahuts.

BAI, couleur rouge-brun, tirant sur la châtaigne. Du lat. *badius*; en ital. *bajo*; que l'on fait venir du grec *baïon*, et *baïs*, rameau de palme qui est de couleur baie.

BAILLET, cheval à poil roux tirant sur le blanc.

BAYARD, cheval bai.

BALZAN, cheval noir ou bai, marqué de blanc aux pieds ou au front.

BALZANE, marque blanche aux pieds ou au front d'un cheval. De l'ital. *balzana*, que Ménage fait venir du gr. *balios*, luisant et blanc; d'où les noms propres *Bai*, *Dubai*, *Lebai*, *Baillet*, *Dubaillet*, *Bayard*, *Dubayet*.

BAIE, *baye*, plage, rade, golfe, où les vaisseaux sont à l'abri du vent. De l'esp. *baya*, fait du lat. *baia*.

BAIE, *baye*, tromperie, subtilité. Ménage le dérive de l'ital. *baia* qui a la même signification. Pasquier le fait venir du *bée* de la farce de Pathelin. Voy. *Baillement*.

BAIE, *baye*, fruit de certaines plantes, comme celui du laurier. Du lat. *bacca*.

BACCIFÈRE, qui porte des baies. De *bacca* et de *fero*.

BAILLEMENT, action d'ouvrir involontairement la bouche dans l'ennui ou dans le sommeil; exclamation qui se fait en ouvrant la bouche lorsqu'on voit quelque chose qui ne plaît pas.

Onomatopée du bruit du bâillement.

BAILLER, faire des bâillements; respirer en ouvrant fortement la bouche; s'entr'ouvrir, être mal joint.

BAILLEUR, sujet à bâiller, qui bâille beaucoup.

BAILLON, instrument qu'on met dans la bouche, pour empêcher de parler, de crier ou de mordre, et qui fait ouvrir la bouche comme un homme qui bâille.

BAILLONNER, embâillonner, mettre un bâillon dans la bouche.

BAILLE, moitié de tonneau en forme de baquet.

BAÏER, *bayer*, *béer*, * *bader*, regarder niaisement, et la bouche ouverte, comme si l'on bâilloit. En ital. *badare*, s'occuper d'une chose, s'arrêter à la considérer. Ce verbe italien, que l'on prétend avoir été fait de la basse latinité, a la même signification que nos verbes *bader*, *badauder*, *baer*, *baïer*, *bayer*, *béer*. Au surplus, ces mots factices sont très-anciens dans la langue romane, et sont fréquemment employés par nos écrivains des XIIe et XIIIe siècles.

BAÏE, *baye*, *bée*, ouverture laissée dans les murs que l'on construit, pour ensuite y faire des portes et des fenêtres. Du verbe *bâiller*, parce qu'à l'endroit de la baïe, il semble que le mur bâille. *Gueule bée*, bouche ouverte.

BAÏEUR, *bayeur*, qui baye, qui regarde niaisement.

BÉANT, qui a la bouche ouverte, qui présente une grande ouverture.

BAH! mot factice qui échappe aux gens étonnés, et qui se prononce en ouvrant la bouche comme si l'on bâilloit.

BADAUD, homme simple qui s'étonne de tout.

BADAUDER, s'amuser à tout, niaiser.

BADAUDERIE, *badaudage*, action, discours de badaud.

BAGATELLE, minutie, chose frivole, peu utile, de peu de prix. Barbazan dérive ce mot de *vagari*.

S'ÉBAHIR, *être ébahi*, être dans l'étonnement d'une chose simple et naturelle.

ÉBAHISSEMENT, étonnement, surprise.

BÉGUEULE, femme qui grimace en parlant, qui tord la bouche, qui affecte une modestie outrée; prude, impertinente.

BÉGUEULERIE, air, action, discours de bégueule.

ENTRE-BAILLER, entr'ouvrir une porte, une croisée, etc.

ENTRE-BAILLÉ, un peu ouvert.

BAILLER, donner, livrer, prêter, porter. De la bass. lat. *bajulare*, fait du gr. *ballein*, envoyer; celui qui *baille* envoie en quelque sorte.

BAIL, au plur. *baux*, contrat par lequel on baille à loyer une ferme, une maison, etc.

BAILLEUR, *bailleresse*, qui donne à bail.

BAILLEUR DE FONDS, usurier, prêteur à la petite semaine; qui fournit de l'argent à gros intérêts.

BAILLI, officier de justice auquel le seigneur baille le droit de régir en son nom ses vassaux, de rendre la justice, et d'administrer ses domaines. De la bass. lat. *bajulus*.

BAILLAGE, juridiction d'un bailli; sa demeure, son tribunal.

BAILLIVE, femme d'un bailli.

BAILE, titre de l'ambassadeur de la république de Venise à la Porte-Ottomane.

BAILLEUL, rebouteur, chirurgien de village qui remet les os fracturés ou déboîtés. D'où les noms propres *Bail*, *Bailly*, *le Bailly*, *Bailleul*.

BAIN, lieu propre à se baigner; eau dans laquelle on se baigne; action de se baigner. Du lat. *balneum*, *balineum*, fait du gr. *balaneion*.

BAIN-MARIE, corruption de *balneum-maris*, bain de mer; eau bouillante où l'on plonge un vase qui contient ce qu'on veut faire chauffer.

BAIGNER, mettre dans le bain, prendre un bain; mouiller, arroser. *Balneare*.

BAIGNEUR, *baigneuse*, qui se baigne; propriétaire d'un bain. *Balneator*.

BAIGNEUSE, grand voile que portent les femmes qui ne veulent pas être reconnues lorsqu'elles vont prendre le bain.

BAIGNOIRE, cuve pour prendre le bain.

BAGNE, lieu qui renferme les esclaves en Turquie; prison pour les forçats en France après le travail. De l'it. *bagno*, fait du latin *balneum*, dérivé du gr. *balaneion*, parce qu'il y a des bains dans la prison où l'on renferme à Constantinople les esclaves du grand-seigneur. Ce nom fut ensuite donné à tous les lieux destinés à renfermer les esclaves et les gens condamnés aux fers.

BAIONNETTE, *bayonnette*, sorte de poignard ou d'épée courte qui se met au bout du fusil; ainsi dite de la ville de *Bayonne* où cette arme fut inventée.

BAISER, embrassement; action de celui qui baise. Onomatopée du son des lèvres qui donnent un baiser. Les Latins ont dit *basium*.

BAISEMAIN, hommage, salut de politesse.

BAISEMENT, action de baiser la mule du pape.

BAISER, appliquer sa bouche, ses lèvres sur; se toucher. *Basiare*.

BAISEUR, *baiseuse*, qui aime à baiser. *Basiator*.

BAISOTER, baiser souvent, sans cesse.

BAISURE, endroit moins cuit où les pains se sont touchés dans le four.

ENTRE-BAISER (s'), se baiser réciproquement.

BAL, assemblée pour danser, lieu où l'on danse. Du lat. *ballare*, que les Italiens ont conservé; formé du gr. *ballizein*, sauter, danser, dérivé de *ballein*, frapper, envoyer.

BALLER, sauter, danser.

BALLET, danse figurée, danse dramatique.

BALADIN, danseur de théâtre; farceur, bouffon.

BALADINAGE, mauvaise plaisanterie; farce de tréteaux.

BALLADE, ancienne pièce de poésie françoise, composée de trois couplets et d'un envoi terminés par le même refrein. De *ballein*, envoyer.

BAYADÈRE, pour *balladère*, courtisane, cantatrice, danseuse consacrée chez les Indiens. De *balladera*, nom donné par les Portugais de Goa aux danseuses indiennes.

BALLADOIRE, fête où l'on danse.

BALAFRE, cicatrice, coupure, estafilade au visage. Du lat. *mala-fracta*.

BALAFRÉ, qui a une balafre au visage.

BALAFRER, faire des balafres à la figure.

BALAI, *balay*, petit faisceau, grosse poignée de verge, de jonc, de crin, de plumes, etc., emmanchée d'un bâton pour nettoyer; instrument de ménage pour ôter les ordures. *Voy.* BALLE.

BALAYER, ôter les ordures avec un balai.

BALAYETTE, petit balai.

BALAYEUR, *balayeuse*, qui balaye.

BALAYURES, ordures amassées avec le balai. Barbazan tire ces mots de *vacillare*, secouer, agiter, renvoyer la poussière. Le P. Labbe prétend que *balai* vient de *betula*, bouleau. Voici l'opinion de Caseneuve : encore qu'un balai serve à balayer, c'est-à-dire à nettoyer toutes sortes d'ordures, il est pourtant ainsi appelé, parce qu'il sert à nettoyer la *balle*, c'est-à-dire, la séparer du grain.

BALAIS, *balay*, sorte de rubis de couleur de vin fort paillet, ainsi nommé de *Balascia*, pays entre Pégu et le Bengale, d'où les premiers ont été apportés. *Voy.* les auteurs cités par Ménage.

BALANCE, mesure à deux plats ou bassins pour peser; solde et apurement d'un compte; signe du zodiaque. Du lat. *bilance*, ablatif de *bilanx*.

BALANCÉ, pas de danse.

BALANCER, tenir en équilibre, pencher sur le côté; agiter par un mouvement alternatif.

BALANCEMENT, action de balancer et de se balancer.

BALANCIER, artisan qui fait des balances; le pendule d'une horloge; grand bâton des danseurs de corde; machine pour frapper la monnoie; tout ce qui a un mouvement de va et vient.

BALANCINE, corde qui va du mât à la vergue.

BALANÇOIRE, machine pour se balancer.

BALANT, corde non halée. *Aller les bras balants*, marcher en balançant les bras.

BILAN, registre de l'actif et du passif d'un marchand.

CONTRE-BALANCER, égaler avec des poids.

BALANDRAN, *balandras*, manteau de campagne, sorte de casaque d'étoffe grossière pour se garantir de la pluie; La Fontaine s'est servi de ce mot dans la fable de Borée et du Soleil. De la bass. lat. *balandrana*; en ital. *palandrano*, augm. de *palla*, robe, ou de *pallium*, manteau de cérémonie des évêques. Par analogie on a fait

BALANDRE, sorte de bâtiment de mer.

BALANITE, gland de mer, mollusque ou ver renfermé dans une enveloppe conique, de plusieurs pièces inégales. De *balanus*, fait du gr. *balanos*, gland, parce que cette enveloppe imite la forme d'un gland, ou plutôt d'une pomme de pin.

BALAUSTIER, grenadier sauvage. Du lat. *balaustum*, fait du gr. *balaustion*; en ital. *balaustra*.

BALAUSTE, calice des fleurs du balaustier.

BALUSTRE, espèce de petite colonne dont le chapiteau et la base sont ornés de moulures. Ainsi dit de la ressemblance du balustre avec le balaustier.

BALUSTRADE, assemblage de balustres, servant d'ornement et de clôture; toute clôture à jour et à hauteur d'appui.

BALUSTRER, orner de balustres.

BALBUTIER, parler confusément; prononcer mal et en hésitant. Du lat. *balbutire*. Voy. BÈGUE.

BALBUTIEMENT, action de balbutier.

BALCON, saillie avec balustrade aux fenêtres d'un bâtiment. De l'ital. *balcone*, fait du turk *bàlà khanèh*.

BALDAQUIN, sorte de dais au-dessus d'un lit, d'un catafalque, d'un trône, d'un autel; ouvrage d'architecture et forme de couronne portée sur plusieurs colonnes. De l'it. *baldacchino*, qui a été fait de *baldacco*, en ancien françois *Baudac*, qui signifie *Bagdad*, ville où l'on fabriquoit des draps de diverses couleurs, appelés, selon Ménage, *Babylonica*.

BALEINE, cétacée, grand poisson de mer; ses fanons. Du lat. *balœna*, fait du gr. *phalaina*, baleine.

BALEINÉ, garni de fanons de baleine.

BALEINEAU, petit d'une baleine.

BALEINIER, navire pour la pêche de la baleine.

BALEIOPTÈRES, genre de testacées. Du gr. *phalaina*, et de *pteron*, aile.

BALEINAS, membre de la baleine.

PHALÈNE, papillon de nuit. On prétend que ce nom vient du gr. *phalainà*, moucheron qui vient voltiger autour de la chandelle; lequel seroit dérivé du verbe *phaô*, luire, briller, parce que les papillons nocturnes sont attirés par la lumière.

BALISE, marque, pieu, mât élevé, fascine ou tonneau pour indiquer les écueils, les endroits dangereux aux bateaux dans une rivière, aux bâtiments sur les côtes; espace libre le long des rives pour le halage. De *palus*, pieu.

BALISER, mettre des balises; attacher un bâtiment à ces sortes de pieux.

BALISEUR, inspecteur des rives pour la place du halage.

FALAISE, côte escarpée de la mer; écueil, rocher. En ital. *balzo*, rocher.

FALAISER, se briser contre une falaise, en parlant des vagues. *Falaise* peut venir du saxon *fels*, rocher, dune, falaise. On aura remarqué que ce nom s'est particulièrement appliqué aux rochers de la Bretagne et de la Normandie où les Saxons ont habité.

BALISTE, machine de guerre des anciens, qui servoit à lancer de grosses pierres. Du lat. *balista*, fait du gr. *balló*, je lance, je jette.

BALISTAIRE, ingénieur des anciens, qui avoit soin des machines de guerre. *Balistarius*.

BALISTAIRES, genre de poissons cartilagineux et thoracins, à deux nageoires sur le dos; l'une présente un rayon très fort, qui, couché dans une fossette creusée sur le dos, peut se relever à la volonté de l'animal, avec autant de vivacité que la corde d'une arbalète qui se détend.

BALISTIQUE, art de calculer le jet des projectiles, ou le mouvement des corps lancés en l'air. *Balistica*.

BALIVEAU, arbre réservé dans la coupe des bois taillis. De *palus*, ou de *vallus*, pieu.

BALIVAGE, choix, compte, marque des baliveaux.

BALIVERNE, sornette, discours frivole, conte fait à plaisir. Voici l'opinion de Ménage : on dit, *parler comme un crocheteur*, pour dire parler mal; ce qui pourroit donner lieu de croire que *baliverne* auroit été fait de *bajulus*.

BALIVERNER, s'amuser à des balivernes.

BALLE, pellicule qui recouvre le grain, et qui s'en sépare quand on le vanne. De *palléin*, jeter, secouer, dont on a fait *palea*, paille. *Voyez* ce mot.

BALLE, tout ce qui est enveloppé, recouvert; petite pelotte élastique pour jouer à la paume; petite boule de plomb dont on charge les armes à feu; gros paquet de marchandises recouvert de toile et lié par des cordes. Du gr. *palla*, qui a la même signification, ou plutôt de *ballein*, envoyer, lancer.

BALLON, vessie soufflée et enfermée dans une peau sphérique, que l'on lance du pied et de la main par amusement; aérostat, mongolfière; personne grosse et courte.

BALLONNIER, marchand et fabricant de ballons et d'aérostats.

BALLOT, gros paquet de marchandises.

BALLOTTE, petite balle; petit bulletin pour les suffrages; vaisseau de bois où l'on met la vendange.

BALLOTTER, aller au suffrage avec des ballotes; mettre en paquet; se jouer de quelqu'un comme d'une balle; le renvoyer de l'un à l'autre.

BALOTTAGE, *ballottement*, action de ballotter dans une élection.

BALLOTTADE, saut d'un cheval entre les piliers, en jetant les quatre pieds en l'air.

BALLOTIN, petit ballot; enfant qui reçoit les ballottes au jeu de balle.

DÉBALLER, défaire une balle, en extraire les objets qui y étoient contenus.

DÉBALLAGE, action de déballer.

DÉSEMBALLER, défaire une balle; débarrasser une chose emballée.

DÉSEMBALLAGE, ouverture d'un ballot, d'une chose dont le contenu est emballé.

EMBALLAGE, action d'emballer; ce qu'il en coûte pour emballer.

EMBALLER, faire une balle, mettre dans une balle, empaqueter.

EMBALLEUR, qui emballe.

REMBALLER, emballer de nouveau.

BAMBOU, roseau des Indes; canne faite d'une de ses branches. De l'indien *bambou*.

BAN, publication à cri public; convocation de la noblesse ou des jeunes gens pour la guerre; proclamation de promesse de mariage; cri public pour annoncer une vente, une chose perdue, l'ouverture de la vendange; exil, bannissement. De l'anc. all. *bann*, qui signifie publication et exil. Dans cette dernière signification Barbazan et Clavier le dérivent de *pœna*.

Banal, qui est destiné au service public, moyennant une redevance que l'on faisoit au seigneur; qui sert à tout le monde; trivial; qui est sujet à la banalité.

Banalité, droit qu'avoit un seigneur de contraindre ses vassaux à se servir des choses qu'il avoit destinées à être banales; tels étoient le moulin, le four, le pressoir, etc.

Bandiment, proclamation faite par le sergent d'un seigneur haut justicier.

Bandit, vagabond malfaisant; banni qui se joint à des voleurs; débauché, libertin, sans probité, sans aveu. De l'it. *bandito*.

Bande, troupe de bandits; ligue, parti.

Banier, taureau banal.

Banlieue, tout le terrain une lieue à la ronde où s'étend l'autorité d'un réglement, d'une juridiction.

Banni, exclu du ban; qui a été chassé d'un pays.

Bannir, chasser quelqu'un du ban, de la juridiction.

Bannissable, qui est à bannir.

Bannissement, exil par ordonnance publique.

Banvin, ancien droit d'un seigneur de vendre exclusivement son vin pendant un temps prescrit.

Contrebande, commerce en fraude ou de marchandises prohibées. De l'it. *contrabando*, contre, malgré le ban ou la publication des défenses.

Contrebandier, qui fait la contrebande.

BANC, long siège sur lequel peuvent se placer plusieurs personnes. De l'all. *bank*, qui signifie la même chose. Aux lits des Romains, pour prendre les repas, succédèrent les *bancs*, que l'on couvrit de tapis, pour les rendre moins durs. De l'ital. *banco*, fait de la bass. lat. *bancus*, pris pour *scamnum*, dér. de l'allem. *bank*.

Bancal, bancale, *bancroche*, individu qui a les jambes tortues et disposées en pieds de banc.

Bancasse, caisson servant de lit et de banc.

Bancelle, petit banc étroit et long.

Banque, commerce d'argent; lieu où il se fait; état de celui qui l'exerce; caisse publique; fonds d'argent devant un banquier de jeu. De l'it. *banca*, fait de *banco*.

Banquier, qui fait la banque; qui tient un jeu contre les joueurs.

Banqueroute, faillite, rupture de la banque d'un négociant; déclaration d'insolvabilité. De l'ital. *bancarotta*. Guy Coquille, sur l'art. 205 de l'ordonnance de Blois, fait l'observation suivante : « *Banqueroute* et *faillite* sont dictions italiennes; car en Italie d'ancienneté, estoit accoutumé que ceux qui faisoient trafic de deniers pour prester, ou pour faire tenir et changer, avoient un banc ou table, en lieu public. Quand aucun quittoit le banc, que les Latins disent *foro cedebat*, se disoit que son banc étoit rompu. *Fallito*, au même langage, signifie *banqueroute*; et *banqueroutier* et *falliti* se disent ceux desquels le crédit est failli. De vray, ces faillites *furti crimen implicant*, et d'ancienneté, sont plusieurs ordonnances pour les punir extraordinairement. »

Banqueroutier, qui a fait banqueroute.

Banquet, repas magnifique que l'on prenoit étant assis sur des bancs. De l'ital. *banquetto*, dont les Espag. ont fait *banquete*, et les Allem. *banckett*.

Banqueter, être à table, faire habituellement bonne chère.

Banquette, petit chemin au niveau de la rue; appui de croisée fort bas, et qui sert pour s'asseoir; ainsi dit de la figure longue et relevée d'un banc.

Banquiste, homme qui court les foires avec des jeux de hasard. Au figuré, escroc qui va de ville en ville.

Bombance, pour *bon-banc*, grande chère; grand repas. Ce mot ne vient point de *pompa*, comme l'ont avancé plusieurs étymologistes.

Débanquer, gagner tout l'argent qu'un banquier de jeu a devant lui.

Embanqué, vaisseau arrêté sur un banc de sable.

BANDE, morceau d'étoffe long, étroit et délié, dont on se sert pour comprimer, envelopper, serrer. De l'all. *bandt*, selon Ménage, et de *pannus*, suivant Barbazan.

Bandage, lien qui sert à comprimer quelque partie du corps; bande de linge, de cuir, de fer, pour fixer, tenir, lier; art de bander les plaies.

Bandagiste, qui fait et vend des bandages pour les hernies.

BANDEAU, bande pour ceindre le front, pour couvrir les yeux; aveuglement de l'esprit.

BANDELETTE, petite bande pour orner.

BANDER, serrer, comprimer, envelopper avec une bande; mettre un bandeau; tendre avec effort un ressort; se tendre fortement.

BANDEREAU, sorte de bandoulière ou de cordon pour suspendre la trompette au col de celui qui en sonne.

BANDEROLLE, sorte d'étendard, d'enseigne pour ornement.

BANDIÈRE, bannière, pavois des mâts de galère.

BANDOULIERS, voleurs des montagnes des Pyrénées, aussi appelés *miquelets*. Mézeray, année 1570, t. III, p. 229, règne de Charles IX, dit : « Les habitans du Roussillon nomment ces voleurs *bandouliers*, du mot *vando*, que les Gascons prononcent *bando*, qui veut dire faction : et aussi *pedrinals* pour *peitrinal*, de certaines arquebuses ainsi nommées, qu'ils tenoient appuyées contre la poitrine; si peut-être ces arquebuses n'ont pris leur nom de bandouliers même : quelques autres veulent qu'ils soient appelés *pedrinals*, parce qu'ils sont hostes des cailloux et des rochers, qui en langue espag. sont nommés *pedernals*. »

BANDOULIÈRE, bande de cuir pour porter le fusil, le sabre, la giberne.

BANNIÈRE, enseigne, drapeau, étendard porté au bout d'un bâton.

BANNERET, qui avoit le droit de bannière à la guerre.

DÉBANDER, détendre, ôter une bande, un bandeau.

DÉBANDADE, action de débander.

DÉBANDEMENT, action de se débander.

EMBANDÉ, entouré de bandes.

CONTREBANDE; dans le blason c'est une bande divisée en deux parties de différents métaux, dont l'une doit être de métal, et l'autre de couleur.

BAPTÊME, cérémonie religieuse, qui, chez les chrétiens, régénère ceux qui y participent, et les lavent du péché originel. Du lat. *baptismus*, fait du gr. *baptismos*, immersion, dérivé de *baptô*, plonger dans l'eau.

BAPTISER, conférer le baptême, donner un sobriquet, mettre de l'eau dans du vin. *Baptizare*.

BAPTISMAL, *baptismaux*, qui appartient au baptême.

BATISTAIRE, registre qui contient le nom des personnes baptisées.

BAPTISTÈRE, chapelle où l'on baptise; certificat de baptême. *Baptisterium*.

DÉBAPTISER, changer de nom.

ANABAPTISTES ou *rebaptisants*, sectaires qui ne baptisent leurs enfants qu'à l'âge de raison, et rebaptisent, à leur manière, ceux qui ont reçu le baptême en naissant.

ANABAPTISME, secte des Anabaptistes.

CATABAPTISTES, sectateurs qui nioient la nécessité du baptême. De *kata*, contre, et de *baptismos*, opposé au baptême.

REBAPTISER, donner le baptême une seconde fois.

BATISTE, pour *baptiste*, sorte de toile de lin très-fine, ainsi dite du linge avec lequel on essuie la tête des jeunes enfants qui ont reçu le baptême.

BARAQUE, mauvaise maison construite en planches; hutte des soldats pour se mettre à couvert; maison où l'on paie et nourrit mal. De l'esp. *barraca*, cahutte de pêcheur au bord de la mer.

BARAQUER, construire, élever des baraques.

BARBACANE, fente perpendiculaire qu'on pratique dans les murs des terrasses pour l'écoulement des eaux; ouverture pour tirer sur l'ennemi sans se découvrir. De l'it. *barbacane*, sorte de fausse braie.

BARBARE, cruel, sauvage, inhumain, grossier, qui manque de civilisation; nom donné par les Grecs et les Romains à tous les peuples qui ne parloient pas leur langue. Du lat. *barbarus*, fait du gr. *barbaros*, étranger.

BARBAREMENT, d'une manière barbare. *Barbarè*.

BARBARIE, cruauté, rudesse, action inhumaine.

BARBARIE, contrée d'Afrique, pays des Barbaresques. *Barbaria*, ainsi dite de ce qu'elle étoit hors de l'empire romain.

BARBARESQUE, habitant de la Barbarie; qui appartient à la Barbarie, contrée d'Afrique.

BARBARISME, mot barbare faute de diction, mot forgé qui blesse la pureté du langage. *Barbarismus*.

BARAGOUIN, *baragouinage*, langage

barbare, corrompu, inintelligible. *Barbaricus*.

BARAGOUINER, parler un baragouin, prononcer inintelligiblement.

BARAGOUINEUR, qui baragouine.

BARBAROU, raisin de Barbarie.

BARBE, cheval de Barbarie.

BARBE, poil des joues et du menton; longs poils de certains animaux; nageoires de certains poissons plats. Du latin *barba*.

BARBES, bandes de mousselines ou de dentelles placées aux deux côtés d'un bonnet de femme.

BARBEAU, *barbillon*, poisson d'eau douce, du genre cyprin, ainsi dit à cause de ses barbes. *Barbellus, barbatulus*, dim. de *barbus*.

BARBÉIER (en parlant du vent), raser la voile.

BARBELLE, flèche qui a les dents en pointe.

BARBERIE, art de faire la barbe, lieu où l'on rasoit dans les couvents.

BARBET, sorte de chien caniche, ainsi nommé à cause de ses longs poils frisés.

BARBETTE, sorte de guimpe; plateforme sans épaulement et entièrement rase.

BARBICHON, petit chien barbet.

BARBIER, qui fait la barbe. *Barbator*.

BARBIFIER, faire la barbe.

BARBILLE, filament des monnoies.

BARBON, vieillard à barbe blanche; homme qui a de l'expérience.

BARBONNAGE, qualité du barbon.

BARBU, qui a de la barbe. *Barbatus*.

BARBUE, poisson de mer à longues barbes; sorte de turbot sans aiguillons.

BARBETS, religionnaires vaudois, du Piémont : ainsi dits de ce que leurs pasteurs s'appeloient *barbes*. Du mot vénitien *barba*, ancien, chef à barbe, et oncle.

BARBURE, inégalité dans la fonte des métaux.

BARBOUILLER, salir, gâter, souiller la barbe; peindre grossièrement et d'une manière ridicule, écrire mal. De *barbulare*, fait de *barbam olere*.

BARBOUILLAGE, peinture détestable; mauvaise écriture, discours embrouillé.

BARBOUILLÉ, sali, gâté, plein de taches. Les farceurs chez les Romains s'appeloient *barbuleii*.

BARBOUILLÉE (se moquer de la), débiter des absurdités, se moquer de l'opinion publique.

BARBOUILLEUR, qui barbouille; mauvais peintre.

DÉBARBOUILLER, nettoyer, ou se nettoyer le visage avec de l'eau.

EBARBER, ôter les inégalités, couper les barbes.

EBARBOIR, outil pour ébarber.

EBARBURE, ce que l'on a ébarbé; barbe de la gravure.

IMBERBE, sans barbe. *Imberbis*.

RÉBARBATIF, homme qui a les manières dures et repoussantes, qui relance les autres en face et à leur barbe. Ce mot, très-ancien, vient du verbe *rebarber*, employé par nos pères dans la signification de regarder en face, de disputer, contrarier. Le duc de Bretagne s'adressant au capitaine du château de l'Hermine, qui parloit en faveur du connétable de Clisson, lui dit : Taisez-vous... car si vous me *rebarbez*, je vous destruiray de fond et de racine.

D'où les noms propres de *Barberi, Barberini, Barbier*.

BARDACHE, misérable adonné à la pédérastie. De l'it. *bardasso*; en esp. *bardaco*.

BARDE, nom des poètes musiciens, des chanteurs chez les Gaulois. En lat. *bardus*, dans Festus et Lucain; en gr. *bardoï*, dans Hesychius, Strabon, Athénée, Possidonius; en bas-breton *bard*, ménétrier, joueur de violon; en irland. *bardan*, chantre, *bardas*, chanson.

BARDE, armure ou parement dont on couvroit le poitrail ou les flancs d'un cheval de bataille; tranche de lard coupée mince qu'on applique sur l'estomac d'une volaille destinée à être rôtie. De l'it. *barda*, couverture en général, fait de l'arabe *bardga*, bât, selle, toute chose cambrée.

BARD, civière à bras, cambré au milieu.

BARDEAU, petit ais taillé en forme de tuile, dont on se sert pour couvrir les maisons.

BARDELLE, selle de grosse toile, garnie de paille, piquée fortement avec de la ficelle, sans qu'il y entre ni cuir, ni bois, ni fer.

BARDER, armer un cheval de bardes; couvrir une volaille de bardes de lard; charger et porter sur un bard.

BARDEUR, porteur de bard.

BARDIS, séparation à fond de cale pour charger des blés.

BARDOT, petit mulet; celui sur lequel les autres se déchargent de leur besogne; celui qui ne se fâche point des plaisanteries dont on l'accable.

DÉBARDER, tirer le bois des bateaux, des trains, le porter sur le bard.

DÉBARDAGE, action de débarder.

DÉBARDEUR, ouvrier qui débarde.

BARIL, tonneau propre à contenir des liquides. Dans Vitruve, *barica* et *barycephala*. Caseneuve les dérive du gr. *barus*, venant de *barruèches*; en bas. lat. *barridus*, qui se trouve dans l'art. 68 du Capitulaire de Charlemagne, *de Villis*.

BARILLARD, officier de galère qui a soin du vin et de l'eau.

BARILLET, petit baril; boîte du grand ressort d'une montre, d'une pendule.

BARRIQUANT, petit tonneau d'inégale capacité.

BARRIQUE, gros tonneau.

BARRICADE, retranchement fait avec des barres, des barriques, des chaînes, des charettes, etc. *Voy*. Mémoires de la vie de J. A. de Thou, t. XI, liv. III, p. 93, La Haye, 1746, où il est prouvé que la journée des *Barricades* prit son nom des tonneaux ou barriques avec lesquels on avoit barré les rues.

BARRICADER, retrancher avec des barres ou des barriques; faire des barricades, empêcher d'entrer ou de sortir.

BARATTE, long baril de bois à couvercle, et plus étroit du haut que du bas, dans lequel on bat le beurre.

BARATTER, battre le lait dans une baratte pour faire le beurre.

D'où les noms propres *Dubarri*, *Barillon*.

BARLONG, * berlong*, figure carrée, plus longue que large. Du Cange le dérive de *bis longus*, doublement long, et Ménage de *varié longus*.

BARNABITES pour *Bernabites*, religieux clercs réguliers de Saint-Paul, ainsi nommés de l'église de Saint-Bernabé à Milan, où ils furent premièrement établis.

BAROMÈTRE, instrument de l'invention de Toricelli, élève de Galilée, qui marque la pesanteur de l'air et les changements du temps. Du gr. *baros*, poids, et de *métron*, mesure.

BARRE, pieu, perche, pièce de bois ou de métal, étroite et longue; juridiction; place destinée aux avocats et aux orateurs; sorte de barrière en bois établie entre les juges et les plaideurs. Du lat. *vara*, pieu, perche; au figuré, difficulté, empêchement.

BARREAU, petite barre; espèce de barre carrée servant de fermeture; lieu où plaident les avocats, à cause des barreaux qui les séparoient anciennement des parties.

BARRER, fermer par-derrière avec une barre, séparer par des barres, boucher le passage; faire une raie, empêcher, mettre.

BARRAGE, péage pour l'entretien des routes; ainsi dit parce que le chemin est barré.

BARRAGER, percepteur pour le droit de barrage.

BARRIÈRE, porte ou issue fermée avec des barres; pièces de bois fermant un passage; enceinte, porte de ville où l'on paie les droits; borne, obstacle.

BARRURE, barre dans le corps d'une guitare, d'un luth.

EMBARRAS, difficulté, obstacle, empêchement; multiplicité; confusion des affaires, peines qui en résultent; irrésolution, perplexité.

EMBARRASSANT, qui gêne, qui empêche, qui cause de l'embarras.

EMBARRASSER, causer de l'embarras.

EMBARRURE, fracture du crâne par lequel une esquille passe sous l'os sain, et attaque la dure-mère.

DÉBARRAS, cessation d'embarras; délivrance de ce qui gêne.

DÉBARRASSEMENT, action de débarrasser.

DÉBARRASSER, ôter d'embarras, délivrer ce qui fait obstacle.

DÉSEMBARRASSÉ, délivré d'embarras.

DÉBARRER, ôter la barre, enlever ce qui fait obstacle.

REMBARRER, repousser avec vigueur.

D'où les noms propres *Bar*, *Barr*, *Barré*, *Labarre*, *Barrier*, *Barrière*, *Labarrière*.

BARRET, *baret*, cri de l'éléphant et du rhinocéros. Du lat. *barritus*.

BARRETTE, petit bonnet rouge des cardinaux; bonnet du doge et des nobles vénitiens. Du lat. *biretum*.

BARYTE, l'une des sept terres primitives; terre pesante, alcaline. Du gr. *barus*, pesant, fait de *baros*, poids, pesanteur.

BARYTON, voix entre la taille et la basse-taille; ancien instrument de musique. Du gr. *barus*, grave, et de *tonos*, ton, accent.

BAS, *basse*, qui a peu de hauteur, peu élevé, inférieur, vil; objet méprisable. Du lat. *bassus*, fait du gr. *basis*, base, fondement, ou plutôt, comme le dit Ménage, de *bassón*, compar. de *bathus*, profond.

BAS, adv.; à terre, doucement.

BAS, vêtement des jambes : c'est le *bas de chausse*, par opposition au *haut de chausse*, ou culotte. Les Grecs nommoient *bassara* une sorte de chaussure.

BAISSE, déchet, action de baisser; diminution de valeur, de quantité.

BAISSER, affoiblir, abaisser, mettre plus bas.

BAISSIÈRE, reste du vin près de la lie.

BAISSOIR, réservoir d'eau de salines.

BAS DE CASSE, partie inférieure d'une casse.

BAS-FOND, terrain bas; fond de mer où il y a peu d'eau.

BAS-RELIEF, sculpture peu saillante.

BASSE, celle des quatre parties de la musique qui est la plus grave; instrument sur lequel on joue cette partie.

CONTRE-BASSE, grosse basse de violon, instrument plus grave que la basse.

BASSE-CONTRE, musicien qui chante la basse.

BASSE-TAILLE, voix grave entre la taille et la basse-contre; celui qui a cette voix.

BASSE-COUR, cour où l'on nourrit la volaille et les animaux domestiques.

BASSE-LICE, sorte de tapisserie à chaînes horizontales.

BASSEMENT, d'une manière basse, avec bassesse.

BASSESSE, action vile et basse, défaut d'élévation.

BASSET, chien de chasse à jambes torses et de petite taille.

BASSETTE, sorte de jeu de cartes.

BASSON, instrument de musique à vent, qui sert de basse; celui qui joue de cet instrument.

ABAISSE, basse-pâte, fond d'une pièce de pâtisserie à rebords.

ABAISSEMENT, action d'abaisser; revers; diminution de puissance; état d'humiliation, de bassesse.

ABAISSER, faire aller de haut en bas; diminuer de hauteur; avilir.

ABAISSEUR, muscle qui abaisse, dont l'action est d'attirer en bas les parties auxquelles il tient.

CONTREBAS, du bas en haut.

RABAIS, rabaissement, diminution de prix et de valeur.

RABAISSER, mettre plus bas, avilir, diminuer, déprécier.

REBAISSER, baisser une seconde fois.

SURBAISSÉ, qui baisse, qui s'abaisse.

SURBAISSEMENT, état surbaissé, qualité des parties surbaissées.

BASALTE, sorte de marbre noir fusible; lave très-dure. Du lat. *basaltus*.

BASCULE, machine dont un des bouts s'élève quand on pèse sur l'autre; levier dont le point d'appui est entre la puissance et la résistance. De *bassus* et de *culeus*.

BASE, partie inférieure d'une colonne ou d'un pilastre, qui dans tous les ordres a un demi-diamètre de hauteur; ce qui soutient; principe, fondement; principal ingrédient. Du lat. *basis*, fait du grec *basis*, appui, soutien; dér. de *bainô*, marcher, être appuyé.

BASER, fonder, appuyer sur une base.

BASILAIRE, qui est fixé à la base.

EMBASE, *embasement*, appui, assiette, soutien; piédestal continu sous la masse d'un bâtiment.

BASILIC, sorte de serpent fabuleux qui avoit, dit-on, sur la tête des éminences en forme de couronne. Du grec *basiliskos*, fait de *Basileus*, roi.

BASILIC, plante labiée des Indes, naturalisée, et qui écarte les fourmis.

BASILICON, excellent onguent suppuratif, surnommé royal à cause de ses qualités.

BASILIQUE, autrefois maison royale, aujourd'hui surnom de quelques églises principales.

BASILICAIRE, ecclésiastique qui assiste le pape, ou un évêque célébrant la messe. D'où le nom propre de *Basile*.

BASIN, * bon basin, sorte d'étoffe de coton. Du gr. *bambakinos*, dérivé de *bambax*, *bambakion*, coton, que l'on a confondu avec *bombux*, en lat. *bombyx*; ver à soie.

Bombasin., sorte d'étoffe de soie; futaine à deux envers.

BASOCHE, juridiction, corps des clercs du parlement de Paris.

Ménage dérive ce mot de *basilica*, parce que l'on rendoit la justice dans le palais du roi. Boiste le fait venir à tort du gr. *bazô*, je goguenarde. Selon Gébelin, ce mot seroit composé de *bas*, petit, et de *oche*, *oque*, oie, la petite oie, pour dire la *petite cour*, par opposition à la cour dont ils relèvent, la *haute cour* du parlement.

BASQUE, né en Biscaie, dans les Basses-Pyrénées; le langage des Basques. De *vasco*, gascon.

BASQUE, pan ou partie d'un vêtement. Huet pense que la mode des habits à basques vient de la Biscaie.

BASQUINE, *vasquine*, robe fort ample qui se tenoit ouverte et étendue au moyen d'un cercle.

BASSIN, espace creux en terre, de figure ronde, ovale ou polygone, pour recevoir les eaux dans un jardin; grand plat creux; plateau d'une balance; partie inférieure du tronc. De l'all. *back*.

Dreux du Radier, *Anecd. des Reines*, etc. (tom. I, p. 311. Amst. 1771), s'exprime en ces mots:

« A Paris, on appelle *bachot*, parmi les bateliers, un petit batelet qu'on appelle gondole à Venise. L'abbé de Marolles, dans sa note sur ce mot (trad. de Grégoire de Tours), dit qu'on appelle *bachots* les cuvettes qui servent à recevoir l'eau dont on se sert pour rincer les verres ou laver ses mains; et *bachoues* des hottes pour porter la vendange. De ce mot *bacchinon*, qui a sans doute son origine dans le nom de *Bacchus*, vient notre mot *bassin*. L'étymologie est toute naturelle; *bacchinon*, *bassinon*, *bassin*. »

BASSINE, grand bassin de chimiste.

BASSINER, chauffer avec une bassinoire; laver une plaie avec un vulnéraire préparé dans un bassin; arroser légèrement.

BASSINET, petit bassin; plante ainsi nommée de la ressemblance de sa fleur à un petit bassin; partie de la batterie d'une arme à feu où se met l'amorce.

BASSINOIRE, bassin à couvercle percé et à manche pour chauffer le lit. *Voy*. BAC.

BASTERNE, char gaulois attelé de bœufs, dont nos rois de la première race faisoient usage. Du lat. *basterna*. *Voy*. BAT.

BASTIDE, maison de campagne. Dans le XIIIe siècle on appeloit en Provence et en Languedoc, *bastida*, les villes nouvellement bâties; entre autres celles qu'Alphonse de Poitiers et la comtesse Jeanne, sa femme, firent construire dans leurs domaines. C'est ainsi qu'on disoit la bastida de Villa-Franca, en Rouergue; la bastida de Sainte-Foi, la bastida de Solminiac, etc. De l'it. *bastida*, qui a la même signification, fait du lat. *bastita*, dérivé de *bastia*. Je pense que ces mots viennent de bâtir. *Voy*. BATON.

BASTILLE, château fort flanqué de tours; tour en bois qu'on élevoit contre les murs pour assiéger une ville. *Bastia*.

BASTILLÉ, garni de créneaux renversés.

BASTION, ouvrage un peu avancé, à deux flancs et deux faces qui se défendent.

BASTIONNÉ, qui tient du bastion et de la tour.

BASTINGUE, toiles, filets matelassés autour du plat-bord d'un vaisseau, pour masquer à l'ennemi le pont d'un navire.

BASTINGUER, se couvrir de bastingue.

BASTINGAGE, action de bastinguer. De là on a fait

BASTRINGUE, bal de guinguette où l'on se donne beaucoup de mouvement. Petite mesure de vin.

BASTE, il suffit, qu'importe. De l'anc. verbe *baster*, suffire; de l'it. *bastare*.

BASTANT, qui est suffisant. En it. *bastanza*, assez, suffisance.

BAT, * *bast*, selle de bête de somme. De *bastum*, en gr. *bastos*, bâton avec lequel on porte des fardeaux: d'où le verbe *bastuzô*, porter des fardeaux.

BATER, mettre un bât sur une bête de somme.

BATIER, qui fait et vend des bâts.

BATAGE, droit seigneurial sur les bêtes de bât.

DÉBATER, ôter le bât.

EMBATER, mettre le bât; charger d'une chose incommode.

BATARD; * *bastard*, enfant adultérin, né hors mariage, illégitime. De l'allem. *boes-art*.

BATARDE, écriture entre la ronde et la coulée; porte d'entrée qui s'ouvre seulement d'un côté.

BATARDISE, état d'un bâtard.

BATARDIÈRE, pépinière d'arbres greffés.

ABATARDIR, faire déchoir une chose de son état naturel, la faire dégénérer; altérer le naturel, les qualités, la valeur.

ABATARDISSEMENT, altération d'une chose; diminution, dégénération.

BATAVIE, ancien nom de la Hollande. Du lat. *Batavia*.

BATAVE, Hollandois, qui est de la Hollande. *Batavus*.

BATEAU, * *batel*, barque de rivière pour transporter les marchandises. De la bass. lat. *batellus*, dim. de *batus*, fait du saxon *bat*, *boot*. D'autres le dérivent du lat. *batus*, vase, mesure de liquide, ou du gr. *kibotos*, qui a la même signification.

BATELÉE, charge d'un bateau.

BATELET, petit bateau.

BATELIER, conducteur d'un bateau.

BATON, * *baston*, morceau de bois long, rond et maniable. Du gr. *bastos*, bâton à porter des fardeaux.

BASTONNADE, coups de bâton.

BATONNER, frapper avec le bâton; rayer de la liste.

BATONNET, petit bâton qui sert à un jeu d'enfant.

BATONNIER, chef d'une confrérie ou d'un corps, et qui en porte le bâton de cérémonie ou de dignité.

BATELEUR, * *basteleur*, charlatan qui fait des tours de passe-passe, avec le bâton de Jacob et la baguette magique ou divinatoire. De là

TOUR DU BATON, gain, profit qu'on doit à son adresse.

BATELAGE, tour de bateleur.

BATARDEAU, construction pour repousser et détourner l'eau, et que l'on fait avec des bâtons ou des pieux.

BATIR, * *bastir*, construire un logement: dans les premiers temps on ne construisoit qu'avec des perches et de longs bâtons.

BATI, assemblage de pièces de charpente, de menuiserie; fil passé à grands points dans les étoffes, pour les unir avant la couture.

BATIMENT, édifice; navire.

BATISSE, entreprise de maçonnerie.

BATISSEUR, qui aime à faire construire.

BATISSOIRE, cercle de fer pour assembler les douves.

REBATIR, bâtir de nouveau.

BATRACHITE, pierre que l'on disoit se trouver dans la tête des grenouilles, et à laquelle on supposoit de grandes vertus contre toutes sortes de venins. Du gr. *batrachos*, grenouille.

BATRACHOMYOMACHIE, le combat des grenouilles et des rats, titre d'un poëme attribué à Homère. Mot composé de *batrachos*, grenouille; de *mus*, rat ou souris, et de *maché*, combat.

BATRACIENS, reptiles du genre des grenouilles.

BATTOLOGIE. Certain Battus, roi des Cyrénéens, étoit bègue, et répétoit plusieurs fois les mêmes syllabes en parlant: les Grecs appelèrent *battologie*, de *Battos*, Battus, et de *logos*, discours, une redondance, une répétition vicieuse de choses frivoles. Ils firent ensuite le verbe *battologeô*, parler comme Battus, bégayer, balbutier, qui ensuite signifia babiller, parler beaucoup.

BATTRE, frapper, donner des coups. On n'est pas encore d'accord sur l'étymologie de cette famille considérable. Ménage le dérive de *batuere*, qui se trouve pour *pugnare*, dans Suétone, vie de Caligula, ch. 32 et 54, et dans la Casina de Plaute. Jauffret regarde le verbe battre comme une onomatopée qui viendroit du gr. *patassô*, je frappe: « Les jeunes enfants qui veulent imiter » l'action de battre, disent *patapa*, *pa-* » *tapa*; de là *taper*, *tapage*, etc. » Caseneuve a partagé l'opinion de Ménage, ainsi que mon savant ami M. Champollion Figeac, dans son Essai sur les Patois du midi. Gébelin le fait venir de *bâton*, en gr. *bastos*. *Voy.* BAT.

BATAIL, battant de cloche.

BATAILLE, combat général entre deux armées; querelle entre deux particuliers. Dispute de controverse. *Batualia*.

BATAILLER, contester, soutenir une controverse.

BATAILLÉ, cloche dont le battant est d'un autre métal.

BATAILLON, troupe de trois cents à six cents hommes d'infanterie.

BATTAGE, action de battre les blés, les laines, les cotons.

5.

BATTANT, fer suspendu qui frappe en dedans la cloche; partie d'une porte qui s'ouvre en deux.

BATTANT, qui va, qui marche, qui bat.

BATTE, instrument pour battre, pour aplanir; sabre de bois d'arlequin.

BATTÉE, ce que l'on bat à la fois de papier.

BATTELLEMENT, dernier rang de tuiles d'un toit.

BATTEMENT, action de frapper; pulsation du pouls; frappement d'une chose sur une autre, bruit qui en résulte.

BATTERIE, coups à la suite de querelle; plusieurs canons réunis et placés pour tirer; le lieu où ils sont; pièces d'un fusil, d'un moulin; ustensiles de cuisine en cuivre; manière de battre le tambour.

BATTEUR, qui aime à battre, qui bat les autres, qui bat le blé en grange.

BATTOIR, palette à manche pour jouer à la paume, pour battre le linge.

BATTU, frappé, défait, saccagé, mis en déroute.

BATTUE, chasseurs qui battent les bois pour en faire sortir le gibier.

BATTURE, sorte de dorure.

COMBATTRE, lutter, attaquer, se défendre en portant des coups; disputer, discuter, réprimer.

COMBAT, action de combattre; lutte, effort; opposition, discussion; dispute.

COMBATTANT, homme de guerre, qui se bat en bataille.

DÉBATTRE, discuter une question; faire son possible pour se délivrer.

DÉBAT, contestation, différend; discussion soutenue sur le parti à prendre.

ÉBATTRE (s'), s'amuser, se divertir.

ÉBAT, ebattement, loisir, amusement, divertissement.

EMBATTRE, couvrir une roue de bandes de fer.

EMBATTAGE, application de bandes de fer sur une roue.

EMBATAILLONNER, former en bataillon.

EMBATTOIR, fosse pour embattre.

BATIFOLER, se jouer comme les enfants, badiner, jouer l'un avec l'autre.

REBATTRE, battre une seconde fois; redire, rabâcher.

REBATTU, qui a été répété beaucoup de fois.

BAUD, bauld; chez nos pères ces mots signifioient gai, joyeux, content, enjoué. De la bass. lat. baldiosus, fait de validus, en it. baldo, ou selon Barbazan, de gaudens. Nous avons conservé

ÉBAUDIR (s'), se récréer, s'amuser, se réjouir.

ÉBAUDISSEMENT, récréation, divertissement.

Dans le XVI° siècle on forma les noms suivants:

BAUD, chien courant de Barbarie pour la chasse du cerf.

BAUDI, chien de chasse anglois dressé au lièvre, au renard, au loup et au sanglier.

BAUDIR, rebaudir, exciter du cor, de la voix, les chiens et les oiseaux de proie à la chasse.

BAUDET, baudouin, petit âne; stupide, ignorant. On dérive ce mot de l'héb. boded, âne, ou de badel, stupide. Selon Ménage, il vient de baldettus, dim. de Baldus, nom propre. On a souvent, dit-il, donné à des animaux des noms propres d'hommes, comme perroquet de Pierre, renard de Reginald, sansonnet de Samson, etc.

BAUDOUINER, mettre bas un ânon. De baldus, on a fait le dim. baldicinus, baudonin, et de celui-ci baudouiner.

BAUDRIER, ceinture dans laquelle on mettoit son argent; large bande en écharpe pour porter l'épée; cuir de vache préparé. De la bass. lat. baldringarium, formé de baldringum, dérivé de balteus.

BAUDROYER, préparer des cuirs pour les ceintures et les baudriers.

BAUDROYEUR, corroyeur.

BAUDRUCHE, pellicule de boyau de bœuf apprêtée pour battre l'or.

BAUME, herbe odoriférante; liqueur qui coule de certains arbres; pâte, onguent, liqueur balsamique. De balsamum, fait du gr. balsamon.

BAUMIER, arbre qui produit le baume.

BALSAMINE, plante d'agrément, annuelle et à fleurs inodores, ainsi appelée de ce qu'une de ses espèces entroit autrefois dans la composition d'un baume pour les blessures.

BALSAMIQUE, qui a les propriétés du baume.

BALSAMITE, la tanaisie, plante médicinale, amère et odorante, de plusieurs espèces.

EMBAUMER, remplir un corps d'arômates, pour le préserver de la corruption.

EMBAUMEUR, qui embaume les corps.

EMBAUMEMENT, action d'embaumer, composition pour embaumer.

BAVAROISE, boisson de thé, infusé avec du sirop ou avec du lait.

Dans les premières années du xviiie siècle, les princes de Bavière vinrent en France. Pendant le séjour que leurs altesses firent dans la capitale, elles alloient souvent prendre du thé au café Procope, rue des Fossés-Saint-Germain-des-Prés; mais elles avoient demandé qu'on le leur servît dans des carafes de cristal; et, au lieu de sucre, elles y faisoient mettre du sirop capillaire. La boisson nouvelle fut appelée *bavaroise*, du nom des princes. On l'adopta dans les cafés sans autre changement que d'y joindre quelquefois du lait: cependant, comme par la suite on remarqua que le capillaire émoussoit la saveur et l'odeur agréable du thé, les cafetiers y substituèrent du sucre clarifié et cuit à consistance de sirop.

BAZAR, cloître à coupoles servant de marché public en Orient. De l'ar. *bazar*.

BEAT, dévot ou qui le fait; celui qui est exempt de jouer et participe au gain, qui ne paie pas son écot dans un repas. Du lat. *beatus*, heureux, bienheureux.

BÉATIFIER, mettre au rang des élus, des bienheureux.

BÉATIFICATION, action de béatifier; ses effets.

BÉATIFIQUE, qui rend bienheureux; vision dont les élus jouiront.

BÉATITUDE, bonheur, félicité éternelle; on compte huit sortes de béatitudes. *Beatitudo*.

BÉATILLES, petites choses friandes que l'on met dans les pâtés, et qui rendent heureux celui qui en mange.

BEAU, *bel*, *belle*, objet brillant, agréable, intéressant, éclatant, qui réunit les qualités propres à plaire et à charmer; bon, honnête, bienséant. Du lat. *bellus*, en ital. *bello*.

BEAUCOUP, en grand nombre, en quantité, en grande abondance. De *bella copia*; selon Nicot, qui a suivi le sentiment de Sylvius.

BEAUTÉ, juste proportion dans les formes; perfection, charme de ce qui plaît, de ce qui flatte l'esprit ou la vue; belle femme. En ital. *belta* et *bellezza*.

BELLATRE, d'une beauté fade.

BELLEMENT, doucement, modérément.

BELLISSIME, très-beau, extrêmement beau.

BELLOT, *bellotte*, aimable, gentil.

BELVÉDÈRE, pavillon élevé, dont la vue s'étend fort loin. De l'it. *bel vedere*, belle vue, nom d'un lieu dans les jardins du Vatican à Rome, situé avantageusement pour la vue.

EMBELLIR, orner, rendre plus beau.

EMBELLISSEMENT, action d'orner, d'embellir.

BEC, bouche d'un oiseau, membre dur et corné en avant de la tête des oiseaux; onomatopée du bruit que font les oiseaux en prenant leur nourriture, ou en ramassant quelque chose. On a donné ensuite ce nom à tous les objets terminés en pointe et aux instruments piquants.

BÉCARDE, pie-grièche de la Guyane, à gros bec.

BECCARD, femelle du saumon, dont la tête est fort alongée.

BÉCHET, *béquet*, le brochet, poisson d'eau douce, ainsi nommé de la longueur de sa tête.

BÉCUNE, brochet de mer très-vorace.

BECQUÉE, ce qu'un oiseau prend avec le bec.

BÉQUET, petit bec, petite pièce.

ABEC, appât, nourriture, piége, amorce.

ABECQUER, donner la becquée à un oiseau, lui mettre la nourriture dans le bec.

BECQUETER, donner des coups de bec.

BEC-DE-CORBIN, ancienne compagnie de la garde du roi, ainsi nommée de la ressemblance de ses armes à un bec d'oiseau; instrument de chirurgie; nom de divers outils à crochet.

BÉCAFIGUE, *becfigue*, oiseau de la grosseur de la fauvette, qui becquette les figues.

BÉCASSE, *bécasseau*, *bécassine*, oiseau de passage aquatique, pourvu d'un long bec, et de l'ordre des échassiers.

Bêche, sorte de pelle de fer, outil de fer plat, large, à long manche de bois, propre à remuer la terre, et qui forme le bec.

Bêcher, se servir de la bêche; remuer la terre, labourer avec la bêche.

Bédane, sorte d'outil de charpentier et de menuisier, par corruption de *bec-d'âne*.

Béjaune, pour *bec-jaune*, jeune oiseau qui n'est pas encore sorti du nid, qui n'est point encore formé, qui a l'air niais; jeune homme sot, niais, imbécile, qui n'a rien vu.

Pic, instrument de fer courbé et pointu vers le bout; il a un manche de bois, et sert à ouvrir la terre ou à rompre le roc en le piquant; onomatopée de la même famille que *bec*, également faite du bruit que rend la pierre sous l'instrument qui la brise; montagne élevée et roide; genre d'oiseaux de l'ordre des pies, à bec en couteau, convexe en-dessus, et à pieds promeneurs ou grimpeurs.

Picardant, sorte de vin très-piquant.

Picolet, crampon de serrure qui tient le pêne.

Picorée, butin des soldats en maraude, des abeilles qui expriment le suc des fleurs.

Picorer, faire la picorée.

Picoreur, qui va à la picorée.

Ces mots *picorée*, *picorer*, *picoreur*, seulement en usage depuis la fin du xvie siècle, viennent, suivant Ménage, de l'it. *pecora*, bête, quadrupède, animal. *Aller à la picorée*, dit-il, c'est aller à la petite guerre; enlever sur les ennemis des bœufs, des vaches, des chevaux, des moutons : ce que les soldats appellent *courir la vache*. Suivant d'autres étymologistes, *picorée*, pillage des gens de guerre dans les campagnes, vient de ce que les soldats *piquent* les fruits, les poules; et les différents objets dont ils s'emparent.

Picot, pointe du bois mal coupé; épingle à grosse tête; engrêlure au bord des dentelles et du tulle.

Picote, petite-vérole, parce que le visage est piqué de boutons.

Picoté, marqué de piqûres, de points, de petites taches ou de grains de petite-vérole.

Picotement, douleur piquante; impressions des humeurs âcres, qui fait éprouver comme une multitude de petites piqûres.

Picoter, ressentir des picotements; piquer de paroles; faire des petites piqûres.

Picoterie, paroles piquantes à dessein de fâcher.

Pie, oiseau blanc et noir de la grosseur du pigeon ramier, plumage à reflets verts, bleus, violets. Du lat. *pica*, à cause de la forme de son bec. Par analogie on a donné le nom de *pie* à un cheval dont le poil est alternativement taché de noir et de blanc.

Piette, la nonnette blanche, oiseau aquatique qui ressemble à la pie.

Pioche, instrument pour fouir la terre; ce mot a été alongé d'un son plus mousse que le pic, parce que la pioche creuse et ne brise point. Les Latins ont dit *picocia*.

Piochage, fouille faite avec la pioche.

Piocher, fouir avec la pioche; se donner beaucoup de peine.

Piochon, outil de charpentier.

Piolé, piqueté, marqué de plusieurs couleurs. De l'ancien françois *pioler*, parer de différentes couleurs.

Piquer, frapper avec un pic; *piquer la pierre*, la dépouiller de sa surface, percer légèrement avec une pointe; offenser, irriter par le discours.

Piquage, action de piquer la pierre.

Piquant, pointe aiguë, épingle; ce qui pique, qui a une pointe aiguë; offensant; qui réveille l'esprit; plein de finesse et de vivacité.

Pique, arme d'haste, longue et pointue; brouillerie à la suite d'une discussion, d'un mécontentement; querelle légère.

Piquier, * *piquenaire*, soldat armé d'une pique.

Pique-nique, repas où chaque convive paie son écot ou paie pour soi. De l'angl. *pick-an-each*, prononcé *pic-en-ich*, repas où chacun est piqué, où chacun a sa taille particulière.

Piquet, petit pieu aigu; de là jeu de *piquet*, ainsi dit parce qu'il est très-piquant, et les mots *pic* et *repic* donnés aux coups les plus piquants.

Piquet, escouade de soldats prêts à marcher.

PIQUETTE, petit vin qui pique le gosier. Il se fait en jetant une certaine quantité d'eau sur les marcs, après en avoir extrait le premier jus ; la fermentation lui donnant une qualité aigre, de là le nom de *piquette,* parce qu'il est piquant.

PIQUEUR, écuyer qui conduit une meute, qui monte les chevaux à vendre ; surveillant ; celui qui pique les absents ; chasseur armé d'une pique, et qui est à la suite des chiens.

PIQURE, action de piquer ; effet de l'action de piquer ; blessure légère ; atteinte d'une pointe aiguë, du dard d'un reptile ou d'un insecte.

PICOU, chandelier de fer en usage sur les vaisseaux : il est armé de deux pointes, l'une inférieure qui sert à le planter, l'autre supérieure sur laquelle on fixe la chandelle.

PIVERT, * *picaveret,* oiseau jaune et vert qui, de son bec aigu, perce l'écorce des arbres.

BÉCARRE, * *béquarre* pour *B carré,* signe de musique qui rétablit dans son ton naturel une note altérée par un dièze ou par un bémol.

BÉCHIQUE, remède qui calme la toux et facilite l'expectoration. Du gr. *béx, béchos,* toux.

BÉDON, espèce de gros tambour, dont l'usage et la forme sont venus de la Suisse ; homme gros et gras.

BEDONDAINE, *dondaine,* espèce de cornemuse à large ventre ; machine à jeter des pierres.

BEDAINE, gros ventre. De *bis* et de *dondaine,* selon Ménage, qui ajoute : « Et parce que la dondaine étoit un instrument court et gros, on a de là appelé les grands ventres des *bedondaines,* et ensuite des *bedaines,* et grosse *dondon,* une femme courte et grosse.

BÉLEMNITE, fossile calcaire, conique, en forme de dard. Du gr. *bilemnon,* trait, dard, parce que ce fossile en a la forme.

BÊLEMENT, onomatopée du cri du bélier, du mouton et de la brebis. Les Latins ont dit *balatus.*

BÊLER, faire entendre le cri des moutons. *Balare.*

BÊLANT, qui bêle.

BÉLIER, * *bélin,* animal bêlant ; mâle de la brebis ; signe du zodiaque ; machine de guerre des anciens ; longue poutre ferrée terminée par une tête de bélier en bronze pour enfoncer les portes et abattre les murailles. *Bélarius,* fait de *balare,* et non pas de *vellarius,* fait de *vellus,* toison, comme le dit Ménage.

BÉLIÈRE, sonnette du bélier qui conduit le troupeau ; anneau qui soutient la sonnette du bélier ; et par analogie, anneau d'un battant de cloche, ou d'un pendant quelconque.

BÉGAIEMENT, défaut de prononciation qui consiste à répéter souvent le même son avec des inflexions tremblantes comme les animaux bêlants.

BÉGAYER, mal articuler les mots par défaut d'organe.

BÉGAUD, imbécile, stupide, qui ne peut pas s'exprimer.

BÈGUE, qui bégaie. En lat. *balbus.*

BÉGUIN, coiffe de toile à bride à l'usage des béguines et des enfants.

BÉGUINAGE, couvent de filles.

BÉGUINES. Filles et femmes qui vivoient en communauté, mais sans faire de vœux ; au figuré : bigote, femme superstitieuse, d'une dévotion minutieuse et mal entendue ; religieuses appelées à Paris par Louis IX, qui en fit venir un assez grand nombre vers l'an 1258. Elles prirent ensuite le nom de religieuses ou de cordelières de l'*Ave-Maria,* en 1484. Les étymologistes se sont donné bien de la peine pour trouver l'origine de ce mot et sans y parvenir. Le nom de ces religieuses vient de ce qu'elles étoient de l'ordre de saint Lambert Bègue, prêtre de Liége au XIIe siècle, qui institua la première communauté de Béguines à Liége en 1173, laquelle fut transférée à Nivelle en 1207. Voy. *Calendrier hist. de l'église de Paris,* pag. 411 et suiv. ; et l'*Art de vérifier les Dates,* in-fol., tom. I, pag. 63, col. 2.

EMBÉGUINER, mettre un béguin, envelopper ou s'envelopper la tête d'un linge.

D'où les noms propres *Béguard, Bègue, Lebègue, Béguin, Belin, Blin.*

BELETTE, petit animal carnassier, long, roux, à museau pointu, qui vit d'oiseaux et de volailles. Du lat. *melis, mœlis, mustela,* dont les Ital. ont fait *bellula, belloro,* par le changement de l'*m* en *b.*

BÉLITRE, homme de néant; gueux; sans fortune. Du lat. *balatro*.

BÉLITRAILLE, troupe de bélîtres.

BELLIQUEUX, qui aime la guerre, propre à la guerre; courageux, martial. De *bellicosus*, fait de *bellum*, guerre, que l'on dér. du gr. *bellos*, arme offensive, dard, trait, qui viendroit de *balló*, lancer, jeter, darder.

BELLIGÉRANT, peuple, nation, qui est en guerre, qui l'a fait. De *bellum gerens*.

BÉMOL, caractère de musique, de la forme d'un petit *b*, qui abaisse la note qui le suit d'un demi-ton mineur. De *B* et de *mol*, en lat. *mollis*.

BÉNARDE, serrure qui s'ouvre des deux côtés; ainsi dite de son inventeur, le sieur Bénard, serrurier à Paris, lequel vivoit dans le XVIIIe siècle.

BÉNIN, doux, obligeant, humain, favorable. *Benignus*, composé de *bene*, bien, et de *gnus*, terminaison qui équivaut toujours à *gignens*, part. de *gignere*, faire, engendrer.

BENJOIN, gomme aromatique, inflammable et médicale, qui vient de l'Orient. En lat. *benzuinum*; en ital. *belzoi, belzoino*; en esp. *benjui, menjui*.

BENNE, sorte de voiture ou de chariot des Gaulois. Du gaul. *benna*; en lat. *benna*; en allem. *benne*, tombereau.

BANNE, * *benne*, grande manne pour voiturer le blé; cuve de bois qu'on suspend au bât des bêtes de somme en guise de panier; toile tendue pour garantir des intempéries de l'air ou du soleil.

BANNEAU, * *benneau*, petite banne; vaisseau de bois pour transporter les liquides, la vendange; tombereau à bras.

BANNER, couvrir d'une banne.

BANNETON, coffre de bois, percé, et mis dans l'eau pour conserver le poisson en vie.

BANNETTE, *vannette*, * *banaste*, panier rond et plat, à deux anses, fait d'osier, pour transporter les marchandises.

BENATE, caisse à sel, en osier, contenant douze pains.

BÉQUILLE, bâton à petite traverse par le haut, sur laquelle les infirmes s'appuient pour marcher; binette de maraîcher. De *baculus*, bâton.

BÉQUILLARD, qui marche avec des béquilles.

BÉQUILLER, marcher avec des béquilles; remuer la terre avec la béquille.

BÉRANGER, *Bérenger*, nom propre d'homme, qui, en allem. signifie dompteur d'ours, qui prend les ours.

BÉNIGNITÉ, humeur douce, facile, indulgente, bonté, humanité. *Benignitas*.

BÉNIGNEMENT, avec bénignité. *Benignè*.

MALIN, *maligne*, qui a de l'astuce, malfaisant, méchant. De *malignus*, engendrant le mal.

MALIGNITÉ, méchanceté réfléchie; inclination à faire ou à dire du mal; qualité nuisible. *Malignitas*.

MALIGNEMENT, avec malignité. *Malignè*.

BERGAME, ville d'Italie.

BERGAMASQUE, habitant de Bergame.

BERGAME, grosse tapisserie en point, qui se fabrique à Bergame.

BERGAMOTTE, espèce d'orange très-parfumée; de son écorce on garnit des boîtes très-renommées par leur bonne odeur; c'est ce que les marchands forains, à Paris, appellent *la barque embaume*, pour la *bergamotte*.

BERGAMOTTE, sorte de poire fondante, dont le plant nous vient de la Turquie par l'Italie. De l'ar. *begarmoudi*, la reine des poires; composé de *beg, bey*, seigneur, roi, et d'*armoud*, poire.

BERGE, petit bateau long et étroit. *Voy.* BAC.

BERGE, amas de blé; bord escarpé d'une rivière; crête de fossé; éminence de terre; rocher à pic sous l'eau. De l'all. *berg*, éminence, montagne.

BÉRIL, espèce d'aigue-marine; pierre précieuse d'un vert pâle ou de couleur d'eau de mer; en quoi elle diffère de l'émeraude, qui est d'un vert plus chargé. Selon Pline, liv. XXVII, chap. 5, les bérils viennent des Indes, et on en trouve peu ailleurs. Du lat. *berillus*, fait du gr. *bérullos*.

BERLE, l'ache d'eau, plante qui croît dans les lieux marécageux. Du lat. *laver*, dont on a fait *berula*.

BERLIN, ville capitale du royaume de Prusse.

BERLINE, voiture suspendue entre deux brancards et à quatre roues, dont le nom et l'usage viennent de Berlin.

BERLINGOT, sorte de Berline coupée.

BERMUDIANE, *bermudienne*, plante vivace, à belles fleurs en lis. *Bermudiana.*

BERNACLE, conque anatifère, coquillage de cinq pièces. *Bernicla.*

BERNARD, nom propre d'homme; de l'all. *béer*, ours, et de *hart*, génie, force, courage; qui a le génie d'un ours.

BERNE, ville de Suisse qui porte des ours dans ses armoiries.

BERNARDIN, religieux de l'ordre de Saint-Bernard.

On ne sauroit faire une insulte plus grande à un allemand qu'en l'appelant *bernheiter*, gardeur d'ours.

BERNER, faire sauter en l'air sur une couverture; se moquer de quelqu'un, le ridiculiser. Du gr. *bernesthai*, selon Casaubon, dont les Laconiens se sont servis pour *palléin*, agiter, lancer.

BERNE, sorte de jeu, saut sur une couverture tendue et secouée par quatre personnes.

BERNABLE, qui mérite d'être berné.

BERNEMENT, action de berner.

BERNEUR, qui berne, qui aime à berner.

BERT, *Berte*, nom propre d'homme. De l'all. *bert*, illustre, poli, courtois.

BERTRAND, nom propre d'homme qu'on a donné à un singe. De l'all. *bert*, d'où les Italiens ont fait *bertus*, *bertuccio*, dans la même signification.

BESAIGUE, outil taillant des deux côtés; hache à deux tranchants inégaux. De *bis-acuta*, fait de *bis*, deux fois, et d'*acuta*, tranchant, coupant.

BESAN, *besant, bezant*; nom général donné à toutes les pièces d'or des empereurs de Constantinople, valant dix sols; chacun de ces sols pesant une dragme sept grains $\frac{26}{78}$, puisqu'il y en avoit cinquante-huit dans un marc, et qui paroît avoir été ainsi nommée de ce qu'elle commença d'avoir cours dans la ville de Bysance.

D'Herbelot, *Bibliothèque orientale*, dérive le mot *besant* de l'ar. *beizatzer*, œuf d'or; il prétend que les Sarrasins appeloient ainsi une monnoie de Perse qui avoit cette forme, et à laquelle ils donnèrent cours dans l'Asie. D'autres orientalistes prétendent que *besant* a été formé de l'ar. *beïdhah*, blanc, que les Turks et les Persans prononcent *beïza*, *bizan*.

Le besant valant dix gros tournois ou dix sols du XIIIe siècle, vaudroit maintenant 8 l. 16 s. 9 d. $\frac{21173}{50112}$, en mettant le gros tournois à onze deniers douze grains de loi; mais si l'on met ce gros tournois à deux deniers dix-huit grains de loi, afin que cet argent cadre avec l'or du besant, lequel or mis à 23 karats $\frac{3}{4}$, le gros tournois représenteroit une valeur de 18 s. 0 d. et $\frac{2801}{3712}$, et le besant ou dix gros tournois, une valeur de 9 l. 0 s. 7 d. $\frac{1813}{1876}$.

Depuis 1226 jusqu'en 1308, l'argent paroît avoir été au titre de 11 d. 12 gr., et jusqu'en 1283, le marc d'argent, à ce titre, a valu 54 s. 7 d. Le marc d'or, à 23 $\frac{16}{31}$ karats, valoit 36 liv. 19 s. 7 d. Dans cette supposition, l'or fut à l'argent comme 1 est à 13 $\frac{72}{131}$, de façon qu'il falloit alors 13 $\frac{72}{131}$ onces d'argent pour acquérir une once d'or.

Cette monnoie avoit cours en France, soit que les croisades et le commerce d'Orient l'eussent répandue, soit, comme le dit Leblanc (*Traité des monnoies de France*, pag. 171), que ce fut un nom général donné par le peuple à toutes les pièces d'or, quoiqu'il y eût des *besans* d'argent.

Les besans étoient d'*ormier*, c'est-à-dire d'or pur et sans alliage (*aurum merum*); il y en avoit aussi en argent.

Li prinches Hues respondi :
Puisque vous m'avez le giu parti,
Je prenderai dont le raïembre,
Si j'ai de quoi je l' puisse rendre.
Oïl, che li a dist li rois,
Cent mil besans me conterois.
Ha, Sire, ataindre n'i porroie
Se toute ma terre vendoie.... *vers* 50.
Si vous donrai trestout sans ghile,
De bons besans chinquante mille. *vers* 346.
Car en mon trésor seront pris
Les trèze mil besans d'ormier.
Lors a dit à son trésorier
Que il les besans li rendist,
Et après si les represist
A chiaus qui les orent donnez.
Chil a les besans bien pesez,
Si les donne au conte Huon,
Si les a pris ou voel ou non.
Car il n'en voloit nus porter.
Ordene de Chevalerie, vers 327.

Le Soudanc donnoit de chascune teste des chrestiens un besant d'or. (*Joinville*, p. 38.)

Et pour ces choses faire et acomplir li roys Loys estoit tenus à rendre Damiète au Soudan, et huit mille besans sarrasinois pour la délivrance aux chrestiens qui en prison estoient. (*Annales du règne de saint Louis*, p. 216.)

Borel et Ragueau, revu par de Laurière, ont avancé que le besant valoit cinquante livres tournois, et que la rançon de Louis IX fut payée en cette monnoie. Le sire de Joinville en a effectivement parlé, mais il lui assigne une valeur bien différente; car, selon cet historien, le besant ne valoit que dix sols.

Et lors le conseil s'en r'ala parler au Soudant, et raportèrent au Roy, que se la Roine vouloit payer dix cent mil besans d'or, qui valoient cinq cens mille livres, que il délivreroit le roi. (*Joinville, Histoire de saint Louis*, fol. 176 du Ms., et p. 73 de l'édition de 1771, in-fol.)

Voyez aussi *l'édition publiée par Ducange, Hist.*, p. 68, 89; *Observations*, p. 81.

Si le besant avoit valu cinquante livres, la rançon du roi seroit donc montée à cinquante millions; et c'étoit alors une somme si considérable, qu'il est permis de douter que la France eût pu la fournir. D'ailleurs, du temps de la captivité de Louis IX, on tailloit cinquante-huit besants dans un marc d'argent, qui valoit alors 54 sols 7 deniers. A l'époque des conquêtes du grand Salahh-Eddin, on en tailloit moins encore, quoiqu'on n'en sache pas précisément le nombre.

Pour obtenir un juste résultat, il faut suivre la proportion indiquée, celle qui se soutint pendant les quarante-quatre années du règne de Louis IX. On doit alors compter dans le XIIIe siècle 13 $\frac{71}{131}$ onces d'argent pour une once d'or, les deux métaux étant au même titre.

Le marc d'argent étant à 11 deniers 12 grains de loi, vaut, en suivant le tarif de 1773, 51 liv. 4 s. 8 d. et $\frac{71}{161}$; ainsi, les 800,000 besants ou 400,000 l. de la rançon, représentent 137,931 marcs 2 gros 14 grains d'argent à ce titre, et font la somme de 7,066,825 liv. 3 s. 10 den.

Le besant représentoit en argent 794 grains $\frac{14}{29}$, pesanteur de 10 gros tournois à 79 $\frac{13}{19}$ grains-poids, chaque gros tournois, ce qui fait 1 once 1 $\frac{1}{2}$ gros-poids, et 10 $\frac{14}{19}$ grains-poids. Or, ces 794 $\frac{14}{19}$ grains d'argent, à 11 den. 12 grains

de loi, représentant le besant, valent précisément, selon le même tarif, 97 liv. 14 s. 5 den. $\frac{6332747}{31608144}$. Le dixième de cette somme donne la valeur actuelle du gros tournois de Louis IX, et ce dixième est de 15 sols 5 den. et $\frac{101162179}{31608144}$. Le gros tournois s'achèteroit aujourd'hui, au tarif précité, 17 s. 8 d. $\frac{4}{841}$; dès lors la livre de Louis IX, ou vingt gros, vaut 17 l. 13 s. 4 d. $\frac{80}{841}$.

Telle est la valeur actuelle de la livre numéraire sous le règne de ce prince. Ainsi le besant, qui valoit dix de ces gros, vaut donc 8 l. 16 s. 8 d. $\frac{8}{841}$; ainsi 10,000 liv. de ce temps, somme qui forma la dot de chacune des filles de Louis IX, feroient aujourd'hui 176,670 liv. 12 s. 7 den. $\frac{222}{841}$; et cette somme, le marc d'argent étant à 11 deniers 12 grains de loi, revient à 3,448 marcs 2 onc. $\frac{1}{2}$ gr. et 11 $\frac{3}{20}$ grains. Ainsi 40 dots semblables font les 400,000 liv. de rançon, et donnent précisément 7,066,825 liv. 4 s. 1 den. $\frac{791}{841}$, égalant 137,931 marcs 2 gros et 14 grains d'argent.

Dans le fabliau des *trois Aveugles de Compiègne*, par Courtebarbe, ces gens qui croient avoir reçu un besant d'aumône entrent dans un cabaret, où, après avoir bien bu et bien mangé, ils demandent à combien monte la dépense; à dix sols, répond le tavernier; alors:

> Li troi aveugle à l'oste ont dit:
> Sire, nous avons un besant,
> Je crois qu'il est moult bien pesant,
> Quar nous en rendez le sorplus,
> Ainçois que du vostre aions plus;
> Volontiers li l'ostes respont.

Par le retour que les aveugles demandent sur leur besant, on pourroit présumer que cette monnoie valoit plus de dix sols; ce n'est probablement qu'une diminution sur leur écot.

Si le besant valoit plus de dix sols, on ne peut pas en conclure qu'il valût cinquante livres, puisque cette somme étoit en ce temps-là si considérable, qu'il ne falloit rien moins qu'un souverain ou un prince fort riche pour faire une aumône aussi forte. On voit par les écrits du XIIIe siècle qu'un bœuf coûte vingt sols, et qu'un superbe cheval n'étoit estimé que de quarante à cinquante livres. *Voy. Le Grand d'Aussy*, *Fabliaux*, in-8°, tom. II, p. 279.

Enfin dans plusieurs titres d'abonnement de fief, le besant est apprécié vingt sols, dans d'autres dix. Dans une charte de 1215, citée par dom Carpentier (*Suppl. ad Glossar. ad voc.* Byzantius, et par Ducange, *Dissert.* xx), il est évalué sept sols. Dans un arrêt du parlement de Paris, en 1282, sous Philippe le Hardi (Le Blanc, *Traité des Monnoyes*, 171), il vaut huit sols. Dans un compte des baillis de France, en 1297, sous Philippe le Bel (Le Blanc, *loco cit.*, et Velly, *Hist. de France*, t. VI, p. 232), on l'évalue neuf sols, etc. Le marc d'argent étant alors à 3 liv. 10 s., c'est-à-dire près d'un tiers plus haut que sous Louis IX. On ne peut expliquer ces différences que par deux moyens : cette monnoie a augmenté ou diminué de valeur en divers temps, et selon l'arbitrage du prince ; ou les faux monnoyeurs, dont le nombre paroît avoir été considérable, l'avoient singulièrement altérée.

On connoit la sévérité des ordonnances contre les faux monnoyeurs. Louis IX, dans ses Établissements, (liv. 1er, ch. 29), ordonne que le coupable aura les yeux crevés : dans d'autres provinces on le jetoit dans une cuve d'eau bouillante. La coutume de Beauvoisis, publiée en 1283, après avoir dit (ch. xxx) : Le faux monnoyeur doit être bouilli, puis pendu et ses biens confisqués au profit du seigneur, les divise en cinq classes. Et ce qui doit faire présumer que le besant avoit été fort altéré dans son poids, c'est la citation de l'*ordene*, où l'on voit le trésorier de Salahh-Eddin peser les pièces d'or qu'il remet à Hugues de Lusignan ; puis ces expressions de *bons besans*, de *besans de pois* ou *bien pesans*, qui se rencontrent souvent dans nos vieux auteurs.

Le cérémonial du sacre des rois de France, dressé par l'ordre de Louis VII, porte qu'il sera porté à l'offrande un pain, un baril de vin, et treize besants d'or, qui étoient nommés *bysantins* ; cette coutume fut encore observée sous Henri II ; les bysantins qu'il présenta pesoient environ un double ducat.

Le mot besant a été formé de *bysantium*, comme le prouvent tous les titres où il est fait mention de cette monnoie ; on sait qu'à cette époque les monnoies prenoient le nom de la ville où elles avoient été frappées : on disoit les parisis, de Paris ; les tournois, de Tours ; les pictes, de Poitiers ; les provinois, de Provins ; les orléanois, d'Orléans ; les chartrains, de Chartres ; les mansois, du Mans ; les dijonnois, de Dijon, etc.

BESICLES, lunettes à branches qui s'attachent à la tête. Ménage, d'après Sylvius et Trippault, le dérive de *bicyclus*, composé du lat. *bis*, double, et du gr. *kuklos*, en lat. *cyclus*, cercle, c'est-à-dire, *bicycles*, *becycles*. Pasquier le dérive de *bis oculi*, deux yeux, par allusion aux deux verres de forme ronde dont ces lunettes sont composées.

BIGLE, louche. De *bis oculus*, en lang. *Biscle*. Ménage rejette cette étymologie, qui a été donnée par Caseneuve, et le dérive du lat. *obliquus*, ce qui est assez vraisemblable.

BIGLER, loucher, avoir les yeux de travers.

BESOGNE, travail, ouvrage qu'on a fait ou qui est à faire. De l'ital. *bisogno*, besoin, nécessité.

BESOIN, manque d'une chose nécessaire ; disette, pauvreté, indigence ; nécessité naturelle.

BESSON, un des jumeaux.

BESSONS, les deux jumeaux. De *bis*, double, et d'*homo*, homme, ou plutôt de *bis-sunt*, ils sont deux.

BÊTE, * *beste*, animal irraisonnable ; au figuré, un sot, sans esprit. Du lat. *bestia*.

BESTIAIRE, gladiateur romain, qui combattoit contre les bêtes ; livre qui traite des animaux. *Bestiarius*.

BESTIAL, qui tient de la bête. *Bestialis*.

BESTIALEMENT, en bête, comme une bête, à la façon des bêtes. *Bestialiter*.

BESTIALITÉ, crime, commerce charnel avec une bête. *Bestialitas*.

BESTIASSE, bestiole, pécore ; petite bête. Enfant sans intelligence. *Bestiola*.

BESTIAUX, *bétail*, troupeau de bêtes à cornes, animaux domestiques à quatre pieds.

BÊTA, très-bête, idiot.

BÊTEMENT, à la façon des bêtes ; d'une manière sotte.

Bêtise, ignorance, sottise; défaut d'intelligence, manque d'esprit.

Abêtir, rabêtir, rendre stupide, devenir bête.

Hébété, imbécile, entièrement stupide. *Hebes.*

Hébéter, rendre stupide. *Hebescere.*

BÉTEL, plante, sorte de convolvulus des Indes, dont les indigènes mâchent sans cesse les feuilles pour les gencives et l'estomac. *Betella.*

BÉTOINE, plante sternutatoire, apéritive, vulnéraire, à feuilles oblongues et velues, à racine purgative, dont l'odeur enivre. De l'ital. *bettonica*, fait du lat. *vetonnica*, que Pline, *liv.* xxv, *ch.* 8, dit être d'origine gauloise.

BÉTON, pour *blétong*, sorte de mortier qui se pétrifie dans la terre. De l'ang. *blétong*, poudingue factice.

BETTE, la poirée, plante potagère, apéritive. De *beta.* *Voy.* Blette.

Betterave, bette à grosses racines de raves, blanches ou rouges. *Beta alba*, *beta rubra.*

BEY, gouverneur d'une province de l'empire ottoman. Du turk *begh*, *beyg*, maître, seigneur : de là, tartares *usbecks*, c'est-à-dire, *maîtres d'eux-mêmes.*

Beglier, *begglier-bey*, dignité turke. De l'ar. *beghler-begh*, prince des princes.

BEZESTAN, halle, marché public en Turkie. Du turk *begestin.*

BEZOARD, calcul animal; concrétion pierreuse qui se forme dans le corps de certains animaux ; qui a la forme de cette concrétion. Du persan *bedzahar*, antidote contre le poison ; formé de *bed*, remède, et de *zahar*, poison.

BIBLE, l'Ecriture sainte ou l'ancien et le nouveau Testament. Du lat. *Biblia*, fait du gr. *biblos*, *biblion*, livre; le livre par excellence.

Biblique, qui a rapport à la Bible.

Bibliographie, connoissance des livres, des éditions et de leurs prix.

Bibliographe, qui est versé dans la bibliographie. De *biblion*, livre, et de *grapho*, écrire; celui qui écrit sur les livres.

Bibliolithes, pierres qui portent l'empreinte des feuilles des végétaux. De —, et de *lithos*, pierre, parce que ces pierres, divisées en lames minces, ressemblent aux feuillets d'un livre.

Bibliomancie, divination par le moyen de la Bible, pour connoître les sorciers et pour éviter les embûches du démon. De —, et de *manteia*, divination.

Bibliomane, qui a la manie des livres. De —, et de *mania*, fureur, passion.

Bibliomanie, passion, manie des livres.

Bibliomappe, recueil de cartes géographiques. De —, et du lat. *mappa*, carte.

Bibliophile, amateur de livres, qui les aime d'une manière raisonnable. De —, et de *philos*, ami.

Bibliopole, libraire, marchand de livres. De —, et de *pôléin*, vendre.

Bibliotaphe, celui qui ne communique ses livres à personnes, et qui les tient renfermés comme dans un tombeau. De —, et de *taphos*, tombeau.

Bibliothèque, lieu où l'on assemble et conserve des livres rangés par ordre; compilation d'extraits et catalogues d'ouvrage. Cave bien garnie. De —, et de *théké*, boîte, lieu où l'on serre quelque chose; dérivé de *tithémi*, ranger, disposer.

Bibliothécaire, chargé du soin et de la garde d'une bibliothèque.

BICOQUE, petite maison, petite ville, place mal fortifiée. De *vicus*, bourg.

BIDET, petit cheval de selle, et par analogie un meuble de propreté que l'on enfourche quand on veut s'en servir. Ménage pense que ce mot a été fait de *veredettus*, dim. de *veredus.*

Bidon, broc de bois ou de fer-blanc, dans lequel les soldats mettent leur eau.

BIEN, ce qui est bon, utile, estimable, avantageux, convenable, louable. Pratique des vertus. Chose possédée. De *bonum.*

Bien, adv., comme il faut, comme il convient ; beaucoup, extrêmement. *Bené.*

Bientôt, peu après ; dans peu de temps.

BIÈRE, cercueil en planches pour un mort. De l'all. *baerf*, coffre que l'on porte ; en it. *bara*, en angl. *beer*, en dan. *berie.* Ces mots dérivent de l'all. *beren*, porter, dont les Anglais ont fait *bear.* Les Latins ont dit aussi *feretrum*, de *ferre.* *Voy.* Fierte.

BIÈRE, boisson d'orge et de houblon; De l'all. *bier*, dont les Anglois ont fait *beer*, et les Italiens *biera*. M. Jauffret, d'après Vossius, le tire du lat. *bibere*.

BIÈVRE, quadrupède, sorte de castor. Du lat. barb. *bebrus*, fait de *fiber*. En all. *biber*, en it. *bevero*, en esp. *befre*, *bivaro*.

BIÈVRE, la petite rivière des Gobelins, qui prend sa source au village de Bièvre, près Paris, appelé *Bibera*, *Biveris*; et va se jeter dans la Seine au-dessus du pont d'Austerlitz.

BIFFER, effacer une écriture en passant la plume dessus; onomatopée du bruit que fait une plume passée brusquement sur le papier.

BIFFAGE, action de biffer. De là les mots familiers et populaires : *Debiffé*, affoibli, dérangé, qui a mauvaise mine ; *rebiffer*, regimber, ne pas vouloir, refuser : *rebuffade*, mauvais accueil ; refus dur, méprisant ; action de rebiffer.

BIGOT ou CAGOT, hypocrite ; faux dévot ; dévot outré et superstitieux. De l'angl. *by God*, par Dieu.

BIGOTERIE ou *cagoterie*, vice du bigot ; dévotion superstitieuse.

BIGOTISME ou *cagotisme*, caractère des bigots ; égoïsme divinisé.

Gébelin dérive *cagot* soit de *cacodeus*, faux dieu, soit de l'angl. *cakegod*, caquette-dieu, dont on auroit fait *cakgod* et *cagot*.

BIGUER, terme de jeu ; changer sa carte contre celle d'un autre. De *vices*, tour, échange ; *invicem mutare*.

BIGNE, contusion à la tête, bosse, enflure, tumeur occasionée par un coup, une chute. Du gr. *bounos*, petite éminence.

BEIGNET, * *bignet*, tranche de fruit entourée de pâte frite à la poêle.

En languedocien *bougneto*, en limos. *bouñet*, en lyonn. *bugne*, enflûre, tumeur, et par analogie, morceau de pâte que l'on fait frire dans l'huile, et qui enfle beaucoup. Les Espagnols disent *buñuelo*, que Ménage dérive avec raison de *bounos*. *Voy*. BORNE.

BILE, liqueur amère, verte ou jaune, préparée dans le foie ; disposition chagrine ; colère. Du lat. *bilis*.

BILIAIRE, qui appartient à la bile. *Biliaris*.

BILIEUX, abondant en bile ; irascible. *Biliosus*.

BILL, papier contenant les propositions qu'on veut faire passer par les chambres du parlement d'Angleterre. De l'all. *bille*, papier, billet. Les Grecs modernes en ont fait *billos*, livre.

BILLET, petit écrit, lettre fort courte ; promesse écrite de payer ; carte d'entrée à un spectacle. Jauffret le dérive de *bulla*, sceau. Les Italiens, dit-il, expriment billet par *bolletino* ; nous en avons fait bulletin. Jauffret se trompe. *Voy*. BOUILLIR.

BILLETER, étiqueter.

BILLETTE, petit carré long en forme de billet dans les armoiries.

BILLE, petite boule de pierre ou de marbre, avec quoi les enfans jouent ; boule en ivoire pour les billards ; gros bâton court pour serrer les ballots. Du lat. *pila*, globe.

BILBOQUET, petit bâton pointu par un bout ; à tête creuse de l'autre, sur lequel on retient une boule attachée par une ganse à ce bâton.

BILLER, serrer avec la bille.

BILLARD, jeu où l'on emploie les billes sur une table drappée.

BILLARDER, toucher deux fois sa bille au jeu de billard.

BILLEBARRER, bigarrer par un mélange bizarre de couleurs. *Voy*. BARRE.

BILLEBAUDE, confusion, désordre.

BILLEVÉZÉE, ballon enflé de vent ; sornettes ; contes en l'air, chimère. De *bille*, boule, globule, et de *vezé*, plein de vent, soufflé comme une vessie.

BILLOT, gros morceau de bois; court et rond, avec et sans pieds ; livre gros, épais, massif.

BILLON, monnoie d'alliage ; monnoie de cuivre ; monnoie altérée et décriée ; coin pour la monnoie ; monnoie destinée à la fonte, parce qu'elle est de mauvais aloi. Du lat. *bulla*, sceau, parce que ce coin est rond, et que la monnoie a une empreinte comme le sceau. *Voy*. BOUILLIR. Les Espagnols ont dit *vellon*, *veillon*, en la même signification. *Moneda de vellon*, *réal de vellon*.

BILLONNER, substituer de mauvaise monnoie à la bonne ; faire un profit illicite sur les monnoies défectueuses.

BILLONNAGE, *billonnement*, action de

billonner; altération de la monnoie; trafic du baillonneur.

BAILLONNEUR, qui altère les monnoies et les distribue.

BIMBELOT, jouet d'enfant, poupée; mot factice du vocabulaire de l'enfance. *Voy.* BABIL.

BIMBELOTERIE, fabrique, commerce de bimbelots.

BIMBELOTIER, qui fait et qui vend des bimbelots.

BINAIRE, tout ce qui est composé de deux unités. *Binarius.*

BINARD, chariot à deux, puis à quatre roues égales.

BINER, donner aux terres une seconde façon; dire deux messes le même jour. De *binare,* fait de *binus.*

BINAGE, binement, action de biner; léger labour.

BINET, machine qu'on met au-dessus d'un chandelier pour économiser le bout des chandelles. Du lat. *bini,* second; c'est comme un second chandelier.

BINETTE, instrument de jardinage avec lequel on bine la terre.

BIPENNE, hache à deux tranchants. *Bipennis.*

BIRE, nasse, instrument de pêche en osier; navire des anciens à double birème.

BIRÈME, galère à deux rangs de rames chez les anciens. *Biremis.*

BIRETTE, bonnet noir et pointu, en forme de pyramide; sorte de bonnet à l'usage des novices jésuites. *Birretum,* fait de *birrus,* drap de couleur rousse.

BIRIBI, mot factice inventé pour désigner certain jeu de hasard, une espèce de loterie.

BIS, brun noirâtre; gris tirant sur le noir. De la bass. lat. *bisus,* ou de l'ital. *bigio.*

BISAGE, teinture d'une autre couleur que celle de l'étoffe qu'on reteint.

BISE, vent noir du nord, sec, pénétrant. *Bisa.*

BISER, devenir bis; reteindre et repasser.

BISET, pigeon sauvage de couleur de plomb et presque noir.

BISTRE, couleur faite avec de la suie cuite, détrempée et préparée pour le dessin.

BASANÉ, qui a le teint noirci, brûlé par le soleil.

BASANE, peau de mouton tannée.

BIS, deux fois, encore une fois. De *bis,* deux; Le B étant la seconde lettre de l'alphabet, est la racine de ce nombre.

BISBILLE, murmure, petite querelle, dissension sur des futilités. En mettant ce mot au rang des onomatopées, Ménage le dérive de l'it. *bisbiglio.*

BISEAU, bord, extrémité en talus; baisure du pain; outil. Du lat. *bis.*

BISMUTH, demi-métal très-fusible; marcassite d'étain. *Bismuthum.*

BISON, bœuf sauvage à bosse de l'Amérique septentrionale. De *bos. Voy.* BOEUF.

BISQUE, terme de jeu de paume; avantage de quinze que l'on fait à celui contre lequel on joue. De l'ital. *bisca, biscazza,* académie de jeu, d'où *biscazziere,* joueur de profession, fait de *bis casus,* double chance.

BISQUE, sorte de potage de coulis d'écrevisses et de divers ingrédients. De *bis,* deux fois, et de *coctus,* cuit.

BISQUER, mot factice pour pester, fumer, avoir du dépit.

BISSE, serpent, couleuvre dans les armoiries, et en particulier dans celles de la ville de Milan. De l'it. *biscia,* qui a la même signification.

BISSEXTE, jour ajouté au mois de février tous les quatre ans. *Bissextus,* formé de *bis,* deux, et de *sextus,* six.

BISSEXTILE, année où se rencontre le bissexte.

BITUME, substance minérale, huileuse et inflammable, semblable à de la poix liquide. De *bitumen.*

BITUMINEUX, qui contient du bitume, qui en a les qualités. *Bituminosus.*

BIVAC, BIVOUAC, garde de nuit dans un camp. Cabane de soldats faite à la hâte. Lieu où est posée la garde de nuit. De l'allem. *biwatch, beywacht,* garde, sentinelle. Formé de *bey,* autour, et de *wacht,* garde.

BIVAQUER, bivouaquer, passer la nuit au bivouac. En all. *bewachen,* et *die wacht halten,* faire le guet, et *die wacht,* une sentinelle.

BLAIREAU, sorte de taisson; petit quadrupède carnassier de la famille des ours. Du lat. *gliris.*

BLANC, en contraste parfait avec le noir, couleur de lait, de neige. Du lat.

albus, ce qui est propre, sans tache. D'où les Allemands ont fait *blank*, et les Italiens *bianco*.

BLANC-BEC, oiseau qui sort du nid ; jeune homme sans expérience.

BLANCHAILLE, menu poisson blanc.

BLANCHARD, toile blanche.

BLANCHATRE, de couleur blanche, tirant sur le blanc.

BLANCHE, la moitié de la ronde, note de musique qui vaut deux noires.

BLANCHET, drap sous le tympan; drap blanc pour filtrer, camisole de paysan.

BLANCHEMENT, d'une manière blanche ; en linge propre.

BLANCHEUR, couleur blanche, état, qualité de ce qui est blanc.

BLANCHIR, nettoyer, laver, disculper, vieillir; rendre blanc ; devenir blanc.

BLANCHIMENT, action de blanchir les toiles.

BLANCHISSAGE, action de nettoyer, de déterger et de blanchir son linge et ses effets.

BLANCHISSANT, qui blanchit, qui paroit blanc.

BLANCHERIE, *blanchisserie*, lieu où l'on blanchit le linge, la cire, etc.

BLANCHISSEUR, *blanchisseuse*, qui blanchit du linge.

BLANDUREAU, sorte de pomme, ainsi dite de sa blancheur.

BLANQUE, sorte de jeu de hazard, composé de plusieurs billets blancs, et d'un petit nombre de billets noirs. De l'it. *bianca*, sous-entendant de *carta*.

BLANQUETTE, sorte de vin blanc du Languedoc ; petite eau-de-vie ; émincée de veau à la sauce blanche ; petite poire d'été de couleur blanche.

BLAFARD, d'un blanc terne.

De ces mots ont fait les noms propres *Albin, Aubin, Blanc, Leblanc, Blanchart, Blanchet, Blanchon, Blanchot, Blanque*.

ABLE, *ablette*, petit poisson plat et mince, au dos vert et ventre blanc, dont les écailles servent à faire des perles. D'*abuletta*, dim. d'*abula*.

ABLERET, filet carré avec lequel on prend des ables.

ALBIQUE, sorte de craie blanche qui ressemble à la terre sigillée.

ALBIN, blanc d'œuf. *Albumen*.

ALBION, l'Angleterre, ainsi dite de la blancheur de ses côtes.

ALBUGINÉ, membrane de couleur blanche.

ALBUGINEUX, qui est de couleur blanche.

ALBUGO, tache blanche qui se forme à l'œil, sur la cornée transparente. *Albugo*.

ALBUM, cahier de papier blanc à l'usage des voyageurs.

ALBUMINE, substance semblable à celle du blanc d'œuf. *Albumen*.

INALBUMINÉ, dénué d'albumen.

ALVIN, *alevin*, semence de toute sorte de petits poissons blancs, pour peupler un étang, une pièce d'eau.

ALVINAGE, *alevinage*, petits poissons que le pêcheur rejette dans l'eau pour peupler.

ALVINER, *aleviner*, jeter de l'alevin, peupler un étang de petits poissons blancs.

ALVIN, *alvier, alvinier*, petit étang où l'on nourrit de l'alevin.

AUBE DU JOUR, crépuscule, point du jour, commencement du jour. D'*alba*.

AUBE, pièce en toile blanche du vêtement d'un prêtre catholique officiant. *Alba vestis*.

AUBADE, concert, sérénade donnée sous les fenêtres de quelqu'un à l'aube du jour.

AUBÉPINE pour AUBE-ÉPINE, fleur de couleur blanche, très-odorante, qui vient par bouquets. D'*alba spina*.

AUBÉPIN, *aubépinier*, arbrisseau épineux qui produit des fleurs blanches et des petits fruits rouges.

AUBEAU, *aubier, aubourg*, couche tendre du bois entre l'écorce et le bois de l'arbre. D'*aburnum*, formé d'*albedo, albedinis*. On a également donné ce nom au peuplier, à cause de la blancheur du derrière de ses feuilles. En lat. *populus alba*, en bas. lat. *albellum*.

AUBÈRE, cheval blanc ou de couleur de fleur de pêcher, taché de poil bai et alezan.

AUBIFOIN, variété du bleuet, petite fleur d'un bleu blanchâtre, qui vient parmi le blé. *Album fœnum*.

AUBIN, blanc d'un œuf. D'*albinum* pour *albumen*.

BLOND, couleur entre le doré et le châtain-clair. Ferrari et Caseneuve le dérivent d'*apluda*, couleur de la graine de millet, ou d'*ablunda*, paille, couleur de paille. Enfin Ménage tire le mot blond du lat. *bladum*, couleur de blé.

BLONDE, sorte de dentelle de soie qui devient rousse.

BLONDIN, qui a les cheveux blonds.

BLONDIR, devenir blond.

BLONDISSANT, qui blondit, qui acquiert un jaune d'or.

DÉALBATION, changement du noir au blanc par l'action du feu.

D'où les noms propres *Aubé*, *Aubourg*, *Albin*, *Saint-Albe*, *Saint-Aubin*, *Blondeau*, *Leblond*, *Blondin*.

BLANDICES, caresses artificieuses, flatteries pour gagner le cœur. Du lat. *blanditiæ*.

BLANDIR, caresser, flatter. *Blandiri*.

BLANDITEUR, séducteur. *Blanditus*.

BLASER, affoiblir, émousser les sens par des excès. Du gr. *blazein*, être stupide, hébété, avoir l'esprit émoussé; ou de *blax*, lâche, mou, languissant.

BLASON, l'art héraldique, la science des armoiries; assemblage de toutes les pièces qui composent un écu; pièce de poésie dans laquelle on fait la description, l'éloge ou la censure d'une chose. De l'all. *blasen*, sonner de la trompe, publier, faire connoître.

BLASONNER, peindre, décrire, expliquer les armoiries; faire l'éloge; critiquer, blâmer.

BLASPHÉMER, proférer un blasphème, tenir des discours impies. *Blasphemare*, qui vient du grec *blasphéméô*, que l'on dérive de *blaptô*, offenser, et de *phémi*, dire; proférer des paroles offensantes.

BLASPHÈME, discours impie, outrageant pour la Divinité. *Blasphemia*.

BLASPHÉMATEUR, qui blasphème.

BLASPHÉMATOIRE, qui tient du blasphème.

BLAMER, *blasmer*, contraction de *blasphemare*, condamner, reprendre, désapprouver, trouver mal. Du gr. *blasphémein*.

BLAME, action de blâmer.

BLAMABLE, digne de blâme.

BLAUDE, *blouse*, habillement de dessus; surtout de charretier, en grosse toile, qui descend au-dessous du genou. Nos pères l'appeloient *bliaud*; et ce vêtement étoit commun aux hommes et aux femmes. En bass. lat. *blialdus*, en prov. *blisaud*, en lang. *brisaud*, en lyonn. *blauda*, en comt. *biauda*; en norm. *plaud*, en picard *bleude*.

BLÉ, *bled*, dénomination commune à toutes les plantes céréales; leur semence. De la bass. lat. *bladum*, dérivé du saxon *blad*; d'autres le tirent du gr. *blastos*, *blasté*, germe ou naissance des herbes, parce que, de toutes les herbes, il n'y en a point dont le germe soit plus nécessaire à la vie de l'homme.

BLADIER, *blatier*, marchand de blé.

EMBLAVER, ensemencer une terre en blé.

EMBLAVURE, terre ensemencée de blé.

REMBLAVER, ensemencer une seconde fois en blé.

BLÈCHE, *blaische*, *blesche*, timide, mou; sans fermeté. Du gr. *blax*, qui a la même signification.

BLÉCHIR, mollir, devenir mou.

BLÊME, pâle, flétri. Du gr. *blax*.

BLÊMIR, pâlir, devenir pâle.

BLÊMISSEMENT, pâleur.

BLESSER, faire une plaie, une contusion, une fracture; causer de la douleur; offenser, choquer. Du gr. *pléssein*, ou de *plésso*, je frappe, ou de *blaptô*, aoriste, *blapsai*, offenser, léser.

BLESSÉ, qui a reçu des blessures.

BLESSURE, plaie, contusion, fracture; impression douloureuse; offense, insulte.

BLET, *blette*, fruit devenu mou par excès de maturité. Du gr. *blax*, mou.

BLETTE, la poirée, plante potagère, rafraîchissante, qui a peu de saveur. Du lat. *blitum*, en gr. *bliton*, légume insipide.

BLEU, couleur d'azur du ciel sans nuages; couleur bleue. De la bass. lat. *Blaveus*, *blavus*, que l'on dérive de l'all. *blau*.

BLEUATRE, tirant sur le bleu.

BLEUIR, teindre en bleu.

BLUET, *blavet*, *blaveole*, le barbeau, petite plante à fleurs bleues ou blanches. On avait aussi donné le nom de *bluet* à de petits livres couverts de papier bleu; tels étoient les recueils de méchants contes, ce qui fit dire des *contes bleus*.

BLUETTE, étincelle, trait d'esprit; bagatelle littéraire. Ménage dérive ce mot de *lucetta*; dim. de *luce*; abl. de *lux*.

BLINDES, morceaux de bois dont

on couvre les tranchées ; morceaux de vieux câbles, dont on couvre les flancs d'un vaisseau contre les boulets. De l'all. *blind*, employé par les Anglois et les Hollandois dans la même signification.

Blindage, action de blinder.

Blinder, garnir de blindes.

BLOC, amas, assemblage de choses. Gros morceau informe de marbre, de pierre ; billot de bois. De l'all. *bloc*, qui a la même signification.

Blocage, *blocaille*, menu moellon pour remplir les vides entre les parements des gros murs. Lettre renversée ou lettre pour une autre.

Blocus, campement autour d'une ville pour la cerner et empêcher tous les arrivages. De l'all. *blokhaus*, boulevard de bois à l'épreuve du canon ; fait de *blok*, billot, et de *hous*, maison.

Bloquer, faire un blocus ; remplir de blocage ; mettre une lettre renversée à la place d'une autre ; pousser fortement une bille dans la blouse.

Bloqué, bille poussée fortement dans la blouse.

Blouse, trou du billard. *Voy.* Bricole.

Blouser, pousser dans la blouse ; se tromper dans ses calculs.

Débloquer, faire lever un blocus ; enlever les lettres bloquées et les remplacer.

BLOTTIR (se), s'accroupir ; se ramasser tout en un tas. De *volutare* ; d'autres le dérivent de *pila*, pelotte, parce que se blottir, c'est se mettre en peloton.

BLUTER, * *beluter*, passer la farine au bluteau. De l'all. *beutelen*, remuer un sac de toile dit *butel* ; fait du lat. *volutare*.

Bluteau, *blutoir*, sac pour passer la farine. *Volutorium*.

Bluterie, lieu où l'on blute.

BOBINE, sorte de fuseau pour dévider la soie, le fil, etc. Du lat. *bombyx*, ver à soie ; d'autres le dérivent de *volvere*, parce que la bobine se fait en tournant.

Bobiner, dévider sur la bobine.

BOBO, mot factice des enfants ; petit mal, petite douleur. *Voy.* Babil.

BOCANE, sorte de danse ainsi appelée du sieur Bocan, célèbre maître de danse qui florissoit à Paris vers le milieu du XVIIe siècle.

BOEUF, animal qui beugle ; mâle de la vache. Au fig., homme lourd, stupide. Du lat. *bos*, fait du gr. *bous*, bœuf et vache.

Beuglement, *meuglement*, onomatopée du cri du taureau, du bœuf et de la vache. Les Latins disoient *boatus, boare*.

Beugler, *meugler*, mugir comme les taureaux ; faire des beuglements.

Boa, serpent énorme, dont le cri ressemble au beuglement des taureaux : il broie et avale les animaux ; d'autres le dérivent du brés. *boa*, serpent en général.

Bouveau, *bouvillon*, jeune bœuf ; petit taureau.

Bouvier, conducteur et gardien de bœufs. *Bovarius*.

Bouverie, étable à bœufs.

D'où les noms propres *Bobilier, Boiveau, Bouvard, Bouveau, Bouvelle, Bouverot, Rouvet, Bouvier, Bouvillon, Lebeuf, Lebouvier*.

Bouse, fumier, fiente de bœuf et de vache. Du gr. *boustasis, boustasia*, étable à bœufs.

Bousin, surface tendre de la pierre ; dessus des pierres brutes ; terre non encore pétrifiée, qui, exposée à la pluie, se convertit en boue ; endroit bourbeux ; mauvais lieu où l'on ne peut entrer sans se salir.

Bousillage, chaume et terre détrempée ; ouvrage mal fait.

Bousiller, maçonner, construire avec de la terre et de la boue ; gâcher son ouvrage, travailler mal.

Bousilleur, qui fait du bousillage.

Ébousiner, ôter le bousin d'une pierre ou d'un moellon ; le piquer avec la pointe du marteau.

Bauge, * *bauche*, amas de boue ; retraite du sanglier ; enduit de paille hachée et de bourbe, qu'on applique sur les murs pour les conserver. Ménage le dérive de *volutrica*. Dans notre ancien langage, *bauche* ou *bauge* désignoit une fort petite maison, une chaumière. De bauge nous avons fait :

Bouge, réduit obscur, logement malpropre.

Débaucher, *desbaucher*, ôter l'enduit de bauge dont un mur est revêtu ; dépouiller quelqu'un des principes de sagesse et de vertu dont on avoit pris soin de le revêtir; corrompre la fidélité; détourner du devoir.

Ménage dérive ce mot de l'ancien franç. *bauche*, boutique; fait de l'it. *botega*, venant du lat. *apotheca*. Ainsi, dit-il, débaucher, c'est tirer quelqu'un de la boutique où il travaille, et le détourner de son exercice. M. Jauffret dérive le verbe *débaucher* du lat. *debacchari*, s'enivrer, crier, pester comme un ivrogne; mot qui seroit formé de *Bacchus*, dieu du vin.

Débauche, dérèglement, libertinage; excès dans le boire et le manger.

Débauché, qui vit dans la débauche.

Débaucheur, *débaucheuse*, qui débauche.

Ébaucher, * *esbaucher*, enduire un mur de bauche; jeter ses premières pensées sur le papier; tracer grossièrement un ouvrage en attendant qu'on le finisse; dégrossir du marbre, de la pierre, des pièces de bois. Nicot dérive ce mot du languedocien *bauch*, grossier, ignorant, sot. En Languedoc, dit-il, *esbaucher* se dit pour dégrossir, déniaiser une personne, et par métaphore, *esbaucher* s'entend d'un ouvrage qu'on commence grossièrement, qui doit être perfectionné ensuite. Ménage s'est un peu plus approché de l'étymologie, en dérivant ce mot du lat. *pusa*, bouse de vache.

Ébauche, action d'ébaucher; esquisse, premier essai.

Ébauchoir, outil de sculpteur qui sert à ébaucher.

Embaucher, garnir, couvrir un mur de bauche; faire entrer dans un corps; engager un ouvrier; enrôler par adresse. Suivant Ménage, *embaucher* c'est mettre quelqu'un en boutique.

Embauchage, action d'embaucher; méfait de l'embaucheur.

Embaucheur, qui embauche, qui fait métier d'embaucher, et selon Ménage, homme qui place les gens qui cherchent condition.

Boue, fange, bourbe, limon. Du gr. *borboros*. Budée dérive ce mot du gr. *babuas*, et Sylvius, du gr. *puon*, pus.

Bouée, morceau de bois indiquant une ancre ou un écueil.

Boueur, homme qui enlève les boues.

Boueux, plein de boue.

Embouer, salir de boue, emplir de boue.

Bourbe, boue épaisse, fange des marais, limon. Du gr. *borboros*.

Bourbier, *bourbon*, lieu creux plein de bourbe.

Bourbeux, rempli de bourbe.

Bourbillon, pus épaissi d'un apostème.

Borborites, anciens sectaires qui se barbouilloient le visage avec de la boue et des ordures. De *borboros*.

Débourber, ôter la bourbe, tirer de la bourbe.

Embourber, mettre dans un bourbier.

Désembourber, ôter de la bourbe.

Barboter, marcher dans la boue; fouiller dans la bourbe avec le bec; onomatopée du bruit que font les canards et les cannes quand ils cherchent dans la boue de quoi manger.

Barbote, poisson d'eau douce du genre cobite, qui se tient dans la boue.

Barboteur, canard domestique qui barbote dans la boue et les ruisseaux.

Barboteuse, fille publique qui court dans les rues et barbote dans les boues.

Boope, poisson de mer, sorte de thon d'un pied de longueur, dont les yeux sont très-grands, relativement à sa taille. Du gr. *bous*, et d'*ops*, œil; animal qui a des yeux de bœuf.

Bosphore, détroit, espace de mer entre deux terres; canal qui sépare deux continents, et qu'un bœuf peut traverser à la nage. Du gr. *bous*, et de *poros*, passage; espace qu'un bœuf pourroit passer à la nage.

Bucéphale, nom du cheval d'Alexandre le Grand. Du gr. *bous*, et de *kephalé*, tête, parce qu'il portoit la marque d'une tête de bœuf, ou plutôt de ce que sa tête ressembloit à celle d'un bœuf.

Bucolique, poésie pastorale qui concerne les bergers et les troupeaux. Du lat. *bucolicus*, qui concerne les bœufs; fait du gr. *boukolos*, en lat. *buculus*; bouvier, pasteur; dérivé de *bous* et de *kolon*, nourriture.

Bubale, la vache de Barbarie; animal d'Afrique qui ressemble au cerf, à la gazelle et au bœuf.

Buffle, sorte de bœuf sauvage; sa peau après qu'on l'a préparée. Du lat. *bufalus*, dit pour *bubalus*, formé de *boubalos*, dérivé de *bous*. En ital. *bufalo*, en all. *buffel*.

BUFFLETIN, jeune buffle.

BUFFLETERIE, morceau de cuir de buffle; ceinturon et baudrier d'un soldat.

BUGLE, *buglose*, la langue de bœuf; plante potagère et médicinale, dont les feuilles ressemblent à la langue d'un bœuf, par leur figure et leur âpreté. *Buglosus*, fait du gr. *bous*, et de *glossa*, langue.

BUGRANE, dite *Anonis* et *Bugrande*, l'arrête-bœuf, plante dont les racines longues et rampantes arrêtent la charrue et les bœufs qui la traînent. Du gr. *bous*, et d'*agreuô*, retenir, arrêter.

BUPHONIES, fêtes chez les Athéniens en l'honneur de Jupiter Polien, dans lesquelles on lui sacrifioit un bœuf. De *bous*, et de *phoneuô*, tuer, immoler.

BUPHTHALME, l'œil de bœuf; plante ainsi nommée de ce que sa fleur ressemble à l'œil d'un bœuf. Du gr. *bous*, et d'*ophthalmos*, œil.

BUPRESTE, l'enfle-bœuf, insecte ailé, sorte de cantharide à aiguillon, coléoptère vorace, dangereux, très-brillant, qui fait mourir d'inflammation les bœufs et autres animaux qui l'avalent en paissant. De *bous*, et de *préthô*, enflammer.

BUSTROPHE, *boustrophédon*, ancienne manière d'écrire de gauche à droite, et ensuite de droite à gauche, sans discontinuer la ligne. Composé de *bous*, et de *strephô*, je tourne, parce qu'on tournoit à la fin de la ligne de la même manière que le font les bœufs qui labourent.

BUTOME, le jonc fleuri, plante aquatique dont les bœufs sont très-friands. De *bous*, et de *tomé*, coupure; fait de *temnô*.

BUTOR, oiseau échassier de la grosseur du héron, qui, mettant son bec dans l'eau, fait plus de bruit qu'un bœuf qui beugle. En lat. *bos-taurus*, fait du gr. *bous*, et de *tauros*, taureau. Le butor étant long, lent, lourd dans sa démarche, on se sert de son nom pour désigner un homme sot, stupide, dont les sens sont épais.

BEURRE, crème épaissie à force d'être battue dans la baratte. Du lat. *butyrum*, venu du gr. *bouturon*, *bouturos*, fromage de vache; composé de *bous*, vache, et de *turos*, lait, fromage.

BEURRÉ, sorte de poire dont la chair fond dans la bouche comme du beurre.

BEURRÉE, tranche de pain recouverte de beurre.

BEURRER, mettre du beurre, enduire de beurre.

BEURRIER, *beurrière*, marchand de beurre.

BABEURRE, liqueur séreuse séparée du lait quand la partie grasse est convertie en beurre.

BUTIREUX, *butyreux*, qui est de la nature du beurre. *Butyrosus*.

BOGUE, enveloppe piquante de la châtaigne. De l'it. *buccia*.

BOIRE, étancher la soif, avaler un liquide, s'enivrer. Du lat. *bibere*, fait du gr. *pôô*, qui fournit des temps au verbe *pinô*.

BOIRE, s. m., ce qu'on boit; action d'avaler un liquide.

BOISSON, liqueur à boire; ce qu'on boit; vin de marc, piquette. De *potione*, ablat. de *potio*, fait du gr. *potes* ou *poton*.

BOITE, degré où le vin se boit ou est bon à boire.

BUVABLE, que l'on peut boire.

BUVANDE, liqueur exprimée du marc de raisin.

BUVETTE, lieu où vont boire et manger les gens de justice.

BUVETIER, hôtelier d'une buvette.

BUVEUR, qui boit beaucoup, qui aime à boire.

BUVOTER, boire souvent et à petits coups.

BREUVAGE, boisson; liqueur à boire; médecine pour les animaux domestiques.

ABREUVER, * *abeuvrer*, faire boire, mener boire des bêtes; humecter profondément la terre. *Adbibere*.

ABREUVOIR, lieu où l'on abreuve les animaux, où l'on les mène boire.

BIBERON, homme qui boit avec excès; petit vase à boire avec bec ou tuyau.

BUIE, cruche, vase à boire.

BUIRE, petite bouteille, flacon, coquille.

BURETTE, petite buire, petit vase à goulot pour l'eau et le vin à la messe, pour l'huile et le vinaigre sur les tables.

DÉBOIRE, s. m., mauvais goût que laisse une liqueur bue; dégoût, mortification.

6.

Emboire (s'), s'imbiber, parlant des couleurs. *Imbibere.*

Imbiber, mouiller, faire pénétrer par un liquide. D'*imbuere* pour *imbibere.*

Imbibition, action de s'imbiber, de pomper l'humidité.

Imboire (s'), se pénétrer de.

Imbu, pénétré, abreuvé. *Imbutus.*

Buée, lessive, ainsi dite parce qu'on fait imbiber d'eau le linge. En ital. *bucata,* en esp. *bugada,* en allem. *bauche.* Huet a eu raison lorsqu'il a avancé que le mot *buée* étoit formé du lat. *buo,* fait du gr. *buô,* le simple d'*imbuô.*

Buanderie, lieu où l'on fait la lessive.

Buandier, *buandière,* qui blanchit le linge et les toiles.

Poison, venin, breuvage venimeux; tout ce qui attaque intérieurement et peut détruire le principe vital. De *potio.* Jusqu'au XVIIe siècle, ce mot a été du genre féminin.

Empoisonner, donner du poison; faire prendre du poison.

Empoisonnement, action d'empoisonner; ses effets.

Empoisonneur, *empoisonneuse,* qui empoisonne; mauvais cuisinier, marchand de vin.

Pot, vase à boire; vase de terre ou de métal; son contenu; marmite pour faire cuire la viande; mesure contenant deux pintes. En angl., en flam., en suéd., *pot.* Du gr. *potos, poton, poter, poterion,* dérivé de *pinô,* je bois. En lat. *potum, potus, poculum* et *potio.*

Potable, qui peut se boire, qu'on peut servir en pot. De *potare,* fait de *poter.*

Pot-de-vin, somme d'argent en sus du prix, donnée en présent à la suite d'un marché; ainsi dite d'un pot rempli de vin qui se donnoit anciennement par politesse et par reconnoissance; il en fut de même des *épices* offertes aux juges. Ces dons volontaires furent ensuite convertis en redevance et en taxe. Quant aux *épingles* accordées aux dames, la galanterie françoise ne s'en est jamais plaint, et a toujours acquitté ce droit avec plaisir.

Pote, main grosse et enflée comme un pot. *Voy.* Pied.

Potée, plein un pot.

Poterie, art de faire des pots; vases, vaisselle de terre cuite.

Potier, ouvrier qui fait ou qui vend des pots en terre cuite.

Pot-pourri. Nos pères nommoient ainsi leur pot-au-feu, parce qu'ils le faisoient *pourrir de cuire.* Ils le composoient de plusieurs sortes de viande. Par suite, le *pot-pourri* désigna par extension toute espèce d'amas de choses incohérentes.

Potage, soupe au bouillon et au pain faite dans un pot.

Potager, jardin où l'on cultive des herbes et des racines propres à mettre dans les potages; vase, fourneau pour dresser les potages.

Potagère, herbe, plante propre à mettre dans le potage.

Potion, breuvage, jus d'herbes fait dans un pot; remède liquide pour boire. De *potio.*

Dépoter, ôter une plante d'un pot à fleurs.

Empoter, mettre en pot.

BOIS, * *bos,* substance végétale, dure et solide d'un arbre; lieu planté d'arbres; forêt; matière propre à bâtir; cornes de bêtes sauvages. Du lat. *boscus,* fait du gr. *boskon,* suivant Nicot, ou de *boskein,* paître, parce que les bois servent de pâturages. En it. *bosco,* en flam. et en all. *bosk.*

Boisage, bois employé à boiser; bois de boiserie.

Boisé, pays garni de bois; appartement garni de menuiserie.

Boiser, couvrir les murailles de menuiserie.

Boiserie, revêtement en bois.

Boiseux, de la nature du bois.

Bocage, * *boscage,* petit bois, bosquet, bouquet d'arbres. *Boscagium.*

Bocager, qui aime, qui hante les bois; couvert de bocages.

Bochet, seconde décoction des bois sudorifiques.

Boquillon, * *bosquillon,* bûcheron.

Bosquet, petit bois. En it. *boschetto.*

Bouquet, groupe, assemblage de fleurs. Ce mot a d'abord signifié un petit bois, puis un groupe d'arbres, ensuite un groupe de fleurs, et un groupe de diverses choses liées ensemble. Les Espagnols appellent un bouquet *ramillo,* petit rameau, et les Italiens, *boschetto,* petit bois. En saxon *bough.*

Bouquetier, vase à fleurs.

BOUQUETIÈRE, marchande de fleurs.

BUCHE, pièce de bois de chauffage ; homme stupide.

BUCHER, amas de bois ; lieu où l'on serre le bois ; pile de bois sur laquelle on brûloit les corps.

BUCHER, débiter les arbres en bûches.

BUCHERON, homme de journée qui abat du bois ; qui coupe des bûches.

BUCHETTE, bois sec et menu ; petite bûche.

BUSC, lame de baleine qui sert à tenir un corset, ainsi dite parce que les premiers buscs ont été faits de bois.

BUSQUER, garnir d'un busc, mettre un busc. Au fig., chercher, quêter. *Busquer fortune* se dit en parlant des hommes sans biens qui courent le monde pour chercher fortune, comme les chasseurs *busquent* pour chercher le gibier. En esp. *buscar*, chercher.

BUSQUIÈRE, où se met le busc.

BUSTE, le tronc du corps humain ; représentation d'une tête avec l'estomac, les épaules, sans bras : par allusion au tronc des arbres ; on l'a pris ensuite pour tout le corps d'une statue avec sa tête. En it. *busto*, en all. *brust*, non pas de *bustum*, tombeau, et encore moins de *bus*, boîte.

DÉBUCHER, sortir du bois ; moment où la bête débuche ; air de cor pour en avertir.

DÉBUSQUEMENT, action de débusquer.

DÉBUSQUER, faire sortir du bois ; chasser un poste ; déposséder pour en profiter.

EMBUCHE, ruse, entreprise secrète pour nuire, pour surprendre.

EMBUCHEMENT, piége dans les bois.

EMBUCHER (s'), rentrer dans le bois, en terme de chasse.

EMBUSCADE, embûche dans un lieu couvert.

EMBUSQUER (s'), se cacher dans un bois, se mettre en embuscade.

REMBUCHEMENT, rentrée du cerf dans son fort.

REMBUCHER (se), rentrer dans son fort, en parlant du cerf.

TRÉBUCHER, *tresbucher*, faire un faux pas ; tomber ; être plus lourd que le contre-poids.

TRÉBUCHANT, qui est de poids.

TRÉBUCHEMENT, chute, action de trébucher.

TRÉBUCHET, sorte de piége pour les oiseaux ; petite balance pour les monnoies.

BOL, *bolus*, petite boule de drogues médicinales qu'on avale. En lat. *bolus*, fait du gr. *bolos*, morceau, bouchée ; motte de terre, masse de quelque chose.

BOL, nom de différentes terres friables et grasses, dont on se sert en médecine ; jatte creuse.

BOLAIRE, qui tient de la nature du bol.

BROUILLAMINI, sorte d'onguent pour les chevaux, mot corrompu de bol d'Arménie. En lat. *bolus Armenius*.

BOLÉTITE, pierre argileuse de couleur cendrée, dont la figure approche de celle d'un champignon ou d'une morille. Du lat. *boletus*, en gr. *bólités*, champignon.

BOMBE, projectile en fer, grosse boule de fer, creuse, remplie d'artifice, qu'on lance avec la bouche à feu, dite le mortier : onomatopée dérivée du bruit de la bombe qui éclate. On a imité dans ce nom le son effrayant de cet instrument meurtrier. Ces rapports ont donné lieu au vers suivant :

Schiopettus tuf taf; bom bom colubrina sboronat.

L'escopette perce l'air avec ses *tuf taf*; la couleuvrine avec ses *bom bom*.

Des étymologistes ont avancé que le mot bombe auroit été fait du gr. *bambas*, bruit.

BOMBARDE, instrument de guerre propre à lancer des pierres ; gros canon court très-bruyant ; jeu de l'orgue qui fait beaucoup de bruit. En allem. *bomberden*.

BOMBARDE, petit bâtiment de cabotage portant voiles latines.

BOMBARDER, lancer des bombes contre une ville.

BOMBARDEMENT, action de jeter des bombes.

BOMBARDIER, soldat qui charge et lance les bombes.

BOMBÉ, de forme convexe comme la bombe ; ceintré en arc.

BOMBEMENT, convexité.

BOMBER, rendre convexe, devenir convexe.

BOMBIATE, sel formé par la combinaison de l'acide bombique avec d'autres substances. Du gr. *bombux*, ver à soie. En lat. *bombyx*.

Bombique, sel extrait de la chrysalide du ver à soie.

Bombyce, genre d'insectes lépidoptères, qui filent comme le ver à soie.

BON, bonne, qui a en soi toutes sortes de perfections, toutes les qualités convenables; qui remplit bien tous ses devoirs; qui est doux, humain, agréable, excellent. Du lat. *bonus*.

Bonace, temps calme, tranquillité de la mer.

Bonasse, homme simple et crédule, sans malice et de peu d'esprit.

Bonbon, mot des enfants pour désigner des friandises et des sucreries.

Bonbonnière, petite boîte à bonbon.

Boni, profit qu'on retire sur une affaire.

Bonifier, devenir ou rendre meilleur; gagner en qualité.

Bonification, action de bonifier; augmentation de valeur; acquit en mieux.

Bonne, gouvernante d'enfants; domestique femelle d'une maison.

Bonnement, de bonne foi; par simplicité.

Bonté, qualité de ce qui est bon; penchant à faire le bien; douceur de caractère. *Bonitas*.

Abonnir, rendre bon, devenir meilleur.

Débonnaire, bon avec foiblesse; doux à l'excès.

Débonnairement, avec trop de bonté.

Débonnaireté, bonté excessive, qui tient de la foiblesse.

Rabonir, *rabonnir*, rendre meilleur, le devenir.

BON-CHRÉTIEN, excellente poire d'hiver, dont les premiers plants furent apportés d'Italie en France, sous le règne de Charles VII. Ce fruit et quelques légumes furent les seuls avantages que la France retira des guerres entreprises pour la conquête du royaume de Naples. Ces poires se nommoient *bona crustumina*, du nom de la ville qui les cultivoit avec le plus de succès. Pline en fait mention dans son XV° livre. Les François de l'expédition, trouvant barbare le mot *bonum crustuminum*, le déguisèrent en celui de *bon chrestien*.

BOND, *bondissement*, onomatopée prise du retentissement de la terre sous un corps dur qui la frappe et se relève aussitôt; saut d'un corps élastique; rejaillissement; saut de certains animaux. Et en parlant du cœur, aversion pour quelque chose.

Bonde, *bondon*; trou rond d'un tonneau pour l'emplir; bouchon d'un tonneau, d'une pièce d'eau; passage pour l'eau d'un étang. Les Allemands disent *pont* pour bouchon, et *spund* pour bonde d'un tonneau.

Bondir, sauter, faire un ou plusieurs sauts.

Bondissant, qui bondit; ferme et doué d'un mouvement élastique.

Bondon, sorte de fromage qui a la forme d'un bouchon.

Bondonner, mettre un bondon; boucher avec le bondon.

Bondonnière, tarière de tonnelier pour percer la bonde.

Débonder, ôter la bonde; sortir avec impétuosité; s'épancher tout-à-coup.

Débondonner, ôter le bondon.

Rebond, *rebondissement*, action de rebondir, ou d'un corps qui rebondit.

Rebondi, arrondi par embonpoint.

Rebondir, bondir une seconde fois.

BONNET, vêtement de tête que Caseneuve explique de la manière suivante: « C'étoit certain drap dont on faisoit des chapeaux ou habillements de tête, qui en ont retenu le nom, et qui ont été appelés *bonnets*, de même que nous appelons d'ordinaire *castors*, les chapeaux qui sont faits du poil de cet animal.

Bonnetade, salut, révérence.

Bonneter, faire servilement sa cour.

Bonneterie, métier, commerce du bonnetier.

Bonneteur, trompeur qui vous attrape à force de politesse.

Bonnetier, fabricant, marchand de tissus de coton.

Bonnette, sorte de coiffure de femme.

BORAX, *borate*, sel cristallin propre à faciliter la fonte des métaux. De l'ar. *baurach*.

Borachite, acide tiré du borax.

BORBORYGME, *borborisme*, onomatopée faite du bruit de l'air contenu dans les intestins. En gr. *borborugmos*, bruit sourd, murmure; dérivé de *borboruzô*, faire un bruit sourd.

BORD, bout, extrémité d'une chose; ce qui la termine, ce qui la borde. Du lat. *ora*, qui a la même signification, dont on a fait *orlum*, d'où l'it. *orlo*.

Orée, bord, lisière d'un bois. *Ora*.

Bordage, revêtement de planches qui couvre le bord du vaisseau par dehors.

Bordayer, courir des bordées; louvoyer.

Bordé, galon servant à border des habits, des meubles, etc.

Bordée, décharge de tous les canons rangés d'un des côtés du vaisseau; cours d'un vaisseau qui louvoie.

Borde, petite maison sur le bord de la route, du chemin.

Bordel, * *bordeau*, maison de prostitution. Ces maisons étoient anciennement placées hors des villes. Les peuples méridionaux de la France les nommoient *carrieras caldas*; mais en s'agrandissant, les communes furent obligées de tolérer ces établissements, auxquels des rues étoient particulièrement affectées. Saint-Foix, *Essais sur Paris*, tom. 1, p. 72, fait connoître les rues de la capitale où ces établissements étoient situés.

Bordelier, débauché qui fréquente les bordels.

Bordelière, poisson des lacs de Savoie qui côtoie le bord de la rive.

Border, côtoyer, aller au bord; garnir de bordure un habit, un meuble, etc.

Bordereau, mémoire des espèces diverses qui composent une certaine somme.

Bordier, propriétaire qui borde un chemin; petit fermier.

Bordigue, retranchement au bord de la mer pour prendre du poisson.

Bornoyer, employer l'émail à plat.

Bordure, ce qui borde quelque chose et lui sert d'ornement; cadre, encadrement.

Bourdaloue, ruban de fil ou de soie qui sert à border; pot-de-chambre de forme oblongue.

Abord, approche, accès.

Abord (d'), dès le premier instant; avant tout, premièrement.

Abordable, qu'on peut aborder, accessible, où l'on peut entrer.

Inabordable, qu'on ne peut aborder, avec qui on ne peut traiter.

Aborder, aller à bord, venir à bord, prendre terre, approcher, monter à l'abordage.

Abordage, action d'aborder ou de monter à bord d'un navire; approche d'un vaisseau ennemi; l'instant où se jettent les grappins.

Babord, côté gauche d'un navire, à partir de la poupe.

Broder, garnir, embellir, enjoliver les bords d'un vêtement, d'un meuble; tracer des figures à l'aiguille et en relief sur une étoffe; amplifier un récit.

Broderie, ouvrage à l'aiguille et en relief sur une étoffe; ornement dans le chant; particularités ajoutées aux faits, aux récits.

Brodeur, brodeuse, ouvrier qui trace ou exécute des broderies.

Brodoir, petit fuseau ou bobine pour broder; métier pour faire le petit galon qui unit deux étoffes.

Brodequin, * *brossequin*, chaussure antique pour la tragédie. De l'ital. *borzacchino*, fait de l'esp. *borzequi*, chaussure brodée des Maures. D'autres étymologistes le dérivent de l'it. *borsa*, bourse, cuir.

Déborder, sortir du bord, répandre, verser hors.

Débord, *débordement*, action de déborder, de sortir des bords; voies aux côtés du pavé des routes.

Débordé, débauché, qui a passé les bords; chose dont on a ôté les bords.

Débordoir, outil de plombier.

Embordurer, mettre un tableau dans une bordure.

Rebord, bord élevé qui est en saillie.

Reborder, border de nouveau.

Rebroder, broder sur la broderie.

Ruband, premier rang du bordage.

Orle, filet, ourlet au bord de l'écu d'armoirie.

Ourlet, bordure d'un ouvrage en linge; rebord fait à une étoffe. De l'it. *orlo*, fait du lat. *ora*.

Ourler, faire un ourlet.

Sabord, embrasure pour le service du canon dans un vaisseau.

Tribord, côté droit d'un navire, à partir de la poupe.

Vibord, grosse planche qui porte le pont supérieur d'un vaisseau.

D'où les noms propres *Borde, Laborde, Bordeau, Bourdais, Bourdeau, Borderie, Bordier, Bourdaloue*.

BORÉE, bise, vent du nord. En gr. et en lat. *boreas*.

Boréal, qui est du côté du nord.

Boréasmes, fêtes athéniennes en l'honneur de Borée.

BORGNE, qui n'a qu'un œil, qui a perdu un œil. Ménage le dérive du lat. *orbus*, fait du gr. *orphos*, d'où *orphanos*.

Les Italiens ayant dit *bornio*, Court de Gébelin a pensé que le mot *borgne* étoit un dérivé du mot *morne*, qui, dit-il, signifia mutilé : cette étymologie n'est pas admissible.

Borgnesse, femme borgne.

Bornoyer, voir et reconnoître à l'œil si une pierre, une planche, un mur, sont d'alignement. Du mot *borgne*, parce que celui qui bornoie semble n'avoir qu'un œil.

Éborgner, rendre borgne ; blesser, offenser un œil ; ôter le jour en partie; masquer la vue.

BORNE, * bonne. Du lat. *bonna*, formé du gr. *bounos*, en dialecte dorique *dounos*, éminence de terre, limite; frein, empêchement; marque pour séparer, diviser, garantir; pierre numérotée sur les routes pour marquer la lieue et la demi-lieue.

Bornage, plantation de bornes; action de borner, de limiter.

Borner, mettre des bornes ; limiter, circonscrire ; terminer.

Borné, renfermé dans des bornes, limité ; inepte, qui manque de jugement, de connoissance, de compréhension.

Bornoyer, limiter ; borner à un certain prix une chose. *Voy.* Borgne.

Abonner, fixer, évaluer, circonscrire, entourer, composer à un prix certain d'une chose casuelle, et dont le prix n'est pas fixe; prendre un abonnement.

Abonnement, composition ou marché à prix fixe qu'on fait en s'abonnant, et auquel on met des bornes, des limites.

Abonné, celui qui a pris un abonnement.

Abornement, action d'aborner ou de donner des limites.

Aborner, mettre ou donner des bornes à un terrain ; le limiter.

Suborner, corrompre, porter à agir contre le devoir; mener au-delà des bornes. *Subornare*.

Subornation, *subornement*, action de suborner.

Suborneur, *suborneuse*, corrupteur, qui a suborné.

BOSSE, grosseur outre mesure au dos ou à l'estomac ; enflure ; toute élévation hors de place. Du lat. *pusa*, fait du gr. *phusa*, dont on a fait *pussa*, *phussa*, puis *bussa*, dérivé de *phusaó*, enfler.

Bossage, saillie sculptée ou propre à l'être.

Bosselage, travail en relief sur l'argenterie.

Bosseler, faire du bosselage ; travailler en bosse.

Bosselure, ciselure naturelle sur les feuilles de certaines plantes.

Bossette, ornement en bosse attaché au mors d'un cheval.

Bosseurs, *bossoirs*, poutres pour soutenir les ancres.

Bossu, qui a une bosse au dos ou à la poitrine.

Bossuer, faire des bosses à la vaisselle en la laissant tomber.

Embosser, fixer contre le vent ou le courant ; présenter sa batterie en parlant d'un vaisseau.

Embossure, nœud avec une amarre.

Bussard, *busse*, tonneau gros et court pour les eaux-de-vie. *Bussa*, en gr. mod. *boutzion*, dim. de *bouttis*, bouteille, vaisseau pour le vin. De *bussa*, on a dit par métaplasme, *bussum*, d'où le dim. *busselum*, dont nous avons fait :

Boisseau, mesure pour les grains et les graines.

Boisselée, contenu du boisseau.

Boisselier, qui fait et vend des boisseaux.

Boissellerie, métier, commerce du boisselier.

BOSTANDGI, jardinier turk. Du turk *bostan*, jardin.

BOSTRYCHITE, sorte d'amiante, pierre figurée qui imite les cheveux. Du gr. *bostruchos*, touffe de cheveux.

BOTANIQUE, science méthodique qui traite des végétaux et de leurs propriétés. Du lat. *botanica*, fait du gr. *botané*, herbe; dér. de *botos*, foin qu'on donne aux animaux, qui vient de *boó*, paître, faire paître.

Botaniste, qui s'applique à la botanique.

Botanologie, traité sur les plantes. De *botané* et de *logos*, discours.

BOTANOMANCIE, divination par le moyen des plantes. De — et de *mantéia*, divination.

BOUC, mâle de la chèvre; au figuré, homme malpropre et puant; onomatopée formée de l'imitation du cri de cet animal. En bass. lat. *buccus*, et en ital. *becco*, en gr. *bekos*.

BOUQUETIN, bouc sauvage; quadrupède du genre des chèvres.

BOUQUIN, vieux bouc; lièvre et lapin mâle, ainsi dits de l'odeur qu'ils exhalent.

BOUQUIN, vieux livre, qui n'a aucun prix. De l'allem. *buch* ou *bok*, en angl. *book*.

BOUQUINER, chercher de vieux livres; en parlant des animaux, couvrir sa femelle.

BOUQUINERIE, commerce de vieux livres.

BOUQUINEUR, amateur de vieux livres.

BOUQUINISTE, marchand de bouquins.

BOUCANER, faire sécher de la chair à la fumée, à la manière des sauvages. Les bouquetins ont été les premiers animaux dont la chair a été ainsi préparée. Aller à la chasse des bœufs sauvages.

BOUCAN, lieu où l'on fume les viandes; gril sur lequel on les fume; au figuré, lieu de débauche.

BOUCANIER, chasseur aux animaux sauvages, dont la chair doit être boucanée.

BOUCAUT, la contenance d'une peau de bouc; tonneau de moyenne grandeur pour des marchandises.

BICHE, femelle du cerf, ainsi dite de sa ressemblance avec le bouc.

BICHET, *bichot*, mesure de grains de la contenance d'une peau de bouc.

BICHON, petit chien à nez court et à longs poils. D'où le verbe *bichonner*.

BIQUE, chèvre, la femelle du bouc. Dans quelques départements on prononce *bique* et *migue*. En gr. *béké*.

BIQUET, jeune chevreau; par analogie on a donné ce nom à une sorte de trébuchet pour peser les monnoies d'or.

BIQUETER, mettre bas, en parlant de la chèvre; peser au biquet.

BIQUIER, chevrier, gardeur de chèvres.

BOUGRAN pour BOUQUERAN, grosse toile gommée pour soutenir les étoffes. Ainsi dite de ce qu'elle fut d'abord faite de poils de bouc.

BOUCHE, ouverture en général; partie ouverte du visage, qui donne issue aux sons, et accès aux aliments; gueule de certains animaux; embouchure. Du lat. *bucca*, en ital. *bocca*.

BOCAL, vase à col long, court, étroit et à bouche large. Ménage tire ce mot de l'it. *boccale*, fait du lat. *baucalis*, dérivé du gr. *baucalis* ou *boucalion*, vase pour le vin, dont le col est étroit.

BOUCHÉ, fermé avec un bouchon; qui a la compréhension lente et difficile.

BOUCHÉE, plein la bouche; petit morceau à manger. *Buccea*.

BOUCHE-NEZ, ce qui garantit le nez.

BOUCHER, fermer une ouverture au moyen d'un corps étranger qu'on y insère. Ménage dérive ce mot du gr. *buô*, futur *busô*, d'où l'on a fait *bucare*.

BOUCHER, qui tue les bestiaux et en vend la chair. De *buccarus*, fait de *bucca*, à cause que les bouchers coupent la viande par morceaux, et qu'ils la vendent pour la bouche.

BOUCHÈRE, femme de boucher, marchande de viande.

BOUCHERIE, lieu où l'on tue les bestiaux; endroit où l'on vend la viande. Du mot *bouche*, parce que les bouchers vendent de la viande pour la bouche des hommes.

BOUCHE-TROU, remplaçant; acteur qui joue l'emploi des utilités.

BOUCH'ETURE, clôture de pré.

BOUCHOIR, plaque de tôle qui ferme le four.

BOUCHON, ce qui bouche ou sert à boucher; au figuré, poignée de paille, ainsi nommée de sa forme; enseigne pendante de cabaret, non pas de *buxus*, branche de buis, comme le dit Ménage, mais parce qu'on y trouve du vin en bouteille.

BOUCHONNER, mettre en bouchon; frotter avec un bouchon de paille; au figuré, caresser.

BUCCALE, qui a rapport à la bouche.

BUCCELLAIRE, petit pain ou gâteau que l'on pouvoit manger d'une seule bouchée; fournisseur de pain dans les armées romaines.

BUCCELLATION, division en morceaux, en bouchées.

ABOUCHER, mettre bouche à bouche; réunir pour conférer, pour traiter d'affaire.

BOUCON, morceau de viande empoisonnée. De l'ital. *boccone*, fait du lat. *bucca*.

BOUQUE, petite bouche, passage étroit.

BOUQUER, faire baiser de force; se résigner par force.

ABOUQUER, ajouter du sel nouveau sur du vieux.

ABOUQUEMENT, action d'abouquer.

ABOUCHEMENT, conférence d'affaire, entrevue.

AMBOUCHOIR, *embouchoir*, forme de bois que l'on met dans les bottes pour les empêcher de s'avachir; instrument qui ferme la bouche.; bocal de cor, de trompette, de serpent, de trombone, etc.

DÉBOUCHER, ôter ce qui bouche; sortir d'un défilé.

DÉBOUCHÉ, *déboucher, débouchement*, à qui l'on permet de sortir; issue, extrémité, moyen, expédient, action de déboucher.

DÉBOUCHOIR, outil de lapidaire.

DÉBOUQUER, sortir des bouches ou des canaux qui sont entre deux îles, ou entre la terre ferme et une île.

DÉBOUQUEMENT, action de débouquer. En ital. *imboccatura*.

EMBOUCHÉ (mal), qui dit ordinairement des injures ou des paroles sales.

EMBOUCHER, mettre ou porter à la bouche; jouer d'un instrument à vent.

EMBOUCHÉ, *embouchure*, bout mobile d'un instrument à vent; manière d'emboucher un instrument à vent; ce qu'on embouche ou qu'on peut emboucher; bouche de rivière, endroit où elle se jette dans une autre.

EMBOUCHEMENT, action d'emboucher.

EMBOUQUER, entrer dans un détroit, dans un canal.

REBOUCHER, boucher de nouveau.

REBOUCHEMENT, action de reboucher; son effet.

BOUCLE, sorte d'anneau, tout ce qui en a la forme; parure de métal avec chape et ardillon. De *buccula*.

BOUCLER, friser en boucles; attacher avec une boucle.

BOUCLIER, arme défensive pour se garantir le corps. *Buccularium*. Tite-Live appelle l'anse du bouclier, *buccula sciti*.

DÉBOUCLER, ôter, défaire les boucles.

EMBOUCLER, attacher avec une boucle.

BOUDIN, boyau de porc rempli de sang, de graisse, etc.; cordon de la base d'une colonne. De *botulus* et *botellus*. Les Romains appeloient *botularios*, ceux qui faisoient et vendoient le boudin. *Voy*. Apicius, de *Re Coquinariâ*.

BOUDINIÈRE, entonnoir pour faire le boudin.

BOUGER, se remuer, se mouvoir, changer de place. De l'all. *wegen*, voguer, marcher, se mouvoir; d'où *bewegen*, remuer.

BOUGEOIR, petit chandelier sans pied et à manche, pour aller çà et là dans la maison.

BOUGILLON, qui change toujours de place, qui ne peut pas se tenir en repos.

BOUGETTE, petite bourse, petit sac de cuir qu'on porte en voyage. De *bulgetta*, dim. de *bulga*, que Festus dit être un mot gaulois.

BOUGIE, chandelle de cire. De Bugie, ville d'Afrique, où les François achetoient de la cire et des bougies; en esp. *Bugia*. Au surplus, ce mot semble dater seulement du xviie siècle.

BOUGONNER, gronder, murmurer entre ses dents; onomatopée qui peint les plaintes, le *bou, bou*, d'une personne qui boude et grogne.

BOUGON, qui bougonne.

BOUGRE, * *boulgre*, mot corrompu de *Bulgare*, homme de la Bulgarie, et originaire des bords du Volga. Ce mot désigna ensuite une sorte d'hérétiques, tels que les Albigeois; puis fut affecté aux sodomistes et aux pédérastes.

BOUGRERIE, hérésie des Bulgares; crime contre nature.

RABOUGRI, mal conformé; qui n'est point parvenu au degré de croissance ordinaire.

RABOUGRIR, mal venir, ne pas profiter en croissant.

BOUILLIR, se dit d'un liquide échauffé qui, mis en mouvement, s'élève en petites bouteilles. Du lat. *bullire*; onomatopée du bruit que fait un liquide échauffé à certain degré.

BOUILLON, partie d'un liquide agité, lequel s'élève en rond au-dessus de sa surface par l'action de la chaleur; bulle qui s'élève d'un liquide qui bout.

Bouillonnement, *bouillaison*, état d'un liquide qui bouillonne.

Bouillonner, s'élever par bouillon.

Bouillant, *bouillonnant*, qui bout, qui bouillonne; rempli d'ardeur et de vivacité.

Bouilli, viande cuite dans un pot et à petits bouillons.

Bouillie, mets composé de farine et de lait qu'on a fait bouillir.

Bouilloire, vase propre à faire bouillir les liquides.

Bulle, petite éminence qui s'élève sur l'eau; globule d'air. *Bulla*.

Bulle, diplôme, ordonnance, lettre du pape, à cause du sceau qui y est attaché; globule d'eau; petite boule; ornement rond que les Romains suspendoient au cou de leurs enfants. Du lat. *bulla*.

Bulletin, petite bulle; suffrage par écrit; billet par lequel on rend compte chaque jour de l'état d'une personne, d'une chose.

Bullaire, recueil de bulles.

Bullé, écrit en forme authentique.

Bouilleur, qui convertit le vin en eau-de-vie.

Bouiller, troubler l'eau, remuer la vase avec la bouille.

Bouille, perche pour troubler l'eau.

Brouillard, nuage pluvieux.

Débouilli, opération de teinture pour éprouver les couleurs et les enlever.

Débouillir, faire bouillir avec certains ingrédients pour éprouver la teinture.

Ébouillir, diminuer en bouillant.

Ébullition, action de bouillir; mouvement de ce qui bout; élevures rouges sur la peau. *Ebullitio*.

BOULE, corps sphérique; sorte de jeu; onomatopée du bruit que fait un corps rond en roulant. En lat. *bolus*, du gr. *bólos*, motte de terre. Caseneuve dérive ce mot du gr. *bolé*; Ménage, de *bulla*. Après avoir dit que *boulanger* venoit de *pollentarius*, Barbazan tire le mot *boule* du lat. *volvere*, et d'autres étymologistes de *pila*.

Boulanger, homme qui fait et vend du pain; ainsi dit de ce que les *talmeliers* donnoient à leur pain là forme d'une boule. Caseneuve dérive ce mot de *buccellarius*, dont on a fait *buccellifer*.

Boulanger, faire du pain.

Boulangerie, *boulange*, art de faire le pain; endroit où l'on fait le pain.

Boulée, résidu du suif fondu que l'on met en boule.

Bouler, enfler la gorge en parlant des pigeons.

Boulet, projectile en fer qui a la forme d'une boule; jointure au-dessus du pâturon de la jambe du cheval.

Bouleté, cheval qui a le boulet mal placé.

Boulette, petite boule en général.

Bouler, enfler, devenir gros, s'arrondir comme une boule.

Bouleux, cheval trappu; au figuré, homme gros et gras. Dans le style familier on dit encore *boulot, boulotte*.

Boulevard, * *boule-verd*, rempart; lieu où l'on joue aux boules; lieu de défense contre les boulets; promenade plantée d'arbres autour d'une ville. Turnèbe le dérive de *boles virides*; Saumaise, du gr. *boléros*, dit pour *bóléros*; Meursius tire ces mots grecs du françois; Nicot le forme de *boule* et de *wert*, défense; Bignon, de l'it. *baloardo*, fait du gr. *balló*, d'où les Gascons ont dit *balovart*. Ménage et Hottman le dérivent de l'all. *bolwerk, bolwertz*.

Boule-verser, jeter la boule; ruiner, déranger, abimer, renverser entièrement.

Bouleversement, désordre, dérangement, renversement avec confusion.

Boule-vue (à), vaguement, inconsidérément, sans attention.

Boulin, pot ou panier de forme sphérique où nichent les pigeons; trou d'échafaudage dans le mur. Du gr. *bólinai*, fait de *bólos*.

Bouliche, grand vase de terre de forme sphérique.

Boulièche, *boulier, bouligou*, filets pour la pêche.

Bouline, corde amarrée au milieu de la voile; vent de travers. De l'ang. *bowlin*, corde qu'on attache aux vergues, et qui sert à porter les voiles avec le vent lorsqu'il est contraire.

Bouliner, prendre le vent de côté; voler dans un camp.

Boulineur, *boulineux*, qui fait agir la bouline; qui vole dans un camp.

Boulingue, voile au haut d'un mât.

Boulinier, vaisseau qui marche à boulines halées.

Bouloir, instrument à tête ronde et à manche pour remuer la chaux.

Boulingrin, espèce de parterre composé de pièces de gazon, découpées avec bordure en glacis, environné d'arbres. Ménage le dérive de l'ang. *bowlingreen*, tapis de verdure sur lequel on joue à la boule : mot formé, dit-il, de *bowle*, boule, et de *green*, verdure.

Boulon, cheville de fer à tête ronde, à bout percé et à clavette.

Boulonner, fermer, arrêter une pièce de charpente avec un boulon.

Bulteau pour boulteau, arbre taillé en boule.

Caramboler, c'est au jeu de billard toucher deux billes d'un coup, en poussant la sienne dessus.

Carambolage, action de caramboler.

Ébouler, tomber, rouler en s'affaissant.

Éboulement, chute d'un mur, de la terre, de ce qui éboule.

Éboulis, chose éboulée.

BOULEAU, arbre à bois blanc. De *betula*.

Boulaie, lieu planté de bouleaux.

BOULIMIE, faim excessive, accompagnée de foiblesse et de dépérissement. Du lat. *boulimia*, dérivé du gr. *bou*, part. augm!, et de *limos*, faim.

BOURDE, *bourdon*, bâton à grosse tête pour les pèlerins ; bâton de charme ; gourdin, espèce de crosse ; potence, béquille pour les infirmes. — Fausseté, mensonge, plaisanterie, raillerie, sornette. De la bass. lat. *burda, burda*, fait de *versutia*; d'autres le dérivent de l'it. *burla*, plaisanterie. *Voy*. Burlesque.

Tant de *bourdes* (béquilles) de ces boiteux.
Qu'en dites-vous ? Ce sont des *bourdes* (tromperies).
Avent. du baron de Fœneste.

Bourder, mentir, plaisanter, railler.

Bourdeur, menteur, railleur, mauvais plaisant.

BOURDON, sorte de grosse mouche qui ressemble à l'abeille, ainsi nommée du bruit qu'elle fait en volant ; bruit et murmure que font ces mouches. Tuyau d'orgue, de cornemuse ; grosse corde de la vielle ; grosse cloche sonore, bâton de pèlerin.

Bourdonnement, bruit que fait le bourdon en volant ; on l'a appliqué aux autres insectes ; bruit sourd, confus et obscur ; bruit continuel et intérieur dans l'oreille.

Bourdonner, entendre le bruit du bourdon, faire un bourdonnement.

BOURG, gros village, muré ou non, dans lequel on tient marché. De la bass. lat. *burgus*, fait du gr. *purgos*, en macédonien *burgos*, tour. Ce mot signifioit anciennement une ville fortifiée et défendue par des tours. En allem. *berg*, *bourg*, *burgh*, montagne, que Wachter dérive du teuton *bergen*, fortifier, mettre à couvert. Barbazan fait venir le mot *bourg* du lat. *urbs*. Selon d'autres savants, *bourg* appartiendroit non pas au grec, mais au germanique ; ils font observer que *burgus*, introduit fort tard dans le latin, est féminin dans cette langue, malgré sa terminaison, et cela, parce que le mot allemand est de ce genre.

De là les noms propres *Bourg*, *Bourgeat*, *Bourgeois*, *Dubourg*.

Bourgade, petit bourg.

Bourgeois, habitant et citoyen d'une ville ; maître d'une fabrique ; roturier, commun, bas.

Bourgeoisement, d'une manière bourgeoise.

Bourgeoisie, corps, qualité de bourgeois.

Bourguemestre, magistrat d'une ville d'Allemagne. *Burgi-magister*.

Burgrave, châtelain, seigneur d'une ville d'Allemagne. De l'all. *burgh*, ville, et de *graf*, comte, seigneur.

Burgraviat, dignité de burgrave.

BOURSE, petit sac à coulisse ou à coulant, propre à mettre de l'argent ; petit sac de taffetas noir pour renfermer les cheveux ; pension fondée dans un collége ; lieu où se réunissent les négociants et banquiers d'une ville pour traiter de leurs affaires ; enveloppe des fruits et du scrotum ou des testicules. En Turquie, la *bourse* est une somme de cinq cents piastres turques. Du lat. *bursa*, fait du gr. *bursa*, cuir, parce que les bourses étoient anciennement de cuir ou de peau. Guichardin, cité par Ménage, par Gattel et par M. Morin, donne une étymologie curieuse du mot *bourse*, considérée comme réunion de banquiers. La première place des négociants qui s'est appelée *bourse*, dit-il, a été celle de la ville de Bruges, à l'extrémité de laquelle étoit l'hôtel d'un seigneur de la noble famille de *Vander-Bourse* qui portoit pour armoiries *trois bourses*. Cette singularité fit donner à la place le nom de *bourse*, qu'on a appliqué ensuite aux places de plusieurs villes principales.

Boursier, homme qui fait ou vend des bourses; qui a une bourse ou une pension gratuite dans un collège.

Boursiller, contribuer à une petite dépense.

Bourson, petite bourse à la ceinture, petite poche ou gousset.

Bursal, édit tendant à demander et obtenir de l'argent.

Boursouffler, faire enfler, comme lorsqu'on souffle dans une bourse vide; enfler la peau, le style.

Boursoufflage, enflure de style.

Boursoufflé, trop en embonpoint; ampoulé; style rempli d'enflure.

Boursoufflement, enflure par le feu.

Boursoufflure, enflure dans les manières, dans le style.

Débourser, ôter de sa bourse pour payer; donner de l'argent.

Débours, *déboursé*, argent tiré de la bourse; ce qu'on a donné pour frais, avances.

Déboursement, action de débourser.

Embourser, mettre en bourse.

Rembourser, rendre le déboursé, le capital d'une rente, le montant d'un billet.

Remboursable, qui doit être ou qui peut être remboursé.

Remboursement, action de rembourser; somme pour rembourser.

BOUTARGUE, œufs de poisson, particulièrement du muge, confits au vinaigre et à l'huile, en forme de crépinette ou de saucisse plate. De l'it. *botarga*, dérivé de *botulus*, boyau.

BOUTIQUE, rez-de-chaussée ouvert sur la rue, pour vendre et débiter des marchandises ou les travailler; marchandises contenues dans le magasin; fonds de commerce; tous les outils d'un artisan. Du lat. *apotheca*, fait du gr. *apothéké*, magasin.

Boutiquier, marchand en boutique.

Apothicaire, celui qui prépare et débite les médicaments. *Apothecarius*.

Apothicairerie, boutique, art, commerce de l'apothicaire.

BOUTURE, branche qu'on plante en terre afin qu'elle prenne racine. De l'ancien verbe *bouter*, mettre, placer, lancer; du lat. *pultare* pour *pulsare*.

Boutade, caprice, saillie qu'on lance; vers improvisés et faits d'inspiration subite.

Boutadeux, bizarre, capricieux; qui a l'esprit vif.

Boutant pour *butant* (arc), pilier qui soutient une voûte et la repousse.

Bouton, * *boulton*, éminence qui sort d'un corps quelconque; bourgeon, fleur avant son épanouissement; petit morceau rond de métal ou moule recouvert d'étoffe, pour joindre les parties d'un vêtement. De l'it. *bottone*.

Boutonner, devenir en boutons, pousser des bourgeons; passer les boutons dans les boutonnières.

Boutonneux, rempli de boutons.

Boutonnier, marchand et fabricant de boutons.

Boutonnerie, manufacture et commerce de boutons.

Boutonnière, taillade pour passer les boutons.

Déboutonner, défaire les boutons des boutonnières.

Reboutonner, boutonner de nouveau.

Débouter, déclarer déchu des demandes faites.

Bouteille, ampoule; vase à goulot qui se fait en soufflant.

Bouteillier, *boutillier*, sommelier, échanson, qui a l'intendance des bouteilles. De la bass. lat. *buticula*, dim. de *butta*, en gr. mod. *bouttis*. Nos pères firent le dim.

Botte, outre de cuir, plus large par le haut que par le bas, pour conserver le vin; en perdant la chose nous avons conservé le mot; il désigne une chaussure renfermant le pied et la jambe, laquelle monte jusqu'aux genoux ou plus bas; de là on a fait :

Bottines, petites bottes.

Botter, mettre, chausser des bottes.

Bottier, ouvrier qui fait ou qui vend des bottes.

Botterie, atelier où l'on fait des bottes.

Débotter, ôter les bottes; instant où l'on ôte les bottes.

Botte, faisceau lié de choses semblables.

Bottelage, action de botteler ou de mettre en bottes.

Botteler, lier, mettre en bottes.

Botteleur, qui bottèle.

Boute-en-train, sans-souci qui met tout le monde en train.

Boute-selle, air de trompette qui avertit les cavaliers de se tenir prêts pour monter à cheval.

Boute-tout-cuire, grand mangeur à qui tout est bon.

Boute-feu, bâton fourchu à mèche, pour mettre le feu au canon; qui excite des querelles.

Boutoir, instrument de maréchal; défenses du sanglier.

Butte, butée, massif de pierres dures qui, aux deux extrémités d'un pont, sert à soutenir la chaussée et à résister à la poussée des arcades.

Boxer, se battre à coups de poing. De l'angl. to box.

Boxeur, qui se bat, ou qui a coutume de se battre à coups de poing.

Boyau, intestin, conduit sinueux pour les intestins; conduit de cuir pour l'eau; lieu étroit et long; les zigs-zags d'une tranchée. De botulus, botellus.

Boyaudier, qui prépare et file les cordes à boyau.

Breuilles, brouailles, pour beuilles, bouailles, intestins de volailles et de poissons.

Brac, Braque, * brachet, sorte de chien de chasse, à longues oreilles et à poil ras; chien couchant, ordinairement de couleur blanche, et quelquefois tâcheté de noir et de fauve, dont la race, originaire d'Espagne, est justement renommée pour sa quête et son odorat. Du gr. brachys, en bass. lat. bracco, en all. brack.

Braconnier, homme qui fait lever le gibier, à la différence du chasseur qui le poursuit; il est en homme ce que les braques sont en chiens.

Braconner, chasser furtivement sur les terres d'autrui.

D'où les noms propres Brac, Brack, Brachet, Braque.

BRAGUE, braguette, braie, brayette, devant de culotte; haut de chausses; lange pour le derrière des enfants; fente du devant des hauts de chausses. De bracca, braccæ, que l'on dit être un mot gaulois, pris du gr. brakos, vêtement de dessous. De là le nom de Gallia braccata, donné à la Gaule narbonnoise.

Bragues, les plaisirs amoureux.

Braguer, mener une vie joyeuse.

Brayer, bandage pour les hernies; ceinture pour porter un drapeau.

Débrailler pour débrayer ou débrailler (se), se découvrir la poitrine avec indécence ou désordre.

BRAI, poix, sorte de goudron, matière résineuse pour calfater. Du lat. brutia, fait du gr. brettia, poix.

Les Brutii d'Italie, dont la province appelée Brutia, aujourd'hui l'Abruzze, avoient pris leur nom de ce que leur pays étoit abondant en poix, à cause des forêts dont il étoit couvert.

Braïer, brayer, enduire de brai.

BRAIRE, onomatopée de l'âne lorsqu'il fait entendre son cri; au figuré, pleurer, crier. Les Grecs ont dit brachô, et les Italiens bramare. Ménage dérive ce mot du lat. ragire, auquel on a préposé le B.

Braiment, cri de l'âne.

Brailler, onomatopée désignant l'action de crier; terme populaire qui ne se prend qu'en mauvaise part; parler trop, crier à tue-tête.

Braillard, brailleur, qui braille, qui ne fait que brailler.

BRAISE, charbons ardents ou éteints. Du gr. brazein, être chaud et brûlant.

Braisier, huche où l'on met la braise à éteindre.

Braisière, étouffoir pour la braise; vase pour faire cuire à la braise.

Braser, souder deux pièces de fer ensemble.

Brasier, feu de charbons ardents; bassin pour la braise allumée.

Brasiller, faire griller sur la braise ardente.

Brasure, endroit où deux pièces de fer sont soudées.

Embraser, mettre le feu; prendre feu; concevoir un violent amour; élargir en dedans la baie d'une porte ou d'une croisée pour lui donner plus de jour.

Embrasement, grand incendie; tumulte général; grand trouble dans un état.

Embrasure, élargissement intérieur de l'ouverture d'une porte ou d'une croisée, etc.

Ébraser, élargir en dedans la baie d'une porte, d'une fenêtre.

Ébrasement, action d'ébraser.

BRAMER, ce mot se dit du cerf, et en général de tous les animaux qui crient fortement : onomatopée du cri. Les Grecs ont dit *bramô*, *brémein*, rugir, frémir ; en ital. *bramare*, crier.

BRAN, * *bren*, son de farine, et de là, par métaphore, matière fécale. Ménage présume que ce mot vient de *branca*, mot gaulois dont s'est servi Pline, lib. xviii, ch. 7; en bass. lat. *bracis*, en angl. *bran*.

Breneux, sali de bran.

Ébrener, ôter le bran dont on est sali.

Embrener, salir de matière fécale.

BRANCHIES, ouïes des poissons. Du lat. *brachiæ*, fait du gr. *bragchia*, dérivé de *brogchos*, la gorge, parce que les *branchies* tiennent lieu de gorge aux poissons.

Branchiostéges, poissons dont les ouïes ou branchies sont recouvertes par une membrane. De *bragchia*, les ouïes des poissons, et de *stégô*, je couvre.

Amphibranchies, espaces autour des glandes des gencives. *Amphibragchia*, composé d'*amphi*, autour, et de *brogchos*, la gorge.

BRANDEBOURG, sorte de vêtement, casaque à manches ; boutonnière avec des ornements en soie. L'électeur de Brandebourg s'étant ligué avec plusieurs autres princes contre la France, passa le Rhin en 1674, et s'engagea dans l'Alsace ; on donna le nom de brandebourg à une sorte de casaque que portoient les gens de cet électeur, et ce nom eut dès lors le droit de cité.

Brandebourg, nom géographique ; est formé du polon. *branni-bor*, château de la forêt des pins.

BRANDEVIN, eau-de-vie de grain. De l'all. *brandtenwein*, composé de *brandt*, brûlure, et de *wein*, vin ; *vin brûlé*, parce que l'eau-de-vie se fait avec du vin distillé par l'action du feu.

Brandevinier, qui vend de l'eau-de-vie aux soldats.

Branderie, fabrique de brandevin.

BRANDIR, secouer, balancer dans sa main avant de lancer, de jeter ; agiter dans la main une épée, une boule en visant. Ces mots, et tous ceux de cette famille, me paroissent être autant d'onomatopées. Ménage, et d'après lui M. Jauffret, dérivent les verbes *brandir, brandiller, branler*, du lat. *vibrare*. Gébelin les tire de *branche d'arbre*.

Brandiller, mouvoir de çà et de là ; se balancer avec ou sur une corde.

Brandillement, action de brandiller.

Brandilloire, balançoire de corde ou de branches d'arbres.

Branler, remuer, s'agiter, mouvoir, faire aller de çà et de là ; être penché.

Branlant, qui branle, qui remue, qui penche d'un côté plus que l'autre.

Branle, agitation de ce qui branle ; première impulsion ; danse en rond en se tenant par la main ; hamac, lit de vaisseau.

Branle-bas, ordre de détendre les hamacs d'un vaisseau et de se préparer au combat.

Branlement, agitation, mouvement de ce qui branle.

Branloire, planche en bascule pour se balancer ; corde pour mettre le balancier en mouvement ; chaîne du levier du soufflet de forge.

Ébranler, ôter la solidité, l'aplomb, la fermeté par des secousses ; émouvoir, attendrir ; faire mettre les troupes en marche.

Ébranlement, action d'ébranler ; secousse ; agitation violente.

BRANDON, tison allumé ; flambeau de paille ; corps enflammé lancé par l'explosion du feu ; paille autour d'un bâton planté dans un champ, pour indiquer qu'il est saisi ; feu de la discorde ; le feu de l'amour. De là le *dimanche des brandons*, le premier dimanche de carême, parce qu'on allumoit des feux ce jour-là. De l'allem. *brandt*, embrasement, incendie. En esp. *blandon*.

Brandonner, planter des brandons dans un champ ; saisir un héritage faute de paiement du cens.

BRAQUER, tourner, diriger d'un certain côté en pointant, en ajustant. Ménage le dérive de *vertere* pour *verticare*.

Braquement, situation de ce qui est braqué.

BRAS, membre du corps humain

qui tient à l'épaule; force, puissance; canal de rivière qui se sépare. Du lat. *brachium*, fait du gr. *brachion*.

BRACHER, *brasséier*, faire la manœuvre des cordages pour tendre ou détendre les branles ou lits suspendus.

BRACHIAL, qui a rapport au bras. *Brachialis*.

BRACELET, ornement qui fait le tour du bras. Du lat. *brachiale*, du gr. *brachionion*.

BRANCHE, bras d'un arbre, bois qui sort du tronc; famille; partie. De *branca*, fait de *brachium*.

BRANCADES, chaînes de forçats qui furent d'abord faites avec des branches d'arbres.

BRANCARD, bras de voiture; litière qui se porte à bras.

BRANCHAGE, branches des arbres.

BRANCHER, pendre à la branche d'un arbre.

BRANCHU, abondant en branches.

BRAND, branchages; arbustes qui croissent dans les terres incultes.

BRASSAGE, droit de fabrication des monnoies; façon donnée aux métaux.

BRASSARD, armure du bras.

BRASSE, mesure de la longueur de deux bras étendus.

BRASSÉE, ce qu'on peut contenir entre deux bras.

BRASSER, remuer les liquides à force de bras; tramer, machiner; fabriquer de la bierre.

BRASSERIE, fabrique de bierre; endroit où elle se fait.

BRASSEUR, qui fait et vend de la bierre.

BRASSIN, cuve à bierre; son contenu.

BRASSOIR, instrument avec lequel on brasse les liquides.

BRASSIÈRE, camisole d'enfant avec des manches.

BRASSIAGE, mesurage à la brasse; quantité de brasses de profondeur.

BRASSICOURT, cheval qui a les jambes arquées.

EMBRASSADE, action de s'embrasser.

EMBRASSEMENT, action d'embrasser.

EMBRASSER, tenir, renfermer, serrer dans ses bras.

ÉBRANCHER, ôter, couper les branches d'un arbre.

ÉBRANCHEMENT, action d'ébrancher.

EMBRANCHEMENT, nœud de tuyaux; lieu où se réunissent plusieurs routes.

REBRASSER, retrousser ses manches.

BRAVE, intrépide, hardi, courageux; honnête, galant, probe; leste, bien vêtu. Du lat. *bravium*, fait du gr. *brabeion*, prix de la victoire; dérivé de *brabeus*, qui donne le prix du combat.

BRAVACHE, faux brave, fanfaron.

BRAVACHERIE, jactance, action de bravache.

BRAVADE, action, parole, manière par lesquelles on brave quelqu'un.

BRAVEMENT, avec courage, avec adresse; habilement.

BRAVER, affronter intrépidement les dangers, la mort; narguer, regarder avec morgue, traiter avec mépris.

BRAVERIE, beaux habits, ajustements élégants.

BRAVO, expression d'applaudissement, de satisfaction; moquerie; fort bien, parfaitement.

BRAVOURE, la vertu des braves; valeur éclatante; fermeté de l'âme qui méconnoît la peur; morceau de musique d'une exécution brillante et difficile.

BREBIS, femelle du bélier. De *berbix*, pour *vervex*, *vervecis*.

BERGER, *bergère, bergerette*, qui garde les brebis et les troupeaux. De *bergarius*, pour *berbigarius*.

BERGERIE, *bercail*, qu'on a dit pour *bergail*, lieu où l'on renferme les brebis. Bercail a été fait de *bergale*, pour *berbigale*.

BERCAIL, le sein, le giron de l'église.

BERCEAU, les premières bergeries ayant été construites avec des branches d'arbres, on donna ce nom à un lit d'enfant encore à la mamelle, à une sorte de voûte en treillage, ou en plein cintre. Commencement d'une chose, lieu où elle a commencé. Barbazan le dérive de *versulus*.

BERCER, mouvoir un enfant dans et avec le berceau pour l'endormir; endormir quelqu'un de belles espérances, comme on endort un enfant en remuant son berceau.

BERCEUSE, femme chargée de bercer un enfant.

BERGERONNETTE, oiseau des champs qui suit les troupeaux et qui se tient dans les champs près des bergers.

De là les noms propres *Berger, Bergier, Bergeron, Bergerot.*

BRÈCHE, ruine, rupture; ouverture dans un mur, une haie, un rempart, une clôture; fracture à la lame d'un instrument tranchant. Gébelin regarde avec raison ce mot comme une onomatopée, et Ménage le dérive de l'all. *brechen*, rompre; en ital. *brecca, brecchia*, et en françois, *Brissac*, nom propre d'homme et de lieu.

Ébrécher, faire une brèche.

Brechet, os fourchu de la poitrine; creux dans l'estomac, partie où aboutissent les côtes. En all. *brust*, poitrine.

BREDOUILLER, parler confusément, articuler avec peine; onomatopée qui exprime parfaitement la difficulté de s'énoncer; elle paraît venir de *bredi-breda*, locution basse et factice qui exprime l'espèce de bredouillage, de verbiage d'une personne très-loquace qui articule difficilement.

Bredouillement, action de bredouiller.

Bredouilleur, qui bredouille.

Bredouille, jeton double au jeu de tric-trac; *partie bredouille*, celle où l'un des joueurs prend tous les points.

Débredouiller, ôter la bredouille.

BREF, *subst.* Lettre, missive, pouvoir conféré par l'autorité, et particulièrement par le pape. *Adj.* Court, de peu de durée, de peu d'étendue. *Adv.* Enfin, en un mot, rapidement. Du lat. *brevis*, fait du gr. *brachùs*, bref, court.

Brachygraphie, écriture abrégée; art d'écrire par abréviation. Du gr. *brachus*, et de *graphô*, j'écris.

Brachylogie, sentence abrégée, comme les aphorismes d'Hippocrate. De *brachus* et de *logos*, discours.

Brachypnée, respiration courte et pressée, qu'on remarque dans les fièvres inflammatoires. De *brachus*, et de *pnoé*, respiration, haleine.

Brachyptères, sorte d'oiseaux qui ont les ailes courtes. De *brachus*, et de *pteron*, aile.

Brachystochrone, la cycloïde, courbe qui a la plus vite descente, qui se fait dans le temps le plus court. De *brachustos*, très-bref, très-court, superlatif de *brachus*, et de *chronos*, temps.

Braquemar, épée courte et large. De *bracheia machaira*, courte épée.

Amphibraque, pied bref à ses deux extrémités; pied de vers grec ou latin, composé d'une longue entre deux brèves. Du grec *amphibrachus*, composé d'*amphi*, autour, et de *brachus*, bref.

Brève, note de plain-chant; syllabe rapide; mesure courte de vers.

Brevet, acte de concession, expédition non scellée; privilége donné pour invention.

Breveté, *brévetaire*, qui a un brevet; porteur d'un brevet.

Breveter, accorder un brevet.

Bréviaire, livre d'offices à l'usage des ecclésiastiques; abrégé de tous les livres qui servent au chœur pour l'office divin. *Breviarium.*

Bréviateur, qui écrit les brefs.

Brévité, état de ce qui est bref. *Brevitas.*

Brief, *briève*, court, de peu de durée.

Brièvement, en peu de mots, d'une manière briève.

Brièveté, le peu de durée d'une chose.

Bribe, *brife*, restes d'un repas; restes en général; petits morceaux.

Briber, *brifer*, manger avidement les restes.

Bribeur, *briberesse, brifeur, brifeuse*, mendiant qui demande et recherche les bribes.

Abrégé, raccourci, rendu plus bref; précis; sommaire; réduction d'un livre à une moindre étendue.

Abrégement, action d'abréger.

Abréger, raccourcir, diminuer; réduire à moins d'étendue. *Abbreviare.*

Abréviateur, qui abrége un ouvrage, un travail.

Abréviation, retranchement de quelques lettres dans un mot, pour écrire plus vite ou en moins d'espace.

BRÉGE, *bregin*, filet à mailles étroites, traîné sur le sable. Du gr. *brechô*, arroser.

BRÉHAIGNE, stérile, impuissant, qui ne peut rien produire. De l'all. *barren*, stérile, dér. de *bar*, nu; ce mot est très-ancien dans notre langue, et on le trouve souvent employé dans les écrits du XIIe siècle. En lyonn. *béeme, boëme,* en comt. *breme*, en mess. *beraigne*, en daup. *baraigne*, en angl. *barren*.

BRELAN, * *berlan*, jeu de cartes à trois, quatre ou cinq personnes; salle de jeu. De la b. lat. *berlenghum*, sorte de jeu à trois dés et jeu des osselets, fort en vogue dans les XIIe et XIIIe siècles. En Prov. et en Lang. *berlingáou*.

BRELANDER, fréquenter les maisons de jeu ; muser, baguenauder.

BRELANDIER, joueur de cartes de profession.

BRELANDINIER, marchand qui court les rues.

BRELOQUE, *breluque*, curiosité sans valeur ; petits bijoux suspendus à a chaîne ou au cordon d'une montre. De l'anc. franç. *bulluque*, chose de peu de valeur ; en bass. lat. *bullugas*, fruits sauvages ; d'autres prétendent que c'est une onomatopée du bruit que font les breloques lorsqu'elles sont agitées par le mouvement de la marche.

BRELIC-BRELOQUE, sans ordre, sans arrangement, sans attention.

BRELOQUET, assemblage de breloques.

BRÈME, *brame*; poisson d'eau douce, large et plat, du genre cyprin. Fait d'*amabris*, sorte d'alose.

BRÉSIL, bois de teinture rougeâtre, débité par petits morceaux ; ainsi appelé, parce qu'il est venu de l'empire du Brésil, dans l'Amérique méridionale.

BRÉSILLER, rompre par petits morceaux ; teindre avec du Brésil.

BRÉSILLET, la dernière qualité du bois de Brésil.

BREST, ville et port de mer dans la Bretagne. De *Brivate*, abl. de *Brivas*.

BRETAGNE, ancienne province de France qui forme aujourd'hui plusieurs départements ; ainsi dite des habitants de la Grande-Bretagne, qui, étant chassés de leurs pays, vinrent occuper cette province. *Britannia*.

BRETON, *brette*, habitant de la Bretagne. *Brito, brita*.

BRETTE, sorte de longue épée, ainsi dite de ce que les premières furent fabriquées en Bretagne.

BRETAILLER, mettre sans cesse la brette à la main ; fréquenter les salles d'armes ; tirer souvent l'épée.

BRETAILLEUR, qui bretaille, qui ferraille.

BRETTER, chercher noise, faire le bretteur.

BRETTEUR, ferrailleur qui porte la brette et qui aime à se battre.

BRETAUDER pour *bestourder*, tondre irrégulièrement, ou trop court. De *bis-tondere*.

BRETELLE ; sangle, courroie pour porter un fardeau sur les épaules et pour soutenir le haut de chausses. Trippault, qui écrit *brethelles*, dérive ce mot du gr. *brithô*, charge, fardeau, parce que, dit-il, les bretelles aident à porter des fardeaux.

BREUIL, bois, forêt, parc, taillis ou buisson fermé de haies, pour la retraite des bêtes. Mon savant ami, M. Hase, donne de ce mot une étymologie fort ingénieuse ; il le dérive du gr. *péribolion*, employé dans le Levant au moyen âge, pour désigner un verger, un jardin cultivé devant la maison. Ce mot que les Grecs modernes prononcent *brivolion*, a été rapporté en Europe par les Croisés, et a donné naissance à la bass. lat. *broilum, broilus*, pour *brogilum*, d'où l'ital. *broglio*, et les noms propres Broglie, Debreuil, Dubreuil.

BRICOLE, *bricolle*, ancienne machine de guerre propre à lancer des pierres. De la bass. lat. *briccola*; fait de *trabuccus*. Le mot *bricolle* a signifié ensuite la partie du harnois qui porte sur le cheval ; filet de chasse pour les bêtes fauves ; rebond de la paume contre un mur, et, transporté au jeu de billard, coup à la bande pour revenir sur la bille. Fauchet, parlant du siége de Paris par les Normands, en 887, et de l'effet produit par les bricolles, dit : « *Turri properantes, quam feriunt fundis*. Tout de mesme que l'estœuf (la balle) bat celle d'un jeu de paulme, qui s'appelle *à bricolle*, quand il n'y a qu'un toit du costé du service : à la différence des jeux faits en halles, qui ont des toits et galeries de costé et d'autre : tels jeux appellez *blouses* à Orléans, pour le son de l'estœuf heurtant dans le fond de ces lieux caves, au bout desquels il y a des nattes pour rabattre le coup, afin qu'il ne réjaillist dans le jeu ; ains tombast dans le trou de la blouse. « Ainsi les mots *blouse* et *bricole* ont été transportés des machines de guerre, aux jeux de paume et de billard.

BRICOLER, jouer de bricole.

BRICOLIER, celui des chevaux de poste attelé qui porte le postillon.

BRIDE, partie du harnois d'un cheval, laquelle se compose de la têtière, des rênes et du mors; tout ce qui arrête, retient, maintient. Mot adopté par tous les peuples de l'Europe, fait du gr. *brutér*, pour *rhutér*, dérivé de *rhuô*, tirer, traîner; dér. de *ruô*, *ryô*, je tire; en it. *briglia*, en vieux saxon, *bridel*, *bridl*.

BRIDER, mettre la bride à un cheval; ceindre, lier, arrêter, retenir, attacher, serrer étroitement.

BRIDOIR, mentonnière, bande pour arrêter et retenir un bonnet, une coiffe.

BRIDOLE, appareil pour faire plier et ranger les bordages et les couples.

BRIDON, petit mors léger et brisé; petite bride, branche.

BRIDURE, action de brider l'ancre.

DÉBRIDER, ôter la bride; faire avec précipitation.

DÉBRIDEMENT, action de débrider.

BRIGUE, cabale, faction, parti; vive poursuite par le moyen d'agents intéressés. De l'it. *briga*, parti, débat, querelle, procès, combat.

BRIGUER, rechercher ardemment une place, un avantage, tâcher d'obtenir par brigue; se former un parti. De l'it. *brigare*, qui signifia d'abord solliciter des honneurs, puis s'efforcer, chercher, intriguer. Dans la première acception, Ferrari dérive l'it. *brigare* du lat. *precari*: comme dans les brigues pour les emplois et les honneurs, il y avoit beaucoup de contention, *briga* signifia contention, débat.

BRIGADE, d'abord assemblée en général, puis troupe de soldats, corps d'armée sous un général de la moindre classe. De l'it. *brigata*, troupe, bande, assemblée, compagnie.

BRIGADIER, commandant d'une brigade; sous-officier de cavalerie.

BRIGAND, d'abord soldat qui est d'une brigade, puis voleur, assassin de grands chemins, qui attaque à force ouverte; qui pille, qui commet des exactions, des concussions. De l'it. *brigante*, nom sous lequel on désigna ceux qui formoient des partis, des séditions pendant les guerres civiles; puis les scélérats, les assassins, enfin les troupes qui volent et qui pillent. *Brigand* ne tire point son origine des *Brigantes*, peuple de la Rhétie (le Tyrol), au bas des Alpes, qui avoient donné leur nom au lac de Constance, *Lacus Brigantius*, et à la ville de Bregentz, *Brigantia*. Les *Brigantes* sont célèbres par leur amour pour la liberté.

BRIGANDAGE, vol sur les grandes routes; concussion, exaction violente, pillage.

BRIGANDEAU, petit brigand; praticien fripon.

BRIGANDER, vivre en brigand; voler, piller, assassiner.

BRIGANDINE, armure légère faite de lames de fer jointes, et qui servoit de cuirasse. On nomma brigands les soldats qui portoient cette armure; et, comme ceux que la ville de Paris soudoya en 1356, pendant la captivité du roi Jean, commirent une infinité de vols, on désigna ainsi depuis les voleurs et les coquins. C'est ainsi qu'en lat. *latro*, qui signifioit soldat, désigna par suite un voleur, parce que les soldats en faisoient le métier.

BRIGANTIN, petit vaisseau à voiles et à rames pour aller en course, et dont se servent les pirates.

BRICON, malotru, misérable, imposteur, trompeur, méchant, mauvais sujet. De l'it. *briccone*.

BRIGNOLES, *brugnoles*, sorte de prunes fourrées venant de Brignoles. *Broniolacum*, *Briniona*, ville de Provence.

BRUGNON, espèce de pêche violet-foncé.

BRILLER, *breller*, signifia d'abord chasser de nuit aux oiseaux avec de la lumière. De *luminare*, fait de *lumen*; puis on l'employa pour, avoir de l'éclat, reluire, jeter une vive lumière.

BRILLANT, qui a de l'éclat, qui brille; éclat, lustre; diamant à facettes.

BRILLAMMENT, d'une manière brillante.

BRILLANTÉ, qui brille d'un faux éclat.

BRILLANTER, donner un faux brillant; tailler un diamant à facettes.

BRIMBALER, pour *bimbaler*, mettre les cloches en branle; secouer, agiter en branlant; onomatopée qui peint le mouvement du va et vient. En espag. *bambalear*, dandiner; en gr. *bambalein*.

BRIMBALE, levier d'une pompe.

BRIMBORION, pour *bimborion*, jouet d'enfant; colifichet, babiole, chose de peu de valeur. Ce mot ne vient point du lat. *brebiarium* pour *breviarium*, comme le dit Ménage d'après Pasquier. *Voy.* BABIL et BIMBELOT.

BRINDE, toast, coup bu à la santé. De l'ital. *far brindesi*, fait de l'all. *ich bring euch*, je vous porte la santé.

BRINDESTOC, long bâton ferré à deux bouts, avec lequel les Flamands sautent de la rive d'un canal à l'autre. Du flam. *sprinkstok*, comp. de *springen*, sauter, et de *stok*, bâton; bâton pour sauter.

BRIOCHE, sorte de gâteau de fleur de farine, de beurre et d'œufs. De la bass. lat. *bracellus*, gâteau; dérivé de l'all. *brodt*, pain, et non pas de l'héb. *bar*, *bria*, gras, comme ledit Ménage d'après le P. Thomassin.

BRIQUE, terre argileuse moulée, cuite au feu ou séchée au soleil. De la bass. lat. *brica*, fait d'*imbrex*, dérivé d'*imbricare*, dit pour *imbricibus tegere* couvrir de briques. D'autres le font venir du gr. *brucha*, couverture, toit.

BRIQUETAGE, ouvrage en briques; briques simulées à l'extérieur d'une construction.

BRIQUETER, simuler des briques; peindre des briques.

BRIQUETERIE, lieu où se fait la brique.

BRIQUETEUR, principal ouvrier briquetier.

BRIQUETIER, qui fait ou vend la brique.

IMBRICÉE, tuile concave.

BRISER, rompre, casser, mettre en pièces; accabler de fatigue et de coups; terminer brusquement un entretien; onomatopée du bruit d'une substance assez dure, rompue et broyée, soit par la chute, soit par un choc violent. En lat. *brisare*, du gr. *brithô*, futur *brizô*, presser une chose, s'appuyer fortement dessus, comme l'on fait quand on veut la rompre; ou de *brizeïn*, se jeter avec impétuosité.

BRIS, rupture, fracture d'une porte, d'un scellé; action par laquelle un vaisseau se brise.

DÉBRIS, restes d'un édifice détruit, d'un vaisseau naufragé.

BRISANTS, écueils à fleur d'eau contre lesquels se brisent les vaisseaux; vagues poussées sur le rivage, ou brisées sur les rochers.

BRISE, petit vent frais et périodique.

BRISE-COU, escalier, pente, passage roide et difficile.

BRISÉES, branches que les chasseurs rompent aux arbres pour leur servir d'indice sur les voies de la bête : de là aller, marcher sur les brisées, suivre les brisées.

BRISE-GLACE, pieux devant les piles d'un pont.

BRISEMENT, choc violent des flots contre la côte; douleur d'un cœur navré.

BRISE-RAISON, qui parle à tort et à travers.

BRISEUR, qui brise, qui rompt.

BRISE-VENT, clôture pour garantir du vent.

BRISIS, angle d'un comble brisé.

BRISURE, partie fracturée; augmentation dans les armoiries des branches cadettes.

BRISOIR, instrument pour briser le chanvre.

BRIN, jet d'un végétal, scion; morceau, petite portion d'une chose; tout ce qui est long et délié.

BRINDILLE, menue branche.

BRINGUE, petit cheval long et mal fait.

BROCHE, toute baguette de fer déliée; baguette pour enfiler; verge de fer pointue pour embrocher et faire cuire la viande; cheville pour boucher le trou d'un tonneau qu'on a percé. De la bass. lat. *broca*, fait de *veruca*, dim. de *veru*.

BROCANTER, acheter, vendre, troquer des meubles de hasard, des bijoux, de vieux habits; vendre à la foire.

BROCANTE, métier de brocanteur; perches où sont attachées des merceries.

BROCANTEUR, qui brocante, qui vend, achète et troque. Dans les XIIe et XIIIe siècles, on appeloit *marchands à la broche* ceux qui vendoient du vin en détail : comme il leur étoit défendu de fournir du vin en bouteille, ils se servoient d'une broche toutes les fois qu'il leur arrivoit un chaland. On disoit alors mettre le vin en broche pour percer un tonneau, et *brocanter* pour vendre le vin en détail. De là, brocanteur désigna le commerce de tous les marchands en détail. *Voy*. Ducange et Spelmann au mot *Abrocamentum*.

BROC, vase de bois à anse, garni de cercles de métal pour le vin qui se vend à broc. On le fait venir du gr. *brochos*, dér. de *bréchô*, je verse.

BRIC ET DE BROC (de), de çà et là; de tête et de pointe; par tous les moyens possibles.

BRIC-A-BRAC, vieillerie, marchandises de rebut.

BROCARD, * *brocat*, raillerie qui broche, qui pique.

BROCARDER, lancer des brocards.

BROCARDEUR, qui lance des brocards.

BROCART, * *brocat*, étoffe brochée de soie, d'or ou d'argent. En ital. *brocato*, en esp. *brocado*.

BROCATELLE, étoffe qui imite le brocard; marbre broché de diverses couleurs.

BROCHER, faire des étoffes à la broche; plier et coudre les feuilles d'un livre, en les piquant, en les embrochant. — Ébaucher, faire à la hâte.

BROCHANT, terme de blason, peint ou passant par-dessus d'un côté de l'écu à l'autre.

BROCHÉE, ce qu'il tient de viande après une broche.

BROCHES, défenses du sanglier; première tête de chevreuil.

BROCHET, poisson d'eau douce qui doit ce nom à son bec pointu.

BROCHETON, petit brochet.

BROCHETTE, petite broche; bois taillé en pointe pour appâter les oiseaux.

BROCHETTER, mettre des brochettes à la viande.

BROCHEUR, *brocheuse*, qui broche les livres.

BROCHOIR, instrument pour brocher; marteau de maréchal pour ferrer les chevaux.

BROCHURE, action de brocher les livres; livre cousu en le piquant; petit ouvrage de peu de feuilles ou de peu de valeur.

BROCOLIS, *broque*, tête d'un rejeton; rejeton de choux; choux dont les rejetons sont bons à manger, et qui viennent d'Italie avec leur nom.

BROQUART, bête fauve d'un an, ainsi dite de ses broches.

BROQUETTE, * *brochette*, petit clou à tête; membre viril d'un enfant; allumette.

EMBROCHER, mettre à la broche; percer d'une broche.

BROSSE, petits bouquets de joncs ou de crins fixés dans une planchette, pour nettoyer les habits; pinceau de crin.

BROSSER, nettoyer, frotter avec une brosse.

BROSSIER, qui fait et vend des brosses.

BROSSURE, couleur appliquée avec la brosse.

TROC, échange en général.

TROQUER, faire un troc, échanger, permuter. Suivant Ménage, le franc. *troquer*, l'esp. *trocar*, dériveroient de l'anglo-saxon *to truke*, qui a la même signification.

TROQUEUR, qui aime à troquer.

BRONCHES, *bronchies*, vaisseaux de la trachée-artère, qui conduisent l'air dans le poumon. Du gr. *brogchos*, la gorge.

BRONCHIAL, *bronchique*, qui appartient aux bronches.

BRONCHOCÈLE, goître ou grosse tumeur qui se forme à la gorge. De *brogchos*, et de *kêlê*, tumeur.

BRONCHOTOMIE, ouverture, incision faite à la trachée-artère. De *brogchos* et de *tomê*, incision; dérivé de *temnô*, je coupe.

BRONZE, mélange de cuivre, d'étain et de zinc. De l'it. *bronzo*.

BRONZER, peindre en couleur de bronze.

BROUHAHA, bruit confus d'applaudissements ou de voix. Contraction de *bruit de haha*, qu'on prononçoit anciennement *brouit de haha*. Ménage a bien reconnu cette onomatopée.

BROUILLER, confondre, mêler, mettre pêle-mêle; mettre du désordre dans les affaires; de la confusion dans les choses et de la mésintelligence entre les personnes. De l'ital. *brogliare*, que Ménage dérive du lat. *turbare*, et d'autres de *tribulatio*, affliction, adversité.

BROUILLAMINI, désordre; obscurité; confusion. *Voy.* BOL.

BROUILLARD, sorte de registre sur lequel on brouillonne.

BROUILLE, *brouillerie*, querelle; mésintelligence.

BROUILLEMENT, action de brouiller; mélange; confusion.

BROUILLON, étourdi, qui met le trouble; ébauche; registre sur lequel on écrit d'abord.

DÉBROUILLER, tirer de la confusion et mettre en ordre; tirer un sens d'une chose obscure, l'interpréter, l'entendre.

DÉBROUILLEMENT, action de débrouiller.

EMBROUILLER, mettre de la confusion, de l'obscurité.

EMBROUILLEMENT, action d'embrouiller; embarras dans les affaires, dans les idées.

IMBROGLIO, embrouillement; confusion. De l'it. *imbroglio*.

BROUTER, manger l'herbe, la feuille des arbres; onomatopée formée du bruit que font les animaux en brisant les plantes près de leurs racines et en les arrachant avec les dents. En grec *bruttein*, manger.

BROUSSIN, excroissance sur l'érable.

BROU, *brout*, jeunes pousses de taillis et des arbres, que broutent les animaux au printemps; écale verte des noix.

BROUTANT, qui broute.

BROUTILLES, menues branches qu'on peut brouter; choses de peu de valeur.

BROUSSAILLES, ronces, épines en taillis et sujettes à être broutées.

ABROUTI, bois ébourgeonné par les bestiaux.

ABROUTISSEMENT, action de brouter.

BRUTE, animal, bête qui broute; homme sans esprit, sans capacité, sans jugement.

BRUT, grossier, qui n'est pas poli, qui n'a pas encore perdu sa forme agreste et rude.

BRUTAL, grossier, féroce, rustre, violent, emporté; qui tient de la brute, qui vit en brute.

BRUTALEMENT, en bête brute; d'une façon brutale.

BRUTALISER, maltraiter, traiter brutalement.

BRUTALITÉ, vice du brutal, passion brutale; discours, procédés brutaux.

ABRUTIR, devenir brute, rendre stupide à force de mauvais traitements ou par l'usage des liqueurs enivrantes.

ABRUTISSEMENT, stupidité, absence totale de raisonnement, d'énergie.

DÉBRUTIR, dégrossir, donner la dernière façon du poli.

BROYER, piler, casser, réduire en poudre; onomatopée du bruit d'une substance assez récalcitrante, brisée entre deux corps durs.

BROYEMENT, action de broyer.

BROYEUR, celui qui broie les couleurs.

BROYE, *broyon*, la maque, instrument pour broyer le chanvre; sorte de molette.

BRU, belle-fille; la femme du fils. Du lat. *nurus*, d'où l'all. *drucht*, femme, et le flam. *bruyt*.

BRUIRE, *brouir*, onomatopée qui donne l'idée d'un bruit vague, sourd et confus, comme celui qui s'élève d'une forêt ébranlée par des vents impétueux, comme le bruit qui résulte du fracas des torrents, de l'écoulement des grandes eaux, du soleil qui brûle les feuilles, et du dommage causé par la gelée. En lat. *rugire*, qui pourroit venir du grec *bruchéin*, murmurer, frémir; d'où *bruché*, murmure, frémissement.

BRUISSEMENT, brouissement, brouissure, bruit sourd; dommage causé aux plantes par la gelée.

BRUINE, *brouée*, brouine, petite pluie froide qui dure peu. En lat. *pruina*.

BROUET, bouillon au lait et au sucre; méchant ragoût à sauce claire, augm. de *brouée*.

BROUILLARD, vapeurs condensées et qui ne peuvent s'élever; papier gris, très-simple et fin.

BRUINER, *brouiner*, se dit de la bruine qui tombe, et des arbres sur lesquels, dans les mois d'avril et de mai, un mauvais vent a soufflé, en sorte que les feuilles en sont recroquevillées par la sécheresse.

BRUIR, faire pénétrer la vapeur d'eau chaude dans une étoffe.

BRUIT, son ou assemblage de sons confus que l'oreille ne peut distinguer, saisir et apprécier; éclat, renom, nouvelle, trouble, querelle. En lat. *rugitus*, que l'on dérive du gr. *bruché*, murmure, frémissement.

EBRUITER, divulguer, répandre une nouvelle, un bruit.

BRUYAMMENT, avec grand bruit.

BRUYANT, qui fait grand bruit.

BRUYÈRE, plante dont les tiges souples, grêles et ligneuses, bruissent au moindre vent.

EBROUER, onomatopée qui représente l'action d'un cheval ardent soufflant avec force pour chasser l'humeur qui l'incommode et pour reprendre haleine. Laver, passer dans l'eau une peinture.

EBROUEMENT, ronflement d'un cheval à la vue des objets qui l'effraient.

RABROUER, rebuter avec rudesse en imitant le son de voix d'un cheval qui ébroue.

BRULER, *brusler*, consumer ou être consumé par le feu ; faire du feu d'une chose ; échauffer vivement ; dessécher, causer de la douleur, de la cuisson, ou du mal par le feu. Du lat. barb. *brusulare*, fait de *brasare*, dérivé du gr. *bruzein*, en ital. *abbrucciare*.

BRULABLE, qui peut ou doit être brûlé ; qui a mérité le feu.

BRULANT, qui brûle ; plein de chaleur, vif, animé.

BRULÉ, odeur d'un corps brûlant ; trop cuit ; qui a l'odeur du brûlé.

BRULÉE, sorte de coquille noire.

BRULEMENT, action de brûler ; ses effets ; action de ce qui brûle.

BRULERIE, atelier où l'on fait l'eau-de-vie.

BRULEUR, qui brûle, qui incendie.

BRULOT, bâtiment rempli de matières inflammables pour incendier les vaisseaux ; morceau trop salé et épicé ; homme ardent, inquiet, turbulent.

BRULURE, impression du feu, d'un corps, d'un liquide trop chaud ou brûlant par sa nature.

BRUME, gros et épais brouillard. Du lat. *bruma*, hiver.

BRUMAIRE, second mois de l'année républicaine.

BRUMAL, qui appartient à l'hiver.

BRUMALES, fêtes romaines instituées par Romulus, qui consistoient en festins qui se faisoient pendant l'hiver. *Brumalia*.

BRUMEUX, chargé de brume.

EMBRUMÉ, chargé de brouillard.

BRUN, brune, de couleur tirant sur le noir ; couleur brune ; qui a les cheveux noirs. De la bass. lat. *brunus*, dérivé de l'all. *braun*, noir ; en ital. *bruno*. Il ne vient pas d'*umbra*, ombre, ni de *prunum*, prune, comme l'ont dit Nicot, Ferrari, et leurs copistes.

BRUNATRE, tirant sur le brun.

BRUNE, obscurité à l'approche de la nuit, à la chute du jour.

BRUNET, *brunette*, un peu brun.

BRUNETTE, jeune fille brune ; chanson champêtre qui se chante à la brune après les travaux ; sorte de bécassine et de coquillage, ainsi dits de leur couleur.

BRUNI, partie polie et brillante d'un ouvrage d'orfèvrerie.

BRUNIR, devenir brun, rendre brun ; polir, lisser, éclairer.

BRUNISSAGE, action de brunir ; ses effets ; ce qui est bruni.

BRUNISSEUR, ouvrier qui donne le bruni.

BRUNISSOIRE, instrument pour brunir, polir.

BRUNISSURE, façon donnée aux étoffes pour adoucir et fondre les teintes.

EMBRUNIR, rendre brun.

REBRUNIR, brunir une seconde fois.

REMBRUNIR, rendre plus brun ; donner une teinte plus sombre, plus triste.

REMBRUNISSEMENT, qualité de ce qui est rembruni.

D'où les noms propres de *Brun*, *Lebrun*, *Brunain*, *Bruneau*, *Brunet*, *Bruni*, *Bruno*, *Brunon*, *Brunot*.

BRUSQUE, vif, ardent, prompt, avec rudesse. De l'it. *brusco*, âpre, rude, colère, que Ferrari dérive du lat. *labrusca*, vigne sauvage. *Vino brusco*, vin vert.

BRUSQUEMENT, d'une manière brusque.

BRUSQUER, offenser par des paroles brusques, agir vivement ; emporter d'emblée ; terminer promptement une affaire.

BRUSQUERIE, caractère de ce qui est brusque.

Gébelin regarde ces mots comme les composés de :

BRUSC, *brusque*, espèce de bruyère, arbrisseau qui tient du myrthe et du houx, dont les feuilles sont dures, pointues et piquantes. Du lat. *bruscus*.

BRYE, *bryon*, plante cryptogame ; mousse qui croît sur les arbres. Du lat. *brium*, dérivé du gr. *bruon*, qui a la même signification.

BRYONE, la couleuvrée, sorte de vigne sauvage, sarmenteuse, grimpante, à racine en navet, plante qui pousse très-vite, et s'élève à une hauteur considérable. Du gr. *bruônia*, *bruônis*, fait de *bruñein*, pousser à la manière de la vigne.

BUBE, petite élevure sur la peau.

BUBON, inflammatoires qui viennent des aines ou des aisselles. Du lat. *bubo*, fait du gr. *boubôn*, aine, ou humeur qui vient à l'aine.

BUBONCÈLE, hernie incomplète et inguinale, causée par la chute de l'épiploon. Du gr. *boubônokélé*, hernie des aines, fait de *boubôn*, aine, et de *kélé*, hernie, tumeur.

BUCCIN, genre de coquilles, testacées univalves et en volute, qui ressemblent à une trompe. Du lat. *buccina*, fait du gr. *bukané*, trompe, trompette. *Voy*. BOEUF.

BUCCINATEUR, joueur de trompette; muscle de la bouche, placé entre les mâchoires. Du lat. *buccinator*, fait de *buccina*, dérivé du gr. *bukanistés*, un trompette; parce qu'il agit effectivement en gonflant les joues, lorsque l'on sonne de la trompette.

BUIS, * *bouis*, arbre touffu à feuilles lisses, luisantes et toujours vertes. Du lat. *buxus*, fait du gr. *puxos*.

BUISSON, touffe d'arbrisseaux sauvages, épineux; petit bois taillis touffu. De *buxus*, parce que ce nom désigna d'abord une clôture de jardin faite en buis.

BUISSONNEUX, plein, couvert de buissons.

BUISSONNIER, animaux qui se retirent dans les buissons.

BOITE, * *boueste*, coffret mince de toute forme, de toute matière, mais qui autrefois se faisoit ordinairement en buis. De *buxus*, dont on a fait *pyxis*, du gr. *puxis*.

DÉBOITER, disjoindre, faire sortir un os de sa place.

DÉBOITEMENT, dislocation, déplacement d'un os.

BOITER, clocher en marchant, comme il arrive quand un os de la jambe s'est déboîté.

BOITEUX, qui boite, qui cloche.

BOITIER, coffret à onguent.

EMBOITER, enchâsser ou s'enchâsser dans une cavité.

EMBOITEMENT, action d'emboîter.

EMBOITURE, la jointure des os; endroit où les choses s'emboîtent; insertion d'une chose dans une autre.

REMBOITER, remettre en place ce qui étoit désemboîté.

REMBOITEMENT, action de remboîter.

BOUSSOLE, boîte qui contient une aiguille aimantée, laquelle étant suspendue sur un pivot, se tourne vers le nord. Du lat. *buxola*, boîte, fait de *buxus*, buis.

BULBE, racine ronde, ognon de plante ou cayeu. Du lat. *bulbus*, fait du gr. *bolbos*, qui a la même signification.

BULBEUX, plantes dont les racines ont des bulbes ou ognons.

BULBIFÈRE, plante qui porte hors de terre une ou plusieurs bulbes. De *bulbus* ou *bolbos*, bulbe, et de *fero* ou *phéró*, je porte.

BULBIFORME, en forme de bulbe. De *bulbus* et de *forma*.

BURE, grosse étoffe de laine rousse, et rude au toucher; puits profond des mines. Du lat. *burra*, fait de *burrus*, dit pour *rufus*, dér. du gr. *purros*, roux.

BURAT, bure grossière.

BURATINE, sorte de papeline ou d'étoffe dont la chaîne est de soie, et la trame de grosse laine.

BUREAU, étoffe de bure; table autour de laquelle travailloient les juges et les membres des cours souveraines, ainsi dite parce qu'elle étoit couverte d'un tapis de bure; lieu de travail où des commis, des employés expédient certaines affaires; table à écrire; comptoir de commerce; réunion ou lieu d'assemblée de commerçants, de membres d'une commission.

BURALISTE, préposé à un bureau de recette, de paiement, de correspondance, de loterie.

BUREAUCRATIE, influence des gens de bureau. Du gr. *purros*, roux, dont on a fait bureau, et de *kratos*, force, puissance.

BUREAUCRATIQUE, concernant les gens de bureau.

BOURACAN, sorte de gros camelot.

BOURGEON, bouton d'arbre d'où naissent les feuilles, les fleurs et le fruit; qui a quelque chose de velu et approchant de la bourre; bouton au visage.

BOURGEONNÉ, arbre qui a des bourgeons; personnage dont le visage est couvert de boutons.

BOURGEONNER, pousser, jeter des bourgeons.

ÉBOURGEONNER, ôter, retrancher les bourgeons.

ÉBOURGEONNEMET, action d'ébourgeonner.

ÉBOURGEONNEURS, oiseaux qui mangent les bourgeons.

BOURRE, ce qu'on rejette des laines lorsqu'on les file; poil que les tanneurs détachent des peaux de certains animaux; espèce de coton roux qui couvre le bourgeon de la vigne; remplissage; ce dont on bourre une arme à feu ; soie de rebut.

BOURRER, garnir de bourre; remplir de bourre ; maltraiter, presser vivement; remplir, gorger, charger un fusil.

BOURRACHE, plante annuelle et médicinale, sorte de buglose dont la tige et les feuilles sont couvertes d'une espèce de bourre. *Borrago.* D'où *borraginées,* famille de plantes du genre de la bourrache.

BOURRADE, action de bourrer, de maltraiter ; coup du bout de fusil ; atteinte du chien au lièvre; attaque.

BOURRAGE, ce qui remplit un vide.

BOURRAS, sorte d'étoffes de bure.

BOURRASQUE, tourbillon, coup de vent impétueux et de peu de durée; caprice, mauvaise humeur, brusquerie. En ital. *burrasca,* en esp. *borrasca.*

BOURREAU, exécuteur de la haute justice; homme chargé d'infliger les punitions auxquelles les criminels sont condamnés ; cruel, dur, barbare. Villaret fait venir ce mot d'un Richard *Borel,* qui vivoit en 1260; le P. Labbe, de *bouchereau*, petit boucher; Borel, du lat. *burrus,* parce que les gens roux sont méchants; Ménage, de *buccarrus,* boucher; Caseneuve, du gr. *borros,* qui dévore. Enfin mon confrère M. Eus. Salverte le dérive du bourguignon *buro,* lance.

BOURRÉE, fagot fait de branches feuillues fortement pressées les unes sur les autres ; danse de paysans dans laquelle on fait sentir le rhythme et la mesure.

BOURRELLE, femme de bourreau.

BOURRELER, maltraiter, tourmenter cruellement, affliger, faire souffrir.

BOURRELET, bourlet, coussin garni de bourre ou de crin; enflure circulaire; bonnet de petits enfants pour les préserver des coups à la tête en tombant.

BOURRELIER, ouvrier qui fait ou vend des bourrelets et des harnois de chevaux.

BOURRELLERIE, métier, commerce de bourrelier.

BOURRICHE, pannier à gibier qu'on garnissoit de bourre pour la conservation des objets qu'on y renferme.

BOURRIER, balayures; paille ; paille dans le blé battu.

BOURRIQUE, âne, mauvais cheval; ignorant. De *burrichus,* dim. de *burrus,* dérivé du gr. *purrikos ;* en esp *burro* et *borrico,* au fém. *burra* et *borrica.*

BOURRIQUET, petit ânon ; civière de maçon; tourniquet de mineur.

BOURRU, brusque, âpre, de mauvaise humeur, qui a le caractère revêche d'une mauvaise bourrique ; vin nouveau qui, n'ayant pas bouilli, est trouble; ainsi dit de ce que sa couleur rousse approche de celle de la bure.

DÉBOURRER, ôter la bourre; faire perdre les mauvaises habitudes.

ÉBOURRER, ôter la bourre ou le poil des animaux.

EMBOURRER, garnir de bourre.

EMBOURRURE, action d'embourrer; grosse toile pour embourrer.

REMBOURRER, garnir de bourre, de crin, de laine.

REMBOURRAGE, apprêt aux laines teintes.

REMBOURREMENT, action de rembourrer.

REMBOURROIR, outil pour rembourrer.

ÉBOURIFFÉ, échevelé, qui a les cheveux mêlés comme de la bourre.

BURIN, pointe d'acier pour graver sur les métaux ; l'art de graver ; la plume de l'écrivain. De l'it. *bulino,* d'où l'esp. *buril,* faits de *pultare,* pour *pulsare;* d'autres le dérivent de l'all. *boren,* creuser, percer.

BURINER, graver au burin ; graver fortement dans la pensée.

BURLESQUE, bouffon outré, facétieux; qui fait rire; style bouffon. De l'it. *burlesco,* plaisant, de *burlare,* rire, jouer, plaisanter.

BURLESQUEMENT, d'une manière burlesque.

BURON, petite maison de paysan; lieu où l'on fait le fromage dans les montagnes de l'Auvergne. Du gr. *burion,* logis, habitation, chaumière.

BUSART, oiseau de proie qui vit d'oiseaux aquatiques et de poissons. Du lat. *buteo,* en bas. lat. *buteardus,* en all. *busshart, bussart,* en angl. *bustard.*

BUSE, la bondrée, oiseau de proie, du genre faucon, lourd, stupide; sot, ignorant, niais, qui manque d'intelligence.

BUT, point où l'on vise, où l'on tend ; fin que l'on se propose. Du lat. *buttum.*

Buter, viser, toucher au but, tendre à un but. *Se buter*, s'opiniâtrer, ne rien relâcher du but auquel on tend.

Butte, tertre, amas de terre relevée, petite élévation.

Buttière, arquebuse pour tirer au blanc ou au but.

Bout, fin, extrémité, fond, terminaison d'un espace en long. *Buttum*.

Bouterolle pour *bout-à-roelle*, petite virolle de cuivre qui est au bout d'une arme blanche.

Boutis, lieu où fouillent les bêtes noires.

Boutisse, pierre de taille, dont la plus grande longueur entre dans le mur.

Debout, sur pied; droit sur ses pieds; hors du lit.

About, extrémité des pièces de charpente et de menuiserie mises en œuvre.

Abouter, joindre bout à bout.

Aboutir, tendre à, se terminer à; et en parlant d'une plaie, d'une tumeur, venir en suppuration.

Aboutissant, ce qui aboutit, ce qui tient; qui va se terminer à; qui concerne.

Aboutissement, action d'aboutir, suppuration d'un abcès.

Abouement, assemblage de menuiserie.

Abuter, viser au but; jouer pour savoir à qui commencera.

Début, premier coup au jeu, premier essai; commencement en général.

Débutant, qui débute, qui commence.

Débuter, ôter du but; jouer le premier coup; commencer, faire son début; en être au début.

Raboutir, mettre bout à bout.

Rebuter, rejeter, refuser avec rudesse et mépris; choquer; déplaire; délaisser.

Rebut, action de rebuter; choses rebutées ou rejetées; ce qu'il y a de pire dans chaque espèce.

Rebutant, qui rebute; choquant; qui décourage.

BUTIN, argent, hardes, bestiaux que l'on prend à l'ennemi. De l'all. *beute*, qui a la même signification.

Butiner, faire du butin.

BYSSE, *byssus*, tissu précieux; genre de plantes cryptogames, de tissu filamenteux qui croît dans les lieux humides. Touffe de filaments, qui attache les pinnes-marines et autres coquillages. Du lat. *byssus*, sorte de gros camelot, fait du gr. *bussos*, lin très-fin.

Byssolithe, substance minérale soyeuse; moisissure de pierre. De *bussos*, et de *lithos*, pierre.

C

C, seconde consonne et troisième lettre de l'alphabet. Ayant le son de *K*, elle est souvent confondue avec les lettres *G*, *K*, *Q*, à cause du rapport de leurs sons. Dans la Normandie, on dit *Geval*, *Gevaux*, tandis que les Picards prononcent *Keval*, *Queval*. C, accompagné de la cédille, prend le son de la lettre S. Les latins l'appeloient *littera tristis*, parce qu'elle marquoit la condamnation dans les scrutins des juges. *C. condemno*. Considéré comme lettre numérale, le C désignoit le nombre cent; avec un tiret ou une barre au-dessus, C signifioit cent mille. Dans les écritures de commerce, le C est employé pour l'abréviation du mot *compte*.

ÇA, adverbe, tantôt de mouvement, tantôt de repos. Ici, là, en cette place, de ce côté. Du lat. *hâc*.

CABANE, loge, petite maison de peu d'apparence et couverte de chaume; cahutte pour mettre des animaux; bateau plat et couvert dont on se sert sur la Loire; loge de planches pour les marins et les soldats. Du lat. *taberna*, ou du gr. *kapané*, étable.

Cabanons, petites loges faites au château de Bicêtre, autrefois de *Winchester*, pour renfermer les criminels. Le peuple les nomme *galbanons*. Horace a dit :

Pallida mors æquo pulsat pede
Pauperum tabernas, regumque turres.

Et Malherbe en a fait cette imitation :

Le pauvre en sa *cabane*, où le chaume le couvre,
Est sujet à ses lois;

Et la garde qui veille aux barrières du Louvre
N'en défend pas nos rois.

Cabinet, petite cabane, lieu de retraite ou de travail ; pièce destinée à l'étude. Ménage le dérive de *cavinettum*, dim. de *cavinum*, dér. de *cavum*.

Cabanage, lieu où campent les sauvages quand ils vont à la guerre ou à la chasse.

Cabaner, faire, élever, dresser des cabanes.

Cabaret, taverne, cabane où l'on donne à boire et à manger ; plateau à tasses. M. Morin dérive ce mot du gr. *kapéleion*, fait de *kapé*, ratelier, crèche.

Cabaretier, qui tient cabaret. *Tabernarius*. Les Grecs les nommoient *kapelos*. Leur profession est des plus anciennes qui subsistent dans la capitale. Estienne Boileau leur donna des statuts en 1264, et leur communauté fut érigée en 1589. On les divisa en quatre classes, hôteliers, cabaretiers, taverniers et marchands de vin à pot.

Taverne, lieu où l'on vend du vin. Dans le moyen âge on désignoit par *taberna* une petite loge, une hutte bâtie hors de la ville pour les taverniers, dont la profession étoit alors regardée comme infame.

Tavernier, qui vend du vin.

D'où les noms propres *Cabanet, Cabanis, Cabaret, Chabanne, Chabanon, Tavernet, Taverni, Tavernier*.

CABAS, petit panier rond qui est fait de jonc, et qui sert à mettre des figues et du raisin. Ménage dérive ce mot de l'it. *cabaço*, qu'il fait venir du gr. *kabos*, certaine mesure de blé.

Cabasset, dim. de *cabas*, casque, armure de tête, ainsi dit de sa ressemblance avec le cabas. En esp. *cabeça* ; Ménage le dérive du lat. *caput*.

On disoit en ancien langage *cabas, cabasser, cabasseur*, pour tromperie, tromper, trompeur ; ces mots ont une autre origine. Ils viennent du gr. *kabax*, rusé, fin, madré.

CABILLAUD, nom que les Belges ont donné à une sorte de morue fraîche. En flam. *cabillaud*.

CABLE, *chablage, chableau*, grosse corde à l'usage de la marine. Selon Daviler, du lat. *capulum* ou *caplum*, formé de *capere*. Nicot le dérive du gr. *kalos*, cordage ou amarre de navire.

Cabestan, machine servant à rouler ou à dérouler le câble.

Cabler, *chabler*, tordre plusieurs cordes en une ; attacher un câble.

Chablage, action de chabler.

Chableur, préposé au charriage par eau.

Accabler, tomber sous le poids du câble. Au fig., être chargé d'un grand poids ; donner sans mesure, surcharger, fatiguer, ennuyer.

Accablé, surchargé, tombant sous le faix, sans énergie.

Accablant, qui accable, qui absorbe les facultés du corps et de l'esprit.

Accablement, lassitude excessive, langueur du corps occasionée par la perte de ses forces.

Encablure, longueur, distance de cent vingt brasses.

CACA, excrément d'enfant ; chose malpropre. Du lat. *cacare*, fait du gr. *kakké*, excrément ; dérivé de *kakken*, aller à la selle.

Cacade, décharge du ventre ; entreprise mal concertée, imprudence.

Cacagogue, onguent qui, appliqué à l'ànus, provoque les selles. Du gr. *kakké* et d'*agô*, pousser, faire sortir.

Chier, rendre les gros excréments.

Chiasse, écume de métaux ; excrément de mouche, de puce, de ver, etc.

Chie-en-lit, nom que l'on donne aux gens masqués.

Chieur, *chieuse*, qui chie souvent.

Chiure, excrément de mouches.

CACABER, onomatopée du cri des perdrix. En lat. *cacabare*; ce mot, qui vient du grec, exprime le cri de la perdrix. Suivant Pitiscus, il est formé d'*à cacando*, parce que le chant de cet oiseau ressemble au bruit que fait un ventre qui se décharge.

CACALIE, sorte de plante à fleurs conjointes. En lat. *cacalia*, du gr. *kakalia*.

CACAO, fruit dont l'amande est la base du chocolat. De l'ind. *cacao*, que nous avons pris des Espagnols.

Cacaotier, *cacaoyer*, arbre de l'Amérique méridionale, à fruits de la forme et de la grosseur d'un petit concombre.

Cacaotière, *cacaycère*, terrain planté de cacaotiers.

Chocolat, mixtion de cacao avec du sucre, de la cannelle, de la vanille. De l'ind. *chocollatl*, dont les Espagnols ont fait *chocolate*. Cet aliment a été introduit en France en 1661, par Marie-Thérèse d'Autriche, lors de son mariage avec Louis XIV.

CHOCOLATIER, qui fait et vend du chocolat.

CHOCOLATIÈRE, vase pour faire du chocolat.

CACARDER, onomatopée du cri de l'oie.

CACHEMIRE, schall ou grand fichu de laine fait à Cachemire dans l'Inde, ou qui l'imite.

CACHER, mettre dans un lieu où l'on ne puisse pas découvrir; ne pas laisser voir; dérober à la vue ou à la connoissance. Ducange le dérive avec raison du lat. *saccus*; Ménage, d'après Guyet, le tire de l'it. *cacciare*, chasser. Comme l'on pousse ce que l'on chasse, dit-il, ce mot auroit d'abord signifié pousser, ensuite cacher, à cause que l'on cache ce que l'on pousse. Au lieu de toutes ces belles choses, Ducange a simplement dit : CACHER, *quasi in sacco sese abscondere*.

CACHE, lieu secret propre à cacher quelque chose.

CACHET, petit sceau apposé sur une lettre fermée, pour en cacher le contenu; son empreinte; caractère distinctif de l'esprit, du talent.

CACHETER, apposer un cachet.

CACHETTE, petite cache.

CACHOT, prison basse et obscure dans laquelle on cache les prisonniers.

CACHOTTERIE, action secrète et cachée ; manière mystérieuse pour des riens.

DÉCACHETER, rompre le cachet d'une lettre.

RECACHETER, cacheter de nouveau.

CACHEXIE, mauvaise disposition du corps, causée par l'altération des humeurs. Du gr. *kachexia*, fait de *kakos*, mauvais, et d'*hexis*, disposition, habitude.

CACHECTIQUE, attaquée de cachexie.

CACHOU, arbre des Indes, son suc gommo-résineux, son fruit. De l'ind. *catchou*.

CACHOUTCHOU, bitume ou gomme élastique.

CACOCHYLIE, digestion dépravée qui produit de mauvais chyle. Du gr. *kakos*, mauvais, et de *chulos*, chyle, chylification altérée ou dépravée.

CACOERGÈTE, *cacergete*, choses, nourriture, remèdes malfaisants, qui peuvent nuire à la santé. Du gr. *kakoergos*, malfaisant; composé de *kakos*, mauvais, et d'*ergon*, ouvrage, action.

CACOËTHE, ulcères malins et invétérés. Du gr. *kakos*, mauvais, et d'*éthos*, état, nature, caractère.

CACOCHYME, malsain, rempli de mauvaises humeurs; bizarre, atrabilaire, quinteux. Du gr. *kakochumos*, fait de *kakos*, mauvais, et de *chumos*, humeur, suc.

CACOCHYMIE, mauvaise santé, état d'un cacochyme, dépravation d'humeur. En lat. *cacochymia*.

CACOTROPHIE, nutrition dépravée. Du gr. *kakos*, mauvais, et de *trophê*, nourriture, dérivé de *tréphô*, je nourris.

CACOTHYMIE, disposition vicieuse de l'esprit en général. Du gr. *kakos*, mauvais, et de *thumos*, esprit.

CACTE, *cactier*, melon-chardon, genre de plantes grasses et charnues, munies d'aiguillons et sans feuilles, à fleurs en vase long. Du gr. *kaktos*, chardon épineux.

CACTOÏDES, famille de plantes qui ne comprend qu'un genre. De *kaktos*, et d'*eidos*, forme, ressemblance.

CADI, *kâdi*, juge chez les Turks. De l'arabe *kâdy*, arranger.

ALCADE, juge en Espagne. De l'art. *al*, et de *kâdy*.

ALCAÏDE, *alcayde*, gouverneur d'une ville maure.

CADMIE, suie métallique qui s'attache aux parois des vaisseaux de fusion ; remède pour les yeux. Du lat. *cadmia*, dérivé du gr. *cadméia*.

CADUCÉE, verge accolée de deux serpents; bâton fleurdelisé des hérauts d'armes. De *caduceus*, que Lambinus dérive du gr. *kerux*, hérauld.

CAFARD, *caphard*, bigot, hypocrite, faux dévot. Ce mot n'a été introduit en France que vers la fin du xve siècle. Borel le dérive du gr. *chachaphara*, préméditer du mal, penser à une mauvaise action, la préméditer; ou du turk *cafara*, renier sa religion, et *cafar*, renégat. Nicot, Ménage et autres étymologistes tirent ce mot de l'hébreu *caphar*, renier. Enfin, Martinius le dérive de l'hébreu *chafa*, couvrir, cacher. Le Duchat (notes sur Rabelais, liv. 1, ch. 1) le fait venir du lat. *cappa*, robe ou manteau avec un capuchon, vêtement de moine.

CAFARDERIE, hypocrisie, simulacre de piété.

CAFÉ, fève du cafier qui nous est venue de l'Orient, et dont on fait une boisson agréable; liqueur de cette fève; lieu où elle se prend. De l'ar. *kahoué*, fait du verbe *kaha*, être prompt et éveillé, parce que le café réveille. Thévenot, le voyageur, fut le premier qui en fit usage à Paris, vers 1658; Soliman Aga, ambassadeur de la Porte en 1669, qui faisoit alors fureur, en répandit l'usage parmi la noblesse. Cet usage devint si commun, qu'un Arménien, nommé Pascal, ouvrit une boutique de café en 1672, à la foire Saint-Germain, puis ensuite sur le quai de l'Ecole. *Voyez* mon édition de la *Vie privée des François*, tome III, p. 126—146.

CAFETIER, *cafetière*, limonadier qui tient un café.

CAFETIÈRE, vase pour faire le café.

CAFIER, arbuste qui produit le café.

CAHIER, * *caïer*, feuilles de papier ou de parchemin réunies; résultat des délibérations d'un corps de l'état; registre de dépense. De *scaparium*, fait de *scapus*, d'après Ménage; de *codex*, suivant Nicot, ou de *quaternio*, selon du Cange.

CAHIN-CAHA, tant bien que mal; de mauvaise grâce. Du lat. *quà hinc, quà hac*, et non pas cad-hinc, cad-hac, qui tombe d'ici et de ça, qui vacille, comme le dit Court de Gébelin.

CAHOT, onomatopée de la secousse rude qu'on éprouve dans une voiture mal suspendue qui roule sur un chemin âpre et raboteux, et l'effort pour reprendre la respiration durement interrompue. Des étymologistes regardent ce mot comme une corruption du lat. *cadere*.

CAHOTÉ (être), éprouver des cahots.
CAHOTANT, qui cahote.
CAHOTAGE, mouvement produit par des cahots.
CAHUTTE, petite loge que le vent fait cahoter.

CAIEU, *cayeu*, rejeton d'un ognon à fleur. De *cochlea*, à cause de sa ressemblance avec certaines coquilles; et non pas de *caput*, comme l'avance Gébelin.

CAILLE, oiseau de passage du genre de la perdrix, ainsi appelé de son cri. Les Latins disoient *coturnix*; en ital. *quaglia*, que Ferrari dérive de *quaquila*, qui se trouve dans Papias. Les Bas-Bretons disent *coaill*.

CAILLETEAU, petit de la caille.
CAILLER, chasser aux cailles.
CAILLETAGE, babillage insupportable et continuel comme celui de la caille; propos de femme du commun.
CAILLETTE, femme frivole et bavarde.
CAILLETER, parler sans cesse et à propos de toute chose.
COURCAILLET, cri des cailles; appeau pour attirer les cailles.

D'où les noms propres Caille, Lacaille, Cailleau, Caillot.

CAILLER, figer, coaguler, épaissir par coagulation. Du lat. *coagulare*.

CAILLÉ, lait coagulé. *Coagulatus, coagulum*.

CAILLEBOTTE, masse de lait caillé.
CAILLE-LAIT, plante à feuilles rudes qui sert à faire cailler le lait. Les botanistes l'appellent *gallium*; en franç. *galiet*.

CAILLEMENT, état de ce qui se caille. *Coagulatio*.

CAILLOT, grumeau de sang figé.
COAGULER, figer, cailler. *Coagulare*.
COAGULATION, action de se coaguler. *Coagulatio*.

CAILLOU, pierre très-dure qui fait feu sur le briquet. Du lat. *calculus*, que l'on dérive de *calx*, dessous du talon, parce qu'on foule aux pieds les cailloux: il pourroit venir aussi du gr. *chalix*, pierre dure.

CAILLOUTIS, soude très-dure en cailloux.
CAILLOUTAGE, ouvrage de cailloux ramassés.

CALCULER, compter avec de petits cailloux; faire des opérations d'arithmétique; méditer, juger sur des probabilités. De *calculus*.

CALCUL, l'art de nombrer avec de petits cailloux; supputation, compte; pierre qui se forme dans les reins.

CALCULABLE, qui peut se calculer; qu'on peut calculer.

CALCULATEUR, qui nombre avec de petits cailloux. *Calculator.*

CALCULEUX, pierreux, graveleux; qui est attaqué de la pierre. *Calculosus.*

INCALCULABLE, qu'on ne peut calculer.

GALET, cailloux plats, ronds et polis sur la grève; jeu de palet sur une table percée, ainsi dit de ce qu'on le jouoit avec des galets.

GALETTE, sorte de gâteau plat et rond, ainsi dit de sa forme.

DÉGOTER, chasser quelqu'un d'un poste; ce mot factice est dû aux enfants qui jouoient aux galets. Le jeu consistoit à poser deux galets à une certaine distance, et à pousser l'un sur l'autre, soit avec un bâton, soit avec le pied.

CAIMACAN, lieutenant du grand-visir. De l'ar. *kaïm-makam*, lieutenant.

CAIMAN, sorte de crocodile d'Amérique. De l'ind. *cayman*.

CAIQUE, esquif, canot de galère, chaloupe. De l'it. *caica*, fait du turk. *kaïka*, en gr. mod. *kaïké*.

CAISSE, coffre en bois pour serrer quelque chose; lieu où l'on paie; balance de paiement et des recettes à la fin du mois; boîte qu'on emplit de terre pour planter dedans. Du lat. *capsa*, fait du gr. *kapsa*, étui, cassette; dérivé de *kaptein*, cacher, renfermer.

CAISSETIN, petite caisse, petit coffre, cellule de casse.

CAISSIER, layetier, faiseur de caisses; homme qui tient la caisse d'une administration, d'un banquier.

CAISSON, grande caisse sur des roues pour porter des vivres, des munitions à l'armée.

CAPSE, boîte qui sert au scrutin d'une compagnie.

CAPSULAIRE, en forme de capsule; sorte de ver intestinal. *Capsarius.*

CAPSULE, petite loge, cavité, enveloppe. *Capsula.*

CASE, *casal, chesal, cheseau*, maison; compartiment d'une boîte, d'un meuble; cellule; flèche du trictrac; chaque carré du damier. De l'it. *casa*.

CASANIER, sédentaire, qui sort peu de sa case, qui aime à garder la maison.

CASAQUE, sorte de surtout large qui enveloppe le corps. De *casa*, fait de *capsa*, et non de *sagum* et de vêtement à la *cosaque*.

CASAQUIN, déshabillé de femme très-large et fort court.

CASEMATE, petit logement; voûte souterraine pour loger les soldats. De l'it. *casamatta*, ou de l'esp. *casamata*, fait de *casa*, maison, et de *mata*, basse.

CASEMATÉ, logé dans des casemates.

CASER, ranger, placer, mettre deux dames sur une case au jeu de trictrac.

CASERNE, logement de soldats; bâtiment pour loger des troupes. Jusqu'au temps de l'érection des casernes de Paris, ce mot n'avoit point de singulier; on donnoit alors le nom de casernes à de petites chambres construites entre le rempart et les maisons d'une ville de guerre, pour loger les soldats à la décharge et au soulagement des bourgeois.

CASERNER, loger dans des casernes.

CASERNEMENT, tout ce qui concerne les casernes.

CASEUX, parties les plus grossières du lait, qui servent à faire le fromage. Du lat. *caseus*, fromage, parce qu'il est fait dans des formes qu'on appeloit *cases*, de *casa*.

CASIER, petite caisse; garde-manger.

CASQUE, habillement, armure de tête. De *cassis, cassidis.*

CASQUÉ, coiffé d'un casque.

CASSE, longue caisse qui renferme les caractères d'imprimerie; vase destiné à divers usages.

CASSEAU, moitié de la casse.

CASSETÉE, plein une casse.

CASSETIN, chacun des compartiments de la casse.

CASSEROLE, vase de cuisine en cuivre, en fer-blanc, en terre, à manche et très-creux.

CASSETTE, petite caisse; petit coffre; revenu personnel.

CASSES, *caisses, quaisses*, espaces carrés ornés de roses entre les modillons; on met aussi des casses dans quelques compartiments de plafonds et voûtes.

CASSIN, châssis de métier à poulies.

CASSINE, petite maison de campagne.

CASSOLETTE, petit vase ou réchaud à brûler des parfums.

CASSOLE, réchaud de papetier.

CASSON, pain de sucre informe; cacao broyé.

CASSONADE, sorte de sucre non affiné et non mis en pain qu'on apporte en Europe dans des caisses. Du port. *cas-*

sonada, fait de *casson*, grande caisse, caisson.

CASSOTTE, terrine, grande jatte.

ENCAISSER, emballer, mettre dans une caisse, planter dans une caisse.

ENCAISSEMENT, action d'encaisser.

DÉCAISSER, tirer d'une caisse.

RENCAISSER, remettre en caisse, placer dans une autre caisse.

CHASSE, caisse, coffret, boîte à reliques; tout ce qui tient enchâssé, tout ce qui sert à renfermer. *Capsa.*

ENCHASSER, entailler; mettre et faire tenir dans du bois, de la pierre, du métal; placer une chose dans un endroit convenable.

ENCHASSURE, manière d'enchâsser; ses effets.

CHASSIS, bâti; assemblage de pièces de bois ou de fer, pour enchâsser, encadrer et contenir; vitrage sur une couche. Du lat. *capsicium*, formé de *capsum*, qu'on a dit par métaplasme, pour *capsa.*

CHASUBLE, robe, surtout; costume d'un prêtre qui officie. Du lat. *casula*.

CHASUBLIER, qui fait ou vend des chasubles et autres ornements à l'usage des ecclésiastiques.

CHATON, partie de la bague qui enchâsse le diamant. D'autres dérivent ce mot du lat. *castrone*, ablatif de *castro*, fait de *castrum*.

SURCASE, c'est au jeu de trictrac la troisième dame sur une même flèche; flèche couverte de trois dames ou davantage.

CHEZ, dans la maison, dans la case, dans l'habitation. Dérivé de *capsa*, et non du lat. *apud* ou de l'ital. *apo.*

UNICAPSULAIRE, qui n'a qu'une capsule.

CAL, durillon aux pieds ou aux mains. Du lat. *callus*, *callum*, que l'on dérive de *calx*, dessous du talon.

CALLEUX, où il y a des cals. *Callosus.*

CALLOSITÉ, petit calus sur la peau.

CALUS, nœud des os fracturés.

GALE, * *galle*, éruption de petites pustules sur la peau, avec démangeaison.

GALEUX, qui a la gale.

GALÉE, ais à rebord pour placer les lignes.

CALAMENT, espèce de menthe, plante aromatique dont l'odeur est agréable. Du gr. *kalos*, beau, bon, et de *mintha*, menthe.

CALAMITÉ, malheur public, misère, infortune. Du lat. *calamitas.*

CALAMITEUX, misérable, malheureux.

CALANDRE, espèce d'alouette plus grosse que l'alouette commune, et dont le chant, beaucoup plus fort, diffère de celui de l'alouette simple. Du lat. *calandra*, fait du gr. *chalandra.* Voy. CYLINDRE.

CALCÉDOINE, pour *chalcédoine*, agate ou achate de couleur de lait et opaque de différentes nuances. L'orientale est la plus estimée. Du gr. *chalkédónios* ou *chalkédón*, parce qu'on en trouvoit beaucoup aux environs de la ville de Chalcédoine, en Bithynie.

CALCÉDOINEUX, qui a des taches blanches, laiteuses.

CALE, abri entre des rochers et des pointes de terre; port, rade pour les petits bâtiments. De l'esp. *cala*, d'où les Italiens ont fait *scala* et les François :

ECHELLE, nom des ports de la Méditerranée, en Afrique et en Asie; côtes des mers du Levant.

CALE, la partie la plus basse dans l'intérieur d'un vaisseau, celle qui entre dans l'eau; châtiment qui consiste à plonger plusieurs fois de suite le coupable dans la mer; morceau de bois ou d'autre matière fort mince, qu'on place entre deux pierres ou deux morceaux de bois, afin d'en remplir le vide, les presser, et poser à demeure en les mettant de niveau; abri entre deux pointes de terre ou de rochers; plomb qui fait enfoncer l'hameçon dans la pêche de la morue. Du lat. *chalare*, fait du gr. *chalón*, abaisser; faire descendre.

CALADE, terrain en pente, par où l'on fait descendre un cheval pour le dresser. En ital. *calata.*

CALAISON, profondeur du vaisseau, du premier pont au fond de cale.

CALER, abaisser; abattre; descendre, baisser les voiles; arrêter la pose d'une pierre, d'une poutre en y mettant une cale; baisser le ton, se soumettre, relâcher, ralentir, cesser.

CALIN, lâche, paresseux, indolent; doucereux, qui caresse pour obtenir.

CALINER, caresser pour obtenir.

CALINER (se), demeurer dans l'inaction, dans l'indolence. De *chalare.*

Cayasse, barque égyptienne extrêmement basse, à voiles et à rames.

Cayes, bancs de sable fort bas et couverts d'herbages; îles très-basses qu'on prendroit pour des bancs de sable herbagés.

Cale, pour calle, sorte de coiffure de femme, de bonnet rond. Du lat. *callus*, couverture de tête; dér. du gr. *kaluttô*, couvrir.

Calotte, petit bonnet hémisphérique qui couvre le haut de la tête, à l'usage des ecclésiastiques.

Calotin, terme de mépris en parlant d'un abbé; plaisant qui appartient au régiment de la calotte.

Calottier, qui fait et qui vend des calottes.

Calebasse, plante cucurbitacée, dont on retire un sirop pectoral; bouteille faite de son fruit séché et vidé. De l'esp. *calabaça*, dérivé de *curvus*, dont on a fait *cucurbita*.

Calebassier, arbrisseau d'Amérique qui porte la calebasse de bois.

Calèche, voiture légère découverte à quatre roues. De *carrus*, selon Ménage. Voyez Char.

Calembour, *calembourg*, mot inventé vers la fin du règne de Louis XV, et que l'on dérive de l'it. *calamajo burlare*; quolibet, jeu de mots fondé sur une équivoque, à l'aide des homonymes; esprit d'un sot, admiré par un plus sot encore.

Calembourdier, qui a la manie des calembours.

Calembouriste, qui fait des calembours.

Calendes, le premier jour du mois chez les Romains; assemblée de curés, convoqués par l'évêque. Du lat. *calendæ*, fait de *calare*, dér. du gr. *kalein*, appeler, parce que le jour des calendes on convoquoit le peuple pour lui indiquer les fêtes et le nombre de jours qui restoient jusqu'aux nones. Les calendes ayant été inconnues aux Grecs, on a dit renvoyer quelqu'un aux calendes grecques, pour le remettre à une époque qui ne viendra jamais.

Calendaire, registre d'église.

Calendrier, table qui contient l'ordre des jours, des semaines, des mois et des fêtes qui arrivent pendant l'année, parce que le nom de *calendes* étoit écrit en gros caractère à la tête de chaque mois. *Calendarium*.

Calepin, recueil de notes, de mots, d'extraits, fait par quelqu'un pour son usage. Du nom d'Ambrosius Calepinus, célèbre lexicographe, c'est-à-dire, de la ville de Calepio.

Calfater, garnir de poix et d'étoupes les fentes d'un vaisseau. De l'it. *calefatare*, pris du gr. mod. *kalaphatein*, dérivé de l'arabe *calafa*, *calfata*, dans le même sens.

Calfat, étoupes goudronnées; celui qui les met en œuvre; outil pour calfater.

Calfatage, ouvrage de calfat.

Calfateur, qui calfate les vaisseaux.

Calfatin, aide, apprenti calfateur.

Calibre, proportion, volume, grosseur, diamètre; capacité de l'ouverture d'un canon et de toute arme à feu; instrument pour fixer les dimensions; ais qui a l'entaille d'un angle rentrant et droit; valeur, qualité, mérite, rang des personnes, des choses comparées. De l'arabe *calib*, moule.

Calibrer, passer dans le calibre pour mesurer.

Calice, vase à boire des anciens; coupe pour la consécration de la messe. Du lat. *calix*; dérivé du gr. *kulix*, verre, tasse, coupe.

Calice, partie d'une fleur qui lui sert de support et d'enveloppe. Du lat. *calix*, dérivé du gr. *kalux*, bouton ou calice des fleurs.

Calicé, qui est environné d'un calice.

Calicinal, qui appartient au calice d'une fleur.

Calicule, la bractée ou petite feuille qui environne immédiatement la base externe d'un calice.

Caliculé, muni d'un calicule.

Incalicé, sans calice.

Calife, pour *khalife*, prince musulman, successeur de Mohammed, qui réunit les pouvoirs spirituel et temporel. De l'arabe *khalafa*, succéder.

Califat, dignité du calife.

Califourchon, jambe de çà, jambe de là, comme si l'on étoit à cheval; objet de prédilection, d'un goût, d'un travail particulier. Ménage dérive ce mot d'*equalifurcio*, à cheval sur une fourche; et Gébelin, du vieux lat. *cala*, *calo*, bois, et de *furca*, fourche, bois coupé en fourche.

CALIGES, chaussures des soldats romains. Du lat. *caligæ*.

CALIGINEUX, triste, sombre. *Caliginosus*.

CALLIGRAPHE, copiste doué d'une belle main, qui mettoit autrefois au net ce qui avoit été écrit en notes par ceux qu'on appeloit notaires. Du gr. *kallos*, beauté, et de *graphô*, j'écris.

CALLIGRAPHIE, belle écriture; l'art de l'écrivain; connoissance des anciens manuscrits, leur description.

CALLIOPE, muse de l'éloquence et de la poésie héroïque. De *kallos*, beauté, élégance, et d'*ops*, voix ou chant.

CALLIPÉDIE, l'art d'avoir de beaux enfants. De *kalos*, beau, ou de *kallioô*, je fais beau, et de *pais*, *paidos*, enfant.

CALLIPYGE, surnom de Vénus aux belles fesses. De *kalos*, beau, belle, et de *pugé*, fesse. Athénée, dans le xiie livre de ses Déipnosophistes, donne l'origine de ce surnom.

CALMAR, *calemar*; écritoire, étui de plumes à écrire. De *calamarium*, fait de *calamus*, roseau, plume.

CALME, état de paix, de plein repos; bonace, tranquillité de la mer, absence du vent. Du gr. *kauma*, chaleur, selon Covarruvias, parce que, dit-il, la chaleur est plus grande quand le vent ne souffle pas. Huet le dér. du gr. *malakos*, mort; d'où *malacia*, calme, qui se trouve dans le iiie liv. des Comment. de César. De *malacus* on a fait, par transposition de lettres, *calamus*, puis calme.

CALMANT, remède qui atténue les douleurs.

CALME, tranquille, sans agitation.

CALMER, apaiser, consoler.

CALOMNIE, imputation fausse et injurieuse. Du lat. *calumnia*.

CALOMNIATEUR qui emploie la calomnie. *Calumniator*.

CALOMNIER, attaquer, blesser l'honneur par des calomnies. *Calumniari*.

CALOMNIEUX, qui contient une calomnie. *Calumniosus*.

CALOMNIEUSEMENT, d'une manière calomnieuse.

CALOYERS, *calogers*, moines grecs de saint Basile qui habitent le mont Athos. Du gr. *kalogéroi*, qui a vieilli dans la vertu; comp. de *kalos*, bon, et de *gerôn*, vieillard.

CALOYERS, dervis ou religieux turks.

CALOGÈRES, religieuses grecques.

CALQUER, imprimer les traces du talon. En lat. *calx*, *calcis*, dont on a fait *calcare*, et par extension copier le trait à travers un transparent, imprimer les traces d'un dessin sur un papier ou sur un autre corps. *Voyez* CHAUSSER.

CALQUE, trait léger d'un dessin calqué; copie sur un transparent.

CONTRE-CALQUER, tracer d'après un calque.

DÉCALQUER, tirer la contre-épreuve d'un dessin.

CALVINISME, doctrine de Calvin; sa secte.

CALVINISTE, sectateur de Calvin.

CAMAIEU, *camayeu*, dessin ou tableau d'une seule couleur; pierre fine de deux couleurs; gravure imitant les lavis. Du lat. *camehuia*, onyx; d'autres le tirent de *cameus*, pierre dont les couleurs naturelles augmentent les reliefs qu'on y taille en les détachant du fond; ou bien du gr. *kamai*, bas, parce qu'on y représente ordinairement des bas-reliefs.

CAMÉE, pierre composée de plusieurs couches, et sculptée en relief.

CAMALDULES, religieux anachorètes, ainsi dits de *Camaldoli*, monastère détaché dans la Toscane où ces moines eurent leur premier établissement. *Camaldoli* a été fait de *campo del Maldolo*, du champ d'un certain Maldolo, qu'il donna à saint Romuald, instituteur des Camaldules.

CAMÉLÉON, reptile de la famille des lézards, dont la peau change plusieurs fois de couleur; homme qui change d'avis et de parti selon les circonstances. Du lat. *cameleo*, fait du gr. *chamaileôn*, petit lion, apparemment parce qu'il chasse aux mouches, comme le lion chasse et dévore les autres animaux. D'autres le font venir de *chamai* et d'*humi*, à terre, lion de terre, lion rampant.

CAMÉLÉOPARD, la girafe, animal qui a la tête et le cou comme le chameau, et qui est tacheté comme la panthère. De *kamélos*, chameau, et de *pardalis*, panthère.

CAMOMILLE, plante odoriférante, ses fleurs, sa graine. De *camomilla*, corrompu de *chamemæla*, fait du gr. *chamaimélon*, composé de *chamai*, à terre, et de *méléa*, pommier; c'est-à-dire pommier-nain, parce que cette plante s'élève peu et qu'elle a une forte odeur de pomme.

CAMP, lieu, emplacement, terrain où une armée se loge en bon ordre sous des tentes. Du lat. *campus*.

CAMPER, dresser un camp; loger sous des tentes.

CAMPEMENT, action de camper; lieu où campe une armée.

CAMPOS, congé de classe, repos.

DÉCAMPER, lever le camp, plier les tentes; partir promptement, s'enfuir.

DÉCAMPEMENT, action de décamper.

CAMPAGNE, pays plat et découvert; les champs; terres cultivées et habitées; opération d'une armée pendant l'année.

CAMPAGNARD, habitant de la campagne.

CAMPAGNOLE, espèce de petit rat des champs.

CHAMP, terre cultivée et mise en rapport; étendue de terre labourable sans clôture; fond d'un tableau, d'un discours; fond de l'écu pour peindre ou pour graver; matière, sujet.

CHAMPART, part du seigneur dans les gerbes que produisent les champs.

CHAMPARTEL, sujet au champart.

CHAMPARTER, lever le droit de champart.

CHAMPARTEUR, qui levoit le droit de champart.

CHAMPÉ, qui appartient au champ d'un écu.

CHAMPEAUX, prés, prairies, petits champs. *Campelli*.

CHAMPÊTRE, qui appartient aux champs, qui est des champs. *Campester, campestris*.

CHAMPIGNON, fruit des champs, ainsi dit de ce qu'ils viennent sans être semés, et qu'ils naissent dans des champs.

CHAMPIGNONIÈRE, couche à champignons.

CHAMPION, pour *Pion de champ*, qui combattoit en champ clos; soldat, guerrier vaillant à combattre dans les champs; défenseur d'une personne. De *campus* et de *pes, pedis*. Selon d'autres, *pion* seroit un mot indien, adopté par les arabes, et qui signifieroit *soldat*.

CHAMPOYER, mener les troupeaux aux champs.

ÉCHAMPIR, contourner, en séparant le contour d'avec le fond.

RECHAMPIR, effacer par de nouvelles couches la couleur qui a été empictée; rendre les oppositions de couleurs plus tranchantes.

D'où les noms propres, *Ducamp, Descamps, Duchamp, Deschamps, Champagny, Champeaux, Champagne, Champigny, Champion, Championnet*.

CAMPHRE, gomme aromatique, d'une espèce de laurier des Indes; résine végétale blanche, à odeur et saveur fortes, qui brûle dans l'eau. De l'it. *camphora*, fait de l'ar. *kafur, kaphur*.

CAMPHRÉ, où l'on a mis du camphre.

CANAPÉ pour *conopé*, long siége à dossier. Du lat. *conopeum*, lit d'accouchée; fait du gr. *kônôpeion*, pavillon d'étoffe claire pour se garantir des insectes; dérivé de *kônôps*, mouche, cousin, moucheron.

CANAPSA, sac de cuir à l'usage des ouvriers qui voyagent; celui qui le porte. De l'all. *knappsack*, formé de *knap*, provisions pour manger, et de *sack*, sac.

CANARD, oiseau aquatique de l'ordre des palmipèdes, ainsi nommé du son *can can*, qui est le cri de cet animal, et non du lat. *anas*, auquel on auroit ajouté le C.

CANE, femelle du canard; *faire la cane*, manquer de courage.

CANETON, jeune canard.

CANARDER, tirer à couvert sur des canards; tirer des coups de fusil.

CANARDERIE, lieu où l'on élève des canards.

CANARDIÈRE, lieu couvert et préparé où l'on prend des canards sauvages; fusil long de neuf à onze pieds, dont on place le canon sur une main de fer, sise au-devant d'une petite barque, garnie de feuillage, dans laquelle le chasseur assis tire sur ces oiseaux; ouverture pratiquée dans un mur pour tirer sur l'ennemi sans se découvrir.

CAN-CAN, plainte bruyante, bavardage; mot factice tiré du cri du canard; il a été appliqué par extension aux bruits tumultueux qui s'élèvent dans une assemblée nombreuse, où l'on ne s'accorde pas, et où l'on traite des affaires de peu d'importance.

CANEPETIÈRE, espèce d'outarde très-délicate, ainsi dite de ce qu'elle se tapit contre terre, à la manière des canes dans l'eau.

CANETER, marcher en canard.

CANETTE, petit canard.

CANARI, serin, petit oiseau de la famille des passereaux, originaire des îles Canaries, et pour cela nommé *passer canariensis*; petit vase dans lequel on donne à boire aux oiseaux.

CANCEL, *chancel*, partie du chœur la plus rapprochée de l'autel; lieu où est déposé le sceau de l'état, tous deux fermés d'une balustrade. De *cancellum*, barrière.

CHANCELIER, officier suprême de la justice, et dépositaire des sceaux de l'état. *Cancellarius*, fait d'*à cancellis*, à cause des barres à claires voies qui enfermoient le lieu où étoit l'empereur lorsqu'il rendoit la justice, le garantissoient de la foule des parties, et ne l'empêchoient point de les voir ni d'en être vu. On appela d'abord *chanceliers* ceux dont la charge étoit de se tenir près de ces barreaux.

CHANCELIÈRE, petite caisse garnie de peau pour tenir les pieds chaudement; c'étoit autrefois une peau de mouton avec laquelle on s'enveloppoit les pieds et les jambes.

CHANCELLERIE, hôtel, résidence, bureaux du chancelier.

CANCELLATION, acte qui en annulle un autre.

CANCELLER, annuler en biffant.

CANCER, tumeur maligne qui ronge et dégénère en ulcère; vice qui ronge, qui dévore; quatrième figure du zodiaque. Du lat. *cancer*.

CANCÉREUX, de la nature du cancer.

CANCRE, écrevisse de mer, sorte de crustacé. Du lat. *cancer*, fait du gr. *karkinos*, pauvre hère, homme sans fortune, avare sordide, méprisable.

CHANCRE, ulcère malin qui ronge les chairs; pustules de la fièvre; crasse des dents; maladie des arbres qui les ronge. De *cancer*.

CHANCREUX, qui tient du chancre.

ÉCHANCRER, couper, tailler en forme de chancre; vider en croissant, parce que les cancers rongent la chair en forme d'arc.

ÉCHANCRURE, action d'échancrer, coupure en demi-cercle.

ÉCHANCRÉ, où il y a une échancrure.

CARCAN, collier de fer pour attacher un criminel à un poteau; sorte de chaîne ou de collier de pierres précieuses. Du gr. *karkinos*, dont on a fait *carkannus*, cancre, à cause de la ressemblance du carcan avec les serres d'un cancre.

CARCINOME, cancer ou tumeur chancreuse. Du gr. *karkinôma*.

CARCINOMATEUX, qui tient de la nature du cancer.

CANDEUR, innocence, sincérité, pureté, blancheur de l'âme. Du lat. *candor*, blancheur, fait de *canus*, blanc.

CANDIDE, pur, simple, doué de candeur. *Candidus*.

CANDIDAT, qui aspire à une place. De *candidatus*, vêtu de blanc, parce que, chez les Romains, celui qui aspiroit à quelque charge, à quelque dignité, portoit des vêtements blancs.

CANDIDEMENT, avec candeur. *Candide*.

CHANCI, blanchi de moisissure; fumier rempli de blanc de moisissure.

CHANCIR, commencer à moisir.

CHANCISSURE, moisissure qui se forme sur des choses que l'humidité corrompt.

CHENU, blanchi de vieillesse; montagne couverte de neige. *Canus*.

CANDI, sucre épuré et cristallisé. Les Italiens l'appellent *zucchero di Candia*, parce que l'on croyoit qu'il avoit été apporté en Italie de l'île de Candie. Redi dérive le mot *candi* du pers. *chand*, sucre; d'autres de *candus*, blanc, à cause de sa blancheur. Enfin Saumaise démontre qu'il vient du gr. *kanthos*, angle, à cause des angles qu'il présente soit dans sa forme, soit dans sa cassure. Cependant des orientalistes le font venir de l'ar. *kandac*, fossé, à cause de sa forme, nom qui auroit été introduit par les Sarrasins.

CANDIR, se durcir comme la glace par l'action du feu.

CANÉPHORES, jeunes filles qui portoient dans des corbeilles les offrandes aux dieux. Du gr. *kanés*, corbeille, et de *pherô*, je porte.

CANNE, roseau, bâton; mesure de longueur, mesure de liquides; vaisseau à liqueurs; bâtiment de mer. Du lat. *canna*, fait du gr. *kanna* ou *kanné*.

CANNAGE, mesurage à la canne.

CANNAIE, lieu planté de cannes et de roseaux.

8.

Cannamèle, *canamelle*, genre de graminées comme la canne à sucre. De *canna* et de *meli*.

Cannelle, écorce aromatique des Indes, qui est roulée en forme de canne.

Cannelle, *cannette*, robinet qui s'adapte aux tonneaux; se dit aussi d'une mesure de bierre et d'un petit fuseau pour la soie.

Cannelas, dragées faites avec la cannelle.

Cannelier, arbre qui produit la cannelle.

Cannelé, qui a des cannelures.

Cannelure, demi-canaux creusés le long des colonnes ou des pilastres.

Canneler, creuser des cannelures.

Canner, mesure à la canne.

Cannetille, fil d'or ou d'argent tortillé pour la broderie.

Cannetiller, couvrir de cannetilles, broder avec des cannetilles.

Canon, pièce d'artillerie; tube des armes à feu. De l'it. *canone*, augm. de *canna*, parce que le canon est droit, long et creux comme une canne.

Canonnade, décharge prolongée de canons.

Canonner, tirer le canon.

Canonnier, qui sert le canon.

Canonnière, chaloupe armée de canons; embrasure pour placer un canon.

Cannulle, *canule*, petite canne; tuyau de bois qui s'applique au bout d'une seringue.

Canot, petit bateau, chaloupe longue à compartiments. Ce mot peut être dérivé de l'indien ou du caraïbe *canoa*, dont les Espagnols ont fait leur mot *canoa*.

Carabine, arme à feu, sorte d'arquebuse ou de fusil court à l'usage des cavaliers. De l'it. *carabina*, mot altéré de *canabina*, canne double; cet instrument étant une canne de fer appuyée sur une canne de bois.

Carabin, *carabinier*, arquebusier à cheval, soldat armé d'une carabine. On a donné par dérision ce nom aux jeunes médecins, parce qu'ils sont armés du scalpel et de la lancette.

Carabinade, décharge de carabines; tour de carabins.

Carabiner, combattre; creuser des cannelures dans l'intérieur d'un fusil.

Canal, bois creusé ou conduit pour y faire couler de l'eau; lit creusé pour une rivière; personne par qui nous vient une chose. *Canalis*.

Caniveaux, gros pavés qui bordent les grandes routes et les chaussées.

Chenal, courant d'eau bordé des deux côtés de terre, et où un vaisseau peut entrer.

Chenaler, chercher un passage à travers des bas-fonds.

Chéneau, canal de plomb qui sert à recevoir l'eau de pluie. En lyonn. *chanée*.

Échenal, *écheneau, échenet, écheno*, bois creusé pour recevoir l'eau des gouttières; bassin de terre pour recevoir les métaux en fusion.

Canif, petit couteau pour tailler les plumes; ainsi dit de ce qu'il étoit emmanché d'un bout de roseau.

Canepin, petite pelure déliée prise de l'écorce du tilleul, ou de l'écorce extérieure du bouleau, et sur laquelle les anciens écrivoient. Du gr. *kannabis*, chanvre, par ressemblance avec l'écorce de chanvre. On a donné le nom de *canepin* à une membrane qu'on détache d'une peau de mouton préparée.

Canevas, grosse toile claire à tapisserie. De la bass. lat. *cannavaceus*, fait de *cannabis*. De là on a dit *canevas* pour le premier projet d'un ouvrage d'esprit, pour les paroles qu'on fait sur un air pour en représenter la mesure.

Chanvre, sorte de plante annuelle qui produit le chenevis; filasse qu'on tire de cette plante. De *cannabis*.

Chanvrier, ouvrier qui travaille le chanvre.

Chanvrière, lieu planté de chanvre.

Échanvrer, ôter les plus grosses chenevottes.

Échanvroir, instrument pour échanvrer.

Chenevis, graine de chanvre.

Chenevière, champ de chenevis.

Chenevotte, tuyau de chanvre séparé de la filasse.

Chenevotter, pousser des bois foibles comme des chenevottes.

Quenouille, petite canne entourée par le haut bout de matières propres à être filées; pilier des lits anciens, long et menu; arbre fruitier de forme alongée, ayant des branches du haut en bas; long bateau de pêcheur dieppois.

Quenouillée, quantité de laine, de

chanvre, que peut contenir une quenouille.

QUENOUILLETTE, petite quenouille, outil de fondeur.

CANON, règle, décret; mot usité pour désigner les décisions des conciles, qui règlent la foi et la conduite des fidèles; science du droit ecclésiastique; catalogue des livres sacrés, des saints, des martyrs et des évêques; tableau des prières mobiles. Du lat. *canon*, fait du gr. *kanôn*, loi, règle.

CANONIAL, ce qui est réglé par les canons de l'église; concernant les chanoines.

CANONICAT, dignité et bénéfice de chanoine.

CANONICITÉ, qualité de ce qui est canonique.

CANONIQUE, conforme aux canons de l'église.

CANONIQUEMENT, selon les canons.

CANONISER, inscrire au rang des saints.

CANONISATION, action de canoniser.

CANONISTE, savant dans le droit canon.

CHANOINE, qui possède un canonicat, une place où il doit suivre les canons de l'église. Du lat. *canonicus*, fait du gr. *kanonikos*, dérivé de *kanôn*, règle, parce que les chanoines, dans leur première institution, étoient réguliers, c'est-à-dire qu'ils observoient la règle de la vie commune sans aucune distinction.

CHANOINESSE, religieuse qui a une prébende.

CHANOINIE, canonicat.

DÉCANONISER, rayer de la liste des saints.

CANTAL, sorte de fromage de la haute Auvergne, ainsi dit de la montagne du Cantal où il se fait.

CANTHARIDE, sorte de mouche d'un vert doré, et d'une odeur forte, laquelle entre dans la composition des vésicatoires. Du lat. *cantharis*, fait du gr. *kantharis*, un scarabée, dont elle a la forme.

CANTHUS, l'angle ou le coin de l'œil. On appelle *grand canthus* celui qui est près du nez, et *petit canthus* celui qui touche à la tempe. Du lat. *canthus*, fait du gr. *kanthos*.

CANTON, portion de terre, district, certaine étendue de pays; chacune des subdivisions d'un département. Du lat. *canthus*, fait du gr. *kanthos*, angle, coin.

CANTONADE, coin du théâtre.

CANTONNÉ, logé à demeure dans un canton; mis en cantonnement; monument qui a des ornements en saillie aux angles; écu accompagné de figures dans les cantons.

CANTONNEMENT, séjour de troupes cantonnées; état des troupes cantonnées, en quartier dans un village; action de les cantonner; lieu où elles sont cantonnées.

CANTONNER, distribuer les troupes dans plusieurs lieux, pour la commodité des subsistances.

CANTONNIÈRE, tenture d'un lit par-dessus les rideaux.

CHANTEAU, morceau, partie en général; morceau d'un grand prix; portion de pain bénit envoyé à celui qui doit rendre le pain bénit le dimanche suivant; morceau d'étoffe; pièce du fond d'un tonneau.

CHANTIER, magasin de bois coupé; emplacement où le marchand de bois empile; atelier de gens de bâtiments; pièces de bois à la cave, sur lesquelles on place les tonneaux.

CHANTIGNOLE, demi-brique; petites pièces de bois pour soutenir les pannes d'une charpente.

CHANTOURNER, couper en dehors une pièce de bois, de fer ou de plomb, suivant un profil, ou l'évider en dedans.

CHANTOURNÉ, pièce en bois revêtue ou non d'étoffe, entre le chevet et le dossier d'un lit.

ECHANDOLE, petit ais de merrain pour la toiture.

ÉCHANTIGNOLLE, pièce sous un tasseau; pièce de bois qui fixe l'essieu.

ÉCHANTILLON, petit morceau; portion d'une chose pour la faire connoître. De *cantillio*, dim. de *canthus*.

ÉCHANTILLER, *échantillonner*, couper l'échantillon; conférer un poids avec sa matrice, une mesure avec son modèle.

ENCHANTELER, mettre, ranger sur des chantiers.

CAP, promontoire, bout, chef, extrémité, tête, pointe de terre élevée qui s'avance dans la mer. Du lat. *caput*, que l'on dérive du gr. *kephalé*, tête.

CABALER, aller avec un chef pour former un parti; briguer, intriguer.

CABALE, faction, parti, complot, menée sourde; commerce avec les esprits; tradition juive sur l'explication de la Bible; dans cette dernière acception, on dérive le mot *cabale*, de l'hébreu *kabalah*, chose reçue par tradition; fait du verbe *kibbel*, recevoir par tradition.

Cabaleur, homme ou chef de parti qui cabale.

Cabaliste, savant dans la cabale des Israélites.

Cabalistique, qui appartient à la cabale des Juifs.

Caban, sorte de manteau ayant un capuchon et des manches. De la bass. lat. *cappanum*, fait de *cappa*.

Caboche, grosse tête; petit poisson de rivière à très-grosse tête; clou à grosse tête.

Cabochard, *cabochien*, entêté, opiniâtre.

Cabochon, pierre demi-sphérique ou ronde, qu'on n'a fait que polir sans la tailler.

Cabot, *chabot*, le meunier, sorte de poisson d'eau douce à grosse tête.

Cabuche, *cabuce, capuce, capuche, capuchon*, couverture de tête, ce qui sert à couvrir la tête. *Capitium*.

Capuchonné, coiffé d'un capuchon.

Encapuchonner, mettre un capuchon sur sa tête.

Cabotage, navigation le long des côtes, de cap en cap, de port en port. De l'espag. *cabo*, cap; fait de *caput*.

Caboter, naviguer de cap en cap ou le long des côtes; faire le cabotage.

Caboteur, marin qui fait le cabotage.

Cabotier, *cabotière*, petit bâtiment propre au cabotage.

Cabotinage, action de courir de ville en ville pour jouer la comédie.

Cabotin, comédien qui fait partie d'une troupe foraine.

Cabotiner, courir les petites villes et les villages pour donner des représentations.

Cabus, qui a une tête. Chou cabus, *capitata caulis*.

Cadastre, * *capdastre*, imposition par tête. En bass. lat. *capitastrum*, fait de *caput*, tête.

Cadet, * *capdet*, plus jeune des frères; petit chef; second chef de la maison; d'où les dim. *cadiche, cadichon*. De la bass. lat. *capitetum*, fait de *caput*.

Cadette, pierre de taille mince et carrée, propre à paver; queue de billard plus petite que les autres; on a également donné ce nom à une queue de sept pieds de long.

Cadetter, paver avec des cadettes.

Camail, * *capmail*, demi-manteau à l'usage du clergé. De l'it. *camaglio*; que Ménage présume avoir été fait de *capitis macula*.

Cap, chef; commandant qui est à la tête.

Capable, qui a de la tête, habile, intelligent, qui a les qualités requises pour quelque chose. De *caput*. Des étymologistes dérivent ce mot du lat. *capax*, fait de *capere*, prendre.

Capacité, habileté, intelligence; contenant d'une chose; suffisance, étendue. *Capacitas*.

Incapable, sans tête, sans esprit, inhabile, non capable.

Incapacité, défaut de capacité, de faculté; ignorance, manque de moyen.

Caparaçon, grande cape; couverture de cheval qui couvre l'animal de la tête aux pieds. De l'esp. *caparazon*, fait de *capa*.

Caparaçonner, mettre un caparaçon, couvrir d'un caparaçon.

Cape, *capot*, manteau avec un capuchon; sorte de couvre-chef; voile d'un grand mât. Du lat. *capa*, que l'on dit avoir été fait du gr. *kappa*, nom grec de la lettre k, à cause de sa ressemblance avec cette lettre.

Capéer, aller à la cape ou à la voile du grand mât.

Décaper, passer un cap, sortir d'entre les caps; nettoyer les métaux, enlever la rouille ou le vert-de-gris dont ils sont couverts.

Capelan, terme de mépris en parlant d'un chapelain pauvre ou cagot.

Capeline, *capeluche, chapeline*, petite cape, manteau court, couverture de tête à l'usage des dames; casque, chapeau.

Capet, surnom d'un roi de France, qui lui fut donné parce qu'étant abbé de Saint-Martin de Tours, de Saint-Germain à Paris, et de Saint-Denis en France, il portoit ordinairement la chape.

Capiscol, doyen ou chef d'un chapitre, d'une école. *Caput scholæ*.

Capitaine, chef, commandant d'une compagnie de soldats.

CAPITAINERIE, charge de capitaine.

CAPITAN, faux brave, fanfaron; mot venu de l'it. *capitano*.

CAPITANE, *capitainesse*, la première galère de l'armée, celle que monte le capitaine ou l'amiral.

CAPITAL, *adj*., qui est d'un intérêt majeur; principal, qui est à la tête; *subst*., le principal d'une dette.

CAPITAUX, fonds en argent.

CAPITALE, ville principale qui est à la tête des autres.

CAPITALISTE, homme qui possède des capitaux.

CAPITATION, imposition par tête.

CAPITEUX, qui porte à la tête.

DÉCAPITER, couper la tête en exécution de sentence.

DÉCAPITATION, action de décaper; action de décapiter; condamnation à être décapité.

CAPITOLE, le grand temple de Jupiter à Rome, d'où il fut surnommé *Capitolin*. En lat. *capitolium*, fait de *caput Oli*, parce qu'en creusant les fondements du temple, on trouva la tête d'un nommé *Olus*.

CAPITOUL, échevin, maire d'une ville.

CAPITOULAT, charge de capitoul.

CAPITULAIRE, *adj*., appartenant à un chapitre religieux; *subst*., ordonnance, réglement sur les matières civiles ou religieuses rédigé par chapitres. De *capitularia*, formé de *capitulum*, chapitre; fait de *caput*.

CAPITULAIREMENT, en chapitre.

CAPITULANT, qui a voix en chapitre.

CAPITULATION, traité pour la reddition d'une place, divisé par chapitres.

CAPITULER, traiter de la reddition d'une place au moyen d'une capitulation; entrer en accommodement.

RÉCAPITULER, reprendre par chapitre, résumer ce qui a été fait.

RÉCAPITULATION, action de récapituler, de faire un résumé.

CAPITULE, sorte de petite leçon qui se dit à la fin de certains offices. Assemblage terminal et globuleux de fleurs ou de fruits. *Capitulum*.

CAPITULÉ, ramassé en capitules.

CAPORAL, * *corporal*, chef de chambrée et d'escouade qui, dans les régimens d'infanterie, est au-dessous du sergent. De l'it. *caporale*, fait de *capo*, chef; dérivé de *caput*.

Dans les Dialogues du nouveau langage françois italianisé, Henry Estienne fait ainsi parler Philausone (ami de l'Ausonie), l'un des interlocuteurs:

« Nous avions bien *corporal* qui tenet encore bon, et avet opinion qu'il ne seret point chassé; estimant que celui qu'on nomme corps de garde lui porteret faveur. Mais un je ne sçay quel *caporal* vint, portant des lettres de recommandation de monsieur *Capo*, par le moyen desquelles il fut bien reçeu, voire chéri et caressé; et peu de temps après, la place de ce *corporal*, qui estet natif du pays, fut baillée à cet estranger *caporal*. »

CAPOT, sorte de cape d'étoffe grossière. Ce terme de jeu de piquet vient également de *caput*, parce que le gagnant fait toutes les levées, et les prend d'un bout à l'autre. De là on a fait les deux mots suivans :

CAPON, joueur fin, rusé et appliqué à faire son adversaire *capot*, ou à prendre toute sorte d'avantage aux jeux d'adresse et de hasard. De là

CAPON, crochet de fer pour lever l'ancre.

CAPONNER, user de finesse au jeu. Pris en plus mauvaise part, ces mots *capon* et *caponner* signifient lâche, poltron, et avoir peur, être sans courage, sans honneur. Au fig., amadouer, cajoler, flatter. Les soldats disent *caponnière* pour désigner un logement couvert. De l'it. *capponiera*.

CAPOT, *capote*, sorte de cape, de mante ou de grand manteau d'étoffe grossière en général, auquel est attaché un capuchon: il se met sur le vêtement, et couvre le corps de la tête aux pieds.

CAPOTE, grande mante; redingotte de soldat; grand chapeau, sorte de coiffure de femme.

CAPRON pour *chaperon*, habit des novices capucins.

CAPRON, sorte de fraise à grosse tête.

CAPRONNIER, fraisier de la grosse espèce.

CAPTAL, *capdal*, chef, commandant, gouverneur dans nos provinces méridionales. *Capitalis*.

CAPUCIN, * *capuchin*, religieux du tiers-ordre de Saint-François; ainsi nommé de ce qu'il étoit affublé d'un grand capuchon. *Capucinus*.

Capucine, religieuse du même ordre.
Capucinière, couvent de capucins.
Capucinade, sot et plat discours de dévotion, tel qu'en faisoient les capucins; action ignoble.

Capucine, plante potagère et à fleur d'agrément, originaire du Pérou, laquelle se termine par une production alongée en forme de capuchon qu'elle porte au revers de sa fleur. On la nomma d'abord *cresson du Pérou* ou *cresson des Indes*.

Caveçon, *cavesson*, demi-cercle en fer qu'on adapte au nez des jeunes chevaux pour les dompter.

Chape, *choppe*, portion de l'habit ecclésiastique en forme de long manteau descendant jusqu'aux talons; chapiteau de fer-blanc avec lequel les pâtissiers et les traiteurs couvrent les mets qu'ils portent en ville.

Chapé, terme de blason; qui s'ouvre en chape ou papillon.

Chapier, homme d'église qui porte la chape; armoire pour les chapes.

Enchaper un baril, l'enfermer dans un autre.

Chapeau, couverture de tête à l'usage des deux sexes; bouquet artificiel sur la tête d'une mariée.

Chapelier, *chapelière*, qui fabrique ou qui vend des chapeaux.

Chapellerie, art de fabriquer des chapeaux.

Chapelet, certain nombre de grains enfilés et terminés par une croix, sur lesquels on dit des *Pater* et des *Ave*. Fait du mot *chapel*, couronne de roses que nos aïeux portoient dans les cérémonies civiles et religieuses. C'est ce qui explique pourquoi le chapelet a été appelé *rosaire*, et les gros grains *roses*. Les marchands de chapelets ou couronnes de roses portoient le nom de chapeliers, et dans les statuts donnés en 1736 aux marchandes de fleurs artificielles, on les qualifia de *chapelières en fleurs*.

Chapelle, * chape, petite église consacrée; partie d'église ayant un autel. Ainsi dite de ce que l'on y conservoit les chapes des saints. De *capella*.

Sous la première race de nos rois, et avant l'usage de la messe, on donna le nom de chapelle à une pièce de leurs palais, destinée d'abord à conserver les chapes ou manteaux des saints, ensuite des reliques, et puis à leur servir d'oratoire. Nos premiers rois avoient la plus grande vénération pour saint Martin, qui étoit alors le patron du royaume de Paris. Ils faisoient porter à la tête de leurs armées la chape de ce saint, qui étoit de couleur bleue; c'étoit l'étendard général. A la paix, la chape étoit renfermée dans l'oratoire royal, et ensuite reportée à Tours dans l'église où étoit déposée la dépouille mortelle du premier patron de la France.

L'origine des chapelles en France remonte à l'établissement du christianisme. On dit que cette origine vient de la guerre, où nos rois, qui marchoient à la tête de leurs troupes, ne pouvant entendre l'office dans les églises qui étoient éloignées, la faisoient dire sous une tente couverte. Ménage, qui vouloit donner l'étymologie du mot *chapelle*, imagina de faire couvrir la tente où l'on célébroit d'une étoffe de poil de chèvre. Enchanté d'une si belle découverte, il ne balança pas à dériver *chapelle* de *capella*, petite chèvre.

Chapelain, bénéficier ou titulaire d'une chapelle; prêtre salarié pour dire la messe. *Capellanus*.

Dès qu'il y eut des chapelles, on établit sans nul doute des chapelains pour les desservir; cependant Fleury (*Hist. ecclésiast.*) pense que les premiers chapelains furent établis en l'an 702. Il a été trompé par ce passage d'un capitulaire de Charlemagne de l'an 768, qu'il rapporte et qui est conçu en ces termes: « Aucun prêtre ne célébrera les mystères que dans un lieu consacré à Dieu, ou s'il est en voyage, sous une tente et sur une table de pierre consacrée par l'évêque. » On voit qu'il n'est ici nullement question de l'établissement des chapelains.

Chapellenie, bénéfice de chapelain.

Chapeler, ôter le dessus, la superficie, le chapeau de la croûte du pain.

Chapelure, ce qu'on a ôté de la croûte de pain en le chapelant.

Chaperon, ancienne coiffure de tête; ornement au dos d'une chape; couronnement d'un mur de clôture. De *capparone*, ablat. de *capparó*, fait de *caput*, et non de *cappa*. Voy. mon art. Chaperon, dans le supplément au Glossaire de la Langue Romane.

Chaperonner, coiffer d'un chaperon, le mettre sur la tête, s'en couvrir.

Chaperonnier, oiseau de proie qui porte le chaperon.

Enchaperonner, couvrir d'un chaperon la tête d'un oiseau de proie.

Chapiteau, partie supérieure d'une colonne ou d'un pilastre. *Capitulum, capitellum.*

Chapitre, partie d'un livre ; division d'un compte ; assemblée de chanoines ou de religieux. De *capitulum*, fait de *caput*.

Chapitrer, faire venir au chapitre pour être réprimandé.

Chapon, coq châtré auquel on a coupé les extrémités. *Capo.* On a donné ce nom par métonymie à un morceau de pain frotté d'ail.

Chaponneau, jeune chapon.

Chaponner, châtrer, couper les extrémités d'un coq. On a dit en bass. lat. *capo, caponis*, et les Gloses *kapon*. L'art de chaponner a été inventé dans la Grèce, et cependant les Grecs n'avoient point de mot pour désigner un chapon.

Chaponnière, vaisseau de métal dans lequel on apprête les chapons en ragoût.

Capilotade, ragoût fait de plusieurs viandes déjà cuites. De l'it. *capirotada*, formé de *capo*, parce que ce ragoût étoit originairement fait de morceaux de chapon.

Coeffe, *coiffe*, couverture de tête pour les femmes ; garniture en dedans d'un chapeau.

Coiffer, couvrir la tête, y adapter des parures ; accommoder les cheveux ; mettre une coiffe de nuit.

Coiffeur, *coiffeuse*, qui coiffe, taille et frise les cheveux.

Coiffure, couverture, ornement de tête ; manière de se coiffer.

Décoiffer, ôter la coiffure, la déranger, la mettre en désordre.

Recoiffer, coiffer de nouveau.

Chef, tête, commencement, bout, extrémité ; celui qui est à la tête, qui commande.

Achever, * *à-chef-ver*, venir à chef, finir, terminer. Du lat. *ad*, à, *caput*, tête, fin, et *venire*, venir, arriver.

Achèvement, action d'achever, de terminer, de finir ; exécution entière ; accomplissement.

Parachever, terminer entièrement.

Parachèvement, perfection d'un ouvrage.

Inachevé, qui n'est pas achevé, perfectionné ; à quoi l'on n'a pas mis la dernière main.

Derechef, de nouveau, une autre fois.

Méchef, malheur, infortune, accident, événement fâcheux.

Couvrechef, coiffure, ornement de tête.

Chéfecier, *chévecier*, chef de l'éclairage d'une église ; celui qui a soin de la cire. Fait de *caput* et de *cera*.

Chévecerie, charge de chéfecier.

Chef-d'oeuvre, bel ouvrage, remarquable par sa perfection.

Chef-lieu, lieu principal.

Chevir, terminer, venir à bout.

Chevance, bien qu'on possède, à la tête duquel on est.

Chevissance, *chevissement*, action de chevir.

Chevet, tête d'un lit ; partie intérieure qui termine le chœur d'une église, d'un bâtiment ; coussin sur lequel la tête ou le chef reposent.

Chevêtre, licou, harnois qui se met sur la tête des chevaux ; pièce de bois qui porte les solives coupées à l'endroit de la cheminée, pour donner passage aux tuyaux, et prévenir le danger du feu.

Enchevêtré, retenu par un licou.

Enchevêtrer, mettre un chevêtre, un licou ; embarrasser, embrouiller, assembler un chevêtre.

Enchevêtrure, douleur, mal en s'enchevêtrant.

Cheveu, poil de la tête. *Capillus.*

Capilacé, plante dont les racines sont garnies de filaments semblables à des cheveux.

Capillaire, délié comme des cheveux ; genre de plantes qui portent leur fructification dans le bord replié des feuilles. *Capillaris.*

Chevelé, terme de blason.

Chevelu, qui a de longs cheveux ; filaments ou petites racines qui sortent des grosses.

Chevelure, les cheveux de la tête ; rayon des comètes.

Échevelé, qui a les cheveux en désordre.

Écheveau, peloton échevelé ; fil, coton, laine, pliés et repliés en un certain nombre de tours.

DÉCHEVELER, mêler les cheveux, mettre la chevelure en désordre.

OCCIPUT, le derrière de la tête.

OCCIPITAL, qui appartient à l'occiput.

SINCIPUT, sommet de la tête.

SINCIPITAL, du sinciput.

D'où les noms propres *Caban*, *Cabin*, *Cabasset*, *Cabuchet*, *Cabuchon*, *Capelain*, *Capitaine*, *Capron*, *Capperonier*, *Capuron*, *Chabot*, *Chape*, *Chapelier*, *Chapier*, *Chapelle*, *Lachapelle*, *Chapelain*, *Chaperon*.

CAPENDU, sorte de pommes rouges, ainsi dites pour *courpendu* ; les médecins, dans leurs ordonnances, les nomment *curtipendula*. On a également donné ce nom à une poire dont la queue est fort courte.

CAPRE, fruit du câprier, rond et aigrelet. Du lat. *capparis*, fait du gr. *kapparis*.

CÂPRIER, arbrisseau épineux à longues racines, qui produit les câpres.

CAPPARIDÉES, famille de plantes qui ressemblent au câprier.

CAPRON, grosse fraise, ainsi dite, d'après Gébelin, parce qu'elle est aigrelette comme la câpre. Ménage prétend au contraire que *capron* vient de *caput*, petite tête. *Voyez* CAP, p. 119.

CAPTER, attirer, gagner, obtenir par insinuation la bienveillance, le suffrage. Du lat. *captare*, fait de *capere*, prendre.

CAPTATEUR, qui surprend par ruse, par adresse, une donation, un legs, une succession. *Captator*.

CAPTATION, action de capter; insinuation artificieuse et intéressée. *Captatio*.

CAPTATOIRE, provoqué par l'artifice d'un héritier.

CAPTIEUX, qui tend à tromper; propre à surprendre, à induire en erreur par une fausse apparence. *Captiosus*.

CAPTIEUSEMENT, d'une manière captieuse. *Captiosè*.

CAPTEUR, *captureur*, qui prend, qui saisit en mer.

CAPTURER, faire une capture; butiner; appréhender au corps.

CAPTURE, butin; prise de corps; saisie de marchandises prohibées.

CAPTIF, esclave des Barbaresques; prisonnier réduit en esclavage; privé de sa liberté. De *captivus*, pour *captus vivens*, vivant en prison.

CAPTIVER, rendre captif; assujétir; se rendre maître. *Captivare*.

CAPTIVERIE, prison des nègres.

CAPTIVITÉ, privation de la liberté; état d'un captif. *Captivitas*.

CHÉTIF, vil, méprisable; petit, mauvais dans son espèce, malingre; de peu d'apparence. De *captivus*.

CHÉTIVEMENT, d'une manière chétive.

CAQUE, petit baril dans lequel on met des anchois ou des harengs. Du lat. *cadus*, fait du gr. *kados*, qui a la même signification.

CAQUAGE, mise en caque, action de mettre en caque; façon donnée aux anchois ou aux harengs.

CAQUER, *encaquer*, mettre en caque; entasser dans une voiture.

ENCAQUEUR, celui qui met les harengs en caque.

CAQUÈTE, baquet pour les carpes.

CAQUET, *caquetage*, *caqueterie*, onomatopée du bruit que font les poules quand elles sont prêtes à pondre. Au fig., babillage de personnes qui caquettent comme les poules; abondance de paroles oiseuses.

CAQUETER, bavarder, babiller, exprimer le caquet de la poule.

CAQUETEUR, qui caquette beaucoup.

CAR, * *qar*, *quar*; conjonction pour exprimer la raison d'une proposition avancée; parce que, à cause que. Du lat. *quare*, et non pas du gr. *gar*, qui a cependant la même signification.

CARACOL, *caracole*, tour en rond que le cavalier fait faire à son cheval; sorte d'escalier en vis.

CARACOLER, faire des caracoles ou en faire faire à son cheval. De l'esp. *caracol*, limaçon et escalier tournant, dér. de l'ar. *carcara*, tourner en rond.

CARACTÈRE, lettres de l'alphabet, écriture, figures au moyen desquelles on peint la pensée; empreinte, marque distinctive pour faire connoître ou représenter quelque chose; mœurs, humeur, habitudes d'une personne; physionomie particulière des ouvrages d'art ou d'imagination. Du lat. *character*, fait du gr. *charaktér*, dérivé de *charassô*, graver, imprimer.

CARACTÉRISER, marquer le caractère; faire connoître sa qualité.

CARACTÉRISME, ressemblance, conformité des plantes, de leurs parties, avec d'autres parties du corps humain.

CARACTÉRISTIQUE, qui caractérise.

CARAFE, vase de verre ou de cristal, à goulot, pour les liquides. De l'it. *caraffa*, fait de l'ar. *garaba*, vase.

CARAFON, petite carafe; vaisseau de bois pour mettre rafraîchir l'eau, la carafe qui la contient; grosse bouteille.

CARAMEL, sucre fondu sans eau, brûlé et glacé. De l'esp. *caramelès*, sorte de pastille bonne pour l'estomac.

CARAT, poids qui exprime la bonté ou le titre de l'or; poids de quatre grains pour les diamants. De l'ar. *kirat*, poids qui vaut, à la Mekke, le vingt-quatrième d'un denier, que l'on dérive du gr. *kération*, sorte de très-petit poids.

CARAVANE, association, assemblée, réunion de plusieurs personnes pour voyager, pour aller en marchandise, en pélerinage, ou pour quelqu'autre objet que ce soit; campagnes des chevaliers de Malte sur mer. Du persan *karaouan*, réunion de plusieurs voyageurs.

CARAVANEUR, vaisseau marseillois qui navigue dans les mers du Levant.

CARAVANIER, conducteur des chameaux dans les caravanes.

CARAVENSERAÏ, *caravenserail*, bâtiment ouvert où les voyageurs logent gratis dans l'Orient. Du pers. *karouan*, voyageur, et de *seraï*, maison.

CARDAMINE, le cresson des prés, plante âcre et piquante. Du gr. *kardaminé*.

CARDAMOME, graine aromatique de l'amome à grappes. Du gr. *kardamômon*.

CARDINAL, prince de l'église romaine; prélat du sacré collège; principal; point sur lequel roule un globe, un état, une chose entière; qui indique la quantité. *Cardinalis*. Ce mot vient de *cardo*, gond sur lequel roulent les battants d'une porte.

CARDINAL, oiseau des Indes, ainsi nommé de son plumage rouge.

CARDINALE, acte de l'école de médecine de Paris. *Vertus cardinales*, celles dont les autres dérivent. *Points cardinaux*, les quatre côtés du monde.

CARDINALAT, dignité de cardinal.

CHARNIÈRE, deux pièces de métal qui s'enclavent l'une dans l'autre, et se joignent au moyen d'une broche pour ouvrir et fermer; point d'appui de l'ouverture des coquilles bivalves. De *cardo*.

CARÈNE, partie du vaisseau qui plonge dans l'eau; pétale inférieur des papilionacées; saillie longitudinale sur le dos d'une feuille. Du lat. *carina*, fait du gr. *karénai*, couper, séparer.

CARÉNAGE, action de caréner; lieu où l'on carène.

CARÉNER, raccommoder un vaisseau, lui donner le suif.

CARÉNÉ, *cariné*, feuille anglée par la rencontre des deux côtés.

CARET, sorte de tortue de mer, bonne à manger. Du lat. *caretta*. On a donné aussi le nom de *caret* à un gros fil de trois lignes de tour pour faire des cordages.

CARIE, pourriture qui attaque les os, les dents, le blé et le bois. Du lat. *caries*.

CARIER, gâter, pourrir, attaquer de carie.

CARIEUX, qui se carie.

CARME, moine du mont Carmel en Galilée, où ces religieux ont commencé. *Carmelita*.

CARMÉLITES, religieuses du mont Carmel; couleur de l'habit des carmélites.

CARMIN, couleur d'un rouge vif, tiré de la cochenille. Du lat. *caro, carnis*, chair, à cause de sa couleur.

CARMINATIF, remède contre les vents de l'estomac et les intestins. Du lat. *carminare*, purger.

CAROTTE, racine potagère, jaune, rouge. De l'it. *carota*, fait du lat. *crocota*, dérivé du gr. *krokos*, safran, ou de couleur jaune. Par analogie on a fait:

CAROTTE, feuilles de tabac ficelées.

CAROTTER, hasarder peu au jeu.

CAROTTIER, qui carotte en jouant.

CAROUBE, *carouge*, fruit agréable et sucré du caroubier, en gousse aplatie. Du gr. *kéras*, corne, à cause de la forme de ce fruit.

CAROUBIER, arbre de moyenne grandeur, toujours vert et à cime étalée, qui produit les caroubes.

CARPE, poisson d'eau douce à larges

écailles, du genre cyprin. Du lat. *cyprinus*, dér. du gr. *kuprinos*.

CARPEAU, petite carpe; espèce de carpe très-délicate.

CARPIE, hachis de carpe.

CARPIER, de carpe.

CARPIÈRE, lieu où l'on nourrit des carpes.

CARPILLON, très-petite carpe.

CARPION, poisson du genre de la salmone.

CYPRIN, genre de poissons abdominaux, tels que la carpe, la tanche, etc. Du lat. *cyprinus*, fait du gr. *kuprinos*, carpe.

CARPE, le poignet, ou la partie qui est entre le bras et la paume de la main. Du lat. *carpus*, fait du gr. *karpos*.

ÉPICARPE, cataplasme qu'on applique autour du poignet pour arrêter un accès de fièvre, ou pour en prévenir le retour. Du gr. *épi*, sur, et de *karpos*, le poignet.

MÉTACARPE, seconde partie de la main, située entre le poignet et les doigts. De *méta*, après, et de *karpos*.

MÉTACARPIEN, petit muscle qui s'attache au quatrième os du métacarpe.

CARQUOIS, *calquas*, étui où l'on renferme des flèches et qu'on porte pendu au col et sur le dos. Gébelin le dérive de *circus*, à cause de sa forme cylindrique; les Grecs mod. disent *kokron*, les All. *koëker*, les Ital. *carcasso*, que Ferrari dér. d'*arcu*, et les Esp. *carcax*. Voy. Carcasse, à l'art. CHAIR.

CARRARE, marbre blanc tiré du lieu de ce nom sur la côte de Gênes.

CARTE, mince carton peint d'un coté pour jouer; représentation d'un pays; liste de mets avec les prix chez les restaurateurs; papier écrit. Du lat. *charta*, fait du gr. *chartés*, gros papier, d'où vient *chartion*, petit papier.

CARTAUX, cartes marines.

CARTEL, défi pour un combat singulier envoyé par écrit; réglement pour l'échange ou la rançon des prisonniers. Du lat. *chartella*, dimin. de *charta*.

CARTELETTE, petite ardoise pour écrire.

CARTELLE, manière de débiter le bois en feuilles.

CARTIER, qui fait et vend les cartes à jouer.

CARTOMANCIE, art de tirer les cartes et de lire dans l'avenir; divination par les cartes. Du gr. *chartés*, et de *mantéïa*, divination.

CARTOMANCIEN, tireur de cartes; diseur de bonne-aventure.

CARTON, papiers collés; grosse carte; feuillet ajouté à un livre pour cause de changement; grand porte-feuille.

CARTONNAGE, action de cartonner, d'apprêter des cartons.

CARTONNER, mettre des cartons à un livre; relier en carton.

CARTONNERIE, métier du cartonnier.

CARTONNIER, qui fait et qui vend le carton.

CARTOUCHE, ornement de sculpture qui renferme une inscription ou des armoiries. De l'it. *cartozzo* ou *cartoccio*, dans la même signification.

CARTOUCHE, charge d'arme à feu toute préparée et enveloppée d'un carton mince.

CARTOUCHIER, petit coffre à cartouches.

CARTULAIRE, *chartulaire*, recueil de chartres, d'actes et de titres monastiques. *Cartularium*.

CHARTE ou *chartre*, acte public, titre ancien; loi constitutionnelle de l'état.

CHARTRIER, lieu où l'on garde les archives; celui qui en a la garde.

CHARTOPHYLAX, officier de l'église de Constantinople, préposé à la garde des chartes et des actes. Du gr. *chartés*, et de *phulax*, gardien; fait de *phulassô*, garder. *Voy*. CHARTRE.

CARUS, affection soporeuse qui prive du sentiment et du mouvement; mot latin fait du gr. *karos*, assoupissement, sommeil profond.

CAROTIDES, les deux artères qui conduisent le sang dans la tête, et que les anciens regardoient comme étant le siége de l'assoupissement. Du gr. *karótides*.

CAROTIDAL, qui appartient aux carotides.

CAROTIQUE, qui est attaqué du carus; trou de l'os temporal.

CARYATIDES, figures de femmes vêtues d'une longue robe, dont la tête soutient une corniche; image des femmes de Carye, ville du Péloponèse, réduites en servitude par les Grecs. *Caryatides*, dér. du gr. *karuatidés*.

CASSE, moelle purgative ou écorce aromatique du cassier. Du lat. *cassia*, fait du gr. *kassia*.

CASSIER, arbre des Indes qui donne la casse.

CASSER, rompre, briser, mettre en pièces. Du lat. barb. *cassare* pour *quassare*, en ar. *cassara*.

CAS, *casse*, qui sonne le cassé.

CASILLEUX, verre qui casse lorsqu'on veut le couper.

CASSADE, mensonge par plaisanterie.

CASSAILLE, première façon donnée à la terre.

CASSANT, fragile; qui peut se casser; sujet à se casser.

CASSATION, acte juridique qui casse un jugement.

CASSÉ, rompu, brisé; vieux, infirme, courbé par l'âge.

CASSEMENT, action de casser une branche.

CASSEUR, fier-à-bras; homme fort et vigoureux.

CASSURE, endroit fracturé.

CASUEL, fragile, sujet à être brisé.

CONCASSER, briser en petits morceaux.

RECASSER, donner le premier labour après la moisson.

RECASSIS, terrain recassé.

CASTOR, animal amphibie qui vit en société dans des cabanes sur des pilotis; chapeau fait du poil du castor. Du lat. *castor*, fait du gr. *kastôr*.

CASTORÉUM, matière, liqueur contenue dans deux vésicules du castor.

CASTORINE, sorte d'étoffe qui ressemble au poil de castor.

CATACHRÈSE, usage d'un mot contre sa signification propre et naturelle; figure du discours qui consiste dans l'abus de la signification propre d'un mot. Du gr. *katachrêsis*, abus; fait de *katachraomai*, abuser; composé de *kata*, contre, et de *chraomai*, user.

CATACLYSME, grande inondation, déluge. Du gr. *katakluzmos*, fait du verbe *katakluzô*, inonder.

CATACOMBES, onomatopée dont les sons pittoresques rendent le retentissement du cercueil roulant de degrés en degrés sur les angles aigus des pierres, et s'arrêtant tout-à-coup au milieu des tombes; grottes souterraines ou carrières d'où les anciens Romains tiroient la pierre et le sable, et dans lesquelles ils enterroient leurs morts. La tradition rapporte que les premiers chrétiens s'y retiroient durant les persécutions, et qu'on y ensevelit un grand nombre de martyrs. De là, on a conclu que tous les corps ensevelis dans les catacombes étoient les dépouilles mortelles de grands saints, de martyrs ou tout au moins de bienheureux. Aussi pendant long-temps la cour de Rome fit-elle un commerce immense d'ossements. C'est ce qui explique comment il se trouve dans la chrétienté un aussi grand nombre de fausses reliques. En lat. *catacumbæ*, du gr. *kata*, dessous, et de *kumbos*, cavité. D'autres étymologistes prétendent qu'on a dit *catatombes*, en lat. *catatumbæ*, qu'ils font dériver de *kata* et de *tumbos*, tombeau, c'est-à-dire *tombeaux souterrains*.

CATADOUPE, *catadupe*, cataracte, chute d'eau en général; onomatopée qui peint le bruit des eaux qui tombent d'une certaine hauteur; nom que les anciens donnoient aux peuples qui habitoient près des cataractes du Nil. En lat. *catadupa*, en gr. *katadoupa*, pluriel de *katadoupos*, fait de *kata*, en bas, et de *doupos*, bruit, c'est-à-dire bruit qu'une chose fait en tombant.

CATAFALQUE, représentation d'un mausolée sur un bâti de charpente; c'est un cercueil élevé sous un baldaquin décoré de vertus, de génies, de blasons et de divers ornements funéraires. De l'it. *catafalco*, échafaud. Des étymologistes prétendent que ce mot est hybride, et le font venir de la préposit. gr. *kata*, dessous, et de l'arabe *falak*, élévation, proprement la voûte du ciel.

CATAGMATIQUE, médicament propre à guérir la fracture des os et à les souder. Du gr. *katagma*, fracture; dér. de *katagô*, rompre, briser.

CATAGOGIES, fêtes en l'honneur de Vénus, que les Siciliens célébroient à l'occasion du retour de la déesse de son prétendu voyage en Libye. Du gr. *katagô*, je ramène.

CATALECTES, fragments d'ouvrages anciens; ouvrages incomplets, qui n'ont pas été achevés.

CATALECTIQUE, vers imparfaits, auxquels il manque quelques pieds ou syllabes. Du grec *kataléktikos*, formé de *kata*, contre, et de *légô*, finir, terminer.

ACATALECTE, *acatalectique*, vers complets, auxquels il ne manque rien à la fin. Du gr. *a* priv. et de *kataléktikos,* incomplet.

Brachycatalectique, vers grecs ou latins auxquels il manque un pied à la fin. De *brachus*, bref, court, et de *kataléktikos*, incomplet.

CATALEPSIE, attaque d'apoplexie, dans laquelle on reste tout-à-coup fixe et immobile comme une statue; privé de sentiment, le malade ne perd pas la respiration; état d'une plante ou de l'une de ses parties, qui reste toujours inclinée ou placée comme l'on veut. Du gr. *katalépsis*, détention, arrêt; dér. du verbe *katalambanô*, ramener, retenir.

Cataleptique, attaqué de la catalepsie; plante qui reste toujours détournée.

Acatalepsie, défaut d'intelligence, impossibilité de saisir, de comprendre une chose; maladie du cerveau. Du gr. *akatalépsia*, dér. d'*a* priv. et de *katalambanô*, je prends, je saisis.

Acataleptique, secte de philosophes qui, en doutant de tout, prétendoient qu'il étoit impossible d'acquérir aucune connoissance certaine.

CATALOTIQUE, *catulotique*, remède qui efface les marques des cicatrices qui paroissent sur la peau. De *kata*, contre, et d'*ouloô*, cicatriser; dér. d'*oulé*, cicatrice.

CATAPAN, gouverneur des possessions grecques en Italie, espèce de viceroi pendant les xe et xie siècles. Du gr. *kata*, auprès, et de *pan*, tout; gouverneur général, qui a la direction de tout. De là, selon M. Hase, le nom de la province napolitaine *Capitanate*.

CATAPASME, médicament pulvérisé, dont on saupoudre quelque partie du corps. Du gr. *kata*, dessus, et de *passô*, je répands.

CATAPHORE, espèce de coma; maladie qui consiste dans un profond assoupissement. Du gr. *kataphora*, chute; dér. de *kata*, en bas, *pheréô*, je porte.

CATAPHRACTAIRE, sorte de cavalier grec, armé de toutes pièces. Son armure consistoit en cnémides pour les jambes, en cuissards, en une cuirasse, des brassards et un casque fermé; puis l'épée courte (*machaira*) et la haste. Du gr. *kataphractos*, fermé de toutes parts.

Cataphracte, vaisseau de guerre, long et ponté; armure des cataphractaires; bandage en cuirasse pour le tronc du corps, dans les luxations des côtés, des vertèbres, etc. De *kataphractos*.

CATAPLASME, remède extérieur, sorte d'emplâtre émollient, résolutif, fortifiant, suppuratif, qu'on applique sur quelque partie du corps. Du gr. *kataplasma*, fait de *kata*, dessus, et de *plassô*, enduire, appliquer dessus.

CATAPLEXIE, engourdissement subit, insensibilité soudaine dans les membres. Du gr. *kataplêssô*, frapper, rendre stupide ou hébété; composé de *kata*, dessus, et de *plêssô*, je frappe.

CATAPULTE, machine de guerre des anciens pour lancer des pierres et des traits. Du lat. *catapulta*, fait du gr. *katapeltés*, composé de *kata*, sur ou contre, et de *pallô*, je lance.

CATARACTE, onomatopée; chute d'eau impétueuse et bruyante, occasionée par une pente très-brusque du sol, qui tombe et se brise de roc en roc avec fracas; maladie d'yeux causée par une altération du crystallin, qui le rend opaque, et obscurcit ou ôte entièrement la vue; on l'a ainsi nommée parce qu'on a cru pendant long-temps que cette maladie étoit un amas d'humeur superflue, qui s'épaississoit comme une pellicule dans l'humeur aqueuse ou dans une autre partie. En lat. *cataractes, cataracta*, en gr. *kataraktés*, de *katarrhassô*, briser, renverser avec force; dér. de *rhassô*, qui signifie la même chose.

Cataracté, affecté de la cataracte.

Cataracter (se). Ce verbe s'emploie en parlant des yeux sur lesquels il se forme une cataracte.

CATARRHE, fluxion d'humeurs âcres qui tombent sur la tête, la gorge et le poumon. Les anciens regardoient le catarrhe comme une fluxion d'humeurs qui tomboient de la tête sur les parties inférieures du corps. Du gr. *katarrhoos*, fait de *katarrhéô*, composé de *kata*, en bas, et de *rhéô*, couler.

Catarrhal, sujet aux catarrhes; qui tient du catarrhe; accompagné de fluxion.

Catarrheux, sujet aux catarrhes, qui en a la nature.

Catarrhectique, pénétrant, dissolvant.

CATARRHOPIE, tendance du sang vers les parties inférieures du corps. De *kata*, en bas, et de *rhépô*, je penche.

CATASTALTIQUE, astringent répercutif qui augmente le mouvement des intestins. Du gr. *katastelló*, je resserre.

CATASTASE, ponction de l'œil; acte, partie du poème dramatique, qui renferme le nœud de l'intrigue; nature, état habituel d'une chose. Du gr. *katastasis*, dérivé de *kathistémi*, constituer, établir.

CATASTATIQUE, qui dépend de la constitution du tempérament.

CATASTROPHE, événement, révolution qui dénoue et termine une action dramatique; fin malheureuse, issue funeste. Du gr. *katastrophé*, renversement, ruine, destruction; fait de *kata*, sous, et de *stréphô*, tourner, finir.

CATAU, catin, petite poupée; femme de mauvaise vie; petite perruche. Dim. du nom propre *Catherine*.

CATÉCHISME, explication des premiers principes d'une science, et, en particulier, de la doctrine chrétienne; instruction sur les mystères de la foi; livre qui en contient l'exposé.

CATÉCHÈSE, instruction de vive voix. Du gr. *katéchésis*, dont on a fait catéchisme; dér. de *katéchizéin*, faire retentir aux oreilles, enseigner, expliquer de vive voix; formé de *kata*, auprès, contre, et d'*échos*, son, retentissement, parce que, dans la primitive église, les instructions se faisoient toujours de vive voix et jamais par écrit. De là cette foule de conciles tenus en France dans les vi^e, viie, viiie et ixe siècles qui ordonnent que les évêques s'occuperont de traduire en langue vulgaire les prières et les psaumes, pour que le peuple puisse les entendre.

CATÉCHISER, instruire des mystères de la foi, de la religion; endoctriner, faire la leçon, s'efforcer de convaincre.

CATÉCHISTE, qui enseigne, qui fait le catéchisme.

CATÉCHISTIQUE, en forme de catéchisme.

CATÉCHUMÈNE, que l'on dispose au baptême en l'instruisant. De *katéchouménos*, part. pas. de *katéchéô*, instruire de vive voix.

CATÉCHUMÉNAT, temps d'instruction du catéchumène.

CATÉGORIE, ordre, rang, classe dans laquelle on range tous les êtres et les objets de nos pensées; mœurs, coutumes; nature, sorte; caractère. Du gr. *katégoria*, chose dont on peut parler; fait de *katégoréô*, montrer, déclarer, manifester; dont la racine est *agora*, le barreau, le marché, la multitude.

CATÉGORIQUE, dans l'ordre précis; à propos, selon la raison, fait à propos.

CATÉGORIQUEMENT, avec justesse, à propos; d'une manière catégorique.

CATHARIS, nom de plusieurs sectaires en différents temps qui se croyoient plus purs que les autres chrétiens. Du gr. *kathares*, pur, sans tache.

CATHARTIQUE, purgatif, qui a la vertu de purger. Du gr. *kathairô*, je purge.

CATHÉDRALE, principale église d'un diocèse où est le siége, la chaire de l'évêque. Du gr. *kathedra*, siége, chaise.

CATHÉDRATIQUE, ancien droit qui se payoit à l'évêque quand il faisoit la visite de son diocèse.

CATHÉDRANT, celui qui préside à une thèse, à un acte public.

CATHÉDRER, présider à une thèse.

CHAIRE, *chayère, siége élevé où se placent ceux qui parlent en public; un banc d'église; siége d'un évêque dans sa cathédrale; charge de professeur. De *cathedra*.

CHAISE, siége à dos sans bras; dim. de *chaire*.

CATHÉRÉTIQUE, remèdes qui rongent les chairs surabondantes des plaies. Du gr. *kathairéô*, ôter, enlever, détruire; fait de *kata*, sur, et d'*hairéô*, j'ôte, j'emporte.

CATHÈTE, ligne qui tombe perpendiculairement sur une autre. Du gr. *kathétos*, niveau, aplomb; fait de *kathiémi*, abaisser.

CATHÉTER, sonde creuse et recourbée, pour introduire dans la vessie, afin d'en retirer les urines.

CATHÉTÉRISME, opération faite avec le cathéter, pour injecter ou vider la vessie.

CATHOLIQUE, universel, répandu partout; juste, pur, légal; qui professe la religion catholique. Du lat. *catholicus*, fait du gr. *katholikos*, universel; dérivé de *kata*, par, et de *holòs*, tout; qui est répandu partout.

CATHOLICISME, communion, religion catholique.

CATHOLICITÉ, doctrine, opinions, pays catholiques.

CATHOLIQUEMENT, selon la foi catholique.

CATHOLICON, sorte de remède composé de plusieurs ingrédients, que les anciens regardoient comme propre à purger toutes les humeurs.

CATI, apprêt des étoffes, à l'aide de la presse, pour les lustrer et les affermir. De *captare*, dans le sens de *videre*, rendre beau à la vue.

CATIR, donner le cati aux étoffes.

CATISSEUR, qui donne le cati.

DÉCATIR, ôter le cati.

CATOPTRIQUE, partie de l'optique qui traite des effets de la réflexion de la lumière. Du gr. *katoptron*, miroir; d'où *katoptrizó*, réfléchir comme un miroir; dérivé de *kata*, contre, et d'*optomai*, voir.

CAUCASE, haute chaîne de montagnes qui s'étend entre le Pont-Euxin et la mer Caspienne; les naturels l'appellent *Káf*, les Asiatiques orientaux *Kof-Káf*; les Turks de Constantinople *Káf-Daghi*, les monts *Káf*. L'ancienne forme étoit de *Koh-Kasp*, d'où vient le nom de *Caspienne*, donné à la mer d'Hyrcanie.

CAUCHEMAR, oppression en dormant; pesanteur apparente sur l'estomac. De *calca mala*, oppression pénible; *calca* a été dit pour *calcatio*.

CAUSE, principe; ce qui fait qu'une chose est ou doit être; sujet, prétexte; intérêt, parti; procès qu'on plaide à l'audience. Du lat. *causa*, principe, origine, état, sujet; d'où *causare*, *causari*, plaider une cause, et *causidicus*, en bass. lat. *causarius*, avocat, causeur, bavard, loquace. Les Grecs disoient *kôsai*, parler, jaser; d'où peut venir l'all. *kosen*, qui a la même signification.

CAUSALITÉ, qualité, manière dont une cause agit.

CAUSATIF, particule qui rend raison de ce qu'on a dit.

CAUSER, être cause; s'entretenir familièrement; critiquer, blâmer, parler avec malignité. *Causari*.

CAUSERIE, babil, action de causer.

CAUSEUR, qui aime à parler; qui parle beaucoup ou superficiellement.

CAUSEUSE, petit sopha pour deux personnes qui ont à causer.

CHOSE, tout ce qui est ou peut être; bien, affaire, possession; portion; ce qu'on ne désigne pas.

CAUSTIQUE, substance qui a une vertu corrosive, brûlante; mordant; satirique, piquant; courbe sur laquelle se rassemblent les rayons réfléchis, et où ils ont une force brûlante. Du lat. *causticus*, fait du gr. *kaustikos*, dér. de *kaiô*, je brûle.

CAUSTICITÉ, qualité de ce qui est caustique; inclination à lancer des sarcasmes.

CATACAUSTIQUE, courbe formée par des rayons réfléchis, à la différence de la diacaustique, qui est formée par la réfraction. De *katakaiô*, brûler par réflexion; fait de *kata*, contre, et de *kaiô*.

DIACAUSTIQUE, nom donné, en optique, aux caustiques par réfraction, pour les distinguer des catacaustiques ou caustiques par réflexion. De *dia*, à travers, et *kausticos*.

ENCAUME, pustule ou marque causée par une brûlure. Du gr. *egkauma*.

ENCAUSTIQUE, sorte de peinture qui consiste à coucher avec le pinceau des cires colorées et liquéfiées au feu; ou à fixer les couleurs par le moyen du feu. Du gr. *egkaustikos*, d'*egkaiô*, brûler, dér. de *kaiô*.

CAUSUS, *causos*, fièvre aiguë, continue, qui cause une chaleur brûlante et une soif ardente. Du gr. *kausôn*, chaleur; dér. de *kaiô*.

CAUTÈRE, caustique ou fer brûlant qu'on applique sur quelque partie du corps pour la consumer; ulcère artificiel qu'on fait dans la chair, pour faire écouler les humeurs. En lat. *cauterium*, fait du gr. *kauterion*, dér. de *kaiô*.

CAUTÉRÉTIQUE, remède qui brûle les chairs.

CAUTÉRISATION, action de faire un cautère, de brûler les chairs.

CAUTÉRISER, brûler, comme font les caustiques; appliquer un cautère; brûler les chairs.

COUSSON, vapeur chaude qui, dans les départements méridionaux, brûle les bourgeons des vignes quand elles commencent à pousser. Du gr. *kausos*.

CAUTELEUX, * *caut*, fin, rusé. Du lat. *cautus*, prudent, avisé, circonspect, sur ses gardes; fait de *cavere*, prendre garde.

CAUTÈLE, ruse, finesse, précaution.

Cauteleusement, avec ruse, finement.

Caution, répondant qui s'oblige pour un autre; qui garantit la véracité d'un fait, ou la probité d'une personne. De *cautio*, dérivé de *cavere*.

Cautionnage, action de cautionner.

Cautionnement, acte par lequel on cautionne quelqu'un; somme versée; gage, garantie, bien qui sert de caution.

Cautionner, se rendre caution; fournir un cautionnement.

CAUX, pays de la Normandie, ainsi appelé des *Calètes*, peuples qui l'habitoient.

Cauchois, habitants du pays de Caux; gros pigeons qui en viennent.

Caudebecs, sorte de gros chapeaux de laine qui se fabriquoient à Caudebec.

CAVE, souterrain, voûte sous les habitations, où l'on met du vin; fonds d'argent que l'on met devant soi, à certains jeux. Du lat. *cavea*, formé de *cavus*, creux, fait du gr. *chaos*, vide; en éolique *chavos*.

Cavé, creusé, qui forme un creux. *Cavatus*.

Caveau, petite cave, lieu souterrain dans les églises, où l'on dépose les corps morts. *Caveola*.

Cavée, chemin creux, coupé dans une montagne; certaine quantité de pièces de vin.

Caver, creuser, faire un creux, pratiquer une mine; estimer, mettre à prix; mettre une cave au jeu. *Cavare*.

Caverne, creux naturel et profond sous une montagne, au milieu des rochers, quelquefois aussi en plaine et en rase campagne. *Caverna*.

Cavernosité, espace vide d'un corps caverneux.

Caverneux, plein de cavernes. *Cavernosus*.

Cavet, membre creux ou moulure rentrante, dont le profil est d'un quart de cercle; il fait partie des corniches.

Cavin, chemin creux aux approches d'une place. De *cavinum*, dimin. de *cavum*.

Cavité, creux, vide dans un corps solide. *Cavitas*.

Cantine, petit coffre ou caisse de voyage, à compartiment, où l'on met des fioles de vin ou de liqueurs; cabaret militaire. De l'it. *cantina*, fait de la basse lat. *canava*, petite cave.

Cantinier, cantinière, qui tient une cantine.

Chaos, confusion de toutes choses avant la création du monde; chose confuse et embrouillée; abîme, ouverture immense et profonde, lieu fort obscur. Du gr. *chaos*.

Chaomancie, art de prédire l'avenir par le moyen des observations faites sur l'air. Du grec *chaos*, qui se prend pour *l'air*, dans Aristophane, et de *manteia*, divination.

Geôle, prison souterraine. De la bass. lat. *gabiola*, dimin. de *gabia*, fait de *cavea*, cage, lieu fermé; les Italiens disent *gabbia*, dans le sens de cage et de prison.

Geôlage, droit dû au geôlier pour le temps qu'on a été en prison.

Geôlier, gardien d'une prison; guichetier.

Excavation, creux qui se fait dans quelque terrain; action de creuser. *Excavatio, excavatus*.

Excaver, creuser, faire un creux. *Excavare*.

Encaver, mettre en cave, descendre à la cave.

Encavement, action d'encaver.

Encaveur, celui qui encave.

Concave, creux et rond. *Concavus*, fait du gr. *sun*, ensemble, et de *chavos*, vide.

Concavité, le dedans d'un corps creux et rond; état d'un corps concave. *Concavitas*.

Cage, petite logette faite de bâtons d'osier, de petites verges ou de fil de fer à claire voie servant à divers usages. Du lat. *cavea*; car on donne le nom de cage à la loge d'un oiseau; à une sorte de jalousie pour garantir les carreaux; au garde-manger pendu en l'air pour conserver les provisions; à l'enceinte d'un corps de logis, d'un escalier, d'une horloge, etc.

Cagée, cage pleine d'oiseaux.

Cageron, *cagerote*, petit panier, éclisse servant à mettre et à contenir le lait caillé pour faire former le fromage et en faire sortir le petit lait.

Cagier, marchand d'oiseaux et de cages.

ENCAGER, mettre en cage; renfermer en prison.

CAJOLER, flatter, louer, amuser, caresser, chercher à plaire, à séduire pour obtenir ce qu'on souhaite.

CAJOLERIE, louange qui sent la flatterie et dont on se sert pour cajoler.

CAJOLEUR, celui qui cajole.

Ces trois mots viennent de l'ancien françois *cageoler,* caresser et parler à un oiseau qui est en cage; parler, chanter, jaser comme un oiseau dans une cage; au figuré, endormir quelqu'un, le surprendre à force de babil. *Cageoler,* action de chanter et de babiller. *Cageoleur,* qui amuse par son babil de là viennent:

ENJOLER, tromper, surprendre, séduire par de douces paroles.

ENJOLEUR, trompeur, qui enjole.

GABIE, hune au haut du mât d'un navire. De l'ital. *gabbia,* cage; formé de *cavea.*

GABION, grand panier en forme de tonneau, panier plein de terre, pour protéger les travailleurs occupés aux travaux d'un siége. De l'ital. *gabione,* fait de *gabbia.*

GABIONNADE, ouvrage de gabions.

GABIONNER, couvrir avec des gabions.

GINGEOLE, place de la boussole sur la poupe d'un navire.

CAVIAR, *cavial,* œufs d'esturgeons salés. De l'it. *caviale,* ou du grec moderne *kauiari,* qui a la même signification. Le P. Thomassin dit *chaviari.*

CAVILLATION, sophisme; fausse subtilité; mauvaise chicane. *Cavillatio.*

CE, CET, *cette,* pron. démonst. qui indiquent la chose et son genre. Du lat. *hic, hæc, hoc.*

CÉANS, en ce lieu, ici dedans. Du lat. *hic intus.*

CECI, pron. démonst.; cette chose-ci. Du lat. *hic, hoc.*

CÉCITÉ, état d'un aveugle; aveuglement. Du lat. *cæcitas.*

CÉDER, quitter, laisser, abandonner, se soumettre, succomber, se retirer. Du lat. *cedere,* s'en aller; fait du gr. *chadéin* pour *chazéin,* qui a la même signification.

CÉDANT, qui cède et abandonne son droit.

CESSER, discontinuer, interrompre une action. Du lat. *cessare,* fait de *cessum,* supin de *cedere.*

CESSANT, qui cesse.

CESSATION, interruption, discontinuation. *Cessatio.*

CESSE, répit, repos; *sans cesse,* sans discontinuer.

CESSION, transport, démission, abandon à quelqu'un. *Cessio.*

CESSIONNAIRE, celui qui fait cession de ses biens.

CESSIBLE, qui peut être cédé.

RECÉDER, céder à un autre ce qu'on avoit acheté pour soi.

ACCÉDER, entrer dans un arrangement, accepter des conditions, donner son consentement. *Accedere.*

Accès, abord; moyen d'approcher, faculté d'entrer; mouvement violent et passager; émotion de la fièvre. *Accessus* pour *accessio.*

ACCESSIBLE, qu'on peut aborder; dont il est facile de s'approcher.

INACCESSIBLE, où l'on ne peut aborder, chez qui on ne peut avoir accès.

ACCESSION, adhésion, consentement. *Accessio.*

ACCESSIT, mot latin; qui s'est approché le plus du prix décerné dans un concours à celui qui a moins bien fait que le vainqueur, et mieux que les autres concurrents.

ACCESSOIRE, qui accompagne, qui n'est pas essentiel à l'objet dont il dépend.

ACCESSOIREMENT, d'une manière accessoire.

ANTÉCÉDENCE, *antécédent, antécesseur.* Voy. AVANT.

CONCÉDER, accorder des droits, des grâces. *Concedere.*

CONCESSION, don de faveur; abandon d'une chose. *Concessio.*

CONCESSIONNAIRE, qui a obtenu une concession.

DÉCÉDER, quitter, s'en aller, mourir de mort naturelle. *Decedere.*

DÉCÉDÉ, quitté, abandonné, mort.

DÉCÈS, abandon, mort naturelle, action de mourir. *Decessus.*

EXCÉDER, aller au-delà, outre-passer, importuner à l'excès. *Excedere.*

EXCÉDANT, *excédent,* qui excède; ce qui excède.

EXCÈS, ce qui passe les convenances, les bornes de la raison; excédant d'une quantité sur une autre; débauche, dérèglement, violence, outrage.

Excessif, qui excède la mesure, qui passe les bornes.

Excessivement, avec excès.

Incessamment, sans cesser, continuellement, sans délai.

Incessible, qui ne peut être cédé.

Intercéder, entre-venir, venir entre deux; se mettre entre deux; prier pour quelqu'un, demander grâce pour un autre. *Intercedere.*

Intercession, action d'intercéder, de demander grâce. *Intercessio.*

Intercesseur, qui intercède.

Précéder, aller, marcher devant; tenir le premier rang; avoir le pas. *Præcedere.*

Précédent, qui précède, qui a été auparavant. *Præcedens.*

Précédemment, auparavant, à une époque antérieure.

Prédécesseur, qui a précédé quelqu'un dans un emploi; ceux qui ont vécu avant nous dans le même lieu, le même état. *Prædecessor.*

Prédécéder, mourir avant un autre.

Prédécédé, mort avant un autre.

Prédécès, mort avant celle d'un autre.

Procéder, naître, sortir, tirer son origine, provenir, dériver. De *procedere*, aller en avant; fait de *pro*, devant, et de *cedere*, s'en aller.

Procédé, manière d'agir, d'opérer, conduite qu'on tient à l'égard des autres, ou qu'un tiers a vis-à-vis de nous.

Procédure, manière de procéder en justice; actes pour l'instruction et le jugement d'un procès; sac ou dossier d'un procès criminel déposé dans un greffe.

Procès, instance devant un juge sur un différend; instruction d'une cause.

Processif, qui aime les procès ou à les prolonger.

Procession, promenade religieuse, conduite en ordre par des prêtres, en chantant des prières et des cantiques.

Processionnaires, sorte de chenilles évolutionnaires qui marchent à la suite les unes des autres.

Processionnal, *processionnel*, livre de prières pour les processions.

Processionnellement, en procession.

Rétrocéder, rendre ce qui avoit été cédé.

Rétrocession, action par laquelle on rétrocède.

Succéder, venir après, obtenir un emploi, réussir, hériter, prendre la place. De *succedere.*

Succès, manière dont une chose réussit, dont elle tourne; issue quelconque d'une affaire; heureuse issue. *Successus.*

Successeur, qui succède à. *Successor.*

Successif, qui se succède sans interruption.

Succession, suite non interrompue de successeurs, d'années, de temps; héritage, biens laissés en mourant. *Successio.*

Successivement, tour à tour, l'un après l'autre.

CÉDILLE, virgule qui, placée sous la lettre C, la fait sonner comme l'S. De l'esp. *cedilla*, *cerilla*, petit c.

CÈDRE, sorte de pin du Liban, bel arbre résineux, en pyramide, toujours vert. Du lat. *cedrus*, fait du gr. *kédros.*

Cédrie, résine qui découle du cèdre.

Cédrat, espèce de citronnier; sorte de citron confit d'un goût et d'un parfum exquis. *Voy.* Citron.

CÉDULE, *scédule*, billet sous seing privé; petit morceau de papier sur lequel on écrit quelque chose pour servir de mémoire. Du lat. *schedula*, fait du gr. *schedé*, feuille de papier, de parchemin, ou d'écorce d'arbre.

CEINDRE, entourer, construire autour, mettre, attacher. Du lat. *cingere.*

Ceint, entouré. *Cinctus.*

Ceintrage, cordage autour d'un vaisseau.

Ceinture, cordon, bande d'étoffe ou de cuir dont on se ceint; ce qui entoure, qui est en forme de ceinture. *Cinctura.*

Ceinturon, ceinture pour suspendre l'épée au côté.

Ceinturier, qui fait et vend des ceintures, des ceinturons.

Cintre, trait d'un arc, ou figure courbe qu'on donne à une voûte. De *cinctura* et non *centrum.*

Cintres, assemblages de planches et autres pièces de bois, dont on se sert pour la construction des voûtes.

Cintrer, faire un cintre, courber en arc; commencer à faire les voûtes; mettre la charpente sur laquelle on les construit.

Décintrer, ôter les cintres.

9.

Décintrement, action de décintrer.

Enceindre, environner; fermer en entourant.

Enceinte, tour, circuit, étendue d'une clôture; femme grosse d'enfant.

Enceinturer, engrosser; devenir grosse.

Sangle, pour cengle, bande plate et large pour ceindre, serrer; onomatopée de l'air froissé par une courroie déployée avec force. En lat. *cingula*, de *cingere*, ceindre, entourer.

Sanglade, coup de sangle; coup de fouet.

Sangler, serrer avec une sangle; donner des coups de sangle. *Cingulare*.

Dessangler, défaire la sangle.

Cingler, naviguer à pleines voiles; s'est dit parce que la mer, ouverte vivement par le navire, rend un petit bruit de la même nature que la sangle. Cingler se dit aussi du vent du nord et de la pluie chassée par un ouragan impétueux.

Cinglage, chemin d'un vaisseau en vingt-quatre heures.

CÉLADON, couleur entre le bleu et le vert tendre; elle a été ainsi appelée de *Céladon*, personnage du roman de l'Astrée, par d'Urfé. On donne également le nom de *Céladon* à un amant tendre et délicat. Les dames et les marchands ont été de tous temps fort habiles pour composer des noms bizarres et les donner aux couleurs à la mode. Sous Louis XIV, on distinguoit, dit Ménage, la couleur d'*Astrée*, celles d'*Espagnol malade*, d'*amarante*, de *fille émue*, de *barbe à Neptune*, d'*inconstance*, de *Clélie*, etc. La connoissance des noms donnés aux couleurs et aux vêtements est moins futile qu'on seroit tenté de le penser; elle sert souvent à peindre l'histoire et à montrer le caractère de la nation. Au XVIe siècle, outre le costume adopté, les petits maîtres de la cour faisoient gloire de porter des habillements des diverses nations de l'Europe et de l'Asie. Au temps de la grandeur de Louis XIV, les modes se ressentirent du faste et de la galanterie du monarque. La licence des mœurs sous la régence fit inventer des mots obscènes, tels que le *tatez-y*, le *boute-en-train*, la *culbute*, l'*effrontée*, le *laisse-tout-faire*, la *gourgandine* et autres. Lors des triomphes des armées françoises, les couleurs prirent le nom de nos principales victoires. Aujourd'hui que l'instruction a répandu ses bienfaits sur toutes les classes de la société, les marchands donnent aux étoffes des noms étrangers ou celui de l'industriel qui les fabrique.

CÉLÈBRE, dont la réputation et la renommée sont répandues universellement. Du lat. *celeber, celebris*.

Célébrité, réputation d'un homme célèbre; solennité d'une fête. *Celebritas*.

Célébrer, publier les louanges; publier avec éloge; solenniser une fête. *Celebrare*.

Célébration, action de célébrer, d'observer une fête. *Celebratio*.

Célébrant, celui qui exécute les cérémonies d'une fête; prêtre qui officie, qui célèbre la messe. *Celebrans*.

Concélébrer, célébrer en commun. *Concelebrare*, fait de *cum*, ensemble, et de *celebrare*.

CÉLER, taire, cacher aux yeux, tenir enfermé, dérober à la connoissance. Du lat. *celare*.

Cellier, lieu au rez-de-chaussée où l'on garde le vin, le bois. *Cellarium*.

Cellerier, religieux qui, dans un couvent, a soin des provisions de bouche et des habits. *Cellarius*.

Cellule, chambre de religieux où l'on est comme célé; alvéole. *Cellula*.

Cellulaire, *celluleux*, à cellules; rempli de petites cellules.

Déceler, découvrir celui qui a pris ou ce qui est caché.

Décèlement, action de déceler.

Recélé, recèlement, action de recéler.

Recéler, cacher un vol qu'un autre a fait.

Recéleur, qui recèle un vol ou un voleur.

CÉLERI, l'api, ou le persil de Macédoine, sorte de plante ombellifère à feuille d'ache, et potagère. De l'it. *celeri*, que Ménage croit venir du gr. *selinon*.

CÉLÉRITÉ, diligence, promptitude, hâte, empressement. Du lat. *celeritas*, dérivé du gr. *kélér, kélés*, conducteur d'un cheval dans les jeux publics.

Accélérer, hâter, presser, augmenter la vitesse. Du lat. *accelerare*.

Accélération, augmentation de vitesse, accroissement. *Acceleratio*.

Accélérateur, *accélératrice*, qui accélère, qui accroît la vitesse du mouvement.

Célère, diligent, prompt, empressé.

Célérifère, voiture qui transporte avec célérité. Formé de *celeritas* et de *fero*, porter, j'emporte avec vitesse.

CÉLIAQUE, *cœliaque*, qui est propre à l'estomac, au conduit alimentaire. Du gr. *koilia*, le ventre. Il se dit aussi d'un flux de ventre chyleux et d'une artère qui se partage vers le foie et la rate.

CÉLIBAT, état d'une personne qui n'est pas mariée. Du lat. *cœlibatus*, fait de *cœlebs*, célibataire ; que l'on dérive du gr. *koité*, lit, et de *léipô*, je laisse.

Célibataire, qui vit dans le célibat. *Cœlebs*.

CÉLOTOMIE, amputation d'une tumeur, d'une hernie. Du gr. *kélé*, tumeur, et *temnô*, je coupe.

CELTES, habitants de la Gaule celtique. *Celtæ*, du gr. *kelté*.

Celtique, la Gaule, le pays des Celtes ; leur langage ; ce qui en vient.

Celtibères, peuples sortis de la Gaule celtique pour aller habiter les bords de l'Èbre (*Iberus*), dans la partie de l'Espagne qui forme aujourd'hui le royaume d'Aragon.

CELUI, celle, pron. démonstrat. ; se dit de tous les êtres. Du lat. *hic* et *ille*. Nos pères disoient *cist*.

CÉNACLE, salle à manger. Du lat. *cœnaculum*, fait de *cœna*, dérivé du gr. *koinos*, commun, repas commun, parce que l'usage chez les anciens étoit de manger en commun.

Cène, dernier repas de J.-C. avec ses apôtres, avant sa passion ; cérémonie du lavement des pieds de treize pauvres, et de leur servir à manger le jeudi saint ; communion des protestants.

Cénisme, vice d'élocution grecque, en employant confusément tous les dialectes. De *koinos*, commun.

Cénobite, moine ou religieux qui vit en communauté. *Cœnobita*, fait du gr. *koinos*, commun, et de *bios*, vie.

Cénobitique, de cénobite.

Cénobiarque, supérieur d'une communauté de cénobites. Formé de *koinos*, commun, de *bios*, vie, et d'*arché*, commandement, puissance.

CENCHRITE, sorte de pierre composée de petits grains semblables à des grains de millet pétrifiés. Du gr. *kegchros*, grains de millet.

CENDRE, résidu de toute combustion. Du lat. *cinere*, ablat. de *cinis*, que l'on fait venir du gr. *konis*, qui a la même signification.

Cendré, couleur de cendre.

Cendrée, menu plomb pour la chasse.

Cendreux, couvert de cendre.

Cendrier, partie du fourneau qui contient les cendres ; sorte de pelle carrée dans laquelle tombent les cendres.

Cherrée, * *cinérée*, cendres de lessive. *Cineratæ*.

Cinéraire, urne qui renferme les cendres d'un corps qui a été brûlé.

Cinération, réduction en cendres.

INCENDIE, grand embrasement ; feu violent qui consume ; troubles, combustion dans un état ; feu intérieur des passions. *Incendium*.

Incendiaire, auteur volontaire d'un incendie ; séditieux, qui tend à la sédition. *Incendiarius*.

Incendié, réduit en cendres.

Incendier, brûler, consumer par un incendie.

Incinération, action de réduire en cendres. *Incineratio*.

Encens, sorte de gomme aromatique qu'on brûle, qu'on réduit en cendres à l'honneur de la Divinité ; louange pour flatter. *Incensum*.

Encensement, action d'encenser, ses effets.

Encenser, donner, offrir de l'encens ; louer, flatter avec excès.

Encenseur, louangeur fatigant.

Encensoir, cassolette suspendue à des chaînes pour encenser.

CÉNOTAPHE, tombeau vide élevé à la mémoire d'un mort enterré ailleurs. *Cenotaphium*, du gr. *kénos*, vide, et de *taphos*, tombeau.

CENS, redevance, rente foncière dont un héritage est chargé envers le seigneur du fief d'où il dépend ; liste des citoyens ; déclaration de ses biens devant le magistrat. Du lat. *census*, revenus, dénombrement des personnes et des biens ; fait de *censere*, enregistrer, faire un dénombrement.

Cense, ferme, métairie seigneuriale.

Censal, courtier, agent de change dans le Levant.

Censier, fermier tenancier d'une cense ; seigneur propriétaire d'un cens ; livre ou registre des cens.

Censitaire, qui doit le cens.

CENSÉ, réputé, estimé; qu'on croit valoir.

CENSERIE, courtage en général.

CENSITE, sujet au cens.

CENSIVE, étendue d'un fief sur lequel il est dû des cens; redevance des cens; héritage tenu à titre de cens.

CENSUEL, qui a rapport au cens.

ACCENCE, dépendance d'un bien.

ACCENSES, huissiers chez les Romains.

ACENS, terre donnée ou tenue à cens.

ACENSER, réunir deux biens; donner à cens.

ACENSEMENT, action d'acenser.

RECENSEMENT, dénombrement d'habitants, de suffrages, d'effets, etc.; nouvelle vérification de marchandises.

CENSEUR, magistrat romain chargé de veiller sur les mœurs, qui faisoit le recensement des citoyens, le dénombrement de leurs revenus; critique qui juge des ouvrages d'esprit; fonctionnaire préposé par le gouvernement pour examiner les livres que l'on publie. *Censor*, fait d'*à censendo*.

CENSURE, dignité du censeur chez les Romains; correction, blâme, suspension, interdiction; critique, examen des livres nouveaux; bureau des censeurs. *Censura*.

CENSURABLE, sujet à la censure.

CENSURER, reprendre, blâmer, examiner.

CENT, adj. numéral; dix fois dix, une centaine; nombre indéterminé. Du lat. *centum*, qui vient du gr. *hécaton*.

CENTAINE, nombre collectif; cent unités; cent; écheveau de fil ou de coton de cent tours.

CENTENAIRE, qui a cent ans, âgé de cent ans. *Centenarius*.

CENTÈNE, grade de centenier. *Centena*.

CENTENIER, capitaine d'une compagnie de cent hommes. *Centenarius* pour *centurio*.

CENTIARE, mesure de superficie; la centième partie de l'are; neuf pieds carrés 83062e; mètre carré.

CENTIÈME, nombre ordinal de cent. *Centesimus*.

CENTIGRADE, divisé en cent degrés. De *centum* et de *gradus*.

CENTIGRAMME, poids de la centième partie d'un gramme. De *centum* et de *gramma*.

CENTIME, la centième partie d'un franc.

CENTIMÈTRE, mesure de longueur, centième partie du mètre. De *centum* et de *métron*, mesure.

CENT-SUISSE, soldat d'un corps suisse de la garde royale.

CENTUMVIR, un des magistrats romains au nombre de cent. De *centum* et de *vir*, homme.

CENTUMVIRAL, qui appartient au centumvirat.

CENTUMVIRAT, charge des centumvirs.

CENTUPLE, cent fois autant.

CENTUPLER, répéter cent fois. *Centuplicare*.

CENTURIATEUR, historien qui divise son ouvrage par siècle ou cent ans.

CENTURIE, cent Romains de même classe; classification par centaines. *Centuria*.

CENTURION, capitaine de cent hommes. *Centurio*.

HÉCATOMBE, sacrifice de cent bœufs ou de cent victimes; tout sacrifice somptueux. Du gr. *hékatombé*, fait d'*hécaton*, cent, et de *bous*, bœuf.

HÉCATOMBÉES, fêtes en l'honneur de Jupiter et d'Apollon, que les Grecs célébroient le premier mois de l'année; ainsi dites de ce qu'on faisoit une hécatombe.

HÉCATOMBÉON, premier mois de l'année athénienne, pendant lequel on célébroit les hécatombées.

HÉCATOMPHONIE, sacrifice offert par les soldats messéniens qui avoient tué cent ennemis à la guerre. D'*hécaton*, cent, et de *phoneuô*, je tue.

HECTARE, mesure de superficie formant cent ares, un peu plus de deux arpents. D'*hécaton* et de *are*, mesure d'arpentage.

HECTOGRAMME, poids de cent grammes ou trois onces deux gros douze grains. Du gr. *hekton*, contraction d'*hécaton*, cent, et de *gramma*, ancien poids chez les Grecs.

HECTOLITRE, mesure de capacité contenant cent litres. Du gr. *hekton*, et de *litra*, ancienne mesure des Athéniens.

HECTOMÈTRE, mesure linéaire de cent mètres, environ cinquante et une toises sept pieds dix pouces. Du gr. *hekton*, et de *métron*, mesure.

HECTOSTÈRE, mesure de solidité de

cent stères. Du gr. *hekton*, cent, et *stéreos*, solide.

QUINTAL pour CENTAL, poids de cent livres.

CENTAURE, monstre fabuleux, moitié homme et moitié cheval; cavalier thessalien, célèbre par son talent pour l'équitation, qui chassoit aux taureaux sauvages, en les poursuivant à cheval. Du lat. *centaurus*, fait du gr. *kentauros*, formé de *kentéô*, piquer, et de *tauros*, taureau.

CENTAURÉE, plante amère, ainsi nommée du centaure Chiron, qui fut guéri, dit-on, d'une blessure qu'il avoit au pied. *Centaurium.*

CENTAURESSE, monstre moitié femme et moitié cheval.

CENTON, poésie composée de vers ou fragments de vers pris de côté et d'autre dans des auteurs connus. Du lat. *cento*, venant du gr. *kentrôn*, habit, fait de divers morceaux cousus ensemble; formé de *kentéô*, piquer, parce qu'il falloit un grand nombre de points d'aiguilles pour coudre ces sortes d'habits.

CENTRE, milieu, point de tendance, point du milieu d'une figure, d'un cercle, d'un globe, d'un espace ou d'un corps quelconque; concours des diamètres d'une courbe. Du lat. *centrum*, fait du gr. *kentron*, un point; dér. de *kentéô*, piquer, faire des points.

CENTRAL, qui appartient, qui est placé au centre. *Centralis.*

CENTRALISATION, concentration, réunion au centre.

CENTRALISER, réunir au centre ou à un centre commun.

CENTRER, rendre un verre de lunette plus épais au centre.

CENTRIFUGE, qui tend à éloigner du centre. De *centrum* et de *fugio*, fuir, fait du gr. *pheugô*.

CENTRIPÈTE, qui tend à s'approcher du centre. De *centrum* et de *peto*, je demande.

CENTRISQUE, genre de poisson cartilagineux, dont le corps est comprimé, et dont la première nageoire dorsale se compose de quatre rayons aiguillonnés. De *kentris*, aiguillon, fait de *kentéô*, piquer.

CENTROBARIQUE, méthode qui consiste à déterminer la mesure de l'étendue par le mouvement des centres de gravité. Formé de *kentron*, centre, et de *baros*, poids, pesanteur; qui emploie le centre de gravité.

CENTROSCOPIE, traité des centres, des grandeurs. De *kentron* et de *skopéô*, je considère.

CONCENTRER, réunir au centre; être triste, mélancolique. Du gr. *sun*, le *cum* des Latins, et de *kentron*.

CONCENTRATION, action de concentrer; ses effets.

CONCENTRIQUE, qui a un même centre.

EXCENTRIQUE, cercle engagé dans un autre, et qui a un centre différent. De la prépos. *ex*, dehors, et de *kentron*, centre.

EXCENTRICITÉ, distance qu'il y a entre les centres de deux cercles, qui sont excentriques.

CEPENDANT, pendant cela, pendant ce temps-là; toutefois, néanmoins, nonobstant cela. De *hoc pendente*, sous-entendu *tempore*.

CÉPHALE, tête, chef, bout, commencement, extrémité; nom propre de femme. Du gr. *képhalé*, tête, chef.

ACÉPHALE, sans tête, sans chef. *Aképhalé*, formé d'*a* privatif, et de *képhalé*.

CÉPHALAGRAPHIE, description du cerveau ou de la tête. De *képhalé* et de *graphô*, je décris.

CÉPHALALGIE, violent mal de tête. De *képhalé*, et d'*algos*, douleur.

CÉPHALALOGIE, partie de l'anatomie qui traite des cerveaux ou de la tête. De *képhalé* et de *logos*, discours.

CÉPHALANTE, genre de plantes exotiques, de la famille des rubiacées, dont les fleurs rassemblées en boules forment une espèce de tête. De *képhalé* et d'*anthos*, fleur.

CÉPHALARTIQUE, qui est propre à purger la tête. De *képhalé* et d'*airô*, j'emporte, j'emporte le mal, je purge, et non pas d'*artizô*, rendre parfait; dér. d'*artios*, parfait. *Voy.* CATHARTIQUE.

CÉPHALATOMIE, anatomie de la tête ou du cerveau. De *képhalé* et de *temnô*, couper, disséquer.

CÉPHALÉ, nom générique des animaux sans vertèbres, qui ont la tête distincte et mobile.

CÉPHALÉE, douleur de tête invétérée. *Képhalaia* de *képhalé*.

CÉPHALIQUE, qui a rapport à la tête

qui est bon contre les maladies de la tête; nom donné à l'une des veines du bras, parce que les anciens médecins pensoient que la saignée faite à cette veine soulageoit les maux de tête. De *képhalikos*, fait de *képhalé*.

CÉPHALITE, *Céphalitis*, inflammation du cerveau.

CÉPHALOÏDE, qui a la forme d'une tête; nom des plantes dont le sommet est ramassé en forme de tête. De *képhalé* et d'*eidos*, forme, ressemblance.

CÉPHALONIQUE, *Céphalonie*, île de l'Archipel qui est à la tête ou une des premières de la mer Ionienne. De *képhalé*.

CÉPHALOMANCIE, divination qui se pratiquoit en faisant diverses cérémonies sur la tête cuite d'un âne. De *képhalé*, tête, d'*onos*, âne, et de *manteïa*, divination.

CÉPHALOPHARYNGIEN, nom de deux muscles qui s'attachent à la tête et se terminent au pharynx. De *képhalé* et de *pharugx*, le pharynx.

CÉPHALOPODE, ordre de mollusques ou vers à tête dont la bouche est entourée d'appendices charnues servant de pieds. De *képhalé* et de *pous*, pied; animaux qui ont des pieds à la tête.

CÉPHALOPONIE, douleur, pesanteur de tête. De *képhalé*, et de *ponos*, douleur, travail.

AMPHICÉPHALE, lit des anciens qui avoit deux chevets opposés l'un à l'autre. *Amphiképhalos*, d'*amphi*, de chaque côté, et de *képhalé*, tête.

ANACÉPHALÉOSE, récapitulation des principaux chefs d'un discours. *Anaképhalaiósis*, dérivé d'*ana*, derechef, de *képhalé*, tête, chef, et par analogie, sommaire, chapitre.

ANDROCÉPHALOÏDE, sorte de pierre qui a la forme d'une tête humaine. D'*andros*, génit. d'*anér*, homme; de *képhalé*, et d'*eidos*, forme, ressemblance.

ARTROCÉPHALES, famille de crustacées à tête distincte et articulée sur le corselet. D'*arthron*, articulation, et de *képhalé*.

AUTOCÉPHALE, indépendant, qui n'est soumis à aucune autorité, qui agit de son chef de son propre mouvement; évêque grec indépendant du patriarche. D'*autos*, soi-même, et de *képhalé*.

ENCÉPHALE, certains vers qui s'engendrent dans la tête. Du gr. *en*, en lat. *in*, dans, et de *képhalé*.

ENCÉPHALITHE, pierre figurée, qui a quelque ressemblance avec le cerveau humain. Du gr. *en*, de *képhalé*, et de *lithos*, pierre.

ENCÉPHALOCÈLE, hernie ou tumeur du cerveau. D'*en*, de *képhalé*, et de *kelé*, tumeur.

CERBÈRE, chien à trois têtes, qui garde la porte des enfers; portier, gardien brutal et grossier. Du lat. *cerberus*, fait du gr. *kerbéros*, pour *kréoboros*, comp. de *kréas*, chair, et de *boros*, dévorant, qui dévore les chairs.

CERCELLE ou *sarcelle*, oiseau aquatique de la famille des canards, ainsi nommé de son cri. En lat. *querquedula*, en gr. *kerkó*.

CERCLE, rond parfait; circonférence de cercle; assemblée qui se tient en cercle; ancienne division des pays d'Allemagne. Du lat. *circulus*, dim. de *circus*, fait du gr. *kirkos*, tour, rond, cercle, espace circulaire.

CERCEAU, cercle de bois, de fer, pour lier les tonneaux; ce qui en a la forme; filet à prendre des oiseaux.

CERCLER, mettre des cercles ou cerceaux.

CERCLIER, faiseur de cercles.

CERNE, rond tracé sur le sol; rond livide autour d'une plaie ou des yeux. De *circinus*, compas, dim. de *circus*.

CERNÉ, œil battu, entouré d'un cercle livide.

CERNEAU, noix verte que l'on ouvre en la cernant.

CERNER, faire un cerne ou un rond autour d'une chose; couper en rond; circonvenir, entourer pour fermer les issues. De *circinare*, fait de *circinus*.

Le verbe *cernere* occasiona une forte dispute au commencement du XVIIIe siècle, entre les savants Kuster et Périzonius. La diatribe du premier se trouve dans la plupart des éditions de la Minerve de Sanctius. En convenant tous deux que *cerno* dérivoit du gr. *krinô*, Kuster prétendoit que la signification primitive de *cerner* étoit celle de séparer, et ensuite de voir distinctement, d'une manière séparée; on y attacha depuis le sens de voir, en général; juger, décider, se résoudre, se déterminer. Périzonius soutenoit que le verbe *cerner* emportoit avec lui l'idée de considérer avec soin, d'examiner attentivement, de distinguer. *Voy*. Cercle.

Concerner, avoir rapport ; regarder appartenir. De *concernere*, fait de *cernere*, voir, regarder, dér. du gr. *krinô*, je vois, je juge, je sépare, je distingue, j'établis, j'ordonne; au parfait *crevi*, au supin *cretum*.

Concernant, qui concerne.

Décerner, ordonner juridiquement, accorder en public. *Decernere*.

Discerner, distinguer une chose d'une autre, en juger par comparaison. *Discernere*, du gr. *diakrinô*, séparer, diviser, juger.

Discernement, action, jugement, faculté de discerner.

Indiscernable, qu'on ne peut discerner.

Discret, judicieux, sage, prudent, retenu dans ses paroles et dans ses actions; qui sait garder un secret; quantité dont les parties sont séparées les unes des autres. *Discretus*, part. de *discernere*.

Discrétion, prudence, retenue judicieuse de paroles et d'actions ; réserve, habitude de garder les secrets. *Discretio*.

Discrétement, avec discrétion.

Discrétionnaire, pouvoir d'agir avec discrétion.

Discrétoire, lieu d'assemblée des discrets ou supérieurs des communautés.

Indiscret, qui n'a point de discrétion, de retenue ; qui ne peut garder un secret ; curieux à l'excès.

Indiscrétion, manque de discrétion ; curiosité condamnable.

Indiscrétement, d'une manière indiscrète.

Décret, chose décidée, résolue, loi, jugement ; recueil de canons ; ordonnance d'un souverain ; arrêté d'une assemblée de gouvernants. *Decretum*.

Décrétale, lettre des anciens papes pour faire un règlement.

Décréter, décerner un décret contre; faire le décret, la saisie, la vente d'un bien pour la sûreté des créanciers; rendre un décret, une loi; ordonner par un règlement.

Secret, *adj*., peu ou point connu, caché ou qui doit l'être ; qui a de la discrétion : *subst*., ce qui doit n'être connu que d'un petit nombre de personnes; procédé, invention, découverte particulière ; lieu séparé dans une prison. De *secretus*, part. de *secernere*, séparer, mettre à part; fait de *cernere*.

Secrétaire, confident des secrets ; celui qui rédige les lettres et écrits sous la dictée d'un supérieur; qui rédige les assemblées; clerc de magistrat ; meuble pour écrire et serrer les papiers secrets.

Secrétairie, bureau pour les secrétaires d'ambassade ou d'administration.

Secrétariat, emploi, fonctions de secrétaire ; sa durée ; bureau du secrétaire, de ses employés.

Secrète, oraison de la messe faite à voix basse par le célébrant.

Secrètement, en secret, en cachette; d'une manière secrète. *Secretò*.

Sécrétion, filtration et séparation des humeurs ; matière qui sortent du corps. *Secretio*.

Sécrétoire, vaisseau qui sépare une humeur de la masse du sang.

Concret, qualité unie à son sujet ; matière coagulée et formée en masse solide.

Concrescible, susceptible de coagulation.

Congétion, réunion de parties en masse solide.

Circuit, enceinte, tour, périmètre; préambule ; ce qu'on dit avant d'en venir au fait.

Circuler, se mouvoir en rond ; en revenant au point de départ ; passer de main en main, ou de bouche en bouche ; aller, rouler dans les rues. *Circulare*.

Circulaire, rond, qui va en rond ; lettre par laquelle on informe plusieurs personnes d'une même chose. *Circulatus*.

Circulairement, en rond, en circulaire.

Circulation, mouvement de ce qui circule. *Circulatio*.

Circus, oiseau de proie qui vole en rond.

Cirque, lieu circulaire, destiné chez les anciens aux jeux publics, aux courses de chevaux et de chars. *Circus*.

Décercler, ôter les cercles.

Recercler, remettre les cercles.

Cerquemaner, mesurer, fixer les limites, les bornes d'un champ, d'une ville, d'un pays. De *circare*, faire le tour, et de *manerium*, fait de *mansio*, demeure, habitation.

CERQUEMANEMENT, action de mesurer, de limiter les héritages.

CERQUEMANEUR, expert arpenteur.

CERQUEMANAGE, office de cerquemaneur. *Voy.* CYCLE.

CERCOPITHÈQUE, singe à longue queue non prenante. Du lat. *cercopithecos*, fait du gr. *kerkos*, queue, et de *pithekos*, singe.

CERCOSIS, excroissance polypeuse à l'embouchure de la matrice. Du gr. *kerkos*, queue.

CERCUEIL, pour *sarcueil*, *sercœil*, coffre en bois, en plomb, où l'on met un mort. Du gr. *sarx*, *sarkos*, chair.

SARCASME, raillerie amère et piquante. Du grec *sarkazô*, décharner un os, et par métaphore, montrer les dents, insulter, molester; fait de *sarkos*, chair.

SARCITE, pierre figurée dont la couleur tire sur le noir, et qui imite la chair de bœuf. De *sarx*, *sarkos*.

SARCOCÈLE, tumeur charnue qui se forme aux testicules, sur les vaisseaux spermatiques, ou sur la membrane interne du scrotum. Du gr. *sarx*, *sarkos*, et de *kelé*, tumeur.

SARCOCOLLE, gomme, résine d'un blanc jaunâtre, qui vient de la Perse; elle sert à consolider les chairs et à rejoindre les plaies. De *sarx*, *sarkos*, et de *kolla*, colle.

SARCOLOGIE, traité des chairs et des parties molles du corps humain. De *sarx*, *sarkos*, et de *logos*, discours.

SARCOME, *sarcose*, excroissance charnue. De *sarkôma*, fait de *sarx*, *sarkos*.

SARCOMATEUX, qui est de la nature du sarcome.

SARCOMPHALE, excroissance charnue au nombril. De *sarx*, et d'*omphalos*, nombril.

SARCOPHAGE, tombeau où les anciens mettoient les morts dont ils ne vouloient pas brûler les corps. De *sarx*, *sarkos*, et *phagô*, manger; on prétendoit que ces tombeaux étoient faits d'une sorte de pierre caustique, laquelle consumoit promptement les corps, ou plutôt parce que les tombeaux dévorent le corps qu'on y dépose. Selon Pline (l. XXXVI, c. 27), les carrières d'où l'on tiroit cette pierre caustique auroient été situées vers la ville d'Assum, dans la Troade, d'où elle auroit été appelée pierre assienne ou d'Assos. En lat. *Assius lapis*.

SARCOPHAGE, représentation d'un cercueil dans les cérémonies funèbres; tombeau vide, élevé à la mémoire d'un individu; médicaments propres à brûler les chairs.

SARCOTIQUE, médicaments nommés aussi *incarnatifs*, qui opèrent la régénération des chairs. De *sarkoô*, fait de *sarx*.

SARGET, *sargue*, gros poisson de mer, épais et charnu. Du lat. *sargu*, fait du gr. *sargos*, que l'on dér. de *sarx*, chair.

ANASARQUE, hydropisie qui est répandue surtout le corps. D'*ana*, entre, et de *sarx*, eau entre les chairs.

SARCOTÉE (la). De *sarkos*, chair, et *thea*, déesse. Masénius a donné ce nom à un poème, pour désigner la nature humaine.

CÉRÉMONIE, acte mystérieux, formes extérieures et régulières d'un culte; formalités observées dans les actions solennelles; manière de recevoir, de traiter les gens selon leur état; manières apprêtées. Du lat. *cæremonia*, qui a quelque relation avec le gr. *chæreô*, saluer, dire bonjour.

CÉRÉMONIAL, livre des cérémonies religieuses, civiles ou politiques; étiquette de la cour.

CÉRÉMONIEUX, qui fait trop de cérémonies; qui a une politesse affectée.

CÉRÈS, la grande déesse des Romains, fille de Saturne et de Rhée, dite la législatrice. Du lat. *Ceres*.

CÉRÉALES, fêtes de Cérès; graminées dont on fait du pain.

CERF, quadrupède fauve, ruminant, à cornes solides et rameuses. Du lat. *cervus*, fait du grec *kéraos* ou *kéravos*, corne, à cause du bois qu'il porte sur la tête.

CERVAISON, temps de la chasse du cerf; temps où il est gras et bon à manger.

CERF-VOLANT, sorte de scarabée, ainsi appelé de son vol et de ses cornes; par analogie on a donné le nom de *cerf-volant* à une carcasse d'osier recouverte de papier, avec des oreilles et une longue queue, que les enfants enlèvent en l'air au moyen d'une longue ficelle.

CERFEUIL, plante potagère annuelle, ombellifère, à feuilles comme le persil. Du lat. *chæræphyllum*, fait du gr. *chairô*, je me réjouis, et de *phullon*, feuille, parce que cette plante pousse quantité de feuilles.

CERISE, fruit rouge, à jus, à queue et à noyau. De *cerasa*, fruit d'un arbre qui étoit fort connu aux environs de la ville de *Cérasonte* (*cerasum*), dans le Pont, laquelle fut détruite par Lucullus, après la défaite de Mithridate. Ménage prétend que ce fruit n'a pas pris son nom de la ville de Cérasonte, mais que c'est au contraire la ville de Cérasonte qui a été ainsi appelée de ce fruit, lequel auroit été apporté à Rome par Lucullus.

CERISIER, arbre qui produit la cerise.

CERISAIE, lieu planté de cerisiers.

CERISETTE, petite prune rouge, ainsi dite de sa couleur et de sa forme.

CERTAIN, sur, vrai, indubitable; assuré. Du lat. *certus*.

CERTAINEMENT, certes, en vérité, sans doute, d'une manière certaine. *Certè*.

CERTITUDE, stabilité; assurance pleine et entière. *Certitudo*.

INCERTAIN, irrésolu, qui n'est point certain.

INCERTAINEMENT, d'une manière incertaine.

INCERTITUDE, manque de certitude; instabilité, état d'irrésolution.

CERTIFIER, assurer qu'une chose est vraie, qu'elle est certaine. *Certum facere*.

CERTIFICAT, attestation écrite.

CERTIFICATEUR, qui certifie, qui atteste la légalité d'un acte.

CERTIFICATION, attestation par écrit en affaire.

CERVEAU, substance molle dans le crâne; esprit; jugement, entendement. Du lat. *cerebrum*.

CERVELET, partie postérieure du cerveau. *Cerebellum*.

CERVELIÈRE, sorte de casque.

CERVELLE, partie blanche et molle du cerveau; partie supérieure d'une cloche.

CERVICAL, nerf qui appartient au col.

CÉRÉBRAL, qui tient au cerveau.

ÉCERVELÉ, sans cervelle; qui manque de jugement.

CERVOISE, sorte de bierre; boisson des anciens, faite avec du grain et des herbes. Du lat. *cervisia*, que Pline, liv. XXII, dit être un mot gaulois.

CERVOISIER, *cervisier*, brasseur, marchand de cervoise.

CÉSAR, nom propre d'homme, qui devint celui des empereurs romains. Du lat. *Cæsar*, nom donné aux enfants qui avoient été tirés du ventre de leur mère par incision: *è cæso matris utero*; c'est pour cela que Jules fut appelé César, au rapport de Pline. *Primum Cæsar è cæso matris utero dictus, quâ de causâ et cæsones appellati*.

CÉSARIENNE (opération), accouchement artificiel par incision au-dessus du nombril, ainsi dite de ce que Jules César étoit venu au monde par le moyen de cette opération.

CZAR, titre de l'empereur de Russie.

CZARINE, femme ou veuve d'un czar.

CZARIENNE, de la czarine.

CZAROWITZ, fils du czar.

CESTE, nom de la fameuse ceinture de Vénus, si bien décrite par Homère, dans laquelle se trouvoient les charmes les plus séducteurs et les attraits les plus propres à captiver les sens. En lat. *cæstus*, fait du gr. *kestos*, piqué, fait à l'aiguille; dér. de *kenteô*, piquer. Les Grecs, puis les Romains, donnèrent le nom de *ceste* à la ceinture de laine qu'une fille mettoit le jour de ses noces, et que son mari délioit en silence, quand on la lui avoit menée dans sa maison, avant que de se coucher.

CESTE, gantelet ou brassard de cuir, garni de plomb, de fer ou d'airain, dont s'armoient les athlètes qui disputoient le prix du pugilat. Du gr. *kestos*.

CESTIPHORE, athlète qui combattoit avec le ceste. De *kestos*, et de *pherô*, je porte: porteur de ceste.

CÉSURE, repos dans un vers après un nombre déterminé de syllabes; syllabe qui finit un mot et commence un pied. Du lat. *cæsura*, fait de *cædere*, couper.

CÉTACÉE, famille des grands poissons plagiures, vivipares, sans écailles, à pattes en nageoires, à mamelles et membres, respirant par des poumons, tels que la baleine, le narval, le dauphin, etc. Du lat. *cetaceus*, dér. du gr. *kétos*, baleine: qui est du genre de la baleine.

CÉTOLOGIE, description des cétacées. De *kètos*, et de *logos*, discours.

CHACONNE, sorte d'air et de danse dont le nom et l'usage sont venus d'Espagne.

Les petits-maîtres du XVII® siècle avoient donné le nom de *chaconne* à certain ruban pendant du col de la chemise sur la poitrine des jeunes gens qui alloient à demi déboutonnés. Sous Louis XV, il fut appelé un *favori*.

CHACUN, *chacune*, pronom distributif sans pluriel; chaque personne, chaque chose. Du lat. *quisque unus*.

CHAQUE, pronom distributif sans pluriel. Du lat. *quisque*.

CHAFOUIN, mot factice, et injurieux pour désigner un homme petit, laid, maigre, et à mine basse.

CHAGRAIN, cuir grenu de la croupe du mulet et de l'âne, préparé d'une façon particulière. De l'ital. *zigrino*, fait du turk *sagri*, croupe.

CHAGRIN, humeur, dépit, peine, déplaisir, triste, mélancolique, fâcheux, affecté de peines d'esprit. De l'ar. *chakrain*, malheureux, infortuné, pénétré de douleur.

CHAGRINANT, qui donne du chagrin, qui afflige.

CHAGRINER, causer du chagrin, attrister, contrarier.

CHAÎNE, suite d'anneaux entrelacés et passés l'un dans l'autre; lien, attache; asservissement; bande de galériens en marche, et la peine des galères; fils tendus à travers desquels on fait passer la navette. Du lat. *catena*; des étymologistes le font venir du grec *hathéma*, collier, ou de *kath'héna*, un à un, parce que dans la chaîne les anneaux sont assemblés un à un.

CHAÎNETTE, petite chaîne; sorte de broderie en points noués.

CHAÎNETIER, faiseur de chaînes.

CHAÎNON, petite chaîne; chaque anneau d'une chaîne.

CADENAS, petite serrure mobile qui se met au bout d'une chaîne; anciennement les serrures n'étoient attachées aux portes qu'avec des chaînes.

CADENASSER, fermer, attacher avec un cadenas.

CADÈNE, chaîne de fer avec laquelle on attache les forçats.

CADENETTE, longue tresse de cheveux derrière la tête; moustache un peu longue.

CADOGAN, *catogan*, nœud qui retrousse les cheveux et sert à les lier.

CADEAU, trait de plume hardi fait à main levée.

CADEAU, fête, repas donné à des dames; présent pour lier l'amitié.

CADELER, tracer des cadeaux ou des lettres capitales.

CHIGNON, la nuque du col, parce qu'elle ressemble à des chaînons; cheveux de derrière retroussés sur la tête.

CHENILLE, insecte reptile, ayant de huit jusqu'à seize pattes, dont le corps est composé d'anneaux. M. Morin, d'après Ménage, prétend que ce mot vient de *canis*, à cause de la ressemblance qu'ont certaines chenilles avec de petits chiens, nommés en latin *caniculæ*. La chenille, dit-il, est appelée en gr. *kuon*, chienne, par le poète Antiphanès. Le nom de cet insecte a été fait de sa forme et des anneaux qui forment son corps.

ECHENILLER, détruire les chenilles, leurs œufs, leurs nids.

ECHENILLOIR, outil pour écheniller.

CONCATÉNATION, enchaînement, liaison; sorte de gradation dans un discours.

ENCHAÎNER, attacher avec une chaîne; captiver, rapprocher. *Incatenare*.

ENCHAÎNEMENT, action d'enchaîner, liaison naturelle.

ENCHAÎNURE, suite de corps ou de parties de corps entrelacés.

DÉCHAÎNER, ôter de la chaîne; irriter, mettre en colère.

DÉCHAÎNEMENT, action de se déchaîner; emportement sans mesure.

RENCHAÎNER, remettre à la chaîne. *Carnem cutere*.

CHAIR, substance molle, sanguine et organique du corps de tous les animaux. Du lat. *caro, carnis*.

CHARCUTER, découper de la chair, la mettre en pièces pour la faire cuire.

CHARCUTIER,* *chaircuitier*, marchand de chair de porc crue ou cuite.

CHARCUTERIE, commerce de viande cuite ou du charcutier.

CARCASSE, caisse de la chair; corps où il n'y a plus que les os; ossements décharnés et disjoints; bombe en cercles; charpente d'un bâtiment, d'un vaisseau; personne excessivement maigre. De *caro*, et de *capsa*. *Voy*. CAISSE.

D'autres le dériv. de *caro* et de *cassus*, vide, et non pas d'*arcus*, comme le dit Ménage.

CARNAGE, massacre, tuerie; multitude de gens tués. *Carnago*, composé de *carne*, chair, et d'*ago*, faire.

CARNASSIER, qui ne vit que de chair cru; qui se nourrit de chair; qui en mange beaucoup. *Carnarius*.

CARNASSIÈRE, *carnier*, sac pour mettre le gibier tué à la chasse; par analogie on a dit :

CARNET, petit livre de l'achat d'un marchand; petit registre contenant l'actif et le passif.

CARNÉ, qui tire sur la couleur de chair.

CARNER, tirer sur la couleur de chair, en parlant des fleurs.

CARNATION, couleur vive de la chair, représentation de la chair par le coloris; teint du visage.

CARNIFICATION, changement des os en chair.

CARNAVAL, temps de divertissement où l'on avale beaucoup de chair. Le mot *à val* signifie en bas, en descendant. *Voy*. VAL.

CARNIVORE, qui se nourrit de chair. *Carnivorus*, fait de *caro*, *carnis*, et de *vorare*, manger.

CARNOSITÉ, excroissance de chair.

CAROGNE, femme méchante et débauchée. *Voy*. ci-dessous CHAROGNE.

CARONCULE, petite excroissance de chair; chair spongieuse et glanduleuse. *Caruncula*.

CARTILAGE, chair fibreuse, élastique et solide, qui revêt les extrémités des os.

CARTILAGINEUX, de la nature des cartilages.

CERVELAS, sorte de saucissons faits de chair hachée.

CHARNAGE, temps où l'on peut manger de la chair.

CHARNEL, qui regarde la chair, sensuel, qui aime le plaisir de la chair, qui tient de la chair. *Carnalis*.

CHARNELLEMENT, selon la chair. *Carnaliter*.

CHARNEUX, parties qui ont de la chair; composé principalement de chair. *Carnosus*.

CHARNIER, où l'on garde les chairs, les viandes salées; cimetière couvert; galerie autour d'une église. *Carnarium*.

CHARNU, bien fourni de chair. *Carnosus*.

CHARNURE, qualité de la chair.

CHAROGNE, cadavre de bête morte; d'où le mot CAROGNE, si souvent employé par Molière.

ACHARNER, exciter, animer, irriter.

ACHARNÉ, qui saisit jusqu'à la chair, et ne peut quitter prise.

ACHARNEMENT, attachement à la chair; action d'un animal fortement attaché à sa proie; poursuite opiniâtre.

DÉCHARNÉ, où il n'y a plus de chair; qui n'a que la peau sur les os.

DÉCHARNER, ôter la chair de dessus les os; amaigrir.

ÉCHARNER, ôter la chair qui reste après un cuir.

ÉCHARNOIR, instrument pour écharner.

ÉCHARNURE, action d'écharner; chair enlevée en écharnant.

INCARNADIN, couleur d'incarnat pâle.

INCARNATIF, sarcotique ou médicament qui a la vertu de refaire une nouvelle chair dans une plaie ou dans un ulcère; qui favorise la régénération des chairs.

INCARNAT, couleur de chair un peu rose, ou entre le cerise et le rose.

INCARNÉ, qui a pris un corps, une chair.

INCARNER (s'), se revêtir de chair, d'un corps charnu.

INCARNATION, action de s'incarner.

NACARAT, pour *incarnat*, couleur de rouge clair.

CHALASIE, relâchement en général et particulièrement des fibres de la cornée, avec palpitation de l'iris; tumeur des paupières qui ressemble à un petit grain de grêle. Du gr. *chalaza*, grêlon.

CHALASTIQUE, remède propre à relâcher les fibres. Du gr. *chalazô*, je relâche, je détends; ce verbe signifie aussi grêler, tomber de la grêle.

CHALAZÉE, tumeur qui vient sur les paupières; graine qui porte un petit tubercule sur sa membrane interne. Du gr. *chalaza*, grêle, grêlon.

CHALCITE, sulfate de cuivre, minéral qui tient de l'airain. Du gr. *chalkos*, cuivre en général, airain; fait de la ville de *Chalkis*, dans l'Eubée, premier endroit où l'on trouva ce métal.

CHALCÉES, *chalcies, chalcéies, chalciœcies*, fêtes en l'honneur de Minerve, déesse des arts, qui avoit trouvé l'art de façonner l'airain. Elles furent ensuite célébrées en l'honneur de Vulcain, forgeron des dieux.

CHALCIDE, sorte de lézard vert et de petit serpent. De *chalkos*; ainsi dits à cause de certaines taches de couleur d'airain qu'ils ont sur le dos.

CHALCIS, insectes hyménoptères, distingués par des taches jaunes.

CHALCOGRAPHE, graveur sur airain et ensuite sur tous métaux. De *chalkos* et de *graphô*, je grave.

CHALCOGRAPHIE, art de graver sur métaux.

CHALDÉENS, peuples de la Syrie nommés différemment, selon la diversité des pays qu'ils habitoient. Du lat. *Chaldæi*.

CHALDAÏQUE, des Chaldéens.

CHALEUR, qualité de ce qui est chaud, vif, ardent, brûlant, animé, bouillant; amour des animaux; la saison chaude. Du lat. *calor*.

CHALEUREUX, plein de feu, de vigueur; peu sensible au froid.

CHAUD, prompt, vif, ardent, irascible, porté à l'amour; qui a de la chaleur ou qui la communique; chaleur. *Calidus*.

CHAUDE, feu violent des forges et autres usines.

CHAUDEAU, sorte de brouet chaud aux œufs et au lait.

CHAUDEMENT, avec chaleur, de manière à la conserver. *Calidè*.

CHAUDIÈRE, vase de métal pour faire chauffer les liquides. *Caldarium*.

CHAUDRON, vase de cuivre à anse de fer, qui va sur le feu.

CHAUDRONNÉE, plein un chaudron.

CHAUDRONNERIE, commerce, fabrique, marchandise de chaudronnier.

CHAUDRONNIER, fabricant et marchand d'ustensiles de cuisine en fer et en cuivre, et principalement de chaudrons.

CHALIBAUDE, nom de la fête de saint Jean dans plusieurs provinces, ainsi dite des feux qu'on allume.

CHAUFFER, devenir chaud, donner ou recevoir de la chaleur. *Cale-facere, cal-facere*.

CALÉFACTION, chaleur produite par le feu. *Calefactio*.

CALÉFACTEUR, caffetière qui s'échauffe promptement.

CALIFORNIE, pays d'Afrique extrêmement chaud. *California*, formé de *calidus* et de *fornax*.

CALORIQUE, fluide de la chaleur.

CALORIMÈTRE, instrument pour mesurer la quantité de calorique qui existe dans les corps. Du lat. *calor*, et de *métron*, mesure.

CHAUFFAGE, ce qui chauffe, bois ou combustible pour se chauffer.

CHAUFFE, feu, foyer.

CHAUFFE-CIRE, employé de la chancellerie chargé d'amollir la cire pour les sceaux.

CHAUFFER, donner de la chaleur, s'approcher du feu pour en recevoir la chaleur.

CHAUFFERETTE, *chauffe-pieds*, boîte doublée, trouée en dessus, dans laquelle on met du feu pour se chauffer les pieds, et pour redresser le poil du velours.

CHAUFFERIE, forge où l'on fond le fer; voûte de four.

CHAUFFEUR, qui souffle un soufflet de forge; voleur qui brûle les pieds des gens pour les forcer à découvrir le lieu où est caché leur argent.

CHAUFFOIR, salle où l'on se chauffe en commun; linge de propreté pour les femmes; linge chaud pour essuyer un malade; panier pour faire sécher le linge.

ÉCHAUBOULURE, boutons, petite élevure sur la peau. De *calida* et de *bulla*.

ÉCHAUBOULÉ, qui a des échaubou- lures.

ÉCHAUDÉ, sorte de pâtisserie très-légère, dont le pâtissier Favart, père de l'auteur dramatique, se glorifioit d'être l'inventeur.

ÉCHAUDER, jeter dans l'eau chaude; laver avec de l'eau chaude; être attrapé; essuyer une perte.

ÉCHAUDOIR, lieu où l'on échaude; vase pour échauder.

ÉCHAUFFAISON, éruption rougeâtre de la peau.

ÉCHAUFFANT, qui augmente la chaleur animale. *Excalfactorius*.

ÉCHAUFFÉ, dont la chaleur animale est portée à un trop haut point; qui a acquis un mauvais goût, ou est près de se moisir par le tassement.

Échauffement, action d'échauffer; ses effets.

Échauffer, donner de la chaleur; augmenter trop la chaleur animale; reprendre de la chaleur, devenir chaud.

Échauffourée, entreprise téméraire et sans succès.

Échauffure, petite élevure sur la peau.

Réchaud, ustensile de cuisine pour contenir la braise ardente et faire chauffer ou rechauffer les mets.

Réchauf, fumier chaud mis d'après coup autour d'une couche pour la réchauffer.

Réchauffé, mets remis sur le feu: pensées, ouvrage d'esprit, pris, imités et donnés pour neufs. *Recalfacere.*

Réchauffement, fumier neuf pour réchauffer les couches.

Réchauffer, chauffer ce qui étoit refroidi; redonner de la chaleur.

Réchauffoir, espèce de fourneau pour réchauffer les plats.

Surchauffures, pailles, défauts dans l'acier.

CHALIBÉ, préparation dont l'acier fait la base. Du lat. *chalybeatus,* dérivé du gr. *chalubs,* acier.

CHALIT, bois de lit. Du lat. *capsa lecti.*

CHALOIR, importer, se soucier de quelque chose, avoir soin, prendre soin, se mettre en peine. De l'it. *calere,* selon Sylvius, ou du gr. *kaléin,* appeler, suivant Trippault et Nicot.

Chaut, *il ne m'en chaut, peu m'en chaut,* peu m'importe.

Chaland, acheteur, pratique d'un marchand.

Chaland, petit bateau plat pour transporter des marchandises; bateau où l'on nourrit le poisson. Du gr. *chélandion.*

Chaland, sorte de pain gros, mat et blanc; ainsi dit de ce qu'il venoit sur les bateaux chalands.

Chalandise, habitude d'acheter chez un marchand.

Achalander, procurer des pratiques.

Désachalander, faire perdre les chalands; éloigner les pratiques.

Rachalander, faire revenir les chalands.

Chaloupe, petit bâtiment de mer fort léger pour le service des navires.

Nonchalant, indolent, qui ne se soucie de rien; négligent, paresseux, qui agit avec nonchalance.

Nonchalance, indolence, paresse, défaut de soin; négligence à faire une chose.

Nonchalamment, avec nonchalance.

CHALUMEAU, tuyau de paille, de roseau; flûte champêtre; tube à l'usage des chimistes; tout instrument champêtre à vent. Du lat. *calamellus,* dim. de *calamus,* dér. du gr. *kalamos.*

Calamédon, fracture transversale d'un os, dont l'un des bouts est aminci en forme de bec de flûte. Du gr. *kalamédon.*

Calamite, nom donné d'abord à la pierre d'aimant, et ensuite à la boussole. Du lat. *calamita,* grenouille qui vit parmi les roseaux; dér. de *calamus.* Avant qu'on eût imaginé de suspendre l'aiguille aimantée sur un pivot, on la faisoit flotter sur un brin de paille dans une terrine pleine d'eau, où elle nageoit comme une grenouille.

Calumet, grande pipe que les sauvages de l'Amérique présentent comme un symbole de paix. De *calamus.*

Camouflet, bouffée de fumée soufflée au nez; affront, mortification. *Calamo flatus,* souffle avec un chalumeau.

Chaume, tuyau de blé, paille, roseau propre à couvrir les maisons. *Calamus.*

Chaumage, action du temps de couper le chaume.

Chaumer, couper, arracher, ramasser le chaume.

Chaumet, *chomet,* petit oiseau fort gros et très-délicat, qui est commun en Normandie, se posant ordinairement sur la pointe des plantes dans les champs, il a pris son nom de *calamettus,* formé de *calamus.*

Chaumière, maison couverte de chaume.

Chaumine, petite chaumière.

Déchaumer, labourer, retourner le chaume.

D'où les noms propres *Calmet, Chaumette, Chaumeton, Duchaume, Lachaume,* etc.

CHAMBRE, pièce d'une maison, lieu où l'on couche, où l'on demeure.

Du lat. *cumera*, dérivé du gr. *kamara*, voûte, parce que dans l'origine on ne donnoit le nom de chambre qu'aux pièces voûtées; vide qui se glisse dans un ouvrage.

CAMBRER, courber en arc. Du lat. *camera*.

CAMBRÉ, recourbé, crochu. *Camurus*.

CAMBRURE, courbure en arc, calotte du crâne. *Camura*.

CAMARADE, compagnon de travail, d'études, qui loge dans la même chambre.

CHAMARIER, dignité ecclésiastique dans l'église de Saint-Jean à Lyon.

CHAMBRANLE, ornement qui borde les trois côtés des portes, des fenêtres et des cheminées.

CHAMBRÉE, personnes qui logent dans la même chambre.

CHAMBRELAN, *chamberlan*, ouvrier qui travaille en chambre.

CHAMBELLAN, premier officier de la chambre du roi.

CHAMBRER, être dans la même chambre, loger sous la même tente; retenir quelqu'un dans une chambre, dans une mauvaise intention.

CHAMBRETTE, petite chambre.

CHAMBRIER, officier qui avoit soin des revenus ruraux d'une abbaye.

CHAMBRERIE, office de chambrier.

CHAMBRIÈRE, servante, femme de chambre.

CHAMBRILLON, jeune servante.

CAMARD, qui a le nez camus.

CAMUS, qui a le nez court, creux, et enfoncé du côté du front. Le bouvreuil, oiseau à rouge gorge, qui, privé de la vue, a un brillant gosier; son bec est camus.

CAMÉRIER, officier de la chambre du pape.

CAMÉRISTE, suivante d'une princesse.

CAMERLINGUE, cardinal qui est le chef de la chambre apostolique.

CAMERLINGAT, dignité de camerlingue.

CAMPANE, ornement en forme de cloche. Du lat. *campana*, cloche, parce qu'elle a une forme cambrée ou en voûte.

CAMPANILLE, clocher couvert et léger.

CAMPANULE, plante vivace à fleurs bleues ou blanches, en cloches renversées.

CHAMFREIN, pan qui se fait en rabattant l'arête d'une pierre, d'une pièce de bois, d'une barre de fer; armure du devant de la tête du cheval; partie que couvroit cette armure. De *camus* et de *frænum*.

CHAMFREINER, couper en biaisant l'arête d'une pierre, d'une pièce de bois; ôter la vive arête de certains ouvrages de serrurerie.

ANTICHAMBRE, pièce qui précède la chambre.

INCAMÉRATION, réunion au domaine du pape; action d'incamérer.

INCAMÉRER, réunir un bien au domaine papal.

D'où les noms propres *Chambellan, Camus, Lecamus, Chambrin, Dechambre, Récamier*.

CHAMEAU, quadrupède de l'ordre des ruminants, à deux bosses, petite tête et long cou; son poil. Du lat. *camelus*, fait du gr. *kamélos*, dérivé de l'ar. *guimel*.

CHAMÉLIER, conducteur de chameaux.

CAMELOT, sorte d'étoffe de poil de chèvre, laine et soie. Du gr. *kamélôté*, peau de chameau; dérivé de *kamélos*, parce qu'originairement on la faisoit du poil de cet animal.

CAMELOTÉ, ondé en camelot.

CAMELOTER, imiter le camelot.

CAMELOTINE, étoffe ondée comme le camelot. Le camelot étant fort léger de sa nature, on a donné le nom de *camelote* à un mauvais ou petit ouvrage, à une mauvaise impression.

CHAMÉCISSE, le lierre terrestre, sorte de plante. Du gr. *chamai*, à terre, et de *kissos*, lierre.

CHAMÉDRYS, plante amère et sudorifique qui pousse des tiges rampantes, et dont les feuilles sont dentelées comme celles du chêne. Du gr. *chamai*, à terre, et *drus*, chêne.

CHAMÉLEUCÉE, le pas-d'âne ou tussilage, plante dont les feuilles sont blanches et touchent la terre. Du gr. *chamai*, à terre, et de *leukos*, blanc.

CHAMÉSYCE, la petite-ésule, plante laiteuse dont les feuilles ressemblent à celles du figuier. Du gr. *chamai*, à terre, et de *suké*, figuier.

GERMANDRÉE, la chesnette, ou chamédrys, sorte de plante. De l'allem. *garmander* ou *gamander*, fait du lat. *chamœdrys*, dérivé du gr. *chamaidrus*.

CHAMOIS, quadrupède du genre de l'antilope, et de l'ordre des ruminants; sorte de grande chèvre sauvage; sa peau préparée. De l'it. *camoccia*, fait du gr. *kemas*, chevreuil.

CHAMOISER, apprêter les peaux de chamois.

CHAMOISERIE, lieu où l'on prépare les peaux de chamois.

CHAMOISEUR, qui prépare les peaux de chamois.

CHANDELLE, mèche recouverte de suif ou de cire pour éclairer. Du lat. *candela*, cierge, formé de *candidus*, blanc.

CANDÉLABRE, grand chandelier à plusieurs branches. *Candelabrum*.

CHANDELEUR, fête de la présentation de J.-C. au temple, et de la purification de la Vierge. De *candelor* et *candelosa*, à cause des cierges qu'on porte à la procession et au service de cette fête.

CHANDELIER, qui fait et vend des chandelles; ustensile où l'on met la chandelle, la bougie, les cierges, pour les allumer.

CHANGER, donner une chose pour une autre; quitter un lieu pour un autre; innover; quitter ses habitudes; n'être plus le même, par le caractère, les mœurs, les habitudes. De *cambiare*, *cambire*.

CHANGE, troc d'une chose contre une autre; ruse du gibier pour faire perdre sa piste; tromperie; mutation de monnoies; banque, lieu d'escompte; profession de banquier; intérêt de l'argent prêté au cours. *Cambium*.

CHANGEANT, muable, variable, qui change facilement.

CHANGEMENT, action de changer; mutation; conversion; passage d'un état à un autre.

CHANGEUR, qui fait le change des monnoies.

CAMBISTE, qui accepte ou fournit des lettres de change.

ÉCHANGER, faire un échange.

ÉCHANGE, troc, change d'une chose contre une autre.

ÉCHANGEABLE, qui peut être échangé.

ÉCHANGISTE, qui a fait un échange.

ESSANGER, tremper le linge sale dans l'eau, et le battre avant de le lessiver.

RECHANGER, changer de nouveau.

RECHANGE, droit d'un nouveau change.

CHANTER, former des sons modulés, articulés et prolongés avec inflexions variées; mettre en jeu l'harmonie de l'instrument vocal; célébrer, dire, raconter. Du lat. *cantare*.

CANTABILE, propre à être chanté; mouvement lent d'un air.

CANTATE, petit poème lyrique en strophes.

CANTATILLE, petite cantate. *Cantilena*.

CANTATRICE, chanteuse. *Cantatrix*.

CANTIQUE, chant religieux à la gloire e Dieu. *Canticum*.

CHANSON, petit poème divisé en plusieurs strophes ou couplets que l'on chante. *Cantio, canticum*.

CHANSONNER, faire des chansons contre ou sur quelqu'un.

CHANSONNETTE, petite chanson.

CHANSONNIER, faiseur de chansons; recueil de chansons.

CHANT, manière de chanter, inflexion de voix prolongée avec modulation; nom de la division des poèmes, ainsi dit de ce qu'on les chantoit autrefois; manière particulière de chanter. *Cantus*.

CHANTANT, propre au chant, qui se chante aisément.

CHANTERELLE, la plus déliée des cordes d'un instrument de musique, laquelle chante, tandis que les autres cordes accompagnent; femelle de perdrix dont on se sert pour attirer les mâles dans des pièges.

CHANTEPLEURE, arrosoir de jardinier, à queue longue et étroite. Des verbes *chanter* et *pleurer*. On appelle *chant* le bruit que fait l'eau de la chantepleure en sortant par ses petits trous, et les *pleurs* sont représentés par l'eau qu'elle répand.

CHANTEUR, *chanteuse*, qui chante. *Cantor, cantatrix*.

CHANTRE, celui qui chante au chœur dans l'église.

CHANTERIE, office, bénéfice de chantre.

DÉCHANTER, changer de ton; être forcé à dire ou à faire le contraire de ce que l'on espéroit.

ENCHANTER, charmer, ravir par le chant; ensorceler, fasciner les yeux. Du lat. *incantare*.

ENCHANTÉ, ensorcelé, charmé par les attraits de la volupté. *Incantatus.*

ENCHANTEMENT, *incantation*, charme produit par le chant ou par des paroles magiques; tout ce qui plaît et étonne. *Incantatio.*

ENCHANTEUR, *enchanteresse*, qui enchante.

CHAR, voiture à deux ou à quatre roues pour les jeux, les triomphes; voiture brillante et légère; petit chariot. Du lat. *carrus, currus* et *carpentum.*

CHARGER, mettre un fardeau dans un char pour le faire transporter; peser, être lourd; faire une caricature; tout ce qui est ou peut être transporté, traîné, porté.

CHARGE, fardeau qu'on met dans un char; place, office, commission, imposition, obligation, soin, garde; plaisanterie, farce.

CHARGEMENT, cargaison d'un bâtiment; acte qui en constate les objets.

CHARGEOIR, cuiller pour charger un canon sans gargousse.

CHARGEUR, qui charge, qui expédie un chargement; propriétaire d'une cargaison.

CHARGEURE, pièces sur d'autres dans le blason.

CARICATURE, charge en peinture; personne d'un air, d'une tournure ridicule.

DÉCHARGE, *déchargement*, action de décharger, d'ôter la charge; quittance ou écrit qui relève d'un engagement.

DÉCHARGER, ôter la charge; débarrasser d'un fardeau; donner quittance; tirer une arme à feu.

DÉCHARGEUR, qui décharge ou qui travaille au déchargement.

DÉCHARGEOIR, endroit de dégagement pour la surabondance des eaux.

RECHARGE, nouvelle charge.

RECHARGER, charger de nouveau; exécuter une nouvelle charge; donner de nouveaux ordres.

SURCHARGE, charge trop forte, surcroît de charge.

SURCHARGER, charger trop; excéder de travail.

CHARIOT, *charriot*, petit char; voiture à quatre roues pour le charriage.

CHARRETTE, long chariot à deux roues, ridelles et limon.

CHARRETÉE, plein une charrette; charge d'une charrette.

CHARRETIER, *charroyeur*, voiturier qui conduit une charrette, une charrue.

CHARRETIÈRE (porte), celle où peut passer une charrette.

CHARRETIN, petite charrette.

CHARRIAGE, *charroi*, action de charrier, prix de transport.

CHARRIER, *charroyer*, transporter dans une charrette, sur des voitures; porter des glaçons, en parlant des rivières.

CHARRIER, toile qui supporte la charrée ou les cendres de la lessive, d'où:

CHARRÉE, cendres lessivées.

CHARRON, ouvrier qui fait les chariots et tous les ouvrages en bois des voitures. *Carpentarius.*

CHARRONNAGE, profession, ouvrage de charron.

CHARROYEUR, qui se charge du charroi.

CHARRUE, instrument de labourage; étendue de terrain qu'elle peut labourer en un an.

CARRIOLE, petite charrette de voyage.

CARROSSE, voiture à quatre roues, suspendue, couverte et fermée. De l'ital. *carro-rozzo*, à cause de la coutume des Florentins de faire peindre un char en rouge, sur lequel on mettoit la croix quand ils alloient à la guerre; et non de *carroccio.*

CARROSSÉE, personnes contenues dans un carrosse.

CARROSSIER, qui fait et vend des carrosses.

CARROUSEL, sorte de tournois où les combattants disposés en quadrilles paroissoient dans des chars. De l'ital. *carrosello*, course de chars.

CARABAS, par corruption pour char-à-banc.

CARGAISON, charge marchande d'un navire.

CARGUE, corde, manœuvre pour carguer.

CARGUER, trousser les voiles, les charger sur les mâts.

CARGUEUR, poulie pour guinder et charger.

SUBRÉCARGUE, chargé par un armateur de veiller sur la cargaison; agent chargé d'acheter, de vendre, pour le compte d'une compagnie.

CARRIÈRE, lieu fermé pour la course des chars, pour les jeux publics; chemin qu'on doit parcourir; cours de la vie; genre de profession qu'on embrasse.

CHARPENTIER, ouvrier qui travaille le bois en charpente. Ce mot, qui a bien changé sur sa route, vient du lat. *carpentarius*, fait de *carpentum*, char, voiture, chariot.

CHARPENTE, grosses pièces de bois équarries, taillées pour être assemblées; structure du corps humain, d'un ouvrage, d'un poème.

CHARPENTER, équarrir, tailler du bois de charpente; couper grossièrement, tailler maladroitement; briser, mettre en pièces.

CHARPENTERIE, art du charpentier.

CARAVELLE, navire portugais de forme ronde.

CHARANSON, sorte d'insecte qui ronge le blé. Du lat. *curculio*, selon Nicot, et de *calendra*, suivant Ménage.

CHARBON, bois allumé qu'on éteint avant qu'il soit réduit en cendres; tumeur inflammatoire; ainsi dit, soit à cause de sa couleur noire comme celle d'un charbon éteint, soit parce qu'on y sent une chaleur pareille à celle d'un charbon ardent; maladie qui attaque la fructification de différents graminées. Du lat. *carbo*, *carbonis*.

CARBONE, charbon pur; résidu des distillations.

CARBONÉ, qui tient ou contient du charbon.

CARBONIQUE, acide formé par la combinaison du carbone avec l'oxigène.

CARBONATE, sel formé par l'union de l'acide carbonique avec différentes bases.

CARBURE, combinaison du carbone non oxigéné avec différentes bases.

CARBONISATION, réduction en charbon.

CARBONISER, réduire en charbon.

CARBONNADE, *charbonnée*, viande grillée sur les charbons.

CHARBONNÉ, attaqué du charbon.

CHARBONNER, noircir, écrire avec du charbon; faire une esquisse grossière.

CHARBONNEUX, tumeur rouge, furoncle; qui tient du charbon pestilentiel.

CHARBONNIER, marchand de charbon; lieu où l'on met le charbon. *Carbonarius*.

CHARBONNIÈRE, place dans les bois où l'on fait le charbon.

CHARBUCLE, sorte de nielle qui brûle les blés.

CHARBOUILLER, se dit en parlant des blés attaqués de la nielle.

ESCARBOUCLE, rubis d'un rouge foncé, et brillant comme un charbon embrasé. *Carbunculus*.

CHARDON, sorte de plantes à feuilles épineuses, dont les têtes à piquants servent à peigner les draps. Du lat. *carduus*.

CHARDONNER, carder le drap avec des chardons, carder la laine.

CHARDONNERET, oiseau dont le chant est fort joli, et d'un plumage agréable, qui se nourrit de la graine du chardon. De *cardo*, *cardonis*, pour *cardus*.

CHARDONNETTE, pour *cardonnette*, sorte d'artichaut sauvage.

CHARDONNIÈRE, champ planté de chardons.

CARDON, plante potagère dont le fruit est piquant; sorte d'artichaut.

CARDE, côte du cardon; peigne de cardeur; instrument à piquants pour accommoder et préparer la laine, le coton.

CARDER, peigner le coton ou la laine avec la carde.

CARDEUR, *cardeuse*, qui carde ou qui soigne les cardes.

CARDIER, qui fait des cardes.

CARDIÈRE, chardon à foulon, plante épineuse.

ÉCHARDE, épine, petit éclat de bois, de fer, de verre, entré dans la peau.

ÉCHARDONNER, ôter, enlever les chardons.

CHARIVARI, bruit confus qu'on fait avec des poêles, des chaudrons, des casseroles, aux portes de ceux qui célèbrent des secondes noces; le charivari paroît avoir été inventé pour se moquer d'une veuve qui vient à se remarier. Du lat. barb. *carimarium*, que l'on dérive de *chalybarium*, vaisseau de fer ou de cuivre.

CHARLATAN, vendeur de drogues sur les places publiques, qui fait le métier de médecin; hableur qui en impose par un étalage de paroles. De l'it. *ciarlatano*, fait de *ciarlare*, parler beaucoup, que Ménage fait dériver à sa manière du lat. *circulare*.

CHARLATANISME, caractère du charlatan.

CHARLATANERIE, discours, manœuvre de charlatan.

CHARLATANER, en imposer par de beaux discours.

CHARLES, nom propre d'homme. De l'all. *karl, kerl*, grand, fort, vigoureux; en bass. lat. *Karolus, Carolus*; en it. *Carlo*.

CARLIENS, *Carlovingiens*, seconde race des rois de France, qui a pris son nom de Charlemagne.

CARLIN, monnoie d'Italie frappée à l'effigie de Charles.

CARLIN, petit chien, doguin à museau noir, ainsi appelé de Carlo Bertinazzi, dit *Carlin*, célèbre arlequin de la comédie italienne.

CARLINE, femelle du carlin.

CAROLUS, ancienne monnoie d'argent de France, valant dix deniers tournois, qui fut frappée par ordre de Charles VIII.

GARS, jeune homme fort, bien découplé.

GARCE, jeune fille en général; femme débauchée.

GARCETTE, jeune fille au-dessous de douze ans.

GARÇON, jusqu'au XVII° siècle ce mot a presque toujours été pris en mauvaise part; il signifioit débauché, mauvais sujet, vaurien, libertin, homme de basse condition, de bas emploi, valet, goujat, homme sans mœurs, sans conduite, dénué de sentiments. Quel contraste dans la signification des mots *garce* et *garçon*, le nom de jeune fille descendu aux prostituées, tandis que celui de garçon, long-temps pris en mauvaise part, désigne un homme qui vit dans le célibat, quel qu'il soit, et quel que soit son âge : il n'y a que le mariage qui fait cesser d'être garçon.

Clavier dérive ce mot de l'all. *karl*; Borel, du gr. *gasaura*, ou de l'esp. *varo*, formé du lat. *viro*, abl. de *vir*. Isaac Pontanus avoit déjà émis cette opinion. Enfin Juste Lipse le tiroit de *gursonostasium*, lieu destiné à Constantinople pour élever les jeunes enfans mâles, et les faire eunuques. Gébelin le fait venir de l'ar. *gar, gari*, jeune homme vaillant, audacieux, plein de courage; *garih*, jeune fille; *garaih*, jeunesse. En pers. *garan*, fille; *chir*, vaillant, courageux. Voy. *Gloss. de la lang. rom.*, aux mots GARCE et GARCHON.

GARÇONNIÈRE, jeune fille qui hante les garçons et qui en contracte les manières.

CHARME, enchantement, tout ce qui transporte par sa beauté, par son harmonie; procédé magique pour séduire. Du lat. *carmine*, ablat. de *carmen*.

CARMINATIF, remède qui adoucit, qui apaise, qui calme les douleurs.

CHARMANT, plein de charme, qui a toutes les qualités pour plaire.

CHARMER, produire un effet extraordinaire par charme, par enchantement, par une cause surnaturelle; plaire beaucoup; ravir en admiration.

CHARME,*charne*, arbre amentacé à bois dur, écorce grise, tâcheté de blanc, feuillage partant dès le pied, et se prêtant à toutes les formes par la tonte. Du lat. *carpinus*.

CHARMILLE, plant ou palissade de petits charmes.

CHARMOIE, plantation de charmes.

CHARPIE, filaments de linge usé pour mettre sur les plaies. Du lat. *carpia*, fait d'*à carpendo*, suivant Ménage.

CHARTRE, prison, tristesse; maladie de langueur des enfans. Du lat. *carcere*, abl. de *carcer*.

CHARTRIER, gardien de prison. *Carcerarius*.

INCARCÉRER, mettre en prison. *Incarcerare*.

INCARCÉRATION, action d'incarcérer, d'être incarcéré; captivité dans une prison. *Incarceratio*.

ENCHARTÉ, *incarcéré*, mis en prison. *Incarceratus*. Voy. CARTE.

CHARTRES, ancienne capitale du pays Chartrain, aujourd'hui chef-lieu du département d'Eure-et-Loir. Du lat. *Carnutes*.

CHARTREUX, ordre de religieux qui suivoient la règle de saint Bruno, et qui ont pris leur nom de *Carthusiani*, du village de Chartreuse, *Cartusia*, à deux lieues de Grenoble (*Gratianopolis*), l'ancienne Cularo, capitale des Voconces.

CHARTREUSE, couvent de Chartreux; petite maison au milieu des champs.

CHASSELAS, sorte de raisin blanc et sucré, dont le meilleur vient de Fontainebleau; on croit que son plant a été apporté du Languedoc. En angl. *chasselet*.

CHASSER, renvoyer, congédier,

faire marcher devant soi, mettre dehors, poursuivre, expulser, aller à la chasse. Du lat. *quassare*; Ménage le dérive de *captare*, et Barbazan de *calcare*, formé de *calx*. En ital. *cacciare*.

Chasse, action de chasser et d'aller à la chasse, de poursuivre le gibier ou les animaux nuisibles.

Chassé, renvoyé, expulsé, poursuivi.

Chassé, pas de danse.

Chasseur, *chasseresse, chasseuse*, qui chasse, qui va à la chasse; soldat armé à la légère.

Chassoir, *chassoire*, outil pour chasser ou pour donner la chasse, ou pour faire descendre les tonneaux.

Déchasser, faire sortir de force un clou, une cheville.

Déchassé, pas de danse.

Chasse-avant, chef d'atelier.

Chasse-cousin, mauvais vin.

Chasse-marée, voiture de la marée, barque de pêcheur.

Chasse-mouche, petit balai pour chasser les mouches.

Pourchasser, tâcher d'obtenir, rechercher avec obstination.

Rechasser, aller de nouveau à la chasse; repousser d'un lieu dans un autre.

CHASSIE, humeur gluante qui, sortant des yeux, les colle et s'attache aux paupières. De *cæcare*, aveugler, et non pas de l'it. *casa*, ni du lat. *capsa*.

Chassieux, qui a de la chassie aux yeux. En esp. *cecajoso*.

CHASTE, pudique, modeste; qui s'abstient des plaisirs de la chair, qui se maintient pur. Du lat. *castus*.

Chastement, d'une manière chaste. *Castè*.

Chasteté, pureté de mœurs; abstinence des plaisirs défendus; état chaste; continence habituelle; observation des lois de la pudeur. *Castitas*.

Chatier, *chastier*, d'abord rendre chaste, instruire, remontrer, donner des préceptes; puis punir, infliger une correction. *Castigare*.

Chatiment, d'abord remontrance, avis, enseignement; puis correction, peine infligée pour punir. *Castigatio*.

Inceste, conjonction illicite entre parents ou alliés au degré prohibé. *Incestus*, formé de la négation *in*, et de *castus*, chaste.

Incestueusement, avec inceste, dans l'inceste. *Incestè*.

Incestueux, souillé d'inceste, où il y a inceste. *Incestus*.

CHAT, Chatte, animal domestique à quatre pieds, de la famille du tigre. Du lat. *catus*, fin, avisé.

Cataire, *chataire*, l'herbe aux chats, plante aromatique à tige velue, à racine vivace, dont les espèces sont très-nombreuses, et que les chats aiment avec passion. *Cataria*.

Catimini (en), secrètement, à la manière des chats.

Chatée, *chattée*, portée d'une chatte.

Chater, *chatter*, faire des chats; mettre bas des petits chats.

Chatière, passage pour les chats; trou pour les laisser passer; piège pour les prendre.

Chaton, petit chat.

Chatouiller, jouer avec les ongles comme un chat; causer un tressaillement d'émotion ou de plaisir par le frottement. Au figuré, toucher légèrement; dire des choses qui plaisent. *Catullire*.

Chatouillement, *chatouiller*, action de chatouiller; impression douce et passagère.

Chatouilleux, qui craint le chatouillement, qui s'offense aisément.

Chatte-mitte, hypocrite, tartufe; saint homme de chat. De *catus* et de *mitis*.

Chatoyant, dont la couleur varie comme les yeux d'un chat.

Chatoyante, œil de chat; sorte d'agate luisante et transparente, de diverses couleurs, dont la variété est agréable. D'*oculus cati*.

Chatoyer, rayonner en dedans et au dehors; jeter des rayons, en parlant des pierres précieuses.

Chat-huant, sorte de hibou à plumage roux, rayé, qui habite les creux d'arbres. C'est, suivant Nicot, une espèce d'oiseau qui va voletant et *huant* de nuit; duquel chant *huant* il est ainsi nommé, car son chant n'est que *hu*, et cry piteux. *Huer* vient de *vocare*.

Chouans, insurgés de la Vendée qui attaquoient et pilloient les diligences et les voyageurs. Ce nom vient des quatre frères Cottereau, contrebandiers fameux; ils furent nommés *chouans*, par corruption du mot *chat-huant*, parce qu'ils contrefaisoient le cri de cet oiseau pour se reconnoître dans les bois pendant la nuit. C'est en 1793 qu'ils formèrent près de Laval et de Lagravelle des rassemblements qui prirent leurs noms.

ACHATTIR, affriander, comme on fait aux chats pour les apprivoiser.

CHATAIGNE, * *chastaigne*, fruit farineux à enveloppe épineuse, de l'espèce du marron, que l'on dit avoir été apporté de Catane, ville de Magnésie, où il y avoit quantité de châtaigniers. Du lat. *Castanea*, fait du gr. *kásnata*, la ville de Catane.

CHATAIGNERAIE, plant ou forêt de châtaigniers. *Castanetum*.

CHATAIGNIER, grand arbre qui produit les châtaignes.

CHATAIN, couleur de châtaigne. *Castaneus*.

CASTAGNETTE, instrument de musique à percussion; il consiste en deux petits morceaux de bois, en forme de châtaigne, creusés; on les tient entre les doigts et on les frappe l'un contre l'autre en cadence.

D'où les noms propres, *Castaing*, *Châtain*, *Chastain*, *Lachassaigne*, *Châtaignon*, *La Chastaigneraie*.

CHATEAU, * *castel*, maison seigneuriale; forteresse; lieu de plaisance à la campagne. Du lat. *castellum*, dim. de *castrum*.

CHATELAIN, gouverneur ou propriétaire d'un bourg qui avoit droit de château ou de main-forte, avec justice haute, moyenne et basse.

CHATELÉ, chargé de châteaux.

CHATELET, petit château fort; siége de l'ancienne juridiction de Paris.

CHATELLENIE, seigneurie et juridiction de châtelain; pour faire la châtellenie, il falloit que dans la seigneurie et juridiction de châtelain il y eût une abbaye ou un prieuré conventuel, un pressoir et un four banaux; avec cela, le seigneur pouvoit impunément se donner le plaisir d'assommer de ses nobles mains les serfs et les vilains de ses terres, et enfin caresser leurs filles suivant sa volonté.

ACASTILLAGE, les gaillards d'avant et d'arrière d'un vaisseau.

ACASTILLER, garnir d'un acastillage.

ENCASTILLAGE, partie du vaisseau hors de l'eau.

CASTRAMÉTATION, l'art de camper avec avantage. *Castrametatio*.

ENCASTELÉ, cheval qui a le talon trop serré.

ENCASTELURE, douleur dans les pieds du devant du cheval.

ENCASTRER, enfermer dans le camp, mettre en prison; enchâsser, joindre par une entaille. Fait de *castrum*.

ENCASTREMENT, action d'encastrer.

De là, les noms propres de *Castel*, *Blancastel*, *Castelan*, *Castellan*, *Castellane*, *Ducastel*, *Duchâteau*, *Beauchâteau*, *Bonchâteau*, *Châteaufort*, *Châteauneuf*, *Châteauvieux*, *Châtelain*, *Châtelard*, etc.

Les villes de *Castres*, en lat. *Castra*; *Châteaubriand*, en lat. *Castrobriandum*; *Châteaudun*, en lat. *Castrodunum*, *Castellodunum*; *Château-Gontier*, en lat. *Castellum-Guntherii*, *Gunterii-Castrum*; *Château-Landon*, en lat. *Lantonense-Castrum*; *Château-du-Loir*, en lat. *Castrum-Ledæ*; *Château-Neuf*, en lat. *Castellum-Novum*; *Château-Roux*, en lat. *Castellum-Radulphi*; *Château-Thierry*, en lat. *Theodorici-Castrum*; *Châtelleraud*, en lat. *Eraldi-Castrum*.

CHATRER, * *chastrer*, ôter, retrancher les testicules aux mâles; leur enlever les parties de la génération; faire aux femelles une opération qui les empêche de concevoir. Du lat. *castrare*.

CHATRÉ, privé de ses testicules. *Castratus*.

CHATREUR, qui châtre les animaux.

CASTRATION, action de châtrer, amputation des organes de la génération. *Castratio*.

CASTRAT, chanteur qui a été châtré. De l'ital. *castrato*, formé de *castratus*.

CHAUSSER, * *chaucer*, revêtir les jambes, les pieds; faire la chaussure; battre la terre autour d'une plante, d'un arbre. Du lat. *calceare*, fait de *calx*, talon.

CALEÇON, culotte de dessous, en toile; sorte de culotte sous la robe des Orientaux. De *calcis summum*, haut de chausse.

CHAUSSAGE, entretien de la chaussure.

CHAUSSANT, qui se chausse aisément.

CHAUSSE, morceau d'étoffe ou restes

du chaperon que portent les docteurs sur l'épaule; filet de pêche en poche ou en manche; poche de drap; sorte d'entonnoir en étoffe pour purifier, filtrer, éclaircir les liquides. De caligo ou plutôt de calceamentum.

CHAUSSÉE, chemin élevé dans un lieu bas; levée, digue sur le bord de l'eau; le milieu d'une rue, d'une route, pavée en dos d'âne. De calceata, en it. calzata, en esp. calçada.

CHAUSSÉAGE, droit de péage sur une chaussée.

CHAUSSE-PIED, instrument en corne, morceau de cuir, pour chausser un soulier.

CHAUSSES, vêtement de la ceinture aux genoux, ou des genoux aux pieds.

CHAUSSETIER, bonnetier, marchand de bas.

CHAUSSETTE, bas sans pied; bas étrier.

CHAUSSON, chaussure d'étoffe; soulier plat à semelles de feutre pour les armes, ou à semelles minces pour la danse.

CHAUSSURE, tout vêtement de la jambe et du pied. Calceamen, calceamentum.

CHAUSSE-TRAPE, piége à renard, instrument de guerre à pointes de fer, qu'on place sur le passage de la cavalerie ennemie. De calcitrapa, fait de calx, calcis, et de trapa pour trabs. Voy. TRAPE.

DÉCHAUSSER, ôter la chaussure; ôter la terre amassée au pied d'un arbre, d'une plante; découvrir les dents par l'écartement des gencives. Discalceare.

DÉCHAUSSÉ, qui a quitté sa chaussure; arbre, plante dégarnis du pied. Discalceatus.

DÉCHAUSSÉ, déchaux, qui va pieds nus.

DÉCHAUSSEMENT; façon donnée aux arbres, aux plantes, pour les déchausser.

DÉCHAUSSOIR, instrument pour déchausser les dents.

ENCHAUSSER, couvrir de paille, de feuilles, etc., pour faire blanchir.

RECHAUSSER, chausser de nouveau; garnir de terre le pied d'une plante.

CHAUVE, qui a peu ou qui n'a point de cheveux. Du lat. calvus.

CHAUVETÉ, état d'une personne chauve. Calvitas.

CHAUVE-SOURIS, quadrupède volant et nocturne, de l'ordre des carnivores; mot composé de chauve et de souris, parce que cet animal est une souris volante, mais qui n'a point de plumes aux ailes.

CHAUVIR, dresser les oreilles, en parlant des bêtes de somme.

CALVAIRE, montagne sur laquelle le Fils de Dieu fut crucifié. Calvarium, calvaria; ainsi dite de sa forme arrondie et de sa stérilité.

CALVANIER, journalier qui enlève les gerbes du champ pour les engranger. De calvus, parce qu'il enlève la chevelure du champ et le laisse à nu.

CALVILLE, variété de pommes à côtes qui doit son nom à ce qu'elle est très-lisse.

CALVITIE, état d'une tête chauve. Calvities.

CHAUX, terre caustique, âcre, qui se solidifie avec l'eau, et forme un ciment. Du lat. calx, calcis, fait de calere.

CALCAIRE, pierre, terre, matière que le feu change en chaux.

CALCINER, réduire à l'état de chaux ou d'oxide par le feu; réduire en cendres.

CALCINATION, action de calciner ou de réduire en chaux.

CHAUFOUR, four à chaux; magasin de chaux.

CHAUFOURNIER, ouvrier qui travaille au chaufour.

CALFRETER, enduire de chaux. Calcefrictare.

CHAULER, échauler, donner aux blés une préparation à la chaux avant de les semer.

CHAULAGE, action de chauler.

CHEIK, cheikh, chef de tribu arabe; aîné de famille égyptienne; supérieur d'un monastère turk. De l'ar. cheikh, vieillard, comme senator de senex.

CHÉLIDOINE, plante polypétalée de la famille des pavots, amère, à suc jaune très-coloré et fort âcre. Du gr. chélidón, hirondelle, soit parce qu'elle fleurit au retour des hirondelles, soit que l'on ait cru que cet oiseau s'en servoit pour guérir ses petits quand ils avoient mal aux yeux.

CHÉLONÉE, tortue de mer; chéloniens à nageoires. Du gr. chélóné, chélónios, tortue.

CHÉLONIENS, genre de reptiles, tels que les tortues.

CHÉLONITE, pierre figurée en forme de tortue.

CHÊME, mesure des liquides chez les Grecs, douzième du cyathe. Du gr. *chêmé*.

CHEMIN, route, voie, espace par où l'on va d'un lieu à un autre; moyen de parvenir; ce qui conduit au but. De l'it. *camino*, selon Bourdelot, et ensuite Ferrari et Ménage, qui dérivent *caminare* de *campinare*, dim. de *campare*, formé du gr. *kampé*, la jambe, en it. *gamba*, et qui dér. aussi *camino*, de *gambinare*. *Camino* est le lieu où l'on marche, et pourroit avoir de l'analogie avec l'allem. *kommen*, venir, aller.

CHEMINER, aller par les chemins, marcher; aller à ses fins.

ACHEMINEMENT, moyen d'arriver, disposition à faire le chemin.

ACHEMINER, se mettre en chemin.

CHEMINÉE, endroit où l'on fait du feu dans un bâtiment et où il y a un chemin ou tuyau par lequel passe ou chemine la fumée. Ménage tire ce mot de la basse latinité *caminata*, fait de *caminus*, que M. Morin dérive du gr. *kaminos*, fourneau, cheminée faite en forme de voûte.

CHEMISE, long et ample vêtement de toile ou de coton qui se met sur la peau; revêtement de fortification; feuille de papier qui en renferme d'autres pour les conserver et en indiquer le contenu. Du lat. *camisia*, fait de *cama*, qu'on a dit pour *subucula*.

Jusqu'à la moitié du XVIe siècle, l'usage étoit en France de coucher sans chemise; de là cette foule d'ordonnances de nos rois et de lois de nos anciens coutumiers, qui déclarent convaincus d'adultère la femme mariée et l'homme qu'on aura seulement surpris nus dans une même chambre; de là, les peines sévères que l'on infligeoit en justice à celui qui avoit *fait le sac* à une fille, c'est-à-dire, qui par jeu l'auroit enveloppée dans les draps de son lit comme dans un sac, parce qu'en l'état de nudité où pour cette imprudente plaisanterie il falloit avoir vu la fille, on avoit pu ou l'on n'avoit pas daigné la déshonorer; de là enfin, cet usage des anciens moines qui couchoient dans une chambre commune, de dormir vêtus. Dans l'histoire manuscrite du divorce de Louis XII avec Jeanne de France, la principale preuve qu'alléguoit le monarque pour prouver qu'il n'avoit pas consommé le mariage étoit celle-ci, qu'il n'avoit pas couché nu à nue avec la princesse.

CHEMISETTE, petite chemise, vêtement sur la chemise.

CAMISADE, attaque pendant la nuit, parce que l'on se sauve en chemise.

CAMISARD, nom donné aux protestants des Cévennes, ainsi dits de leur habillement de toile.

CAMISOLE, petit vêtement court et à manches.

CHENAPAN, vaurien, bandit, mauvais sujet. De l'all. *schnapan*, brigand des montagnes noires.

CHÊNE, *chesne*, grand arbre à bois dur, qui porte le gland. De *quernus* pour *quercus*, comme l'a démontré Isidore, liv. XVII, ch. 7; selon Barbazan, la forêt de Dodone, qui étoit dans la Chaonie, n'étoit plantée que de chênes, et cette province auroit donné son nom à cet arbre. D'autres le dériv. de l'arm. *gasni*, chêne.

CHÊNEAU, jeune chêne.

CHÊNAIE, lieu planté de chênes.

D'où les noms propres *Chéne*, *Duchéne*, *Lechéne*, *Chéneau*, *Lachenaye*, *Dechenaye*.

CHENU, blanc de vieillesse; cheveux blancs; mont couvert de neige. Du lat. *canus*, *canutus*, fait de *canities*, blancheur. Le mot françois n'est point une corruption de *caput nitidum*, ni de *caput nudum*, tête nue, chef nu. Chenu est le contraire de chauve.

CHER, que l'on aime tendrement; précieux; qui coûte beaucoup; qui vend ou qui est vendu à haut prix. Du lat. *carus*.

CHÈREMENT, tendrement, avec beaucoup d'affection; à haut prix; d'une manière pénible, douloureuse. *Carè*.

CHÉRIR, aimer tendrement.

CHÉRISSABLE, digne d'une vive tendresse.

CHERTÉ, prix excessif des choses.

CARESSE, manifestation du plaisir qu'on a en recevant une personne chérie.

CARESSANT, porté à faire des caresses.

CARESSER, faire des caresses. De l'it. *carezzare*, *careggiare*, faits de *carus*. Les Grecs ont dit *karrhézein* pour *katarézein*. C'est peut-être un des mots que les Phocéens ont apportés à Marseille.

CÁRISTADE, aumône. De *charitas*.

CHARITÉ, amour de Dieu comme le souverain bien ; amour du prochain en vue de Dieu; marque d'affection envers un pauvre; secours aux indigents ; jugement favorable à l'égard de la conduite de son prochain.

CHARITABLE, qui part d'un principe de charité; qui aime à faire l'aumône ; indulgent.

CHARITABLEMENT, d'une manière charitable.

ENCHÈRE, offre pécuniaire au-dessus d'une autre; peine qu'on s'attire par témérité.

ENCHÉRIR, *renchérir*, mettre une enchère ; augmenter de prix; surpasser, dire davantage.

ENCHÉRISSEMENT, *renchérissement*, haussement de prix.

ENCHÉRISSEUR, qui met une enchère.

RENCHÉRI, devenu plus cher.

SURENCHÈRE, enchère au-dessus d'une autre.

SURENCHÉRIR, mettre une enchère au-dessus de celle d'autrui.

CHÈRE, accueil, bon repas. Du gr. *charœó*, se réjouir. Ancien mot formé de *cara*, dérivé du gr. *kara*, et non pas de *chara* ; il signifioit, air, mine, visage ; on a dit au figuré *faire bonne* ou *mauvaise chère* pour être bien ou mal traité à table ou en société.

ACARIATRE, qui fait mauvaise mine; au figuré, qui aime à contrarier, d'une humeur fâcheuse, aigre, criarde. Des étymologistes dérivent ce mot d'*acer*.

ACARIATRETÉ, humeur acariâtre.

ACCARER, confronter des témoins, des accusés. Formé de la préposition *ad*, à, vers, et de *cara*, visage, figure.

ACCARIATION, *accaration, accarement*, confrontation de témoins; action de confronter.

CONTRECARRER, s'opposer, résister en face.

CHÉRIF, *chéryf, schérif*, noble Musulman descendant de Mohammed (Mahomet); prince arabe ou maure. De l'arabe *chéryf*, exceller en noblesse.

CHERSYDRE, serpent amphybie qui habite alternativement la terre et l'eau. Du gr. *chérsos*, terre, et de *hudór*, eau.

CHÉRUBIN, sorte d'esprit céleste, ou ange du deuxième chœur de la première hiérarchie; on les représente avec quatre ailes, quatre faces et des pieds de bœuf; ouvrage de peinture ou de sculpture qui représente une tête avec des ailes. De l'hébreu *cherub*, *keroub*, au pluriel *cherubim*, *keroubim*, selon Jault.

CHERVIS, la gyrole, plante oléracée, vulnéraire, bonne à manger et dont on retire du sucre. De la bass. lat. *servilla*, *chervilla*, fait du lat. *siser*, *sisarum*.

CHÉTODON, genre de poisson osseux et thoracique, sous l'équateur, à nombreuses et longues dents effilées, cernées de bandes transversales colorées. Du gr. *chéó*, je tiens, je contiens; *odous*, *odontos*, dent.

CHEVAL, quadrupède solipède, domestique, à longue crinière, le plus utile; homme dur à la peine, laborieux, ou brutal et grossier. Du lat. *caballus*, fait du gr. *kaballos*.

CAVALCADE, course, promenade de plusieurs personnes à cheval ; marche pompeuse et régulière de personnes à cheval.

CAVALCADOUR, écuyer qui a soin des chevaux, des voitures et des équipages du roi. De l'esp. *cavalgador*.

CAVALE, jument, femelle du cheval.

CAVALERIE, troupe de gens à cheval ; gens de guerre à cheval.

CAVALIER, homme à cheval; celui qui sert à cheval ; homme en danse ou qui accompagne une femme; terre élevée pour placer l'artillerie.

CAVALIER, adj., aisé, leste, libre, dégagé; brusque, hautain; trop libre.

CAVALIÈREMENT, d'une manière cavalière.

CAVALOT, monnoie de Louis XII, sur laquelle est représenté saint Second à cheval.

CAVALQUET, fanfare de trompette de la cavalerie, à l'approche d'une ville ou en la traversant.

CHEVALEMENT, *enchevalement*, étai qui sert à soutenir des parties de bâtiment qu'on reprend par sous-œuvre.

CHEVALER, faire un chevalement, se servir de chevalets; aller et venir pour une affaire.

CHEVALET, pièce de bois à quatre pieds, assemblée en travers sur d'autres pièces à plomb, pour soutenir des planches, des solives, etc.; machine de bois, ayant à peu près la figure d'un cheval, qui servoit pour punir les soldats; support des cordes aux instruments de musique; bâti pour soutenir un tableau.

CHEVALERIE, dignité, grade, ordre, état des chevaliers.

CHEVALIER, celui qui avoit reçu le grade de chevalerie; membre d'un ordre civil ou militaire; membre de la noblesse au-dessus des écuyers; protecteur, défenseur d'une femme.

CHEVALERESQUE, selon l'ancienne chevalerie.

CHEVALINE (bête), cheval ou jument.

CHEVAUCHÉE, action d'aller à cheval; tournée à cheval des officiers de justice.

CHEVAUCHER, aller à cheval.

CHEVAUCHEUR, cavalier, postillon, maître de poste.

CHEVAU-LÉGER, cavalier d'un corps de troupes légères.

CHEVÊCHE, sorte d'oiseau de nuit du genre de la chouette, ainsi nommée de ses soufflements *ché, chei, cheu, cheue, chiou*, qu'elle réitère sans cesse, et qui ressemblent à ceux d'un homme qui dort la bouche ouverte. Les latins disoient *strix*; les Grecs, *kikkabé*, hibou; les Persans, *chiffet*; les Italiens, *civetta*; à Milan, *ciguetta*.

CHOUCAS, espèce de corneille, ainsi nommée de son cri.

CHOUETTE, autre oiseau de nuit du genre de la chevêche. Voici leurs noms en divers départements : *caue, cauette, choc, chocadou, chiouca, choucari, chouchette, choue, choucou, choucouhou, chucas*.

CHÈVRE, femelle du bouc, animal ruminant. Du lat. *capra*.

CHEVREAU, petit d'une chèvre. *Capreolus*.

CHEVREUIL, espèce de bête fauve du genre du cerf.

CHEVRETTE, femelle du chevreuil.

CHEVRILLARD, petit chevreuil.

CHEVRIER, pâtre de chèvres. *Caprarius*.

CHÈVREFEUILLE, sorte d'arbuste à fleurs odoriférantes. *Caprifolium*.

CABRI, *cabril*, petit d'une chèvre. *Capreolus*.

CABRER (se), en parlant d'un cheval, sauter comme une chèvre; se dresser sur les pieds de derrière, à l'exemple des chèvres.

CABRIOLE, saut léger, très-élevé, pareil à celui d'une chèvre.

CABRIOLER, faire des cabrioles.

CABRIOLEUR, qui fait des cabrioles.

CABRIOLET, voiture légère à deux roues qui fait des sauts et des bonds.

CAPRICORNE, signe du zodiaque, sous la figure d'un bouc. *Capricornus*.

CAPRICE, bizarrerie, caractère fantasque comme celui de la chèvre; volonté subite et irréfléchie.

CAPRICIEUX, bizarre, fantasque, sujet aux caprices.

CAPRICIEUSEMENT, par caprice.

CAPRISANT, pouls inégal et irrégulier.

CHABRILLON, fromage de lait de chèvre.

CHABRAQUE, *schabraque*, peau de chèvre ou de mouton sur le cheval des troupes légères.

CHABRILLON, fromage de chèvre d'Auvergne.

CHEVRETTE, morceau de fer recourbé aux extrémités en forme de pattes, et sur lequel on pose le bois dans les poêles, pour faciliter l'action du feu.

CHEVRON, pièce de bois de sciage équarrie sous les lattes d'un toit. De *caprone*, fait de *capreolus*, qui se trouve dans Vitruve en la même signification.

CHEVRONÉ, à chevrons, terme de blason.

CHEVROTAGE, droit sur les chèvres.

CHEVROTAIN, jeune chevreuil.

CHEVROTIN, peau de chevreau corroyée.

CHEVROTINE, plomb à tirer le chevreuil.

CHEVROTER, faire des chevreaux; sauter comme une chèvre; chanter en tremblant et par secousse.

CHEVROTEMENT, action d'aller par sauts et par bonds; chant saccadé et tremblant.

CHICANE, discussion, contestation mal fondée; subtilité captieuse en procès. Du gr. *Dikanikos*, plaideur qui aime les procès, ou de *sikanos*, sicilien; puis, fin, faux, fourbe, fripon.

CHICANER, disputer, intenter querelle pour des riens; faire un procès mal à propos.

CHICANERIE, mauvaise difficulté.

CHICANEUR, *chicanier*, enclin à la chicane; qui aime à chicaner; vétilleux, difficile, embarrassant.

CHICHE, avare; trop ménager. De

ciccum, membrane d'un grain de grenade.

CHICHEMENT, avec avarice; d'une manière chiche.

CHICHETÉ, avarice, parcimonie.

CHICORÉE, plante rafraichissante de la famille des endives. Du lat. *chicorea*, *chicorium*, en gr. *kichôré*, *kichôrion*, que Pline, liv. XX, ch. 8, dit être un mot égyptien.

CHICON, laitue-romaine.

CHICORACÉES, plantes qui tiennent de la chicorée.

CHICOT, petite partie de la racine d'un arbre; bout de branche coupée sur un arbre; branche morte; reste d'une dent rompue. De *coliculus*, reste de quelle chose que ce soit. Ménage le dérive d'abord de *truncus*, et ensuite de *ciccum*. Voy. CHICHE.

CHICOTER, contester sur des choses de peu d'importance.

CHIQUE, petit insecte qui pénètre dans la chair; sorte de tabac à mâcher; coton défectueux; cocon dans lequel est mort le ver à soie.

CHIQUER, mâcher du tabac; manger et boire.

CHIQUENAUDE, coup du doigt majeur plié, roidi contre le pouce et détendu ensuite.

CHIQUET, parcelle, petite partie d'un tout.

CHIQUETER, démêler la laine par parcelles.

DÉCHIQUETER, découper par taillades, par morceaux.

DÉCHIQUETURE, taillades dans une étoffe.

CHICOTIN, herbe, poudre, sucs très-amers, dont on frotte les mamelons d'une nourrice pour détourner les enfants de téter. De *socotrin*, aloès très-amer.

CHIEN, chienne, animal domestique et fort docile, qui aboie. Du lat. *canis*, dér. du gr. *kuôn*, *kunos*.

CHIEN-DENT, herbe vivace, graminée que les chiens mangent pour se purger.

CANICHE, sorte de chien barbet à longs poils et à longues oreilles.

CANICIDE, action de tuer un chien; dissection d'un chien vivant. De *canis* et de *cædere*, *occidere*, tuer.

CANIN, canine, qui tient du chien.

CHIENNER, faire des petits chiens.

CANAILLE,* *chienaille*, race de chiens, rassemblement de chiens. *Canum alligatio*, ou *canum concursus*. Au figuré, rassemblement de bas peuple, de vile populace.

ENCANAILLER (s'), fréquenter, hanter la canaille.

CAGNARD, lâche, paresseux, fainéant, qui passe son temps à dormir comme les chiens.

CAGNARDER, faire le paresseux, vivre dans l'oisiveté.

ACAGNARDER (s'), s'accoutumer à la paresse, prendre l'habitude d'une vie fainéante.

CAGNARDISE, paresse, fainéantise.

CAGNEUX, qui a les jambes tournées en dedans comme celles d'un basset à jambes torses.

CHENIL, logement des chiens de chasse; logement sale et vilain. *Canile*.

CANICULE, Sirius, étoile de la constellation du grand chien. *Canicula*.

CANICULAIRE, de la canicule.

CHENET, *chiennet*, ustensile de cheminée qui soutient le bois, et auquel on donnoit autrefois la forme d'un chien couché.

CYNANCIE, sorte d'esquinancie, inflammation. Du gr. *kanagché*, ainsi dite de *kuón*, chien, et de *agchó*, serrer, suffoquer, soit parce que les chiens sont sujets à cette maladie, soit parce qu'elle fait tirer la langue comme les chiens lorsqu'ils sont échauffés.

CYNANCHIQUE, qui concerne la cynancie.

CYNANTHROPIE, symptôme de la rage; sorte de manie dans laquelle le malade s'imaginant être changé en chien, en imite les actions. Du gr. *kuón* et d'*anthropos*, homme.

CYNÉGÉTIQUE, qui a rapport à la chasse aux chiens courants. Du gr. *kunégeó*, aller à la chasse, fait de *kuón* et de *hégéomai*, conduire.

CYNIPS, insecte de la famille des hyménoptères, dont la tête ressemble à celle du chien.

CYNIQUE, qui n'a pas plus de honte qu'un chien; secte de philosophes très-peu philosophes, qui bravoient les lois de la décence et de la pudeur. Antisthène passe pour être le fondateur de la secte; impudent, obscène, licencieux. Du gr. *kunikos*, dér. de *kuón*.

Cynisme, mœurs, doctrine des cyniques; effronterie, impudence, licence effrénée.

Cyniste, pierre figurée représentant un chien. De *kunos*.

Cynocéphale, singe à longue queue, dont la tête ressemble à celle d'un chien. De *kunos*, et de *képhalé*, tête.

Cynocrambe, le chou de chien, sorte de plante, espèce de mercuriale. De *kunos*, et de *krambé*, chou.

Cynoglosse, la langue de chien, plante de la famille des borraginées, dont le fruit ressemble à la langue d'un chien. De *kunos*, et de *glossa*, langue.

Cynorexie, appétit insatiable, faim canine. De *kunos*, et d'*orexis*, faim, appétit.

Cynorrhodon, rosier sauvage, dit rose de chien. De *kuón*, et de *rhodon*, rose.

Cynosiens, genre d'animaux semblables aux chiens. De *kuón*.

Cynosorchis, le testicule de chien, plante dont les racines sont formées de deux bulbes, qui ressemblent à deux testicules un peu longs. De *kuón*, et d'*orchis*, testicule.

Cynosure, la constellation de la petite ourse. De *kunos*, et d'*oura*, queue; qui a une queue de chien.

Apocyn, plante laiteuse, originaire de Syrie, que les anciens croyoient propre à faire mourir les chiens. *Apokunon*, fait d'*apó*, contre, et de *kuón*, plante contraire aux chiens.

Apocynées, familles de plantes semblables à l'apocyn.

CHIFFONNER, mot factice qui se dit d'une étoffe douce et légère, qui cède sans bruit sous la main; on la chiffonne, mais on ne la froisse pas. En it. *chiffone*, que Formey et Gébelin dérivent de l'ar. *saf, schaf*, étoffé mince, transparente, usée, frippée.

Chiffe, étoffe foible et mauvaise.

Chiffon, ajustement de femme; au figuré, vieux linge, mauvais papier.

Chiffonnée, femme dont les traits irréguliers ne laissent pas que de plaire.

Chiffonnier, ramasseur de chiffons dans les rues.

Chiffonnière, meuble dans lequel on serre les chiffons.

CHIFFRE, caractère qui marque un nombre; écriture secrète de convention; lettres initiales des noms groupées et entrelacées. De l'ar. *saphar*, écriture, livre; c'est encore le nom du Koran. On le dérive aussi de l'hébr. *sephert*, nombre, formé de *saphar*, compter, nombrer, calculer.

Chiffrer, marquer, écrire, compter, exprimer par des chiffres.

Chiffreur, qui chiffre, qui compte bien avec la plume.

Déchiffrer, expliquer, lire un écrit en chiffres, un manuscrit, une inscription, une mauvaise écriture.

Déchiffrable, qui peut être déchiffré.

Déchiffreur, celui qui déchiffre, qui explique un chiffre, une inscription, un texte ancien.

Indéchiffrable, illisible, qu'on ne peut déchiffrer.

CHILIADE, *kiliade*, choses réunies mille par mille. Du gr. *chilias*, millier.

Chiliarque, *kiliarque*, officier qui commandoit un corps de mille hommes chez les anciens. De *chilias*, et d'*archos*, chef, dér. d'*arché*, commandement.

Chiliastes, les millénaires, sectaires qui prétendoient que le Fils de Dieu viendroit régner sur la terre, sous une forme corporelle, mille ans avant le jugement universel.

Chiliogone, *kiliogone*, figure plane et régulière de mille angles et d'autant de côtés. De *chilioi*, mille, et de *gônia*, angle.

CHIMÈRE, monstre fabuleux tué par Bellérophon; il avoit la tête d'un lion, le corps d'une chèvre et la queue d'un dragon; imagination folle et déréglée; projet impossible à exécuter. *Chimæra*, dérivé du grec *chimaira*.

Chimérique, plein de chimères, dénué de fondements.

Chimériquement, d'une manière chimérique.

CHIMIE pour chymie, science qui a pour objet d'analyser ou de décomposer les corps mixtes, pour découvrir l'action intime et réciproque qu'ils exercent les uns sur les autres. Du lat. *chimia*, dér. du gr. *chéméia* ou *chéiméia*. Selon d'autres, de *chumos*, suc; de *chuô* ou *chéô*, fondre : d'autres enfin le dérivent de *chémi*, nom copte de l'Égypte.

Chimique, qui a rapport, qui appartient à la chimie.

Chimiste, celui qui s'applique à la chimie.

Alchimie, *alchymie*, le prétendu art de changer ou transmuer les métaux en or et en argent; science hermétique.

Alchimique, concernant l'alchimie.

Alchimiste, imbécile qui cherche la pierre philosophale, qui pratique et ajoute foi à l'alchimie.

Chine, grand royaume d'Asie. *Sina*.

Chiné, étoffe dont la chaîne, composée de fils de différentes couleurs, forme des dessins insignifiants.

Chiner, disposer les fils de la chaîne d'une étoffe de manière à former un dessin d'un trait indécis.

Chiner, art de chiner les étoffes.

Chinois, de la Chine, dans le goût des ouvrages de la Chine.

Chinure, dessin chiné, à traits indécis.

Sinologue, savant dans la langue chinoise.

CHINQUER, boire avec excès. De l'all. *schencken*, verser à boire.

Échanson, officier qui servoit à boire aux grands personnages. De l'all. *schenk*, qui a la même signification.

Échansonnerie, corps des échansons; lieu où est la boisson d'un prince ou d'un souverain.

CHIOURME, tous les forçats et rameurs d'une galère. De l'it. *ciurma*, dér. du lat. *turma*, troupe, corps.

CHIRAGRE, goutte aux mains; celui qui en est attaqué. Du gr. *cheir*, la main, et d'*agra*, prise, capture.

Chirite, stalactite, pierre qui représente une main. Du gr. *cheir*.

Chirographaire, créancier en vertu d'un acte sous seing privé, et non reconnu en justice. De *cheir*, et de *graphô*, j'écris.

Chirologie, l'art de s'exprimer en faisant des signes et des mouvements avec les mains, à l'exemple des sourds-muets. De *cheir*, et de *logos*, discours.

Chiromancie, divination par l'inspection des lignes de la paume de la main. De *cheir*, et de *mantéia*, divination.

Chiromancien, qui exerce la chiromancie, et prédit par l'inspection de la main.

Chironomie, art du geste chez les anciens. De *cheir*, et de *nomos*, loi, règle, précepte, dér. de *némô*, régler, former.

Chironomiste, qui enseigne l'art du geste.

Chirurgie, art de faire diverses opérations manuelles sur le corps humain pour la guérison des plaies, des blessures, des fractures, etc. Du gr. *cheirourgia*, opération de la main, dér. de *cheir*, et d'*ergon*, ouvrage, travail.

Chirurgical, qui appartient à la chirurgie.

Chirurgien, qui exerce la chirurgie, qui opère de la main. Du gr. *cheirourgos*.

Chirurgique, concernant la chirurgie.

CHISTE, *kiste, kyste*, membrane en forme de poche ou de vessie, qui renferme des humeurs contre nature. Du gr. *kustis*, vessie.

Kystique, qui est propre à la guérison du kyste.

Cystéolithe, sorte de pierre marine qui se trouve dans les grosses éponges. De *kustis*, et de *lithos*, pierre.

Cysthépatique, canal, conduit qui porte la bile, du foie dans la vésicule du fiel. De *kustis*, et de *hépar, hépatos*, foie.

Cystique, qui concerne la vésicule du fiel.

Cystiotome, instrument pour la lithotomie. De *kustis* et de *tomé*, incision, fait de *temnô*, couper.

Cystirrhagie, maladie dans laquelle l'urine sort de la vessie avec douleur. De *kustis*, et de *rhégnuô*, rompre, faire sortir avec douleur.

Cystite, *cystitis*, inflammation de la vessie.

Cystobubonocèle, hernie inguinale de la vessie. De *kustis*, de *boubôn*, aine, et de *kélé*, hernie, tumeur.

Cystocèle, hernie de la vessie. De *kustis* et de *kélé*.

Cystomérocèle, hernie crurale de la vessie. De *kustis*, de *méros*, cuisse, et de *kélé*.

Cystotomie, *cystéotomie*, la ponction au périnée, ouverture faite à la vessie pour en tirer l'urine. De *kustis*, et de *tomé*, incision, dér. de *temnô*, je coupe.

Enkysté, qui est renfermé dans un kyste.

CHITONIES, fêtes que l'on célébroit à Chitone, ville de l'Attique, en l'honneur de Diane, surnommée *Chitonia*.

CHLAMYDE, manteau court des

anciens, sorte de vêtement militaire chez les Grecs. Du lat. *chlamys*, dér. du gr. *chlamus, chlamudos*.

CHLOÉ, surnom de Cérès, déesse de toutes les productions de la terre. Du gr. *chloé*, verdure.

CHLOÉIES, *chloïennes*, fêtes en l'honneur de Cérès. De *chloé*, verdure, surnom de la déesse.

CHLORE, corps gazeux, ainsi nommé de sa couleur verte.

CHLORION, sorte d'insectes hyménoptères de couleur verte. Du gr. *chlóreion*, fait de *chlóros*, vert, dérivé de *chloé*.

CHLORIQUE, acide formé par la combinaison du chlore avec l'oxigène.

CHLORIS, oiseau du genre pinson, dont le plumage est de couleur verte mêlée de jaune. De *chlóros*.

CHLORITE, sorte de talc de couleur verte.

CHLOROPHOPHANE; spath-fluor, substance minérale qui, étant mise sur les charbons ardents, répand une flamme verte. De *chlóros*, vert, et de *phainô*, briller, luire.

CHLOROSE, jaunisse, maladie des filles, dite *pâles couleurs*, qui leur rend le teint pâle et livide. De *chlóros*.

COLÈRE, * *cholère*, *chole*, grand débordement de bile; émotion violente et subite de l'esprit contre ce qui le blesse; agitation violente, mouvement impétueux. Du gr. *choléra*, fait de *cholé*, bile, fiel, parce que les anciens attribuoient la cause de la colère à l'agitation de la bile. Nos pères disoient *chole*, *cole*, pour colère et pour bile. Le mot *chaude-cole*, du latin *calida-cola*, pour bile échauffée, bile émue, promptitude, premier mouvement de colère.

COLÈRE, *colérique*, enclin, sujet à la colère. Du gr. *cholericos*.

CHOLAGOGUE, qui fait évacuer la bile. De *cholé*, bile, et de *agô*, je chasse, j'évacue.

CHOLÉDOGRAPHIE, traité sur la bile. De *cholé*, et de *graphô*, j'écris.

CHOLÉDOLOGIE, partie de la médecine qui traite de la bile. De *cholé*, et de *logos*, discours.

CHOLÉDOQUE, canal qui conduit la bile du foie dans le duodénum. De *cholé*, et de *dochos*, qui contient.

CHOLERA-MORBUS, évacuation violente de bile par haut et par bas. Composé de *cholé*, bile, de *rhéó*, couler, et du lat. *morbus*, maladie.

CHOLÉRIQUE, qui est d'un tempérament bilieux. De *cholé* et de *rhéó*.

CHOC, onomatopée faite du bruit de deux corps qui se heurtent; rencontre brusque et violente de deux corps; charge réciproque et combat de deux corps de troupes; revers subit et imprévu.

CHOP, *choppement*, *achoppement*, onomatopée faite du bruit d'un corps qui en heurte un autre; obstacle, écueil, action de chopper.

Ces trois substantifs s'emploient fort rarement au sens propre; on s'en sert dans cette manière proverbiale de parler : *pierre d'achoppement*, obstacle inattendu.

CHOPPER, faire un faux pas en heurtant le pied contre un corps dur; faire une faute.

Du son naturel *choc*, les Espagnols ont dit *choca* pour *joûte*; nos pères représentoient cette dernière idée par le verbe *toster*, dont les Anglais ont fait *toast*, action de boire à la santé de quelqu'un.

Lancelot dérive le verbe *chopper*, du gr. *kopéin*, 2ᵉ aoriste de *koptéin*, pousser, heurter, frapper. Le P. Labbe a partagé la même opinion. Ménage le tire de la bass. lat. *cippare*, fait de *cippus*, petite colonne qu'on mettoit auprès des tombeaux avec une inscription; et comme les sépulcres, dit-il, étoient le long des chemins, les chevaux choppoient en passant contre ces colonnes. Après avoir cité Turnèbe et Scaliger, il conclut que l'on auroit formé *cippare* de *cippus*, comme *cespitare* de *cespes*, motte revêtue d'herbe, et en françois *butter* de *butte*. Ménage écrit *buter* et *bute*.

CHOQUER, donner un heurt, un choc; déplaire, contrarier, fâcher.

CHOQUANT, offensant, désagréable, qui blesse ou contrarie nos idées.

CHOEUR, morceau de musique à parties exécuté pour tous les chanteurs ensemble; portion retranchée d'une église où l'on chante l'office divin; prêtres qui y sont. Du lat. *chorus*, fait du gr. *choros*, morceau d'harmonie à plusieurs parties.

CHORÉE, pied de vers grec et latin, composé d'une longue et d'une brève, qui étoit propre aux chansons et à la danse. De *choros*.

CHORAIQUE, vers où le chorée domine.

CHORÉGE, directeur de spectacle chez les Grecs. De *chorégos*, fait de *choros* et d'*hégéomai*, conduire.

CHORÉGRAPHIE, art d'écrire ou de noter les pas, les mouvements et les figures d'une danse. De *choréia*, danse, et de *graphô*, j'écris.

CHORIAMBE, sorte de vers grec et latin, composé d'une chorée et d'un iambe. De *choros* et d'*iambos*.

CHORISTE, qui chante dans les chœurs.

CHORUS, mot latin qu'on a retenu en françois, et qui signifie chœur.

CHOIR, tomber, faire une chute. Du lat. *cadere*.

CHUTE, action de choir; mouvement de ce qui tombe; disgrâce, ruine, mauvais succès. *Casus*.

CAS, fait, accident; action, événement, occasion; désinence des noms qui se déclinent. *Casus*.

CASUEL, qui arrive par hasard, par cas fortuit; qui peut ou ne peut point arriver.

CASUELLEMENT, par hasard, par cas fortuit.

CASUALITÉ, qualité de ce qui est casuel.

CASUISTE, théologien qui décide des cas de conscience; qui résout les difficultés théologiques.

CADAVRE, corps mort qui n'a plus de soutien, qui est chu ou tombé. *Cadaver*, fait de *cadere*, parce que les anciens prenoient ce dernier mot dans le sens d'*obire*, *interire*, mourir. Jauffret le fait venir des trois premières syllabes des mots *caro data vermibus*, chair abandonnée aux vers.

CADAVÉREUX, qui tient, qui a la couleur ou l'odeur d'un cadavre. *Cadaverosus*.

CHANCE, ce qui échoit par le sort, par un coup au jeu; probabilité pour ou contre; hasard heureux ou malheureux.

CHANCEUX, hasardeux, qui est en chance; incertain dans les résultats.

CHANCELER, vaciller, être prêt à tomber, manquer d'aplomb, ne pouvoir se soutenir; manquer de fermeté, de résolution.

CHANCELANT, qui chancèle, sujet à chanceler.

CHANCÈLEMENT, action de chanceler.

CHAS, trou d'une aiguille dans lequel tombe ou entre le fil, la soie, etc.

DÉCHÉANCE, perte d'un droit.

DÉCHET, perte, diminution de prix ou de matière.

DÉCHOIR, tomber dans un état moindre, aller en décadence; diminuer peu à peu.

DÉCHU, tombé, trompé dans son espoir.

ÉCHÉANCE, terme de paiement.

ÉCHOIR, arriver par sort, par hasard, par cas fortuit; devoir se faire payer ou être payé.

ÉCHOUER, donner sur un écueil, sur un banc de sable en mer; ne pas réussir.

ÉCHOUEMENT, action d'échouer; choc en échouant.

DÉCHOUER, relever un navire échoué, le remettre à flot.

RECHOIR, tomber de nouveau.

RECHUTE, nouvelle chute, retour d'une maladie peu après sa guérison.

CADENCE, chute de la mesure dans l'exécution musicale, dans le chant, la danse, la déclamation, la prononciation, etc.; tremblement soutenu de la voix et du son.

CADENCÉ, qui offre la cadence; qui tombe en cadence.

CADENCER, mettre en cadence; faire une cadence.

CADOLE, * *catole*, loquet d'une porte.

DÉCADENCE, ruine, chute, déclin, perte.

ACCIDENT, cas fortuit, hasard, événement subit, inopiné.

ACCIDENTEL, dû au hasard, fortuit, inattendu; qui ne fait point partie du sujet.

ACCIDENTELLEMENT, par hasard, fortuitement, par occasion.

INCIDENT, événement inattendu qui vient à la traverse d'une affaire.

INCIDENCE, chute d'une ligne, d'un corps sur un plan. *Incidens*.

INCIDEMMENT, par incident.

INCIDENTAIRE, querelleur, chicaneur, qui élève des incidents, des contestations.

INCIDENTER, faire naître des incidents, des contestations.

CADUC, caduque, vieux, cassé, prêt à tomber. Du lat. *caducus*, fait de *cadere*.

CADUCITÉ, débilité de corps; extrême vieillesse où l'on ne peut plus se soutenir, où l'on ne peut en quelque sorte marcher sans tomber. *Caducitas.*

CADUCÉE, verge de Mercure, laquelle étoit accolée de deux serpents. *Caduceus,* bâton fleurdelisé des hérauts d'armes.

CADUCÉATEUR, héraut d'armes qui annonçoit la paix.

CASCADE, onomatopée composée d'un son naturel et d'un son abstrait. La première syllabe est un son factice qui fait rebondir la seconde, et cet effet représente d'une manière vive le bruit redondant de la cascade.

La cascade est une sorte de bassin de pierre ou de marbre, d'où sortent des nappes d'eau et des jets, lesquels s'écoulent par des rigoles dans les jardins des maisons de plaisance. Les Italiens disent *cascata,* que Ménage dérive du verbe *cadere.*

CASCATELLE, petite cascade. De l'it. *cascatella,* dim. de *cascata.*

COÏNCIDER, tomber avec; arriver en même temps, survenir ensemble; s'ajuster l'un sur l'autre.

COÏNCIDENCE, état des choses qui coïncident.

COÏNCIDENT, qui tombe en un même point.

MÉCHANT, qui échoit malheureusement; mauvais, porté naturellement au mal, en qui les défauts dominent. Du lat. *mis-cadens.*

MÉCHANCETÉ, malignité, inclination à faire le mal; calomnie, discours, mordant.

MÉCHAMMENT, avec méchanceté.

OCCASION, ce qui se présente, ce dont on peut profiter; rencontre, moment favorable; conjoncture des temps; combat dans une rencontre. Du lat. *occasio,* composé d'*ob,* devant, sous les yeux, et de *casus,* ce qui échoit. Les anciens peignoient l'Occasion avec des cheveux par-devant et chauve par-derrière.

OCCASIONEL, qui occasione.

OCCASIONELLEMENT, par occasion.

OCCASIONER, fournir l'occasion; donner lieu.

INTERCADENCE, mouvement déréglé du pouls.

INTERCADENT, dont le pouls est déréglé.

OCCIDENT, point cardinal où le soleil se couche ou tombe à nos yeux; partie du globe au couchant de notre hémisphère. Du lat. *occidens.*

OCCIDENTAL, né en Occident, qui est de l'Occident.

RÉCIDIVE, rechute dans une faute.

RÉCIDIVER, retomber dans la même faute.

CHOISIR, élire, préférer, prendre selon son goût. Du lat. *colligere.*

CHOIX, action de choisir; préférence.

CHOYER, prendre soin, nourrir de choses choisies, traiter délicatement. Ménage le dérive du lat. *cavere,* prendre garde, veiller.

COLLATAIRE, à qui l'on a conféré un bénéfice.

COLLATÉRAL, parent hors de la ligne directe qu'on choisit pour devenir héritier.

COLLATEUR, qui confère un bénéfice. *Collator.*

COLLATIF, qui se confère.

COLLATION, action de conférer; droit de conférer un bénéfice; comparaison d'une copie avec l'original; repas léger. *Collatio.*

COLLATIONNER, vérifier une copie sur l'original; faire la collation.

COLLATIONNAGE, action de collationner un livre.

CHOMER, manquer d'ouvrage, de matière ou d'occasion de travailler; solenniser une fête, en suspendant les travaux. Vulcanius le dérive du gr. *chasman,* cesser, reposer, ou plutôt s'ouvrir, *hiare.* Lancelot, de *kôma,* assoupissement; Labbe, de *comus* ou de *comessatio,* en ajoutant que de profane il est devenu saint.

CHOMABLE, fête qui se doit chômer; jour qu'on doit célébrer.

CHOMAGE, temps que l'on passe sans travailler.

CHONDRILLE, plante laiteuse de la famille des chicorées. Du gr. *chondros,* grumeau, parce que le lait de cette plante se grumelle facilement.

CHONDROLOGIE, traité des cartilages. Du gr. *chondros,* cartilage, et de *logos,* discours.

CHOPINE, * *choppine,* mesure de liquides; son contenu; demi-pinte. De *cuppina,* dim. de *cuppa,* en all. *schopp,* fait du gr. *kubba,* et non pas du gr. *cheó* et *pinó.*

Chopiner; boire à la chopine, chopine à chopine; boire souvent.

CHORION, membrane extérieure du fœtus. Du gr. *chôrion*, dér. de *chôrein*, contenir, renfermer.

Choroïde, membrane qui ressemble au chorion; tunique interne de l'œil sous la cornée. De *chôrion*, et d'*eidos*, forme, ressemblance.

CHOROGRAPHIE, description, représentation d'un pays. Du gr. *chôros*, région, contrée, et de *graphô*, je décris.

Chorographique, qui appartient à la chorographie.

CHOU, sorte de plante potagère, crucifère à longue tige, dont il y a plusieurs espèces. Du lat. *caulis*, fait du gr. *kaulos*, chou et tige d'une plante.

Acaule, plante sans tige apparente. Du gr. *akaulos*, formé d'*a* priv. et de *kaulos*.

Caulescentes, plantes qui forment tige. Du lat. *caulescere*, en gr. *kaulein*, monter en tige, dont la racine est *caulis*, fait de *kaulos*.

Caulinaire, qui naît immédiatement sur la tige.

Caulicoles, petites tiges en forme de cornets, d'où naissent les volutes et les hélices du chapiteau corinthien. De *cauliculus*, petite tige.

Chou-croute, pour *sourcrout*, choux confits avec des épices. De l'all. *sauerkraut*, choux aigres, de *sauer*, aigre, et de *kraut*, chou.

CHRÊME, huile sacrée dont l'Église se sert dans l'administration de divers sacrements. Du lat. *chrisma*, huile, onction, fait du gr. *chrisma*, dérivé de *chriô*, oindre.

Chrémeau, petit bonnet qu'on met aux enfants après l'onction sainte.

Chrismation, action d'imposer le saint chrême.

Christ, surnom du Sauveur du monde, ainsi appelé de ce qu'il a été oint ou sacré de Dieu même, comme roi, prophète et prêtre par excellence. De *christos*, oint.

Christianisme, la religion établie par le Christ.

Chrétien, qui est baptisé et qui professe la religion de Jésus-Christ. *Christianus*, fait de *christos*. On appela d'abord *disciples* ceux qui professèrent la doctrine enseignée par Jésus-Christ, puis *Nazaréens*, parce que le Messie étoit de Nazareth. On n'est pas d'accord sur l'époque où le nom de chrétiens leur fut imposé.

Chrétiennement, d'une manière chrétienne.

Chrétienté, l'ensemble des chrétiens; tous les pays où domine leur religion.

Christianiser, rendre, faire, supposer chrétien.

Chrisme, monogramme de J.-C., composé d'un P au milieu d'une croix de saint André, X.

Christiens, partisans d'un faux prophète nommé Christ.

Christodin, nouveau chrétien, pauvre et simple.

Christolytes, sectaires qui séparent la divinité de J.-C. de son humanité. De *christos*, et de *luô*, je dissous; gens qui détruisent J.-C.

Christomaques, sectaires qui ont erré sur la nature de J.-C.; gens qui ont combattu J.-C. De *christos*, et de *machomai*, combattre.

Antechrist, ennemi du Christ, séducteur qui, vers la fin du monde, doit s'élever contre le Christ, et fonder une religion contraire à la foi chrétienne. D'*anti*, contre, et de *christos*.

Crème, partie épaisse, grasse et butireuse du lait; le meilleur d'une chose quelconque. De *chrisma*.

Crémer, se couvrir de crème en parlant du lait.

Crémier, crémière, qui vend de la crème.

Écrémer, enlever la crème; prendre la meilleure portion.

Antichrétien, qui est opposé à la doctrine chrétienne.

CHRIE, narration courte d'un fait remarquable; amplification de collége. Du gr. *chreia*.

CHROMATIQUE, couleur, coloris en peinture; genre de musique où l'on procède par semi-tons. En lat. *chroma*, du gr. *chrôma*, couleur.

Achromatique, qui fait voir les objets sans couleur étrangère. D'*a* priv. et de *chrôma*.

CHRONIQUE, histoire par ordre des années, des temps et des dates. Du gr. *chronikos*, qui appartient au temps; dér. de *chronos*, temps, durée du temps.

CHRONIQUE, maladie de longue durée.

CHRONIQUEUR, auteur d'une chronique.

CHRONOGRAMME, inscription en vers ou en prose, dans laquelle les lettres numérales indiquent la date de l'événement rapporté. De *chronos*, et de *gramma*, lettre. On dit aussi:

CHRONOGRAPHE. De *chronos* et de *graphô*, j'écris.

CHRONOGRAPHIE, pour *chronologie*, a la même signification.

CHRONOGUNÉE, maladie qui arrive aux femmes à des temps marqués. De *chronos*, et de *guné*, femme.

CHRONOLOGIE, connoissance ou science des temps et des époques historiques. De *chronos*, et de *logos*, discours.

CHRONOLOGIQUE, qui appartient à la chronologie.

CHRONOLOGISTE, *chronologue*, qui sait ou enseigne la chronologie.

CHRONOMÈTRE, tout instrument pour mesurer le temps. De *chronos*, et de *métron*, mesure. On dit aussi *chronoscope*, de *chronos*, et de *skopéô*, voir, observer.

ACRONYQUE, lever ou coucher d'une étoile au moment où le soleil se couche, qui se fait à l'extrémité ou à l'entrée de la nuit. Du gr. *akros*, extrême; et de *nux*, en lat. *nox*, la nuit; et non pas d'*a* priv. et de *chronos*, temps.

ANACHRONISME, erreur en chronologie ou dans la date des événements que l'on place plutôt qu'ils ne sont arrivés. D'*ana*, au-dessus, en arrière, et de *chronos*.

MÉTACHRONISME, sorte d'anachronisme qui consiste à avancer la date d'un événement. De *meta*, préposition qui marque changement, et de *chronos*.

PARACHRONISME, erreur en chronologie par laquelle un événement est placé plus tard qu'il ne doit l'être. De *para*, au-delà, et de *chronos*.

PROCHRONISME, erreur chronologique qui avance la date d'un fait. De *pro*, avant, et de *chronos*; c'est l'opposé de parachronisme.

CHRYSALIDE, nymphe; féve de chenille, qui passe à l'état de papillon. Du gr. *chrusalis*, fait de *chrusos*, or, à cause de la couleur jaune ou dorée de la plupart des chrysalides.

CHRYSALIDER (se), se changer en chrysalide.

CHRYSOCOLLE, matière que l'eau détache des mines d'or, de cuivre, etc.; le borax; matière propre à souder l'or et les autres métaux. De *chrusos*, et de *kolla*, colle.

CHRYSOLITHE, pierre précieuse, transparente, jaune d'or mêlé d'une teinte de vert; cristal, topaze. De *chrusos*, et de *lithos*, pierre.

CHRYSOPRASE, émeraude de vert de porreau, qui contient des paillettes d'or. De *chrusos*, et de *prason*, porreau.

CHUT, interjection dont on se sert pour demander et obtenir du silence. Du mot factice *st*, qu'on a employé pour imposer silence, ou pour indiquer qu'il faut baisser la voix; et de parler de manière à n'être pas entendu, on a fait *chut*, suivant l'usage de la langue françoise, qui mouille ordinairement les sons sifflants; et de là les mots suivants qui présentent des onomatopées par le concours des syllabes sourdes qui les composent:

CHUCHOTER, parler bas à l'oreille.

CHUCHOTERIE, *chuchotement*, action de parler bas.

CHUCHOTEUR, qui chuchote.

CHYLE, suc blanc, extrait des aliments digérés, qui se change en sang. Du lat. *chylus*, dér. du gr. *chulos*, suc, humeur épaisse.

CHYLEUX, qui appartient au chyle, qui en a les qualités.

CHYLIFÈRE, vaisseau du chyle. De *chulos*, et de *phéró*, je porte. On dit aussi:

CHYLIDOQUE. De *chulos*, et de *dochos*, qui contient, dér. de *déchomai*, recevoir.

CHYLIFICATION, formation du chyle. Du lat. *chylus*, et de *facere*, faire.

CI, ici, adv. de lieu qui indique celui où l'on a été celui où l'on est, celui où l'on sera. Du lat. *hic*.

CIBOIRE, vase consacré où l'on met les hosties consacrées. Du lat. *ciborium*, fait du gr. *kibôrion*; petite courge d'Egypte qu'on vidoit et qui servoit de vase à boire.

CIBOULE, petit ognon potager, de forme alongée, et bisannuel. Du lat. *cœpula*, dim. de *cœpa*, ognon.

CIBOULETTE, petite ciboule.

CIVE, *civette*, plante potagère bulbeuse, qui a le goût de la ciboulette. De *cœpa*.

Civé, *civet*, ragoût où il entre des ognons ou de la ciboule. Aujourd'hui le civé est un ragoût de lièvre.

CICATRICE, marque qui demeure après la guérison des plaies et des ulcères; reste d'une injure; souvenir d'un affront. Du lat. *cicatrix*.

Cicatrisation, état d'une plaie dont les chairs se rejoignent. *Cicatricatio*.

Cicatriser, faire des cicatrices. *Cicatricare*.

Incicatrisable, qu'on ne peut cicatriser.

CICÉRO, caractère d'imprimerie entre le saint-augustin et le petit-romain; ainsi appelé de l'édition de Cicéron publiée à Rome en 1458 par Ulbertus Gallus. Cicéron, de la famille Tullia, fut ainsi surnommé de ce qu'il avoit sur le nez une espèce de verrue que les Latins appeloient *cicer*, pois.

Cicéroné, guide des étrangers dans les villes d'Italie.

Cicéronien, à la manière de Cicéron; imitateur ou admirateur des ouvrages et du style du célèbre orateur romain.

CICÉROLE, espèce de pois-chiche. Du lat. *cicercula*, dim. de *cicer*, pois-chiche.

Ciche, plante légumineuse. De *cicer*.

CID, chef, commandant, seigneur. De l'ar. *seïd*. Tout le monde connoît l'histoire du fameux Cid, *il Campeador*, dont les aventures forment la plus grande partie du *Romancerio* des Espagnols.

CIDRE, pour *sidre*, boisson de jus de pomme fermenté. Du lat. *sicera*, que l'on dit venir du gr. *sikéra*, toute liqueur enivrante, hors le vin, et dér. de l'héb. *schacar*, s'enivrer.

CIEL, espace vide où se meuvent les astres; atmosphère; les nues. Du lat. *cœlum*, dér. du gr. *koilon*, fait de *koilos*, creux, concave, parce que le ciel paroît comme une grande voûte.

Céleste, qui appartient au ciel; divin, excellent; couleur de ciel. *Cœlestis*. D'où *Célestin*, nom propre d'homme.

CIGALE, insecte volant des champs, ainsi nommé du son radical *cic*, *cic*, qui est le cri ou chant de cet insecte. On assure que la cigale produit ce bruit aigu en frottant deux membranes contre les aspérités de son ventre. Les Latins l'appeloient *cicada*, les Grecs *kik aïodos* l'insecte chanteur, qui dit *kik*. En ital. *cicada*, et en esp. *cigarra*.

CIGARE, tabac de Cuba; feuille de tabac roulée, propre à fumer. De l'esp. *cigaro*.

CIGOGNE, gros oiseau échassier de passage, du genre héron, à longues jambes, à corps blanc, plumes scapulaires noires, bec et pattes rouges. Du lat. *ciconia*.

Cigognat, *cigogneau*, petit de la cigogne.

CIGUE, plante ombellifère, froide et vénéneuse; son suc exprimé. Du lat. *cicuta*.

Cicutaire, la ciguë aquatique; elle est de deux espèces, l'une vénéneuse et l'autre salutaire.

CIL, poil des paupières. Du lat. *cilium*.

Ciller, * *siller*, fermer les yeux, les paupières et les rouvrir aussitôt. Nicot dérive ce mot du lat. *cillere*, mouvoir, bouger, et dit: « *Siller les yeux*, ou les paupières d'un homme, ou d'un oiseau de proie. Quand on veut porter un oiseau de proie, et que néanmoins on n'a point de chaperon pour luy couvrir la teste, on luy sille les yeux; c'est-à-dire on luy could les deux paupières d'un point d'aiguille : par ce moyen, l'oiseau ne voit goutte. Par métaphore, *siller les yeux à quelqu'un*, est lui fermer les yeux, luy oster la veue, l'aveugler : son contraire est *dessiller*. Dessiller les yeux du peuple, ja par long-temps bandez du voile d'ignorance. » Selon Ménage, *siller les yeux* viendroit de *sigillare oculos*.

Cillement, action de ciller.

Dessiller, ouvrir les cils, les paupières; ouvrir les yeux à quelqu'un, le détromper, le désabuser.

Osciller, se mouvoir alternativement en sens contraire, en parlant d'une pendule. Du lat. *oscillare*, fait de *cilleo*.

Oscillation, mouvement alternatif d'un corps ou d'une chose en sens contraire. *Oscillatio*.

Oscillatoire, de la nature de l'oscillation.

Sourcil, pour *surcil*, poils en arc au bord du front et au-dessus de l'œil. *Supercilium*.

11.

Sourcilier, muscle du sourcil. *Superciliatus.*

Sourciller, remuer les sourcils, rester muet, immobile; témoigner du mécontentement, de la douleur.

Sourcilleux, d'une grande hauteur.

Surcilier, trou externe sur le front.

CILICE, vêtement grossier; tissu de crin qu'on porte sur la peau par mortification. De *cilicium*, dér. de *cilix*. On prétend aussi que ce mot vient de la Cilicie, dont les habitants étoient toujours vêtus d'étoffes de poil de chèvre très-grossières.

CIMARRE, pour *simarre*, ancienne robe longue des femmes; robe des présidents des cours souveraines; robe des prélats. De l'it. *gammura*, fait de l'esp. *çamarra*, dér. du turk *samour*, la peau d'une marte, robe fourrée de peaux de marte.

Chamarrer, orner, garnir de passements, de broderies, de dentelles; charger un discours de figures. De l'esp. *çamarra*, qui a la même signification. Nos premières cimarres étoient extrêmement garnies de passements.

Chamarrure, ce dont on chamarre; action de chamarrer.

CIME, pour *cyme*, sommet, partie la plus élevée d'une plante, d'un arbre, d'un rocher, d'une montagne. Du lat. *cima*, fait du gr. *kuma*, pour *kuéma*, extrémités de la tige des herbes, des plantes, et ensuite de toutes sortes de sommités; dér. du verbe *kuô*, produire.

Cime, *cyme*, réunion sur un même plan des pédoncules d'une fleur qui partent d'un même centre.

Cimaise, *cymaise*, partie qui termine une corniche.

Cimeux, plante, arbre disposé en cime.

Cimier, ornement à la partie du casque; figure sur le timbre; pièce du quartier de derrière d'un bœuf.

Écimer, couper la cime d'un arbre, d'une plante.

CIMENT, mortier propre à lier les pierres; lien d'amitié. Du lat. *cœmentum*, dér. de *cædere*, couper, partager, briser; parce que le ciment se fait avec des pierres, des briques, des tuiles brisées et pilées.

Cimenter, joindre avec du ciment; affermir, consolider, lier, confirmer la paix.

Cimentier, faiseur de ciment.

Du lat. *cœmentum*, les Italiens ont fait *cimento*, épreuve, parce qu'on se sert du ciment pour purifier ou éprouver un métal. De là sont venus:

Cément, mélange de sels et de soufre en poudre, pour purifier les métaux au feu.

Cémenter, purifier les métaux au feu avec le cément.

Cémentation, action de cémenter; ses effets.

Cémentatoire, qui appartient à la cémentation.

CIMETERRE, sabre recourbé à l'usage des Orientaux. Du pers. *chimchir*.

CIMETIÈRE, lieu où l'on enterre les morts; pays dont l'air est mortel pour les étrangers. Du lat. *cœmeterium*, fait du gr. *koimétérion*, dortoir; dér. de *koimaô*, je dors, parce que les morts y reposent en attendant le jugement universel.

Cémétérial, concernant le cimetière.

Acémète, *acœmète*, qui ne dort point. Moines de Syrie qui prient nuit et jour, sans interruption. D'*akoimaô*, fait d'*a* priv., et de *koimaô*, je dors.

CIMOLIS, ou *terre cimolée*, sorte d'argile grisâtre et rougeâtre, propre à blanchir les étoffes; ainsi dite de ce qu'elle venoit de l'île de Cimolis ou Cimolo. En gr. *kimôlia*, aujourd'hui île d'Argentière, d'où les anciens la tiroient.

CINABRE, *cinnabre*, minéral rouge, composé de soufre et d'oxide de mercure. Du lat. *cinnabarium*, fait du gr. *kinnabari*; d'autres le dérivent du gr. *kinabra*, mauvaise odeur, à cause de celle qui se dégageoit lors de l'extraction du cinabre.

CINNAMOME, aromate des anciens, que l'on croit être la cannelle. En lat. *cinnamomum*, en gr. *kinnamômon*, dér. de l'héb. *kinnamon*.

CINQ, nombre cardinal formé de deux et trois ou de un et quatre; le chiffre qui l'exprime; carte; face du dé qui le porte. Du lat. *quinque*, en gr. *penté*, en hébr. *hems*, *kems*.

Cinquième, nombre ordinal de cinq; cinquième partie d'un tout; avant-dernière classe de collège.

Cinquièmement, en cinquième lieu.

Quinconce, plantation d'arbres par carrés, de quatre en tous sens, avec un cinquième au milieu. *Quincunx.*

Quine, combinaison de cinq numéros pris et sortis ensemble à la loterie ; deux fois cinq au jeu de trictrac.

Quiné, disposé par cinq ensemble.

Quinque, morceau de musique à cinq parties.

Quinquennal, *quinquennial*, qui dure cinq ans. *Quinquinnalis.*

Quinquennales, fêtes célébrées à Rome tous les cinq ans. *Quinquennales.*

Quinquennium, cours d'étude de cinq ans.

Quinquenove, jeu de dé à cinq et neuf points.

Quinquerce, prix disputé par le même athlète dans cinq sortes de combats. *Quinquertio.*

Quinquérème, galère des anciens à cinq rangs de rames. *Quinqueremis.*

Quint, cinquième d'un tout.

Requint, cinquième partie du quint.

Quinte, intervalle de cinq notes consécutives ; sorte de gros violon ; séquence de cinq cartes de la même couleur ; cinquième garde à l'escrime ; toux violente avec redoublement ; fièvre qui revient tous les cinq jours ; caprice, bizarrerie, mauvaise humeur qui prend tout-à-coup.

Quinteux, sujet à des quintes, à des caprices, à des bizarreries.

Quinte-feuille, plante à feuilles quintes. *Voy.* Feuille.

Quinter, procéder par quintes en musique.

Quintidi, cinquième jour de la décade républicaine en France.

Quintile, position de deux planètes distantes de soixante-douze degrés.

Quintimètre, cinquième partie du mètre. *Voy.* Mètre.

Quintuple, cinq fois autant.

Quintupler, répéter cinq fois.

Quinze, trois fois cinq ; dix et cinq ; jeu de cartes ; quinzième. *Quindecim*, mot altéré de *quin-decem*, dix et cinq.

Quinzain, chacun quinze au jeu de paume.

Quinzaine, quinze unités, quinze jours.

Quinze-vingts, trois cents.

Quinzième, nombre ordinal, quinzième partie.

Quinzièmement, en quinzième lieu.

Quindécagone, figure à quinze côtés. De *quinque*, cinq, de *deka*, dix, et de *gônia*, angle.

Quindécemvirs, les quinze gardiens des anciens livres sibyllins. *Quindecimviri.*

Cinquante, cinq fois dix. *Quinquagenta.*

Cinquantaine, nombre de cinquante.

Cinquantenier, qui commande cinquante hommes.

Cinquantième, nombre ordinal de cinquante, cinquantième partie d'un tout. *Quinquagesimus.*

Quinquagénaire, âgé de cinquante ans.

Quinquagésime, dimanche qui tombe sur le cinquantième jour avant Pâques. *Quinquagesima.*

CIOTAT, *cioutad*, *ciutad*, raisin blanc, sorte de chasselas ; excellent vin qui vient dans les environs de Ciotat, petite ville de la Provence, sur le bord de la mer, entre Marseille et Toulon. Du lat. *Civitas*, d'où l'esp. *Ciudad*, l'it. *Città*, et le prov. *Ciutad*. *V.* Cité.

CIPPE, demi-colonne sans chapiteau. Du lat. *cippus*, qu'on dérive de *caput.*

Cep, pied de vigne. De *cippus*. Les anciens appeloient *caput-vineœ* les racines de la vigne.

Cépeau, souche de bois pour frapper les pièces de monnoies que l'on y pose.

Cépée, touffe de tiges de bois sortant d'une même souche.

Receper, tailler une vigne, un arbre jusqu'au pied.

Recepage, action de receper ; ses effets.

Recepée, partie recepée.

CIRCÉE, l'herbe Saint-Étienne, herbe aux magiciens, herbe enchanteresse ; plante vivace, rosacée, à fleurs en épis, qui s'attache aux vêtements. Du lat. *circœa.*

CIRCONCIRE, amputer ou couper la peau du prépuce. *Circumcidere*, retrancher tout autour ; fait de *circum*, autour, et de *cædere*, couper.

Circoncis, qui a le prépuce coupé. *Circumcisus.*

Circonciseur, celui qui circoncit.

Circoncision, amputation du prépuce ; action de circoncire ; retranchement d'un désir coupable, d'une mauvaise pensée. De *circumcisio*, retranchement.

INCIRCONCIS, qui n'est pas circoncis.

INCIRCONCISION, impénitence, corruption du cœur.

CIRE, matière molle et jaunâtre formée par le travail des abeilles, et qui sert à renfermer leur miel. Du lat. *cera*, formé du gr. *kéros*.

CÉRAT, sorte de pommade, onguent fait avec de la cire. *Ceratum*, de *kéróton*.

CÉRATION, disposition d'une matière pour la rendre propre à être fondue et liquéfiée. De *cera*.

CIERGE, grande chandelle de cire à l'usage de l'église. *Cerius* pour *cereus*, fait du gr. *kérion*.

CIRAGE, action de cirer; composition pour cirer.

CIRIER, ouvrier en cire, marchand de cirages. *Cerarius*.

CIRER, enduire de cire.

CIRURE, enduit de cire préparée. *Ceratura*.

CÉROÈNE, *ciroène*, emplâtre fait de cire et de safran détrempés dans du vin. De *kéros*, et d'*oinos*, vin.

CÉROFÉRAIRE, acolyte qui, dans les cérémonies de l'église, porte un cierge. De *kéron*, cierge, et du lat. *fero*, en gr. *pheró*, je porte.

CÉROGRAPHE, cachet ou anneau qui servoit à cacheter. De *kéron*, et de *graphó*, j'écris, j'imprime.

CÉROÏDE, qui a l'apparence de la cire jaune. De *kéros*, cire, et d'*eidos*, forme, aspect, ressemblance.

CÉROMANCIE, divination par le moyen de figures de cire. De *kéros*, et de *mantéia*, divination.

CÉROPISSE, emplâtre de cire et de poix. De *kéros*, et de *pissa*, poix.

CÉROPLASTIQUE, art de modeler en cire. De *kéros*, et de *plastiké*, art du modeleur.

CÉRUMEN, matière jaunâtre, épaisse, huileuse, espèce de cire qui se forme dans les oreilles. Du lat. *cerumen*, fait de *cera*, dér. de *kéros*.

CÉRUMINEUX, qui tient de la cire.

CÉRUSE, oxide blanc de plomb qui ressemble beaucoup à la cire. Du lat. *cerusa*, fait de *kéros*.

CÉRINTHÉE, le mélinet, plante fort agréable aux abeilles. Du lat. *cerintha*,

cerinthus, fait du gr. *kérinthon*, dér. de *kéros*, cire, et d'*anthos*, fleur. Les anciens pensoient que les espèces de ce genre fournissoient aux abeilles la matière dont elles font la cire.

ACÉRIDE, emplâtre sans cire. D'*a* privatif, et de *kéros*.

DÉCIRER, ôter la cire.

INCÉRATION, union de la cire avec une autre matière.

RECIRER, cirer une seconde fois.

SINCÈRE. Court de Gébelin prétend que ce mot a proprement signifié miel sans cire, miel pur. Du lat. *sine-cera*; au figuré, vrai, franc, sans artifice, sans déguisement. En lat. *sincerus*.

SINCÉRITÉ, vérité, candeur, franchise. *Sinceritas*.

SINCÈREMENT, avec sincérité.

CIRON, petit insecte aptère qui s'engendre sous la peau; l'ampoule qu'il occasione entre cuir et chair, où il pénètre particulièrement. Du gr. *keiró*, couper, manger, ronger, et non pas de *cheir*, la main.

CIRRHÉ, vrille, filament de la vigne et des plantes grimpantes qui leur sert à s'attacher. Du gr. *keras*, corne.

CIRRHÉ, qui a la forme, qui fait les fonctions du cirrhe.

CIRRHEUX, terminé en cirrhe.

CIRSAKAS, étoffe en soie et coton, dont le nom et l'usage viennent de l'Inde.

CIRSION, sorte de chardon qui calme la douleur des varices. Du gr. *kirsos*, varice.

CIRSOCÈLE, dilatation variqueuse des veines et du cordon spermatiques. Du gr. *kirsokélé*, fait de *kirsos*, varice, et de *kélé*, tumeur, hernie.

CISEAU, instrument de fer, tranchant par un bout, et emmanché de l'autre. De *cæsus*, part. de *cædere*, couper, tailler; diviser, partager; sculpter; tuer, massacrer.

CISEAUX, instrument à deux branches, unies, tranchantes, et mobiles sur un axe.

CISAILLE, rognures de métal.

CISAILLES, gros ciseaux à longues branches pour couper le métal.

CISAILLER, couper avec des cisailles.

CISELET, petit oiseau; petit outil tranchant et en lime, pour ciseler les métaux.

CISELER, faire des ornements avec le ciselet.

CISELEUR, ouvrier qui cisèle.

CISELURE, ouvrage, art du ciseleur; chose ciselée ou travaillée en manière de ciselure; trait du ciseau.

CISOIR, espèce de gros ciseaux montés en pied pour couper les métaux.

CISOIRE, outil pour graver les poinçons et couper les clous.

DÉCIDER, trancher une question, la résoudre; terminer un différend; prononcer d'une manière tranchante. *Decidere*.

DÉCIDÉ, qui est résolu; d'un caractère ferme et hardi.

DÉCIDÉMENT, d'une manière décidée, absolue.

DÉCIS, décidé, résolu.

DÉCISIF, qui décide, qui détermine, qui résout.

DÉCISION, solution d'une question; action de décider.

DÉCISIVEMENT, d'une manière décisive.

DÉCISOIRE, qui termine le procès.

INDÉCIS, irrésolu, qui n'est pas décidé.

INDÉCISION, état de celui qui ne sait pas se décider.

INCISE, proposition renfermée dans une autre; petite phrase; membre de période. *Incisum*.

INCISER, couper en long, en enfonçant et sans emporter le morceau; faire une fente; diviser les humeurs.

INCISIF, propre à atténuer, à diviser les humeurs; muscle de la lèvre supérieure.

INCISIVES, dents de devant qui coupent les aliments.

INCISION, coupure, taillade en long; ouverture avec un instrument tranchant. De là les mots *fratricide, homicide, parricide, régicide, suicide*.

CISSITE, pierre blanche qui représente des feuilles de lierre. Du gr. *kissos*, lierre.

CISSOÏDE, ligne courbe, inventée par Dioclès, laquelle, en s'approchant de son asymptote, imite la courbure d'une feuille de lierre. De *kissos*; et d'*eidos*, forme, ressemblance.

CISSOÏDAL, qui appartient à la cissoïde.

CISSOTOMIES, fêtes des anciens en l'honneur d'Hébé, déesse de la jeunesse, où les jeunes gens étoient couronnés de feuilles de lierre. De *kissos*, et de *tomos*, dér. de *temnô*, couper.

CISTE, arbrisseau, sous-arbrisseau rosacés, et plante dont les variétés sont à l'infini; sur les feuilles de celui qui croît dans le Levant, on recueille le *ladanum*, sorte de matière résineuse. Du gr. *kistos*.

CISTOÏDES, famille de plantes semblables au ciste.

CISTE, corbeille; coffre à serrer des habits, du pain ou d'autres provisions. Du lat. *cister*, du gr. *kisté*, corbeille, panier.

CISTOPHORE, médaille sur le revers de laquelle on voit une ou plusieurs corbeilles; nom de ceux qui, dans les fêtes des anciens, portoient des corbeilles. En lat. *cistifer*, dér. de *kisté*, et de *pheró*, je porte.

CITERNE, * *cisterne*, réservoir d'eau de pluie. Du lat. *cisterna*, fait de *cista*, dér. de *kisté*.

CITERNEAU, petite citerne où l'eau s'épure.

CITÉ, anciennement une peuplade, une nation, une société d'hommes vivants dans un même lieu, gouvernés par les mêmes magistrats, et sous l'empire des mêmes lois; droit de bourgeoisie. Aujourd'hui *cité* est une ville fermée de murs; la principale partie d'une ville, et particulièrement celle où est l'église épiscopale ou principale; enfin le corps des habitants d'une ville libre. Du lat. *civitas*, qui, chez les anciens, avoit le même sens que *respublica*, et s'entendoit moins de la ville matérielle que de cette société d'hommes qui y vivoient à l'abri des mêmes lois et des mêmes usages.

CITADELLE, endroit fortifié pour la sûreté de la cité ou pour y maintenir l'ordre et la tranquillité.

CITADIN, habitant d'une cité, d'une ville, bourgeois. *Civis*.

CITOYEN, habitant d'une cité; membre d'une république.

CONCITOYEN, habitant d'une même ville.

CIVIL, qui regarde et concerne les citoyens; honnête, poli, bien élevé; l'opposé de rustique et de criminel. *Civilis*.

CIVILITÉ, qualité des habitants des

villes; politesse, urbanité, manière honnête et civile de vivre et de converser dans le monde. *Civilitas.*

CIVILEMENT, d'une manière civile; en matière civile, en procès civil. *Civiliter.*

CIVILISER, polir les mœurs, rendre civil; donner des leçons de politesse.

CIVILISATION, action de civiliser; état de ce qui est civilisé.

CIVIQUE, qui concerne les citoyens. *Civicus.*

CIVISME, patriotisme dont le citoyen est animé.

INCIVIL, illégal; qui est contre la civilité; qui manque de politesse.

INCIVILEMENT, d'une manière incivile.

INCIVILISÉ, qui n'est point civilisé.

INCIVILITÉ, manque de civilité.

INCIVIQUE, qui manque de civisme.

INCIVISME, défaut de civisme.

CITER, ajourner, appeler, faire une citation en justice pour comparoître devant le magistrat; mander en un lieu; faire intervenir, rapporter les paroles d'un auteur; s'appuyer sur quelque passage d'un texte. Du lat. *citare*, qui a également signifié hâter, presser, faire avancer.

CITATION, ajournement; assignation devant un juge; allégation d'un passage, d'un fait pour preuve. *Citatio.*

EXCITER, être la cause, le principe; émouvoir, provoquer, animer, encourager. *Excitare.*

EXCITATEUR, religieux chargé de réveiller les autres; instrument pour exciter les étincelles électriques.

EXCITATIF, remède propre à exciter.

EXCITATION, action d'exciter.

INCITER, engager, induire à faire une chose, exciter, pousser. *Incitare.*

INCITATION, instigation, impulsion; action de celui qui incite.

RÉCITER, citer de nouveau; dire de mémoire ce qu'on a appris; prononcer ce que l'on sait par cœur. *Recitare.*

RÉCIT, narration d'un fait; ce qui est joué, déclamé ou chanté par une seule personne.

RÉCITANT, voix, instrument qui exécute seul.

RÉCITATEUR, qui récite par cœur.

RÉCITATIF, chant débité sans assujétissement à la mesure; déclamation harmonieuse.

CITÉRIEUR, en deçà, de notre côte, près de nous. Du lat. *citerior.*

CITHARE, instrument de musique à cordes, dont les anciens avoient plusieurs sortes; espèce de lyre à base carrée, dont les cordes résonnoient à l'aide du plectrum. Du lat. *cithara*, dérivé du gr. *kithara*, qui signifioit un instrument de musique et une tortue.

CITHARÈDE, surnom donné à Apollon jouant de la lyre.

GUITARE, *guiterne*, instrument de musique à cinq et six cordes, que l'on pince pour en tirer des sons. De l'esp. *guitarra*, fait de *cithara.*

CITISE, pour *cytise*, arbrisseau d'agrément, à fleurs jaunes et légumineuses, à feuilles en trèfle. Du lat. *cytisus*, fait du gr. *kutisos.*

CITRON, fruit du citronnier, jaune pâle, de forme ovale, plein de jus acidule. Du lat. *citrum*, pour *citreum*, dér. du gr. *kitrion.*

CITRONNIER, arbre venu de la Médie, qui produit les citrons. Du gr. *kitria.*

CITRATE, sel formé par la combinaison de l'acide citrique avec diverses bases.

CITRIN, couleur de citron. *Citrinus.*

CITRIQUE, acide qu'on tire du citron.

CITRONNAT, confiture d'écorce de citron.

CITRONNÉ, qui sent le citron, où il y a du jus de citron.

CITRONNELLE, liqueur au citron; sorte de plante odoriférante, dont les feuilles sentent le citron.

CITROUILLE, plante rampante, annuelle, potagère; son fruit; classe des cucurbitacées. Du lat. *citreolus*, ainsi dit de sa couleur citron.

CIVETTE, quadrupède de la famille des chats, qui fournit une liqueur épaisse et odoriférante ou le musc. De l'ar. *zébád, zebed*, liqueur odoriférante, musc, parce que, disent-ils, cette substance ressemble à du beurre.

CIVIÈRE, machine à bras pour porter des fardeaux. De la bass. lat. *coenoveharia, coenovectorium*, faits de *coenovehum*, composé de *coenum* et de *vehum*; par analogie on a appelé civière la machine sur laquelle les prêtres portent sur les épaules, en procession, les reliques des saints; celle sur laquelle les bedeaux des églises portent de même le pain béni au prêtre célébrant pour le bénir; enfin, la machine sur laquelle on porte aux hôpitaux les malades et les blessés.

CLABAUD, chien de chasse à longues oreilles, qui aboie mal à propos avec éclat. Du son *cla*, et du lat. *boare* ou *baubare*; d'autres le dérivent de l'hébr. *klab*, chien. Au figuré, parleur insupportable, bavard qui parle mal à propos.

CLABAUDAGE, cri du clabaud; aboi de plusieurs chiens; criaillerie sans motif.

CLABAUDER, aboyer fréquemment, et à contre-temps; crier sans sujet. Ménage dérive ce mot de *clamaldare*, l'*m* changé en *b*, comme dans flambeau, de *flamma*; dans lambeau, de *lamellum*; dans belette, de *meletta*, etc.

CLABAUDERIE, action de clabauder.

CLABAUDEUR, qui crie sans sujet.

CLAIE, *claye*, assemblage à claire-voie de brins d'osier, de branchages; faux plancher à jour; grille sous l'établi des orfèvres. De la bass. lat. *cleta*, *clida*, dér. non du lat. *crates*, grille; mais du gr. *klédos*, haie, clôture, fait de *kléiô*, je ferme.

CLAYER, grosse claie.

CLAYON, *clayette*, petite claie très-serrée pour faire égoutter les fromages.

CLAYONNAGE, claie de pieux et de branches d'arbres entrelacés pour retenir les pierres.

CLISSE, sorte de petit clayon; petit morceau de bois pour contenir les fractures.

CLISSÉ, garni de clisses.

CLISSER, garnir de clisses.

ÉCLISSE, osier fendu et plané pour bander le moule du papier; rond d'osier ou de jonc pour les fromages; ais fort délié pour maintenir un membre fracturé; bois fendu mince pour les ouvrages de boissellerie; bois formant les plis d'un soufflet; partie du côté d'un instrument à cordes.

ÉCLISSER, maintenir par des éclisses.

CLITORIS, proéminence en forme de gland dans l'angle supérieur des nymphes. Du gr. *kleitoris*, dér. de *kléiô*, je ferme; *kleistorizeïn*, titiller.

CLAIR, subst.; lumière, clarté, partie éclairée; adj., éclatant, lumineux; qui n'est pas trouble; limpide; peu épais, peu serré, peu foncé en couleur; net, évident, aisé à comprendre; l'opposé d'obscur, d'embrouillé. Du lat. *clarus*.

CLAIRCE, *clairée*, sucre clarifié pour être cuit.

CLAIRE, cendres lavées, os calcinés pour faire les coupelles pour l'affinage.

CLAIREMENT, d'une manière claire, intelligible, précise, distincte. *Clarè*.

CLAIRET, * *claret*, vin clair, doux, limpide, qui n'a pas beaucoup de corps. *Claretum*.

CLAIRIÈRE, espace dégarni d'arbres dans un bois.

CLAIRON, trompette à son aigu et grêle. De *clarione*, abl. de *clario*, fait de *clarus*.

CLAIR-VOYANCE, qualité de celui qui voit clair dans ses affaires; sagacité; pénétration d'esprit. De *clarus* et de *videre*, voir.

CLAIR-VOYANT, qui a de la clair-voyance.

CLARIFIER, rendre clair et limpide un liquide qui est trouble.

CLARIFICATION, action de clarifier.

CLARINE, clochette pendue au cou des animaux. *Clarina*.

CLARINÉ, animal portant une clarine au cou.

CLARINETTE, instrument à vent et à bec, dont le son est clair et sonore; celui qui en joue. Du lat. *clarus*, on fit *clarinus*, d'où l'it. *clarino*, le dim. *clarinetto*, et l'esp. *clarin*.

CLARTÉ, jour lumineux, pur, sans ombre, sans nuage; effet de la lumière qui fait distinguer les objets; netteté de l'esprit, des idées, des pensées, du raisonnement.

DÉCLARER, mettre au jour, au clair ce que l'on sait; manifester, faire connoître affirmativement. *Declarare*.

DÉCLARATIF, acte qui contient la déclaration d'une volonté.

DÉCLARATION, action de déclarer; acte par lequel on déclare; interprétation d'un édit; aveu de son amour. *Declaratio*.

DÉCLARATOIRE, acte déclaré juridiquement.

ÉCLAIR, éclat subit, vif et passager de lumière, produit par la rencontre de deux nuages, et qui précède le coup de tonnerre; lumière étincelante du bouton d'or et d'argent, resté sur la coupelle; éclat du métal en fusion; ce qui n'a qu'une courte durée; tout ce qui passe, fuit, s'échappe rapidement.

ÉCLAIRAGE, illumination habituelle d'une ville.

ÉCLAIRCIE, endroit clair du ciel brumeux; endroit clair d'une sombre forêt.

ÉCLAIRCIR, rendre clair, devenir clair; répandre de la lumière sur un objet, en dissiper les ténèbres; rendre moins épais; diminuer en nombre.

ÉCLAIRCISSEMENT, lumière répandue sur un objet; explication de ce qui est obscur; explication d'une querelle.

ÉCLAIRER, faire des éclairs; répandre de la clarté; instruire, donner de l'instruction, des lumières; informer, avertir quelqu'un de ce qu'il ignoroit; distribuer la lumière; apporter de la lumière pour voir clair.

ÉCLAIRÉ, où il y a de la lumière; qui reçoit une lumière naturelle ou artificielle; homme qui a des connoissances étendues.

ÉCLAIREUR, soldat qui va à la découverte.

CLAMER, appeler avec éclat, nommer à haute voix. Du lat. *clamare*, appeler.

CLAMEUR, grand cri; plainte tumultueuse. *Clamor.*

CLAMEUSE, chasse qui se fait à grand bruit.

CHAMADE, batterie de tambour; son de la trompette, ou signal donné avec un drapeau blanc par les assiégés pour parlementer et dresser la capitulation. De l'it. *chiamata*, pour *clamata*, appel, proposition.

CHAMAILLER, faire retentir les épées, se battre à coups d'épées ou d'autres armes; se battre pêle-mêle; disputer, contester avec bruit. De l'it. *chiamare*.

Nicot prétend que ce verbe signifia d'abord frapper à coups d'épée, de hache ou autre chose de fer, sur un harnois ou autre fer rude. Il semble, continue-t-il, que le mot soit ainsi dit, parce qu'anciennement les hommes d'armes estoient armez de hautberts, qui estoient faits de mailles de fer, sur lesquels estoient ruéz et donnéz les coups en eux combattant, taschant à les desmailler et ouvrir. Aucuns dient que ce mot vient de *malleus* et *malleare*.

Sur quoi Ménage ajoute : Ce qui n'est pas du tout hors de propos; mais il vient de *capo-malliare*.

CHAMAILLIS, mêlée, rixe, querelle à grand bruit.

ACCLAMATION, réception accompagnée de cris de joie. *Acclamatio.*

ACCLAMATEUR, qui fait des acclamations.

DÉCLAMER, réciter à haute voix d'un ton d'orateur. *Declamare.*

DÉCLAMATION, action de déclamer, prononciation et action de celui qui déclame. *Declamatio.*

DÉCLAMATEUR, qui déclame en public, qui s'emporte contre les mœurs du temps. *Declamator.*

DÉCLAMATOIRE, qui appartient à la déclamation. *Declamatorius.*

EXCLAMATION, cri de surprise, de joie, d'admiration, d'indignation. *Exclamatio.*

PROCLAMER, publier à haute voix, et en tous lieux. *Proclamare.*

PROCLAMATION, action de proclamer, publication solennelle. *Proclamatio.*

RÉCLAMER, rappeler de nouveau, demander avec instance, revendiquer; appeler un oiseau de proie pour qu'il revienne. *Reclamare.*

RÉCLAME, mot de renvoi; signe pour rappeler l'oiseau. *Reclamatio.*

RÉCLAMATEUR, qui réclame une possession.

RÉCLAMATION, action de réclamer, de revendiquer, de revenir sur une chose faite.

CLAN, *klan*, tribu d'Écosse et d'Irlande. De l'éc. *klaän*, enfant.

CLANDESTIN, secret; fait en cachette contre les lois. *Clandestinus*, dér. de *clàm*, en secret, et non pas de *claudere*.

CLANDESTINITÉ, vice de ce qui est clandestin.

CLANDESTINEMENT, d'une manière clandestine.

CLANDESTINE, l'herbe cachée, herbe parasite des bois, bonne contre la stérilité.

CLAPIER, lieu où le lapin de garenne se retire et se cache pour tromper les chiens et se dérober à la vue; cabane de lapin domestique; lapin élevé dans cette cabane. Du gr. *klepeïn*, cacher, dérober, suivant Trippault, Henri

Estienne et Lancelot; de *claudere*, suivant d'autres. Enfin, le P. Labbe et Ménage le dérivent de *lapinus*, fait de *lepus*, en y ajoutant le *c*; en bass. lat. *claperius*.

CLAPIR, se dit du cri du lapin; se cacher dans un trou de lapin; se blottir, se tapir.

CLAQUE, onomatopée du son que produisent les deux mains vivement appliquées l'une contre l'autre ou contre un corps retentissant.

CLAQUADE, coups répétés.

CLAQUEMENT, heurt convulsif et spontané des dents qui s'entre-choquent.

CLAQUER, *cliquer*, faire un bruit aigu, frapper l'air avec violence; se dit aussi du bruit d'un fouet qui coupe l'air avec force. En all. *klingen*.

CLAQUET, *cliquet*, petite latte tremblotante qui est d'usage dans les moulins, et qui frappe la meule avec éclat. Les allem. disent *schlagen*, pour frapper, battre.

CLAPET, pour *claquet*; sorte de petite soupape en charnière.

CLIQUETER, imiter le bruit du claquet.

CLIQUETIS, onomatopée tirée du son des armes qui se choquent, du bruit des verres, des bruits argentins et mordants.

CLIQUE, gens qui cabalent, union de gens méprisables. Gébelin dérive ce mot d'*alligatio*, ligue, association. Peut-être ce mot auroit été formé de *cliquette*. *Voy.* CLAQUE.

CLIQUETTE, sorte de joujou d'enfant; deux os ou deux morceaux de bois placés entre les doigts et dont on tire des sons en agitant la main.

DÉCLIQUETER, dégager le claquet.

DÉCLIC, sorte de bélier pour enfoncer les pieux.

ENCLIQUETAGE, *enclictage*, action du cliquet d'un moulin.

Toute cette famille d'onomatopées a été reconnue par la plus grande partie des étymologistes.

CLAS, *glas*, son des cloches après la mort ou pour les offices des morts. Du gr. *klaiô*, je pleure, ou *klazô*, je convoque, j'appelle; d'autres le dérivent du lat. *clango* ou *clamo*, et Ménage de *classicum*, sorte de trompette ou de cor dont on se servoit pour convoquer les cinq classes du peuple romain sous Servius Tullius.

CLASSE, ordre dans lequel on range les personnes ou les choses; rang donné au mérite comparé; salle de collége ou d'école; nombre d'écoliers sous un même maître; leçon journalière, temps qu'elle dure; enrôlement de matelots. Du lat. *classis*, du gr. *klêsis*, dér. de *clazô*, je convoque. Chez les Romains le mot *classis* désignoit une armée navale, une armée de terre et une classe de citoyens.

CLASSEMENT, action de classer; état de ce qui est classé.

CLASSER, ranger, distribuer par classes; porter sur l'inscription maritime.

CLASSIFICATION, ordre, distribution par classes.

CLASSIQUE, qui fait autorité; à l'usage des classes de collége; qui a rapport à ces classes.

CLATHRE, genre de champignon à chapeau grillé et percé à jour. Du lat. *clathrus*, grille, fait du gr. *klêthron*.

CLATIR, aboyer précipitamment et avec force, en poursuivant et approchant du gibier. Du lat. *clamitare*, dim. de *clamare*. Je pense que ce mot est une onomatopée.

CLÉMATITE, herbe aux gueux ou à pauvre homme, arbrisseau grimpant, sarmenteux, à fleurs en rose. Du lat. *clematitia*, dér. du gr. *kléma*, branche de vigne, parce que cet arbrisseau pousse des branches grimpantes et sarmenteuses comme la vigne.

CLÉMENCE, vertu qui porte un supérieur à pardonner les offenses et à modérer le châtiment; pardon généreux. Du lat. *clementia*.

CLÉMENT, qui a de la clémence. *Clemens*.

CLÉMENTINES, décrétales du pape Clément V; lettres apocryphes de saint Clément.

INCLÉMENCE, rigueur excessive.

INCLÉMENT, qui n'a pas de clémence. D'où les noms propres *Clément*, *Clémence*, *Clémentine*.

CLEPSYDRE, nom générique des machines hydrauliques des anciens et particulièrement des horloges d'eau. Du lat. *clepsydra*, dér. du gr. *kleptô*, dérober, cacher, et de *hudôr*, eau, parce que l'eau s'y dérobe à la vue en s'écoulant.

CLEPTE, genre d'insectes hyménoptères qui déposent leurs œufs dans le corps des larves d'autres insectes. Du gr. *kleptés*, voleur.

CLERGÉ, l'ordre, le corps des ecclésiastiques d'un état, d'une ville, d'une église, d'une religion. Du lat. *clerus*, dér. du gr. *kléros*, sort, partage, héritage; on a donné ce nom au clergé parce qu'il est comme une portion de l'héritage du Seigneur. Cette expression est tirée de l'ancien Testament, où la tribu de Lévi est appelée le sort, le partage, l'héritage du Seigneur; et réciproquement Dieu est appelé son partage, parce que cette tribu étoit entièrement consacrée au service de Dieu.

CLERC, * clergeon, clergeot, aspirant ecclésiastique qui a reçu la tonsure; étudiant en pratique, qui travaille chez un homme de pratique; homme lettré, instruit. De *clericus*, qui est le partage du Seigneur, qui a pris le Seigneur pour son héritage, dim. de *clerus*.

CLÉRICAL, concernant les clercs; appartenant à l'état ecclésiastique. *Clericalis*.

CLÉRICALEMENT, d'une manière cléricale; selon les devoirs des clercs.

CLÉRICAT, office de clerc à Rome.

CLÉRICATURE; état, condition de clerc.

CLERGIE, science, doctrine.

CLÉROMANCIE, divination par le sort; elle se pratiquoit avec des dés, des osselets, des cailloux, etc. Du gr. *kléros*, sort, et de *manteïa*, divination.

CLIENT, celui qui a chargé un avocat de sa cause; protégé d'un grand chez les Romains. Du lat. *cliens*, fait du verbe *clueo*, dér. du gr. *kluô*, j'écoute.

CLIENTELLE, tous les clients d'un avocat; protection que le patron accorde à son client. *Clientela*.

CLIGNER, * cliner, fermer les yeux à demi. Du lat. *clinare*, prim. d'*inclinare*, dér. du gr. *klineïn*, baisser, pencher, incliner.

CLIGNEMENT, action de cligner; mouvement involontaire des paupières.

CLIGNE-MUSETTE, pour *cline-mucette*, sorte de jeu d'enfants. L'un *cline*, et l'autre *muce*. Du verbe *amicire*, cacher.

CLIGNOTER, remuer et baisser souvent les paupières.

CLIGNOTEMENT, action de clignoter.

CLIN-D'OEIL, mouvement rapide d'un œil clignotant. *Clignoter* pourroit être l'onomatopée du bruit présumé que doit rendre le mouvement perpétuel de la paupière, qui s'abaisse et se relève alternativement.

DÉCLINER, déchoir, pencher vers sa fin, s'éloigner d'une chose, l'éviter. Du lat. *declinare*, fait du gr. *ekklineïn*, dér. de *klineïn*.

DÉCLIN, état de ce qui penche vers sa fin; décadence; ressort, détente d'une arme.

DÉCLINABLE, qui peut être décliné.

DÉCLINAISON, manière de décliner les noms; éloignement des astres par rapport à l'équateur; de l'aiguille aimantée par rapport au nord; mesure des astres.

DÉCLINANT, qui ne regarde pas directement un point cardinal.

DÉCLINATION, pente, éloignement, détour.

DÉCLINATOIRE, acte à l'effet de ne point reconnoître une juridiction.

ENCLITIQUE, réunion de deux mots grecs en un, particule qui s'unit au mot précédent. Du gr. *eg*, sur, et de *klinô*, j'incline.

ENCLIN, naturellement porté à pencher vers.

INCLINANT, tracé sur un plan incliné à l'horizon vers le midi.

INCLINER, donner de la pente, baisser, courber, pencher vers; avoir du penchant.

INCLINATION, action de pencher, état de ce qui penche; disposition naturelle; affection, amour.

INCLINAISON, état de ce qui va de haut en bas, sans être perpendiculaire.

INDÉCLINABLE, qui ne se décline point; qui ne peut se décliner.

RÉCLINAISON, situation inclinée sur l'horizon.

RÉCLINANT, qui récline.

RÉCLINÉ, dont le sommet est moins élevé que la base.

RÉCLINER, n'être point d'aplomb.

CLIMAT, pays, région, température; espace de terre compris entre deux cercles parallèles à l'équateur, et tel que le jour du solstice d'été est plus long d'une demi-heure au second de ces cercles qu'au premier. Du lat. *clima*, *climatis*, fait du gr. *klima*, région, échelle, degré, parce que les climats sont comme autant de régions différentes.

CLIMATÉRIQUE, chaque septième année de la vie; année critique dans laquelle les astrologues prétendent qu'il arrive de grands changements dans la vie ou la fortune des hommes. Du lat. *climactericus*, fait du gr. *klimaktérikos*, par échelons; dér. de *klimax*, échelle ou degré, parce que l'on procède par certains degrés, comme de sept en sept ou de neuf en neuf, pour arriver à l'année climatérique.

CLIMAX, espèce de gradation dans le discours.

ACCLIMATER, accoutumer au climat.

ACCLIMATER (s'), se faire à un nouveau climat.

CLIMAQUE, surnom donné à un saint nommé Jean, lequel est auteur d'un livre intitulé l'*Échelle sainte*, ouvrage remarquable par les absurdités dont il abonde.

CLINIQUE, qui reçoit le baptême au lit de la mort; observations sur un moribond; partie de la médecine exercée au lit des malades; méthode de traiter les malades alités; médecin qui traite les malades alités, et selon les règles de la médecine, appelée par les Romains *clinica*. Du lat. *clinicus*, fait du gr. *klinikos*, dér. de *kliné*, lit.

CLINOÏDES, les quatre apophyses de l'os sphéroïde du crâne, qui ressemblent au pied d'un lit. De *kliné*, et d'*eidos*, forme, ressemblance.

CLINOPODE, le faux basilic, plante labiée à feuilles en pied de lit. Du lat. *clinopodium*, formé de *kliné*, et de *vous*, *podos*, pied.

CLINQUANT, feuille de métal si fine et si légère, qu'elle se froisse sous les doigts avec un petit cliquetis aigre, dont son nom est formé; et, à cause de leur ténuité, ces feuilles ayant plus d'éclat que de valeur, on les prend au figuré pour les choses d'un prix médiocre qui ont une apparence brillante.

CLINQUANTER, charger, couvrir de clinquant.

CLINCAILLERIE, *quincaille, quincaillerie*, marchandises de fer, de cuivre, et autres métaux propres à faire beaucoup de bruit.

CLINCAILLER, *quincaillier*, marchand de quincaille.

CLISSON, sorte de toile de lin de la Bretagne, ainsi dite de ce qu'on la fabrique dans la petite ville de Clisson.

CLOAQUE, égout, ou fosse souterraine dans laquelle se déchargeoient les immondices de la ville de Rome; lieu sale et infect; personne perdue de vices; anus et vagin des oiseaux. Du lat. *cloaca*, fait du gr. *kluzô*, je lave. *Voy.* CLYSTÈRE.

CLOCHER, boiter en marchant. Du lat. *claudicare*, que l'on dérive du gr. *chôlos*, boiteux.

CLOCHEMENT, action de clocher.

CLOCHE, instrument pour sonner, parce que son mouvement ressemble à la marche des boiteux; vase de verre ainsi nommé à cause de sa forme; sorte d'ampoule qui survient aux pieds d'un homme fatigué par la marche, et qui le fait clocher.

CLOCHETTE, *clocheton*, petite cloche portative.

CLOCHER, bâtiment élevé où l'on place des cloches.

CLOQUEMAN, *clocheman*, bélier, chef de troupeau qui porte une cloche au cou; sonneur de cloches.

CLOQUE, maladie des feuilles du pêcher, piquées par les pucerons, épaisses et boursoufflées.

CLOPER, *clopiner*, boiter en marchant. De la bass. lat. *cloppare*, fait de *cloppus*, dér. du gr. *chôlopous*, boiteux; formé de *chôlos* et de *pous*.

CLANPIN, *clop, clopin*, homme qui boite en marchant.

CLOPIN-CLOPANT, en clopinant; mot factice construit par onomatopée du pas des boiteux.

ÉCLOPPÉ, blessé qui marche avec peine; mot formé par imitation du bruit lourd et inégal de la marche d'un boiteux.

ÉCLOPPER, rendre boiteux.

CLAUDICATION, action de boiter. *Claudicatio*.

D'où les noms propres *Claude, Claudien, Claudin*.

CLORE, fermer, séparer, entourer, terminer. Du lat. *claudere*, dér. du gr. *kleïdoô* et *kleïô*, dont la racine est *kleïs*, clef.

CLOISON, séparation en bois qui coupe une chambre en deux.

CLOISONNAGE, ouvrage, travail de cloison.

CLOISONNER, séparer par des cloisons.

CLOÎTRE, galerie carrée dans un couvent. *Claustrum.*

CLOÎTRER, enfermer dans un couvent; faire entrer en religion; empêcher de sortir.

CLOÎTRIER, moine cloîtré; religieux d'un monastère.

CLOPORTES, pour *claus-porques*, insectes crustacées, à quatre antennes et quatorze pattes, qui sont toujours cachés sous des pierres. Du lat. *clusiles porcæ, clausi porcæ.*

CLAUSTRAL, appartenant au cloître, au monastère.

CLAUSE, disposition particulière d'un édit, d'un traité; article, condition. *Clausula.*

CLOS, espace de terre clos de murs ou de haies. *Clausus.*

CLOSEAU, *closerie*, petit clos fermé de haies.

CLÔTURE, enceinte; action de clore; réclusion monastique.

CONCLURE, mettre à fin, achever, terminer une affaire, un traité; venir à la conclusion; tirer une conséquence; inférer une chose d'une autre. *Concludere.*

CONCLUANT, qui conclut, qui tend à prouver, qui ferme la discussion.

CONCLUSIF, qui finit, qui termine.

CONCLUSION, action de conclure; fin; résumé d'une affaire, d'un discours; conséquence d'un raisonnement. *Conclusio.*

CONCLUSUM, décret de la diète germanique ou du conseil aulique.

DÉCLOÎTRER, tirer du cloître.

DÉCLORE, ôter la clôture.

DÉCLOS, qui n'est plus clos.

ECLORE, sortir de la clôture; sortir de la coque. *Excludere.*

ÉCLOS, sorti de la clôture. *Exclusus.*

ÉCLOSION, action d'éclore.

ÉCLUSE, clôture, porte d'un canal qui retient les eaux.

ÉCLUSÉE, l'eau d'une écluse lâchée.

ÉCLUSIER, qui gouverne une écluse.

ENCLOÎTRER, mettre, renfermer dans le cloître.

ENCLORE, enclaver, fermer, entourer de murs. *Includere.*

ENCLOS, enceinte, espace clos, lieu entouré de murs ou de haies.

ENCLOTURE, tour de la broderie.

EXCLURE, renvoyer du clos; au figuré, empêcher d'être admis; expulser, priver. *Excludere.*

EXCLUS, renvoyé, expulsé. *Exclusus.*

EXCLUSIF, qui exclut, qui commande l'exclusion. *Excludens.*

EXCLUSION, action d'exclure. *Exclusio.*

EXCLUSIVEMENT, en excluant, à l'exception. *Exclusoriè.*

INCLUS, enfermé dans le clos, enfermé dans. *Inclusus.*

INCLUSIVE, réception au conclave après sa clôture.

INCLUSIVEMENT, y compris. *Inclusivè.*

PERCLUS, qui a perdu l'usage d'un membre; impotent d'une partie du corps. *Perclusus.*

RECLURE, cloîtrer, renfermer dans une clôture étroite et rigoureuse. *Includere.*

RECLUS, mis en retraite; étroitement renfermé; moine, religieuse cloîtrés. *Reclusus.*

RÉCLUSION, détention; action de reclure; demeure d'un reclus. *Reclusio.*

CLEF, instrument de fer pour ouvrir ou fermer une clôture, une serrure; dernière pierre qu'on met au haut d'une voûte. *Clavis*, fait du gr. *kléis.*

CLAVIER, anneau de métal pour tenir ensemble plusieurs clefs; rang de touches d'un instrument de musique, parce qu'elles ouvrent le son. *Claviger.*

CLAVECIN, instrument à clavier et à cordes. *Clavicymbalum.*

CLAVECINISTE, qui joue du clavecin.

CLAVICORDE, sorte de clavecin.

CLAVEAU, pierre taillée en coin, qui ferme, arrête et soutient les voûtes. De *clavis.*

CLAVICULE, chacun des deux os qui ferment la poitrine par en haut, et qui en sont comme la clef. *Clavicula*, dim. de *clavis.*

CONCLAVE, assemblée de cardinaux pour l'élection d'un pape; son local. *Conclavis*, fait de *cum*, avec, et de *clavis*, clef; parce que les cardinaux sont enfermés à clef lors de l'élection.

CONCLAVISTE, celui qui s'enferme dans le conclave avec un cardinal.

DÉCLAVER, substituer une clef à une autre.

ENCLAVER, renfermer l'un dans l'autre; borner par des limites. *Includere.*

ENCLAVE, terre enclavée dans une autre.

ENCLAVEMENT; action d'enclaver.

ESCLAVE, qui a perdu sa liberté; qui est sous la clef.

ESCLAVAGE, état d'esclave; servitude.

CLOSSEMENT, *gloussement*, onomatopée du cri ordinaire de la poule qui veut couver; de la poule qui appelle ses petits ou qui les défend.

CLOSSER, *glousser*, crier comme les poules. Les latins ont dit *glocire.*

CLOU, morceau de fer à tête et à pointe pour assembler, fixer, attacher et suspendre. Du lat. *clavus*, en ital. *chiavo, chiavello*, que l'on dér. du gr. *kléïô*, fermer, ou de *kléïs*, clef. *Voyez* CLORE.

CLOUER, fixer, attacher avec des clous; serrer contre en poussant avec force.

CLOUTER, garnir de clous.

CLOUTERIE, fabrique, commerce de clous.

CLOUTIER, fabricant, marchand de clous.

DÉCLOUER, détacher en arrachant les clous.

ENCLOUER, piquer un cheval au vif en le ferrant; enfoncer un clou dans la lumière d'un canon.

ENCLOUURE, action d'enclouer; obstacle, difficulté, embarras.

DÉSENCLOUER, tirer un clou du pied d'un cheval, ou de la lumière d'un canon.

RECLOUER, clouer une seconde fois.

CLAVEAU, *clavelée*, maladie des brebis et des moutons, qui ressemble à des clous.

CLAVELÉ, animal attaqué du claveau.

CLAVÉLISATION, inoculation du claveau.

CLAVETTE, sorte de clou plat passé dans le trou d'une fiche.

CHEVILLE, morceau long et pointu de fer ou de bois, pour boucher un trou, pour arrêter des tenons, pour tendre les cordes d'un instrument de musique; mot inutile dans un vers; agent principal, mobile d'une affaire. *Clavicula.*

CHEVILLÉ, ramures du bois de cerf dans le blason; cheval à jambes serrées; vers plein de chevilles.

CHEVILLER, mettre des chevilles; attacher, assembler avec des chevilles.

CHEVILLETTE, petite cheville.

CHEVILLON, petit bâton tourné au dos d'une chaise.

CLUB, assemblée politique, philanthropique. De l'angl. *club.*

CLUBISTE, membre d'un club.

CLUSE, cri factice du fauconnier pour encourager l'oiseau, et qui a été adopté par les chasseurs au fusil, pour encourager les chiens.

CLUSER, exciter les chiens à faire lever et sortir le gibier des buissons et des taillis.

CLYSTÈRE, lavement, médicament, liquide introduit par l'anus. Du lat. *clysterium*, fait du gr. *klustér*, dér. de *kluzô*, laver, nettoyer.

CLYSTÉRISER, donner un clystère.

COALISER, faire, former une ligue, un parti; soulever contre; se réunir. Du lat. *cum*, avec, *alescere*, prendre force.

COALITION, action de se coaliser; réunion de partis, de puissances.

COASSER, onomatopée du cri de la grenouille qui fait entendre le son *koax.*

COASSEMENT, action de coasser; cri de la grenouille.

COBALT, *cobolt*, substance minérale, dure, pesante, friable, qui fournit l'arsenic. Du lat. *cobaltus*, fait de l'all. *cobalt.*

COCAGNE, mot qui a considérablement exercé la patience des étymologistes pour en chercher l'origine. Il doit sa naissance au titre d'un fabliau du XIIIe siècle. L'auteur étant allé à Rome pour l'absolution de ses péchés, fut envoyé en pénitence dans une terre étrangère, qui avoit été bénite de Dieu particulièrement, et qu'on nommoit *pays de Cocagne.* On trouvoit partout des tables dressées où chacun étoit libre de s'asseoir, des boutiques ouvertes où l'on pouvoit prendre sans payer, et enfin la fameuse *fontaine de Jouvence* qui rendoit la jeunesse, etc. *Voyez* Legrand, *Fabliaux* in-8, t. 1, p. 228. Dans l'introduction du XXe livre, t. II, p. 220 de l'Hist. maccaronique de Merlin Coccaie (Théoph. Folengo), il est fait mention des royaumes de *Crespes et Beignets, où on a accoustumé de mener une vie heureuse.* L'auteur fait voyager un ambassadeur qui arrive au pied de certaines montagnes, « où les habitants lient les vignes avec des saucisses et où les arbres partout portent pour leur fruit des tourtes et des tartes. » C'est sans doute d'après le fabliau que Rabelais a fait la description du pays de Papimanie. Enfin, en 1631, on représenta la farce des *Roulle-bons-temps de la haute et basse Cocagne*; nom qui a passé dans la langue par ce vers de Boileau :

Paris est pour un riche un pays de Cocagne.

De là par analogie on a appelé :

Cocagne, grand mât poli, enduit de graisse ou de savon, au haut duquel on suspend des prix qu'il faut atteindre en grimpant.

COCCOLITHE, pierre à noyau, d'un vert foncé; substance minérale en grains peu adhérents; sorte de pyroxène. De *kokkos*, grain, et de *lithos*, pierre.

COCCOTHRAUSTE, le gros-bec, sorte d'oiseau très-commun en Allemagne, qui se nourrit de noyaux, et particulièrement de ceux de cerises qu'il casse avec son bec. De *kokkos*, et de *thrauô*, je brise.

COCCUS, chêne vert qui produit le kermès et graine d'écarlate. Du lat. *coccus*, dér. du gr. *kokkos*.

Coccine, couleur écarlate. *Coccinus*.

Cochenille, insecte du Mexique; principe colorant qu'il fournit; grains du chêne vert. *Coccinella*, ou de l'esp. *cochinilla*, dér. de *coccus*.

COCHE, grand carrosse de voyage, couvert et non suspendu; grand bateau pour voiturer les voyageurs, les marchandises, etc. De l'it. *cocchio*, en esp. *cochè*, dér. du hongrois *kotczy*; d'autres le tirent de l'all. *kutsche*, voiture, fait de *kutten*, couvrir.

Cocher, qui mène un coche, une voiture.

COCHE, fente, hoche, crénelure, incision qu'on fait dans du bois, pour y marquer quelque chose; entaillure au bout d'une flèche, afin de pouvoir l'ajuster sur la corde de l'arc. De l'it. *cocca*, que Ménage présume avoir été fait de *cavum*. *Voyez* Cave.

Décocher, lancer une flèche, un trait avec l'arc; le faire partir de dessus la corde.

Décochement, action de décocher.

Encoche, fente, incision, entaille;

bâton sur lequel les boulangers marquent le pain qu'ils fournissent.

Encocher, mettre dans la coche; planter des chevilles.

Cochoir, outil de tonnelier pour faire les coches.

Escocher, battre fortement la pâte avec la paume de la main.

COCHON, pourceau, animal domestique, à pied fourchu; individu sale, malpropre; glouton, gourmand; personne qui manque de savoir vivre; homme très-gros et très-gras. Du lat. *cutio*, en ital. *ciacco*; que Ménage dér. du gr. *subax*.

Coche, la truie, femelle du cochon; femme trop grosse et trop grasse.

Cochonnée, portée d'une truie.

Cochonner, mettre bas, parlant d'une truie; faire mal un ouvrage.

Cochonnerie, malpropreté, saleté; chose mal faite, mal arrangée.

Cochonnet, corps à douze faces numérotées de un à douze; petit palet; petite boule servant de but au jeu de ce nom.

COCO, fruit du cocotier; la noix donne une liqueur, une grosse amande, de l'huile, et de la bourre que l'on file. De l'amér. *cocos*.

Cocotier, arbre de la famille des palmiers, qui produit le coco.

COCYTE, fleuve des enfers qui tombe dans l'Achéron. Du lat. *cocytus*, fait du gr. *kôkutos*, pleurs, lamentations; dér. de *kôkuô*, pleurer, se lamenter; soit parce que le Tartare est un lieu de pleurs et de gémissements, soit parce que les eaux du Cocyte étoient formées par les pleurs versés par les âmes qui étoient dans les enfers. Homère place ce fleuve dans le pays des Cimmériens, et veut que l'enfer soit le pays même des Cimmériens, à une journée de Circée, montagne de la Campanie.

Cocyte, douleur causée par un animalcule logé dans une partie du corps. Du gr. *kôkutos*.

CODE, recueil, compilation de lois, d'ordonnances, de rescrits. Du lat. *codex*.

Codicille, disposition ultérieure par addition à un testament.

Codicillaire, contenu dans un codicille.

COECUM, le premier des gros intestins. Du lat. *cœcum.*

COERCITION, droit, pouvoir, action de contraindre au devoir, à la croyance; d'empêcher de s'en écarter. Du lat. *coercitio*, contrainte, action d'arrêter.

COERCIBLE, qui peut être contraint; qu'on peut renfermer, retenir dans un certain espace.

COERCITIF, qui a le pouvoir de contraindre, qui en renferme le droit.

INCOERCIBLE, qui ne peut être contraint, retenu.

COERCION, droit de punir.

COEUR, muscle creux et charnu placé entre les poumons, dans la cavité de la poitrine, qui, par le moyen des artères, imprime le mouvement au sang; âme, principe; force, vigueur, courage; point central, milieu. Du lat. *cor, cordis,* fait du gr. *kéar, kér.*

CARDIA, l'orifice supérieur de l'estomac; le cœur. Du gr. *kardia.*

CARDIAGRAPHIE, description du cœur. De *kardia*, et de *graphô,* je décris.

CARDIAIRE, vers qui naissent dans le cœur.

CARDIALGIE, douleur à l'orifice supérieur de l'estomac. De *kardia,* et d'*algos,* douleur.

CARDIALOGIE, traité des différentes parties du cœur. De *kardia,* et de *logos,* discours.

CARDIAQUE, qui fortifie le cœur, qui lui appartient; cordial.

CARDIATOMIE, dissection du cœur. De *kardia,* et de *tomé,* incision, fait de *temnô,* je coupe.

CARDIOGME, picotement à l'orifice de l'estomac. De *kardioô,* avoir mal au cœur.

CARDIOSPERME, plante dont la graine ou semence a une cicatrice en forme de cœur, à l'ombilic. De *kardia,* et de *sperma,* graine, semence en cœur.

CARDITES, coquilles bivalves, fossiles, qui ont la forme d'un cœur. De *kardia.*

CARDITIE, *carditis,* inflammation du cœur.

CORDIAL, qui conforte le cœur; propre à ranimer les forces; qui procède, qui part du fond du cœur, affectueux.

CORDIALITÉ, affection sincère et tendre.

CORDIALEMENT, d'une manière cordiale; affectueusement.

COURAGE, disposition de l'âme qui se porte à quelque chose de hardi, de difficile, de grand et de périlleux; valeur, bravoure, hardiesse, audace; force d'esprit.

COURAGEUX, qui a du courage.

COURAGEUSEMENT, avec courage.

ACCORE, étui pour soutenir un vaisseau ou l'une de ses parties.

ACCORER, soutenir, appuyer, étançonner.

ANACARDE, noix en forme de cœur, fruit de l'anacardier, arbre résineux des Indes, ressemblant à l'acajou, et qui donne un poison. Du gr. *anakardia*, fait d'*ana,* forme, ressemblance, et de *kardia.*

CORROBORER, fortifier le cœur, augmenter la force, en donner. Du lat. *corroborare,* formé de *cor,* cœur, et de *robur,* force.

CORROBORATIF, *corroborant,* qui fortifie. *Corroborans.*

CORROBORATION, action de corroborer; ses effets. *Corroboratio.*

DÉCOURAGER, ôter le courage, l'énergie; faire perdre l'envie, la volonté de faire.

DÉCOURAGEMENT, perte de courage, abattement de cœur.

DÉCOURAGEANT, qui fait perdre courage.

ENCOURAGER, donner du courage; animer, exciter, récompenser pour animer à faire mieux.

ENCOURAGEMENT, ce qui encourage; éloge, don; récompense.

ENCOURAGEANT, qui donne du courage.

CORAILLE, *corée, courée,* parties intérieures d'un animal; le poumon, le foie, la fressure.

CURÉE, intestins des bêtes fauves qu'on abandonne aux chiens.

PRÉCORDIAL, situé au-dessus du nombril. De *præ*, avant, et de *cor.*

RECORDER, répéter et remettre en son esprit pour savoir mieux une chose apprise par cœur; faire signer par des témoins. *Recordare.*

RECORD, attestation, témoignage.

RECORDEUR, témoin oculaire.

RECORDÉ, exploit signifié par un huissier accompagné de recors.

Recors, pour *Record*, témoin dans un exploit, une saisie; qui accompagne et assiste un huissier en exercice.

COFFRE, * *coffin*, *cophin*, meuble en caisse, à couvercle, pour serrer les hardes, l'argent; capacité du corps animal, d'un instrument, d'un assemblage creux en dedans. Du lat. *cophinus*, panier d'osier où l'on mettoit le pain; dér. du gr. *kophinos*, corbeille.

Coffre-fort, coffre garni de fer pour serrer l'argent.

Coffrer, *encoffrer*, serrer dans un coffre; mettre en prison.

Coffret, petit coffre.

Coffretier, marchand et fabricant de coffres.

COHÉRENCE, liaison, union entre les parties; connexion des choses entre elles. Du lat. *cohærere*, unir, lier, joindre.

Cohérent, qui a de la cohérence, qui s'unit, se lie.

Cohésion, adhérence, force qui unit, qui rend compactes les corps, leurs parties.

Incohérence, défaut de liaison, d'union.

Incohérent, qui manque de liaison, de rapport.

COHORTE, corps d'infanterie armé ou non; corps d'infanterie romaine de cinq à six cents hommes; troupe, foule. Du lat. *cohors*.

COIN, * *quignon*, angle; rencontre de deux côtés; endroit où se fait cette rencontre, soit à l'intérieur, soit à l'extérieur; lieu secret; réduit caché; petite portion de logis. Du gr. *gonia*, angle, dont on a fait le lat. *cuneus*.

Coin, outil, morceau de fer ou de bois en angle aigu, sur lequel on frappe pour fendre le bois; empreinte pour frapper ou cogner les monnoies et les médailles; meuble qui remplit un coin d'une chambre; poinçon pour marquer la vaisselle d'argent; outil de fer ou de bois, plat et tranchant.

Cognée, hache à long manche pour couper et fendre le bois. *Cuneata*.

Cogner, frapper pour enfoncer, pour faire entrer, joindre; frapper, heurter, battre, rosser; appeler en cognant. De la bass. lat. *cuneare*, fait de *cuneus*.

Cogne-fétu, personne qui se donne beaucoup de peine pour ne rien faire.

Cogneux, outil de fondeur pour frapper le sable à moule.

Cognoir, outil d'imprimeur pour mouvoir les coins.

Cunéiforme, os en forme de coin; feuille plus longue que large, et se rétrécissant vers la base; caractères d'écriture des Babyloniens. De *cuneus*, coin, et de *forma*, forme.

Quignon, gros morceau de pain.

Encoignure, angle extérieur de deux murs qui se joignent; petit meuble dans l'angle intérieur d'une chambre.

Recoin, coin plus caché.

Recogner, cogner de nouveau; repousser, rebuter durement.

Rencogner, pousser, serrer dans un coin.

COIN, * *coing*, le fruit du cognassier, de couleur jaune pâle, astringent, en forme de poire et à odeur forte. Du lat. *cotoneum*, à cause du coton ou du duvet dont ce fruit est couvert, et suivant d'autres de *Cydoneum*. En gr. *kudônion*.

Cognasse, sorte de coin sauvage.

Cognassier, arbre qui produit les coins.

Cotignac, confiture de coins.

Diacydonite, remède où il entre des coings. De *dia*, de, et de *kudônion*, coing.

COÏON, servile, lâche, poltron; qui a l'âme basse, qui souffre lâchement les insultes. De l'it. *coglione*, fait de *coglia*, testicule, dér. du gr. *koléos*.

Coïonner, traiter en coïon, se moquer de quelqu'un; prononcer des mots graveleux.

Coïonnerie, action de coïon; bassesse dans le cœur; sottise, impertinence; badinerie, raillerie, polissonnerie.

COIT, accouplement des sexes pour la génération. Du lat. *coïtus*, fait de *coïre*, s'unir, s'assembler.

COL ou COU, partie du corps qui joint la tête aux épaules; passage étroit entre les montagnes, canal; cravatte à boucles et sans pendants; partie supérieure de la chemise. Du lat. *collum*.

Col, vêtement du cou, sorte de cravatte; haut d'une chemise, d'un vêtement.

Collet, la partie du vêtement près du cou. En terme de chasse le *collet* est un lacet où les lapins, les lièvres, les oiseaux viennent se prendre par le cou. De *colletum*, dim. de *collum*.

COLLETER, prendre, saisir au collet, battre.

COLLERETTE, partie de l'habillement pour femme, qui se met au cou et qui couvre la gorge.

COLLIER, ornement qui se porte au cou.

COLIFICHET, ornement du cou; babiole, bagatelle; ornement mesquin, petit, futile; petit gâteau sec sans beurre et sans sel pour les oiseaux. De *col* et de *ficher*.

COLLINE, col d'une montagne. De *collina*, dim. de *collis*; les Grecs disoient *kolôné*, dans le même sens.

COLPORTEUR, marchand qui porte sa marchandise dans un panier suspendu à son cou.

COLPORTAGE, métier de colporteur.

COLPORTER, porter des marchandises de côté et d'autre pour vendre.

ACCOLER, mettre ensemble, attacher au cou, jeter les bras autour du cou.

ACCOLADE, action de s'embrasser en se tenant par le col.

ACCOLEMENT, espace entre le pavé d'une route et les fossés.

ACCOLURE, lien de paille.

DÉCOLLER, couper le cou.

DÉCOLLATION, action de couper le cou.

DÉCOLLETER, découvrir le cou, la poitrine, la gorge.

ENCOLURE, partie du cheval de la tête aux épaules; air, apparence, port, démarche.

RÉCOLEMENT, vérification, lecture à un accusé de sa déposition.

RÉCOLER, lire les dépositions, faire un récolement.

D'où les noms propres *Collard, Collet, Colletet, Collier, Collot*.

COLAPHISER, donner des soufflets. Du lat. *colaphus*, fait du gr. *kolaphos*, dér. de *kolaphizéin*, souffleter.

COLCHIQUE, le tue-chien, plante bulbeuse, qui est mortelle aux chiens. En lat. *colchicum*, fait du gr. *kolchis*, la Colchide, contrée d'Asie d'où elle est originaire.

COLCHICON, bulbe sauvage dont le lait ou le suc est un poison. De *colchicum*.

COLCOTAR, résidu de l'huile de vitriol distillé; oxide de fer rouge par l'acide sulfurique. De *calchitis*, terre dure, rouge, vitriolique; laquelle entre dans la thériaque.

COLIBRI, le plus petit et le plus joli des oiseaux, dont le nom et l'espèce viennent d'Amérique.

COLLE, matière gluante et tenace pour joindre, unir, lier deux surfaces; menterie, fausseté, bourde. Du gr. *kolla*, fait de *kollaô*.

COLLAGE, action d'imprégner de colle le papier.

COLLER, unir, joindre, enduire et faire tenir avec de la colle, clarifier les vins avec de la colle de poisson; appuyer fortement, placer contre le mur.

COLLEUR, qui colle le papier sur les murs.

DÉCOLLER, détacher ce qui est collé.

DÉCOLLEMENT, action de détacher ce qui est collé.

ENCOLLAGE, couche de colle très-chaude.

RECOLLER, coler de nouveau.

COLLECTIQUE, médicament propre à coller ou à réunir ensemble les parties divisées d'une plaie.

COLLIQUATION, résolution, décomposition du sang, des humeurs; union de deux substances solides qui peuvent se liquéfier; dépravation des parties solides. Du lat. *colliquatio*.

COLLIQUATIF, qui décompose le sang; qui fond les humeurs.

COLLISION, choc de deux corps. Du lat. *collisus*.

COLLUDER, être d'accord, s'entendre avec son adversaire pour tromper un tiers. Du lat. *colludere*.

COLLUDANT, qui prend part à une collusion.

COLLUSION, intelligence secrète entre deux ou plusieurs, pour tromper un tiers. *Collusio*.

COLLUSOIRE, fait par collusion.

COLLUSOIREMENT, fait par collusion. *Collusorie*. Voy. ALLUSION.

COLLYRE, remède interne contre les maux d'yeux; composition pour noircir les cils et les paupières. Du lat. *collyrium*, en gr. *kollurion*, que l'on dérive soit de *kolluô*, empêcher, et de *rhéô*, couler, qui empêche de couler; soit de *kolla*, colle, et d'*oura*, queue; parce que les anciens collyres étoient faits comme la queue d'un rat et qu'on les préparoit avec des poudres ou matières gluantes.

COLOMBE, * *coulon,* la femelle du pigeon, oiseau chéri des anciens; espèce particulière de pigeon. Du lat. *columba*. Suivant Gébelin, ce mot seroit une onomatopée ou imitation du cri ou son que fait entendre cet oiseau. Par métonymie on a appelé *colombes,* des solives posées perpendiculairement dans une sablière, pour faire des maisons, des granges. Outil de menuisier et de tonnelier.

COLOMBACÉ, de la colombe.

COLOMBAGE, rang de solives à plomb dans une cloison de charpente.

COLOMBEAU, petit pigeon.

COLOMBELLE, jeune colombe; genre de coquilles univalves, ovales, couleur gorge de pigeon.

COLOMBIER, logement pour les pigeons; sorte de papier; espace trop grand entre les mots, en imprimerie. *Columbare, columbarium.*

COLOMBIN, couleur gorge de pigeon, violet et rouge; mine de plomb pur.

COLOMBINE, petite colombe; fiente de pigeon, excellent engrais pour les vignes.

D'où les noms propres *Colomb, Colombe, Colombin, Colombine, Coulon.*

COLONNE, * *colomne,* pilier rond bien proportionné, qui renferme la base, le fût et le chapiteau. Du lat. *columna,* que Jauffret dit signifier *toute col;* d'autres le font venir du gr. *kôlon,* os de la jambe; les colonnes étant le soutien d'un édifice, comme les jambes sont celui du corps. Selon Vitruve, *columna* est dérivé de *columen*, pièce de bois posée à plomb qui soutient le faîte d'un bâtiment. Par métonymie, on a donné le nom de colonne à une ligne de troupes profonde et resserrée; à un compartiment ou division dans toute la longueur des pages d'un livre; à la masse cylindrique du fluide; et au figuré, appui, soutien.

COLONNADE, * *colomnade,* édifice orné d'un grand nombre de colonnes isolées.

COLONEL, * *colonnel* et *couronnel,* commandant d'un régiment de cavalerie ou d'infanterie. De l'it. *colonnello,* formé de *colonna,* du lat. *columna,* qui commande la colonne.

COLONNELLE, première compagnie d'un régiment, ayant le colonel pour capitaine.

COLOPHANE pour COLOPHONE, sorte de résine clarifiée, dont se servent les joueurs d'instruments à corde pour frotter le crin de leur archet. Ainsi dite de Colophone, en gr. *kolophôn,* ville d'Ionie, d'où elle fut apportée d'abord.

COLOQUINTE, plante rampante, cucurbitacée, à fruit sphérique et amer; son infusion attire les puces qui s'y noient. Du lat. *colocynthis,* fait du gr. *kolokunté*.

COLOSSE, statue ou figure gigantesque, telle que le fameux colosse d'Apollon Apolloniate, qui étoit dans le Capitole, celui de Rhodes, etc.; personne très-grande et très-forte. Du lat. *colossus,* du gr. *kolossos,* qui a la même signification, et que l'on dit être composé de *kolos,* grand, et d'*ossos,* œil, parce qu'on ne peut considérer le colosse du premier coup d'œil, à cause de sa grandeur énorme.

COLOSSAL, qui tient du colosse, qui est d'une grandeur démesurée.

COLISÉE, pour *Colossée,* nom donné au fameux amphithéâtre de Rome commencé par Vespasien, et achevé par Titus, ainsi nommé de la statue colossale de Néron, qui étoit dans l'endroit où cet édifice fut bâti; lieu où l'on donne des fêtes, des bals, des concerts, et où l'on entre en payant.

COLOSTRE, premier lait aqueux des femmes après l'accouchement; émulsion de térébinthe avec un jaune d'œuf. Du lat. *colostrum*.

COLSA, *colza, colzat,* espèce de chou sauvage, dont la graine sert à faire l'huile à brûler, et le résidu nourrit les bestiaux. Du flam. *colzat*.

COLURE, chacun des deux grands cercles qui coupent l'équateur et le zodiaque à angles droits aux pôles du monde: l'un passe par les points du solstice, et l'autre par ceux des équinoxes. Du gr. *koulouros,* coupé, mutilé, écourté; comp. de *kolouó,* couper, retrancher, mutiler, et d'*oura,* queue; comme s'ils paroissoient avoir la queue coupée, dit M. Morin, parce qu'on ne les voit jamais entiers sur l'horizon.

COLUTÉA, le baguenaudier, arbrisseau d'ornement, qui périt si on le mutile.

Du gr. *koloutéa*, fait du verbe *kolouô*. Théophraste fait mention d'un autre arbrisseau nommé *colutéa*, que l'on croit être une espèce d'épine-vinette, ou le sureau de montagne.

COLYBES, pâte de légumes et de grains, ou de froment et de légumes cuits, qu'on offre dans l'église grecque, en l'honneur des saints et en mémoire des morts. Du gr. *koluba*, froment cuit.

COMA, maladie soporeuse semblable à la léthargie. Du gr. *kôma*, fait de *koimaô*, j'assoupis.

COMATEUX, qui produit ou annonce le coma. *Komatodes*.

COMBE, vallée, grotte, caverne, creux. Du gr. *kumbos*, lieu enfoncé.

SUCCOMBER, fléchir sous le poids que l'on porte; avoir du désavantage. Du lat. *succumbere*, tomber dans un creux, rouler dans un précipice; que Jauffret dit être composé de *sub* et de *cubare*. Un athlète succomboit dans les jeux publics, dit-il, quand celui avec lequel il étoit aux prises le renversoit sous lui. *Voy*. CATACOMBES.

COMBINER, disposer des choses deux à deux, les arranger d'après un plan; mélanger avec ordre; opérer une combinaison; calculer les probabilités. De la bass. lat. *combinare*, composé de *cum*, avec, *bini*, deux, *agere*, faire, agir.

COMBINAISON, action de combiner; assemblage, union et disposition de deux ou plusieurs, d'après un plan; calcul de probabilité.

COMBINABLE, qui peut être combiné.

COMBINÉ, mélange, composition, union.

COMBLE, amas, monceau, excès; faîte d'un bâtiment; ce qui peut tenir au-dessus d'une mesure déjà remplie. Du lat. *cumulus*, fait de *culmen*, sommet, et non de *culmus*, chaume, comme le dit Perrault, ni de *kumbos*, selon Gébelin. *Voy*. COMBE.

COMBLEMENT, action de combler, de remplir. *Cumulatio*.

COMBLER, remplir un vase, une mesure, un creux par-dessus les bords. *Cumulare*.

CUMULER, accumuler, réunir, amasser, mettre en tas, en monceau.

CUMULATIF, qui se fait par accumulation.

CUMULATIVEMENT, d'une manière cumulative.

ACCUMULATEUR, qui accumule.

ACCUMULATION, amas, action d'accumuler.

COMBUSTION, action de brûler entièrement; décomposition totale par le feu; grand désordre avec tumulte dans une assemblée, parmi le peuple; fixation de l'oxigène avec le corps combustible, qui le rend tel. Du lat. *combustio*, fait de *combustum*, supin de *comburo*, dér. du gr. *sumpuroô*, je brûle, dont la racine est *pur*, le feu.

COMBUSTIBLE, qui a la propriété de brûler, de s'unir à l'oxigène; tout ce qui sert à entretenir le feu.

INCOMBUSTIBLE, que le feu ne peut consumer.

INCOMBUSTIBILITÉ, qualité de ce qui est incombustible.

COMÉDIE, pièce de théâtre qui peint des actions de la vie commune de personnes de condition privée; art de composer des comédies; salle de spectacle; hypocrisie plaisante; circonstance, aventure remplie d'incidents risibles. Du lat. *comœdia*, formé du gr. *kômé*, village, bourgade, et d'*adô*, ou *aeidô*, chanter, ou réciter des vers, parce que les poètes, à l'imitation des rapsodes chez les Grecs, alloient de village en village chanter leurs vers et leurs comédies.

COMÉDIEN, *comédienne*, qui fait métier de jouer publiquement la comédie ou les pièces comiques.

COMIQUE, de la comédie; ce qui excite le rire; la comédie; genre plaisant; auteur de pièces comiques; acteur qui les joue. Du lat. *comicus*.

COMIQUEMENT, d'une manière comique. *Comicè*.

COMESTIBLE, bon à manger pour l'homme; qui peut se manger; aliment, vivres, subsistances. Du lat. *comedere*, *comedo*, manger; composé de *cum*, en gr. *sun*, avec, et de *edô*, je mange.

COMESSATION, débauche; collation après souper, *Comessatio*.

COMÈTE, corps de la nature des planètes; corps lumineux par réflexion, accidentel, suivi d'une queue ou chevelure, et accompagné de vapeurs; fusée volante à queue; sorte de ruban de soie gommé. Du lat. *cometa*, fait du gr. *kométés*, dér. de *kômé*, chevelure; étoile chevelue.

Comété, à rayons ondoyants.

Cométographie, traité des comètes. De *kométés*, et de *graphô*, je décris.

COMMA, signe de ponctuation: deux points l'un sur l'autre; le plus petit des intervalles de musique sensible à l'oreille. Du gr. *komma*, membre de phrase.

COMME, de même que; dans le temps; de quelle manière. Corruption du lat. *quemadmodum*, ou de *quomodo*, suivant Ménage, dér. de *cum*.

Comment, de quelle sorte; pourquoi; manière dont une chose est. *Quomodo*.

Combien, * *quant bien*, quel nombre, quelle quantité, de quel prix. De *quantum bene*.

COMMODE, aisé, facile, utile, propre, convenable, qui ne gêne point. Du lat. *commodus*: de là *commode*, armoire à linge.

Commodément, d'une manière commode. *Commodè*.

Commodité, chose, temps, situation, moyens qui facilitent. *Commoditas*.

Commodat, prêt gratuit, remboursable en nature, à terme fixé.

Commodataire, qui a reçu un commodat.

Accommodable, qu'on peut rendre commode.

Accommodage, action d'accommoder; apprêt des aliments.

Accommodant, traitable, complaisant, d'un naturel facile.

Accommodation, conciliation de points de droit opposés.

Accommodement, accord de difficultés, moyen de concilier.

Accommoder, arranger, apprêter, procurer de la commodité.

Inaccommodable, qui n'est point susceptible d'accommodement.

Incommode, fâcheux, importun, qui n'est pas commode. *Incommodus*.

Incommodé, indisposé, qui souffre.

Incommodément, d'une manière incommode. *Incommodè*.

Incommoder, gêner, devenir incommode.

Incommodité, peine, privation, maladie. *Incommodum*.

Raccommodement, réconciliation.

Raccommodage, action de raccommoder.

Raccommoder, remettre en bon état; réconcilier.

Raccommodeur, *raccommodeuse*, qui raccommode.

COMPACTE, très-condensé; peu poreux. Du lat. *compactus*, venu du gr. *sumpéktos*, *sumpaktos*, qui a la même signification.

Compacité, qualité de ce qui est compacte.

COMPAGNON, * *compaing*, camarade, ami, ouvrier, associé, confrère, copartageant; celui qui vit ou qui travaille avec un autre. De *compagine*, ablatif de *compago*, selon Barbazan. En ital. *compagno*, que Caninius dérive de *compaganus*, qui est du même village; Ménage fait venir avec assez de raison ce mot de *cum*, avec, et de *panis*, pain; qui mange le pain avec un autre, ou du même pain qu'un autre. Gébelin pense que compagnon a été formé de *cum*, avec, et de *pannus*, étoffe; qui est sous le même étendard, qui marche sous le même drapeau, sous la même enseigne.

Compagne, qui accompagne, qui tient compagnie; amie; d'égale condition.

Compagnie, réunion de personnes qui se rassemblent pour passer le temps.

Compagnonage, état d'ouvrier ou de compagnon.

Accompagné, suivi, escorté.

Accompagnement, action d'accompagner.

Accompagnateur, qui accompagne les voix avec un instrument.

Accompagner, aller avec, suivre; être adhérent.

COMPENDIUM, mot latin qui signifie abrégé, extrait.

COMPITALES, fêtes romaines en l'honneur des dieux lares, à qui les carrefours (*compita*) étoient consacrés. *Compitalia*.

COMTE, titre de dignité, possesseur d'un comté. Du lat. *comite*, abl. de *comes*, compagnon, homme de la suite et de la maison du prince, qui exerçoit quelque fonction particulière.

Comté, * *comtat*, titre d'une terre

qui donne au propriétaire la qualité de comte. *Comitatus.*

COMTAL, qui appartient à un comte.

COMTESSE, femme de comte.

COMICES, assemblée du peuple romain au Champ-de-Mars, pour donner son suffrage sur quelque affaire. Ces assemblées ne prenoient le nom de comices, du lat. *como*, que lorsque le peuple donnoit son suffrage. *Comitia.*

COMITE, officier de galère qui commande la chiourme. De l'it. *comito*, fait du lat. *comes, comitis*; les Grecs du Bas-Empire ont usé de *kômes* dans la même signification.

COMITÉ, bureau ou compagnie qui a la direction de quelque objet ; assemblée de gens commis pour discuter une affaire ; réunion d'amis ; conseil des comédiens.

CONNÉTABLE, * connestable, sous les empereurs romains le *comes stabuli* remplissoit à peu près les mêmes fonctions que le grand écuyer de France, il avoit la surintendance de l'écurie du prince, et avoit soin de faire fournir par les provinces les chevaux qu'elles devoient tous les ans aux écuries impériales. Dans le moyen âge le connétable devint le général en chef de toutes les troupes du royaume.

CONNÉTABLIE, tribunal des maréchaux de France.

CONCERT, harmonie de voix ou d'instruments ; lieu où on les entend ; union, bonne intelligence entre personnes qui tendent au même but. Du lat. *concentus*, qui chantent ensemble.

CONCERTANT, qui fait sa partie dans un concert.

CONCERTER, répéter ensemble un morceau de musique vocale ou instrumentale ; convenir des moyens d'exécution.

CONCERTO, morceau de musique pour un instrument seul, avec accompagnement de l'orchestre. De l'it. *concerto.*

DÉCONCERTER, troubler un concert ; rompre des mesures prises ; faire perdre contenance en troublant.

CONCETTI, pensées brillantes, mais fausses. De l'it. *concetto.*

CONCHITE, *conchyte*, sorte de coquille bivalve pétrifiée ; espèce de marne délayée, qui s'est introduite dans la coquille vide et qui, en durcissant, en a pris la forme. Du lat. *conchyta*, fait du gr. *kogchités*, dér. de *kogchos*, coquille.

CONCHOÏDE, ligne courbe, inventée par Nicomède, ancien géomètre, qui s'approche toujours d'une ligne droite sans jamais la couper. De *kogchos*, et d'*eidos*, forme, figure, à cause de sa ressemblance avec certaine coquille.

CONCHOÏDAL, de la conchoïde.

CONCHYLE, poisson, coquillage qui fournit l'écarlate, la pourpre. De *conchylium*, fait du gr. *kogchulé.*

CONCHYLIFÈRE, mollusque, animal testacée, recouvert d'une enveloppe osseuse appelée coquille. De *kogchulion*, coquille, et de *phérô*, je porte.

CONCHYLIOÏDE, qui ressemble à une coquille. De *kogchulion*, et d'*eidos*, forme, ressemblance.

CONCHYOLOGIE, science qui traite des coquillages en général. De *kogchulion*, et de *logos*, discours.

CONCHYOLOGISTE, qui sait, qui connoît la conchyologie.

CONCHYLIOTYPOLITHE, pierre qui porte l'empreinte extérieure d'une coquille. De *kogchulion*, coquillage, de *tupos*, type, empreinte, et de *lithos*, pierre.

CONQUE, grande coquille concave ; coquille bivalve ; vase fait en coquille ; trompette des tritons ; mesure des liquides chez les Grecs. Du gr. *kogché.*

COQUE, enveloppe dure d'un œuf ; le bois de la noix ; enveloppe de quelques insectes. Du lat. *concha*, dér. du gr. *kogché.*

COQUECIGRUE, sorte de coquillage ; au fig., frivolité, chose vaine.

COQUILLE, petite coque, enveloppe pierreuse des testacées ; coque d'œuf et de noix. *Conchylia*, du gr. *kochlis, kôkalia*, animaux couverts d'une coquille.

COQUILLAGE, coquille renfermant un animal qui lui est analogue.

COQUILLIER, collection de coquilles, lieu qui les renferme.

COQUETIER, * coquillard, vase pour mettre un œuf que l'on mange à la coque.

COQUETIER, marchand d'œufs et de volailles.

COQUILLIÈRE, lieu où se trouvent des coquilles.

COQUILLON, petite coquille.

COCON, coque du ver à soie.

RECOQUILLER, retrousser en coquille.

RECOQUILLEMENT, état de ce qui est recoquillé.

CONCILE, assemblée de prélats pour délibérer et décider sur des matières de religion; lieu de leurs séances. Du lat. *concilium*, fait de *concalare*, convoquer, assembler; dér. du gr. *sugkaléô*, formé de *sun*, ensemble, et de *kaléô*, appeler.

CONCILIABULE, assemblée religieuse, illégale, irrégulière; conseil de gens qui complottent. *Conciliabulum.*

CONCILIER, accorder, réunir des personnes ou des choses qui paroissent contraires. *Conciliare.*

CONCILIABLE, qui peut se concilier.

CONCILIANT, propre à la conciliation.

CONCILIATEUR, qui concilie, qui aime à concilier. *Conciliator.*

CONCILIATION, action de concilier; accord de différends, concordance de lois, de textes, etc. *Conciliatio.*

INCONCILIABLE, qui ne peut se concilier.

IRRÉCONCILIABLE, qu'on ne peut pas réconcilier.

IRRÉCONCILIABLEMENT, sans pouvoir être réconcilié.

RÉCONCILIER, remettre bien ensemble des personnes brouillées; bénir de nouveau une église qui a été profanée.

RÉCONCILIABLE, qui peut être réconcilié.

RÉCONCILIATEUR, qui réconcilie, qui aime à réconcilier.

RÉCONCILIATION, action de réconcilier; rétablissement de la bonne harmonie.

CONCIS, en peu de mots, court, serré, pressant. Du lat. *concisus*, formé de *cum*, avec, et de *cisus*, ciselé, taillé, marqué.

CONCISION, précision, qualité de ce qui est concis.

CONCOMBRE, plante potagère cucurbitacée, rampante, froide; son fruit. Du lat. *cucumer*.

CONCOMITANCE, union, accompagnement d'une chose accessoire avec la principale. Du lat. *concomitantia.*

CONCOMITANT, qui accompagne. *Concomitans.*

CONCUPISCENCE, désir déréglé; pente au mal, aux plaisirs illicites et sensuels. Du lat. *concupiscentia.*

CONCUPISCENT, qui a de la concupiscence.

CONCUPISCIBLE, envie qui porte à désirer un bien, un objet qui plaît.

CONDITION, nature, état, qualité des personnes ou des choses. *Conditio.*

CONDITIONNÉ, qui a ou qui n'a pas les conditions requises.

CONDITIONNEL, qui est subordonné; contrat, promesse, engagement, qui renferme une condition, une clause pour l'exécution.

CONDITIONNELLEMENT, avec condition; sous la condition de s'obliger.

CONDITIONNER, donner les conditions, les qualités, les clauses requises. *Voy.* DIRE.

CONDYLE, jointure des doigts; éminence d'articulation et du bout des os. Du gr. *kondulos*, nœud, jointure.

CONDYLOÏDE, qui a la figure d'un condyle. De *kondulos*, et d'*eidos*, forme, ressemblance.

CONDYLOÏDIEN, de condyle.

CONDYLOME, excroissance de chair ridée provenant du virus vénérien, laquelle forme une petite éminence sur la chair, et a des rides ou plis semblables à ceux des jointures. De *kondulos*, jointure des doigts.

CONE, corps en pyramide ronde ou solide, dont la base est un cercle, et dont le sommet se termine en pointe. Du lat. *conus*, fait du gr. *kônos*, qui a la même signification.

CONIQUE, qui appartient au cône, qui en a la forme ou la figure. *Kônicos.*

OBCONIQUE, en cône renversé; fleur ou fruit un peu conique.

CONOÏDE, solide en cône imparfait, dont la base est une ellipse ou une autre courbe. De *kônos*, et d'*eidos*, figure, ressemblance.

CONOÏDAL, qui appartient au conoïde.

CONIFÈRE, famille de plantes dont les fleurs et les fruits sont en cône. De *kônos*, et de *phérô*, je porte.

CONFÉRER, comparer, confronter deux choses pour en connoître la différence ou les différences; donner, accorder une grâce, une charge; pourvoir à un bénéfice; raisonner, parler ensemble. *Conferre*, mettre ensemble, porter au même lieu. De *cum*, avec, et de *fero*, je porte; dér. du gr. *sumphérô.*

CONFÉRENCE, comparaison de deux choses; entretien sur une affaire entre plusieurs personnes qui se sont transportées dans le même lieu à cet effet; instruction ecclésiastique.

Circonférence, tour d'un cercle, enceinte quelconque; courbe fermée. De *circum*, autour, et de *fero*, je porte.

Déférer, condescendre par égard; donner, décerner, céder. De la prépos. *de*, et de *ferre*, du gr. *phérô*, je porte, je donne.

Déférant, qui défère, qui condescend.

Déférence, condescendance, respect, égards.

Déférent, cercle qui porte la planète et l'épicycle; vaisseau portant la liqueur séminale.

Différer, porter plus loin, reculer, retarder, remettre à un autre temps, être dissemblable, n'avoir pas les mêmes traits. *Differre*, du gr. *diaphérô*.

Différemment, d'une manière différente, diversement.

Différence, diversité, dissemblance, qualité distinctive. *Differentia*.

Différencier, marquer la différence, mettre de la différence.

Différend, contestation, débat, querelle.

Différent, qui diffère, qui n'est pas semblable. *Differens*.

Différentiel, quantité infiniment petite.

Indifférent, qui se fait également bien de différentes manières, qui ne préfère rien, n'aime rien, ne s'intéresse à rien. *Indifferens*, pour *non differens*, du gr. *adiaphoros*.

Indifférence, état d'une personne indifférente.

Indifféremment, d'une manière indifférente.

Inférer, conclure, tirer une conséquence. *Inferre*, du gr. *eisphérô*.

Inférence, induction, conséquence.

Offrir, porter vers, mettre sous les yeux, présenter un don, prier d'accepter. *Offerre*, formé de *ob*, devant, et de *fero*, porter.

Offrande, don qu'on offre volontairement.

Offrant, qui offre.

Offre, action d'offrir; ce qu'on propose d'accepter.

Mésoffrir, offrir moins que la valeur.

Référer, rapporter une chose à une autre. *Referre*, formée de la particule itérative *re*, et de *fero*.

Référé, rapport d'un juge sur quelque incident d'une cause.

Référendaire, rapporteur en général.

Transférer, faire passer d'un lieu, d'une personne, d'un temps à un autre. *Transferre*.

Transfert, transport de la propriété à une autre personne.

CONFERVE, filets verts et déliés sur l'eau, de la famille des algues, regardés comme plante et comme animal. Du lat. *conferva*.

CONFESSE, confession faite à un prêtre. *Confessio*.

Confesser, avouer la vérité, demeurer d'accord, déclarer ses fautes, ses torts, s'avouer coupable; entendre en confession. Du lat. *confiteri*, *confiteor*, fait de *cum*, avec, et de *fateor*, avouer.

Confesseur, prêtre qui a le droit d'entendre en confession et d'absoudre; docteur spirituel; saint qui n'a été ni apôtre ni martyr. *Confessor*.

Confession, aveu, déclaration de ses fautes à un prêtre chez les catholiques, et à Dieu chez les protestants; déclaration de la foi; action de confesser; aveu en justice. *Confessio*.

Confessionnal, siége, cabinet du confesseur; grand fauteuil de malade.

Confessionniste, luthérien de la confession d'Augsbourg.

Confiteor, prière avant la confession, et qui commence par ce mot en latin.

CONFUTER, réfuter. Du lat. *confutare*.

Confutation, action de réfuter. *Confutatio*.

CONGE, ancienne mesure de liquides, contenant dix livres pesant. En lat. *congius*, fait du gr. *choeus*.

Congial, de la contenance d'un conge. *Congialis*.

Congiaire, présent que les magistrats ou les empereurs, chez les Romains, faisoient au peuple; il se donnoit en denrées ou en argent. *Congiarium*.

CONGÉ, permission d'aller, de venir, de sortir, de se retirer, de s'absenter, de transporter; jour d'exemption de classe; quart de rond; renvoi du défendeur à défaut de comparution du demandeur. Du lat. *commiatus*, pour *com-*

meatus, dont les Italiens ont fait *congedo*.

CONGÉABLE, domaine dans lequel le seigneur pouvoit rentrer.

CONGÉDIER, licencier, donner congé, renvoyer, mettre dehors.

CONGRE, poisson de mer du genre murêne, qui ressemble à l'anguille. Du lat. *conger, congri*, fait du gr. *koggros*.

CONGRU, suffisant, convenable, précis, conforme aux règles. *Congruens*.

CONGRUAIRE, curé, vicaire à portion congrue.

CONGRUENT, qui suffit; qui est dans l'ordre; convenable.

CONGRUISME, opinion sur la grâce efficace, expliquée par sa congruité.

CONGRUISTE, qui soutient l'efficacité de la grâce.

CONGRUITÉ, convenance; efficacité de la grâce de Dieu, sans gêner le libre arbitre. *Congruentia*.

CONGRUMENT, convenablement, suffisamment, pertinemment. *Congruenter*.

INCONGRU, inconvenant, qui pêche contre les règles.

INCONGRUITÉ, inconvenance, faute contre les règles.

INCONGRUMENT, d'une manière incongrue.

CONNIL, lapin, lièvre. Du lat. *cuniculus*.

CONNILLER, chercher des subterfuges, des faux-fuyants, des détours pour esquiver, dans les disputes, les procès; façon de parler qui a pris son origine des lapins, qui, étant poursuivis, vont se cacher dans les taillis, les haies.

CONNIVER, participer au mal qu'on doit et peut empêcher, en le dissimulant; consentir à une chose; être complice par tolérance, par dissimulation. Du lat. *connivere*, dont le simple est *niveo*, cligner les yeux; en gr. *neuô*, dér. du gr. *sunneuô*, faire signe de la tête ou des yeux.

CONNIVENCE, feinte de ne pas voir; complicité par tolérance ou dissimulation du mal qu'on doit et peut empêcher. *Conniventia*.

CONNIVENTES, feuilles qui paroissent unies entre elles, surtout au sommet.

CONNOÎTRE, * *congnoistre*, être instruit; avoir dans l'esprit une notion, un grand usage d'une chose; s'y entendre, avoir, sentir, éprouver, avoir commerce. Du lat. *cognoscere*, fait de *noscere*, qui dérivent du gr. *suggignôskô*, ou de *sun*, et de *gnôskô*, prim. de *gignôskô*, qui a la même signification.

COGNAT, parent par les femmes. *Cognatus*.

COGNATION, descendance, parenté par les femmes. *Cognatio*.

COGNATIQUE, dévolu aux cognats, au défaut de la ligne masculine.

CONNOISSABLE, aisé à connoître.

CONNOISSANCE, idée, action d'une chose; science; faculté, moyen de bien juger; personne que l'on connoît; liaison peu intime; exercice, fonctions des facultés de l'âme, qui sait distinguer les objets. *Cognitio*.

CONNOISSEMENT, déclaration sous seing privé de la charge d'un vaisseau.

CONNOISSEUR, qui se connoît à une chose, qui s'y entend.

CONNU, noté, découvert, divulgué, appris, répandu.

INCOGNITO, sans être connu, sans se faire connoître. *Incognitus*.

IGNORER, ne pas connoître, ne pas savoir, n'être pas instruit, averti, prévenu. Du lat. *ignorare*, composé de *in*, non, et de *noro*, connoître.

IGNORAMMENT, avec ignorance.

IGNORANCE, manque absolu de savoir, d'études, de connoissances.

IGNORANT, qui n'a point de connoissances, qui est sans études; sot, stupide, illettré.

IGNORÉ, que l'on ne sait point; inconnu, obscur.

IGNARE, qui ne sait rien; très-ignorant. *Ignarus*.

INCONNU, qui n'est pas connu; homme sans réputation, sans considération. *Incognitus, ignotus*.

MÉCONNOITRE, ne pas reconnoître; manquer de gratitude; désavouer les siens. *Malè agnoscere*, connoître mal.

MÉCONNOISSABLE, que l'on ne peut reconnoître, qui n'est pas reconnoissable.

MÉCONNOISSANCE, ingratitude, manque de reconnoissance.

MÉCONNOISSANT, ingrat, qui ne veut pas reconnoître.

RECONNOÎTRE, parvenir à connoître; se remettre dans l'esprit l'image d'une chose, d'une personne, en les revoyant; observer, remarquer, découvrir, récompenser, avoir souvenance des bienfaits. *Recognoscere.*

RECONNOISSABLE, facile à reconnoître.

RECONNOISSANCE, action de reconnoître ce qu'on a justement oublié; la mémoire du cœur, le souvenir d'un bienfait reçu; examen de pièces; aveu, confession de bouche ou par écrit.

RECONNOISSANT, qui reconnoît, qui conserve la mémoire des bienfaits, et en témoigne sa gratitude.

CONOPS, genre d'insectes à grosse tête et à deux ailes, qui sucent les animaux. Du gr. *kônops*, moucheron, cousin.

CONOSPERME, sorte d'arbrisseau de la Nouvelle-Hollande, dit *Semence barbue,* parce qu'il a une semence unique, couronnée d'une aigrette. De *konnos,* barbe, et de *sperma,* semence.

CONSTERNER, étonner, abattre le courage; frapper de consternation. Du lat. *consterno,* formé du gr. *sun,* avec, et de *strônnuô* ou *storennuô,* je jette, j'étends par terre.

CONSTERNATION, étonnement avec abattement de courage; frayeur muette. *Consternatio.*

CONSTIPER, resserrer le ventre, et empêcher la sortie des déjections. Du lat. *constipare,* dér. du gr. *sun,* avec, et de *stéibô,* serrer, presser, fouler, condenser.

CONSTIPATION, rétention des matières fécales dans les intestins.

CONSTITUER, composer un tout de choses réunies; mettre, créer, établir, assigner, constituer. *Constituere,* formé de *cum,* avec, et de *stare,* être.

CONSTITUANT, celui qui constitue; membre de l'Assemblée constituante en France en 1789.

CONSTITUÉ, chargé d'une fonction, nommé à l'effet de la remplir.

CONSTITUTIF, qui constitue essentiellement une chose.

CONSTITUTION, composition, formation, tempérament, organisation; lois fondamentales d'un état. *Constitutio.*

CONSTITUTIONNAIRE, soumis à la constitution ou bulle *Unigenitus.*

CONSTITUTIONNALITÉ, qualité de ce qui est constitutionnel.

CONSTITUTIONNEL, loi de la constitution d'un état; conforme à la constitution; partisan de la constitution.

CONSTITUTIONNELLEMENT, selon la constitution.

INCONSTITUTIONNALITÉ, état d'un acte contraire à la constitution.

INCONSTITUTIONNEL, qui n'est pas conforme à la constitution de l'état.

RÉCONSTITUTION, substitution d'une nouvelle rente à une autre, subrogation d'un nouveau créancier à l'hypothèque de l'ancien. *Voy.* DESTITUER et ÊTRE.

CONTAMINER, souiller, corrompre, salir. *Contaminare.*

CONTAMINATION, souillure, tache, salissure. *Contaminatio.*

CONTE, récit d'une aventure fabuleuse; narration d'une chose agréable et facétieuse; vision chimérique. Du gr. barbare *konton,* un abrégé, parce que le principal mérite d'un conte consiste dans la brièveté; ou de *konton,* lance, pique, petit, court, parce que le conte doit être court et piquant. Les Grecs du Bas-Empire appeloient *kontakion* un petit hymne, une sorte de motet, et le *Responsorium breve* dans les offices de l'église.

CONTER, raconter, narrer, dire, faire un conte, un récit; en faire accroire.

CONTEUR, raconteur, qui a l'habitude de faire des contes en société; qui aime à conter des fariboles.

CONTEMPLER, considérer attentivement des yeux ou de l'esprit; admirer. Du lat. *contemplare.*

CONTEMPLEUR, qui contemple surtout par la pensée. *Contemplator.*

CONTEMPLATIF, adonné à la contemplation par la pensée. *Contemplativus.*

CONTEMPLATION, action de contempler des yeux ou de l'esprit. *Contemplatio.*

CONTEMPTEUR, qui méprise, qui affecte de mépriser. Du lat. *contemptor.*

CONTEMPTIBLE, vil, méprisable.

CONTRE, *prépos.* qui marque ce qui est contraire, qui indique les situations opposées, et qui sert à former un grand nombre de mots. Du lat. *contrà,* malgré, sans avoir égard, auprès, proche.

CONTRAIRE, opposé, nuisible; choses opposées entre elles. *Contrarius.*

CONTRARIER, parler, agir contre les désirs, les idées d'autrui; faire le contraire d'un autre; porter obstacle; traverser dans les desseins.

CONTRARIANT, qui contrarie, qui aime à contrarier.

CONTRARIÉTÉ, opposition entre des choses contraires; obstacle, empêchement; difficultés dans une entreprise; attachement à contrarier.

CONTRASTE, opposition, différence de goûts, de caractères, de sentiments, de passions, d'attitudes, de figures, de couleurs, etc.

CONTRASTER, faire un contraste; être en opposition directe.

ENCONTRE, aventure fâcheuse, qui est contre.

RENCONTRE, conjonction, concours, attouchement, opposition; hasard qui réunit deux personnes ou deux choses; approche, choc de deux corps qui arrivent en sens inverse; combat de troupes qui se rencontrent par hasard.

RENCONTRER, trouver en cherchant ou par hasard; voir, apercevoir sur son chemin; dire à propos une chose spirituelle.

CONTUMACE, refus, défaut de répondre en justice sur une imputation de crime. Du lat. *contumatia*.

CONTUMACE, *contumax*, accusé qui ne comparoît point sur la citation. *Contumax*.

CONTUMACER, instruire un procès; juger, poursuivre par contumace.

CONTUSION, meurtrissure; blessure sans solution de continuité. *Contusio*, fait de *contundere*, froisser, meurtrir.

CONTUS, meurtri, froissé, sans être entamé par un coup. *Contusus*.

CONTONDANT, arme, instrument, coup qui blesse par contusion. *Contundens*.

CONVEXE, à surface extérieure en courbe, et concave en dessous; l'opposé, le dessus de concave. Du lat. *convexus*.

CONVEXITÉ, rondeur, courbure, superficie d'un corps convexe. *Convexitas*.

CONVULSION, mouvement involontaire, violent, forcé et irrégulier des muscles; contraction avec secousse; grande colère, violent effort, emportement. Du lat. *convulsio*.

CONVULSÉ, attaqué de convulsions. *Convulsus*.

CONVULSIF, mouvement qui se fait avec convulsion; qui donne des convulsions.

CONVULSIONNAIRE, qui a des convulsions; fanatiques du XVIII siècle qui avoient de saintes convulsions.

CONVULSIONNER, donner des convulsions.

CONVULSIONNISTE, partisan des convulsionnaires.

COPAIBA, *copaïer*, arbre du Brésil à bois rouge pour la teinture; sorte de plante légumineuse. De l'ind. *copaïba*.

COPAHU, substance résineuse balsamique qui découle du copaïba par incision.

COPERNIC, nom d'un célèbre astronome; sphère céleste suivant son système; instrument pour calculer le mouvement des astres.

COPERNICIEN, partisan du système astronomique de Copernic.

COPHOSE, surdité par affection nerveuse. Du gr. *côphôsis*, surdité; dér. de *kôphos*, sourd.

COPHTE, *Copte*, chrétien d'Égypte, de la secte des Jacobites ou Eutichéens; ancienne langue égyptienne. Du gr. *Aiguptos*, égyptien.

COPIE, écrit transcrit d'après un autre; manuscrit d'après lequel l'imprimeur compose; imitation exacte des originaux, d'un dessin, d'un tableau, d'une statue. Du lat. *copia*, abondance.

COPIER, faire une copie; imiter les actions, la démarche, le style de quelqu'un, le contrefaire par dérision. *Copiam facere*.

RECOPIER, transcrire ou copier de nouveau.

COPISTE, qui copie, qui transcrit.

COPIEUX, abondant, qui foisonne. *Copiosus*.

COPIEUSEMENT, abondamment, beaucoup. *Copiose*.

COPROCRITIQUE, qui évacue par les intestins. Du gr. *kopros*, excrément, et de *krinô*, je sépare.

COPRONYME, surnom de Constantin VI, empereur de Constantinople, qui lui fut donné, parce que dans les cérémonies de son baptême, lorsqu'on fit les immersions, il salit de ses ordures les fonts sacrés. Du gr. *kopros*, excrément; et de *onuma*, nom.

COPROPHAGE, famille d'insectes coléoptères, qui vit dans les excréments humains et dans les fientes des animaux. De *kopros*, fiente, et de *phagô*, je mange.

COPROPHORIE, évacuation par les intestins.

COPROSTASIE, constipation. De *kopros*, et de *statis*, action de s'arrêter; fait d'*histamai*, s'arrêter.

COPTER, faire frapper le battant d'une cloche d'un seul côté. Du gr. *koptéïn*, frapper, battre.

COQ, oiseau de basse-cour, mâle des poules, dont le chant est exprimé par un mot factice de la première syllabe duquel on a fait son nom.

COQUELICOT, * *coquelicoc*, pavot des champs, ainsi dit de sa couleur rouge, semblable à la crête d'un coq. En gr. *koccô*, vermillon.

COCARDE, touffe de rubans que sous Louis XIII on portoit sur le feutre, et qui imitoit la crête du coq.

COCHENILLE, insecte du Mexique, dont le suc donne la belle écarlate; beau rouge qui vient d'Amérique. *Coccinilla*.

COCCINELLE, bête-à-Dieu, sorte d'insectes coléoptères, de couleur rouge.

COCHER, action du coq lorsqu'il couvre ses poules.

COCHET, jeune coq.

COCASSE, plaisant, ridicule.

COCATRIX, animal fabuleux qu'on faisoit naître d'un œuf de coq.

COQUARD, œuf; vieillard qui veut singer le jeune coq.

COQUARDEAU, anciennement un jeune homme coquet, à présent un sot, un benêt.

COQUATRE, coq à demi châtré.

COQUELINER, chanter comme le coq.

COQUERICO, chant du coq.

COQUET, qui a les mœurs du coq, surtout sa fierté et sa luxure, son inconstance et ses amours.

COQUETTE, poule qui se pavane devant le coq; femme qui veut être cajolée, et qui cherche à attirer les hommes vers elle. Les Italiens les appellent *civette*, chouette, et *civettone*, un coquet.

COQUETER, être coquet, faire le coquet, courir de belle en belle.

COQUETTERIE, manière d'un coquet ou d'une coquette.

COQUELUCHE, *coqueluchon*, sorte de capuchon. Du lat. *cucullus*. On a donné, en 1414, sous Charles VI, le nom de *coqueluche* à un rhume violent qui exigeoit d'être tenu chaudement et de porter le coqueluchon; les Italiens l'ont appelé *coccolina*. *Voy.* CAP.

COQUEMAR, sorte de vase à anse et à ventre pour faire bouillir de l'eau. Du lat. *cucuma*.

CORAIL, sorte de plante marine, ordinairement rouge; polypier à substance intérieure, pierreuse, qui sert à faire des bijoux. Du lat. *corallium*, fait du gr. *korallion*, que l'on dit être composé de *koreô*, j'orne, et de *hals*, la mer; comme si le corail étoit la plus belle production de la mer.

CORALLINE, plante marine pierreuse; sorte de coquille rouge.

CORALLIN, rouge comme du corail; couleur de corail.

CORALLINE, sorte de polypier ou de mousse marine.

CORAILLEUR, pêcheur de corail.

CORALLITE, corail fossile.

CORALLOÏDE, productions de la mer qui ressemblent au corail. De *korallion*, et d'*eidos*, forme, ressemblance.

CORAN, *koran*, *qoran* pour *alcoran*, livre de la loi de Mohammed ou Mahomet, le livre sacré des vrais croyants. De l'arabe *qoran*, le livre par excellence, et de l'article *al*, le.

On fera observer que les chrétiens avoient déjà donné à la Bible, *biblia*, en latin, du gr. *biblos*, la même qualification.

CORBEAU, *corbin*, oiseau vorace qui a pris son nom de son cri. En gr. *korax*, en lat. *corvus*.

CROASSEMENT, onomatopée du cri lugubre et discord des corbeaux. En gr. *krôgmos*, en lat. *crocitus*.

CROASSER, faire des croassements. *Crocitare*.

CORBILLAT, petit du corbeau.

CORBINE, la corneille, oiseau du genre du corbeau.

CORACITE, pierre figurée, dont la couleur imite celle du corbeau.

CORACO-BRACHIAL, muscle du bras, qui s'attache à la pointe de l'apophyse coracoïde. De *korax*, corbeau, et du lat. *brachium*, bras.

CORACOÏDE, une des apophyses de l'omoplate, qui ressemble à un bec de corbeau. De *korax*, et d'*eidos*, forme, ressemblance.

CORACOÏDIEN, muscle qui prend son origine de l'apophyse coracoïde.

Corbeau, sorte de mutule, grosse pierre de taille en saillie pour soutenir une poutre, un balcon, etc.; ainsi dite de ce qu'elle imite l'oiseau appelé corbeau, parce que, lorsqu'il est perché sur le haut d'un arbre, il paroît avoir une forme semblable à celle de ces pierres.

Encorbellement, saillie portée sur quelque console ou corbeau.

CORBEILLE, panier d'osier évasé, léger, quelquefois garni d'étoffes. Du lat. *corbula*, dim. de *corbis*.

Corbeillée, plein une corbeille.

Corbillon, petite corbeille.

Corbillard, chariot des morts. *Corbillard* désignoit aussi le coche par eau de Corbeil à Paris.

CORDE, * *chorda*, tordis, tissu de substances flexibles et alongées. Du lat. *chorda*, fait du gr. *chordé*.

Cordage, grosse corde pour faire mouvoir; action de corder le bois.

Cordeau, petite corde pour aligner.

Cordeler, tresser en corde.

Cordèle, *cordelette*, petite corde.

Cordelier, religieux de l'ordre de saint François, qui porte pour ceinture une corde liée.

Cordelière, corde à nœuds; petit ornement ou listeau; petite tresse.

Cordelle, corde pour le halage.

Corder, faire de la corde; mesurer à la corde; lier avec des cordes.

Corderie, lieu où l'on fait la corde.

Cordier, fabricant et marchand de cordes.

Cordillas, sorte de bure.

Cordon, brin d'une corde; tresse; saillie d'un bâtiment.

Cordonner, tordre en cordon.

Cordonnet, petit cordon; sorte de ganse.

Accorde, commandement aux rameurs pour aborder; action de ramer d'accord.

Accord, convention; harmonie de volonté ou d'humeurs.

Accordable, qui peut s'accorder, qui peut être concilié.

Accordailles, fiançailles, jour où l'on signe les accords du mariage.

Accordant, qui s'accorde bien.

Accordé, fiancé qui a fait ses accords.

Accorder, mettre la corde d'un instrument en harmonie avec une autre; concéder, mettre d'accord. De l'ital. *accordare*, fait de la préposition *ad*, et de *chorda*.

Accordeur, qui accorde les instruments.

Accordoir, outil d'accordeur pour l'orgue et le clavecin.

Concordance, rapport entre les choses, convenance. C'est à tort que des étymologistes ont dérivé les mots suivants du lat. *cor* (voy. Cœur): ils sont des métaphores prises des instruments de musique.

Concordant, voix de taille.

Concordat, convention en matières ecclésiastiques; traité du pape avec un souverain.

Concorde, union de volontés, accord parfait, bonne intelligence. *Concordia*.

Concorder, être d'accord, vivre en bonne harmonie. *Concordare*. On dit pour exprimer l'accord, la bonne intelligence entre deux personnes, qu'elles *cordent bien ensemble*.

Décacorde, instrument de musique à dix cordes. Du gr. *déka*, dix, et de *chordé*.

Décorder, détortiller une corde, en séparer les cordons.

Dicorde, instrument de musique à deux cordes. De *dis*, deux, et de *chordé*.

Discord, *discordant*, qui n'est pas d'accord. *Discors*.

Discorde, dissension, dispute, division entre plusieurs personnes. *Discordia*.

Discordance, état discordant.

Discorder, être discordant; n'être point d'accord. *Discordare*, formé de la particule *dis*, qui marque division, différence, et de *chorda*.

Désaccord, désunion des esprits.

Désaccorder, détruire l'accord.

Inaccordable, qui ne peut être accordé.

Raccorder, accommoder, approprier, joindre ensemble.

Raccord, *raccordement*, réunion de deux corps à une superficie, ou d'un vieux ouvrage avec un neuf.

Gourdin, bâton gros et court. De l'it. *cordino*, corde qui sert à battre les forçats sur les galères.

Gourdiner, frapper d'un gourdin.

Garcette, petite corde avec laquelle on frappe les jeunes mousses sur les vaisseaux.

CORDOUAN, * corduban, aujourd'hui peau de bouc ou de chèvre, passée au tan; autrefois, toute espèce de cuir propre à faire des souliers; le meilleur se fabriquoit dans la ville de Cordoue, en Espagne, d'où il a pris son nom. De Corduba, et non pas de corium, comme l'ont prétendu Gébelin et Jauffret, son copiste. Voy. Gloss. de la Lang. rom., aux mots Cordoan, Cordoanier.

Cordonnier, * cordubanier, cordouanier, qui travaille le cordouan; artisan qui fait des souliers, des bottes. Cordubens.

Cordonnerie, métier, commerce, boutique de cordonnier.

CORDYLE, lézard d'Egypte à écailles bleues, rayées de châtain. Du gr. kordulos, sorte d'animal amphibie que le soleil fait périr, et qui est différent du cordyle.

CORIANDRE, plante annuelle, ombellifère, aromatique; sa graine et la plante étant vertes, sentent la punaise. Du lat. coriandrum, du gr. koriandron, koriannon, dér. de korion, dont la racine est koris, punaise, parce que les semences ont, avant leur maturité, l'odeur de cet insecte.

Corise, la punaise d'eau, insecte aquatique, hémiptère à avirons. Corixa, fait du gr. koris, punaise.

Corisperme, plante de la famille des arroches. De koris et sperma, semence, parce que ses semences ressemblent à la punaise.

CORINTHIEN, le quatrième ordre d'architecture et le plus riche, dont Vitruve rapporte l'origine, liv. IV, ch. 1. Corinthius.

CORMIER, le sorbier sauvage, bel arbre des forêts à bois dur, à fruits rouges en bouquets. Du lat. sorbus, et non pas de cornu, comme le dit Bochart.

Corme, le sorbe ou fruit acide du cormier, dont on fait une boisson.

Cormière, pièce de bois au haut de la poupe d'un vaisseau.

CORMORAN, oiseau aquatique, palmipède, de la grosseur d'une oie, de couleur noir-vert, à long cou, qui vit de poisson. De corvus marinus.

CORNAC, conducteur d'un éléphant. De l'ind. Cornac.

CORNE, partie dure qui sort de la tête ou qui est au bas du pied de quelques animaux; coin, angle de quelque chose que ce soit; instrument de musique. Du lat. cornu.

Cornailler, faire entrer en corne, et non pas carrément.

Cornage, droit sur les bêtes à cornes.

Cornaline, pierre d'un rouge tirant sur l'orange, qui est estimée pour sa dureté. Onyx corneola; ainsi dite, parce qu'elle ressemble à de la corne. Les Italiens l'appellent cornivola.

Cornard, qui porte des cornes; mari trompé.

Corné, dur comme de la corne.

Cornée, la tunique externe de l'œil qui est épaisse comme la corne, et qui en a la dureté.

Cornement, maladie d'oreille pendant laquelle on entend un bruit qui ressemble au son de la corne.

Cornemuse, instrument de musique à vent et à anche. Cornu-musæ.

Cornet, petite corne; écritoire de corne; instrument de musique fait d'une corne; petite trompe; papier roulé en forme de corne.

Corner, publier à son de cornet; sonner du cornet; frapper de la corne.

Cor, instrument à vent qui a remplacé la corne. De l'ital. corno, fait du lat. cornu.

Cor, durillon qui vient aux pieds et qui est dur comme de la corne.

Cornelier, ouvrier qui travaille la corne.

Cornette, coiffe que les femmes portoient sur la tête, et dont les deux bouts ressembloient à des cornes; chaperon de docteur; étendard de cavalerie et celui qui le porte De l'ital. cornetta, fait du lat. cornu, aile, chose taillée en pointe.

Corneur, celui qui corne; crieur public.

Cornichon, petit cornet; petit concombre, ainsi dit de sa forme.

Cornier, cornière, placé à l'angle; qui fait l'angle ou la corne.

Cornu, qui a des cornes; portant des cornes.

Cornue, vase de verre propre à la distillation, ainsi dit de sa forme.

Cornuet, pièce de pâtisserie qui a deux cornes.

Cornupède, animal à cornes.

Cors, cornes des perches du cerf.

Accorné, qui a des cornes.

Biscornu, qui est tout de travers; baroque, mal bâti, mal tourné.

Bigorne pour *bicorne,* enclume à deux bouts ou à deux cornes.

Bigorner, arrondir sur la bigorne.

Dagorne, vache qui n'a qu'une corne; vieille femme laide et méchante.

Écorner, rompre la corne ou un angle saillant; diminuer.

Écornure, action d'écorner; éclat emporté d'un angle.

Écornifler, prendre des repas aux dépens d'autrui; écorner un dîner.

Écorniflerie, action d'écornifler.

Écornifleur, parasite qui écorne des repas.

Encornail, mortaise avec poulie au haut d'un mât.

Encorné, qui a des cornes.

Racornir, rendre dur ou devenir dur comme de la corne.

Racornissement, état de ce qui est racorni.

Licorne pour *unicorne,* quadrupède sauvage, fabuleux, ayant une longue corne au milieu du front. *Unicorna.*

CORNEILLE, oiseau du genre corbeau, mais plus petit. Du lat. *cornicula,* dimin. de *cornix,* dérivé du gr. *koróné,* qui a la même signification.

Cornillas, petit d'une corneille.

CORNOUILLER, arbrisseau caprifoliacé à bois très-dur et à fruit aigre, en olive. Du lat. *cornus.*

Cornouille, fruit rouge du cornouiller, en olive. *Cornum.*

CORPS, substance étendue et impénétrable, portion de matière organisée, de matière animée ou qui a âme; ensemble d'un individu; tronc qui renferme les parties nobles entre le cou et les hanches; portion de certains habillements qui la couvre; partie principale; tige, tuyau; assemblage de pièces sur la même matière; corporation, assemblée; régiment, portion d'une armée; épaisseur, force, vigueur. Du lat. *corpus, corporis.*

Corporal, linge carré sur l'autel pour poser le calice et l'hostie ou corps de J.-C. *Corporale.*

Corporalier, étui du corporal.

Corporalité, état d'un corps.

Corporation, association autorisée de citoyens de même profession. *Corporatio.*

Corporéité, qualité de ce qui est corporel, de ce qui constitue un corps.

Corporel, qui a un corps; qui appartient au corps; qui le concerne; tout ce qui tient du corps. *Corporeus.*

Corporellement, d'une manière corporelle; qui tient du corps.

Corporifier, donner, supposer un corps à ce qui n'en a pas; mettre, fixer en corps les parties éparses d'une substance. *Corporari.*

Corporification, action de corporifier.

Corps-de-garde, poste militaire.

Corps-de-logis, portion d'un bâtiment en plusieurs parties.

Corpulence, taille de l'homme considérée par rapport à son volume; grosseur d'une personne. *Corpulentia.* Le peuple dit dans le même sens *corporé* et *corporance.*

Corpulent, qui a de la corpulence. *Corpulentius.*

Corpuscule, petit corps; atôme. *Corpusculum.*

Corpusculaire, relatif aux corpuscules; qui prétend expliquer l'univers par leur mouvement.

Corpusculiste, partisan des corpuscules et du système des atômes.

Corsage, taille de l'homme et de quelques animaux, des épaules aux hanches.

Corselet, ancienne cuirasse de piquier; petit corps de femme de toile piquée; partie du corps des insectes placée entre la tête et le ventre.

Corset, corps de jupe; petit corps pour comprimer la taille; vêtement.

Corvée, travail gratuit et forcé, dû par les vassaux à leur seigneur; service qu'on est obligé de rendre par soi-même; reste de l'esclavage auquel les Francs avoient assujéti les Gaulois; travail, démarches désagréables et sans profit.

Corvéable, sujet à la corvée.

Incorporer, unir plusieurs choses pour n'en former qu'un corps; mettre, faire passer des soldats dans un régiment; réunir à un corps.

Incorporation, action d'incorporer, état des choses incorporées, réunion en un corps.

Incorporel, qui est sans étendue; qui n'a point de corps.

Incorporalité, qualité des êtres incorporels.

DÉSINCORPORER, séparer ; tirer d'un corps composé de plusieurs individus.

RENCORSER, mettre un corps neuf à une robe.

CORSOIDE, pierre figurée, qui représente une chevelure humaine. Du gr. *korsoéidés*, formé de *korsé*, cheveu, et d'*eidôs*, figure, ressemblance, apparence.

CORTINE, le trépied sacré d'Apollon Delphien ; siéges auprès du tribunal, où s'asseyoient les avocats, les huissiers. Du lat. *cortina*, qui signifioit aussi une chaudière ronde, et l'hémisphère du ciel.

CORUSCATION, éclat de lumière. Du lat. *coruscatio*.

CORVETTE, * corbette, petit vaisseau de guerre, bon voilier, au-dessous de vingt canons, pour aller à la découverte. De *corbita*, pour *corvita*, petit bâtiment de mer. Au XVIIe siècle on appeloit *corbette* des petits écumeurs d'Ostende, qui donnoient la chasse à nos bateaux pêcheurs.

CORYBANTES, prêtres de Cybèle, qui, au rapport de Diodore de Sicile, auroient été ainsi nommés d'un certain Corybante, fils de Jason, lequel introduisit les mystères de la déesse en Phrygie ; ils célébroient les fêtes de Cybèle en dansant et en agitant la tête avec des gestes frénétiques. Du gr. *korubantes*, que Strabon dérive de *koruptô* ; secouer la tête. Comme ces prêtres tomboient dans le délire en entendant les sons de la flûte, on fit le verbe *korubantinô*, je suis fanatique ou inspiré.

CORYBANTIASME, sorte de frénésie pareille à celle des corybantes et pendant laquelle on croit voir des fantômes.

CORYCE, *corycée*, lieu des gymnases, chez les Grecs et les Romains, où l'on jouoit au ballon, à la balle suspendue, à la paume, etc. Du gr. *kôrukos*, ballon, sac de cuir.

CORYCOMACHIE, la balle suspendue, sorte de jeu ou d'exercice chez les anciens, qui consistoit à pousser et repousser un sac de cuir rempli de sable ou de farine ou de graines de figuier, suspendu au plancher d'une salle. De *kôrukos* et de *maché*, combat, dispute.

CORYDALE, plante qui ressemble à la fumeterre, et que l'on emploie pour les coliques. Du gr. *korudalis*.

CORYMBE, fleurs en bouquet horizontal au haut de la tige, comme le sureau ; sorte de coiffure en cheveux, des déesses et femmes de l'antiquité. Du gr. *korumbos*, faîte, sommet, cime.

CORYMBEUX, fait en corymbe.

CORYMBIFÈRE, plante qui porte des fleurs en corymbe. De *korumbos*, et de *phérô*, je porte.

CORYNE, genre de polypes dont le corps charnu a la forme d'une massue. Du gr. *koruné*, massue.

CORYPHÉE, chef des chœurs dans les spectacles des anciens et des modernes ; chef d'une secte, d'un parti, d'une cabale ; celui qui se distingue le plus dans sa profession. Du gr. *koruphaios*, premier, chef, principal ; dér. de *koruphé*, le sommet de la tête.

CORYPHÈNE, genre de poissons pectoraux, à tête comprimée, tranchante et obtuse en avant. De *koruphé*.

CORYSE, *coryza*, enchifrènement, écoulement d'humeurs âcres et séreuses de la tête dans les narines. Du gr. *koruza*, rhume de cerveau.

COSAQUES, milice tartare, soldats que la Russie tire de l'Ukraine, du Don, etc. *Cosaci*, du tartare, pour *tatare*, *kaissac*, vagabond ; on le dérive aussi de *chasaks*, habitants de la Chasakia, province de la Circassie.

COSCINOMANCIE, sorte de divination par le moyen d'un crible. Du gr. *koskinon*, crible, et de *mantéia*, divination.

COSMÉTIQUE, préparation qui sert à embellir la peau. Du gr. *kosmos*, beauté, ornement ; d'où le verbe *kosméô*, j'embellis, j'orne.

COSMIQUE, aspect des planètes par rapport à la terre ; lever ou coucher d'un astre au moment où le soleil se lève. Du gr. *kosmikos*, qui a rapport au monde en général ; dér. de *kosmos*, le monde, le ciel, l'univers.

COSMIQUEMENT, au lever et au coucher du soleil.

COSMOCRATE, partisan de la monarchie universelle. De *kosmos*, et de *kratos*, force, puissance.

COSMOGONIE, système de la formation du monde. De *kosmos*, et de *gonos*, génération, naissance ; fait de *géinomai*, être formé.

COSMOGRAPHIE, description du monde entier, science de la situation, de la grandeur et de la figure de l'univers. De *kosmos* et de *graphô*, je décris.

Cosmographe, qui est versé dans la cosmographie.

Cosmographique, qui appartient à la cosmographie.

Cosmologie, science des lois générales du monde physique. De *kosmos*, et de *logos*, discours, traité.

Cosmologique, de la cosmologie.

Cosmopolite, citoyen de l'univers; qui n'adopte point de patrie. De *kosmos*, et de *polis*, ville.

Cosse, gousse, enveloppe longue de certains légumes, tels que les pois, les haricots, etc. D'*ex cussa*, dont on a fait *écosse*; en héb. *case*, couvrir, renfermer.

Cossu, qui a beaucoup de cosses; abondant en cosses; homme riche, qui est bien dans ses affaires.

Gousse, enveloppe sèche de graines de certains légumes; tête d'ail.

Gousset, petite poche de culotte; creux de l'aisselle; son odeur.

Écosser, trier de la cosse.

Écosseur, *écosseuse*, qui écosse.

Cosser, se battre à coups de tête en parlant des béliers; mot factice qui exprime le bruit sourd qui résulte du combat.

Cosson, sorte de ver qui ronge les pois et les fèves. Du lat. *cosso, cossonis*, dit pour *cossus*, petit ver de bois.

Cote, marque numérale pour l'ordre des pièces; part d'impôt; quote-part. Du lat. *quot*, combien, le quantième.

Coter, marquer suivant l'ordre des lettres; numéroter, marquer le numéro. De la bass. lat. *quotare*.

Coterie, société d'habitude, de quartier, de plaisir; réunion de cabaleurs littéraires.

Cotiser, taxer par cote; régler la part à payer par chacun.

Cotisation, impôt par cote; action de se cotiser.

Quote, *quote-part*, part de chacun dans une répartition. De *quot*.

Quotidien, journalier, de chaque jour. *Quotidianus*, fait de *quot*, et de *dies*, jour.

Quotient, résultat de la division. De *quoties*, combien de fois.

Quotité, somme fixe à laquelle monte chaque quote-part.

Quottement, action de quotter; ses effets.

Quotter, en mécanique, pointer sur l'engrenage.

Côte, * *coste*, os courbé et plat qui s'étend depuis l'épine du dos jusqu'à la poitrine. Du lat. *costa*; de là on a donné ce nom à une pente, au penchant d'une montagne, au rivage de la mer.

Costal, qui appartient aux côtes.

Côté, partie latérale, flanc; parti, faction; face, aspect.

Coteau, petite côte de montagne, penchant d'une colline.

Côtelette, petite côte d'homme et d'animal.

Côtoyer, aller côte à côte, naviguer le long des côtes.

Cotier, pilote qui connoît les côtes.

Cotière, suite des côtes de la mer.

Cotice, bande étroite de deux tiers dans le blason.

Accoster, venir à côté de quelqu'un.

Accostable, facile à accoster.

Accoter, appuyer de côté.

Accotoir, appui; chose sur laquelle on s'accote.

Inaccostable, qu'on ne peut accoster.

Intercostable, situé entre les côtes.

Écôter, ôter les côtes des feuilles de tabac; couper les menues branches d'un arbre.

Écôtage, action d'écôter.

Écôté, dont les menues branches sont coupées.

Cothurne, sorte de chaussure des anciens : comme elle étoit fort élevée, les acteurs tragiques s'en servoient pour représenter les héros et paroître plus grands. Du lat *cothurnus*, dér. du gr. *kothornos*.

Cotir, * *cottir*, battre, frapper; meurtrir, en parlant des fruits. Du lat. *cutère*, dér. du gr. *kotteín*, qui a la même signification.

Cotissure, meurtrissure des fruits.

Concussion, vexation, exaction faite par un fonctionnaire public. *Concutio*, fait de *concutere*, frapper.

Concussionnaire, coupable de concussion.

Discuter, considérer avec attention une affaire, une question; examiner le pour et le contre. *Discutere*.

Discussif, qui dissipe les humeurs par la sueur.

Discussion, examen critique; recherche exacte; contestation pour arriver à la vérité. *Discutio.*

Excussion, secousse, ébranlement.

Percussion, coup, action, impression d'un corps qui en frappe un autre. *Percutio.*

Répercuter, repousser, faire rentrer les humeurs; réfléchir, renvoyer le son. *Repercutere.*

Répercussif, remède qui répercute ou fait rentrer les humeurs.

Répercussion, répulsion à l'intérieur des humeurs prêtes à sortir; réflexion des sons de la lumière; répétition des mêmes sons.

Coton, bourre, laine, duvet des semences du cotonnier; duvet sur les fruits ou les plantes; poil follet au menton. De l'it. *cotone*, fait de l'ar. *koton*, *al koton*; les Indiens l'appellent *al godon*, que les Portugais ont conservé.

Cotonnier, arbuste de la famille des mauves qui produit le coton.

Cotonner (se), se couvrir de duvet.

Cotonneux, fruit, légume mollasse, pâteux et spongieux, recouvert de duvet.

Cotonnine, grosse toile de coton.

Coteret, petit fagot court de menu bois. Ce mot corrompu du danois *got treho*, bon bois, pourroit avoir été apporté par les Normands lorsqu'ils descendirent dans la Neustrie. Le P. Labbe le dér. de *caudex*; Caseneuve, de *cotretum*, saussaie ou coudraie; et enfin Ménage le tire de *costrectum*, pour *constrictum*, d'autant plus que les Italiens disent *costretto*. On nommoit anciennement *col de Retz*, ou *côte de Retz*, la forêt de Villers-Cotterets, on pourroit avoir donné le nom de *coteret* ou *cotret* aux fascines qui en venoient.

Cotte, vêtement de femme, jupe. Du lat. *crocota*, robe de femme de couleur de safran.

Cotillon, jupe de dessous. *Crocotula.*

Cotteron, petite cotte étroite et courte.

Cotyle, cavité d'un os dans laquelle un autre os s'emboîte; coupe ou vase à boire, avec une seule anse placée sur le côté; ancienne mesure grecque pour les liquides, qui valoit le demi-setier romain. Du gr. *kotulé*, cavité, écuelle, cymbale.

Cotylédon, *cotylet*, le nombril de Vénus, plante dont les feuilles sont creusées en forme de petite coupe, qui croît sur les vieux murs et sur les rochers.

Cotylédons, petites glandes répandues sur toute la membrane externe du fœtus, dans quelques animaux; lobes charnus ou séminaux qu'on remarque dans la plupart des semences prêtes à lever, lorsque leur tunique est enlevée. Du gr. *kotulédón*, cavité.

Cotyloïde, la grande cavité des os des îles, qui reçoit la tête du fémur. Du gr. *kotulé*, cavité, et d'*eidos*, forme, ressemblance.

Acotylédones, nom des plantes qui n'ont point de feuilles séminales. D'*a* priv. et de *kotulédón*, cavité, à cause de la forme demi-ronde des feuilles séminales des plantes.

Dicotylédones, plantes dans lesquelles l'embryon est formé de deux cotylédons. Du gr. *dis*, deux fois, et de *kotulédón*.

Monocotylédones, plantes qui n'ont qu'une feuille séminale. Du gr. *monos*, seul, unique, et de *kotulédón*.

Polycotylédones, nom des plantes qui ont plusieurs feuilles séminales ou cotylédons. De *polus*, plusieurs, et de *kotulédón*.

COUARD, poltron, timide, sans courage. De l'all. *cou-hart*, cœur de vache; on le dérive aussi de l'it. *codardo*, fait de *cauda*, parce que c'est une marque de timidité aux animaux d'avoir la queue entre les jambes. C'est aussi le sentiment de Nicot et de Robert Estienne.

Couardise, timidité, poltronnerie.

COUCHER, mettre au lit, renverser, abattre, incliner, étendre. Du lat. *cubare*, en ital. *colcare*, contraction de *collocare se in lectum*, se mettre au lit.

Couchant, qui se couche; partie occidentale du ciel où le soleil disparoit. *Cubans.*

Couchart, ouvrier de papeterie qui couche le papier.

Couche, lit; enfantement; linge sous le lange des enfants; enduit, arrangement par lits; épaisseur au-dessus d'une autre.

Couché, étendu, renversé.

Couché, point de broderie.

Couchée, lieu où l'on couche en voyage.

Coucher, action de se coucher.

Couchette, petit lit où l'on couche; lit sans rideaux ni ciel.

Coucheur, *coucheuse*, avec qui l'on couche.

Couchis, ce qui porte le pavé d'un pont.

Couchoir, outil de relieur.

Couchure, broderie à points couchés.

Couver, parlant des ovipares, se tenir sur ses œufs. *Cubare.*

Couvain, œuf d'insectes.

Couvaison, saison de couver pour les oiseaux domestiques. *Cubatio.*

Couvé, adj., qui couve.

Couvée, œufs couvés à la fois.

Couvet, pot rempli de cendres chaudes, que les femmes mettent sous elles, et qu'elles semblent couver.

Couveuse, poule qui couve.

Couvi, œuf gâté qui n'est pas propre à être couvé.

Cucubale, la paresseuse ou la couchée, sorte de plante rampante.

Concubinage, commerce d'un homme et d'une femme qui, n'étant pas mariés, vivent ensemble comme s'ils l'étoient. *Concubinatus*, formé de *cum*, avec, ensemble, et de *cubare*, se coucher, être couché.

Concubinaire, qui vit dans le concubinage, qui entretient une concubine.

Concubine, fille ou femme qui, sans être mariée, vit avec un homme comme si elle étoit son épouse légitime. *Concubina.*

Accoucher, enfanter, mettre au jour; aider à accoucher. *Accubare.*

Accouchée, femme qui vient d'accoucher.

Accouchement, enfantement et ses circonstances.

Accoucheur, *accoucheuse*, qui accouche.

Accouvé, qui garde le coin du feu. D'*accubare*. Nicot le dérive du lat. *incubitare*, fréquentatif d'*incubare*, couver, être couché sur.

Accouver, commencer à couver.

Accube, repaire, demeure.

Accubiteur, qui couche auprès du prince.

Découcher, ne pas coucher, coucher dehors.

Incubation, action de couver. *Incubatio.*

Incube, sorte de démon provenu par l'incubation, et qui abuse des femmes.

Succube, démon venu sans incubation, qui se change en femme pour recevoir les caresses d'un homme.

COUCI-COUCI, comme cela; à peu près, tellement quellement; ni bien ni mal. De l'it. *cosi, cosi*; fait du lat. *quo modo sis.*

COUCOU, sorte d'oiseau voyageur, du genre des pies, ainsi nommé d'après son cri. Les Latins le nommoient *cuccus* et *cuculus*; les Grecs, *kokkux*; les Anglais, *coucoul.*

Coccyx, petit os situé au bout de l'os sacrum, à l'extrémité de l'épine. Du gr. *kokkux*, coucou, à cause de la ressemblance qu'on a cru y trouver avec le bec d'un coucou.

Coccygien, qui a rapport au coccyx.

Cocu, celui dont la femme est adultère. De *coucou*, parce que cet oiseau va pondre dans le nid d'un autre oiseau.

Cocuage, état du cocu.

Cocufier, faire cocu.

COUDE, l'endroit où le bras se plie en deux. Du lat. *cubitus*, fait du gr. *kubiton.*

Coudé, qui fait un coude, qui forme un angle.

Coudée, mesure d'un pied et demi; étendue depuis le coude jusqu'au bout de la main.

Coude-pied, le haut du pied, l'endroit où il se plie.

Couder, plier en coude.

Coudoyer, pousser avec le coude; heurter du coude.

Cubital, qui tient au coude, qui appartient au cubitus; en forme de coude. *Cubitalis.*

Cubitus, le premier des os de l'avant-bras, qui va du coude au carpe. *Cubitus.*

Accoudoir, appui pour s'accouder; petit mur ou partie inférieure d'une croisée sur laquelle on s'appuie.

S'accouder, s'appuyer sur le coude.

COUDRE, * *couser*, attacher, joindre au moyen d'une couture, deux portions d'une étoffe, d'une toile. Du lat. *cosere*, pour *suere*; c'est le part. *consu* qui fait connoître l'origine de ce verbe; *consutus*, formé de *cum*, avec, ensemble, et de *sutus*, attaché; qui pourroit dériver du gr. *kentéô*, coudre. *Voy*. Centon.

Cousoir, instrument de relieur en forme de table, pour coudre les livres.

Cousu, joint, attaché par une couture.

Couture, assemblage de choses cousues; rang de points à l'aiguille; action de coudre; état de couturière; cicatrice longue et étroite.

Couturé, marqué de coutures; défiguré par la petite vérole.

Couturière, ouvrière en couture, en robes. Jusqu'au XVIe siècle les tailleurs s'appeloient *couturiers*.

Découdre, défaire les coutures; manquer par les coutures.

Décousu, dont la couture est défaite; chose, discours sans liaison.

Décousure, endroit décousu.

Recoudre, attacher, joindre de nouveau par une couture.

Suture, jointure des os du crâne; couture pour réunir les lèvres d'une plaie. *Sutura*.

Sutural, qui concerne la suture.

Coudre, *coudrier*, arbre du genre des noisetiers. Du lat. *corylus*, dér. du gr. *karuon*, noix.

Coudraie, *coudrette*, lieu planté de coudriers.

COUENNE, peau de pourceau; croûte blanche et cendrée sur le sang, dans les maladies inflammatoires. Du lat. *cutenna*, dim. de *cutis*, peau.

Couenneux, de la nature de la couenne. *Cutaneus*.

Cutanée, maladie de la peau.

Cuticule, épiderme, petite peau très-mince.

COUETTE, lit de plumes. Du lat. *culcita*, que l'on dér. du gr. *koité*, lit.

COUILLARD, *couillaud*, nom des valets des chanoines de la cathédrale d'Angers, qui servoient à l'église. Du lat. *collibertus*, affranchi, domestique. D'où viennent les noms propres de *Colbert* et de *Collibert*.

A la suite de l'article *Collibertus*, Ménage avoit mis *colbertus*, comme une altération du premier mot. Colbert étoit alors intendant de la maison du cardinal Mazarin, et commençoit déjà sa réputation; choqué au dernier point de ce qu'on avoit fait connoître l'origine de son nom, il fit rayer la pension dont jouissoit Ménage; en vain le savant étymologiste lui dédia des livres, fit des vers à sa louange, Colbert fut inexorable et conserva toujours pour cet académicien une aversion insurmontable.

COULE, robe monacale; habit de bernardin et de bernardine. Du lat. *cuculla*.

Cuculle, ancienne cape; scapulaire de quelques religieux.

COULER, se dit d'un liquide qui suit sa pente; fluer, glisser doucement; passer à travers, filtrer, suivre son cours; parler avec grâce, avec facilité; dire adroitement; fondre, rendre liquide; verser dans un moule. De la basse lat. *colare*, faire passer par un sac, une étamine, un tamis.

Coulage, perte d'un liquide par l'écoulement, action de couler la lessive.

Coulamment, d'une manière coulante, aisée, sans rudesse.

Coulant, anneau mobile; diamant enfilé que l'on porte au cou.

Coulant, qui coule aisément; agréable, facile; qui n'est point difficultueux.

Coulé, passage léger d'une note à une autre avec une liaison; pas de danse; ouvrage jeté au moule.

Coulée, sorte d'écriture penchée vers la droite et liée du bas en haut; ouverture d'un fourneau de forge.

Coulement, flux d'un liquide; glissé en avançant en faisant des armes.

Coulis, suc de viande obtenu par l'extrême cuisson et passé au tamis; sorte de purée; plâtre gâché clair qui se glisse par une fente.

Coulisse, rainure de châssis ou de volet pour le mouvoir en glissant; décoration mobile sur le côté du théâtre; lieu où elles sont; acteurs, actrices. Ce mot ne vient point de *collum*.

Couloir, long passage de dégagement dans un édifice; canal de la bile; écuelle de bois dont le fond percé est garni d'un linge pour passer un liquide.

Couloire, vaisseau à fond troué pour passer les liquides; panier sous la cuve pour tirer le moût.

Coulure, mouvement de ce qui coule; maladie des plantes causée par les pluies, le vent, qui enlèvent les étamines, fait avorter le blé, la vigne, les fruits.

Découler, couler peu à peu, de suite et de haut en bas; émaner.

Découlant, qui découle.

Découlement, mouvement de ce qui découle.

Écouler, couler hors.

Écoulement, mouvement de ce qui s'écoule; flux continu d'humeurs.

Recouler, couler de nouveau.

COULEUR, impression que fait sur l'œil la lumière réfléchie sur les corps; qualité des objets colorés; matière colorante; teint, rougeur du visage; apparence, prétexte; ornement du style; ton des ouvrages de peinture. Du lat. *color*.

Colorant, qui colore, qui donne de la couleur.

Coloré, qui a de la couleur, lumineux.

Colorer, donner ou prendre de la couleur; revêtir de preuves apparentes; donner des raisons spécieuses.

Colorier, donner, distribuer les couleurs dans un tableau; mettre les couleurs à une enluminure, à une estampe, un dessin.

Coloris, couleur vive et brillante; mélange, fonte, distribution des couleurs; leur effet.

Coloriste, peintre qui entend bien le coloris.

Décolorer, ôter la couleur, l'altérer.

COULEUVRE, reptile ovipare de la famille des serpents, qui n'est point venimeux et qui s'apprivoise. Du lat. *coluber*.

Couleuvreau, petite couleuvre.

Couleuvrée, la brione, plante sarmenteuse; ainsi dite de ce qu'elle rampe comme une couleuvre si elle n'est pas soutenue par un tuteur ou quelque arbre. *Colubrina*, ou, comme dit Charles Estienne, *de Re hortensi*, cap. 69: *Quod in modum colubri undique serpat*.

Couleuvrine, *couleuvre*, instrument offensif comparé à la couleuvre; sorte de pièce d'artillerie très-longue. *Colubrina*.

L'Arioste, dans son *Orlando*, liv. xi, dit:

E qual bombarda, e qual nomina scoppio,
Qual simplice cannon, qual cannon doppio.
Qual sagra, qual falcon, qual colubrina
Sento nomar, come al suo autor più aggrada.

Ménage fait observer que les couleuvrines ont été ainsi nommées des couleuvres, comme les serpentines des serpents. En effet, il est à remarquer que la plupart des instruments de guerre, tant chez les anciens que chez les modernes, ont tiré leur nom de quelque animal. Les Romains avoient la taupe, le renard, le hérisson, le chat, le bélier, le scorpion, (*talpa, vulpecula, erieius, cattus, aries, scorpio*). Et nous avons eu le *basilic*, la *serpentine*, la *couleuvrine*, le *fauconneau*, le *mousquet*, etc.

COUP, choc, heurt, attouchement, impression d'un corps qui en frappe un autre; sa répercussion; atteinte en frappant, en battant, marque qui en résulte; ce qu'on fait en une fois. De la bass. lat. *colpus*, qui se trouve dans la loi salique, fait de *colaphus*, dér. du gr. *kolaphos*, soufflet, coup de la main; dér. de *kolaptô*, je frappe.

COUPEAU, sommet, cime d'une montagne. Du flam. *coppel*.

COUPE, * *coulpe*, faute, péché, souillure, en terme de religion. Du lat. *culpa*.

Coupable, qui a commis une faute, un péché, un crime. *Culpabilis*.

Culpabilité, état d'un coupable.

Disculper, justifier, décharger d'une faute. *Disculpare*.

Disculpation, action de disculper.

Inculper, accuser, charger d'une faute.

Inculpable, qui peut être inculpé.

Inculpation, attribution d'une faute.

COUPE, vase à boire plus large que profond, tasse. Du lat. *cupa, cuppa*, fait du gr. *kubba*, dér. de *kuphos*, creux.

Coupelle, vase à purifier les métaux, et particulièrement l'or et l'argent. Du lat. *cupella*, en gr. *kupellon*.

Coupeller, faire passer le métal à la coupelle.

Coupole, intérieur d'un dôme; le dessus d'une église, d'un édifice fait en forme de coupe renversée. De l'ital. *cupola*; fait du gr. *kupellon*, coupe retournée.

Échoppe, petite boutique en appentis, adossée, appuyée contre un mur.

Cuve, grand et large tonneau de bois dans lequel on fait le vin, la lessive, la teinture, etc.

Cuveau, cuve de moins grande dimension.

Cuvée, le contenu d'une cuve.

Cuveler, étayer un puits tout autour, et lui donner la forme d'une cuve.

Cuvelage, action de cuveler; étaie avec garniture de planches pour prévenir et empêcher les éboulements.

Cuver, en parlant du vin, se faire

dans la cuve; et des personnes, reposer, dormir après avoir trop bu.

CUVETTE, petite cuve en métal, en terre ou en bois, dans laquelle on lave les mains.

CUVIER, cuve en bois pour faire la lessive.

DÉCUPELER, verser doucement la liqueur qui surnage en quelque matière, en inclinant. De la part. extractive *de*, et de *kupellon*, vase.

ÉCOPE, pelle de bois à rebords et long manche pour jeter l'eau des bateaux.

ENCUVEMENT, action d'encuver; état d'une chose encuvée.

ENCUVER, mettre en cuve.

CUNETTE, pour *cuvette*, fossé dans le milieu d'un autre dans une fortification.

GOBELET, vase à boire et à escamoter. De *cupella*, dim. de *cupa*.

GOBELETERIE, fabrique de gobelets.

GOBELETIER, fabricant et marchand de gobelets.

GOBELOTTER, boire souvent et à petits coups.

GOBER, avaler avidement et sans mâcher; croire; saisir. De la bass. lat. *cupare*, fait de *cupa*, coupe, tasse, gobelet.

GOBE, *gobbe*, boulette pour empoisonner les animaux.

GOBET, morceau que l'on gobe.

GOBERGER (se), se moquer, se divertir, prendre ses aises.

GODET, petit vase sans pied ni anse pour boire; petite gouttière de plomb qu'on met aux cheneaux pour jeter l'eau; partie des fleurs; glande en forme d'un godet à boire.

GODAILLER, boire à plusieurs reprises et avec excès; vider souvent le godet; ribotter.

GODAILLE, ivrognerie, bonne chère.

SOUCOUPE pour *sous-coupe*, petite assiette destinée à porter la coupe. De *sub*, sous, dessous, et de *cupa*.

COUPER, trancher, diviser, tailler, entamer; séparer un corps continu avec un corps tranchant; tailler suivant les règles de l'art; interrompre la communication; châtrer un animal. Du gr. *koptein*, 2ᵉ aoriste *kopéin*, tailler, retrancher.

COPEAU, éclat de bois enlevé par un instrument tranchant. Du gr. *kopéon*.

COUPANT, qui coupe; fil d'un instrument tranchant.

COUPE, action, manière de couper, de tailler; bois sur pied, qui est, qui doit être ou qui a été coupé; séparation en parties; représentation d'un édifice par sections; séparation d'un jeu de carte après qu'on l'a battu. Du gr. *kopéon*.

COUPÉ, pas de danse en passant un pied devant l'autre; action de couper sous le poignet avec l'épée; sorte de voiture.

COUPERET, sorte de hache, très-large couteau de cuisine, de boucher, de bûcheron.

COUPEUR, qui coupe; qui vendange; filou adroit.

COUPOIR, outil pour couper et rogner.

COUPON, morceau, reste, fragment de toute chose déjà entamée.

COUPURE, séparation, entamure; division dans un corps continu; blessure faite en coupant; retranchement, fossé, palissade.

APOCOPE. *Voy.* p. 34.

DÉCOUPER, couper par morceaux; couper un papier en suivant un dessin, un trait. Du gr. *diakoptéin*, fait de *dé*, particule de séparation, et de *kopéin*.

DÉCOUPÉ, sorte de parterre en compartiments; qui est trop détaché du fond; pièce de l'écu dans le blason.

DÉCOUPEUR, qui découpe; ouvrier qui figure les étoffes avec un fer.

DÉCOUPOIR, outil pour découper.

DÉCOUPURE, action de découper; chose découpée; taillade faite pour ornement.

DIACOPE, taillade, fracture profonde des os plats. *Diakopé*, composé de *dia*, à travers, et de *koptô*, je coupe, je taille.

ECCOPE, fracture d'un os plat. Du gr. *ekkopé*, entaille; fait de *koptô*.

RECOUPER, couper une seconde fois.

RECOUPAGE, croisement des traces du polissoir sur les glaces; action de couper les vins et de les mêler.

RECOUPE, débris des pierres qu'on taille; farine grossière du son; chapelure de pain.

RECOUPEMENT, retraite fort large faite à chaque assise de pierres pour donner plus d'empatement.

RECOUPETTE, troisième farine plus grosse que la recoupe; grain tombé en bas du bluteau.

Syncope, retranchement, privation de toutes les forces; défaillance subite et considérable, dans laquelle on demeure sans mouvement, sans pouls, sans respiration; retranchement d'une lettre ou d'une syllabe dans le corps d'un mot; note dont la valeur est partagée entre le temps où elle se trouve et celui qui suit. Du gr. *sugkoptô*, je coupe, je retranche.

Syncoper, retrancher, faire une syncope.

COUPEROSE, ou *rosée de cuivre*, vitriol martial ou de fer; sulfate des métaux. De l'all. *kupfer wasser*, et non de *cuprum rosa*, ou de *cuprosa*, fait de *cuprum*, d'où a été fait l'all. *kupfer*. Voy. Cuivre.

Couperosé, visage rouge, bourgeonné, boutonné.

COUPLE, union de deux choses pareilles; paire d'animaux; lien qui sert à mener les chiens deux à deux. Du lat. *copula*.

Copulatif, qui lie, joint et unit.

Copulation, union des deux sexes. *Copulatio*.

Copule, lien de l'attribut au sujet. *Copula*.

Coupler, attacher, mettre deux à deux. *Copulare*.

Couplet, stance d'une chanson dont les vers sont accouplés; nombre de vers formant un sens, et faisant chaque partie d'une chanson. De *copuletum*, dim. de *copulum*. Pattes unies par une charnière. De *copuletum*, à *copulando*.

Coupleter, chansonner; accoupler les vers; faire des couplets.

Accouple, lieu où l'on attache les chiens ensemble.

Accoupler, joindre par deux, assembler par paire. *Copulare*.

Accouplement, assemblage par couple; union charnelle.

Accouplé, qui s'est joint par couple.

Désaccoupler, séparer, détacher des choses accouplées.

Découplé, qui n'est plus couplé; de taille belle et dégagée.

Découpler, détacher ce qui est couplé; lacher après.

COUR, * *court*, résidence d'un prince souverain, sa suite, ses principaux officiers; tribunal, juridiction souveraine. Du lat. *cohors*, selon Henri Estienne et Perrault; de *cortex*, à l'ablatif *cortice*, suivant Barbazan; Ménage le dérive de *cortis*, et le P. Labbe de *curia*. Selon Ménage, *cortis* vient de *cohors*. *Cors*, *cortis* est employé par les auteurs géoponiques pour basse-cour où l'on nourrit la volaille, et dérive du gr. *chortos*, enclos, parc, enceinte. De *cors*, vient, dit-on, *cour* d'un prince, parce que, dans l'origine, ceux qui la composoient étoient véritablement des officiers domestiques et attachés à sa cour, dans le sens propre, comme le maréchal, le cubiculaire, le sénéchal, le chancelier et autres. Barbazan pense que le mot *cour* vient de *cortice*, ablat. de *cortex*, cortège. En effet, dit-il, qu'est la cour d'un roi, sinon un assemblage de personnes qui l'environnent, qui sont autour de lui.

Courtisan, homme de cour, flatteur du prince, individu dont La Fontaine a parfaitement tracé le caractère dans le personnage du Renard, dans la fable des *Animaux malades de la peste*.

Courtisane, femme de cour; femme galante qui fait son apprentissage de fille publique.

Courtiser, faire sa cour.

Courtois, civil, affable; qui a des manières de cour.

Courtoisie, civilité, affabilité, politesse.

Courtoisement, d'une manière affectueuse et polie.

Cortége, suite de personnes qui accompagnent en cérémonie.

Cortès, assemblée des États, en Espagne.

Discourtois, qui manque de courtoisie.

Discourtoisie, défaut de courtoisie.

Escorter, accompagner en armes, pour défendre, protéger.

Escorte, troupe armée qui accompagne; vaisseaux de guerre qui convoient. En it. *scorto*, que Ménage dérive de *scorgere*.

COUR, espace découvert, entouré de murs ou de bâtiments. De *cors*, *cortis*.

Courtil, petit jardin. De *cortile*, dim. de *cors*. D'où le mot *Courtille*, nom d'un des quartiers de Paris.

Courtilière, larve du hanneton, insecte qui s'engendre dans les fumiers pourris, et surtout dans les couches, et qui fait périr toutes les plantes qu'il attaque.

COURTINE, mur qui joint les flancs de deux bastions; et par analogie, rideau qui entoure un lit. De *cortina*, dim. de *cors, cortis*, que Du Cange interprète par petite cour entourée de murs.

COURBE, qui est formé en arc, qui n'est pas droit; ligne arrondie; pièce de bois cintrée; enflure aux jambes des chevaux. Du lat. *curvus*, que l'on dérive du gr. *kurtos, kurpos*, qui a la même signification.

COURBATURE, lassitude, douleur dans les membres, qui force le malade à se tenir courbé; maladie de cheval, avec palpitation au flanc, provenant de grande fatigue. *Curvatura.*

COURBATU, qui a la courbature.

COURBER, rendre courbe une chose droite; devenir courbe; plier sous le faix, être affaissé; céder à la volonté d'un autre. *Curvare.*

COURBEMENT, action de courber.

COURBET, partie du fût d'un bât de mulet; grande serpe pour tailler les arbres.

COURBETTE, mouvement d'un cheval qui se cabre à demi; et par analogie, salutations humbles, réitérées et intéressées; flatterie basse, rampante.

COURBURE, inflexion, pli; état d'une chose courbée; écart d'une courbe de la ligne droite. *Curvatura.*

COURGE, plante rampante, cucurbitacée, à fleurs campaniformes, de beaucoup d'espèces, ainsi dite de la forme de son fruit. *Cucurbita.*

CUCURBITACÉ, plantes rampantes dont les fruits ont quelque analogie avec la courge. *Cucurbitinus.*

CUCURBITAIN, ver en forme de pépin de courge.

CUCURBITE, vaisseau en forme de gourde, pour distiller.

GOURDE, bouteille faite d'une courge sèche, vidée; d'autres le dérivent de l'esp. *gordo*, gros, enflé.

CURVATEUR, muscle du coccix. *Curvator.*

CURVATURE, *curvité*, courbure, chose courbée. *Curvatura.*

CURVILIGNE, figure, angle formé par des lignes courbes. *Curvilineus.*

INCURVATION, action de courber, d'arquer.

RECOURBER, courber en rond par le bout.

RECOURBÉ, courbe en dehors.

COURIR, aller vite, marcher rapidement, s'étendre, se répandre. Du lat. *currere*, fait de *currus*. *Voy.* CHAR.

COURANT, qui court; qui coule, qui a cours; fil de l'eau. *Currens.*

COURANTE, sorte de danse grave; diarrhée.

COURAMMENT, rapidement, vivement, facilement.

COUREUR, *coureuse*, qui court; léger à la course. *Cursor.*

COUREUSE, fille libertine. Les Latins les appeloient *vagæ*.

COURRE, courir la poste et le cerf; endroit où les levriers sont placés à la chasse au loup.

COURRIER, qui court la poste, qui porte des dépêches. *Cursor.*

COURRIÈRE, la lune, l'aurore.

COURS, flux; course; lieu où l'on se promène; étude; maladie; direction d'un fluide qui suit sa pente. *Cursus*, en it. *corso*, en esp. *corro.*

COURSE, action de courir; assaut de vitesse. *Cursus.*

COURSIER, cheval pour la course. *Cursorius.*

COURSIE, passage de la proue à la poupe d'un bâtiment.

COURSIÈRE, pont-levis qui ferme la course.

COURSON, branche que l'on taille pour l'empêcher de courir.

CORRIDOR, longue galerie étroite qui sert de passage.

CORSAIRE, commandant qui arme un vaisseau en course, qui fait des courses sur mer pour piller; vaisseau armé en course.

CURSEUR, corps qui glisse dans une fente sur une ligne ou dans une coulisse.

CURSIF, qui court.

CURSIVE, écriture courante.

ACCOURIR, s'empresser de venir; venir en courant. *Accurrere.*

COURTIER, entremetteur qui court pour les affaires des autres; qui fait les courses nécessaires entre le vendeur et l'acheteur.

COURTAGE, profession, entremise et salaire du courtier.

CONCOURIR, courir avec, coopérer; agir conjointement. *Concurrere.*

CONCOURS, action de concourir; affluence, rencontre. *Concursus.*

CONCURREMMENT, ensemble, par concurrence.

CONCURRENCE, prétention de plusieurs qui courent au même but.

CONCURRENT, compétiteur, qui concourt, qui aspire avec un autre à la même chose.

DÉCOURS, action de ralentir la course.

DÉCURRENT, qui se prolonge sur la tige.

DISCOURS, développement de la pensée; affluence de paroles, harangue.

DISCOUREUR, grand parleur.

DISCOURIR, parler longuement sur une chose.

DISCURSIF, qui tire une proposition d'une autre.

DISCURSION, course, écart.

ENCOURIR, attirer sur soi, mériter la haine, un châtiment.

EXCURSION, irruption sur le pays ennemi; digression; promenade au loin.

INCURSION, course à main armée en pays ennemi.

OCCURRENCE, circonstance, occasion, rencontre. Du lat. *occurrere*, formé de *ob*, devant, et de *currere*, courir.

OCCURRENT, qui survient.

PARC, jardin d'une grande étendue et clos de mur; où l'on courre la bête fauve, et que l'on parcourt pour se promener. Ce mot est encore un objet de discussion parmi les étymologistes. Selon Caseneuve, le lat. barb. *parcus* auroit été fait du teuton *parch* toute sorte de clôture servant à la ménagerie des champs. D'où le verbe *parquer*, se retrancher, se camper. Scaliger le tire de *leporarium*, garenne, lieu où l'on enferme des lièvres et des lapins. Ménage, d'après Vossius, le dér. de l'all. *phirch*; d'où le flam. *perch*, *parch*, et l'angl. *parke.*

PARCOURIR, courir çà et là en tous sens. *Percurrere.*

PARCOURS, droit de mener paître.

PARQUER, mettre, renfermer dans un parc.

PARCAGE, enclos où l'on enferme des moutons.

PARQUET, lieu fermé, petit parc. Les parquets des juges étoient garnis de bois avec une balustrade ou des compartiments; de là le mot *parquet*, plancher; *parquetage*, ouvrage de parquet, et *parqueter*, mettre du parquet.

PRÉCURSEUR, qui vient avant un autre, pour un autre, pour annoncer sa venue; qui précède un autre. *Præcursor*, formé de *præ*, avant, et de *cursor*, coureur.

RECOURIR, courir de nouveau, implorer. *Recurrere.*

RECOURRE, courir après une chose ravie.

RECOURS, action d'implorer l'assistance, du secours.

RECOUSSE, délivrance, reprise de ce qui a été enlevé de force.

SECOURS, aide, assistance dans le besoin; action d'accourir vers.

SECOURABLE, qui vient au secours, qui aime à prêter secours.

SECOURIR, aller au secours.

SUCCURSALE, église qui sert d'aide à une paroisse.

COURLIS, *courlieu*, oiseau aquatique et échassier du genre bécasse, ainsi nommé de l'imitation de son chant. En lat. *clorius*, en bass. lat. *corlinus*, en gr. *clorios.*

COURONNE, ornement de tête en cercle; tout ce qui en a la forme, la figure; souveraineté, état monarchique, état gouverné par un roi; tonsure cléricale; cercle lumineux. Du lat. *corona*, dér. du gr. *koróné*, couronne et courbure en général.

COURONNÉ, qui porte ou qui a reçu une couronne.

COURONNÉE, ancienne rime des xve et xvie siècles, formée par la répétition de la dernière syllabe de chaque rime.

COURONNER, mettre une couronne sur la tête; établir souverain; achever, perfectionner, mettre la dernière main, le dernier ornement; faire honneur, récompenser. *Coronare.*

COURONNEMENT, cérémonie pour couronner les souverains; sa représentation; tableau qui le représente; partie supérieure d'un bâtiment, d'un meuble, d'un vase; accomplissement, perfection d'une chose.

COURONNURE, couronne du cerf; huit cors en couronne.

COROLLE, organe ou partie la plus apparente des fleurs et qui la couronne; ensemble des pétales; enveloppe ronde et colorée de la fleur autour des organes sexuels; lames d'argent qu'on donnoit aux athlètes qui avoient remporté des prix. De *corolla*, petite couronne; contraction de *coronula*, dim. de *corona*, dér. du gr. *korôné*.

Corollitique, colonne ornée de feuillages ou de fleurs, tournés en spirale autour de son fût.

Corollaire, proposition qui est la suite d'une précédente; ce qu'on ajoute de surabondance pour prouver; conséquence tirée d'une proposition mathématique démontrée. De *corollarium*, le surplus, ce qu'on ajoute au poids, à la mesure, ce qu'on donne au-delà de ce qui est dû; fait de *corolla*.

Coronaire, nom de deux artères qui partent de l'aorte et se portent sur la surface externe du cœur. De *corona*, courbure.

Coronal, os du front et sa suture qui répondent à l'endroit où se porte une couronne.

Coronasolis, la couronne du soleil, ou tournesol.

Coroné, éminence pointue de l'os de la mâchoire inférieure.

Coroner, officier de justice en Angleterre, qui prend, au nom de la couronne, des informations sur le suicide et les morts violentes.

Coronille, arbuste des pays chauds, à fleurs jaunes et à fruits légumineux. *Coronilla*.

Coronoïde, qui a la forme ou la figure d'une couronne. De *korôné* et d'*eidos*, forme, ressemblance.

COURROUCER, irriter, mettre en courroux. Du lat. *coruscare*, étinceler.

Courroux, colère ardente.

COURT, petit, bref, qui n'est pas grand, l'opposé de long. Du lat. *curtus*.

Courson, branche taillée de court pour qu'elle porte du fruit.

Courtaud, jeune garçon de courte taille et ramassé; qui est en apprentissage.

Courtauder, rendre court; couper la queue à un cheval.

Courtement, d'une manière courte.

Accourcir, devenir court, rendre plus court.

Accourcissement, action d'accourcir; diminution de longueur ou d'étendue.

Écourter, rendre plus court, couper trop court.

Raccourci, abrégé, rendu plus court.

Raccourcir, rendre plus court.

Raccourcissement, action de raccourcir.

COURTEPOINTE, couverture de lit piquée, ainsi dite par corruption de *coultepointe*. En lat. *culcita puncta*.

COUSIN, moucheron, insecte diptère, à longues pattes, fort incommode par ses piqûres. Du lat. *culex*.

Cousinière, rideau de gaze pour se garantir des cousins. *Voy.* Genre.

COUSSIN, oreiller, sac carré, rembourré de plumes ou de crin, pour s'appuyer ou s'asseoir dessus, tout ce qui en a la forme ou l'usage. De *culcita*, selon Ducange et Bouvelles, ou de l'all. *kussen*, suivant Hotman et Ménage; en ital. *cossino*, en esp. *cuxin*. Perrault, liv. III, chap. 3, le dérive de *pulvinus*, oreiller pressé par la charge qui est dessus; Ferrari, de l'it. *cuscire*, coudre, puis de *coxa*, parce que l'on met des coussins sur les cuisses. Covarruvias d'abord, puis Gébelin ont partagé cette opinion, à cause, dit le dernier, que l'oreiller relève la tête, comme les jambes relèvent le corps.

Coussinet, petit coussin; petit sac; partie latérale du chapiteau ionique.

COUTEAU, * *coutel*, instrument composé d'un manche de bois et d'une lame de fer tranchante d'un côté seulement; petite épée. Du lat. *cultellus*.

Coutelier, artisan qui fabrique ou vend des couteaux et autres instruments tranchants.

Coutelière, étui à mettre des couteaux.

Coutelas, long couteau dont la lame est fort large.

Coutellerie, métier, ouvrage de coutelier.

Coutille, sorte d'épée courte dans le genre du coutelas, en usage dans le XVe siècle.

Coutillier, soldat armé de la coutille.

Cotereaux, paysans révoltés sous Louis VII, et appelés *Cultarelli*, parce qu'ils étoient armés de dagues fort courtes.

Coutre, fer de charrue qui sert à fendre la terre quand on laboure. Du lat. *culter*. On donnoit le nom de *coutre* à un prêtre qui, dans les églises cathédrales, avoit la garde des objets appartenant à l'église, parce qu'il devoit être armé d'un *coutre*.

COUTRERIE, *coutrie*, charge et fonction d'un coutre.

COUTER, * *couster*, causer de la dépense, occasioner des frais, des chagrins; être difficile à faire, à dire; être acheté ou vendu; être obtenu à prix d'argent. Du lat. *constare*.

COUT, * *coust*, prix, frais, ce qu'une chose coûte.

COUTANT, prix qu'il en a coûté.

COUTEUX, qui occasione une grande dépense.

COUTIL, *coutis*, sorte de toile forte et serrée, dont on garnit les lits de plumes, les traversins, les oreillers et les anciennes tentes des armées. Du lat. *culcita*.

COUTIER, ouvrier en coutil.

COUTUME, * *coustume*, usage, habitude dans les mœurs et les manières. De l'it. *costume*, fait du lat. *consuetudine*, ablatif de *consuetudo*.

COUTUMAT, pays où étoit établi le droit de coutume.

COUTUMIER, livre qui contient la coutume d'un lieu; qui est suivant la coutume du pays; qui est habitué à faire une chose.

ACCOUTUMANCE, usage, habitude.

ACCOUTUMER, prendre une coutume; donner ou faire prendre l'habitude.

DÉSACCOUTUMANCE, perte d'une coutume ou d'une habitude.

DÉSACCOUTUMER, ôter la coutume, perdre ou faire perdre l'habitude.

INACCOUTUMÉ, qui n'a pas la coutume, qui ne doit pas être fait.

COSTUME, usage; habillement suivant les temps ou les lieux; vêtement distinctif d'un fonctionnaire; habits de théâtre; déguisement de carnaval.

COSTUMER, habiller selon le costume; des personnages.

COSTUMIER, tailleur en costumes de théâtre, de bals, de déguisements.

COUVRIR, mettre une chose sur une autre, pour la cacher, la conserver, l'orner, l'embellir; cacher, dissimuler, préméditer; protéger, accompagner pour défendre; s'accoupler, féconder, en parlant des animaux mâles. Du lat. *cooperire*, fermer avec; fait d'*operire*, fermer, mettre une barre, cacher; en it. *coprire*. *Voy*. OUVRIR.

COUVERCLE, tout ce qui ferme en couvrant, ou ce qui est fait pour couvrir.

COUVERT, caché, obscur, dissimulé; toit, maison, abri, ombrage; tout ce qui couvre une table pour les repas, pour tous les convives, pour chacun d'eux; cuiller et fourchette; enveloppe d'une lettre; adresse d'un paquet. *Coopertus*.

COUVERTE, émail sur porcelaine, sur terre cuite; châssis sur les formes à papier; pont, tillac d'un vaisseau.

COUVERTEMENT, en secret, en cachette.

COUVERTURE, ce qui sert à couvrir; pièce d'étoffe de laine, de coton, pour couvrir un lit; toit d'un édifice. *Coopertura*.

COUVERTURIER, artisan qui fait ou vend des couvertures de lit.

COUVREUR, ouvrier qui couvre les maisons.

DÉCOUVRIR, ôter ce qui couvroit, ce qui étoit dessus; dégarnir, laisser voir; parvenir à connoître, à trouver, à apprendre ce qui étoit caché; révéler, déclarer ce qu'on tenoit secret; acquérir de nouvelles connoissances.

DÉCOUVERT, qui n'est point ou qui n'est plus couvert; inventé, trouvé à force de recherches.

DÉCOUVERTE, action de découvrir, d'inventer, de trouver une chose inconnue.

DÉCOUVREUR, auteur d'une découverte; qui va à la découverte.

RECOUVRIR, couvrir de nouveau ce qui avait été découvert.

CRABE, écrevisse de mer, crustacée amphibie de terre, armé de pinces. Du lat. *carabus*, du gr. *karabos*, en flam. *krab*, en teuton *krebs*.

CRABIER, oiseau du genre héron qui se nourrit de crabes.

DIACARCINOS, remède pour les morsures des chiens enragés, préparé avec de l'écrevisse. De *dia*, de, et de *karkinos*, écrevisse de mer.

ECREVISSE, poisson testacée, crustacée; le cancer, signe du zodiaque. De *carabus*.

CRAC, onomatopée qui imite le bris,

CRA

la force, le déchirement; le bruit que fait un corps dur et sec en éclatant, et la soudaineté d'une action.

Craquer, onomatopée du bruit que font des corps secs et durs qui se brisent ou éclatent; mentir, hâbler. Les latins ont dit dans le même sens, *crepare, crepitare*, et les flam. *knacken*.

Craquement, action de craquer; bruit d'un corps qui se déchire; mouvement convulsif des dents frappant les unes contre les autres.

Craqueter, * *criquer, criqueter*, onomatopée d'une matière très-sèche et pétillante, qui éclate au feu, comme le sel ordinaire et les feuilles des arbres résineux.

Craquetement, convulsion qui fait craqueter les dents.

Craqueur, menteur, homme qui fait plus de bruit que de besogne.

Craquer, mentir, hâbler.

Craque, *craquerie*, mensonge.

Craquelin, sorte de pâtisserie légère qui craque lorsqu'on la mange; on dit aussi *porcelaine craquelée*, lorsqu'elle est fendillée.

Crépitation, bruit redoublé du feu qui pétille; bruit des os fracturés. *Crepitatio*.

Décrépitation, bruit des sels dans le feu, leur calcination.

Décrépiter, calciner les sels; pétiller dans le feu.

Crever, rompre, percer avec bruit, faire éclater avec effort; fatiguer à l'excès; faire trop manger, être trop plein, s'ouvrir par un effort violent; onomatopée de la famille de *crac*. Les Latins ont dit *crepare*.

Crevaille, repas où l'on mange à crever.

Crevasse, fente à une chose qui crève, qui s'entr'ouvre; maladie du cheval; fente à la peau.

Crevasser, faire des crevasses.

CRACHAT, salive, onomatopée du bruit que fait la salive jetée avec force hors de la bouche. Les Latins disoient *excreare, screare*.

Crachement, action de cracher; maladie qui y force.

Cracher, rejeter la salive, les flegmes de la bouche.

Cracheur, qui crache souvent.

Crachoir, vase dans lequel on crache.

CRA 205

Crachotement, action de crachoter.

Crachoter, cracher peu et souvent.

Recracher, rejeter ce qu'on a pris dans la bouche.

CRAIE, pierre tendre et blanche qui se pulvérise aisément. Du lat. *creta*, île de Crète, aujourd'hui Candie, où cette pierre se trouve en abondance.

Crayon, sorte de pierre tendre pour dessiner, tracer, écrire.

Crayonner, dessiner au crayon.

Crayonneur, qui crayonne.

Crayonneux, de la nature du crayon.

Crétacé, de la nature de la craie, qui en contient.

Écraser, aplatir, briser, réduire en poudre; onomatopée du bruit de la craie qui se rompt et qui se pulvérise sous le pied.

Crotte, boue des rues, des chemins; mélange d'eau et de poussière dans lequel on marche; fiente sèche d'animal en petites boules dures. Du lat. *creta*, dont s'est servi Virgile dans ses Géorgiques; cependant d'autres étymologistes, dans la seconde acception, le dérivent de *crusta*, croûte.

Crotter, salir de crotte.

Crottin, excrément sec de plusieurs quadrupèdes.

Décrotter, ôter la crotte; nettoyer.

Décrotteur, qui décrotte les chaussures.

Décrottoire, grosse brosse à décrotter.

Indécrottable, qu'on ne peut décrotter; dont on ne peut rien faire; qu'on ne peut amener à rien de raisonnable.

Recrotter, crotter de nouveau.

CRAINDRE, * *crémer*, redouter, appréhender, avoir peur; révérer, avoir du respect. Du lat. *tremere* pour *timere*.

Crainte, * *crémor*, impression que fait une chose qui effraie, qui intimide, un mal qui menace, qu'on prévoit et qu'on ne peut empêcher; appréhension, peur; respect.

Craintif, * *cremeteux*, sujet à la crainte; timide, peureux.

Craintivement, * *cremeteusement*, avec crainte.

CRAMPE, sorte de contraction convulsive et douloureuse de la cuisse, de la jambe; tiraillement d'un muscle dérangé de sa place, douleur qui en résulte; goutte subite qui dure peu; sorte de crampon en forme de gâche. Du teuton *crampff*, qui a la même signification; les All. disent *crampff-fisch*, les Flam. *crampevisch*, les Angl. *crampfich*.

CRAMPON, morceau de fer dont les extrémités sont recourbées; il sert à attacher des pierres, des pièces de bois. De l'all. *krappen*, en angl. *cramperne*.

CRAMPONNER, attacher avec un crampon, mettre des crampons.

CRAMPONNET, petit crampon, partie d'une serrure qui embrasse la queue du pêne.

CRAN, incision ou entaille faite sur un corps dur, pour arrêter, accrocher un autre corps, onomatopée. En lat. *crena*, fente, entaille, crénelure.

ÉCRAN, meuble qui glisse sur des crans, et dont on se sert pour se garantir du feu.

CRÉNÉ, à dents arrondies.

CRÉNEAU, entaillure, ouverture en forme de dents, au sommet d'un mur, pour la défense ou l'ornement. De *crenellum*, dim. de *crena*.

CRÉNELAGE, cordon sur l'épaisseur des monnoies pour en prévenir l'altération.

CRÉNELER, faire des créneaux, des dents à une roue, des entailles.

CRÉNELURE, dentelure en créneaux.

CRÉNER, évider les traits saillants d'une lettre.

CRÉNERIE, action de créner.

CRÉNULÉ, qui a de petites crénelures.

CRÉNURE, trou à la barre du châssis pour recevoir l'ardillon.

ÉCRANCHER, ôter, effacer les faux plis du drap.

CRANE, assemblage d'os qui couvrent le cerveau et le cervelet; tête de l'homme et des animaux; fou, écervelé; téméraire, tapageur. Du lat. *cranium*, fait du gr. *kranion*, que l'on dérive de *karénon*, tête.

CRANERIE, action de fou, action téméraire.

CRANOLOGIE, pour *craniologie*, connoissance hypothétique, étude du caractère, des facultés intellectuelles et morales par la forme du crâne.

CRANOLOGUE, *cranologiste*, qui étudie, qui sait la cranologie.

CRAPAUD, animal amphibie, venimeux, ovipare, rond, tuberculeux et sale, qui ressemble à la grenouille; homme noir et très-laid. Bourdelot le dérive d'*à crepando*, parce que le crapaud s'enfle de telle sorte, qu'il semble crever, et pour cela les Grecs l'appeloient *phusalos*; Ménage le fait venir à sa manière de *repere*, à cause que la grenouille saute, et que le crapaud, espèce de grenouille, se traîne.

CRAPAUDIÈRE, retraite des crapauds; lieu bas, sale et humide.

CRAPAUDINE, pierre précieuse, d'une couleur grisâtre, convexe d'un côté, plane ou concave de l'autre; elle a souvent des nuances comme l'achate-onix. Selon Pline, liv. XXXVII, chap. 10, elle vient des environs de Kamar, ville de la haute Egypte. On l'a nommée crapaudine, soit parce que sa forme et sa couleur ressemblent beaucoup au crapaud, soit parce que l'on croyoit qu'elle se trouvoit dans la tête du crapaud.

CRAPOUSSIN, personne petite, laide et contrefaite.

CRAPULE, vile et continuelle débauche, de table, de vin, de jeu et de libertinage; la lie du peuple, la plus vile canaille. Du lat. *crapula*, fait du gr. *kraipalé*, pesanteur de tête pour avoir trop bu; dér. de *kraipalaô*, *kraipalizô*, vivre dans la crapule.

CRAPULER, être, vivre dans la crapule.

CRAPULEUX, qui vit, qui aime la crapule.

CRASE, synérèse, contraction grammaticale; union de deux ou plusieurs voyelles qui se confondent tellement, qu'il en résulte un son différent. Du gr. *krasis*, mélange; fait de *kérannumi*, je mêle.

CRASSE, ordure épaisse et grasse sur la peau, les étoffes, ou dans le poil d'un animal; malpropreté; tache de graisse; avarice sordide. Du lat. *crassus*, gros, gras, humeur épaisse, dér. du gr. *krasos*, ordure; ou du lat. *crassities*, épaisseur, parce qu'on n'appelle crasse que l'ordure épaissie et accumulée sur quelque chose; enfin du gr. *grassos*, ordure qui s'attache à la laine des brebis.

CRASSEUX, sale, malpropre, couvert de crasse; homme d'une avarice sordide.

DÉCRASSER, ôter la crasse.

ENCRASSER, rendre, devenir crasseux.

INCRASSANT, remède, aliment qui épaissit le sang, les humeurs.

GRAS, qui a beaucoup de graisse, d'embonpoint; enduit, imbu de graisse ou d'un corps graisseux. Du lat. *crassus*, dér. du gr. *grassos*.

GRAISSAGE, action de graisser.

GRAISSE, substance animale, huileuse et fusible. *Crassitudo*.

GRAISSER, oindre, frotter de graisse; faire des taches de graisse.

GRAISSEUX, plein de graisse; qui est de la nature de la graisse.

GRAISSOIR, auge pour graisser les laines et les instruments tranchants.

GRAS-DOUBLE, membrane de l'estomac du bœuf.

GRAS-FONDU, maladie de cheval.

GRASSEMENT, à son aise; généreusement, d'une manière grasse.

GRASSET, un peu gras.

GRASSETTE, plante à fleurs violettes, dont les feuilles grasses et luisantes semblent avoir été frottées de graisse.

GRASSEYER, parler gras, mal prononcer les R.

GRASSEYEMENT, action de grasseyer; embarras de la langue dans la prononciation de la lettre R.

GRASOUILLET, dim. de *grasset*.

DÉGRAISSAGE, *dégraissement*, action de dégraisser, ou d'ôter les taches de graisse.

DÉGRAISSER, ôter la graisse; faire disparoître les taches de graisse.

DÉGRAISSEUR, qui dégraisse les étoffes.

DÉGRAISSOIR, instrument pour dégraisser ou pour ôter la graisse des laines, des boyaux.

DÉGRAS, huile de poisson qui a servi à passer les peaux en chamois.

ENGRAIS, matière pour engraisser la terre; herbage où l'on met le bétail pour l'engraisser; ce qu'on donne aux volailles pour les engraisser.

ENGRAISSEMENT, action d'engraisser ou de devenir gras.

ENGRAISSER, rendre gras, devenir gras; tacher de graisse; fertiliser les terres.

RENGRAISSER, redevenir gras.

GROS, volumineux, épais; considérable; qui a beaucoup de circonférence ou de volume. De *crassus*.

GROSSE, douze douzaines; copie d'un acte en forme et exécutoire.

GROSSERIE, commerce en gros; gros ouvrages de taillandier.

GROSSESSE, état d'une femme grosse; sa durée.

GROSSEUR, volume de ce qui est gros; épaisseur, tumeur.

GROSSIER, épais, mal poli, mal travaillé; qui n'est pas délié; homme aux manières rudes; aux réparties malhonnêtes.

GROSSIÈREMENT, avec grossièreté, sans soins; d'une manière rude, impolie.

GROSSIÈRETÉ, caractère grossier ou de ce qui est mal travaillé; manque de politesse et d'égards.

GROSSIR, rendre gros, devenir gros, exagérer.

GROSSOYER, faire la grosse d'un acte.

DÉGROSSER, diminuer, rendre plus petit.

DÉGROSSI, presse pour unir les monnoies.

DÉGROSSIR, ôter le plus gros; donner la première forme.

ENGROSSER, rendre une femme grosse.

ENGROSSEUR, qui engrosse.

ENGROSSIR, rendre gros, devenir gros.

CRATÈRE, coupe, vase à boire des anciens; grand vase qui servoit à mêler l'eau avec le vin, et à remplir ensuite les coupes; par analogie, bouche d'un volcan par laquelle il vomit du feu, des cendres, des scories, etc. Du lat. *crater*, pris du gr. *kratér*, fait de *kérannumi*, je mêle.

CRAVATE, cheval de Croatie; mouchoir plié en bande qu'on met autour du cou, dont les deux bouts s'attachent et pendent par-devant. C'est en 1636 que nous avons emprunté cet ornement des Croates, lorsque la France étoit en guerre avec l'Allemagne.

CROATE, cavalier de Croatie au service de France. *Croatinus*.

CRAVACHE, fouet court d'une seule pièce, à manche plombée, à l'usage des Croates, selon une note manuscrite de feu M. Mouchet.

CRECELLE, *cresselle*, * *crecerelle*, instrument de bois en usage pendant la semaine sainte, qui bruit aigrement en tournant sur des crans durs et serrés, onomatopée du bruit que produit la crecelle.

CRECERELLE, oiseau de proie, du genre du faucon, dont le cri est aigre, désagréable et aigu. Des étymologistes dérivent ces onomatopées du gr. *krekô*, rendre un son désagréable; et Ménage, de *crecarella*, fait du gr. *krex*. *Voy*. ce mot.

CRÈCHE, mangeoire des bestiaux; berceau de J.-C. De la bass. lat. *greppia*, corrompu de *præsepe*.

CRÉDENCE, petit buffet, petite planche à l'autel pour poser les burettes de la messe. De l'it. *credenza*, buffet pour mettre l'argenterie; en all. *credentz*.

CRÉDENCIER, *crédensier*, sommelier, et non pas pannetier.

CRÉER, donner l'être; inventer, établir. Du lat. *creare*.

CRÉAT, celui qui, dans un manége, donne des leçons d'équitation en présence de l'écuyer. De l'it. *creato*, ou de l'esp. *criado*, créature, domestique; faits du lat. *creatus*.

CRÉATEUR, *créatrice*, celui qui crée, qui invente; le grand architecte de l'univers, ou comme l'a dit sans rire l'auteur d'*Atala*, le grand Solitaire des mondes. *Creator*.

CRÉATION, action de créer, de tirer du néant. *Creatio*.

CRÉATURE, être créé, soit animé ou inanimé. *Creatura*.

INCRÉÉ, qui n'a pas été créé. *Increatus*.

PROCRÉER, engendrer, donner l'existence. *Procreare*.

PROCRÉATION, action de procréer.

RECRÉER, remettre sur pied, rétablir, donner une nouvelle existence.

RÉCRÉER, ranimer, établir; divertir, amuser, réjouir. Ces deux verbes sont formés du lat. *recreare*, composé de *re*, de nouveau, et de *creare*, établir. Après le travail, on est épuisé, il faut se créer de nouvelles forces, il faut se rétablir, se *re-créer*.

RÉCRÉATIF, qui récrée, qui donne du plaisir, qui divertit.

RÉCRÉATION, action de se récréer; divertissement pour délasser l'esprit. *Recreatio*, rétablissement.

CRÉMAILLÈRE, ustensile de cuisine, fer à crans et recourbé pour suspendre, arrêter, accrocher, abaisser ou relever. Du gr. *krémastér*, ce qui suspend quelque chose; fait de *krémaô*, je suspends.

CRÉMAILLON, petite crémaillère attachée à une grande.

CRÉMASTÈRES, les deux muscles qui soutiennent les bourses. Du gr. *krémastér*.

CRÉOLE, originaire, européen né dans les colonies d'Amérique et d'Afrique. Du caraïbe *créol*.

CRÊPE, * *crespe*, étoffe claire, frisée, légère et non croisée, de laine fine ou de soie écrue, qui se frise d'elle-même; morceau de crêpe noir, en signe de deuil; cheveux tortillés et frisés par le bout; pâte plate et fort mince frite à la poêle. Du lat. *crispus*, frisé.

CRÉPAGE, façon, apprêt du crêpe.

CRÊPER, * *cresper*, friser une étoffe, des cheveux. *Crispare*, friser, boucler, ondoyer.

CRÊPÉ, frisure très-courte et mêlée. *Crispati crines*.

CRÉPI, enduit ou mortier sur une muraille. De *crispus*, qui a des ondes, à cause de l'inégalité du crépi, où il paroît des petites parties ondées.

CRÉPIR, enduire une muraille de mortier. *Crispare*.

CRÉPINE, frange tissue et ouvragée par le haut, dont le fil pendant est ondoyant; toile de graisse sur la peau des animaux.

CRÉPINETTE, saucisse plate entourée de crépine.

CRÉPISSURE, action de crépir.

CRÉPODAILLE, et non *crapaudaille*, crêpe très-clair, fort délié.

CRÉPON, étoffe de laine et de soie, non croisée et frisée, et plus épaisse que le crêpe auquel elle ressemble.

CRÉPU, très-frisé, très-crêpé, feuilles à bords ondulés et ridés.

CRÉPUSCULE, lumière ondulée qui précède le lever du soleil, et qui succède à son coucher; elle est produite par la réfraction des rayons du soleil dans l'atmosphère. *Crepusculum*.

CRÉPUSCULAIRE, cercle parallèle à l'horizon.

DÉCRÉPIT, qui n'est plus crépi; cassé de vieillesse.

DÉCRÉPITUDE, état du vieillard décrépit; vieillesse extrême et infirme.

ENCRÊPER, porter un vêtement, un morceau de crêpe.

RECRÉPIR, crépir de nouveau.

CRISPER, causer, éprouver des crispations; inquiéter; tourmenter, vexer. *Crispare*.

CRISPATION, contraction, resserrement dans les nerfs, les entrailles. *Crispatio*.

CRÉPIN (saint); ce personnage, qui faisoit des chaussures, mourut, dit-on, du martyre, avec saint Crépinien, son compagnon, à Soissons, le 25 octobre 286. Les cordonniers, bottiers et savetiers l'ont choisi pour leur patron, et ont donné son nom au sac qu'ils portent en voyage et à leur avoir, leur argent, enfin tout ce qu'ils possèdent.

CRÉQUIER, prunier sauvage qui vient dans les haies; le *prunus sylvestris* des naturalistes. Il existe plusieurs opinions sur la véritable nature de l'arbre désigné sous le nom de *créquier*. Les uns veulent que ce soit un mûrier sauvage dont le fruit seroit appelé *crecque*, *crèque*; les généalogistes prétendent que c'est le cerisier sauvage qu'on auroit mal représenté dans les armoiries de la maison de *Créqui*, et qu'il viendroit du lat. barb. *cerasicarius*, fait de *cerasum*. Les éditeurs de la Maison rustique de 1755 soutiennent que le *créquier* n'est autre que l'épine noire qui produit cette espèce de prune sauvage connue sous le nom de prunelles, dont les plus grosses sont appelées *crèques* dans la basse Picardie, et l'arbre qui les porte *créquier*; d'où vient le blason de la maison de *Créqui*, laquelle portoit dans ses armes un *créquier* ou cerisier nain, de gueules en champ d'or. En style héraldique le *créquier* est un arbre nain et sauvage, en chandelier à sept branches. Au surplus, la dénomination latine de cet arbre, *prunus sylvestris*, donnée par les naturalistes, peut servir à lever les doutes que pourroit faire naître la variété des opinions.

CRÊTE, excroissance charnue sur la tête des gallinacées; au fondement; huppe sur la tête des oiseaux, des serpents; arêtes sur la tête des poissons; terre relevée sur le bord d'un fossé; partie supérieure du glacis; amas de blé en pyramide; cime d'une montagne, d'un rocher. Du lat. *crista*, excroissance; fait de *crescere*; chez les Romains, *crista* signifioit panache, aigrette, houppe qu'on mettoit sur le casque.

CRÊTÉ, qui a une crête.

ÉCRÊTER, enlever la crête, le sommet d'une montagne.

CRÊTELER, se dit du cri de la poule quand elle a pondu.

CREUX, qui a une cavité intérieure; vide, profond, enfoncé, creusé; visionnaire; chimérique; cavité pour mouler. Ménage le dér. du lat. *scrobs*, *scrobis*, en all. *grube*; selon Jauffret, la lettre *C*, prononcée de la gorge, est le mimologisme des objets creux, tels que *cave*, *coupe*, *cuve*, etc. De plus, continue-t-il, cette lettre, par sa forme, est aussi le mimographisme des objets creux; car le *C* représente une main cintrée.

CREUSAGE, creusement, action de creuser.

CREUSER, rendre creux, caver, fouiller, évider, approfondir.

CREUSET, vase de terre pour fondre les métaux; épreuve de la vertu, de l'esprit. En it. *crocivolo*, en esp. *crisol*.

CREX, onomatopée du cri sinistre et fréquent d'un oiseau qui en a pris le nom. En gr. *krex*; et en lat. *crex*.

CRI, forte émission de la voix humaine ou des animaux; clameur; gémissement, plainte; proclamation à haute voix; onomatopée d'un bruit purement mécanique, qui résulte du frottement ou du brisement des corps. Ménage dérive le verbe *crier* du lat. *quiritare*, en angl. *cry*, en gall. *crio*, en allem. *krœhen*.

CRIAILLER, crier souvent, faire beaucoup de bruit pour rien.

CRIAILLERIE, cris répétés, grand bruit pour des riens.

CRIAILLEUR, qui criaille.

CRIANT, qui fait crier, qui excite à se plaindre hautement.

CRIARD, qui crie souvent, gronde beaucoup et sans sujet.

CRIARDE, grosse toile gommée, bruyante au frottement.

CRIÉE, publication judiciaire pour la vente.

CRIER, jeter des cris, pleurer en élevant la voix; rendre un son aigre par le frottement; parler très-haut.

CRIERIE, bruit en criant, en grondant.

CRIEUR, qui crie; qui annonce à haute voix dans les ventes.

CRI-CRI, sorte d'insecte fort commun dans les boulangeries, et qui a pris son nom du cri qu'il fait entendre.

CRISSER, grincer les dents; faire un bruit aigu et âpre comme les roues mal graissées. Les Grecs disoient *trismos*.

CRISSEMENT, action de grincer fortement les dents et de tirer de leur frottement un son aigre et strident qui offense l'oreille.

DÉCRI, cri public pour défendre le cours d'une monnoie, le débit d'une marchandise; perte de crédit, de réputation.

DÉCRIER, défendre par cri public, l'usage, le cours, la vente; parler contre quelqu'un, lui ôter l'estime, la réputation.

ÉCRIER (s'), faire un grand cri; rire par exclamation.

RÉCRIER (se) faire une exclamation de surprise.

CRIBLE, instrument de forme cylindrique à fond percé de trous, pour séparer le bon grain d'avec le mauvais. Du lat. *cribulum*, dim. de *cribrum*, du gr. *krikos*, cercle, anneau; dérivé de *krinô*. *Voy*. CERNER, p. 136.

CRIBLÉ, passé au crible; homme qui a reçu un grand nombre de blessures.

CRIBLER, séparer le grain; passer par le crible; examiner attentivement pour trouver des fautes. *Cribulare*.

CRIBLEUR, homme qui crible.

CRIBLEUX, os au haut du nez et qui est percé comme un crible.

CRIBLURE, mauvais grain séparé du bon par le crible.

CRIBRATION, séparation des parties déliées d'avec les parties grossières.

CRICOÏDE, cartilage en forme d'anneau, qui environne le larinx. De *krikos*, et d'*eidos*, forme, ressemblance.

CRICÉLASIE, sorte de jeu des anciens, qui consistoit à faire rouler un cercle de fer garni d'anneaux. De *krikos*, et d'*elasis*, course, exercice; dér. d'*elaunô*, je pousse, je chasse, j'agite.

CRIC, machine composée d'un pignon ou roue de fer dentée qui se meut avec une manivelle et qui roule en criant; onomatopée du bruit qu'elle rend.

CRIC-CRAC, bruit d'une fracture, d'une chose qui se déchire, s'éclate ou se casse. *Voy*. CRAC.

CRIC-CROC, bruit que font les verres lorsqu'on les choque en buvant à la santé les uns des autres. *Voy*. CROC.

CRIME, action contre l'ordre social et punie par les lois. Du lat. *crimen*, dér. du gr. *krima*, jugement, châtiment, condamnation, parce qu'un crime attire une peine à celui qui le commet.

CRIMINALISER, rendre un procès criminel de civil qu'il étoit.

CRIMINALISTE, versé dans la connoissance des matières criminelles.

CRIMINEL, souillé d'un crime; qui est contre l'honneur, la vertu, le devoir.

CRIMINELLEMENT, d'une manière criminelle. *Criminaliter*.

INCRIMINER, supposer criminel.

RÉCRIMINER, répondre à des accusations et à des reproches par d'autres.

RÉCRIMINATION, réponse à des accusations et à des reproches par d'autres.

RÉCRIMINATOIRE, qui tend à récriminer.

CRIN, poil long et rude qui couvre le cou et la queue de divers animaux. Du lat. *crinis*, cheveu et poil; fait du gr. *krinô*, je sépare; c'est-à-dire, poils séparés par touffes.

CRINAL, instrument de chirurgie, fourré de crin, pour comprimer la fistule lacrymale. *Crinâle*.

CRINIER, ouvrier en crin; marchand de crin.

CRINIÈRE, tous les crins du cou des divers animaux.

CRINOLE, plante exotique de la famille des narcisses.

CRINON, ver délié comme un crin qui s'engendre sous la peau des enfants à la mamelle. *Crino*.

CRIN-CRIN, mauvais joueur de violon qui appuie considérablement sur l'archet, d'où il résulte un son désagréable; onomatopée de ce son.

CRIOBOLE, sacrifice d'un mouton ou d'un bélier. Du lat. *criobolium*, fait du gr. *krios*, bélier, et de *bolé*, coup, action de frapper; dér. de *ballô*, je frappe.

CRIOCÈRE, le porte-croix, coléoptère phytophage à antennes en corne de bélier, dont la famille est remarquable par la propriété qu'ont les insectes qui la composent, de produire un cri assez aigu au moyen du frottement de leur corcelet contre l'origine des étuis. Du gr. *krios*, bélier, et de *keras*, corne, parce que les antennes du criocère ont quelque ressemblance avec les cornes du bélier, par leur forme cylindrique et leurs articles globuleux.

CRIQUE, petite baie, anse ou port naturel; fossé autour des places. Du saxon *crecca*, mot apporté par les Normands.

CRIQUET, petit cheval foible et de vil prix. Du lat. *gracilis*, selon Géhelin; Guyet le dér. du gr. *kerkos*, queue.

CRIQUET, *grillet*, *grillon*, insecte orthoptère qui jette un cri perçant et qui aime les endroits chauds; il se tient ordinairement derrière les contrecœurs des foyers. Du lat. *gryllus*, fait du gr. *grullos*, tous deux formés du cri de cet insecte, *gry*, *gry*, *gry*.

CRISE, effort de la nature dans une maladie; espèce de combat entre la nature et la cause morbifique, lequel fait juger de l'état d'une maladie. Du gr. *krisis*, combat, jugement; formé de *krinô*, juger, combattre, séparer. *Voy.* CRIBLE.

ACRISIE, défaut de crise ou état de crudité des humeurs, qui empêche la séparation de la matière morbifique et son expulsion hors du corps. D'*a* privatif, et de *krisis*, dérivé de *krinô*, je sépare.

CRITIQUE, jour où il arrive ordinairement des crises dans une maladie; dangereux, décisif, mordant; censeur qui blâme tout, qui aime à critiquer. Du gr. *kritikos*, qui censure les ouvrages des autres, qui sait bien en juger.

CRITIQUE, art de juger, d'examiner les ouvrages d'esprit par une étude approfondie de la littérature; censure maligne et caustique. Du gr. *kritiké*, fait de *krinô*.

CRITICABLE, sujet à la critique.

CRITIQUER, censurer, reprendre, trouver à redire, examiner, donner son avis.

CRISTAL pour *crystal*, substance minérale, dure, transparente, solide et fragile, dont les parties affectent toujours une figure régulière et déterminée; verre fin et transparent; limpide, opaque, transparent. Du gr. *krustallos*, glace; dér. de *kruos*, froid, et de *stellomaï*, s'épaissir, parce que le cristal ressemble à la glace.

CRISTALLIN pour *crystallin*, qui est de la nature du cristal, qui en a la transparence; partie de l'œil qui imite le cristal; humeur de l'œil; verre de soude d'Alicante et de sablon. *Cristallinus.*

CRISTALLISATION pour *crystallisation*, formation des cristaux; action de cristalliser ou de se cristalliser; ses effets.

CRISTALLISER, congeler, réduire en cristal.

CRISTALLOGRAPHE, qui est versé dans la cristallographie.

CRISTALLOGRAPHIE, description, connoissance des cristaux. De *krustallos*, et de *graphô*, je décris.

CRISTALLOÏDE, l'arachnoïde, membrane transparente. De —, et d'*eidos*, forme, ressemblance.

CRISTALLOLOGIE, science des cristaux. De —, et de *logos*, discours, traité.

CRISTALLOMANCIE, art de deviner par le moyen d'un miroir ou par les surfaces polies. De —, et de *mantéia*, divination.

CRISTALLOTECHNIE, art de faire cristalliser les sels. De —, et de *technê*, art.

CRYOLITHE, l'alumine fluatée alcaline, substance minérale qui, étant exposée au feu, fond presque comme de la glace. De *kruos*, glace, froid, et de *lithos*, pierre.

CRITE pour *crithe*, tumeur semblable à un grain d'orge, sur le bord des paupières, dans les cils. Du gr. *krité*, orge.

CRITHOMANCIE, divination par la pâte d'orge. De —, et de *mantéia*, divination.

CRITHOPHAGE, mangeur d'orge. De —, et de *phagô*, je mange.

CROC, signe factice du déchirement d'un corps saisi par un instrument aigu qui en prit le nom; instrument à une ou à plusieurs pointes recourbées pour suspendre; longue perche armée d'un crochet de fer pour conduire les batelets. Les latins ont dit *uncus*.

CROCHE, tortu, courbé; note de musique à crochet.

CROCHET, petit croc, trait, chose qui en a la forme.

CROCHETER, ouvrir une serrure avec un crochet de serrurier.

CROCHETEUR, porte-faix ainsi nommé parce qu'il portoit avec deux crocs, ainsi que cela se pratique encore dans plusieurs villes du Midi.

Crochu, recourbé par la pointe comme un croc.

Croquant, qui croque sous la dent; paysan misérable; homme du néant.

Croquer, onomatopée du bruit que fait un aliment sec et difficile à broyer, en se rompant sous la dent; dessiner d'une manière heurtée et sur-le-champ.

Croque-note, mauvais musicien.

Croquet, sorte de pâtisserie sèche et très-croquante.

Croquignole, sorte de gâteau fort dur et qui croque; chiquenaude sur le nez.

Croquignoler, donner des chiquenaudes sur le nez.

Croquis, dessin esquissé et heurté; première idée.

Crosse, petit croc; bâton d'évêque; fût d'un fusil; bâton courbé.

Crossé (abbé), qui porte la crosse.

Crosser, pousser avec une crosse; maltraiter, chasser.

Crossette, petite crosse.

Crosseur, qui crosse.

Crossillon, bout de la crosse.

Accroc, accroche, anicroche, déchirure faite par le moyen d'un croc; entraves inattendues.

Accrochement, action d'accrocher.

Accrocher, suspendre à un crochet, saisir avec un croc; fixer avec un crochet.

Raccroc, action de se raccrocher; coup de hasard heureux.

Raccrocher, accrocher de nouveau; faire un raccroc.

Raccrocheuse, fille publique qui accroche les passants.

Escroc, escroqueur, fripon; voleur adroit.

Escroquer, enlever par adresse, voler, subtiliser par fourberie.

Escroquerie, action d'escroquer, vol, friponnerie.

Décrocher, détacher, ôter ce qui est accroché.

Décrochoir, outil pour décrocher.

CROCODILE, sorte de quadrupède ovipare, amphibie, du genre lézard, revêtu d'écailles et très-féroce. Du lat. *crocodilus*, fait du gr. *krokodeïlos*, dérivé, dit-on, de *krokos*, safran, et de *deïlos*, qui craint, parce qu'on prétend que cet animal redoute l'odeur du safran.

Crocodilium, sorte de plante cynarocéphale.

CROCUS, le safran, sa fleur. Du lat. *crocus*, dér. du gr. *krokos*.

Crocote, habillement des anciens, de couleur de safran. *Crocota*.

CROIRE, juger vrai, penser, estimer véritable, présumer, ajouter foi. Du lat. *credere*, qui, outre cette signification, a celle de confier, livrer, prêter.

Crédibilité, motif, raison pour croire; degré de croyance.

Crédit, réputation, croyance de solvabilité et d'exactitude à payer. *Creditum*.

Créditer, inscrire une dette au crédit d'un compte; prêter à crédit.

Créditeur, créancier; inscrit au registre d'un banquier pour une somme plus ou moins forte. *Creditor*.

Créance, action de confier, de prêter; titres, preuves qui doivent faire croire; mission diplomatique; crédit; somme due par le débiteur au créancier; écrit qui prouve, constate le prêt du créancier; croyance ferme, constante et entière. *Creditum*.

Créancier, *créancière*, celui à qui l'on doit de l'argent et qui est dépositaire de créance; celui qui a confié, prêté de l'argent à quelqu'un moyennant intérêt. *Creditor*.

Credo, prière dite le Symbole des Apôtres, qui commence par le mot latin *Credo*.

Crédulité, facilité à croire sans examen, sur un léger fondement. *Credulitas*.

Crédulement, avec crédulité.

Crédule, qui croit facilement les choses les plus absurdes. *Credulus*.

Croyable, qui peut ou qu'on doit croire. *Credibilis*.

Croyance, sentiment, opinion, ferme persuasion; ce qu'on croit en matière religieuse; ensemble des vérités qu'on croit.

Croyant, doué d'une crédulité parfaite; qui a de la foi.

Accréditer, mettre en crédit, en réputation; donner du crédit.

Accroire (en faire); faire croire ce qui n'est pas; tromper quelqu'un en lui présentant comme vraies des choses fausses.

Décroire, ne pas croire, ne pas ajouter-foi.

Décréditer, ôter, faire perdre le crédit, la considération.

Décréditement, action de décréditer.

Discrédit, diminution, perte du crédit.

Discrédité, qui est tombé dans le discrédit.

Discréditer, nuire à la réputation, faire perdre le crédit.

Incrédibilité, motif pour ne pas croire.

Incrédule, qui ne croit pas ou qui croit difficilement.

Incrédulité, répugnance, difficulté à croire.

Incroyable, qu'on ne peut croire, qui ne mérite point de foi.

Incroyablement, d'une manière incroyable.

Mécréant, qui ne croit pas; incrédule en matières religieuses.

Mécroire, ne pas croire, ne pas ajouter foi.

Recréance, jouissance provisoire du revenu d'un bénéfice en litige; lettre de rappel d'un ambassadeur.

Recrédentiaire, qui a la recréance d'un bénéfice.

Recroire, se dégager, se délasser.

CROITRE, devenir plus grand, augmenter, multiplier, se répandre. Du lat. *crescere*.

Croissance, action de croître et d'augmenter.

Croissant, qui croit; qui augmente; figure de la nouvelle lune, qui croit jusqu'à son plein. *Crescens*.

Crément, augmentation des syllabes d'un mot aux temps et aux cas; accroissement de terrain sur les rives, les rivages.

Crescendo, en renflant, augmentant le son.

Cresson, la cardamine, herbe antiscorbutique de la famille des crucifères, bonne à manger, qui croit dans les eaux vives. De *crescio, crescionis*. Charles Estienne, dans son traité *de Re hortensi*, dit : *Nostri cressionem à crescendi celeritate appellant* du cresson; en allem. *kressen*.

Cressonnière, lieu où croit le cresson.

Cresson alénois, le nasitor, herbe potagère des jardins. D'*à crescendo*, et alénois, d'*ab alendo*.

Croît, accroît, augmentation du nombre des bestiaux par les portées.

Crétine, inondation, excès d'eau; alluvion. De *cretum*, part. de *crescere*.

Cru, territoire où il croit quelque fruit.

Crue, augmentation, croissance.

Accroissement, augmentation, multiplication.

Accroître, augmenter, devenir plus grand.

Accrue, augmentation d'un état.

Décroissement, cessation de croître, diminution.

Décroître, diminuer, cesser de croître.

Excroissance, portion informe et superflue de chair, qui survient aux corps animaux ou végétaux.

Recroître, prendre une nouvelle croissance.

Recru, pousse de bois après la coupe.

Recrue, levée de nouveaux soldats; soldat de cette levée; action de les lever.

Recruter, faire des recrues. Dans une lettre à son fils, en date du 15 novembre 1691, Racine fait observer que ce verbe n'étoit pas encore admis dans le beau langage, et en blâme l'emploi.

Recrutement, action de recruter.

Recruteur, qui fait des recrues.

Surcroître, croître, s'accroître trop, en parlant des chairs.

Surcroissance, ce qui croit au corps par-dessus la nature.

Surcroit, augmentation, abondance.

CROIX, sorte d'ancien gibet; instrument de supplice chez les anciens, composé de deux solives assemblées à angles droits. Du lat. *crux*. Constantin, par respect pour ce signe du salut des hommes, défendit le supplice de la croix dans toute l'étendue de l'empire romain.

Croisade, entreprise des souverains de l'Europe dans les XIe, XIIe et XIIIe siècles, ainsi dite de ce que chaque combattant portoit une croix sur ses habits.

Croisé, nom des individus qui allèrent à la croisade.

Croisé, entrelacé, qui est en forme de croix.

Croisée, fenêtre, ouverture dans un

bâtiment pour donner du jour, parce qu'elles étoient faites en forme de croix au milieu de leur ouverture.

CROISEMENT, action d'unir, d'entrelacer en forme de croix, et de croiser les races.

CROISER, disposer en forme de croix; couper, traverser; aller et venir en traversant un même espace, sans s'écarter d'un parage.

CROISETTE, petite croix; plante dont les feuilles sont disposées en forme de croix.

CROISEUR, officier de marine dont le vaisseau est en croisière. *Cruciarius*, qui, chez les Romains, désignoit l'homme digne du supplice de la croix, celui qui y étoit attaché.

CROISIÈRE, étendue de mer dans laquelle les vaisseaux croisent; chasse donnée à l'ennemi.

CROISILLE, instrument de cordier fait en forme de croix.

CROISILLON, traverse d'une croix ou d'une croisée.

CROISOIRE, instrument pour faire des croix.

CROISURE, tissure d'une étoffe croisée.

CREUTZER, monnoie de la Suisse et de l'Allemagne, sur laquelle est représentée une croix.

CRUCIADE, bulles du pape au sujet des croisades et au roi d'Espagne pour lever les décimes.

CRUCIAL, en forme de croix. *Crucialis*.

CRUCIFÈRE, colonne posée dans un cimetière, et qui soutient la croix. Formé de *crux, crucis*, et de *fero*, je porte. On le dit aussi d'une famille de plantes dont la corolle présente l'image d'une croix.

CRUCIFIÉ, qui a été mis en croix.

CRUCIFIEMENT, action de crucifier, supplice de la croix.

CRUCIFIER, supplicier en attachant sur la croix. *Crucifigere*, formé de *crux, crucis*, et de *figere*, attacher.

CRUCIFIX, croix sur laquelle le Christ est attaché. *Crucifixus*, formé de *crux, crucis*, et de *fixus*.

CRUCIFIXION, action de crucifier.

CRUCIFORME, plantes comprises dans la cinquième classe du système de Tournefort. Formé de *crux, crucis*, et de *forma*, forme.

CRUZADE, monnoie portugaise sur laquelle est une croix.

ENCROUÉ, arbre embarrassé dans les branches d'un autre par sa chute.

RECROISETÉ, croix terminée par d'autres croix.

CROTALE, tambour de basque; petites cymbales en bronze à l'usage des prêtres de Cybèle; le serpent à sonnettes, dont la queue est terminée par des espèces de grelots de corne, qui font du bruit quand il rampe. Du lat. *crotalum*, fait du gr. *krotalon*, castagnette, instrument qui fait du bruit; dér. de *krotéō*, je frappe, je fais du bruit.

CROTALAIRE, plante originaire d'Asie; les enfants des Indiens aiment à jouer avec ses rameaux lorsqu'ils sont chargés de fruits: le bruit que font les gousses en s'entrechoquant leur sert d'amusement. De *crotalum*.

CROTAPHITE, muscle des tempes qui relève la machoire inférieure. Du gr. *krotaphos*, tempe.

CROULEMENT, écroulement, onomatopée du retentissement sourd et profond des murailles qui s'affaissent, qui s'ébranlent, et qui tombent. On le fait venir de l'ital. *crollare*, dérivé du gr. *krouéin*, pousser, agiter, secouer.

CROULER, écrouler, tomber en s'affaissant.

CROULANT, qui croule.

CRÔLEMENT, grolement, tremblement spasmodique de la tête, qui a lieu chez les vieillards et chez ceux qui sont sujets aux affections nerveuses.

CROUPE, toute espèce de chose arrondie; cime de montagne; derrière du corps; derrière du cheval. De l'all. *grob, grub*, gros, épais.

CROUPÉ, qui a une croupe.

CROUPETONS (à), d'une manière accroupie.

CROUPADE, saut du cheval, qui se fait lorsqu'il lève la croupe.

CROUPIADER, mouiller en croupière.

CROUPIAT, nœud qu'on fait sur le câble.

CROUPIER, qui est assis sur la croupe; associé d'un joueur; celui qui partage l'usure avec un prête-nom.

CROUPIÈRE, longe de cuir attachée derrière la selle, qui passe sur la croupe du cheval; câble qui arrête un vaisseau par son arrière, pour le faire croupir.

Croupion, petite croupe; bas de l'échine. On le dérive du lat. *uropygium*.

Croupir, se corrompre faute de mouvement; être oisif; ne pas rouler, rester sur le croupion. Ménage le dérive du lat. *scrobs, scrobis*. Voy. Creux.

Croupissant, qui croupit, qui ne change pas de place.

Croupon, cuir tanné dont il ne reste que la croupe.

Accroupir (s'), poser la croupe sur les talons; s'asseoir par terre.

Accroupissement, état d'une personne accroupie.

CROUTE, * *crouste*, partie solide et extérieure du pain, qui en couvre la mie; surface qui se forme sur une plaie; tout ce qui s'endurcit sur la surface de telle chose que ce soit; mauvaise peinture; tableau dur à l'œil comme une croûte. Du lat. *crusta*, en it. *crusca*.

Croustille, *croûtelette*, petite croûte, morceau de pain qui craque sous la dent. *Crustulum*.

Croustiller, manger des croustilles.

Croustilleux, un peu plus que gai; chose qui fait rire, qui fait plaisir; comme une croûte quand on a faim. *Crustosius*.

Croustilleusement, d'une manière libre, gaie.

Croutier, *croûton*, mauvais peintre.

Crouton, grosse croûte de pain, l'entamure.

Crustacé, animal couvert d'une croûte en écaille d'une seule pièce, ou de plusieurs anneaux consécutifs; poisson revêtu de cette écaille. *Crustaceus*, fait de *crustâ tectus*.

Écrouter, ôter la croûte du pain.

Encrouter, enduire, couvrir de croûte.

Gaufre, sorte de pâtisserie qui craque sous les dents comme une croûte. De la bass. lat. *gafrum*, fait de *crustulum*; en all. et en flam. *wafel*; en angl. *wafre*. Vossius, et d'après lui Ménage, se sont parfaitement rencontrés dans cette étymologie.

Gaufrier, instrument de fer avec lequel on fait les gaufres.

Gaufre, instrument propre à friser les étoffes: ainsi dit de sa ressemblance avec le gaufrier.

Gaufrer, friser les étoffes.

Gaufrure, empreinte gaufrée; action de gaufrer.

Gaufreur, *gaufreuse*, ouvrier qui gaufre les étoffes.

Incrustation, application d'un corps sur une surface pour l'orner; croûte cristallisée; formation de croûtes, d'escarres sur les plaies dans la petite vérole. *Incrustatio*.

Incruster, appliquer sur ou contre une surface pour l'orner; former une croûte. *Incrustare*.

CRU, qui n'est pas cuit, qui n'est pas préparé; qui est sans ménagement, qui est trop libre. Du lat. *crudus*, fait de *cruor*, sang.

Crudité, qualité des choses crues; propos trop libre. *Cruditas*.

Crument, d'une manière crue, sans ménagement.

Cruauté, action cruelle; inclination à répandre le sang, à faire souffrir ou à voir souffrir. *Crudelitas*, en ital. *crudeltà*.

Cruel, inhumain, sanguinaire, qui aime à faire souffrir ou à voir souffrir. *Crudelis*.

Cruellement, avec cruauté. *Crudeliter*.

Cruorique, acide tiré des caillots du sang. De *cruor*, sang caillé.

Écru, qui n'a point été préparé à l'eau bouillante.

Décruer, lessiver le fil cru avant la teinture.

Décruement, action de décruer.

Décruser, mettre des cocons dans l'eau bouillante pour en tirer la soie.

Décrusement, action de décruser.

Cruche, vase de terre ou de grès à anse, large ventre et col étroit; sot, stupide. De l'all. *krug*, d'où le flam. *cruycke*, et l'angl. *cruse*.

Cruchée, plein une cruche.

Cruchon, petite cruche.

Crucherie, sottise, stupidité, bêtise, niaiserie.

Crupellaire, soldat romain couvert en entier d'une armure de fer; les Gaulois avoient des gladiateurs qu'ils habilloient de cette manière. Du lat. *crupellarius*, dérivé du gr. *kruptô*, je cache.

CRURAL, muscle, artère, veine de la cuisse et de la jambe. Du lat. *cruralis*, fait de *crus, cruris*, la jambe.

CRYPTE, grotte, souterrain; fosse pratiquée dans une église, où l'on enterroit les morts; partie solide présentant un orifice en forme de petite fosse; follicule glanduleuse qui la ferme. Du lat. *crypta*, fait du gr. *kruptô*, lieu souterrain; formé de *kruptô*, je cache.

CRYPTOBRANCHE, poisson osseux à membranes aux branchies. De *kruptos*, secret, caché, inconnu, et de *bragchia*, ouïes. *Voy.* BRANCHIES.

CRYPTOCÉPHALE, le gribouri, insecte dont la tête est cachée sous le corselet. De *kruptos*, et de *képhalé*, tête.

CRYPTOCÈRE, genre d'insectes hyménoptères, dont les cornes ou antennes sont cachées en partie dans une rainure de chaque côté de la tête. De *kruptos*, et de *kéras*, corne.

CRYPTOGAME, classe de plantes dont les organes sexuels sont cachés, douteux ou peu connus. De *kruptô*, je cache, et de *gamos*, noces, mariage.

CRYPTOGAMIE, classe des végétaux cryptogames, à fructification ou reproduction inconnue.

CRYPTOGRAPHIE, sténographie, l'art d'écrire d'une manière inconnue à tout autre que celui qui l'écrit. De *kruptos*, et de *graphô*, j'écris.

CRYPTOGRAPHIQUE, de la cryptographie.

CRYPTOMÉTALLIN, fossile qui contient intérieurement beaucoup de métal. De *kruptos* et de *métallon*, métal.

CRYPTOPORTIQUE, galerie voûtée sous terre pour se mettre à l'abri de la chaleur; décoration de l'entrée d'une grotte. Du lat. *cryptoporticus*.

CRYPTOPYIQUE, maladie, douleur causée par un amas de pus. De *kruptos*, et de *puon*, pus.

GROTTE, antre, caverne naturelle ou factice. De l'ital. *grotta*, fait du lat. *crypta*.

GROTESQUE, sorte de peintures bizarres et ridicules, appelées par les Italiens *grottesche*, parce qu'elles ont été trouvées dans des grottes antiques. Ce fut le Morto, peintre célèbre, natif de Feltri, qui, à l'imitation de ces peintures anciennes, peignit le premier des grotesques; de là, ce mot fut employé pour quelque chose de ridicule, d'extravagant, de bizarre dans la mise, le discours, et dans les personnes; les Espagnols disent *brutescon*.

GROTESQUEMENT, d'une manière grotesque, ridicule, extravagante.

CUBE, solide régulier terminé par six faces égales et carrées; produit du carré d'un nombre multiplié par ce nombre. Du lat. *cubus*, fait du gr. *kubos*, dé à jouer.

CUBATION, action de cuber, de mesurer la solidité des corps.

CUBATURE, méthode pour cuber ou trouver le cube.

CUBER, réduire en cube; élever au cube.

CUBIQUE, carré en tous sens; qui appartient au cube.

CUBOÏDE, l'un des os du tarse, ainsi dit de ce qu'il a six faces comme le cube. Du gr. *kubos*, et d'*eidos*, forme, ressemblance.

CUBISTIQUE, art de sauter sur la tête, de faire la culbute; l'un des trois genres de la danse des anciens. Du gr. *kubistaô*.

CUIDER, penser, croire, présumer, estimer, imaginer. Du lat. *cogitare*.

CUIDANCE, *cuider*, imagination, présomption, pensée, croyance, avis, sentiment. Barbazan pense que les mots *cuidance*, *cuider*, étant une croyance incertaine ou une présomption, viennent du lat. *quidam*, dont on auroit fait le verbe et le substantif.

OUTRECUIDANCE, présomption, témérité. D'*ultra* et de *cogitatio*.

OUTRECUIDANT, *outrecuidé*, présomptueux, téméraire.

CUILLER, *cuillère*, ustensile pour manger le potage, les liquides, ou les servir. Du lat. *cochlear*, fait du gr. *kochlos*, *kochliarion*, sorte de coquille et de mesure ancienne. Les premières cuillers ont été des coquilles.

CUILLER, *cuillier*, coquille longue; sorte de poisson à têt dur; l'oiseau du genre héron, appelé spatule, ainsi dit de la forme de son bec.

CUILLERÉE, plein une cuiller. *Cochlearium*.

CUILLERON, le creux de la cuiller; pétale en cuiller.

COCHLÉARIA, l'herbe aux cuillers, sorte de plante crucifère, ainsi dite de la forme de ses feuilles. Du gr. *kochliarion*.

COCHLIARION, mesure de liquides chez

les Grecs, laquelle valoit la moitié du petit chême.

CUIR, la peau des animaux lorsqu'elle est tannée. Du lat. *corium*.

CORIACE, dur comme le cuir. *Coriaceus*.

CORIACÉ, semblable au cuir; qui en a la consistance.

CORIAIRE, bon pour tanner.

CORROI, apprêt, préparation du cuir.

CORROYER, apprêter le cuir, lui donner le dernier apprêt.

CORROYEUR, ouvrier qui corroie les cuirs. *Coriator* pour *coriarius*.

COURROIE, lien de cuir; cordon pour attacher les souliers. *Corrigium, corrigia*.

CUIRASSE, armure qu'on fit d'abord de cuir et ensuite de fer, laquelle enveloppe le corps.

CUIRASSÉ, qui porte la cuirasse.

CUIRASSIER, cavalier revêtu de la cuirasse.

ENCUIRASSÉ, bien cuirassé; incorrigible; dont on ne peut rien tirer, rien obtenir.

ENCUIRASSER (s'), se couvrir d'une cuirasse épaisse.

ÉCORCHER, ôter, déchirer la peau, le cuir d'un animal; s'enlever un peu la peau; faire payer trop cher. D'*excorticare*, fait de *cortex*, écorce, dont les Italiens ont fait *scorticare*. Caseneuve le dérive de *scortum*, cuir, et d'autres d'*excoriare*, qui paroît être la véritable étymologie.

ÉCORCHÉ, figure d'homme ou d'animal dépecée pour montrer les veines, les muscles.

ÉCORCHERIE, lieu où l'on écorche les animaux; hôtellerie où l'on fait payer trop cher.

ÉCORCHEUR, équarrisseur, qui écorche les bêtes mortes; hôtelier, marchand qui fait payer trop cher.

ÉCORCHURE, enlèvement partiel et superficiel de la peau; endroit de la peau écorchée.

ÉCORCE, le cuir, la peau; l'enveloppe extérieure du corps et des racines des végétaux; enveloppe dure de quelques fruits; superficie, apparence.

ÉCORCER, ôter, enlever l'écorce. *Excorticare*.

CORTICAL, qui appartient à l'écorce; qui environne en forme d'écorce.

DÉCORTICATION, *décortification*, *écorcement, excortiation*, action d'enlever l'écorce, la peau, l'enveloppe naturelle.

EXCORIER, écorcher, s'écorcher la peau, une membrane.

EXCORIATION, écorchure de la peau seule.

ESCOURGÉE, fouet de courroies de cuir.

ESCOURGEON, lanière de cuir.

CUIRE, préparer par le feu; causer la cuisson; sentir une douleur âpre et aiguë. Du lat. *coquere, coquinare*.

CUISANT, facile à cuire; douleur âpre, aiguë. De *coctivus*.

CUISINE, lieu où l'on cuit les mets; manière de les apprêter. *Coquina* pour *culina*.

CUISINER, faire cuire, apprêter les mets. *Coquinare*.

CUISINIER, *cuisinière*, qui fait la cuisine. *Coquus, coqua*, en angl. *cook*.

CUISTRE, valet de cuisine d'un collége; pédant. De la bass. lat. *coquister*, fait de *coquus*.

CUISSON, action de cuire ou de faire cuire; douleur cuisante. *Coctura*.

CUIT, qui a été soumis à l'action du feu. *Coctus*.

CUITE, cuisson de tuiles. *Coctura*.

CULINAIRE, art de la cuisine. *Culinaria res*.

COCTION, cuisson; action de faire cuire dans un liquide.

CONCOCTION, digestion dans l'estomac; élaboration des humeurs.

DÉCOCTION, bouillon de plantes médicinales et de drogues; sa cuisson. De *decoctio*, fait de *decoctum*.

DÉCUIRE, rendre le sirop plus liquide lorsqu'il est trop cuit.

BISCUIT, pain cuit deux fois; pâtisserie légère, aux œufs et au sucre; porcelaine recuite, d'un blanc mat; teinture fausse. De *bis-coctus*.

BISCOTIN, petit biscuit rond, fort dur.

COQUIN, homme qui va mendier ce qui reste dans les cuisines; fripon, voleur, débauché.

COQUINAILLE, troupe de coquins.

COQUINERIE, action de coquin.

ACOQUINANT, qui invite à la paresse.

ACOQUINER (s'), s'attacher trop à la cuisine; inviter à la paresse; s'accoutumer trop.

GUEUX, corrompu de *queux*, coquin, réduit à mendier et à demander les restes des cuisines ; indigent, misérable.

GUEUSAILLE, troupe de gueux.

GUEUSANT, qui gueuse actuellement.

GUEUSE, pièce de fer fondu, non purifiée ; prostituée.

GUEUSER, demander la charité, mendier.

GUEUSERIE, action de gueux ; indigence avec bassesse.

GUEUSAILLER, faire le métier de gueux.

QUEUX, cuisinier ; artiste culinaire d'un navire. *Coquus*.

RECUIRE, cuire de nouveau ; cuire une seconde fois.

RECUISSON, action de recuire.

RECUIT, cuit une seconde fois.

RECUITE, opération de recuire ; lait recuit dans une coquille, sorte de petit fromage qui se sert ainsi à Lyon.

RECUITEUR, officier de monnoies, pendant son apprentissage.

CUISSE, partie du corps de la hanche au jarret, ou de l'aine au genou. Du lat. *cossa*, dit pour *coxa*.

CUISSARD, ancienne armure de la cuisse.

CUISSOT, cuisse d'une bête fauve.

ÉCUISSER, rompre une branche en taillant ou en replantant un arbre.

CUIVRE, métal rougeâtre, brillant, sonore, dur, fusible et malléable. Du lat. *cuprum*, fait du gr. *kupros*, nom de Vénus et de l'île de Chypre, abondante en cuivre, métal consacré à la déesse, parce que les anciens tiroient ce métal de l'île de Chypre, également consacrée à Vénus. Les Grecs l'appeloient *chalkos kuprios*, cuivre de Chypre, et les Latins *œs cyprium*.

CUIVRER, imiter la dorure avec du cuivre en feuille.

CUIVRETTE, anche de cuivre pour le basson.

CUIVREUX, de couleur de cuivre.

CYPRINE, *cypris*, surnom de Vénus, déesse de l'île de Chypre.

CUL, partie postérieure du corps humain et de plusieurs animaux, comprenant les fesses et l'anus ; le fondement ; partie inférieure, fond de plusieurs choses. Du lat. *culus*, fait du gr. *kouleos* pour *koleos*, gaîne, fourreau.

CULAIGNON, le cul ou le fond d'un filet pour la pêche.

CULASSE, partie de derrière d'une arme à feu.

CULBUTE, saut fait cul par-dessus tête.

CULBUTER, buter du cul ; renverser quelqu'un cul par-dessus tête ; faire tomber. De *cul* et de *buter*, dans le sens de broncher. *Voy*. BUT.

CULBUTIS, amas confus de choses culbutées.

CULE, action de culer.

CULÉE, masse de pierre qui soutient la voûte de la dernière arche d'un pont et qui résiste à toute sa poussée.

CULER, aller en arrière.

CULERON, partie de la croupière sur laquelle pose la queue du cheval, entre le *cœcum* et le *rectum*.

CULIER, boyau qui se termine à l'anus.

CULIÈRE, sangle de cuir sous la queue du cheval, pour retenir la selle.

CULOT, le dernier né ou éclos ; reste au fond d'un creuset après la fusion.

CULOTTE, vêtement d'homme qui cache depuis la ceinture jusqu'aux genoux.

CULOTER, mettre en culotte, mettre sa culotte.

CULLAGE, *culliage*, droit de prélibation. Les seigneurs, suzerains ou souverains avoient établi, au temps de l'affreuse féodalité, divers droits honteux, injustes et révoltants à l'égard des mariages. Tels étoient les droits connus sous le nom de *jambage*, de *cuissage*, et de *cullage* ou de *culliage*, qui doit seul nous occuper. En vertu de ce droit, le seigneur, selon son bon plaisir, couchoit la première ou les trois premières nuits des noces avec la nouvelle épousée. Ragneau, *Glossaire du droit françois*, revu par de Laurière, rapporte un procès-verbal dressé par Me Jean Fragnier, auditeur des comptes, le 7 avril 1507, pour l'évaluation du comté d'Eu, tombé en la garde du roi pour la minorité des enfants du comte de Nevers et de Charlotte de Bourbon, sa femme, dans lequel, au chapitre des revenus de la baronie de Saint-Martin-le-Gaillard, dépendante dudit comté, se trouve l'article suivant : *Idem, a ledit seigneur audit lieu de Saint-Martin droit de cullage quand on se marie.*

Buchanan, ɪᴠᵉ livre de son Histoire,

prétend que cette coutume fut introduite par Even, roi d'Écosse, et abolie par Malcolm III; enfin, que les nouveaux mariés étoient affranchis de cet infâme tribut par une prestation appelée *marcheta*, que Buchanan dit avoir été *dimidiata argenti marcha*, c'est-à-dire la moitié d'un marc d'argent, qui étoit de dix sols, le marc d'argent formant une livre de vingt sols, comme on l'a vu au mot BESAN, et non pas par un nombre de vaches, comme le dit Jean Skoenus, qui dérive le mot *marcheta* de l'allem. *mark*, cheval. Ce droit eût alors été exorbitant s'il eût fallu donner plusieurs vaches pour s'en affranchir. Ragneau ajoute que le juste et violent ressentiment des maris blessés, dans la pudeur de leurs femmes, avoit été cause de ce changement.

L'histoire de Savoie fait voir que les seigneurs de Prelley et de Parsanni, en Piémont, jouissoient d'un droit pareil, appelé *cazzagio*, dont les vassaux ayant demandé la commutation, le refus les porta à la révolte; ils se donnèrent à Amé VI, quatrième comte de Savoie.

Les sieurs de Souloire étoient autrefois fondés en pareil droit; l'ayant omis en l'aveu rendu au seigneur de Montlevrier, seigneur suzerain, cette omission donna matière à un débat, comme de défectuosité, et par acte du 15 septembre 1707 il y renonça précisément. Ces droits ignobles et exorbitants furent convertis en prestations modiques.

Au chap. XVI du IXe livre de l'Histoire de Chastillon, se voit un accord entre Guy de Chastillon, seigneur de la Fère, en Tardenois, et la communauté des habitants. Ces derniers remontroient qu'ils étoient obligés à de grandes servitudes et devoirs, entre autres pour le droit des mariages des enfants au jour des épousailles d'iceux, outre les cent sols tournois qu'ils, et chacun d'eux qui se marioient, étoient obligés de payer, ce qui leur apportoit grande perte; même étoit cause que lesdits enfants, étant en âge de marier, ne trouvoient pas d'aussi bons partis comme ils auroient dû, ni si avantageusement. Le seigneur les décharge desdits devoirs et servitudes de mariage de leurs enfants et des cent sols dus par les mariés au jour de leurs épousailles, à la charge, et non autrement, que tous les habitants, leurs hoirs et successeurs, seront tenus à perpétuité d'aller eux-mêmes en personne, si grieve maladie ne les empêchoit, avec armes défensives, faire guet et garde, tant de jour que de nuit, en son chastel et place forte dudit Fère, toutes et quantes fois que besoin en sera et qu'il leur sera enjoint par ledit seigneur ou sergents commandants audit chastel.

Par arrêt du Parlement du 19 mars 1409, obtenu et poursuivi par les habitants et échevins d'Abbeville, défenses furent faites à l'évêque d'Amiens d'exiger argent des nouveaux mariés, pour leur donner congé de coucher avec leurs femmes la première, seconde et troisième nuit de leurs noces, et dit que chacun desdits habitants pourra coucher avec sa femme la première nuit de ses noces sans congé de l'évêque. L'Histoire de Gand, page 523, contient l'affranchissement des diverses personnes, par Hugues Chastelain, de Gand, de l'an 1251. *Ita quod singulis annis in festo beati Bertulphi duos denarios de capite, sex de matrimonio et duodecim de morte persolvant.*

Il est à remarquer que lorsque cette infâme coutume fut supprimée et que le droit du seigneur de coucher avec la nouvelle mariée fut aboli, ce que l'on payoit portoit toujours le nom de droit de *cullage*.

COLON, le second et le plus gros des intestins. Du lat. *colon*, *colum*, dérivé du gr. *kóluō*, j'arrête, parce que les excréments s'arrêtent long-temps dans ses replis.

COLIQUE, douleur plus ou moins aiguë, qui cause des tranchées dans le colon, le bas-ventre. De *kólokos*, dérivé de *colon*.

ACCUL, lieu étroit sans issue; petite anse de mer; piquet pour retenir le canon qui recule.

ACCULEMENT, courbure des varangues d'un vaisseau.

ACCULER, pousser dans un coin où l'on ne peut plus reculer.

BOUSCULER, renverser, mettre sens dessus dessous; pousser en tous sens.

ÉCULER, fouler le quartier de derrière des souliers en marchant.

RECULER, tirer, pousser en arrière,

aller en arrière; éloigner, retarder. De la particule *re* pour *retro*, en arrière, et de *culum*, cul, derrière.

Recul, mouvement en arrière d'un canon que l'on décharge.

Reculade, reculement, reculée, action de reculer.

Reculé, éloigné des lieux, du temps où l'on est.

Reculée, feu qui, par son ardeur, force à se reculer.

Reculons (à), en reculant.

CULMINANT, point d'un astre le plus élevé sur l'horizon. *Culminans*.

Culmination, moment du passage d'un astre par le méridien. *Culminatio*.

Culminer, passer par le méridien.

CULTE, hommage, honneur; attachement; honneur qu'on rend à la divinité. *Cultus*, fait de *colere*, honorer, cultiver, prendre soin.

Cultiver, travailler, défricher, entretenir, donner des soins; vouer un culte. De la bass. lat. *cultivare*, fait de *cultum*, supin de *colere*, labourer, soigner.

Cultivable, propre à la culture, qui peut être cultivé.

Cultivateur, laboureur; celui qui cultive. *Cultor*.

Culture, art de cultiver. *Cultura*.

Cultivation; action de cultiver.

Accoutrer, ajuster, arranger, habiller, orner, parer. Du lat. *cultura*, précédé de l'augm. *ad*.

Accoutrement, ajustement, habillement.

Inculte, sans culture, qui n'est pas cultivé. *Incultus*.

Inculture, état de ce qui est inculte.

Colon, cultivateur, habitant des colonies. *Colonus*.

Colonie, peuplade qui s'est transportée sur une terre étrangère pour la cultiver. De *colere*.

Colonial, des colonies; ce qui les concerne.

D'où les noms propres Cologne (*Colonia Agrippinensis*), Colon, Cologna.

CUMIN, plante ombellifère à graine digestive, d'une odeur très-forte. Du lat. *cuminum*, fait du gr. *kuminon*, dér. de l'hébr. *cammoun*, *cammaoun*.

CUPIDE, désireux, avide de richesses. Du lat. *cupidus*, de *cupire*, désirer.

Cupidité, convoitise, désir ardent et immodéré de richesses; concupiscence,
avidité de l'or. *Cupiditas*, fait de *cupio id*, je désire cela. *Cupio*, selon Jauffret, est formé de *capio*, prendre, saisir.

Cupidon, l'Amour, le fils de Vénus; enfant charmant. *Cupido*, également formé de *cupio id*.

CURER, avoir soin; tenir propre; nettoyer quelque chose de creux; purger par la cure; faire la cure d'un mal. Du lat. *curare*.

Curable, que l'on peut nettoyer, guérir; mal qui peut être guéri.

Curage, action de curer, de nettoyer, de rendre propre.

Curateur, administrateur judiciaire des biens d'un mineur émancipé, d'un majeur interdit, d'une succession vacante, etc. *Curator*, chargé d'un service.

Curatelle, charge et pouvoir de curateur.

Curatif, remède propre à guérir.

Curation, traitement d'une maladie, d'une plaie, d'une blessure. *Curatio*.

Curatrice, femme investie d'une curatelle.

Cure, guérison, traitement, pansement; soin qu'on prend d'un malade; remède pour guérir; bénéfice, fonctions, logement d'un curé; conduite spirituelle d'une paroisse. De *cura*, soin, souci, besoin.

Curé, prêtre chargé de l'administration d'une paroisse; pourvu d'un bénéfice qui l'oblige de soigner l'âme et de guérir les plaies spirituelles. De *curatus* pour *curator*; d'autres le dérivent de *curio*.

Curette, nom de divers instruments, pour nettoyer, débarrasser, rendre propre.

Cureur, qui cure, qui nettoie.

Curial, droit, fonction qui concerne une cure, un curé.

Curoir, bâton pour débarrasser les instruments aratoires de la terre qui s'y attache.

Curures, ordures tirées d'un endroit qui a été nettoyé.

Curie, subdivision d'une tribu du peuple de Rome. *Curia*. Romulus établit trente curies, dans lesquelles il fondit ses tribus; celles-ci étant divisées en dix curies, on les appela ainsi du lat. *curare*, avoir soin, parce que chaque curie étoit chargée du soin de certains sacrifices particuliers auxquels le curion qui étoit le chef de la curie, devoit présider. Peut-être aussi ce mot vient-il du soin que ces curies prenoient des affaires publiques.

Curion, prêtre des Romains qui avoit soin des sacrifices et des fêtes particulières à chaque curie. Les curions étoient à peu près semblables aux curés. Chaque curie entretenoit et nourrissoit son curion au moyen des offrandes, des dîmes ou des contributions en argent que chacun leur payoit.

Curieux, possédé de l'envie de voir, de savoir, d'apprendre, de posséder des choses rares et précieuses. Du lat. *curiosus*, chargé d'observer, qui observe avec soin, dér. de *curare*.

Jauffret avance que pour connoître l'étymologie du mot *curieux*, il faut se rappeler que le peuple romain étoit divisé en tribus, et les tribus en décuries ou curies, qui étoient la dixième partie d'une tribu. Chaque tribu, dit-il, étoit présidée par son curion. De là vient le mot *curiosus*, qui désigna d'abord celui qui se mêloit dans les curies, dans les groupes, pour savoir les nouvelles du jour. Cependant les *Curiosi* étoient, dans l'origine, des officiers nommés *Frumentarii*; après leur suppression, ils furent chargés des postes publiques, de la levée des impôts et de la poursuite des criminels qu'ils conduisoient en prison. C'étoit une espèce de maréchaussée, de gendarmerie.

Curiosité, désir immodéré de voir, de savoir, de connoître, d'entendre. *Curiositas*, action d'aller écouter ce qui se disoit dans chaque curie.

Curieusement, avec curiosité, soigneusement. *Curiosè*.

Décurie, troupe de dix soldats sous un chef. *Decuria*, formé de *decem*, dix, et de *curia*.

Décurion, commandant romain d'une décurie.

Écurer, récurer, nettoyer, frotter avec du grès, de la cendre.

Écureur, qui écure, qui nettoie.

Incurable, qui ne peut être guéri.

Incurabilité, état de celui ou de ce qui ne peut être guéri.

Incurie, manque, défaut total de soin.

Incuriosité, manque de curiosité; négligence de s'instruire.

Custode, rideau de lit ou à côté de l'autel; pavillon, couverture sur le ciboire. De *custos*, gardien, surveillant.

Custode, dignité claustrale; moine qui remplace le provincial absent.

Custodie, subdivision de province chez les moines. *Custodia*.

Custodi-nos, confidentiaire qui garde pour un autre un office, un bénéfice.

Cutter, bâtiment anglois à une voile, et armé en guerre. De l'angl. *cutter*, que l'on prononce *côtre*.

Cyathe, mesure des anciens pour les liquides; elle contenoit autant de vin qu'on en pouvoit boire d'un seul trait, c'est-à-dire la douzième partie d'un setier; vase pour verser le vin et l'eau dans les coupes. Du lat. *cyathus*, dér. du gr. *kuathos*.

Cycle, cercle, période; révolution continue et toujours égale d'un certain nombre d'années. Du gr. *kuklos*, cercle, rond. *Voy.* Cercle, p. 136.

Cyclade, mollusque acéphale, fluviatile; sorte de coquille bivalve, de forme ronde.

Cyclades, îles de l'Archipel ou de la mer Égée, ainsi nommées de ce qu'elles sont rangées en cercle autour de l'île de Délos.

Cyclame, *cyclamen*, le pain de pourceau, plante de la famille des lysimachies, ainsi dite de la figure arrondie de sa racine qui est tubéreuse et fort grasse.

Cyclée, sorte de robe, de figure ronde, des anciens, à l'usage des femmes, et particulièrement des actrices; elle étoit ornée d'une bordure d'or qui lui a donné son nom. Du lat. *cyclas*.

Cyclamor, le orle rond, sorte de bordure dans le blason, à l'imitation de celle de la cyclée.

Cyclide, genre d'une dizaine d'espèces de vers infusoires à corps plat et ovale.

Cyclique, des cycles; poète grec qui compose une histoire fabuleuse, des chansons, des poésies fugitives, pour entrer dans une collection.

Cycloïde, courbe en volute circulaire, décrite par un point de circonférence d'un cercle qui roule sur un plan, et inventée par le P. Mersenne. De *kuklos*, et d'*eidos*, forme, ressemblance, qui a une forme circulaire.

Cycloïdal, de la cycloïde.

CYCLOPES, espèce de géants, qui n'avoient qu'un œil rond au milieu du front; ils étoient les compagnons de Vulcain, et habitoient près du mont Etna, où ce Dieu avoit ses forges. Du lat. *cyclops*, composé de *kuklos*, et d'*ôps*, œil.

CYCLOPÉE, sorte de danse pantomime, qui se faisoit à la manière des cyclopes; Horace en fait mention. *Cyclopea.*

CYCLOPÉENNE, architecture des anciens Grecs et probablement des Scythes.

ENCYCLIE, cercle concentrique qui se forme dans l'eau lorsqu'il y tombe un corps. Du gr. *en*, dedans, et de *kuklos*, cercle renfermé dans un autre.

ENCYCLIQUE, circulaire, lettre qu'on écrit à plusieurs personnes, et en différents lieux, pour leur donner le même ordre ou le même avis. *V.* CIRCULAIRE.

ENCYCLOPÉDIE, science universelle; cercle ou enchaînement de toutes les sciences; livre qui en contient l'enseignement. De *kuklos*, et de *paidéia*, science, instruction; dér. de *pais*, enfant.

ENCYCLOPÉDIQUE, qui appartient à l'encyclopédie; qui embrasse toutes les sciences.

ENCYCLOPÉDISTE, qui travaille ou qui a travaillé à l'Encyclopédie.

CYGNE, bel et gros oiseau aquatique, de couleur blanche, de l'ordre des oies et du genre canard. Du lat. *cygnus, cycnus*, fait du gr. *kuknos*.

CYLINDRE, rouleau ou solide géométrique, espèce de prisme rond, dont les deux bases, supérieure et inférieure, sont des cercles égaux. Du lat. *cylindrus*, fait du gr. *kulindros*, rouleau.

CYLINDRER, faire passer sous le cylindre.

CYLINDRIQUE, qui a la forme d'un cylindre. *Cylindraceus.*

CYLINDRACÉ, qui approche de la forme du cylindre.

CYLINDROÏDE, solide semblable au cylindre, mais dont les bases opposées et parallèles sont elliptiques.

CALANDRE, machine pour presser et lustrer les draps, dont tout l'effet dépend d'un cylindre. En bas. lat. *celendra*, du gr. *kulindros*.

CALANDRER, faire passer les étoffes sous la calandre.

CALANDREUR, ouvrier qui calandre.

CALANDRE, petit insecte noir, qui ronge les blés dans les greniers, ainsi dit de sa forme cylindrique.

CYMBALE, instrument de musique en bronze, creux et à manche, formant deux plateaux ou écuelles que l'on frappe l'un contre l'autre. Du lat. *cymbalum*, fait du gr. *kumbalon*, dér. de *kumbos*, cavité.

CYMBALAIRE, plante à fruits en coque imitant une cymbale.

CYPHOME, *cyphose*, courbure contre nature à l'épine du dos. Du gr. *kuphos*, courbé; dér. de *kuptô*, je me courbe.

CYPHONISME, sorte de supplice chez les anciens. Le criminel étant attaché à un poteau ou dans une cage de bois, où il étoit obligé de tenir son corps courbé, on frottoit de miel le patient, puis on l'exposoit au soleil à la piqûre des mouches. De *kuphôn*, poteau courbé.

CYPRÈS, arbre pyramidal toujours vert, qui, chez les anciens, étoit le symbole de la mort. Du lat. *cupressus*, du gr. *kuparissos*. C'est ce qui lui avoit fait donner les noms d'*atra, feralis, invisa, funebris*.

CYTISE, arbrisseau papilionacé, à fleurs ordinairement jaunes. Du lat. *Cytisus*, du gr. *kulison*.

CYZICÉNE, grande salle à manger au nord chez les anciens Grecs; ainsi dite de la ville de Cyzique, en Asie, célèbre par la magnificence de ses édifices. *Voy.* CÈNE.

D

D, quatrième lettre de l'alphabet et troisième consonne; elle se prononce sur la touche dentale et correspond au T; les Latins l'employoient pour L, et pour P avant l'invention de cette lettre. En chiffres romains, le D sert à désigner le nombre 500, et avec un tiret au-dessus D̄, 5000.

DA, * *dea*, particule affirmative ou négative, qui se met après les mots *oui*, *non*, *nenni*, que Trippault dérive de la part. gr. *dé*, sans doute, assurément.

DACTYLE, pied de vers grec ou latin composé d'une longue et deux brèves. Du lat. *dactylus*, fait du gr. *daktulos*, doigt, parce que le doigt, ainsi que le dactyle, se compose d'une partie longue et de deux brèves. *Voy.* DOIGT.

DACTYLIOTHÈQUE, collection de pierres antiques, d'anneaux gravés; baguier, étui à mettre des bagues. De *daktulos*, qui signifie aussi anneau, et de *théké*, étui, armoire, lieu où l'on serre quelque chose; dérivé de *tithémi*, placer, disposer.

DACTYLIOGLYPHE, graveur de cachets en métaux, en pierres précieuses. De *daktulos*, et *gluphô*, graver.

DACTYLIOGRAPHIE, description des pierres gravées. De —, et de *graphô*, je décris.

DACTYLIOLOGIE, connoissance des pierres gravées. De —, et de *logos*, discours; fait de *légô*, je parle. *Voy.* LIRE.

DACTYLIOMANCIE, divination par le moyen de quelques anneaux fondus, sous l'aspect de certaines constellations, et auxquels étoient attachés quelques charmes ou caractères magiques; divination par l'inspection des doigts. De —, et de *mantéia*, divination.

DACTYLOLOGIE, art de converser par des signes faits avec les doigts.

DACTYLIQUE, du dactyle; rhythme à mesure partagée en temps égaux.

DACTYLONOMIE, l'art de compter par les doigts. De —, et de *nomos*, règle, loi.

DATTE, * *dacte*, fruit du palmier, de forme oblongue. Du gr. *daktulos*, doigt, parce que la datte étant ronde et oblongue, ressemble au bout des doigts. *A digitorum similitudine*, dit Isidore, liv. XVIIIe, ch. 7.

DATTIER, * *dactier*, arbre à tronc cylindrique, sans branche, de la famille des palmiers, qui produit les dattes.

DODÉCADACTYLON, le duodénum; intestin qui a environ douze travers de doigt de longueur. De *dôdéka*, douze, et de *daktulos*, doigt.

DIDACTYLE, genre d'animaux qui ont deux doigts à chaque pied. De *dis*, deux fois, et de *daktulos*.

DADA, cheval, monture quelconque dans le langage des enfants; onomatopée du bruit que fait le cheval, en marchant ou en trottant.

DADAIS, *dandin*, *dando*, homme niais, qui marche en se dandinant; homme décontenancé.

DANDINEMENT, action de se dandiner.

DANDINER, balancer niaisement son corps faute de contenance, avoir une démarche mal assurée.

Ces mots, dit Pasquier, dérivent du terme factice *din dan* ou *dan din*, qui exprime le bruit et le mouvement des cloches, parce que la marche d'un *dandin*, d'un niais, qui chemine lentement et au hasard, en ne s'occupant que de choses vaines et communes, représente assez bien le mouvement des cloches ébranlées. Les Anglois expriment le dandinement par le mot *tossing*, qui signifie aussi, agitation, action de secouer; ils désignent un petit-maître par le mot *dandy*, onomatopée par laquelle ils expriment le balancement affecté de son corps.

DADOUQUE, *daduque*, prêtre de Cérès, qui couroit, une torche à la main, dans le temple, en mémoire de ce que la déesse avoit cherché Proserpine, sa fille, avec un flambeau. Du gr. *dadouchos*, porte-flambeau, composé de *das*, torche, et d'*échô*, je tiens, je porte.

DAGUE, sorte d'épée large et courte; espèce de poignard. De l'all. *dagge*, *dagen*, d'où l'it. *dagga*, et l'angl. *dagger*. Barbazan dérive ce mot de *tactus*, part. de *tangere*, parce que cette arme étoit courte, et que l'on touchoit à son ennemi.

DAGUER, frapper d'une dague; s'accoupler en parlant du cerf et de la biche, à cause de la ressemblance du membre du cerf avec une dague.

DAGUES, petites cornes du cerf sans ramures; son premier bois; ainsi dit de sa ressemblance avec une dague.

DAGUET, jeune cerf qui porte son premier bois, et à sa seconde année.

DAIM, quadrupède fauve du genre cerf, plus petit, à bois larges et plats par le bout. Du lat. *dama*.

DAINE, femelle du daim.

DALLE,* *darne*, morceau de telle chose que ce soit; tablette de pierre dure; rouelle, tranche de poisson; pierre à aiguiser; évier, trou, canal par où sort l'eau de la dalle; pierre dure qui sert à aiguiser le fer des faux.

DALOT, canal pour l'écoulement des eaux d'un navire. De l'angl. *deale*, portion; dér. de l'allem. *theil*; qui signifie la même chose; ou plutôt du lat. *talea*, *taleola*, d'où le prov. *dalio*, et l'esp. *hadalla*.

DALLER, parer avec des dalles.

DALMATIQUE, sorte de vêtement à l'usage des Dalmates, de qui les Romains le prirent; sorte de chasuble à l'usage des diacres et des sous-diacres quand ils officient. *Dalmatica vestis*.

DAMAS, étoffe de soie à fleurs, très-forte et à grands dessins; sorte de prune (*voy*. Pline, liv. xv, ch. 13); sabre, lame, acier, d'une trempe excellente; ainsi dit de la ville de Damas, en Syrie, d'où ils ont été apportés. Du lat. *damascus*, du gr. *damaskos*.

DAMASQUETTE, étoffe de soie, or et argent, qui vient du Levant.

DAMASQUINER, incruster de l'or ou de l'argent dans du fer ou de l'acier, à l'imitation des ouvrages fabriqués à Damas.

DAMASQUINE, ouvrage damasquiné.

DAMASQUINERIE, art de damasquiner.

DAMASQUINEUR, celui qui damasquine.

DAMASQUINURE, travail du damasquineur; ouvrage d'une damasquine, ou de ce qui est damasquiné.

DAMASSER, donner la façon de damas aux étoffes, au linge; faire des ornements de vannerie.

DAMASSÉ, fait en façon de damas.

DAMASSEUR, qui travaille le damassé.

DAMASSIN, petit damas, sorte d'étoffe de soie.

DAMASSURE, travail du linge damassé.

DAME, digue d'un canal, revêtue d'un gazon; petit conc en terre laissé pour témoin dans les déblais, les nivellements. Du flam. *dam*, digue.

De là les noms flamands et hollandois *Amsterdam*, digue de la rivière Amstel; *Rotterdam*, digue de la Rotter; *Schiendam*, digue de la Schie, etc. Toutes ces villes ne sont en sûreté contre les inondations que par de nombreuses digues.

DAMELOPRE pour *damelope*, bâtiment avec lequel on navigue sur les canaux en Hollande. *Voy*. DOM.

DAMNER, déclarer quelqu'un digne des peines de l'enfer, l'exclure de la compagnie des justes; tourmenter à l'excès, causer la damnation. Du lat. *damnare*; fait de *damnum*; qu'on écrivoit *dampnum*, que l'on dérive du gr. *dapané*, dépense, ou plutôt de *damnaō* ou *damaō*, je dompte, je soumets : la condamnation ayant pour but de dompter celui qui n'obéit plus aux lois.

DAM, dommage; damnation; mal qu'on éprouve. *Damnum*.

DAMNABLE; pernicieux, abominable; qui mérite la damnation éternelle. *Damnandus*.

DAMNABLEMENT, d'une manière damnable.

DAMNATION, condamnation à l'enfer; punition des damnés. *Damnatio*.

DAMNÉ, qui est en enfer, qui en subit les peines.

CONDAMNER, infliger une peine; donner, rendre un jugement contre quelqu'un; blâmer, improuver, rejeter. Du lat. *condemno*.

CONDAMNABLE, qui mérite d'être condamné.

CONDAMNATION, jugement qui condamne.

DOMMAGE, perte, préjudice, détriment, mal qu'on éprouve ou qu'on cause. De la bass. lat. *damnagium*, formé de *damnum*.

DOMMAGEABLE, nuisible, qui cause du dommage.

DÉDOMMAGER, réparer un dommage, indemniser.

DÉDOMMAGEMENT, réparation d'un dommage, indemnité.

ENDOMMAGER, apporter du dommage; nuire à une chose.

ENDOMMAGEMENT, perte, altérations éprouvées.

DANGER, d'abord :.difficulté, obstacle, crainte, peine, empêchement, contradiction, retard, défense, contestation, traverses. Ensuite : toute chose à laquelle on ne peut toucher qu'à son *dam*, péril, risque; ce qui est ordinairement suivi d'un malheur, d'un accident fâcheux; ce qui expose à un *dam*, à une perte, à un dommage. De *damnarium*, *damnietas*, fait de *damnum*.

DANGEREUX, où il y a du danger; périlleux, qui met en danger; qui est à craindre.

DANGEREUSEMENT, d'une manière dangereuse. *Voy.* DOMPTER.

INDEMNE, dédommagé. *Indemnis*, de *in* et de *damnum*, sans perte.

INDEMNISER, donner un dédommagement.

INDEMNITÉ, dédommagement. *Indemnitas*.

DANOIS, du Danemarck; chien à poils ras, d'une race grande et moucheté, d'origine danoise. *Danicus*.

DANS pour *d'en*, prép. de temps et de lieu; en; selon; avec. Du lat. *in*, ou de *deintus*, pour *intus*.

DEDANS, intérieurement; ici, dans. Composé de *de* et *dans*, qui s'emploie sans être suivi d'un nom, au lieu que *dans* en a toujours un à sa suite.

DANSER, mouvoir le corps en cadence, à pas mesurés; sauter. Saumaise dérive ce verbe du lat. *densare*; Casaubon, du gr. *thiasai*, et d'autres de *thaazô*; Bochard, de l'ar. *tanza* ou *tansar*, fait de *tanaza*, en allem. *dantzen*, en ital. *danzare*.

DANSE, action de danser; mouvement cadencé du corps; bal, salle où l'on danse; réunion de danseurs; manière de danser, air à danser.

DANSEUR, qui danse; qui fait métier de danser.

DANSOMANE, qui a la manie de danser.

DANSOMANIE, passion, manie de la danse.

CONTREDANSE, danse vive et légère, à huit figurants. De l'angl. *country-danses*, branles de campagne.

DAPHNÉ, le laurier, arbrisseau toujours vert, d'un grand nombre d'espèces; la lauréole ou garou, arbrisseau d'agrément, à suc corrosif, dangereux. Du gr. *daphné*, laurier.

DAPHNÉGORIES, fêtes en l'honneur d'Apollon. De *daphné*, et d'*agora*, discours, harangue, hymne, prière; dér. d'*agoréô*, montrer, déclarer, manifester.

DAPHNÉPHAGES, sorte de devins qui mangeoient du laurier. De —, et de *phagô*, je mange.

DAPHNÉPHORIES, fêtes d'Apollon dans lésquelles on portoit des branches de laurier. De —, et de *phérô*.

DAPHNÉPHORE, grand-prêtre d'Apollon, qui portoit une couronne de laurier et qui présidoit aux daphnéphories.

DAPHNÉPHORIQUE, hymne en l'honneur d'Apollon.

DAPHNITE, pierre figurée imitant la feuille du laurier.

DAPHNOÏDES, plantes dicotylédones de la famille des lauriers. De —, et d'*eidos*, figure, forme, ressemblance.

DAPHNOMANCIE, divination par le laurier d'Apollon. De —, et de *mantéia*, divination.

DARD, arme pointue; bâton armé d'un fer aigu, pour lancer avec la main; aiguillon d'insectes, de reptiles; la vandoise, poisson d'eau douce. Du gr. *ardis*, pointe, et non pas du lat. *ardere*, dérivé d'*urere*, brûler; en it. et en esp. *dardo*, en angl. *dart*.

DARDER, lancer un dard, frapper, blesser avec un dard; jeter quelque chose, la pointe en avant; lancer à plomb.

DARDEUR, qui lance un trait, qui harponne.

DARDILLE, queue d'un œillet.

DARDILLER, pousser son dard, parlant des fleurs.

DARDILLON, languette piquante de l'hameçon.

DARIOLE, petite pièce de pâtisserie dont le nom vient de ce que cette espèce de tartelette étoit *riolée*, c'est-à-dire, coupée en différents sens par des bandes de pâte. Dans le XIVe siècle, on les faisoit, soit au fromage soit à la crème.

DARSE, *darsine*, partie d'un port de mer, la plus avancée dans la ville, bordée d'un quai, où l'on met les vaisseaux en sûreté. De l'ital. *darsina*, port de mer; dér. du turck *darcenah*. *Voy.* ARSENAL, p. 43.

DARTOS, muscle cutané, membrane cellulaire du scrotum. Du lat. *dartus*, fait du gr. *dartos*, écorché, dérivé de *dérô*, j'écorche.

DARTRE, maladie cutanée; inflammation aiguë de la peau couverte de pellicules blanches; ulcère à la croupe, à la tête du cheval. Du gr. *dartos*, parce que la dartre fait paroître la peau rouge comme si elle avoit été écorchée, et non du gr. *herpes*, dérivé de *herpô*, je circule, parce que la dartre serpente sur la peau, ni du lat. *ardor*, dérivé d'*urere*, brûler.

DARTREUX, qui a des dartres; de la nature des dartres.

DASIME, pour *dasyme*; sorte de dartre des paupières. Du gr. *dasuma*, fait de *dasus*, rude, épais, dense.

DASYCÈRE, insecte coléoptère, à antennes en massue. De *dasus*, et de *kéras*, corne.

DASYMÈTRE, instrument pour mesurer la densité des couches de l'atmosphère. De *dasus*, et de *métron*, mesure.

DASYPODES, genre d'insectes hyménoptères, dont les pattes sont garnies de poils très-épais. De *dasus*, et de *pous*, *podos*, pied.

DASYURE, famille de quadrupèdes à queue très-velue. De—, et d'*oura*, queue.

DATURE, espèce de stramonium; genre de plante à grandes et belles fleurs en cloche, dangereuse. En lat. *datura*.

DAUBER, battre à coups de poing sur le dos; railler, médire, décrier; faire une daube. Du teuton *dubba*, frapper, que l'on dérive du gr. *tuptô, tupéô*, qui a la même signification. Ce verbe ne vient pas du lat. barb. *dealapare*, fait d'*alapare*, souffleter, qui auroit été fait de *colaphus*, soufflet.

DAUBE, viande cuite à petit feu, dans une sauce de haut goût, parce qu'après avoir été bien battue, elle se macère dans la sauce où elle cuit, et devient fort tendre.

DAUBEUR, railleur, médisant, mauvaise langue.

DAUPHIN, poisson de mer, sorte de cétacée, ennemi de la baleine. Du lat. *delphinus*, dér. du gr. *delphin*, fait de *delphax*, cochon de mer, marsouin, *marinus sus*.

DAUPHINÉ, * *Daufiné*, province de France qui avoit des dauphins pour armoiries.

DAUPHIN, titre des fils aînés des rois de France, anciens seigneurs du Dauphiné. Henri de Valois prétend qu'il faut écrire *daufin* et *Daufiné*.

DAUPHINE, femme du fils aîné des rois de France.

DAVIER, instrument à pince qui sert pour arracher les dents; tenaille de tonnelier. Le Duchat le dér. de l'all. *taube*, pigeon; Ménage pense que *clavier* a été fait de *David*, nom que les menuisiers donnent aux sergents; feu mon ami M. Clavier le tiroit du lat. *clavis*, clef.

DE, préposition de lieu, de temps, de rapport; partitive, extractive, distinctive, désignative, qui indique le rapport entre certaines choses; par; pendant; à cause; depuis; quelque; plusieurs.

DE, *des*, prépositions ablatives, suppressives, qui ôtent; elles s'ajoutent aux verbes simples pour en former des verbes composés, et au moyen desquels ces verbes ont différentes significations.

DÉ, petit solide cube à faces marquées de points, depuis un jusqu'à six, pour jouer. Du lat. *tessera*, sous-entendu *lusoria*, ainsi dit de sa forme carrée; c'est l'opinion de Varron, qui a dit : *Figura est omni latere quadrata, quales sunt tesseræ quibus in alveolo luditur*. Dé là, par analogie, on a appelé *dé*, la partie d'un piédestal entre sa base et sa corniche. *Voy*. DOIGT.

DÉBLATÉRER, déclamer longtemps et avec violence contre quelqu'un. *Deblaterare*.

DÉBLATÉRATION, action de déblatérer.

DÉBLAYER, enlever les terres, débarrasser une place; ôter d'un lieu ce qui empêche, ce qui gêne. Du lat. *debladare*, ôter, enlever le blé.

DÉBLAI, enlèvement de terres, de décombres, pour niveler; débarras.

DÉCENCE, bienséance, honnêteté extérieure, convenance; ce qu'on doit aux autres et à soi-même. *Decentia*, que l'on dérive de *tectus*, toit, couvert; d'où le lat. *decor*, ornement; *decet*, ce qui est montrable.

DÉCENT, conforme à la décence. De *decens*, convenable, bienséant.

DÉCEMMENT, d'une manière décente.

INDÉCENCE, action, propos qui outragent la décence, l'honnêteté. *Indecentia*.

INDÉCENT, qui blesse la décence, la pudeur, la convenance.

INDÉCEMMENT, avec indécence.

DÉCHIRER, * *deschirer*, rompre, mettre en pièces en tirant et sans trancher; émouvoir fortement; outrager par des médisances. Du lat. *scissus*, part. de *scindere*, dér. du gr. *skizô*, couper, trancher; d'où l'all. *scheiden*, *schiren*, partager, couper; l'angl. *shire*, canton, comté, province, et *share*, partager.

DÉCHIRAGE, dépécement d'un bateau.

DÉCHIRANT, qui déchire le cœur.

DÉCHIREMENT, action de déchirer; rupture.

DÉCHIREUR, qui déchire les bateaux.

DÉCHIRURE, rupture faite en déchirant.

DÉCLIVE, terrain qui penche. Du lat. *declivis*.

DÉCLIVITÉ, situation de ce qui penche ou de ce qui est en pente. *Declivitas*.

DÉCOMBRES, ruines; débris d'une démolition; plâtras, menues pierres. En bass. lat. *combrus*, du lat. *cumulus*, suivant Ménage; de l'it. *sgombrare*, selon d'autres. Nos pères appeloient *combris* les abattis d'une forêt; *combre*, la charpente d'un toit; *décombres*, les vieux bois qu'on en ôtoit. Par suite, ce mot a passé aux autres matériaux des démolitions.

DÉCOMBRER, enlever les décombres; ôter les ordures qui embarrassent.

ENCOMBRE, amas de décombres.

ENCOMBRER, embarrasser de décombres. En bass. lat. *incombrare*, en ital. *ingombrare*.

ENCOMBREMENT, action d'encombrer.

DÉCOR, action de décorer, d'embellir; ornement, honneur, éclat; ce qui relève une personne. Du lat. *decus*, *decoris*.

DÉCORÉ, qui est revêtu de marques extérieures qui relèvent.

DÉCORATION, ornement, honneur; embellissement d'achitecture, de sculpture, de peinture dans un appartement, un jardin; tout ce qui sert à orner un théâtre. Du lat. *decoramen*, en ital. *decorazione*.

DÉCORATEUR, peintre de décorations. En ital. *decoratore*.

DÉCORER, orner, parer, embellir par des décorations; conférer la marque d'une dignité. *Decorare*.

DÉCORUM, bienséance, convenance d'action et de discours. Du lat. *decorum*.

DÉDALE, le labyrinthe de Crète; ainsi nommé de son auteur, célèbre architecte crétois; au figuré, chose inextricable, extrêmement embrouillée. Du gr. *daidalos*.

DÉDIER, consacrer au culte divin; adresser un livre par une dédicace. *Dedicare*, fait de *dicare*, qui paroît venir de *dicere*, dire, déclarer; dér. du gr. *dikazô*, *dikaô*, *dikô*, je juge, j'adjuge; déclarer qu'une chose appartient, ou qu'elle est destinée à quelqu'un.

DÉDICACE, consécration d'un temple; fête anniversaire à ce sujet; épître pour dédier un livre à quelqu'un; adresse publique; hommage qu'on en fait par écrit.

DÉDICATOIRE, épître contenant une dédicace.

DÉGINGANDÉ, * *déhingandé*, personnage qui n'a point de contenance assurée, dont le corps vacille. Du lat. *dehinc-hanc*, deçà et delà.

DÉGUERPIR, ≠ *dewerpir*, laisser, quitter, séparer, abandonner un bien, un héritage. De *discapare*, suivant Barbazan: cependant le lat. barb. *werpire* paroît venir de l'all. *werpen*, jeter, délaisser, abandonner; et cette étymologie ne peut être contestée.

DÉGUERPISSEMENT, abandonnement d'un héritage.

DÉLABRER, déchirer, mettre en pièces, en désordre. De *dislamberare*, selon Ménage, ou plutôt de *labasci*, être ébranlé, être en ruine.

DÉLABREMENT, état d'une chose délabrée.

DÉLAI, retard; action de remettre à un autre temps. De *latus*, porté.

DILATER, étendre, élargir; occuper plus d'espace. *Dilatare*.

DILATABLE, qui peut être dilaté.

DILATABILITÉ, propriété de ce qui est dilatable.

DILATANT, corps pour dilater une plaie.

DILATATEUR, deux muscles du nez, et trois muscles de l'urètre qui les dilatent.

DILATATION, extension; relâchement; action d'agrandir une plaie. *Dilatatio*.

DILATATOIRE, dilateur, dilatoire, instrument pour dilater et ouvrir les plaies.

DILATOIRE, exception qui tend à différer le jugement. *Dilatorium*.

DILATOIREMENT, avec les délais ordinaires.

15.

DILAYER; différer, ajourner, user de délais.

RELAI, chiens, chevaux frais postés pour remplacer ceux que l'on quitte; ce qui doit remplacer une chose.

RELAYER, occuper les ouvriers les uns après les autres; prendre des relais.

FRELATER, falsifier les boissons : altérer par un mauvais mélange.

FRELATERIE, altération dans les liquides ou les drogues pour les faire paroître meilleurs.

RELATER, raconter, mentionner, rapporter un fait.

RELATIF, qui a quelque relation, quelque rapport à un autre. *Relativus.*

RELATION, rapport d'une personne, d'une chose à une autre; liaison d'amitié, d'affaires; récit détaché; livre qui le contient. *Relatio.*

RELATIVEMENT, d'une manière relative.

RELATEUR, *relationnaire*, auteur de relations.

TRANSLATER, faire passer d'une langue dans une autre.

TRANSLATEUR, traducteur.

TRANSLATIF, qui transmet, transfère, transport.

TRANSLATION, action de transporter. *Translatio.*

DÉLATEUR, dénonciateur, accusateur secret. Du lat. *delator.*

DÉLATION, dénonciation; accusation secrète. *Delatio.*

DÉLECTER, réjouir, donner du plaisir. Du lat. *delectare.*

DÉLECTABLE, qui plaît, qui donne beaucoup de plaisir. *Delectabilis.*

DÉLECTATION, plaisir qu'on savoure, qu'on goûte avec réflexion. *Delectatio.*

DÉLICAT, qui flatte agréablement le goût; aisé à blesser; prompt à s'alarmer; qui a de la grâce et de la mollesse dans les manières; foible de constitution physique, qui a besoin de ménagements. *Delicatus.*

DÉLICATESSE, qualité de ce qui est délicat.

DÉLICATEMENT, avec délicatesse. *Delicatè.*

DÉLICATER, traiter avec mollesse, avec des soins trop délicats.

DÉLICE, plaisir vif, volupté pure. *Delicia.*

DÉLICES, objet d'amour; cause de la félicité publique. *Deliciæ.*

DÉLICIEUX, agréable, parfait, exquis. *Deliciosus.*

DÉLICIEUSEMENT, avec délices; d'une manière délicieuse.

DÉLÉTÈRE, plante, suc, remède, qui causent la mort. Du gr. *délétér*, nuisible, pernicieux; dér. de *délein*, nuire, offenser.

DÉLIES, fêtes en l'honneur d'Apollon, surnommé *Delius*, parce qu'il étoit né dans l'île de Délos. Du gr. *délia*; on dérive également ce mot du gr. *délos*, clair, parce que le dieu des arts étoit également le dieu de la lumière.

DÉLIASTES, députés d'Athènes et de l'Ionie, qui se rendoient à Délos pour célébrer la fête d'Apollon. *Déliastai.*

DELINQUER, contrevenir à la loi. Du lat. *delinquere.*

DÉLINQUANT, coupable d'un délit.

DELIRE, égarement, aliénation d'esprit causé par la maladie. Du lat. *delirium*, que Gébelin dérive de *lira*, sillon.

DÉLIRANT, qui est en délire, qui a le délire.

DÉLIRER, être en délire, avoir le délire.

DÉLIT, * *délict*, atteinte grave portée aux lois; côté d'une pierre différent de celui qu'elle avoit dans la carrière. Du lat. *delictum*, faute.

DÉLITER, poser une pierre hors de son lit; ne pas la mettre à plat, telle qu'on la place ordinairement.

DÉLITESCENCE, reflux d'humeurs morbifiques, qui fait disparoître une tumeur.

DELTA, quatrième lettre de l'alphabet grec, Δ, qui a la forme d'un triangle. Les Grecs donnèrent ce nom à une province d'Égypte enfermée entre les branches du Nil, vers son embouchure, à cause de sa forme topographique, qui est triangulaire, et qui par là ressemble au delta.

DELTOÏDE, muscle triangulaire de l'épaule, qui sert au mouvement des bras en haut. De *delta*, Δ, et d'*eidos*, forme, figure, parce que ce muscle a quelque ressemblance avec cette lettre.

DÉMAGOGUE, chef d'une faction populaire. Du gr. *démos*, peuple, et d'*agôgos*, conducteur, fait d'*agô*, je conduis, je mène.

DÉMAGOGIE, faction populaire, ambition d'y dominer.

DÉMAGOGIQUE, en démagogue.

DEMAIN, le jour d'après celui où l'on est. De *de*, et de *manè*.

LENDEMAIN, pour *le-en-demain*, le jour qui a suivi ou qui doit suivre celui dont on parle.

SURLENDEMAIN, jour qui suit le lendemain.

DÉMENCE, grande foiblesse d'esprit, aliénation, folie, privation de raison. Du lat. *dementia*, fait de la préposit. priv. *de*, et de *mens*, esprit, intelligence; dér. du gr. *ménos*.

DEMI, la moitié d'un tout. Du lat. *dimidius*, fait du gr. *hémisus*, dont les latins ont fait *semi*.

DEMIURGE, souverain magistrat d'une ville grecque. Du gr. *démiourgos*, qui travaille pour le public; fait de *démios*, public, et d'*ergon*, travail, ouvrage.

DÉMOCRATIE, souveraineté du peuple, gouvernement du peuple. Du lat. *democratia*, fait du gr. *dêmos*, peuple, et de *kratos*, force, puissance.

DÉMOCRATE, partisan de la démocratie.

DÉMOCRATIQUE, de la démocratie.

DÉMOCRATIQUEMENT, d'une manière démocratique.

DÉMON, le diable, l'esprit malin; génie contraire ou favorable; personne qui n'est jamais en repos. Du lat. *dæmon*, dér. du gr. *daimón*, dieu, génie, intelligent. Dans l'Écriture sainte, démon se prend toujours pour le diable.

DÉMONIAQUE, possédé du démon. *Dæmoniacus*, fait de *daimoniakos*.

DÉMONOGRAPHE, auteur qui a écrit sur les démons ou génies malfaisants. De *daimón*, et *graphó*, j'écris.

DÉMONOLATRIE, culte du démon. De *daimón*, et de *latréia*, adoration.

DÉMONOMANIE, sorte de délire où l'on se croit possédé du démon; traité sur les démons; croyance aux esprits, aux lutins, à la magie. De *daimón*, et de *mania*, folie, manie.

DENDRITE, apparence de végétaux dans une substance minérale; pierre arborisée. Du gr. *dendron*, arbre.

DENDROÏDE, *dentroïte*, plante qui croît comme un arbre; fossile ramifié.

De *dendron*, et d'*eidos*, forme, ressemblance, figure.

DENDROLITHE, végétaux ou parties de végétaux en arbres, et pétrifiés. De —, et de *lithos*, pierre.

DENDROLOGIE, description des arbres. De —, et de *logos*, discours.

DENDROMÈTRE, instrument pour mesurer la hauteur d'un arbre ou indiquer son volume en bois; instrument qui réduit la trigonométrie à une opération purement mécanique. De —, et de *métron*, mesure.

DENDROPHORIES, fêtes grecques dans lesquelles les assistants portoient des branches d'arbres. De —, et de *phéró*, je porte.

DENDROPHORE, celui qui portoit des branches d'arbres aux dendrophories. Les inscriptions antiques font mention d'un collège des dendrophores, et les savants sont partagés sur la nature de cette espèce de gens.

DENSE, compacte, épais, matière dont les parties sont serrées. Du lat. *densus*, fait du gr. *dasus*.

DENSITÉ, qualité de ce qui est dense. *Densitas*.

CONDENSABLE, qu'on peut rendre plus compacte.

CONDENSABILITÉ, propriété des corps condensables.

CONDENSER, rendre plus serré, plus compacte. *Condensare*.

CONDENSATION, action de condenser; son effet. *Condensatio*.

DRU, épais, touffu, abondant, en grande quantité. Du lat. *densus*, en y insérant la lettre R.

DENT, petit os de la mâchoire qui sert à inciser, à broyer les aliments, à mordre; pointe qui en a la forme; brèche au tranchant d'une lame. De *dens*, *dentis*; fait du gr. *odous*, *odontos*, en supprimant la première lettre.

DENTAIRE, qui a rapport aux dents; plante de la famille des crucifères, à racines dentées.

DENTALE, lettre qui se prononce à l'aide des dents.

DENTALITHE, dent pétrifiée. De *dens*, et de *lithos*, pierre.

DENTÉ, qui a des dents; des pointes en forme de dents; découpé en pointes. *Dentatus*.

DENTÉE, coup de dent d'un chien au

gibier; coup de défenses d'un sanglier.

DENTELAIRE, plante odorante, amère, pour le mal de dents. *Dentelaria.*

DENTELÉ, taillé, découpé en forme de dents. *Denticulatus.*

DENTELER; faire des entailles, des découpures en forme de dents.

DENTELLE, ouvrage à jour, de fil, de soie, dont les bords sont dentelés.

DENTELET, *denticule*, ornement d'architecture en dents équarries.

DENTELURE, ouvrage de sculpture dentelé; découpure en forme de dents.

DENTICULÉ, bordé de denticules.

DENTIER, rang de dents naturelles ou artificielles.

DENTIFORME, en forme de dents. De *dens*, et de *forma*, forme.

DENTIFRICE, opiat pour nettoyer les dents en les frottant. *Dentrificium*, de *dens*, et de *fricare*, frotter.

DENTIROSTRES, oiseaux à bec dentelé. De *dens*, et de *rostrum*, bec.

DENTISTE, chirurgien qui soigne les dents et les maladies de la bouche.

DENTITION, pousse et sortie naturelle des dents.

DENTURE, ordre des dents, nombre de dents d'une roue.

ÉDENTÉ, qui n'a plus de dents.

ÉDENTER, rompre, arracher les dents.

ENDENTÉ, garni de dents; composé de triangles alternes, de divers émaux dans le blason. *Dentatus*, fait d'*odontôtos*.

ODONTAGOGUE, outil pour arracher les dents. D'*odous*, *odontos*, dent, et d'*agô*, faire sortir.

ODONTAGRE, la goutte aux dents. D'*odous*, et d'*agra*, prise, capture.

ODONTALGIE, mal de dents. D'*odous*, et d'*algos*, douleur.

ODONTALGIQUE, *adontique*, qui calme l'odontalgie.

ODONTECHNIE, odontotechnie, l'art du dentiste. D'*odous*, et de *techné*, art.

ODONTITE, plante dont la décoction apaise l'odontalgie.

ODONTOÏDE, qui a la forme d'une dent. D'*odous*, et d'*eidos*, forme, ressemblance.

ODONTOLITHES, dents fossiles. D'*odous*, et de *lithos*, pierre.

ODONTOLOGIE, traité sur les dents. D'*odous*, et de *logos*, discours.

ODONTOPÈTRES, dents d'animaux marins pétrifiées. D'*odous*, et de *pétros*, pierre.

ODONTOPHYE, la dentition des enfants. D'*odous*, et de *phuô*, croître.

ANODONTE, sans dents; coquilles bivalves, sans aucune dent. D'*a* privatif, et d'*odous*, *odontos*.

AODON, genre de poissons sans dents remarquables.

DIODON, genre de poissons à mâchoire osseuse, formée d'une seule pièce, et qui n'ont que deux dents. De *dis*, dent, et d'*odous*.

REDENS, dents et entailles qui s'engrènent.

SURDENT, dent entre deux autres, ou hors du rang.

TÉTRAODONS, poissons cartilagineux qui n'ont que quatre dents. De *tettara*, quatre, et d'*odons*.

TRIDENT, fourches à trois pointes; sceptre du dieu des mers; domination des mers. Du lat. *tridens*, fait de *tres*, trois; en gr. *treis*, et de *dens*, en gr. *odous*, *odontos*.

TRIDENTÉ, à trois dents.

DÉPRAVATION, corruption du goût; dérèglement des mœurs; altération des humeurs. Du lat. *depravatio*.

DÉPRAVÉ, gâté; corrompu, déréglé. *Depravatus*, fait de *pravus*, corrompu.

DÉPRAVER, corrompre, pervertir. *Depravare*.

DERME, la peau du corps humain et des animaux. En lat. et en gr. *derma*.

DERMATOÏDE, semblable à la peau, qui en a la consistance. De *derma*, et d'*eidos*, forme, ressemblance.

DERMESTE, sorte d'insecte qui attaque et ronge les pelleteries. De *derma*, et d'*esthiô*, manger, ronger; qui mange les peaux.

DERMOGRAPHIE, description de la peau. De *derma*, et de *graphô*, je décris.

DERMOLOGIE, traité de la peau. De *derma*, et de *logos*, discours.

DERMOTOMIE, dissection de la peau ou préparation anatomique. De *derma*, et de *temnô*, je coupe.

ÉPIDERME, surpeau, ou la première et la plus mince des peaux de l'homme et des animaux; membrane fibreuse et déliée sur les végétaux. D'*épiderma*, fait d'*épi*, sur, et de *derma*, peau.

PACHYDERMES, genre d'animaux mammifères, à cuir épais, longs intestins, pieds à plus de deux doigts, dont chacun est protégé par une corne. Du gr. *pachus*, épais, et de *derma*, peau.

DESCARTES, fameux philosophe du XVIIe siècle.

CARTÉSIANISME, philosophie de Descartes.

CARTÉSIEN, qui professe le cartésianisme.

DÉSERT, lieu inculte, abandonné, pays inhabité, solitaire; retraite. *Desertus*, fait de *deserere*, quitter, abandonner.

DÉSERT, dépeuplé, abandonné, inhabité, peu fréquenté. *Desertus*.

DÉSERTER, abandonner un lieu, une cause, un parti; quitter le service militaire sans congé. *Deserere*.

DÉSERTEUR, qui déserte ou qui a déserté; soldat qui abandonne ses drapeaux. *Desertor*.

DÉSERTION, abandonnement du service sans congé. *Desertio*.

DÉSINENCE, chute, terminaison des mots. Du lat. *desinentia*, de *desino*, je finis, je termine.

DÉSIR, souhait; mouvement de la volonté vers un bien qu'on n'a pas; agitation de l'âme causée par la privation. Du lat. *desiderium*, que Gébelin dérive de *sidere*, abl. de *sidus*, astre.

DÉSIRABLE, souhaitable, qui mérite d'être désiré.

DÉSIRER, souhaiter; former des vœux; avoir la volonté. *Desiderare*, souhaiter le retour d'un astre favorable.

DÉSIREUX, qui souhaite, qui désire avec ardeur.

CONSIDÉRER, regarder, examiner avec attention; avoir égard; estimer; faire cas. *Considerare*, observer les astres pour en tirer quelque augure.

CONSIDÉRABLE, qui doit être considéré, qui mérite considération; remarquable, grand, important en quantité ou en qualité.

CONSIDÉRABLEMENT, d'une manière considérable; beaucoup; en quantité.

CONSIDÉRANT, adj., circonspect; qui a beaucoup d'égards; subst., motifs énoncés d'un jugement, d'une loi, d'un arrêté.

CONSIDÉRATION, action de considérer, d'examiner; circonspection; estime; motifs. *Consideratio*, action de regarder les astres. On a ensuite étendu la signification de ce mot à tout ce qu'on a regardé avec une attention particulière.

CONSIDÉRÉMENT, avec prudence, circonspection. *Considerate*.

INCONSIDÉRATION, légère imprudence. *Inconsideratio*.

INCONSIDÉRÉ, peu réfléchi; imprudent par étourderie. *Inconsideratus*.

INCONSIDÉRÉMENT, d'une manière inconsidérée.

DESMOGRAPHIE, description des ligaments. Du gr. *desmos*, ligament, lien, et de *graphô*, je décris.

DESMOLOGIE, traité des ligaments. De *desmos*, et de *logos*, discours.

DESMOPHLOGIE, gonflement inflammatoire des ligaments. De —, et de *phlogos*, inflammatoire.

DESMOTOMIE, dissection des ligaments. De —, et de *tomé*, incision; fait de *temnô*, couper, disséquer.

DESPOTE, titre d'honneur qu'on donnoit aux princes de l'empire grec, tels que les fils, gendres et frères de l'empereur; prince qui gouverne arbitrairement, au gré de son caprice, sans règle ni loi, ou dont la volonté fait la loi. Du gr. *despotés*, maître, seigneur; dér. de *despozô*, je domine; lequel est composé de *dô*, je lis, et de *pous*, le pied.

DESPOTAT, pays gouverné par un despote.

DESPOTIQUE, gouvernement absolu, arbitraire.

DESPOTIQUEMENT, avec despotisme.

DESPOTISME, pouvoir absolu, arbitraire et sans bornes.

DESTITUER, déposer, priver d'une charge, d'un emploi. De *destituere*, composé de *de*, et de *statuere*. Voy. CONSISTER.

DESTITUABLE, qui peut être destitué.

DESTITUÉ, mis hors d'emploi; dépourvu, dénué de secours. *Destitutus*.

DESTITUTION, déposition, privation d'un emploi, d'une charge. *Destitutio*.

INSISTER, persévérer à demander; faire instance; appuyer fortement, fonder sur une preuve; répliquer en persévérant. *Insistere*, fait de *stare*.

INSISTANCE, action d'insister.

INSTAR (à l'), à la manière, à l'exemple.

INSTITUER, former un établissement nouveau, créer, établir en fonction; nommer, proclamer; faire un héritier par testament. D'*instituere*, composé de *in* et de *statuere*.

INSTITOIRE, action exercée contre le maître d'un commis avec lequel on a traité.

INSTITUT, manière de vivre sous une règle; corps de gens de lettres, de savants et d'artistes choisis, remplaçant les quatre académies de Paris. *Instituta*.

INSTITUAIRE, professeur des Institutes de Justinien.

INSTITUTES, principes, éléments du Droit romain; introduction à la connoissance des coutumes. *Instituta*.

INSTITUTEUR, *institutrice*, qui institue, qui établit; qui donne la première instruction aux enfants; maître, maîtresse de pension. *Institutor*.

INSTITUTION, action d'instituer, d'établir; chose instituée; art d'enseigner les enfants. *Institutio*.

PERSISTER, demeurer ferme dans ses résolutions, dans son sentiment, dans ce qu'on a dit, avancé ou résolu. *Persistere*.

PERSISTANCE, qualité de ce qui est persistant.

PERSISTANT, plan ou partie de fleurs qui reste après la fructification.

PROSTITUER, livrer à l'impudicité d'autrui; avilir son talent, sa dignité; déshonorer par des actions ignobles. *Prostituere*.

PROSTIBULE, lieu de débauche. *Prostibulum*.

PROSTITUÉ, infâme; lâchement dévoué. *Prostitutus*.

PROSTITUÉE, femme impudique qui s'abandonne au premier venu. *Prostituta*. Les Romains les appeloient *prostibula*, parce que ces misérables se tenoient devant les portes des étables et des écuries, où la paille et le fourrage leur servoient de lit. *Voy*. FORNICATION et PAILLE.

RÉSISTER. *Voy*. CONSISTER.

RESTAURER, réparer, rétablir, remettre en état, en vigueur. *Restaurare*.

RESTAUR, recours des assureurs les uns contre les autres, ou contre le propriétaire du navire. *Restauratio*.

RESTAURANT, ce qui restaure, rétablit les forces; aliment, boisson qui les réparent; établissement de traiteur. *Restaurans*.

RESTAURATEUR, qui refait, rétablit, répare, remet en vigueur; traiteur qui donne à manger à toute heure. *Restaurator*.

Le premier établissement de ce genre eut lieu à Paris vers 1765, et fut imaginé par un nommé Boulanger, qui demeuroit rue des Poulies, vis-à-vis de la colonnade du Louvre. Ce traiteur avoit mis sur sa porte cette devise tirée de l'Évangile : *Venite ad me omnes qui stomacho laboratis, et ego restaurabo vos*. Voy: mon édition de la *Vie privée des François*, tom. II, p. 235.

RESTAURATION, rétablissement, réparation en général. *Restauratio*.

INSTAURATION, rétablissement, reprise d'une chose interrompue. *Instauratio*.

RESTER, être de reste; demeurer après la séparation; s'arrêter, ne pas sortir. *Restare, restituere*.

RESTANT, qui reste, qui demeure; ce qui reste; restants.

RESTE, partie qui demeure d'un tout déjà partagé, séparé, divisé. *Restis*.

ARRÊTER, *arrester*. *Voy*. ARRÊT, p. 42 et 43.

RESTITUER, rendre ce qui avoit été pris ou possédé indûment; replacer, réparer, rétablir, remettre dans l'état primitif. *Restituere*.

RESTITUABLE, qui peut, qui doit être restitué ou remis en son premier état. *Restituendus*.

RESTITUTION, action de restituer, de rétablir. *Restitutio*.

RESTITUTEUR, qui rétablit un texte; qui renouvelle d'anciennes opinions. *Restitutor*.

SUBSTITUER, placer dessous, mettre à la place d'un autre ; transmettre par substitution. *Substituere*, pour *substare*.

SUBSTITUT, suppléant d'un officier principal de judicature. *Substitutus*.

SUBSTITUTION, action de substituer; acte qui la constate. *Substitutio*. Voy. ÊTRE.

DÉSUÉTUDE, état d'anéantissement par le défaut d'usage. *Desuetudo*, formé de *de*, et de *suetus*, accoutumé.

DÉTRIMENT, perte, dommage, préjudice, désavantage. Du lat. *detrimentum*.

DEUTÉROCANONIQUE, les sept derniers livres de l'Écriture sainte, qui ont été mis plus tard que les autres au rang des livres canoniques. Du gr. *deuteros*, second, et de *kanôn*, règle; livres qui ont été placés les seconds dans le canon.

DEUTÉRONOME, cinquième livre du Pentateuque, dernier ouvrage attribué à Moïse. Du gr. *deuteros*, second, et de *nomos*, loi, parce que ce livre est comme une répétition des précédents, une seconde publication de la loi.

DEUX, nombre double de l'unité; chiffre qui exprime ce nombre; tout ce qui est marqué de deux points. Du gr. et du lat. *duo*.

DEUXIÈME, second, qui suit le premier.

DEUXIÈMEMENT, en second lieu.

ADOUÉ, accouplé, en parlant des chiens de chasse.

DEVIS, menus propos joyeux; entretien familier; énumération des diverses parties d'un tout; mémoire détaillé de ce que coûtera l'érection d'un bâtiment. De *divisus*, participe de *dividere*.

DEVISE, inscription, marque allégorique; trait, sentence qu'on choisit et qu'on s'applique. *Divisa*.

DEVISER, s'entretenir familièrement de chose et d'autre; faire un devis, parce qu'on convient des matériaux qu'on doit employer pour l'édifice à construire. *Dividere*.

DIVISER, partager en portions; séparer par parties; faire la division; connoître dans une quantité combien de fois une quantité inférieure est contenue; désunir, brouiller, mettre mal ensemble. Du lat. *dividere*, que l'on dit être formé de *dis*, deux, et d'*iduo*, partager.

DIVIDENDE, nombre ou quantité à diviser; produit d'une action; part dans une répartition. *Dividendus*, sous-entendu *numerus*.

DIVIS, divisé par parties, par portions. *Divisus*.

INDIVIS, qui n'est pas divisé.

DIVISEUR, quantité par laquelle on divise. *Divisor*.

DIVISIBILITÉ, qualité de ce qui peut être divisé. *Divisibilitas*.

DIVISIBLE, qu'on peut partager, qui peut être divisé. *Divisibilis*.

INDIVISIBILITÉ, qualité de ce qui ne peut être divisé.

INDIVISIBLE, qui ne peut être divisé.

INDIVISIBLEMENT, sans pouvoir être divisé.

DIVISION, action de diviser; séparation, partage, discorde, désunion; portion d'un tout; règle pour trouver combien une quantité est contenue de fois dans une quantité supérieure. *Divisio*.

DIVISIONNAIRE, de division.

DUEL, nombre de deux; terme de grammaire; combat singulier entre deux hommes, en présence de témoins. *Dualis, duellum*.

Selon Cicéron, *Traité de l'Orateur*, le mot *belliqueux*, p. 72, fait de *bellum*, guerre, auroit été formé lui-même de *duellum*.

DUELLISTE, partisan des duels.

DUO, morceau de musique composé pour être chanté par deux voix, ou être exécuté par deux instruments. *Duo*.

DUETTO, petit duo. De l'it. *duetto*, dim. de *duo*.

DUUMVIR, les deux magistrats de l'ancienne république romaine. De *duo*, deux, et de *vir*, homme.

DUUMVIRAL, des duumvirs.

DUUMVIRAT, magistrature composée de deux personnes; dignité de duumvir; sa durée.

DOUBLE, deux fois autant; une fois plus grand, plus gros, plus lourd; ce qui est écrit deux fois à part; deux choses jointes ou unies séparément: caractère faux, dissimulé; une fois autant; plié en deux. Du lat. *duplex*, fait du gr. *diplax*, dér. de *dis*, double, et de *plax*, plaque, croûte; ou de *duo*, deux, et de *plekó*, plier, d'où vient le lat. *duplicare*, doubler. Dans sa première signification, une fois autant, le subst. *double*, vient du lat. *duplus*, fait du gr. *diplous*, qui signifie la même chose.

DOUBLE, acteur qui remplace et joue les rôles d'un acteur plus renommé; ancienne monnoie de deux deniers. *Duplicarius*.

DOUBLER, augmenter, mettre une fois autant; garnir d'une doublure; plier en deux; faire le doublage. *Duplicare*.

DOUBLAGE, second bordage ou revêtement en cuivre mis à un vaisseau pour les voyages de long cours; double droit; lettres marquées double.

DOUBLEAU, solive sous un plancher.

DOUBLEMENT, action de doubler. *Duplicatio. Adv.*, au double, en deux manières. *Dupliciter*.

Doublet, lames de cristal jointes pour imiter les pierres fines.

Doublette, l'une des jeux de l'orgue.

Doubleur, ouvrier en mécanique qui double le fil, le coton, la soie, la laine sur le rouet.

Doublon, monnoie d'or d'Espagne qui vaut le double d'une autre.

Doublure, étoffe cousue qui en double une autre; acteur médiocre qui remplace son chef d'emploi.

Dédoubler, ôter la doublure; séparer ce qui est double.

Redoubler, mettre une nouvelle doublure; augmenter de nouveau.

Redoublement, accroissement, augmentation.

Rendoubler, mettre en double.

Didyme, double ou douteux; plante dont la racine a deux bulbes; les testicules. *Didumos, didumoi*, faits de *didumé*.

Diploé, substance spongieuse entre les deux tables du crâne, et qui les sépare. Du gr. *diplous*, double : d'où *diploïque*, qui tient de la nature du diploé.

Diploïde, robe fourrée des anciens Orientaux. De *diplous*.

Diplolèpe, insecte hyménoptère, sorte de cynips qui produit les galles des plantes à aiguillons, caché sous deux lames ventrales. De *diplous*, et de *lepos*, écaille.

Diplôme, acte public, charte, lettres patentes; brevet d'adoption par lequel on accorde un droit, un privilége. De *diplôma*, copie double d'un acte duquel on garde l'original ou la minute, dér. de *diplous*.

Diplomatique, l'art de déchiffrer les anciennes écritures, de vérifier les diplômes, de reconnoître par des marques certaines leur authenticité ou leur fausseté; le droit des gens; de la diplomatie; corps des ambassadeurs et des ministres étrangers dans une cour.

Diplomatie, science des rapports des états et de leurs intérêts respectifs; procédure politique; le corps des diplomates.

Diplomate, qui est versé dans la diplomatie.

Diplopie, double vue, maladie des yeux qui fait voir les objets doubles.

De *diplous*, et d'*ops*, œil, vision, fait d'*optomai*, je vois.

Diptyques, tablettes doubles sur lesquelles on écrivoit les choses qu'on ne vouloit point oublier; registre public où l'on inscrivoit les noms des magistrats et des consuls chez les Romains; des évêques, des abbés, des moines et des morts dans le moyen âge. Du lat. *diptycha*, du gr. *diptuchos*, formé de *dis*, deux fois, et de *ptussô*, je plie.

Doute, qui se partage en deux; incertitude, crainte, irrésolution. De *dubitatio*, pour *dubium*.

Doutance, doute accompagné de crainte.

Douter, être en suspens; se méfier; soupçonner; n'avoir point la certitude. *Dubitare*.

Douteux, incertain, irrésolu; dont il y a lieu de douter. *Dubius* pour *dubitosus*.

Douteusement, avec doute. *Dubitanter*.

Dubitatif, qui exprime le doute.

Dubitation, doute feint pour parer aux objections. *Dubitatio*.

Indubitable, dont on ne peut douter. *Indubitabilis*.

Indubitablement, sans doute, certainement, sans admettre de doute. *Indubitanter*.

Redouter, avoir en doute, craindre fort, appréhender.

Redoutable, fort à craindre, qui est à redouter.

Duplicata, seconde expédition d'un acte, double d'une dépêche, d'un brevet.

Duplication, opération pour trouver le double d'un cube.

Duplicateur, parties doubles ou repliées sur elles-mêmes.

Duplicité, état de ce qui est double; mauvaise foi; le *multiplex ingenium*, comme l'appeloient les anciens; caractère d'une personne qui, en promettant une chose, en trame une autre.

Réduplicatif, qui marque le redoublement.

Réduplication, répétition d'une lettre, d'une syllabe.

Anadiplose, réduplication; figure qui a lieu dans le discours, quand un mot finit une proposition et en commence une autre. Du gr. *anadiplosis*, fait d'*ana*, derechef; et de *diploô*, je double.

DEVOIR, * *debvoir*, être dans l'obligation de faire une chose; avoir à payer pour solde ou remboursement; avoir des dettes; être tenu de se dévouer. Du lat. *debere*, composé de la part. *de*, et d'*habere*, avoir ou tenir de quelqu'un, ou *de alio habeo*.

DEVOIR, *subst.*, obligation imposée par la nature, les lois, l'usage, l'honnêteté, la bienséance, la condition, l'état, la place, les fonctions; ouvrage de classe.

DÉBET, somme due après l'arrêté de compte. Du lat. *debet*, il doit.

DETTE, * *debte*, ce qu'on doit; devoir indispensable. *Debitum*.

DÉBIT, trafic, vente en détail; facilité d'élocution, de chant, de déclamation; manière de s'énoncer.

DÉBITANT, marchand qui vend en détail.

DÉBITER, vendre en détail; répandre des nouvelles; dire, publier, déclamer; exploiter du bois, de la pierre; leur donner la mesure requise.

DÉBITEUR, qui doit, par rapport au créancier; qui débite des nouvelles.

DU, ce qui est dû; ce à quoi on est obligé. *Debitum*.

DUEMENT, selon la raison, les formes, le devoir.

ENDETTER, causer des dettes; en contracter.

INDU, qui ne se doit pas; qui est contre la règle, le devoir, l'usage.

INDUEMENT, d'une manière indue.

REDEVOIR, devoir après un compte fait; être en reste.

REDEVABLE, qui reste débiteur après un compte rendu; à qui on a rendu service.

REDEVANCE, rente, charge, dette annuelle.

REDEVANCIER, assujéti à une redevance.

RENDETTER, contracter de nouveau des dettes.

DEY, chef du gouvernement d'Alger, de Tunis, de Maroc. Du turk *daï*, *day*, oncle maternel.

La raison pour laquelle les Algériens ont donné ce nom au chef de leur république, dit le chevalier d'Arvieux, c'est qu'ils regardent le grand-seigneur comme le père, leur république comme la mère des soldats, parce qu'elle les nourrit et les entretient, et le dey comme frère de la république, et par conséquent comme l'oncle maternel de tous ceux qui sont sous sa domination. Voici l'étymologie du nom de la république.

ALGER, état d'Afrique situé entre le royaume de Tunis et l'empire de Maroc. De l'ar. *al Djëzaïr*, les îles, parce que, disent les habitants, l'endroit où est situé Alger étoit anciennement une île que l'on joignoit au Continent. Les Turks et les Maures lui ont donné l'épithète d'*al-ghazi*, ville qui combat pour la foi, parce que la piraterie exercée contre les chrétiens est regardée comme un acte de foi par les Musulmans.

DIA, préposition grecque qui est le commencement de plusieurs mots. Les Latins la remplaçoient par *de, ex, inter, per*, et les François par *à travers, de, par*. Placée au commencement des mots auxquels on l'a jointe, cette préposition sert à désigner un grand nombre de termes de médecine, de remèdes et autres préparations pharmaceutiques.

DIA, terme de charretier pour faire aller les chevaux à gauche.

DIABÈTES, fréquence d'urine, sans que les boissons aient presque changé de nature. Du gr. *diabétès*, dérivé de *diabanô*, passer à travers, parce que, dans cette maladie, les liquides passent par les voies urinaires aussitôt qu'on les a avalés.

DIABÉTIQUE, qui est attaqué des diabétès.

DIABLE, ange rebelle; génie infernal; esprit malin auquel on a fait jouer un grand rôle. Les peintres le représentent sous les traits d'un grand homme noir, les pieds et les mains armés de griffes, et avec deux cornes sur la tête. Du lat. *diabolus*, fait du gr. *diabolos*, délateur, accusateur, médisant, calomniateur; dérivé de *diaballô*, je médis, j'accuse, je calomnie.

DIABLEMENT, excessivement, en diable.

DIABLERIE, sortilége, maléfice; mauvais effet dont on ignore la cause.

DIABLERIES, sorcelleries, prétendues possessions.

DIABLESSE, femme de diable; méchante femme.

DIABLOTIN, petit diable; sorte de bonbon au chocolat, ainsi dit de sa couleur noire.

DIABOLIQUE, du diable, qui tient du diable.

DIABOLIQUEMENT, d'une manière diabolique.

DIANTRE, mot, exclamation, corrompu de *diable*.

ENDIABLÉ, furieux, qui a le diable au corps.

ENDIABLER (faire), faire enrager les gens, les tourmenter.

DIACHALASIS, solution de continuité dans les fractures du crâne, la séparation de ses os. Du gr. *diachalasis*, relâchement, ouverture; fait de *diachalaó*, relâcher, ouvrir.

DIACHILON, emplâtre résolutif, composé de mucilages ou sucs visqueux de certaines plantes. De *dia*, de, et de *chulos*, suc; médicament fait de plusieurs sucs.

DIACODE, sirop somnifère, composé de têtes de pavots blancs. De *dia*, de, et de *kódeia*, tête de pavot.

DIACRE, ecclésiastique, dont les fonctions consistent à servir le prêtre officiant à l'autel. Du lat. *diaconus*, fait du gr. *diakonos*, serviteur, domestique; formé de la préposition *dia*, et du verbe *konéô*, servir, avoir soin.

DIACONAL, qui appartient à la qualité de diacre.

DIACONAT, le second des ordres sacrés; qualité de diacre. *Diaconatus*, fait du gr. *diakonia*, office, ministère.

DIACONESSE, femme qui, dans la primitive église, étoit chargée de certaines fonctions ecclésiastiques.

DIACONIE, bénéfice de diacre.

ARCHIDIACRE, officier ecclésiastique, lequel exerce une sorte de juridiction sur les paroisses d'un diocèse. Du gr. *arché*, primauté, puissance, et de *diakonos*; le premier des diacres.

ARCHIDIACONAT, dignité d'archidiacre.

ARCHIDIACONÉ, juridiction de l'archidiacre.

SOUS-DIACONAT, le premier des ordres sacrés.

SOUS-DIACRE, qui a reçu le sous-diaconat.

DIADÈME, bandeau sur le front des rois; ornement de tête pour les femmes, en forme de diadème; royauté, souveraineté. Du lat. *diadema*, fait du gr. *diadéma*, bandelette qui entoure la tête; dér. de *diadéô*, entourer; composé de *dia*, et de *déô*, je lie autour.

DIADÉMÉ, aigle qui a un petit cercle sur la tête, dans le blason. *Diadematus*.

DIAGONAL, qui appartient à la diagonale, ligne qui va d'un angle à un autre. *Diagonalis*, dér. du gr. *dia*, par, à travers, et de *gônia*, angle.

DIAGONALEMENT, d'une manière diagonale.

DIAGRAMME, construction de lignes servant à une démonstration; table de l'étendue des tons; échelle, gamme, clavier. De *dia*, de, et de *grammé*, ligne.

DIAGRÈDE, préparation de scammonée avec du coing et du soufre. Du gr. *dakrudion*, nom de ce suc, et qui signifie aussi petite larme, dér. de *dacru*, larme.

DIALECTE, idiome, langue particulière d'un pays, dérivé de la langue nationale. Les Grecs en avoient quatre différents: l'attique, le dorique, l'éolique et l'ionique. La langue françoise, plus sévère, n'admet et n'autorise aucun dialecte, aucun idiome. En lat. *dialectus*, du gr. *dialektos*, composé de *dia*, séparation, division, et de *légô*, je parle. *Voy.* LIRE.

DIALECTIQUE, chez les Grecs, art de discerner le vrai du faux, le suspect du légal, par le moyen du dialogue, aujourd'hui art de raisonner avec ordre et justesse. En lat. *dialectica*, du gr. *dialektiké*, fait de *dialégô*; je discerne, d'où *dialégomai*, je converse, je discours.

DIALECTICIEN, qui raisonne bien; qui sait ou enseigne la dialectique. *Dialecticus*.

DIALECTIQUEMENT, logiquement; en dialecticien.

DIALÉIPYRE, fièvre intermittente. Du gr. *dialéipô*, j'entremets, et de *pur*, le feu, la fièvre.

DIALLAGE, sorte d'émeraude, schorl feuilleté; pierre lamelleuse à joints différents. Du gr. *diallagé*, différence.

DIALTHÉE, onguent de mucilage de racines de guimauve. Du gr. *dia*, de, et de *althaia*, guimauve. dér. d'*althéô*, je guéris.

DIAMANT, pierre précieuse, la plus dure, la plus brillante, la plus transparente de toutes les pierreries. Le diamant, dont la belle couleur est le blanc, se taille à facettes : au soleil et à la lumière, il jette des rayons de différentes couleurs. Du lat. *adamas*, fait du gr. *adamas*, indomptable; cette pierre étant extrêmement dure.

DIAMANTAIRE, lapidaire qui taille le diamant.

DIAMANTER, couvrir de diamants; donner le poli et les effets du diamant.

ADAMANTIN, qui est de la nature du diamant.

DIANDRIE, seconde classe des végétaux, qui renferme les plantes dont les fleurs ont deux étamines ou fleurs mâles. Du gr. *dis* ou *duo*, deux, deux fois, et d'*andros*, mari ou mâle.

DIANDRE, *diandrique*, fleur à deux étamines.

DIAPASME, poudre odorante dont les anciens se parfumoient le corps. Du gr. *diapasma*, dér. de *diaspossô*, répandre, semer.

DIAPASON, étendue des sons qu'une voix ou qu'un instrument peuvent parcourir depuis le degré le plus grave jusqu'au degré le plus aigu; instrument pour prendre et donner le ton; échelle campanaire de fondeur de cloches; consonnance de l'octave des Grecs. Du gr. *diapasón*, fait de *dia*, par, et de *pasón*, *pás*, tout; qui passe par tous les tons.

DIAPÉDÈSE, sueur de sang; éruption de sang par les pores des vaisseaux. Du gr. *diapédésis*, fait de *dia*, par, à travers, et de *pédaô*, sauter, saillir.

DIAPENTE, quinte de musique formant trois tons et un demi-ton; médicament composé de cinq drogues. De *dia*, de, et de *penté*, cinq.

DIAPENTER, procéder par quintes.

DIAPHÉNIE, *diaphœnix*, électuaire purgatif de dattes pour les sérosités. Du lat. *diaphœnicum*, fait du gr. *dia*, de, et de *phoinix*, dattier, palmier.

DIAPHORÈSE, évacuation des humeurs par la transpiration ou par les pores. Du gr. *diaphorésis*, fait de *dia*, à travers, et de *phérô*, je porte.

DIAPHORÉTIQUE, remède propre à exciter la sueur ou la transpiration.

DIAPHRAGME, muscle large, nerveux, très-irritable entre la poitrine et le bas-ventre, dont il le sépare; anneau plat adhérent au corps de la lunette; cloison des fruits; séparation entre deux parties. Du gr. *diaphragma*, division, entre deux, séparation; fait de *diaphrassô*, je sépare, je disjoins, je place entre deux; comp. de *dia*, entre, et de *prassô*, je ferme, j'enclos.

DIAPHRAGMATIQUE, du diaphragme; des artères et des veines répandues.

DIAPHRAGMITIS, inflammation du diaphragme.

DIARRHÉE, flux de ventre. Du gr. *diarrhoia*, fait de *dia*, à travers, et de *rhéô*, couler.

ADIARRHÉE, suppression générale des sécrétions ou évacuations du corps. Du gr. *adiarrhoia*, composé d'*a* priv. et de *diarrhoia*.

DIASOSTIQUE, traité de la médecine préservatrice, ou de la conservation de la santé. Du gr. *diasôzô*, je conserve.

DIASPHAGE, intervalle entre deux rameaux d'une veine. De *dia*, partitif, et de *sphagô*, j'incise, je coupe.

DIASPHENDONÈSE, écartement en attachant les pieds ou les mains à deux fortes branches rapprochées, puis relâchées. Du gr. *diasphendanaô*.

DIASTASE, luxation, écart d'os, dilatation des muscles dans les convulsions. Du gr. *diastasis*, séparation, écartement, distance; fait de *diistémi*, séparer.

DIASTÈME, intervalle en musique. De *diastéma*, séparation; fait de *diistémi*, composé de *dia*, et de *histémi*, séparer.

DIASTOLE, mouvement de dilatation du cœur. Du gr. *diastolé*, dilatation; fait de *diastellô*, je sépare, j'ouvre, je divise; comp. de *dia*, à travers, et de *stellô*, j'envoie.

SYSTOLE, mouvement naturel du cœur qui se resserre; changement d'une longue en brève. Du gr. *sustolé*, contraction; dér. de *sustellô*, contracter, resserrer.

PÉRISYSTOLE, intervalle entre les deux mouvements du pouls, du cœur, des artères; entre la systole et la diastole. De *péri*, au-dessus, au-delà, et de *sustolé*.

DIASTYLE, édifice à colonnes éloignées de trois fois leur diamètre. De *dia*, entre, et de *stulos*, colonne.

DIASYRME, ironie dédaigneuse qui dévoue au mépris. Du gr. *diasurmos*, fait de d*iasŭrŏ*, je déchire, j'outrage ; formé de *dia*, à travers, par, et de *surŏ*, je traîne.

DIATESSARON, intervalle de quarte dans la musique des Grecs ; remède composé de quatre sortes d'ingrédients. De *dia*, de, et de *tessares*, quatre.

DIATHÈSE, affection particulière de l'homme, naturelle ou non. Du gr. *diathésis*, disposition ; fait de *diathémi*, je dispute, je constitue.

DIATRIBE, critique amère ; dissertation critique sur un ouvrage d'esprit. Du lat. *diatriba*, du gr. *diatribé*, académie, assemblée de savants, critique, dissertation ; fait de *diatribŏ*, s'exercer, s'adonner à une chose.

DIBAPTISTES, hérétiques grecs du IXe siècle, qui baptisoient deux fois. De *dis*, deux fois, et de *baptizŏ*, je baptise. *Voy.* BAPTÊME, p. 62.

DICASTÈRES, division territoriale en Pologne. Du gr. *diké*, justice.

DICASTÉRIES, tribunaux de justice à Athènes. De *diké*.

DICÉLIES, sortes de parades, de farces ou de scènes libres dans l'ancienne comédie des Grecs. De *deikélon*, image, représentation.

DICÉLITES, acteurs qui jouoient dans les dicélies.

DICTAME, la fraxinelle, plante vulnéraire ; vermifuge qui croît naturellement dans l'île de Crète. Du gr. *diktamnon, dictamon*, dér. soit de *dicta*, montagne de Crète, soit de *Dictamnum*, ancienne ville de cette île.

DIDELPHE, la sarigue, animal dont la femelle a sous le ventre une poche où sont renfermées ses mamelles. De *dis*, deux fois, et de *delphus*, matrice ; qui a deux matrices.

DIÈDRE, angle formé par la rencontre de deux plans. De *dis*, deux, et de *hédra*, siége, base ; qui a deux faces ou bases.

DIÉRÈSE, division de parties unies contre nature, qui forment obstacle à la guérison ; division d'une diphtongue en deux syllabes. Du gr. *diairésis*, division, séparation ; dér. de *diaireŏ*, je divise.

DIÉRÉTIQUE, remède qui a une vertu corrosive, qui divise et sépare les humeurs. De *diaireŏ*.

DIÈSE, *diesis*, signe de musique qui hausse d'un demi-ton les notes qu'il précède sur la même ligne. Du gr. *diesis*, division ; fait de *diiémi*, je passe au travers.

DIÉSER, marquer d'un dièse.

DIERVILLE, sorte d'arbrisseau de la famille des chèvre-feuilles. *Diervilla*, d'un certain Dierville qui l'a fait connoître.

DIÈTE, abstinence pour cause de santé ; régime de vie pour la nourriture. Du lat. *diæta*, fait du gr. *diaita*, manière de vivre réglée, et qui a également signifié jugement, arbitrage ; d'où :

DIÈTE, assemblée des états en Allemagne, en Suède, où l'on décide des affaires publiques, qu'on juge, qu'on arbitre ; ou de ce qu'elle se tenoit dans la salle du festin : on sait que les Germains et les Gaulois avoient coutume de traiter d'affaires publiques au milieu des festins.

DIÉTÈTES, juges à Athènes nommés par le peuple pour arbitres dans chaque tribu. *Diaitétés*, arbitre, de *diaita*.

DIÉTÉTIQUE, qui est relatif à la diète. *Diæticum*.

DIÉTÉTIQUE, traité du régime de vie des malades. *Diætetica*, du gr. *diaitétiké*.

DIÉTINE, diète particulière chez les princes d'Allemagne.

DIEU, l'être suprême, l'auteur de tout ce qui existe ; le grand architecte de l'univers ; divinité du paganisme. Du lat. *Deus*, dér. du gr. *Zéus*, en dorique *Deus* et *Théos*.

DIEUTELET, petit dieu ; Cupidon, l'Amour.

DÉESSE, divinité féminine.

DÉICIDE, attentat à la divinité ; crime de la mort du Christ ; meurtre, meurtrier d'un dieu. De *Deus*, et de *cædere, occidere*, tuer.

DÉICOLE, qui adore un dieu.

DÉIFIER, mettre au rang des dieux ; louer à l'égal des dieux. De *Deus*, dieu, et de *facere*, faire.

DÉIFICATION, action de déifier, apothéose.

DÉIFIQUE, qui fait un dieu.

DÉISTE, celui qui, en rejetant la révélation, reconnoît néanmoins un Dieu.

DÉISME, système ou opinion des déistes; croyance en un seul Dieu, sans culte ni révélation.

Déité, divinité fabuleuse.

Adieu, salut en se quittant; congé que l'on prend; mot fréquemment employé en prenant congé des personnes que l'on quitte. Des étymologistes le dérivent du souhait des Latins, *à deo te commendo.* Dans les xiie, xiiie et xive siècles, on disoit *à-dieu-command.*

Apothéose, translation parmi les dieux; déification des empereurs romains après leur mort. Du gr. *apothéôsis,* fait de la préposition *apo,* de, et de *théos,* Dieu.

Dive, divine; maîtresse chérie; déesse; génie de la mythologie orientale. *Diva,* pour *divinitas.*

Divin, qui est de Dieu; qui lui appartient, qui vient de lui; excellent, supérieur; au-dessus des forces humaines. Du lat. *divinus,* fait de *divus,* dér. de *dios,* génit. de *zeus,* Jupiter.

Divination, art de deviner, de prédire l'avenir. *Divinatio.*

Divinatoire, qui tient à la divination.

Divinement, d'une manière divine; par la vertu divine.

Diviniser, reconnoître pour divin; exalter outre mesure.

Divinité, essence, nature divine; Dieu véritable ou faux; belle femme; maîtresse chérie. *Divinitas.*

Devin, *devineur, devineresse,* qui prétend lire dans l'avenir, qui prédit. *Divinator.*

Deviner, découvrir ce qui est caché; prévoir l'avenir; prédire, juger par conjecture.

Indevinable, qu'on ne sauroit deviner.

Enthousiasme, exaltation de l'âme préoccupée; son émotion extraordinaire causée par une inspiration qui paroît prophétique ou divine; chaleur de l'imagination enflammée par l'admiration d'une chose grande et sublime. Du gr. *en,* dedans, et de *théos.*

Enthousiasmer, charmer, ravir, transporter d'admiration.

Enthousiaste, visionnaire, fanatique, admirateur outré.

Diasies, *diésies, diœsies,* fêtes athéniennes en l'honneur de Jupiter propice, qu'on invoquoit pour détourner les malheurs dont on se croyoit menacé. Du gr. *dios,* gén. de *zeus,* Jupiter, et d'*atéouasé,* malheur, calamité.

Dionysiaques, *dionysies,* danse qui exprime les actions de Bacchus; fêtes grecques en l'honneur de Bacchus, surnommé *Eleuthéros,* libre, et *Rusticos,* adonné aux champs. *Dionusia,* de *dionusios, dionysius,* surnom de ce dieu.

Dioscures, surnom de Castor et Pollux, fils de Jupiter; les gémeaux, constellation. *Dioskouroi,* composé de *dios,* génit. de *zeus,* Jupiter, et de *kouros,* fils, jeune homme.

Diosma, plante de la famille des rues, ainsi dite de l'odeur suave qu'exhalent toutes ses parties, et particulièrement ses fruits. De *dios,* pour *diios,* divin, et de *osmé,* odeur.

Théisme, croyance à l'existence d'un Dieu.

Théiste, qui croit à l'existence d'un Dieu.

Athéisme, opinion contraire à la croyance d'un Être suprême et créateur.

Athée, qui nie l'existence d'un Dieu; qui ne reconnoît point de Dieu. D'*athéos,* fait d'*a* privatif, et de *théos,* dieu.

Diispolies, fêtes athéniennes en l'honneur de Jupiter *Polieus,* ou protecteur de la ville. De *dios,* et de *polis,* ville.

Dithéisme, opinion de ceux qui supposent deux principes ou deux dieux. De *dis,* deux fois, et de *théos,* dieu.

Jarnidienne, *Jarnidieu,* je renie Dieu.

Mordienne, *morbleu, mordieu,* par la mort de Dieu; franchement, sans façon, sans finesse, sincèrement.

Parbleu, *pardienne,* par Dieu; jurement familier.

Polythéisme, système de religion qui admet la pluralité des dieux. Du gr. *polus,* plusieurs, et de *théos.*

Polythéiste, qui admet plusieurs dieux.

Panthéon, temple consacré à tous les dieux. De *pan,* tout, et de *théos.*

Théandrique, opérations divines et humaines du Fils de Dieu. De *théos,* et d'*anér, andros,* homme.

Théantrophe, homme dieu, nom donné à J.-C. pour exprimer ses opérations divines et humaines. De —, et d'*anthrôpos*, homme.

THÉOCATAGNOSTES, sectaires qui blâmoient en Dieu certaines paroles et certaines actions. De —, et de *kataginoskô*, condamner, reprendre.

THÉOCRATIE, gouvernement de Dieu, soit par lui-même, soit par ses prophètes, comme celui sous lequel vécurent les Israélites jusqu'à Saül, leur premier roi. De —, et de *kratos*, puissance, pouvoir.

THÉOCRATIQUE, de la théocratie.

THÉODICÉE, justice de Dieu; titre d'un ouvrage de Leibnitz qui traite des attributs de Dieu. De —, et de *diké*, justice.

THÉOGAMIES. *Voy.* GAMÉLIES.

THÉOGONIE, origine, généalogie, naissance des dieux de l'antiquité; système de la religion des Grecs et des Romains; ouvrage sur la naissance ou l'origine des dieux. De *théogonia*, formé de —, et de *gonos*, race, génération; dérivé de *geïnomai*, naître.

THÉOLOGIE, science qui a Dieu, la religion ou les choses divines pour objets; école où on l'enseigne; ouvrage qui en traite. De —, et de *logos*, discours; fait de *légô*, dire, parler.

THÉOLOGAL, docteur pourvu d'une prébende qui l'oblige à prêcher et à donner des leçons de théologie.

THÉOLOGALE, dignité, enseignement du théologal.

THÉOLOGALES, vertus qui ont Dieu pour objet.

THÉOLOGIEN, celui qui sait ou qui enseigne la théologie; qui a écrit sur cette science.

THÉOLOGIQUE, concernant la théologie.

THÉOLOGIQUEMENT, selon la théologie; en théologien.

THÉOMANCIE, divination pratiquée par des gens qui se disoient inspirés de quelque divinité. De *théos*, et de *manteïa*, divination.

THÉOMAQUE, ennemi de Dieu. De —, et de *machomai*, combattre.

THÉOPASCHITES, sectateurs qui prétendoient que les trois personnes de la Trinité avoient souffert dans la passion de notre Seigneur. De —, et de *paschô*, souffrir.

THÉOPHANIE, * *tiphaine*, l'Épiphanie

ou a fête des Rois; chez les anciens c'étoit la fête de l'apparition d'Apollon à Delphes. Du gr. *théophaneïa*, apparition ou manifestation de Dieu; fait de —, et de *phainô*, apparoître.

THÉOPHILANTHROPE, qui professe la croyance en un seul Dieu, et prêche l'amour des hommes; qui suit la religion naturelle. Ce mot est composé de *théos*, dieu, de *philos*, ami, et d'*anthrôpos*, homme, qui aime Dieu et les hommes. Le peuple, qui ne pouvoit retenir le mot de *théophilanthrope*, les appeloit *les filoux en troupe*.

THÉOPHILANTHROPIE, secte et doctrine des théophilanthropes. Cette secte, qui se forma vers 1796, fut établie et protégée par Lareveillère-Lepaux, membre du directoire exécutif; elle eut à peu près trois à quatre années d'existence.

THÉOPHILANTHROPIQUE, qui a rapport à la théophilanthropie.

THÉOPSIE, apparition des dieux de la fable. De *théos*, et d'*optomai*, voir.

TRITHÉISTES, sectaires qui admettoient trois dieux. De *treis*, trois, et de *théos*.

TRITHÉISME, secte des trithéistes.

THÉOSOPHES, sectaires qui se croyoient initiés et admis, par le moyen des êtres intermédiaires, à la connoissance de Dieu et au commerce intime avec la Divinité. De *théos*, et de *sophos*, savant, connoisseur.

THÉOSOPHIE, doctrine des théosophes, *Theosophia*.

THÉOXÉNIE, fête grecque en l'honneur de tous les dieux. De —, et de *xénos*, hôte, étranger.

THÉURGIE, *théourgie*, magie pour entretenir commerce avec les dieux bienfaisants; évocation des démons; art de faire des choses que la Divinité seule peut entreprendre. De *théos*, et d'*ergon*, ouvrage.

D'où les noms propres *Dieu*, *Ledieu*, *Devin*, *Devinier*, *Théophraste*, *Théophile*, *Théodore*, *Théodoret*.

DIGNE, qui est élevé par sa naissance ou par ses qualités; qui mérite une place distinguée; qui mérite blâme ou louange. Du lat. *dignus*.

DIGNEMENT, selon ce que l'on mérite; très-bien, convenablement. *Digné*.

DIGNITAIRE, qui est revêtu d'une dignité.

DIGNITÉ, mérite, récompense; gravité, noblesse dans les manières, dans l'expression; élévation de la pensée; distinction éminente; charge considérable. *Dignitas.*

CONDIGNE, satisfaction égale à la faute. De *cum*, avec, et de *dignus.*

DAIGNER, avoir pour agréable; condescendre; s'abaisser jusqu'à vouloir bien. *Dignari.*

DÉDAIN, sorte de mépris exprimé par le ton, le geste, le maintien.

DÉDAIGNER, mépriser, marquer du dédain, refuser, laisser, abandonner par mépris. *Dedignari.*

DÉDAIGNEUX, qui marque du dédain, du mépris; qui ne fait cas de rien.

DÉDAIGNEUSEMENT, d'une manière dédaigneuse.

INDIGNATION, colère contre tout ce qui est injuste, honteux; aversion par vertu. *Indignatio.*

INDIGNE, qui n'est pas digne, qui ne mérite pas; odieux, qui encourt l'indignation. *Indignus.*

INDIGNEMENT, d'une manière indigne. *Indigne.*

INDIGNER, exciter l'indignation; sentir sa dignité révoltée.

INDIGNITÉ, qualité odieuse de ce qui est indigne; affront, outrage. *Indignitas.*

DIGUE, amas de terre, de bois, pour résister aux eaux et les contenir dans leur lit; obstacle, empêchement. Du flam. *diic*, dér. du gr. *toichos, teikhos*, mur, d'où l'all. *teich*, chaussée, digue.

DIMACHÈRE, sorte de gladiateur qui, chez les Grecs et les Romains, combattoit avec deux épées. De *dis*, deux, et de *machaira*, épée.

DINANDERIE, ustensiles de cuivre jaune qui se fabriquent dans la ville de Dinant.

DINANDIER, marchand, fabricant de dinanderie.

DINER, * *digner, disgner, disnerie, dispner*, repas fait au milieu du jour; deuxième et principal repas de la journée; ce qu'on y sert ou qu'on y mange; prendre ce repas. Le dîner fut ainsi nommé de la prière qui se faisoit avant et qui commençoit par ces mots: *Dignare, Domine*; en bass. lat. *dignerium, disnerium, disnarium.*

Henri Estienne, Sylvius, Lancelot, Budée, etc., font venir ce verbe du gr. *deipnein*, qui auroit d'abord été dit pour le dîner, et ensuite pour le souper; d'autres de *desinare*, pour *desinere*, discontinuer son travail, comme le disent encore les Italiens; et enfin Du Cange de la bass. lat. *disnare.*

DINÉE, repas, dépense du dîner; endroit où l'on s'arrête en voyage pour dîner.

DINETTE, petit dîner d'enfants.

DINEUR, qui dîne copieusement, dont le dîner est le principal repas.

DINATOIRE, déjeûner qui tient lieu du dîner.

DIOCÈSE, étendue de juridiction d'un évêché. Du gr. *dioikēsis*, gouvernement, administration; fait de *dioikeō*, gouverner, administrer, que l'on dit dér. d'*oikos*, maison, habitation.

DIOCÉSAIN, qui est du diocèse.

DIOÉCIE, classe des végétaux à organes sexuels sur deux sexes; fleurs qui sont sur des tiges différentes. De *dis*, deux fois, et de *oikia*, maison.

DIOÏQUE, plante de la dioécie, dans laquelle des individus sont mâles et d'autres femelles.

DIONCOSE, tuméfaction; enflure; diffusion des humeurs. Du gr. *diogkōsis*, fait de *diogkoō*, je gonfle ou fais enfler.

DIOPTASE, sorte d'émeraude qui ne raie point le verre, et dont on voit les joints intérieurs. De *dia*, à travers, et d'*optomai*, je vois, je regarde.

DIOPTRE, instrument de chirurgie pour découvrir, dilater l'anus, la matrice; trous des pinules de l'alidade du graphomètre. De *dia*, et d'*optomai.*

DIOPTRIQUE, traité de la réfraction de la lumière lorsqu'elle passe par différents milieux; science de la propriété des verres concaves et convexes. De *dia*, et d'*optomai.*

DIPHTHONGUE, réunion de voix en une syllabe, de voyelles en un son. Du gr. *diphthoggos*, qui a un son double; composé de *dis*, deux fois, et de *phthoggos*, son.

DIPNOSOPHISTES, les sophistes à table; titre d'un ouvrage grec d'Athénée, rempli de recherches curieuses, dont Lefebvre de Villebrune a donné une traduction sous le titre de Banquet des savants. Du gr. *deipnosophistai*, formé de *deipnon*, repas, banquet, festin, et de *sophistés*, savant, sophiste.

DIPSACÉES, famille de plantes épineuses, qui comprend la carvaire ou cardiaire, etc., dont les feuilles forment un godet à leur base autour de la tige. Du gr. *dipsakos*, chardon à carder; dér. de *dipsa*, soif.

DIPSADE, serpent noirâtre et très-venimeux, dont la piqûre donne une soif ardente et mortelle. Du gr. *dipsas*, fait de *dipsa*, soif.

DIPSÉTIQUE, remède qui excite la soif. *Dipsétikos*, de *dipsa*.

DIRE, exprimer, énoncer, expliquer, faire entendre par le secours de la parole, des gestes, des regards; juger, parler, raconter, réciter, chanter, célébrer. Du lat. *dicere*, qu'on dérive à tort de *dies*, jour, mettre au jour; mais qui a été fait du gr. *deíkô*, pour *deiknuô*, faire voir, montrer, exprimer; c'est-à-dire, exprimer ses pensées par le moyen de la parole.

DIRE, rapport, assertion; ce qu'une partie avance.

DISANT, qui parle; *biendisant*, qui parle bien.

DISERT, qui parle avec élégance et facilité.

DISERTEMENT, d'une manière diserte.

DISEUR, qui dit, qui raconte.

DIT, bon mot, maxime, sentence. *Dictum*.

DIT, prononcé; surnommé, susnommé.

DITELET, brochure, pamphlet, petit traité.

DITO, susdit.

DICTER, prononcer les mots qu'un autre écrit à mesure; suggérer à quelqu'un ce qu'il doit dire; commander, ordonner. *Dictare*, fait de *dictum*, supin de *dicere*, dérivé du gr. *deíknuô*, *deíknumi*, montrer, faire voir, exprimer.

DICTÉE, ce qu'on dicte pour être écrit; action de dicter. *Dictata*.

DICTAMEN, suggestion, sentiment intérieur de la conscience. *Dictamen*.

DICTATEUR, qui dicte à un autre; magistrat unique de la république romaine. *Dictator*.

DICTATURE, dignité de dictateur; assemblée de secrétaires de légation, en Allemagne; empire, domination absolue. *Dictatura*.

DICTION, élocution, style, choix et arrangement des mots. *Dictio*.

DICTIONNAIRE, recueil alphabétique des mots d'une langue, d'une science, avec des définitions. *Dictionnarium*, recueil de dictions.

DICTON, proverbe, sentence qui a cours parmi le peuple. *Dictum*.

CONDICTION, revendication d'un objet volé, usurpé, retenu injustement.

ABDIQUER, *abdication*. Voy. ces mots p. 2.

BÉNIR, consacrer au culte avec des cérémonies; donner la bénédiction; prier pour attirer la bénédiction du ciel; louer, remercier; faire prospérer. *Benedicere*.

BÉNÉDICITÉ, prière avant le repas, laquelle commence par *benedicite*.

BÉNÉDICTE, électuaire purgatif doux. *Benedictus*.

BÉNÉDICTIN, *bénédictine*, religieux de l'ordre de Saint-Benoît.

BÉNÉDICTION, action de bénir, de donner ou de recevoir la bénédiction; paroles pour bénir; faveur du ciel. *Benedictio*.

BÉNÉDICTIONNAIRE, livre d'église qui contient les bénédictions.

BÉNI, favorisé de Dieu, comblé de bienfaits. *Benedictus*.

BÉNIT, qui a reçu la bénédiction.

BÉNITIER, * *benoîstier*, vase à l'eau bénite. *Benedictarium*.

BENOIT, béni; nom propre d'homme. *Benedictus*.

BENÊT, sot, niais, badaud. De *benoît*, nom propre qui a été pris en mauvaise part, comme les noms de Jean, *Joannes*; de Basile, *Basileus*, roi; de *Nicodème*, etc.

BENOITE, l'herbe de saint Benoît, dite aussi la galiote ou la recize, plante très-salutaire dans les obstructions et les fièvres intermittentes.

CONTREDIRE, énoncer un sentiment contraire; faire des écritures pour détruire les moyens de la partie adverse; dire, écrire des choses opposées. De *contrà*, contre, et de *dicere*, parler, dire.

CONTRADICTEUR, qui contredit.

CONTRADICTION, action de contredire; de contester.

CONTRADICTOIRE, entièrement opposé.

CONTRADICTOIREMENT, d'une manière contradictoire; en opposition directe.

CONTREDISANT, qui aime à contredire, qui fournit des contredits.

CONTREDIT, réponse à ce qui a été dit; écritures en réponse aux moyens de la partie adverse.

DÉDIRE, désavouer ce qu'une personne a dit ou fait pour vous.

DÉDIT, révocation d'une parole donnée; somme à payer en cas de non accomplissement. De *retractare*.

DISCIPLE, élève qui apprend, qui étudie sous un maître, qui suit sa doctrine. Du lat. *discipulus*, fait de *discere*, apprendre, instruire, montrer.

DISCIPLINE, instruction, éducation; conduite, règle de vie; règlement, ordre, lois militaires; correction; fouet de cordelettes. *Disciplina*.

DISCIPLINABLE, aisé à discipliner; susceptible de discipline.

DISCIPLINER, régler, instruire, former; tenir dans le devoir; frapper avec une discipline, châtier, tenir sévèrement.

CONDISCIPLE, compagnon d'étude.

INDISCIPLINE, manque de discipline, de subordination.

INDISCIPLINABLE, qui ne peut être discipliné.

INDISCIPLINÉ, sans discipline.

DIDACTIQUE, art d'enseigner; qui donne les préceptes d'un art, d'une science. Du gr. *didaktikos*, fait de *didaskō*, j'instruis, je montre, j'enseigne.

ÉDIT, ordonnance, loi du souverain relativement à l'état. D'*edictum*, fait d'*edere*, publier, faire connoître.

ÉDICTAL, des édits, qui appartient aux ordonnances.

ÉDITER, publier, proclamer un édit.

ÉDITEUR, qui revoit avec soin, et fait imprimer l'ouvrage d'un autre. *Editor*.

ÉDITION, publication d'un livre; impression. *Editio*.

INDIRE, droit de doubler les redevances.

INÉDIT, qui n'a point été publié par l'impression.

MAUDIRE, faire des imprécations; réprouver, abandonner. *Maledicere*.

MALÉDICTION, * maudisson, imprécation; malheur constant. *Maledictio*.

MAUDIT, chargé d'imprécations; mauvais, détestable, exécrable.

MÉDIRE, parler mal de quelqu'un sans nécessité, par malice ou par imprudence. *Maledicere*.

MÉDISANCE, discours de médisant; imputation sans preuve. *Maledictio*.

MÉDISANT, qui médit, qui a l'habitude de médire. *Maledicus*.

PRÉDIRE, dire par inspiration, par calcul, par divination ou par conjecture, qu'une chose sera et arrivera. *Prædicere*, comp. de *præ*, avant, et de *dicere*, dire d'avance.

PRÉDICTION, action de prédire, chose prédite. *Prædictio*.

REDIRE, dire ce qu'on a déjà dit; raconter, révéler une confidence; reprendre, censurer. *Redicere*, de *re*, de nouveau, et de *dicere*, dire.

REDITE, répétition fatigante et ennuyeuse de discours.

REVENDIQUER, réclamer la possession d'une chose; faire valoir ses droits sur un bien.

REVENDICATION, action de revendiquer.

DIRIMANT, empêchement qui rend nul un mariage. *Dirimens*.

DISCALE, déchet dans le poids des marchandises au détail par l'évaporation. Du gr. *chalaō*, j'abaisse.

DISCALER, éprouver du déchet, en parlant des marchandises.

DISETTE, manque, cherté des vivres, besoin de choses nécessaires. D'*exdesita*, suivant Ménage, et selon d'autres, du gr. *diaita*. Voy. DIÈTE.

DISETTEUX, qui éprouve les angoisses de la disette.

DISPERSER, répandre, éparpiller, semer çà et là; rompre le marché; distribuer en tous lieux; mettre en désordre. Du lat. *dispergere*, dont le simple est *spergere*, dér. du gr. *diaspeirein*, dont la racine est *speirō*, je sème, je répands.

DISPERSION, action de disperser, ses effets. *Dispersio*, du gr. *diaspora*.

DIASPORAMÈTRE, instrument pour fixer la proportion de l'aberration de réfrangibilité de la lumière. Du gr. *diaspora*, dispersion, et de *metron*, mesure.

DIASPORE, minéral en lames curvilignes, qui, étant exposé à la flamme d'une bougie, pétille d'abord, puis se dissipe en nombre de parcelles. De *diaspeirō*.

DISQUE, sorte de gros palet de forme ronde très-pesant, de fer, de cuivre, de plomb ou de pierre, et plus épais dans le milieu que sur les bords; jeu fort en usage chez les anciens; le corps rond du soleil et de la lune, tel qu'il paroît à nos yeux; grandeur des verres de lunettes; centré des fleurs radiées; étendue des feuilles, les bords exceptés. Du lat. *discus*, fait du gr. *diskos*.

DISCOBOLE, athlète qui faisoit profession de l'exercice du disque dans les jeux des anciens. *Discobolus*, fait de *diskobolos*, comp. de *diskos*, palet, et de *ballô*, je lance.

DISCOÏDE, qui a la forme d'un disque. De *diskos*, et d'*eidos*, figure, ressemblance.

DISSERTATION, examen attentif par écrit d'une question, avec des développements. Du lat. *dissertatio*, traité, discours, dispute.

DISSERTATEUR, qui disserte; qui aime à disserter. *Dissertator*.

DISSERTER, faire une dissertation; discourir. *Dissertare*.

DISSIPER, répandre, semer; éparpiller, disperser, consumer des prodigalités; écarter, chasser, faire retirer; soulager, distraire. *Dissipare*, composé de *dis*, et de *sipare*, jeter.

DISSIPATEUR, prodigue, dépensier, qui dissipe ses biens. *Dissipator*, qui disperse.

DISSIPATION, action de dissiper son bien ou de se dissiper les esprits; qualité du dissipateur; état d'une personne dissipée. *Dissipatio*.

DISSIPÉ, prodigué, dispersé, détruit par la profusion; trop répandu dans le monde; entièrement adonné aux plaisirs. *Dissipatus*.

DISSUADER, détourner quelqu'un par la persuasion; conseiller le contraire. Du lat. *dissuadere*.

DISSUASION, action de dissuader; avis contraire. *Dissuasio*.

PERSUADER, engager, déterminer par de bonnes raisons à croire. *Persuadere*.

PERSUADANT, qui persuade, qui porte à croire. *Persuasor*.

PERSUASIF, qui a le pouvoir, le don de persuader.

PERSUASION, action de persuader; ferme croyance. *Persuasio*.

DISTILLER, extraire le suc, l'esprit avec l'alambic; verser, épancher, répandre. Du lat. *distillare*; au simple, *stillare*, dégoutter, couler, tomber goutte à goutte; composé de *di* et de *stilla*, goutte: mot que les Italiens ont conservé; dérivé du gr. *stalaô*, *stalazô*, dégoutter.

DISTILLATEUR, qui distille des herbes, des liqueurs. *Distillator*.

DISTILLATION, action, art de distiller; chose distillée. *Distillatio*.

DISTILLATOIRE, qui sert à distiller; qui a rapport aux distillations.

DISTILLERIE, laboratoire du distillateur; endroit où l'on distille.

INSTILLER, faire couler, verser goutte à goutte; induire insensiblement en erreur. *Instillare*, du gr. *enstalazô*.

INSTILLATION, action d'instiller; ses effets. *Instillation*.

DITHYRAMBE, ode en stances libres; sorte d'hymne en l'honneur de Bacchus sur le mode phrygien. Du gr. *dithurambos*, que l'on croit être dérivé de *dis*, deux fois, et de *thura*, porte, parce que, dit-on, ce dieu naquit deux fois; ou, suivant d'autres, à cause de l'antre à deux portes où il fut nourri.

DITHYRAMBIQUE, du dithyrambe.

DIVAN, conseil du grand-seigneur; tribunal de justice turk; sofa, canapé. Du turk *diouan*, conseil d'état.

DIVULSION, séparation des muscles causée par une tension violente. Du lat. *divulsio*, fait de *divellere*, arracher.

ÉVULSION, action d'arracher.

DIX, nombre numéral de deux fois cinq; chiffre qui l'exprime; carte marquée de dix points. Du lat. *decem*, du gr. *deka*.

DIXIÈME, nombre ordinal de dix; dixième partie; impôt. *Decimus*.

DIXIÈMEMENT, en dixième lieu. *Decimo*.

DÉCEMBRE, dixième mois de l'année romaine, et le dernier de l'année chrétienne. *December*.

DÉCEMVIR, l'un des dix magistrats suprêmes de Rome, qui remplaçoient les consuls. De *decem*, et de *vir*, homme.

DÉCEMVIRAL, des décemvirs.

DÉCEMVIRAT, dignité des décemvirs; sa durée. *Decemviratus*.

DÉCENNAL, de dix ans en dix ans; qui dure ou qui revient tous les dix ans. *Decennalis*.

DÉCADE, dizaine; ouvrage en dix livres; espace de dix jours. Du gr. *deka*.

DÉCADAIRE, de dix jours; qui est en dix parties.

DÉCADI, dixième jour de la décade.

DÉCAGONE, figure géométrique qui a dix angles et dix côtés. De *déka*, et de *gônia*, angle.

DÉCAMÉRON, ouvrage dont chaque partie est divisée en dix journées. De —, et de *héméra*, jour.

DÉCAN, supérieur; chef de dix personnes; inspecteur de dix paroisses. *Decanus*, dér. de *déka*, chef de dizaine.

DÉCANAL, qui appartient au décanat.

DÉCANAT, dignité de décan; temps qu'elle dure.

DÉCANIE, division de dix esclaves, conduite par un décan.

DÉCANISER, tenir la place d'un décan.

DOYEN, le plus ancien d'âge ou de réception dans un corps; dignitaire dans une faculté, un chapitre. *Decanus*.

DOYENNÉ, dignité, juridiction de doyen; sa demeure.

DÉCANDRIE, dixième classe de plantes dont la fleur a dix étamines ou parties mâles. De *déka*, et d'*anér*, *andros*, mari, mâle, époux.

DÉCANDRE, fleur qui a dix étamines.

DÉNAIRE, qui a rapport au nombre dix.

DÎME, *dixme*, tribut de la dixième partie des fruits de la terre enlevée par l'Eglise ou par les seigneurs. De *decima*, sous-entendu *pars*, partie.

DÎMER, *dixmer*, lever la dîme; soumettre à la dîme, avoir droit de la prélever.

DÎMERIE, *dixmerie*, territoire sujet à la dîme d'un curé.

DÎMEUR, *dixmeur*, fermier qui prélève la dîme.

DÎMIER, *dixmier*, ouvrier qui lève la dîme.

DÉCIME, dixième partie du franc; contribution de la dixième partie des biens ecclésiastiques.

DÉCIMABLE, sujet aux décimes.

DÉCIMAL, calcul, règle d'arithmétique qui s'opère par dixième, par centième, millième, etc.; qui a rapport à la dîme.

DÉCIMATEUR, qui peut lever la dîme.

DÉCIMER, punir un soldat pris au sort sur dix; supplice en usage chez les Romains, et introduit par Appius sitôt l'expulsion des rois. *Decimari*.

DÉCIMATION, action de décimer les soldats. *Decimatio*.

DENIER, pièce de monnoie qui valoit plus ou moins suivant les différents temps. Elle prit son nom de ce que le denier d'or valoit dix deniers d'argent, et celui-ci dix as de cuivre. *Denarius*, sous-entendu *nummus*. En France, le denier étoit une monnoie de cuivre valant la douzième partie du sol; somme d'or ou d'argent; intérêt d'une somme principale; titre de l'argent.

DENRÉE, * *denerée*, marchandise quelconque; tout ce qui se vend pour la nourriture de l'homme et des animaux. De *denarium*, en bass. lat. *denerata*. Chez nos aïeux, la *denerée* ou *denrée* étoit ce qui se donnoit pour la somme d'un denier. Voy. *Gloss. de la lang. rom.* aux mots DENIER et DENRÉE.

DÉCUPLE, dix fois autant, ou dix fois plus grand. *Decuplus*.

DÉCUPLER, rendre dix fois plus grand.

DIZAIN, pièce composée de dix vers; chapelet composé de dix grains.

DIZAINE, total composé de dix.

DIZEAU, dix gerbes, dix bottes de foin.

DIZENIER, chef d'une dizaine; officier de ville qui a dix hommes sous sa charge.

DOCHME, ancienne mesure des Grecs; on la croit la même que le grand palme, de la hauteur de douze doigts. Du gr. *dochmé*.

DOCIMASIE, *docimastique*, art d'essayer en petit, ou de connoître les substances minérales ou métalliques contenues dans les fossiles. Du gr. *dokimazia*, épreuve, essai; fait de *dokimazô*, éprouver, essayer, examiner.

DOCTE, savant, habile, qui a une instruction solide, qui a de la doctrine; qui contient de l'érudition. Du lat. *doctus*, fait de *doctum*, supin de *docere*, instruire, enseigner, rendre savant; que l'on dér. du gr. *dokéô*, penser, croire, estimer.

DOCTEMENT, d'une manière docte; savamment. *Docté*.

DOCTEUR, promu au doctorat; homme docte; savant, habile en quelque chose que ce soit. *Doctor*.

DOCTORAL, de docteur, qui lui appartient.

DOCTORAT, degré, qualité de docteur;

le premier degré dans une faculté des sciences.

DOCTORERIE, acte en théologie pour être reçu docteur.

DOCTRINAIRE, prêtre religieux de la doctrine chrétienne; partisan de théories politiques, abstraites.

DOCTRINAL, avis, consultation des docteurs en théologie.

DOCTRINE, savoir, érudition, connoissances acquises; système qu'on enseigne. *Doctrina.*

ENDOCTRINER, instruire des dogmes; dicter ce qu'il faut dire ou faire.

DOCUMENT, preuve, titre, renseignement. *Documentum.*

DOCILE, propre à recevoir l'instruction; doux et obéissant; qui se laisse gouverner. *Docilis*, formé de *doceo.*

DOCILITÉ, qualité qui rend docile, soumis, propre à être instruit; disposition à l'obéissance. *Docilitas.*

DOCILEMENT, avec docilité. *Dociliter.*

INDOCILE, qui supporte impatiemment le joug; manque de soumission, d'obéissance; qui ne se soumet point.

INDOCILITÉ, manque de docilité.

DOGMATISER, enseigner une doctrine fausse ou dangereuse en matière de religion; parler par sentences; régenter, décider d'un ton tranchant.

DOGMATISEUR, qui prend un ton dogmatique; qui dogmatise sans cesse.

DOGMATISTE, qui établit ses dogmes.

DOGME, point de doctrine; enseignement reçu et servant de règle en matière de religion, de philosophie. Du lat. *dogma*, fait de *docere*, en gr. *dogma.*

DOGMATIQUE, qui regarde le dogme de la religion, ton, style sentencieux; méthode d'enseigner, fondée sur la raison et l'expérience.

DOGMATIQUEMENT, d'une manière dogmatique; d'après la raison et l'expérience.

DOGUE, gros chien à large tête, très-courageux et de défense, dont l'espèce est d'origine angloise. De l'angl. *dog*; fait du saxon *dock*, en flam. *dogge.*

DOGUIN, petit dogue.

DOGUER (se), se battre comme des dogues; se dit en parlant des moutons qui se heurtent.

DOIGT, partie longue et mobile de la main ou du pied; hauteur d'un travers de doigt; partie d'un gant dans laquelle entre un doigt; douzième partie du diamètre des astres. Du lat. *digitus*, fait du gr. *daktulos.* Voy. DACTYLE.

DOIGTER, hausser et baisser les doigts sur un instrument pour en tirer des sons.

DOIGTÉ, manière, action de doigter.

DOIGTIER, ce qui couvre le doigt. *Digitale.*

DÉ, petit cylindre creux pour mettre le doigt et pour coudre. *Digitale.*

DIGITALE, le gant de Notre-Dame, plante monopétale à fleurs en dé à coudre, ou d'un doigt de gant.

DIGITÉ, feuille disposée comme les doigts de la main.

DOLICHOPE, insecte diptère à longues pattes. Du gr. *dolichos*, long, et de *pous*, pied.

DOLIQUE, plante légumineuse à longs rameaux. Du gr. *dolichos.*

DOLIMAN, habit turk de théâtre, en soutane à manches étroites sur l'avant-bras.

DOLLAR, monnoie d'or d'Allemagne, environ cinq francs quarante à cinquante centimes.

DOLOIRE, outil pour unir le bois. Du lat. *dolabra.*

DOLER, unir avec la doloire.

DOM, seigneur; titre claustral que prenoient certains ordres de moines, tels que les Bénédictins, les Chartreux, les Bernardins, les Feuillants. De *domnus*, *domnulus*, contraction de *dominus*; c'étoit, disoit-on, pour se mettre au-dessous de Dieu, à qui seul appartient le titre de *Dominus.*

Nos pères disoient *dam*, *dame*, *damp*, *dan*, *dans*, *dant*, *dom*, *domp*, *don*, *dons*, pour seigneur, maître, chef, homme élevé au-dessus des autres par son mérite, par son pouvoir ou ses richesses; femme de qualité, de haut parage. D'où l'anc. prov. *dom*, *dons*; le bas-bret. *dam*, *dom*; l'it. *dom*, *dona*; l'esp. *don*, *donna*; la bass. lat. *domnus*, *domna*, *domnulus*, *domnula.* De là l'exclamation de *Dame-Dieu*, qui répond à celle de Seigneur-Dieu, le *Domino-Dio* des Italiens, qui se dit dans quelques départements *dame-oui*; de là :

VIDAME, seigneur qui tenoit le temporel d'une église, d'un évêque, à la charge de les défendre. *Vice-Dominus.*

VIDAMÉ, *vidamie*, charge de vidame.

DAMMARTIN pour *dam Martin*, la

ville du seigneur Martin. *Dominium Martini.*

Dampierre, pour *dam Pierre*, la ville du seigneur Pierre.

Dame, d'abord titre d'honneur, femme du seigneur ou qui possédoit une seigneurie, des vassaux; femme de qualité, de haut parage; titre des religieuses d'abbaye, des chanoinesses, des filles de roi; aujourd'hui qualification des femmes mariées.

Dame, la reine ou la seconde pièce au jeu d'échecs, et dans les jeux de cartes; pièce ronde et plate, de bois ou d'ivoire, pour jouer aux dames et au trictrac.

Damer, mettre une dame sur l'autre, qui a été poussée au dernier rang opposé.

Damier, tablier à carreaux noirs et blancs, pour jouer aux dames et aux échecs.

Dédamer, dédoubler une dame.

Dameret, jeune homme qui fait le beau et cherche à plaire aux dames.

Damoiseau, *damoisel*, titre de dignité qui se donnoit à tous les jeunes gentilshommes et même à l'héritier de la couronne, qui, n'étant pas encore reçu chevalier, aspiroit à l'être; ce titre se perdoit quand on avoit gagné les éperons d'or. *Domicellus,* dim. de *dominus.*

Demoiselle, * *damoiselle*, fille de qualité, gentil-femme qui, n'ayant pas le titre de dame, étoit épouse d'un damoisel ou d'un écuyer; elle ne pouvoit prendre le titre de dame que lorsque son mari étoit parvenu à la chevalerie. Aujourd'hui titre de toutes les personnes du sexe, d'un état tant soit peu distingué, qui ne sont pas mariées, qui vivent dans le célibat. *Domicella.* Voy. *Gloss. de la lang. rom.*, au mot Dame.

Dimanche, premier jour de la semaine des chrétiens, consacré à Dieu. *Dominica dies,* jour du Seigneur.

Endimancher (s'), mettre ses parures, ses habits de fête.

Dominical, du seigneur, ou du dimanche.

Dominicale, sermon des dimanches; *réciter les dominicales*, prêcher les textes qui sont marqués pour chaque dimanche; *oraison dominicale*, la prière du Seigneur; *lettre dominicale*, celle qui, dans l'almanach, marque le dimanche pour toute l'année.

Dominique, nom propre d'homme. *Dominicus.*

Dominicain, religieux de l'ordre de saint Dominique.

Don, titre des seigneurs espagnols et portugais.

Donzelle, contraction de *damoiselle;* fille, femme d'état médiocre et de mœurs suspectes.

Dondon, fille, femme qui joignent la fraîcheur à l'embonpoint; à la lettre *gros-gros.*

Duègne, vieille gouvernante d'une jeune personne; femme qui ménage des rendez-vous aux amants. De l'esp. *duegna;* fait de *domina.*

DOME, couverture de bâtiment, ronde et élevée; coupole; voûte demisphérique au-dessus d'un édifice; sorte de vase pour distiller, et qui en a la forme. Du lat. *domus,* maison, habitation, édifice; fait du gr. *dôma, dômos,* contractés de *doméma,* dér. de *domeó, démô,* bâtir. Les Grecs modernes appellent une terrasse au-dessus des maisons, *dôma.*

Domerie, bénéfice; titre d'abbaye qui étoit comme hôpital.

Domestique, qui est de la maison; de l'intérieur, de la famille; serviteur, servante; ce qui se fait chez soi. *Domesticus,* fait de *domus.*

Domesticité, état de ou du domestique.

Domestiquement, à la manière d'un domestique; dans l'intérieur du ménage; familièrement.

Domaine, propriété territoriale; biens, fonds, héritages, biens de l'état. *Domanium* pour *dominium.*

Domanial, concernant le domaine de l'état.

Domicile, logis où l'on fait sa demeure ordinaire; on en distingue quatre, celui de naissance, le légal, celui de choix et le domicile actuel. Du lat. *domicilium,* fait de *domus.*

Domiciliaire, du domicile, dans le domicile.

Domicilier (se), se fixer dans un domicile.

Domifier, partager le ciel en douze maisons ou dômes.

Domification, action de domifier.

DOMINER, commander, avoir autorité dessus; être plus haut; tenir en sujétion. *Dominari*, fait de *dominus*, seigneur.

DOMINANT, qui domine, qui est au-dessus. *Dominans*.

DOMINANTE, note qui fait la quinte au-dessus de la tonique ou de la note du ton.

DOMINATEUR, qui domine, qui a la puissance souveraine en partage. *Dominator*.

DOMINATION, puissance, empire, autorité souveraine; l'un des ordres d'anges. *Dominatio*.

DOMINO, camail noir de prêtre pour l'hiver; habillement qui se met par-dessus tous les autres habits de bal, qui enveloppe tous les autres; sorte de jeu.

DOMINOTERIE, papiers colorés ou marbrés.

DOMINOTIER, marchand de dominoterie, d'images et de papiers marbrés.

DONJON, *dongeon*, tour, forteresse; l'endroit le plus élevé d'une ville ou d'un bâtiment, qui domine sur toutes ses parties. De la bass. lat. *domniosus*, *dunjo*, faits de *dominari*.

DONJONNÉ, garni de tourelles.

PRÉDOMINER, l'emporter, s'élever par-dessus les autres; prévaloir, exceller. Du lat. *prædominatio*, composé de *præ*, avant, et de *dominari*, dominer.

PRÉDOMINANT, qui prédomine.

PRÉDOMINATION, action de prédominer; état de ce qui prédomine.

DOMPTER, *domter*, subjuguer, réduire à l'obéissance; vaincre, assujétir; surmonter, venir à bout. Du lat. *domitare*, dim. de *domare*, dér. du gr. *damaō*.

DOMPTABLE, *domtable*, qu'on peut dompter, qui peut être dompté, adouci, assujéti. *Domabilis*.

DOMPTEUR, *domteur*, qui dompte les monstres, les nations. *Domitor*.

DOMPTE-VENIN, l'asclépiade, plante vivace bonne contre les venins.

INDOMPTABLE, *indomtable*, qu'on ne peut dompter ou réduire par la force. *Indomabilis*.

INDOMPTÉ, fougueux, sans frein, qu'on n'a pu dompter. *Indomitus*.

DON, présent, cadeau, libéralité, grâce, avantage naturel. Du lat. *donum*, fait du gr. *dôron*, *doma*, dér. du verbe *doō*, d'où se forma *didoō* et *didômi*, donner, livrer, mettre entre les mains.

DONNER, faire don, gratifier, faire cadeau. *Donare*, du gr. *didoō*, *didômi*.

ADONNER (S'), se donner à une chose, se livrer avec plaisir à...

DONATAIRE, à qui on fait ou qui reçoit une donation.

CODONATAIRE, associé dans une donation.

DONATEUR, *donatrice*, qui fait une donation. *Donator*, *donatrix*.

DONATIF, don que l'on faisoit chez les Romains aux troupes, à l'armée. *Donativum*.

DONATION, don fait par acte public. *Donatio*.

DONNANT, qui aime à donner.

DONNE, distribution des cartes au jeu.

DONNÉES, renseignements; quantités connues dont on se sert dans la solution d'un problème, pour trouver les quantités inconnues.

DONNEUR, qui donne, qui fait des dons.

REDONNER, donner la même chose une seconde fois; rendre à celui qui a donné; faire renaître; retourner à la charge; avoir lieu de nouveau.

ABANDON, état où est une personne ou une chose délaissée; donation forcée faite par un débiteur à ses créanciers; déréglement de mœurs.

ABANDONNÉ, quitté, délaissé; que personne ne fréquente plus.

ABANDONNEMENT, délaissement entier de tous les biens d'un débiteur à ses créanciers : déréglement sans fin.

ABANDONNER, quitter, délaisser, renoncer.

Ces quatre derniers mots avoient une toute autre signification chez nos pères; pris substantivement, *abandon*, qui s'écrivoit *à bandon*, désignoit un don abondant et sans restriction : *abundans donum*. Pris adverbialement, on l'employoit pour abondamment, sans réserve, en propriété : *abundanter*. Enfin, le verbe *abandonner* signifioit donner sans réserve, donner à foison, avec profusion, avec prodigalité; *abundanter donare*; et le participe *abandonné*, libéral, généreux, prodigue : *abundans*.

Selon Pasquier, le verbe *abandonner* seroit composé des mots *a-ban-donner*, exposer à la discrétion du public; mais le mot *ban*, que Clavier et Barbazan dérivent de *pœna*, n'a jamais signifié une chose publique. Ducange tire *abandon* de la bass. lat. *abandonum, abandum.* Selon Ménage le verbe *abandonner* vient de Fit. *abbandonare,* fait de *bando, bandonis,* qu'on auroit dit pour *bandum; bandi ;* il critique avec raison Ferrari, qui dérive *abbandonare* de *bandum,* dans la signification de drapeau ; ainsi, dit le professeur italien, *abandonner,* c'est déserter, quitter son drapeau. Le savant françois prouve au contraire que ce verbe signifie aller au drapeau, se rendre sous les drapeaux.

ADDITION, supplément, chose ajoutée, augmentation ; première règle d'arithmétique qui apprend à ajouter plusieurs chiffres les uns aux autres, et à les réunir en un seul. Du lat. *additio,* venant du verbe *addere,* ajouter ; formé de *ad do,* je donne encore, j'ajoute.

ADDITIONNEL, qui est ou qui doit être ajouté. *Additivus.*

ADDITIONNER, ajouter ; faire une addition, réunir plusieurs sommes ou nombres, pour en connoître le total.

ANADOSE, distribution des aliments dans tout le corps. Du gr. *anadosis,* fait d'*anadidómi,* rendre ; formé d'*ana,* derechef, et de *didómi,* donner.

ANECDOTE, fait secret, particularité peu connue propre à éclairer certain événement de l'histoire ou de la vie privée. Du gr. *anekdota,* qui n'a pas été donné, publié, qui n'a jamais paru ; fait d'*a* priv., et d'*ekdotos,* livré, mis au jour ; dér. d'*ek,* dehors, et de *didómi,* donner.

ANECDOTIER, conteur d'anecdotes.

ANTIDOTE, préservatif, remède donné contre le poison. Du gr. *antidoton,* formé d'*anti,* contre, et de *didómi,* donner.

ANTIDOTAIRE, livre où sont décrits les antidotes.

DATE, époque; nombre qui marque le jour auquel une lettre, un écrit, un contrat a été donné, où on l'a fait paroître. *Datus.*

DATER, marquer l'époque, mettre la date.

DATERIE, bureau à Rome où l'on date les expéditions des actes du saint Siége.

DATAIRE, chancelier de la daterie.

DATIF, troisième cas grec et latin d'une déclinaison régulière, qui marque le terme, l'objet auquel se rapporte le don qu'on fait. De *dativus,* fait de *dare.*

DATISME, emploi fatigant des synonymes pour une même pensée. Du gr. *datismos.*

DATIVE, tutelle donnée par le juge.

ANTIDATER, mettre une date fausse et antérieure.

DOSE, quantité déterminée des diverses drogues qui entrent dans un remède. Du gr. *dosis,* fait de *didómi,* donner.

DOSER, mettre la dose.

DOT, ce que l'on donne à une fille en la mariant, ou en la mettant au couvent. De *dos, dotis,* fait du gr. *dós,* bien qu'une fille apporte en mariage ; dér. de *didómi,* donner.

DOTAL, de la dot.

DOTER, donner, établir une dot. *Dotare.*

DOTATION, action de doter ; fonds pour doter un établissement. *Dotatio.*

INDOTÉ, qui n'a pas eu de dot.

DOUAIRE, dot de la veuve ; biens assurés à la femme, en cas de survie. *Dotarium.*

DOUAIRIER, enfant qui s'en tient au douaire de sa mère pour tout héritage.

DOUAIRIÈRE, veuve qui jouit d'un douaire.

DOUER, assigner un douaire ; avantager ; orner, favoriser. *Dotare.*

DOUÉ, qui a reçu en don de la nature des qualités, des avantages.

DONC, *part., conjonct.* pour conclure ; ainsi, par conséquent. Du lat. *tunc,* en ital. *dunque.*

DONT, de, de qui, de quoi, duquel, de laquelle, desquels, corrompu du lat. *deunde,* en ital. *donde.*

DORIEN, *dorique,* qui est de la Doride, province de la Grèce ; mode de la musique des anciens ; l'un des quatre dialectes de la langue grecque ; l'un des cinq ordres d'architecture inventé par les Doriens. Du gr. *dórios, dórikos,* qui est de la Doride, fait de *Dóris,* la Doride.

D'où les noms propres : *Doris, Dorine.*

DORMIR, reposer, être plongé dans le sommeil, être couché pour dormir ; ne pas couler, en parlant des eaux ; demeurer en repos. Du lat. *dormire,* onomatopée qui peint le ronflement d'une personne qui dort.

DORMANT, qui dort, qui ne coule pas ;

qui ne s'ouvre ou ne se lève point.

DORMEUR, qui dort ou qui aime à dormir. *Dormitor.*

DORMEUSE, sorte de voiture de voyage dans laquelle on peut s'étendre et dormir à son aise.

DORMITIF, potion calmante qui provoque le sommeil; remède qui endort.

DORTOIR, grande salle où l'on couche, où il y a plusieurs lits, dans les couvents, les colléges, les pensions, les hôpitaux. *Dormitorium.*

ENDORMIR, faire dormir; amuser pour dormir.

ENDORMEUR, cajoleur, flatteur qui fait des contes pour séduire; celui qui endort avec des narcotiques pour voler.

REDORMIR, dormir de nouveau.

RENDORMIR, faire dormir, s'endormir de nouveau.

DODO, mot du dictionnaire de l'enfance; ton simple et traînant qui, répété sans cesse, endort naturellement; aussi désigne-t-il le sommeil, l'action de s'endormir; c'est la corruption de *dors, dors.*

DODINER, bercer un enfant pour l'endormir; se *dodiner*, se dorloter, avoir grand soin de sa personne.

DODÉLINER, remuer la tête, en parlant des vieillards; traiter mollement.

DODU, gras, potelé, qui a de l'embonpoint comme un enfant qui dort beaucoup; d'autres l'expliquent par homme qui a un gros dos, et le dérivent de *dorsum.*

DORLOTER, traiter, flatter, caresser, délicatement et avec complaisance.

DORON, mesure grecque, le petit palme de la hauteur de quatre doigts. Du gr. *dôron.*

DOROPHAGE, qui vit de présents; mot introduit par Rabelais. Du gr. *dôron*, présent, et de *phagô*, je mange.

DORYANTHE, sorte de plante voisine des agaves. Du gr. *doruanthos*, de *doru*, pique, et d'*anthos*, fleur.

DORYCHNIUM, plante vénéneuse à fleurs terminales en bouquet, dont les anciens employoient le suc à empoisonner leurs dards. *Doruchion, doruknion.*

DORYPHORES, soldats qui formoient la garde du prince chez les anciens. De *doruphoroi*, porte-lances, de *doru*, lance, et de *pheró*, je porte.

DOS, la partie de derrière du corps de l'homme, des animaux et de plusieurs choses inanimées. De la bass. lat. *dossum*, fait de *dorsum*.

DAIS,* *dois*, poêle en ciel de lit; avec un dossier pendant. De la bass. lat. *dossium, dossum*, de *dorsum*, et non de l'allem. *decken*, couvrir, ombrager, voiler, comme le dit Caseneuve.

DORSAL, qui appartient au dos. *Dorsualis.*

DOS-D'ANE, talus des deux côtés.

DOSSE, planche adossée contre les terres pour les soutenir.

DOSSERET, pilastre qui soutient les voûtes; dossier pour soutenir une souche de cheminée.

DOSSIER, ce qui soutient le dos ou qui pose sur le dos.

DOSSIÈRE, partie du harnois du cheval qui pose sur le dos.

ADOS, terre élevée contre le dos d'un mur et en bonne exposition, pour y semer avant le temps.

ADOSSER, mettre le dos contre.

ENDOSSER, mettre sur son dos, écrire sur le dos; mettre l'endossement.

ENDOSSE, la peine d'une chose qui retombe sur le dos.

ENDOSSEMENT, *endos*, action d'endosser; signature au dos d'un acte, d'un billet, par laquelle on se rend responsable.

ENDOSSEUR, qui endosse un acte, un effet.

SURDOS, bande de cuir sur le dos du cheval attelé, et qui soutient les traits et le reculement.

EXTRADOS, côté extérieur d'une voûte, opposé à la douelle.

EXTRADOSSÉ, dont le dehors n'est pas brut.

INTRADOS, partie intérieure et concave d'une voûte.

DOUANE, bureau de visite et d'acquit des droits des marchandises; ces droits. De l'it. *dogana*, fait du gr. *dokha*, recette; dér. de *dekhomai*, prendre, recevoir.

DOUANER, apposer le plomb de la douane.

DOUANIER, commis de la douane qui visite les marchandises.

DOULOIR,* *doloir, doloser*, plaindre, fatiguer, tourmenter, inquiéter. Du lat. *dolere.*

DOULEUR, souffrance, tourment, mal

du corps ou de l'esprit; sensation pénible. *Dolor.*

Douloureux, qui cause ou marque la douleur. *Dolorosus.*

Douloureusement, avec douleur, en souffrant. *Dolorosè.*

Dol, tromperie, vol, friponnerie, fraude; action de voler. De *dolus*, fait du gr. *dolos.*

Dolent, triste, plaintif, affligé, souffrant. *Dolens.*

Doléance, plainte; action de se plaindre.

Dolemment, d'une manière dolente.

Condouloir, partager l'affliction d'autrui. *Condolere*, fait de *cum*, avec, et de *dolere*, s'affliger.

Condoléance, part qu'on prend aux doléances d'autrui.

Endolori, chagrin, brisé de douleur.

Indolent, qui n'est touché de rien; insensible à la douleur.

Indolence, indifférence; nonchalance pour toutes choses.

Indolemment, avec indolence, nonchalance.

Deuil, peine, chagrin, douleur qu'on ressent de la perte de quelqu'un; cortége, habits funèbres; temps qu'on les porte, prix qu'ils coûtent. *Dolium.*

DOUVE, longues planches de bois courbées et dolées, qui étant disposées en rond, forment le corps des tonneaux, pipes, futailles, cuves, etc. En lat. *asser doliaris*, fait de *dolium*, tonneau.

Douve, fossé d'un château, mûr latéral d'un canal, d'un bassin; sorte de renoncule des prés, mortelle aux bestiaux.

Douvain, bois propre à faire des douves.

Douelle, pour *douvele*, coupe de pierre propre à la construction des voûtes; il en est deux sortes : la douelle intérieure ou l'*intrados*, et l'inférieure ou *extrados*. De *dolium*, parce que les douelles ont une courbure semblable à celle des voussoirs.

Douille, manche creux en fer, ainsi dit de sa forme.

DOUX, qui flatte agréablement les sens; lisse et coulant au toucher; d'un caractère bon, humain, aisé. Du lat. *dulcis.*

Douceatre, d'un doux fade.

Doucement, *doucettement*, d'une manière douce, avec douceur. *Dulciter.*

Douceret, qui affecte la douceur, la retenue.

Doucereux, fade au goût; doux sans être agréable.

Doucet, un peu doux, doucereux.

Doucette, la mâche, sorte d'herbe potagère.

Douceur, qualité de ce qui est doux; manières agréables et polies; caractère bon et humain. De *dulcor* pour *dulcitudo.*

Doucin, mélange d'eau de mer et d'eau douce pour adoucir la première.

Doucine, moulure moitié convexe, moitié concave, qui termine le haut d'une corniche; ainsi dite de ce que cette saillie étant douce, elle montre par son profil un adoucissement.

Douillet, mollet, tendre, délicat, très-doux au toucher; individu très-délicat, qu'un rien incommode.

Douillette, robe de soie, ouatée.

Douillettement, d'une manière douillette.

Adoucir, rendre plus doux, tempérer l'âcreté par l'action d'une substance douce; devenir plus doux. D'*adulcire* pour *edulcare.*

Adoucissant, qui adoucit; qui suspend l'action du mal.

Adoucissement, *adoucissage*, action d'adoucir; action par laquelle une chose est adoucie; diminution de mal, de peine, de chagrin.

Dulcifier, tempérer un acide; rendre doux.

Dulcificatif, qui dulcifie, qui rend doux.

Dulcification, action de dulcifier.

Dulcinée, femme douce; femme aimée, maîtresse.

Edulcorer, adoucir; enlever en lavant les parties salines des substances pulvérisées. *Edulcorare.*

Edulcoration, action d'édulcorer. *Edulcoratio.*

Radoucir, rendre ou devenir plus doux.

Radoucissement, action de se radoucir; passage de la température à un moindre degré.

DOUZE, numéral, deux et dix ou deux fois six; format de livre en douze feuillets ou vingt-quatre pages. Du lat. *duodecim*, formé de *duo* et de *decem*;

dérivé du gr. *duôdéka*, par contraction de *dôdéka*, composé de *duo*, deux, et de *déka*, dix.

Douzain, pièce de douze vers ; ancienne monnoie de douze deniers ; paquet de douze.

Douzaine, nombre de douze ; assemblage de choses de même nature par douze ; nombre indéterminé, approchant de douze. *Duodeni*.

Douzième, nombre ordinal de deux fois six ; douzième partie. *Duodecimus*.

Douzièmement, pour la douzième fois ; en douzième lieu. *Duodecimò*.

Dodécaèdre, solide régulier, formé de douze pentagones égaux. De *dodéka*, et de *hédra*, siége, base.

Dodécagone, solide régulier, à douze pans et douze angles. De —; et de *gônia*, angle.

Dodécandrie, classe de plantes dont la fleur a douze étamines, ou parties mâles. De —, et d'*andros*, mari ou mâle.

Kodécandre, fleur ou plante ayant douze étamines.

Dodécatémorie, douzième partie d'un cercle ou de chacun des signes du zodiaque. De *dodékatos*, douzième, et de *morion*, partie.

Duodénum, le premier des intestins grêles, long de douze travers de doigts. De *duo*, deux, et de *deni*, dix.

DOXOLOGIE, dernier verset d'une hymne ; hymne en l'honneur de la Trinité, le *Gloria in excelsis*, le *Gloria Patri*. Du gr. *doxologia*, fait de *doxa*, gloire, et de *logos*, discours, parce qu'on y rend gloire aux trois personnes de la sainte Trinité.

DRACHME, *dragme*, monnoie grecque ; sorte de poids ; le gros, qui fait la huitième partie de l'once. En lat. *drachma*, du gr. *drachmé*.

Didrachme, *didragme*, monnoie grecque valant deux dragmes. De *dis*, deux, et de *drachmé*.

Tétradrachme, monnoie grecque valant quatre drachmes. De *tettara*, quatre, et de —.

DRAGÉES, amandes, noisettes, et avelines couvertes de sucre durci ; menu plomb pour la chasse. Du gr. *tragéma*, *tragémata*, dér. de *trôgô*, second aoriste d'*étragon*, manger, selon Larcher, traduction d'Hérodote.

Drageoir, boîte dans laquelle on servoit des dragées au dessert. Voy. *Vie privée des François*, nouvelle édition, tome II, p. 309.

Drageoire, rainure dans laquelle est placé le verre d'une montre, d'une pendule.

DRAGEON, rejeton, branche qui sort de la racine d'un arbre ou d'une plante. Du lat. *traducio*, fait de *tradux*.

Drageonner, pousser des drageons.

DRAGON, sorte de monstre fabuleux, armé de griffes et à queue de serpent. Du lat. *draco*, du gr. *drakôn*.

Dragon, soldat qui fait le service à pied et à cheval. Charles de Cossé-Brissac, mort en 1563 ; est généralement regardé comme le créateur de cette milice ; elle fut ainsi appelée parce qu'elle portoit un dragon sur ses enseignes.

Dragon, *dracène*, *dragonnier*, arbre des Indes, ainsi nommé parce qu'on a cru voir sous son écorce la figure d'un dragon, parfaitement représentée. C'est la résine de cet arbre qui, étant épaissie, forme le *sang de dragon*, parce qu'elle est rouge comme du sang.

Dragonaire, soldat romain, dont la légion portoit un dragon pour enseigne.

Dragonnade, expédition de dragons. On connoît le résultat des dragonnades des Cévennes, ordonnées par Louis XIV d'après l'avis de la veuve Scarron et du jésuite Letellier ; on leur donna aussi le nom de *missions bottées*.

Dragonne, batterie de tambour à l'usage des dragons ; ornement d'épée ou de sabre, sorte de gland qui, après avoir été la marque distinctive des dragons, est devenue commune à tous les militaires.

Dragonné, à queue de dragon.

Dracène, femelle du dragon. Du gr. *drakaina*.

Dracocéphale, famille de plantes dont le fruit ressemble à une tête de dragon ou de serpent. De *drakôn*, et de *képhalé*, tête.

Dragonneau, *dracuncule*, sorte de ver long qui, dans les pays chauds, s'insinue entre la chair et la peau, et qui fait beaucoup souffrir.

DRAGUE, pelle recourbée à très-long manche, pour tirer du sable ou curer les puits ; filet à manche que l'on traîne ; pinceau de vitrier ; cordage pour arrêter le recul du canon ; orge cuit dont on a tiré la bière. Du saxon *dragen*, tirer, retirer.

DRAGUER, pêcher dans la mer; curer, nettoyer avec la drague; chercher une ancre perdue.

DRAGUEUR, tireur de sable; bâtiment pour pêcher la morue.

DRAME, poème dialogué pour le théâtre, représentant une action tragique ou comique; tragédie bourgeoise, du genre larmoyant, dont les personnages sont vulgaires. Du gr. *drama*, fable, action, représentation; dér. de *draô*, agir, parce que dans le genre dramatique les personnages parlent et agissent, tandis que dans le poème épique on raconte simplement les faits.

DRAMATIQUE, ouvrage pour le théâtre où l'on représente une action tragique ou comique; qui appartient aux ouvrages de théâtre, genre de compositions dramatiques. *Dramaticus*, du gr. *dramatikos*.

DRAMATISTE, auteur qui compose des pièces de théâtre.

DRAMATURGE, auteur d'ouvrages dramatiques larmoyants, tels que Lachaussée, Mercier, etc. Du gr. *dramatourgos*, de *drama*, et d'*ergon*, travail, ouvrage.

MÉLODRAME, drame en musique ou mêlé de chant. De *mélos*, chant, et de *drama*.

MÉLODRAMATURGE, auteur de mélodrame.

MIMODRAME, drame exécuté en mimologie. *Voy*. MIME.

DRASTIQUE, purgatif violent, dont l'effet est prompt et vif. Du gr. *drastikos*, fait de *draô*, agir, opérer.

DRAP, étoffe de laine, de coton, de soie; pièce de toile dans le lit pour coucher. En bas. lat. *drappus*, *drappalia*, que Ménage pense avoir été dit pour *pannus*, ou *vestis è panno*; on le dér. aussi du gr. *raptô*, coudre, former un tissu.

DRAPADE, espèce de serge.

DRAPÉ, épais et couvert d'un duvet très-doux.

DRAPEAU, haillon, vieux morceau d'étoffe; enseigne d'infanterie; morceau d'étoffe aux couleurs nationales, flottant en un lieu; linge faisant partie du maillot.

DRAPELET, petit drapeau.

DRAPELIÈRE, qui rassemble les chiffons.

DRAPER, couvrir, orner, garnir de drap; railler, médire, censurer.

DRAPERIE, manufacture, commerce, assortiment de draps; ornement de tentures en étoffes.

DRAPIER, fabricant, marchand de draps.

DRAPIÈRE, grosse épingle pour les drapiers.

DRILLE; nos pères avoient les onomatopées *dridrillant, dridriller*, pour exprimer le bruit des sonnettes et grelots que portent les mulets. De là ils dirent *drille* pour exprimer le bruit que produisoient les pièces d'une vieille armure, qui, mal unies et agitées au moindre mouvement, se choquoient les unes contre les autres. Par extension, ce mot signifia un habit militaire en lambeaux, puis le soldat qui le portoit, et enfin de mauvais haillons, de là :

BON DRILLE, bon compagnon.

PAUVRE DRILLE, pauvre malheureux.

VIEUX DRILLE, soldat vieilli dans le métier.

DRILLE, chiffon propre à faire du papier.

DRILLER, courir, aller aussi légèrement qu'un chiffon emporté par le vent.

DRILLEUR, *drilleux*, *drillier*, chiffonnier, ramasseur au petit crochet.

SOUDRILLE, soldat libertin, fripon, pillard.

Wachter a pensé que le mot *drille* venoit de l'all. *trille*, esclave, domestique, serviteur. Quant à Ménage, il le dérivoit à sa manière du mot *soldat*, en disant *soldarius*, *soldarillus*, *soudrille*, et par contraction *drille*.

DROUILLET, filet qu'on oppose à la marée.

DROUILLETTES, filet pour prendre les maquereaux.

DROGMAN, truchement, interprète à Constantinople et dans les Echelles du Levant. De l'it. *dragomano*, fait du gr. *dragomanos*, dér. du turk *terdgiumen*, ou de l'ar. *tordgeman*, *trogman*, interprète, dont la racine seroit le chaldéen *turgeman*, fait du verbe *targem*, expliquer, interpréter; d'où *targum*, explication, interprétation.

DROGUE, épiceries propres à la médecine ou à la teinture; chose fort mauvaise ou de peu de valeur Du saxon *druggs*, d'où l'esp. *droga*, et l'it. *droghe*.

DROGUER, donner des drogues ou trop de médicaments; falsifier.

DROGUERIE, commerce, assortiment de drogues.

DROGUEUR, marchand de drogues, apothicaire; médecin qui drogue.

DROGUIER, cabinet, armoire, boîte pour les drogues.

DROGUISTE, marchand de drogues.

DROGUET, sorte d'étoffe de la Chine, de fil ou de soie; ainsi dite de son peu de résistance.

DROGUETIER, fabricant et marchand de droguet.

DROLE, plaisant, gaillard, original; rusé, fin; faquin; maraud, mauvais sujet. Ménage le dérive de *trossulus*, homme qui fait le beau, qui se pique d'être élégant. Caseneuve le tire du dan. *trole*, démon, personnage vif, éveillé, gai.

DRÔLESSE, femme de mauvaise vie.

DRÔLEMENT, d'une manière plaisante.

DRÔLERIE, petit ouvrage plaisant; trait bouffon; plaisanterie.

DRÔLATIQUE, badin, plaisant, risible.

DROMIE, genre de crustacées, espèce de petit crabe, remarquable par sa grande vitesse, ou par la vélocité de sa course. Du gr. *dromos*, course.

DROMADAIRE, espèce de chameau d'Arabie à une seule bosse, et qui est fort léger à la course. En bass. lat. *dromadarius*, dér. du gr. *dromas*, coureur.

AMPHIDROMIE, fête qu'on célébroit dans la Grèce le cinquième jour après la naissance d'un enfant. Du gr. *amphidromia*, composé d'*amphi*, autour, de chaque côté, et de *dromos*, course, parce que dans ces fêtes les femmes de la maison couroient en rond dans la chambre et autour du foyer, en portant l'enfant dans leurs bras.

ANADROME, poisson de mer qui remonte les rivières. *Anadromos*, fait d'*ana*, en arrière, et de *dromos*, course.

DROPAX, emplâtre épilatoire, composé de poix et d'huile. Du gr. *dropax*, *hic fallit*.

DRU, *drue*, fidèle, constant, ferme, cher; amant; maîtresse. De l'all. *draw*, foi, fidélité, dont les Anglois ont fait *true* et *truth*, et les Italiens *drudo*. Voy. DENSE.

DRUIDE, *druïdesse*, prêtres gaulois de l'un et l'autre sexe. Du gr. *drus*, chêne, arbre sous lequel ils célébroient leurs mystères, et sur lequel ils cueilloient le gui sacré : c'est l'opinion de Pline, dernier chapitre du XIVᵉ livre. Les Bas-Bretons nomment encore le chêne *deru*, et les Anglois *derw*.

DRUIDISME, religion des druides.

GRAIRIE, bois sur pied possédé en commun.

GRUERIE, juridiction qui connoissoit des dommages faits dans les forêts; droit sur le revenu des forêts.

GRUYER, pour *druyer*, juge de délits forestiers, qui pouvoit prélever un certain droit sur les bois.

GRUYERIE, office de gruyer.

DRYAS, plante dont les feuilles ressemblent à celles du chêne. De *drus*.

DRYADÉES, famille de dryas, plantes dont les feuilles ont beaucoup d'analogie avec celles du chêne.

DRYADES, nymphes des bois; elles pouvoient errer en liberté, et leur existence n'étoit pas attachée à celle des arbres dont elles étoient les protectrices. Du gr. *druades*, fait de *drus*.

DRYIN, *dryinus*, serpent dont la morsure est très-dangereuse, et qui se cache dans le creux ou entre les racines des arbres. De *druinos*, fait de *drus*.

DRYITE, pierre figurée qui imite les feuilles de chêne.

DRYMYRRHIZÉES, famille de plantes dont les racines et les semences répandent une odeur aromatique. Formé du gr. *drus*, arbre, de *muron*, parfum, et de *rhiza*, racine.

DRYOPTÉRIDE, sorte de fougère qui a une vertu corrosive. Du gr. *druoptéris*, formé de *drus*, *druós*, chêne, et de *ptéris*, fougère; dér. de *ptéron*, aile, parce que ses feuilles s'étendent en forme d'ailes, et qu'elle croît en général au pied des chênes.

HAMADRYADES, nymphes des bois qui naissoient et mouroient avec les arbres où elles étoient enfermées. Du gr. *hama*, ensemble, et de *drus*, chêne, arbre avec lequel elles avoient cette union.

SÉGRAIRIE, bois possédé en commun.

SÉGRAIS, bois séparé des grands bois, et exploité à part.

SÉGRAYER, qui a droit dans une ségrairie.

D'où les noms propres *Grayer, Grây, Gruyer, Gruyère, Ségrais.*

DUC, anciennement général d'armée, et qui en cette qualité avoit un gouvernement appelé duché; noble qui possède un duché; grand de 2e classe, parmi la nouvelle noblesse française. Du lat. *dux*, fait de *ducere*, conduire, mener, dresser, ajuster.

DUCAL, qui appartient au duc; concernant le duché.

DUCAT, monnoie d'or ou d'argent frappée par l'ordre d'un duc ou du doge de Venise.

DUCATON, demi-ducat.

DUCHÉ, terres, dignité, gouvernement d'un duc.

DUCHESSE, femme d'un duc.

ABDUCTEUR, muscle dont l'emploi est d'éloigner les parties auxquelles il est attaché.

ABDUCTION, éloignement de plusieurs parties du corps par l'action des muscles abducteurs; mouvement en dehors; manière d'argumenter en exigeant la preuve de la mineure. *Abductio.*

ADDUCTEUR, muscle de l'œil qui rapproche du point central les parties auxquelles il est attaché. D'*ad*, vers, et de *ducere*, conduire.

ADDUCTION, mouvement d'une partie du corps vers le point central; action des muscles adducteurs qui approchent en dedans.

ARCHIDUC, prince de la maison d'Autriche. Du gr. *arché*, principe, primauté, puissance, commandement, et du lat. *dux*, général, chef.

ARCHIDUCHESSE, femme d'un archiduc.

ARCHIDUCHÉ, apanage d'un archiduc.

CONDUIRE, mener, guider, diriger, commander, accompagner. *Conducere.*

CONDUCTEUR, qui conduit, qui dirige.

CONDUCTION, prise à loyer.

CONDUIT, canal, tuyau pour conduire.

CONDUITE, action de mener, de guider, de diriger; manière d'agir, de se tenir; ordre, arrangement.

DÉDUIRE, rabattre d'une somme; énumérer, discuter; ôter de ligne, de rang; tirer une conséquence. *Deducere.*

DÉDUCTION, rabais, soustraction, énumération, narration.

DÉDUIT, amusement, plaisir

DOGE, nom donné aux chefs des républiques de Gênes et de Venise. De *dux.*

DOGAT, dignité de doge; sa durée.

DOGESSE, femme de doge.

DOUCHE, épanchement d'eau pratiqué d'une certaine hauteur sur une partie malade, pour la guérir. De l'it. *doccia*, fait de *ducere.*

DOUCHER, donner la douche.

DOUZIL, fausset par lequel on tire du vin. De la bass. lat. *duciolum*, pour *ductus.*

DUCTILE, métal qui s'étend sous le marteau. *Ductilis.*

DUCTILITÉ, propriété des métaux ductiles.

DUIRE, convenir, prendre plaisir, être à la convenance; dresser, affaiter un oiseau.

DUISANT, convenable, propre.

ÉCONDUIRE, renvoyer, éloigner, congédier sans rien accorder; se débarrasser d'un importun.

ÉDUQUER, élever, instruire les enfants, donner de l'éducation ou la faire.

ÉDUCATION, soin d'instruire, de former l'esprit et les mœurs. *Educatio.*

ENDUIRE, couvrir d'un enduit.

ENDUIT, couche d'une matière appliquée.

RENDUIRE, enduire de nouveau.

INCONDUITE, défaut de bonne conduite.

INDUIRE, faire entrer dans; porter, pousser à; tirer une conséquence. *Inducere.*

INDUCTION, instigation, conséquence tirée de...

INTRODUIRE, faire entrer dans; donner entrée; faire connoître ou adopter; donner cours ou commencement. *Introducere.*

INTRODUCTEUR, qui introduit.

INTRODUCTIF, qui sert comme d'entrée.

INTRODUCTION, action d'introduire; discours en tête d'un ouvrage; commencement.

RECONDUIRE, accompagner au départ, au retour, par civilité; renvoyer, chasser en maltraitant.

RECONDUCTION, continuation de jouissance après l'expiration d'un bail.

RECONDUITE, action de reconduire quelqu'un.

RÉDUIRE, ramener au devoir; dompter; diminuer, rendre moins grand; porter à un terme plus bas. *Reducere.*

IRRÉDUCTIBLE, qui ne peut être réduit ; qu'on ne peut pulvériser.

IRRÉDUCTIBILITÉ, qualité de ce qui est irréductible.

RÉDUCTIBLE, qui est susceptible de réduction.

RÉDUCTIF, qui réduit.

RÉDUCTION, action de réduire ; ses effets. *Reductio*.

RÉDUIT, retraite ; petite habitation.

RÉDUITE, en mathématiques, est l'expression d'une fraction complexe ramenée à ses termes simples.

REDOUTE, fortification détachée ; bal, concert ; lieu où on le donne. De l'it. *ridotto*, réduit ; fait du lat. *reductus*.

SÉDUIRE, entraîner à part et hors de la bonne route ; faire tomber dans l'erreur, dans le crime ; plaire, charmer. *Seducere*.

SÉDUCTEUR, *séductrice*, qui corrompt, qui entraîne dans le désordre.

SÉDUCTION, art de séduire, de charmer ; action par laquelle on séduit.

SÉDUISANT, qui charme, qui séduit.

TRADUIRE, citer à un tribunal ; transférer d'un lieu à un autre ; transmettre, rendre dans une langue ce qui a été écrit dans une autre. *Traducere*.

TRADUCTION, citation à un tribunal ; action de traduire en général ; version d'un ouvrage, d'une langue dans une autre. *Traductio*.

TRADUCTEUR, qui traduit d'une langue dans une autre. *Traductor*.

TRADUISIBLE, qui peut se traduire.

INTRADUISIBLE, qui ne peut pas se traduire.

DUC, le plus grand des oiseaux de nuit, du genre hibou, à plumage doré, plumes en cornes sur la tête ; ainsi nommé, dit Bélon, comme s'il estoit conducteur de quelques oiseaux, quand ils partent pour s'en retourner en estranges pays. Ce que dit Aristote, VIII l., 12e ch.

DULIE, culte que l'on rend aux saints, aux anges et archanges. Du gr. *douléia*, service ; dér. de *doulos*, serviteur, parce qu'on les honore comme des serviteurs de Dieu.

DUN, *dune*, montagne sablonneuse sur les bords de la mer, butte de terre, colline ; élévation, éminence, tertre, lieu élevé, sépulcre, tombeau, monument. *Tumulus*.

Cette étymologie, déjà donnée par Barbazan, avoit été vivement critiquée, quoique dans les nombreuses discussions qu'elle fit naître, personne n'en présentât de meilleure, ni ne pût prouver que celle-ci étoit mauvaise.

Les auteurs des dictionnaires et les amateurs de la prétendue langue celtique (qui devroit à plus juste titre s'appeler ramas de tous les jargons), sont aussi peu d'accord sur l'acception de ce mot et sur son étymologie, qu'ils le sont sur celles des mots *affwin*, *al*, *ar*, *awen*, *awin*, *bal*, *bar*, *bri*, et d'une infinité d'autres, desquels ils n'ont pu donner la véritable définition. Pour parer leurs rêveries d'une ombre de vérité, ils ont recours à des détours que le bon goût et le bon sens réprouvent également. Lisez la première partie des Mémoires de Bullet, vous trouverez trois à quatre cents mots (dont la plupart sont forgés), pour signifier eau, *aqua*. Il n'y a pas de raison, avec cette facilité, pour que chaque mot celtique, où prétendu tel, ne signifie tout ce que l'on voudra.

Les auteurs celtiques n'ont pas encore bien expliqué le mot dont il est ici question ; mais en attendant, ils le présentent à leurs fidèles comme une relique, comme du celtique primordial, du celtique de la première qualité ; ils lui donnent la signification de haut, bas, élevé, profond, montagne, vallée, large, étroit, grand, petit, jugement, décision, union, maison, habitation ; enfin plusieurs autres applications qui, d'après cet extrait, ne doivent pas manquer d'amuser beaucoup le lecteur, et surtout de rassurer infiniment son opinion sur la véritable acception de ce mot. Au reste, je renvoie aux ouvrages de Bullet, le Brigaut, Pezron, Davies, Rostrenen, dom Lepelletier, la Tour d'Auvergne, M. de Kéralio, etc.

Les écrivains qui ont donné au mot *dun* la signification de lieu bas, de vallée, l'ont confondu avec *daun*, *down*, qui, dans les langues anglo-germaniques, l'islandois et l'anglois, désigne un lieu inférieur, une cavité.

Tant de significations différentes n'ont été données par les amateurs du celtique, au mot *dunum*, que pour parer à l'inconvénient des villes qui ont cette finale, et qui sont situées dans les plaines. Telles sont celles d'Autun, *Au-*

gustodunum ; Tours, *Cæsarodunum* ; Melun, *Melodunum*, Leyde, *Lugdunum Batavorum* ; Verdun, *Verodunum*, et plusieurs autres.

Si les dissertations de MM. Falconet, Fenel et Fréret (Mém. de l'Acad. des Inscriptions) ne donnent pas l'exacte définition de ce mot, elles servent à faire voir la variété de sentimens des auteurs qui en ont écrit. Par exemple, Saumaise ne vouloit pas que ce mot fût d'origine celtique : il le tiroit du grec *bounos*, par le changement du *b* en *c*; selon Scaliger, ce mot ne signifioit qu'une ville. Bochart le dérivoit de l'arabe *thun*; dom Pezron vouloit que le grec *bounos* fût le même que le celtique *dunum*. Falconet, d'après Guichard, croyoit qu'il étoit le *thin* ou le *this* des Grecs, qui signifie bord, rivage, élévation. Dom Toussaint Duplessis soutenoit que le mot *dun* ne se trouvoit dans le bas-breton que pour signifier profond, bas, intérieur, et qu'il n'avoit jamais été employé pour lieu élevé. De Saint-Julien prétend que *dun* veut dire ville située sur une montagne. Coquille croyoit qu'il étoit pris pour mont de terre relevé, et fait de main d'homme.

Je me résume et je dis que le mot *dunum* a eu deux significations : la première, de montagne, tertre, éminence, élévation; et la seconde, de tombeau, sépulcre, monument; que ce mot n'a jamais été employé pour profond ni pour vallée; que dans la première signification, il a été adapté aux lieux hauts et élevés, aux dunes ou montagnes sur le bord de la mer; enfin à tous les lieux éminens. Dans le roman du Brut ou des rois d'Angleterre, qui fut composé en 1155 par Robert Wace, il est dit qu'un géant enleva une jeune fille d'Angleterre, qu'il la transporta sur une montagne située sur le bord de la mer, entre la Normandie et la Bretagne; qu'après la mort de cette fille, le géant nomma cette montagne le *Tum Helene* (*Tumulus Helenæ*), qui est aujourd'hui le mont Saint-Michel; dans la seconde signification, il convient à tous les monumens érigés, soit dans des lieux élevés, soit dans des lieux profonds et bas. C'est par cette raison qu'*Augustodunum* est l'*Augusti tumulus*, le monument d'Auguste; *Juliodunum*, le *Julii tumulus*; enfin *Cæsarodunum*, *Britannodunum*, *Castellodunum*, *Castrodunum*, *Verodunum*, ne sont autres que les monumens ou villes de César, des Bretons, du château, de Verus. *Voy*. sur le mot *Dunum*, le fragment d'un Mémoire inédit de Fréret, rapporté dans les *Nouvelles Recherches sur Uxellodunum*, par M. Champollion-Figeac, p. 112.

DUNETTE, le plus haut étage de la poupe.

DUNKERQUE, ville de France; son nom a été fait de *dune*, élévation, et de *kercke*, le *church* des Anglais, église; la chapelle des dunes, à cause de l'oratoire bâti par saint Éloi.

DUR, ferme, solide, difficile à pénétrer, à déchirer, à entamer; d'un caractère rude, insensible, austère. Du lat. *durus*.

DURACINE pour *durcine*, sorte de pêche à chair ferme.

DURCIR, rendre dur, faire devenir dur. *Durere, durescere*.

DURCISSEMENT, état de ce qui durcit ou qui est durci.

DURE (sur la), à terre, sur le plancher, dans un mauvais lit.

DUREMENT, d'une manière dure, avec dureté, rudesse. *Durè, duriter*.

DURE-MÈRE, membrane extérieure épaisse et dure, qui enveloppe le cerveau. Corruption de *dura meninx*.

DURET, *durette*, un peu dur, ferme.

DURETÉ, qualité de ce qui est dur; fermeté, solidité; insensibilité à la vue des misères. *Duritia, durities*; les Latins disoient aussi *duricordia*, dureté du cœur.

DURILLON, petit calus ou dureté sur la peau.

DURILLONNER, devenir dur, ferme.

DURIUSCULE, un peu dur. *Duriusculus*.

ENDURCIR, rendre dur; accoutumer à la peine, à l'insensibilité physique et morale. *Indurare*.

ENDURCISSEMENT, dureté de cœur; état d'une conscience tarée; état d'une âme insensible aux choses de Dieu. *Induratio*.

DURER, persévérer, continuer d'être, résister aux efforts du temps. *Durare*.

DURABLE, de nature à durer longtemps. *Durabilis*.

DURABLEMENT, d'une manière durable.

DURANT, prép. qui marque la durée.

DURÉE, espace de temps que dure, a duré, ou durera une chose.

ENDURER, supporter avec patience, courage, fermeté, les vicissitudes et les misères humaines.

ENDURANT, qui souffre avec patience les contradictions.

INDURATION, endurcissement d'une partie du corps, d'un abcès, des chairs.

RENDURCIR, rendre plus dur; le devenir.

DUVET, plumes douces et molles, qui couvrent les oiseaux et qui sont très-serrées; premiers poils des joues, du menton; coton sur la peau des fruits. L'empereur Frédéric II, dans son traité de la Vénerie, l'appelle *duma*; Ménage le dér. de *tufetum*, dim. de *tufa*, herbe qui croît dans les marais, et dont la fleur, qui est velue, servoit aux anciens à garnir les oreillers et les matelas.

DUVETEUX, qui a beaucoup de duvet.

DYNAMIQUE, science des forces ou des puissances qui meuvent les corps; partie de la mécanique qui traite du mouvement des corps qui agissent les uns contre les autres. Du gr. *dunamis*, force, puissance; dérivé de *dunamai*, je puis.

DYNAMOMÈTRE, instrument composé par M. Regnier, à la demande de Buffon; il sert à mesurer et à comparer la force relative des hommes et des bêtes de trait. De *dunamis*, force, et de *métron*, mesure.

ADYNAMIE, foiblesse, défaut de force occasioné par une maladie. *Adunamia*, composé d'*a* priv., et de *dunamis*, force.

ADYNAMIQUE, sorte de fièvre putride qui produit un relâchement, une sorte d'atonie dans toute la fibre nerveuse.

DYNASTE, petit souverain dont les états étoient peu étendus ou qui n'exerçoit qu'une autorité précaire sous la dépendance d'un autre. *Dunastés*.

DYNASTIE, suite de rois ou de princes d'une même race qui ont régné dans un pays. Du gr. *dunastéia*, puissance, autorité, empire; dér. de *dunamai*, avoir l'autorité, la puissance.

DIDYNAMIE, quatorzième classe des plantes selon Linné; celle dont les fleurs sont pourvues de quatre étamines, deux grandes et deux petites. De *dis*, deux fois, et de *dunamis*, puissance.

DIDYNAME, étamines disposées en deux paires inégales.

DIDYNAMIQUE, fleur qui a les étamines didynames.

TÉTRADYNAMIE, quinzième classe des plantes, dont la fleur a six étamines, dont quatre plus grandes que les deux autres. De *tettara*, quatre, et de *dunamis*.

DYSANAGOGUE, matière visqueuse qu'on ne peut expectorer. Du gr. *dusanagógos*, difficile à rejeter; fait de *dus*, difficilement, avec peine, et d'*anagô*, je soulève, j'amène en haut.

DYSCINÉSIE, difficulté de se mouvoir. De *dus*, avec peine, et de *kinein*, se remuer.

DYSCOLE, qui s'écarte de l'opinion reçue; insociable, difficile à vivre, qui est de mauvaise humeur. De *dus*, difficilement, et de *kolon*, nourriture.

DYSÉRASIE, mauvais tempérament, mauvaise constitution. De *dus*, mauvais, et de *krasis*, tempérament, constitution.

DYSÉCÉE, *dysécie*, dureté de l'ouïe. De *dus*, avec peine, et d'*akouô*, j'entends.

DYSODIE, puanteur, exhalaison des matières fétides du corps. *Dusódia*, de *dus*, mauvais, et d'*ozó*, sentir.

DYSPEPSIE, digestion dépravée et laborieuse. *Duspeptia*, de *dus*, difficilement, et de *peptô*, cuire, digérer.

DYSTHYMIE, malaise, incommodité, tristesse des malades, abattement d'esprit. *Dusthumia*, fait de *dus*, avec peine, et de *thumos*, esprit.

DYSTOKIE, *distochie*, accouchement laborieux. *Dustakia*, de *dus*, avec peine, et de *tokos*, accouchement; dér. de *tiktô*, j'accouche.

DYTIQUE, le plongeur, insecte coléoptère, aquatique, créophage, qui nage, plonge, marche et vole. Du gr. *dutés*, plongeur; fait de *dunô*, je plonge.

E

E, cinquième lettre de l'alphabet et seconde voyelle, se prononce en ouvrant la bouche à moitié. C'est la prononciation la plus douce relativement aux voyelles; c'est le son même de la respiration. L'E a été mis à la place de l'A, de l'I et de l'O. Comme lettre numérale l'E, chez les Grecs, marquoit 5, et chez les Latins 250.

E. Cette préposition, qui entre dans la composition d'une foule de mots, a deux sens fort différents l'un de l'autre. Suivant Court de Gébelin et Jauffret, elle est positive ou privative; quand elle est positive, ils la regardent comme remplaçant la troisième personne de l'indicatif présent du verbe *être*; ainsi *élevé*, se dit pour *est-levé*; *émietté*, pour *est-miette*, etc.; quand elle est privative, elle remplace la préposition *de*.

EAU,* *age, aigue*, élément liquide, transparent, sans couleur ni odeur; pluie; mer, rivière, fontaine; sueur, transpiration, urine, infusion. Du lat. *aqua*.

AIGUADE, provision d'eau douce pour les vaisseaux; endroit propre à en faire. *Aquatio*.

AIGUAIL, *aigail, aiguaille*, rosée qui demeure sur les feuilles; rosée du matin. *Aqualis*.

AIGUAYER, baigner, laver dans l'eau.

AIGUE-MARINE, sorte de beryl qui imite la couleur de l'*eau* de la *mer*; pierre de couleur mélangée, composée de blanc, de vert et de bleu tendres, dont la dureté est semblable à celle du grenat. *Aqua marina*.

AIGUIÈRE, vase à anse et à bec, propre à mettre de l'eau.

AIGUIÉRÉE, plein une aiguière; quantité d'eau contenue dans une aiguière.

NAGE (être en), par corruption pour *être en age*, transpirer abondamment, être en eau. D'*aqua*.

AQUARELLE, peinture en couleur gommée, détrempée à l'eau.

AQUATILE, plante qui vit dans l'eau. *Aquatilis*.

AQUATIQUE, qui vit dans l'eau; marécageux. *Aquaticus*.

AQUE, sorte de bateau en usage sur le Rhin.

AQUÉDUC, construction de plusieurs arches, qui sert à soutenir un canal élevé sur un terrain creux et inégal, pour conserver le niveau de l'eau et la conduire d'un lieu à un autre. Les égouts ou cloaques sont des aquéducs souterrains. Du lat. *Aquæductus*.

AQUERESTE, ouvrier qui prépare des lignes à pêcher.

AQUEUX, de la nature de l'eau, qui contient de l'eau.

ÉVEUX, terrain qui retient l'eau. *Aquosus*.

ÉVIER, conduit pour les eaux d'une cuisine. *Aquarium*.

REGAYER pour *raigayer*, nettoyer, passer le chanvre par le regayoir.

REGAYOIR, outil à dents pour nettoyer le chanvre.

REGAYURE, ce qui reste de chanvre dans le regayoir.

De là les noms propres des villes d'*Aix*, en Provence; d'*Aix-la-Chapelle*, d'*Aigues-Mortes*, de *Chaudes-Aigues*, d'*Acys* ou *Dax*, etc.

EBE, *ebbe*, le reflux de la mer. De l'anglo-saxon *ebba*, fait d'*ebben*, retourner. Ce mot est usité en angl., en flam., en danois, etc.

ÉBÈNE, bois dur, compacte, noir, et pesant. Du lat. *ebenus*, fait du gr. *ebenos*, bois de l'ébénier.

ÉBÉNACÉES, famille de plantes monopétales; ainsi dite parce que l'ébénier en est une espèce.

ÉBÉNER, donner au bois la couleur d'ébène.

ÉBÉNIER, arbre légumineux des Indes, à feuilles argentées en dessous, à bois dur et noir.

ÉBÉNISTE, ouvrier qui travaille l'ébène et autres bois précieux; fabricant de meubles.

ÉBÉNISTERIE, métier, ouvrage d'ébéniste.

EBLOUIR, priver de la vue par trop d'éclat; blesser à l'œil; surprendre l'esprit par quelque chose de brillant; tenter, séduire. Ce mot vient de *bluette*, étincelle, à cause de sa couleur. *Voy.* BLEU, p. 80.

ÉBLOUISSANT, qui éblouit.

ÉBLOUISSEMENT, état de l'œil ébloui; difficulté de voir par trop d'éclat ou par une cause intérieure; effet d'un sentiment vif qui suspend les facultés intellectuelles; séduction, tentation.

ÉCACHER, onomatopée qui exprime le bruit que l'on fait en marchant sur du sable; depuis on s'est servi de ce mot dans la signification d'écraser et d'aplatir en pressant. Les Espagnols disent *escarchar*, dans la même acception.

17.

ÉCACHEMENT, froissure d'un corps dur.

ÉCARBOUILLER, écraser, mettre en pièces : paroît être de la même famille que le précédent.

ÉCAILLE, * challe, coque des poissons et des testacées; enveloppe dure qui couvre les poissons à coquilles. En ital. *squaglia*, du lat. *squamula*, dim. de *squama*.

ÉCAILLÉ, couvert d'écailles.

ÉCAILLER, ôter l'écaille; priver de ses écailles; détacher, tomber par écailles.

ECAILLER, *écaillère*, *écailleur*, *écailleuse*, marchand d'huîtres, qui les ouvre et les met hors de la coquille.

ÉCAILLAGE, défaut de la faïence qui se lève en écailles.

ÉCAILLEUX, qui se lève par écailles.

ÉCAILLURE, petit morceau en forme d'écaille.

CALE, *écale*, *écalot*, noix, coque, écorce, coquille de noix; peau de pois, de fèves, de haricots, etc.

CALER, *écaler*, ouvrir des noix, ôter l'écale. En all. *schale*.

CALOTIER, noyer, arbre qui porte des cales.

SQUAMMEUX, couvert d'écailles; qui a rapport aux écailles, en forme d'écailles. *Squamosus*.

ÉCANG, palette de cordier, morceau de bois large pour écanguer le lin.

ÉCANGUER, faire tomber la paille du lin avec l'écang.

ÉCANGUEUR, ouvrier qui écangue.

Ces mots factices appartiennent à nos provinces du nord où le lin est cultivé. Barbazan présume que le mot *écang*, qu'on écrivoit *escang*, pourroit être une contraction du mot *espade*, sabre de bois ou sorte de palette pour battre le chanvre. *Voy*. ÉPÉE.

ÉCARLATE, couleur d'un rouge clair, éclatant; étoffe rouge. Ménage tire ce mot de l'allem. *scarlaet*, qu'il dérive du lat. *cusculium*, qui se trouve dans Pline pour de la graine d'écarlate. D'où la bass. lat. *scarleta*, *scarletum*; l'it. *scarlatto*, et l'angl. *scarlet*. Gébelin voit dans ce mot un dérivé de *chair*, à cause de sa couleur rouge, et le fait venir du lat. *caro*, *carnis*.

ÉCARLATIN, cidre du Cotentin; ainsi dit de sa couleur rouge.

SCARLATINE pour *écarlatine*, fièvre qui produit des rougeurs sur la peau.

ÉCARTER, * *escarter*, éloigner, disperser, séparer, disjoindre; détourner du chemin; mettre à part plusieurs cartes au jeu pour en prendre d'autres.

ÉCART, * *escart*, action de s'écarter; mal qu'on se fait en s'écartant trop; cartes écartées au jeu; oubli de son sujet, des bons principes; erreur, divagation, faute passagère contre le devoir.

ÉCARTEMENT, action d'écarter; disjonction de pièces unies; séparation de deux choses qui doivent être jointes.

ÉCARQUILLER, pour *écartiller*, ouvrir trop les yeux; écarter trop les jambes.

ÉCARQUILLEMENT, pour *écartillement*, action d'écarquiller.

Nicot a pensé que ces mots venoient de *ex*, hors, et de *charta*, carte; carte qu'on met hors du jeu. Ménage les dérive de *ex parte*, hors de la part, et Gébelin de *ex*, hors, et de *scar*, troupe. *Écart*, action de s'écarter, distance, séparation, vient du verbe *écarteler*, mettre en quatre quartiers. *Voy*. QUATRE. Comme mot de jeu, mettre de côté, à part; il dér. de *ex charta*. Voy. CARTE.

ECBOLIQUE, remède qui précipite l'accouchement, ou qui provoque l'avortement. Du gr. *ekballô*, chasser, expulser; fait de *ballô*, je jette, je renvoie.

ECCANTHIS, excroissance de chair au coin de l'œil. De *ek*, de, et de *kanthos*, angle de l'œil.

ECCATHARTIQUE, remède contre les obstructions, ou qui ouvre les pores de la peau où il est appliqué. Du gr. *ek*, hors, et de *kathairô*, je purge : on dit aussi *eccorthatique*, remède qui expulse les humeurs amassées dans le corps, fait d'*ex*, dehors, et de *korthuô*, j'amasse, j'entasse.

ECCE HOMO, tableau du Christ couronné d'épines. Du lat. *ecce homo*, voici l'homme.

ECCHYMOSE, contusion légère, superficielle, qui n'offense que la peau; épanchement du sang qu'elle cause entre la chair et la peau. Du gr. *ekchunô*, je verse, je répands au dehors, ou plutôt d'*ekchumoô*, fait d'*ek*, hors, et de *chumos*, humeur; effusion d'humeurs.

ENCHYMOSE, *enchymome*, effusion subite du sang dans les vaisseaux cutanés, occasionée par la joie, la colère, la honte, etc. Du gr. *egchumoô*, je répands.

ECCOPROTIQUE, remède purgatif, doux et laxatif, qui n'évacue que les matières fécales. Du gr. *ek*, dehors, et de *kopros*, excrément.

ECCRINOLOGIE, traité des sécrétions. Du gr. *ekkrinô*, je sépare, et de *logos*, discours.

ÉCHAFAUD, * *eschaffaut*, plancher factice élevé pour certains travaux; élévation en charpente, destinée aux spectateurs dans une cérémonie publique; sorte de théâtre en charpente, pour le supplice public des condamnés. On dérive ce mot de l'all. *schawhausz*, fait de *schawen*, regarder, et de *hausz*, maison; en bass. lat. *cadafalcus*, *catafalcus*; en ital. *catafalco*, composé, suivant Ménage, du gr. *kata*, contre, et de *palus*, pieu, poteau. C'est aussi le sentiment de Scaliger.

ÉCHAFAUDAGE, construction d'échafaud pour bâtir; grands préparatifs pour peu de chose.

ÉCHAFAUDER, dresser des échafauds pour bâtir; faire de grands préparatifs pour peu de chose.

ÉCHALOTTE, * *escalogne*, plante potagère, bulbeuse, liliacée, qui excite la soif et l'appétit, et qui est originaire d'Ascalon, ville de la Palestine. *Caepa Ascalonica*, voy. Pline, liv. xix, ch. 6.

Au xiiie siècle, les échalottes d'Étampes étoient aussi estimées que les oignons de Corbeil. C'est à tort qu'on dérive ce mot du lat. *scilla*, du gr. *skilla*; en franç., la squille, oignon marin, dont la bulbe est fort grosse.

ÉCHAPPER, éviter un danger, s'en tirer, fuir, s'évader, s'esquiver, se débarrasser des mains de ceux par qui on a été saisi; se sauver de prison; s'oublier, s'écarter du devoir; parler contre la raison. Ce verbe pourroit avoir été formé de *ex-captus*, sorti de captivité; et non de l'it. *scampare*, fait du lat. *ex campare*, décamper; d'autres le dérivent du lat. *scapha*, esquif; en gr. *skaphé*, proprement se sauver dans un esquif, quand le vaisseau coule à fond. En ital. *scappare*.

ÉCHAPADE, trait prolongé mal à propos, ou fait par le burin qui échappe.

ÉCHAPPATOIRE, défaite, subterfuge; moyen adroit de se tirer d'un mauvais pas.

ÉCHAPPE, mise en liberté du gibier, pour lâcher l'oiseau après.

ÉCHAPPÉ, jeune homme emporté, inconsidéré.

ÉCHAPPÉE, action imprudente d'un jeune homme qui sort de son devoir par étourderie.

ÉCHAPPEMENT, mécanique qui règle le mouvement d'une roue; ressort qui règle le mouvement des montres.

RÉCHAPPER, sortir d'un grand péril; guérir d'une maladie dangereuse. *Voy.* **ESCAMPER**.

ÉCHARPE, large bande d'étoffe coupée en long, et portée en long ou en ceinture; bande qui soutient un bras blessé; sorte de vêtement de femme porté sur l'épaule; pièce de menuiserie en diagonale dans un assemblage; tranchée en croissant pour retenir et écarter les eaux qui se précipitent des montagnes. D'*excarpo*, pour *carpo*, couper, trancher, déchirer, diviser, séparer.

ÉCHARPER, donner un coup d'épée en travers; faire une large blessure; attaquer en biais; tailler en pièces. *Carpere*, et, suivant d'autres, de *scalpere*, tailler, inciser, forer.

ÉCHARPÉ, coupé en morceaux, presque entièrement détruit.

ÉCHARPILLERIE, vol, brigandage.

DÉCHARPIR, séparer des personnes qui se battent.

ÉCHARPES, petits cordages qui servent à attacher les fardeaux aux câbles des machines, pour les élever sur le tas. D'*excarpta*, dér. de *carpere*, prendre, selon Ducange.

ESCARPOLETTE, écharpe attachée à deux arbres, sur laquelle on se place, et qu'on fait mouvoir en avant et en arrière. De l'it. *scarpoletta*, petite écharpe.

ÉCHARS, * *eschars*, chiche, avare, homme qui se retranche sur le nécessaire, qui n'est point donnant, qui ne fait point de dépenses; monnoie de bas aloi et au-dessous du titre. Du lat. *excidere*, couper, retrancher, ou suivant d'autres, de *scarificare*; en ital. *scarso*, que Ménage dér. d'*exparcus*; de *scarsitate*, ablatif de *scarsitas*, nous avons fait, dit-il, *écharseté*, comme les Italiens en ont fait *scarsità*.

ÉCHARSETÉ, épargne, économie, ménage, avarice; défaut d'une monnoie trop légère.

ÉCHARSEMENT, d'une manière avare, mesquine.

ESCARCELLE, bourse en cuir pendue à la ceinture.

ÉCHEC, nom d'un jeu venu de l'Orient, qui se joue à deux sur un tablier ou damier, avec huit pièces et huit pions de chaque côté. Du persan *schah*, roi. Par suite *échec* a signifié attaque au roi au jeu d'échecs; perte; défaite des troupes; atteinte à la fortune, à l'honneur, à la réputation.

ÉCHEC ET MAT, perte. Du pers. *schahmat*, roi vaincu. *Voy*. Th. Hyde, *de Ludis oriental*.

ÉCHIQUIER, table divisée en carrés de deux couleurs pour jouer aux échecs ou aux dames; sorte de filet de pêche, de forme carrée, soutenu par deux cerceaux attachés à une perche, pour le poisson; papillon à ailes bigarrées; tribunal en Normandie qui jugeoit souverainement entre particuliers; juridiction des affaires de finances en Angleterre. En bass. lat. *scaccarium*.

Gébelin pense que le mot *échiquier*, dans la signification de table de jeu, peut venir du persan *schah*; mais en est-il de même de ce mot considéré comme le nom d'un tribunal souverain destiné à rendre la justice. Du Cange avoit pensé que l'échiquier de Rouen avoit pris son nom de ce que la salle où il se tenoit étoit pavée de noir et de blanc, en forme de damier; l'Échiquier ou chambre des finances d'Écosse, est appelé *exchequer*, échiquier, que l'on dérive du saxon *scata*, trésor. Le savant P. Pithou le fait venir de l'all. *scicken*, envoyer, parce que les juges de cette cour étoient envoyés dans les provinces en qualité de *missi dominici*. Enfin, dit Gébelin, ce mot ne pourroit-il pas être venu de *schah*, pour signifier le tribunal du roi, la cour royale.

ÉCHIQUETÉ, rangé en façon d'échiquier.

ÉCHELLE, * *eschelle*, deux longs bâtons ou montants en bois, joints en travers par des petits pour monter et descendre; corde qui en tient lieu; ligne divisée en plusieurs espaces égaux pour mesurer les distances géographiques, l'élévation, l'étendue, sur les plans et les cartes. Du lat. *scala*, que l'on dér. du gr. *charax*, pieu; ou selon Perrault du gr. *skélé*, jambe, parce que l'échelle est faite de deux montants ou jambes, et de plusieurs échelons en travers.

ÉCHALAS, * *eschalas*, bâton enfoncé en terre pour soutenir les ceps de vigne. *Scalaceus*.

ÉCHALASSER, garnir d'échalas.

ÉCHALASSEMENT, action d'échalasser, de mettre des tuteurs à la vigne.

ÉCHALIER, haie, clôture avec des échalas, des branches d'arbres.

ÉCHASSE, règles pour tracer.

ÉCHASSES, * *eschasses*, deux longs bâtons avec étriers, pour s'élever de terre en marchant. *Scalacia*, augm. de *scala*.

ÉCHASSIERS, ordre d'oiseaux à longues jambes, corps mince, grandes ailes et courte queue.

ÉCHELAGE, droit de porter une échelle partout où la réparation l'exige.

ÉCHELER, appliquer l'échelle.

ÉCHELETTE, petite échelle d'un bât d'âne.

ÉCHELIER, échelle à une seule branche; pièce de bois traversée de fortes chevilles, pour monter en haut des grues.

ÉCHELON, chacun des petits bâtons de l'échelle, formant degrés.

ESCALADER, monter à l'assaut avec des échelles; monter par-dessus en grimpant.

ESCALADE, action d'escalader; assaut avec des échelles.

ESCALETTE, petite échelle; saut d'un oiseau d'un doigt sur l'autre.

ESCALIER, partie du bâtiment, composée de degrés pour monter et pour descendre.

ÉCHEVIN, ancien premier officier municipal de plusieurs villes de France. De la bass. lat. *scabinus*, qui se trouve dans les capitulaires des rois de la première race, et dans les lois des Lombards, en la signification de juge; et que l'on croit être un dérivé de l'allem. *scepeno, scepenen*, qui a la même acception, d'où le saxon *scheppen*, juger. L'étymologie de *caput*, qui est la tête, est ridicule.

ÉCHEVINAGE, charge d'échevin; ses fonctions, sa durée.

ÉCHIFFRE, mur rampant, ou base qui porte les premières marches d'un escalier. Du verbe *chiffrer*, parce que pour poser les marches lorsque l'on construit un escalier, il faut les chiffrer le long du mur. *Voy*. CHIFFRE, p. 156.

ÉCHINE, ornement d'architecture; membre sculpté en châtaignes ou oves entr'ouverts, chacun desquels est séparé par des dards. Du lat. *echinus*, fait du gr. *échinos*, hérisson, à cause de la ressemblance de l'échine à une châtaigne à demi enfermée, dont l'écorce piquante a la forme d'un hérisson. *Voy*. ÉPINÉ.

ÉCHINE, *échinée*, plantes couvertes d'épines, de pointes aiguës ou d'aspérités.

ÉCHINÉ, hérissonné, terme de botanique.

ÉCHINÉENS, animaux qui ont des piquants sur le dos ou sur le corps, à peu près comme le hérisson.

ÉCHINIDES, radiaires échinodermes à corps court, et anus distinct de la bouche.

ÉCHINITE, oursin de mer pétrifié, ainsi nommé des piquants dont sa coquille est hérissée.

ÉCHINODERMES, vers marins ovipares, revêtus d'une peau coriace, hérissée d'épines articulées. D'*échinos*, hérisson, et de *derma*, peau, qui ont une peau de hérisson.

ÉCHINOÏDES, plante armée de piquants. De —, et d'*eidos*, forme.

ÉCHINOMES, oursins qui ont l'anus sous la bouche.

ÉCHINOMIES, mouches hérissonnes couvertes de poils rudes. De —, et de *muia*, mouche.

ÉCHINONÉ, radiaire échinide, ovale. *Echinoneus*.

ÉCHINOPE, *échinopde, echinopus*, chardon sphérique, ainsi dit de la forme de ses fleurs, et bon contre la pleurésie. D'*echinopous*, fait d'—, et de *pous*, pied.

ÉCHINOPHORE, plante ombellifère à fruits épineux. D'—, et de *phéró*, je porte.

ÉCHINOPHTHALMIE, inflammation des paupières, aux poils qui se hérissent. D'—, et d'*ophthalmos*, œil.

ÉCHINORHYNQUE, vers intestins à trompe courbe, à aiguillons ou crochets recourbés. D'*échinos*, hérisson, et de *rhugchos*, bec, museau.

ÉCHITE, plante d'Afrique et des Indes, du genre des apocins, dont les semences sont couronnées d'une longue aigrette, comme la tête de quelques espèces de serpents. Du gr. *echis*, serpent, vipère.

ÉCHIDOÏDES, espèce de plantes dont les semences ont quelque ressemblance avec la tête d'un serpent. D'*echis*, et d'*eidos*, figure, forme.

ECHMALOTARQUE, chef des Juifs captifs à Babylone. Du gr. *aichmalótarchés*, composé d'*aichmalótos*, captif, prisonnier de guerre; fait d'*aichmé*, lance, pique, haste, de *haliskó*, je prends, et d'*arkos*, chef, commandant, prince.

ÉCHO, réfléchissement et répétition du son; lieu où il se fait; celui qui répète sans discernement ce que d'autres ont dit. Du gr. *échos*, son.

ÉCHOMÈTRE, règle ou échelle pour mesurer la durée des sons, connoître leurs intervalles et leurs rapports. D'*echos*, et de *métron*, mesure.

ÉCHOMÉTRIE, l'art de faire des voûtes et des murs où il y ait des échos. Sous le titre de *Phonurgie*, le P. Kirker a donné un fort bon traité d'échométrie.

ÉCHOME, escaume, scalme, le tolet, cheville pour tenir et appuyer la rame pour la mouvoir. Du gr. *skalmos*, trou par où passe la rame; fait de *skalló*, je creuse.

ÉCLAT, fragment d'un corps dur; partie rompue et détachée ou lancée avec violence; onomatopée d'un corps dur qui se divise avec violence quand on le crève, quand on le fend, quand on le brise; lueur brillante des astres; gloire, pompe, magnificence; rumeur, bruit, scandale. En gr. *klasma*, fragment, rupture, éclat de bois.

ÉCLATER, fendre, rompre par éclat; rompre, casser, briser, faire un grand bruit. En gr. *klaó*.

ÉCLATANT, qui éclate, qui a de l'éclat.

ÉCLABOUSSER, faire jaillir des éclats de boue. Cette onomatopée mixte a remplacé le verbe *éclisser*, qui avoit la même signification.

ÉCLABOUSSURE, pour *éclat de boue*, boue qui rejaillit ou que l'on fait jaillir; tache de crotte sur les vêtements.

ÉCLAMÉ, se dit d'un oiseau qui a l'aile rompue ou la patte cassée. Du gr. *ekklaomai*, je suis rompu, formé de *ek*, et de *klaó*, rompre, casser.

ÉCLIPSE, obscurcissement d'un astre par l'interposition d'un autre; obscurcissement passager; disparition subite. Du lat. *eclipsis*, fait du gr. *ékleípsis*, défaut, privation, manque, dér. de *leípô*, manquer, défaillir.

ÉCLIPSER, cacher, couvrir en tout ou en partie; surpasser de tous points; détruire l'éclat, la réputation d'autrui, par un éclat ou un mérite plus grand.

ÉCLIPTIQUE, des éclipses; qui a rapport aux éclipses.

ÉCLIPTIQUE, ligne que le soleil ne quitte jamais.

ÉCOLE, * *escole*, lieu où l'on enseigne les sciences, les belles-lettres, les beaux-arts; étudiants qui les fréquentent; secte, doctrine particulière; manière des peintres célèbres d'un pays, leurs ouvrages et ceux de leurs disciples; oubli de marquer, erreur en marquant au jeu; faute, erreur dans la conduite, étourderie, mauvaise opération par impéritie. Du lat. *schola*, du gr. *scholé*, loisir, repos, tranquillité, parce que l'étude demande du recueillement.

ÉCOLE BUISSONNIÈRE, on dit qu'un enfant fait l'école buissonnière, quand, au lieu d'aller à l'école, il s'amuse à chercher des nids d'oiseaux dans les haies et dans les buissons, ou bien qu'il va se promener au lieu d'aller en classe.

Dans le XVIe siècle, on appeloit *école buissonnière*, les écoles que les protestants tenoient dans la campagne à l'ombre des buissons, par la crainte d'être découverts par le chantre de l'église métropolitaine, qui présidoit aux écoles publiques. Le parlement de Paris, par arrêt du 9 août 1552, défendit ces écoles buissonnières; je présume que c'est de là qu'est venu le proverbe, les écoles ayant toujours été tenues dans les grandes villes, et jamais dans les campagnes. L'histoire n'en cite qu'un seul exemple, c'est celui du docte Abailard quand il se retira dans la solitude du Paraclet; et certes, on ne soupçonnera jamais les disciples de ce savant docteur d'avoir suivi leur maître pour avoir l'occasion de faire l'école buissonnière. Aussi Moisant de Brieux, dit-il, en parlant de l'origine de cette façon de parler, *cette locution est née au village*.

ÉCOLÂTRE, professeur de théologie dans quelques cathédrales. *Scholaster*.

ÉCOLÂTRIE, profession, grade d'écolâtre.

ÉCOLIER, qui va à l'école, qui étudie sous un maître; homme peu habile dans sa profession, qui manque d'habileté, d'expérience.

SCOLAIRE, *scholaire*, qui appartient à l'école. *Scholaris*.

SCOLARITÉ, *scholarité*, privilége des écoliers d'une université.

SCOLASTIQUE, *scholastique*, appartenant à l'école, ce qui s'enseigne suivant la méthode ordinaire de l'école; mélange confus de philosophie et de théologie. *Scholasticus*, *scholastica*, du gr. *scholazô*, je m'applique à quelque chose, j'ai du repos; dér. de *scholé*.

SCOLASTIQUEMENT, *scholastiquement*, d'une manière scolastique.

SCOLIE, *scholie*, note grammaticale et critique, remarque, observation sur divers passages d'un auteur, pour faciliter l'intelligence du texte. En mathématiques, la scolie est une remarque sur une proposition précédente. Du gr. *scholé*, loisir; ouvrage fait à loisir.

SCOLIASTE, *scholiaste*, commentateur d'un ancien auteur grec.

ÉCONOMIE, ordre, règle, sagesse dans le gouvernement de la maison, du ménage, de la famille; administration publique; habile distribution dans les parties d'un tout. Du lat. *œconomia*, du gr. *oikonomia*, fait d'*oikos*, maison, et de *nomos*, loi, règle.

ÉCONOME, ménager, qui épargne la dépense; celui qui régit un domaine, un établissement public. *OEconomus*.

ÉCONOMAT, charge d'économe; ses attributions; administration d'un bénéfice vacant ou séquestré.

ÉCONOMIQUE, qui concerne l'économie, le gouvernement d'une famille; partie de la philosophie morale qui a pour objet le gouvernement d'un état, d'un pays, d'une famille. *OEconomicus*.

ÉCONOMIQUEMENT, avec économie.

ÉCONOMISER, administrer, gouverner avec économie; épargner, ménager.

ÉCONOMISTE, partisan d'un système de prospérité publique, fondé sur les progrès de l'agriculture et la libre exportation des grains.

ÉCUMÉNIQUE, pour *œcuménique*, général, universel, de toute la terre. *OEcumenicus*, fait du gr. *oikouménê*, terre habitable, reconnu par toute la terre; dér.

d'*oikéô*, habiter, dont la racine est *oikos*, maison, habitation.

ECUMÉNICITÉ, *œcuménicité*, qualité de ce qui est œcuménique.

ECUMÉNIQUEMENT, d'une manière œcuménique.

ÉCOUPE, *écoupé*, *écoupée*, *escoup*, *escoupe*, balai de navire; pelle creuse pour vider l'eau des bateaux; bâton creusé par un bout pour jeter sur un navire l'eau destinée à le laver; pelle de mineur et de chaufournier. Du lat. *scopa*.

ÉCOUVETTE, sorte de balai sur lequel on disoit que les sorciers se mettoient à cheval pour se rendre au sabbat.

ÉCOUVILLON, linge attaché à un bâton pour nettoyer les tubes et les corps creux; outil pour nettoyer le four, les pièces d'artillerie.

ÉCOUVILLONNER, nettoyer avec l'écouvillon.

ECPHRACTIQUE, remède apéritif qui débouche et débarrasse les intestins, les conduits. Du gr. *ekphraktikos*, apéritif; fait d'*ekphrattô*, je débouche, je désobstrue, formé d'*ex*, de, et de *phrattô*, je ferme, je bouche.

ECPHYSÈSE, expiration; expulsion prompte de l'air hors des poumons. Du gr. *ekphusésis*, expiration forte; dér. de *ekphusaô*, expirer, exhaler; comp. de *ek*, de, et de *phusaô*, je respire.

ECPIESME, fracture du crâne avec esquille enfoncée dans le cerveau. Du gr. *ekpiesma*, fait d'*ekpiézô*, je serre, je comprime.

ÉCRIN, * *escrin*, boîte, lieu renfermé; coffret où l'on met des bijoux, des pierreries; ce qu'il contient. Du lat. *scrinium*, en all. *schranck*.

ÉCRAIGNE, *écrêne*, maisonnette, cabane où l'on s'assemble dans les villages pour veiller et filer. Dans la ci-devant Bourgogne, les écraignes sont enfoncées en terre et couvertes de fumier, afin d'éviter le froid. De *screona*, employé au chap. XIV de la loi salique pour *scrinium*.

ÉCRIRE, * *escrire*, *escripre*, tracer, former, figurer des caractères, des lettres; mander par une missive; mettre par écrit; avoir la connoissance de l'écriture; composer un ouvrage d'esprit. Du lat. *scribere*, qui a quelque analogie avec le gr. *graphéin*, graver, tracer, buriner.

ÉCRIT, ce qui est tracé en caractères; promesse, convention écrite; ouvrage d'esprit; cahier d'école écrit sous la dictée du professeur. *Scriptum.*

ÉCRITEAU, avis, inscription en grosses lettres pour la publication.

ÉCRITOIRE, ustensile contenant l'encrier avec tout ce qu'il faut pour écrire.

ÉCRITURE, caractères écrits; manière de les former; la Bible. *Scriptura*.

ÉCRIVAILLER, écrire beaucoup et mal.

ÉCRIVAILLERIE, manie de publier des mauvais livres.

ÉCRIVAILLEUR, *écrivassier*, mauvais écrivain très-fécond.

Ces trois mots sont de l'invention de Montaigne.

ÉCRIVAIN, maître à écrire; celui qui écrit pour le public; homme de lettres, auteur.

CIRCONSCRIRE, donner des limites; mettre des bornes autour; tracer dans un cercle une figure qui le touche. *Circumscribere*.

CIRCONSCRIPTION, action de circonscrire; ce qui borne la circonférence des corps, des limites. *Circumscriptio*.

CONSCRIPTEUR, docteur qui vérifie les avis après les délibérations. De *cum*, avec, et de *scriptor*, écrivain.

CONSCRIPTION, enrôlement voulu par la loi, à certain âge; levée des jeunes gens qui ont atteint cet âge.

CONSCRIT, qui est soumis par son âge à la loi de conscription.

DÉCRIRE, peindre par les paroles, le discours; tracer une courbe. *Describere*.

DESCRIPTEUR, auteur de descriptions.

DESCRIPTIF, qui décrit ou sert à décrire.

DESCRIPTION, action de décrire ou de tracer une ligne; représentation détaillée en paroles; mémoire, état détaillé. *Descriptio*.

INSCRIRE, mettre au nombre de ceux dont on a déjà écrit les noms; tracer une figure dans une autre. *Inscribere*.

INSCRIPTION, action d'inscrire sur le registre; indication, titre en peu de mots et gravé sur le marbre ou un métal pour être exposé en public; figure tracée dans un cercle. *Inscriptio*.

PRESCRIRE, ordonner, assigner avec autorité; marquer précisément ce qu'on veut qui soit fait, désigner impérativement la conduite à tenir; acquérir la propriété par une jouissance non interrompue. *Præscribere.*

PRESCRIPTIBLE, susceptible de prescription; droit qui se peut prescrire.

PRESCRIPTION, manière d'acquérir la propriété ou d'exclure une demande en justice, par une possession non interrompue; extinction d'une dette à défaut de demande de son paiement dans le temps fixé. *Præscriptio.*

IMPRESCRIPTIBLE, qui n'est pas sujet à prescription.

IMPRESCRIPTIBILITÉ, qualité de ce qui est imprescriptible.

PROSCRIRE, condamner à mort sans formes judiciaires; chasser; éloigner tout-à-fait, anéantir, abolir, détruire. *Proscribere.*

PROSCRIPTION, action de proscrire; condamnation à mort sans formes judiciaires; abolition d'un usage. *Proscriptio.*

PROSCRIT, frappé de proscription; qui a été proscrit; banni, écarté de l'usage. *Proscriptus.*

RÉCRIRE, écrire de nouveau, faire réponse à une lettre. *Rescribere.*

RESCRIPTION, mandement par écrit pour toucher une somme. *Rescriptio.*

RESCRIT, réponse de l'autorité publique, servant de loi; bulle monitoire du pape. *Rescriptum.*

SCRIBE, interprète de la loi judaïque; copiste, écrivain public, mauvais auteur. *Scriba.*

SCRIPTEUR, officier qui écrit les bulles. *Scriptor.*

SOUSCRIRE, approuver un écrit en mettant sa signature au bas; s'engager par écrit de payer une certaine somme pour l'exécution d'une entreprise; acheter un ouvrage d'esprit ou d'art qui doit paroître; en payer le prix d'avance. *Suscribere.*

SOUSCRIPTION, signature au bas d'un acte pour l'approuver; signature et formule de civilités qui l'accompagne au bas d'une lettre; engagement pour l'exécution d'un travail proposé; reconnoissance donnée à celui qui prend cet engagement. *Subscriptio.*

SOUSCRIPTEUR, qui s'engage à prendre par souscription; qui a souscrit pour une entreprise. *Subscriptor.*

SUSCRIPTION, adresse qu'on met sur une lettre. *Suscriptio.*

TRANSCRIRE, copier un écrit pour le mettre au net. *Transcribere.*

TRANSCRIPTION, action de transcrire ou par laquelle on transcrit. *Transcriptio.*

ÉCROU, pièce de bois ou de fer, ayant un trou correspondant à la grosseur d'une vis qui s'y introduit et y tourne avec un bruit désagréable. On le dérive du gr. *scrobs*, fosse.

Écrou, acte d'emprisonnement d'une personne, est une figure de celui-ci, et ne vient pas du lat. *scriptura*, comme l'ont avancé plusieurs étymologistes.

ÉCROUER, inscrire un prisonnier sur les registres de la geôle, et le fermer sous les verroux, sous les écrous. La consonne roulante marque les efforts et le cri de la vis dans les crans pressés où elle s'emboîte.

ÉCROUE, livre de cuisine; rôle de la dépense de bouche de la maison du roi.

ÉCROUIR, battre un métal à froid pour le rendre plus dense et plus élastique; le serrer comme entre deux écrous.

ÉCROUISSEMENT, action d'écrouir.

ECTHLIPSE, élision d'une *m* à la fin des mots dans les vers latins. Du gr. *ekthlipsis*, fait d'*ekthlibô*, rompre, briser.

ECTHYMOSE, agitation et dilatation du sang. Du gr. *ekthumos*, prompt, vif, emporté; fait d'*ektuô*, je bouillonne, je suis agité.

ECTOPACYTIQUE, affection causée par le dérangement de la vessie. De *ek*, de, de *topos*, place, et de *kustis*, vessie.

ECTROLIQUE, *ectrotique*, remède qui fait avorter. Du gr. *ektitróskô*, je fais avorter; dér. de *titróskó*, je blesse.

ECTROPION, éraillement, renversement de la paupière inférieure, qui ne peut plus couvrir l'œil avec celle d'en haut. Du gr. *ektropion*, fait d'*ek*, en dehors, et de *trépô*, je tourne, je renverse en dehors.

ECTYLOTIQUE, remède qui consume les durillons, les cors et autres callosités. De *ek*, extractif, et de *tulos*, durillon.

ÉCU, *escu*, ancien bouclier; figure de cet écu où se peignent les armoiries; monnoie d'argent sur laquelle est représenté le bouclier du prince, ou ses armoiries. Du lat. *scutum*, dérivé non pas de *cutis*, peau, mais du gr. *skutos*, cuir, parce que les anciens boucliers étoient de cuir où recouverts de cuir.

Écuage, droit de porter et de se servir de l'écu.

Écubier, trou pour passer le câble de l'ancre, à l'avant d'un vaisseau.

Écuelle, * *escuelle*, vase pour les aliments liquides, ainsi dite de sa forme en écu. *Scutella*.

Écuellée, plein une écuelle.

Éculon, vase de cirier à deux becs.

Écusson, écu des armoiries; manière de greffer par incision, entre l'écorce et le bois; platine de métal à l'entrée d'une serrure; le côté d'une pièce de monnoie opposé à la tête.

Écussonnable, arbre qui peut être greffé en écusson.

Écussonner, enter, greffer en écusson.

Écussonnoir, petit couteau pour écussonner.

Écuyage, office d'écuyer.

Écuyer, * *escuier*, titre que les jeunes gentilshommes et les fils de rois prenoient à l'âge de quatorze ans, et qui leur accordoit le port de l'épée: ils ne pouvoient l'obtenir qu'après avoir été pages ou varlets. *Scutarius, scutifer*. Cette classe étoit un grade militaire par lequel il falloit passer pour être reçu chevalier. Les fonctions de ces écuyers étoient d'apprendre la chevalerie, de servir sous un chevalier fameux par ses exploits, de porter et apprêter ses armes, occupation qui les fit appeler *scutiferi*. La seconde classe étoit moins distinguée, et n'avoit d'importance que relativement aux personnes que l'écuyer servoit. La troisième classe comprenoit ceux qui gouvernoient et commandoient dans les écuries du roi, des princes et des seigneurs; écuyer, en ce sens, tire son origine d'*equus, ab equo*, dont on a fait *écurie*. Enfin la quatrième classe étoit celle des écuyers tranchants, qui servoient et découpoient les viandes; dans ce sens, ce mot vient d'*escarius, escalis, ab esca*. Aujourd'hui *écuyer* a les acceptions suivantes: titre d'un simple gentilhomme, d'un anobli; maître d'équitation, qui dresse les chevaux, qui enseigne à monter à cheval. D'*equarius*, fait d'*equus*, cheval; homme qui donne la main à une dame.

Scutage, office, emploi, fonction d'écuyer.

Scute, petit canot pour le service d'un vaisseau, ainsi appelé de sa forme.

Scutiforme, la pomme d'Adam; premier cartilage du larynx, qui a la forme d'un bouclier carré. De *scutum*, et de *forma*.

ÉCUEIL, * *escueil*, rocher contre lequel les vaisseaux se brisent, quand ils sont portés dessus; chose dangereuse sous tous les rapports. De l'it. *scoglio*, fait du lat. *scopulus*, dér. du gr. *scopélos*, rocher dans la mer.

Échouer, donner sur un écueil, sur le sable, dans un endroit où il y a trop peu d'eau pour flotter; ne pas réussir dans ses projets.

Échouement, choc contre un écueil, un rocher, un banc de sable.

ÉCUME, * *escume*, sorte de mousse blanchâtre sur les liquides; scorie des matières fondues ou en fusion; bave de quelques animaux; sueur en flocon du cheval. Du lat. *spuma*.

Écumant, qui écume; qui est couvert d'écume.

Écumer, jeter de l'écume, ôter l'écume; exercer la piraterie, faire le parasite; donner les signes d'une colère violente. *Spumare*.

Écumeresse, grande écumoire de raffineur de sucre.

Écumette, petite écumoire.

Écumeur, qui écume; pirate, forban, parasite.

Écumeux, qui jette de l'écume; couvert d'écume. *Spumosus*.

Écumoire, ustensile de cuisine, semé de petits trous pour écumer.

Despumer, enlever, ôter l'écume.

Despumation, action de despumer.

Spumeux, rempli, couvert d'écume.

Spumosité, qualité de ce qui est rempli d'écume.

ÉCUREUIL, petit quadrupède de l'ordre des rongeurs, à longs poils roux, fort vif, remarquable par sa propreté, son adresse et la finesse de son poil. Du lat. *sciurus*, fait du gr. *skiouros*, dér. de *skia*, ombre, et. d'*oura*, queue; animal qui se met à l'ombre de sa queue, parce qu'il la relève et s'en sert comme d'un panache.

Sciuriens, animaux du genre de l'écureuil.

ÉCURIE, * *escurie*, logement des chevaux; animaux qu'on y entretient; valets employés pour les soigner. De la bass. lat. *scuria* pour *equile*, qui a été fait d'*equus*, d'autres le dér. de l'allem. *schure, scheuer*, grange.

ÉCUYER. *Voy.* ÉCU.

EDDA, recueil mythologique des Scandinaves et des anciens peuples du Nord. Du scandin. *edda*, que l'on dit signifier livre par excellence.

ÉDÈME, pour *œdème*, tumeur flegmatique blanche, molle, sans douleur, causée par des humeurs flegmatiques ou visqueuses. Du gr. *oidéma*, tumeur en général; fait du verbe *oidéin*, être enflé.

ÉDÉMATEUX, pour *œdémateux*, de la nature de l'édème; qui en est attaqué.

ÉDÉMÈRE, pour *œdémère*, insecte coléoptère à cuisses arquées et très-renflées. D'*oidéo*, j'enfle, et de *méros*, cuisse.

ÉDÉMOSARQUE, pour *œdémosarque*, sorte de tumeur qui tient le milieu entre l'édème et le sarcome. D'*oidéma*, et de *sarkôma*, fait de *sarx, sarkos*, chair. *Voy.* CERCUEIL, p. 138.

EDEN, le paradis terrestre. De l'hébreu *eden*, délices, lieu de délices.

ÉDIFIER, bâtir un édifice; porter à la vertu, à la piété, par l'exemple et le discours; donner bonne opinion de soi. Du lat. *ædificare*, pour *ædifacere*, comp. d'*ædes*, maison, et de *facere*, bâtir, élever, construire.

ÉDIFICE, bâtiment vaste et public. *Ædificium*, maison faite; formé d'*ædes*, et de *facta*.

ÉDIFIANT, qui porte à la vertu, à la piété, par l'exemple, par le discours.

ÉDIFICATEUR, qui fait, qui construit un édifice. *Ædificator*.

ÉDIFICATION, action de construire un édifice; action d'édifier, de donner le bon exemple; ce qui porte à la vertu, à la piété. *Ædificatio*.

ÉDILE, magistrat romain chargé de la conservation et de l'entretien des monuments et des jeux publics. D'*ædilis*, fait d'*ædes*.

ÉDILITÉ, magistrature de l'édile, sa durée. *Ædilitas*.

ÉGAL, pareil, le même, semblable, soit en nature, soit en qualité, ou en quantité; tranquille, uniforme, constant, qui n'éprouve point d'altération; indifférent, à quoi l'on n'attache point d'importance. Du lat. *æqualis*.

ÉGALÉ, anomalie corrigée par des équations.

ÉGALEMENT, distribution, supplément avant partage, aux cohéritiers qui ont moins reçu en avancement d'hoirie.

ÉGALEMENT, d'une manière égale, pareille, semblable. *Æqualiter*.

ÉGALER, rendre égal, uni, poli; rendre pareil, semblable. *Æquare*.

ÉGALISER, rendre les lots égaux, les portions pareilles.

ÉGALISATION, action de rendre les lots égaux.

ÉGALITÉ, conformité, parité entre deux choses, deux personnes; droits égaux; uniformité. *Æqualitas*.

INÉGAL, qui manque d'égalité, qui n'est point de niveau, parallèle, uni, symétrique.

INÉGALITÉ; défaut d'égalité; bizarreries d'humeurs.

INÉGALEMENT, d'une manière sociale.

ÉQUITÉ, droiture; justice tempérée, adoucie; amour de la justice; vertu qui nous porte à rendre à chacun ce qui lui appartient. *Æquitas*.

ÉQUITABLE, conforme à l'équité; qui agit avec équité. *Æquitabilis*.

ÉQUITABLEMENT, avec équité, droitement. *Æquabiliter*, pour *æquiter*.

ÉGIDE, bouclier de Minerve ou Pallas, qui étoit couvert de la peau de la chèvre Amalthée; protection puissante; défense; ce qui met à couvert du péril. Du gr. *aigis*, peau de chèvre; dér. d'*aix*, chèvre. Les anciens couvroient leurs boucliers d'une peau de chèvre, et les Libyens en portoient une sous les vêtements en forme de cuirasse.

ÉGOBOLE, sacrifice d'une chèvre à Cybèle. D'*aix, aigos*, chèvre, et de *bolé*; coup, action de frapper.

ÉGLISE, l'assemblée des fidèles; les chrétiens; leur temple, leur clergé; diverses parties de l'église universelle; l'état du clergé dévoué au service divin. Du lat. *ecclesia*, fait du gr. *ekklêsia*, assemblée, congrégation; dérivé d'*ekkaléô*, j'appelle, j'assemble.

ECCLÉSIARQUE, curé, pasteur d'une église; sorte d'ancien marguillier. Du lat. *ecclesiarcha*, fait d'*ekklêsia*, et d'*arché*, primauté, puissance; dér. d'*archô*, je commande.

ECCLÉSIASTE, l'un des livres sapientiaux de l'ancien Testament. Du gr. *ekklésiastés*, prédicateur; fait d'*ekklésiazéin*, prêcher, haranguer; dér. d'*ekkaléô*. Villoison, cité par M. Morin, pense que l'Ecclésiaste est une espèce de conférence, de dialogue, où Salomon, son auteur, répète, dans la seconde partie, les objections du premier interlocuteur.

ECCLÉSIASTIQUE, qui appartient à l'église, qui y sert; prêtre; membre du clergé. Du lat. *ecclesiasticus*, du gr. *ekklésiastikos*. C'est aussi le nom d'un livre de l'ancien Testament, concernant les assemblées du peuple juif.

ECCLÉSIASTIQUEMENT, concernant les ecclésiastiques.

ECCLÉSIENS, partisans de l'église.

ÉGOISTE, qui ne parle, qui ne s'occupe que de lui; qui rapporte tout à soi, qui fait un dieu de lui-même et lui sacrifie tout. Du lat. *ego*, je ou moi; en gr. *égô*, parce que l'égoïste se cite à chaque instant.

ÉGOÏSME, le défaut de l'égoïste; amour propre qui rapporte tout à soi, qui fait trop parler de soi.

ÉGOÏSER, parler trop de soi, ne s'occuper que de soi.

ÉGRILLARD, * *esguillard*, vif, éveillé, gaillard, qui met tout le monde en train. Du lat. *aculeus*, fait d'*acus*. Voy. AIGU, p. 15.

ÉGRISER, ôter les parties brutes d'un diamant en le frottant contre un autre, onomatopée du bruit agaçant de ce frottement, semblable à celui d'un verre que le diamant du vitrier divise, ou qu'on fait grincer en le grattant de l'ongle.

ÉGRISÉE; *écrisée*, poudre de diamants noirs pour débrutir.

ÉGRISOIR, outil pour égriser le diamant, en recevoir la poudre. *V.* GRÊLE.

EH, onomatopée qui peint un mouvement de surprise, d'étonnement, d'admiration.

EIDER, sorte de canard ou d'oie à duvet, oiseau aquatique, palmipède du nord, qui fournit l'édredon. Du saxon *eider*, canard sauvage.

ÉDREDON, corruption d'*eiderdon*, duvet de l'eider.

EISETÉRIES, fêtes athéniennes célébrées lors de l'entrée en charge des magistrats. Du gr. *eisitéria*, fait d'*eisiéani*, entrer.

ÉLAN, * *ellend*, quadrupède du Nord, du genre cerf, de l'ordre des ruminants. De l'all. *ellend* ou *elk*, dér. du lat. *alce*, *alcis*.

ÉLAPHÉBOLION, neuvième mois de l'année attique qui répondoit à notre mois de mars; ainsi appelé des fêtes *élaphébolies*, qu'on célébroit en l'honneur de Diane, déesse des chasseurs, à laquelle on offroit un gâteau en forme de cerf, ou à qui l'on sacrifioit un cerf. Du gr. *élaphebolos*, qui tue des cerfs; comp. d'*élaphos*, cerf, et de *balló*, je frappe, je tue.

ÉLAPHOBOSCUM, sorte de panais sauvage que l'on dit guérir les cerfs de la morsure des bêtes venimeuses. Du gr. *élaphos*, cerf, et de *boskéin*, paître, manger.

ÉLASTICITÉ, qualité de ce qui a du ressort; propriété d'un corps qui, après avoir été comprimé, se rétablit dans son état naturel. Du gr. *élastès*, qui pousse; fait du verbe *élaunô*, je pousse, je presse, j'agite.

ÉLASTIQUE, corps qui a du ressort, de l'élasticité, qui le produit, qui se redresse après la pression, et se retire après la tension. *Elasticus*.

ÉLATÈRE, suc de concombre sauvage, purgatif violent. Du lat. *elaterium*, fait du gr. *élatérion*, ressort, vertu élastique; dér. d'*élaunô*.

ÉLATÈROMÈTRE, instrument pour mesurer la condensation de l'air sous le récipient. Du gr. *élatôr*, agitateur, et de *métron*, mesure.

ÉLATINE, sorte de rave sauvage. Du lat. *elatine*, *elatines*.

ÉLATITE, pierre précieuse qui a la couleur du sapin. Du lat. *elatites*, fait du gr. *élaté*, sapin.

ÉLECTRICITÉ, propriété d'attraction ou de répulsion des corps par le frottement; fluide particulier, dont l'accumulation se manifeste par des étincelles, fait éprouver diverses sensations, et produit des effets pareils à ceux de la foudre. Du lat. *electrum*, du gr. *élektron*, ambre jaune, substance qui étant frottée, attire les corps légers.

ÉLECTRIQUE, de l'électricité.

ÉLECTRISABLE, qui peut être électrisé ou devenir électrique.

ÉLECTRISATION, action d'électriser.

ÉLECTRISER, communiquer l'électricité, rendre électrique.

ÉLECTROMÈTRE, instrument pour mesurer le degré d'électricité. D'*elektron*, et de *métron*, mesure.

ÉLECTROPHORE, instrument chargé de matière électrique. D'*elektron*, et de *phéró*, je porte.

ÉLECTROSCOPE, instrument pour mesurer l'électricité de l'air. D'*élektron*, et de *scopéô*, j'observe.

ANÉLECTRIQUE, qui ne peut être électrisé par le frottement. D'*ana*, au travers, et d'*élektron*.

ÉLÉGIE, petit poème dont le sujet est triste et tendre. Du lat. *elegia*, fait du gr. *elégeia*, *elégeion*, dér. d'*élégos*, complainte en vers; d'où *eléos*, pitié, compassion.

ÉLÉGIAQUE, qui appartient à l'élégie. *Elegiacus*.

ÉLÉGIOGRAPHE, auteur d'élégies. D'*élégeion*, et de *graphô*, j'écris.

ÉLÉMENT, corps simple entrant dans la composition des corps mixtes; lieu, compagnie auxquels on se plaît le plus; chose, art, science dans lesquels on excelle; principes d'enseignement; parties les plus simples des corps. Du lat. *elementum*.

ÉLÉMENTAIRE, qui appartient à un élément, le constitue; destiné à l'enseignement. *Elementarius*.

ÉLENCHTIQUE, qui tombe en controverse; théologie scholastique. En lat. *elenchticus*, du gr. *elegtikos*, qui réplique, qui reprend, qui réfute; dér. d'*elegchéin*, reprendre, convaincre par des arguments.

ÉLÉNOPHORIES, fêtes grecques où l'on portoit des objets sacrés dans des paniers de jonc ou d'osier. D'*hélenai*, panier, vase, corbeille, et de *phéró*, je porte.

ÉLÉPHANT, le plus gros et le plus intelligent des quadrupèdes, qui a une trompe, et des défenses d'ivoire. En lat. *elephas*, *elephantus*, en gr. *éléphas*, de l'ar. *al*, et de *fil*; grand, monstrueux.

ÉLÉPHANTIASIS, lèpre qui ride la peau et la rend dure comme celle d'un éléphant. *Elephantiasis*.

ÉLÉPHANTIN, relatif à l'éléphant; actes et lois des Romains, écrits sur des tablettes d'ivoire. D'*elephantinus*, fait d'*éléphantinos*.

ÉLÉPHANTIQUE, de l'éléphant; qui est attaqué de l'éléphantiasis. *Elephantiacus*.

ÉLEUSINIES, fêtes grecques en l'honneur de Cérès et de Proserpine, sa fille, dans la ville d'Éleusis, dans l'Attique. Du gr. *eleusis*, arrivée, parce que ce fut là que Cérès, après bien des courses, trouva sa fille Proserpine, qu'elle y enseigna l'usage du blé et la manière de faire les sacrifices secrets.

ÉLEUTHÉRIES, fêtes grecques en l'honneur de Jupiter *Éleuthérien*, libérateur ou conservateur de la liberté; elles furent instituées après la défaite des Perses à Platée, lesquels étoient conduits par Mardonius. Du gr. *eleuthéria*, fait d'*eleuthérios*, libérateur; dér. d'*eleuthéros*, libre, parce que les Grecs crurent devoir la victoire et la conservation de leur liberté à Jupiter.

ÉLEUTHÉROGYNE, fleurs dont l'ovaire libre n'adhère pas au calice. D'*eleuthéros*, libre, et de *guné*, femme, femelle; fleurs dont l'organe femelle ou le pistil est libre.

ÉLIXIR, liqueur spiritueuse, extraite de plusieurs substances; ce qu'il y a de mieux dans un ouvrage. De l'ar. *alkshir*, essence, extrait artificiel d'une substance.

ELLE, pron. pers. de la trois. pers. Du lat. *illa*.

ELLÉBORE, plante médicinale, sternutatoire, purgative, bonne contre la folie. Du lat. *helleborum*, fait du gr. *elleboros*.

ELLÉBORINE, plante orchidée dont les feuilles ont la figure de celles de l'ellébore.

ELLIPSE, suppression, retranchement d'un ou de plusieurs mots dans une phrase, afin de rendre le discours plus vif; courbe ovale formée par la coupe oblique d'un cône. Du gr. *elleipsis*, défaut, mot omis, dér. de *leipô*, manquer, être moindre.

ELLIPTIQUE, qui tient de l'ellipse.

ELLIPSOÏDE, *elliptoïde*; solide formé par la révolution d'une ellipse autour de l'un de ses axes. D'*elleipsis*, et d'*eidos*, forme, figure, ressemblance.

ÉLODE, sorte d'insectes coléoptères qui se tiennent sur les arbres plantés auprès des lieux aquatiques. Du gr. *helos*, marais, eau.

ÉLOPHORE, genre d'insectes coléoptères qui vivent dans l'eau, et nagent ordinairement à sa surface. D'*helos*, et de *pheromai*, je suis porté.

ÉLYSÉE, ou les *Champs Élysées*, séjour des âmes des héros, des hommes vertueux après leur mort. Du lat. *Elysii Campi*, fait du gr. *elussion*, lieu de délices.

ÉLYTRES, étuis durs, souvent opaques, ou ailes supérieures des insectes qui en ont quatre. Du gr. *elutron*, étui, gaîne, enveloppe.

ÉLYTROCÈLE, hernie du vagin. D'*élutron*, et de *kélé*, hernie, tumeur.

ÉLYTROÏDE, la vaginale ou l'enveloppe des testicules, ainsi dite parce qu'elle ressemble à une gaîne. D'*elutron*, et d'*eidos*, forme, figure.

ÉMAIL, * *esmail*, composition de verre calciné, de sels et de métaux, appliquée sur un métal; ouvrage en émail. De l'it. *smalto*, dér. du lat. *maltha*, sorte de ciment des anciens.

ÉMAUX, couleurs des métaux dans le blason.

ÉMAILLER, couvrir, orner d'émail, appliquer l'émail; orner, décorer de feuilles; embellir par des traits d'esprit.

ÉMAILLEUR, ouvrier en émail.

ÉMAILLURE, art d'émailler; ouvrage d'émailleur; tache sur les plumes d'un oiseau de proie.

ÉMANER, tirer sa source, son origine; sortir, procéder, venir de. Du lat. *emanare*, fait de *e*, hors, et de *manare*, couler, tomber goutte à goutte; du gr. *manu*, source; dér. de *naô*, je coule, et non pas de *manus*, comme le dit Jauffret, qui interprète *émaner*, par tomber de la main.

ÉMANATION, action d'émaner, chose qui émane; écoulement, exhalaison.

EMBLER, prendre, ôter, enlever, ravir par surprise ou par violence. Du gr. *emballein*, qui a la même signification.

EMBLÉE (d'), tout d'abord; tout d'un coup; du premier effort.

EMBLÈME, figure symbolique avec des paroles sentencieuses. Du lat. *emblema*, du gr. *emballô*, insérer, ajouter, jeter dessus; mettre entre deux.

EMBLÉMATIQUE, qui tient de l'emblème.

EMBLÉMATIQUEMENT, par emblème.

EMBOLISME, intercalation; mois intercalé tous les deux ou trois ans chez les Grecs. *Embolismos*, intercalation, fait d'*emballô*.

EMBOLISMIQUE, mois intercalé dans l'année lunaire, qui forme le cycle.

EMBRYON, le fœtus ou le petit qui commence à se former dans le sein de la mère; très-petit homme; rudiment du jeune fruit, des plantes, des fleurs. Du gr. *embruon*, fait d'*en*, dans, et de *bruô*, je crois, je pullule.

EMBRYOGRAPHIE, description du fœtus dans la matrice. D'*embruon*, fœtus, et de *graphô*, je décris.

EMBRYOLOGIE, partie de l'anatomie qui traite du fœtus. De —, et de *logos*, discours.

EMBRYOTHLASTE, instrument pour briser les os du fœtus mort dans la matrice. De —, et de *thlaô*, je brise, je romps.

EMBRYOTOMIE, dissection ou mise en pièces du fœtus mort dans la matrice. De —, *tomé*, incision; fait de *temnô*, je coupe.

EMBRYULKIE, extraction forcée du fœtus mort; opération césarienne. De —, et de *helkô*, je tire.

ÉMERAUDE, pierre précieuse verte, transparente, moins dure que les autres pierres précieuses. Du lat. *smaragdus*, dér. du gr. *smaragdos*, luisant.

SMARAGDITE, minéral, prime d'émeraude.

SMARAGDIN, qui est de couleur d'émeraude.

SMARAGDOPRASE, émeraude d'un vert de poireau. De *smaragdos*, et de *prasos*, poireau.

ÉMERI, pierre dure, brune, ferrugineuse pour polir les pierres précieuses, les métaux. Du lat. *smyris*, du gr. *smuris*, dér. de *smaô*, je nettoie, je polis; en ital. *smeriglio*.

ÉMERILLON, l'asalon, le plus petit et le plus vif des oiseaux de proie. De l'it. *smeriglione*, en all. *schmirling*, que l'on dit être fait d'*à capiendis merulis*, et non de la ressemblance de cet oiseau à un merle.

ÉMÉRILLONNÉ, gai, vif, éveillé comme l'émerillon.

ÉMÉTIQUE, la tartrite de potasse

et d'antimoine, médicament qui provoque le vomissement. Du lat. *emeticus*, fait du gr. *émétikos*, vomitif; dér. d'*éméo*, je vomis.

ÉMÉTICITÉ, vertu émétique; forte purgation.

ÉMÉTINE, substance pectorale, purgative, extraite de l'ipécacuanha.

ÉMÉTISER, mêler d'émétique, purger avec l'émétique.

ÉMÉTISÉ, mêlé d'émétique.

ÉMÉTOCATHARTIQUE, remède qui purge par haut et par bas; qui excite le vomissement. Du gr. *émétos*, vomissement, et de *kathartikos*, purgatif, de *kathairô*, je purge.

ÉMÉTALOGIE, traité des émétiques ou des vomitifs. D'*émétos*, et de *logos*, discours.

EMMÉSOSTOME, oursin dont la bouche est au milieu de la base. Du gr. *emmesos*, au milieu, et de *stoma*, bouche.

EMPASME, poudre parfumée qu'on répand sur le corps pour absorber la sueur et en chasser l'odeur. Du gr. *empassô*, je répands.

EMPEIGNE, le dessus du soulier. Caseneuve dérive ce mot d'*impilia*, couverture de pied faite de feutre.

EMPEREUR, général chez les Romains, au temps de la république; monarque, souverain d'un empire, chef de rois. Du lat. *imperator*, fait d'*imperare*, commander. Quelques-uns le dérivent de l'ar. *émyr*. Voy. AMIRAL, p. 26.

EMPIRE, monarchie puissante et plus vaste qu'un royaume; son étendue; sa durée; sujets qui la composent; droit, pouvoir de commander; autorité, puissance; domination sur les passions; ascendant; pouvoir de convaincre, de dominer. *Imperium*.

IMPÉRATRICE, femme d'un empereur. *Imperatrix*.

IMPÉRIAL, de l'empire ou de l'empereur. *Imperialis*.

IMPÉRIALE, dessus d'un carrosse; dessus d'un lit où sont attachés les rideaux.

IMPÉRIEUX, altier, hautain, qui commande avec orgueil, qui veut être obéi sans réplique. *Imperiosus*.

IMPÉRIEUSEMENT, d'une manière impérieuse. *Imperiose*.

IMPÉRATIF, mode du verbe pour commander.

IMPÉRATIF, impérieux, qui commande, ordonne absolument. *Imperativus*.

IMPÉRATIVEMENT, d'une manière impérative.

IMPÉRATOIRE, l'angélique françoise, plante ombellifère médicinale.

EMPHRACTIQUE, emplastique, médicament, remède visqueux qui bouche les pores. Du gr. *emphrattô*, *emplassô*, je bouche, j'obstrue.

EMPHRAXIE, obstruction d'un canal par une cause quelconque. Du gr. *emphraxis*, embarras; fait d'*emphratiô*.

EMPLATRE, onguent de substance solide et glutineuse étendu sur du linge, de la peau, pour être appliqué extérieurement. Du lat. *emplastrum*, du gr. *emplestron*, dér. d'*emplassô*, j'enduis, je bouche par-dessus, parce qu'on l'étend avant de l'appliquer sur la partie malade.

EMPLASTRATION, action de mettre un emplâtre; ente en écusson.

EMPLATRER, étendre un vernis sur du cuir ou des peaux.

EMPLATRIER, lieu où l'on fait les emplâtres. *Emplatrarium*.

EMPHYSÈME, maladie qui fait enfler, qui boursouffle les chairs; tumeur dans le tissu cellulaire. Du gr. *emphuséma*, fait d'*en*, dans, et de *phusaô*, je souffle.

EMPHYSÉMATEUX, de la nature de l'emphysème.

EMPHYTÉOSE, bail à longues années; dans l'origine le contrat emphytéotique n'avoit lieu que pour des terres que le propriétaire donnoit à défricher, il en laissoit la jouissance pour un temps ou même à perpétuité, à la charge d'une redevance. Du gr. *emphuteusis*, ente, greffe; fait d'*en*, dans, et de *phuteuô*, je plante, je sème, j'ente.

EMPHYTÉOTE, celui qui jouit d'un fonds par bail emphytéotique.

EMPHYTÉOTIQUE, qui appartient à l'emphytéose.

EMPIRIQUE, médecin sans étude, sans méthode, sans théorie, qui traite ses malades d'après la seule expérience; charlatan, vendeur de drogues. Du lat. *empiricus*, du gr. *empeirikos*, savant par expérience; fait de *peira*, essai, expérience.

EMPIRISME, caractère, connoissance, pratique de l'empirique; médecine fondée sur la seule expérience.

EMPROSTHOTONOS, convulsion qui fait pencher le corps en avant. Du gr. *emprosthen*, en avant, et de *tonos*, tension; dér. de *téinô*, je tends.

ÉMULE, rival, concurrent, antagoniste; se dit de deux personnes d'un mérite égal dans la même partie. Du lat. *æmulus*, fait du gr. *hamilla*, combat, dispute; dér. de *hamillan*, disputer, prétendre à une chose.

ÉMULATEUR, animé d'émulation; qui l'excite. *Æmulator*.

ÉMULATION, noble ambition d'égaler, de surpasser quelqu'un dans une chose louable. *Æmulatio*.

ÉMULGENT, qui porte le sang dans les veines. *Emulgens*, fait d'*emulgere*, traire, tirer le lait de la mamelle.

ÉMULSION, potion blanche très-rafraîchissante. *Emulsio*.

ÉMULSIONNER, mettre des quatre semences froides dans une potion.

EN, prép. qui indique le motif, la manière, la situation, les rapports au temps et au lieu; à, avec, comme, dans, durant, par; de, du, de là, de cela. Du lat. *in*, en gr. *en*.

ÉNALLAGE, changement des modes, des temps d'un verbe. Du gr. *enallagé*, changement; du verbe *énallattô*, changer, dont le simple est *allatô*.

ENCAN, cri public pour vendre au plus offrant et dernier enchérisseur. Caseneuve dér. ce mot du lat. *in quantum*, pour combien; Ménage, d'*incantum*, fait d'*incantare*, dans la signification de proclamer, parce que, dit-il, on proclame les choses qui sont à vendre dans les encans, ce qu'on appelle crier. Gébelin prétend que dans les provinces on fait les encans au son de la trompe, et que ce mot vient d'*in cantu*, vente faite en cant, pour dire, *en chant*, *au chant*.

ENCHÉLYDE, genre de vers infusoires des eaux corrompues, et qui ont la forme d'une petite aiguille. Du gr. *egchélis*.

ENCHIRIDION, petit livre portatif, contenant des préceptes. Du gr. *egchéiridion*, fait d'*eg*, et de *chéir*, main, livre qu'on peut porter à la main.

ENCLUME, masse de fer sur laquelle on bat les métaux; osselet de l'ouïe fait en forme d'enclume. D'*incudine*, ablat. d'*incudo*, fait de *cudere*, frapper.

ENCLUMEAU, petite enclume portative.

ENCOPÉ, amputation d'un doigt ou d'un membre peu considérable. Du gr. *ekgopé*, incision; fait de *koptô*. Voyez COUPER.

ENCRATITES, sectaires qui, rejetant le mariage, vivoient dans le célibat, faisoient profession de continence, et observoient une abstinence outrée. Du gr. *egkratés*, continent.

ENCRE, liqueur, pâte liquide pour l'écriture, l'impression ou le dessin. Du lat. *incaustum*.

ENCRIER, vase pour l'encre à écrire.

ENDÉCAGONE, figure à onze angles et à onze côtés. Du gr. *hendeka*, onze, et de *gônia*, angle.

ENDÉMIQUE, particulier, qui appartient à un peuple, à un pays, à une nation. Du gr. *endémios*, fait d'*en*, dans, et de *démos*, peuple.

ENDIVE, plante potagère chicoracée. Du lat. *intyba*.

ÉNÉORÈME, substance légère qui nage dans l'urine. Du lat. *enæorema*, du gr. *en*, dans, et d'*aiôrein*, suspendre, élever en haut.

ÉNERGIE, force, efficace, vertu; fermeté de caractère; vigueur de style. Du gr. *énergéia*, fait d'*en*, dans, et d'*ergon*, ouvrage, travail, action; les Latins ont dit *energema* dans la même acception.

ÉNERGIQUE, qui a de la force, de l'énergie; qui est remarquable par son énergie.

ÉNERGIQUEMENT, d'une manière énergique.

ÉNERGUMÈNE, possédé du démon; enthousiaste outré; colère à l'excès; furibond. Du gr. *énergéo*, je travaille au dedans, avec force; formé d'*en*, et d'*ergôn*.

ENFANT, fils ou fille, par rapport au père et à la mère. Du lat. *infans*, pour *non fans*, que l'on dérive du verbe *infari*; fait de *fari*, parler; dér. du gr. *phaô*. Ainsi l'enfant seroit donc celui qui ne sait pas encore parler.

ENFANÇON, *enfanteau*, petit enfant.

ENFANCE, âge de l'homme depuis sa naissance jusqu'à douze ans ou environ; puérilité. *Infantia*.

ENFANTER, accoucher d'un enfant;

ENFANTEMENT, action d'enfanter.

ENFANTILLAGE, paroles, manières, discours enfantins; puérilités.

ENFANTIN, qui est d'enfant; qui tient à l'enfance.

FANFAN, petit enfant; expression enfantine, pour *enfant.*

FAON, le petit de la biche, de la daine, de la chevrette.

FAONNER, mettre bas, en parlant des biches, des daines, des chevrettes.

FANTASSIN, soldat à pied. De l'it. *fantassino*, dim. de *fante*, garçon, valet, qui sert à pied.

FANTOCCINI, petites marionnettes. De l'it. *fantoccini*, petit enfant.

INFANT, *infante*, titres des enfants des rois d'Espagne, de Portugal et de Naples.

INFANTERIE, gens de guerre à pied.

INFANTICIDE, meurtre d'un enfant. *Infanticidium;* meurtrier d'un enfant. *Infanticida*, fait d'*infans*, et de *cæsus*, part. de *cædere*.

ALFANA, jument, cavalle qui nourrit.

ENFER, lieu du supplice des damnés, les démons; lieu où on se déplaît; lieu de douleur, de peine, de désordre. Du lat. *inferna, inferni*, faits d'*infernus*, qui est en bas, au-dessous, inférieur.

INFERNAL, qui appartient à l'enfer. *Infernalis.*

INFÉRIEUR, placé au-dessous; qui n'est point égal en qualité, en mérite, en hauteur, en dignité; qui est dans la dépendance d'autrui. *Inferior.*

INFÉRIORITÉ, rang plus bas; moindre capacité; mérite moins grand.

INFÉRIEUREMENT, au-dessous, plus bas. *Inferiùs.*

ENFLER, grossir, remplir d'air un corps vide et flasque, jusqu'à ce qu'il ait acquis un certain degré de tension; onomatopée composée de la prépos. *en*, et du bruit de l'haleine chassée avec effort; augmenter avec exagération par une cause de maladie; enorgueillir, boursoufler, donner de la vanité. Les Latins ont dit *inflare*, fait de *flare*, souffler.

ENFLÉ, s'est dit en général de tous les corps qui ont une grosseur inusitée et accidentelle. *Inflatus.*

ENFLURE, enflement, grosseur factice; bouffissure; orgueil; pompe de style affectée. *Inflatio.*

GONFLER, devenir enflé ou rendre enflé. Ce verbe est plus emphatique, et par conséquent plus imitatif, puisqu'on ne peut le prononcer sans une assez forte imitation du souffle.

GONFLÉ, enflé; bouffi d'orgueil.

GONFLEMENT, enflure; élévation subite des eaux.

DÉGONFLER, ôter le gonflement; cesser d'être gonflé.

DÉSENFLER, ôter l'enflure; cesser d'être enflé.

DÉSENFLURE, cessation d'enflure, de gonflement.

INFLATION, gonflement, tumeur. *Inflatio.*

RENFLEMENT, augmentation insensible du diamètre d'un fût de colonne.

RENFLER, augmenter de volume.

REGONFLER, se dit parlant des eaux qui s'élèvent contre l'ordre naturel.

REGONFLEMENT, élévation des eaux arrêtées en leurs cours.

ENGONCER, * *esconcer, absconcer*, rentrer la tête dans les épaules; rendre la taille gênée, contrainte, en parlant des habits. Du lat. *abscondere*, cacher, et non de l'*ingonicatus* de Ménage, mot forgé à plaisir, et qu'il fait venir de l'ancien langage *gone, gonele*, fait de la bass. lat. *gaunaca.* Voy. *Gloss. de la Lang. rom.*, au mot GONE.

ENGONCEMENT, gêne, contrainte dans la taille.

ÉNIGME, discours obscur; exposition en termes métaphoriques, qui renferme un sens caché qu'on propose à deviner; chose difficile à comprendre, dont le sens est difficile à pénétrer. Du lat. *ænigma*, fait du gr. *ainigma*, dont la racine est *ainos*, proverbe, sentence, apologue.

ÉNIGMATIQUE, qui tient de l'énigme, qui en renferme.

ÉNIGMATIQUEMENT, d'une manière énigmatique.

ENLARME, branches en croix, pour tenir ouvert et soutenir l'échiquier. Du lat. *arma.* Voy. ARME, p. 41.

ENLARMER, ajouter de grandes mailles à un filet.

ENTÉLÉCHIE, forme essentielle; perfection d'un individu, d'une chose. Du gr. *entelecheia*, perfection.

ENTHYMÈME, argument composé de deux propositions, l'antécédent et le conséquent. Du gr. *enthumêma*, pensée; composé d'*en*, dans, et de *thumos*, esprit.

ENTITÉ, ce qui constitue l'essence d'une chose, d'un corps abstrait. Du lat. *entitas*, fait de *ens, entis*, être, qui est, qui existe.

ENTITATULE, *entitule*, petite entité.

ENTOMOLOGIE, traité, connoissance des insectes. Du gr. *entomon*, insecte, et de *logos*, discours.

ENTOMOLOGISTE, qui est versé dans l'entomologie.

ENTOMOLITHE, insecte pétrifié, pierre qui en renferme quelqu'un. D'—, et de *lithos*, pierre.

ENTOMOPHAGE, qui se nourrit d'insectes. D'—, et de *phagô*, je mange.

ENTOMOSTRACÉES, animaux crustacés, revêtus d'une écaille ou membrane divisée en plusieurs pièces. D'*entomos*, coupé, séparé, et d'*ostrakon*, écaille, coquille.

EOLIE, pays de l'Asie mineure, autrefois la Mysie. Du gr. *Aiolis*, fait, dit-on, d'*Aiolos*, Eole, fils d'Hellen.

ÉOLIEN, *éolique*, l'un des quatre dialectes de la langue grecque, usité dans l'Éolie; l'un des cinq modes de la musique grecque. *Aiolikos*.

ÉOLIPYLE, boule de métal, creuse, terminée par un tuyau étroit, et montée sur des roues, pour prouver, par son recul, la résistance de l'air; machine pour chasser la fumée par un courant d'air. Du gr. *Aiolos*, Éole, dieu des vents; et de *pulé*, porte, passage.

ÉPACTE, supplément de jours ajoutés à l'année lunaire pour l'égaler à l'année solaire, et connoître l'âge de la lune. Du gr. *epaktos*, fait d'*epagô*, ajouter, introduire; dér. d'*agô*, je mène.

ÉPAGOGUE, réunion naturelle des chairs, des plaies. Du gr. *epagôgê*, transport; fait d'*epagô*.

ÉPAGOMÈNES, cinq jours ajoutés à l'année de Nabonassar, en Égypte. D'*épagomenos*, fait d'*epagô*.

ÉPAIS, * *espais*, dense, dru, serré, qui a de l'épaisseur; grossier, lourd, qui manque d'intelligence. Du lat. *spissus*, fait du gr. *spidès, spidnôs*.

ÉPAISSEUR, profondeur d'un corps solide; densité de l'air, des brouillards. De *spissitas*.

ÉPAISSIR, rendre épais; devenir épais. *Spissare*.

ÉPAISSISSEMENT, condensation, état des fluides épaissis. *Spissitudo*.

ÉPANADIPLOSE, répétition antiparallèle du même mot, en tête et à la fin du vers. Du gr. *epana*, après que, et de *diploô*, je double.

ÉPANALEPSE, répétition de mots; répétition après une longue parenthèse. D'—, et de *lambanô*, je prends.

ÉPANORTHOSE, rétractation feinte d'une expression pour augmenter la force du discours par une autre. Du gr. *epanorthôsis*, correction; fait d'*epanorthoô*, corriger, redresser; dér. d'*epi*, sur, *ana*, prépos. réduplicative, et d'*orthos*, droit.

ÉPANOUIR, réjouir; paroître, s'ouvrir, se développer; devenir serein; exprimer la joie. Ce mot vient du gr. *phainô*, je brille, j'éclaire; Ménage le fait venir d'*expanuteri*, dér. de *planus*; et d'autres de *pandere*, ouvrir.

ÉPANOUISSEMENT, action de s'épanouir; état d'une fleur épanouie.

ÉPARS, * *espars*, dispersé; répandu çà et là, sans ordre. Du lat. *sparsus*.

ÉPARPILLER, disperser, épandre çà et là. De l'it. *sparpagliare*, fait du lat. *spargere*.

ÉPARPILLEMENT, action d'éparpiller; état de ce qui est éparpillé.

SPARSILE, étoiles éparses dans le ciel hors des constellations.

ESPART, un des six morceaux de la civière des carriers.

ÉPART, *espart, spart, sparte*, sorte de jonc d'Espagne, plante graminée qui croît sur les montagnes arides des royaumes de Valence et de Murcie; on le file et on en fait des toiles, des tapis. Du lat. *spartum, ligeum spartum*.

SPARTERIE, manufacture, ouvrage de tissu de spart.

SPARTON, cordage de genêt d'Espagne.

ÉPAULE, partie du corps qui joint le cou au bras de l'homme, ou à la jambe de devant d'un animal. De *spalla*, dim. de *spatula*, en it. *spalla*.

ÉPAULARD, sorte de gros poisson à larges côtés.

ÉPAULÉE, coup d'épaule; effort de l'épaule pour pousser.

ÉPAULEMENT, rempart de fascines et de terre pour mettre à l'abri.

18.

ÉPAULER, rompre; disloquer l'épaule d'un animal; mettre à l'abri du canon; aider, assister; partie du vêtement qui couvre l'épaule.

ÉPAULETTE, marque distinctive sur l'épaule d'un officier et des soldats.

ÉPAULETIER, mauvais soldat.

ÉPAULIÈRE, armure de l'épaule.

ESPATULE, le glayeul puant, plante aquatique.

PALERON, partie plate et charnue de l'épaule des animaux.

SPATULE, espèce de cuiller très-large, ronde par un bout, plate par l'autre.

SPATULÉ, en forme de spatule.

ÉPAVE, chose, bête égarée dont on ne connoît pas le maître; chose jetée sur la côte par la mer, telle que ses productions et ses débris. Du lat. *expavefacta*.

ÉPAVITÉ, droit sur les épaves.

ÉPEAUTRE, plante graminée qui tient de l'orge et du froment. Du lat. *spelta*.

ÉPÉE, * *espée*, arme offensive et défensive, aiguë, à longue lame triangulaire, ou en ovale plat. Du gr. *spathé*, spatule, dont les Latins ont fait *spatha*, épée longue et large, à la manière des Gaulois; en it. *spada*, en esp. *espada*; en all. *spissz*, en angl. *spitte*.

ESPADE, sabre de bois; palette de cordier; façon du chanvre.

ESPADER, donner l'espade au chanvre sur le chevalet.

ESPADEUR, qui affine le chanvre avec l'espade.

ESPADON, grande et large épée à deux mains.

ESPADONNER, *spadronner*, se servir de l'espadon.

SPADASSIN, bretteur, ferrailleur, toujours à tirer l'épée.

SPADILLE, l'as de pique à plusieurs jeux. De l'esp. *spadilla*, petite épée, parce que cette couleur est désignée dans les cartes espagnoles par une épée, emblème de la portion militaire d'un état.

ÉPEICHE, oiseau du genre pic, à plumage noir et blanc, qui pique continuellement les arbres. De *spica*, fait de *spicare*, piquer.

ÉPERON, * *esperon*, branche de métal armée d'une molette ou de pointes, qui s'attache aux talons pour piquer le cheval; rides au coin de l'œil en vieillissant; ergot de plusieurs volatiles, des chiens à la patte de devant; proue des galères. De l'it. *sperone*, fait de l'all. *sporn*, d'où l'angl. *spur*, que l'on dér. du gr. *peirô*, je pique, je traverse.

ÉPERONNÉ, armé, garni d'éperons.

ÉPERONNIER, marchand et fabricant d'éperons.

ÉPERVIER, * *espervier*, le mouchet ou l'émouchet, oiseau de proie, qui fut employé le premier de tous dans la fauconnerie; la loi salique en parle sous le nom de *sparvus*, *sparvarius*, qui vient de l'all. *sparver*. Ménage prétend que le nom d'épervier a été dit *accipiter fringillarius*, à *capiendis fringillis*. Le mot *fringilla* désigne le pinçon.

ÉPERVIER, filet pour prendre du poisson.

ÉPARVIN, *epervin*, maladie du cheval, bosse, tumeur aux jarrets. Selon Ménage ce mot pourroit avoir été fait de celui d'*epervier*; les chevaux atteints de ce mal marchant difficilement, et en levant les pieds à la façon des éperviers.

ÉPHÈDRE, athlète sans antagoniste, le dernier vainqueur. Du gr. *éphédros*, qui est assis; comp. de *épi*, sur, et de *hédra*, siège; qui s'asseoit en attendant le moment de combattre de nouveau.

ÉPHÉMÈRE, qui ne dure qu'un jour; insectes ailés, ne vivant que peu de temps; fleurs qui s'épanouissent au lever du soleil et qui se flétrissent entièrement à son coucher. Du gr. *éphéméros*, formé d'*épi*, dans, et de *héméra*, jour.

ÉPHÉMÉRINE, la tradescante, plante de la famille des joncs.

ÉPHÉMÉRIDES, tables astronomiques qui déterminent jour par jour la situation de chaque planète. Du gr. *éphéméris*.

ÉPHESTRIE, habit des soldats grecs. D'*éphestris*, habit, surtout.

ÉPHÉTES, magistrats d'Athènes qui connoissoient des meurtres accidentels. Du gr. *éphétai*.

ÉPHIALTE, le cauchemar, asthme nocturne. *Éphialtés*, formé d'*épi*, sur, et de *hallomai*, sauter, parce que ceux qui en sont incommodés rêvent que quelqu'un est couché sur leur poitrine, ou qu'ils sont accablés d'un poids très-pesant.

ÉPHIDROSE, sueur morbifique

abondante. *Éphidrôsis*, fait de *hidrôs*, sueur.

ÉPHIPPION, *éphippium*, la selle polonaise, ou la pelure d'ognon, sorte de coquillage. Du gr. *éphippion*, selle de cheval; fait d'*épi*, sur, et de *hippos*, cheval.

ÉPHODE, conduit servant de passage aux excréments. *Éphiodos*, fait d'*épi*, sur, et d'*odos*, chemin.

ÉPHORES, les cinq magistrats de Sparte qui réprimoient l'autorité royale. D'*ephoros*, surveillant, inspecteur; formé d'*épi*, sur, et de *horaô*, je vois, je regarde.

ÉPI, pointe de la tige des céréales, qui renferme le grain; fleurs assemblées en épis. Du lat. *spica*.

Épié, chien à poil en épis sur le front.

Épier, monter en épi, se former en épi.

Épilet, petit épi des graminées; épi partiel d'un gros épi.

ÉPIALE, fièvre continue avec chaleur et frisson. Du gr. *épialos*, que l'on dit être formé d'*épios*, doux, et d'*aléa*, chaleur, parce que dans l'épiale, le chaud est tempéré par le froid qu'on éprouve en même temps.

ÉPICAUME, ulcère qui se forme sur le noir de l'œil. Du gr. *épikauma*, fait d'*épi*, sur, et de *kaiô*, je brûle.

EPICE, drogue aromatique, chaude et piquante, pour l'assaisonnement des mets. Du lat. *species*, dont les anciens se sont servis en général pour *drogues*. Dans le moyen âge, le lat. *species* désigna des dragées, des confitures. Les parties qui avoient obtenu gain de cause faisoient présent à leurs juges de dragées et de confitures; cette marque de reconnoissance volontaire fut tirée à conséquence, et devint un droit nécessaire, qui fut ensuite converti en argent.

Épicer, assaisonner avec des épices; faire payer de trop grands frais.

Épicerie, toutes sortes d'épices; commerce d'épicier.

Épicier, marchand d'épices.

ÉPICÈDE, *epicidion*, oraison funèbre des anciens prononcée près du cadavre. Du gr. *epikédion*, funèbre; d'*épi*, sur, et de *kédios*, funérailles.

ÉPICÈNE, mot, nom commun aux deux sexes; comme enfant, parent. D'*épi*, sur, et de *koinos*, commun, qui est commun avec un autre.

ÉPICÉRASTIQUE, médicament qui tempère l'acrimonie des humeurs. Du gr. *épikérastikos*, adoucissant, d'*épi*, beaucoup, et de *kérannumi*, je tempère.

ÉPICHÉRÈME, syllogisme où chaque prémisse est suivie de sa preuve. D'*epichéirèma*, preuve, raisonnement; fait d'*epicheirô*, avoir sous la main; composé d'*épi*, dans, et de *cheir*, la main.

ÉPICRANE, ce qui environne le crâne. D'*épi*, au-dessus, et de *kranion*. Voy. CRANE.

ÉPICRASE, amélioration des humeurs, au moyen de remèdes adoucissants. D'*épikrasis*, action d'adoucir; fait d'*épikérannumi*, je tempère.

ÉPICURIEN, sectateur d'Épicure, qui suit la doctrine de ce philosophe.

Épicurisme, système d'Épicure, vie voluptueuse.

ÉPICYCLE, petit cercle ayant son centre sur la circonférence d'un plus grand. Du gr. *épi*, sur, et de *kuklos*, cercle. *Voy.* CYCLE.

Épicycloïde, ligne courbe formée par la révolution du point d'un cercle sur un autre cercle. D'*épi*, de *kuklos*, et d'*eidos*, forme, ressemblance.

ÉPICYÈME, *épicyèse*, superfétation, conception d'un nouveau fœtus, après celle d'un autre. Du gr. *épikuéma*, *épikuésis*, faits d'*épi*, par-dessus, et de *kuein*, concevoir.

ÉPIDÉMIE, maladie contagieuse, générale, populaire, venant d'une cause commune et accidentelle. Du gr. *épidémiké* ou *épidémios*, sous-entendu *nosos*, maladie; fait d'*épi*, dans, parmi; et de *démos*, peuple.

Épidémique, qui tient à l'épidémie.

Épidémium, plante rafraîchissante et salutaire des montagnes d'Italie.

ÉPIDÈSE, action d'arrêter le sang en fermant et en bandant une plaie. Du gr. *épidésis*, fait d'*épidéô*, je lie, je bande.

Épidesme, bandage pour une plaie. D'*épidesmos*, fait d'*épidéô*.

ÉPIDIDYME, éminence vermiforme autour des testicules; petit corps rond couché sur chacun d'eux. *Epididumis*, fait d'*épi*, sur, et de *didumos*, jumeau ou testicule.

ÉPIDOTE, schorl vert du Dauphiné, qui offre dans la molécule de ses cristaux un des côtés de la base plus étendu que l'autre. Du gr. *epidosis*, accroissement; fait d'*epididómi*, accroître, augmenter.

EPIDOTES, dieux qui présidoient à la croissance des enfants.

ÉPIER, * *espier*, observer attentivement les actions, les discours d'autrui. De l'anc. lat. *spicare*, dit pour *aspicere*.

ESPION, qui épie pour redire, pour trahir, pour dénoncer. De l'it. *spione*, augm. de *spia*, fait de *spica*.

ESPIONNAGE, métier d'espion; action d'épier et de dénoncer.

ESPIONNER, épier pour redire ou par excès de curiosité; faire le plus vil comme le plus infame des métiers.

ÉPIGLOUTE, région supérieure des fesses. D'*épi*, sur, et de *gloutos*, les fesses.

ÉPILEPSIE, mal caduc, haut mal (mal Saint-Jean), ou violente attaque de nerfs qui surprend tout d'un coup ceux qui y sont sujets. Du gr. *epilépsia*, dér. d'*épilambanó*, saisir, surprendre; composé d'*épi*, sur, et de *lambanó*, prendre.

ÉPILEPTIQUE, qui a rapport à l'épilepsie; qui en est attaqué.

EPILANCE, épilepsie des volatiles.

ÉPIMANE, insensé furieux. Du gr. *epimanés*, fait d'*epimainomai*, perdre l'esprit, devenir furieux.

EPINE, * *espine*, arbrisseau à piquants et à fleurs odorantes; le piquant, pointe, corps aigu adhérant à la plante; suite des vertèbres du dos; empêchement, embarras, obstacle, difficulté, chose pénible. Du lat. *spina*, que l'on dér. du gr. *spizó*, j'étends.

ÉCHINE, * *eschine*, épine du dos, partie de l'animal, depuis les épaules jusqu'au croupion. De l'it. *schiena*, fait de *spina*; les Romains disoient en cette signification *spina dorsi*.

ÉCHINÉE, partie du dos d'un cochon.

ÉCHINER, rompre l'échine; fatiguer; rouer de coups.

ÉPINE-VINETTE, le vinétier, arbrisseau épineux, à fruit rouge, qui est aigre comme de la vinette ou l'oseille; confiture qu'on en fait.

ÉPINETTE, petit clavecin dont les sautereaux étoient garnis d'épines ou de pointes de bois. De l'it. *spinetta*.

ÉPINEUX, hérissé d'épines, qui a des épines, qui ressemble à une épine; chose pleine de difficultés, d'obstacles. *Spinosus*.

ÉPINGARDE, * *espingarde*, petit canon d'une livre de balle au plus.

ÉPINGLE, * *espingle*, bout de fil de laiton ou de fer, à tête et pointe; présent, gratification faite à une femme dont le mari a rendu un service. De *spicula*, pour *spiculum*.

ÉPINGLER, passer les épingles dans les étresses.

ÉPINGLETTE, longue épingle pour percer les gargousses ou pour déboucher la lumière du fusil.

ÉPINGLIER, fabricant et marchand d'épingles.

ÉPINIÈRE, de l'épine du dos.

ÉPINIERS, buissons d'épines servant de retraite aux bêtes noires.

ÉPINAIE, *épinoi*, lieu planté, couvert d'épines ou d'arbustes épineux.

ÉPIEU, * *espieu*, gros bâton ferré pour la chasse au sanglier. De *spiculum*, et non pas de l'all. *spiess*.

ÉPINARD, herbage de la famille des arroches, que l'on mange cuit. *Spinacium*, fait d'*a spinoso semine*, suivant Charles Estienne, dans son *de Re hortensi*.

ÉPINOCHE, le savetier, très-petit poisson à dos hérissé d'épines.—

D'où les noms propres *Lépine*, *Lespine*, *Delespine*, *Despinois*, *Epinois*, *Epinay*, *Lespinois*, *Lépinière*.

ÉPINICIES, fêtes grecques et romaines, célébrées en actions de grâces d'une victoire. Du gr. *épi*, sur, et de *niké*, victoire.

ÉPINICION, chant triomphal que l'on entonnoit à l'occasion de quelque victoire.

ÉPIPHANE, illustre, glorieux, qui se manifeste; surnom donné à quelques princes de l'antiquité. Du gr. *épiphanés*, fait d'*épi*, sur, au-dessus, et de *phainô*, briller, paroître, se montrer.

ÉPIPHANIE, * *tiphaine*, fête instituée par les Grecs à raison de la présence des dieux sur la terre; fête chrétienne de l'adoration des Mages ou des trois rois: c'est aussi le jour où J.-C. se manifesta aux Gentils. D'*épiphaneia*, apparition, manifestation.

ÉPIPHORE, flux continuel de larmes, avec rougeur et picotement. Du gr. *epiphora*, violence, impétuosité; fait d'*epiphérô*, je lance avec force.

ÉPIPLOON, membrane graisseuse, fine, transparente, flottante, qui couvre les intestins par-devant. Du gr. *epiploon*, fait d'*épi*, sur, et de *pléô*, je flotte.

ÉPIPLOCÈLE, hernie causée par la chute de l'épiploon dans l'aine ou le scrotum. D'*épiploon*, et de *kélé*, hernie, tumeur.

ÉPIPLOENTÉROCÈLE, hernie épiploïque dans l'aine. *Voy*. INTÉRIEUR.

ÉPIPLOÏQUE, qui appartient à l'épiploon.

ÉPIPLOÏTIE, *épiploïtes*, inflammation de l'épiploon.

ÉPIPLOMPHALE, hernie de l'ombilic par la chute de l'épiploon. Du gr. *epiploon*, et d'*omphalos*, nombril; en lat. *umbilicus*.

ÉPIPLOMPHRAXIS, induration de l'épiploon. D'—, et d'*emphrassô*, j'obstrue.

ÉPIPLOSARCOMPHALE, tumeur au nombril, formée de l'épiploon, et d'une excroissance charnue. D'—, de *sarx*, chair, et d'*omphalos*, nombril.

ÉPIPLOSCHÉOCÈLE, sorte d'hernie, chute d'une partie de l'épiploon dans le scrotum. D'—, d'*oschéon*, le scrotum, et de *kélé*, tumeur, hernie.

ÉPISCAPHIES, fêtes des barques à Rhodes. D'*épi*, sur, et de *skaphé*, barque; parce qu'on la célébroit sur des barques.

ÉPISCÉNIES, *épiscéniènes*, fêtes des tentes à Lacédémone. D'*épi*, sous, dessous, et de *skéné*, tente.

ÉPISODE, action incidente dans un ouvrage d'imagination, pour y jeter de la variété. Du gr. *epeisodion*, formé d'*épi*, par-dessus, et d'*eisodos*, qui arrive, qui survient; fait d'*eis*, dans, et de *hodos*, chemin, d'où *eisodos*, entrée.

ÉPISODIER, étendre, embellir par des épisodes.

ÉPISODIQUE, accessoire; qui tient à l'épisode.

ÉPISPASTIQUE, topique qui attire fortement les humeurs au dehors. D'*épispastikos*, attractif; dér. d'*épispaô*, j'attire; comp. d'*épi*, au-dessus, et de *spaô*, je tire.

ÉPISTAXIS, saignement au nez, hémorragie nasale. Du gr. *épistazô*, fait d'*épi*, sur, et de *stazô*, je coule goutte à goutte.

ÉPISTYLE, architrave d'un édifice. D'*épi*, sur, et de *stulos*, colonne.

ÉPITAPHE, inscription sur un tombeau; lame ou table qui la porte; petite pièce de vers sur la mort de quelqu'un. *Epitaphium*, fait du gr. *epitaphion*, composé d'*épi*, sur, et de *taphos*, tombeau.

ÉPITASE, partie du poème dramatique qui suit la protase ou exposition. Du gr. *epitasis*, accroissement; fait d'*épiteinô*, j'étends, je développe.

PROTASE, exposition d'un sujet dramatique. De *protases*, proposition; fait de *protithémi*, je propose.

PROTATIQUE, qui concerne l'exposition d'un sujet dramatique.

ÉPITHALAME, chant nuptial, poème composé à l'occasion d'un mariage et à la louange des époux. Du gr. *épi*, sur, et de *thalamos*, lit nuptial. Le poète grec Stesichore, qui florissoit six cents ans avant l'ère vulgaire, passe pour être l'inventeur de l'épithalame.

ÉPITHÈME, topique spiritueux qu'on applique sur l'estomac, la région du cœur. Du gr. *epithéma*, ce qui sert à couvrir; fait d'*épitithémi*, mettre dessus; dér. de *tithémi*, appliquer, placer.

ÉPITHÈTE, terme adjectif qui désigne la qualité du nom auquel il se rapporte; désignation outrageuse. Du gr. *epithétos*, ajouté; fait d'*épitithémi*, qui signifie également ajouter, imposer.

ÉPITRE, * espitre, lettre missive des anciens; discours en vers, adressé à quelqu'un; dédicace d'un livre; petit discours d'un apôtre, lu avant l'évangile. Du lat. *epistola*, fait du gr. *epistolé*, dér. de *stellô*, j'envoie.

ÉPISTOGRAPHE, porte-feuille. D'*épistolé*, et de *graphô*, j'écris.

ÉPISTOLAIRE, qui appartient à l'épître; auteur d'un recueil de lettres.

ÉPISTOLIER, prêtre qui chante l'épître à la messe.

ÉPISTOLOGRAPHE, auteur d'épîtres ou de lettres.

ÉPITROCHASME, exposition, énonciation rapide; question précipitée pour émouvoir. Du gr. *epitrochasmos*, fait d'*épi*, augm., et de *trochazô*, je cours.

ÉPITROPE, arbitre qui termine les différends des Grecs en Turquie. D'*épitropos*, tuteur, curateur.

ÉPITROPE, figure par laquelle on accorde ce qu'on peut nier, pour obtenir ce qu'on demande. Du gr. *épitropé*, permission, concession, fait d'*épitrépó*, je permets, j'accorde.

ÉPOMÉDE, *épomis*, partie supérieure de l'épaule. Du gr. *épomis*, fait d'*épi*, sur, et d'*ômos*, épaule.

ÉPOMPHALE, emplâtre sur le nombril. D'*épi*, sur, et d'*omphalos*, le nombril.

ÉPONGE, *esponge*, plante marine très-poreuse, élastique, très-légère, qui est le produit d'un polype. Du lat. *spongia*, fait du gr. *spoggia*, *spoggos*.

ÉPONGER, laver, nettoyer, effacer avec une éponge.

ÉPONGIER, chargé d'éponges.

SPONGIEUX, de la nature de l'éponge.

SPONGITE, fossiles ou incrustations pierreuses qui imitent l'éponge; on dit aussi *spondiloïte*.

FONGUS, excroissance charnue, molle et spongieuse; en champignon, sur une plaie, un ulcère. Du lat. *fungus*, du gr. *spoggos*, parce que cette excroissance approche de la nature du champignon ou de l'éponge.

FUNGITE, polypier fossile, pierre figurée, imitant le champignon. *Fungites*.

FONGOSITÉ, substance molle, élastique comme la chair du champignon. *Fungositas*.

FONGUEUX, qui est de la nature du champignon. *Fungosus*.

ÉPOPÉE, récit en vers d'une action héroïque, embelli de fictions; genre et caractère de ce genre de poésie. Du gr. *epos*, parole, vers; fait d'*épô*, je dis, je raconte, et de *poieô*, je fais.

ÉPIQUE, qui tient de l'épopée; auteur d'une épopée.

ÉPOQUE, date, point fixe dans l'histoire, d'où l'on commence à compter les années; temps passé, présent ou à venir. Du lat. *epocha*, fait du gr. *époché*, action d'arrêter, du verbe *épéchô*, je retiens.

ÉPOUX, *espous*, celui qui a épousé une femme. Du lat. *sponsus*.

ÉPOUSE, qui a épousé un homme. *Sponsa*.

ÉPOUSAILLES, cérémonie, célébration du mariage.

ÉPOUSÉ, *épousée*, qu'on va marier, ou qui vient d'être épousé.

ÉPOUSER, prendre en mariage; s'attacher par choix.

ÉPOUSEUR, qui doit épouser.

EPTACORDE, pour *heptacorde*, lyre, instrument à sept cordes, système de musique chez les Grecs, formé de sept notes conjointes. Du gr. *hepta*, sept, et de *chordé*, corde.

EPTAGONE, pour *heptagone*, figure géométrique à sept angles et à sept faces; place défendue par sept bastions. D'*hepta*, sept, et de *gônia*, angle.

ÉPULIDE, *épulie*, petite excroissance sur les gencives. Du gr. *époulis*, fait d'*épi*, sur, et de *oulon*, gencive.

ÉPULONS, prêtres romains qui présidoient aux repas publics qu'on faisoit dans les sacrifices offerts à Jupiter. *Epulones*, fait d'*epulum*, banquet sacré.

ÉPULOTIQUE, médicaments propres à fermer et cicatriser les plaies. Du gr. *époulôtikos*, fait d'*épouloó*, cicatriser; formé d'*épi*, sur, et d'*oulé*, cicatrice.

DYSÉPULOTIQUE, ulcère, plaie, blessure qui ne se cicatrisent pas. De *dus*, difficilement, avec peine, et d'*époulitikos*, qui cicatrise.

ÉQUATEUR, cercle équinoxial également distant des pôles, qui divise la sphère en deux parties égales. Du lat. *æquator*, d'*æquus*, égal.

ÉQUATION, différence entre l'heure moyenne de la pendule et l'heure vraie du méridien; formule qui indique l'égalité de valeur entre des quantités différemment exprimées; réduction des temps inégaux à un terme moyen. D'*æquatio*, égalité, partage égal.

EQUE, jument, cavale; femelle du cheval. Du lat. *equa*.

ÉQUESTRE, statue d'un homme à cheval; ordre des chevaliers romains. *Equestris*, de cavalerie.

ÉQUITATION, art, action de monter à cheval. *Equitatio*.

ÉCUYER. *Voy*. ÉCU.

ÉCURIE, logement pour les chevaux; animaux qu'on y entretient; valets employés à les soigner. *Equaria*, qui concerne les chevaux.

ÉQUIANGLE, figure à angles égaux à ceux d'un autre. D'*æquus*, égal, et d'*angulus*, angle.

ÉQUIERS, anneaux de la scie des scieurs de long. D'*æquus*.

Equilboquet, instrument pour vérifier le calibre des mortaises.

ÉQUILLETTE, *équinette*, pièce de bois pour soutenir les girouettes. D'*aculea*.

ÉQUIPOLLER, être de même prix, de même valeur. D'*æquipollere*, avoir la même valeur; fait d'*æquus*, égal, et de *pollere*, valoir mieux.

Équipollé, compensé; également divisé.

Équipollence, égalité de valeur. *Æquipollentia*.

Équipollent; qui est égal en valeur. *Æquipollens*.

ÉRABLE, arbre à feuilles palmées, dont on tire un sucre par incision. De l'ital. *acerro*, dér. d'*acer*.

ÈRE, point fixe d'où l'on compte les années; ces années. Du lat. *æra*.

ÉRÈBE, fils du Chaos et de la Nuit; fleuve des enfers; obscurité; l'enfer même. Du gr. *érebos*, la nuit.

ERÉTHISME, *érétisme*, irritation, tension violente des fibres. Du gr. *eréthismos*, irritation; du verb. *éréthizô*, j'irrite.

ERGO, conclusion d'un argument, donc, pourvu, conséquemment. Du lat. *ergo*, donc.

Ergo-glu, locution ironique contre un raisonnement qui ne conclut rien. *Ergo* glu *capiuntur aves*, donc les oiseaux sont pris par la *glu*.

Ergoter, chicaner, pointiller, contester sur toutes choses.

Ergoté, qui entend bien ses intérêts.

Ergoterie, *ergotisme*, manière d'ergoter; mauvaise chicane sur des riens.

Ergoteur, qui ergote; pointilleux, qui dispute mal à propos.

ERGOT, sorte d'ongle rond et pointu derrière le pied des oiseaux; maladie de quelques grains, sur lesquels il se forme un prolongement en ongle; clou ou tumeur sans pus aux jambes des animaux à pieds fourchus. De ce que les Italiens appellent *artiglio*, les ongles crochus et piquants; Ménage dér. *ergot*, du lat. *articus*, dim. d'*articulus*; d'autres le font venir avec plus de raison, du lat. *erigo*, j'élève, je me dresse, parce que le coq se dresse sur ses ongles; d'autres enfin le tirent du gr. *eirgô*, repousser, se défendre.

Ergoté, qui a des ergots ou l'ergot; qui a un ongle de surcroît en dedans du pied.

Ergoter, couper l'extrémité, l'ergot.

ÉRIDAN, constellation australe composée de trente-trois étoiles, dont une est très-brillante; le Pô, fleuve d'Italie. Tous deux du lat. *eridanus*, le premier fait du gr. *éridainô*, je m'efforce, et le second d'*Eridanus*, fils du soleil.

ÉRIGÈRE, plante d'un grand nombre d'espèces; seneçon à feuilles de pâquerette; plante d'agrément à fleurs d'un jaune éclatant. Du lat. *erigeron*, fait du gr. *er*, *eros*, printemps, jeunesse, et de *géron*, vieux.

ÉRIGNE, *érigine*, *érine*, instrument crochu pour soutenir ce qu'on veut disséquer. Du lat. *erigere*, élever, soutenir, dresser.

ÉRIGONE, constellation de la Vierge. D'*Erigo*, Érigone, fille d'Icare.

ERMITE, pour *érémite*, religieux solitaire qui s'est retiré dans un désert pour servir Dieu; homme qui vit dans la solitude, qui l'aime. Du lat. *eremus*, fait du gr. *érêmos*, désert.

Ermitage, habitation d'un ermite; petite maison en lieu écarté.

Érémétique, qui tient du solitaire.

ÉROS, nom de l'Amour chez les Grecs. Du gr. *éros*, formé du verbe *eraô*, j'aime.

Eroπities, fêtes en l'honneur de l'Amour. Du gr. *érôtidia*.

Érotique, qui porte ou qui a rapport à l'amour, qui lui appartient, qui en procède. *Érôtikos*, fait d'*éros*, génit. *érôtos*, l'amour.

Érotomanie, délire amoureux. D'*érôtos*, amour, et de *mania*, fureur, passion.

Érato, muse qui préside aux chants d'amour. D'*eratos*, aimable.

ERRER, vaguer de côté et d'autre; aller çà et là, à l'aventure; ne point tenir une marche fixe; prendre ou avoir une fausse opinion, se tromper, ne point suivre une marche certaine. Du lat. *errare*.

Erreur, fausse opinion, méprise du jugement; fausse doctrine; déréglement dans les mœurs. *Error*.

Errant, vagabond, qui erre de côté et d'autre; qui est dans l'erreur. *Errabundus*.

Errata, *erratum*, liste des fautes ou

erreurs dans l'impression d'un livre. *Erratum, errata.*

ERRATIQUE, irrégulier, déréglé.

ERRE, train; allure; marche d'un vaisseau; voie; errement; marche d'une affaire; traces du cerf.

ERREMENT, dernière procédure dans une affaire; voies, traces.

ERRONÉ, qui contient des erreurs; qui est dans l'erreur.

ERRONÉMENT, d'une manière erronée.

ERRHIN, *errhine*, remède introduit par les narines pour faire éternuer, ou pour arrêter l'hémorragie du nez. Du gr. *en*, dans, et de *rhis, rhinos*, nez, narine.

ERS, la vesse noire, plante légumineuse de deux espèces. Du lat. *eruum.*

ÉRUDITION, connoissances étendues dans la littérature; vaste savoir; grande connoissance des faits. Du lat. *eruditio*, instruction; fait d'*erudire*, instruire.

ÉRUDIT, savant; qui a de l'érudition. Du lat. *eruditus.*

INÉRUDIT, sans érudition.

ÉRYNGE, le panicaut, le chardon Roland ou à cent têtes, plante d'agrément, espèce de chardon. Du lat. *eryngium*, chardon, ortie; en gr. *éruggion*, dér. d'*eruggos*, barbe de bouc, à cause des piquants dont cette plante est hérissée.

ÉRYSIME, le vélard, la tourtelle, ou l'herbe aux chantres, plante pectorale. En lat. *erysimum*, cresson d'hiver; du gr. *érusimon*, que l'on dér. d'*éruô*, je tire.

ÉRYSIPÈLE, tumeur superficielle, inflammatoire sur la peau, avec chaleur âcre et brûlante. Du gr. *érusipelas*, dér. d'*éruô*, j'attire, et de *pélas*, près, proche, parce que l'érysipèle s'étend ordinairement sur les parties voisines. Dans deux lettres à son fils, du 25 avril et du 2 mai 1698, Racine est incertain sur le genre du mot érysipèle.

ÉRYSIPÉLATEUX, qui tient de l'érysipèle.

ÉRYTHÈME, rougeur inflammatoire. Du gr. *éruthéma*, rougeur; fait d'*éruthéô, éreuthô*, je rougis; dér. d'*éruthros*, rouge.

ÉRYTHRINE, plantes légumineuses à fleurs rouges, qui comprennent des arbres et des arbustes exotiques.

ÉRYTHORRIZE, plante de la famille des bruyères. D'*éruthros*, rouge, et de *rhiza*, racine.

ÉRYTHROCÉPHALE, petit insecte à tête rouge. D'—, et de *képhalé*, tête.

ÉRYTHROÏDE, première membrane, tunique vaginale des testicules, qui est de couleur rougeâtre. D'—, et d'*eidos*, forme, figure, apparence.

ÈS, la préposition en, dans. Du lat. *in*; chez, voici. *Ecce.*

ESCABEAU, *escabelle*, siége de bois sans dossier ni bras. Du lat. *scabellum.*

ESCABELON, sorte de piédestal pour les sculpteurs.

ESCALIN, monnoie des Pays-Bas d'environ soixante à soixante-six centimes. De l'all. *schilling*, petite monnoie en argent de 7 s. 6 d., qui dans le XVIIe siècle avoit cours en Allemagne, en Lorraine et dans les Pays-Bas.

SCHELLING, monnoie angloise en argent, environ vingt-quatre sous.

ESCAMOTER, prendre subtilement entre ses doigts une balle de liége pour faire des tours de passe-passe; changer, faire disparoître quelque chose par un tour de main, sans qu'on s'en aperçoive; voler, dérober subtilement sans être vu. De l'esp. *acamodar, camodar*; qui a la même signification.

ESCAMOTAGE, l'art d'escamoter.

ESCAMOTE, balle de liége à l'usage des escamoteurs.

ESCAMOTEUR, qui escamote; filou; voleur. En esp. *camodador*, joueur de gobelets.

ESCAMPER, s'enfuir habilement et avec vitesse.

ESCAMPETTE, fuite imprévue et vive.

ESCAPADE, échappée, action inconsidérée, par boutade. *Voy.* CAMP, p. 114.

ESCAPE, partie inférieure du fût d'une colonne, la plus proche de la base. Du gr. *skapos*, tige, rameau.

ESCARMOUCHE, combat entre des détachements de troupes légères. De l'it. *scaramucia*, fait de l'all. *schirmen*; selon d'autres, de *scara*, bande, troupe; et de l'all. *mutze*, d'où *scharmutzel*, qui a la même signification.

ESCARMOUCHER, combattre par escarmouche; ergoter, disputer. En it. *scaramucciare.*

ESCARMOUCHEUR, qui va à l'escarmouche, qui ergote, qui dispute.

ESCRIME, défense, art de faire des armes, de se battre; combat d'esprit. De l'it. *scherma*, dér. de l'all. *schirmen*, et non de *quadratum agmen*, troupe carrée.

Escrimer, faire des armes, combattre, s'exercer à se battre; se défendre avec ardeur, soutenir une discussion.

Escrimeur, habile dans l'escrime.

ESCARE, *eschare*, croûte noire sur une plaie, sur la peau, par l'application des caustiques, ou par une humeur âcre. En lat. *scara*, du gr. *eschara*, foyer.

Escarotiques, *escharotiques*, remèdes caustiques qui brûlent la peau et la chair, et y occasionent des escares.

ESCARPER, couper à pic, de haut en bas, un roc, un fossé. De l'it. *scarpare*, que Ménage dit venir du lat. *carpere*, prendre, enlever, diviser, séparer.

Escarpe, pente rapide d'un fossé qui est au bas des remparts.

Contrescarpe, pente du fossé en face de l'escarpe, du côté de la place; le chemin couvert et le glacis.

Escarpé, coupé à pic; roide, de difficile accès.

Escarpement, pente, talus.

ESCARPIN, souliers à semelle simple; sorte de torture pour serrer les pieds; gros souliers pour fouler les peaux. Du lat. *carpisculus*, dans Vopiscus; selon d'autres, de l'it. *scarpino*. Les Romains appeloient *carpi*, des souliers découpés; Ménage dérive ce mot de *carpere*, dans la signification de *scindere*.

ESCOBARDER, user de réticences, de restrictions mentales, d'équivoques; mentir, manquer à sa parole. Le R. P. Escobar, de la compagnie de Jésus, a donné naissance à ce mot et au suivant:

Escobarderie, mensonge adroit; faux-fuyant, subterfuge à la manière du R. P. Escobar.

ESCOFFION, sorte de coiffure de femme. Du lat. *scaphium*.

ESCOGRIFFE, homme qui prend hardiment sans demander; homme de grande taille et mal bâti. Formé d'*escroc*, p. 212, et de *griffe*. Voy. ce mot.

ESCOPETTE, carabine, arquebuse; sorte d'arme à feu dont se servoit la cavalerie dans le xvie siècle et dans la première moitié du suivant.

Escopetterie, décharge d'escopette, onomatopée du bruit éclatant des mousquets.

Ménage dérive ces mots de l'it. *schiopetta*, fait de *scloppus*, qui se trouve dans Perse, sat. v, pour le son que rend la bouche quand on frappe sur les joues gonflées d'air. *Voy.* Bombe, p. 85.

ESCOURGEON, espèce d'orge hâtive.

ESPAGNE, royaume du midi de l'Europe. Du lat. *Hispania*.

Espagnol, qui est de l'Espagne. *Hispanus*.

Espagnolette, sorte de ratine fine qui se fabriquoit en Espagne; ferrure de fenêtre à longue tige, avec crochets et bascule, dont l'usage vient d'Espagne.

Espagnoliser, parler espagnol, imiter les Espagnols, rendre Espagnol.

Epagneul, * *hespagnol*, chien de chasse à grands yeux, à longs poils, de taille médiocre, à nez long et oreilles pendantes, de race originairement espagnole. *Canis hispanicus*; en angl. *spanik*.

ESPARGOUTTE, la matricaire, la crapaudine hérissée, le petit muguet, enfin la *sideritis hirsuta* de Linné; plante bonne pour l'esquinancie. *A guttis spargendis*.

ESPÉRANCE, attente de ce qu'on désire et qu'on croit qui arrivera; objet d'espoir; personne, chose de qui l'on espère; disposition de l'âme à se persuader que ce qu'elle désire arrivera. De l'it. *speranza*, fait du lat. *spes*.

Espérable, qu'on peut espérer.

Espérer, avoir espérance; être dans l'attente d'un bien. *Sperare*.

Espoir, espérance fondée sur de grands objets.

Désespérer, ôter toute espérance; tourmenter, affliger vivement, au dernier point. *Desperare*.

Désespoir, perte de toute espérance; tristesse, découragement, abattement de l'âme sans espoir. *Desperatio*.

Désespérade (à la), en désespéré.

Désespérant, qui jette dans le désespoir, qui cause un grand chagrin.

Désespéré, qui ne laisse point d'espoir, qui a perdu toute espérance; furieux de désespoir. *Desperatus*.

Désespérément, comme un désespéré.

Exaspérer, irriter à l'excès; faire sortir des bornes de toute modération. D'*exasperare*, aigrir, irriter.

EXASPÉRATION, action d'exaspérer; état d'une personne exaspérée. *Exasperatio.*

INESPÉRÉ, événement heureux auquel on ne s'attend pas. *Insperabilis,* qu'on ne peut espérer.

INESPÉRÉMENT, contre toute espérance.

PROSPÈRE, heureux, propice; ce qui arrive comme on l'espéroit; ce qui seconde nos vœux; favorable au succès. *Prosper, prosperatus.*

PROSPÉRER, avoir la fortune favorable; réussir de tous points. *Prosperari.*

PROSPÉRITÉ, état de bonheur, de fortune, de succès. *Prosperitas.*

ESPHLASE, fracture du crâne avec esquilles et enfoncement. Du gr. *esphlasis,* rupture avec enfoncement; dér. de *phlaô,* je brise, je romps.

ESPIÈGLE, enfant vif, malin, subtil, éveillé. De l'all. *eulen-spiegel,* miroir des hiboux, des songe-creux; composé de *eule,* hibou, et de *piegel,* miroir.

ESPIÈGLERIE, tour d'espiègle; malice d'enfant.

ESPONTON, demi-pique de l'ancienne infanterie. De l'it. *spontone,* pique d'officier, que l'on dit être fait de *pungere,* piquer.

ESPRIT, substance incorporelle; ange, revenant; âme de l'homme, ses facultés; vivacité d'imagination; fluide subtil; souffle, respiration, intelligence, sens. Du lat. *spiritus,* fait de *spirare,* souffler.

SPIRATION, terme de théologie; qui se dit de la manière dont le Saint-Esprit procède du Père et du Fils. *Spiratio.*

SPIRITUEL, incorporel, ingénieux, qui a de l'esprit; qui est esprit, où il y a de l'esprit; qui regarde l'âme; ce qui appartient au culte. *Spiritualis.*

SPIRITUALISATION, action d'extraire les esprits, de réduire des corps compactes en esprit.

SPIRITUALISER, raffiner, extraire les esprits; réduire les corps mixtes en esprit.

SPIRITUALISTE, partisan du système de la spiritualité des êtres, qui ne reconnoît aucun être.

SPIRITUALITÉ, purement matériel; nature incorporelle; l'opposé de la matérialité; qualité de ce qui est esprit; détachement du monde; théologie mystique, laquelle a pour objet la nature de l'âme et la vie éternelle.

SPIRITUELLEMENT, d'une manière spirituelle; avec esprit; dans l'esprit de la religion.

SPIRITUEUX, partie volatile d'un esprit; qui contient beaucoup d'esprit.

ASPIRER, attirer l'air avec la bouche; prétendre; espérer; prononcer de la gorge ou avec aspiration. *Aspirare.*

ASPIRANT, qui élève, en attirant par le vide; qui aspire à une chose; prétendant, candidat. *Aspirans.*

ASPIRATION, action d'aspirer; élévation à Dieu; prononciation forte et gutturale d'une lettre. *Aspiratio.*

ASPIRAUX, trous d'un fourneau, lesquels sont grillés. *Aspiramina.*

CONSPIRER, s'unir pour un même dessein; contribuer, concourir au même but; tramer un complot contre... Du lat. *conspirare,* formé de *cum,* avec, et de *spirare,* souffler; être unis d'esprit et de volonté pour quelque dessein bon ou mauvais. D'autres le dérivent du lat. *conspirare,* du gr. *sunspeira,* formé de *sun,* ensemble, et de *speira,* cohorte, troupe de soldats; se réunir en troupe.

CONSPIRATEUR, qui conspire pour quelque mauvais dessein, qui trempe dans un complot. *Conspirator.*

CONSPIRATION, action de conspirer; conjuration, entreprise secrète de plusieurs contre quelqu'un. *Conspiratio.*

CONSPIRANT, qui concourt au même effet, agit sous la même direction, dans le même sens; qui tend au même but.

EXPIRER, faire sortir l'air entré dans les poumons; chasser le souffle; mourir, finir, terminer. *Expirare.*

EXPIRANT, qui expire, qui finit. *Expirans.*

EXPIRATION, action d'expirer; ou de pousser l'air en dehors; de rendre l'air aspiré; échéance d'un terme. *Expiratio.*

INSPIRER, souffler dedans; retirer le souffle, recevoir le souffle en dedans; faire naître, suggérer. *Inspirare.*

INSPIRATEUR, qui inspire.

INSPIRATION, action par laquelle l'air entre dans les poumons; conseil, suggestion, chose inspirée. *Inspiratio.*

RESPIRER, attirer l'air dans sa poitrine et le pousser dehors par le jeu des poumons; prendre relâche; désirer avec ardeur. *Respirare.*

Respirable, qu'on peut respirer. *Respirabilis.*

Respiration, action de respirer; mouvement de la poitrine qui attire l'air et le repousse. *Respiratio.*

Soupir, aspiration et respiration fortes et prolongées, profondes et pénibles, causées par le chagrin ou le contentement. *Suspirium.*

Soupirail, ouverture pour donner de l'air à un lieu souterrain.

Soupirant, qui soupire; aspirant.

Soupirer, pousser des soupirs; désirer ardemment. *Suspirare.*

Soupireur, qui pousse des soupirs.

Assoupir, disposer au sommeil; adoucir, suspendre, calmer pour un temps. *Sopire.*

Assoupissement, sommeil léger; état d'une personne assoupie; nonchalance extrême, engourdissement; calme passager.

Transpirer, suer, sortir du corps par les pores; commencer à être su, connu du public. *Transpirare*, fait de *trans*, à travers, et de *spiro*, j'exhale.

Transpirable, qui peut sortir par la transpiration.

Transpiration, sortie imperceptible des humeurs par les pores. *Transpiratio.*

Esquif, petit canot, petit bateau qui sert pour aller des grands vaisseaux au port. Du lat. *scapha*, fait du gr. *skaphé*, dér. de *skaptó*, je creuse; en ital. *schiffo*, d'où l'all. *schiff*, vaisseau, navire.

Équipage, soldats, matelots qui montent un bâtiment; train d'artillerie; train, suite de valets, de chevaux, de voitures, de chiens de chasse; ustensiles de chasse, de pêche; ustensiles d'un bateau.

Équipement, * *équippement*, provision et assortiment de tout ce qui peut servir à la subsistance, à la sûreté et à la manœuvre de l'équipage; action d'équiper, ses effets, ce qu'il en coûte.

Équiper, * *équipper*, fournir un vaisseau de tout ce qui est nécessaire; pourvoir de ce dont on a besoin.

Équipe, bateau de voiturier; nombre de bateaux réunis; hommes travaillant ensemble au déchargement des bateaux.

Équipée, entreprise, démarche téméraire et sans succès.

Esquiver, signifia d'abord s'enfuir dans un esquif; puis, éviter adroitement, se tirer d'un lieu avec adresse; s'enfuir à la dérobée. En ital. *schivare*, en all. *scheuen*; de là le verbe factice au jeu de reversi.

Esquicher, éviter de faire la levée; éviter de s'expliquer.

Esquiman, quartier-maître, officier payeur d'un bâtiment. De l'all. *schiff*, vaisseau, et de *man*, homme.

Esquille, petit éclat d'un os fracturé; éclat de bois. Du lat. *squidilla*, dim. de *schidia*, ou *squidia*, dér. du gr. *schidion*, dim. de *schidé*.

Esquinancie, *squinancie*, pour *synanchie*, violente inflammation de la gorge et du gosier, qui empêche de respirer. Du gr. *sunagché*, fait de *sun*, avec, et d'*agchó*, je serre, je suffoque.

Parasquinancie, *parasynancie*, maladie dans laquelle les muscles externes de la gorge sont enflammés. De *para*, beaucoup, de *sun*, avec, et d'*agchó*.

Esquipot, pour *estipot*, tronc, petite tire-lire des garçons barbiers, pour serrer leurs profits ou étrennes. Du lat. *stipus*, pour *stipes*, tronc d'arbre; fait du gr. *stupos.*

Esquisse, premier trait; légère ébauche d'un ouvrage d'esprit. De l'it. *schizzo*, source, jet.

Esquisser, faire une esquisse; former de simples traits. En ital. *schizzare.*

Essai, épreuve faite d'une chose; premier ouvrage, première production de l'esprit; opération pour connoître le degré, la pureté d'un métal, la bonté d'une chose, la capacité d'une personne. De l'ital. *saggio*, que l'on fait venir du lat. barb. *exagium*, examen, épreuve; dér. du lat. *examen.*

Essayer, éprouver, examiner, faire l'essai; éprouver une chose pour en juger; tenter une expérience. En ital. *assaggiare.*

Essaierie, lieu où l'on fait l'essai des monnoies, des matières d'or et d'argent.

Essayeur, officier de la monnoie qui fait l'essai des métaux.

Essaim, volée de jeunes abeilles qui se séparent des vieilles; grande multitude. Du lat. *examen*, sous-entendu *apum.*

Essaimer, produire un essaim, en parlant des abeilles. *Examinare.*

ESSART, lieu défriché et prêt à être ensemencé.

ESSARTER, défricher un terrain, en arrachant les bois, les buissons, les épines, les racines, pour en faire une terre meuble. Du lat. barb. *sartare, assartare*, fait de *sarcire*, réparer, raccommoder.

ESSE, cheville de fer en forme d'S; crochet du haut de la balance; ainsi dits de leurs formes.

ESSENCE, ce qui constitue un être ou la nature d'une chose; ce qui fait qu'elle est ce qu'elle est; huile aromatique très-subtile, obtenue par la distillation. Du lat. *essentia*, fait d'*esse*, être; et *ens*, l'être.

ESSENTIEL, ce qui constitue l'essence; ce qui est le plus important; absolument nécessaire.

ESSENTIELLEMENT, par essence; indispensablement, solidement. *Essentialiter*.

ESSIMER, amaigrir un oiseau pour qu'il vole mieux; exténuer, réduire à rien. D'*eximere*.

ESSOR, vol d'un oiseau en montant et s'abandonnant au vent; action de l'oiseau qui s'élève librement dans les airs; début hardi. Du lat. *exaurum*, fait d'*aura*, vent doux.

ESSORANT, oiseau qui prend l'essor.

ESSORER, voler au loin, prendre l'essor; exposer à l'air ou au feu pour faire sécher.

ESSUYER, ôter l'eau, la sueur, la poussière en frottant; endurer, souffrir, subir. De l'it. *scingare, ascingare*, qui peut venir du lat. *exsugare*, sucer, tirer en suçant.

ESSUI, lieu où l'on étend pour faire sécher; bâton planté pour soutenir les cordes à étendre. D'où *essuie-main, essuie-pierre*.

RESSUYER, sécher, essuyer de nouveau.

EST, l'un des quatre points cardinaux; l'orient; le levant; vent qui en vient. Du lat. *œstus*, chaleur, ardeur; dér. du gr. *aithô*, je brûle; en allem. *oest*, le levant. Jauffret prétend que le mot *est* dérive de l'arabe *es, oesch*, le soleil, le feu, la chaleur.

ÉTÉ, * *esté*, saison la plus chaude de l'année, du solstice de juin à l'équinoxe de septembre; la plus belle moitié de l'année; l'âge de l'homme entre la jeunesse et la vieillesse. Du lat. *œstas*.

ESTIVAL, de l'été; fleur qui naît, qui croît en été. *Æstivalis*.

ESTIVATION, état de la corolle d'une fleur avant son développement. *Æstivatio*.

ESTIVER, demeurer dans un endroit pendant l'été. *Æstivare*.

ESTACADE, palissade dans l'eau, pour fermer; enceinte fermée de pieux; digue formée de pilotis. De la bass. lat. *estachamentum*, fait de *stadium*, pieu, poteau.

ESTAMINET, tabagie; lieu où l'on fume et l'on boit. Du flam. *estaminet*.

ESTAMPE, image imprimée sur du papier avec une planche gravée; outil pour river, estamper; mastic au fond des formes à sucre. De l'it. *stampa*, que l'on dér. du lat. *typus*, modèle, figure originale, forme, du gr. *tupos*.

ESTAMPER, faire une empreinte d'une matière dure et gravée sur une molle; mastiquer le fond des formes à sucre.

ESTAMPEUR, pilon de bois pour estamper.

ESTAMPILLE, marque, sorte de timbre ou de seing avec signature, apposé par impression.

ESTAMPILLER, marquer avec une estampille.

ESTAMPURE, trou dans un fer à cheval.

ESTOMPE, rouleau de peau coupé en pointe pour étendre du crayon en dessinant.

ESTOMPER, étendre le trait d'un dessin avec l'estompe.

ESTHÉSIE, la science du sentiment; connoissance des beautés d'un ouvrage d'esprit. Du gr. *aisthésis*, sentiment; dér. du verbe *aisthunomai*, sentir.

ESTHÉTIQUE, ce qui sert à faire sentir les beautés d'un ouvrage.

DYSESTHÉSIE, diminution ou perte totale du sentiment. De *dus*, difficilement, avec peine, et d'*aisthésis*, sentiment.

ESTIMER, considérer, faire cas de quelqu'un; priser, déterminer, fixer la valeur; croire, présumer. Du lat. *œstimare*, que l'on dit être formé d'*œs*, argent monnoyé, et du gr. *timaô*, le même qu'*æstimare*, d'où l'ancien verbe lat.

timare; d'autres le dérivent d'*ektimaó*, qui a la même signification.

Estime, considération, grand cas, état que l'on fait d'une personne, d'une chose; opinion favorable; calcul de la route journalière d'un vaisseau. *Existimatio*, pour *æstimia*.

Estimable, digne d'estime, qui mérite la considération. *Æstimabilis*.

Estimateur, qui détermine la valeur d'une chose. *Æstimator*.

Estimatif, acte d'estimation par expert.

Estimation, évaluation de prix ; jugement de la valeur. *Æstimatio*.

Estimative, faculté de l'âme pour juger.

Inestimable, qu'on ne peut assez estimer.

Mésestimer, avoir mauvaise opinion de quelque chose; estimer une chose au-dessous de sa valeur.

ESTIOMÈNE, *esthiomène*, ulcère qui ronge; membre gangrené; le mal ou le feu Saint-Antoine. *Estiomenus*, du gr. *esthioménos*, qui ronge, qui corrode; fait d'*esthô*, *esthiô*, je mange, je ronge.

Estioméné, infecté du feu de Saint-Antoine.

Estioméner, couper un membre affecté du feu de Saint-Antoine.

ESTOC, ancienne épée longue et étroite; ligne d'extraction; conception, intelligence. De l'it. *stocco*, fait de l'all. *stock*, bâton, tronc, souche, d'où *brin d'estoc*, bâton ferré à l'usage des voyageurs. *Voy.* Brin d'estoc, p. 100.

Estocade, botte ; grand coup d'épée; emprunt fait par un escroc. De l'it. *stoccata*.

Estocader, porter des estocades; presser vivement par des arguments serrés.

Étoc, souche morte.

ESTOMAC, partie intérieure de l'animal, en forme de poche, qui reçoit et digère les aliments. Du lat. *stomachus*, fait du gr. *stomachos*.

Stomacal, bon pour l'estomac, qui le fortifie.

Stomachique, qui appartient à l'estomac, qui lui est convenable.

Estomaquer (s'), se scandaliser, s'offenser d'une parole, d'une action d'autrui.

ESTRADE, rue, voie, chemin, plancher, élévation en bois. De l'it. *strada*, fait du lat. *strata*.

ESTRADIOTS, soldats grecs à pied et à cheval. De l'it. *stradiotti*, dér. du gr. *stratiotai*, soldats.

ESTRAGON, herbe potagère odoriférante, âcre, apéritive et digestive. Du gr. *étragon*, manger. Les botanistes l'appellent *Artemisia dracunculus*.

ESTRAMAÇON, ancienne épée fort tranchante. En bass. lat. *scrammasaxus*, en it. *stramazzone*.

Estramaçonner, frapper du tranchant d'une épée.

ESTURGEON, sorte de gros poisson cartilagineux de mer, fort recherché pour la délicatesse de sa chair. Du lat. *sturio*.

ET, conjonction copulative qui lie les parties du discours.

ÉTAIN, * *estain*, sorte de métal blanc très-léger, très-fusible, et qui crie en le pliant lorsqu'il est pur. Du lat. *stamnum*.

Étamage, action d'étamer.

Étamer, enduire d'étain fondu le cuivre, le fer.

Étameur, qui étame; qui fait métier d'étamer.

Étamoir, plaque pour souder l'étain.

Étamure, étain pour étamer.

Tain, très-mince application d'étain derrière les verres à glace.

Estaminois, ais de vitrier pour fondre la soudure.

ÉTALON, * *estalon*, cheval de haras, cheval entier, destiné à saillir les juments. Du lat. *extales*, parties, boyaux internes et externes. Nos pères donnoient le nom d'*estales* aux parties génitales.

ÉTAMINE, * *estamine*, tissu peu serré pour passer une liqueur ; passoire de tissu; sorte d'étoffe claire. Du lat. *stamen*, fait du gr. *stémón*; en dorique, *stámon*, chaîne de tisserand, ou fils tendus sur un métier pour faire de la toile; dér. de *staô*, *stô*; d'où l'on a fait *histémi*, mettre, placer, établir.

Étamines, organes mâles de la génération des fleurs, qui ont la forme de petits filets, et au sommet desquels est une poussière subtile qui féconde les graines.

ESTAME, ouvrage en tricot de laine.

ESTAMÈNE, petite estame.

ESTAMET, petite étoffe de laine.

ÉTAMINÉE, plante à étamines sans pétale.

ÉTAMINIER, fabricant d'étamines.

STAMINAL, qui a rapport aux étamines.

STAMINÉ, avec étamines et sans pétales.

STAMINEUX, qui a de longues étamines.

STAMINIFÈRE, qui porte des étamines. De *stamen*, et de *fero*, en gr. *phéró*, je porte.

TAMIS, sorte de sas pour passer des matières pulvérisées ou des liqueurs épaisses. *Attamen*.

TAMISER, passer par le tamis; examiner avec soin la conduite de quelqu'un.

ÉTEINDRE, *estinguer*, faire cesser l'action du feu; amortir, détruire, étouffer; terminer entièrement par la destruction. Du lat. *extinguere*.

ÉTEINT, qui ne brûle plus, qui n'existe plus; sans vivacité, sans force. *Extinctus*.

ÉTEIGNOIR, instrument en cornet pour éteindre une lumière.

EXTINCTION, action d'éteindre, d'abolir, de détruire entièrement, de rembourser; ses effets. *Extinctio*.

EXTINCTIF, qui éteint, qui détruit. *Extinctivus*.

INEXTINGUIBLE, qu'on ne peut éteindre. *Inextinguibilis*.

INEXTINGUIBILITÉ, qualité de ce qui est inextinguible.

RÉTEINDRE, éteindre de nouveau.

ÉTERNEL, Dieu; l'Être suprême; sans commencement ni fin; dont on ne prévoit pas la fin. Du lat. *æternus*. Selon Jauffret, ce mot seroit composé d'*ætas*, âge, temps, et de la terminaison *ernus*, qui renferme, qui contient; le temps étant contenu dans l'éternité.

ÉTERNELLE, la fleur appelée immortelle. *Voy.* MORT.

ÉTERNELLEMENT, sans commencement ni fin; sans fin, sans cesse, toujours. *Æternum*.

ÉTERNISER, rendre éternel, faire durer long-temps.

ÉTERNITÉ, durée sans commencement ni fin; état éternel après la mort.

COÉTERNEL, qui participe à l'éternité.

ÉTERNUEMENT, *esternuement*, convulsion du nez; mouvement subit des muscles expirants par l'irritation de la membrane pituitaire. Du lat. *sternutamentum*.

ÉTERNUER, faire des éternuements. *Sternuere*.

ÉTERNUEUR, qui éternue souvent.

Ces mots sont formés du radical *este*, qu'on fait entendre en éternuant.

ÉTÉSIENS, *etésies*, vents réguliers qui soufflent chaque année pendant un certain nombre de jours. Du gr. *etésion*, annuel; dér. d'*etos*, année.

ÉTEULE, *esteule*, paille, chaume sur pied. Du lat. *stipula*.

ÉTHER, fluide immense très-subtil, qu'on suppose remplir l'espace occupé par les astres; liqueur très-spiritueuse tirée de l'esprit de vin et de l'huile de vitriol; minéral fossile, le naphte le plus pur. Du gr. *aither*, l'air, que l'on dérive du verbe *aithô*, je brûle, j'enflamme, parce que l'éther s'enflamme facilement.

ÉTHÉRÉ, qui appartient à l'éther. *Æthereus*.

ÉTHIOPIE, pays d'Afrique où la chaleur du climat expose les habitants à être brûlés par les rayons du soleil, et qui ont le teint noir comme une chose qui a été brûlée. Du gr. *aithô*.

ÉTHIOPIEN, habitant de l'Ethiopie. *Æthiops*.

ÉTHIOPIQUE, de l'Ethiopie; année solaire de douze mois et trente-cinq jours. *Æthiopicus*.

ÉTHIOPS, nom de certains oxides noirs de fer ou de mercure sulfuré noir. D'*aithô*, je brûle, et d'*ops*, aspect, apparence, à cause de leur couleur noire et brûlée.

ÉTHIQUE, science des mœurs, ouvrage de morale; partie de la philosophie qui dirige les mœurs. Du lat. *etice*, fait du gr. *éthikos*; moral; dér. d'*éthos*, les mœurs.

ÉTHOCRATIE, gouvernement imaginaire, qui auroit la morale pour base. D'*éthos* et de *kratos*, force, puissance.

ÉTHOLOGIE, traité sur les mœurs, les manières. D'*éthos*, et de *logos*, discours.

ÉTHOPÉE, peinture des mœurs, des passions de quelqu'un. *Ethopoiia*, fait d'*éthos*, et de *poiéô*, je fais, je décris.

ETHMOIDE, l'os cribleux, l'un des

huit os du crâne, en crible, et situé à la racine du nez. Du gr. *ethmos*, couloir, crible, passoire, et d'*eidos*, forme, ressemblance, parce que cet os est percé de petits trous comme un crible.

ETHMOÏDAL, de l'os ethmoïde.

ETHNARQUE, commandant grec ou romain d'une province. Du gr. *ethnarchês*, composé d'*ethnos*, peuple, nation, et d'*arché*, pouvoir, puissance.

ETHNARCHIE, commandement d'une province grecque ou romaine.

ETHNIQUE, gentil, païen, idolâtre; nom propre à tous les habitants d'un pays, d'un lieu. D'*ethnikos*, gentil, idolâtre, fait d'*ethnos*.

ETHNOPHRONES, sectaires du VIIe siècle, qui vouloient concilier le paganisme avec le christianisme, et mêler leurs cérémonies. D'*ethnos*, *ethnikos*, et de *phrén*, esprit, sentiment, opinion.

ETHNOGRAPHIE, art de peindre les mœurs des nations. D'*ethnos*, et de *graphô*, j'écris.

ETHNOGRAPHIQUE, de l'ethnographie.

ÉTISIE, maladie qui dessèche le corps, et le consume.

ÉTIQUE, * *hectique*, maigre, décharné; attaqué d'étisie ou d'une maladie qui dessèche. Du lat. *æticus*, fait du gr. *hektikos*, habituel, qui est dans l'habitude du corps ; dér. d'*échô*, j'ai l'habitude.

ÉTOFFE, * *estoffe*, tissu de laine, de coton, de lin, de soie, pour les habits, les meubles. Du lat. *stuffa*, que l'on croit être dérivé du gr. *teukhô*, d'où le lat. *texo*, fabriquer, faire un tissu.

M. Mouchet prétendoit que *stuffa* auroit été dit pour *stupa*, étoupe; nom qu'on auroit donné à toutes les matières propres à être tissées. Au surplus, nos pères disoient *estoffe* pour toutes sortes de provisions; *gens d'estoffe*, homme d'esprit, de courage. *Estoffement*, *estoffure*, garniture, ornement, ameublement. *Estoffeur*, ouvrier qui habilloit les figures d'église, nettoyoit les images, les tableaux qu'il ornoit de moulures ; enfin, *estofferesse*, ouvrière, couturière, lingère.

ÉTOFFER, mettre de l'étoffe, de la matière suffisamment, et de qualité convenable.

ÉTOLE, *estole*, ancienne robe de femme qui descendoit jusqu'aux talons, qui servit ensuite aux prêtres, et qui aujourd'hui est réduite à une simple bande d'étoffe, qu'ils portent quand ils officient. Du lat. *stola*, fait du gr. *stolé*, fait de *stellô*, je couvre, j'orne.

ÉTOUPE, * *estoupe*, rebut de filasse, de chanvre, de lin ; ce qui se sépare de ces plantes quand on les bat. Du lat. *stupa*, fait du gr. *stupé*.

ÉTOUPER, mettre de l'étoupe, boucher avec de l'étoupe; presser avec des tampons. *Stupare*.

ÉTOUPADE, quantité d'étoupes.

ÉTOUPAGE, le reste de l'étoffe du chapeau.

ÉTOUPERIE, toile grossière d'étoupes.

ÉTOUPILLE, mèche d'étoupe imbibée d'esprit de vin, roulée dans la poudre.

ÉTOUPILLER, garnir d'étoupilles.

ÉTOUPIN, peloton de fil de caret pour bourrer le canon.

ÉTEUF, * *esteuf*, petite balle de longue paume. De *stupa*, parce que ces balles furent d'abord faites avec des étoupes.

ÉTOURNEAU, * *estournel*, sorte d'oiseau très-remuant et fort bruyant, noirâtre, et tâcheté; cheval gris jaunâtre; jeune homme présomptueux. En lat. *sturnellus*, dim. de *sturnus*.

TOURDE, * *tourdelle*, espèce de grive du genre des étourneaux.

TOURDILLE, couleur gris sale comme le plumage des tourdes.

ÉTOURDIR, * *estourdir*, rompre la tête à quelqu'un à force de criaillerie ; suspendre l'usage de ses sens par un ébranlement dans le cerveau.

ÉTOURDERIE, action d'étourdi; habitude de faire des étourderies.

ÉTOURDI, rendu sourd par les cris; qui agit sans considérer ce qu'il fait, sans réfléchir.

ÉTOURDIMENT, à l'étourdie, en étourdi.

ÉTOURDISSANT, qui étourdit.

ÉTOURDISSEMENT, trouble, vertige, causé par un malheur; ébranlement dans le cerveau causé par ce qui étourdit.

Ménage prétend que ces mots viennent de l'it. *stordido*, fait du lat. *stolidus*.

ÉTRANGE, * *estrange*, qui n'est pas dans l'ordre commun; qui vient du dehors; éloigné, lointain, du dehors, barbare, inusité, extraordinaire; qui blesse le bon sens, l'usage, les convenances. D'*extraneus* pour *stranius*.

ÉTRANGER, * *estranger*, qui est d'une autre nation, qui n'est pas du pays dans lequel il se trouve, qui n'est point parent, ou de la société intime des personnes; qui ne connoît pas. En it. *straniere*.

ÉTRANGEMENT, d'une manière étrange.

ÉTRANGER, chasser, écarter d'un lieu; empêcher.

ÊTRE, * *estre*, vivre, exister, durer, respirer, appartenir. Du lat. *stare*, ce qui est; existence, appartenance. *Status*, dér. du gr. *staô*, *stô*, demeurer, s'arrêter; dont la racine est *histémi*, *histamai*, dér. d'*éó*, *éimi*, je suis.

EST, trois. pers. du prés. de l'ind. du verbe *être*. Du lat. *est*, fait du gr. *esti*.

ESTER, comparoître en justice. *Stare*.

ESTATEUR, qui fait une cession juridique de ses biens à ses créanciers. *Stator*.

ÉTAI, *étaye*, *étançon*, * *estai*, *estançon*, pièce de bois qui sert à soutenir, à rendre stable un mur qu'on reprend par sous-œuvre. De *stabilis*, et non de *stava*, pal, pieu pour soutenir, comme le dit Caseneuve.

ÉTAIEMENT, *étançonnement*, action d'étayer, de soutenir.

ÉTAYER, *étançonner*, placer des étais pour soutenir, pour rendre stable un mur qu'on veut reprendre par sous-œuvre.

ÉTANFICHÉ, hauteur de plusieurs lits de pierre dans une carrière.

ÉTABLE, * *estable*, lieu où l'on retire les bestiaux. *Stabulum*.

ÉTABLAGE, louage d'une étable; droit de stage sur les marchandises exposées en vente; entre-deux des limonières.

ÉTABLERIE, suite d'étables dans une ferme.

ÉTAU, instrument pour serrer et rendre stables les pièces qu'on veut travailler.

ESTOU, table de boucher à claire voie.

STABLE, ferme, établi, durable, permanent. *Stabilis*, du gr. *stasis*, repos, arrêt, dér. de *staô*, *stô*, s'arrêter, demeurer, être debout.

STABILITÉ, état stable, qualité de ce qui est stable. *Stabilitas*.

INSTABILITÉ, défaut, manque de stabilité.

ÉTABLI, grosse table d'artisan, d'ouvrier, ordinairement fixée contre un mur.

ÉTABLIR, prendre ou donner un état stable; instituer; régler, mettre dans un état avantageux. *Stabilire*.

ÉTABLISSEMENT, action d'établir; lieu où l'on est établi; institution, manufacture, état.

PRÉÉTABLIR, établir d'abord.

RÉTABLE, ornement contre lequel un autel est appuyé.

RÉTABLIR, remettre en premier état, en bon état, en possession; rendre stable.

RÉTABLISSEMENT, action de rétablir; état de ce qui est rétabli.

ESTAFETTE, courrier de la poste. De *stapia*, étrier, fait de *stare*, et de *pes*, lieu où le pied appuie et repose.

ESTAFIER, valet de pied à livrée. De *stapedarius*, en it. *staffiere*, souteneur de mauvais lieux.

ÉTAGE, * *estage*, *estége*, intervalle d'un bâtiment, compris entre deux planchers, qui contient un ou plusieurs appartements; degré d'élévation. Caseneuve, Daviler et Morin le dérivent à tort du gr. *stégé*, fait de *stégô*, couvrir; *étage* vient de la basse lat. *stagium*, fait de *stabilis*, et non de *tabulatum*.

ÉTAGER, couper par étage; arranger au-dessus l'un de l'autre.

ÉTAGÈRES, tablettes rangées par étages.

ÉTAL, *estal*, table sur laquelle on expose les marchandises par étage; boutique de boucher.

ÉTALAGE, action d'étaler; droit pour étaler; marchandises exposées sur la devanture d'une boutique; action de montrer avec ostentation.

ÉTALER, exposer en vente; étendre, déployer, montrer, faire paroître.

ÉTALEUR, celui qui étale.

ÉTALIER, qui a un étal; premier garçon boucher.

DÉTALER, resserrer les marchandises qu'on avait mises en étalage; se retirer au plus vite; prendre la fuite.

DÉTALAGE, action de détaler.

ÉTALINGUER, *talinguer*, amarrer les voiles à l'anneau de l'ancre.

DÉTALINGUER, ôter le câble d'une ancre.

ÉTALON, * *estalon*, mesure qui reste en place, et qui doit servir de modèle.

ÉTALONNAGE, *étalonnement*, action d'étalonner.

Étalonner, marquer les poids et mesures, en signe de vérification, sur l'étalon modèle.

Étalonneur, préposé à la vérification des poids et mesures.

Étape, * *estape*, magasin de vivres et de fourrages pour être distribués aux troupes en marche; lieu où se fait cette distribution.

Étapier, employé qui distribue l'étape aux troupes.

Étoile, * *estoile*, corps lumineux et nocturne dans l'espace, qui n'emprunte point sa lumière du soleil. Du lat. *stella*, formé de *stare*, parce qu'on pensoit que toutes étoient fixes; point central où plusieurs allées aboutissent; marque blanche sur le front d'un cheval ou de tout autre animal.

Étoiler, fêler ou se fêler en forme d'étoile.

Étoilé, où il y a beaucoup d'étoiles; fêlé en forme d'étoile.

Esterlin, *sterling*, ancienne monnoie blanche au titre de huit deniers de fin, apportée en France par les Anglois, et qui y eut cours tant qu'ils y eurent des possessions; elle étoit ainsi nommée à cause d'une étoile qui y étoit représentée. *Sterlinus*, de *stella*. L'esterlin étoit aussi un poids, suivant l'ordonnance du roi Jean, de l'an 1350, concernant la police de la ville de Paris; ce poids étoit alors de 32 grains, comme l'esterlin d'Angleterre; aujourd'hui l'esterlin pèse 18 grains 1-tiers, 20e de l'once, 160e du marc. Quant à la livre sterling, monnoie de compte angloise, elle vaut environ 24 fr.

Constellation, assemblage, amas d'étoiles voisines renfermées sous un même nom. *Constellatio*, formé de *cum*, avec, *stellari*, briller; briller ensemble; d'autres le tirent du gr. *suntelló*, comp. de *sun*, ensemble, et de *telló*, pour *anatelló*, se lever en haut.

Constellé, en forme d'étoile; fait sur certaine constellation.

Stellion, sorte de lézard à écailles, sans goître, dont le dos est marqué de petites taches qui brillent comme des étoiles. Du lat. *stellio*, fait de *stella*.

Stellionat, crime de celui qui vend frauduleusement; qui vend la même chose à deux personnes différentes; qui vend comme sien ce qui ne lui appartient pas; qui vend une chose pour autre qu'elle n'est, ou une chose pour une autre. Du lat. *stellio*, parce que les différentes taches de ce lézard représentent assez bien les artifices d'un faux vendeur. *Voy.* Grive.

Stellionataire, coupable du crime de stellionat.

Interstellaire, espace entre les étoiles.

Circonstance, particularité d'un fait; occasion; conjoncture. *Circumstantia*, de *circum*, autour, et de *stare*, être.

Circonstanciel, qui indique les modifications du verbe.

Circonstancier, dire, rapporter, marquer les circonstances.

Constance, persévérance à toute épreuve, fermeté d'âme; vertu qui l'affermit contre la douleur, l'adversité ou dans ses résolutions. *Constantia*, fait de *cum*, ensemble, et de *stare*.

Constant, doué de constance, persévérant, ferme, stable dans ses projets. *Constans*.

Constamment, avec constance, fermeté, persévérance. *Constanter*.

Inconstance, facilité à changer d'état, de goût, d'inclination. *Inconstantia*.

Inconstant, qui n'a pas de constance; volage, léger, sujet à changer. *Inconstans*.

Inconstamment, d'une manière inconstante. *Inconstanter*.

Constater, établir la vérité d'un fait sur des preuves constantes.

Conster, être certain, constant, évident.

Distance, intervalle d'un point à un autre; espace qui sépare. *Distantia*, comp. de *dis*, qui sépare, et de *stare*, être.

Distant, éloigné, séparé. *Distans*.

Équidistant, également éloigné de l'un comme de l'autre.

Extant, qui est en nature. *Exstans*, fait d'*exstare*, être élevé au-dessus.

Instance, sollicitations pressantes; demande, poursuite en justice.

Instamment, avec instance; d'une manière pressante.

Instant, *adj.*, avec sollicitation pressante; *adv.*, à l'heure même, sans différer; *subst.*, moment, petit espace de temps indivisible.

19.

Instantané, qui ne dure qu'un instant.

Instantanéité, existence d'un instant.

Prestance, bonne mine accompagnée de gravité, de dignité. *Præstantia*.

Prestant, l'un des principaux jeux de l'orgue.

Substance, essence, réalité, matière, solidité. *Substantia*.

Substanter, *sustenter*, entretenir la vie de l'homme par les aliments; nourrir. *Sustentare*.

Sustentation, action de substanter; aliment, nourriture suffisante pour entretenir la vie.

Substantiel, plein de substance; succulent, très-nourrissant. *Substantialis*.

Substantiellement, quant à la substance. *Substantialiter*.

Substantif, mot qui désigne une substance, un être, une matière. *Substantivus*.

Substantivement, en manière de substantif.

Consubstantiel, de la même substance.

Consubstantialité, unité et identité de substance.

Consubstantiellement, d'une manière consubstantielle.

Transubstantier, changer une substance en une autre.

Transsubstantiation, changement du pain et du vin en corps et en sang, par la consécration de l'hostie.

Transsubstantiateur, qui croit à la transsubstantiation.

Détestable, qui n'a point de stabilité; odieux, exécrable, qui doit être détesté; fort mauvais. *Detestabilis*.

Détestablement, sans stabilité, très-mal, d'une manière détestable.

Détestation, action de détester; haine, horreur pour une chose. *Detestatio*.

Détester, avoir en horreur. *Detestare*.

Instable, qui n'est pas stable. *Instabilis*.

Instabilité, défaut de stabilité. *Instabilitas*.

Étanc, navire sans voie d'eau.

Étang, * *estang*; grand amas d'eau stagnante. Du lat. *stagnum*, fait de *stare*, et non du gr. *stégô*.

Stagnant, qui ne change pas de place, qui ne coule pas, qui n'a pas son cours accoutumé. *Stagnans*.

Stagnation, état stagnant; assoupissement, engourdissement; qui ne coule pas, qui n'a pas son cours. *Stagnatio*.

Étancher, * *estancher*, empêcher de couler; arrêter l'écoulement d'un liquide; mettre à sec un bâtardeau par le moyen des machines hydrauliques, pour rendre la manœuvre libre, et pour pouvoir sonder. *Stagnare*.

Étanchement, action d'étancher, d'arrêter l'écoulement.

Étant, * *estant*, bois vivant sur sa racine.

État, * *estat*, situation physique et morale; condition, disposition des choses; chose publique, gouvernement; liste et fourniture; registre, dépense; situation; métier, profession. *Status*.

Co-État, pays dont la souveraineté est partagée.

Oter, * *oster*, enlever; tirer d'un lieu; retrancher. De la bass. lat. *obstare*, composé d'*ob*, devant, et de *stare*, être debout, se placer, qui signifie s'opposer au passage, ôter la liberté de faire; empêcher.

Obstacle, empêchement, obstination; opposition à l'accomplissement d'une chose. *Obstaculum*.

Statuer, régler un état; ordonner, déclarer, établir. *Statuere*, fait de *statum*, supin de *stare*.

Statut, règle pour la conduite d'une compagnie. *Statutum*.

Statique, partie de la mécanique qui a pour objet les lois de l'équilibre des corps solides ou des poids et mesures. Du gr. *statiké*, fait de *statikos*, qui a la force d'arrêter.

Statistique, économie politique d'un état; description d'un pays; et son état de situation.

Statmeistre, magistrat dans quelques villes d'Allemagne. De *status* et de *magister*.

Stage, action de résider; noviciat d'un avocat, et anciennement d'un chanoine. De *stagium*, fait de *stare*.

Stagiaire, *stagier*, qui fait son stage.

Stalle, piédestal, siége, banc dans une église. *Stallus*.

Installer, asseoir dans la stalle; en

trer en possession, en exercice. *Installare*.

INSTALLATION, action d'installer; mise en possession. *Installatio*.

STANCE, strophe d'un ouvrage divisé en plusieurs couplets, dont la fin amène un repos. De l'it. *stanza*, fait du lat. *stantia* pour *statio*.

STATION, petite pause; action de s'arrêter; visite des églises; courte résidence en un lieu; demeure momentanée. *Statio*, fait de *statum*, supin de *stare*.

STATIONNAIRE, fixe, continu, qui ne change pas de position, qui paroît immobile. *Stationarius*.

STATIONNAL, où l'on fait des stations. *Eglise stationnale*, celle où l'on fait les stations du Jubilé. *Stationale*.

STATIONNER, faire station; rester en place.

STARIE, retard qu'éprouve un vaisseau dans un port.

STAROSTIE, fief en Pologne cédé par le roi à un gentilhomme, pour subvenir aux frais de guerre contre l'Etat.

STAROSTE, possesseur d'une starostie.

STATUE, figure humaine en bois, en pierre, en marbre, etc. *Statua*, fait de *statuere*, dresser, ériger.

STATUAIRE, sculpteur qui fait des statues; art de sculpter les statues; propre à être sculpté en statue. *Statuarius*.

STATURE, hauteur de la taille des êtres vivants. *Statura*.

ÉTRENNE, premier usage, premier débit, première recette. Du lat. *strena*, que Suétone dit venir de *strennuus*, récompense des braves, d'où *Strennua*, la déesse de la valeur, et qui auroient été faits du gr. *strenés*, vigoureux.

ÉTRENNES, présents au commencement de l'année. *Strenæ*. Cet usage est de la plus haute antiquité, et on en trouve des traces dès les premiers temps de la fondation de Rome; il paroît avoir été introduit sous le roi Tatius, qui, le premier, reçut la verveine du bois sacré de la déesse Strénia, pour le bon augure de la nouvelle année.

ÉTRENNER, donner des étrennes; acheter, faire usage le premier; recevoir le premier argent, faire la première vente.

ETRIER, * *estrier*, anneau qui pend à la selle, et sert d'appui aux pieds du cavalier; bandage pour la saignée du pied; fer qui unit et fortifie les pièces de bois; osselet dans la caisse du tambour de l'oreille. De la bass. lat. *strepacium*, *strepa*, *bistapia*, que l'on dérive de *stapia*; en all. *streff*, en esp. *estribo*. *Strepa*, courroie, est fait du gr. *streptos*, flexible.

ÉTRIÈRE, bande qui attache et relève l'étrier.

ÉTRIVIÈRE, courroie qui porte l'étrier; coups avec cette courroie, avec laquelle on frappe sur le corps nu; correction, mauvais traitement, déshonorant.

ÉTROIT, * *estroit*, resserré; peu large, borné, intime. De *strictus*, fait de *stringere*, dér. du gr. *straggaleïn*, *straggeuô*, serrer, presser en tournant; dont la racine est *straggos*, tortu, oblique.

ÉTROITEMENT, d'une manière étroite, resserrée; intimement uni; à la rigueur; expressément, sur toutes choses. *Strictè*.

ÉTRANGLER, * *estrangler*, faire perdre la respiration, la vie, en serrant ou bouchant le gosier; resserrer trop; ne pas donner l'étendue nécessaire; empêcher, faute de soin. *Strangulare*.

STRANGULATION, étranglement, action d'étrangler. *Strangulatio*.

ÉTRANGLEMENT, resserrement excessif; obstacle dans les canaux, dans le passage d'un fluide; filet délié unissant les deux parties du corps de certains insectes.

ÉTRANGUILLON, sorte d'esquinancie des chevaux; espèce de poire âpre au goût.

ÉTRÉCIR, rendre plus étroit; ramener un cheval sur un terrain plus étroit. *Stringere*.

ÉTRÉCISSEMENT, *étrécissure*, action de rendre plus étroit; ses effets; état de ce qui est étréci.

ÉTREINDRE, serrer fortement en liant. *Stringere*.

ÉTREIGNOIR, outil de menuisier pour serrer.

ÉTREINTE, serrement avec force; action d'étreindre; ses effets.

ÉTRÉSILLON, bois en travers; arc-boutant; appui pour empêcher de déverser.

ÉTRÉSILLONNER, mettre des étrésillons, soutenir avec des dosses.

ÉTRESSE, union de deux feuilles de papier collées.

ASTREINDRE, assujétir, obliger à un travail. *Astringere.*

ASTRINGENT, remède qui resserre. *Astringens.*

ASTRICTION, qualité d'un astringent. *Astrictio.*

CONSTRICTEUR, muscle qui resserre.

CONSTRICTION, resserrement des parties du corps.

CONSTRINGENT, qui resserre, lie, presse. De *cum*, avec, et de *stringere*, serrer.

CONTRAINDRE, obliger quelqu'un par force, par justice, par nécessité, de faire une chose contre son gré; empêcher de faire ce qu'on voudroit; gêner, forcer quelqu'un à s'abstenir de quelque chose, à se la refuser. *Constringere*, de *cum*, et de *stringere.*

CONTRAIGNABLE, qui peut être contraint à payer; action de contraindre.

CONTRAINTE, violence faite à quelqu'un qui le force à...; état de celui qui est contraint.

DÉTRESSE, grande peine d'esprit, affliction, angoisse, événement qui accable. *Districtio.*

DÉTROIT, passage étroit entre des montagnes; bras de mer étroit serré entre deux terres.

DISTRICT, étendue de juridiction qui est restreinte; compétence. *Districtus*, fait de *distringere*, serrer.

RESTREINDRE, resserrer, modifier; diminuer, réduire, limiter. *Restringere.*

RESTRICTIF, qui restreint, qui limite, qui borne. *Restrictivus.*

RESTRICTION, modification, condition qui restreint. *Restriction mentale*, arrière-pensée avec dessein d'abuser.

RESTRINGENT, médicament qui a la vertu de resserrer.

RÉTRÉCIR, rendre plus étroit, moins large; exercer un cheval sur un terrain plus étroit. *Restringere.*

RÉTRÉCI, rendu plus étroit.

RÉTRÉCISSEMENT, action de rétrécir, ou par laquelle une chose se rétrécit.

STRICT, étroit, resserré; qui donne peu de latitude. *Strictus.*

STRICTEMENT, d'une manière stricte; d'une manière resserrée.

ÉTRON, * *estron*, matière fécale solide. Du lat. *struntus.*

ÉTUDIER, * *estudier*, appliquer son esprit; travailler pour apprendre les sciences, les lettres, les arts; faire ses études; méditer, préparer, observer; examiner avec soin pour connoître. Du lat. *studere*, du gr. *spoudéô.*

ÉTUDIANT, écolier qui étudie.

ÉTUDE, action d'étudier; travail, application d'esprit; essais, dessins de grands peintres; cabinet, bureau des gens de pratique, leurs clercs; soins particuliers pour le succès; instruction, connoissance de la langue et des ouvrages des écrivains d'Athènes et de Rome. *Studium*, du gr. *spoudé.*

ÉTUDIÉ, fait avec soin, recherché, bien fini; feint, affecté pour en imposer; qui manque de naturel et de grâce.

ÉTUDIOLE, sorte de buffet à tiroir pour les papiers, placé sous une table.

STUDIEUX, qui aime l'étude et s'y donne avec application. *Studiosus.*

STUDIEUSEMENT, avec soin, avec application à l'étude. *Studiosè.*

ÉTUI; sorte de boîte propre à une seule chose, dont elle a presque la forme. Du lat. *theca*, fait du gr. *thékè*, boîte, boutique, lieu où l'on serre quelque chose; dér. de *tithémi*, placer, disposer; en it. *stuccio.*

ÉTYMOLOGIE, art de débrouiller ce qui déguise les mots, de les dépouiller de ce qui leur est étranger, et de les ramener à la simplicité qu'ils avoient dans l'origine. Du lat. *etymologia*; en gr. *etumologia*, fait d'*étumos*, vrai, véritable, et de *logos*, mot. *Voy.* LOGIE.

ÉTYMOLOGIQUE, de l'étymologie; concernant les étymologies.

ÉTYMOLOGISER, donner l'étymologie des mots d'une langue.

ÉTYMOLOGISTE, qui cherche, connoît, enseigne l'origine des mots; qui s'applique à la recherche des étymologies.

EUCALYPTE, genre de plantes de la famille des myrtoïdes, dont le calice des fleurs est couvert d'un petit opercule en forme de coiffe. Du gr. *eu*, bien, et de *kaluptô*, je couvre.

EUCÈRES, insectes hyménoptères, espèces d'abeilles à longues antennes. Du gr. *eucera*, fait d'*eu*, bien, et de *kéras*, corne.

EUCHARISTIE, sacrement du corps et du sang de Jésus-Christ, sous les espèces du pain et du vin. Du gr. *eucharistia*, action de grâces; dér. d'*eu*, bien, et de *charis*, grâce.

EUCHARISTIQUE, de l'eucharistie.

EUCHARIS, nom propre de femme, qui signifie pleine de grâces.

EUCLASE, pierre de couleur verte, très-friable et facile à se briser. Du gr. *eu*, facilement, et de *klaô*, je brise.

EUCLIDIEN, partisan du système d'Euclide.

EUCRASIE, bon tempérament, bonne constitution; climat sain, température excellente. Du gr. *eukrasia*, fait d'*eu*, bien, et de *krasis*, tempérament.

EUCRYPHIE, chêne du Chili, à bois rouge, incorruptible, à semences renfermées dans une double capsule. D'*eu*, bien, et de *kruphios*, caché.

EUDIOMÈTRE, instrument inventé par l'abbé Fontana, pour mesurer la pureté de l'air, le gaz nitreux ou oxigène qu'il contient. D'*eudia*, temps serein, et de *métron*, mesure.

EUDIOMÉTRIE, art d'analyser l'air.

EUDISTES, congrégation de prêtres séculiers, fondée par l'abbé Eudes de Mézeray, frère de l'historien.

EUEXIE, bonne habitude du corps. Du lat. *euxia*, dér. du gr. *euexia*, fait d'*eu*, bien, et de *hexis*, habitude du corps.

EUFRAISE, *euphraise*, plante annuelle de la famille des pédiculaires, à fleurs à épis terminaux, bonne pour les yeux. Du gr. *euphrasia*, joie honnête; fait d'*euphrainô*, je réjouis; dér. d'*eu*, bien, et de *phrèn*, esprit, sens.

EUPHRADE, bon génie qui présidoit aux festins des Grecs. D'*euphrainô*.

D'où les noms propres d'*Euphrasie*, réjouissante, et d'*Euphrosine*, une des trois grâces. D'*Euphrosuné*, la joie.

EUMÉNIDES, les furies de l'enfer. Du gr. *eumenidès*, dér.; par antiphrase ou par euphémisme, d'*eumenès*, doux, bienfaisant, dont la racine est *eu*, bien, et *ménos*, esprit.

EUNUQUE, homme privé des organes de la génération, dont on se sert dans l'Orient pour garder les femmes. Du gr. *eunouchos*, gardien du lit; fait d'*euné*, lit, et d'*échô*, je garde.

EUNUQUES, sectaires des premiers siècles du christianisme, qui se mutiloient eux-mêmes, à l'exemple d'Origène.

EUNUCHISME, castration; secte des eunuques.

EUPEPSIE, bonne digestion. *Eupepsia*, fait d'*eu*, bien, et de *peptô*, je cuis, je digère.

EUPHEMIE, prière des Lacédémoniens; nom propre de femme. Du gr. *euphémia*, fait d'*eu*, bien, heureusement, et de *phémi*, je dis.

EUPHÉMISME, trope qui sert à adoucir les expressions par d'autres plus agréables et plus honnêtes; à voiler, déguiser des idées désagréables, dures. D'*euphémismos*, discours de bon augure.

EUPHORBE, plante laiteuse, herbacée, de plusieurs espèces. Du lat. *euphorbia*.

EUPHORIE, évacuation facile; soulagement qu'elle procure. Du gr. *euphoria*, facilité à supporter une maladie; fait d'*eu*, bien, facilement, et de *phérô*, je porte.

EUROPE, la moins vaste et la plus peuplée des cinq parties du monde. Du lat. *Europa*, fait du gr. *Europé*. Les poètes de l'antiquité faisoient venir ce nom d'Europe, fille d'Agénor, laquelle fut enlevée par Jupiter, transformé en taureau. Bochart le dérivoit du phénic. *hur appa*, blanc de visage, à cause de la blancheur du visage des Européens.

EUROPÉEN, qui est d'Europe, qui lui appartient.

EUSTYLE, espace convenable entre deux colonnes; édifice à colonnes distantes de deux diamètres. Du gr. *eu*, bien, et de *stulos*, colonne.

EUTERPE, muse qui préside à la musique et aux instruments. Du gr. *euterpés*, qui plaît; comp. de *eu*, bien, et de *terpô*, je plais, je charme.

EUTHYMIE, contentement et tranquillité de l'esprit; repos de l'âme. Du gr. *eu*, bien, et de *thumos*, âme, esprit.

EUTRAPÉLIE, gaîté facétieuse; art de plaisanter avec finesse; manière agréable de tourner les choses. D'*eu*, bien, et de *trépô*, je tourne. D'où le nom propre *Eutrapel*.

EUTROPHIE, bonne et abondante nourriture. Du gr. *eutrophia*, d'*eu*, bien, et de *tréphô*, je nourris.

EVAN, surnom de Bacchus; cri des Bacchantes. *Evans*, du gr. *éuan*.

EVAN, nom propre d'homme; cri de joie : ah! bon! Du gr. *euagô*, crier évan.

EVANDRE, nom propre d'homme; *Evandrius*; dér. du gr. *eu*, bien, et d'*anér*, *andros*, homme; homme bon.

ÉVÊQUE, prélat du premier ordre dans l'église, chef d'un diocèse. D'*episcopus*, fait du gr. *episkopos*, surveillant, inspecteur; composé d'*épi*, sur, et de *skopéô*, je regarde, je considère, parce que les évêques sont chargés de la conduite et de la surveillance de leur diocèse. Les Athéniens appeloient *épiscopoi* les inspecteurs qu'ils envoyoient dans les villes qui leur étoient soumises, pour savoir si tout se passoit dans l'ordre. Les *epi·copi* des Romains étoient les inspecteurs du pain et des vivres. Le titre d'*évêque* subsista long-temps avant celui d'archevêque; celui-ci fut donné vers le milieu du IVe siècle à quelques prélats distingués par leur zèle et par leurs lumières, et ensuite à ceux des villes les plus opulentes. L'évêque d'Alexandrie s'en servit pour faire reconnoître sa supériorité sur les évêques de sa province. Dès lors le titre d'archevêque, ses attributions et ses prérogatives furent restreints aux métropolitains qui avoient des suffragants.

ÉVÊCHÉ, étendue de pays soumise à un diocèse; dignité, demeure d'un évêque.

ÉVÊCHESSE, femme qui, dans la primitive église, remplissoit certaines fonctions.

ÉPISCOPAL, qui appartient à l'évêque.

ÉPISCOPAT, dignité d'évêque.

ÉPISCOPAUX, partisans de l'épiscopat en Angleterre.

ÉPISCOPISANT, qui aspire à l'épiscopat.

ÉPISCOPISER, prendre des airs d'évêque.

ARCHEVÊQUE, prélat métropolitain, qui a un certain nombre d'évêques pour suffragants. Du gr. *episkopos*, et d'*arché*, puissance, primauté.

ARCHEVÊCHÉ, juridiction, habitation, dignité d'un archevêque.

ARCHIÉPISCOPAL, qui appartient à l'archevêque.

CHORÉVÊQUE, vicaire d'un évêque, ancien prélat subalterne qui remplissoit quelques fonctions épiscopales dans les campagnes. De *chôra*, pays, région, et d'*episkopos*.

CHORÉVÊQUE, titre de dignité dans quelques églises, et particulièrement en Allemagne; l'inspecteur et le surveillant du chœur: *Chori episcopus*, fait de *chôros*, chœur, et non de *chora*, pays.

ÉVERGÈTE, bienfaiteur, bienfaisant, surnom donné à quelques princes d'Égypte ou de Syrie, successeurs d'Alexandre. Du gr. *eu*, bien, et d'*ergon*, action, ouvrage.

ÉVITER, fuir, échapper, esquiver, se dérober; faire en sorte de ne point rencontrer. Du lat. *evitare*.

ÉVITABLE, qu'on peut éviter. *Evitabilis*.

ÉVITÉE, largeur suffisante pour qu'un vaisseau puisse tourner librement. *Evitatio*.

INÉVITABLE, dont on ne sauroit se préserver. *Inevitabilis*.

INÉVITABLEMENT, sans pouvoir éviter, se préserver. *Inevitabiliter*.

ÉVOHÉ, *evoé*, acclamation des Bacchantes. Du gr. *eu*, *oi!* bien lui soit.

EX, prépos., ci-devant, qui a été et qui n'est plus. Du lat. *ex*, dér. du gr. *ex*.

EXACERBANTE, fièvre aiguë avec des redoublements. D'*exacerbare*, irriter, aigrir.

EXACERBATION, augmentation d'un paroxisme. D'*exacerbatio*, irritation.

EXACORDE, *hexacorde*, instrument à six cordes; intervalle de musique comprenant six notes ou sons. Du gr. *hex*, six, et de *chordé*.

EXAÈDRE, *hexaèdre*, le cube ou solide géométrique terminé par six faces. De *hex*, six, et d'*hédra*, siège, base.

EXAGÉRER, grossir ou diminuer par le récit; louer ou décrier à l'excès ce dont on parle. Du lat. *exagerare*, élever des terres; accumuler, élever; fait d'*agger*, amas, monceau.

EXAGÉRATION, action d'exagérer; expression qui exagère. *Exaggeratio*.

EXAGÉRATEUR, qui exagère, menteur. *Exaggerator*.

EXAGÉRATIF, qui tient de l'exagération.

EXAGÉRÉ, qui outre, exagère. *Exaggeratus*.

EXAGONE, *hexagone*, figure à six angles et six côtés. Du gr. *hex*, six, et de *gonia*, angle.

EXAMEN, recherche, discussion, observations exactes, réfléchies, rigoureuses; action d'examiner. Du lat. *examen*.

EXAMINER, rechercher, observer exactement; faire l'examen pour connoître. *Examinare.*

EXAMINATION, action d'examiner. *Examinatio.*

EXAMINATEUR, professeur qui examine, interroge des candidats, des récipiendaires. *Examinator.*

EXANTHÈME, éruption à la peau avec ou sans continuité; matière poudreuse qui se forme à la surface de certains corps. Du gr. *exanthéma*, efflorescence, du verbe *exanthéô*, je fleuris, dér. d'*anthos*, fleur.

EXANTHÉMEUX, *exanthémique*, de la nature de l'exanthème.

EXARQUE, commandant en Italie pour les empereurs grecs; prélat grec au-dessous du patriarche. Du gr. *exarchos*, chef, commandant, fait de *ex*, et d'*arché*, pouvoir, puissance.

EXARCHAT, dignité, territoire sous le commandement d'un exarque.

EXASTYLE, *hexastyle*, portique à six colonnes de front. Du gr. *hex*, six, et de *stulos*, colonne.

EXCELLER, surpasser par une qualité; avoir un degré éminent de perfection, de supériorité sur ses concurrents. Du lat. *excellere*, élever, fait de l'inus. *cello*, mouvoir.

EXCELLENCE, degré éminent de perfection, titre d'honneur des ambassadeurs et des ministres. *Excellentia.*

EXCELLENT, qui excelle; distingué, supérieur, qui surpasse. *Excellens.*

EXCELLEMMENT, d'une manière excellente. *Excellenter.*

EXCELLENTISSIME, très-excellent; titre d'honneur.

EXCEPTER, ne pas comprendre dans un nombre; prendre tout, hormis tel objet. Du lat. *exceptare*, fréquentatif d'*excipio*, recevoir, prendre, recueillir.

EXCEPTÉ, hormis, à la réserve. De *Exceptus.*

EXCEPTION, action d'excepter; raison dont on s'appuie pour ne point répondre; faveur, motifs qui exemptent. *Exceptio.*

EXCEPTIONNEL, d'exception; qui renferme une exception.

EXCIPER, fournir, alléguer des exceptions. *Excipere.*

EXCIPIENT, médicament servant de bases à d'autres. *Excipiens.*

EXCISE, impôt sur les boissons en Angleterre; bureau de sa perception. Du lat. *excidere*, fait de *cœsus*, part. de *cœdere*, tailler, couper, retrancher.

EXCISION, action de couper; entaille, hoche. *Excisio.*

EXCRÉMENT, tout ce qui sort ou qui est retranché du corps de l'homme ou des animaux; la plus vile portion; l'être le plus méprisable. Du lat. *excrementum*, fait d'*excernere*, qui vient du gr. *ekkrinô*, je purge, je sépare, je nettoie. *Voy.* CERNER, p. 136, col. 2.

EXCRÉMENTEUX, *excrémentiel*, *excrémentitiel*, qui tient, qui est de la nature des excréments.

EXCRÉTEUR, *excrétoire*, *excrétrice*, tout vaisseau des viscères destiné à porter une humeur au dehors.

EXCRÉTION, sortie naturelle des humeurs nuisibles.

RECRÉMENT, humeurs qui se séparent du sang et s'y remêlent.

RECRÉMENTEUX, *recrémentiel*, qui tient des humeurs.

EXÉAT, permission donnée à un prêtre par son évêque, d'exercer son ministère hors de l'évêché. Du lat. *exeat*, qu'il sorte; fait d'*exire*, sortir.

EXÈDRE, lieu d'assemblée des savants, des gens de lettres de l'antiquité; cabinet avec un lit de repos. Du gr. *exédra*, fait d'*ex*, et d'*hedra*, siége, lieu où l'on assied.

EXÉGÈSE, explication, exposition claire et lucide; construction géométrique des équations; commentaire pour expliquer. Du gr. *exégésis*, du verbe *exégéomai*, j'explique, j'expose.

EXÉGÈTE, qui explique; jurisconsulte, interprète en matière de religion chez les Grecs.

EXÉGÉTIQUE, qui sert à expliquer; manière de trouver les racines d'une équation; explication des mystères d'une religion.

EXEMPLE, ce qui peut servir de modèle, ce que les autres peuvent prendre pour règle de conduite; chose, action à imiter ou à fuir; rapprochement à l'appui; chose présentée pour preuve; patron d'écriture. Du lat. *exemplum*, fait d'*eximere*, choisir, comp. d'*ex*, et de l'inusité *emo*, prendre.

EXEMPLAIRE, qui peut servir d'exemple; original, modèle, prototype; copie imprimée d'un ouvrage. *Exemplare*, *exemplaris*.

EXEMPLAIREMENT, d'une manière exemplaire.

EXEMPT, qui n'est point assujéti à quelque chose; officier de police; ecclésiastique exempt de la juridiction de l'évêque. *Exemptus*, part. d'*eximere*.

EXEMPTER, rendre exempt, affranchir; dispenser; ne point assujétir.

EXEMPTION, droit, grâce, privilége qui exempte. *Exemptio*.

EXERCER, dresser, instruire, former à quelque chose par des actes fréquents; remplir les fonctions de sa charge. Du lat. *exercere*, faire, travailler; composé d'*ex*, et d'*arceo*, je pousse, je chasse; dér. du gr. *exergeó*, je travaille, formé d'*ex*, hors; et d'*ergon*, œuvre, ouvrage.

EXERCICE, action par laquelle on s'exerce; jeu, travail, tout ce que l'on fait pour acquérir le talent, l'adresse, la force; pratique, fonctions d'une charge; évolutions militaires; fatigue, peine, embarras; pratique de dévotion. *Exercitium*.

EXERCITANT, qui fait l'exercice de la retraite.

EXERCITATION, exercice, dissertation, fatigue.

EXERGUE, espace au bas d'une médaille, séparé par une ligne, pour l'inscription ou la devise. Du gr. *ex'*, hors, et d'*ergon*, ouvrage.

INEXERCÉ, qui n'est point exercé.

EXÉRÈSE, opération chirurgicale, par laquelle on retranche du corps tout ce qui lui est étranger, nuisible ou inutile. Du gr. *exairésis*, retranchement; d'*exaireó*, j'arrache; comp. d'*ex*, et d'*haireó*, je prends.

EXERRHOSE, écoulement par une transpiration insensible. D'*ex*, hors, dehors, et de *rheó*, couler.

EXHIBER, montrer, faire voir, produire, présenter, tirer hors, représenter. Du lat. *exhibere*, fait d'*extra habere*.

EXHIBITION, action de montrer, de faire voir; représentation juridique. *Exhibitio*.

EXHORTER, exciter, animer, encourager, solliciter, engager, porter par le discours. Du lat. *exhortari*.

EXHORTATION, discours par lequel on exhorte, on excite à la dévotion.

EXHUMER, déterrer un corps mort par ordre de la justice. *Exhumare*, fait de la particule extractive *ex*, et d'*humus*, terre; ôter de terre. *Voy.* HOMME.

EXHUMATION, action par laquelle on exhume un corps par ordre de la justice.

INHUMER, enterrer un corps mort, lui donner la sépulture. *Inhumare*, fait d'*in*, dans, et *humus*, terre, et non pas de *mortuum humare*.

INHUMATION, enterrement; action d'inhumer. *Inhumatio*.

EXIGER, demander par droit ou par force, obliger, astreindre à. Du lat. *exigere*, fait d'*ex*, et d'*agere*, pousser dehors, en gr. *exagó*, qui signifia ensuite, forcer, contraindre.

EXIGEANT, qui exige trop de devoirs, de soins, d'attention.

EXIGENCE, *exigeance*, besoin, force de ce qui exige, nécessité impérieuse.

EXIGIBLE, qu'on peut exiger.

EXIGIBILITÉ, qualité de ce qui est exigible. *Exigibilitas*.

EXIGUER, partager le bétail à cheptel. D'*exigere*.

EXIGU, fort petit, modique, insuffisant. *Exiguus*.

EXIGUITÉ, petitesse de la taille; modicité de la fortune. *Exiguitas*.

EXACTITUDE, attention ponctuelle et régulière à faire, à exécuter; précision, justesse. *Exactitudo*.

EXACT, qui agit avec exactitude; où il n'y a point d'erreur; selon les plus austères principes. *Exactus*.

EXACTEMENT, avec exactitude, tout-à-fait. *Exacté*.

EXACTION, action d'exiger les impôts avec trop de rigueur, de demander plus qu'il n'est dû. *Exactio*.

EXACTEUR, percepteur qui se rend coupable d'exaction. *Exactor*.

INEXACT, qui manque d'exactitude; où il y a erreur.

INEXACTITUDE, manque d'exactitude; erreur.

EXOCET, genre de poissons abdominaux à tête écailleuse. Du lat. *exocœtus*.

EXODE, second livre du Pentateuque, contenant l'histoire de la sortie des Israélites hors de l'Égypte, racontée par Moïse; l'une des quatre parties de la tragédie des anciens, contenant le dénoûment et la catastrophe; farce romaine jouée après la tragédie. Du gr. *exodos*, sortie, départ; comp. d'*ex*, dehors, et d'*hodos*, chemin; écart du chemin.

EXOINE, pour *essoine*, certificat d'impossibilité de comparoître en justice. Du germain *saumen*, *seumen*, empêchement; en all. *säumnis*, en flam. *versuymnis*, en lat. barb. *sonia*, *sunnis*.

EXOMIDE, robe des Grecs et des Latins, à une seule manche, et qui laissoit l'épaule droite à découvert, et qui, par suite, fut abandonnée aux esclaves et aux comédiens. Du gr. *exômis*, fait d'*ex*, dehors, et d'*ómos*, épaule.

EXOMOLOGÈSE, confession et pénitence publique. Du gr. *exomologésis*, fait d'*ex*, en dehors, et d'*homologésis*, confession.

EXORCISME, prières, paroles, conjuration, cérémonies dont se sert l'église pour chasser les démons ou pour préserver de quelque danger. Du lat. *exorcismus*, fait du gr. *exorkizô*, conjurer; dér. d'*horkos*, serment, action de jurer.

EXORCISER, user d'exorcisme pour chasser les démons.

EXORCISTE, prêtre qui exorcise, qui en a le droit.

EXOTÉRIQUE, l'opposé d'acroatique, vulgaire, public, commun à tout le monde; dogme, doctrine, préceptes, ouvrages des anciens philosophes qui étoient à la portée du vulgaire. Du gr. *exôteros*, extérieur, dér. d'*exô*, dehors.

EXPÉRIENCE, action d'expérimenter, épreuve à dessein ou par hasard; connoissances acquises par l'épreuve, l'usage, la pratique, les tentatives. Du lat. *experientia*, fait d'*experiri*, éprouver, qu'on dér. du gr. *peiraô*, *peiraomai*, formé de *peira*, épreuve, tentative.

EXPÉRIMENTER, éprouver, essayer, tenter, faire une expérience.

EXPÉRIMENTAL, fondé sur l'expérience; qui procède par expérience.

EXPÉRIMENTÉ, qui a de l'expérience; fondé sur l'expérience; instruit par le long usage, le temps, les observations.

EXPERT, versé dans un art qui s'apprend par expérience; personne choisie pour une estimation, une prisée, un rapport. *Expertus*.

EXPERTISE, opération d'expert, son procès-verbal.

INEXPÉRIENCE, manque d'expérience.

INEXPÉRIMENTÉ, qui manque d'expérience.

EXPLORER, examiner, visiter avec soin; chercher avec beaucoup d'attention. Du lat. *explorare*, observer.

EXPLORATION, action d'explorer, d'examiner des choses inconnues. *Exploratio*, observation.

EXPLORATEUR, qui va à la découverte d'un pays; espion près d'une cour étrangère. *Explorator*.

EXPLORATIVEMENT, en explorant. *Explorate*.

EXPLOSION, éclat d'un corps qui en chasse un autre; mouvement subit avec détonation; énergie subite des passions gênées ou non développées. Du lat. *explosio*, action de rejeter; fait d'*explodere*, chasser en poussant.

EXTASE, ravissement d'esprit; suspension de sens causée par une forte contemplation; admiration vive; maladie qui prive de l'usage des sens et du mouvement. Du gr. *ekstatis*, renversement d'esprit; du v. *existêmi*, frapper d'étonnement.

EXTASIÉ, qui est en extase.

EXTASIER (s'), tomber en extase; être ravi d'admiration.

EXTATIQUE, causé par l'extase, qui en tient.

EXTIRPER, déraciner, arracher avec la racine, exterminer, détruire entièrement. *Exstirpare*, abolir, détruire; fait de *stirps*, racine, précédé de l'*e* priv.; d'où *stirpesco*, produire des racines, des rejetons.

EXTIRPATION, action d'extirper, de déraciner entièrement. *Exstirpatio*.

EXTIRPATEUR, qui extirpe les hérésies. *Extirpator*.

EXTRÊME, excessif, hors de raison, sans mesure, qui est au plus haut degré. Du lat. *extremus*, fait d'*extra*.

EXTRÊMEMENT, au dernier point; on ne peut plus. *Extremò*.

EXTRÊME-ONCTION, le dernier sacrement de l'église catholique, qui se confère avant la mort. D'*extrema* et d'*unctio*. Voy. OINGT.

IN-EXTREMIS, à l'article de la mort.

EXTRÉMITÉ, le bout, la fin, la dernière partie d'une chose; fin de temps, de la vie; état le plus misérable; situation critique entre la vie et la mort; excès de violence, d'emportement. *Extremitas*.

F

F, sixième lettre de l'alphabet et quatrième consonne. C'est une des cinq labiales, et par conséquent elle a été souvent substituée aux lettres de la même touche, B, M, P, V. Chez les anciens Romains, on l'écrivoit au commencement des mots, au lieu de l'aspiration H; elle se prenoit aussi pour PH. En jurisprudence FF signifie Digeste, recueil de lois, commencé par le grand Pompée, continué par Cassius, puis par Jules César, enfin mis en ordre et achevé par Justinien. Comme lettre numérale, F désignoit le nombre quarante, et avec un trait au-dessous F, quarante mille. Les Latins ont pris leur F du *Digamma éolien*, qu'ils employoient souvent pour H aspirée, comme *fircus* pour *hircus; fostis* pour *hostis*, et même pour V devant U voyelle, comme *fulgus* pour *vulgus, serfus* pour *servus, cafus* pour *cavus*.

FABLE, petit discours en vers; récit allégorique d'un feint événement, qui renferme une vérité morale. Du lat. *fabula, fabella*, formé de *fari*, parler, qui paroît dériver du grec *phaô*; en ionien *phaskô*, parler, d'où l'on a fait *phastos*, parole, discours.

FABLIAU, ancien conte en vers; romance.

FABLIER, *fabulateur, fabuliste*, qui compose des fables. *Fabulator*.

FABLIER, livre, recueil de fables.

FABULATION, morale d'un apologue.

FABULEUX, selon la fable; feint, controuvé. *Fabulosus*.

*FABULEUSEMENT, d'une manière fabuleuse. *Fabulosè*.

AFFABULATION, sens moral d'une fable.

CONFABULATION, conversation, entretien familier.

CONFABULER, converser, s'entretenir ensemble.

CONFABULATEUR, qui s'entretient familièrement.

AFFABLE, doux, aimable, gracieux, avec qui l'on trouve du plaisir à parler. Du lat. *affabilis*, fait d'*affari*, parler.

AFFABILITÉ, douceur, amabilité, politesse dans les manières. *Affabilitas*.

AFFABLEMENT, d'une manière affable.

INEFFABLE, qu'on ne peut exprimer par des paroles. *Ineffabilis*.

INEFFABILITÉ, impossibilité d'exprimer par des paroles. *Voy*. FASTE et FATAL.

FARIBOLE, conte, chose, discours frivoles.

FACE, visage, figure, devant, forme, situation, surface des corps. Du lat. *facies*.

FAÇADE, face d'un bâtiment.

FACÉ, qui a une belle figure.

FACETTE, petite face; chaque superficie d'un corps taillé qui en a plusieurs.

FACETTER, tailler à facettes.

FACIAL, de la face, du visage.

EFFACER, enlever l'empreinte, détruire la forme, les traits; rayer. *Exfaciare*.

EFFAÇABLE, qu'on peut effacer.

EFFAÇURE, rature, ce qui est effacé.

INEFFAÇABLE, indélébile, qui ne peut être effacé.

EFFIGIE, image, face, portrait, représentation d'une personne. *Effigies*.

EFFIGIAL, de l'effigie.

EFFIGIER, exécuter en effigie.

SURFACE, extérieur d'un corps. *Superficies*.

SUPERFICIE, la face de dessus; longueur et largeur, sans profondeur; dehors des choses.

SUPERFICIEL, qui n'est qu'à la superficie; léger, qui effleure, qui ne conçoit rien à fond.

SUPERFICIELLEMENT, légèrement, d'une manière superficielle.

FACÉTIE, plaisanterie, bouffonnerie de gestes ou de paroles, pour faire rire. De *facetia*, enjoûment; fait de *facies*, visage, mine, posture; d'autres le dérivent de *fari*, parler, ou de *facio*, je fais.

FACÉTIEUX, qui fait rire par des facéties; propre à divertir. *Facetus*.

FACÉTIEUSEMENT, d'une manière bouffonne.

FÂCHER, mettre en colère; causer

du déplaisir, donner du chagrin. De *fascinare*; fait de *fascis*, charge, fardeau, selon Henri Estienne et Caseneuve; d'autres le dérivent de *fastidire*, fait de *fastidium* ou de *fatigare*, piquer, vexer, offenser.

FACHERIE, déplaisir, chagrin, douleur, regret.

FACHEUX, qui fâche, qui chagrine; pénible, incommode, importun.

DÉFACHER (se), cesser d'être fâché, d'être en colère.

FACONDE, langage poli et facile, éloquence, grâce du débit. *Facundia*; fait de *fari*, parler, et de *cundus*, terminaison venue de *condens*, renfermant.

FACULE, tache lumineuse sur le soleil. Du lat. *facula*.

FAIENCE pour *fayence*, sorte de poterie de terre fine et vernissée. Ce mot ne vient pas de la ville de Faenza, dans la Romagne, mais du bourg de Fayence, près Fréjus, en Provence, l'un des premiers endroits de la France où l'on ait travaillé dans ce genre. De là on transporta cette fabrication à Rouen et à Nevers. *Voyez* mon édit. de la *Vie privée des François*, t. III, p. 201-205.

FAÏENCÉ, qui imite la faïence; qui en a l'apparence.

FAÏENCERIE, fabrique, commerce de faïence.

FAÏENCIER, qui fait ou vend la faïence.

FAILLIR, agir contre le devoir; tomber, faire une faute, se méprendre, faire tomber dans un piége, tromper, transgresser. Du latin *fallire* pour *fallere*, dér. du gr. *sphalló*, *pheló*, tromper. Ce dernier s'est dit particulièrement des figues qui paroissent mures et ne le sont pas. C'est à tort qu'on le dérive de *fari*, parler, et l'étymologie de *falx*, faulx, est ridicule.

FAILLE, interruption du filon d'une mine; l'endroit où il faillit.

FAILLI, qui a fait faillite, qui est en faillite.

FAILLIBILITÉ, possibilité de faillir; sujétion à l'erreur.

FAILLIBLE, qui peut faillir, se tromper.

FAILLITE, banqueroute non frauduleuse; chute d'un négociant qui suspend ses engagemens.

FAUX, contraire à la vérité, à la bonne foi; trompeur qui fait tomber dans le piége; feint; contrefait; discordant. De *falsus* ou de *fallax*; formé du verbe *fallo*.

FALSIFIER, rendre faux; contrefaire; altérer pour tromper.

FALSIFICATEUR, qui falsifie; coupable de falsification.

FALSIFICATION, action de falsifier, chose falsifiée.

FALLACE, fraude, tromperie, fourberie. *Fallacia*.

FALLACIEUSEMENT, frauduleusement. *Fallaciter*.

FALLACIEUX, fourbe, trompeur. *Fallaciosus*. Ce mot étoit encore fort en usage dans le XVIIe siècle. Commençant à vieillir, Desportes s'en est servi, et dans l'édition publiée par Malherbe, pag. 61, il y a *fallacieux*, *mauvais mot*. Malherbe auroit bien dû en indiquer un meilleur.

FALLOIR, faire faute, manquer, être nécessaire; être d'obligation, de convenance. *Fallere*.

FAUSSAIRE, qui fait un faux, qui contrefait la signature, et altère les actes valides.

FAUSSEMENT, d'une manière fausse; contre la vérité. *Falsè*, *falsò*.

FAUSSER, n'être point fidèle; violer une promesse, enfreindre; chanter faux.

FAUSSET, voix de dessus, aigre et forcée, qui n'est pas dans la nature; brochette de bois pour boucher un tonneau.

FAUSSETÉ, chose fausse, dénuée de vérité. *Falsitas*.

FAUSSURE, caractère du menteur.

FAUTE, manquement à son devoir, imperfection, manque.

FAUTEUR, *fautrice*, complice d'une faute; qui soutient, appuie, favorise. *Fautrix*.

FAUTIF, qui est en faute; sujet à faillir.

DÉFAUSSER (se), s'en aller des fausses cartes au jeu.

DÉFAUT, chose en quoi l'on manque, qualité vicieuse; imperfection du corps.

DÉFAILLIR, manquer, s'affoiblir, dépérir peu à peu.

DÉFAILLANCE, foiblesse, évanouissement, inanition.

DÉFAILLANT, qui ne comparoît pas; qui s'affoiblit, qui périt de foiblesse.

INFAILLIBLE, qui ne peut tomber en faute, qui ne peut se tromper.

INFAILLIBILITÉ, état infaillible; impossibilité de se tromper.

INFAILLIBLEMENT, d'une manière infaillible; immanquablement.

AFFALER, dériver, s'approcher trop d'un côté, faillir.

FAIM, désir, besoin de manger, envie extrême. Du lat. *fames*, fait du gr. *phagéin*, manger.

FAIM-WALLE, pour *faim-galle*, et non *fringale*, maladies de chevaux. Du lat. *fames caballa*, pour *fames caballina*.

FAMÉLIQUE, pressé de la faim, qui meurt de faim. *Famelicus*.

FAMILLEUX, qui veut toujours manger.

FAMINE, manque, disette de vivres; action de sentir la faim. De *fumina*, dit pour *fames*.

AFFAMÉ, qui a faim; tourmenté par la faim; avide, jaloux.

AFFAMER, causer la faim; ôter, couper les vivres. *Famescere*.

PHAGÉDÉNIQUE, rongeant, qui ronge; remède qui consume les chairs baveuses et superflues; ulcère qui ronge et corrode les parties voisines. Du gr. *phagédaina*, grande faim.

PHAGÉSIES, fêtes grecques en l'honneur de Bacchus, dans lesquelles on faisoit de grands festins. De *phagô*, je mange.

DYSPHAGIE, difficulté de manger. Fait de *dus*, difficilement, et de *phagô*.

FAIRE, créer, produire, former, composer, opérer, fabriquer, exécuter. Du lat. *facere*.

FAIRE, manière particulière de faire, d'exécuter.

FACIENDAIRE, terme de religieux.

FACIENDE, sorte de cabale, d'intrigue.

FACILITÉ, moyen, manières faciles; faculté naturelle d'apprendre, de comprendre, d'exécuter. *Facilitas*.

FACILE, aisé à faire, qui donne peu de peine. *Facilis*.

FACILEMENT, d'une manière facile ou aisée à faire. *Facile*.

FACILITER, rendre facile, aisé.

FAÇON, manière dont on fait une chose; main-d'œuvre, travail, air, maintien, composition, cérémonie.

FAÇONNÉ, étoffe à façon et non unie.

FAÇONNER, orner, donner la façon, faire des façons; former les mœurs, polir les manières.

FAÇONNIER, *façonnière*, qui fait difficulté d'accepter pour qu'on le prie.

FAC-SIMILE, imitation parfaite d'une chose. Du lat. *fac simile*, fait semblable.

FACTEUR, faiseur, préposé; porteur de lettres; commissionnaire dans le commerce; fabricant d'instruments de musique; accordeur de forté-piano. *Factor*, de *factare*, faire souvent.

FACTICE, fait par art, produit par l'art. *Factitius*.

FACTIEUX, membre d'une faction; séditieux, ennemi du repos public.

FACTION, parti dans les troubles d'un état; troupe conduite par un chef. *Factio*.

FACTION, service d'une sentinelle; ce mot, dans cette acception, ne date que de la fin du XVIe siècle.

FACTIONNAIRE, soldat qui fait sa faction. *Factionarius*.

FACTORERIE, état des facteurs; bureau des facteurs des compagnies de commerce dans les Indes.

FACTOTON, *factotum*, qui fait tout, qui se mêle de tout. Du lat. *fac totum*.

IPSO-FACTO, par le même fait.

FACTUM, mémoire d'une partie plaidante tendant à éclaircir les faits.

FACTURE, note des marchandises à faire; état et prix des marchandises.

FACTURIER, qui fabrique des étoffes.

FACULTÉ, puissance, moyen de faire, pouvoir, talent; propriété naturelle, pouvoir. *Facultas*.

FACULTATIF, qui donne la faculté.

FAINÉANT, paresseux, qui aime l'oisiveté, qui ne fait rien. Mot composé de *facere*, et de néant, *nihilum*, rien.

FAINÉANTER, ne vouloir rien faire.

FAINÉANTISE, vie de fainéant, paresse lâche.

FAISABLE, et non pas *fesable*, ce qui peut être fait; ce qui est possible.

FAISANCES, ce qu'un fermier s'oblige de faire pendant la durée de son bail.

FAISEUR, *faiseuse*, qui fait; qui fabrique.

FAIT, exécuté, terminé, achevé, habitué. *Factus*.

FAIT, action, événement, chose certaine. *Factum*.

FAITARD, paresseux, long dans son travail. *Faciens tardè*.

FAITARDISE, paresse, fainéantise.

FABRICANT, *fabricateur*, ouvrier, homme qui fait l'ouvrage, qui tient une fabrique. *Fabricator*.

FABRICATION, action de fabriquer.

FABRICIEN, *fabricier*, marguillier chargé de la fabrique d'une église.

FABRIQUE, atelier, manufacture, endroit où l'on fait l'ouvrage; construction d'un édifice, revenus d'église; structure, ruine d'architecture. *Fabrica*.

FABRIQUER, faire un ouvrage manuel; forger, inventer. *Fabricari*.

FÈVRE, forgeron; ouvrier en général. *Faber*.

AFFAIRE, chose qui est à faire et qui n'est pas terminée; tout ce qui est le sujet d'une occupation; démêlé; procès, querelle, combat.

AFFAIRÉ, surchargé d'affaires, qui en a beaucoup.

AFFAITER, dresser, éduquer un oiseau de proie. *Adfactitare*, comp. d'*ad*, et de *factitare*, faire.

AFFAITAGE, *affaitement*, action d'élever, de faire l'éducation des oiseaux de proie et de les dresser.

AFFAITEUR, celui qui affaite les oiseaux de proie.

AFFECTER, avoir des prétentions, rechercher, faire ostentation d'une chose; montrer de l'affectation. *Affectari*, ou d'*affectum*, supin d'*afficere*.

AFFECTÉ, recherché dans sa mise ou dans ses manières, qui a de l'affectation.

AFFECTATION, prétention, attachement à dire ou à faire quelque chose de vicieux; recherche fade.

AFFÉTÉ, qui a de l'affèterie ou de l'affectation dans le discours ou les manières.

AFFÈTERIE, manière guindée de parler et d'agir; l'affectation a pour objet les sentimens et les pensées; l'affèterie ne regarde que les petites manières.

AFFECTIONNER, aimer, avoir de l'affection, de l'attachement.

AFFECTIONNÉ, qui a de l'affection.

AFFECTION, amitié, tendresse, attachement, bienveillance. *Affectio*.

AFFECTIF, qui touche, qui émeut, qui porte à l'affection. *Affectivus*.

AFFECTUEUX, qui marque beaucoup d'affection, qui est rempli d'affection. *Affectuosus*.

AFFECTUEUSEMENT, d'une manière affectueuse, avec intérêt. *Affectuosè*.

BIENFAISANCE, bonté, libéralité; pratique des bienfaits. De *benefacere*. Mot dont l'abbé de Saint-Pierre s'est servi le premier.

BIENFAISANT, qui fait du bien, qui a de la grâce; qui pratique les bienfaits par inclination.

BIENFAIT, bien qu'on fait, bon office; secours pécuniaire.

BIENFAITEUR, qui fait du bien, qui protége dans le malheur.

De prétendus amateurs de la nouvelle orthographe, à laquelle on a donné le nom pompeux d'*orthographe de Voltaire*, écrivent aujourd'hui *bienfesance*, *bienfesant*, *bienfait*, *bienfeteur* : le bon sens, la raison, et l'étymologie s'opposent également à ce ridicule travestissement.

BÉNÉFICE, profit, titre, avantage, privilége; revenus ecclésiastiques. *Beneficium*.

BÉNÉFICENCE, bienfaisance.

BÉNÉFICIAIRE, par bénéfice d'inventaire.

BÉNÉFICIAL, de bénéfice; qui concerne les bénéfices.

BÉNÉFICIATURE, titre de chantre.

BÉNÉFICIER, possesseur d'un bénéfice. *Beneficiarius*.

BÉNÉFICIER, tirer du profit; avoir du bénéfice.

CONFECTION, action de faire, d'achever; composition de drogues.

CONFECTIONNER, fabriquer, terminer, achever. Dans le moyen âge on se servoit du mot *confectionnarius* pour désigner un apothicaire.

CONFIRE, préparer des fruits au sucre; mettre certains légumes dans le vinaigre avec divers ingrédients, pour les conserver. *Conficere*.

CONFISEUR, *confiturier*, qui fait et vend des confitures, des conserves et des dragées.

CONFITURE, fruits confits au sucre.

DÉCONFIRE, tailler en pièces une armée; défaire entièrement en bataille.

DÉCONFIT, battu, ruiné.

DÉCONFITURE, déroute complète; ruine entière.

CONTREFAIRE, imiter, représenter en

imitant; copier les autres pour les ridiculiser; rendre difforme, défiguré; imiter les manières, la voix, le ton, la démarche de quelqu'un; faire une contrefaçon ou contrefaction. De *contra* et de *facere*.

CONTREFAÇON, fraude en contrefaisant, imprimant, fabricant un livre, une étoffe, une gravure, etc., au préjudice de la propriété.

CONTREFACTEUR, celui qui commet le vol de contrefaction.

CONTREFACTION, fraude en contrefaisant; action de contrefaire quelqu'un.

CONTREFAISEUR, qui contrefait en imitant.

CONTREFAIT, imité par contrefaçon; difforme de corps, mal bâti; défiguré par des contorsions.

DÉFAIRE, détruire ce qui a été fait; mettre en déroute.

DÉFAIT, pâle, maigre, changé; qui est à refaire.

DÉFAITE, déroute, destruction; excuse artificieuse.

DÉFAITS, *defets*, feuilles isolées d'un livre. De *defectus*.

DÉFECTIF, incomplet; qui n'a pas tous les temps de la conjugaison ordinaire.

DÉFECTION, abandonnement d'un parti; éclipse. *Defectio*, manquement, disette, défaut.

DÉFECTUEUSEMENT, avec des défauts; d'une manière défectueuse.

DÉFECTUEUX, imparfait, où il se trouve de l'imperfection. *Defectus, defectivus*.

DÉFECTUOSITÉ, défaut, imperfection; ce qui manque pour être parfait.

DIFFICILE, malaisé à faire; qui présente des difficultés. *Difficilis*.

DIFFICILEMENT, avec peine, d'une manière difficile. *Difficilimè*.

DIFFICULTÉ, ce qui rend difficile, qui fait obstacle, empêchement. *Difficultas*.

DIFFICULTUEUX, qui trouve des difficultés, des sujets de chicane à tout.

EFFET, * *effect*, résultat d'une chose, exécution, billet à ordre; bagage, hardes. D'*effectus*, part. d'*efficere*.

EFFET (en), réellement.

EFFECTIF, réel, qui effectue, qui existe.

EFFECTIVEMENT, en effet, réellement.

EFFECTUER, faire, exécuter, réaliser, mettre à exécution. *Efficere*.

EFFICACE, qui produit son effet.

EFFICACITÉ, force, vertu pour produire un effet naturel.

EFFICACEMENT, d'une manière efficace.

INEFFICACE, sans force, sans vertu, sans effet.

INEFFICACITÉ, manque d'efficacité.

EFFICIENT, qui produit son effet. *Efficiens*.

CO-EFFICIENT, quantité connue, servant de multiplicateur.

ENTREFAITES (sur ces), pendant ce temps-là.

FORFAIRE, mal faire, prévariquer, commettre une mauvaise action. De *forás* et de *facere*.

FORFAIT, crime, action hors du devoir et contre les règles; marché à prix et à l'aventure.

FORFAITURE, prévarication.

FORFANTÉ, menteur, charlatan, fanfaron.

FORFANTERIE, fourberie, mensonge, jactance.

IMPARFAIT, non parfait, à qui il manque quelque chose pour être achevé. *Imperfectus*.

IMPARFAITEMENT, d'une manière imparfaite.

IMPERFECTION, défaut, manque de perfection.

INFAISABLE, qui n'est pas faisable; qui ne peut être fait.

INFECTER, exhaler une odeur fétide, rendre infect, empuantir. D'*inficere*, teindre, imprégner d'une autre couleur.

INFECT, puant, corrompu, qui sent mauvais. Du lat. *infectus* pour *infactus*; qui signifie ce qui n'est pas fait : *non factus*.

INFECTION, puanteur, corruption, contagion. *Infectio*, chez les anciens, signifioit *fainéantise*, le *far' niente* des Italiens.

DÉSINFECTER, ôter l'infection.

DÉSINFECTION, action de désinfecter.

RÉINFECTER, infecter une autre fois.

INDÉFECTIBLE, qui ne peut faillir et cesser d'être.

INDÉFECTIBILITÉ, qualité de ce qui est indéfectible.

MALÉFICE, prétendu sort jeté sur les personnes, les animaux, etc., qui les fait dépérir et les tue. *Maleficium*.

MALÉFICIÉ, malade, languissant; incommodé, maltraité.

MALÉFIQUE, planète à laquelle on accorde une prétendue influence maligne. *Maleficus*, nuisible.

MALFAÇON, ce qui est mal fait, supercherie, mauvaise façon d'agir. *Malefactio*.

MALFAIRE, faire mal, commettre une méchante action. *Malefacere*.

MALFAISANCE, disposition à malfaire, à nuire volontairement.

MALFAISANT, qui fait du mal, nuisible, contraire à la santé.

MAL FAIT, qui n'est pas bien fait.

MALFAITEUR, qui fait ou commet du mal, des crimes. *Malefactor*.

MÉFAIRE, commettre une mauvaise action. *Malefacere*.

MÉFAIT, mauvaise action, crime. *Malefacium*.

OFFICE, devoir, charge, service, secours, fonctions, prières journalières; partie d'un grand repas; cuisine, dépense, garde-manger. Du lat. *officium*.

OFFICIAL, juge de cour d'église. *Officialis*.

OFFICIALITÉ, tribunal de l'official; sa juridiction.

OFFICIANT, qui officie à l'église, et célèbre.

OFFICIEL, déclaré par l'autorité, publié par le gouvernement; très-certain.

OFFICIELLEMENT, d'une manière officielle.

OFFICIER, célébrer le service divin. D'*officire*, pour *efficire*.

OFFICIER, chargé d'un office civil ou militaire.

OFFICIÈRE, religieuse en charge dans sa communauté.

OFFICIEUX, obligeant, qui offre; flatteur. *Officiosus*.

OFFICIEUSEMENT, d'une manière officieuse et obligeante. *Officiosè*.

OFFICINAL, qui est toujours prêt pour l'office; remède apprêté chez un apothicaire.

OFFICINE, boutique d'apothicaire. *Officina*.

INOFFICIEUX, testament qui déshérite, qui est fait au préjudice.

INOFFICIOSITÉ, qualité d'un acte inofficieux.

PARFAIRE, terminer, compléter, finir, achever. *Perficere*.

PARFAIT, à qui il ne manque rien; qui réunit toutes les qualités requises. *Perfectus*.

PARFAITEMENT, d'une manière parfaite. *Perfectè*.

PERFECTIBILITÉ, qualité de ce qui est perfectible.

PERFECTIBLE, susceptible de perfectionnement.

PERFECTION, achèvement entier; qualité parfaite. *Perfectio*.

PERFECTIONNEMENT, action de perfectionner; état de ce qui est perfectionné.

PERFECTIONNER, rendre plus parfait; devenir parfait; marcher vers la perfection. *Perficere*, composé de la particule augm. *per*, et de *facere*.

REFAIRE, faire de nouveau, recommencer; rendre la vigueur; réparer. *Reficere*.

RÉFACTION, remise de l'excédant du poids des marchandises mouillées.

REFAIT, jeu à recommencer.

RÉFECTION, réparation; repas de communauté.

RÉFECTIONNER, réparer; manger.

RÉFECTOIRE, grande salle à manger d'une communauté. *Refectorium*.

RÉFECTORIER, qui a soin du réfectoire.

RÉFECTURE, droit de réparer un édifice.

SATISFACTION, contentement; réparation d'offense. *Satisfactio*.

SATISFACTOIRE, propre à satisfaire.

SATISFAIRE, contenter; faire ce qu'on doit, donner satisfaction; remplir ses engagements. De *satisfacere*, faire assez.

SATISFAISANT, qui satisfait; qui est un sujet de contentement.

SATISFAIT, qui a satisfaction.

SURFAIRE, demander d'une chose à vendre un prix trop haut, et en rabattre.

TRAFIC, commerce; négoce de marchandises; convention, vente, pratiques illicites. Du lat. *traficium*, composé de *trans*, au-delà, et de *ficium*, fait; commerce fait au-delà, négoce au loin.

TRAFICANT, négociant, commerçant.

TRAFIQUER, faire trafic; vendre son crédit, son honneur, sa loyauté.

D'où les noms propres *Fabre*, *Favre*, *Fèvre*, *Lefèvre*, *Lefebure*, *Faber*, *Fabri*, *Fabrice*, *Fétis*, *Fachot*, *Féchot*.

FAISAN, pour *phaisan*, oiseau sauvage, de l'ordre des gallinacées, ainsi nommé du Phase, fleuve de la Colchide, sur les bords duquel cet oiseau est commun, et d'où il fut apporté en Grèce par les Argonautes. Du lat. *phasianus*, fait du gr. *phasianos*, dérivé de *phasis*, le fleuve du Phase.

FAISANDEAU, *faisannier*, jeune faisan.

FAISANDER, faire acquérir le fumet du faisan, en parlant des viandes noires crues.

FAISANDERIE, lieu où l'on élève des faisans. *Phasianaria*.

FAISANDIER, qui élève des faisans ou qui soigne une faisanderie.

FAISANE, *faisande*, femelle du faisan.

FAIX, charge, fardeau, amas de certaines choses liées ensemble. Du latin *fascis*, *fasciculus*, dér. du gr. *phakellos*, *phakelos*, faisceau.

FAISCEAU, petit faix; chez les Romains, verges liées ensemble avec une hache au milieu. De *fascellus*, pour *fasciculus*, dimin. de *fascis*.

FAISSELLE, petit panier en osier, vaisseau pour faire le fromage.

FAISSIER, vannier, qui fait des ouvrages à claire voie.

FAGOT, * *facot*, faisceau de menu bois; plaisanterie, sornette; personne mal habillée. De *fascis*, et non comme le dit Caseneuve de *fagus*, hêtre, parce que les premiers fagots auroient été faits de branches de hêtre. *Voy*. FAU.

FAGOTAGE, travail d'un faiseur de fagots.

FAGOTAILLE, garniture de chaussée d'un étang, laquelle se fait avec des fagots.

FAGOTTER, mettre en fagots; s'habiller sans goût; se mal ajuster.

FAGOTEUR, faiseur de fagots.

FAGOTIN, singe habillé; homme habillé comme un fagot; pitre ou valet de charlatan; mauvais plaisant.

AFFAISSER, plier, courber sous le faix; aplatir une chose en pesant dessus; ôter l'énergie, le courage; détruire les forces.

AFFAISSEMENT, action de tomber sous le faix; abaissement d'une chose sur elle-même par l'effet de son propre poids.

FAQUIN, autrefois crocheteur, portefaix, commissionnaire, homme de peine; aujourd'hui homme du néant, qui prend de grands airs, qui fait des actions basses; mannequin servant de but. De l'it. *facchino*, dérivé de *fascis*. Ce mot a été introduit en France dans la première moitié du XVIe siècle.

FAQUINERIE, action de faquin.

FALOURDE, fagot de grosses bûches; fagots de parements; *falourde* a été dit pour *faix lourd*.

FASCINE, fagot de branchages pour combler les fossés.

FASCICULE, petit faisceau, forte poignée d'herbes, de plantes. *Fasciculus*.

FASCINAGE, ouvrage de fascine; action de les faire.

FASCE, pièce honorable au milieu de l'écu.

FASCÉ, couvert de fasces.

SURFAIX, large et grosse sangle pour assurer la selle sur le dos d'une bête de somme.

FAKIR, *faquir*, dervis, moine musulman, sorte de religieux errant. De l'ar. *fakara*, pauvre.

FALBALA, garniture ou bande d'étoffe plissée que les femmes portent au bas de leurs robes.

Ce mot, qui date du XVIIe siècle, a été inventé par M. de Langlée, maréchal-de-camp sous Louis XIV. Se trouvant un jour avec une couturière qui lui montroit une jupe garnie de ces bandes plissées, ce courtisan lui dit par plaisanterie : Parbleu, madame, votre *falbala* est admirable. — Comment ce *falbala*? — Eh oui! c'est ainsi qu'à la cour les grandes dames appellent ces sortes de bandes. La couturière s'empressa de remercier M. de Langlée et d'aller apprendre ce mot à ses compagnes. Bientôt le mot *falbála* eut droit de cité, et fit partie de la langue.

FALOT, grande lanterne; feu allumé dans une grosse lanterne, que les vaisseaux portent au plus haut de la poupe pour se garder. Du gr. *phalos*, brillant, resplendissant; dér. de *phaô*, éclairer, luire, et non pas de *fax alta*.

FALOTIER, homme qui éclaire et conduit le soir dans les rues.

FALTRANCK, dénomination donnée aux vulnéraires suisses. De l'all. *fall*, chute, et de *tranch*, boisson.

FAME, réputation, renommée, célébrité. Du lat. *fama*, fait du gr. *phama*, pour *phémé*, réputation; dérivé de *phémi*, dire, parler.

FAMÉ, qui a une réputation bonne ou mauvaise.

FAMEUX, célèbre en bien comme en mal ; qui jouit d'une grande réputation. *Famosus.*

DIFFAMER, décrier, ternir, attaquer la réputation, déshonorer. *Diffamare*, du gr. *diaphémizô*, fait de *dia*, de différents côtés, et de *phémi*, parler.

DIFFAMANT, qui diffame, qui tend à diffamer.

DIFFAMATEUR, celui qui diffame; calomniateur.

DIFFAMATOIRE, qui tend à faire perdre la réputation.

DIFFAMATION, action de diffamer; chose diffamatoire. *Diffamatio.*

INFAME, homme vicieux, qui a perdu sa réputation, flétri dans l'opinion publique. De *in*, particule privative, et de *fama*, réputation.

INFAMANT, qui porte infamie.

INFAMEMENT, d'une manière infame

INFAMIE, flétrissure; action infâme et déshonorante. *Infamia.*

FAMILLE, race, lignée, tous ceux d'un même sang; toutes les personnes qui vivent dans une maison sous un même chef ; assemblage d'animaux, de plantes, entre lesquels il existe des rapports marqués. Du latin *familia*, qu'on dit venir du lat. *famel*, esclave.

FAMILIER, avec qui l'on vit comme en famille, privément et sans gêne; qui a les manières trop libres; devenu facile par l'usage. *Familiaris.*

FAMILIARISER, rendre familier, accoutumer, prendre des manières trop familières. De *familiarescere*, devenir plus connu, plus familier.

FAMILIARITÉ, manière familière de vivre; privauté ; absence de toute cérémonie, de toute gêne; trop grande liberté dans le ton, les gestes, le discours et les manières. *Familiaritas.*

FAMILIÈREMENT, d'une façon familière. *Familiariter.*

FANAL, *phanal*, lanterne placée au mât d'un vaisseau; lumière qu'on place dans un lieu éminent pour être aperçue de loin; ce qui éclaire. Du lat. *phanalium*, fait du gr. *phanos*, *phanarion*, dér. de *phainô*, j'éclaire, j'indique, je montre.

FARALLON, *farillon*, pour *faraillon*, *pharillon*, petit phare; petit banc de sable, séparé d'un plus grand par un canal, par comparaison aux phares, qui sont ordinairement séparés de la terre ferme ; réchaud allumé pour attirer le poisson, les orphies. De *phanarion.*

FARE, pour *phare*, fanal sur une tour; la tour où il est placé. Du gr. *Pharos*, île d'Egypte, près d'Alexandrie, où Ptolémée Philadelphe fit élever une tour, qu'on appella phare, et qui a été comprise parmi les sept merveilles du monde.

FANFARE, onomatopée du son des trompettes, et des cors de chasse; comme le *tranctrat* des chasseurs, le *tarentara* des trompettes ; air joué par la musique militaire, en signe de réjouissance; son du cor au lancer et à la mort du cerf. La plupart des instruments à vent sont caractérisés par la lettre F, dit M. Nodier, parce que cette consonne, produite par l'émission de l'air chassé entre les dents, est l'expression du soufflement ou du sifflement. De là, *fanfare*, qui est un chant de trompette.

FANFARON, homme qui fait plus de bruit que de besogne, qui se vante et fait le faux brave.

FANFARONNADE, *fanfaronnerie*, manière de fanfaron ; fausse bravoure, rodomontade.

FANGE, boue, bourbe ; bassesse d'esprit, de naissance; vie crapuleuse, déréglée. De *fimia*, pour *fimus*; en it. *fango.*

FANGEUX, plein, couvert, sali de fange. En it. *fangoso.*

FANON, * *fanion*, drapeau; étendard, manipule au bras des prêtres; pendant d'une mitre, d'une étole, d'une bannière; peau pendante sous la gorge du bœuf; barbes de baleine; crins sur le boulet; appareil pour fixer la jambe fracturée. De la bass. lat. *fano, fanonis*, drapeau; étendard; dér. de l'all. *fane*, qui a la même signification suivant Ménage, ou du lat. *panus*, drap, étoffe, selon Barbazan.

Le fanon des prêtres, qui est à présent d'étoffe, étoit anciennement de toile fine, et servoit à essuyer le célébrant lorsqu'il étoit en sueur, et à se moucher quand il en avoit besoin.

GONFALON, *gonfanon*, bannière d'église à fanons.

GONFALONIER, *gonfanonier*, portegonfalon ; ancien premier magistrat dans les républiques d'Italie. En bass. lat. *gunt fanonarius*, qui se trouve dans les capitulaires de Charles le Chauve.

FANTAISIE, pour *phantaisie*, faculté imaginative; humeur, volonté sans raisonnement; caprice, boutade, bizarrerie, goût frivole, désir irréfléchi et passager. Du gr. *phantasia*, vision, imagination; fait de *phantazomai*, s'imaginer; dérivé de *phainô*, se montrer, paroître, indiquer.

FANTASQUE, pour *phantasque*, bizarre, capricieux, inégal, brusque, bourru, qui a des fantaisies.

FANTASQUEMENT, d'une manière fantasque.

FANTASTIQUE, chimérique, imaginaire, qui n'a pas de réalité. Du grec *phantastikos*.

FANTASIASTES, pour *Phantasiastes*, secte dont les membres soutenoient que le corps de Jésus-Christ n'étoit qu'imaginaire, et que sa mort n'avoit été qu'apparente. Du gr. *phantasia*.

FANTASMAGORIE, pour *phantasmagorie*, assemblée de spectres ou de revenans ; art de faire apparoître, dans un lieu obscur, des fantômes par une illusion d'optique. Du grec *phantasma*, fantôme, spectre; dérivé de *phainô*, je parois, et d'*agora*, assemblée.

FANTÔME pour *phantosme*, spectre, vision, vaine image qui se forme dans l'esprit, et qui fait supposer la présence de quelque être corporel; chimère, chose qui n'a que l'apparence. Du gr. *phantasma*.

FANUM, temple en l'honneur d'un homme déifié. Du lat. *fanum*, dér. de *fari*, rendre des oracles.

FANATIQUE, enthousiaste, fou par dévotion; homme emporté par un zèle outré pour une religion. Du lat. *fanaticus*, fait de *fanum*, temple.

FANATISME, zèle emporté du fanatique ; zèle religieux outré ; exaltation.

FANATISER, rendre fanatique.

PROFANE, celui qui, n'étant pas initié, se tient dans le parvis, n'ayant pas le droit d'entrer dans le temple; contraire au respect de la religion, et qui l'outrage. *Profanus*.

PROFANATEUR, qui profane les choses saintes; sacrilège. *Profanator*.

PROFANATION, action de profaner les choses saintes. *Profanatio*.

PROFANER, traiter avec irrévérence et dérision les choses saintes; faire mauvais usage. *Profanare*.

PROFANÉ, souillé, sali, rendu impur.

PROFANEMENT, d'une manière profane.

FARCE, mélange de plusieurs choses, de différentes viandes ou d'herbes hachées; et par analogie, comédie bouffonne où l'on mêle tous les genres; chose, espièglerie plaisantes. Du lat. *farcimen*, intestin, saucisson rempli de viandes hachées; dérivé de *farcire*, qui, outre l'acception de remplir, signifie encore entremêler des bouffonneries.

FARCEUR, qui fait des farces; qui joue des tours plaisans; mauvais comédien, qui vise trop à la charge. *Fartor*, charcutier.

FARCIR, remplir de farce; mettre, insérer beaucoup et mal à propos. *Farcire*, remplir de farce, entremêler.

FARCIN, sorte de gale des chevaux et des mulets; tumeur avec ulcère. De *farcimen*.

FARCINEUX, qui a le farcin ; de la nature du farcin. *Farciminosus*.

FATRAS, amas confus ; suite de pensées diverses, d'expressions incohérentes.

FARD, composition ou sorte de pâte pour conserver le teint, pour embellir la peau; feinte, dissimulation.

FARDER, mettre du fard; déguiser, parer d'un faux lustre.

FARDEMENT, action de farder.

Les dames romaines avoient plusieurs recettes pour le fard dans lesquelles la salive, et particulièrement celle d'une femme à jeun, étoit le principal ingrédient. C'étoit avec de la salive qu'on devoit broyer le fard et l'appliquer, afin de l'étendre également et de le fixer davantage sur les joues.

Fard ne vient pas du lat. *fucus*, mousse, qui servoit de base aux différens rouges, nom sous lequel les anciens comprenoient toute espèce de fard, mais de l'italien *farda*, crachat. Selon Grandi dans une lettre à Ludolphe, les femmes mêloient avec de la salive le mercure qui entroit dans la composition du rouge. C'est ce que l'Arioste dit dans sa première satyre :

Voglio che si contenti della faccia;
Non sa ch'il liscio è fatto col *saliva*.

Delle Giudei ch'il vendon, ne con tempo
Di muschio ancor perde l'odor cattivo.

FARDEAU, faix, charge, ce que l'on porte. Du gr. *phortos*, dér. de *phérô*, je porte; en ar. *fard*; mot francisé à Marseille pour dire *fardeau*.

FARDAGE, fardeau mis à fond de cale; tout ce qui est inutile, embarrassant dans le haut d'un vaisseau.

FARDELIER, porte-faix, crocheteur, commissionnaire.

FARDIER, chariot pour les blocs de pierre et de marbre.

FARINE, poudre du grain moulu. Du lat. *farina*, fait de *far*, *farris*, blé, pain, farine.

FARINACÉ, qui peut être réduit en farine. *Farinosus*.

FARINER, saupoudrer de farine.

FARINET, dé à une seule face marquée, pour jouer; ainsi dit de ses surfaces blanches.

FARINEUX, blanc de farine, qui en a la nature; couvert d'une poudre blanche. *Farinosus*.

FARINIER, marchand de farine. *Farinarius*.

FARINIÈRE, coffre, lieu où l'on serre la farine. *Farinarium*.

ENFARINER, poudrer de farine; avoir peu d'instruction.

ENFARINÉ, légèrement imbu, peu instruit.

FARIO, petit saumon de la Moselle; truite saumonée. Du lat. *fario*.

FAROUCHE, rude, cruel, sauvage, qui n'est point apprivoisé. Du lat. *ferus*, fait du gr. éolien *phéros* (car le gr. attique dit *ther*), gén. de *phér*, bête féroce.

EFFAROUCHER, rendre farouche, effrayer; faire fuir.

EFFARÉ, qui a l'air hagard, sauvage, effarouché; qui a perdu contenance; qui est hors de soi.

EFFARER, troubler, faire peur, effrayer, mettre hors de soi.

FÉROCE, farouche, cruel, barbare; qui n'a point de pitié. Du lat. *ferox*, fier, hautain, hardi, intrépide, dér. du gr. *phéros*.

FÉROCITÉ, cruauté, barbarie, caractère féroce; action inhumaine. *Ferocitas*.

FIER, hautain, altier, hardi, audacieux, intrépide. De *ferox*.

FIÈREMENT, d'une manière fière.

FIERTÉ, orgueil, hardiesse, insolence; caractère de celui qui est fier. De *ferocitas*, et de *feritas*, humeur sauvage, cruauté. Dans le moyen âge, *feritas* fut employé pour audace, courage accompagné de mépris pour le danger.

FASCINER, empêcher de voir, de considérer les choses avec justesse; ensorceler par une espèce de charme; éblouir, tromper, séduire par une fausse apparence, un vif éclat. Du lat. *fascinare*, fait du gr. *baskainô*, qui a la même signification.

FASCINATION, enchantement, erreur, charme qui empêchent de voir juste et de porter un jugement sain. *Fascinatio*, du gr. *baskania* et *baskanion*.

FASÉOLE, pour *phaséole*, le haricot, sorte de fève et de plante légumineuse. Du lat. *phaseolus*, fait du gr. *phaséolos*, *phasiolos*.

FÉVE, légume long et plat; dénomination des graines venues dans des gousses. Du lat. *faba*.

FÉVEROLE, petite fève. *Fabula*.

FELOUQUE, petit vaisseau de bas-bord à rames. Du lat. *phaseolus*, à cause de sa petitesse et de sa forme.

FASTE, affectation de paroître avec éclat, pompe, grandeur, hauteur, magnificence. Du lat. *fastus*, vaine et ridicule jactance, que l'on dérive de *fari*, fait du gr. *phaô*. *Voy.* FABLE.

FASTUEUX, plein d'ostentation; qui vise à l'éclat. *Fastuosus*.

FASTUEUSEMENT, d'une manière fastueuse.

FASTES, calendrier des anciens Romains, qui contenoit les jours de travail et de fête. *Dies fasti*, parce que les jours fastes ou de travail, il étoit permis de plaider. On nommoit *fastes consulaires* le registre dans lequel on inscrivoit les triomphes, les noms des consuls, des dictateurs et des censeurs.

NÉFASTES, jours de repos consacrés au culte de la religion des Romains, et pendant lesquels tout travail étoit défendu; jours de tristesse en mémoire d'un désastre; commémoration d'un malheur, d'un événement funeste.

FAÎTE, *faiste*, comble d'un édifice; sommet d'une montagne; sommité d'un arbre; le point le plus élevé. Du lat. *fastigium*, sommet d'une chose élevée.

FAÎTAGE, pièce de charpente pour soutenir la couverture d'un bâtiment;

droit féodal imposé sur les faîtes des maisons.

Faîtière, tuile courbe sur le faîte d'un bâtiment; perche transversale et supérieure qui soutient la toile d'une tente.

Fastigié, en pyramide.

Fastidieux, qui est à charge, qu'on ne peut plus supporter, dont on est dégoûté. *Fastidiosus.*

Fastidieusement, d'une manière très-ennuyeuse. *Fastidiosè.*

Enfaîteau, tuile courbe sur le faîte d'un toit.

Enfaîtement, table de plomb sur le faîte des couvertures en ardoises.

Enfaîter, couvrir le faîte d'un toit; mettre par-dessus les bords d'une mesure.

Renfaîter, raccommoder le faîte d'un toit.

FATAL, funeste, malheureux; ce qui porte avec soi une destinée inévitable; qui a eu ou doit avoir des suites funestes. Du lat. *fatalis*, formé de *fatum*, arrêt du destin, oracle, prédiction, du verbe *fari*, dér. du gr. *phaô*, parler.

Fatalement, d'une manière fatale; par une destinée inévitable. *Fataliter.*

Fatalisme, doctrine de ceux qui attribuent tout au destin.

Fataliste, qui professe le fatalisme.

Fatalité, destinée inévitable; malheur constant. *Fatalitas.*

Fatidique, qui annonce les arrêts du destin. *Fatidicus*, formé de *fatum*, et de *dico*, je dis, je déclare. *Voy.* Fée.

FATHIMITES, princes musulmans issus de Aly et de Fathméd, gendre et fille de Mohammed.

FATIGUE, travail pénible; excès de travail; lassitude qui en résulte. Du lat. *fatigatio, defatigatio.*

Fatigant, pour *fatiguant*, qui fatigue; insupportable, fort ennuyeux.

Fatigué, qui manque de fraîcheur, de netteté, de légèreté. *Fatigatus.*

Fatiguer, donner de la fatigue; peiner en travaillant ou en faisant une chose; importuner, lasser, impatienter. *Fatigare*, fait de *fatim agere*, surmener.

Infatigable, qui ne se fatigue point, qu'on ne sauroit fatiguer.

Infatigablement, d'une manière infatigable, sans jamais se lasser.

FAU, *fayard, foù, fouteau,* le hêtre, arbre à bois blanc de haute futaie. Du lat. *fagus*, fait du gr. *phagos, phêgos*, hêtre, dér. de *phago*, je mange; parce que la faîne est bonne à manger.

Foutelaie, lieu planté de fouteaux ou de hêtres.

Faîne, fruit du fouteau ou du hêtre. *Fagina.*

D'où les noms propres Favard, Fayard, Fayot.

FAUBOURG, * *forsbourg*, partie d'une ville au-delà de ses portes, de son enceinte. De *foris* et de *burgus*. Voy. Bourg, p. 92.

FAUTEUIL, * *faudesteuil*, grande chaise à bras et à dossier. En bass. lat. *faltisterium, faltisdorium*, chaise pliante; du saxon *fald*, pliant, et de *stut*, siége.

FAUNE, dieu champêtre chez les Romains; papillon de jour à quatre pattes; homme sauvage, sorte de grand singe. Du lat. *Faunus*, fils de Picus, quatrième roi des Latins, que les anciens mirent au rang des dieux, et qu'ils confondoient quelquefois avec le dieu Pan. Ce nom lui fut donné à cause des prédictions qu'il passoit pour avoir faites. *A Fando, quia signis futura ostendit.*

FAUVE, sorte de couleur roussâtre, qui a donné son nom à plusieurs animaux des forêts. Du lat. *flavus ou fulvus.*

Fauvette, oiseau dont le ramage est fort agréable, et qui doit son nom à sa couleur fauve.

Fauvet, mâle de la fauvette.

FAUX, * *faulx*, instrument avec lequel on coupe les foins. Du lat. *falx, falcis.*

Falciforme, en forme de faux. De *falcis* et de *forma.*

Fauchage, action de faucher; temps qui lui convient.

Fauchaison, temps du fauchage.

Fauchard, petite faucille à long manche.

Fauche, produit du fauchage; temps de faucher.

Fauchée, ce qu'on peut faucher en un jour.

Faucher, couper avec la faux. *Falcare.*

Fauchère, tringle de bois servant de croupière aux mulets.

FAUCHET, sorte de râteau de bois pour ramasser l'herbe fauchée.

FAUCHEUR, qui fauche.

FAUCHEUX, sorte d'araignée dont les pattes sont très-hautes.

FAUCHON, petite faux, sabre recourbé.

FAUCILLE, instrument en croissant, un peu dentelé, avec lequel on scie le blé. *Falcula.*

FAUCILLON, petite faucille, instrument qui en a la forme.

FAUSSARD, sabre dont la lame est recourbée comme une faux.

FALQUÉ, courbé en faux.

FAUSSER, rendre courbe un corps solide.

FAUSSURE, endroit courbe où une cloche commence à s'élargir.

FAUCON, oiseau de proie dont le bec recourbé coupe comme une faux. De *falco, falconis,* qui s'est dit d'un oiseau qui avoit les pieds crochus.

FAUCONNEAU, sorte de petit canon, ainsi appelé de ce qu'il fauche les hommes.

FAUCONNERIE, l'art d'élever et de dresser les oiseaux de proie pour la chasse; lieu où on les dresse.

FAUCONNIER, qui dresse des oiseaux de proie pour la chasse, et les soigne.

FAUCONNIÈRE, gibecière de fauconnier; sorte de bissac que l'on attache à l'arçon de la selle.

DÉFALQUER, retrancher, déduire quelque chose d'un compte, d'une somme. De l'it. *difalcare,* fait de *falx.*

DÉFALCATION, action de défalquer.

D'où les noms propres *Fauche, Faucher, Fauchet, Faucheux, Fauchon, Faucon.*

FAVEUR, bienfait, grâce, bienveillance; protection, marque d'amour; sorte de petit ruban étroit. Du lat. *favor,* que l'on dérive de *favus,* rayon de miel, ou de *favonius,* zéphir, vent favorable, ou enfin de *favere,* fait de *fari bona,* dire des choses de bon augure. Au surplus, le mot *favor* étoit nouveau du temps de Cicéron.

FAVORABLE, propice, qui protége, qui offre des avantages.

FAVORABLEMENT, d'une manière favorable.

FAVORI, FAVORITE, celui qui reçoit des faveurs; qui plait plus que toute autre chose; qui possède les bonnes grâces.

FAVORISER, traiter favorablement; protéger, aux dépens d'autrui. *Favere alicui.*

DÉFAVEUR, cessation de faveur.

DÉFAVORABLE, qui n'est pas favorable.

DÉFAVORABLEMENT, sans faveur, d'une manière défavorable.

FÈCES, sédiment, dépôt après la fermentation des liqueurs. Du lat. *fex.*

FÉCER, former un dépôt, en parlant des liquides.

FÉCALE (matière), gros excrémens de l'homme.

DÉFÉCATION, dépuration d'un liquide par la chute des fèces. *Defecatio.*

DÉFÉQUER, ôter les fèces, les impuretés d'un liquide. *Defecare.*

FÉCIAL, prêtre chez les Romains dont les fonctions répondoient à peu près à celles de nos hérauts d'armes. *Fecialis,* fait de *facio.*

FÉCOND, fertile, qui produit beaucoup de lui-même. Du lat. *fecundus.*

FÉCONDANT, qui féconde, qui fertilise, qui fait produire.

FÉCONDATION, action de féconder, de rendre productif.

FÉCONDER, rendre fécond, fertiliser.

FÉCONDITÉ, qualité de ce qui est fécond; fertilité, production; grande abondance de produits. *Fecunditas.*

INFÉCOND, qui produit peu ou rien.

INFÉCONDITÉ, stérilité, défaut de ce qui est infécond.

FÉCULE, partie farineuse des graines, obtenue par la précipitation des sucs; sédiment d'une liqueur clarifiée. Du lat. *fecula.*

FÉCULENCE, sédiment des urines. *Feculentia.*

FÉCULENT, chargé de sédiment, de lie, qui en dépose. *Feculentus.*

FÉDÉRATION, pacte d'alliance entre des peuples ou des rois pour le salut public. Du lat. *fœdus, fœderis.*

FÉDÉRAL, *fédératif,* de fédération; composé de plusieurs états unis par une alliance générale.

FÉDÉRALISER, adopter le gouvernement fédératif; faire une fédération. *Fœderare.*

FÉDÉRALISME, système du gouvernement fédératif.

FÉDÉRALISTE, partisan du gouvernement fédératif.

FÉDÉRÉ, allié par fédération, membre d'une fédération. *Fœderatus.*

CONFÉDÉRATION, ligue, alliance de puissances, de corps de l'état.

CONFÉDÉRATIF, de la confédération.

CONFÉDÉRÉ, allié, ligué.

CONFÉDÉRER (se), se liguer, faire un pacte offensif et défensif.

FÉE, divinité imaginaire, qui prédisoit la bonne comme la mauvaise fortune; qui avoit le don des prodiges et la connoissance de l'avenir; femme qui charme par les grâces, l'esprit, la beauté. En esp. *hada. Fée* vient de *fata*, participe de *fari*, dér. de *phaô*, parler, participe *phatos*, divinité imaginaire qui faisoit des prédictions.

FÉER, charmer comme les fées.

FÉERIE, art des fées; ouvrage d'esprit où il est mis en action; enchantement, spectacle ravissant.

FARFADET, esprit follet; sorte de démon familier; homme frivole. De la bass. lat. *fadus*, dér. du gr. *phatos.*

FAT, sot, impertinent qui parle à tort et à travers, qui s'admire et se croit un être supérieur. De *fatuus*, pour *fatus*, fait du verbe *fari*, parler.

FATUITÉ, *fatuisme*, caractère d'un fat; impertinence, présomption, bonne opinion de soi-même. *Fatuitas.*

FATUAIRE, enthousiaste qui prétendoit annoncer l'avenir.

FADE, insipide, qui a peu de goût, ou plutôt qui n'en a point.

FADAISE, bagatelle, niaiserie, chose frivole.

FADEUR, qualité de ce qui est fade; louange outrée.

AFFADIR, rendre fade.

AFFADISSEMENT, effet de la fadeur.

INFATUER, trop prévenir en faveur; prendre une prévention.

INFATUATION, entêtement; prévention excessive et ridicule.

DÉSINFATUER, désabuser; montrer la vérité.

FEINDRE, contrefaire une chose véritable; rendre apparent ce qui est caché; simuler, imaginer, dissimuler, supposer ce qui n'est pas, hésiter, boiter. Du lat. *fingere*, que l'on dérive du gr. *pheggó*, rendre lumineux.

FEINTE, *feintise*, dissimulation, déguisement; fausse apparence pour tromper, pour cacher.

FICTIF, feint, inventé, controuvé; qui n'existe que par supposition. *Fictus.*

FICTION, invention fabuleuse; chose chimérique. *Fictio.*

FÉLICITÉ, bonheur suprême; état heureux. Du lat. *felicitas.*

FÉLICITATION, action de féliciter; compliment de félicitation.

FÉLICITER, complimenter, témoigner à quelqu'un de l'intérêt qu'on prend à tous les événements qui lui arrivent.

FÉLON, traître, rebelle, perfide, cruel, barbare, inhumain. Du saxon *féllo*, traître.

FÉLONIE, manque de foi; rébellion du vassal contre son suzerain.

FEMME, la compagne de l'homme; celle qui est ou a été mariée. Du lat. *femina*, prononcé *hœmina* par les anciens Romains. Un poète a dit avec raison:

Dieu fit la fille, et l'homme fit la femme;
Nous n'avons pas la plus mauvaise part.

FEMELLE, compagne des animaux; celle qui conçoit et nourrit les petits.

FÉMININ, qui tient de la femme ou de la femelle. *Femininus.*

FÉMINISER, donner ou prendre le genre féminin.

FEMMELETTE, femme sans courage et sans caractère.

EFFÉMINÉ, qui tient de la foiblesse de la femme. *Effeminatus.*

EFFÉMINER, amollir, énerver, rendre foible; emprunter, prendre les manières des femmes. *Effeminare.*

FÉMUR, l'os de la cuisse; le dedans de la cuisse. Du lat. *femur.*

FÉMORAL, de la cuisse, du fémur; armure de la cuisse. *Femorale.*

FENDRE, diviser, séparer par force, couper, entr'ouvrir en coupant. Du lat. *findere.*

FENDANT, coup du tranchant de l'épée du haut en bas; fanfaron.

FENDERIE, l'art de fendre le fer; lieu où on le fend.

FENDEUR, qui fend ou fait le métier de fendre.

FENDILLÉ, couvert de petites fentes; qui a des crevasses.

FENDILLER (se), se couvrir de félures.

FENDIS, division de l'ardoise.

FENDOIR, instrument pour fendre.
FENDU, séparé en plusieurs parties.
FENTE, ouverture en long avec éclat, ou en coupant.
FESSE, partie charnue du derrière de l'homme et de la femme. Du lat. *fissus*, séparé.
FESSÉE, coups sur les fesses.
FESSER, donner le fouet sur les fesses.
FESSEUR, qui donne la fessée, qui aime à foucttcr.
FESSIER, les fesses.
FESSU, qui a de grosses fesses.
FISSURE, félure, division des viscères en lobes; fracture longitudinale d'un os. Du lat. *fissura*.
DÉCAFIDE, fendu en dix. De *déka*, dix, et de *findere*.
DODÉCAFIDE, divisé, fendu en douze. De *dodéka*, douze, et de *findere*.
DÉFENDRE, protéger, soutenir, garder, garantir, conserver, empêcher de prendre, de faire; repousser la force par la force; empêcher une insulte, un mal dont on est menacé. Du lat. *defendere*, ôter de devant soi ce qui peut nuire, ce qui peut faire broncher.
DÉFENDABLE, *défensable*, qu'on peut défendre.
DÉFENDEUR, *défenderesse*, qui se défend en justice.
DÉFENDS, bois dont la coupe ou l'entrée est défendue.
DÉFENSE, protection, soutien; appui donné contre un ennemi, contre ce qui attaque une personne, une chose; ordre, commandement; justification, réponse en justice; longues dents extérieures du sanglier et de quelques animaux; aiguillons des insectes, poils rudes des plantes. *Defensio*.
DÉFENSEUR, celui qui défend, qui protége; avocat. *Defensor*.
DÉFENSIF, fait pour la défense, qui sert à la défense. *Defensivus*.
DÉFENSIVE, état de défense, d'opposition.
OFFENSE, injure de fait ou de parole. Du lat. *offensio*, ce qu'on rencontre en face, et qui nuit, qui fait broncher.
OFFENSANT, qui offense, qui choque; injurieux. *Offensans*.
OFFENSÉ, qui a reçu une offense, une injure. *Offensus*.
OFFENSER, faire une offense, une injure; pécher, blesser, piquer. *Offendere*.

OFFENSEUR, qui a offensé ou qui offense. *Offensator*.
OFFENSIF, qui offense, qui attaque.
OFFENSIVE, attaque, combat.
OFFENSIVEMENT, d'une manière offensive.
POURFENDRE, fendre un homme de haut en bas, d'un seul coup de sabre.
POURFENDEUR, qui pourfend; bravache.
REFEND, grosseur qui sépare intérieurement la longueur d'un édifice.
REFENDS, bossages qui ornent les encoignures des gros murs. Ces deux mots sont formés du verbe réduplicatif *refendre*, séparer.
REFENDRE, séparer, fendre de nouveau; scier en long.
FÊLER, * *fesler*, fendre, sans que les parties se séparent, un verre ou un objet casuel. De la bass. lat. *fissulare*, fait de *fissus*, part. de *fendere*.
FÊLE, tube de fer pour souffler le verre fondu.
FÊLURE, fente d'une chose fêlée.
FÉLATIER, ouvrier verrier.
FISSIPÈDE, animal dont la corne du pied est séparée naturellement en deux parties. De *fissus*, fendu, et de *pes*, *pedis*, pied.
FENÊTRE, * *fenestre*, ouverture d'un bâtiment pour recevoir le jour; bois, vitrage dont elle est garnie. Du lat. *fenestra*, fait du gr *phainesthai*, *phainein*, paroître, éclairer, reluire.
FENÊTRAGE, toutes les fenêtres d'une maison; leur disposition; ce qui les concerne.
FENÊTRER, percer des fenêtres.
FER, métal ductile, fort dur, susceptible d'un poli brillant; arme aiguë ou tranchante; outil. Du lat. *ferrum*, fait du gr. *harès*.
FER-A-CHEVAL, ouvrage de fortification, ainsi dit de sa forme.
FER-BLANC, fer en lame mince, recouvert d'étain.
FERBLANTIER, ouvrier qui travaille le fer-blanc; marchand d'ustensiles en fer-blanc.
FER-CHAUD, mal de gorge, chaleur violente dans l'estomac.
FER DE CHEVAL, fer qui garnit le pied du cheval.
FÉRET, tube ou baguette à l'usage des verriers, des ciriers, etc.

FERRAILLAGE, action, habitude de ferrailler.

FERRAILLE, morceaux de vieux fer.

FERRAILLER, s'escrimer, brétailler, faire un cliquetis d'épées; aimer à se battre.

FERRAILLEUR, bretteur, brétailleur, qui aime à ferrailler; marchand de vieille ferraille.

FERRAND, homme qui ferre les chevaux.

FERRÉ, garni, revêtu de fer; chemin pavé de cailloux; eau chargée de fer. *Ferratus.*

FERREMENT, outil ou instrument de fer; ce qui est propre à ferrer. *Ferramentum.*

FERRER, garnir de fer; mettre des fers à un cheval; garnir de pierres un chemin.

FERRET, fer d'aiguillette.

FERRETIER, marteau de maréchal pour forger.

FERRETTE, épée, sabre, arme tranchante.

FERREUR, qui ferre les aiguillettes. *Ferrarius.*

FERREUX, qui contient du fer. *Ferreus.*

FERRIÈRE, sac en cuir où le maréchal met ses outils.

FERRON, marchand de fer.

FERRONNERIE, lieu où l'on fait ou vend de gros fer; ouvrage de gros fer.

FERRONNIER, marchand de ferronnerie.

FERRUGINEUX, de la nature du fer, qui contient du fer. *Ferrugineus.*

FERRUGO, rouille du fer. *Ferrugo*, composée de *ferrum*, et d'*ærugo*, rouille.

FERRUMINATION, soudure du fer. *Ferrumen.*

FERRURE, garniture en fer; action de ferrer. *Ferruminatio.*

FERS, chaînes, liens; captivité.

DÉFERRER, ôter le fer, la ferrure; perdre sa ferrure.

ENFERRER, percer avec un fer.

ENFERRER (s'), être percé en se jetant sur un fer aigu, sur une arme pointue.

REFERRER, ferrer de nouveau.

D'où les noms propres *Defer, Lefer, Ferrand, Ferrandin, Ferret, Ferretier, Ferreux, Ferrière, Ferron, Ferronier.*

FÉRENTAIRE, soldat romain armé de traits et de frondes. *Ferentarius*, dér. de *fero*, je porte.

FÉRIR, darder, frapper, jeter, lancer, battre, heurter, pousser, piquer. Du lat. *ferrire*, fait de *fero* et *ferus*, et, suivant d'autres, de *ferrum*.

FÉRU, blessé, atteint, frappé, battu; très-amoureux.

FÉRULE, chez nos aïeux c'étoit un bâton pastoral; aujourd'hui la *férule* est une palette pour frapper dans la main par correction. Du lat. *ferula*; d'autres prétendent que dans l'origine la férule avoit été de fer, et que ce mot venoit de *ferrum*.

FÉRIE, jours de la semaine. Du lat. *feria*, jours de repos et de fêtes, auxquels il n'étoit pas permis de travailler; de *ferire*, immoler des victimes.

FÉRIAL, qui concerne la férie.

FÉRIABLE, de fête, réjouissant, agréable.

FERME, solide, assuré, stable, bien attaché, qui tient fixement. Du lat. *firmus*, fait du gr. *herma*, clôture, barrière, appui, soutien; d'où *heirmos*, lien, attache, parce que les choses bien liées sont plus solides et plus fermes.

FERME, métairie; domaine de campagne, bien rural avec bâtimens, bestiaux, instrumens aratoires; clos entouré de murs, en état de défense contre les animaux. Du lat. *firma*, fait du gr. *herma*, parce que dans l'origine les métairies étoient toujours fermées de murs; décoration du fond d'un théâtre.

FERMAGE, loyer d'une ferme.

FERMAIL, agraffe pour fermer, pour attacher les vêtemens.

FERMAILLÉ, *fermaillet*, treillis de fer pour fermer.

FERMANT, qui ferme, qu'on ferme.

FERME, fortement, fixement, d'une manière ferme. *Firmè.*

FERMÉ, qu'on a mis en état de faire résistance; clos fortifié.

FERMEMENT, avec fermeté; invariablement. *Firmiter.*

FERMER, clore, enclore ce qui est ouvert; affermir, assurer; fortifier, boucher, terminer. *Firmare.*

FERMETÉ, état de ce qui est ferme et compacte; solidité, assurance, courage, hardiesse. *Firmitas.*

FERMETURE, ce qui ferme; ce qui sert à fermer.

FERMETTE, petite ferme.

FERMIER, celui qui prend à ferme une

métairie, qui fait valoir un corps de ferme. *Firmarius.*

Fermoir, petite agraffe qui sert à fermer.

Fermure, lien pour attacher un bateau.

Ferté, forteresse. Du lat. *firmitas.*

Firman, ordre, décret du grand-seigneur. Du turk *firman*, que quelques-uns dérivent de *firmare.*

Firmament, voûte céleste; le ciel où sont les étoiles. Du lat. *firmamentum*, fait de *firmamen*, appui, soutien; du gr. *herma*, parce que le firmament est comme la base sur laquelle sont placées les étoiles.

Affermer, louer une ferme; prendre ou donner à ferme. *Firmare.*

Affermir, rendre ferme et stable; donner de la solidité. *Firmare.*

Affermir (s'), devenir plus ferme, se consolider.

Affermissement, action d'affermir; augmentation de consistance. *Firmitas, firmitudo.*

Affirmer, assurer fermement; soutenir qu'une chose est vraie. *Affirmare.*

Affirmatif, qui affirme, qui soutient une chose comme vraie. *Affirmans.*

Affirmation, action d'affirmer, assurance avec serment. *Affirmatio.*

Affirmative, proposition qui affirme.

Affirmativement, d'une manière affirmative. *Affirmaté.*

Confirmer, rendre plus ferme, plus stable, plus certain; conférer la confirmation. *Confirmare.*

Confirmatif, ce qui confirme.

Confirmation, ce qui ajoute à la certitude, à la stabilité d'une chose; sacrement de l'Eglise qui affermit dans la grâce du baptême. *Confirmatio.*

Déferrmer, mettre dehors ou en liberté ce qui étoit enfermé.

Enfermer, serrer dans un lieu qui ferme; clore de toutes parts; mettre en prison.

Infirmer, invalider, rendre et déclarer nul. *Infirmare.*

Infirmatif, qui infirme, qui rend nul en tout ou en partie.

Infirme, malade qui n'est pas ferme, qui a une infirmité, qui n'a pas l'entier usage de ses membres. *Infirmus.*

Infirmerie, lieu où l'on traite les infirmes et les malades dans un grand établissement.

Infirmier, celui qui soigne les infirmes et les malades dans un hôpital.

Infirmité, foiblesse, indisposition ou maladie habituelle. *Infirmitas.*

Refermer, fermer de nouveau; cicatriser les chairs.

Renfermer, enfermer de nouveau; contenir, comprendre en soi.

Renfermé, ce qui est enfermé.

FERMENT, levain. Du lat. *fermentum*, fait de *fervere*, être échauffé, bouillir.

Fermentif, qui a la vertu de fermenter.

Fermentation, agitation d'un liquide, d'un végétal, dont les parties en se décomposant forment un nouveau corps; division des esprits. *Fermentatio.*

Fermenter, causer la fermentation; s'agiter, se diviser par le moyen du ferment.

Fermentescible, disposé à la fermentation.

FERRANDINE, étoffe légère de soie et laine, de fleuret ou de coton; ainsi dite d'un sieur Ferrandin qui en fut l'inventeur.

Ferrandinier, fabricant de ferrandine.

FERTILE, qui produit en abondance. Du lat. *fertilis*, fait du verbe *fero*, porter.

Fertilement, avec fertilité, avec abondance. *Fertiliter.*

Fertiliser, rendre fertile.

Fertilité, qualité de ce qui est fertile. *Fertilitas.*

Infertile, stérile, qui ne produit rien, qui n'est pas fertile.

Infertilité, stérilité, sécheresse.

FERVEUR, ardeur, zèle pour les choses de piété. Du lat. *fervor*, du verbe *fervere*, brûler, prendre feu, jeter des flammes.

Fervent, ardent, qui a de la ferveur. *Fervidus.*

Fervemment, avec ferveur, avec feu. *Fervidè.*

Effervescence, bouillonnement produit par la chaleur; ébullition excitée par la mixtion d'un acide; émotion vive, passagère, irréfléchie de l'âme.

FESCELLE, moule à fromage. Du lat. *fiscellus*, panier, dim. de *fiscus.*

FESCENNINS, vers libres et obscènes chantés dans l'ancienne Rome, en l'honneur des nouveaux mariés, ainsi appelés parce qu'on s'en étoit servi d'abord dans la ville de Fescennine, en Étrurie. *Fescenninæ* ou *Fescennini versus*.

FETFA, mandement, décision, jugement du muphti. De l'ar. *fetfa*, ordre.

FÉTICHE, nom que les nègres de la côte de Guinée donnent à tout ce qui leur plaît de diviniser dans la nature. Ce mot est portugais dans son origine, et signifie proprement *charme* ou *amulette*.

FÉTICHISME, culte des fétiches.

FÉTIDE, infecte, puant; odeur forte. Du lat. *fetidus*.

FÉTIDITÉ, infection, puanteur, odeur forte et désagréable. *Fetiditas*.

FÉTU, * *festu*, brin de paille, baguette, houssine. Du lat. *festuca*. On a donné le nom de

FÉTU-EN-CU et de PAILLE-EN-CU, à un oiseau des tropiques, de la grosseur du pigeon, qui porte une longue queue.

FEU, matière subtile qui produit la chaleur et l'embrasement; principe du calorique, de la lumière et de l'électricité; matière combustible allumée; vivacité d'esprit, d'expression; chaleur du style. Du lat. *focus*, qu'on fait venir du gr. *phogó* ou *phozó*, je brûle.

FOYER, âtre, lieu où l'on fait le feu; lieu où l'on se chauffe et se promène dans les salles de spectacles.

FOUACE, *fouasse*, *fougace*, sorte de gâteau épais et cuit dans le foyer.

FOUACIER, marchand de fouaces.

FOUAGE, droit seigneurial sur chaque feu, maison et ménage.

AFFOUAGE, entretien en combustible d'une usine; droit de coupe de bois.

AFFOUAGEMENT, dénombrement des feux.

FOUÉE, chasse nocturne aux oiseaux, qui se fait avec du feu.

FOUGADE, *fougade*, *fougasse*, mouvement rapide et de peu de durée, comme celui d'un feu de paille; violent effort; petite mine pour faire sauter.

FOUGUE, mouvement violent, impétueux, dans la colère; ardeur de jeunesse. De *focus* et non de *fuga*, comme le dit M. Morin, qui ajoute : « Une fougue ressemble assez bien à l'impétuosité avec laquelle un homme épouvanté prend la fuite. » C'est précisément tout le contraire.

FOUGUEUX, ardent, impétueux, sujet à entrer en fougue.

FUSIL, petite pièce d'acier avec laquelle on bat un caillou pour en tirer du feu; arme à feu. De l'it. *focile*, fait de *focus*.

FUSILIER, * *fuselier*, soldat fantassin qui est armé du fusil.

FUSILLER, attaquer, combattre, tuer à coups de fusil.

FUSILLADE, coups de fusil tirés à la fois; action de fusiller.

FUSILLETTE, petite fusée d'artifice.

FEU, décédé depuis peu de temps. Du lat. *fuit*.

FEUILLANS, religieux de l'abbaye de *Feuillans*, en Languedoc, à cinq lieues de Toulouse; dans le diocèse de Rieux, ordre de Saint-Bernard. Ils furent réformés en 1573 par Dom Jean de la Barrière, leur abbé, qui amena plusieurs de ses religieux à Paris, d'après l'ordre de Henri III, le dernier prince de la race des Valois.

FEUILLE, chevelure des arbres et des plantes; lame mince de métal; certaine étendue de papier; nombre déterminé de pages. Du lat. *folium*, dér. du gr. *phullon*, *phullion*.

FEUILLADE, expansion laminée ou foliacée de certaines plantes.

FEUILLAGE, les feuilles des arbres, branches garnies de feuilles.

FEUILLAISON, temps de la pousse annuelle des feuilles.

FEUILLANTINE, sorte de pâtisserie feuilletée en chausson.

FEUILLARD, fer en feuille.

FEUILLÉ, garni de feuilles.

FEUILLÉE ombrage de branches garnies de leurs feuilles; couvert, abri en feuillage.

FEUILLE-MORTE, couleur de feuilles sèches.

FEUILLER, représenter les feuilles d'un arbre.

FEUILLERET, sorte de rabot pour les feuillures.

FEUILLET, deux pages d'un livre écrites sur le même carré, l'une d'un côté, et l'autre de l'autre; corps très-mince.

FEUILLETER, tourner les feuillets d'un livre, le parcourir; mettre la pâte en feuillets.

FEUILLETAGE, pâtisserie en feuilles; pâte feuilletée; manière de la faire.

FEUILLETÉ, gâteau en feuilles.

FEUILLETIN, endroit d'une carrière

où l'ardoise est tendre et facile à diviser.

Feuilleton, petite feuille d'un journal.

Feuillu, plein de feuilles.

Feuillure, entaillure dans le bois dans laquelle s'emboîtent les portes et les fenêtres.

Foliacé, de la nature des feuilles.

Foliaire, qui naît de la feuille ou qui en tient.

Foliation, assemblage des feuilles ou époque du développement des feuilles.

Folié, réduit en feuilles.

Foliiforme, ressemblant à une feuille. De *folium*, et de *forma*.

Folipare, qui ne produit que des feuilles.

Folio, numéro de la page d'un livre dont les feuilles sont pliées en deux.

Folioles, petites feuilles qui en forment une grande par leur union.

Folliculaire, écrivain de journaux, éditeur de feuilles périodiques. *Folliculus*.

Follicule, enveloppe des grains. *Folliculum*.

Allophylle, arbre de l'île de Ceylan, dont l'un des caractères est d'avoir les feuilles alternes. Du gr. *allos*, l'autre, et de *phullon*, feuille.

Afforage, pour *affoillage*, *affeuillage*, droit pour la visite du vin ; action d'attacher des feuillages pour l'annonce d'un débit de vin.

Défeuillaison, *défoliation*, chute des feuilles.

Défeuiller, ôter les feuilles.

Diphylle, plante, fleur composée de deux parties, qui n'a que deux feuilles. De *dis*, deux fois, et de *phullon*.

Effeuiller, *effioler*, dépouiller de feuilles, ôter les feuilles.

Effeuillaison, action d'effeuiller.

Exfoliation, chute des feuilles mortes ; partie d'une plante qui se détache par feuillets détachés ; séparation par feuilles de la partie cariée d'un os. *Exfoliatio*.

Exfoliatif, qui favorise l'exfoliation.

Exfolier (s'), tomber par exfoliation.

Fullomanie, pour *phyllomanie*, maladie des plantes, laquelle consiste dans une multiplication prodigieuse de feuilles, qui nuit à la floraison et à la fructification. Du gr. *phullomaneô*, fait de *phullon*, et de *mania*, folie, fureur, abondance excessive.

Phyllanthe, famille de tithymales, dont les fleurs naissent dans les aisselles des fleurs. De *phullon*, et d'*anthos*, fleur.

Phyllies, feuilles ambulantes ; orthoptères anomides ou insectes à ailes pliées en éventail, étuis mous. De *phullon*.

Phyllis, plante dont la beauté consiste dans son feuillage.

Phyllite, feuille pétrifiée ; substance portant l'empreinte d'une feuille. De *phullon*, et de *lithos*, pierre.

Phyllitis, la langue de cerf, plante dont les feuilles ressemblent à celles de l'oseille.

Phyllobolie, action de jeter des feuilles et des fleurs sur un tombeau, sur un triomphateur, sur le passage des processions. Du gr. *phullobolia*, de *phullon*, et de *bolê*, action de jeter, fait de *ballô*, je jette.

Phyllostome, genre de chauve-souris qui a sur le nez une membrane en forme de feuille. De *phullon*, et de *stoma*, bouche.

Polyphylle, qui a plusieurs feuilles ; nom donné au calice des fleurs, quand il est divisé en plusieurs parties ou petites feuilles. De *polus*, plusieurs, et de *phullon*.

Polyphyllée, feuille à plusieurs folioles.

Surfeuille, membrane qui enveloppe le bourgeon.

Tétraphylle, calice composé de quatre petites feuilles. De *tetra*, quatre, et de *phullon*.

Hexaphylle, qui a six feuilles. De *hex*, six, et de *phullon*.

Heptaphylle, à sept feuilles ou folioles. D'*hepta*, sept, et de *phullon*.

Hétérophylles, plante qui porte des feuilles dissemblables. D'*hetéros*, autre, différent, et de *phullon*.

Trèfle, plante légumineuse à fleurs ternées, employée comme fourrage ; l'une des couleurs noires d'un jeu de cartes, figurés en feuille de trèfle. Du lat. *trifolium*, fait du gr. *triphullon*, formé de *treis*, trois, et de *phullon*, feuille, parce que chaque petite tige de cette plante est composée de trois feuilles.

Trèflé, terminé en trèfle.

Tréfler, rengrener mal une pièce de monnoie, y marquer une double effigie.

D'où les noms propres *Feuillant*,

Feuillet, Lafeuille, Hautefeuille, Dorfeuille, Lafeuillade, Daigrefeuille.

FEUILLETTE, * *feillette, fillette*, tonneau de vin de la contenance d'un demi-muid. Suivant H. Estienne, dans son abrégé *de Arte vascularia*, de Lazare Baïf, les habitants de Lyon auroient donné le nom de *fillette* à une mesure de deux pintes; Ménage prétend que le mot *feuillette* vient de l'ital. *foglietta*, mesure de vin. Ce mot, fait-il observer, n'étant pas ancien dans la langue italienne, en cette signification, il seroit possible qu'il eût été emprunté du françois.

FEUTRE, * *fautre*, anciennement matelas, lit, grabat, bourre; aujourd'hui étoffe de poils ou de laine foulés et collés sans tissure, dont on se sert pour faire des chapeaux. Borel le dérive du lat. *philtrum*, et Du Cange de la bass. lat. *filtrum, feltrum*, étoffe de poils collés ensemble; dér. de l'all. *filt*, qui signifie la même chose, et dont les Italiens ont fait *feltro*.

FEUTRAGE, action de faire le feutre.

FEUTRER, fouler le poil ou la laine, pour en former une étoffe.

CALFEUTRER, boucher les fentes d'une porte, d'une fenêtre. *Voy.* CALFATER, p. 112.

CALFEUTRAGE, action de calfeutrer; ouvrage de celui qui calfeutre.

FÉVRIER, second mois de l'année chrétienne. *Februarius*, parce que chez les Romains c'étoit le mois où l'on offroit des sacrifices expiatoires, *februa*, pour expier quelque crime commis; de *februare*, purger, nettoyer.

FI, * *phy*, interjection ou onomatopée qui marque le dégoût, le dédain, l'aversion, le blâme, le mépris et l'horreur. Quelques-uns le dérivent du lat. *phi* ou *fi*, qui a la même signification, que l'on dérive du gr. *pheu*; mais, je le répète, la particule *fi* est une onomatopée. Les Italiens disent *fi*, les Espagnols *fai*; en allem. *pfui*, en angl. *fie*, en flam. *foei*.

FIACRE, voiture de louage ou de place, timbrée d'un numéro; cocher qui la mène.

Le sieur Sauvage obtint en 1650 le privilége d'établir des carrosses publics. Il logeoit à Paris rue Saint-Antoine, à l'enseigne de saint Fiacre, dont ses voitures prirent le nom: peu de temps après, un sieur Blavet donna son nom à des voitures qu'il louoit à ceux qui en avoient besoin.

FIAT, soit, que cela se fasse. Du lat. *fiat*.

FIBRE, filament délié des chairs, des plantes, etc. Du lat. *fibra*.

FIBREUX, composé de fibres, rempli de fibres.

FIBRILLE, petite fibre; filet transversal qui lie les fibres.

FIBULE, sorte de boucle, d'agraffe, d'anneau, dont les anciens se servoient pour attacher leur manteau. Du lat. *fibula*.

AFFUBLER, vêtir, couvrir son corps d'un manteau, sa tête d'un voile. De la bass. lat. *affibulare*, fait de *fibula*.

AFFUBLEMENT, habillement, vêtement.

INFIBULATION, suture, réunion par un anneau des parties femelles de la génération pour empêcher le coït.

INFIBULER, faire l'opération de l'infibulation.

FICELLE, * *fiscelle*, petite corde de fil. Du lat. *fidicula*, pour *funiculus*, fait de *funis*, corde, que l'on dérive du gr. *ines*, nerfs.

FICELER, lier, attacher avec de la ficelle.

FICELLIER, dévidoir pour la ficelle.

FUNAMBULE, danseur de corde. *Funambulus*, de *funis*, corde, et d'*ambulare*, marcher.

FUNICULAIRE, formé de cordes, de ficelles.

FUNIN, cordage d'un vaisseau.

FICHE, signe quintuple du jeton; marque du jeu ayant une valeur de convention.

Ce mot est formé de l'angl. *fish*, poisson: il est encore de ces poissons dans les anciennes boîtes de jeu et chez les marchands de curiosités. L'origine en remonte au règne d'Elisabeth, c'est-à-dire vers la fin du XVIe siècle. Perdre un panier de *fiches*, c'étoit alors perdre un panier de goujons en écailles ou en nacre de perle.

FIEL, liqueur jaunâtre et amère contenue dans la vésicule; bile; animosité, vif ressentiment; humeur caustique. Du lat. *fel, fellis*.

FIENTE, * *fiante*, excrément de certains animaux. De *fimetum*, dim. de *fimus*. Voy. Fange.

Fienter, jeter son excrément, en parlant de certains animaux.

Fienteux, plein de fiente.

FIERTE, châsse de saint, reliquaire, cercueil. Du lat. *feretrum*, que l'on dérive de *fero*, porter.

On appelle encore ainsi par excellence, en Normandie, et particulièrement à Rouen, la châsse qui renferme les reliques de saint Romain. On connoît l'anecdote populaire à son sujet, dont l'ancien auteur de la Vie de cet archevêque ne parle pas. Romain vouloit délivrer la ville de Rouen d'un énorme dragon, dont les ravages et l'appétit glouton répandoient la terreur et la désolation à plusieurs lieues à la ronde. Il part pour exécuter son dessein, étant accompagné de deux prisonniers; l'un étoit détenu pour vol, et l'autre étoit à la veille de périr du dernier supplice pour certain assassinat qu'il avoit commis. Le père Dom Pommeraye, *Histoire des archevêques de Rouen*, fait seulement mention de l'assassin; mais la tradition la plus répandue met aussi le voleur en scène. Escorté de cette honnête compagnie, le saint marche, aussi bravement que le fit quelques siècles après Déodat de Gozon, à la rencontre du monstre. Son aspect hideux, les flammes qui lui sortoient de la gueule font fuir le larron; mais le meurtrier n'est point intimidé, et le saint finit par attacher son étole au col du farouche animal. Ceci prouveroit, si l'on pouvoit compter sur la véracité d'un pareil récit, que dans son origine l'étole n'auroit pas été un vêtement. Quoi qu'il en soit, la bête farouche, conduite en lesse par le meurtrier, fut amenée dans l'intérieur de la ville de Rouen, où elle fut brûlée *in conspectu gentium*. Cet événement eut lieu, dit-on, sous le règne de Dagobert, et son règne fut aussi fécond en saints et en miracles que celui de Louis XIV le fut en grands hommes. Le bon roi Dagobert, instruit de cette aventure, s'empressa d'appeler à sa cour le saint archevêque, et, pour conserver la mémoire de ce fait, il octroya à l'église cathédrale de Rouen le privilége de délivrer un criminel tous les ans, la veille de l'Ascension, jour anniversaire de la victoire de saint Romain et de son compagnon. Quoi qu'on puisse dire de la prétendue origine de cette fameuse prérogative qui a rendu quelques bandits à la société, elle a subsisté jusqu'à la révolution. Il ne s'agissoit, au surplus, pour laver un criminel que l'on vouloit absoudre, ainsi que ses complices qui jouissoient de la même faveur par surabondance de grâce, que de leur faire lever la fierte sur le perron de l'ancien palais des ducs de Normandie, aux cris de vive le Roi, et de la porter à la procession de la cathédrale. On leur servoit au retour une collation dans une salle de la vicomté, puis, après une semonce, ils recevoient leur congé définitif. Les rois de France qui ont conservé ce privilége en pleine vigueur, dès le temps même où Philippe-Auguste réunit la Normandie au domaine royal, prescrivirent quelques motifs d'exclusion de grâce. Tels devoient être les incendiaires, les empoisonneurs, les assassins, les duellistes, les faux monnoyeurs, etc. Malgré ces motifs, le chapitre et l'archevêque n'en faisoient pas moins leur volonté, lorsqu'ils vouloient tirer d'affaire un individu, quelque crime qu'il eût commis.

On appela par suite *cas fiertable* un meurtre commis dans l'aveuglement d'une colère violente excitée par un motif grave et même criminel. Par exemple, le fait d'un homme qui tuoit sa femme, *flagranti delicto* étoit un *cas fiertable*, et à plus forte raison se trouvoit dans le cas de celui qui prétendoit en avoir tué un autre par accident, ou seulement pour défendre sa propre vie. Au surplus, on doit être bien persuadé que l'importance des protecteurs qui réclamoient en faveur du *portefierte* emportoit de droit les trois quarts de la culpabilité. *Voy.* N. Rigaud, *continuation de l'Histoire de De Thou*; tom. x, p. 227, La Haye, 1740.

FIÈVRE, fréquence du pouls, mouvement déréglé du sang, avec feu intérieur causé par la maladie. Du lat. *febris*, fait de *fervere*, être bouillant.

Fiévreux, qui cause la fièvre; qui a la fièvre. *Febricosus*.

Fiévrotte, petite fièvre. *Febricula*.

Fébricitant, qui a la fièvre. *Febricitans*.

FÉBRIFUGE, remède contre la fièvre; qui chasse la fièvre. De *febris*, et de *fuga*, fuite.

FÉBRILE, de la fièvre; qui a rapport à la fièvre. *Febrilis*.

ANTIFÉBRILE, bon contre la fièvre.

FIFRE, sorte de flûte, dont le son fort aigre a le pouvoir de charmer les oreilles des soldats; onomatopée du bruit aigu de cet instrument. De l'all. *pfeiffe*; *pfeiffen*, jouer du fifre, et *pfeiffer*, celui qui en joue.

FIFRE, musicien qui joue de cet instrument.

FIGUE, fruit mou, sucré, rempli de petits grains, et qui renferme sa fleur. Du lat. *ficus*, fait du gr. *suké*, *sukéé*, figuier, et *sukon*, figue.

FIGUERIE, lieu planté de figuiers.

FIGUIER, arbre laiteux à feuilles palmées, qui produit les figues. *Ficus*.

FIC, excroissance de chair en forme de figue.

FICOÏDES, *ficoïdées*, familles de plantes grasses, exotiques, à fleurs blanches, jaunes et rubicondes, ainsi dites de la conformité de quelques-uns de leurs caractères avec ceux du figuier. De *ficus* ou de *suké*, et d'*eidos*, forme, ressemblance.

FICOÏDAL, du genre des ficoïdes.

FIGURE, forme extérieure des corps; représentation humaine, visage, symbole, mine, apparence, comparaison en rhétorique. Du lat. *figura*.

FIGURER, faire figure, représenter, imiter, donner une forme, représenter comme symbole. *Figurare*.

FIGURANT, personnage de théâtre qui figure.

FIGURATIF, qui présente la figure, le symbole de quelque chose.

FIGURÉMENT, d'une manière figurée.

FIGURATIVEMENT, en figure. *Figuraté*.

FIGURÉ, composé de figures, où l'on met des figures; représenté trait pour trait. *Figuratus*.

FIGURINE, petite figure en peinture ou en sculpture.

FIGURISTE, sectaire qui regarde l'ancien Testament comme une figure du nouveau.

FIGURISME, système des figuristes.

CONFIGURATION, figure, forme extérieure, manière dont on est figuré.

CONFIGURER, figurer l'ensemble.

DÉFIGURER, altérer les formes, la figure, rendre difforme, méconnoissable.

TRANSFIGURER, changer de figure pour en prendre une autre. *Transfigurare*.

TRANSFIGURATION, changement dans les formes, métamorphose. *Transfiguratio*.

FIL, petit corps ou brin long et délié qui se tire de l'écorce du chanvre, du lin, de la laine, du coton, de la soie, unis et tordus; métal alongé dans la filière; fibres déliées; tranchant d'un instrument qui coupe; courant de l'eau; suite d'un discours. Du lat. *filum*, fait dans le même sens que *hilum*, peu de chose, et de *pilus*, poil, cheveux.

FILAGE, manière de filer ou de faire le fil.

FILAGORE, petite ficelle dont l'artificier fait usage pour étrangler ses cartouches.

FILAGRAMME, figures tracées dans le papier.

FILAIRES, vers intestinaux longs et déliés qui se développent dans le corps des insectes.

FILAMENT, petit filet ou brin long et délié du tissu des plantes, des racines et des muscles.

FILAMENTEUX, qui a des filaments.

FILANDIÈRE, femme dont le métier est de filer; les trois parques.

FILANDRES, vapeurs coagulées en filaments ou fils blancs et longs, qui volent en l'air pendant l'automne; longue fibre dans la viande, les fruits, etc.

FILANDREUX, rempli de filandres.

FILARDEAU, jeune brochet; jeune arbre à haute tige.

FILARDEUX, pierres ou marbres traversés par des fils.

FILARIA, arbre toujours vert, de la famille des jasminées, dont les branches sont comme des fils.

FILASSE, lin ou chanvre délié, peigné, cardé et prêt à filer.

FILASSIER, ouvrier qui façonne, fait ou vend de la filasse.

FILATEUR, maître d'une filature.

FILATIER, marchand ou fabricant de fil.

FILATRICE, fileuse de soie.

FILATURE, lieu où l'on prépare et file le coton, la soie, etc.

FILE ; suite ou rangée de choses ou de personnes, en long, et disposées l'une après l'autre; rangée de soldats.

FILÉ, or, argent, cuivre, fer, tirés à la filière.

FILER, faire du fil au métier ou à la main; s'étendre en filets continus; aller à la file l'un après l'autre; conduire une intrigue; se retirer à petit bruit; s'écouler lentement; s'en aller.

FILERIE, lieu où l'on file le lin ou le chanvre.

FILET, petit fil, fil mince et délié; petit fil des plantes. De *filetum*, dim. de *filum*.

FILETS, embûches, piéges, réseaux faits en fil plus ou moins gros, pour prendre du poisson, des oiseaux, pour garantir le fruit du bec des oiseaux.

FILEUR, *fileuse*, ouvrier qui file dans une filature.

FILICORNE, insecte dont les antennes sont déliées comme un fil. De *filum*, et de *cornu*.

FILICULE, plante capillaire.

FILIÈRE, outil, instrument d'acier percé pour filer les métaux.

FILIFORME, délié, menu et alongé comme un fil. De *filum*, et de *forma*.

FILIGRANE, ouvrage d'orfévrerie travaillé à jour et fait de petits filets. De l'ital. *filigrana*, fait de *filum*; et de *granum*; les anciens le nommoient *filatim elaboratum opus aureum, argenteum*.

FILIPENDULE, qui pend comme par un fil.

FILOCHE, espèce de petit filet dans lequel on met l'argent; sorte de tissu; câble de moulin.

FILON, veine métallique sous terre. De l'ital. *filone*, augm. de *filo*, fil.

FILOSELLE, grosse soie, sorte de fleuret destiné à la filature.

FILOTIER, marchand de fil dans les marchés.

FILURE, qualité de la chose filée.

AFFILER, aiguiser, donner le fil à un instrument tranchant; passer un lingot de métal à la filière.

AFFILOIR, pierre pour affiler ou aiguiser un instrument tranchant.

DÉFILÉ, passage étroit où l'on ne peut aller qu'à la file; situation difficile.

DÉFILER, ôter le fil; marcher à la file; dépasser un fil; quitter le fil.

ÉFAUFILER, tirer la soie d'un bout coupé de ruban ou d'étoffe.

EFFILÉ, long, grand, menu.

EFFILÉS, franges en bordure.

EFFILER, *effilocher*, défaire un tissu fil à fil.

EFFILOCHER, *effiloquer*, effiler un tissu de soie pour faire de la ouate.

EFFILOQUES, fils, brins tirés sur le bord d'une étoffe, d'un ruban, etc.

EFFILURE; fils ôtés d'un tissu.

ENFILADE, longue suite de choses placées à la file et sur la même ligne.

ENFILER, passer du fil; passer au travers d'une chose; percer de part en part; suivre en droite ligne.

ENFILEUR, *enfileuse*, qui enfile; ouvrier qui passe les têtes d'épingles dans les branches; menteur.

FAUFILER, coudre le fil à longs points écartés, pour faire une fausse couture.

ESTAFILADE, large coupure avec un instrument tranchant. Du Cange le dérive du lat. *extrà filata*, à cause de la ressemblance d'une estafilade à un fil hors de sa trame; en it. *stafilata*.

PARFILER, séparer l'or et l'argent de la soie; coudre la verjure des papiers sur les bâtons.

PARFILAGE, action de parfiler; ses effets.

RENFILER, enfiler de nouveau.

TRÉFILER, faire passer les métaux par la filière.

TRÉFILERIE, art de tréfiler; lieu où l'on tréfile; machine pour tirer à la filière.

TRÉFILEUR, ouvrier qui tréfile ou qui passe le laiton à la filière.

FILOU, fripon qui vole par adresse; qui trompe au jeu. Suivant Ménage, ce mot, vers la fin du xvɪe siècle, désignoit un petit bâton d'ivoire, long de trois pouces et de la grosseur du petit doigt, à six pans, marqué comme un dé sur chaque face, avec lequel on jouoit. Ce bâton s'appeloit *cochonnet*; or, dit-il, comme il est aisé de piper à ce jeu, et qu'on y pipoit ordinairement, on appela *filoux* et *filoutiers* ceux qui y pipoient et escroquoient en quelque occasion que ce fût : ce nom fut ensuite donné à ceux qui voloient la bourse pendant la nuit, et tiroient la laine (dérober le manteau). Il propose pour étymologie la bass. lat. *fillo, fillonis*, voleur; d'autres le dérivent du gr. *phitétís*, ou de *sphal*, trompeur; de *phélésia*, vol; fait de *phélos*, tromper; du flam. *feil*, mauvais sujet; du lat. *fallo*, tromper; d'où viendroit le mot Félon. *Voy.* ce mot.

Filouter, voler avec adresse.

Filouterie, vol de filou.

FILS, enfant mâle. Du lat. *filius*, que l'on dit venir du gr. *philos, philios*, parent, allié, associé.

Fille, enfant du sexe féminin; qui n'est ou n'a point été marié. Du lat. *filia*.

Filial, qui appartient au fils ou à la fille; d'un bon fils. *Filialis*.

Filialement, d'une manière filiale; en bon fils.

Filiation, descendance du fils ou de la fille; suite naturelle; descendance.

Fillage, état de fille.

Fillatre, beau-fils; gendre.

Fillette, petite fille; jeune personne; grisette.

Filleul, celui qu'on a tenu sur les fonts de baptême. *Filiolus*.

Affiliation, action d'adopter, d'associer, de regarder comme fils; admission dans une corporation, dans une secte ou une confrérie.

Affilier, adopter, associer. De la bass. lat. *adfiliare*, pour se faire admettre dans un corps, *in filium adoptare*.

FILTRE, pour *philtre*, breuvage pour inspirer de l'amour; organes du corps qui filtrent les humeurs; toute chose propre à filtrer. Du lat. *philtrum*, fait du gr. *philein*, aimer.

Filtrer, passer ou faire passer une liqueur à travers une étoffe, etc., pour la rendre plus claire et plus pure.

Filtration, action de filtrer; son effet.

Infiltrer, en parlant d'un liquide, pénétrer dans les pores d'un solide.

Infiltration, action d'infiltrer.

FIN, terme, extrémité, bout, borne; la mort; motif, but qu'on se propose. Du lat. *finis*; par métaphore, fin se prend pour habile, rusé, adroit, délié, menu, achevé, principal, qui en veut venir à ses fins.

Fin, l'opposé de faux; de bon aloi; action.

Finage, extrémité de l'étendue d'un territoire.

Final, *finale*, qui finit, qui termine; qu'on a pour but; dernière syllabe, dernière lettre, dernière note.

Finalement, à la fin, d'une manière qui termine.

Finasser, *fignoler*, user de finesse; vouloir mettre de la finesse.

Finasserie, *finoterie*, mauvaise petite finesse; petit subterfuge.

Finasseur, *finassier*, qui finasse dans de petites choses.

Finaud, *finet, finot*, rusé, malin, délié.

Finement, avec finesse, ingénieusement, délicatement.

Finesse, qualité de ce qui est fin et délié; délicatesse d'esprit ou d'exécution; ruse, subtilité, adresse, artifice.

Finette, instrument de labourage.

Fini, parfait, achevé; perfection d'exécution. *Finitus*.

Finiment, perfection d'un ouvrage bien fini.

Finir, conduire à la fin; donner le fini; mettre la dernière main; achever, terminer; mourir. *Finire*.

Finisseur, ouvrier qui finit et donne la dernière main aux ouvrages.

Finiteur, l'horizon.

Finito, état final; arrêté d'un compte.

Finance, argent comptant; somme payée au roi pour une charge; corps des financiers; art d'asseoir et de lever les impôts. Du lat. *finis*, promesse de donner une somme d'argent.

Financer, payer le prix d'une charge; payer, débourser.

Financier, qui manie, connoît et administre les finances d'un Etat.

Financière, écriture de lettres rondes; caractère d'imprimerie qui l'imite.

Afin, * *adfin*, dans la vue de, conjonction qui indique le but et la conséquence d'une action. *Ad finem*.

Enfin, à la fin, après tout; pour conclusion. *In finem*.

Affiner, *raffiner*, rendre plus fin, plus pur. D'*affingere*, formé d'*ad*, à, et de *fingere*, façonner.

Affinage, *raffinage, raffinement*, action de rendre plus fin, plus pur, ou d'affiner.

Affinerie, *raffinerie*, lieu où l'on

affine les métaux, et où l'on raffine le sucre.

AFFINEUR, *raffineur*, qui raffine, qui travaille à raffiner.

AFFINITÉ, alliance, rapport, rapprochement, conformité. *Affinitas*, formé d'*ad*, auprès ; et de *fines*, limite.

AFFINOIR, *raffinoir*, instrument pour affiner, pour rendre le lin ou le chanvre plus fin, plus pur.

CONFINS, bout, fin, extrémité d'un pays.

CONFINER, se toucher par les limites ; reléguer vers les confins ; s'éloigner, se renfermer.

DÉFINIR, déterminer avec précision ; expliquer clairement la nature d'une chose ; montrer la fin. De *finire*.

DÉFINI, déterminé, expliqué d'une manière précise ; chose clairement expliquée.

DÉFINITEUR, titre claustral ; conseiller du général ou du provincial d'un ordre religieux.

DÉFINITIF, qui décide, qui détermine, qui règle. *Definitivus*.

DÉFINITION, explication de la nature d'une chose, du sens des mots, décision. *Definitio*.

DÉFINITIVEMENT, d'une manière définitive.

DÉFINITOIRE, assemblée claustrale ; lieu d'assemblée des définiteurs.

INDÉFINI, qu'on ne peut définir ; sans bornes.

INDÉFINIMENT, d'une manière indéfinie, sans terme fixe.

INDÉFINISSABLE, inexplicable ; qu'on ne peut pas définir.

INDÉFINITIÈME, indéfini.

INFINI, sans fin, qui n'a point de bornes, point de limites ; qu'on ne peut point calculer. *Infinitus*.

INFINIMENT, à l'infini, sans bornes ; sans fin. *Infinité*.

INFINITAIRE, partisan du calcul des infiniment petits.

INFINITÉ, qualité infinie, ou de ce qui est infini ; grand nombre. *Infinitas*.

INFINITÉSIME, partie infiniment petite.

INFINITÉSIMAL, calcul des infiniment petits.

INFINITIF, mode du verbe qui marque l'action sans désignation de nombre ou de personnes. *Infinitivus*.

PRÉFINIR, fixer une fin, un délai. *Præfinire*.

SUPERFIN, de première qualité par la finesse.

FIOLE, pour *phiole*, petite bouteille de verre. Du lat. *phiala*, fait du gr. *phialé*.

FISC, le trésor public ; ses agents. Du lat. *fiscus*, fait du gr. *phiskos*, panier, qui a été pris au figuré pour le trésor public ; comme chez les Anglois, *budget*, sac de cuir, représente les finances de l'État.

FISCAL, *fiscalité*, concernant le fisc ; qui regarde le trésor public.

CONFISQUER, saisir en faveur du fisc ; adjuger au fisc par condamnation. Quel est celui qui, ayant fait des études, ignore qu'au collège ce verbe signifie prendre, s'emparer, pour punir. Dieux ! qu'il a fait, qu'il fait encore, et qu'il fera couler de larmes !

CONFISCABLE, qui peut être confisqué.

CONFISCANT, sur quoi peut échoir la confiscation.

CONFISCATION, action de confisquer ; ses effets.

FIXER, saisir l'objet sur lequel on porte la vue, l'arrêter, le rendre immobile, se l'approprier, se l'identifier par le seul effet des regards. Du lat. *figere*, planter, enfoncer, clouer, attacher. Le mot *fixer* n'est pas françois dans le sens de regarder fixement, d'attacher un regard fixe sur une personne ou sur une chose.

FIXATION, opération qui fixe un corps volatil ; détermination du prix ; action de fixer, de déterminer une époque.

FIXÉ, invariable, immobile, déterminé ; stable, qui ne se meut ni ne varie. *Fixus*.

FIXEMENT, d'une manière fixe, attentivement, sans remuer les yeux.

FIXITÉ, état fixe ; propriété de n'être pas dissipé par le feu.

FICHE, morceau de fer pointu pour attacher, pour fixer, et joindre les pentures. De *fixa*. *Voy*. FICHE.

FICHANT, qui entre, qui pénètre, qui contrarie, traverse, fait de la peine.

FICHER, faire entrer la fiche par la pointe ; contrarier vivement.

FICHERON, petit fer en façon de cheville.

FICHET, petite fiche en ivoire pour

marquer à certains jeux. *Voy.* Fiche.

Ficheur, ouvrier qui fait entrer le mortier dans le joint des pierres.

Fichoir, morceau de bois fendu qui sert à fixer quelque chose sur une corde.

Fichu, mal fait, mal arrangé; sorte de mouchoir en pointe que les femmes mettent sur le cou, et qui est fixé par la pointe.

Fichure, sorte de trident avec lequel on darde le poisson dans l'eau.

Figer, condenser par le froid; se coaguler en refroidissant.

Figé, qui a pris de la consistance.

Figement, action de figer; ses effets.

Affiche, placard fixé à hauteur d'homme pour avertir le public de quelque chose.

Afficher, mettre, poser des affiches; donner de la publicité. *Affigere*, formé d'*ad* et de *figere*.

Afficheur, celui qui met et pose des affiches.

Affixe, joint, attaché à la fin d'un mot; particule qu'on y joint. *Affixus*, part. d'*affigere*.

Affiquet, petit bâton creux que les femmes portent à la ceinture pour soutenir leurs aiguilles lorsqu'elles tricottent, parce que cet instrument se fiche à la ceinture comme les ajustements nommés *affiquets* se fichent sur la tête, etc.

Préfix, déterminé; convenu d'une manière précise.

Préfixion, détermination d'un temps, d'un délai.

Refiger (se), se figer de nouveau.

FLACON, sorte de bocal ou de bouteille à vis et à bouchon de verre ou de métal. Ce que Rabelais, liv. 1, ch. 5, explique parfaitement : « Quelle différence, dit-il, est entre *bouteille* et *flacon*? grande; car *bouteille* est fermée à bouchon, et *flacon* à vis. »

Onomatopée du bruit de la liqueur versée hors du flacon, et qui tombe de quelque hauteur dans un vase sonore.

En dérivant ce mot de la bass. lat. *flasco*, Ménage rapporte que les François disent *flacon*; en ancien françois, *flac, flaccon, flache, flaische, flasche*; les Italiens, *fiasco, fiascone*; les Espagnols, *flasco*; les Allemands, *flasche*; les Flamands, *flesche*; les Anglois, *flagon*, etc.

Du son radical *flac*, sont venus les mots suivants :

Flaquer, *flacquer*, jeter brusquement de l'eau contre quelqu'un; vider son verre en jetant la liqueur qu'il contient; au figuré, lancer avec force, jeter avec violence. En ancien langage, *flacargne*, insulte, injure que l'on flaque contre une personne, et *flaquet*, *flaquis*, pour

Flaque ou *flacque d'eau*, mare croupissante, petit amas d'eau stagnante; pièce d'eau de si peu d'étendue, qu'il semble qu'on l'ait flaquée à l'endroit où elle est. En bass. lat. *flacco*.

Flaquée ou *flacquée d'eau*, l'eau que l'on flaque ou que l'on jette contre quelque chose.

Flasque, chose amollie par l'humidité; linge mouillé qui produit, quand on le soulève et qu'on le laisse tomber sur lui-même, le bruit de l'eau qu'on flaque à terre. Les Lat. ont dit *flaccidus* et *flaccus*, mots immédiatement formés du son naturel. Des étymologistes dérivent le lat. *flaccus* du gr. *blax*, mou, lâche, abattu.

Flaccidité, état des fibres relâchées du corps humain. *Flacciditus*, fait de *flacéescere*, devenir mou.

Flic-flac, terme de danse, sorte de pas qui se fait en traînant le pied en le ramenant contre le talon.

Flan, mot factice qui représente le bruit d'un coup violent.

Flanquer, donner un coup violent, dont le son est exprimé par *flan*. En ancien langage *flan*, meurtrière, canonnière, barbacane, petite embrasure pratiquée dans l'épaisseur d'un mur, pour tirer sur l'ennemi.

Flanc, *flanchet*, la partie du corps de l'homme ou des animaux, qui est depuis le défaut des côtes jusqu'aux hanches. Trippault, Guyet, Lancelot, le dérivent du gr. *lagôn*; Barbazan, du lat. *flatus*, et Wachter de l'all. *flanke*.

Flançois, pièce de l'armure qui couvroit les flancs du cheval.

Flanconade, botte de quarte forcée, qu'on porte dans le flanc de son adversaire.

Flandrin, homme élancé qui a une contenance flasque.

Flanquant, avancé.

Flanquer, présenter le flanc; appuyer les flancs; servir de défense; appliquer avec force; se placer, tomber.

Flanqueur, soldat qui inquiète le flanc de l'ennemi.

Afflasquir, devenir flasque.

Efflanqué, homme d'une taille élancée et fluette.

Efflanquer, amaigrir un cheval par un travail excessif.

FLAGEOLET, espèce de petite flûte à bec. De *flagellum*, branche de bois. Je ne sais à quoi ont pensé nos savants en dérivant ce mot du grec *plagiolos*, flûte traversière, composé de *plagios*, oblique, et d'*aulos*, flûte. Ménage s'en est plus approché, même en le faisant venir à sa manière, de *flaticioletum*, dimin. de *flaciolum*, fait de *flare*.

On a vu que du mot *cage* (V. Cave) nos aïeux avoient formé les verbes *cajoler* et *enjoler*, avec leurs dérivés. Ils en agirent de même avec le mot *flageolet*, qu'ils appeloient *flageol*; ils eurent leur verbe *flageoler*, jouer du flageolet, qui signifie aussi mentir, railler, tromper, faire des contes pour surprendre, conter des sornettes. De là ils firent:

Flagorner, anciennement louer, faire sa cour aux dépens des autres, dire des inutilités, conter des sornettes; aujourd'hui flatter avec bassesse et fausseté.

Flagornerie, anciennement subtilité, mensonge; aujourd'hui flatterie basse et plate.

Flagorneur, trompeur, conteur de sornettes; qui a l'habitude de flagorner. Boiste le dér. du lat. *falgrio*, flaireur de mets; et Barbazan, de *flagitare*, pour *flumma agitare*, demander avec importunité. Voy. *Glos. de la lang. rom.*, t. 1, p. 605.

Flagner, et non pas *flâner*, muser, niaiser, faire le badaud.

Flagneur, et non pas *flâneur*, qui aime à flagner, qui en a l'habitude.

FLAGRANT (*délit*), pris sur le fait. Du latin *flagrans*, brûlant, qui est en feu.

Flagrance, qualité, état de ce qui est flagrant. *Flagratio, flagranssa*, embrasement, incendie.

Conflagration, incendie, embrasement général. *Conflagratio*.

FLAMINE, nom d'un prêtre chez les Romains, attaché au culte de quelque dieu en particulier, et qui ajoutoit à ce nom générique celui du dieu qu'il servoit. Du lat. *flamine*, abl. de *flamen*, dér. de *filum*, fil, ou de *flammeum*, voile, à cause d'un voile ou bandelette de fil qu'ils portoient autour de la tête.

Flamme, banderolle longue, étroite et fendue au bout, en haut d'un mât. De *flammeum*.

Flamméum, voile de couleur de feu, que portoient sur la tête les filles que l'on marioit. Il étoit ainsi appelé *a colore flammæ*.

FLAMME, partie subtile et lumineuse du feu; corps impalpable et dense, que le vent agite et balance. Du latin *flamma*, que Vossius fait venir du gr. *phlemma*, pour *phlegma*, inflammation; dér. de *phlégó*, brûler.

Flamme, instrument de vétérinaire, pour saigner les chevaux.

Flammette, instrument de chirurgie, pour moucheter une partie ventousée.

Flamière, meule courante et concave.

Flamant, sorte d'oiseau à plumes rouges. De *flamma*, à cause de sa couleur.

Flammé, en forme de flamme.

Flammèche, parcelle enflammée dans l'air.

Flambant, qui jette de la flamme; en forme de flamme.

Flambart, fumeron qui produit de la flamme; météore qui s'attache aux mâts des vaisseaux.

Flambe, pour *flamme*, iris ou glaïeul, sorte de plante ainsi nommée de la forme de sa fleur. Il en est de même de la *flammule*.

Flambeau, sorte de torche; chandelier; celui qui éclaire.

Flambé, passé par la flamme, ruiné, perdu. *Flammeus*.

Flamber, jeter de la flamme, passer dans ou par-dessus la flamme. *Flammare*.

Flamberge, la bonne épée de Regnauld de Montauban; lorsque le héros s'en servoit, elle sembloit jeter des flammes.

Flambillon, petite flamme.

Flamboyant, qui jette des flammes.

Flamboyer, briller comme la flamme, jeter un grand éclat.

Flambures, taches d'une étoffe teinte inégalement.

ENFLAMMER, mettre en feu, allumer, embraser; échauffer, exciter. *Inflammare.*

INFLAMMABILITÉ, qualité de ce qui est inflammable.

INFLAMMABLE, qui s'enflamme aisément.

INFLAMMATION, action de s'enflammer ou d'enflammer; âcreté aux parties malades du corps. *Inflammatio.*

INFLAMMATOIRE, qui enflamme; qui tient de l'inflammation.

RENFLAMMER, enflammer de nouveau; inspirer un nouvel amour.

FLAN, sorte de gâteau, pièce de pâtisserie qui se fait avec de la farine, du beurre, du lait et des œufs. En bas. lat. *flanto*, dér. de *flato, flatonis.* Barbazan pense que ce mot de *flan*, soit gâteau, soit les flancs de l'homme ou des bêtes, vient du lat. *flatus*, vent, souffle, respiration; les gâteaux, ajoute-t-il, ne sont que du vent, les flancs respirent et aspirent toujours. Dans la première acception de ce mot, son nom auroit pu venir de sa couleur jaune, et formé de *flavens.*

FLATRER, *flétrir*, nos pères disoient *flat*, coup, tape, soufflet; du lat. *flatilis*; puis *flastir, flastrer, flastrir, flestir*, jeter avec violence, dompter, assujétir, lancer, pousser, frapper, renverser, marquer d'un fer chaud. En lat. *flaccescere, flaccere, flectere.* De là

FLATRER UN CHIEN, le marquer d'un fer chaud sur le front, lorsqu'il a été mordu d'un autre chien, afin de prévenir la rage.

FLÉTRIR UN CRIMINEL, le marquer d'un fer chaud; au figuré, ternir, faner, ôter la couleur, la fraîcheur.

FLÉTRISSANT, qui flétrit.

FLÉTRISSURE, état d'une chose flétrie; marque d'un fer chaud par ordre juridique; atteinte portée à l'honneur.

FLATTER, ce verbe indique une action gracieuse au propre et au figuré; c'est faire aspirer le *flat* d'une fleur; dire des choses agréables, louer à l'excès, peindre en beau, caresser, consoler, donner de l'espoir. Sylvius, Trippault, Nicod, le dér. de *flatare*, fréquentatif de *flare.*

FLATTERIE, louange fausse et outrée pour plaire; séduction par les louanges.

FLATTEUR, *adj.*, qui sent la flatterie.

FLATTEUR, *flatteuse*, qui flatte habituellement.

FLATTEUSEMENT, d'une manière flatteuse.

FLATTUEUX, qui cause, qui a des flatuosités.

FLATTULENCE, maladie causée par les flattuosités.

FLATTUOSITÉ, vent qui sort du corps.

FLÉAU, instrument composé de deux bâtons inégaux unis par des courroies, pour battre le blé; verge transversale qui suspend les bassins d'une balance; barre de fer à bascule et mobile, pour fermer les portes cochères; châtiment du Ciel; instrument de sa vengeance; grand désastre. Du lat. *flagellum.*

FLAGELLAIRE, plante de la famille des asperges, ainsi dite à cause de sa ressemblance avec une poignée de verges.

FLAGELLER, fouetter, battre de verges; terme de liturgie. *Flagellare.*

FLAGELLATION, action de flageller ou de se flageller. *Flagellatio.*

FLAGELLANTS, fanatiques qui se flagelloient en public.

FOUET, corde ou lanière de cuir, attachée à un bâton, pour frapper les bêtes de somme; coups de verges sur le derrière des enfants.

FOUETTER, donner des coups de fouet; battre de verges; lancer des traits satiriques; battre avec des verges pour faire mousser.

FOUETTEUR, qui fouette ou qui aime à fouetter.

FOUAILLER, donner souvent de grands coups de fouet; fréquenter les femmes.

FLÈCHE, trait qui se décoche, ce qui en a la figure; mot factice, formé sur le son de la flèche chassée de sa corde et qui fuit en sifflant. En ancien françois, *flic, flich, fliche, flique, flis*; en esp. *flecha*; en allem. *pfeil, flits, flistch.* Ménage et Borel le dérivent de l'all. *flits, flitch*; le père Labbe, de *flexus*, et enfin de *floccus*, à cause du petit flocon de plumes qui est au bout. M. Nodier (Dictionnaire des onomatopées) dit : *psi* est une autre onomatopée du bruit de la flèche, dont il reste peu de composés dans les langues; mais il est à remarquer que les Grecs en ont fait une de leurs lettres qu'ils ont représentée hiéroglyphiquement sous la figure d'une flèche empennée ou d'un trait appuyé sur son arc. Ψ.

Flèche de lard, tranche de lard coupée en long. En dan., en suéd., en norw. *flesk*, viande; en flam., en holl. *vleesch*; en angl. *flich*. Ces mots signifient viande en général, et jamais du lard en particulier.

Flèche, ville d'Anjou. En lat. *Fissa, Fixa, Flexia*.

Fléchier, ouvrier qui fait des flèches.

Fléchière, plante aquatique de la famille des joncs, ainsi dite de la forme de ses jets.

Enfléchures, échelles de corde des haubans.

D'où les noms propres *Laflèche, Fléchier*.

Fléchir, courber, ployer; se dit en parlant de l'inclinaison molle et légère d'un corps souple, comme les jeunes plantes et les roseaux; émouvoir, attendrir; perdre de sa vigueur. En lat. *flectere, flectum*, que l'on dér. du gr. *plékô*, au futur *plexô*. Voy. Plier.

Fléchissement, action de fléchir. *Flexio*.

Fléchisseur, muscle qui fléchit ou destiné à fléchir certaines parties.

Flexibilité, qualité de ce qui est flexible; souplesse. *Flexibilitas*.

Flexible, souple, aisé, qui plie aisément. *Flexibilis*.

Flexion, état de ce qui est fléchi; mouvement des muscles fléchisseurs. *Flexio*.

Flexueux, qui forme des flexions compliquées.

Circonflexe, accent qui alonge la lettre sur laquelle il se trouve et lui donne un son plus sourd. De *circum*, autour, et de *flexus*, fléchi.

Déflexion, déviation de la route naturelle.

Infléchi, fléchi en dedans.

Inflexible, inexorable, invariable, qu'on ne peut fléchir. *Inflexibilis*.

Inflexibilité, qualité, caractère inflexible.

Inflexiblement, d'une manière inflexible, sans fléchir.

Inflexion, changement, disposition à pencher; passage d'un ton de voix à un autre. *Inflexio*.

Irréfléchi, qui manque de réflexion; fait ou dit sans réflexion.

Irréflexion, manque d'attention, absence de réflexion.

Foible, qui manque de force, qui fléchit. *Flexibilis*, et non de *flebilis*; en ital. *fievole, debole*, qui n'a point de force.

Foiblage, droit d'affoiblir les monnoies.

Foiblement, d'une manière foible, avec foiblesse.

Foiblesse, action de fléchir, manque de force, perte de courage; défaut de ce qui est foible. En ital. *fievolezza, debolezza*.

Foiblir, perdre sa force, son courage, fléchir.

Affoiblir, rendre plus foible; ôter la force, atténuer la puissance.

Affoiblissant, qui affoiblit.

Affoiblissement, diminution de force, des facultés.

Débile, foible, sans force, languissant. *Debilis*.

Débilement, d'une manière débile. *Debiliter*.

Débilitation, affoiblissement des nerfs.

Débilité, foiblesse de l'estomac ou des nerfs avec langueur. *Debilitas*.

Débiliter, affoiblir en général. *Debilitare*.

Réfléchir, fléchir de nouveau sur les objets; repousser, rejaillir, renvoyer la lumière; penser mûrement, avec examen.

Réfléchi, fait avec réflexion, avec préméditation; renvoyé, en parlant des rayons de lumière; mûrement pensé, examiné.

Réfléchissement, *réflexion*, rejaillissement du son, de la lumière; action de rejaillir et de réfléchir.

Réflecteur, corps qui réfléchit la lumière.

Reflet, *réflexion*, réverbération de la lumière, de la couleur, d'un corps sur un autre.

Refléter, renvoyer la lumière ou la couleur sur un autre corps.

Réflexibilité, propriété d'un corps susceptible de réflexion.

Réflexible, propre à être réfléchi.

Réflexif, qui réfléchit.

Réflexion, action de réfléchir; rejaillissement; renvoi de la lumière par un corps sur un autre; méditation avec examen.

FLEGME, pour *phlegme*, humeur muqueuse, partie froide du sang; partie aqueuse et insipide que la distillation dégage du corps; esprit posé, patient, difficile à émouvoir. Du gr. *phlegma*, inflammation, pituite; fait par antiphrase, de *phlégó*, je brûle, j'enflamme; humeur non brûlée.

FLEGMATIQUE, *phlegmatique*, pituiteux, qui abonde en flegme; froid, difficile à émouvoir.

FLEGMAGOGUE, *phlegmagogue*, remède qui purge la pituite, les flegmes. De *phlegma*, et d'*agó*, je chasse, je fais sortir.

FLEGMASIE, *phlegmasie*, grande chaleur; inflammation. De *phlegma*.

FLEGMON, *phlegmon*, tumeur inflammatoire, pleine de sang, dans une partie du corps. De *phlegmoné*, inflammation.

FLEGMONEUX, *phlegmoneux*, de la nature du flegmon.

DÉFLEGMER, *déphlegmer*, enlever la partie aqueuse ou flegmatique d'un corps.

DÉFLEGMATION, *déphlegmation*, action de *déflegmer*. De la part. priv. *dé*, et de *phlegma*. Voy. PHLÉGÉTON.

FLEUR, partie colorée des végétaux; fraîcheur; partie des plantes qui précède et opère leur fécondité; onomatopée du bruit que fait l'air aspiré par l'organe qui recueillit les parfums de la fleur. En lat. *flos, floris*, que l'on dérive du gr. *chloos*, vert des plantes. Voy. CHLOÉ.

FLEURAGE, son du gruau.

FLEURAISON, saison de la formation des fleurs; des plantes fleuries. *Florescentia*.

FLEURÉ, *fleureté, fleuronné*, bordé de fleurs.

FLEURER, exhaler une odeur, répandre une odeur.

FLEURET, sorte d'arme, ainsi nommée de la mouche qui la termine et qui présente la forme d'une fleur.

FLEURETIS, chant sur le livre avec certains agréments appelés fleurs.

FLEURETTE, petite fleur; au figuré cajolerie, adulation.

FLEURI, qui est en fleur, dont les fleurs sont épanouies. *Floridus*.

FLEURIR, *florir*, être en fleur, pousser des fleurs; être à la mode; jouir de la considération publique. *Florare*.

FLEURISME, goût, passion, manie des fleurs.

FLEURISSANT, qui pousse des fleurs. *Florens*.

FLEURISTE, amateur de fleurs; qui cultive les fleurs; peintre de fleurs; marchand de fleurs artificielles.

FLEURON, ornement d'architecture en forme de fleur; prérogative dont on jouit.

FLEURONNÉ, composé de fleurons.

FLORAISON, état des arbres en fleurs.

FLORAL, qui appartient à la fleur.

FLORALES ou *jeux floraux*, fête en l'honneur de Flore. *Floralia*.

FLORE, déesse des fleurs. *Flora*.

FLORE, description ou catalogue des plantes à fleurs d'un pays déterminé.

FLORÉAL, mois des fleurs, le huitième de l'année républicaine.

FLORENCE, sorte de tafetas très-léger qui se faisoit à Florence.

FLORIFÈRE, qui porte des fleurs.

FLORIFORME, qui ressemble à une fleur.

FLORÈS (faire), jeter des fleurs; au figuré, faire grande dépense.

FLORIN, monnoie de la ville de Florence; ainsi nommée de la fleur de lis dont elle porte l'empreinte.

FLORIPARE, qui ne produit que des fleurs.

FLORISSANT, en honneur, en crédit. *Florens*.

FLORISTE, botaniste, auteur d'une flore.

FLOSCULEUX, composé d'une agrégation de fleurons.

AFFLEURER, niveler, mettre à fleur de terre, toucher de fort près.

DÉFLEURIR, ôter la fleur; perdre la fleur, faire tomber la fleur. *Deflorescere*.

DÉFLORER, ravir la virginité, cueillir la fleur d'innocence.

DÉFLORAISON, *défloration*, action de déflorer.

EFFLEURER, enlever la superficie, ôter les fleurs; toucher légèrement.

EFFLEURURE, action d'effleurer.

EFFLORESCENCE, enduit salin qui se forme à la surface des minéraux.

EFFLEURIR, se moisir, se pourrir, en parlant des fleurs; tomber en efflorescence.

EFFLEUROIR, outil pour effleurer.
ÉRAFLER, effleurer la peau; écorcher légèrement la peau.
ÉRAFLURE, légère écorchure.
INFLORESCENCE, disposition des fleurs et des fruits dans les plantes. D'*inflorere*, formé d'*in*, dedans, et de *florere*, fleurir.
PRÉFLEURAISON, état des fleurs avant leur épanouissement.
REFLEURIR, fleurir de nouveau. *Reflorescere*.
SURFLEURIR, fleurir après la fructification.
FLAIRER, * *fleurer*, sentir par l'odorat; respirer fortement pour sentir. Ce mot et le suivant viennent de fleur, et en dérivent par métonymie.
FLAIR, * *fleur*, odorat du chien.
FLAIREUR, * *fleureur*, parasite attiré par l'odeur des mets. Molière, dans son *Amphitryon*, a dit : impudent *fleureur* de cuisine.
D'où les noms propres d'hommes *Lafleur, Fleureau, Fleuriot, Fleuret, Fleurot, Fleurant, Fleury, Floris, Florian, Floridan, Florestan, Floridor, Florine, Florise, Florence, Florentine*; Les villes de *Fleurus*, en lat. *Flerestum*; *Fleury*, en lat. *Floriacum*; *Florac*, en lat. *Floracum*; *Florence*, en lat. *Florentia*; *Florensac*, en lat. *Florientacum*; *Floride*, en lat. *Florida*.
FLIBOT, petit navire de flibustier au-dessous de cent tonneaux. De l'ang. *fly*, léger, et de *boat*, bateau; barque qui vole.
FLIBUSTIER, boucanier, pirate de l'Amérique, commandant d'un flibot. Ce mot ne vient pas de *flibot*, c'est une altération de l'angl. *free*, franc, et de *booter*, pillard, voleur.
FLINT-GLASS, cristal anglois de couleur blanche. De l'angl. *flint*, caillou, et de *glass*, verre.
FLOCON, petite touffe, petite pelote de laine, de soie, de neige, ou de choses légères. Du lat. *floccus*, en ital. *fiocco*, en all. *flock*, en isl. *floka*, en angl. *flake*, que Bochart croit dér. du gr. *plokos, plokamos*, touffe de cheveux, fait de *ploké*, tissu, enlacement, dont la racine est *plékô*, j'enlace, je joins. *Voy.* PLIER.
FLOT, onde, vague; lame d'eau agitée; onomatopée des bruits des liquides qui s'écoulent. En lat. *fluctus*, fait de *fluere*, dér. du gr. *bluzein, bluein*, couler, sourdre, jaillir, ou de *phluzein, phluein*, être plein, regorger, bouillonner.
FLOTTER, être porté sur l'eau en suivant son mouvement; être dans l'irrésolution, être agité. *Fluctuare, fluitare*, être agité.
FLOTTABLE, où l'on peut faire flotter le bois.
FLOTTAGE, conduite du bois sur les flots; bois abandonné au cours de l'eau.
FLOTTAISON, partie du vaisseau qui est à fleur d'eau.
FLOTTANT, qui flotte; incertain, irrésolu, indécis. *Fluctuans, fluitans*.
FLOTTE, grand nombre de vaisseaux réunis allant ensemble.
FLOTTÉ (bois), venu en flottant. *Lignum, fluctuatum fluctivagus*.
FLOTTEMENT, ondulation du front d'une troupe en marche; irrésolution, incertitude. *Animi fluctuatio*.
FLOTTILLE, flotte de petits bâtiments.
FLOTTEUR, nageur; celui qui fait des trains de bois.
FLEUVE, grande rivière qui flue et tombe dans la mer sans avoir changé de nom. De *fluvius*, pour *flumen*, eau qui coule.
FLOUETTE, girouette.
FLUANT, papier qui est à peine collé.
FLUATÉ, combiné avec l'acide fluorique.
FLUCTUATION, mouvement de fluide; passage continuel de mouvements doux à des passions violentes. *Fluctuatio*.
FLUCTUEUX, agité de mouvements violents et contraires. *Fluctuosus*.
FLUCTUOSÉ, porté et entraîné par les flots.
FLUER, couler. *Fluere*, fait du gr. *bluein, bluzein*, sourdre, jaillir, ou de *phluein, phluzein*, être plein, regorger, bouillonner.
FLUEURS, et par contraction *fleurs*, maladie des femmes; écoulement d'humeurs mucilagineuses par le vagin. *Fluores*.
FLUIDE, qui coule aisément. *Fluidus*.
FLUIDITÉ, qualité de ce qui est fluide.
FLUOR, mot employé par les anciens chimistes pour désigner l'état liquide de ces corps, tels que les acides et les alcalis; désigne aujourd'hui une

substance ou corps compté au nombre des éléments chimiques.

FLUORIQUE (acide), combinaison de l'oxigène et du fluor; acide qui dissout le verre.

FLUATE, sel formé par l'union de l'acide fluorique avec une base.

FLUATÉ, combiné avec l'acide fluorique.

FLUURE, composé binaire formé par l'union directe du fluor avec une autre substance, la chaux, par exemple.

FLUORS, *flueurs*, cristaux de couleur, imitant les pierres précieuses.

FLUVIAL, qui concerne des fleuves; plantes aquatiques. *Fluvialis.*

FLUVIATILE, qui vient, qui se trouve dans l'eau douce. *Fluviatilis.*

FLUX, mouvement alternatif et réglé d'élévation de la mer; dévoiement, débordement de bile. Du supin *fluxum*, *fluctum*, faits de *fluctus.*

FLUXION, écoulement d'humeurs sur quelque partie du corps. *Fluxio.*

FLUXIONNAIRE, sujet aux fluxions.

AFFLUENCE, a d'abord signifié concours des flots, flux des grandes eaux, réunion de plusieurs fleuves qui fluent ensemble vers un même lieu; au figuré action de survenir en grand nombre et d'aborder dans le même lieu; abondance de biens qui afflue; réunion et grand concours de monde en un même lieu. *Affluentia.*

AFFLUENT, endroit où une rivière se jette dans une autre. *Affluens.*

AFFLUER, aboutir en un même lieu, se rendre au même canal, arriver en foule; venir en abondance. *Affluere.*

CONFLIT, choc, débat, contestation sur le droit de juger. *Conflictus.*

CONFLUENT, * *cande, candé, condate, condé*, jonction de deux rivières, pour couler ensemble. *Confluens.*

D'où les noms propres d'hommes et de lieux, *Coblentz, Condé, Conflans.* Ménage prétend que tous ces mots viennent du lat. *condere*, se cacher, à cause que l'une des deux rivières se cache dans l'autre et qu'elle s'y perd.

EFFLUENCE, émanation dans les corps électriques.

EFFLUENT, l'émanation des corps.

EFFLUXION, avortement du fœtus avant trois mois; écoulement d'une fausse couche.

EFFLUVIUM, évaporation des corpuscules d'un corps.

INFLUER, agir par influence, communiquer, déterminer. *Influere.*

INFLUENCE, puissance des astres sur les individus; action d'une cause.

INFLUENCER, exercer une influence, déterminer par l'ascendant.

REFLUER, retourner vers sa source. *Refluere.*

REFLUX, mouvement rétrograde de la mer après le flux. *Refluum mare.*

SUPERFLU, ce qu'on a de trop. *Superfluum.*

SUPERFLU, ce qui est de trop, qui ne sert de rien, inutile. *Superfluus,* qui déborde; de *superfluere,* *fluere super,* couler par-dessus.

SUPERFLUITÉ, ce qui est superflu, abondance vicieuse. *Superfluitas.*

FLOU, terme de peinture dont on se sert pour désigner un coloris doux, tendre, et comme soyeux et velouté; grâce et légèreté des touches; onomatopée du son moelleux d'une étoffe de soie, froissée avec la main ou agitée par le vent.

FLOU-FLOU, qui imite le bruit d'une étoffe de soie.

FLUET, * *flouet,* dim. de *flou,* mince, délicat, de foible complexion.

FLUTE, instrument à vent percé de plusieurs trous. Du lat. *fistula,* dér. de *flare,* onomatopée du souffle.

FLUTE, navire long et étroit; par analogie on appelle *flûtes* des jambes fort maigres, et un petit pain de forme longue.

FLUTÉ, doux comme le son de la flûte.

FLUTEAU, plante de la famille des joncs.

FLUTER, jouer de la flûte; boire beaucoup.

FLUTET, galoubet, flûte de tambourin.

FLUTEUR, qui joue de la flûte; qui aime à boire.

FISTULE, ulcère à entrée étroite et à fond large. De *fistula.*

FISTULEUX, de la nature de la fistule. *Fistulosus.*

AFISTOLER, tromper, piper, décevoir par de douces ou de belles paroles. De *fistula,* flûte, pipeau, sifflet; les Italiens ont dit au même sens *fistola,* contrefaire avec un appeau la voix des oisceaux, pour les faire tomber dans les filets.

AFISTOLER, *rafistoler* (se), s'arranger, faire un peu de toilette pour plaire.

FOCALE, mouchoir de cou des anciens; espèce de capuchon. De *focale*, couleur de feu. *Voy.* FEU.

FOETUS, embryon formé dans la matrice. Du lat. *fetus*, fait de *fero*, produire, ou de *fœtus*, dér. du gr. *phoïtan*, s'accoupler.

FOETATION, conception, accouplement.

FOI, observance exacte de sa parole; dogme, religion, assentiment, probité, assurance; la première des vertus théologales; croyance sans bornes à la révélation. Du lat. *fides*.

FÉAL, fidèle, intime ami. *Fidelis*.

FIDÉICOMMIS, disposition par laquelle un testateur charge son héritier de rendre à un autre les biens qu'il lui laisse. Du lat. *fideicommissum*, chose confiée à la foi, commise à la fidélité.

FIDÉICOMMISSAIRE, chargé d'un fidéicommis.

FIDÉJUSSEUR, qui répond de payer pour un autre. De *fide jubere*, cautionner, pour *jubere sua fide*.

FIDÉJUSSION, cautionnement. *Fidejussio*.

FIANCE, foi, probité, fidélité. De *fidentia*, pour *fides*.

FIANÇAILLES, promesse de mariage en présence d'un ministre de la religion.

FIANCÉ, qui a fait ou reçu promesse de mariage en forme.

FIANCER, promettre mariage; engager sa foi; faire la cérémonie des fiançailles. *Fidentiare*.

FIDÉLITÉ, foi, attachement à ses devoirs; exactitude à remplir ses engagements. *Fidelitas*.

FIDÈLE, qui garde la foi, qui a de la fidélité; exact, conforme à la vérité; qui ne trahit point; vrai croyant dans le système de chaque religion. *Fidelis*.

FIDÈLEMENT, d'une manière fidèle; exactement, avec probité. *Fideliter*.

FIDUCIE, vente simulée; confiance.

FIDUCIEL, ligne traversant le centre; point de la division d'une limbe qui sert de guide.

FIDUCIAIRE, fidéicommissaire; qui a charge de consigner à l'héritier une succession mise en dépôt entre ses mains. *Fiduciarius*, de *fiducia*, confiance.

FIEF, terre noble relevant d'un souverain, dont les vassaux qui en dépendoient devoient foi et hommage au seigneur tenancier. En bass. lat. *feudum*, fait de *fides*; d'autres dérivent à tort ce mot de *fœdus*.

FEUDATAIRE, possesseur d'un fief à charge de foi et hommage au souverain.

FEUDISTE, homme versé dans la matière des fiefs; on lui donnoit aussi le nom de commissaire à terrier.

FIEFFAL, qui appartient à un fief.

FIEFFANT, celui qui donne une terre à fief.

FIEFFATAIRE, celui qui prend une terre à fief.

FIEFFÉ, qui a un fief, dépendant d'un autre fief; renforcé, comme dans ces phrases: coquin fieffé, coquette fieffée, ivrogne fieffé, etc.

FIEFFER, donner un fief.

FIER, commettre à la fidélité de quelqu'un. De *fidere*, fait de *fides*.

FÉAGE, contrat d'inféodation; biens-fonds tenus en fief.

AFFÉAGER, donner en fief ou roture quelque portion d'un fief.

AFFÉAGEMENT, action d'afféager.

AFFIDÉ, à qui l'on se fie, à qui l'on a donné sa confiance. Du lat. *ad*, et de *fides*, dér. de *fidere*, se fier.

CONFIANCE, espérance, assurance ferme en quelqu'un, en quelque chose; hardiesse, présomption. *Confidentia*.

CONFIANT, qui a de la confiance; hardi, présomptueux. *Confidens*.

CONFIDEMMENT, en confidence.

CONFIDENCE, communication d'un secret qu'on donne ou qu'on reçoit; jouissance d'un bénéfice sous le nom d'un autre.

CONFIDENT, celui auquel on fait confidence, auquel on accorde sa foi.

CONFIDENTIAIRE, celui qui garde un bénéfice pour un autre.

CONFIDENTIEL, en confidence.

CONFIDENTIELLEMENT, d'une manière confidentielle.

CONFIER, commettre une chose à la fidélité, à la foi de quelqu'un; prendre confiance.

DÉFI, provocation, appel au combat; cartel. *Diffidatio*.

DÉFIANCE, soupçon de la fidélité; manque de confiance; crainte d'être trompé. *Diffidentia*.

Défiant, soupçonneux, porté à la défiance. *Diffidens.*

Défier, faire un défi, provoquer au combat. *Diffidere.*

Défier (se), avoir de la défiance, manquer de confiance.

Féodal, qui concerne les fiefs.

Féodalement, en vertu du droit de fief.

Féodalité, qualité de fief; foi et hommage dus au seigneur du fief.

Inféodation, action d'inféoder.

Inféoder, donner une terre pour être tenue en fief.

Infidèle, déloyal, sans foi, qui manque à ses promesses, qui trahit la fidélité; qualification que se donnent mutuellement les sectateurs d'une religion différente. *Infidelis.*

Infidélité, déloyauté, manque de foi. *Infidelitas.*

Infidèlement, d'une manière infidèle.

Méfiance, défaut de confiance; soupçon en mal.

Méfiant, qui se méfie, qui n'a pas de confiance.

Méfier (se), ne pas se fier, manquer de confiance.

Perfide, traître, infidèle, qui viole sa foi; qui est contre la foi jurée, contre la confiance, la loyauté. *Perfidus,* fait de *fides.*

Perfidie, manquement de foi, infidélité, trahison; abus de confiance. *Perfidia.*

Perfidement, avec perfidie, par une perfidie. *Perfidè.*

FOIE, gros viscère au côté droit de l'abdomen, lequel se compose de glandes qui séparent la bile du sang. En it. *fegato,* fait de *focus,* foyer; en all. *fegen,* purifier.

Fouaille, curée du sanglier, après la chasse.

FOIN, herbe graminée; herbe des prés, qui, étant séchée, sert à la nourriture des bestiaux. Du lat. *fenum, fœnum,* fait de *fetus,* production. *Voy.* Foetus.

Faner, étaler l'herbe fauchée; étendre le foin au soleil ou à l'air, pour le faire sécher; flétrir.

Fane, feuille des plantes.

Fané, desséché, flétri.

Fanage, action de couper le foin; salaire du faneur.

Fanaison, temps de faner le foin. *Fenisecium.*

Faneur, qui fane le foin.

Féner, récolter, faire sécher et serrer les foins.

Fénil, *fenière,* lieu où l'on serre le foin. *Fenile.*

Fenaison, saison de récolter les foins; action de couper et de récolter le foin.

Fenouil, sorte d'herbe aromatique ombellifère qui se trouve parmi le foin. De *fœniculum.*

Fenouillet, sorte de petite pomme grise et parfumée venue de l'Anjou à Paris, ainsi dite du goût de son eau, qui sent le fenouil.

Fenouillette, eau-de-vie de fenouil.

Affanures, salaire des moissonneurs en nature.

Effaner, ôter la fane des plantes.

Fenu-grec, le senegré, plante vivace, légumineuse, à graine émolliente. *Fœnum græcum.*

FOIRE, grand marché public à époques fixes. Du lat. *forum,* marché, place publique; dér. de *fero,* porter.

Forum, place où le peuple romain tenoit ses assemblées.

For, tribunal de justice; tribunal, juridiction. Du lat. *forum,* barreau; d'où *for intérieur,* jugement de la propre conscience; *for extérieur,* juridiction ecclésiastique.

FOIRE, fête annuelle patronale des villes et villages; présent au temps de la foire. De *feria.*

FOIRE, cours de ventre; excréments liquides. Du lat. *foria,* sorte de diarrhée; fait de *foris,* dehors.

Foirer, avoir le cours de ventre. *Forire.*

Foireux, qui a le cours de ventre; pâle, défait; peureux, poltron. *Foriolus.*

Fors, hormis, excepté. Du lat. *foris.*

FOIS, mot qui désigne le nombre, la quantité. Du lat. *vicis, vices,* alternative, retour.

Parfois, quelquefois; de temps à autre.

FOISON, abondance, grande quantité. Du persan *foûzoun,* qui a la même signification, et non pas de *fusione,* ablat. de *fusio,* comme le dit Ménage.

Foisonner, abonder, multiplier, produire davantage; paroître plus volumineux.

FOL., *fou, folle*, qui a perdu le sens, l'esprit, la raison ; plaisant, bouffon. De *volitatus*, suivant Barbazan. Ménage le dérive de *follus*, dont on a fait *follis*, soufflet, ballon à vent, auquel ressemble la tête d'un fou ; d'autres ont pensé que *fol* étoit un mot gaulois ; on a fait venir le *fou* du jeu d'échec ; de l'ar. *fil*, fait du persan *pil*, qui signifient un éléphant.

FALOT, drôle, plaisant, ridicule ; dim. de fol.

FALOTEMENT, d'une manière falote.

FOLATRE, gai, badin, un peu fou.

FOLATREMENT, d'une manière folâtre.

FOLATRER, badiner, plaisanter.

FOLATRERIE, badinage, plaisanterie.

FOLICHON, folâtre, badin.

FOLICHONNER, folâtrer, jouer, s'amuser.

FOLIE, aliénation d'esprit ; passion excessive, déraisonnable ; défaut de jugement par légèreté.

FOLLEMENT, d'une manière folle, avec extravagance.

FOLLET, un peu fou, qui aime à badiner.

FOLLETTE, sorte de fichu frisé.

AFFOLER, rendre fou, rendre ou devenir passionné jusqu'à la folie.

RAFFOLER, *raffolir*, devenir fou, se passionner, aimer à l'excès.

FOMENTATION, remède chaud, appliqué sur une partie malade, pour adoucir, fortifier, résoudre ; action de laver une plaie ; soulagement, lénitif. Du lat. *fomentatio*, que l'on dérive de *focus*, feu, ou de *fovere*, nourrir, entretenir.

FOMENTER, appliquer une fomentation ; entretenir sourdement, faire durer. *Fomentare*.

FOMENTATIF, qui fomente.

FONCTION, action pour s'acquitter du devoir d'une charge ; action des viscères.

FONCTIONS, action de mettre en page ; différentes puissances d'une quantité. Du lat. *functio*.

FONCTIONNAIRE, homme qui exerce une fonction publique ou de l'état.

FONCTIONNER, faire sa fonction.

DÉFUNT, *defunct*, qui est mort, décédé. *Defunctus*, composé du *de* priv., et de *functio*, sans fonction, qui n'a plus de fonctions à remplir.

FONDRE, amollir, rendre fluide par le feu ou par des liquides ; lier, mêler ensemble ; diminuer d'embonpoint ; jeter en fonte ; tomber impétueusement, à l'improviste ; attaquer avec violence. Du lat. *fundere*, que l'on dérive du gr. *chuō*, verser.

FONDANT, qui se fond ; fruit qui a beaucoup de jus ; remède qui sert à fondre les humeurs ; qui accélère la fonte des métaux.

FONDERIE, lieu où l'on fond les métaux ; art de fondre.

FONDEUR, ouvrier qui fond les métaux. *Fundarius*.

FONDOIR, lieu où les bouchers fondent leurs graisses.

FONDRILLES, *effondrilles*, ordures, sédiment des liquides déposés au fond d'un vase.

FONTE, action de fondre, de liquéfier, de résoudre en liqueur ; métal fondu ; mélange en général. *Funda, fusura*.

FUSAIN, *fusin*, le bonnet de prêtre ; arbrisseau de la famille des nerpruns ; charbon de ses branches, qui sert de crayon pour ébaucher. De *fusanum*, formé de *fusum*.

FUSAROLLE, ornement en collier, sous l'ove des chapiteaux. De l'it. *fusciolo*.

FUSEAU, petit instrument ovale alongé, qu'on laisse tomber, fondre, afin de tendre la matière qu'on file. Du lat. *fusus*.

FUSÉE, fil autour du fuseau ; pièce de feu d'artifice qui s'élève très-haut, et qui s'épanche en montant ; cône cannelé qui reçoit la chaîne du mouvement.

FUSELÉ, en forme de fuseau.

FUSER, s'étendre sous la peau ; le sang ; se répandre en fondant au feu.

FUSEROLLE, brochette de fer dans l'époullin.

FUSIBILITÉ, qualité de ce qu'il est fusible ; disposition à se fondre.

FUSIBLE, matière, métal qui peuvent se fondre ; qu'on peut mettre en fusion. *Fusibilis*.

FUSIFORME, en forme de fuseau. *Fusiformis*.

FUSION, fonte, liquéfaction ; division des parties par le calorique. *Fusio*.

CONFONDRE, mêler, brouiller des choses ensemble ; prendre pour un autre ; mettre en désordre ; donner de la confusion ; convaincre en humiliant. *Confundere*.

CONFUS, confondu, brouillé, mêlé ensemble; honteux; embarrassé, déconcerté. *Confusus*, fait de *cum*, avec, et de *fusus*, fondu.

CONFUSION, mélange confus; embrouillement; désordre; trouble de la pudeur; honte. *Confusio*.

CONFUSÉMENT, d'une manière confuse. *Confusè*.

DIFFUS, qui s'épanche au loin; prolixe, long et sans ordre; qui s'énonce avec une obscure prolixité. *Diffusus*.

DIFFUSION, action de ce qui s'épand, de ce qui s'étend; qualité des choses diffuses. *Diffusio*.

DIFFUSÉMENT, parler, raconter d'une manière diffuse. *Diffusè*.

EFFUSION, épanchement, action de répandre; démonstration de confiance et d'amitié. *Effusio*.

INFUS, ce qui est donné par la nature. *Infusus*.

INFUSER, faire tremper, macérer une substance dans un liquide.

INFUSIBLE, qui ne peut être fondu.

INFUSION, action d'infuser; liqueur dans laquelle on a fait infuser. *Infusio*.

INFUSOIRES, vers, animalcules nés dans les infusions, les eaux croupies.

INFUSUM, produit d'une infusion.

PARFONDRE, faire fondre également; entrer en fusion.

PROFUSION, excès de libéralité, de dépense.

PROFUSÉMENT, avec profusion.

REFONDRE, mettre à la fonte une seconde fois; refaire un ouvrage dans une meilleure forme.

REFONTE, action de refondre.

SUFFUSION, épanchement du sang ou de la bile sous la peau.

TRANSFUSER, faire la transfusion du sang; faire passer un liquide d'un récipient dans un autre.

TRANSFUSEUR, partisan de la transfusion du sang.

TRANSFUSION, action de transfuser; opération pour faire passer le sang d'un animal dans un autre.

FONTAINE, eau vive, limpide, sortant de terre; édifice pour les eaux; grand vase percé par le bas, pour filtrer l'eau. Du lat. *fons, fontis*, fait de *fundere*, répandre.

FONTAINIER, qui a soin des fontaines publiques; marchand de fontaines à filtrer l'eau.

FONTANELLE, petite fontaine; espace triangulaire et membraneux où aboutissent les sutures du crâne. De *fonticulus* pour *fontinalis*.

FONTICULE, petit ulcère artificiel. *Fonticulus*.

FONTS BAPTISMAUX, grand vaisseau pour l'eau du baptême. *Fontes*.

D'où les noms propres *Fontaine*, *Lafontaine*, *Fontanelle*, *Fontanier*, *Fontenelle*, *Fontenette*, *Fontette*;

Les villes de *Fontainebleau*, en lat. *Fons Bellaquaeus*; de *Fontevrauld*, en lat. *Fons Ebraldinus*; de *Fontarabie*, en lat. *Fons rapidus*, etc.

FONTANGE, nœud de rubans que les femmes portoient au-dessus du front et qui servoit à lier leur coiffure. Ce nom et cette mode viennent de Marie-Angélique de Scoraille de Roussille, duchesse de Fontanges, fille de Jean Rigaud de Scoraille, comte de Roussille, et d'Aimée-Léonore de Plas, née en 1660, morte le 28 juin 1681. Ce fut elle qui, la première, porta ce nœud, lorsqu'elle commença de paroître à la cour vers l'an 1679.

FORCE, vigueur, puissance corporelle; faculté d'agir vigoureusement; de renverser les obstacles, de repousser, d'écarter; puissance en général; état d'une chose solidement construite; capable de fournir, de résister; énergie; grandeur de courage; fermeté; vertu; contrainte, nécessité. De la bass. lat. *fortia*, fait de *fortis*.

FORCAGE, excédant du poids des monnoies.

FORÇAT, homme qui sert par force sur les galères. De *fortiatus*, d'où l'ital. *forzato*, et l'esp. *forçado*; on a donné le nom de forçat aux galériens, pour les distinguer des individus qui servoient volontairement sur les galères, et appelés pour cette raison *bonnevogles*, je veux bien.

FORCÉ, fait par force, par contrainte.

FORCÉMENT, par force, par contrainte; malgré soi.

FORCER, contraindre, obliger quelqu'un à faire une chose contre sa volonté; violenter.

FORCINE, renflement au pied d'une branche.

FORT, qui a de la force, de la vigueur; solide, capable de résister; difficile, rude, pénible, tenace, épais, touffu; ferme, constant, courageux. Du lat. *fortis.*

FORT, lieu fortifié pour la défense; endroit le plus fort.

FORTEMENT, avec force, vigueur, fermeté. *Fortiter.*

FORTERESSE, petite place de guerre très-fortifiée.

FORTIFIANT, qui donne des forces, qui les augmente.

FORTIFICATION, art de fortifier les places; ouvrage pour fortifier les places et le mettre en état de résister.

FORTIFIER, rendre plus fort, plus vigoureux; donner plus de force. *Fortificare,* composé de *fortis* et de *facere.*

FORTIN, petit fort.

CONFORTER, augmenter la force; donner des consultations, encourager. *Confortiare.*

CONFORT, secours, consolation, encouragement.

CONFORTATIF, *confortable,* qui fortifie, qui rétablit les forces.

CONFORTATION, action de conforter, de corroborer.

DÉCONFORTER, décourager, affliger, causer du chagrin.

DÉCONFORT, découragement, désolation, abattement.

EFFORCER (s'), employer toutes ses forces pour faire une chose; ne pas les ménager; employer toute son industrie pour une fin.

EFFORT, action faite en s'efforçant; son effet; chose faite avec peine, avec violence; mal produit par une trop forte extension des muscles.

ENFORCIR, rendre, devenir plus fort.

RÉCONFORTER, donner de la force par ses discours; fortifier, corroborer, consoler.

RÉCONFORT, consolation, secours dans l'affliction.

RÉCONFORTATION, action de réconforter.

RENFORCER, donner de nouvelles forces, les augmenter; rendre plus fort.

RENFORCÉ, rendu plus fort, plus solide.

RENFORCEMENT, action de renforcer.

RENFORT, augmentation de forces; troupes fraîches qui viennent au secours.

FORCEPS, dénomination propre à tous les instruments extractifs. Du lat. *forceps, forfex,* pincettes, tenailles, cisailles, tenettes, forces, ciseaux; fait de *ferrum,* fer, et de *capio,* prendre.

FORCES, grands ciseaux pour couper les étoffes en pièces, les métaux en feuilles.

FORCETTES, petites forces.

FORER, percer un tube dans sa longueur. Du lat. *forare,* trouer, percer; fait de *foris,* porte.

FORAGE, droit qu'on levoit sur chaque muid de vin qu'on mettoit en perce pour le vendre en détail. *Foragio.*

FORET, instrument de fer pour percer un tonneau.

FORURE, trou avec le foret; action de forer ou de ce qui a été foré.

PERFORER, trouer, percer de part en part. *Perforare.*

PERFORATION, action de perforer, de trouer. *Perforatio.*

IMPERFORÉ, qui n'a pas été foré, fermé contre nature.

IMPERFORATION, défaut d'ouverture de certains organes.

FOURREAU, étui, gaine, enveloppe. *Forellus.*

FOURRELIER, ouvrier qui fait et vend des fourreaux.

FOURRER, mettre, placer dans ou parmi; insérer, introduire, faire pénétrer en poussant; placer hors de propos; garnir de fourrure.

FOURRURE, peau de bête passée, garnie de poils, qui sert à fourrer; vêtement doublé ou garni de ces peaux.

FOURREUR, qui fait ou qui vend des fourrures, qui les prépare.

FOURRIÈRE, lieu où l'on fourre momentanément le bétail saisi, jusqu'à sa vente ou le paiement des dommages.

FORÊT, * *forest,* grande étendue de terrain planté de bois. En bass. lat. *foresta, forestis.* Suivant Ockam, fait de *ferarum statio,* demeure des bêtes sauvages. Vossius le dérive de l'allem. *forst,* ou de *foris; quia sylva foris est, sive extra urbem et agros,* d'autres de *foras, foris,* et de *stare.*

FORESTIER, employé dans les forêts.

FORGE, lieu où l'on fond, où l'on forge et débrutit les métaux; fourneau et enclume pour forger; atelier où l'on forge. De la bass. lat. *forgia,* que l'on dér. du lat. *fabrica ferraria,* boutique de maréchal ; et selon d'autres, de *fornax*.

FORGEABLE, qui peut être forgé.

FORGER, donner la forme au métal à l'aide du feu et du marteau ; controuver, inventer, supposer un mensonge, une histoire. *Fabricare*.

FORGERON, ouvrier qui forge, qui travaille à la forge. *Fabricator*.

FORGEUR, qui invente, suppose, controuve.

REFORGER, forger une seconde fois. *Voy.* FAIRE, p. 302.

FORME, figure extérieure d'un corps ; règle, conduite, modèle ; ce qui détermine la matière à être telle chose plutôt que telle autre. Du lat. *forma*, moule, modèle ; qui, par métathèse, vient du dorique *morpha* pour *morphé*, le même.

FORME, stalle ou siége du chœur d'une église ; bancs rembourrés avec dossier ; ainsi nommés de ce qu'anciennement il y avoit à leurs dossiers des images de peinture ou de sculpture, appelées en lat. *forma*.

MORPHÉE, le fils du sommeil, le premier des songes, parce qu'il est le plus habile à prendre les formes, les traits, la démarche des humains. *Morpheus*, fait de *morphé*.

AMORPHA, genre de plantes légumineuses dont les fleurs sont dépourvues d'ailes et de carène. D'*a* priv., et de *morphé*, forme.

AMORPHE, qui n'a point de forme déterminée et distincte ; sans forme ; difforme. D'*a* priv., et de *morphé*.

FORMALISER (se), se choquer, s'offenser des formes ; trouver mauvais.

FORMALISTE, vétilleux, qui est attaché aux formes, aux formalités.

FORMALITÉ, manière de procéder en justice selon les règles et les formes.

FORMAT, se dit de la forme d'un livre, de ce qu'un volume a de hauteur et de largeur.

FORMATION, action, manière de former ou de se former. *Formatio*, fait de *formare*.

FORMEL, ce qui donne la forme ; exact, précis ; selon la forme. *Formalis*, fait de *forma*.

FORMELLEMENT, d'une manière formelle. *Formaliter*.

FORMER, créer, donner l'être et la forme ; produire, concevoir dans son esprit. *Formare*.

FORMER (se), recevoir ou prendre la forme ; se façonner, acquérir des qualités.

FORMERET, nervure arquée d'une voûte gothique.

FORMIDABLE, qui a une forme terrible, qui fait trembler. *Formidabilis*, fait de *formidare*, craindre, qui vient de *formido*, crainte, dér. de *forma*, spectre.

FORMIER, ouvrier qui fait et vend des formes de souliers.

FORMULE, certaine forme prescrite ; ordonnance de médecin ; modèle des actes ; résultat général d'un calcul. *Formula*, dimin. de *forma*.

FORMULAIRE, recueil de formules.

FORMULER, composer des formules de remèdes ; rédiger une ordonnance de médecin dans les termes de l'art.

FRIME, mine, feinte, semblant : altération du mot *forme*.

FROMAGE, *formage*, composé de lait pris et caillé, qu'on fait sécher après l'avoir salé ; ainsi dit parce qu'on le fait dans des formes. En bass. lat. *formaticum*, *formago*, *fromago*, dér. de *forma*, d'après Ménage, Lamonnoye et Gébelin. M. Morin pense que fromage, dit par métathèse pour formage, vient, non de *forma*, mais du gr. *phormos*, forme, espèce de tissu de jonc ou d'osier, où on le met pour le faire égoutter. Barbazan veut, au contraire, que le mot fromage soit composé de *foras* et d'*aqua*, c'est-à-dire, *foras missa aqua* ou *foras mustum* ; parce que, dit-il, le fromage n'est autre chose qu'une masse dont l'eau, la sérosité, le petit lait ou *la maige* (mot usité dans plusieurs départements), a été *forsmise*, *forsmenée*, chassée, expulsée, renvoyée. On disoit *age*, *aige* pour *eau*, *aqua*. *Voy*. Gloss. de la lang. rom., tom. 1er, p. 624, col. 1.

FROMAGER, qui fait ou qui vend des fromages.

FROMAGER, vase de terre percé de plusieurs trous, où l'on met égoutter le fromage.

FROMAGERIE, lieu où l'on fait, où l'on vend des fromages ; lieu où on les conserve.

FROMAGEUX, qui tient du fromage.

CONFORMATION, manière dont une chose est formée ; constitution et proportion naturelle des parties d'un corps. *Conformatio*, fait de *forma*.

Conforme, qui a la même forme, pareil, semblable. *Conformis*, du gr. *summorphos*, composé de *sun*, avec, et de *morphé*, *morpha*, d'où le lat. *forma*, forme.

Conformément, d'une manière conforme; en conséquence de.

Conformer, rendre conforme, pareil, semblable. *Conformare*.

Conformer (se), se rendre conforme, se soumettre; se régler sur.

Conformiste, qui professe la religion anglicane.

Conformité, rapport entre les choses conformes, entre les objets qui se ressemblent. *Conformitas*.

Déformer, ôter ou gâter la forme.

Difforme, laid, défiguré, qui a perdu la proportion, la forme. *Deformis*, du gr. *dusmorphos*, composé de la particule adjective *dus*, mal, mauvaise, et de *morphé*, forme.

Difformer, ôter la forme.

Difformité, défaut marquant dans la figure, les proportions, les formes. *Difformitas*.

Eumorphes, coléoptères à massues plus longues que le corselet. Du gr. *eu*, bien, et de *morphé*, forme.

Informer, faire une information, une enquête; avertir, instruire; donner la première forme. *Informare*.

Information, *informe*, action d'informer; enquête; audition de témoins.

Informe, imparfait, qui n'a pas la forme, mal formé. *Informis*.

Irréformable, qui ne peut être réformé.

Irréformabilité, qualité de ce qui n'est point réformable.

Réformer, rétablir dans l'ancienne forme; donner une forme nouvelle; former de nouveau. *Reformare*.

Réformable, qui peut ou qui doit être réformé.

Réformateur, *réformatrice*, celui ou celle qui réforme les mœurs, qui corrige les abus, qui rétablit l'ordre.

Réformation, action de réformer, de corriger, de rétablir dans l'ancienne forme.

Réforme, retranchement des abus; rétablissement dans l'ordre, dans l'ancienne forme; chose dont on a le plus grand besoin; doctrine des protestants; licenciement des troupes.

Réformé, qui a subi la réforme, renvoyé, licencié; qui professe les dogmes de la réforme protestante.

Renformis, enduit épais sur un vieux mur.

Renformer, *renformir*, revêtir d'un renformis.

Transformer, métamorphoser, changer en une autre forme. De *trans*, au-delà, et de *formare*.

Transformation, changement en une autre forme.

Uniforme, sans variété; qui a la même forme; habit militaire pour tous les individus de la même arme. D'*unus*, un, et de *forma*.

Uniformément, d'une manière uniforme.

Uniformité, conformité, rapport, ressemblance avec soi-même; sans variété; qualité de ce qui est uniforme.

FORNICATION, commerce illégitime entre un garçon et une fille, entre des personnes libres des deux sexes. Du lat. *fornicatio*, fait de *fornix*, voûte.

Les Latins appeloient *fornices*, de petites voûtes où se tenoient les femmes de mauvaise vie. De là ils firent *fornicari*, aller dans les mauvais lieux, les hanter. L'endroit où l'on conduisit sainte Agnès pour être violée, étoit *in fornicibus circi Agonatis*.

Forniquer, commettre le péché de fornication. *Fornicari*.

Fornicateur, *fornicatrice*, coupable de fornication. *Fornicator*, *fornicatrix*.

FORTUIT, imprévu, inopiné, arrivé par hasard ou par accident. Du lat. *fortuitus*, fait de *fors*, hasard, fortune.

Fortuitement, par hasard, inopinément, à l'impromptu. *Fortuitò*.

Fortune, cas fortuit, sort, hasard, destin, chance; situation heureuse ou malheureuse; biens, richesses, charges; divinité qui présidoit aux destins de l'homme; déesse des richesses. Du lat. *fortuna*, fait de *fors*.

Fortuné, heureux, qui a du bonheur. *Fortunatus*.

Infortune, revers, disgrâce, malheur, désastre. *Infortuna*, mauvaise fortune.

FOU

INFORTUNÉ, qui est dans le malheur, la pauvreté; qui a éprouvé des malheurs. *Infortunatus.*

FOUDRE, * *fouldre*, exhalaison, météore; matière électrique enflammée qui s'échappe de la nue, traverse les airs, et qui éclate avec fracas; courroux de Dieu, des souverains et des prêtres; châtiments, peines qui résultent de leur colère; excommunication. Du lat. *fulgur*, *fulgetrum*, pour *fulmen*, fait de *fulgeo*, briller; dér. du gr. *phlégó*, je brûle.

FOUDROIEMENT, action de la foudre qui frappe et détruit. *Fulguratio.*

FOUDROYANT, qui foudroie, qui inspire la terreur, l'effroi.

FOUDROYER, frapper de la foudre; détruire, battre à coups nombreux de canons, d'obusiers et de mortiers; atterrer par un regard terrible. De *fulgurire*, pour *fulminare*, lancer la foudre.

FULMINER, lancer la foudre et les éclairs; éclater avec fracas par l'action du feu; publier une bulle avec certaines formalités de l'église. *Fulminare.*

FULGURATION, éclair de la coupelle. *Fulguratio.*

FULMINANT, qui détonne; qui éclate avec bruit. *Fulminans.*

FULMINATION, explosion par le feu; publication d'une bulle avec les cérémonies requises par l'église. *Fulminatio.*

FOUGÈRE, genre de plantes acotylédonées qui vient dans les bois, et dont la cendre mêlée avec du sable sert à faire du verre. Du lat. *filicaria*, *filix*, pour *filicites*.

FOUGERAIE, lieu planté de fougères.

D'où les noms propres *Feuchère*, *Fougère*, *Fougeraie*, *Fougeroie*, *Fougeroux*.

FOUINE, petit quadrupède du genre marte, de l'ordre des carnassiers, de couleur blanc et marron. Du lat. *fagina.*

FENNEC, quadrupède du genre chien, de l'ordre des carnassiers.

GENETTE, espèce de fouine, quadrupède carnivore du genre civette, qui donne un parfum; fourrure de sa peau. Ménage dérive ce mot de *faginetta*, dim. de *fagina*.

FOUIR, creuser la terre ou en terre; la cultiver. De *fodere*.

FOU

FOUISSEMENT, action de fouir, de creuser la terre.

FOUILLER, creuser en cherchant; voir s'il n'y a rien de caché. *Fodere.*

FOUILLE, travail fait en fouillant la terre; recherche de choses cachées. *Fossio.*

FOUILLOUSE, bourse, sac, besace, dans lesquels on fouille.

FOUILLURE, travail du sanglier qui fouille.

FOSSE, creux long et large fait en terre; endroit creusé où l'on enterre; tombeau. *Fossa.*

FOSSÉ, fosse en long pour clore, fermer, défendre, ou pour recevoir les eaux. *Fossus.*

FOSSETTE, petite fosse en terre; petit creux au menton, aux joues. *Fossatum.*

FOSSILE, substance animale, végétale ou minérale, tirée du sein de la terre. *Fossilia*, *fossilis.*

FOSSOIR, instrument pour fouir la terre.

FOSSOYER, fouir, creuser la terre, faire des fossés ou des fosses pour enterrer. *Fodere.*

FOSSOYEUR, qui fait des fosses pour enterrer.

FOSSOYAGE, travail du fossoyeur.

ENFOUIR, cacher en terre, dérober à la vue, à la connoissance. *Infodere.*

ENFOUISSEMENT, action d'enfouir, de cacher.

ENFOUISSEUR, qui enfouit.

FOND, profondeur; champ, terrain mis en rapport; partie la plus basse de tout contenant; partie qui ferme ou termine dans l'éloignement; sur quoi l'on travaille; champ d'un tableau. De *fundus*.

FONDER, poser le fondement d'un édifice; donner des fonds suffisants pour un établissement. *Fundare.*

FONDATION, tranchée préparée pour la construction d'un édifice; action de fonder; commencement; établissement. *Fundatio.*

FONDATEUR, qui a fondé ou formé un établissement. *Fundator.*

FONDÉ, chargé légalement d'un pouvoir. *Fundatus.*

FONDEMENT, masse de pierre enfouie dans la terre, qui porte un édifice; soutien, base, cause principale. *Fundamentum.*

FONDAMENTAL, qui sert de fondement.

FONDAMENTALEMENT, d'une manière fondamentale. *Fundamentaliter.*

FONDIS, abîme sous un bâtiment; éboulement dans une carrière.

FONDRIÈRE, ouverture accidentelle dans la superficie de la terre qui s'est enfoncée; creux au fond d'un liquide; terrain marécageux.

FONDS, sol d'un champ, d'un héritage; somme d'argent; capital d'un bien; marchandises d'une boutique, d'un magasin. *Fundus.*

FONCÉ, qui est riche; qui a des fonds en terre, en argent; habile, consommé dans une science; qui est chargé, sombre en parlant des couleurs.

FONCÉE, creux dans une carrière d'ardoise.

FONCER, mettre, faire un fond; fournir aux dépenses; fondre, attaquer avec impétuosité; charger, rembrunir une teinte.

FONCIER, qui concerne un fonds de terre, ou en provient; qui est riche en fonds; ce qui regarde le fond d'une affaire.

FONCIÈRE, lit d'ardoise dans la carrière.

FONCIÈREMENT, à fond; dans le fond. *Funditus.*

EFFONDRER, fouiller et remuer profondément la terre; enfoncer, briser, rompre; vider une volaille.

EFFONDREMENT, action de creuser profondément la terre.

ENFONCER, faire pénétrer au fond; pousser vers le fond; briser, rompre en poussant; aller au fond.

ENFONCEMENT, action d'enfoncer; ce qui va en enfonçant; ce qui paroît de plus reculé, de plus éloigné dans un lieu enfoncé.

ENFONÇAGE, action de mettre des fonds aux tonneaux.

ENFONCEUR (de portes ouvertes), faux brave.

ENFONÇURE, pièce du fond; affaissement du crâne par un coup.

DÉFONCER, ôter le fond; fouiller un terrain; manquer par le fond.

DÉFONCEMENT, action de défoncer.

FARFOUILLER, fouiller en brouillant, en mêlant tout.

PROFOND, à fond très-bas, très-creux, dont le fond est éloigné de la superficie; fort étendu; grande pénétration d'esprit, de jugement. *Profundus.*

PROFONDÉMENT, d'une manière profonde; bien avant en enfonçant. *Profundè.*

PROFONDEUR, qualité de ce qui est profond; étendue en long; étendue d'une chose de la superficie au fond.

PROFONTIÉ, profond; navire qui tire beaucoup d'eau.

APPROFONDIR, rendre plus profond; creuser plus avant; examiner à fond.

REFONDER, rembourser les frais au préalable.

RENFONCER, enfoncer de nouveau ou plus avant.

RENFONCEMENT, profondeur; endroit reculé; ce qui fait paroître enfoncé.

SERFOUETTER, * *cerfouir*, remuer légèrement la terre autour des arbres et des plantes. *Circumfodere.*

SERFOUETTE, * *cerfouette*, petit instrument d'agriculture pour serfouetter.

FOULE, action de fouler les étoffes; multitude, grand nombre de personnes qui se pressent, s'entre-poussent; multitude de choses, d'affaires, de pensées; oppression, vexation indue. Du lat. *fullo*, foulon, *fullonicum*, foulerie, dér. de *fovere*, échauffer.

FOULER, presser les choses qui cèdent; donner un apprêt aux étoffes ou les faire passer par le moulin à foulon; faire battre un terrain par les chiens; opprimer par des exactions; surcharger d'impôts; blesser, offenser un membre; mépriser, enfreindre avec ardeur.

FOULAGE, action de fouler; ses effets. *Fullonica.*

FOULANT, qui foule.

FOULAND, étoffe de soie peinte des Indes, passée au foulon.

FOULÉES, légères traces du pied du gibier et des bêtes fauves.

FOULERIE, atelier où l'on foule les étoffes, les chapeaux. *Fullonium.*

FOULEUR, qui foule les étoffes ou le raisin dans la cuve.

FOULOIR, foulerie; instrument pour battre les chapeaux; outil pour nettoyer le canon, battre la poudre et fouler; bâton à chicots pour fouler la vendange.

FOULOIRE, table pour fouler les étoffes, les chapeaux.

FOULON, artisan qui foule les étoffes;

22.

moulin pour fouler les étoffes. *Fullo, fullonicus.*

Foulonnier, ouvrier qui apprête les draps ou qui gouverne le moulin à foulon.

Foulure, contusion, luxation d'un membre foulé; marques du pied d'un cerf.

Refouler, fouler de nouveau; bourrer avec le refouloir; refluer en abondance.

Refoulement, action de refouler; ses effets.

Refouloir, bâton à tête aplatie pour bourrer les pièces de canon.

FOULQUE, macreuse, mouette, poule d'eau, oiseau aquatique. Du lat. *fulica*.

Foulque, nom propre d'homme, vient également de *fulica*, et de *falco*, faucon. En Anjou *fouquet*, écureuil, d'où le nom du fameux *Fouquet*, surintendant des finances, originaire d'Angers, qui portoit un écureuil dans ses armoiries.

FOUR, lieu voûté en rond, avec une ouverture en porte par-devant, pour faire cuire le pain, la pâtisserie, les viandes; lieu circulaire où l'on fait cuire la chaux, le plâtre, la brique; prison où l'on détient les gens enrôlés par force. Du lat. *furnus*.

Fournaise, sorte de grand four; feu ardent. *Fornax*.

Fourneau, vaisseau propre à contenir le feu de charbon ou de braise dont on fait usage; four pour la fonte des minéraux, du verre, etc.; mine ou trou rempli de poudre pour faire sauter. *Furnicula*.

Fournée, quantité contenue en une fois dans un four ou un fourneau.

Fournette, petit four pour cuire la faïence.

Fournier, qui tient un four public. *Fornarius*.

Fournil, lieu où est le four et où l'on fait le pain.

Défourner, tirer du four.

Enfourner, mettre dans un four, un fourneau, un creuset.

Enfourneur, qui enfourne.

D'où les noms propres *Dufour, Lefour, Dufourneau, Desfourneaux, Dufourny, Fournier*.

FOURBE, trompeur fin et adroit. De l'it. *furbo*, que l'on dér. du lat. *fur*, voleur, fripon.

Fourberie, tromperie subtile; astuce du menteur; ruse basse et vile.

Fourber, tromper par de mauvaises finesses.

Fourbissime, très-fourbe; qui excelle en fourberie.

FOURBIR, nettoyer, polir, rendre clair les métaux, et particulièrement le fer. De l'it. *furbire*.

Fourbisseur, ouvrier qui fourbit, monte, garnit et vend des armes blanches.

Fourbissure, action de fourbir, de monter les armes blanches; leur fabrication.

Refourbir, fourbir de nouveau.

FOURBU, cheval attaqué de la fourbure pour avoir bu ayant chaud.

Fourbure, maladie aux pieds du cheval pour avoir bu ayant chaud. Ménage pense que ces mots ont été faits de *forimbutus*, pour *malè imbutus*, mal abreuvé.

FOURCHE, instrument de bois à deux branches, ou de fer à trois branches pointues. Du lat. *furca*.

Fourcher, se diviser, se séparer en forme de fourche; se tromper de mot en parlant.

Fourchet, apostème entre deux doigts; chose écartée, divisée en fourche.

Fourchette, ustensile de table en forme de petite fourche; toute espèce d'instrument en forme de fourche.

Fourchon, l'une des branches de la fourche ou de la fourchette.

Fourchu, fait en fourchu.

Fourchure, endroit où une chose se fourche.

Fourgon, instrument de boulanger pour remuer le feu dans le four, et qui originairement étoit fourchu. De la bass. lat. *furco, furconis*, fait de *furca*.

Fourgon, sorte de charrette dont les deux timons réunis au limon représentent une fourche.

Fourgonner, remuer le feu avec le fourgon du four.

Fourcat, *fourque*, pièces de charpenterie fourchues.

Fourquette, petite croix ou fourche à laquelle on attache des lignes et des hameçons.

Affourcher, disposer deux ancres

de manière qu'elles forment une espèce de fourche.

BIFURCATION, division en deux branches ou fourchons.

BIFURQUÉ, divisé en deux branches ou fourches.

BIFURQUER, se diviser en deux branches ou fourches.

DÉSAFFOURCHER, lever l'ancre d'affourche.

ENFOURCHER, monter à cheval, jambe de çà, jambe de là, de manière qu'elles forment la fourche.

ENFOURCHEMENT, action d'enfourcher; sorte de greffe.

ENFOURCHURE, la partie du corps entre les cuisses.

ÉFOURCEAU, sorte de voiture à deux roues pour les gros fardeaux, les troncs d'arbres; ainsi dite de sa forme.

FOURMI, genre d'insectes hyménoptères, très-industrieux et vivant en société dans des trous. Du lat. *formica*, fait du gr. *murméx*, en éolien *burmax*, à l'accusatif *burmaka*, dont on a fait le latin par le changement du *b* en *f*.

FOURMI-LION, insecte qui mange les fourmis *Formica-leo*.

FOURMILLEMENT, picotement comme si l'on sentoit courir des fourmis sur la peau.

FOURMILLER, être rempli, picoter, abonder comme des fourmis. De *formiculare*; dim. de *formicare*.

FOURMILLIER, *formiller*, petit quadrupède de la Guiane, à courtes jambes et gueule sans dents, qui se nourrit de fourmis.

FOURMILLIÈRE, *fourmilière*, lieu où se retirent les fourmis; grand nombre d'êtres animés.

FORMICANT, pouls fréquent, mais foible. Du lat. *formicans*.

FORMIQUE, acide qu'on extrait des fourmis.

FORMIATE, nom générique des sels formés par la combinaison de l'acide formique avec les bases.

MYRMÉCIE, sorte de verrue qui, lorsqu'on la coupe, fait sentir une douleur pareille à celle que cause la morsure d'une fourmi. De *murméx*.

MYRMÉCITE, pierre figurée qui porte l'empreinte d'une fourmi.

MYRMÉCOLÉON, *myrmeléon*, le fourmi-lion, insecte qui mange les fourmis.

MYRMÉCOPHAGE, animaux qui vivent de fourmis. De *murméx*, et de *phagó*, je mange.

FOURNIR, pourvoir au nécessaire; livrer les choses de commande; donner, garnir, subvenir, contribuer, suffire; vendre ou acheter habituellement à quelqu'un. De l'it. *fornire*, que Ferrari dit avoir été fait d'*ornare*, qui avoit la même signification chez les anciens.

FOURNI, qui a été livré; touffu, où il y a en grande abondance.

FOURNIMENT, étui pour la poudre à tirer; habillement et armement du soldat.

FOURNISSEMENT, mise de fonds en société.

FOURNISSEUR, qui entreprend des fournitures.

FOURNITURE, provision, choses fournies; façons et petits assortimens de meubles; petites herbes dans la salade.

PARFOURNIR, fournir en entier.

FOURRAGE, *feurre, foarre, fouarre*, paille, foin, chaume, litière pour les animaux; coupe d'herbe pour la nourriture des chevaux. En bass. lat. *foderum, foderagium*, fait du lat. *far, farraceus*.

FOURRAGER, aller au fourrage, le couper, le mettre en bas; ravager, piller, mettre la main sur.

FOURRAGEUR, qui va au fourrage.

FOURRIER, sous-officier qui règle les étapes, qui fait préparer les logemens pour les soldats de sa compagnie.

FOURRIÈRE, magasin, grenier à fourrage; lieu pour mettre le bois de chauffage et le charbon; office de fournisseur du bois de chauffage de la maison du roi.

FEURRE, * *fouarre*, paille de toute sorte de blés.

AFOURRAGER, donner du fourrage aux bestiaux.

AFOURRAGEMENT, action d'afourager.

FRACAS, rupture avec bruit et violence; éclat bruyant. Onomatopée d'un bruit éclatant et prolongé, qui est occasioné par une destruction violente ou par un phénomène naturel, comme le fracas de la foudre qui tombe, des cataractes, et celui des volcans. Les Latins disoient *fragor*, autre onomatopée; en ital. *fracasso*.

FRACASSER, rompre avec bruit; mettre violemment en pièces. Les Latins disoient *frangere*; en italien *fracassare*.

FRACTION, action de rompre, de briser; parties de l'unité. De *fractio*, pour *fractura*.

FRACTIONNAIRE, qui concerne les fractions.

FRACTURER, faire une fracture.

FRACTURE, rupture avec effort; solution de continuité.

FRACTURÉ, où il y a fracture.

EFFRACTION, fracture de portes ou serrures dans l'exécution d'un vol.

INFRACTION, action d'enfreindre.

INFRACTEUR, qui a enfreint.

FRAGILE, facile à casser, à briser, à rompre; aisé à détruire; qui promet peu de durée. *Fragilis*.

FRAGILITÉ, facile à briser, à rompre; foiblesse, pente à faillir. *Fragilitas*.

FRAGMENT, débri d'une chose cassée; parcelle, morceau, petite portion d'un ouvrage d'esprit. *Fragmentum*, de *fragmen*.

FRANGE, tissu étroit à filets pendants, pour orner les rideaux des lits et des croisées, le bout des écharpes, etc.

FRANGÉ, garni de franges.

FRANGER, garnir de franges.

FRANGIER, qui fait où vend des franges.

FRANGIBLE, qui peut être rompu. *Frangibilis*.

FRÊLE, foible, délié, fragile, aisé à rompre; dépourvu de force, de courage et de constance. *Fragilis*.

FRELUCHE, franges en forme de petite houppe ou touffe de soie.

FRELUQUET, homme léger, qui n'a que du brillant sans solidité.

FANFRELUCHES, mot factice pour exprimer des babioles, des ornements frivoles, des choses de peu de valeur, des bagatelles et parures.

FRASQUE, extravagance imprévue avec éclat; tour malin.

FRIABLE, susceptible d'être réduit en poudre. *Friabilis*.

FRIABILITÉ, qualité de ce qui est friable.

ANFRACTUEUX, plein d'inégalités, de détours.

ANFRACTUOSITÉ, *anfracture*, détours, inégalités.

DIFFRACTION, détour de la lumière en rasant une surface.

ENFREINDRE, violer, transgresser; agir en contravention. *Legem perfringere*.

RÉFRACTION, brisure et renvoi d'un rayon de lumière.

RÉFRACTAIRE, désobéissant, qui ne se soumet point aux ordres supérieurs; qui rompt et enfreint les ordonnances. *Refractarius*.

RÉFRACTER, produire la réfraction. *Refringere*.

RÉFRANGER, renvoyer par réflexion.

RÉFRANGIBILITÉ, propriété de la lumière réfrangible. *Refrangibilitas*.

RÉFRANGIBLE, susceptible de réfraction. *Refringibilis*.

RÉFRINGENT, qui cause la réfraction.

FRAIS, ce qu'a coûté, ce que coûte ou coûtera une entreprise, une opération; dépense, ce qu'il en coûte pour un achat, pour un procès. Du lat. barb. *fredum*, que Grégoire de Tours a employé dans l'acception de *prix*, de *somme*, et qui, dans les lois barbares, signifie *amende* envers les seigneurs. L'amende est le prix de ce qui la cause. Bignon dér. *fredum* de l'all. *frid*, qui a la même signification.

FRAYANT, contenu, qui occasione de grands frais.

DÉFRAI, paiement de la dépense d'autrui.

DÉFRAYER, payer la dépense de quelqu'un. En lat. barb. *defredare*.

FREDAINE, d'abord action de s'estimer plus qu'on ne vaut, de s'apprécier au-delà de sa valeur réelle; fanfaronnade, jactance; aujourd'hui, escapade de jeunesse, action inconsidérée, trait de libertinage.

FRAISE, fruit du fraisier. Du latin *fraga*, fait de *fragare*, sentir bon.

FRAISIER, plante rampante à fruits doux, de la famille des rosacées. *Fragarius*.

FRAISE, sorte de collerette plissée, qui entoure le cou. De l'it. *fregio*, ornement. Par analogie on a donné ce nom au mésentère et aux boyaux de veau; à un outil pour fraiser; rang de pieux autour d'une fortification; cercle raboteux qui entoure la meule du cerf; cordon de petites feuilles autour des fleurs.

FRAISÉ, garnir de pieux; bataillon qui présente la baïonnette.

FRAISETTE, petite fraise; collet froncé.

FRAISEMENT, pieux autour des piles.

FRAISER, plisser en forme de fraise; garnir de pieux; présenter la baïonnette; écosser, ôter la peau d'une fève.

FRAISOIR, vilebrequin, foret.

FRAMBOISE, fruit rouge du framboisier.

FRAMBOISER, accommoder avec du jus de framboises.

FRAMBOISIER, arbrisseau du genre des ronces, qui produit la framboise. Bourdelot le dér. de *fragum bosci*, fraise des bois, ou de *fragaria lignaria*, selon Daléchamp. Enfin Saumaise le tire de *francus rubus*, et cette étymologie est approuvée par Ménage.

FRANC, libre, qui ne paie point d'impôts, de charges, de droits, de redevances; qui agit avec droiture, qui exprime sa pensée sans détour; monnoie valant vingt sols ou cent centimes. Du lat. *francus*, nom du peuple tudesque qui asservit la Gaule. Ce mot a été pris adjectivement par opposition à *servus*, que les vainqueurs appliquoient au peuple réduit sous leur obéissance.

FRANCHEMENT, d'une manière franche et sincère, librement.

FRANCHIR, rendre libre, sauter par-dessus, passer hardiment un endroit difficile. De la basse lat. *franchire*, dit pour *frangere*.

FRANCHISE, liberté individuelle; exemption, immunité; sincérité, candeur.

FRANCISER, donner une terminaison françoise à un mot d'une langue étrangère; prendre le ton, les manières françoises, en parlant d'un étranger.

FRANCISQUE, hache des anciens Francs, à deux tranchans.

FRANÇOIS, qui est de France, qui appartient à la France.

FRANQUETTE (à la bonne), bonnement, sans façon.

AFFRANCHIR, mettre en liberté, délivrer. *Frangere vincula*.

AFFRANCHI, esclave que son maître a mis en liberté.

AFFRANCHISSEMENT, action d'affranchir, mise en liberté des esclaves; paiement d'avance d'un port de lettres.

FRANCISCAIN, religieux de l'ordre de Saint-François.

D'où les noms propres *France, Defrance, Francisque, François*.

FRANCOLIN, oiseau du genre perdrix, habitant le midi de l'Europe. De l'it. *francolino*, mot formé, selon Ménage, de *lagopus*, lièvre; dér. du gr. *lagoupous*, fait de *lagôs*, lièvre, et de *pous, podos*, pied, parce que le francolin a les pieds velus comme un lièvre. *Voy.* LAGOPÈDE.

FRANGIPANE, pâtisserie de crème, d'amandes pilées, etc.; sorte de parfum. Ces deux choses ont été ainsi nommées du marquis de *Frangipani*, seigneur romain, et maréchal de camp sous Louis XIV, qui en fut l'inventeur.

FRAPPER, appliquer un ou plusieurs coups; imprimer sur le métal avec un balancier; heurter à une porte pour qu'on ouvre; faire impression sur l'esprit, les sens. En ital. *frappare*. Le P. Labbe regarde ce mot comme une onomatopée, et Lancelot le tire du gr. *rhapizéin*, frapper avec une baguette; dér. de *rhapis*, baguette. M. Morin pense qu'il pourroit venir du grec, en mettant le digamma éolique à la place de l'esprit rude, *frapizéin*.

FRAPPANT, qui frappe; qui fait une vive impression sur les sens; qui est d'une parfaite ressemblance.

FRAPPART, moine libertin.

FRAPPE, marque, empreinte que le balancier fait sur les monnoies; assortiment complet de matrices de caractères d'imprimerie.

FRAPPÉ, qui a reçu un ou plusieurs coups; qui commence à jaunir par maturité.

FRAPPEMENT, action de Moïse frappant le rocher.

FRAPPEUR, qui frappe, qui aime à battre.

REFRAPPER, frapper de nouveau.

FRAUDE, tromperie cachée; action de mauvaise foi; supercherie, contravention, contrebande. Du lat. *fraus*, dér. du gr. *phazô*, parler.

FRAUDER, tromper, décevoir; frustrer par ruse ou par mauvaise foi; introduire des marchandises en contrebande. *Fraudare*.

FRAUDEUR, qui fraude, contrebandier. *Fraudator*.

FRAUDULEUX, enclin à la fraude; fait avec fraude. *Fraudulentus*.

FRAUDULEUSEMENT, avec fraude, d'une manière frauduleuse. *Fraudulenter*.

FRE, son radical qui paroît s'être

formé de l'agitation rapide des lèvres, dans le frémissement de la fièvre, du froid, et dans celui de la peur : il peut encore émaner des feuillages émus par le zéphir, des herbes fouettées par le vent, des eaux qui murmurent sur les cailloux.

Frémir, être ému, agité; trembler par un mouvement de crainte, d'effroi ou de fureur; commencer à bouillir. En lat. *fremere*, que l'on dérive du gr. *brémein*.

Frémissement, grande émotion avec un léger tremblement; agitation légère à la surface. *Fremitus*.

Frisson, tremblement de froid; vive émotion de la peur; frémissement d'une espèce particulière. Bilius dérive ce mot du gr. *phrix*, bruit, frémissement de la mer, d'où *phriké*, horreur, tremblement; Robert Estienne et Nicot, de *phrittô*, *phrissein*, se hérisser, avoir peur; le P. Labbe, de *frigus*; Du Cange et Ménage, de *frigio*, formé de *frigus*.

Frissonnement, léger frisson.

Frissonner, avoir le frisson; trembler de peur ou de froid.

Effroi, sentiment qui excite le frisson; grande frayeur, épouvante.

Effroyable, qui inspire l'effroi, qui cause de l'effroi.

Effroyablement, d'une manière effroyable.

Effraie, pour *orfraie*, oiseau de nuit qui cause de l'effroi par son cri.

Effrayant, qui effraie, qui cause de l'effroi.

Effrayer, inspirer l'effroi, donner de la frayeur.

Frayeur, peur, crainte, effroi. *Fragor*.

Froid, l'opposé du chaud; sensation physique qui provoque le frisson; privé de toute chaleur. De *frigus*, *frigoris*, fait du gr. *rhigos*, ou plutôt de *phriké*.

Froid, sérieux, réservé, indifférent, sans chaleur. *Frigidus*.

Froidement, d'une manière froide, ou à sentir le froid.

Froideur, qualité froide ou de ce qui est froid; indifférence.

Frigidité, état d'un homme impuissant; état de froideur qui produit l'impuissance.

Frilosité, grande sensibilité au froid.

Frileux, sensible au froid, qui craint le froid. *Frigorosus*.

Frigorifique, qui cause le froid. *Frigorificus*.

Frimas, brouillard froid et épais qui se glace en tombant.

Frimaire, le mois des frimas; le troisième de l'année républicaine.

Froidir, devenir froid. *Frigescere*.

Froidure, froid de l'air. De *frigus*, *frigoris*.

Froidureux, frileux, qui craint le froid.

Refroidi, devenu froid. *Refrigeratus*.

Refroidir, rendre froid, devenir froid. *Refrigerare*.

Refroidissement, diminution, perte entière de chaleur.

Réfrigérant, réfrigératif, qui rafraîchit. *Refrigerans*, *refrigeratorius*.

Réfrigération, refroidissement, action de rafraîchir. *Refrigeratio*.

Frais, qui a de la fraîcheur, qui tempère la chaleur; un peu froid; vent doux. *Frigidus*.

Fraîchement, avec fraîcheur; au frais, récemment. *Frigidè*.

Fraîcheur, frais, agréable; vivacité des fleurs, des plantes, du teint, des couleurs, des étoffes.

Fraîchir, devenir plus frais.

Fresque, peinture faite sur un enduit frais, récent et nouveau. De l'it. *fresco*, formé de *frigidus*.

Rafraîchir, rendre frais, réparer, renouveler, calmer. *Refrigerare*.

Rafraîchissant, qui rafraîchit. *Refrigerans*.

Rafraîchissement, ce qui rafraîchit. *Refrigeratio*.

Rafraîchissoire, vase pour faire rafraîchir les liquides.

Beffroi, cloche qui sert à sonner l'alarme; par extension, clocher, charpente qui soutient une cloche; tour de bois. Nicot et Pasquier avoient reconnu cette onomatopée. Voy. *Gloss. de la lang. rom.*, tom. I, p. 143, col. 1.

FREDON, tremblement de voix dans le chant. En chassant l'air de la bouche, avec un roulement pressé de la langue, et un petit frémissement des lèvres, dit M. Nodier, on produit le bruit sourd ou le chant confus que ces mots expriment.

Fredonnement, action de fredonner.

Fredonner, faire des fredons; chanter. Guichard dérive ces mots de *fritinnire*, onomatopée qui a la même racine et qui a été faite pour représenter le chant des hirondelles. De ce que Aulu-Gelle a dit *frequentamenta vocis* pour des fredons, Ménage en a conclu que le verbe fredonner auroit été fait de *frequentonare*; il faut encore observer que le même Aulu-Gelle s'est servi du mot *frequentamentum* dans l'acception de fredon, de cadence.

Frégate, vaisseau de guerre léger au-dessous de soixante canons. De l'it. *fregata*, en esp. *fragata*, en turk *fargata*; selon Ducange l'it. *fregata* auroit été fait de *gatus*, pour *catus*, chat.

Frein, mors; ce qui bride; tégument membraneux; ce qui retient dans le devoir, qui réprime les passions. Du lat. *frenum*, mors, bride qui retient; dér. de *frenare*, brider, mettre un mors.

Effréné, qui n'est retenu par aucun frein; déréglé, débordé. D'*effrenatus*, débridé.

Enchifrènement, embarras dans le nez, par suite d'un rhume de cerveau.

Enchifrener, causer l'enchifrènement.

Enchifréné, qui a l'enchifrènement. D'*incumifrænatus*, selon Ménage. *In cami et frœno maxillas eorum constringe*.

Champfrein. *Voy.* p. 144.

Refréner, remettre un frein; réprimer.

Effrènement, absence de tout frein.

Effrénément, sans retenu, sans frein.

Frelon, grosse mouche, guêpe venimeuse dont le nom a été fait du bourdonnement de ses ailes.

Frêne, grand arbre à bois blanc, à feuillage bon pour les bestiaux. Du lat. *fraxinus*.

Fraxinelle, la dictame, plante vivace à feuille de frêne.

Frénésie, pour *phrénésie*, délire, excès de passion, fureur violente, excès de passion; altération d'esprit avec fièvre et fureur. Du gr. *phrénitis*, fait de *phrén*, *phrénos*, esprit.

Frénétique, *phrénétique*, qui est atteint de frénésie.

Paraphrénésie, sorte de frénésie causée par l'inflammation du diaphragme. De *para*, mal, vicieux, et de *phrénes*, le diaphragme.

Fréquent, ordinaire, qui se fait ou arrive souvent. Du lat. *frequens*, fait de *feré coiens*, se rassemblant souvent.

Fréquemment, souvent, à plusieurs reprises. *Frequenter*.

Fréquence, réitération fréquente; vitesse de battement du pouls. *Frequentia*.

Fréquentant, qui fréquente.

Fréquentatif, verbe qui marque la fréquence d'action. *Frequentativus*.

Fréquentation, usage habituel; commerce d'habitude qu'on a avec quelqu'un. *Frequentatio*.

Fréquenter, hanter, visiter, voir souvent. *Frequentare*.

Frère, né des mêmes père et mère; qui a une même origine; nom d'amitié; titre de religieux qui n'est pas dans les ordres ecclésiastiques; prénom de moine subalterne qui en accompagnoit un autre. Du lat. *frater*, dér. du gr. *phratér* ou *phrator*, qui est de la même tribu, de la même compagnie, qui loge sous la même tente.

Frairie, *frérie*, partie de plaisir, bonne chère. Du gr. *phratria*, réunion, assemblée, réunion de gens qui font bonne chère.

Frater, garçon chirurgien; barbier.

Fraternel, de frère, de sœur; qui leur convient, qui leur est propre. *Fraternus*.

Fraternellement, d'une manière fraternelle. *Fraternè*.

Fraterniser, vivre fraternellement, se réunir d'une manière fraternelle.

Fraternité, relation de frère à frère; union, amitié, liaisons fraternelles. *Fraternitas*.

Fratricide, meurtre du frère ou de la sœur; celui qui le commet. *Fratricida*, fait de *frater*, et de *cædere*.

Fratrisée, pour *fraternisée*, rime répétée au commencement du vers qui la suit.

Confraternité, relation entre personnes de même condition; qualité de confrère. *Confraternitas*.

Confrère, membre d'un même état, d'un même corps, d'une même compagnie. De *cum*, avec, et de *frater*, frère.

Confrérie, association religieuse ou de charité, pour des exercices pieux.

Fret, louage d'un vaisseau pour aller sur mer; droit par tonneau sur chaque vaisseau. Nicot dérive ce mot du lat. *fretum*, détroit, bras de mer, la mer elle-même.

FRÉTER, donner ou prendre un vaisseau à louage.

FRÉTEUR, négociant qui frète un vaisseau.

AFFRÉTER, prendre un vaisseau à louage.

AFFRÈTEMENT, action d'affréter, prix du louage d'un vaisseau.

AFFRÉTEUR, qui affrète ou loue un navire.

FRÉTILLER, s'agiter vivement, par des mouvements vifs et courts. Onomatopée qui exprime un mouvement très-vif et très-rapide, comme celui d'un petit poisson suspendu à la ligne, et pour représenter le bruit dont il est accompagné. En lat. *fritillare*.

FRÉTILLANT, qui frétille; qui ne prend point de repos.

FRÉTILLEMENT, action de frétiller; mouvement en frétillant.

FRÉTIN, menu poisson qui frétille; toutes choses de rebut et de peu de valeur.

FRIQUET, moineau de petite espèce qui est très-vif et toujours en mouvement.

FRETTE, lien de fer autour du moyeu de la roue; virole; barreaux entrelacés; anneaux pour embrasser. De *fretus*, appui, soutien, confiance, dit pour *fertus*, dér. de *fero*, je porte.

FRETTÉ, blason couvert de bâtons en sautoir, formant des losanges.

FREUX, ou la *frayonne*, dite aussi la graie ou grolle, oiseau du genre corbeau, de la grosseur de la corbine ou de la corneille. Du lat. *frugilegus*, à cause que cet oiseau vit de grains qu'il tire de la terre avec son bec.

FRICHE, terre inculte. De la bass. lat. *friscum*, *fraustum*, qui ont la même signification; Bourdelot le dérive avec assez de probabilité du gr. *phriké*, froid, et mon savant ami Clavier du lat. *frigus*. Caseneuve et d'autres le tirent du latin *fricare*, dit pour *frangere*.

DÉFRICHER, cultiver, ensemencer un terrain jusqu'alors inculte.

DÉFRICHEMENT, action de défricher; terrain mis en rapport.

DÉFRICHEUR, qui défriche.

FRICTION, frottement du corps ou d'un membre avec la main. Onomatopée du bruit qui résulte du frottement d'un linge sur la peau. En lat. *frictio*.

FRICTIONNER, faire des frictions.

FRIGOTER, *fringoter*, chanter en parlant du pinçon; imiter avec les lèvres le gazouillement des oiseaux. Ce verbe factice a été imité du lat. *frintinnire*, crier comme les petits des hirondelles; Ménage le dérive de *frangere*, parce que de son temps *fringoter* signifioit entrecouper son chant; *vicem cantando interfringere*.

FRINGUER, sauter, frétiller, avoir de la vivacité. De l'ancien mot lat. *fringutire*, sautiller, tressaillir; fait du gr. *sphrigaô*.

FRINGANT, vif, alerte, éveillé.

FRIPE, toute sorte d'aliment.

FRIPER, consumer, gâter, user, chiffonner; dépenser en débauche, manger goulument. En it. *frappare*; en bass. lat. *frepare*.

FRIPERIE, * *ferperie*, commerce de vieilles hardes raccommodées, de vieux meubles; lieu où il se fait; boutique de fripier; habits, meubles usés.

FRIPIER, qui vend et achète de vieux habits, de vieux meubles; plagiaire qui gâte ce qu'il emprunte.

FRIPON, voleur adroit, fourbe éhonté; sans foi, sans honneur, sans probité; trompeur en amour.

FRIPONNEAU, diminutif de fripon.

FRIPONNER, escroquer, dérober par adresse, par fourberie; faire des tours, des actes de fripon.

FRIPONNERIE, action, habitude du fripon. Ménage avoue que l'origine de ces mots ne lui est pas connue; ainsi que Joseph Scaliger, il a présumé qu'ils pourroient avoir été faits de *rapo*, *raponis*, gourmand; je ne sais quel auteur les dérive de *graphium*. Voy. GRIFFE.

FRIRE, faire cuire dans la friture. Onomatopée du pétillement de l'huile bouillante quand on y plonge un corps froid pour le faire frire. En lat. *frigere*, fait du gr. *phrugéin*.

FRITURE, action et manière de frire; beurre, graisse, huile chauds pour frire; aliments frits. *Frictus* ou *frixus*.

FRICASSER, faire cuire de la viande en morceaux; préparer les aliments. *Carnem frigere*.

FRICASSÉE, viande cuite dans un corps gras. *Frixus cibus*.

FRICASSEUR, mauvais cuisinier.

FRICANDEAU, morceau de rouelle de veau, ainsi appelé de ce qu'on le fricassoit dans la poêle.

FRESSURE, le cœur, la rate, le foie, les poumons pris ensemble, parce qu'on fait des fricassées de ces sortes d'entrailles. De *frixura*.

FRICOT, sorte de fricassée; mets, repas.

FRICOTTER, faire un grand dîner; manger beaucoup.

FRIQUET, écumoire pour retirer la friture de la poêle.

FRIAND, qui aime la chère fine, les mets délicats, et qui s'y connoît. De *frigente*, ablat. de *frigens*.

FRIANDISE, goût de friand; morceau de friand; goût pour les bons morceaux.

AFFRIANDER, rendre friand; attirer par quelque chose d'agréable ou d'utile.

FRITTE, matière, cuisson du verre.

EFFRITTER, épuiser une terre.

REFRIRE, frire ce qui a déjà été frit.

FRISER, rouler les cheveux, les former en anneaux, en boucles, puis les presser avec un fer chaud qui les dessèche et les crispe. Onomatopée du petit bruit avec lequel les cheveux retournent sur eux-mêmes. En lat. *crispare*. Au figuré, effleurer un objet, en passer si près que le bruit du frottement se fait légèrement entendre.

FRISAGE, treillage en lattes.

FRISE, machine pour friser la laine; toile de la Frise.

FRISE ou *berg-op-zoom*, étoffe grossière de laine, ainsi dite du pays où on la fabrique.

FRISE, plate-bande entre la corniche et l'architrave d'un ordre d'architecture. Ménage dérive ce mot de *fregium*, dont les Italiens ont fait *fregio*; et Perrault, de *phrygio*, parce que les brodeurs représentent à l'aiguille tous les ornements qu'on emploie dans les frises.

FRISEUR, coiffeur qui frise les cheveux.

FRISOIR, machine pour friser le drap.

FRISOTTER, friser souvent, friser par menues boucles.

FRISURE, façon de friser, état de ce qui est frisé.

DÉFRISER, défaire la frisure.

REFRISER, friser une autre fois.

FRITILLAIRE, plante bulbeuse, à fleurs tachetées, en tulipes renversées. *Fritillaria*.

FRIVOLE, vain, léger, sans solidité de raisonnement. *Frivolus*, frêle, fragile; fait de *frio*, réduire en poudre; dér. du gr. *priô*, je scie, je mets en pièces.

FRIVOLITÉ, caractère de ce qui est frivole; chose, discours frivole. Les anciens appeloient *frivolarius* un marchand de joujoux, de babioles, de quincailleries.

FROC, partie de l'habit monacal de dessus, qui couvre la tête et les épaules, et par extension joint l'habit; état monastique, les moines. De la bass. lat. *frocus*, pour *flocus*, parce qu'il y avoit anciennement une touffe au bout des frocs, comme on en voit encore aujourd'hui au bout des capes du Béarn. Selon Nicot, ce mot vient d'*à floccis, ex quibus confici solet* flocus; d'autres le tirent du saxon *rocc*, d'où l'all. et le belge *rock*; l'angl. *froc*, habit de dessus, fourreau.

DÉFROQUE, dépouille, cotte morte de moine, d'un religieux; biens, meubles, effets d'autrui dont on profite autrement que par succession.

DÉFROQUÉ, moine qui ayant jeté le froc aux orties, est rentré dans le monde.

DÉFROQUER, ôter, quitter ou faire quitter le froc; prendre le bien d'autrui.

ENFROQUER, faire moine, rendre moine.

ROCHET, sorte de surplis fin, à manches étroites; camail des évêques. De la bas. lat. *rochettus*, dim. de *rocus*, sorte de vêtement. Helgaldus de Fleury, Vie du roi Robert, dit : *Exuens se vestimento purpureo, quod linguâ rusticâ dicitur* rocus.

FROLER, friser, effleurer un corps, toucher légèrement un corps en passant; frôler une robe de taffetas, c'est la faire crier en passant. Ménage dér. ce verbe de *frictulare*, dim. de *frictare*.

FRÔLEMENT, mot hazardé, mais très-pittoresque, qui exprime parfaitement le bruit d'un habillement de taffetas, qu'on frôle en passant.

FROTTER, toucher en passant, à plusieurs reprises, effleurer, oindre, enduire; passer la brosse et la cire sur le plancher. De *frictare*, selon Ménage, qui n'a pas connu cette onomatopée.

FROTTEUR, qui frotte.

FROTTOIR, linge pour frotter le corps, pour essuyer le rasoir.

FROTTON, balle pour frotter le papier.

FROTTAGE, travail du frotteur.

FROTTÉE, pain frotté; au figuré, coups.

FROTTEMENT, action de frotter, collision de deux corps qui se frottent. *Fricatio*.

FRAYER, frotter contre, s'user par le frottement; s'approcher et se frotter pour la génération, en parlant des poissons; marquer, tracer un chemin; donner l'exemple; se convenir, vivre d'accord. *Fricare*.

FRAI, *fray*, altération de monnoie par le frottement; génération des poissons qui s'opère par le frottement; saison où elle a lieu; œufs de poissons fécondés; poissons nouvellement nés.

FRAYOIR, marques aux baliveaux contre lesquels le cerf a frotté son bois.

FRAYURE, action du cerf frottant son bois.

Le son radical de ces mots est propre à tous les froissements, à tous les frémissements de la nature; il exprime l'action que ces termes figurent, et rappelle très-bien le bruit dont elle est ordinairement accompagnée.

FROMENT, la meilleure espèce de blé; toute espèce de plantes céréales. Du lat. *frumentum*, que l'on dér. de *fructus*, fruit, ou de *fruor*, jouir.

FROMENTACÉE, plante qui approche de la nature du froment. *Fromentacia*.

FROMENTAL, faux froment.

FROMENTÉE, farine ou bouillie de froment.

FRONDE, tissu de cordes pour lancer des pierres avec violence, les faire déchirer l'air avec bruit, et de manière qu'elles en tirent un frémissement long, retentissant et sonore, dont on peut exprimer l'effet par le mot *fronde*. En lat. *funda*, de *fundare*, lancer; en ital. *fromba*.

FRONDEUR, soldat armé d'une fronde.

FRONDER, lancer avec la fronde.

FRONDE, nom d'un parti contraire au cardinal Mazarin, et qui fit naître de grands troubles à Paris, en 1649. Ceux qui le suivirent s'appeloient *frondeurs*.

De là le verbe *fronder*, pour blâmer, critiquer hautement, que Molière a d'abord employé dans la préface de l'*École des femmes*.

Voici comment Ménage rapporte l'origine de ces mots dans leur acception moderne. Le duc d'Orléans s'étoit rendu au Parlement pour empêcher qu'on ne mît en délibération quelques propositions qu'il jugeoit désavantageuses au ministère. Le conseiller Le Coigneux de Bachaumont dit à plusieurs de ses confrères, placés près de lui, qu'il falloit remettre à un autre jour où le duc d'Orléans n'assisteroit point à la séance. Il se servit de la comparaison des frondeurs, qui ne frondent pas en présence des commissaires, mais qui frondent en leur absence, nonobstant leurs défenses. Quelques jours après, Le Coigneux de Bachaumont, entendant opiner quelques membres du Parlement en faveur du ministère, se souvenant de sa comparaison, dit à ces conseillers qu'il allait fronder leur avis. Ces mots ayant été reçus avec approbation par les confrères et employés ensuite heureusement en vers par de Marigny, on appela *frondeurs* ceux qui étoient contraires au ministère de Mazarin; on dit ensuite:

FRONDER, improuver, se déclarer contre; pousser quelqu'un à bout.

FRONDEUR, partisan de la révolte de la fronde; qui fronde, qui blâme; critique, censeur impitoyable.

FRONT, le haut du visage; devant, face; audace, impudence. Du lat. *frons*, que l'on dér. du gr. *phrontis*, pensée.

FRONTAL, qui tient du front; torture en serrant le front avec une corde à nœuds.

FRONTEAU, *fontrail*, *fontral*, petit fronton; bandeau noir sur le front des chevaux dans les cérémonies funèbres. *Frontale*.

FRONTIÈRE, limites d'un état, d'une contrée; limitrophe. *Frons terræ*.

FRONTISPICE, façade au front principal d'un édifice; titre d'un livre. *Frontispicium*.

FRONTON, ornement triangulaire sur le frontispice. *Fronto*.

AFFRONT, insulte faite en face, outrage de parole ou de fait. En ital. *affronto*.

AFFRONTÉ, en regard.

Affronter, s'opposer front à front, résister en face, attaquer hardiment.

Affronterie, action d'affronter.

Affronteur, *affronteuse*, trompeur, hypocrite; celui qui affronte.

Confronter, comparer, mettre en face, front à front.

Confrontation, action de confronter; examen en comparant.

Frontignan, ville de France. *Frontiniacum.*

Effronté, impudent, qui marche le front levé.

Effrontément, d'une manière effrontée.

Effronterie, impudence hardie, qui ne s'étonne de rien.

Froncer, se rider le front; au figuré, plisser menu du linge, une étoffe. En bass. lat. *frontiare*, fait de *frons, frontis*.

Froncement, action de froncer les sourcils.

Froncis, *fronçure*, plis à une étoffe, à une robe en la frottant.

Défroncer, quitter l'air fâché; défaire les plis d'une étoffe.

Refrogner, *renfrogner*, se rider le front par chagrin ou par mauvaise humeur. *Frontem contrahere.*

Refrognement, renfrognement, action de refrogner.

Frouer, faire une espèce de sifflement pour attirer les oiseaux à la pipée. Le sifflement tremblottant de la chouette a servi de type à cette onomatopée; l'action de siffler à la pipée se fait ordinairement en plaçant entre les lèvres une feuille ployée qui étouffe le son, et qui le module.

FROUFROU, son radical du bruit d'une robe de satin, d'une robe de taffetas.

Froisser, meurtrir par le frottement, par une forte impression, par le choc; onomatopée du bruit d'une étoffe ferme que l'on presse avec quelque force; on froisse du damas et du satin, et l'on chiffonne une étoffe douce et légère, qui cède sans bruit sous la main. Ménage dér. ce verbe de *frangere*.

Froissement, action de froisser.

Froissure, état froissé, impression à la partie froissée.

FRUIT, production végétale qui sert à la nourriture dans son état de crudité; au figuré, dessert, profit, gain, avantage; enfant; revenus. Du lat. *fructus*, que l'on dér. de *fruor*, jouir, ou du gr. *bruô*, germer, croître, pousser.

Fruitage, toute sorte de fruits.

Fruité, chargé de fruits d'émail différent.

Fruiterie, endroit où l'on garde le fruit; commerce de fruitier.

Fruitier, qui rapporte du fruit; lieu où on le recueille.

Fruitier, *fruitière*, marchand de fruits et de légumes.

Fruition, jouissance en général.

Fructidor, mois des fruits, douzième et dernier mois de l'année républicaine.

Fructifère, qui porte du fruit. *Fructifer.*

Fructification, production du fruit. *Fructificatio.*

Fructifier, rapporter du fruit, produire du bénéfice. *Fructificare*, fait de *fructum ferre*, ou de *frui*, jouir.

Fructiforme, en forme de fruit, qui en a l'apparence. *Fructiforma.*

Fructueusement, avec fruit, avec profit; utilement. *Fructuosè.*

Fructueux, qui produit du fruit. *Fructuosus.*

Frugal, qui vit de fruit ou de peu; simple en sa nourriture. *Frugalis.*

Frugalement, avec frugalité. *Frugaliter.*

Frugalité, qualité frugale, simplicité dans les aliments. *Frugalitas.*

Frugivore, qui vit de fruits, qui se nourrit de végétaux. *Frugivorus.*

Fruticuleux, tige qui forme un petit arbrisseau. *Fruticans.*

Frutiqueux, plante qui pousse plusieurs rejetons qui forment un arbrisseau. *Fruticosus*, fait de *fruticescere, fruticare*, produire, pousser des rejetons; d'où *frutex*, arbrisseau; dér. du gr. *bruô*, germer.

Defructu, terme usité pour signifier un bon repas en pique-nique; restes de table. Cette expression doit son origine à une cérémonie qui s'observoit encore à Auxerre et dans son diocèse au commencement du xviiie siècle. Le 5e psaume des secondes vêpres de Noel, qui est le 131e, se chantoit et se chante encore dans beaucoup de diocèses, sous cette antienne extraite, et qui fait partie du verset ii de ce psaume : *De fructu ventris tui ponam super sedem tuam.*

Il étoit d'usage anciennement que les principaux habitants des villes et les magistrats assistassent aux vêpres les jours de fêtes annuelles, et se plaçassent dans le chœur. Le chantre, un bouquet à la main, alloit à l'un des plus distingués, lui présentoit ce bouquet et lui annonçoit cette antienne : *De fructu*. Cette distinction n'étoit pas faite en vain, elle étoit suivie d'une somme d'argent qui servoit pour régaler les chantres, et ce régal s'appeloit *defructu*. Lorsque la somme étoit considérable, le chantre ne manquoit pas d'annoncer à ses confrères qu'ils avoient un bon *defructu*; de même si la somme étoit modique, il disoit : notre *defructu* sera mince. De la particule extractive *de*, et de *fructus*.

EFFRUITER, cueillir, amasser les fruits.

INFRUCTUEUX, qui ne porte point de fruit; chose tentée sans succès. *Non fructuosus*.

INFRUCTUEUSEMENT, sans fruit, sans profit, sans utilité. *Sine fructu*.

INFRUCTUOSITÉ, état infructueux; résultat sans utilité, sans profit.

USUFRUCTUAIRE, d'usufruit; qui en procure la jouissance.

USUFRUIT, usage et jouissance des fruits ou revenus d'un bien dont on n'a point la propriété. *Usufructus*.

USUFRUITIER, qui jouit de l'usufruit. *Usufructuarius*.

FRUSTE, médaille, marbre, pierre antique, effacés, usés par le frottement. De l'it. *frusto*.

FRUSTRER, tromper, abuser; priver d'une chose due ou attendue, de ce qu'on étoit sûr d'obtenir. Du lat. *frustari*, rendre inutile, faire échouer.

FRUSTRATOIRE, fait à dessein de frustrer; vaine promesse pour gagner du temps. *Frustratorius*, vain, trompeur, échappatoire.

FUIR, éviter la présence, la rencontre; courir pour se sauver, prendre la fuite; s'éloigner avec vitesse pour éviter, éluder, passer, s'écouler avec rapidité; couler par une fêlure, donner issue au contenu. Du lat. *fugere*, dér. du gr. *pheugein*.

FUITE, action de fuir, d'éviter, de se retirer; déroute; moyen d'éluder; échappatoire. *Fuga*, en gr. *phugé*.

FUGACE, porté à fuir, passager, de courte durée. *Fugax*.

FUGACITÉ, qualité de ce qui est fugace. *Fugacitas*.

FUGALES, fêtes républicaines célébrées à Rome en faveur de l'expulsion des rois; on les appeloit aussi *régifuges*; elles avoient lieu au mois de février et le même jour que Tarquin le Superbe s'étoit retiré près du roi Porsenna. *Fugalia*.

FUGITIF, qui est en fuite; qui abandonne son pays, son habitation sans oser revenir. *Fugitivus*. Chez le fugitif la fuite est soutenue, tandis que chez le fuyard la fuite n'est que passagère.

FUGUE, échappée, fuite; pièce de musique où le sujet est répété alternativement dans toutes les parties qui semblent courir les unes après les autres. *Fuga*.

FUIE, *fuye*, petit colombier de pigeons domestiques, qui leur sert de refuge.

FUYANT, qui s'enfonce, qui paroît se perdre dans le lointain.

FAUX-FUYANT, échappatoire, prétexte.

FUYARD, qui cherche son salut dans la fuite.

ENFUIR (s'), prendre la fuite; s'écouler rapidement.

REFUGE, asile, secours, sûreté trouvée dans un lieu ou chez une personne. De *refugium*, fait de *refugio*, reculer, se retirer, fuir en arrière; composé de la particule *re*, pour *retro*, en arrière, et de *fugio*.

RÉFUGIÉ, qui s'est retiré en un autre pays pour sa sûreté personnelle.

RÉFUGIER (se), se retirer en un lieu pour sa sûreté individuelle.

REFUIR, fuir devant les chasseurs.

REFUITE, endroit où une bête a coutume de passer quand on la chasse; ruses d'un cerf poursuivi; délais affectés qu'on apporte dans la conclusion d'une affaire.

TRANSFUGE, déserteur qui passe d'un parti dans le parti contraire. *Transfuga*, fait de *trans*, au-delà, par-delà, de l'autre côté, et de *fugire*.

FULIGINEUX, vapeur chargée de suie, de crasse. Du lat. *fuliginosus*, fait de *fuligo*, suie de cheminée; dérivé de *fulvus*, noir.

Fuliginosité; qualité de ce qui est fuligineux.

Fumée, vapeur épaisse des corps en combustion, légère et humide des liquides échauffés; espérance frivole; vaine gloire. Du lat. *fumus*, fait du gr. *phumos*, éolique pour *thumos*, vapeur, souffle, odeur; d'où le verbe *thumiaô*, parfumer, exhaler des odeurs.

Fumées, vapeurs qui attaquent le diaphragme, et s'élèvent, dit-on, au cerveau.

Fumer, exposer à la fumée pour faire sécher; jeter de la fumée; aspirer la fumée du tabac allumé dans une pipe; pester, être vivement contrarié. *Fumare*.

Fumage, exposition à la fumée; fausse couleur d'or donnée ainsi à l'argent.

Fumant, qui jette de la fumée, qui fume par une chaleur naturelle.

Fumeron, charbon qui jette de la fumée.

Fumet, vapeur agréable qui s'exhale des vins ou des viandes.

Fumeterre, le coridal, plante annuelle, amère, épurative et médicinale. *Fumaria*, pour *fumus terræ*; en it. *fumosterno*.

Fumeur, qui fume habituellement du tabac.

Fumeux, qui envoie des fumées à la tête. *Fumosus*.

Fumigation, action d'exposer à la fumée des liquides échauffés, des aromates, des parfums; faire entrer de la fumée dans les narines, pour faire revenir un asphyxié.

Fumigatoire, propre à produire de la fumée.

Fumiger, exposer un corps aux vapeurs de la fumée. *Fumigare*, pour *fumum gerere*, porter fumée, parfumer.

Fumiste, homme dont l'état est d'empêcher les cheminées de fumer.

Effumer, donner aux objets un ton vaporeux.

Enfumer, noircir, incommoder par la fumée.

Parfum, odeur agréable, senteur odoriférante; corps qui la produit. Du lat. *per*, au milieu, au travers, et de *fumus*, vapeur, fumée; vapeur qui se répand.

Parfumer, répandre une bonne odeur; purifier l'air par des odeurs fortes.

Parfumeur, qui fait et vend des parfums.

Suffumigation, sorte de fumigation dans les sacrifices des anciens; combustion de choses odorantes pour corriger la mauvaise odeur. *Suffumigatio*.

Thym, plante labiée, odoriférante, basse, à fleurs axillaires ou terminales. Du lat. *thymum*, *thumos*, dér. de *thuô*, fait du gr. *thumiaô*, ou plutôt *thymiaô*, parfumer, exhaler des odeurs.

Thymbre, *tymbrée*, plante aromatique, sorte de thym. Du lat. *thymbria*, fait du gr. *thumbra*.

Épithymé, cuscute sur le thym. D'*épi*, sur, et de *thymum*, thym.

Thuriféraire, clerc qui porte l'encensoir. Du lat. *thuriferarius*, formé de *thus*, encens, parfum, et de *fero*, je porte.

Thymélée, le garou, plante qui tient du thym et de l'olivier. De *thumos*, thym, et d'*elaia*, olivier.

FUMIER, paille mêlée de fiente des bestiaux auxquels elle a servi de litière, pour amender la terre. De *fimarium*, fait de *fimus*, fiente.

Fumer, épandre du fumier sur un terrain pour l'amender.

Fumées, fiente des bêtes fauves. *Rimata*.

Fumiaire, qui croît sur le fumier.

Fumure, engrais des moutons parqués.

Fumade, portion de pâturage pour fumer.

FUNÉRAILLES, obsèques, cérémonies pour enterrer; derniers devoirs envers celui qui n'est plus. Du lat. *funera*, pluriel de *funus*, convoi, enterrement; que l'on dérive soit de *funale*, torche funèbre, soit du gr. *phonos*, meurtre, homicide; fait de *phénô*, *phoneuô*, tuer à la guerre, commettre un meurtre, tuer, assassiner.

Funèbre, qui concerne les funérailles; sombre, triste, lugubre, effrayant. *Funebris*, *funereus*, d'où *funerare*, enterrer, faire les funérailles.

Funéraire, des funérailles. *Funerarius*.

Funèbrement, d'une manière funèbre.

Funeste, de sinistre présage; fatal, malheureux; qui cause ou peut causer la mort. *Funestus*, fait de *funus*.

Funestement, d'une manière funeste.

FURET, petit quadrupède du genre marte, de l'ordre des carnassiers, propre à la chasse aux lapins; curieux, qui visite les coins et recoins; qui s'enquiert de ce qui se passe dans l'intérieur des familles. De *furettus*, dim. de *furus*, qu'on a dit pour *furo*.

Fureter, chasser avec le furet; fouiller, chercher partout avec soin sans y être autorisé; chercher à satisfaire sa curiosité.

Fureteur, qui chasse au lapin; curieux qui s'enquiert de tout.

FUREUR, manie, frénésie, rage, colère violente; forte agitation; passion démesurée; transport de l'esprit, enthousiasme du poète, du prophète. Du lat. *furor*, folie furieuse; fait du gr. *pheresthai*, être transporté.

Furibond, sujet à la fureur, aux emportements de colère outrée. *Furibundus*.

Furie, agitation, mouvement impétueux; emportement de colère, impétuosité de courage, vivacité d'attaque. *Furia*.

Furies, déesses des anciens, filles de la Nuit; elles étoient au nombre de trois, et nommées *Alecto*, qui tourmente sans cesse; *Tisiphone*, qui punit les meurtres, et *Mégère*, qui porte à la haine, à la vengeance. Les Romains les appeloient *Furies* sur la terre, *Dires* (*deorum iræ*) dans le ciel, et *Eumenides* (bienveillantes, par antiphrase), dans l'enfer.

Furieux, qui est en furie; véhément, impétueux, violent. *Furiosus*.

Furieusement, avec furie; excessivement, extrêmement. *Furiose*.

FURONCLE, *froncle*, clou, tumeur avec inflammation aux parties charnues. Du lat. *furonculus*, dér. de *fervere*, bouillonner, ou du gr. *phusô*, je brûle.

Furolles, exhalaisons enflammées sur la mer et sur la terre.

FURTIF, qui se fait en cachette, à la dérobée. Du lat. *furtivus*, fait de *furtum*, vol de nuit; dér. de *fur*, en gr. *phor*, larron, voleur de nuit.

Furtivement, en cachette, d'une manière furtive. *Furtò*.

FUSTIGER, battre à coups de bâton ou à coups de fouet. Du lat. *fustis*, bâton qui servoit à battre les criminels; fait de *fusus*, battu, versé.

Fustigation, action de fustiger, bastonnade. *Fustigatio*.

Fuste, navire de bas bord à voiles et à rames.

Fut, bois sur lequel est monté le canon d'une arme à feu; tronc d'une colonne ou d'un pilastre. De l'it. *fusto*, dér. de *fustis*.

Futaie, bois qu'on a laissé croître au-delà de quarante ans; forêt de grands arbres.

Futaille, vaisseau de bois propre à contenir des liquides.

Futé, fin, rusé, adroit. Ménage fait justement observer que ce mot a été donné par allusion aux oiseaux, qui, ayant hanté les bois, ont vu du pays, et sont devenus plus rusés que les oiseaux niais qui ne sont point sortis de leurs nids.

Affut, chariot de bois pour soutenir un canon; lieu dans la forêt où l'on se cache pour attendre le gibier au passage.

Affutage, tous les outils d'un menuisier; action de les aiguiser; pose d'un canon sur son affût.

Affuter, aiguiser; mettre le canon en état de tirer; apprêter l'affût.

Affutiau, petit morceau de bois dont les femmes se servent en tricotant.

FUTAINE, *fustaine*, étoffe de coton croisée d'un côté, inférieure au basin. En bass. lat., en ital., en esp. *fustana*; en flam. *fustein*, faits de *Fustat*, l'ancienne Memphis, ville d'Égypte, où il y a quantité de coton; et d'où cette espèce de toile a été apportée. Les Arabes appellent *alfustah*, une chambre dont les murs sont tapissés de futaine.

Futainier, ouvrier qui fait la futaine.

FUTILE, frivole, fugitif, sans effet; de peu de considération; sans conséquence. Du lat. *futilis*, vain, léger.

Futilité, inutilité, frivolité, chose futile, vanité, légèreté. *Futilitas*.

FUTUR, qui est à venir, qui doit exister, être un jour. De *futurus*, fait de *fuere* ou de *fieri*, dér. de *phuô*, naître.

Futurition, existence à venir; ce qui doit exister un jour. *Futuritio*.

G

G, cinquième consonne et septième lettre de l'alphabet : elle es' gutturale. Les Romains ne s'en servirent, dit-on, qu'après la première guerre Punique; avant cette époque, au lieu de cette lettre, ils se servoient du C. Dans la suite, ils employèrent indifféremment l'un et l'autre de ces caractères, ainsi que le prouvent les anciens monuments. Au rapport de Plutarque, cette lettre auroit été inventée par un certain Corbilius, affranchi, lequel ayant ajouté un petit trait à la partie inférieure du C, en forma le G, dont les Latins se servirent depuis pour écrire les mots qui n'avoient pas le même son que le C. Dans les mots françois d'origine germanique, le G se change en V ou W.

Comme lettre numérale, le G signifie quatre cents, ainsi que l'exprime ce vers:

G. Quadragentos demonstrativa tenebit.

Si l'on tire une ligne au-dessus, elle désigne quarante mille. Chez les Grecs, le gamma Γ marquoit trois, et avec un accent aigu trois mille.

GABAN, manteau d'étoffe grossière contre la pluie. Du lat. *cappa*. Voy. CAPE, p. 118, et CHAPE, p. 120.

GABARE, petit navire large et plat; bateau de pêcheur; grand bâtiment ancré dans les ports pour la visite des vaisseaux et la perception des droits; sorte de grand filet de pêche. Du lat. *cabarus*, bateau, ou de *carabus*, par transposition de lettres, dér. du gr. *kárabion*.

GABARI, modèle de construction du vaisseau; contour de la carène; couple des parties de l'arrière.

GABARÉER, travailler des pieux de charpente d'après un gabari.

GABARIER, conducteur d'une gabare; porte-faix qui la charge et la décharge.

GABATINE, fourberie, ruse, supercherie. En bass. lat. et en ital. *gabbatina*, du lat. *cavilla*, plaisanterie, raillerie.

GABELLE, impôt sur le sel, lieu où il se vendoit. En bass. lat. *gablum*, *gabella*, *gabalum*, rente, impôt, tribut, prestation; que l'on dér. du latin *vectigal*, ou du saxon *gapal*, *gapel*; de l'hébreu *gabbe*; de l'ital. *gabella*, fait du punique *cabala*; de l'esp. *alcavala*, *alcabala*, tiré de l'arabe, qui tous ont la même signification; mais, je le répète, ce mot doit venir de *vectigal*, et en voici la raison : La gabelle est fort ancienne en France; on se servoit de ce terme pour désigner toute espèce d'imposition sur les denrées, et ce n'est que très-postérieurement qu'on l'a appliqué seulement à l'impôt sur le sel. La gabelle n'étoit accordée par les états que dans les plus pressants besoins du royaume; elle fut d'abord établie, en 1343, par Philippe de Valois, que le roi d'Angleterre Édouard appela plaisamment à ce sujet l'*auteur de la loi salique*; puis en 1358, après la prise de Poitiers par les Anglois; et fut continuée en 1360, après le traité de Brétigny, pour servir à la rançon du roi Jean; mais Charles V, son fils, ordonna que le droit de gabelle seroit réuni au domaine, et levé dans tous les temps, ce qui a été exécuté.

GABELAGE, séjour du sel dans le grenier; marque pour constater ce séjour.

GABELER, faire sécher le sel dans les greniers.

GABELEUR, employé dans la gabelle.

GABELOUX, commis de barrière pour la perception des droits; railleur, insolent.

GACHE, * *guasche*, rame, aviron de bateau; instrument pour délayer le plâtre et le mortier; morceau de fer où entre le pêne d'une serrure; cercles qui soutiennent les descentes et autres tuyaux. De l'all. *wasser*, eau, parce qu'on bat l'eau avec la gâche.

GACHER, * *guascher*, jeter de l'eau sur du plâtre en poudre ou sur quelque autre matière pulvérisée; détremper, délayer; gâter par maladresse; vendre à vil prix.

GACHET, hirondelle de mer, ainsi dite de ce que cet oiseau gâche la terre pour faire son nid.

GACHETTE, pièce de détente d'une arme à feu; petite pièce d'une serrure sous le pêne.

GACHEUR, manœuvre qui gâche le

plâtre, le mortier; marchand qui vend à vil prix.

GACHEUX, bourbeux, où il y a de la boue; précepteur de collége.

GACHIS, sorte de mortier de plâtre, chaux, sable et ciment; saleté causée par de l'eau et de la boue.

GOUACHE, peinture en détrempe, avec des couleurs gommées.

GADE, poisson jugulaire à corps alongé, recouvert de petites écailles, tête comprimée. Du lat. *gadus*.

GADOUE, matière fécale tirée d'une fosse; ordure, fumier, immondices. De *cacatum*, fait de *cacare*; d'où l'it. *cacata, cacatura*, et l'esp. *cagada, cacadura*. Voy. CACA, p. 107.

GADOUARD, vidangeur, cureur de privés.

GAFFE, perche garnie par un bout d'un croc de fer à deux branches. Onomatopée du déchirement d'un corps saisi par un corps aigu qui en prit le nom. Ce mot a été formé, par les gens de rivière, de ce qu'il imite, en quelque sorte le bruit qu'on fait lorsqu'on accroche pour remonter une rivière.

GAFFER, accrocher avec la gaffe; traverser une rivière à la nage.

GAFFET, *gaffeau*, petite gaffe.

GAGE, salaire, récompense; nantissement; ce qu'on livre pour la sûreté d'une dette, d'un engagement, d'un paiement; preuve, assurance, certitude; chose déposée à certains jeux. De la bass. lat. *vadium, vadare*, dér. de l'all. *wagen*, donner; en angl. *wager*.

GAGER, donner des gages, des appointements; faire une gageure; salarier les domestiques.

GAGERIE, saisie; simple saisie; arrêt privilégié faute de paiement d'arrérages.

GAGEUR, qui gage souvent; qui propose d'abord, qui a l'habitude de gager.

GAGEURE, chose gagée; promesse réciproque des gageurs; engagement de perdre une chose désignée suivant des conditions.

GAGISTE, qui est gagé sans être domestique.

DÉGAGER, retirer ce qui étoit engagé, hypothéqué, privé de la liberté; acheter le congé; débarrasser, tirer du péril; donner une issue.

DÉGAGÉ, libre, bien disposé.

DÉGAGEMENT, action de dégager, en général; son effet; état de l'être dégagé; acte par lequel on dégage; issue secrète et dérobée.

ENGAGER, mettre en gage; donner pour assurance; déterminer par la seule persuasion; enrôler; provoquer, commencer une chose; faire entrer l'un dans l'autre.

ENGAGEANT, insinuant, attrayant, qui plaît, attire et persuade par son ton, ses manières.

ENGAGEANTE, nœud de rubans sur le sein; sorte de grandes manchettes de femme.

ENGAGEMENT, action d'engager; ses effets, son prix; obligation, promesse écrite de payer; acte par lequel on se lie, on s'engage; enrôlement d'un soldat; argent qu'il reçoit en s'enrôlant; petit combat.

ENGAGISTE, qui tient un domaine par engagement.

GAI, joyeux, de bonne humeur, qui porte à la joie. *Gaudiosus*, fait de *gaudere*, dér. du gr. *gatheó*, pour *géthéó*, donner de la joie, ou de *gaó*, rire.

GAITÉ, *gaieté*, joie, vivacité de la belle humeur, allégresse, humeur enjouée; paroles, actions folâtres; pensées riantes, situations comiques. De *gaudium*.

GAIMENT, *gaiement*, avec gaité, d'une manière gaie.

ÉGAYER, * *egaudir*, porter à la gaité, en donner; émonder un arbre, en couper les branches qui l'étouffent.

S'ÉGAYER, * *s'egaudir, se gaudir*, se réjouir, prendre du plaisir.

GAUSSER, railler, dire des plaisanteries.

GAUSSERIE, raillerie, moquerie, plaisanterie.

GAUSSEUR, *gaudisseur*, railleur, plaisant, moqueur.

GAILLARD, gai, joyeux, aimable, sain et dispos; amoureux comme un *gal*. Du lat. *gallus*, coq. On a donné ensuite le nom de *gaillard* à une élévation sur le tillac d'un vaisseau. Scaliger et Pontanus dérivent le lat. barb. *galliardus*, d'*à gallica audacia*, ou *gallico ardore*. Ferrari le tire de l'it. *gagliardo*, fait de *validus*. Enfin Du Cange veut qu'il vienne de *goliardus*, plaisant, bouffon, vif, joyeux.

GAILLARDE, femme délibérée qui, aimant son plaisir, en prend à son aise; sorte de danse fort vive; caractère d'imprimerie entre le petit-romain et le petit-texte.

GAILLARDEMENT, d'une manière gaillarde, joyeusement.

GAILLARDET, pavillon échancré de misaine.

GAILLARDISE, propos très-gai; conduite un peu libre.

RAGAILLARDIR, regaillardir, redonner de la gaîté, en reprendre; mettre de bonne humeur.

GAIN, profit, lucre, utilité; heureux succès, avantage, bonne issue. Du teuton *winn*, *winnen*, gagner; en angl. *to win*, en esp. *ganar*, *gano*, je gagne. Ménage fait venir le verbe *gagner*, de l'it. *guadagnare*, dér. du gr. *kerdainein*. Enfin Barbazan le fait venir de *vindicare*, parce que, suivant Cicéron, *vindicare sibi aliquid*, c'est s'approprier une chose, se l'attribuer : Ce mot, continue Barbazan, n'est pas éloigné de *vagina*, dont nous avons fait *gaîne*. Voy *Gloss. de la lang. rom.*, aux mots GAAGNABLE, GAAGNER, GAAGNIÈRE, GAAIG, GAGNEAUX, GAIGNER.

GAGNER, faire du gain; tirer un profit, vaincre au jeu; retirer un avantage; obtenir, mettre dans ses intérêts, remporter ce qu'on désire; attirer à un parti.

GAGNABLE, qui peut être gagné.

GAGNAGE, pâturage, pâtis du cerf, du bétail; terres ensemencées où il paît; fruit des terres emblavées; revenu des terres.

GAGNANT, qui gagne ou fait gagner au jeu.

REGAGNER, gagner ce que l'on avoit perdu; reprendre ce qu'on avoit quitté; rentrer dans les bonnes grâces de quelqu'un.

REGAIN, nouveau gain; herbe, fourrage de la seconde fauchaison et des suivantes.

GALACTES, sels tirés du lait. Du gr. *gala*, *galaktos*, lait. Voy. LAIT.

GALACTIQUE, acide de petit lait.

GALACTIRRHÉE, écoulement excessif du lait chez les femmes. De *galaktos*, lait, et de *rhéô*, couler.

GALACTIT, *galactite*, argile endurcie, de couleur cendrée et veinée de rouge, qui, étant mise dans l'eau, lui donne une couleur de lait. En lat. *galaxius*, de *galaktos*.

GALACTODE, laiteux, qui est couleur de lait. De *galaktôdés*, fait de *galaktos*.

GALACTOGRAPHIE, description des sucs laiteux. De *gala*, *galaktos*, lait, et de *graphô*, je décris.

GALACTOLOGIE, traité sur l'usage des sucs laiteux. De *gala*, *galaktos*, et de *logos*, discours, traité.

GALACTOMÈTRE, instrument inventé par Cadet de Vaux pour connoître la densité, la bonté du lait. De *galaktos*, et de *métron*, mesure.

GALACTOPÉE, qui fait couler le lait.

GALACTOPHAGE, qui ne se nourrit que de lait. De *galaktos*, et de *phagô*, je mange.

GALACTOPHORE, qui porte le lait; vaisseaux qui portent le lait aux mamelles; médicaments propres à rendre le lait plus abondant. De *gala*, et de *phérô*, je porte.

GALACTOPOÏÈSE, action par laquelle le chyle se change en lait. De *gala*, et de *poiéô*, je fais.

GALACTOPOÉTIQUE, faculté qu'on suppose dans les mamelles d'engendrer le lait. De *galaktos*, et de *poiéô*.

GALACTOPOSIE, traitement des maladies par le moyen du lait; régime laiteux. De *gala*, *galaktos*, et de *posis*, boisson.

GALACTOSE, production du lait, changement du chyle en lait. De *gala*, *galaktos*.

GALATHÉE, langouste à courtes antennes et longues serres. *Galathea*.

GALAXIE, la voie lactée, trace blanche et lumineuse qu'on remarque dans le ciel, laquelle est formée d'une multitude innombrable d'étoiles qui la rendent lumineuse : les Grecs l'appeloient *galaxias kuklos*, le cercle lacté; fait de *gala*, *galaktos*, lait, à cause de sa couleur blanche.

GALANTHE, plante narcissoïde, espèce de perce-neige. De *gala*, et d'*anthos*, fleur blanche comme du lait.

GALIUM, *gallium*, le petit muguet ou le caille-lait, plante à feuilles rudes, qui fait cailler le lait. Du gr. *galion*, *gallion*, dér. de *gala*. Voy. LAIT.

AGALACTIE, qui n'a pas de lait, défaut de lait dans une femme en couches. D'*a* priv., et de *gala*; *galaktos*.

23.

GALANT, * *galand*, civil, poli, amoureux, agréable, prévenant auprès des dames, comme un *gal*, un coq auprès de ses poules. Du latin *gallus*. Le dictionnaire de la Crusca dér. le mot *galante* de l'it. *gala*, joie, réjouissance, fête, allégresse.

GALANTE, femme qui a des intrigues d'amour.

GALANTERIE, * *galantise*, qualité galante; petit cadeau; politesse dans l'esprit; soins rendus au sexe; commerce amoureux; maladie vénérienne.

GALANTIN, amoureux ridicule.

GALAMMENT, d'une manière galante.

GALANTISER, faire le galant auprès des femmes; les courtiser.

GALANTINE, cochon de lait farci aux truffes.

GALA, grande fête dans le palais d'un souverain. De l'esp. *gala*, grande fête à la cour, suivie d'un repas splendide. Au figuré, joie, plaisir, bombance.

GALBANUM, gomme attractive et résolutive, très-employée en médecine; espérances qui n'aboutissent à rien. Du latin *galbanus*, fait du gr. *chalbané*, dér. de l'hébreu *chelbenah*.

GALBANIFÈRE, plante d'où découle le galbanum. De *chalbané*, et de *pheró*, je porte.

GALBE, * *garbe*, air, figure, maintien, bonne grâce, bonne façon; membre d'architecture qui s'élevoit en adoucissement gracieux par en haut. De l'it. *garbo*, bonne grâce.

GALÉANTHROPIE, délire mélancolique, pendant lequel on se croit belette ou chat. Du grec *galé*, belette, et d'*anthrôpos*, homme.

GALÉOPITHÈQUE, chat-volant, espèce de chauve-souris, genre de quadrupèdes de l'ordre des carnassiers, à pattes antérieures, engagées dans une membrane. De *galé*, *galeé*, belette, et de *pithékos*, singe, à cause de la ressemblance du galéopithèque avec la belette et le singe.

GALÉOPSIS, chanvre bâtard, plante labiée. Du grec *galiopsis*, de *galé*, belette, et d'*opsis*, aspect, figure, à cause de la forme de ses fleurs.

GALEFRETIER, homme du néant, de mauvaise mine et mal vêtu; corruption du mot *calfateur*. Voy. CALFATER, p. 112. Ménage le tire de l'esp. *gallofero*, mendiant.

GALÈNE, mine de plomb; pyrit-composée de chaux, de plomb et d'acide unis au feu fixe. Du lat. *galena*, mine où le plomb est mêlé à l'argent; dérivé du gr. *geléin*, briller.

GALER, se gratter comme si on avoit la gale. *Voy.* CAL, p. 111, col. 1.

GALÈRE, bâtiment long de bas bord, à voiles et à rames; peine, punition des malfaiteurs, condamnés à ramer sur une galère; lieu de travail pénible; état de peines, de souffrance; coquille ainsi nommée de sa forme. De *galea*, casque, parce qu'on représentoit ordinairement un casque sur la proue des navires; d'autres du gr. *galea*, vaisseau de pirate, et l'espadon, sorte de long poisson, à cause de la longueur des galères. Au surplus, les Grecs et les Latins du moyen âge disoient *galea*, *galéa* et *galaia*, pour désigner un bâtiment de mer. On prétend aussi que ces mots viennent de l'ar. *gal*, *gall*, flot, flotter, aller au loin.

GALÉRIEN, forçat condamné à ramer sur les galères.

GALÉACE, *galléasse*, sorte de grande galère.

GALÉE, sorte de bâtiment de mer, dans le moyen âge; ais à rebords pour placer les lignes, la composition, ainsi dite de sa forme.

GALION, vaisseau de guerre, rond et à voiles, des Indes espagnoles, pour apporter l'or et l'argent du Pérou en Europe.

GALIOTE, sorte de petite galère; long bateau rond, à voiles et couvert, pour voyager sur les rivières. Du grec *galéa*, *galéôtes*, espèce de poisson long.

GALERIE, pour *walerie*, pièce plus longue que large à la suite d'un grand appartement; allée de communication; corridor; ceux qui y sont; auditeurs au théâtre; spectateurs d'un jeu; route sous terre, pour les mines; espace autour d'un moule; chemin couvert, pratiqué pour atteindre un mur, ou chemin creux pour l'approche d'une place assiégée. En bas. lat. *ambulacrum*; en ital. *galeria*, que Nicot dit être une contraction d'*allerie*, lieu où l'on va, où l'on se promène; fait du v. *aller*, en lat. *ambulare*; en teuton, *wallen*, aller; en angl. *walk*, promenade. Ménage dér. ce mot de *galère*, Caseneuve de *gallescere*, s'éjouir, prendre du plaisir, parce que la galerie ne sert qu'à se promener, à prendre ou à donner du plaisir.

GALERNE, vent froid du nord-ouest; vent du septentrion, qui fait geler les vignes. En bas. lat. *galerna*, dér. de *gelare*, en sous-entendant *aura* ; en gr. et lat. vent en général; d'où le dicton *væ tibi, galerna, per quam, fit clausa taberna*. Ménage ne partage pas cette opinion et dit : « Nous avons un vent de septentrion que nous appelons *vent d'Écosse*, parce qu'il vient du côté de l'Écosse; ce qui me fait croire que le vent de galerne, qui vient du côté de la principauté de Galles, a été ainsi appelé de *Wallia*, en sous-entendant *aura*. »

GALETAS, étage pris dans un comble ou grenier; logement pauvre et mal en ordre. On le dér. de l'héb. *galisath*, ou de l'ar. *calata*, chambre haute ; d'autres l'interprètent par étage le plus haut d'une maison, celui où on ne peut monter qu'en *haletant*. En adoptant l'opinion de Ménage, qui avance avec raison que les mots ordinaires de la langue françoise n'ont point été formés des langues orientales, on doit rejeter son *valestastasium*, pour *valetorum statio*, qui est un peu plus que ridicule.

GALIEN, le plus célèbre des médecins de l'antiquité, après Hippocrate.

GALÉNIQUE, manière de traiter les maladies selon la méthode de Galien.

GALÉNISME, doctrine, méthode de Galien, médecin.

GALÉNISTE, partisan de la doctrine médicinale de Galien.

GALIMATIAS, que l'on a écrit *gallimathias*, discours confus, inintelligible; assemblage de mots qui semblent avoir un sens et ne signifient rien. Boiste le dérive du latin *gallus Mathiæ*. Ménage pense que, sans connoître leur généalogie, *galimatias* et *galimafrée* sont cousins germains. Je présume que ce mot a été forgé à plaisir, ainsi que celui de *gallithomas* inventé par Voltaire, pour désigner un style ampoulé, boursoufflé comme celui de Thomas, de l'Académie françoise, si connu par ses éloges ; et encore celui de *scribouillage*, dialogue fait à la manière de M. Scribe, auteur dramatique de nos jours.

Ce mot, selon le savant Huet, vient de l'usage des plaidoyers qui se faisoient autrefois en latin. « Un jour, dit-il, il s'agissoit d'un coq appartenant à une des parties qui se nommoit *Mathias*. L'avocat, à force de répéter les noms de *Gallus* et de *Mathias*, finit par s'embrouiller, et au lieu de dire *gallus Mathias*, il dit *galli Mathias* ; par la suite on se servit de ce mot pour exprimer un discours embrouillé. »

GALLE, excroissance ronde, qui se forme sur les feuilles ou les tiges des plantes, par la piqûre des gallinsectes; excroissance sur la feuille de chêne, dont on fait l'encre. Du lat. *galla*, dérivé du gr. *balanos*, gland, noix de galle.

GALLATE, sel formé par la combinaison de l'acide gallique avec différentes bases.

GALLIQUE, acide, extrait de la noix de galle.

GALLIFÈRE, chêne qui porte la noix de galle.

GALLINSECTES, genre d'insectes hyménoptères qui piquent les feuilles ou les tiges des plantes, et font naître des excroissances.

ENGALLER, teindre, préparer avec la noix de galle.

ENGALLAGE, action d'engaller; ses effets.

GALLES, prêtres de la déesse Cybèle, ainsi nommés du fleuve *Gallus*, en Phrygie, dont l'eau rendoit furieux ceux qui en buvoient. *Galli*. Leur chef s'appeloit *Archi-Gallus*. Voy. ARCHI.

GALLIAMBE, vers, hymne en l'honneur de Cybèle. *Voy.* IAMBE.

GALLIAMBIQUE, du galliambe, concernant les fêtes de Cybèle.

GALON, tissu de soie, de coton, d'or, d'argent, en forme de ruban épais; humeur suppurée formant croûte. De *callone*, ablatif de *callo*, fait de *callus*. Voy. CAL, p. 111.

GALONNÉ, garni de galons ; le chien de mer, poisson du genre squale; quadrupède de Guinée du genre lézard, à huit raies bleues-noirâtres sur le dos.

GALONNER, orner, border, garnir de galons.

GALONNIER, fabricant ou marchand de galons.

GALOP, allure vive du cheval et la

plus rapide. Onomatopée du cheval qui galope. Suite de sauts en avant.

GALOPER, aller au galop, mettre un cheval au galop; courir de toutes ses forces; poursuivre quelqu'un; s'écarter, divaguer, s'étendre au loin.

GALOPADE, action de galoper; espace parcouru en galopant. Ménage dérive ces mots de *calupare*, pour *calpare*; Saumaise et Budée, du gr. *kalpan*, formé du verbe *kalpazein*, qui a la même signification.

GALOPIN, marmiton qui habille les viandes, et qui est obligé de galoper pour exécuter les ordres de ses chefs; jeune homme employé pour faire des courses et des commissions; petit polisson; homme de néant.

GALVANI, célèbre physicien italien du XVIIIe siècle, inventeur du galvanisme.

GALVANISME, système de Galvani; électricité métallique; suite d'expériences nouvelles sur l'électricité, agissant sur les nerfs, à l'aide des métaux, sans frottement.

GALVANIQUE, du galvanisme.

GALVANOSCOPE, instrument pour faire connoître la force du galvanisme. De *Galvani*, et du gr. *scopéô*, je regarde.

GALVAUDER, pour *calbauder*, verbe factice et populaire, pour injurier, maltraiter de paroles; réprimander durement; poursuivre avec ardeur. On le dérive de *caballicare*.

GAMÉLIES, *gamies*, fêtes nuptiales chez les anciens Grecs; présent de noces. Du gr. *gamos*, noce, mariage.

GAMÉLION, septième mois attique qui répond à notre mois de janvier, ainsi nommé de ce qu'on célébroit les fêtes de Junon *Gamélia* ou *Nuptiale*, qui présidoit aux mariages.

GAMOLOGIE, traité sur le mariage, sur les noces. De *gamos*, et de *logos*, discours.

AGAMIE, sans mariage, sans noce. Du gr. *a*, privatif, et de *gamos*, mariage.

BIGAME, *digame*, marié en même temps à deux personnes; qui a deux maris ou deux femmes à la fois. Du lat. *bis*, en gr. *dis*, deux fois, et de *gameïn*, se marier.

BIGAMIE, mariage avec deux personnes en même temps; état du bigame.

CRYPTOGAME. *Voy.* CRYPTE, p. 216.

MISOGAME, qui a de l'aversion pour le mariage. De *misos*, haine, et de *gamos*, mariage.

MISOGAMIE, haine pour le mariage.

MONOGAME, qui n'a été marié qu'une fois; mariage unique. De *monos*, un, et de *gamos*, mariage.

MONOGAMIE, classe de plantes dont les fleurs ont leurs étamines réunies par leurs anthères.

PHANÉROGAME, plante dont les organes sexuels sont apparents. De *phanéros*, visible, manifeste, apparent, et de *gamos*.

POLYGAMIE, multiplicité des femmes, pluralité des mariages; usage d'avoir plusieurs femmes, comme les Israélites, les Turks et autres peuples orientaux. De *polus*, plusieurs, et de *gamos*.

POLYGAMIE, classe de plantes qui portent sur la même tige des fleurs hermaphrodites et des fleurs d'un seul sexe.

POLYGAME, homme qui a épousé plusieurs femmes.

POLYGAMISTES, sectaires qui approuvoient la polygamie.

THÉOGAMIES, fêtes des anciens en l'honneur de Proserpine, et en mémoire de son mariage avec Pluton. De *théos*, dieu, divinité, et de *gamos*.

TRIGAME, qui a été marié trois fois en même temps, comme le fameux général Sarrazin, qui, en peu d'années, avoit épousé successivement une Italienne, une Françoise et une Angloise. De *tris*, en lat. *ter*, trois fois, et de *gamos*.

TRIGAMIE, troisième mariage; dans l'empire grec la trigamie étoit seulement permise aux hommes âgés de quarante ans, qui n'avoient pas eu d'enfants des deux premiers lits.

GAMELLE, jatte à soupe, grande écuelle de bois ou de fer-blanc, à l'usage des soldats. Du lat. *camella*.

GAMIN, mot factice pour désigner un enfant du commun, un apprenti.

GAMMA, troisième lettre de l'alphabet grec, et qui s'écrivoit ainsi : Γ, γ, ϛ.

DIGAMMA, double gamma. De *dis*, deux fois, et de *gamma*, nom de la lettre grecque Γ. Le digamma étoit particulier aux Éoliens; il leur tenoit lieu d'esprit rude ou de marque d'aspiration. Cette lettre avoit la figure de deux gammas, l'un sur l'autre, comme F.

GAMME, table ou échelle des notes de la musique, selon l'ordre des tons naturels. Du Γ, ou G des Grecs, parce que Gui d'Arezzo, inventeur de cette table, après avoir joint aux syllabes qui représentent les six premiers sons les lettres A, B, C, D, E, F, prit pour marquer le septième son la septième lettre de l'alphabet latin, G, qu'il écrivit en grec; et ce caractère fit donner, à cause de sa singularité, le nom de gamme à toute l'échelle. C'est vers l'an 1024 que Gui fit paroître son système; les noms qu'il donna aux six premières notes, ut, ré, mi, fa, sol, la, sont tirés de l'hymne, *ut queant laxis resonare fibris*, composé par Paul, diacre, qui florissoit en 774.

GANGLION, tumeur sans douleurs, sur les nerfs; entrelacement de nerfs. Du lat. *ganglium*, fait du gr. *gagglion*.

GANGLIFORME, qui a la figure du ganglion. De *gagglion* et de *morphé*, forme, en lat. *forma*.

GANGRÈNE, mortification totale, avec corruption d'une partie du corps; erreur opiniâtre. Du lat. *gangræna*, fait du gr. *gaggraina*, dérivé de *graô*, je mange, je consume, je ronge, je dévore, parce que la gangrène se communique promptement aux parties voisines, si on ne l'arrête bientôt.

GANGRÉNÉ, attaqué de gangrène; sans retour présumable au bien.

GANGRÉNER (se), se corrompre et devenir gangreneux.

GANGRENEUX, qui est de la nature de de la gangrène.

GANIMÈDE, fils de Tros, enlevé du mont Ida par Jupiter, qui lui confia la charge de verser à boire aux dieux, à la place de la jeune Hébé. Du grec *ganos*, joie, et de *médos*, conseil; d'autres le dér. de *gama*, beaucoup, et de *médomai*, avoir soin.

GANSE, sorte de petit cordon de soie ou de laine pour attacher, orner, border. Du lat. *ansa*, à cause de sa ressemblance avec une anse.

GARAMANTITE, sorte de pierre précieuse figurée, que l'on dit venir du pays des Garamantes, peuples de la Libye. En lat. *garamantes*.

GARAMOND, sorte de caractère petit-romain, ainsi dit du nom de son inventeur.

GARANCE, plante vivace, monopétale, de la famille des rubiacées, dont la racine teint en rouge. Du latin *varantia*, pour *verantia*.

GARANÇAGE, action de teindre avec la garance, teinture de cette drogue.

GARANCER, teindre avec de la garance.

GARANCIÈRE, champ planté de garance.

GARANTIR, se rendre caution, répondre de quelque chose en s'obligeant de dédommager; assurer la bonté, la qualité; préserver du mal; assurer, affirmer la véracité d'un fait; dédommager, indemniser. De l'all. *ware, waren, warten*, garder, maintenir, conserver, prendre garde.

GARANT, caution qui répond du fait d'un autre; autorité, auteur dans lequel on a puisé un fait, un passage.

GARANTI, celui à qui l'on a fait une garantie.

GARANTIE, engagement par lequel on se rend garant; obligation de garantir; dédommagement auquel on s'engage.

GARDER, conserver pour soi, ne point se dessaisir, veiller à la sûreté, à la conservation, protéger, préserver, garantir; soigner dans une maladie. De l'allem. *warten*; en bass. lat. *wardare*; en italien *guardare*, que Ferrari dér. de *vertere*.

GARDE, action de se tenir en observation; commission de garder; charge de conserver; sentinelle; gens de guerre faisant le guet, ou qui occupent un poste; protection; ce qui garantit. De l'al. *wart*.

GARDEUR, qui mène paître et garde les bestiaux.

GARDIEN, qui est commis à la garde, à la conservation; dépositaire; protecteur; supérieur de capucins, de cordeliers.

GARDIENNAGE, emploi de gardien.

GARDIENNAT, charge, office de gardien.

GARDIENNERIE, sainte-barbe d'un vaisseau; chambre des canonniers.

ÉGARD, considération, respect, déférence.

GARE, interjection pour prendre garde, faire déranger, se garantir, ou pour menacer.

Gare, retranchement, lieu d'abri pour les bateaux.

Garer, mettre en lieu de sûreté; se préserver, se défendre.

Égarer, être ou laisser sans garde, jeter dans l'erreur; ne savoir où on a mis une chose, ou ce qu'on en a fait.

Égarement, action d'égarer, écart du bon chemin par méprise; erreur d'esprit, de conduite.

Regarder, garder de nouveau; examiner attentivement; jeter la vue sur...

Regard, action de regarder; manière dont on regarde habituellement; descente dans un aqueduc, un cloaque, un égout.

Regardant, spectateur; qui porte l'économie dans les plus petites choses; qui s'arrête aux minuties.

Garenne, bois peuplé de lapins que l'on soigne. Ce mot s'employoit anciennement pour tous les endroits où l'on conservoit et entretenoit des animaux; il signifioit poulailler, colombier, basse-cour, étang, rivière où la pêche est défendue, chenil, écurie, étable, etc. De l'all. *warande*; en bas. lat. *warenna*.

Garennier, celui qui a soin d'une garenne.

GARBIN, vent du sud-ouest sur la Méditerranée. De l'it. *garbino*, dér. de l'ar. *gharb*, occident.

GARD, rivière qui passe près de Nîmes. Du lat. *vardo*.

GARDON, petit poisson blanc du genre cyprin. Du lat. *gardus*.

GARNIR, pourvoir de tout ce qui est nécessaire pour la commodité, l'usage, l'ornement, la conservation, la défense; doubler, assortir, meubler, entourer, vêtir. Du teut. *warnen*, munir, fortifier; en all. *waren*, *bewahren*, garder, conserver; en bass. lat. *warnire*. On sait que Sylvius et Guyet dérivoient ce verbe de *granire*, fait de *granum*.

Garnement, libertin, mauvais sujet. Du verbe *garnir*, parce que, dit Ménage, d'après Sylvius, Nicot et Huet, les fainéants et gens inutiles ne servent que pour garnir, c'est-à-dire pour remplir et fournir le nombre des hommes.

Garnisaire, *garniser*, homme en garnison chez les contribuables en retard.

Garnison, d'abord provision d'argent, de vivres, de munitions pour la sûreté et conservation d'une place; ensuite soldats qui gardent une place forte ou qui maintiennent le pays; demeure pour contraindre au paiement; archers installés chez un débiteur.

Garniture, ce qui sert à garnir, orner, donner de la solidité; assortiment complet.

Dégarnir, ôter la garniture, ce qui garnit, orne ou sert d'accompagnement.

Regarnir, garnir de nouveau.

GARROT, trait d'arbalète; bâton court pour serrer les cordes; partie supérieure du cheval, depuis les épaules jusqu'à l'encolure. Du latin *verutum*, dérivé de *veru*, broche, et non pas de *quadratus*.

Garrotter, attacher fortement avec des liens; lier par des actes.

Égarrotté, cheval blessé au garrot.

GARUM, saumure pour conserver le poisson. Du latin *garum*, fait du grec *garon*, sauce fort estimée des anciens, laquelle se faisoit avec la saumure d'un poisson que l'on présume être le maquereau.

GASCOGNE, ancienne province méridionale de la France. Du lat. *vasconia*, dér. de *Vascones*, anciens habitants de ce pays.

Gascon, qui est de Gascogne; fanfaron, menteur, hâbleur. *Vasco*.

Gasconisme, façon de parler gasconne; locution vicieuse du patois gascon.

Gasconnade, fanfaronnade; vanterie outrée.

Gasconner, dire des gasconnades; parler avec l'accent gascon, ou en l'imitant.

GASTER, l'estomac, le bas-ventre, le ventricule. Du lat. *gaster*, dér. du gr. *gastér*.

Gastéropode, genre de mollusques à tête libre, qui glissent sur le ventre. De *gastér* et de *pous*, *podos*, pied; animal qui a les pieds au ventre.

Gastérotée, *gastré*, sorte de poisson osseux, thoracique, à pièce osseuse entre les dernières nageoires. De *gastér*, et d'*ostéon*, os.

Gastriloque, engastriloque, qui parle du ventre ou de l'estomac, en inspirant. *Gastriloquus*, fait de *gaster*, et de *loqui*, parler; on dit aussi *engastronyme*.

Gastrique, stomacal, de l'estomac.

Gastrite, *gastritis*, douleur vive à

l'épigastre; phlegmasie de l'estomac.

GASTROBRANCHE, grosse sangsue de mer, qui s'attache aux poissons; poisson sans nageoires latérales et sans yeux, qui fait le passage de la classe des poissons à celles des vers, et qui a les ouies placées sous le ventre. De —, et de *bragchia*, branchies, ouies.

GASTROCÈLE, hernie de l'estomac. De —, et de *kélé*, tumeur, hernie.

GASTROCNÉMIENS, muscles jumeaux du gras de la jambe, formant le jarret. De *gastér*, ventre, et de *knémé*, jambe, parce qu'ils sont comme le ventre de la jambe.

GASTROCOLIQUE, qui a rapport à l'estomac et à l'intestin colon. De —, et de *kôlon*.

GASTRODYNIE, douleur ou colique d'estomac. De —, et d'*odúné*, douleur.

GASTROÉPIPLOÏQUE, artères, veines de l'estomac, de l'épiploon. De — et d'*épiploon*.

GASTROLATRE, gourmand; qui est esclave de son ventre. De —, et de *latrés*, esclave.

GASTROLOGIE, livre sur la cuisine ou de l'art d'apprêter les mets. De —, et de *logos*, traité.

GASTRONOMANCIE, sorte de divination par des vases pleins d'eau, placés entre des bougies, laquelle se faisoit par les réponses d'un devin ventriloque. De —, et de *mantéia*, divination.

GASTROMANIE, passion pour la bonne chère. De —, et de *mania*, passion.

GASTROMANE, qui a la gastromanie.

GASTROMYTHE, *engastrimythe*, qui parle du ventre. De —, et de *muthos*, paroles.

GASTRONOMIE, l'art de faire bonne chère; traité, écrit sur la bonne chère. De —, et de *nomos*, loi, règle, base.

GASTRONOME, qui écrit sur la gastronomie; abusivement employé pour *gastromane*.

GASTRONOMIQUE, de la gastronomie.

GASTRORAPHIE, suture pour réunir les plaies du bas-ventre. De —, et de *rhaphé*, suture, couture; de *rhaptô*, je couds.

GASTROTOMIE, ouverture faite au ventre. De —, et de *tomé*, incision; de *temnô*, je coupe.

DIGASTRIQUE, nom de deux muscles qui ont deux portions charnues, ou comme deux ventres séparés l'un de l'autre. De *dis*, deux, et de *gastér*.

ÉPIGASTRE, région supérieure du bas-ventre. D'*épi*, sur, dessus, et de *gastér*.

ÉPIGASTRIQUE, qui appartient à l'épigastre.

HYPOGASTRE, la partie inférieure du bas-ventre. *Hypogastrion*, de *hupo*, sous, et de *gastér*.

HYPOGASTRIQUE, de l'hypogastre.

HYPOGASTROCÈLE, tumeur générale du bas-ventre. De *hupo*, sous, de *gastér*, et de *kélé*, tumeur.

MONOGASTRIQUE, qui n'a qu'un ventre. De *monos*, un, et de *gastér*.

GAUCHE, le côté opposé à la droite; mal fait, ridicule, mal tourné; maladroit. Du gr. *gauson*, oblique, de travers; dont les latins ont fait *scævus* et *scævola*. Ménage le tire à tort du grec *skaios*.

GAUCHEMENT, d'une manière gauche, maladroite.

GAUCHER, qui se sert ordinairement de la main gauche.

GAUCHERIE, action d'un homme gauche.

GAUCHIR, se détourner le corps pour éviter un coup; biaiser; ne pas agir franchement; perdre sa forme, son niveau.

GAUCHISSEMENT, action de gauchir, ses effets.

GUINCHE, outil de cordonnier pour polir les talons des souliers de femme; de là *guinche*, cabaret où se réunissent les cordonniers et les savetiers; nom d'une mauvaise guinguette.

GUINGOIS, travers, qui n'est pas droit.

DÉGAUCHIR, dresser une pierre ou une pièce de bois, en ôter ce qu'il y a de trop, pour la rendre unie et droite. De la prép. *dé*, et du mot *gauche*, c'est-à-dire, *hors de gauche*, qui tend au droit.

DÉGAUCHISSEMENT, action de dégauchir.

GAUFRE, rayon, gâteau de miel; pâtisserie plate et légère, cuite entre deux plaques de fer; fer chaud pour imprimer des figures sur une étoffe. Du flam. *wafel*, en angl. *wafer*, et non du gr. *gôros*, sorte de gâteau.

GAUFRER, imprimer sur une étoffe des figures en relief, avec des fers chauds.

GAUFREUR, ouvrier qui gaufre les étoffes.

GAUFRIER, qui fait et vend des gaufres en pâtisserie; ustensile de fer pour les faire cuirs; il est fait en forme de pincettes à larges plateaux creux, à rebords et figures.

GAUFRURE, empreinte gonflée sur une étoffe, qui se fait en gaufrant.

GAULE, nom primitif du pays qu'on appelle aujourd'hui France. Du lat. *Gallia*.

GAULOIS, habitant des Gaules. *Galli*.

GALLICA, sandale de capucin; chausse gauloise en galoche.

GALOCHES, pour *galloches*, chaussure de bois et découverte par le haut, dont les Gaulois se servoient en temps de pluie, et dont l'usage passa aux Romains. *Galliæ, gallicæ*.

CALONES, chaussure de cuir par-dessus le soulier; chaussure à semelle de bois.

GALLICAN, de France; qui concerne l'église de France. *Gallicanus*.

GALLICISME, expression, idiotisme, construction propres à la langue françoise, consacrés par l'usage, contre la grammaire, ou transportés dans une autre langue.

GAULE, grande perche; baguette, houssine pour mener un cheval. De la bass. lat. *galla*, fait de *vallus, valla*, pieu.

GAULER, battre un arbre avec une gaule pour en faire tomber le fruit.

GAULADE, coup de gaule.

GAULETTE, petite gaule.

GAULIS, branche crue d'un taillis de vingt ans.

GAUSAPE, étoffe, habillement, manteau de laine grossière et velue d'un côté, qui venoit des Gaulois. Il ne fut en usage à Rome que sous Auguste, et, selon Pitiscus, la mode en seroit venue d'Orient. C'est ce qui a fait croire à quelques étymologistes que le lat. *gausapa, gausapum*, avoit été formé de *Gaza*, ville de Syrie. Perse, dans sa VIe satire, fait entendre que la gausape étoit un habit de soldat, de couleur jaune, et qu'on donnoit aux prisonniers. On se servoit aussi de cette étoffe pour couvrir les tables et les lits.

GAUPE, femme malpropre et désagréable. Voici ce que dit Léon Tripault: « Je ne veux ici omettre que les anciens Gaulois appeloient les paillardes *gaupes*; lequel mot je recherche de *gausape*, étoffe grossière, et ainsi *gaupe*, diction prinse des couvertes où couchoient en guerre les paillardes. » Selon le témoignage de Varron, *gausapa* étoit un vêtement d'étoffe grossière des Gaulois; et Ménage pense, avec raison, que notre mot *gaupe* pourroit avoir été fait de ce mot latin.

GAVACHE, homme lâche, mou et sans honneur. Les *Cabali* ou *Gabali*, montagnards du Gévaudan, sont appelés *gavachos* par les Espagnols; comme ces montagnards vont en Espagne pour gagner leur vie, et qu'ils y exercent les métiers les plus vils, on y a appelé *gavachos* les personnes sans cœur et mal vêtues; ainsi l'esp. *gavachos* a été fait de *gabali*, comme l'a prouvé Covarruvias.

GAVION, le gosier, la gorge. Du lat. *cavus*.

GAVOTTE, danse gaie, vive, sur un air à deux temps. Suivant Huet, *Orig. des Romans*, les martegales et madrigaux ont pris leur nom des *Martegaux*, peuples montagnards de Provence; de même que les *Gavots*, peuples montagnards du pays de Gap, ont donné le nom à cette danse que nous appelons *gavotte*.

GAZ, mot inventé par Van-Helmont, et qui signifie esprit, fluide aériforme, émanation invisible de certaines substances.

GAZÉIFIABLE, qui peut être converti en gaz ou en produire. De *gaz*, et de *facere*.

GAZEUX, de la nature du gaz.

GAZIFÈRE, appareil pour dégager le gaz inflammable de l'air atmosphérique. De *gaz*, et de *fero*, je porte.

GAZOLITRE, appareil pour connoître la quantité de gaz contenue dans un corps. De —, et de *litra*, mesure.

GAZOMÈTRE, instrument inventé par Lavoisier, pour connoître ou pour mesurer la quantité de gaz employée dans une opération. De —, et de *métron*, mesure.

GAZE, sorte de toile fort claire et légère pour les femmes, qui laisse entrevoir les objets qu'on fait mine de vouloir cacher. De l'it. *gazzi*, petit babillard. Du Cange pense qu'elle a été ainsi appelée de la ville de Gaza, en Syrie, où elle fut d'abord fabriquée.

Gazer, voiler, cacher d'une gaze, montrer à moitié; adoucir l'expression d'un sujet trop libre.

Gazier, ouvrier qui fabrique la gaze.

GAZELLE, l'antilope, bête fauve de l'Orient, espèce de petit daim très-agile, à cornes creuses, courbées en lyre; espèce de petit poème persan. De l'ar. *algazal*.

GAZETTE, feuille périodique qui rapporte tous les événements lorsqu'elle ne passe pas sous les ciseaux des censeurs. La première qu'on ait vue en France fut introduite en 1631 par Théophraste Renaudot de Loudun, médecin de Paris.

Ménage veut que ce mot soit venu du vénitien *gazetta*, relation ou journal de ce qui se passe en quelque lieu; puis il ajoute que le mot *gazetta* signifioit originairement une sorte de petite monnoie, et comme pour cette monnoie, dit-il, on avoit le cahier de nouvelles, on a transporté ensuite le nom de la monnoie au cahier.

Gazetier, rédacteur d'une gazette.

Gazetin, petite gazette manuscrite.

GAZON, * voazon, herbe courte et menue; terre qui en est couverte; sa graine. Du lat. *cespes*, selon Ménage : d'autres le dér. du teuton *wazen*, et du lat. *gleba*. Par analogie on a donné le nom de vieux gazon à une mauvaise perruque.

Gazonner, garnir, revêtir de gazons.

* Gazonnement, action de gazonner; emploi des gazons pour couvrir de ver-dure.

Gazonnant, *gazonneux*, qui forme gazon, qui l'imite.

GAZOUILLEMENT, *gazouillis*. Onomatopée d'un bruit doux et agréable; tel que celui que font de petits oiseaux en chantant. Ces mots, qui expriment assez bien leur harmonieux babillage, ont été aussi employés pour le doux murmure des ruisseaux qui roulent sur le sable. De *garritus avium*, selon Ménage. *Voy.* Oiseau.

Gazouiller, faire un petit bruit doux, agréable en chantant, en coulant; commencer à prononcer les mots. Ménage dér. le verbe *gazouiller* du lat. *garrire*.

On aura sans doute observé que le verbe *gazouiller*, comme le mot *oiseau*, est formé des mêmes sons vocaux, liés par la même consonne. Il n'en est distingué que par son intonation, qui est prise dans une lettre gutturale, par conséquent très-bien appropriée à l'idée qu'il exprime.

GEAI, oiseau de plumage bigarré, du genre de ceux auxquels on apprend à parler. Onomatopée du cri de cet animal. En gr. *karakaka*, en lat. *garrulus* et *gracculus*, en bass. lat. *gaius*, en esp. *gayo*, en angl. *jay*, en it. *gaza*, pie; en all. *jack*; enfin en franç., dans différents temps et en différents lieux, *gai, gautereau, goy, gayon, girard, jai, jaie, jaiet, jacques, jacquot, jucuta, jay, jayon, richard*.

Garrulité, babil, caquet; défaut du bavard. *Garrulitas*.

D'où les noms propres *Jai, Lejay, Gay, Jas, Lejas, Gauterot, Gautherot, Gérard, Gérardot, Gérardin, Girard, Girardière, Girardin, Girardon, Giraud, Giraudié, Giraudière, Richard, Larichardière, Gaillon*.

GÉANT, homme d'une taille démesurée. Du lat. *gigas, gigantis*, fait du gr. *gigas*, formé de *gé*, terre, et de *gaô*, naître; né de la terre, parce que, suivant la mythologie, les géants étoient fils de la terre. *Voy.* Géocentrique.

Gigantesque, qui tient du géant; démesuré en grandeur.

Gigantomachie, combat des géants contre les dieux. De *gigas, gigantos*, et de *maché*, combat, du verbe *machomai*, combattre.

Scarron a fait un poème très-plaisant intitulé *la Gigantomachie*.

GEINDRE, *gindre*, compagnon, aide d'un boulanger. Du lat. *junior*. *Voy.* Gémir.

GELINE, poule, la femelle du coq. Du lat. *gelina*, pour *gallina*, fait de *gallus*, coq.

Gelinotte, oiseau gallinacé, poule des bois, sorte de grosse perdrix rouge.

Gallinacé, oiseau du genre de la famille des poules. *Gallinaceus*.

Gallinasse, sorte de corbeau du Mexique.

Gallinapane, sorte de coq d'Inde du Mexique.

GÉLOSCOPIE, divination par laquelle on disoit reconnoître les qualités et le caractère d'une personne à l'inspection de son rire. Du gr. *gelôs*, ris, et de *scopéô*, je regarde, je considère.

GÉMATRIE, explication mathématique ou géométrique des mots de l'Écriture sainte. Du gr. *géômetria*, dont les rabbins ont fait par corruption l'hébreu *ghematria*. Voy. GÉOCENTRIQUE.

GÉMIR, * geindre, se plaindre par des cris douloureux, exprimer sa peine par des sons plaintifs. Du lat. *gemere, gemiscere*, que Varron dit être une onomatopée, et que l'on présume dériver du gr. *gémô*, être plein, être chargé; quand on gémit, n'est-on pas accablé par la douleur.

GÉMISSANT, qui gémit, plaintif. *Gemens* et *Gemendus*.

GÉMISSEMENT, plainte douloureuse et lamentable; cri naturel de la colombe. Du lat. *Gemitus*.

GÉMONIES, lieu de supplice et d'exposition des cadavres des criminels chez les Romains. *Gemoniæ*, de *gemo, gemere*.

GEMME, pierre précieuse; sel fossile qu'on extrait des mines, ou combinaison de l'acide muriatique et du sodium; bouton des plantes, bourgeon de la vigne. Du lat. *gemma*, que l'on dér. du gr. *gémô*, être plein.

GEMMATION, ce qui concerne le bourgeonnement des plantes vivaces et ligneuses; époque du développement des bourgeons. *Gemmatio*, fait de *gemmare*.

GEMMIPARE, qui produit des bourgeons. De *gemma*, bourgeon, et de *parere*, produire.

GENCIVE, chair ferme qui entoure et tient les dents. Du lat. *gingiva*.

GÈNE, * gehenne, torture, châtiment; situation pénible, incommode; contrainte, peine d'esprit; état de pauvreté. Du lat. *gehenna*, torture, que l'on dit être dérivé de l'hébr. *gehenna*.

GÊNANT, qui contrarie, qui incommode.

GÊNÉ, qui est à la gêne, qui manque d'argent.

GÊNER, mettre à la gêne; contraindre les mouvements du corps, les inclinations; incommoder.

GENÊT, arbrisseau de la famille des légumineuses, originaire d'Espagne, lequel porte des fleurs jaunes. Du lat. *genista*.

GENETIN, vin blanc de l'Orléanois, ainsi dit de sa couleur jaune.

GENESTROLLE, l'herbe des teinturiers, sorte de petit genêt pour teindre en jaune.

GENET, cheval d'Espagne entier. De l'esp. *ginete*, qui signifie un cavalier armé. Nous avons transporté le nom du soldat au cheval.

GENÉVRIER ou *genièvre*, arbrisseau rameux, conifère, odorant, toujours vert. Du lat. *juniperus*.

GENÈVRE, *genièvre*, fruit ou graines du genévrier; liqueur dans laquelle on met du genèvre.

GENEVRETTE, infusion de genièvre.

GENIÉVRERIE, fabrique de genièvre.

GENOU, endroit où les os de la cuisse et de la jambe s'emboîtent. Du latin *genu*, fait du gr. *gonu*.

GÉNICULÉ, *genouillé*, nœud articulé et fléchi en forme de genou. *Geniculatus*.

GENOUILLER, ornement des prêtres grecs.

GENOUILLÈRE, partie de l'armure ou de la botte qui couvre le genou.

GENOUILLET, le sceau de Salomon, sorte de plante. *Geniculata*.

GENOUILLEUX, qui a des nœuds. *Geniculatus*.

GÉNUFLECTEUR, qui fléchit le genou. De *genu*, et de *flectere*.

GÉNUFLEXION, action de fléchir le genou. De *genu*, et de *flexio*.

AGENOUILLER (s'), se mettre à genoux. *Adgeniculari*.

AGENOUILLOIR, petit escabeau pour se mettre à genoux.

AGONYCLITES, sectaires du viiie siècle, qui prétendoient qu'on devoit prier debout et sans se mettre à genoux. D'*a* priv., de *gonu* genou, et de *klinô*, plier, fléchir, courber.

GONAGRE, goutte qui attaque les genoux. De *gonu*, genou, et d'*agra*, prise, capture.

GONALGIE, douleur aux genoux. De *gonu*, et d'*algos*, douleur.

POLYGONUM, la renouée, sorte de plante qui pousse des tiges noueuses ou pleines de nœuds. De *polu*, plusieurs, beaucoup, et de *gonu*, nœud.

Polygonées, famille de plantes à tiges noueuses du genre polygonum.

GENRE, ce qui est commun à diverses espèces; ce qui distingue les êtres; habitude particulière dans l'exécution; sorte, style, manière, race, famille. Du lat. *genus, generis*, qui vient du gr. *génos*, race, famille, espèce.

Générique, qui regarde le genre, ou qui lui appartient. De *generis*.

Gendre, celui qui a épousé la fille de quelqu'un. Du lat. *gener*, fait de *genus*, dér. du gr. *gambros*, formé de *génos*.

Généalogie, histoire de l'origine d'une famille, de sa propagation et de son état présent. *Genealogia*, de *génos*, race, famille, et de *logos*, discours.

Généalogique, qui appartient à la généalogie.

Généalogiste, qui fait ou dresse des généalogies.

Général, universel, commun à un très-grand nombre ou à toutes les espèces contenues sous le même genre. *Generalis*, fait de *genus*.

Général, celui qui commande une armée en chef, ou un ordre de religieux. De *generalis*, sous-entendant *imperator*.

Généralat, dignité de général; sa durée.

Générale, batterie de tambour pour avertir les troupes de se tenir prêtes à marcher sous les ordres du général.

Généralement, d'une manière générale; universellement.

Généraliser, rendre général, donner plus d'étendue; étendre à tous.

Généralisation, action de généraliser.

Généralissime, général en chef qui dans une armée commande aux autres généraux.

Généralité, qualité de ce qui est général; étendue de juridiction.

Généralités, discours qui n'ont pas un rapport précis au sujet.

Générateur, génératrice, ce qui engendre. *Generator*.

Génératif, qui appartient à la génération; d'où naissent les conséquences.

Génération, action d'engendrer; production, postérité; filiation. *Generatio*, en gr. *génésis*, formé du verbe *généro*, en gr. *gennaô*, fait de *genus*, qui vient de *génos*, race, famille.

Généreux, magnanime, hardi, brave, vaillant; doué de grandeur d'âme. *Generosus*, en grec *gennaios*, fait de *génos*.

Généreusement, avec générosité, d'une manière généreuse. *Generosè*.

Générosité, grandeur d'âme, bravoure, magnanimité, inclination naturelle à la vertu, à l'humanité, à la libéralité. *Generositas*.

Genèse, origine, génération, naissance; premier livre de la Bible, qui traite de la création du monde et de l'origine des patriarches Du gr. *génesis*, dér. de *géinomai*, naître.

Génésie, génération, production, naissance. De *génésis*.

Généthliaque, astrologue ou charlatan qui prédisoit au moment de la naissance d'un enfant ce qui devoit lui arriver pendant sa vie; poème sur la naissance d'un enfant. De *généthlé*, naissance, origine; dér. de *géinomai*, naître.

Généthliologie, divination pratiquée par les généthliaques.

Génie, esprit bon ou mauvais qui, chez les anciens, étoit censé présider à la naissance de chaque individu, et l'accompagnoit pendant sa vie: c'étoit son esprit particulier, son ange tutélaire, qui, ayant ses inclinations, vivoit et mouroit avec lui; talent de l'esprit, penchant, disposition naturelle, imagination; auteur qui a le don de créer. De *genius*, formé de l'ancien verbe *geno*, pour *gigno*, qui vient du gr. *geinô*, *genô*, *geneô*, engendrer, produire.

Génital, qui sert à la génération. *Genitalis*, en gr. *gennetikos*.

Génitif, deuxième cas du nom, qui marque l'origine, la propriété, la dépendance d'une chose. Du lat. *genitivus*, en gr. *genikos*, qui vient de *gignor*, naître; en gr. *géinomai*.

Génitoires, parties sexuelles qui servent à la génération dans les mâles. De *genitor*, fait du gr. *genetôo*.

Géniture, enfant; la semence ou l'œuf fécondé dans le sein de la mère, lorsqu'il ne paroît aucun vestige d'organisation. *Genitura*, fait de *gignere*.

Progéniture, enfants, petits des animaux.

Gens, nations, personnes, domestiques mâles. *Gentes*, pluriel de *gens*, *gentis*, contraction de *genus*.

GENDARME, ancien homme d'armes qui commandoit à deux cavaliers; cavalier de certaines compagnies d'ordonnances; soldat de police chargé de veiller à la sûreté publique; tache sur l'œil; points obscurs dans le diamant; bluettes qui sortent du feu. De *gens*, et d'*arma*.

GENDARMERIE, le corps des gendarmes.

GENDARMER (se), se fâcher, s'emporter sur un léger sujet.

GENDARMEUX, diamant qui a des taches, des bulles, des glaces.

GENT, nation, peuple, famille, espèce. De *gens*.

GENTIL, païen, idolâtre. De *gens*, *gentis*, peuple, nation; fait par syncope de *genus*.

GENTILISME, paganisme, religion des gentils.

GENTILITÉ, les idolâtres ou les gentils.

GENTILS, chez les Romains, on nommoit ainsi ceux qui, sortis d'une même famille, mais appartenant à différentes branches, portoient le même nom. *Gentiles*, dér. de *genus*, race, famille.

GENTIL, *gentille*, * gent, gente, joli, aimable, gracieux, agréable. Du lat. *gentilis*, fait de *gens*, *gentis*, parce que, dit Ménage, d'après Charles Loiseau, ce qui est à la mode chez un peuple y est trouvé joli, aimable et gentil.

GENTILHOMME, noble de race, officier de la cour ayant certaines fonctions particulières. De *gentilis* et d'*homo*.

GENTILHOMMEAU, diminutif de gentilhomme.

GENTILHOMMERIE, qualité de gentilhomme.

GENTILHOMMIÈRE, la petite maison des champs d'un gentilhomme campagnard.

GENTILLATRE, gentilhomme de fraîche date, dont on fait peu de cas.

GENTILLESSE, amabilité, grâce, agrément.

GENTILLESSES, petits tours d'adresse agréables et divertissants.

GENTIMENT, d'une manière gentille, agréable et gracieuse.

AGENCER, parer gentiment, arranger avec grâce, mettre en ordre.

AGENCEMENT, action d'agencer, disposition, arrangement; union combinée des parties.

DÉSAGENCER, déranger, séparer ce qui est engencé.

AMPHIGÈNE, le grenat blanc, sorte de pierre dont on peut diviser les cristaux de deux manières différentes. Du grec *amphi*, doublement, et de *geinomai*, naître, qui a une double origine.

CONGÉNÈRE, qui est du même genre. De *cum*, avec, *genus*, genre.

COUSIN, enfant de l'oncle ou de la tante. De l'ital. *cugino*, fait de *congenitus*, né de la même famille.

COUSINAGE, parenté de cousins; assemblée de parents, d'amis.

COUSINER, appeler quelqu'un cousin; vivre comme cousin; faire le parasite chez de prétendus parents.

COUSINIÈRE, parenté nombreuse et à charge.

DÉGÉNÉRER, s'abâtardir, devenir inférieur avec le temps; s'écarter de la vertu de ses ancêtres, de ses générateurs. Du latin *degenerare*, fait de la préposition séparative *de*, et de *genere*, ablatif de *genus*.

DÉGÉNÉRATION, état de ce qui dégénère, action de dégénérer. *Degeneratio*.

ENGEANCE, race, famille. Du lat. *ingignere*, *ingignere*.

ENGEANCER, embarrasser.

ENGENDRER, produire son semblable; être cause, produire. *Ingenerare*, fait de *genero*.

ÉPIGÉNÉSIE, système de la formation des corps par juxta-position, ou agrégation de molécules. D'*épi*, sur, et de *génésis*.

ÉPIGINOMÈNE, symptômes ou accidents qui surviennent dans le cours d'une maladie. D'*épiginomai*, fait d'*épi*, sur, après, et de *geinomai*, naître.

HÉTÉROGÈNE, de matière de nature différente. D'*hétéros*, autre, différent, et de *génos*.

HÉTÉROGÉNÉITÉ, état, qualité de ce qui est hétérogène.

HOMOGÈNE, de même genre ou nature; de pareille dimension. *Homogénés*, fait d'*homos*, pareil, semblable, et de *génos*.

HOMOGÉNÉITÉ, qualité de ce qui est de même nature, de ce qui est homogène.

INGÉNIER, s'*ingénier*, tâcher de trouver dans son esprit quelque moyen pour réussir. De l'it. *ingegnarsi*, fait d'*ingenio*, en lat. d'*ingenium*, formé d'*ingignere*, et qui se dit en grec *agchinoia*, dont le prim. *géno*, pour *gigno*, est dér. de *génô*, enfanter, produire.

Ingénieur, officier de l'arme du génie, qui est instruit dans l'architecture militaire. D'*ingenium*.

Ingénieux, qui a de l'esprit, de l'invention, qui annonce, qui marque du génie. *Ingeniosus*.

Ingénieusement, avec esprit, d'une manière ingénieuse. *Ingeniosè*.

Ingénu, naïf, simple, naturel, sans déguisement; qui agit et s'énonce avec une sincérité innocente. Du lat. *ingenuus*, né libre, et anciennement né dans un pays qui lui étoit naturel, c'est-à-dire *in eo genitus*.

Ingénuité, coutume de s'énoncer, d'agir avec naïveté. *Ingenuitas*.

Ingénument, avec franchise, naïvement. *Ingenuè*.

Indigène, naturel, originaire du pays où il se trouve. *Indigena*, pour *inde genitus*, en gr. *genétos*, dér. de *géinomai*, naître.

Indigénat, droit de naturalité.

Indigénéité, état de l'indigène.

Primogéniture, droit d'aînesse. *Primogenitus*, fait de *primò*, d'abord, premièrement, et de *genitus*, né, engendré.

Progéniture, enfants; petits d'animaux.

Régénérer, faire renaître, reproduire; donner une nouvelle existence. *Regenerare*, fait de la particule itérative *re*, et de *generare*, engendrer, produire.

Régénérateur, celui qui régénère.

Régénération, reproduction, action de régénérer.

GENTIANE, sorte de plante fort amère, de la famille des herbacées, à fleurs axillaires ou terminales, que Pline dit avoir été ainsi appelée de *Gencius*, roi d'Esclavonie, ou d'Illyrie, qui le premier en auroit montré les vertus et les propriétés. En lat. *gentiana*, fait du gr. *gentiané*.

Gentianelle, sorte de petite gentiane.

Gentianées, famille de plantes semblables à la gentiane.

GÉOCENTRIQUE, orbite d'une planète qui est en vue de la terre. Du gr. *gé*, terre, et de *kentron*, centre.

Géocyclique, machine astronomique, représentant le mouvement annuel de la terre autour du soleil, et l'inégalité des saisons, par le parallélisme constant de l'axe de la terre. De *gé*, et de *kuklos*, cercle, orbite.

Géode, dénomination des pierres caverneuses, contenant un noyau solide ou de l'eau; pierre creuse et de fer rouillé, contenant de la terre ou du sable, qu'on entend remuer lorsqu'on la secoue. De *géôdés*, terrestre, dér. de *gé*.

Géodésie, arpentage ou partie de la géométrie, qui enseigne à diviser et à partager les terres. De *gé*, et de *daiô*, diviser.

Géodosique, qui concerne la géodésie.

Géognosie, connoissance des substances minérales qui forment les montagnes et les grandes couches de la terre. De *gé*, et de *gnôsis*, connoissance; fait de *ginôskô*, connoître.

Géogonie, science qui traite de l'origine de la formation de la terre. De *gé*, et de *gonéia*, origine, naissance, ou de *gonos*, race, génération, faits de *géinomai*, naître.

Géographie, science qui a pour objet la description et la position de toutes les parties de la terre. De *gé*, et de *graphô*, je décris.

Géographe, qui est versé dans la géographie, qui dresse des cartes géographiques.

Géographique, qui concerne la géographie.

Géohydrographie, description de la terre et des eaux. De *gé*, la terre, *huidor*, eau, et *graphô*, je décris.

Géohydrographique, qui appartient à la géohydrographie.

Géologie, science qui a pour objet l'examen de l'intérieur de la terre. De *gé*, et de *logos*, discours.

Géologique, qui concerne la géologie.

Géologue, qui est versé dans la géologie.

Géomance, géomancie, art de deviner par le moyen de points tracés sur la terre. De *gé*, et de *manteia*, divination.

Géomancien, qui pratique la géomancie.

Géomantique, qui a rapport à la géomance.

Géométrie, art de mesurer la terre

sur toutes sortes de longueurs et de distances. *Géométria*, de *gé*, et *métron*, mesure, fait de *métreô*, je mesure.

GÉOMÉTRAL, qui concerne la géométrie; dont toutes les lignes sont développées.

GÉOMÈTRE, qui sait, pratique ou enseigne la géométrie.

GÉOMÉTRIQUE, qui appartient à la géométrie.

GÉOMÉTRIQUEMENT, d'une manière géométrique.

GÉOPONIQUE, qui a rapport à l'agriculture. De *gé*, terre, et de *ponos*, travail; fait de *pénomai*, travailler.

GÉORGIQUES, ouvrages qui traitent de la culture de la terre. De *gé*, et d'*ergon*, travail.

GÉOSCOPIE, connoissance que l'on tire des qualités de la terre en les observant. De *gé*, et *scopéô*, considérer.

GÉOSTATIQUE, la statique, partie de la mécanique qui traite des lois, de l'équilibre des corps solides. De *gé*, et de *histamai*, je suis en repos, parce qu'on regardoit la terre comme le seul élément solide et comme le principe de toute solidité.

GYPSE, sulfate de chaux, formé par la combinaison de l'acide sulfurique avec la chaux; pierre à plâtre ou matière pierreuse que l'action du feu change en plâtre. Du lat. *gypsum*, fait du gr. *gupsos*, dérivé de *gé*, terre, et de *hepsô*, cuire, terre cuite.

GYPSÉ, où il y a du plâtre.

GYPSEUX, qui est de la nature du gypse.

GYPSOPHILE, genre de plantes de la famille des caryophyllées, dont plusieurs espèces croissent sur les murs. Du grec *gupsos*, plâtre, et de *philos*, ami.

AGÉOMÉTRIE, défaut de géométrie.

APOGÉE, point de l'orbite d'une planète où elle est à sa plus grande distance de la terre. Du lat. *apogeum*, fait d'*apo*, loin, et de *gé*. Suivant le système des anciens, la terre étoit placée au centre du monde.

HYPOGÉE, tombeau, édifice sous terre, catacombe, lieux souterrains où les anciens déposoient leurs morts, quand ils eurent perdu l'usage de les brûler. *Hupageon*, fait d'*hupogaios*, souterrain, composé d'*hupo*, sous, et de *gé* ou *gaia*, terre.

PÉRIGÉE, l'opposé de l'apogée, point de l'orbite d'une planète où elle est à sa plus petite distance de la terre. De *péri*, autour, et de *gé*, la terre.

GÉRARD, *Girard*, nom propre d'homme. En bass. lat. *Gerardus*, fait de l'allem. *geren*, désirer; et de *hard*, cœur, esprit.

GERBE, faisceau de blé coupé et lié. De l'all. *garbe*, qui a la même signification.

GERBÉE, gerbe à demi battue; botte de paille à laquelle il reste encore des grains.

GERBER, *engerber*, mettre en gerbe; placer les gerbes les unes au-dessus des autres. De là on a appliqué le mot *gerber* aux tonneaux de vin que l'on met les uns sur les autres.

GERCER, faire occasioner de petites crevasses à la peau; se fendre en petites crevasses. Ménage le dér. du lat. *carpiscare*, dim. de *carpere*, dans la signification de découper, d'où l'on a fait *carpiscus*, soulier découpé.

GERÇURE, petite crevasse aux mains, aux lèvres, à la peau, dans le bois, les métaux.

GERCE, insecte qui ronge les étoffes et le papier.

GERER, administrer, conduire, gouverner, régir. Du lat. *gerere*, que l'on dit venir du gr. *géras*, charge, emploi, vieillesse, et non pas de *cheir*, *cheiros*, la main.

GÉRONTE, juge des chrétiens grecs; nom de vieillards dans les comédies. Du gr. *gérôn*, vieillard.

GÉROCOMIE, traité sur le régime que doivent suivre les vieillards. De *gérôn*, vieillard, et de *koméô*, prendre soin.

GESTION, action de gérer. *Gestio*.

CONGESTION, amas d'humeurs formé lentement dans une partie du corps. *Congestio*, fait de *cum*, avec, et de *gerere*, porter.

GESTATION, temps de la portée des femelles; exercice pour rétablir la santé; promenade chez les anciens, en char. *Gestatio*.

GESTATOIRE (siége), sorte de chaise à porteurs.

GESTE, mouvement du corps, surtout de la main, du bras, qui accompagne la parole. *Gestus*.

GESTE, l'histoire, récit des actions grandes, belles et mémorables.

GESTÉ, qui a de la noblesse dans les mouvements.

GESTICULER, faire trop de gestes, ou des gestes forcés en parlant. *Gesticulari.*

GESTICULATEUR, qui fait trop de gestes. *Gesticulator.*

GESTICULATION, action de gesticuler. *Gesticulatio.*

DIGÉRER, faire la digestion des aliments; souffrir patiemment; examiner, discuter avec soin, méditer, coordonner les parties; faire cuire à petit feu. *Digerere.*

DIGESTION, coction, décomposition des aliments dans l'estomac; action de digérer ou de faire digérer; fermentation à petit feu. *Digestio.*

DIGESTIF, qui aide à la digestion.

DIGESTEUR, vase à couvercle fermé par une vis, et inventé par Papin, pour faire cuire, décomposer les os, en extraire la gélatine.

DIGESTE, recueil de décisions de jurisconsultes romains, sous Justinien. *Digesta.*

INDIGESTE, difficile à digérer; ouvrage mal conçu, mal combiné.

INDIGESTION, coction imparfaite des aliments dans l'estomac; surabondance vicieuse.

SUGGÉRER, porter sous; inspirer, mettre dans l'esprit, faire naître l'idée. *Suggerere.*

SUGGESTE, loge des empereurs romains au théâtre.

SUGGESTION, instigation, persuasion en mal; chose suggérée.

GERMAIN, allemand, qui est d'Allemagne. Du lat. *germanus*, que l'on dér. du teuton *warman* ou *garman*, homme de guerre.

GERMANIE, nom ancien de l'Allemagne. *Germania.*

GERMANIQUE, qui concerne les Allemands. *Germanicus.*

GERMANISME, façon de parler propre à la langue allemande.

GERME, embryon de graine, de fruit, rejeton; tout ce qui produit ou opère la reproduction. Du lat. *germen*, que l'on dér. de *gerere*, porter, ou de *genere*, engendrer.

GERMER, pousser le germe au dehors. *Germinare*, fructifier.

GERMINAL, septième mois de l'an républicain.

GERMINATION, action de germer; temps où les germes poussent; développement du germe. *Germinatio.*

GERMOIR, lieu où l'on fait germer le grain pour la bière.

GERMURE, végétation, croissance.

GERMAINS, enfants de deux frères ou de deux sœurs. *Germani.*

GERTRUDE, nom propre de femme. De l'all. *ger-treuze*, extrêmement fidèle.

GÈSE, javelot ou demi-pique des Gaulois. Du lat. *gesa.*

GÉSATE, cavalier qui servoit chez l'étranger.

GÉSIER, second ventricule des volatiles granivores. Du lat. *gigerium, gigeria;* boyaux, entrailles d'une volaille.

GÉSIR, reposer, être couché, étendu, demeurer en place. Du lat. *jacere.*

GÉSINE, couche d'une femme; accouchement.

GISANT, couché, étendu. *Jacens.*

GISEMENT, situation des côtes de la mer; lieu de repos.

GISENT, pièce d'un tombeau sur laquelle repose une statue.

GISSEMENT, situation des couches de terre.

GÎT (ci-), ici repose. *Hic jacet.*

GÎTE, lieu où l'on couche habituellement; retraite des animaux.

GÎTER, demeurer, reposer, loger, passer la nuit.

ADJACENT, situé proche, qui est auprès, touchant à... *Adjacens.*

JACENT, abandonné, sans maître. *Jacens.*

JACHÈRE, terre qu'on laisse reposer, son état. De *jacere.*

JACHÉRER, labourer des jachères.

GIBBEUX, gibbeuse, bossu, bossue, élevé en bosse. Du lat. *gibbus, gibbosus;* qu'on dér. du gr. *ubos*, bosse, ou de *kiphosis*, courbure.

GIBBOSITÉ, bosse, défaut de conformation; courbure de l'épine du dos.

GIBELOT, pièce courbe de charpente qui lie l'éguille à l'étrave.

GIBBAR, sorte de baleine à dos voûté et bossu.

GIBBON, grand singe à longs bras et à figure humaine.

GIBET, potence pour pendre les criminels; fourches patibulaires. Du lat.

gabalus, haut, élevé; en bass. lat. *gibbetus*, en angl. *gibet*, en it. *giubetto*.

GIBIER, animaux tués à la chasse et bons à être mangés. Du lat. *cibarium* pour *cibus*. Caseneuve présume que ces mots pourroient avoir été faits du lat. *gibbosus*, nom d'une espèce de faucon; parce que le gibier est la proie qu'on prenoit à la chasse à l'oiseau.

GIBECIÈRE, sorte de sac dans lequel le chasseur renferme le gibier qu'il a tué; sac d'escamoteur. Ce mot ne vient pas du gr. *kibba*, sac, avec lequel il a beaucoup de ressemblance.

GIBELOTTE, fricassée de gibier.

GIBOYER, aller à la chasse, prendre du gibier.

GIBOYEUR, grand amateur de la chasse.

GIBOYEUX, lieu abondant en gibier.

GIBERNE, boîte dans laquelle le soldat met ses cartouches.

GIBOULÉE, ondée de pluie, soudaine, de courte durée et mêlée de gresil. Ménage dérive ce mot de *nimbus*, mais il vient du gr. *gébólé*, trait lancé subitement.

GILLE, ou *Gilles*, bouffon vêtu d'un habit de drap blanc avec de gros boutons, qui fait la parade à la porte des théâtres forains ou pour attirer le monde autour de la table des banquistes. Ce nom leur vient d'un certain *Gille le Niais*, bateleur, que Ménage dit avoir vu à Paris dans sa jeunesse. Du lat. *Ægidius*.

GILET, veste courte et ronde comme celle d'un gille.

GILOTIN, surnom donné aux écoliers.

GILLERIE, action, discours de gille.

GILLES, nom propre d'homme. Du lat. *Ægidius*.

GINGEMBRE, sorte de racine des Indes; plante herbacée de la famille des balisiers. Du lat. *zingiberi*, *zinziberis*, fait du gr. *ziggiber*, que l'on dérive de l'arabe *zinzibil*, *zindjebil*.

GINGIBRINE, poudre de gingembre, carminative.

GINGEOLE, sorte de fruit des Indes dont on se sert dans la pharmacie. De *zizipholum*, dim. de *ziziphum*; Daléchamp croit que *gingeole* a été formé de *zizypha*, mot africain; on a ensuite donné ce nom à la place de la boussole sur la poupe d'un navire.

GINGEOLIER, arbre qui produit les gingeoles.

JUGEOLINE, sorte de plante.

JUJUBÉ, fruit doux, agréable et mucilagineux du jujubier.

JUJUBIER, arbre épineux de la grandeur de l'olivier.

GINGLYME, articulation de deux os en forme de charnière. Du gr. *gigglumos*, gond de porte.

GINGLYMOÏDE, de la nature du ginglyme. De *gigglumos*, et d'*eidos*, forme, ressemblance.

GINGRINE, flûte antique fort courte et à sons aigus, dont on se servoit dans les cérémonies funèbres. Du gr. *giggré*.

GIRAFE, grand quadrupède d'Afrique, de la famille des ruminants, ayant un long col, les jambes de devant plus hautes que celles de derrière. Ménage dérive ce mot de l'égyptien *zurnapa*, d'autres de l'arabe *zbrafa*, *zarafa*, excéder les bornes. Les Grecs et les Romains nommoient cet animal *cameleopardalis*, à cause qu'il est bigarré comme le léopard, et de sa ressemblance avec le chameau.

GIROFLE, fruit aromatique des Indes. Ce que nous nommons clous de girofle sont les fleurs de l'arbre qui, étant cueillies et séchées au soleil, deviennent dures et noires. Du lat. *caryophyllum*, fait du grec *karuophullon*; ce mot, qui signifie *feuille de noyer*, est composé de *karua*, noyer, et de *phullon*, feuille; on ne voit pas cependant quelle analogie il peut exister entre l'arbre qui produit des noix et celui qui porte le girofle.

GIROFLIER, arbre qui produit le girofle.

GIROFLÉE, fleur odoriférante dont il y a plusieurs espèces et de couleurs différentes. Ainsi dite de son odeur; d'autres le dér. du gr. *gyrophullon*, comp. de *gyros*, cercle, et de *phullon*, feuille, parce que les feuilles s'étendent en rond.

CARYOPHYLLÉE, famille de plantes, dont les fleurs à pétales évasés se prolongent en tubes, comme le clou de girofle.

CARYOPHYLLOÏDE, pierre figurée qui imite le clou de girofle. De *karuophullon*, et d'*eidos*, forme, figure, ressemblance.

GIRON, triangle dans le blason.

Gironné, terme de blason, à huit girons. De l'it. *gherone*, pièce à un habit, gousset; dér. de l'all. *gheeren*, qui a la même signification.

GIVRE, sorte de gelée blanche; frimas. Du lat. *pruina*.

GLABRE, plante ou feuille à superficie sans poils, parfaitement unie et lisse. Du lat. *glaber*, sans poils; fait de *glabro*, raser, peler.

Glabréité, état des parties glabres.

GLACE, eau congelée et durcie par le froid, qui offre une surface unie, lisse et glissante. Du lat. *glacies*, fait de *gelare*; de là on a dit *glace*, pour désigner une plaque de cristal et des fruits glacés. Les Anglais et les Allemands disent *glass*, pour désigner toute espèce de verre.

Glaçant, qui glace. *Glacians*.

Glacé, lustré, uni, lisse, brillant. *Glaciatus*.

Glacer, congeler; causer un froid très-vif; donner du lustre à une étoffe. *Glaciare*.

Glacerie, fabrique de glaces.

Glaceux, dans quoi il y a des glaces.

Glacial, qui glace, qui cause un grand froid. *Glacialis*.

Glacier, limonadier qui prépare et vend des liqueurs congelées; amas de montagnes de glaces.

Glacière, lieu préparé pour conserver la glace pendant l'été.

Glaciers, montagnes de glace.

Glacis, pente douce et unie comme une glace; esplanade.

Glaçon, morceau de glace.

Glisser, bruit d'un corps qui parcourt rapidement la surface d'un corps glissant; se laisser aller sur une chose très-lisse, et sur laquelle on ne peut se soutenir; couler involontairement sur un corps gras et uni.

Glissade, glissement involontaire du pied.

Glissant, qui glisse; sur quoi l'on glisse facilement; faux mouvement sur un terrain lisse.

Glissé, pas de danse fait en glissant.

Glissement, action de glisser.

Glisseur, qui glisse.

Glissoire, chemin long, étroit et poli sur la glace, pour glisser.

Geler, faire un froid qui glace; endurcir par le froid; faire passer à l'état de glace. *Gelari*.

Gelée, grand froid qui glace; jus des viandes et des fruits clarifiés et congelés par la cuisson. *Gela, gelatio*.

Gelé, saisi par le froid.

Gélatine, substance animale convertie en gelée.

Gélatineux, qui a la consistance de la gelée.

Gélif, *gelis, geline*, gercé par la gelée; arbre fendu par le froid.

Gelivure, *gélissure*, maladie des arbres gelinés ou fendus par le froid.

Congeler, geler, avoir grand froid; durcir les liquides; figer, coaguler. *Congelare*.

Congélation, action de geler; durcissement des liquides par l'action du froid.

Congelable, qui peut être congelé.

Dégeler, cesser de geler; fondre la glace. *Degelare*.

Dégel, action de dégeler; fonte naturelle des neiges et des glaces; adoucissement de l'air qui l'occasione.

Engelure, enflure avec cuisson; démangeaison et gerçures occasionées par la gelée.

Regeler, geler de nouveau.

Glaise, terre grasse, tenace et forte; impénétrable à l'eau, sur laquelle on glisse. Du lat. *glis, glitis*.

Glaiser, enduire de glaise.

Glaiseux, qui tient de la nature de la glaise; où il s'en trouve beaucoup.

Glaisière, lieu d'où l'on tire la glaise.

GLAIRE, humeur visqueuse, blanche et gluante. Du lat. *clarus*.

Glaire, blanc d'œuf avant d'être cuit. De *clarus*. Voy. Clair, p. 169.

Glairer, enduire de blanc d'œuf.

Glaireux, plein de glaires.

GLAIVE, sabre, épée, coutelas; arme tranchante. Du lat. *gladium*.

Gladiateur, qui combat avec le glaive. *Gladiator*.

Gladié, *gladiolé*, ensiforme ou à feuilles en forme de glaive.

Glaïeul, *glayeul*, l'iris ou la flambe, plante bulbeuse dont les feuilles sont gladiolées. *Gladiolus*.

GLAND, fruit du chêne; ornement revêtu de soie, qui a la forme du gland; extrémité de la verge. Du lat. *glans*;

glandis; que l'on dér. du gr. *galanos*, pour *balanon*.

GLANDAGE, droit de mener paître les porcs dans la forêt.

GLANDÉE, récolte des glands et autres fruits des forêts.

GLANDE, partie molle du corps de la forme d'un gland; tumeur plus ou moins considérable, destinée à filtrer les humeurs. Du lat. *glandula*.

GLANDÉ, qui a les glandes enflées; chargé de glandes.

GLANDIVORE, qui se nourrit de glands.

GLANDULE, petite glande.

GLANDULEUX, qui a des glandes; de la nature des glandes.

GLANER, ramasser les épis restés dans un champ, après que les gerbes ont été liées. Ce mot s'est d'abord dit des gens qui, après la récolte du gland, alloient sous les chênes ramasser ceux qui avoient échappé aux regards des hommes chargés d'en faire la récolte. On transféra ensuite ce mot aux gens qui vont ramasser les épis demeurés dans les champs après les gerbes liées.

GLANAGE, action de glaner.

GLANE, poignée d'épis glanés.

GLANEUR, *glaneuse*, qui glane.

GLANURE, ce qu'on glane.

GLAPIR, * *glatir*, faire un cri dont le son est aigu et perçant. Onomatopée qui se dit en parlant de l'aboi aigre des petits chiens, et du bruit que fait le renard en chassant. En lat. *gannire*.

GLAPISSANT, qui glapit aigre et clair.

GLAPISSEMENT, * *glatissement*, cri des renards et des petits chiens quand ils glapissent. Onomatopées formées d'un bruit aigu, perçant, comme les aigres éclats de la voix d'un animal qui n'est pas adulte, ou le fausset d'une voix discordante et d'un mauvais instrument. Les Grecs disoient *klaggé*, les Latins *clangor*. Du Cange les dérive de *glaucitare*, et Barbazan de *catillare*.

GLAS, *glais*, * *clars*, *clas*, *glars*, *glass*, *glassés*, *glat*, *glay*, *glés*; tintement glapissant d'une cloche qu'on tinte pour annoncer la mort de quelqu'un. Ces mots différoient suivant les provinces dans lesquelles on les employoit : dans les unes, c'étoient les cloches qu'on nommoit ainsi; et dans les autres, ce n'étoit que le son qu'elles rendoient. M. Nodier considère avec raison le mot *glas* comme une onomatopée; Ménage le dér. de *classicum*, son des trompettes, qu'on auroit transporté aux cloches; Barbazan, de *clamor*; d'autres, de *clangor*, et enfin du gr. *klaiō*, je pleure, ou de *klazō*, je crie.

GLAUCIUM, le pavot cornu, sorte de plante du Levant, dont les feuilles sont d'un beau vert tendre. Du lat. *glaucium*, fait du gr. *glaukos*, vert de mer.

GLAUCIENNE, famille de pavots. *Glaukion*.

GLAUCOME, maladie des yeux causée par l'épaississement de l'humeur vitrée, qui devient de couleur verdâtre. Du gr. *glaukôma*, fait de *glaukos*.

GLAUCOPES, genre d'oiseaux de l'ordre des pies, de la grosseur du geai. Ainsi dits de leur couleur verte.

GLAUCUS, *glauques*, le chien de mer, et deux autres sortes de poissons du genre du scombre, de couleur vert-bleuâtre plus ou moins foncée.

GLAUQUE, couleur vert de mer, vert-blanc et farineux; herbe à lait.

GLAUX, plante salicariée qui augmente le lait.

DIAGLAUCIUM, collyre dans lequel entre le suc du glaucium. De *dia*, de, et de *glaukion*, suc de *glaucium*.

GLÈBE, terre, fonds, sol, auquel on étoit attaché par servitude; motte contenant quelque portion de métal. Du lat. *gleba*, terre, motte de terre, que l'on présume avoir été fait de *globus*, boule, ou *glomus*, pelote, corps rond.

GLÈNE, cavité légère d'un os servant d'emboîture. Du gr. *glénè*, emboîture des os.

GLÉNOÏDALE, *glénoïde*, qui a la forme d'une cavité; qui sert à emboîter. De *glénè*, et d'*eidos*, forme, ressemblance, figure.

GLEUCOMÈTRE, instrument pour connoître le degré du moût de vin dans la cuve, lors de la fermentation. Du gr. *gleukos*, moût, vin doux, et de *metron*, mesure.

GLOBE, corps sphérique, boule; ensemble de la terre et des eaux. Du lat. *globus*.

GLOBEUX, arrondi en globe; formé en rond. *Globosus*.

GLOBULAIRE, plante et arbrisseau à feuilles en petites boules.

Globule, petit globe, petite boule. *Globulus.*

Globuleux, composé de globules; qui en a la forme. *Globulosus.*

Conglobution, réunion; accumulation de preuves, d'arguments multipliés. De *cum*, avec, et de *globus.*

Conglobé, feuilles ramassées en boule; glandes réunies en une.

Englober, réunir beaucoup de choses pour en former un tout. *Globare.*

GLOIRE, honneur, louange, estime; désir des grandes choses; béatitude céleste; ciel ouvert avec des anges; vanité, orgueil, éclat, splendeur. Du lat. *gloria*, que l'on dit avoir été fait du gr. *glôssa*, langue.

Gloriette, l'endroit le plus élevé d'une maison, d'un château; ainsi dit de ce qu'il est aperçu de fort loin. On donna aussi le nom de *gloriette* à toutes les maisons de plaisance, à un pavillon de jardin; et, par un abus de mots fort ordinaire, à un retranchement qui renferme le derrière du mur d'un four, et qui forme une sorte de petite chambre.

Glorieusement, avec gloire, d'une manière glorieuse. *Gloriosè.*

Glorieux, qui a de la gloire; vain, fier, orgueilleux. *Gloriosus.*

Glorification, élévation à la gloire céleste. *Glorificatio.*

Glorifier, rendre grâces à Dieu; faire gloire d'une chose; se glorifier, se vanter, s'attribuer la gloire. *Gloriari.*

Gloriole, vanité, orgueil pour mince sujet; fausse gloire. *Gloriola.*

GLOSE, explication de quelques mots obscurs d'une langue par d'autres mots plus intelligibles de la même langue; commentaire. Du lat. *glossa*, fait du gr. *glôssa*, langue, parce que la glose sert à expliquer un texte, comme la langue à expliquer les pensées par le moyen de la parole.

Gloser, faire une glose; critiquer, censurer avec malice.

Gloseur, qui glose sur tout; qui a coutume de gloser; critique, censeur.

Glossaire, dictionnaire de termes obscurs, difficiles et barbares d'une langue, accompagnés de leurs gloses. *Glossarium*, de *glôssa.*

Glossateur, auteur d'un glossaire.

Glossalgie, douleur à la langue. Du gr. *glôssa*, langue, et d'*algos*, douleur.

Glossite, inflammation de la langue.

Glossocatoche, instrument de chirurgie qui arrête et fixe la langue, afin de pouvoir examiner le fond de la bouche. De *glôssa*, et de *catéchô*, j'arrête, je retiens.

Glossocome, instrument de chirurgie en forme de coffre long, dont on se servoit pour réduire les fractures et les luxations des cuisses et des jambes; petit coffre dans lequel les anciens renfermoient les anches ou languettes de leurs flûtes pour les conserver. Du gr. *glottis*, languette d'un instrument à vent, et de *koméin*, avoir soin.

Glossographie, science des langues; description de la langue. De *glôssa*, et de *graphô*, je décris.

Glossographe, auteur qui écrit sur les langues.

Glossoïde, pierre qui a la figure de la langue d'un homme. De *glôssa*, et d'*eidos*, forme, figure, ressemblance.

Glossologie, discours; traité sur la langue. De —, et de *logos*, discours.

Glosso-palatins, nom de deux muscles qui ont leur origine au palais et qui se terminent à la langue. De —, et de *palatum*, palais.

Glossopètres, dents de poissons pétrifiées, que leur forme a long-temps fait prendre pour des langues de serpents. De —, et de *pétros*, pierre, langues de pierre.

Glosso-pharyngiens, nom de deux muscles qui ont leur origine au pharynx, et qui se terminent à la langue. De —, et de *pharugx*, pharynx.

Glosso-staphylins, les deux muscles qui appartiennent à la langue et à la luette. De —, et de *staphulé*, luette.

Glossotomie, dissection de la langue. De —, et de *tomos*, fait de *temnô*, couper, disséquer.

Glotte, petite fente du larynx par laquelle l'air que nous respirons descend et retombe, et qui sert à former la voix. De *glottis*, languette, fait de *glôssa*, en éolien *glôtta*, langue, parce qu'elle a la figure d'une petite langue.

Aglosse, genre d'insectes lépidoptères qui n'ont point de trompe. D'*a* privatif, et de *glôssa.*

Épiglotte, la luette, sorte de languette ou de petit cartilage en forme de feuille de lierre, qui couvre et ferme l'orifice de la glotte ou trachée artère. D'*épi*, sur, *glóttis*, la glotte; dérivé de *glóssa*, langue.

EUGLOSSE, insecte hyménoptère à lèvre inférieure prolongée en une espèce de langue musculaire très-longue. D'*eu*, bien, et de *glóssa*.

GÉNIOGLOSSE, nom de deux muscles qui ont leur attache fixe à la symphyse du menton, et vont se terminer à la racine de la langue; qui a rapport au menton et à la langue. De *genéion*, menton, et de *glóssa*.

HYOÉPIGLOTTIQUE, qui a rapport, qui appartient à l'os hyoïde et à l'épiglotte. De *huoéidès*, l'os hyoïde, d'*épi*, sur, et de *glottis*.

HYOGLOSSE, les deux petits muscles de la langue qui s'attachent à l'os hyoïde. D'*huoéidès*, et de *glóssa*.

HYPOGLOSSE, nerfs de la langue formant l'organe du goût. *Hupoglóssios*, fait d'*hupó*, sous, et de *glóssa*; qui est sous la langue.

HYPOGLOSSIDE, inflammation, exulcération sous la langue.

HYPOGLOSSIS, partie inférieure de la langue.

HYPOGLOTTIDE, glande sous la langue; couronne de laurier d'Alexandrie appelé *hypoglosse*, parce que, sous plusieurs feuilles de cet arbre, il en naît une plus grande qui a la forme d'une langue.

POLYGLOTTE, ouvrage écrit en plusieurs langues. De *polus*, plusieurs, et de *glótta*.

GLOU - GLOU, onomatopée qui imite parfaitement le bruit d'une liqueur qui s'écoule par un canal étroit. Les Latins ont dit aussi *glut-glut*, qu'ils prononçoient *glout-glout*.

GLOUGLOUTER, mot factice qui exprime le chant du coq d'Inde.

GLOUME, pellicule qui couvre les graminées; peau des fruits. Du lat. *gluma*, fait de *glubare*, peler, ôter l'écorce, que l'on dér. du gr. *glumma*, gravure, ciselure, fait de *gluphó*, je grave, parce que la gloume est creusée en canal.

GLOUSSEMENT, onomatopée du cri de la poule qui couve ou qui appelle ses petits. En lat. *glocitatio*.

GLOUSSER, faire entendre un gloussement. Les Latins ont dit *glocidare*, *glocire*, *glocitare*, en parlant des poules; *gloctorare*, crier comme la cigogne; *glocitare*, crier comme les oies; *groccire*, crier comme les corbeaux; *grunnire*, grogner comme un pourceau, etc.

GLOUTON, gourmand, qui mange avec avidité et avec excès. En lat. *glutto*, *gluto*, fait du gr. *gluzó*, je dévore.

GLOUTONNEMENT, d'une manière gloutonne; avidement.

GLOUTONNERIE, *gloutonnie*, vice de celui qui est glouton; avidité dans le manger.

On regarde ces mots comme des onomatopées formées d'après le bruit que font les aliments, avidement engloutis par un homme affamé.

ENGLOUTIR, * *gloutir*, avaler en glouton; au figuré, avaler, descendre, perdre, dépenser, dissiper, absorber. En lat. *glutire*.

GLU, *glue*, composition visqueuse qui découle de certains végétaux, avec laquelle on prend des oiseaux. Du latin *glus*, *gluten*, *glux*, fait du gr. *gloios*.

GLUANT, de la nature de la glu; visqueux comme de la glu.

GLUAU, petite branche d'arbre enduite de glu, pour prendre les oiseaux.

GLUER, enduire de glu, rendre gluant. *Glutinare*.

GLUTEN; substance glutineuse, extraite d'une graminée; matière qui lie les parties solides.

GLUTINANT, qui attache comme la glu.

GLUTINATIF, qui rend glutinant, qui lie les parties divisées. *Glutinativus*.

GLUTINATION, action de rendre gluant, de joindre les parties divisées. *Glutinatio*.

GLUTINEUX, gluant, visqueux. *Glutinosus*.

GLUTINOSITÉ, qualité de ce qui est gluant.

AGGLUTINANT, *agglutinatif*, qui agglutine, qui colle, qui réunit les parties séparées.

AGGLUTINATION, action d'agglutiner.

AGGLUTINER, rejoindre, réunir les chairs qui ont été séparées. D'*agglutinare*, fait de l'augmentatif *ad*, et de *glutinare*, dér. de *gluten*.

CONGLUTINER, rendre gluant et visqueux. *Conglutinare*.

Conglutinant, *conglutinatif*, qui a la vertu d'agglutiner.

Conglutination, action de conglutiner, de rendre gluant.; union par un corps gluant.

Déglutition, action d'avaler.

Engluer, enduire de glu.

Dégluer, ôter la glu, la chassie.

GLUCINE, *glycine*, plante légumineuse à fleurs odorantes; terre découverte par le chimiste Vauquelin dans l'émeraude. Du gr. *glukus*, doux.

GLUI, paille de seigle, dont on couvre les maisons; paille longue pour emballer les poissons. Du flam. *gheluye*, fait du lat. *gelima*.

GLYCON, poète grec.

Glyconien, *glyconique*, sorte de vers grec ou latin, qui tire son nom du poète Glycon, son inventeur.

GLYPHE, petit canal creusé en anglet ou demi-rond; il sert d'ornement dans la frise dorique, et sur quelques moulures. Du gr. *gluphé*, gravure, entaille; dér. de *gluphô*, graver, creuser.

Glyphite, la pierre de lard de la Chine, dont on fait des magots et des pagodes.

Glyptique, art de graver sur les pierres précieuses. De *gluptos*, gravé.

Glyptographie, art de connoître et d'expliquer les sujets représentés sur les pierres gravées. De *gluptos*, gravé, et de *graphô*, décrire.

Glyptospermes, famille de plantes dont les semences sont creusées transversalement de sillons nombreux, profonds et parallèles. De *gluptos*, gravé, et de *sperma*, semence.

Anaglyphe, ouvrage ciselé ou sculpté en relief. D'*anagluphô*, sculpté en bosse, d'*ana*, en arrière, en haut, et de *gluphô*.

Diglyphe, console qui a deux canaux. De *dis*, deux fois, et de *gluphé*.

Triglyphe, espèce de bossage de l'entablement dorique; saillie qui a deux glyphes séparés par trois côtes ou cuisses, d'avec les deux demi-glyphes des côtes.

Le triglyphe représente une plaque de mastic ou de menuiserie, que l'on mettoit anciennement sur le bout des poutres pour les conserver.

Du lat. *triglyphus*, fait du gr. *triglyphos*, qui a trois gravures, parce que ce membre en a la valeur de trois, deux entières dans le milieu, avec deux demies sur les côtés.

Perrault (*Notes sur Vitruve*, liv. 1, ch. 11) prétend que le triglyphe a pris son nom de ce qu'il a trois parties formées par les cuisses.

GNAPHALE, *gnaphalium*, la perlière ou le pied de chat, plante corymbifère, sorte d'immortelle de diverses couleurs, dont les feuilles sont couvertes d'une espèce de coton cardé. Du latin *gnaphalium*, fait du grec *gnaphalon*, bourre, carde; dér. de *gnaphô*, carder.

GNOMES, génies intelligents que les cabalistes supposent habiter dans l'intérieur de la terre. Du gr. *gnômôn*, connoisseur, habile; fait de *ginôskô*, connoître.

Gnomide, femelle d'un gnome.

Gnomique, sentencieux; poésies qui renferment des maximes. Du grec *gnômikos*, fait de *gnômé*, sentence.

Gnomon, grand style pour connoître la hauteur du soleil; style d'un cadran solaire, dont l'ombre marque les heures; progression arithmétique. Du grec *gnômôn*, marque, indice; fait de *ginôskô*, connoître.

Gnomonique, art de tracer des cadrans solaires.

Gnosimaques, ennemis de la science; sectateurs des VIIe et VIIIe siècles, qui condamnoient l'étude de toutes les sciences, et même celle de la religion. De *gnôsis*, science; dérivé de *ginôskô*, connoître, et de *machomai*, combattre.

Gnostiques, hérétiques des premiers siècles, qui se vantoient d'avoir des connoissances étendues dans toutes les sciences, et des lumières surnaturelles. De *gnôstikos*, éclairé, savant.

Anagnostes, esclave chez les Romains, qui faisoit la lecture pendant le repas. D'*anagnôstés*, lecteur; fait d'*anaginôskô*, lire.

Diagnose, *diagnostic*, connoissance des choses dans leur état actuel; connoissance de l'état et de la nature d'une maladie. Du gr. *diagnôsis*, fait de *diaginôskô*, je connois, je juge.

Diagnostique, signes, symptômes qui caractérisent une maladie. *Diagnôstikós*.

Pronostic, *prognostic*, jugement par l'inspection des corps célestes; conjectures sur ce qui doit arriver, au moyen de quelques signes ou indications. En lat. *pronosticum*, fait du gr. *pro*, auparavant, d'avance, et de *ginoskô*.

PRONOSTIQUER, *prognostiquer*, prédire, faire des pronostics.

PRONOSTICATION, action de pronostiquer.

PRONOSTIQUEUR, devin, qui fait un pronostic.

GOBELIN, *goblin*, lutin, spectre nocturne, esprit follet. Du gr. *kobalos*, fourbe, trompeur, malfaisant.

GOBELINS, manufacture de teinture et de tapisserie à Paris, ainsi dite de Gilles Gobelin, fameux teinturier, lequel y établit le premier un atelier de teinture, sous le règne de François Ier. *Voy*. Rabelais, livre XI, ch. 22, et mon *Dictionnaire des monuments de la ville de Paris*, pag. 293.

GOBERGE, morue la plus large et la plus grande de l'Océan. Du lat. *gobergus*.

GOBERGER (se), prendre ses aises, se divertir.

GOBETER, jeter du plâtre avec la truelle, et passer la main dessus pour le faire entrer dans les joints. De l'ancien franç. *gobet*, gosier, que Ménage dérive de *guttetus*, dim. de *guttus*, aiguière.

GOBIE, genre de poissons thoraciques. Du lat. *gobius*, dér. du gr. *kôbios*, goujon, petit poisson de rivière.

GOUJON, petit poisson blanc, du genre cyprin. Du lat. *gobio* ou *gobius*, fait du gr. *kôbios*.

GOUJON, petite cheville de fer, par analogie avec le goujon.

GOUJONNER, unir par des goujons en fer.

GOBILLE, petite bille de pierre pour jouer. Du lat. *pila*. Voy. BILLE, p. 77.

GODICHE, *godichon*, niais, ridicule dans les manières, les actions. Dim. du nom propre *Claude*, en latin *Claudius*, d'où l'on a fait encore *Cadiche* et *Cadichon*.

GODIVEAU, autrefois petite andouille, saucisse; aujourd'hui pâté chaud, avec du hachis de veau, roulé en forme d'andouillette.

GOÉTIE, sorte de magie par laquelle on évoquoit les génies malfaisants, pour nuire à ses ennemis. Du grec *goêteia*, prestige, enchantement; dér. de *goës*, enchanteur, devin, imposteur.

GOLFE, portion de mer qui avance dans les terres. De l'ital. *golfo*, fait du gr. *kolpos*.

GOLGOTHA, montagne du Calvaire, près Jérusalem. De l'hébreu *golgotha*, crâne pelé.

GOLIATH, nom d'un géant tué par David. De l'hébreu *goliath*, passage.

GOMME, substance glutineuse, qui découle de certains arbres, qui s'épaissit et se dessèche. Du latin *gummi*, fait du gr. *kommi*.

GOMMER, mêler, enduire de gomme.

GOMMEUX, qui jette de la gomme.

GOMMIER, arbre d'Amérique et d'Afrique, qui produit beaucoup de gomme.

GOMORRHE, ville abîmée dans le lac Asphaltite, en Palestine ou Syrie, après avoir été brûlée par le feu du ciel, pour le crime de ses habitants. De l'hébreu *gomorrha*, ville rebelle.

GOMPHOSE, articulation d'un os immobilement emboîté dans un autre, comme un clou dans du bois, comme les dents dans la mâchoire. Du gr. *gomphôsis*, fait de *gomphos*, clou.

GOND, morceau de fer coudé sur lequel tourne une porte; fer qui soutient une penture. Du latin *gomphus*, dér. du gr. *gomphos*, clou.

GONDOLE, bateau plat, long, léger et couvert; vase à boire long et étroit. De l'it. *gondola*, fait du lat. *cymba*, que Guyet dér. du gr. *kumbé*, cavité.

GONDOLIER, batelier qui conduit les gondoles.

GONE, genre de vers infusoires plats, anguleux. Du gr. *gônia*, angle.

GONIOMÉTRIE, art de mesurer les angles. Du gr. *gônia*, et *metron*, mesure.

GONIOMÈTRE, instrument pour mesurer les angles.

GONELLE, espèce de cotte de laine; casaque pour la chasse. De la bass. lat. *gonna*, fait de *gausapum*, vêtement de laine grossière. D'où:

GONNE, futaille, tonneau.

GONGRONE, tubercule rond sur le tronc des arbres; goître, tumeur ronde des nerfs à la gorge. Du gr. *goggros*.

GONIN, maître fripon. Ce mot viendroit-il du gr. *koinos*, commun? rien ne l'est tant que cette espèce de gens.

GONORRHÉE, flux involontaire de

la semence; écoulement d'une matière lymphatique, visqueuse, quelquefois virulente. Du gr. *gonorrhaia*, de *goné*, semence, et de *rheó*, couler.

GONORRHOÏQUE, de la gonorrhée.

GORET, nom d'un cochon, formé de son grognement. En gr. *choiros*.

GORE, la truie, femelle du cochon.

GORET, balai plat, dont les marins font usage pour nettoyer les vaisseaux; personne extrêmement malpropre.

GORGE, fond de la bouche, partie antérieure du cou; gosier, cou et sein d'une femme; détroit, passage resserré de montagne. Du lat. *gurges*, formé du gr. *gargareón*, la luette.

GORGE-CHAUDE, chair d'animal vivant; chose plaisante qui provoque le rire.

GORGE-DE-PIGEON, couleur changeante et ondulée tirant sur le bleu d'ardoise.

GORGE-BLEUE, *gorge-rouge*, oiseaux ainsi nommés de la couleur de leur gorge.

GORGÉ, animal dont le col est ceint d'une couronne.

GORGÉE, plein la gorge; quantité de liquide qu'on peut avaler à la fois.

GORGER, remplir la gorge; donner à manger ou à boire avec excès; combler, remplir.

GORGERET, instrument de chirurgie pour l'extraction de la pierre, qui a une gorge.

GORGERETTE, collerette de femme; sorte de mouchoir de cou.

GORGERIN, armure pour couvrir la gorge.

GOSIER, intérieur de la gorge servant de canal aux aliments, à la voix et à la respiration.

GARGANTUA, *grandgousier*, *gargamelle*, noms propres inventés par Rabelais pour désigner des gens qui ont une vaste gorge, un large gosier et un grand appétit.

GARGARISER, se rincer la gorge avec de l'eau. Onomatopée du bruit d'un liquide dont on se lave la bouche et l'entrée du gosier. Du lat. *gargarizare*, fait du gr. *gargarizein*, formé de *gargareón*, luette. Les Arabes disent *gharghar*.

GARGARISME, action de se gargariser; remède, liquide qui sert à laver la bouche. *Gargarisatus*.

GARGATE, la gorge, le gosier.

GARGOTE, petit endroit où l'on donne à manger à bas prix, et où l'on est servi malproprement. *Gurgustium*, *gurgutium*.

GARGOTAGE, repas malpropre; viande mal ou salement apprêtée.

GARGOTER, hanter les gargotes; boire, manger malproprement.

GARGOTIER, mauvais cuisinier qui tient une gargote.

GARGOUILLE, gouttière ordinairement en pierre, terminée en figure d'animal, par où tombent les eaux pluviales. Onomatopée du *gargouillis*, ou bruit que fait l'eau passant par les gargouilles.

GARGOUILLADE, pas de danse mal fait; roulade ou traits de chant mal exécutés.

GARGOUILLÉE, chute d'eau d'une gargouille.

GARGOUILLEMENT, bruit d'un liquide dans la gorge; l'estomac, les entrailles.

GARGOUILLER, barboter dans l'eau; faire du bruit dans la gorge, l'estomac, les boyaux, en parlant d'un liquide.

GARGOUILLIS, bruit que fait l'eau en tombant d'une gargouille.

GARGOULETTE, pot à l'eau à large gorge.

Le P. Ménestrier fait observer que par corruption les *gargouilles* furent appelées *gringoles*. De là on fit:

GRINGOLÉ, *gringoté*, terminé en tête de serpent; terme de blason.

DÉGRINGOLER, tomber d'en haut comme l'eau qui tombe des gargouilles. Au figuré, sauter, descendre plus vite qu'on ne veut. Onomatopée du bruit d'un corps qui roule d'une certaine hauteur.

GOGAILLE, repas joyeux où l'on boit, où l'on mange, où l'on chante à pleine gorge.

GOGO (à), dans l'abondance, à gorge que veux-tu?

GOGUE, gaîté que produit un grand repas; raillerie, plaisanterie.

GOGUELU, qui fait le fier et enfle sa gorge, d'où:

GODELUREAU, pour *goguelureau*, dim. de *goguelu*.

Les François des XVe et XVIe siècles se servirent des mots *goguelu* et *goguelureau*, pour désigner un homme fier et hautain, qui, portant des habits beaucoup trop riches pour son état, se rengorgeoit, se pavanoit, et insultoit aux autres par son orgueil et par son faste. Sous le règne de Louis XIV, on appela *godelureau* un homme galant, qui, affectant beaucoup de respect pour les dames, se faisoit un devoir de les tromper. C'est ce que sous la régence on nommoit un *aimable roué*, et c'est dans cette signification que *godelureau* se trouve employé dans Molière (*École des Femmes*, act. IV, scène 1).

Gébelin fait venir *godelureau* du primitif *go*, qu'il dit signifier beaucoup. Ménage dérive *goguelu* de *cucullutus*, dim. de *cucullus*, c'est-à-dire, *gravis in cucullo*; il prétend que *godelureau* viendroit de *gaudellus*, fait de *gaudere*, se réjouir, s'amuser.

De ces mots ont été formés les noms propres suivants:

Gau, Gaudin, Gode, Godde, Godeau, Godin, Godinot, Godon, Godot.

GODENOT, marionnette dont se servent les charlatans et les escamoteurs pour amuser leur honorable auditoire.

GODINETTE, amante, maîtresse.

GOGUER (se), se réjouir, s'amuser, se divertir.

GOGUETTES, * goguenettes, propos joyeux inspirés par le vin et la bonne chère; belle humeur causée par les suites d'un bon repas.

GOGUENARD, mauvais plaisant qui, en faisant des gogues, rit dans sa gorge.

GOGUENARDERIE, action de goguenarder.

GOGUENARDER, railler, faire de mauvaises plaisanteries.

GOINFRE, gourmand qui fait un dieu de sa gorge, de son estomac, et qui ne prend du plaisir qu'à manger.

GOINFRADE, repas, régal de goinfre.

GOINFRER, manger avidement comme un goinfre.

GOINFRERIE, gourmandise sans choix, sans goût.

GOIRAN, la bondrée, sorte d'oiseau qui a un gros col.

GOÎTRE, tumeur grosse et intérieure à la gorge. De *guttur*.

GOÎTRIE, maladie de la gorge.

GOÎTREUX, de la nature du goître; qui en est affecté. *Gutturosus*.

GOURMAND, qui mange avidement et avec excès; qui aime à manger.

GOURMANDISE, amour de la bonne chère; vice du gourmand.

GOURMET, qui se connoît en bons vins et en mets délicats.

GOURMER le vin, le goûter, le déguster.

GOURMETTE, chaînette en fer qui tient le mors de la bride du cheval, et qui se met sous la gorge de l'animal à l'endroit où se forme l'abcès qui cause la gourme. De là les mots:

GOURME, suppuration des naseaux du poulain; humeur des enfants qui sort et forme croûte.

GOURMER, mettre la gourmette à un cheval; tenir en respect; battre à coups de poing, maltraiter.

GOURMADE, coup de poing.

GOURMANDER, réprimander durement, parce qu'on gourmande un cheval avec la gourmette de la bride.

GUTTURAL, qui appartient au gosier; qui se prononce du gosier. *Gutturalis*.

DÉGOISER, chanter en parlant des oiseaux; dire ce qu'il faut taire; perdre sa simplicité d'esprit.

DÉGOR, tuyau de distillateur.

DÉGORGER, déboucher la gorge ou ce qui est engorgé; rendre le cours à des liquides.

DÉGORGEMENT, action de dégorger; épanchement de ce qui obstrue.

DÉGORGEOIR, instrument pour dégorger; outil d'artilleur; endroit où tombe un liquide.

ÉGORGER, couper la gorge, tuer, massacrer.

ÉGORGEUR, qui égorge.

ÉGOSILLER, signifia d'abord égorger, puis crier à s'en faire mal à la gorge.

ENGORGER, empêcher l'écoulement; boucher le passage d'un liquide.

ENGORGEMENT, embarras dans une gorge, un canal, un conduit.

ENGOUER, embarrasser le gosier; se prendre de passion, d'admiration.

ENGOÛMENT, embarras du gosier; passion, amour, admiration, outrés et irréfléchis.

REGORGER, s'épancher hors de ses bords, en parlant des liquides; avoir en trop grande quantité; abonder en excès; faire restituer par force; faire rendre gorge.

REGORGEMENT, action de regorger.

RENGORGER (se), avancer la gorge, et retirer la tête en arrière; faire le fier, l'important.

RENGORGEURS, nom de deux muscles

du col, servant à divers mouvements de tête.

GORGONE, Méduse, personnage fabuleux dont la vue pétrifioit. Du lat. *gorgon*, que l'on dér. du gr. *gorgos*, rapide. Les Gorgones, filles de Phorcus, se nommoient Méduse, Euryale, et Sthényo.

GOTHIQUE, qui vient des Goths, qui est à leur manière. Du lat. *gothicus*. *Voy.* ODIN.

GOUDRON, pour *goudran*, sorte de poix dont on se sert pour calfater et garantir les bâtiments de mer et d'eau douce. De l'esp. *alquitran*, dér. de l'ar. *kitran*.

GOUDRONNER, enduire de goudron. De ce que le goudron sert à rendre les bâtiments et les cordages plus fermes, plus solides, on a fait :

GODRONNER, empeser une fraise, un jabot, des manchettes, et par métaplasme, orner de godrons.

GODRON, plis ronds aux manchettes; rayon au fond d'une bague; ornement d'architecture qui ressemble à une amande alongée. Dans cette dernière acception, d'Herbelot le dérive du gallique *godreen*, frange. Il me semble que d'Herbelot auroit dû démontrer quelle avoit été l'influence des Gallois sur l'architecture françoise.

GODRONNOIR, ciselet creux d'orfèvre pour bosseler.

GODURE, faux plis.

GODER, faire des plis.

GOUFFRE, abîme, trou très-creux, très-profond; tournoiement d'eau causé par deux courants opposés, qui fait couler bas et disparoître; trou dont on n'aperçoit pas le fond. On le dérive assez vraisemblablement du lat. *gurges*, qui a la même signification.

S'ENGOUFFRER, entrer et se perdre dans un gouffre.

GOUGE, ciseau de fer à biseau concave, pour creuser en rond. De *gugia*, que Ménage dit être un mot gaulois.

GOUINE, prostituée de la lie du peuple. Ménage dér. ce mot de *gouge*, fille à soldat, qui auroit été fait de *goujat*; et d'autres de l'ancien anglois *gavine*, *gacen*, reine. Chez nos pères *gouge* étoit une jeune fille honnête, ainsi que le féminin du mot *gars*, garçon. Déjà dès le commencement du XIIIe siècle, et sans doute dans la seconde moitié du précédent, *gouine* étoit pris en mauvaise part. Feu M. Mouchet, qui m'initia à la lecture des manuscrits, à la connoissance de nos antiquités et du vieux langage, pensoit que *Gohine*, nom fabuleux d'une princesse d'Angleterre, que le roman de Tristan de Léonois dépeint comme une femme extrêmement méchante et de mœurs dépravées, auroit formé le mot *gouine*, femme de mauvaise vie, de basses mœurs et qui a tous les vices qui affligent cette classe trop nombreuse.

GOUJAT, manœuvre qui sert les maçons et qui porte l'oiseau. De *galiarius*, valet de soldat.

GOUPILLON, aspersoir pour l'eau bénite; brosse ronde à long manche pour nettoyer les vases à col droit. Du lat. *vulpillus*, dim. de *vulpes*, renard, à cause de la ressemblance du goupillon avec la queue de cet animal. Suivant Sainte-Palaye, *goupillon* est comp. de *goutte* et de *piller*, ou de *pigliare*, prendre, ou de *pellere*, parce qu'il sert à prendre les gouttes d'eau pour les disperser sur le peuple. *Goutte*, dit-il, se tronque en *gou*, ce qui est ordinaire aux composés dans toutes les langues où le simple s'abrége; comme Printemps, *premier temps*, ou saison; Montmartre, *mont des martyrs*, etc.

GOUPILLONNER, nettoyer avec un goupillon.

GOUPILLE, clou sans tête ni rivure, passé dans un trou. Dans ce mot la partie a été prise pour le tout.

GOUPILLER, mettre une goupille.

GOURD, lourd, épais, qui est endormi. De l'anc. lat. *gurdus*, étourdi; ce mot est espagnol d'origine, et a été pris pour celui qui a les membres engourdis; en esp. *gordo*, *gordon*, homme gros et gras.

GOURD, amas d'eau stagnante, creux où l'eau se rassemble et où elle dort.

DÉGOURDI, qui est expérimenté, expert et avisé.

DÉGOURDIR, ôter l'engourdissement; faire chauffer un peu; façonner, polir; déniaiser quelqu'un.

DÉGOURDISSEMENT, cessation d'engourdissement.

ENGOURDIR, ôter momentanément le sentiment, le mouvement.

Engourdissement, état de ce qui est engourdi.

Goure, drogue, objet falsifié. De l'ar. *ghour*, tromper, mot employé dans la langue franque.

Gourer, tromper dans l'échange ou la vente.

Goureur, qui falsifie les drogues; qui a l'habitude de gourer.

Gourgandine, coureuse, prostituée des rues.

GOUT, * *goust*, sens des saveurs; la saveur même; odeur; sentiment du bon et du mauvais. Du lat. *gustus*, dér. du gr. *geusis*.

Gouter, sentir et discerner les saveurs par le goût; juger de la qualité par les sensations du palais. *Gustare*, du gr. *geusthai*.

Gouter, petit repas qu'on fait entre le dîner et le souper.

Gouter, manger légèrement entre le dîner et le souper.

Gustatif, nerf du goût, de l'organe du goût.

Gustation, sensation du goût, perception des saveurs.

Dégout, manque de goût; perte d'appétit; aversion, répugnance.

Dégoutant, qui dégoûte; sale, déplaisant.

Dégouté, qui manque de goût; qui a perdu l'appétit; qui fait le délicat.

Dégouter, donner du dégoût; ôter l'appétit, causer de la répugnance.

Dégustateur, qui goûte, qui déguste.

Dégustation, action de goûter; essai d'une liqueur. *Degustatio*.

Déguster, goûter une boisson ou un mets pour en constater la qualité. *Degustare*.

Ragouter, remettre en goût, en appétit; flatter les sens.

Ragout, mets appétissant qui remet le goût.

Ragoutant, qui ragoûte, qui remet en appétit.

GOUTTE, petite partie d'un liquide; son naturel du bruit produit par un liquide qui tombe goutte à goutte. En lat. *gutta*, dér. du gr. *kutos*, répandu.

Gouttelette, petite goutte. *Guttula*.

Gouttière, canal par où s'échappent les eaux pluviales et coulent de dessus les toits.

Écout, chute des eaux; cloaque; canal souterrain dans lequel s'écoulent les eaux des rues.

Écoutter,* *dégoutter*, tomber goutte à goutte; s'écouler.

Dégouttant, qui dégoutte peu à peu; qui tombe goutte à goutte.

Dégouttement, action de tomber goutte à goutte.

Écouttoir, instrument pour faire égoutter la vaisselle.

Guttier, *guttifère*, plante d'où découle un suc; arbre duquel on tire la gomme *gutte* par incision.

GOUTTE, maladie qui affecte particulièrement les articulations. En bass. lat. *gutta*. Voici le sentiment de Beverovicius cité par Ménage : *Barbaris gutta dicitur, quòd sit defluxio guttatim facta*.

Goutteux, sujet à la goutte; attaqué de la goutte.

GOUVERNER, régir, administrer, diriger avec pleine autorité. Du lat. *gubernare*, dér. du gr. *kubernaô*, je conduis un vaisseau.

Gouvernail, timon d'un navire. *Gubernaculum*.

Gouvernance, conduite d'un navire; juridiction, administration. *Gubernatio, gubernium*.

Gouvernant, qui gouverne, qui tient les rênes de l'autorité.

Gouverneur, chargé de l'administration d'un pays; commis à l'éducation d'un ou de plusieurs enfants. *Gubernator*, du gr. *kubernéter*.

Gouvernante, femme de gouverneur; femme chargée du soin d'un ménage ou d'élever des enfants.

Gouvernement, pays sous l'autorité d'un gouverneur particulier; lois et constitution d'un état; manière de gouverner; autorités investies du pouvoir suprême. *Gubernaculum*, en gr. *kubernismos*.

Gouvernés, ceux qui dépendent d'un gouvernement.

GRABAT, litière pour les bestiaux; petit et méchant lit. Du lat. *grabatus*, dér. du gr. *krabbatos*, litière.

Grabataire, malade habituellement alité; celui qui différoit jusqu'à la mort de recevoir le baptême.

GRABUGE, * *garbouil*, désordre, trouble, vacarme, querelle de bal. De l'ital. *garbuglio*, que Ménage dérive du lat. *turba*.

GRACE, faveur, agrément, affection, affabilité, marque de bonté; chose qu'on fait gratuitement; pardon, oubli d'une faute, remise d'une peine méritée. Du lat. *gratia*.

GRACIABLE, à qui l'on peut faire grâce; susceptible de pardon. *Gratiabilis*.

GRACIEUSEMENT, avec grâce; d'une manière gracieuse; ce que les Italiens appellent *gracioso*. Du lat. *gratiosè*.

GRACIEUSER, faire des démonstrations gracieuses.

GRACIEUX, plein de grâces, d'agréments; doux, honnête, civil. *Gratiosus*.

GRATIFICATION, don, libéralité, faveur; récompense accordée par grâce. *Gratificatio*, fait de *gratia*.

GRATIFIER, accorder une gratification, favoriser par une grâce. *Gratificari*.

GRATIS, accordé par grâce, par gratification. *Gratis, gratuitò*.

GRATITUDE, reconnoissance d'une grâce reçue. *Gratus, gratitudo*.

GRATUIT, ce qu'on accorde par grâce, bénévolement, et sans y être obligé. *Gratuitus*.

GRATUITÉ, caractère de ce qui est gratuit. *Gratuitas*.

GRATUITEMENT, d'une manière gratuite, de pure grâce, sans aucun motif d'intérêt. *Gratuitò*.

GRÉ, volonté qu'on a de faire une chose agréable, qui agrée. *Gratum*.

AGRÉABLE, qui plaît, qui agrée, qui a de la grâce. *Adgratabilis*.

AGRÉABLEMENT, d'une manière agréable; avec grâce et esprit.

AGRÉER, être au gré; avoir pour agréable; recevoir d'une manière gracieuse. *Adgratare*.

AGRÉMENT, ce qui est agréable, ce qui agrée; grâce, don de plaire; plaisir, satisfaction, divertissement. Dans le xviie siècle, les dames du bon ton donnèrent le nom d'*agrément* à un lavement, parce qu'elles s'en servoient pour s'éclaircir le teint.

CONGRATULER, féliciter sur un événement heureux. *Congratulari*, fait de *cum*, avec, *gratulari*, féliciter.

CONGRATULATION, félicitation; action de congratuler. *Congratulatio*.

DÉSAGRÉABLE, qui n'est pas agréable, privé d'agrément, fait pour déplaire.

DÉSAGRÉABLEMENT, d'une manière désagréable.

DÉSAGRÉER, déplaire, n'agréer pas.

DÉSAGRÉMENT, chose désagréable, ennuyeuse, chagrinante.

DISGRACE, infortune, malheur; privation de bonnes grâces d'une personne puissante.

DISGRACIÉ, qui a encouru la disgrâce, qui n'est plus favorisé.

DISGRACIER, priver de ses bonnes grâces.

DISGRACIEUSEMENT, d'une manière désagréable, disgracieuse.

DISGRACIEUX, qui est désagréable, malheureux, pénible.

INGRAT, qui n'a pas de gratitude, qui ne reconnoît pas une grâce; qui ne tient pas compte des services, des bienfaits.

INGRATEMENT, d'une manière ingrate.

INGRATITUDE, manque de gratitude; le plus affreux de tous les vices, et le plus répandu parmi les hommes.

AGRÈS, voiles, cordages, poulies, etc.; tout ce qui compose l'équipage d'un navire et qui peut le rendre au gré de l'équipage. Ménage le dérive de l'ital. *arredi*, ameublement, équipage.

AGRÉER, *gréer*, munir, fournir un vaisseau de tous ses agrès.

AGRÉEUR, *gréeur*, qui fournit les agrès d'un vaisseau; courtier des eaux-de-vie pour le commerce.

GRÉMENT, *gréement*, tout ce qui peut servir à gréer un bâtiment.

DÉGRÉER, désarmer un navire, lui ôter ses agrès.

RAGRÉER, passer la ripe sur les parements des murs nouvellement achevés, pour les rendre unis; rajuster, perfectionner un ouvrage et le rendre au gré de chacun.

RAGRÉMENT, action de ragréer.

GRADE, élévation, dignité, degré d'honneur. Du lat. *gradus*, dérivé de *gradior*, je marche, je m'élève.

GRADATION, élévation par degré; augmentation graduée; disposition par parties élevées régulièrement les unes au-dessus des autres; dispositions de parties d'un édifice avec symétrie par degrés. De l'ital. *gragazione*, dér. du lat. *gradatio*.

GRADER, conférer un grade.

GRADIN, petit degré sur un autel.

GRADINE, ciseau dentelé à l'usage des sculpteurs.

GRADINS, marches ou bancs en amphithéâtre.

GRADUATION, division par échelle ou par degrés.

GRADUÉ, qui a des grades; divisé par échelle; dont les parties enchérissent les unes sur les autres avec une mesure; qui a obtenu un degré.

GRADUEL, qui va par degrés; livre d'office pour le lutrin; psaumes chantés sur les gradins du temple; versets; l'épître et l'évangile. *Graduale.*

GRADUELLEMENT, par degré. *Gradatim.*

GRADUER, diviser, élever, augmenter par degrés égaux; conférer les degrés. *Gradior.*

AGRESSEUR, provocateur, celui qui attaque le premier. Du lat. *agressor,* fait d'*ad,* vers, et de *gradior,* je marche.

AGRESSION, qui fait la première attaque. *Agressio.*

CONGRÈS, assemblée d'ambassadeurs pour traiter des affaires de leurs cours; épreuve juridique en cause d'impuissance. *Congressus,* fait de *cum,* avec, et *gressus,* marche.

DÉGRADER, destituer d'un grade, avilir, causer du dommage.

DÉGRADATION, action de dégrader, destitution ignominieuse; dépérissement d'une maison; avilissement.

DEGRÉ, escalier, marche d'escalier; moyen différent d'élévation dans les emplois; perfection ou diminution graduées; proximité ou éloignement de parenté; grade dans les universités; quantité; trente-sixième partie d'un cercle. De *gradus* ou de *gressus.*

DÉGRINGOLER, rouler les degrés du haut en bas; sauter, descendre plus vite qu'on ne veut. *Voy.* GORGE.

DIGRESSION, changement de conversation; ce qui s'écarte du sujet du discours. *Digressio.*

INGRÉDIENT, ce qui entre dans la composition de diverses choses. D'*ingredior,* j'entre.

INGÉRER (s'), entrer dans une chose, s'en mêler, y prendre part sans en être requis.

GREDIN, homme de néant, gueux de profession, homme sans naissance, sans biens ni qualités. Ce mot a été dit des valets qui se tenoient sur le degré de l'appartement de leurs maîtres. Il en étoit de même chez les Romains, qui nommoient *atriènses* les esclaves qui se tenoient dans l'atrium, et *statores,* ceux qui se tenoient auprès de leurs maîtres.

GREDINERIE, action de gredin; gueuserie; état d'ignominie et de misère.

PROGRÈS, mouvement en avant; suite d'avantages obtenus; accroissement. Du lat. *progressus,* formé de *pro,* et de *gressus,* pas fait en avant.

PROGRESSIF, qui avance sans interruption.

PROGRESSIVE, mouvement en avançant; proportion contenue entre les parties; suite de quantités en rapport. *Progressio,* formé de *progredi,* s'avancer en montant.

PROGRESSIVEMENT, d'une manière progressive.

REGRÈS, droit de rentrer dans un bénéfice après sa résignation.

RÉTROGRADER, revenir sur ses pas; aller à reculons. *Retrogradior,* fait de *retro,* en arrière, derrière, et de *gradior,* je marche.

RÉTROGRADE, qui va en arrière. *Retrogradis.*

RÉTROGRADATION, mouvement apparent et rétrograde des planètes. *Retrogradatio.*

TRANSGRESSER, contrevenir à un ordre, à une loi, les enfreindre. *Transgredi,* passer outre.

TRANSGRESSEUR, qui transgresse. *Transgressor,* violateur de la loi.

TRANSGRESSION, violation d'une loi; non-obéissance à un ordre. *Transgressio,* action de passer outre.

GRAILE, instrument de musique, sorte de petit cor ou de petite trompette, au son bas et enroué. On s'en servit d'abord à la chasse, puis à la guerre, quand on vouloit décamper furtivement, d'où il s'est appelé *sourdine.* Du lat. *gracilis.*

GRAILLEMENT, son clair d'un cor usé, rompu, enroué, dont on se sert pour rappeler les chiens. *Gracilitas.* Ce mot est une nuance de *râlement,* dont on a mouillé l'L, et qu'on a précédé d'un son guttural et criard, pour exprimer l'aigreur de l'airain fêlé.

GRAILLER, donner du cor ou du graile pour rappeler les chiens. *Gracillare.*

Râle, *râlement*, son enroué d'une respiration qui s'épuise, et dont les derniers efforts annoncent une mort prochaine; bruit de la gorge que font entendre les agonisants, lequel est causé par les flegmes qui descendent du cerveau dans l'estomac.

Râler, respirer avec bruit; rendre un son enroué par la difficulté de la respiration, étant à l'agonie.

Râle, sorte d'oiseau échassier, à bec grêle, très-courbé, ainsi nommé de son cri.

Graillon, crachat épais, flegme, pituite; au figuré, restes de repas.

Graillonner, cracher souvent.

Graillonneur, qui graillonne.

Grêle, * *gresle*, mince, long, menu, délicat. *Gracilis.*

Gracilité, qualité de ce qui est grêle. *Gracilitas.*

Engrêlure, très-petit point au bas d'une dentelle; petite bordure engrêlée. De *gracilis.*

Engrêler, faire l'engrêlure.

Engrêlé, dentelé tout autour.

GRAIN, au fémin. *graine*, semence céréale des graminées, propre à la nourriture de l'homme; fruit et semence menue des plantes. Du latin *granum*, que l'on dit être fait de *gerere*, porter.

Grainetier, *grainier, grènetier,* marchand de grains. *Granatarius.*

Gramen, plante graminée; chiendent. *Gramen.*

Graminée, qui est de la nature du blé ou du chien-dent. *Graminea.*

Grenade, fruit à écosse, pulpe acide, qui renferme quantité de grains rouges. *Granatum.* De là on a donné le nom de grenade à certain petit boulet de fer, creux et fait en forme de grenade, qu'on charge de poudre, et qu'on jette avec la main.

Grenadier, arbre qui produit des grenades; soldat chargé de jeter des grenades; soldat des compagnies d'élite.

Grenadière, sorte de giberne dans laquelle on mettoit les grenades.

Grenadille, ou *fleur de la passion*, fleur à style, en clous; elle vient de la Nouvelle-Grenade: les semences de son fruit, très-rafraîchissantes, approchent du goût des semences de la grenade; de là son nom lat. *granadilla.*

Grenadin, petit fricandeau ou passereau du genre pinson, ainsi nommé de sa forme.

Grenage, pour *grainage*, action de grener la poudre à tirer.

Grenaille, métal réduit en petits grains; rebut de grains mangeables.

Grenailler, mettre un métal en petits grains.

Grenaison, récolte de grains.

Grenat, *grenatite*, pierre précieuse, cristalline, rouge, ainsi nommée parce qu'elle ressemble de couleur et de forme à un grain de grenade.

Greneler, donner du grain au cuir.

Grener, réduire en petits grains; produire de la graine; monter en graine.

Grèneterie, commerce de grains et de grènetier.

Grènetier, marchand de grains; ancien officier au grenier à sel.

Grènetis, tour de petits grains autour des monnoies.

Grenettes, graines d'Avignon, petites graines pour faire de la couleur jaune propre au lavis.

Grenier, partie haute d'un bâtiment, destinée à serrer les grains; étage sans plafond, sous un comble. *Granarium.*

Grenu, plein, couvert de grains. *Granosus.*

Grange, lieu couvert où l'on serre les blés en gerbes, et où on les bat.

Granger, métayer, fermier.

Granit, pierre fort dure, composée d'un assemblage d'autres pierres de différentes couleurs, et semblables à des grains.

Granitelle, marbre ressemblant au granit.

Granulation, action de granuler; réduction des métaux en petits grains.

Granuler, réduire un métal en grenailles, en petits grains.

Granuliforme, en forme de petits grains.

Granivore, qui se nourrit de grains. De *granum*, et de *vorare*.

Écréner, évider le grain, les saillies, le dessous d'une lettre, d'un caractère d'imprimerie.

Écrénoir, instrument pour écréner.

Écrénage, action d'écréner.

Égréner, *égrainer*, ôter la graine de l'épi, faire sortir la graine de son enveloppe.

Égrenoire, petite cage.

Engranger, mettre en grange; serrer dans la grange.

Engrener, *engrainer*, mettre le blé dans la trémie; nourrir de grains; en parlant de certaines roues qui se communiquent le mouvement, entrer les unes dans les autres.

Engrenage, *engrenure*, action d'engrener; disposition des roues qui s'engrènent; dents de roues entrant dans les dents d'une autre roue.

Désengrener, dégager de l'engrenure.

Rengréner, remettre sous le balancier.

Rengrènement, action de rengréner.

GRAMMAIRE, l'art de parler et d'écrire correctement une langue; livre qui contient les éléments de cet art, et qui l'enseigne. Du lat. *grammatica*, fait du gr. *grammatiké*, venant de *gramma*, lettre; dér. de *graphô*, j'écris. C'est la science des lettres, parce qu'elles sont les éléments du langage et de l'écriture.

Grammairien, auteur qui écrit sur la grammaire ou qui l'enseigne.

Grammatical, de la grammaire, selon ses règles.

Grammaticalement, suivant les règles de la grammaire.

Grammatiste, qui enseigne ou qui apprend la grammaire.

Anagramme, transposition des lettres d'un nom propre, pour en former un ou plusieurs autres qui aient un sens différent. D'*ana*, en arrière, et de *gramma*, lettre; lettre transposée ou prise au rebours.

Anagrammatiser, faire des anagrammes.

Anagrammatiste, faiseur d'anagrammes.

Épigramme, pièce de poésie, terminée par une pointe, une raillerie saillante; trait piquant, mordant, critique. Du gr. *épigramma*, inscription, fait d'*épi*, sur, et de *graphô*.

Épigrammatique, ce qui tient de l'épigramme.

Épigrammatiste, qui fait des épigrammes.

Épigrammatiser, faire des épigrammes.

Homogramme, athlètes qui tiroient au sort la même lettre, et qui, par cette raison, devoient combattre l'un contre l'autre. D'*homos*, semblable, pareil; et de *gramma*, lettre.

Lipogrammatique, nom donné aux ouvrages où l'on affecte de ne pas faire entrer une lettre particulière de l'alphabet. De *léipô*, manquer, et de *gramma*, ouvrage où il manque certaine lettre.

Monogramme, chiffre formé d'un nom entier, ou de ses lettres principales. De *monos*, seul, unique, et de *gramma*.

Monogrammatique, du monogramme.

Polygramme, figure à plusieurs côtés. De *polus*, plusieurs, et de *gramma*.

Programme, écrit par lequel on annonce le sujet d'un ouvrage, d'un spectacle, d'un concert, d'une fête, d'une cérémonie publique; exposé des conditions à remplir pour un concours. Du grec *pro*, auparavant, d'avance, et de *gramma*, écrit; ce qui est écrit auparavant.

GRAMMATITE, la trémolithe, substance pierreuse, translucide, ainsi nommée d'une ligne transversale que présentent souvent ses cristaux dans leur cassure. Du gr. *gramma*, ligne, trait.

GRAMME, mesure de poids, qui équivaut au poids d'un centimètre cube d'eau, un peu moins de dix-neuf grains; c'est le *scrupulum* des Romains. Du gr. *gramma*, la vingt-quatrième partie de l'once, qui étoit le plus petit poids dont ces peuples eussent l'usage.

Centigramme, centième partie du gramme. De *centum*, cent, et de *gramma*.

Décagramme, poids de dix grammes, un peu plus de deux gros et demi. De *déka*, dix, et de *gramma*.

Décigramme, dixième partie du gramme, pesant un peu moins de deux grains. De *decimus*, dixième, et de *gramma*.

Milligramme, millième partie du gramme. Du lat. *mille*, et de *gramma*.

GRAND, fort étendu dans ses dimensions; nombreux; qui surpasse les autres. Du latin *grandis*, que l'on fait dér. de *granum*, grain.

Grandelet, un peu grand.

Grandement, d'une manière grande, avec grandeur. *Granditer*.

Grandesse, qualité d'un grand d'Espagne.

Grandeur, étendue de ce qui est grand ; titre de dignité. *Granditas.*

Grandiose, magnifique, pompeux. De l'it. *grandioso.*

Grandiosité, caractère de ce qui est grandiose. De l'it. *grandiosità.*

Grandir, devenir, rendre plus grand ; faire pousser. *Grandescere, grandire.*

Grandissime, très-grand.

Agrandir, augmenter la grandeur, étendre ses possessions, en acquérir de nouvelles.

Agrandissement, accroissement, augmentation de grandeur, d'étendue, de puissance.

Ragrandir, rendre plus grand.

GRAPHE, *graphie*, mots grecs qui entrent dans la composition de plusieurs mots françois ; ils signifient descripteur, description, écrivain, art d'écrire, peintre, peinture ; ils dérivent du verbe *graphô, graphéin*, écrire, tracer, dessiner, buriner, graver.

Graphique, description rendue sensible au moyen d'une figure.

Graphiquement, d'une manière graphique.

Graphomètre, instrument pour mesurer les angles sur le terrain. Du grec *graphô*, j'écris, et *metron*, mesure.

Anépigraphe, sans inscription. D'*a* priv., d'*épi*, sur, et de *graphô*.

Apographe, copie d'un livre, d'un écrit original, l'opposé d'autographe. D'*apographô*, copier.

Épigraphe, inscription sur un monument ; sentence, devise tirée d'un auteur, et qu'un écrivain met en tête d'un livre. D'*épi*, sur, et de *grapho*.

Polygraphe, auteur qui a écrit sur plusieurs matières ; instrument avec lequel on peut écrire plusieurs lettres à la fois. De *polus*, plusieurs, et de *graphô*.

Polygraphie, l'art d'écrire de diverses manières secrètes et de déchiffrer ces écritures.

GRAVE, lourd, pesant, d'un grand poids ; au figuré, sérieux, réfléchi. Du lat. *gravis*, que l'on dit être fait de *gerere*, porter.

Gravement, d'une manière grave et composée. *Graviter.*

Gravité, pesanteur des corps ; contenance sérieuse ; importance, manière réservée. *Gravitas.*

Gravitation, force d'un corps grave, dont le poids l'emporte vers un autre corps ; action de graviter.

Graviter, être entraîné par son poids vers un autre corps ; tendre, peser vers un poids.

Aggravant, qui surcharge, qui rend plus grief.

Aggrave, deuxième fulmination solennelle d'un monitoire.

Aggraver, * *accravanter*, surcharger, rendre plus grief ou plus grave. D'*aggravare*, fait de l'augm. *ad*, et de *gravare, gravescere.*

Grever, léser ; faire tort, surcharger de contribution.

Dégrever, décharger d'une partie des impositions.

Dégrèvement, action de dégrever.

Grief, grave, énorme ; fâcheux ; tort, sujet de plainte. De *gravis.*

Grièvement, excessivement ; d'une manière griève. *Graviter.*

Grièveté, énormité. *Gravitas.*

Réaggrave, dernier monitoire.

Réaggraver, fulminer le réaggrave contre.

GREC, qui est de la Grèce ; qui est en langue grecque ; au figuré, rusé, peu traitable ; habile, fripon. *Græcus.*

Grèce, pays des Grecs. *Græcia.*

Grécisme, construction propre à la langue grecque.

Grécité, langage grec.

Grégeois (feu), feu qui brûle dans l'eau à l'imitation de celui dont se servoient les Grecs.

Grègues, sorte de culotte sans brayette, ou de haut-de-chausse, à la mode des Grecs. Voici comment s'exprime Henri Estienne au sujet de ce vêtement dans son premier dialogue du nouveau langage françois italianisé :

« Depuis vostre départ, on a fait à Paris des habits à l'espagnole, à l'italienne, et particulièrement à la napolitaine ; à la lansquenette, à la flamande, à la martingale, à la marine et à la matelotte, qui est encore une autre sorte qu'à la marine ; et à la fin on s'est mis à en faire sans brayette, que les uns ont appelé chaussès à la *grégesque*, ou à la *garguesque*; les autres, tout en un mot, *grégesque*, ou *garcesque*, ou *garguesques*. Et depuis on a dit des chausses à la provençale, à la nicarde et à la poulonnoise. »

GRÈQUE, *grecque*, petite scie pour gréquer les livres.

GRÉQUER, *grecquer*, couper un livre sur le dos avec la grèque.

GRIESCHE, *grièche*, qui vient de la Grèce, originaire de Grèce; petite pie à bec et ongles crochus; femme criarde et méchante.

GRIGOU, mesquin, misérable comme un grec. En ital. *grieco*, en esp. *griego*.

GRÉGORIEN, calendrier ordonné, institué par le pape Grégoire Ier et réformé en 1582 par Grégoire XIII.

GRÊLE,* *gresle*, eau qui étant congelée par le froid, tombe par grains. Ce nom a été déterminé par le bruit sec, un peu retentissant, qui accompagne la chute de la grêle lorsqu'elle frappe le verre en glissant, qu'elle roule sur l'ardoise ou la tuile qui résonnent, en la faisant rebondir. Les Latins disoient *grando*, *grandinis*, que l'on dérive de *granum*, grain, à cause de la forme de la grêle.

GRÊLÉ, ravagé par la grêle; marqué de petite vérole.

GRÊLER, frapper de la grêle; gâter par la grêle; couper la cire en rubans.

GRELIN, petit câble ou cordage lancé pour venir à bord, et qui dans sa chute fait un bruit semblable à celui d'un grêlon.

GRÊLON, gros grain de grêle.

GRÊLOIR, instrument pour grêler la cire.

GRELON, vase pour grener la cire.

GRELONNAGE, action de grener la cire.

GRÉSIL, petite grêle fort menue et fort dure.

GRÉSILLEMENT, action de grésiller; pétillement d'un reste de parties grasses qui se trouvent dans les différentes peaux que l'on brûle, et le froncement, le racornissement un peu bruyant qui l'accompagnent.

GRÉSILLER, se dit du grésil qui tombe; au figuré, faire que quelque chose se racornisse.

GRÉSILLON, troisième farine.

GRÉSOIR, outil pour couper et rogner le verre de vitre.

REGRÊLER, refondre la cire pour la blanchir.

REGRÊLAGE, action de regrêler.

GRELOT, petite boule creuse en métal où l'on enferme quelques corps durs et qui fait l'office de sonnette quand on l'agite. Du lat. *crotalum*, et non de *gracilottum*, dim. de *gracilis*, comme le dit Ménage.

DRELIN-DRELIN, onomatopée du son du grelot et de la sonnette.

GRELOTTER, action de heurter les dents quand on éprouve un grand froid; mot formé de ce que ce choc imite celui des petits corps que contient le grelot.

GRILLET, *grillette*, sonnette au cou, aux pattes des animaux dans le blason.

GRILLETÉ, qui a des sonnettes au cou, aux pattes.

GRENOUILLE, petit animal amphibie de couleur verte, à mouvements vifs, qui saute légèrement. Du lat. *ranuncula*, dimin. de *rana*, onomatopée formée du râlement désagréable et prolongé de cet ovipare.

GRENOUILLÈRE, retraite des grenouilles; lieu bas et marécageux.

GRENOUILLETTE, la renoncule des marais. Le peuple de Paris emploie le verbe *grenouiller* dans la signification de boire beaucoup.

RAINE, *rainette*, espèce de grenouille verte terrestre. *Rana*.

RAINETTE, *reinette*, sorte de pomme jaune marquetée de rouge ou de gris, très-estimée. De *ranetta*, dim. de *rana*, à cause que les pommes de reinette sont marquetées de petites taches, comme le sont les grenouilles. L'étymologie de *reginetta*, dim. de *regina*, la reine des pommes, est ridicule.

RENONCULE, genre de plantes à racines en griffes, et fleurs d'agrément fort belles; ainsi dites de ce qu'elles ont été tirées d'endroits marécageux, lieux ordinairement habités par les grenouilles. De *ranunculus*, fait de *rana*.

RENONCULACÉES, famille des renoncules.

GRÈS,* *grais*, *grez*, pierre ignescente; agglutination de sable fin en masse; poterie de glaise et de sable fin mêlés ensemble.

GRESSERIE, carrière de grès; pierre de grès mise en œuvre; vase de grès.

GRÉSEUX, de la nature du grès.

Aucun auteur n'a parlé de l'étymologie de ce mot. Le seul dictionnaire de Trévoux le tire de *craig*, pierre, vieux mot celtique. Un savant que j'ai consulté pense que le mot grès est une contraction de craie; voyez ce mot p. 205. Nos aïeux disoient grès, grez, pour degré, marche d'escalier; du lat. gressus. L'église de Saint-Etienne-des-Grés, à Paris, ne fut ainsi nommée que parce qu'elle étoit anciennement élevée de plusieurs degrés; elle est désignée dans les vieux titres latins par Sanctus Stephanus à Gressibus. Il est présumable que nos aïeux auront donné le nom de gressus à la pierre dont ils se servoient particulièrement pour faire les degrés ou marches d'escaliers.

Mon estimable ami M. Miger pense que le mot grès a été ainsi formé.

GRAVE, plage sablonneuse où les pêcheurs de Terre-Neuve étendent leurs morues pour les faire sécher. GRAVIER, gros sable que la mer dépose sur ses bords. ENGRAVER, enfoncer dans le gravier. GRÈVE, plage où la mer dépose son gravier. GRÈS, pierre formée de grains de sable. Voy. GRAVIER, p. 388, col. 2.

GRIFFE, ongle crochu, pointu et mobile, de certains animaux ou des oiseaux de proie; onomatopée de l'éraillement d'un corps plus ou moins solide, et particulièrement d'une étoffe sous les ongles pointus et recourbés d'un animal. En latin gryps, gryphus, crochu, courbé; formé du grec grups, grupos; en allemand greifen, saisir, accrocher.

GRIFFE, outil de serrurier et de tourneur, qui a la forme d'une griffe; empreinte d'un nom propre en guise de signature; instrument pour l'apposer.

GRIFFER, déchirer d'un coup de griffe; prendre avec la griffe.

AGRIFFER, saisir, prendre avec les griffes.

GRIFFADE, coup de griffe.

GRIFFARD, aigle d'Afrique, lequel est armé de longues griffes.

GRIFFON, animal fabuleux, moitié aigle, moitié lion; et sorte de vautour au bec crochu. Gryphus, du gr. griphos, ou de grups, fait de grupos, courbé, crochu.

GRIFFONNER, gribouiller, écrire mal, dessiner grossièrement, comme si l'on écrivoit avec la griffe d'un oiseau.

GRIFFONNAGE, gribouillage, écriture informe et illisible; mauvaise peinture.

GRIFFONNEMENT, esquisse à la plume, dans le style de Rembrandt, dont les traits ont l'air d'être forés à coups de griffes.

GRIBOUILLE, sot, imbécile, niais.

GRIBOUILLETTE, sorte de jeu d'enfants.

GRIPHE, sorte d'énigme, sorte de proposition mystérieuse capable d'embarrasser et de surprendre. De griphos, gripos, filet de pêcheur, et par métaphore, énigme.

GRIPPER, prendre subtilement, attraper par adresse, saisir avec les griffes. En gr. gripizeïn, pêcher; fait de gripos, filet, dont la racine est grups, griffon, oiseau à bec crochu.

GRIPPE, caprice, fantaisie, haine; rhume tenace ou catarrhe épidémique, qui saisit tout d'un coup.

GRIPPE-SOU, receveur de rentes moyennant une légère remise.

AGRIPPER, prendre, tirer à soi avec les griffes; onomatopée faite du bruit que produit le frottement des mains ou des griffes contre le corps dont elles s'emparent.

GREFFE, bureau de tribunal, lieu de conservation où l'on écrit des actes de justice. Graphium.

GREFFIER, officier qui tient un greffe, qui expédie et garde les actes de justice. Graphiarius, du gr. graphus, écrivain.

GREFFE, branche entée; ainsi dite de sa ressemblance avec la pointe d'un style ou poinçon à écrire, appelé par les Latins graphium, formé du grec graphéïon.

GREFFER, incruster une branche d'arbre dans une autre branche.

GREFFEUR, celui qui greffe.

GREFFOIR, instrument tranchant pour greffer.

REGREFFER, greffer de nouveau.

GRATTER, frotter avec les ongles; ratisser; enlever la superficie; onomatopée du bruit des ongles ou des griffes contre les corps dont ils attaquent la superficie. Ménage dérive ce verbe de la bas. lat. gratare, formé du latin radere, auquel on a préposé le g, comme grenouille, de ranuncula.

GRATTOIR, outil à deux tranchants pour gratter le papier.

GRATTOIRE, outil de maçon pour gratter les murs.

GRATIN, bouillie attachée au fond d'un poêlon; ainsi appelée, parce que pour l'avoir il faut la gratter avec une cuiller.

ÉGRATIGNER, *égrasfigner, graphigner*, dim. de gratter, déchirer légèrement la peau, la superficie; graver d'une certaine manière; écrire d'un corps maigre, en éclaboussant.

ÉGRATIGNEUR, qui aime à égratigner.

ÉGRATIGNURE, écorchure légère par un corps aigu; marque qu'elle laisse.

ÉGRATIGNOIR, fer à découper.

GRATELLIER, *grateron, gratte-gale*, sorte de plantes qui grattent; plantes de buissons, dont les fruits s'attachent aux vêtements.

GRATTE-BROSSE, brosse de fil de laiton, pour nettoyer les ouvrages en relief.

GRATTE-BROSSER, nettoyer avec la gratte-brosse.

GRATTELLE, petite gale.

GRATTELEUX, qui a la grattelle.

GRATTE-CUL, fruit rouge, en olive, de l'églantier; la graine de ses roses, contenues dans ses boutons, est entourée d'une bourre piquante et presque imperceptible. On s'en sert à la campagne pour mettre dans les draps du lit, afin de piquer les fesses de ceux qui s'y couchent.

REGRATTER, gratter de nouveau; retoucher avec le burin; vendre à la petite mesure et de la seconde main.

REGRAT, vente de sel en détail et à petite mesure, ainsi dite de ce qu'on donnoit à ces marchands le rebut de la marchandise.

REGRATTERIE, marchandise de regrat; commerce de regrattier.

REGRATTIER, qui fait le regrat; qui vend en détail et de la seconde main.

GRAPPE, fruit en bouquets, qu'on grippe avec la main; fruit sujet à être grapillé; instrument de menuisier représentant plusieurs pointes propres à saisir ou gripper le bois.

GRAPPER, pulvériser la garance.

GRAPPILLER, cueillir les grappes de raisin échappée aux vendangeurs; faire un petit gain illicite. Dimin. du verbe *agripper*.

GRAPPILLAGE, action de grappiller.

GRAPPILLEUR, qui grappille.

GRAPPILLON, petite grappe; ce que l'on rejette d'une grappe.

ÉGRAPPER, détacher le raisin de la grappe.

ÉGRAPPOIR, outil pour égrapper.

GRAPPIN, diminutif de grappe; instrument de fer à quatre griffes, becs ou crochets, pour agripper un vaisseau. Les anciens avoient le mot *agrippa*, pour désigner un enfant venu par les pieds.

AGRAFFE, espèce de crochet servant à fixer et à réunir les deux côtés d'une robe ou d'un manteau. M. Nodier regarde ce mot comme l'onomatopée de l'imitation du bruit produit par le déchirement de l'objet que saisissent les pointes de l'agraffe. Il vient de *graphium*.

AGRAFFER, attacher avec une agraffe.

DÉGRAFFER, ôter, détacher une agraffe.

RAFLE, terme de jeu de dez; action de ramasser vivement les dez, de les agripper; poignée, manche de quelque instrument que ce soit; partie de la grappe qui porte les fleurs et les graines; cette partie dépourvue de fleurs et de grains.

RAFLER, prendre, saisir, ramasser vivement, emporter avec précipitation; gagner tout d'un seul coup.

GRAVER, tracer quelque figure sur un corps dur, avec un instrument tranchant. Du gr. *graphein*, écrire, parce que les anciens écrivoient en gravant les lettres avec un *graphium*, ou style, sorte de poinçon, sur des tablettes de cire.

GRAVÉ, tracé dans la mémoire; creusé avec le burin.

GRAVEUR, artiste qui grave.

GRAVURE, ouvrage de graveur, estampe, figure gravée.

GRAVIR, grimper difficilement par une pente escarpée; s'aider avec les ongles dans les anfractuosités d'un chemin raboteux. Ménage le dérive de *rapere*, dans la signification d'*arripere*, et il fait venir les mots suivants de *glarea*.

GRAVIER, gros sable mêlé de petits cailloux qui se détache sous les ongles d'un homme qui gravit; sédiment des urines. Ducange le dérive de la basse lat. *graveria*, dont on s'est servi pour *glarea*.

Grève, lieu plein de sable ; rivage plat, uni ; couvert de gravier.

Gravois, *gravas*, sable menu, débris de plâtres, de pierres et autres menues démolitions d'un vieux bâtiment.

Gravatier, qui enlève les gravois.

Égravillonner, lever une plante, un arbre en motte, en dégageant les racines d'une partie de la terre qui tient après.

Gravelée, cendre de lie de vin brûlée.

Graveleux, mêlé de gravier ; sujet à la gravelle ; libre, indécent.

Gravelle, maladie causée par les sables et le gravier dans la vessie.

Gravelure, petit sable ; au figuré, discours un peu libre.

Dégravoiment, dégradation, enlèvement du sable par l'eau courante.

Dégravoyer, dégrader un mur, déchausser des pilotis par l'eau courante.

Engraver, engager un bateau dans le sable, dans la vase.

Engravement, état d'un bateau engravé.

Grimper, gravir en s'aidant des pieds et des mains ; monter difficilement une route escarpée et roide. En gr. *chrimptéin*, approcher, s'appuyer.

Grimpant, qui grimpe ; on appelle *plantes grimpantes*, celles qui s'accrochent, s'attachent et s'entortillent aux corps voisins en s'élevant.

Grimpereau, *grimpeur*, sorte d'oiseau de l'ordre des pies, qui grimpe le long des murs et des arbres.

GRIGNON, *grigne*, morceau de pain sec et très-cuit, qui crie sous la dent. Onomatopée du bruit qu'il rend.

Grignoter, manger, ronger lentement et avec quelque effort un aliment dur.

Gruger, briser avec les dents une chose dure et sèche, la concasser ; au figuré, manger le bien d'autrui.

Grugerie, action de gruger.

Gruau, avoine brisée et grossièrement moulue. Onomatopée d'un grain que le moulin rompt, concasse et égruge. Ménage dérive ce mot de *grutellum*, dim. de *grutum*.

Grume, bois coupé et qui conserve son écorce.

Grumeau, petite portion de lait ou de sang caillés. En lat. *grumellus*, dim. de *grumus*.

Grumeler (se), devenir en grumeaux.

Grumeleux, rempli de petites inégalités dures.

Égruger, briser, réduire en poudre ou en petits morceaux.

Égrugeoir, vase de bois pour égruger le sel.

Égrugeure, parties égrugées ou séparées en égrugeant.

Engrumeler (s'), se mettre en grumeaux.

GRIL, ustensile de cuisine à branches de métal pour faire rôtir les viandes sur la braise. Du lat. *craticula*, dim. de *crates*, claie, treillis, râtelier ; dér. du gr. *kratéō*, je contiens. Lancelot le dérive à tort du gr. *keraō*, je mêle, je mélange, parce que les barreaux sont entrelacés l'un dans l'autre.

Grillade, viande cuite sur le gril ; manière de la faire griller.

Grille, assemblage de barreaux formant une clôture ; parloir des couvents de femmes ; barres de fer sur lesquelles on expose du feu, on met le charbon ; fond à jour d'un fourneau.

Grillage, préparation à la fonte des métaux ; garniture de fils de fer, de bâtons croisés.

Griller, faire cuire sur le gril ; passer, brûler à la flamme ; fermer avec une grille ; être sur le gril.

Grilleté, qui est entouré de grilles.

Craticuler, *graticuler*, réduire un tableau, une estampe par le moyen des carreaux.

Écrille, *égrille*, *égrilloir*, claie, grille, pour retenir le poisson d'un étang et l'empêcher de sortir.

Grilloir, fourneau pour griller les étoffes roses ; lieu où il est.

GRILLON, insecte qui a un cri perçant et qui aime les lieux chauds ; sorte de scarabée ainsi nommé du petit tintement argentin, *gry, gry, gry*, qui le caractérise ; il provient de deux membranes tendues en forme de tymbales, que l'insecte frappe vivement et presque sans relâche. En gr. *grullos*, en lat. *gryllus*, en ital. et en esp. *grillo*, en allem. *grille*, en ancien françois et en angl. *criket*.

GRILLOÏDES, insectes orthoptères qui ressemblent au grillon.

GRILLOTER, se dit du grillon qui cric.

GRIMACE, ride, pli de la peau, contorsion du visage ou d'une de ses parties; feinte, dissimulation; mauvais plis; boîte en dessus en pelotte pour les épingles. De l'ital. *grimo*, ridé; en esp. *grimazos*, posture extravagante.

GRIMACER, faire la grimace; faire de feintes difficultés; faire de mauvais plis.

GRIMACIER, qui fait des grimaces; hypocrite.

GRIMACERIE, action de faire des grimaces; dissimulation.

GRIMAUD, maussade, d'humeur chagrine; qui a cette humeur; écolier de basse classe.

GRIMAUDER, être maussade; faire mauvaise mine; élever des petits enfants.

GRIMAUDERIE, humeur des enfants maussades.

GRIME, petit écolier; grimaud; acteur qui remplit les rôles de charges.

GRIMELIN, petit garçon; joueur mesquin.

GRIMELINAGE, jeu mesquin; grappillage, petit profit.

GRIMELINER, jouer mesquinement; grappiller; faire de petits gains, de petits profits.

GRIMOIRE, livre plein de figures prétendues magiques, pour évoquer les démons et les esprits infernaux; discours obscur; écriture difficile à déchiffrer. De l'ital. *rimario*, fait du lat. *rima*, rime, chant, livre rempli de rimes, d'un chant, de caractères barbares, inconnus et magiques. *Voy.* RHYTHME.

GRINCEMENT, onomatopée du frottement convulsif et bruyant des dents, qui se fait entendre dans la colère et la rage.

GRINCER LES DENTS, les serrer les unes contre les autres de douleur ou de colère. Les Grecs ont dit *grussein*, les allem. *greinen*, et les ital. *disgrignare*.

GRINGOTER, *gringuenoter*, fredonner en parlant des petits oiseaux; chanter mal en parlant des hommes; onomatopée. En lat. *fringultire*.

GRINGOTIS, chant, ramage, gazouillis des oiseaux.

GRINGUENAUDE, petite ordure attachée aux émonctoires, au poil des animaux, à la queue des oiseaux; ainsi dite du bruit léger qu'elles font entendre.

GRIOTTE, *agriotte*, grosse cerise noire, douce et à courte queue. En bass. lat. *acriotum*, fait du lat. *a* privatif, et d'*acer*, aigre; fruit doux et sans aigreur; par analogie on a dit:

GRIOTTE, marbre tacheté de rouge et de brun.

GRIOTTIER, cerisier qui porte les griottes.

GRIS, qui est d'une couleur formée de blanc et de noir; celui dont les cheveux sont à moitié blancs; homme à demi pris de vin, qui ne voit pas distinctement les objets. En bass. lat. *griseus*, *grisius*, en it. *grigio*, que l'on dérive du lat. *cinereus*, de couleur de cendre, ou de *varius*, petit gris. M. Lallement fils présume que le mot *gris* vient de l'all. *greis*, *griis*, parce que la plupart des noms de couleurs sont tirés de cette langue.

GRISAILLE, peinture avec du blanc et du noir; mélange de cheveux blancs et bruns.

GRISAILLER, peindre, barbouiller de gris; prendre une teinte grise.

GRISALBIN, oiseau gris blanc de la grosseur de la mésange.

GRISARD, sorte de grès dur dont la couleur est grise.

GRISATRE, qui tire sur le gris.

GRISER, devenir gris; faire boire jusqu'à rendre demi-ivre.

GRISET, jeune chardonneret avant la mue.

GRISETTE, étoffe grise de peu de valeur; habillement de cette étoffe; jeune ouvrière coquette vêtue de grisette.

GRISETTE, sorte de papillon gris; fauvette grise.

GRISIN, oiseau de couleur grise.

GRISOLLER, se dit du chant de l'alouette.

GRISON, dont les cheveux ou les poils deviennent gris; âne, ainsi dit de sa couleur; homme qui grisonne; laquais déguisé pour des commissions secrètes.

GRISONNER, devenir grison.

GRIVE, *grivelette*, *grivelin*, sortes d'oiseaux à plumage moucheté, de la grosseur d'un merle; ainsi nommés de leur cri. Les Grecs appeloient *trichas*, une espèce de grive, du son *tri*, *tri*, ou *gri, gri*, que cet oiseau fait entendre.

GRIVELÉ, mélangé de gris et de blanc comme le plumage de la grive.

GRIVELÉE, concussion, petit profit illicite et secret que l'on fait dans un emploi.

GRIVELER, faire de petits profits illicites; se rendre coupable de concussion.

GRIVELERIE, action de griveler.

GRIVELEUR, qui fait des grivèleries.

Nous avons donné le nom de *grivelées* aux petits vols, à cause de la variété du plumage de la grive, à l'imitation des Grecs, qui disoient *tróchtas*, truites, pour désigner les voleurs et les menteurs, à cause des diverses marques du dos de ce poisson. Les Latins appeloient *stellaturas*, *stellionaturas*, et *stellionatum*, les vols et les mensonges, à cause de la variété des étoiles et de la bigarrure du lézard appelé *stellion*.

GRIVOIS, soldat fin et alerte qui est bon maraudeur.

GRIVOISE, vivandière, femme d'armée, vive et gaie. Les grivois ayant les premiers fait usage du tabac, on donna le nom de *grivoise* à une sorte de tabatière avec une râpe pour réduire le tabac en poudre, lequel alors se vendoit en rouleau. Ces tabatières furent apportées de Strasbourg en 1690.

GRIVOISER, prendre du tabac; action de le réduire en poudre.

D'où les noms propres *Griveau*, *Grivaud*, *Lagrive*, *Grivelle*.

GROIN, museau du porc, ainsi nommé du cri ordinaire de cet animal. En lat. *grunnitus*.

GROGNE, murmure chagrin, mécontentement.

GROGNEMENT, cri du cochon et de la truie; action de grogner.

GROGNER, * *grouiner*, crier comme les pourceaux; marmotter entre ses dents; témoigner son mécontentement par un bruit sourd. En lat. *grunnire*; en gr. *grullizô*.

GROGNARD, *grogneur*, *grognon*, qui est sans cesse de mauvaise humeur.

GROMMELER, * *grumeler*; gronder sourdement et entre les dents. Ce verbe est formé d'un certain grognement des chiens hargneux. Les Allemands disent *grummelen*, et les Flamands *gromelen*.

GRONDEMENT, bruit sourd; action de gronder.

GRONDER, murmurer, se plaindre entre ses dents; gourmander de paroles; faire entendre un bruit sourd. *Grundire*.

GRONDERIE, action de gronder; criaillerie.

GRONDEUR, qui gronde toujours.

GROUINER, verbe qui exprime le cri du cochon.

GROLE, *grolle*, le freux, sorte de corneille qui se nourrit de grains. Du lat. *graculus*.

GROSEILLER, arbrisseau épineux qui donne la groseille en grappes rouge ou blanche. De *grossularius*, ainsi dites de leur grosseur, relativement aux petites espèces.

GROSEILLE, petit fruit acide à grappe rouge ou blanche.

GROUILLER, remuer, fourmiller. On le dér. de l'it. *rotulare*, rouler, ou de *crolare*, se répandre partout. *Voy.* CROULER, p. 214.

GROUILLANT, qui grouille, qui remue, qui a vie.

GROUILLEMENT, mouvement, bruit de ce qui grouille.

GROUPE, *grouppe*, morceau de peinture ou de sculpture, qui comprend plusieurs figures qui ont du rapport ensemble; personnes ou objets rapprochés et détachés des autres. De l'it. *grappo*, nœud, peloton de soldats.

GROUPER, *agrouper*, mettre, rapprocher en groupe; former un groupe; disposer des figures en groupe; ranger deux à deux.

GROUPÉ, deux à deux. *Voy.* CROUPE, p. 214.

GRUE, oiseau échassier de passage, du genre héron, ainsi nommé d'après son cri. En gr. *géranos*, en lat. *grus*, en it. *gruia*, en esp. *gruz*.

GRUE, machine pour élever des pierres; machine de jardinier pour tirer de l'eau; ainsi appelées de leur ressemblance à un cou de grue.

GÉRANIUM ou *bec de grue*, sorte de plante ou de sous-arbrisseau, ainsi nommé parce qu'il porte des fruits qui ont la forme d'un bec de grue. Du gr. *géranion*.

GÉRAINES, *géranoïdes*, catalogue des diverses espèces de géranium. De *géranos*, et d'*eidos*, forme, ressemblance.

GUÈDE ou *glaston*, le pastel, plante dont les feuilles fournissent une teinturé bleue foncée. Du lat. *glastum*, en bass. lat. *quaisdium*.

GUÉDER, teindre avec la guède; soûler; faire manger avec excès; par analogie on a dit:

GAUDE, espèce de réséda qui donne une teinture jaune; farine de blé de Turkie, qui est de couleur jaune; bouillie faite avec.

GAUDAGE, teinture avec la gaude.

GAUDER, teindre avec la gaude.

GUENILLE, haillon; chiffon; vieilles hardes déchirées; chose de peu de valeur. On appeloit anciennement *gonelle*, un habillement d'homme et de femme, un manteau de prêtre, une robe de moine, et enfin une casaque ou longue cotte qui se mettoit sur l'armure, et qui descendoit sur les mollets. De la bass. lat. *gaunacum*. On donna également le nom de *guenelle* à une banderolle, à l'écharpe d'un guerrier. En perdant ces deux mots, nous avons conservé celui de *guenille*, dont personne n'avoit cherché l'étymologie. *Guenille* servit d'abord à désigner un vêtement en lambeaux, puis ensuite fut donné à tous les objets en mauvais état. Un savant étymologiste prétend que le lat. *gaunacum*, l'it. *gonna*, *gonella*, le franç. *gonelle* et *guenille*, dér. tous du saxon *gown*, robe, mot qui fait partie de la langue angloise.

GUENILLON, petite guenille.

DÉGUENILLÉ, dont les vêtements sont en lambeaux.

GUENIPE, femme malpropre, dont les habits sont en lambeaux; prostituée de la basse classe; d'autres dérivent ce mot de celui de *guenon*. Voy. JOUE.

GUÊPE, insecte hyménoptère, sorte de grosse mouche à miel, mauvaise et rapace. Onomatopée du vol bruyant de cet insecte. En lat. *vespa*.

GUÉPIAIRES, famille d'insectes hyménoptères, comprenant toutes les espèces de guêpes.

GUÉPIER, *guépière*, nid de guêpes.

GUÉPIER, oiseau de la grosseur des grives, qui mange les guêpes et les abeilles. *Vesparius*.

GUERDON, loyer, salaire, présent, récompense. Lancelot, d'après Périon et Gosselin, le dér. du gr. *kerdos*; mais il vient de l'all. *werdung*, estimation de prix; d'où la bass. lat. *werdunia*; l'ital. *guiderdone*, l'esp. *galardon*, et l'anc. provençal *gazardo*.

GUERDONNER, récompenser, faire un présent.

GUERDONNEUR, bienfaiteur, rémunérateur.

GUÈRE, *guères*, peu, pas beaucoup, presque pas. En lat. *parum*. Sylvius le dérive de *varium*; Ferrari de *validè*, et Ménage d'*avarè*.

NAGUÈRE, *naguères*, il n'y a pas longtemps.

GUÉRET, terre labourée, et non ensemencée. De la bass. lat. *warectum*, fait de *vervactum*, pour *verè actum*, d'où *vervagere*, retourner la terre; d'autres le dér. de *jacere*.

GUÉRIR, délivrer d'une maladie; préserver; garantir, sauver, mettre en sûreté; prendre soin. De la bass. lat. *garire*, fait de *curare*, dér. de *cor uro*.

GUÉRISON, recouvrement de la santé; affranchissement du pouvoir des passions. En bass. lat. *garimentum*, de *curatio*.

GUÉRISSABLE, qui peut être guéri.

GUÉRISSEUR, qui guérit, qui donne la santé.

INGUÉRISSABLE, qui ne peut être guéri.

GUERRE, querelle entre deux souverains ou entre deux peuples, qui se vide par la voie des armes; état d'inimitié.

Des étymologistes dérivent ce mot de l'all. *werre*, *warre*, dont les écrivains de la bass. lat. ont fait *werra*, et d'autres de *gravare*.

GUERRIER, qui appartient à la guerre.

GUERRIER, *guérroyeur, qui fait ou aime la guerre.

GUERROYER, faire la guerre.

GUÉRITE, petite loge pour une sentinelle; petit donjon au haut d'un bâtiment.

AGUERRIR, accoutumer à la guerre; accoutumer aux choses pénibles, fatigantes et difficiles.

GUET, action d'épier, de guetter, et ceux qui épient.

Ménage dérive ce mot de l'allemand *wacht*, sentinelle; d'autres de *videre* ou de *vigilare*, et enfin Barbazan de *quærere*.

GUÉTABLE, sujet au guet.

GUETTER, faire le guet, chercher, épier, observer, regarder, veiller, voir.

Guetteur, celui qui guette.

Aguets (être aux); guetter l'occasion; épier pour surprendre; se tenir en garde contre une embûche.

GUÊTRE, * guestre, chaussure qui couvre la jambe et le coude-pied. Ménage croit que c'est un dérivé de gamache, guêtre, de la bass. lat. gamachœ, fait de campa. V. Gloss. de la Lang. rom., t. 1, p. 662.

Guêtrer, chausser des guêtres.

GUEULE, bouche des animaux carnivores et des poissons; large ouverture; la bouche de l'homme. Du latin gula. De nos jours on a appelé *l'art de la gueule*, la gourmandise, ou le talent d'apprêter et de savourer les mets.

Gueulard, qui parle fort haut; qui crie sans cesse.

Gueuler, crier très-haut; en parlant d'un chien de chasse, prendre, saisir avec la gueule.

Gueulée, grosse bouchée; discours ordurier; paroles sales.

Gueuleton, viandes et mets à profusion.

Égueuler, casser, ébrécher le goulot, la bouche d'un vase, d'une pièce d'artillerie.

Écueulement, altération, cassure à la gueule, à la bouche d'une pièce d'artillerie.

Dégueuler, vomir, dégobiller.

Engueuler, crier contre; dire de gros mots.

Galiffre, glouton, gros mangeur.

Galiffrer, dévorer gloutonnement; manger beaucoup.

Galimafrée, fricassée de restes de viandes.

Goulu, qui mange beaucoup et avec avidité.

Goulument, d'une manière goulue.

Goulée, grosse bouchée.

Goulet, entrée étroite d'un port de mer, d'un filet de pêche.

Goulette, petit canal pour le jeu des eaux.

Goulot, * goulet, col étroit et long d'une bouteille, d'une cruche ou de tout autre vase. Onomatopée du glouglou de la bouteille, ou du bruit que fait le liquide en traversant son goulot. Ménage dérive ce mot de *gula*.

Goulotte, rigole taillée sur la cymaise d'une corniche pour faire écouler les eaux de pluie par les gargouilles.

Gouliafre, gourmand, glouton, gros mangeur.

Gouliard, homme qui fait le bouffon dans les maisons où il est mandé.

Dégobiller, vomir, rendre par la gorge.

Dégobillis, boisson et aliments vomis.

Débagouler, dire tout ce qui vient à la bouche.

Engoulé, qui entre dans la gueule.

Engouler, saisir tout d'un coup avec la gueule.

Engoulevent, oiseau à très-grande bouche et à fort petit bec.

Regouler, manger avec excès; jusqu'à satiété; rassasier jusqu'au dégoût; apostropher de paroles dures.

GUEULES, couleur rouge, dans le blason. Du persan *gul*, rose, parce que cette fleur est rouge. Ménage le dér. de *gulœ*, qui étoient certaines peaux teintes en rouge. En parlant de la couleur rouge en armoiries, il faut écrire *gueules* au pluriel.

GUI, plante parasite, de la famille des chèvre-feuilles, qui vient sur certains arbres. Du lat. *viscum*, fait du gr. *biskos*, pour *ixos*, glu.

Visqueux, épais et un peu tenace; gluant. *Viscosus*.

Viscosité, qualité de ce qui est visqueux. *Viscositas*.

GUIDER, diriger dans une affaire, conduire dans un chemin. De l'it. *guidare*, fait du lat. *vadare*, passer à gué, ou plutôt de *vadere*, aller, marcher; dér. du gr. *badô*; d'où l'all. *waden*, et l'esp. *guiar*. Ferrari le dérive de *viœ dux*, et cette dernière étymologie est adoptée par Ménage.

Guide, conducteur qui précède ou accompagne pour guider; qui donne des instructions; celui qu'on prend pour modèle de conduite; première partie ou sujet d'une figure; lumière attachée à la bride pour diriger un cheval; outil pour conduire la main, le travail.

Guide-ane, livret de l'office des fêtes; tout ce qui guide l'ignorance.

Guidon, petit étendard d'une compagnie de gendarmes; officier qui le porte; marque, signe pour indiquer les renvois.

GUIGNARD, oiseau échassier, du genre pluvier, moins gros et particulier au pays Chartrain. Jean Guignard, bourgeois de Chartres, fut le premier qui, en 1542, en fit connoître la délicatesse. En mémoire de ce service, les gastronomes de l'époque donnèrent à cet oiseau, que les Amiénnois appellent *sirot*, le nom de l'amateur qui avoit découvert ses excellentes qualités. De *guignard*, on fit :

GUIGNETTE, oiseau échassier du genre vanneau, de la taille du merle.

GUIGNE, sorte de cerise noire, douce et à longue queue. De l'espagnol *guinda*, que l'on croit être fait du turk *vischna* ; en gr. mod. *visna*, cerise.

GUIGNIER, arbre qui porte les guignes.

GUIGNER, regarder du coin de l'œil entr'ouvert, comme font ceux qui tirent au blanc. Du lat. *videre*, comme l'a très-bien prouvé Ménage.

GUIGNON, malheur constant, surtout au jeu. On a donné cette signification au mot *guignon*, à cause des fascinations qui se font avec les yeux. Virgile a dit :

Nescio quis teneros oculus mihi fascinat agnos.

DÉGUIGNONER, ôter le guignon, le malheur.

GUILÉE, * *guillée*, petite pluie soudaine et de peu de durée, qui vient quelquefois au printemps, et qui tombe tout d'un coup après un beau soleil. De l'anc. franç. *guille*, ruse, tromperie, subtilité, mensonge; que l'on dér. de l'ar. *ghile*, ou du lat. *vilitas*, et selon Barbazan, de *velare*. Par analogie on a fait :

GUILLER, jeter sa levure en parlant de la bière qui fermente.

GUILLAGE, fermentation de la bière qui s'épure.

GUILLANTE, bière qui rejette sa levure.

GUILLOIRE, cuve pour faire guiller.

GUILLAUME, nom propre d'homme, du teuton *Güldhelm*, qui signifie *casque doré*; d'où les noms propres *Guilhem*, *Guillaumet*, *Guillelmite*, *Guillaumot*, *Guillemin*, *Guillemine*, *Guilleminot*, *Guillemite*, *Guillemet*, *Guillemot*, *Guillon*, *Guillotin*, *Guillet*, *Guillot*, *Willemin*, *Willaume*, *Willem*, *Wuilhem*, *Willemain*, *Willerme*, *Wuillemot*, *Willelmin*. De là :

GUILLAUME, rabot à fer étroit, échancré, pour les moulures. Voy. *Gloss. de la lang. rom.*, tom. 1, p. 724.

GUILLEMOT, oiseau aquatique, palmipède, du genre de l'alque.

GUILLEDIN, cheval hongre qui va l'amble. De l'angl. *gelding*, cheval coupé; formé de *to gelde*, châtrer.

GUILLEDOU, mauvaise compagnie. *Courir le guilledou*, aller la nuit dans des lieux de débauche. De *gildonia*, société, coterie, ou de l'angl. *guild*, société, confrérie.

GUILLEMETS, * *guimets*, doubles virgules au commencement et à la fin des discours, pour désigner des citations transcrites mot à mot dans un ouvrage. Ménage fait dériver ce mot d'un ouvrier appelé *Guillemet*, qui en auroit été l'inventeur; mais il vient de l'it. *chi messo*, prononcé *qui mess*, chose placée, transportée ici, placée là.

GUILLERI, mot factice par lequel on exprime le chant du moineau; comme cet oiseau est vif, remuant, on a fait :

GUILLERET, gai, gaillard, éveillé, alerte.

GUILLOCHIS, ornement en compartiments ou entrelacs.

GUILLOCHER, faire des guillochis.

Ces mots, selon Ménage, auroient été faits d'un ouvrier nommé *Guillot*, inventeur de ce genre d'ornement.

GUILLOTINE, instrument de supplice pour trancher la tête.

GUILLOTINER, trancher la tête avec la guillotine.

GUILLOTINEMENT, action de guillotiner.

Ces mots tirent leur origine du nom du docteur *Guillotin*, député à l'Assemblée constituante, qui renouvela vers 1790 cette ancienne machine, sans y apporter aucun changement En effet, Achille Bacchius, dans son livre *Symbolicarum quæstionum*, dont la première édition est fort recherchée à cause des gravures de Bonasone, et dont la seconde, qui est fort rare, parut à Bologne en 1574; in-8°; avoit donné, au liv. 1er, p. 40, la figure de cet instrument de supplice. Le condamné, les mains liées derrière le dos, est représenté à genoux prêt à recevoir le coup fatal. Il en fut de même lors du renouvellement proposé par Guillotin, ainsi qu'on peut le voir dans les recueils d'estampes publiés en 1791. Ce docteur fut même chansonné dans les *Actes des Apôtres*, et je me souviens d'avoir vu jouer en 1790, au théâtre d'Audinot, une pantomime intitulée *Dorothée*, dont la décoration, au troisième acte, représentoit une place publique, où l'on avoit élevé un échafaud surmonté d'une guillotine.

GUIMAUX, * *bimaux*, prés qu'on fauche deux fois l'an. Du lat. *bimales*, pour *bis in anno*.

GUIMBARDE, nom factice donné à une espèce de petit instrument de musique à deux branches d'acier recourbées, et languette au milieu que l'on tient et frappe avec les dents. Cet instrument rend le son *guin, guin, guin*, dont il a pris son nom. Par analogie, on a appelé *guimbarde*, un long chariot à quatre roues, qui dans sa marche rend un bruit sourd et désagréable; outil de menuisier.

GUIMPE, * *guimple*, espèce de coiffure d'un usage très-ancien; vêtement de religieuse qui couvre le menton et la gorge. Du lat. *vinculum*, en bass. lat. *guimpa*, d'où le flam. *wimpel*, l'angl. *wimple*.

GUINDER, élever, hausser un fardeau par le moyen d'une machine; porter en haut; affecter de l'élévation, une gravité ridicule. De l'all. *winden*, qui a la même signification.

GUINDA, petite pièce à moulinet pour catir.

GUINDAGE, action d'élever les fardeaux; cordages pour charger les voitures; salaire pour cette peine. Perrault, dans sa traduction de Vitruve, dit: « J'ai forgé ce nom de *guindage*, qui n'est point en usage, mais qui vient de *guinder*, c'est-à-dire, élever en haut. » Cependant ce mot étoit déjà usité parmi les gens de mer, comme on peut le vérifier dans Guillet, *Dict. de marine*, au mot précité.

GUINDAL, *guindas*, machine composée de deux parties et d'un treuil pour élever des fardeaux pesants.

GUINDANT, hauteur d'un pavillon de vaisseau.

GUINDE, presse à moulinet, pour les tondeurs de draps.

GUINDE; *guindeau*, cabestan pour guinder.

GUINDÉ, personnage qui affecte la gravité, l'élévation, et qui est ridicule.

GUINDERESSE, cordage pour guinder.

GUINDERIE, gêne, contrainte, embarras.

GUINDOULE, machine pour décharger les vaisseaux.

GUINDRE, machine pour doubler les soies filées.

GUIPER, passer la soie sur ce qui est déjà tors.

GUIPOIR, outil pour tordre les fils pendants d'une frange.

GUIPURE, sorte de dentelle de fil, de soie et de cartisane.

GUISARME, hache à deux tranchants. D'*arma bis acuta*; Skinner dérive ce mot de *bis arma*, Barbazan d'*arma acuta* et d'*acuere*, et enfin Gébelin du gaulois *gesum*, lance, javelot.

GUISE, manière, façon d'agir, de se gouverner; de s'habiller. De l'allem. *weise*, mode, manière, façon; d'où l'it. et l'esp. *guisa*. Ménage pense que ces mots pourroient avoir été faits de *visus*, part. de *videre*.

DÉGUISER, travestir de manière à rendre tout-à-fait méconnoissable.

DÉGUISEMENT, état d'une personne déguisée; habit de masque; dissimulation; artifice pour cacher la vérité.

GYMNASE, lieu destiné chez les anciens aux exercices du corps. Du gr. *gumnasion*, dér. de *gumnos*, nu, parce que les athlètes se dépouilloient de leurs vêtements, pour s'exercer avec plus de liberté.

GYMNASIARQUE, chef du gymnase. De *gumnasion*, et d'*arché*, commandement, autorité.

GYMNASTE, officier du gymnase, chargé de l'éducation des athlètes. De *gumnazô*, exercer.

GYMNASTÉRION, lieu du gymnase où les athlètes déposoient leurs habits.

GYMNASTIQUE, art d'exercer le corps pour le fortifier, le rendre propre à la guerre; *adj.* particulier aux exercices du corps. De *gumnazô*.

GYMNIQUE, science des exercices propres aux athlètes; jeux publics où les athlètes combattoient nus. De *gumnikos*.

GYMNOCÉPHALES, genre de poissons sans écailles, opercules extérieurs et dentelés. De *gumnos*, nu, et de *képhalé*, tête.

GYMNONECTES, sorte de crustacés mous. De —, et de *néctés*, nageur.

GYMNOPÉDIE, danse religieuse chez les Lacédémoniens, dans laquelle les danseurs étoient nus. De —, et de *pais*, jeune homme.

GYMNOPOMES, poissons holobranches, abdominaux, à rayons osseux, opercules. De —, et de *poma*, couvercle.

GYMNOSOPHISTES, anciens philosophes de l'Inde, qui alloient presque nus, menoient une vie très-austère, et contemploient la nature. De —, et de *sophos*, sage.

GYNANDRIE, vingtième classe des plantes de Linné, dont les fleurs ont les étamines attachées au même pistil, et n'adhèrent point au réceptacle. De *guné*, femme, et d'*anér*, *andros*, mari, femme devenue mari, parce que les organes des deux sexes sont réunis.

GYNANDRE, étamine attachée sur le pistil.

GYNANTROPHE, hermaphrodite qui tient plus de la femme que de l'homme. De *guné*, femme, et d'*anthrôpos*, homme.

GYNÉCÉE, appartement intérieur de la maison chez les Grecs et les Romains, où se tenoient les femmes, et où elles s'occupoient à travailler. Du lat. *gynæcium*, dér. du gr. *gunaikos*, génit. de *guné*. Dans le moyen âge, on donnoit ce nom à des espèces de manufactures où les seigneurs faisoient travailler leurs vassales ou femmes de corps, à des ouvrages de laine ou de soie.

GYNÉCOCRATIE, étant dans lequel les femmes ont part au gouvernement. De *gunaikos*, et de *kratos*, autorité, puissance ; gouvernement des femmes.

GYNÉCOCRATIQUE, de la gynécocratie.

GYNÉCOMANIE, amour excessif des femmes. De —, et de *mania*, passion, fureur.

GYNÉCONOME, magistrat d'Athènes qui étoit chargé de veiller sur les mœurs des femmes. De —, et de *némô*, gouverner.

DÉCAGYNIE, sous-division des classes des plantes dont la fleur a dix pistils ou parties femelles. De *déka*, dix, et de *guné*, femme.

DÉCAGYNE, qui a dix pistils.

DIGYNIE, sous-division des plantes dont la fleur a deux pistils. De *dis*, deux fois, et de —.

DYGINE, qui a deux pistils, deux styles, deux stigmates sessiles.

DODÉCAGYNIE, classe de plantes qui ont douze pistils, ou organes femelles. De *dodéka*, douze, et de —.

DODÉCAGYNE, fleur ou plante ayant douze pistils.

ÉPIGYNE, étamine insérée sur le sommet de l'ovaire ou de l'organe femelle. D'*épi*, sur, et de —.

ÉPIGYNIQUE, qui tient de l'épigyne.

HEPTAGYNIE, sous-division des plantes dont la fleur a sept pistils ou parties femelles. D'*hepta*, sept, et de —.

HEXAGYNIE, sous-division des plantes dont la fleur a six pistils. D'*hex*, six, et de —.

HYPOGYNE, corolle et étamines des fleurs qui sont attachées sous le pistil ou l'organe femelle. De *hupo*, sous, et de —.

HYPOGYNIQUE, insertion sous le pistil.

IDIOGYNE, organe femelle, ou étamine séparée du pistil. D'*idios*, propre, particulier, séparé, et de *guné*, femme, femelle.

MONOGYNIE, classe des plantes dont la fleur n'a qu'un pistil. De *monos*, seul, unique, et de —.

OCTOGYNIE, sous-division des classes des plantes, dont la fleur a huit pistils ou huit parties femelles. D'*oktô*, huit, et de —.

PÉRIGYNE, nom donné à la corolle et aux étamines des fleurs qui sont attachées autour de l'ovaire ou de l'organe femelle. De *péri*, autour, et de —.

PÉRIGYNIQUE, de la corolle et des étamines.

POLYGYNIE, classe des plantes dont la fleur a plus de douze pistils ou organes femelles. De *polus*, plusieurs, et de —.

POLYGYNIQUE, qui a des fleurs polygynes.

TÉTRAGYNIE, sous-division des classes des plantes dont la fleur a quatre pistils. De *tettara*, quatre, et de —.

TRIGYNIE, troisième ordre de la treizième classe des végétaux, dans le système sexuel. De *treis*, trois, et de —.

H

H, huitième lettre de l'alphabet, sixième consonne, est dans la langue françoise le signe de la manière aspirée dont il faut prononcer les voyelles qui la suivent. Cette lettre avoit deux usages généraux chez les anciens; le premier devant les voyelles, en commençant les syllabes, et le second après les syllabes; elle étoit suppléée par l'F; la lettre H s'est souvent changée en V. Comme lettre numérale H marque deux cents, et avec une ligne au-dessus H̄, deux cent mille.

HA, exclamation de surprise, onomatopée qui peint la douleur et l'effroi. En lat. *ah! heu!*

HABILE, capable, adroit, savant, expérimenté, propre à une chose. Du lat. *habilis*, fait du verbe *habeo*, avoir.

HABILEMENT, d'une manière habile. *Habiliter.*

HABILETÉ, adresse d'exécution; qualité de celui qui est habile; effet qui en résulte. *Habilitas.*

HABILISSIME, très-habile.

HABILITATION, émancipation qui rend un enfant habile à contracter.

HABILITÉ, aptitude, capacité de ...

HABILITER, rendre habile à, rendre capable de ...

INHABILE, incapable, qui manque des qualités requises, qui n'est bon à rien. *Inhabilis.*

INHABILETÉ, manque d'habileté, de connoissances, de talents requis.

INHABILITÉ, incapacité, manque d'habilité, état de celui qui ne peut être admis à ...

MALHABILE, qui a peu de capacité.

MALHABILEMENT, d'une manière peu capable.

MALHABILETÉ, maladresse, incapacité, défaut d'intelligence.

RÉHABILITER, remettre dans le premier état d'habilité, dans les anciens droits.

RÉHABILITATION, action de réhabiliter dans le premier état.

HABITER, faire sa demeure, sa résidence dans une maison, dans un pays, connoître charnellement. Du lat. *habitare*, fréquentatif d'*habere*.

HABITATION, lieu de la résidence, de la demeure; propriété dans une colonie; union charnelle ou qui peut l'être. *Habitatio.*

HABITABLE, qu'on peut habiter. *Habitabilis.*

INHABITABLE, qu'on ne peut habiter, qui n'est pas habitable. *Inhabitabilis.*

HABITACLE, petit réduit, armoire pour la boussole, l'horloge. *Habitaculum.*

HABITANT, celui qui réside en un lieu, domicilié; qui vit dans un pays. *Habitator.*

HABITÉ, rempli d'habitants. *Habitatus.*

COHABITER, vivre ensemble dans l'état du mariage.

COHABITATION, état des époux qui vivent ensemble.

DÉSHABITÉ, qui n'est plus habité.

DÉSHABITER, cesser d'habiter.

INHABITÉ, qui n'est pas habité, où personne n'habite.

INHABITABLE, qu'on ne peut habiter.

HABIT, vêtement qui met le corps à l'abri des injures du temps, de même que l'habitation. *Habitus.*

HABILLAGE, terme de rôtisseur pour exprimer l'action d'habiller une volaille, du gibier, avant de les mettre à la broche; terme reçu dans l'art du fourbisseur, de l'armurier, du serrurier, de l'horloger, etc., etc.

HABILLEMENT, tout ce qui fait partie du vêtement.

HABILLER, mettre les habillements à quelqu'un; s'habiller, se vêtir.

DÉSHABILLÉ, vêtement de nuit ou de chambre; vie privée.

DÉSHABILLER, ôter les habits; se débarrasser de ses vêtements, quitter sa parure.

RHABILLER (se), remettre des vêtements; raccommoder.

RHABILLER, habiller de nouveau; remettre à neuf de vieux objets.

RHABILLAGE, action de remettre à neuf.

RHABILLEUR, ouvrier qui remet à neuf. On donnoit aussi ce nom aux personnes qui remettent les membres foulés et disloqués.

HABITUATION, emploi de desservant d'une paroisse.

HABITUDE, coutume bonne ou mauvaise qu'on a contractée; usage permanent, action de faire toujours la même chose. Du lat. *habitus*, dont on fit *habitudo*.

HABITUÉ, accoutumé à rester dans un lieu, à aller au même endroit, à faire la même chose; desservant ecclésiastique.

HABITUEL, qui a passé en habitude, qui se répète sans cesse.

HABITUELLEMENT, par habitude.

HABITUER, faire prendre une coutume, une habitude, faire contracter un usage.

DÉSHABITUER, faire perdre l'habitude.

INHABITUDE, défaut d'habitude.

HABLER, mentir, parler beaucoup avec vanterie et exagération. De l'esp. *hablar*, fait du lat. *fabulari*.

HABLERIE, mensonge, exagération, et vanterie de discours.

HABLEUR, menteur qui hâble. De l'esp. *hablador*, du lat. *fabulator*.

HACHE, instrument de fer tranchant pour fendre; onomatopée de l'aspiration forte et profonde qui marque les efforts d'un homme qui fend du bois. En lat. *ascia*, en allem. *hacchen*.

HACHER, fendre avec la hache; couper en petits morceaux; ombrer par des petits traits.

HACHEREAU, petite cognée.

HACHETTE, petite hache à manche court; outil de maçon pour hacher le plâtre.

HACHIS, mets fait avec de la viande hachée menu.

HACHOIR, table sur laquelle on hache les viandes; grand couteau de cuisine pour hacher les herbes.

HACHURES, ombres en traits croisés qu'on fait dans les dessins et la gravure.

HAHÉ, exclamation ou onomatopée pour appeler et arrêter les chiens.

HAIE, * *haye*, clôture de ronces et d'arbustes épineux, de branchages entrelacés; place d'une forêt remplie de buissons; rangée de personnes ou de chose sur un côté. De l'all. *hay*. *Voy.* LAIE.

HAHA, ouverture de clôture, avec fossé en dehors.

HAGARD, nom des oiseaux de proie qui, ayant été pris dans les *hayes* ou forêts, ne deviennent jamais bien apprivoisés; rude, farouche, effaré, en parlant des yeux. D'autres tirent ce mot du gr. *ágrios*, sauvage, formé d'*ágros*; en lat. *ager*, champ.

HALLIER, haie, buisson fort épais.

HAILLON, guenillon, lambeau d'étoffe; vieil habit déchiré qui semble avoir été traîné le long des halliers.

HAIE, exclamation ou cri des charretiers pour exciter leurs chevaux.

HAINE, aversion, inimitié, passion qui fait haïr, antipathie. Du lat. *odium*.

HAINEUX, porté à la haine.

HAÏ, qui n'est point aimé.

HAÏR, avoir de la haine, de l'aversion, de la répugnance. *Aliquem odisse*.

HAÏSSABLE, odieux, pour qui on a de la haine, qui mérite d'être haï, digne d'aversion. *Odiosus*.

ODIEUSEMENT, d'une manière odieuse. *Odiose*.

ODIEUX, haïssable, qui excite l'aversion; qui se fait haïr. *Odiosus*.

HAIRE, chemise de crin ou de poil de chèvre que les dévôts d'une foi robuste portent sur la peau, par mortification. De l'allem. *haër-tuch*, étoffe de poil.

HALALI, *hallali*, cri de chasse qui annonce que le cerf est sur ses fins; formé de *hahé*, autre cri dont on se sert pour arrêter les chiens lorsqu'ils prennent le change ou qu'ils s'emportent trop. Il peut encore être formé de l'éclat tumultueux de la voix des chasseurs et des retentissements de l'écho.

HALBRAN, jeune canard sauvage. De l'all. *albrenth*, petite canne, selon Ménage, ou plutôt de *halber-ente*, et par contraction *albrente*, demi-canard; d'*halber*, demi, et de *ente*, canard, mot qui a beaucoup d'analogie avec le lat. *anas*.

HALBRENÉ, oiseau qui a des plumes rompues.

HALE, impression de la chaleur, qualité de l'atmosphère, lorsque son action dessèche les choses humides;

brunit le teint et altère le tissu des végétaux. Du lat. *alea*, fait du gr. *aléa*, ardeur du soleil; d'autres le dérivent de *halios* pour *hélios*, le soleil.

Haler, action du soleil et du grand air sur le teint.

Haler, être noirci ou desséché par le hâle.

Haloir, lieu où l'on sèche le chanvre.

Halies, *hélies*, fêtes à Rhodes en l'honneur du soleil. Du gr. *halios*, pour *hélios*. Voy. Héliocentrique.

Déhaler, ôter, reperdre l'impression du hâle.

Exhaler, pousser hors de soi des esprits odorants ou infects, des vapeurs; soulager, faire dissiper. *Exhalare*.

Exhalaison, vapeur qui s'exhale d'un corps, d'une substance, dans l'air. *Exhalatio*.

Exhalation, action d'exhaler; d'opérer l'évaporation.

HALECRET, cuirasse ou cotte de mailles. Du gr. *alukroton*, formé de *luo*; en lat. *solvo*, *alusis*, une chaîne, et *crotos*, battement, bruit, fracas; à cause du bruit que font les armes dans le mouvement.

HALEINE, l'air attiré et repoussé dans les poumons. Onomatopée de l'émission de l'air dans l'acte de la respiration. En lat. *halitus*, *anhelitus*.

Halement, nœud d'un câble qu'on met à un fardeau qu'on veut élever.

Halenée, l'air qu'on souffle par la bouche en une seule respiration.

Halener, sentir l'haleine de quelqu'un. Du lat. *halare*.

Haler, tirer à force de bras et avec une corde pour faire avancer ce qui y est attaché; faire courir des chiens et des chevaux en les excitant.

Halage, action de haler.

Haleter, respirer vivement, faire entendre le bruit d'une respiration pressée, violente et entrecoupée. Onomatopée qui donne l'idée d'une respiration forte et violente. Les Latins ont dit *anhelare* et *anhelitare*.

Haletant, hors d'haleine, qui halète.

Haleur, celui qui hale ou remonte un fardeau avec un câble. *Helciarius*.

Halins, corde pour traîner les filets de pêche.

Halitueux, qui s'élève en vapeurs.

Halot, trou de lapin dans une garenne.

HALLE, place, bâtiments publics de marché. De l'all. *hall*, lieu couvert, maison, portique; quelquefois *hall* a signifié saline, lieu où l'on vend du sel. Du gr. *hals*, la mer, le sel. On remarquera que le nom de *hall*, commun à plusieurs villes d'Allemagne, n'a été donné qu'à celles qui avoient des salines ou magasins à sel.

Hallage, droit sur les halles.

Hallier, gardien d'une halle; marchand qui y vend.

HALLEBARDE, grande pique traversée d'un croissant dont l'usage venu d'Allemagne nous a été transmis par la Suisse. De l'all. *hellebard*, composé de *hel*, luisant, et de *bard*, hache.

Hallebardier, soldat armé de la hallebarde.

Hallebréda, personnage grand comme une hallebarde et mal bâti.

HALO, cercle lumineux qui paroît quelquefois autour des astres. Du gr. *halós*, qui signifie une aire (en lat. *area*), et un cercle lumineux. Quand ce météore paroît autour du soleil, on l'appelle *parhélie*, et quand c'est autour de la lune, *parasélène*.

HALOENNES, fêtes en l'honneur de Bacchus et de Cérès, auxquels on offroit les prémices des moissons et des vendanges. Du gr. *aloé*, moisson, aire à battre le blé.

HALTE, pause des chasseurs, des gens de guerre; repas pendant cette pause; lieu où l'on s'arrête; cri pour qu'on s'arrête. De l'all. *halte*, impér. du verbe *halten*, s'arrêter, dont les Italiens ont dit *far alto*.

HAMAXOBITES, *hamaxobiens*, Sarmates d'Europe qui n'avoient d'autres habitations que des tentes qu'ils portoient sur des chariots. Du gr. *hamaxobitai*, *hamaxobioi*, gens qui vivent sur des chariots; d'*hamaxa*, chariot, et de *bios*, vie.

HAMEAU, petit nombre de maisons champêtres écartées l'une de l'autre. Du teut. *hamm*, en bass. lat. *hamellum*, du verbe *hammen*, couper, tailler, trancher, séparer; d'où le nom de la ville de *Ham*, en Picardie. On le tire aussi de l'all. *heim* ou *haim*, qui a la même signification, et qui a servi à former le nom de Bohème, demeure, séjour des Boïens. D'autres le font venir de l'ar. *hhan*, *hhanih*. Barbazan le dérive du lat. *ambò*, parce que rarement, dit-il, un hameau est composé de plus de deux maisons; d'autres enfin, du gr. *hama*, ensemble.

HAMEÇON, crochet de fer garni d'un appât et attaché au bout d'un long fil, dont on se sert pour prendre du poisson. Du lat. *hamicio*, fait de *hamus*, crochet, que l'on dit venir du gr. *hamma*, lien, ligament, tout ce qui sert à attacher quelque chose.

HAMEÇONNÉ, qui a la forme d'un hameçon.

HANICROCHE, arme ancienne, sorte de croc servant à détruire les murs des fortifications; empêchement, difficulté, obstacle dans une affaire. De *hamus*, croc, hameçon, et de *crena*, entaille, cran, fente, hoche, crénelure, suivant Barbazan. *Voy*. ACCROC, p. 212.

HAMPE, * *hante*, bois d'une hallebarde; manche d'un épieu, d'un pinceau; tige simple, grêle, sans feuilles ni branches. De l'all. *handhabe*, toute espèce de bâton, d'anse, de poignée, enfin toute chose où la main se prend pour enlever ce qui ne peut être commodément manié que par là; comp. d'*hand*, main, et de *habe*, avoir, saisir, empoigner. Nos pères disoient *hanser*, manier, prendre les armes, et *hanteleure*, manche d'un fléau à battre le blé.

HAN, onomatopée du souffle d'une personne fatiguée qui ne peut presque plus respirer; expression des hommes de peine dans leurs travaux pour reprendre leur haleine et se donner de la force pour bien porter leur coup.

HANAP, grand vase à boire, coupe, tasse, ciboire, qui fut d'abord d'airain. Du lat. *aheneus*, *ahenus*, d'où l'all. *nap*, écuelle, le saxon et l'anglo-saxon *hnæp*, coupe.

HANCHE, partie du corps de l'homme et des quadrupèdes où s'emboîte la cuisse. De la bas. lat. *anca*, dont se servent les Ital. et les Esp., dér. du gr. *agké*; en all. *anke*.

DÉHANCHÉ, *ehanché*, qui a les hanches rompues, qui n'a point de fermeté dans les hanches.

ÉCLANCHE, cuisse de mouton séparée du corps; gigot.

HANEBANE, la jusquiame, plante qui fait mourir les oiseaux de basse-cour. Du lat. *venenum*, dér. du gr. *bèlénion*, venin, suivant Ménage; en esp. *veleno*; les Anglois disent *hen-bene*, de *hen*, poule, et de *bene*, poison; venin pour les poules.

HANGAR, appentis soutenu de piliers dans une basse-cour; lieu couvert pour remiser les chariots, voitures, charrettes, qu'on veut garantir du mauvais temps.

Ménage, d'après Ducange, le dérive du lat. *angarium*, lieu où l'on gardoit les chevaux destinés pour les courses publiques; Nicot le tire de l'all. *hangen*, appentis; Gébelin veut que ce soit un composé des mots *en-gard* qui, dit-il, désignent très-bien un lieu où l'on met en garde, où l'on resserre.

HANNETON, insecte coléoptère, sorte de scarabée qui fait beaucoup de bruit en volant; ainsi nommé du bruit de ses ailes. En lat. *alitonans*, d'autres le regardent à tort comme une corruption d'*alleton*, fait d'*ala*, aile, et de *tonus*, ton ou bruit, ou le font venir de *tabanus*, taon.

HANSE, union, ligue, société, incorporation des villes anséatiques.

ANSÉATIQUES, pour *hanséatiques*, villes d'Allemagne unies par et pour le commerce. Ménage dérive ces mots de l'all. *hamsée*, maritime; comp. d'*am*, pour le lat. *ad*, auprès, et de *sée*, mer.

HANSIÈRE, cordage qu'on lance pour venir à bord.

HANTER, fréquenter, visiter souvent; vivre avec quelqu'un comme un associé.

HANTISE, fréquentation; commerce familier.

HAPPER, saisir quelque chose avidement et avec une forte aspiration, qui marque l'impatience ou le désir. Onomatopée fort expressive du bruit que fait la bouche ou la gueule d'un animal en se fermant avec force pour saisir sa proie. Des étymologistes regardent ce mot comme une corruption du lat. *capere*, d'autres le tirent d'*harpagare*, ou de l'all. *happen*.

HAPPE, crampon de fer qui saisit et lie deux choses ensemble.

HAPPECHAIR, gendarme, mouchard, espion, recors, sergent.

HAPPELOPIN, chien de chasse âpre à

la curée, gourmand. De *happer* et de *lopin*. Voy. Lobe.

Happelourde, sorte de pierre fausse qui semble posséder les qualités de la pierre précieuse. De *happer*, et de *lourd*, *lourdaut*, imbécile, sot.

Haque, cheval hongre. Du lat. *equus*.

Haquenée, jument de prix, monture de parade pour les dames. *Equina*, dér. d'*equus*, d'où le flam. *hackeney*, et l'ang. *hacney*. Selon Caseneuve ce mot viendroit de l'ancien thiois *anakan*, marcher, ou de l'allem. *nack*, suivant Wachter.

Haquet, petit cheval ; sorte de voiture très-basse, sans ridelles, pour conduire des ballots.

Haquetier, conducteur de haquet.

Harangue, discours d'apparat fait à une assemblée, à un prince; au fig., discours ennuyeux. De l'it. *aringa*, fait du lat. *arringo*, joûte et lieu où l'on joûte ; d'autres le font venir du lat. *fari*, parler, dér. du gr. *phaô*.

Haranguer, débiter une harangue; parler beaucoup et avec emphase.

Harangueur, qui harangue; grand parleur.

Haras, lieu pour propager la race de quelque bétail que ce soit, grand ou petit, mais plus communément celles des chevaux; lieu où logent les étalons, les juments et les poulins; ces animaux réunis. Du lat. *hara*, étable, écurie; d'où le nom propre *Harcourt*, qui a des haras. Jauffret le tire mal à propos de l'it. *razza*, mot, dit-il, qui a la même origine que *race*.

Harasser, lasser, fatiguer à l'excès. Lancelot le dérive du gr. *arássein*, frapper, heurter, froisser.

Le Grand d'Aussy (*Fabliaux*, t. III, p. 410) propose l'étymologie suivante: Les vilains, dans leurs duels, faisoient usage d'un bouclier particulier, qui, ayant cinq à six pieds de hauteur, servoit au champion comme d'un rempart, derrière lequel il se tenoit caché. Pour qu'il pût voir les mouvements de son ennemi et parer ses coups, ou lui en porter, la harasse avoit deux trous pratiqués à la hauteur des yeux. Cette arme, dit-il, que sa grande pesanteur rendoit très-fatigante, a donné lieu à l'expression *harassé*, qui subsiste encore pour désigner l'état d'un homme accablé de lassitude.

Harceler, provoquer, importuner, tourmenter, fatiguer par des attaques réitérées. Du lat. *arcere*, persécuter, et non de l'all. *harke*, râteau.

Hard, *harde*;* *hart*, *herde*, troupe de bêtes fauves; lien fait avec des tiges de bois pour attacher plusieurs chiens ensemble, pour lier des fagots ou autres choses; tout ce qui sert à l'habillement ordinaire. On a donné ensuite ce nom à la corde, parce qu'elle sert à lier, à joindre; et de là, la peine de la *hard* ou *hart*, prononcée par les ordonnances. Du lat. *hærere*, rassembler, réunir; ou de l'anc. allem. *herde*, dont les Anglois ont fait *herd*, dans la signification de troupeau, de réunion de bestiaux pour une foire.

Herdeau, branche d'arbre pour faire un lien; jeune homme qui est encore sous la dépendance de son père, et qui plie comme un brin de bois.

Harder, attacher plusieurs chiens ensemble; faire un paquet de ses hardes, les lier avec une *hard*.

Hardes, habits qui se réunissoient en un faix par le moyen d'une *hard* ou d'une corde.

Déharder, lâcher les chiens qui sont liés quatre à quatre; défaire le paquet de ses hardes, délier une *hard*.

Hardi, courageux, assuré, effronté; téméraire, audacieux, imprudent; sans pudeur. Du gr. *kardia*, cœur, et non pas du saxon *hart*, dur; en ital. *ardito*.

Hardiesse, qualité de ce qui est hardi; courage, assurance, insolence, témérité, impudence, impudeur; courage de l'âme à exécuter les choses dangereuses.

Hardiment, avec hardiesse, librement, sans hésiter.

Enhardir, augmenter de hardiesse; acquérir de l'assurance.

Harem, appartement des femmes dans l'Orient; quartier où elles logent dans les voyages et dans les campements. De l'ar. *haram*, défense, ou *harem*, chose sacrée, parce que l'accès en est interdit à tous les hommes, excepté le maître. Ce mot, originairement hébreu, se trouve fréquemment dans les livres de Moïse, où il signifie illicite, prohibé,

bies et reluisantes, en sembloient plus blanches. Barbazan le dér. du lat. *albarium*, couverture, crépissure, enduit, dont s'est servi Pline, ou d'*alburnum*, aubier; et qu'est-ce en effet, dit Barbazan, que l'aubier ou le haubier en fait de bois, sinon ce qui couvre, environne, garantit le cœur du bois? Mais suivant Raguean, revu par Delaurière, et suivant Loiseau, ce mot vient de *haut-ber*, ou haut-baron (*altus vir*), homme qui devoit servir le souverain et le prince duquel il étoit relevant, avec pleines armes, ou armé de toutes pièces. La cotte de mailles a été ainsi nommée parce que le hauber ou haubert, ou seigneur du fief, en devoit être revêtu. Joinville le prouve, parce qu'il dit lui-même qu'en 1243 il ne l'avoit pas vêtu, n'étant pas encore chevalier. A la page 68 de son *Histoire de saint Louis*, il fait même la distinction du haubert de bataille et du haubert à tournoier, c'est-à-dire propre aux tournois.

HAUBERGEON, petite cotte de mailles.

HOBEREAU, pour *haubereau*, simple gentilhomme qui, n'étant pas encore chevalier, n'avoit pas le droit de porter le haubert; gentilhomme sans fortune, ou, comme le dit Henri Estienne, gentilhomme à simple tonsure; voisin importun; parasite; petit noble de campagne qui persécute les villageois; petit oiseau de proie.

HAUT, élevé; fier, orgueilleux, grand, magnanime, excellent, sublime. Du lat. *altus*.

HAUSSE, élévation, faîte; sommet; tout ce qui sert à hausser, à élever; augmentation de valeur, de prix.

HAUSSEMENT, action de hausser; élévation en haussant.

HAUSSER, élever, rendre plus haut; lever en haut; devenir plus haut.

HAUSSOIRE, palette de bois qui retient l'écluse d'un moulin et qu'il faut hausser quand on veut le faire marcher.

HAUTAIN, fier, superbe, orgueilleux; méprisant.

HAUTAINEMENT, d'une manière hautaine.

HAUTBOIS, instrument à vent et à anche, dont le son est fort clair et très-aigu.

HAUTEMENT, d'une manière haute, hardiment, ouvertement, avec hauteur.

HAUTESSE, titre donné au grand-seigneur ou à l'empereur des Turks.

HAUTEUR, étendue d'un corps en tant qu'il est haut; arrogance; fierté, orgueil.

HAUTURIER, pilote qui fait observer les hauteurs du pôle et du soleil.

ALTESSE, titre d'honneur décerné aux princes et princesses. De l'it. *altezza*, fait d'*altus*.

ALTIER, insolent, fier, superbe; orgueilleux de son rang, de son mérite, de ses emplois; qui est capable de foiblesse. De l'ital. *altiero*.

ALTIMÈTRE, instrument de géométrie propre à mesurer les hauteurs. D'*altus*, élevé, haut, et du gr. *métron*, mesure.

ALTIMÉTRIE, art de mesurer les hauteurs.

EXALTER, élever par le discours, louer, vanter avec enthousiasme. *Exaltare*.

EXALTATION, exagération dans les idées; fougue d'imagination; élévation du pape au pontificat. D'*exaltatio*.

EXHAUSSER, élever plus haut un bâtiment, un plancher, une voûte.

EXHAUSSEMENT, hauteur, élévation d'un bâtiment.

REHAUSSER, hausser de nouveau; donner plus d'éclat.

REHAUSSEMENT, action de rehausser; son effet; augmentation.

REHAUTS, endroits les plus éclairés d'un tableau.

SURHAUSSER, élever plus haut; mettre à plus haut prix.

SURHAUSSEMENT, action de surhausser; état de ce qui est surhaussé.

AUTAN, vent du midi qui vient de la haute mer. *Altanus*, fait d'*altus*.

AUTEL, lieu élevé en forme de table pour faire des sacrifices, ainsi dit de son élévation. D'*altare*.

HAVIR, dessécher, devenir sec, en parlant des viandes qu'on rôtit à grand feu sans qu'elles cuisent en dedans. Du gr. *auéin*, *hauéin*, qui a la même signification.

HAVE, pâle, maigre, défiguré.

HAVRE, ouverture; port de mer assuré. Du lat. *apertura*; d'où le bas-breton *aber*.

HAVRE-SAC, sac de toile dans lequel les charretiers et les cochers de fiacre mettent l'avoine destinée pour leurs chevaux; sac de soldat qui renferme les effets propres à son usage. D'*apertura* et de *saccus*. Ménage dér. ce mot de l'all. *haber*, avoine, et de *sack*, un sac; comme *havre*, de l'ancien breton *aber*, embouchure, décharge d'une rivière dans une autre ou d'un fleuve dans la mer.

HÉ, exclamation ou onomatopée qui sert pour appeler, pour exprimer la douleur, la commisération. En lat. *he, heu, hei*.

Hélas, interjection de plainte, de chagrin, de compassion. Composée de *hé*, et de *las*, en lat. *lassus*, malheureux, infortuné, misérable, ou de l'it. *ohi lasso!*

Héler, appeler, faire approcher un navire pour interroger l'équipage; lui crier *hé* par le moyen du porte-voix.

HEBDOMADAIRE, ouvrage, feuille qui paroît chaque semaine, qui se renouvelle chaque semaine. Du lat. *hebdomadarius*, fait du gr. *hebdomas*, semaine, espace de sept jours; dérivé d'*hepta*, sept.

Hebdomade, bénéfice d'un hebdomadier.

Hebdomadier, titre claustral; chanoine qui est de semaine pour officier.

Hebdomanier, semainier.

HÉBÉ, la déesse de la jeunesse. Du gr. *hébé*, puberté, jeunesse.

Éphèbe, jeune homme qui a atteint l'âge de puberté ou de quatorze ans. D'*épi*, dans, vers, et de *hébé*.

HÉBREU, pour *ebreu*, nom propre du peuple juif; langue des Israélites. De l'héb. *eber*, nom propre du patriarche *Eber* ou *Heber*, fils de Salé, et trisaïeul du grand-père d'Abraham; celui-ci fut surnommé *Ibri*, c'est-à-dire *Ébreu*, parce qu'il descendoit d'*Eber*; le peuple hébreu eut ce nom, parce qu'il étoit par Abraham la véritable postérité d'Éber et la seule qui avoit conservé le culte de Dieu.

Hébraïque, qui concerne l'hébreu.

Hébraïsant, qui s'attache à l'étude de l'hébreu, qui est versé dans sa connoissance.

Hébraïsme, locution hébraïque; idiotisme de l'hébreu.

HÉCATE, la lune, fille de Jupiter. Du gr. *hekaton*, cent.

Hécatée, Diane, fille de Jupiter et de Latone.

Hécatées, apparitions dans les mystères d'Hécate.

Hécatésies, fêtes grecques en l'honneur d'Hécate.

HÉDYCHROUM, sorte de parfum des Grecs, d'une belle couleur jaune. D'*héduchroun*, fait d'*hédus*, agréable, et de *chroa*, couleur.

HÉDYPNOIS, plante chicoracée, apéritive et vulnéraire, qui exhale une odeur fort agréable. Du gr. *hédupnoos*, comp. d'*hédus*, doux, agréable, et de *pnoos*, souffle, exhalaison; dérivé de *pnéô*, souffler, exhaler.

Hédypnoïde, genre de plantes à fleurs odoriférantes et composées.

Hédysarum, plante médicinale, qui passe pour être stomachique et remarquable par son doux parfum. Le *securidaca* des latins. Du gr. *hédusaron*, fait d'*hédus*, agréable, et d'*arôma*, parfum.

HÉGIRE, ère des Mahométans, commençant en l'année 622 de l'ère vulgaire. De l'ar. *hegireh*, fuite à cause de persécution. Mohammed ou Mahomet, chassé de la Mekke, se retira à Yatrib, depuis appelée *Médinet al-nabi*, la ville du prophète. Le kalife Omar ordonna que les Musulmans compteroient par l'hégire, et ce fut dix-sept ou dix-huit ans après cet événement qu'il publia l'ordonnance. Pour le commencement de cette époque, on remonta au jour du Moharram, premier mois de l'année arabe, d'où l'on commença à compter, quoique ce ne fût qu'au second mois de l'année que cette fuite arriva.

HÉGUMÈNE, supérieur d'un monastère chez les Grecs. Du grec *hégouménos*, part. prés. du verbe *hégoumai*, je conduis, je commande.

HEIDUQUE, *heyduque*, fantassin hongrois; valet habillé à la hongroise. Du hongrois *haydu*, fantassin.

HÉLÉPOLE, machine de guerre pour l'attaque des villes, dont l'invention est attribuée à Démétrius, surnommé Poliorcète (preneur de villes), qui s'en servit utilement au siége de Rhodes. Du gr. *helein*, prendre, et de *polis*, ville.

HÉLICE, *helix*, ligne en vis, autour d'un cylindre; urille ou petite volute du chapiteau corinthien, qui naît de cau-

rupture, ou érosion dans le poumon. D'—, et de *plusis*, crachement ; fait de *ptuô*, je crache.

HÉMORRAGIE, *hémorrhagie*, perte violente de sang, par le nez, par une plaie. D'*haimorrhagia*, fait d'*haima*, et de *rhégnumi*, rompre, parce que l'hémorragie est causée par la rupture des vaisseaux sanguins.

HÉMORROÏDES, *hémorrhoïdes*, dilatation et gonflement des vaisseaux hémorroïdaux ; flux de sang par les vaisseaux de l'anus et du rectum. *Haimorrhoïs*, fait d'*haima*, et de *rhéô*, je coule.

HÉMORRÉE, flux de sang passif.

HÉMORROÏDAL, qui a rapport aux hémorroïdes.

HÉMORROÏDALE, la petite chélidoine, plante bonne contre les hémorroïdes.

HÉMORROÏSSE, femme malade d'un flux de sang.

HÉMORROSCOPIE, *hémorrhoscopie*, connoissance des maladies par l'inspection du sang. D'*haima*, de *rhoos*, écoulement, et de *scopéô*, je regarde, j'examine, je considère.

HÉMORROUS, serpent d'Afrique, dont la morsure fait sortir le sang par tout le corps. D'—, et de *rhéô*, je coule.

HÉMOSTASIE, stagnation entière du sang, causée par la pléthore. D'—, et de *stasis*, repos ; fait d'*histémi*, arrêter. *Voy.* HÉMASTATIQUE, p. 407.

HÉMOSTATIQUE, remèdes propres à arrêter les hémorragies ou pertes de sang.

HIMANTOPE, oiseau aquatique dont les pattes, d'un beau rouge, ont une couleur de sang. D'—, et de *pous*, pied.

HÉMÉRALOPIE, foiblesse de la vue, qui ne permet de voir qu'au grand jour. Du gr. *héméra*, jour, et d'*optomai*, voir.

HÉMÉRALOPE, qui voit mieux le jour que la nuit.

HÉMÉROBAPTISTES, sectaires juifs qui se lavoient, et se baignoient tous les jours de l'année. Du gr. *héméra*, et de *baptô*, laver. *Voy.* BAPTÊME, p. 62.

HÉMÉROBE, le lion des pucerons, insecte éphémère, qui ne vit que peu de temps. Du gr. *hémérobion*, fait d'*héméra*, jour, et de *bios* vie, à cause de la brièveté de son existence.

HÉMÉROCALLE, plante bulbeuse, sorte de lis dont la fleur est d'un jaune doré, et dont l'éclat ne dure qu'un jour. *Hémérokallès*, composé d'*héméra*, jour, et de *kallos*, beauté, fait de *kalos*, beau. Les Latins ont dit *herba solstitialis*, pour plante qui ne dure qu'un jour.

HÉMÉRODROME, soldats commis à la sûreté des villes, et qui la parcouroient en tous sens pendant le jour ; courrier ne marchant ordinairement qu'un jour, au bout duquel il donnoit ses dépêches à un autre hémérodrome, qui continuoit la route, et ainsi de suite. Du gr. *hémérodromos*, d'*héméra*, et de *dromos*, course.

HÉMÉROLOGE, auteur de calendrier ; qui écrit sur les divisions de l'année. D'*héméra*, et de *logos*, discours.

HÉMÉROPATHE, efflorescence diurne. D'—, et de *pathos*, affection.

HÉMI, demi, la moitié ; mot grec qui entre dans la composition d'un certain nombre de termes de sciences et d'arts ; abrégé du gr. *hémisus* ; au neutre *hémisu*. En lat. *dimidius*, dont on a fait *medius*.

HÉMICRANIE, migraine, douleur externe à la tête. Du gr. *hémisus*, moitié, et de *kranion*, crâne, tête. *Voy.* CRÂNE, p. 206.

HÉMICYCLE, trait d'une voûte, d'un arc, d'un demi-cercle parfait, d'un amphithéâtre. Du gr. *hémisus*, demi ; et de *kuklos*, cercle. *Voy.* CYCLE, p. 221.

HÉMINE, ancienne mesure de capacité pour les grains et les liquides ; cette dernière contenoit la moitié du setier. Saint Benoît, dans sa règle, accorde à chacun de ses moines une hémine ou demi-setier de vin par jour. Du lat. *hemina*, du gr. *hémisus*.

HÉMIOLE, *hémiolie*, proportion arithmétique comme 3 à 2. Du gr. *hémiolos*, *hémiolios*, un et demi, un tout et sa moitié ; fait d'*hémisus*, moitié, demi, et d'*holos*, tout.

HÉMIONITE, sorte de capillaire, plante semblable à la langue de cerf, dépurative, vulnéraire, dont les fleurs et la graine ne sont point apparentes. Du gr. *hémionos*, mulet ; composé d'*hémisus*, demi, et d'*onos*, âne, soit parce qu'elle est recherchée par les ânes et les mulets, soit parce qu'on a pensé que l'hémionite étoit stérile.

HENNISSEMENT, onomatopée du

cri naturel des chevaux. Les Latins disoient *hinnitus*.

HENNIR, faire un hennissement, en parlant du cheval. *Hinnire*.

HÉNOTIQUE, édit de l'empereur Zénon pour réunir les catholiques et les schismatiques. Du gr. *hénôtikos*, propre à unir; fait de *hénoô*.

HENRI, nom propre d'homme, le même que *Erric*, *Éric*, puissant par ses aïeux. De l'all. *hen*, vieux, ancien, illustre, et de *ric*, pour *reich*, puissant, riche, vaillant. Au surplus, la finale *ric*, *rix*, est commune chez tous les peuples du nord. Chez les Gaulois on compte Dumnorix, Vercingentorix, Éporédorix, etc. Chez les Allemands, Éric, Frédéric, Genséric, etc.

HÉPAR, le foie de soufre ou sulfure d'alcali; combinaison du soufre avec les matières alkalines. Du gr. *hépar*, le foie.

HÉPATALGIE, colique hépatite, ou douleur du foie. D'—; et d'*algos*, douleur.

HÉPATALGIQUE, mal du foie.

HÉPATE, poisson de mer, dont la couleur approche de celle du foie de l'homme. D'—.

HÉPATICOGASTRIQUE, qui appartient au foie et à l'estomac. D'—, et de *gastér*.

HÉPATIQUE, du foie, qui le concerne, qui lui est salutaire; plante bonne pour les maladies du foie. *Hépatikos*, fait d'*hépar*.

HÉPATIRRHÉE, diarrhée causée par l'affection du foie. D'—, et de *rhéô*, couler.

HÉPATITE, *hépatitis*, pierre ollaire de la couleur du foie; inflammation, phlegmasie du foie. *Hépatitis*, *hépatités*.

HÉPATOCÈLE, hernie du foie. D'—, et de *kélé*, hernie, tumeur.

HÉPATOCYSTIQUE, du foie et de la vésicule du fiel. D'—, et de *kustis*, vessie, vésicule.

HÉPATOGRAPHIE, description du foie. D'—, et de *graphô*, je décris.

HÉPATOLOGIE, traité sur le foie. D'—, et de *logos*, discours.

HÉPATOMPHALE, hernie du foie par l'anneau du nombril. D'—, et d'*omphalos*, nombril.

HÉPATORECTAME, grosseur extraordinaire du foie. D'—, et de *parektama*, extension excessive.

HÉPATOSCOPIE, divination par l'inspection du foie des victimes. D'*hépatos*, et de *skopéô*, je regarde.

HÉPATOTOMIE, dissection du foie. D'*hépar*, et de *tomé*, incision; fait de *temnô*, je coupe.

HÉPIALE, fièvre continue avec chaleur et frisson. Du gr. *epios*, doux, et d'*aléa*, chaleur.

HÉPIALE, phalène filicorne, dont les antennes sont formées d'articles arrondis comme des grains enfilés. Du gr. *hépialos*, papillon.

HEPTAMÉRIDE, division en sept; septième partie d'une chose. Du gr. *hepta*, sept, et de *méris*, partie; fait de *méirô*, je divise, je partage.

HEPTAMÉRON, ouvrage divisé en sept journées. D'—, et d'*héméra*, jour.

HEPTANDRIE, classe des plantes à sept étamines ou parties mâles. D'—, et d'*anér*, *andros*, mâle, mari.

HEPTANGULAIRE, figure géométrique composée de sept angles. D'—, sept, et d'*angulus*, fait du gr. *gônia*, angle.

HEPTAPHYLLE, à sept feuilles ou folioles. D'—, et de *phullon*, feuille.

HEPTARCHIE, gouvernement de sept personnes; ancien nom donné au royaume d'Angleterre lorsqu'il étoit partagé entre sept monarques. D'—, et d'*arché*, puissance, commandement, empire.

HEPTARCHIQUE, de l'heptarchie.

HEPTATEUQUE, ouvrage divisé en sept livres; nom des sept premiers livres de l'ancien Testament. D'—, et de *teuchos*, livre.

HERBE, plante qui perd sa tige en hiver, et qui pousse des feuilles. En lat. *herba*, fait du gr. *pherbé*, fourrage, pâture des animaux; dérivé de *pherbô*, paître.

HERBACÉ, plante ligneuse et non ligneuse, qui périt après avoir fructifié. *Herbaceus*.

HERBAGE, toute sorte d'herbes ou de légumes.

HERBEILLER, paître, manger de l'herbe, en parlant du sanglier.

HERBELINE, brebis malade qu'on met à l'herbe.

HERBER, exposer sur l'herbe pour blanchir.

HERBERIE, lieu où l'on fait blanchir la cire.

HERBETTE, herbe courte et menue.

HERBEUX, lieu où il croît beaucoup d'herbe. *Herbosus*.

HERBIER, collection de plantes desséchées; premier ventricule des animaux qui ruminent. *Herbarium*.

HERBIÈRE, marchande d'herbes.

HERBIVORE, qui vit d'herbes. D'*herba*, et de *vorare*, manger.

HERBORISER, s'occuper à chercher des herbes ou des plantes pour les étudier.

HERBORISATION, action d'herboriser.

HERBORISÉ, qui représente des plantes et des herbes.

HERBORISEUR, qui herborise.

HERBORISTE, qui connoît les herbes, qui les vend. *Herbarius*.

HERBU, couvert d'herbes. *Herbidus*.

EHERBER, arracher les mauvaises herbes.

ENHERBER, mettre en herbe; ce verbe a bien changé de signification. Chez nos aïeux, et jusqu'au XVI° siècle, *enherber* étoit employer des herbes vénéneuses pour empoisonner. Voy. *Gloss. de la lang. rom.*, tom. 1, p. 462.

HERCINIE, *hercynie*, la Forêt-Noire, située au-delà du Rhin, près de Fribourg en Brisgaw. *Hercynia Silva*.

HERCULE, fils de Jupiter et d'Alcmène, femme d'Amphytrion, demi-dieu, célèbre par ses douze travaux; homme fort, robuste, vigoureux. En lat. *hercules*, du gr. *héraklés*, composé de *hera*, Junon, et de *kléos*, gloire, renommée, honneur, louange; parce que les travaux d'Hercule avoient été entrepris par ordre de Junon, qui avoit une haine implacable contre le héros.

HÉRACLÉIES, fêtes grecques en l'honneur d'Hercule. Du gr. *hérakléia*.

HÉRACLÉE, *érécli*, la ville de Penderachi en Natolie.

HÉRACLIDES, les descendants d'Hercule.

HERCULANUM, la ville d'Hercule dans le royaume de Naples.

HÈRE (pauvre), homme sans mérite, sans considération, sans fortune. On dér. ce mot du lat. *herus*, maître de la maison, pris en mauvaise part. Selon Barbazan *pauvre hère* seroit un pauvre héritier, un homme dépourvu des biens de la fortune, et d'une mauvaise santé; il le dérive par syncope d'*hœrede*, abl. d'*hœres*. Enfin Ménage présume que ce mot vient de l'all. *herr*, seigneur, et que l'on a dit par ironie *un pauvre hère* pour *un pauvre seigneur*, comme on dit un prince mal aisé. Il fait observer à cet égard que nous tournons souvent en dérision les mots que nous empruntons aux langues étrangères, comme *rosse*, *bouquin*, *rapière*, *lande*, *habler*, *savatte*, etc.

HÉRÉSIE, doctrine contraire aux principes fondamentaux d'une religion; opinion particulière, erreur à laquelle on s'attache fortement. Du lat. *hæresis*, fait du gr. *hairésis*, choix, secte, opinion; dér. d'*hairéô*, je choisis, je me sépare.

HÉRÉSIARQUE, auteur d'une hérésie; chef d'une secte hérétique. D'*hairesis*, et d'*archos*, chef.

HÉRÉSIOLOGUE, auteur qui a écrit sur les hérésies. D'—, et de *logos*, discours; fait de *légô*, parler, écrire, traiter un sujet.

HÉRÉTICITÉ, qualité d'une proposition hérétique.

HÉRÉTIQUE, qui appartient à l'hérésie; qui professe une hérésie ou y adhère.

INHÉRENT, naturellement et inséparablement joint à ...

INHÉRENCE, jonction naturelle. *Inhærentia*, fait d'*inhærere*, être attaché, joint. Voy. ADHÉRER, p. 8, col. 2.

HÉRISSON, petit quadrupède carnassier, à corps couvert de piquants; roue dentelée sur la circonférence extérieure; poutre hérissée de pointes de fer. Du lat. *herinaceus*, dimin. d'*eres, ericius*, fait d'*hæro*, s'attacher, ou plutôt du gr. *éréikô*, je romps; d'autres le tirent d'*hirsutus*, couvert de poils; venu d'*hircus*, bouc, fait du sabin *fircus*.

ÉRISSON, ancre à quatre bras ou pointes. Du lat. *ericius*, hérisson, et cheval de frise, machine de guerre.

HÉRISSONNÉ, couvert d'épines longues et hérissées; animal ramassé et accroupi dans le blason.

HÉRISSONNE, chenille velue; femme revêche et fâcheuse.

HÉRISSONNEMENT, action des poils,

des cheveux qui se hérissent; maladie des oiseaux de proie.

Hérisser, * *hureper*, faire tenir tout droit le poil, les cheveux; garnir de piquants; mettre beaucoup et mal à propos.

Hérissé, chenille velue de l'artichaut; poisson du genre du baliste.

Hérissé, dressé contre nature; plante couverte de poils rudes.

Hure, anciennement tête en général hérissée, mal peignée; aujourd'hui tête de sanglier, parce que le poil en est *hurepé*, ou fort hérissé; tête coupée des gros poissons, comme le saumon, le brochet, le thon, etc.

HERMÉNEUTIQUE, règle pour expliquer l'Écriture sainte; science des langues, des monuments sacrés. Du gr. *herméneutiké*, qui sert à expliquer; fait d'*hermēneuō*, j'explique, j'interprète.

HERMÈS, statue antique de Mercure sans bras et sans pieds; gaîne, colonne carrée, surmontée d'un buste. D'où *hermathène*, statue de Mercure et de Minerve; *herm-éracle*, de Mercure et d'Hercule; *herma-mithra*, de Mercure et d'Apollon Mithra; *herm-érote*, de Mercure et de Cupidon; *herm-harpocrates*, de Mercure et d'Harpocrate; du gr. *Hermés*, nom de Mercure.

Hermées, fêtes grecques en l'honneur de Mercure. En gr. *hermaia*.

HERMAPHRODITE, qui réunit les deux sexes; fleurs qui renferment les organes des deux sexes, les étamines et le pistil. Du gr. *hermaphroditos*, comp. d'*Hermés*, Mercure, et d'*Aphrodité*, Vénus, parce que la fable donnoit ce nom à un fils de ces deux divinités, lequel on supposoit avoir les deux sexes.

Hermaphrodisme, état, disposition d'un hermaphrodite.

Hermétique, qui a rapport au grand œuvre, à la transmutation des métaux, à la médecine universelle; colonne qui a une tête d'homme. D'*Hermés*, Mercure.

Hermétiquement, vaisseau fermé avec la matière même, ou exactement.

HERMINE, petit quadrupède blanc, à queue noire, du genre marte; sa peau préparée pour fourrure. Du gr. *Arménios*, Arménien, parce que ces peuples nous ont les premiers procuré cette fourrure.

Hermine, fourrure à fond d'argent, mouchetée de noir, comme les peaux d'hermine.

Herminé, fond blanc, moucheté de noir.

Herminite, fond blanc avec des taches noires, mêlé de rouge.

HERNIE, * *hergne*, déplacement de quelque partie molle du corps; descente de boyaux par la rupture du péritoine. Du lat. *hernia*, que l'on dérive du gr. *ernos*, branche, rameau, parce que dans l'hernie, la partie qui se déplace semble former une branche en s'alongeant.

Herniaire, qui a rapport à la cure des hernies; chirurgien qui soigne les hernies.

Hernieux, de la nature des hernies; qui a une descente.

Hargneux, * *hergneux*, personne d'humeur chagrine et querelleuse, d'un caractère noir et mélancolique; qui est impatient comme s'il étoit affligé d'une hergne. *Herniosus*, en gr. *argneax*.

Herniole, la turquette, plante qui guérit les hernies.

HÉRODIENS, sectaires juifs qui avoient Hérode pour chef et pour messie.

HÉRON, sorte d'oiseau de rivière dont les pattes sont très-hautes, le bec fort long et le plumage estimé. Du lat. *erodius*, *herodio*, fait du gr. *eródios*.

Héronneau, petit héron.

Héronnier, faucon dressé à la chasse du héron; maigre et sec comme un héron.

Héronnière, lieu où l'on élève les hérons; où les hérons font et nourrissent leurs petits.

HÉROS, fils d'un dieu de la fable et d'une mortelle, ou d'un homme et d'une déesse; homme illustre, personnage distingué par sa valeur, sa grandeur d'âme, ses belles actions, ou ses talents militaires; principal personnage d'un ouvrage d'esprit. Du lat. *heros*, fait du gr. *hérós*, homme illustre.

Héroïne, femme douée d'élévation d'âme et de courage; femme guerrière. Du lat. *heroïne*, *heroïs*, du gr. *héroïné*.

Héroï-comique, qui tient de l'héroïque et du comique.

Héroïde, épître en vers, sous le nom d'un héros ou personnage fameux.

Héroïfier, mettre au rang des héros.

HÉROÏQUE, de héros; qui appartient au héros. *Heroicus*, du gr. *hêróïkos*.

HÉROÏQUEMENT, en héros; d'une manière héroïque. *Heroïcè*.

HÉROÏSME, caractère, vertu du héros; qui tient du héros.

HERPE, sorte de dartre corrosive qui s'étend toujours sur la peau, en consumant la chair jusqu'aux os. Du lat. *herpes*, fait du gr. *herpés*, dérivé d'*herpó*, je rampe, je glisse.

HERPÉTIQUE, dartreux, qui est de la nature de la herpe.

HERPÉTOLOGIE, traité des reptiles. Du gr. *herpétos*, reptile, et de *logos*, discours.

HERSE, *herce*, porte-coulisse de ville, espèce de barrière ou de grille qu'on abat pour fermer les portes des villes et autres lieux fortifiés; ainsi dite de sa ressemblance avec la herse de labour. M. Morin fait dér. le mot *herse* du gr. *herkion*, barrière ou clôture dont on environne une maison pour la fortifier.

HERCOTECTONIQUE, art des fortifications militaires. Du grec *herkos*, mur, rempart, et de *tektoniké*, art de bâtir, fait de *tekton*, ouvrier en bâtiments.

HERSE, *herce*, instrument de labourage pour briser les mottes de terre, recouvrir les semis, armé de pointes. Onomatopée du bruit que fait la herse en passant sur les terres. Nicot dér. ce mot d'*hericius*, hérisson, et d'autres d'*herpex*.

HERSAGE, *hersement*, action de herser, travail en hersant.

HERSER, passer la herse dans un champ; unir, recouvrir avec la herse. Barbazan le dér. d'*arcere*, empêcher de s'enlever, de passer outre, et d'autres de *erciscere*, diviser, partager, parce que la herse divise et partage les mottes de terre.

HERSEUR, qui herse.

HERSILLON, instrument de guerre, planche hérissée de pointes de fer.

HÉSITER, s'énoncer avec embarras; balancer sur le parti à prendre; être indécis. Du lat. *hœsitare*, fréq. d'*hœro*, être joint, attaché, que l'on dérive du gr. *hairéô*, je prends.

HESITATION, action d'hésiter, embarras; incertitude dans l'énonciation; irrésolution. *Hœsitatio*.

HÉSITANT, qui hésite, indécis, irrésolu. *Hœsitans*.

HÉSYCASTES, sectaires qui, pour atteindre à la perfection, se donnoient des éblouissements en tournoyant sans changer de place. Du gr. *hésuchazô*, vivre dans le repos, la tranquillité; fait d'*hésuchos*, tranquille.

HÉSYCHASTE, moine grec contemplatif, qui ne fait que prier et contempler.

HÉSYCHASTIQUE, mélopée grecque, qui calmoit les passions.

HÉTÉROCLITE, qui s'écarte des règles communes, des règles de l'analogie grammaticale; irrégulier, bizarre, original. Du gr. *hétéros*, autrement, et de *klinô*, incliner.

HÉTÉRODROME, levier dont le point d'appui est entre le poids et la puissance. D'*hétéros*, autre, différent, et de *dromos*, course, parce que le poids et la puissance se meuvent en sens différens.

HOMODROME, levier dans lequel le poids et la puissance sont du même côté. D'*homos*, pareil, semblable, et de *dromos*, parce que le poids et la puissance se meuvent dans le même sens.

HÉTÉROSCIENS, habitants des deux zones tempérées, qui ont les ombres contraires à midi. D'*hétéros*, autre, différent, et de *skia*, ombre.

HÉTÉROUSIENS, arianistes, qui croyoient Jésus-Christ d'une autre substance que son Père. D'*hétéros*, autre, et d'*ousia*, substance.

HÊTRE, arbre à bois blanc, qui porte la faîne, l'un des plus beaux et des plus grands des forêts de l'Europe. Ménage le dérive de *fagus*, d'où les Allem. ont fait *hester*.

HEU! interjection d'admiration, de doute, de discrétion, d'oppression de la douleur. En lat. *heu!* ha! hélas! eh! en gr. *pheu*.

HEURE, espace de temps, l'une des vingt-quatre parties du jour, divisée en soixante minutes; temps, saison, moment propice. Du lat. *hora*, fait du grec *hôra*. De ce que les astrologues faisoient dépendre tous les événements de la vie, de l'heure de la naissance, nos pères firent les mots:

HEUR, félicité, rencontre avantageuse, bonne fortune.

HEURÉ, né à la bonne heure, fortuné.

Heures, livre de prières, où sont indiquées les heures auxquelles il faut prier.

Heureusement, avec bonheur, d'une manière heureuse.

Heureux, qui jouit du bonheur, d'un contentement parfait; favorisé de la fortune; à qui tout réussit.

Bienheureux, fort heureux, qui a beaucoup de bonheur; celui qui jouit de la béatitude céleste.

Bonheur, félicité, état heureux, prospérité, événement favorable. *Bona hora.*

Malheur, mauvaise heure, désastre; infortune, accident fâcheux. *Mala hora.*

Malheureusement, par malheur, par infortune.

Malheureux, qui n'est pas heureux, qui manque de ce qui peut donner le bonheur; qui ne réussit à rien.

Dorénavant, désormais, dans la suite, à l'avenir; corruption de l'ancien françois. *des-ores-en-avant,* fait du lat. *hâc horâ in antè.*

Désormais, dorénavant, dans la suite, à l'avenir; corruption de l'ancien françois, *des-ores-mais*, fait du latin *hâc horâ magis.*

Desheurer, déranger l'heure ordinaire des occupations, des repas.

Or, particule qui sert à lier un discours ou une proposition. De *hâc horâ.*

Ores, présentement, sur l'heure.

Alors, en ce moment, en ce temps-là, sur l'heure même.

Lors, dans le temps de; dès cette heure-là.

Lorsque, quand; dans le temps que; à l'heure que...

Encore, un autre, une seconde fois, de nouveau; du plus au moins. De l'it. *ancora,* fait d'*anche ora,* du latin *hâc horâ*; les Esp. disent *agora.*

Horaire, qui a rapport aux heures; qui se fait par heure. *Horarius.*

Horée, *orée*, bourrasque de peu de durée; pluie qui ne dure qu'une heure. *Horaria.*

Horées, sacrifices qu'on offroit aux heures et aux saisons.

Horloge, machine qui mesure le temps, qui marque et sonne les heures. *Horlogium,* du gr. *hôrologion,* fait d'*hôra,* et de *légô,* annoncer, indiquer, dire; qui annonce l'heure.

Horloger, artisan qui fait des horloges et des montres.

Horlogerie, art et commerce d'horloger.

Horodictique, instrument d'astronomie et de gnomonique, qui sert à trouver l'heure. Du lat. *hora,* et de *dictare.*

Horographie, la gnomonique, ou l'art de faire les cadrans solaires. Du gr. *hôra,* et de *graphein,* écrire, tracer, décrire.

Horologiographie, traité d'horlogerie; art de calculer les heures; description d'horloges. Du gr. *hôrologion,* horloge, et de *graphô,* je décris.

Horométrie, art de mesurer et de diviser les heures, et d'en régler le nombre. Du gr. *hôra,* et de *métron,* mesure.

Horoscope, observation qu'on fait de l'état du ciel, au point de la naissance de quelqu'un, et par laquelle on prétend juger de ce qui doit lui arriver pendant sa vie. Du grec *hôra,* et de *skopeô,* je considère.

HEURT, coup, secousse donnée en heurtant. Onomatopée du choc rude et brusque de deux corps durs. En italien *urtare;* en flam. *hurten;* en allemand *horten;* en angl. *hurt.*

Heurtequin, morceau de fer battu, qui se place sur l'essieu d'affût d'une pièce d'artillerie.

Heurter, toucher, choquer rudement dans une rencontre; frapper pour qu'on ouvre. Barbazan soupçonne que le verbe *heurter* pourroit venir du latin *hortari.* Heurter à une porte, dit-il, c'est exhorter à l'ouvrir et à prévenir que quelqu'un veut entrer; heurter une pierre, c'est être prévenu et averti qu'il faut s'en détourner, lever le pied, l'éviter et se tenir sur ses gardes.

Heurtoir, marteau pour heurter à une porte.

Aheurté, obstiné.

Aheurter, obstiner.

Aheurtement, obstination; attachement opiniâtre à un avis.

HEXAMÉRON, ouvrage divisé en six journées; commentaire sur l'histoire de la création. Du gr. *hex,* six, et d'*héméra,* jour.

HEXANDRIE, sixième classe des plantes, dont la fleur a six étamines ou parties mâles. Du gr. *hex*, six, et d'*anér*, *andros*, mâle, mari.

HEXANDRE, *hexandrine*, fleur à six parties mâles.

HEXAPLES, ouvrages contenant six versions grecques de la Bible, sur six colonnes. Du gr. *hex*, six, et de *haploö*, j'explique, je débrouille.

HIATUS, prononciation gênée par le choc de deux voyelles; son désagréable qui en résulte. Du lat. *hiatus*, ouverture de bouche, bâillement.

HIBOU, le chat-huant cornu, sorte d'oiseau de nuit, ainsi nommé de son cri sinistre. Les Latins ont dit *bubo*. La tristesse de cet oiseau a fait donner son nom à un homme morose qui fuit la société.

HIC, nœud, difficulté principale. Du lat. *hic*, ici. Les jurisconsultes, dit Jauffret, en parcourant les livres de jurisprudence, ou les mémoires de leurs clients, sont dans l'usage de noter en marge, aux endroits importants, *hic*, c'est-à-dire *ici*, c'est ici qu'il faut s'arrêter; de là, la locution introduite par eux : *c'est là le hic*.

HIDEUX, dégoûtant, affreux, épouvantable, horrible à voir; difforme à l'excès. Du lat. *hispidus*, hérissé, rude, âpre; fait d'*hispidare*, hérisser d'épines, de difficultés.

HIDEUSEMENT, d'une manière hideuse.

HIDYPATHIE, disposition, faculté, don de trouver du plaisir en tout. Du gr. *edupathéia*, volupté. *Voy*. PATIR.

HIE, la demoiselle, pièce de bois en forme de cylindre, dont le bout inférieur est garni de fer; elle a deux anses et sert à enfoncer les pavés. Du lat. *festuca*, par le changement de *f* en *h*; d'autres regardent le mot *hie* comme une onomatopée du son que font les paveurs pour reprendre leur haleine.

HIEMENT, *himent*, manière de battre le pavé avec la hie pour les enfoncer; bruit que fait une machine en élevant un pesant fardeau; cri des pièces de bois qui se frottent.

HIER, enfoncer des pavés avec la hie.

HIÈBLE, espèce de sureau, plante émolliente, résolutive. Du lat. *ebulum*.

HIER, le jour avant celui où l'on est. Du lat. *heri*, que l'on dér. du gr. *chthési*, qui a la même signification.

HIÉRACITE, pierre précieuse que l'on dit être bonne contre les hémorroïdes, et qui ressemble à l'œil d'un épervier. Du gr. *hierax*, épervier.

HIÉRACIUM, herbe à l'épervier, ainsi nommée parce que cet oiseau, dit-on, s'en sert pour s'éclaircir la vue.

HIÉROS, mot grec qui signifie sacré, qui appartient aux dieux et qui commence un assez grand nombre de mots. D'où le nom propre *Hiéron*.

HIÉRAPICRA, potion purgative fort amère, dont l'aloès fait la base, ainsi nommée à cause des grandes vertus qu'on lui attribue. D'*hiéros*, sacré, et de *pikros*, amer.

HIÉRARCHIE, ordre et subordination des neuf chœurs des anges, des degrés de l'état ecclésiastique et de ceux qui ont le pouvoir, l'autorité. Du lat. *hierarchia*, fait du gr. *hiéros*, sacré, et d'*arché*, primauté, puissance, gouvernement, empire.

HIÉRARCHIQUE, ordre, état de la hiérarchie.

HIÉRARCHIQUEMENT, selon la hiérarchie.

HIÉRARQUE, qui fait partie d'une hiérarchie. D'*hiéros*, sacré, et d'*archos*, chef.

HIÉRATIQUE, écriture des prêtres égyptiens; hiéroglyphe simplifié, papier d'Egypte, peu apprêté.

HIÉROCERYCE, conducteur des mânes; grand-prêtre, chef des hérauts sacrés dans les mystères de Cérès. D'*hiéros*, et de *kérux*, héraut, crieur public.

HIÉRODRAME, poème sur les choses sacrées; oratorio. D'*hiéros*, et de *drama*, Voy. DRAME, p. 253.

HIÉROGLYPHE, caractère symbolique dont se servoient les Égyptiens pour exprimer les mystères de leur religion et les secrets de leur politique; il paroît que les rois et les prêtres en avoient seuls la véritable intelligence. La clef des hiéroglyphes étoit entièrement perdue; il appartenoit à mon savant ami, M. Champollion jeune, de soulever le voile et de les expliquer entièrement. Cette découverte, dont les résultats sont immenses, date de 1820. Le mot *hiéroglyphe* est comp. d'*hiéros*, et de *gluphô*, je grave; il signifie gravure sacrée, parce que les prêtres s'étoient réservé la connoissance de ces caractères.

HIÉROGLYPHIQUE, des hiéroglyphes.

HIÉROGRAMME, caractère sacré de l'écriture sacerdotale en Égypte. D'*hiéros*, et de *gramma*, lettre. *Voy.* GRAMME.

HIÉROGRAMMATE, *hiérogrammátée*, prêtre égyptien qui expliquoit les mystères de sa religion. *Hierogrammateus*.

HIÉROGRAMMATIQUE, des hiérogrammes.

HIÉROGRAMMATISTE, scribe sacré chez les Égyptiens.

HIÉROGRAPHIE, description des choses sacrées. D' —, et de *graphô*, je décris.

HIÉROLOGIE, discours sur les choses sacrées. D' —, et de *logos*, discours.

HIÉROMANCIE, divination par les choses offertes aux dieux. D' —, et de *manteia*, divination.

HIÉROMEMNONS, gardiens des archives sacrées; greffier du conseil des Amphictyons; députés de la Grèce au même conseil. D' —, et *mnaomai*, je me souviens.

HIÉRON, enceinte d'un temple et ses dépendances extérieures; autel en plein air, sans abri. D' —.

HIÉRONIQUE, victoire dans les jeux sacrés; les vainqueurs dans l'un des quatre grands jeux de la Grèce. D' —, et de *niké*, victoire.

HIÉROPHANTE, prêtre d'Eleusis qui révèle, explique, montre les choses sacrées; prêtre grec qui présidoit aux fêtes et aux mystères de Cérès; femmes consacrées à Cérès. D' —, et *phainô*, je montre, je déclare, je manifeste.

HIÉROPHORE, *iérophore*, qui portoit les choses sacrées dans les cérémonies religieuses. D' —, et de *pherô*, je porte.

HIÉROSCOPIE, *iéroscopie*, divination par ce qui se passoit dans les sacrifices; science des aruspices. D' —, et de *scopeó*, j'examine, je considère.

HILARITÉ, joie douce, gaîté calme. Du lat. *hilaritas*, fait d'*hilaris*, gai, joyeux; dér. du gr. *hilaros*.

HILARIES, fêtes anciennes en l'honneur de Cybèle et de Pan; qui se célébroient avec de grandes démonstrations de joie. *Hilaria*.

HILARIEUX, gai, joyeux. *Hilaris*.

HILARODE, poète, musicien qui chantoit des pièces gaies. Du gr. *hilarodos*, comp. d'*hilaros*, et d'*ôdé*, poème, chanson.

HILARODIE, poésie gaie et plaisante, chantée par les hilarodes.

HILARO-TRAGÉDIE, tragi-comédie. D'*hilaros*, et de *tragodia*, en lat. *tragœdia*.

HILDEBERT, *Hildebrand*, *Childebert*, *Childebrand*, noms propres d'hommes, qui en teuton signifient enfant ou guerrier illustre. De *hild*, *child*, enfant, ou de *held*, guerrier, vaillant, et de *bert*, illustre, courtois. Les C qui précèdent les noms propres *Clodion*, *Clovis*, *Childéric*, *Chilperic*, *Childebert*, *Childebrand*, *Chérebert*, etc., indiquent le mot *conning*, roi, souverain, en all. *koënig*, en angl. *king*, et se prononçoient *Lodion*, *Lovis*, *Hildéric*, *Hilpéric*, etc. D'autres prétendent que les C qui précèdent ces noms propres auroient été introduits par les écrivains latins de la Gaule, pour rendre l'aspiration très-forte, dont les Francs se servoient, et qui n'avoient pas d'équivalent dans l'alphabet romain et dans la prononciation de ce peuple.

HILDEGARDE, nom propre de femme, est également de la même famille; il signifie jardin des enfants ou des guerriers. Du teuton *hild*, ou *held*, et de *gard*, jardin.

HILE, ombilic de la graine. Du lat. *hilum*, petite tache noire qui paroit au bout de certains légumes farineux.

HILOSPERME, semence marquée d'un ombilic; famille de plantes distinguées par des semences hilospermes. Du lat. *hilum*, et du gr. *sperma*, semence.

HIPPAGRÈTE, officier spartiate chargé de rassembler la cavalerie. Du gr. *hippos*, cheval.

HIPPANTHROPIE, mélancolie de ceux qui se croient cheval. D' —, et d'*anthrôpos*, homme.

HIPPARQUE, général de cavalerie grecque. D' —, et d'*arché*, commandement.

HIPPE, espèce de cancre ou de macroure qui ressemble un peu à la tête d'un cheval. D' —.

HIPPÉLAPHE, le cerf des Ardennes, animal qui a quelque ressemblance avec le cheval. D' —, et d'*elaphos*, cerf.

HIPPIACLE, statue de femme à cheval.

HIPPIATRE, médecin vétérinaire. D' —, et d'*iatrikos*, médecin, fait d'*iatrenô*, je guéris.

HIPPIATRIQUE, art de connoître, de

guérir les maladies des animaux, et particulièrement des chevaux. D'—, et d'*iatriké*, médecine, dérivé d'*iaomai*, guérir.

HIPPOBOSQUE, mouche, insecte diptère qui s'attache pendant l'été aux chevaux et aux autres animaux. D'—, et de *boskô*, je mange.

HIPPOBOTE, qui nourrit des chevaux; directeur d'un haras. D'—, et de *boô*, je nourris.

HIPPOCAMPE, le cheval marin; petit poisson qui a fait naître l'idée des chevaux marins, conducteurs de Neptune et d'Amphytrite, lequel tient de la forme du cheval et de la chenille. D'—, et de *kamptô*, courber, à cause de l'extrême ressemblance de la tête et du cou de ce poisson avec ceux du cheval.

HIPPOCENTAURE, fils de Centaure; monstre fabuleux, moitié homme, moitié cheval. D'—, de *kenteô*, je pique, et de *tauros*, taureau; piqueur de chevaux et de taureaux. L'existence de ces monstres est venue des cavaliers thessaliens, qui s'exerçoient à se battre contre des taureaux sauvages qu'ils perçoient de leurs lances.

HIPPOCRÈNE, fontaine de l'Hélicon ou du mont Parnasse, qui étoit consacrée aux Muses, et que le cheval Pégase fit jaillir, dit-on, d'un coup de pied. D'—, et de *kréné*, fontaine.

HIPPOCRÈPE, le fer-à-cheval, plante légumineuse. Du lat. *hippocrepis*.

HIPPODROME, place, lice, lieu destiné pour les courses de chevaux. D'—, et de *dromos*, course, fait de *dedroma*.

HIPPOGLOSSE, le laurier alexandrin, planté dont les feuilles ont la forme d'une langue de cheval. *Hippoglôsson*, fait d'*hippos*, et de *glossa*, langue.

HIPPOGLOTTITE, couronne d'hippoglosse; glande sous la langue.

HIPPOGRIFFE, *hippogriphe*, monstre ailé, moitié cheval, moitié griffon. D'*hippos*, et de *grups*, en lat. *grypus*, griffon, sorte d'oiseau.

HIPPOLITHE, la pierre de cheval, sorte de pierre jaune qui se forme dans les intestins, le fiel et la vessie des chevaux. D'—, et de *lithos*, pierre.

HIPPOMANTIE, divination par les chevaux. D'—, et de *mantéia*, divination.

HIPPOMANE, grand amateur de chevaux. D'—, et de *mania*, manie; fureur de cheval.

HIPPOMANIE, manie des chevaux.

HIPPOMANÈS; liqueur qui sort de la vulve des juments; excroissance de chair adhérente à la tête d'un poulain nouvellement né, et que la mère dévore sur-le-champ. *Hippomanès*, fait d'*hippos*, et de *mania*.

HIPPOMOLGUES, Scythes nomades qui vivoient du lait de jument. *Hippomolgoi*, fait d'*hippos*, jument, et d'*amelgô*, traire.

HIPPONE, déesse qui avoit soin des chevaux, dont on plaçoit la statue dans les écuries, et qui étoit honorée par les gens de la campagne. Du lat. *hippona*, fait d'*hippos*.

HIPPOPATHOLOGIE, traité sur les maladies du cheval. D'*hippos*, de *pathos*, symptôme, cause, et de *logos*, discours.

HIPPOPHAÈS, *hippophaé*, argousier d'Europe, sorte d'arbrisseau monopétale, dit aussi conservation du cheval, qui produit une gomme autrefois très-employée dans la médecine vétérinaire. D'*hippopophaès*, fait d'*hippos*, et de *phaos*, lumière, vie, salut, secours.

HIPPOPODES, hommes fabuleux du nord, à pieds de cheval. D'*hippos*, et de *pous*, *podos*, pied.

HIPPOPOTAME, cheval marin ou de rivière; quadrupède amphibie commun en Afrique. D'—, et de *potamos*, fleuve.

HIPPOS, *hippus*, clignotement perpétuel des yeux, tel qu'on le remarque dans les personnes qui sont à cheval.

HIPPORITE, pierre argileuse, cannelée en forme de selle de cheval.

HIPPOSTÉOLOGIE, ostéologie du cheval. D'—, d'*ostéon*, os, et de *logos*, discours.

HIPPOTOMIE, anatomie comparée du cheval. D'—, et de *tomé*, incision, fait de *temnô*, couper, disséquer.

HIPPARUS, poisson de l'Océan qui ressemble à une queue de cheval. D'—, et d'*oura*, queue.

HIPPARITE, polypier composé de cylindres; coquille univalve, fossile. D'—, et d'—.

HIPPICON, intervalle, distance de quatre stades chez les anciens. Du gr. *hippicon*.

HIPPOCRATE, célèbre médecin

grec, natif de l'île de Cos, l'une des Cyclades.

HIPPOCRATIQUE, de la doctrine d'Hippocrate.

HIPPOPHESTE, plante utile aux foulons et bonne contre l'épilepsie. Du gr. *hippophaiston*.

HIRONDELLE, *aronde*, oiseau de passage dont il y a plusieurs espèces. Du lat. *hirundo*, que l'on dér. du gr. *hér*, en lat. *ver*, printemps; l'oiseau du printemps.

ARONDE (queue d'), entaille en queue d'hirondelle.

HIRSUTE, velu, couvert, hérissé de poils. Du lat. *hirsutus*.

HISPANISME, idiotisme espagnol; locution espagnole. D'*hispanus*. Voy. ESPAGNE, p. 283.

HISPIDE, hérissé, couvert de poils; affreux à voir; revèche, d'humeur difficile. *Hispidosus*.

HISPIDITÉ, état d'une partie trop couverte de poils; qualité de ce qui est hispide.

HISSER, hausser une vergue, la faire monter au haut du mât, au commandement de *hisse, hisse*; onomatopée du bruit de la vergue quand on la relève, et du frémissement de la voile quand on la froisse. Des étymologistes prétendent que le verbe *hisser* est une altération du verbe *hausser*.

HISTIODROMIE, art de la navigation à voiles. Du gr. *histion*, voile de bâtiment, et de *dromos*, course, fait de *dédroma*.

HISTOIRE, récit d'événements, de faits dignes de mémoire; récit des actions d'un homme, et des particularités de sa vie; tissu d'aventures supposées; description des choses naturelles; détail de la naissance et des progrès d'une science, d'un art; façons, cérémonies, difficultés. En lat. et en gr. *historia*, fait d'*histór*, habile, savant, parce que l'historien doit posséder un grand nombre de connoissances diverses; que l'on dér. de l'ar. *ster*, écrivain, greffier.

HISTORIAL, qui contient des points d'histoire. *Historialis*.

HISTORIEN, qui écrit l'histoire; auteur d'une narration historique. *Historicus*.

HISTORIER, orner, garnir, enjoliver de petits ornements.

HISTORIETTE, petite histoire imaginaire; petit conte mêlé d'aventures galantes ou plaisantes.

HISTORIOGRAPHE, auteur chargé d'écrire l'histoire d'un souverain ou d'un état. *Historiographus*, fait d'*historia*, et de *gráphō*, j'écris.

HISTORIQUE, qui appartient à l'histoire; détail des faits. *Historicus*.

HISTORIQUEMENT, d'une manière historique. *Historicè*.

HISTRION, bateleur, farceur, bouffon; joueur de farces; mauvais comédien. Du lat. *histrio*, fait de l'étrusque *hister*, parce que c'est de l'Étrurie que vinrent les premiers bouffons qui parurent à Rome vers l'an 389 de sa fondation. Plutarque le fait venir d'un nommé Hista, inventeur de ces sortes de jeux, et qui fit passer son nom à tous ceux de sa profession.

HIVER, saison la plus froide de l'année, du 22 décembre au 21 mars. Du lat. *libernum*, pour *hiems*, qu'on dér. du gr. *cheímas*, saison des pluies; fait de *huô*, pleuvoir.

HIVERNACHE, fourrage pour les bestiaux et les chevaux pendant l'hiver.

HIVERNADE, action de passer l'hiver dans un pays.

HIVERNAGE, saison des pluies dans les Antilles. *Hiematio*.

HIVERNAL, qui est d'hiver, qui vient d'hiver. *Hiemalis*.

HIVERNATION, temps froid pendant l'été.

HIVERNER, passer l'hiver en un lieu; être en quartier d'hiver; s'exposer au froid pour s'y endurcir. *Hiemare*.

HO! exclamation ou onomatopée qui marque la surprise, l'admiration, l'horreur, l'indignation, et qui sert pour appeler.

HOC, jeu de cartes, mêlé du piquet, du brelan et de la séquence; ainsi appelé parce qu'il y a six cartes qui sont *hoc*, c'est-à-dire, assurées à celui qui les joue, et qui coupent toutes les autres. Ces cartes sont les quatre as, la dame de pique et le valet de carreau. Suivant Furetière, ce jeu avoit deux noms et deux façons de jouer différentes: le *hoc* Mazarin et le *hoc* de Lyon.

HOCHE ou COCHE, marque, entaillure, cran qu'on fait sur un corps uni pour servir à y arrêter quelque chose, ou pour servir de marque; altération du mot *coche*, par le changement de *h* en *c*. Jault le dérive du germain *haken*, couper, tailler, trancher; en anglo-saxon *haccan*, en angl. *hack* et *hackle*, couper menu. D'autres le font venir du franç. *hache, hacher*, d'où l'esp. *hoce, hacha*. Voy. Coche, p. 176.

Hochepot, ragoût de bœuf coupé par morceaux, cuit sans eau, avec des marrons et des légumes. Selon Ménage, ce mot auroit été dit d'un nommé Hoschepot, fameux cuisinier.

Hocher, secouer, branler la tête en signe d'improbation, remuer, bouger; ébranler un arbre pour en faire tomber les fruits. Ce mot ne vient point de l'angl. *to shake*, Gébelin le regarde comme un dérivé de *hochet*, altération de *jochet*, du lat. *jocus*. Voy. Jeu.

Hochement, action de hocher la tête.

Hochepied, oiseau qui le premier attaque le héron dans son vol.

Hochequeue, la bergeronette, oiseau de l'ordre des passereaux, dont la queue est toujours en mouvement.

Hochet, joujou d'enfant garni de grelots. Ce mot vient sans doute du verbe *hocher*, parce que le hochet est un instrument que les enfants remuent. Ménage pense qu'il a été formé par onomatopée, et Gébelin le dérive de *jocus*. Au surplus, l'étymologie de cette famille est fort obscure, et personne n'a rien donné qui paroisse tant soit peu vraisemblable. *Hocher* étoit déjà employé au XIII° siècle, comme on peut le vérifier au mot Hocer, *Gloss. de la lang. rom.*, tom. 1, p. 755.

Hocheur, espèce de singe qui remue continuellement la tête.

Hoho, oiseau du genre grimpereau, ainsi nommé de son cri.

Hohou, oiseau échassier, l'un des plus petits du genre héron, ainsi appelé de son cri.

Hoir, en terme de palais, héritier; enfants appelés à succéder. Du lat. *hæres*, fait d'*herus*, maître.

Hoirie, héritage, succession de l'héritier. *Hæredium*.

Héréditaire, qui vient par succession, se transmet aux enfants, aux descendants. *Hæreditarius*.

Héréditairement, par droit de succession, par héritage. *Hereditariè*.

Hérédité, droit de succession, héritage. *Hæreditas*.

Héritage, bien qu'on a de ses pères; chose qui a été transmise.

Hériter, recevoir par succession; recueillir une succession.

Héritier, qui hérite; qui doit hériter. *Hæres*.

Déshériter, *exhéréder*, priver d'une succession ceux qui y ont droit.

Déshérence, *exhérédation*, action par laquelle on déshérite; état d'une personne déshéritée.

Hola! interjection ou onomatopée qui sert pour appeler; employée adverbialement, elle signifie assez, tout beau, il suffit.

Hollande, pays d'Europe faisant aujourd'hui partie du royaume des Pays-Bas. Anciennement *Hamarlant, Hammelant, Hammolant*, que le géographe de Valois dit être faits de l'all. *ham*, village, peuplade, et *land*, terre, pays. Je préfère l'étymologie d'Ingulphe, qui dér. *Hollande* du tudesque *hol*, creux, inférieur, bas, et de *land*, pays creux, terre basse.

Hollande, sorte de toile, ainsi dite de ce qu'elle se fabrique en Hollande.

Hollander, passer les plumes à écrire dans la cendre chaude, pour les dégraisser, ainsi que le faisoient les Hollandois.

Hollandille, toile de Silésie à la façon de celle de Hollande.

Hollandois, peuple de la Hollande.

Holstein, pays d'Allemagne près de la mer Baltique. Du tudesque *hol*, bas, creux, inférieur, et de *stein*, pays, région. En effet, le Holstein est un pays bas et sujet aux inondations.

Holocauste, sacrifice chez les Juifs, où la victime étoit entièrement consumée par le feu; la victime sacrifiée. Du gr. *holokauston*, fait d'*holos*, tout, et de *kaiô*, je brûle. Voy. Caustique, p. 128.

Holostéon, poisson du Nil, dont la peau est extrêmement dure; espèce de plantain, dont les feuilles sont si nerveuses et si dures, qu'elles tiennent de la dureté de l'os. Du gr. *holostéon*, fait d'*holos*, tout, et d'*ostéon*, os.

Holothuries, zoophytes, animaux marins informes, sans organisation sensible, et dont quelques-uns ont la peau parsemée de petits trous. D'*holos*, tout, et de *thura*, porte, volet.

HOM! HOM! hon! hon! interjection ou onomatopée qui sert à marquer le doute, la méfiance.

HOGNER, *hongner, se plaindre, gronder en parlant des chiens; murmurer légèrement, parler entre ses dents; faire entendre des *hons hons!*

HOMARD, grosse écrevisse de mer. Du lat. *carabus*, crabe, selon Gébelin; Huet le dér. de *gammarus*; les Suédois l'appellent *hommare*, et Bochart prétend que les peuples du nord ont apporté ce mot en Normandie. V. CRABE, p. 204.

HOMÉLIE, instruction publique sur l'Évangile, sur la religion; leçon du Bréviaire à matines. Du latin *homilia*, discours, entretien, conférence; fait du gr. *homilia*, dér. d'*homiléô*, je parle, je converse.

HOMILIASTE, faiseur d'homélies.
HOMILIAIRE, recueil d'homélies.

HOMÉOMÈRE, substances dont les parties sont semblables. Du grec *homoiomérés*, composé d'*homoios*, semblable, pareil, et de *méros*.

HOMÉOMÉRIE, ressemblance, uniformité dans les parties. *Homoioméreïa*.

HOMÈRE, nom du plus ancien des poètes grecs. Du gr. *Homéros*, aveugle, prince des poètes grecs. Les savants pensent aujourd'hui que ce poète n'a jamais existé. On a même prouvé que l'Iliade et l'Odyssée appartenoient à des temps très-éloignés, et qu'ils étoient le travail de plusieurs rhapsodes qui avoient écrit à diverses époques.

HOMÉRIQUE, qui appartient à Homère.

HOMÉRISTE, partisan d'Homère; celui qui chantoit les vers d'Homère.

HOMIOSE, *homoïose*, coction du suc nourricier, son assimilation au corps. Du grec *homoiôsis*, assimilation; fait d'*homoios*, pareil, semblable.

HOMME, animal raisonnable qui fait partie de l'humanité; toute l'espèce humaine; individu mâle. Du lat. *homo*, que quelques-uns dér. d'*humus*, terre, parce que l'homme a été fait avec de la terre.

HOMICIDE, meurtre d'un homme; celui qui a commis cet attentat. *Homicidium*, *homicida*, *hominis cædes* ou *cisor*, faits d'*homo*, et de *cædere*.

HOMICIDER, tuer, donner la mort. *Hominem cædere*.

HOMMAGE, soumission, respect; devoir de l'homme vassal envers l'homme seigneur. De la bass. lat. *homagium*, *hommagium*, fait d'*homo*, pris dans l'acception de serviteur, domestique, et du verbe *agere*.

HOMMAGÉ, tenu à charge d'hommage.
HOMMAGER, qui devoit l'hommage à l'homme seigneur du fief.

HOMMASSE, qui tient de l'homme; femme forte de visage, qui a les manières, les traits, la voix d'un homme.

HOMMÉE, certaine mesure de terre; autant de terre qu'un homme en peut cultiver en un jour.

HOMOCULE, petit homme. Du lat. *homunculus*.

HUMAIN, qui concerne l'homme; doux, secourable, sensible envers l'humanité. *Humanus*.

HUMAINEMENT, d'une manière humaine; suivant la capacité, le pouvoir de l'homme. *Humaniter, humanè*.

HUMANISER (s'), devenir plus humain, moins farouche; rendre plus humain.

HUMANISER, inspirer des sentiments humains; adoucir les mœurs.

HUMANITÉ, la nature humaine; les hommes en général; bonté d'âme. *Humanitas*.

HUMANITÉS, l'étude des sciences humaines.

HUMANISTE, qui étudie ou qui enseigne les humanités.

INHUMAIN, cruel, dur, barbare, qui n'a point d'humanité. *Inhumanus*.

INHUMAINEMENT, d'une manière inhumaine. *Inhumanè*.

INHUMANITÉ, cruauté, barbarie, dureté envers le malheur; vice contraire à l'humanité.

ON; c'est du lat. *homo* qu'on a fait la particule *on*, qui est d'un usage si général dans la langue françoise; *on dit, on fait, on parle*, c'est comme si l'on disoit homme dit, homme fait, homme parle.

HOMBRE, sorte de jeu de cartes, dont le nom et l'usage nous viennent d'Espagne; celui qui y fait jouer. De l'esp. *hombre*, homme, dérivé d'*homo*, parce que celui qui joue est l'homme à qui les autres ont affaire. Dans les deux Amériques comme dans les anciens continents, *ome* a la même signification que le lat. *homo*, homme.

HOMOCENTRIQUE, concentrique; cercles qui ont un centre commun. Du gr. *homolokentros*, fait d'*homos*, pareil, semblable, ou d'*homon*, pareillement, ensemble, et de *kentron*. Voy. CENTRE, p. 135.

HOMODERMES, serpents dont la peau est la même partout le corps. D'*homos*, pareil, semblable, et de *derma*, peau. Voy. DERME, p. 230.

HOMOMALLE, plante, épi dont les parties ou les fleurs sont dirigées du même côté. D'*homos*, pareil, semblable, et de *mallos*, long poil, laine.

HOMOOUSIENS, *homousiens*, nom donné par les Ariens aux catholiques, à ceux qui croient Jésus-Christ de la même substance que son père. Du gr. *homoousios*, composé d'*homos*, pareil, et d'*ousia*, substance.

HOMOPHAGE, pour *omophage*, qui mange de la chair crue. Du gr. *ômophagos*, fait d'*ômos*, cru, et de *phagô*, je mange. Voy. FAIM, p. 302, col. 1.

HOMOPHAGIE, pour *omophagie*, habitude de manger de la chair crue. *Omophagia*.

HONGRIE, royaume d'Europe. En lat. *Hungaria*; en all. *Hungarn*.

HONGRE, cheval coupé, ainsi dit de ce que les Huns ou Hongrois châtroient les chevaux de leur pays, qu'ils alloient vendre à l'étranger; cuir façonné à la hongroise.

HONGRELINE, ancien habillement de femme, en chemisette à grandes basques, dont l'usage venoit de Hongrie.

HONGRER, châtrer un cheval.

HONGROIS, de la Hongrie. On pense que ces peuples sont les descendans des Huns, qui se répandirent dans les provinces de l'empire romain, et s'établirent dans la Romanie.

Reland présume que le mot *hungari* s'est fait par corruption de celui de *hunnugui*, nom d'une nation composée de deux peuples, les Huns, *Hunni*, et les Ugures, *uguri*. Ces peuples venoient de la Scythie asiatique.

HONGROYEUR, qui façonne le cuir à la manière des Hongrois.

HONNEUR, gloire, estime qui suit les vertus, les talents, la probité; courage, grandeur d'âme; sentiment exquis de la vertu, de la sagesse, de l'honnêteté; pudicité, chasteté, sentiment du besoin de l'estime publique. Du latin *honor*.

HONORER, rendre honneur et respect; avoir beaucoup d'estime pour quelqu'un; gratifier, recevoir avec déférence. *Honorare*.

HONORÉ, estimé, considéré.

HONORABLE, qui fait honneur, qui est digne d'honneur, qui attire de l'honneur. *Honorabilis*.

HONORABLEMENT, d'une manière honorable; splendide, magnifique. *Honoraté*.

HONORAIRE, qui a les honneurs d'une place sans l'exercer; ce que l'on paie aux personnes qui n'exercent point une profession mercenaire. *Honorarius*.

HONORES (ad), titre seulement pour l'honneur, sans fonctions ni émoluments.

HONORIFIQUE, qui consiste dans les honneurs rendus. *Honorificus*.

DÉSHONORER, perdre d'honneur et de réputation; diffamer; abuser d'une femme.

DÉSHONNEUR, ce qui ôte l'honneur et rend infâme; état d'opprobre.

DÉSHONORANT, qui déshonore.

DÉSHONORABLE, qui cause du déshonneur.

HONNÊTE, * *honneste*, conforme à l'honneur, plein d'honneur; vertueux, décent, probe, bienséant, doux, civil, poli, prévenant. Du lat. *honestus*, formé de *in honore stans*, fait de *sto*, qui désigne la constance en une habitude morale.

HONNÊTETÉ, amour de l'honneur, qualité de ce qui est honnête; probité, vertu, décence, modestie, pudeur, bienséance. *Honestas*.

HONNÊTEMENT, d'une manière honnête; avec honneur, probité. *Honestè*.

DÉSHONNÊTE, *malhonnête*, contraire à l'honnêteté, à la bienséance, à la pudeur; homme incivil, grossier, impoli.

DÉSHONNÊTETÉ, *malhonnêteté*, action déshonnête; ce qui est contre la bienséance, les mœurs; manque de politesse, de civilité, d'égards.

DÉSHONNÊTEMENT, *malhonnêtement*, d'une manière grossière, incivile, impolie.

HONNIR, couvrir de honte, de confusion; déshonorer, vilipender. Le Duchat, d'après *Wachter*, le dér. de l'all. *honen*, fait de *hon*, opprobre, honte.

HONNISSEMENT, ignominie dont on est couvert par autrui.

HONTE, * *hontage*, sentiment qu'on éprouve pour une action qui fait déshonneur; crainte de se montrer, de paroître; action avilissante; timidité excessive. Valois le jeune le dérive avec raison du lat. *inhonestas*.

HONTEUX, qui a ou qui cause de la honte, qui couvre de honte; timide, craintif, qui n'ose se montrer.

HONTEUSEMENT, d'une manière honteuse, avec honte.

DÉHONTÉ, *éhonté*, insensible à la honte; sans pudeur.

HOQUET, onomatopée d'une inspiration subite, courte et convulsive; mouvement spasmodique et convulsif du diaphragme qui se produit par un son inarticulé. En latin *singultus*; en anjou *hiquet*; en anglois *hicket*; en écossois *ick*; en flamand *hick*.

HOQUETON, casaque brodée des archers; archer qui la portoit. Du grec *ho chiton*, la casaque; comme autruche, d'*ho strouthos*.

HORDE, peuplade errante, barbare. De l'ar. *ordou*, tribu, camp, peuplade.

HORDICIES, *hordicides*, fêtes romaines, dans lesquelles on sacrifioit des vaches pleines à Tellus. De *horda*, vache pleine, et de *cædere*, tuer.

HORIZON, grand cercle qui coupe la sphère en deux parties égales; cercle qui borne notre hémisphère; cercle qui détermine la portion de la surface de la terre que les yeux peuvent découvrir. Du gr. *horizôn*, qui termine; fait d'*horizô*, borner, terminer; dérivé d'*oros*, borne, limite.

HORIZONTAL, parallèle à l'horizon.

HORIZONTALEMENT, parallèlement à l'horizon.

AORISTE, prétérit indéfini ou indéterminé dans la conjugaison des verbes. Les Grecs ont deux aoristes, et les François n'en ont qu'un seul, *j'aimai*. D'*a* privatif, et d'*horizô*, définir, déterminer.

HORREUR, chose affreuse, saisissement, terreur, haine violente; mouvement intérieur avec frémissement d'indignation, d'effroi; onomatopée représentant l'impression que produisent sur nous les objets épouvantables. Les Latins disoient *horror*, fait de *horrere*, se hérisser, frissonner de peur; dér. du gr. *orrhôdein*, craindre, avoir peur, dont la racine est *orrhos*, extrémité de l'os sacrum, le croupion, parce que certains animaux, quand ils ont peur, serrent la queue entre leurs jambes.

HORRIBLE, ce qui fait horreur. *Horribilis*.

HORRIBLEMENT, d'une manière horrible.

HORRIPILATION, hérissement de cheveux; frissonnement de la fièvre; frisson subit de la totalité de la peau. Du lat. *horrere*, se hérisser, et de *pilus*, poil, cheveu.

ABHORRER, avoir en horreur, en aversion. *Abhorrere*.

ORDURE, excréments, immondices, balayures, saletés; paroles libres et obcènes; objet repoussant qui fait détourner les yeux d'horreur.

ORDURIER, qui dit des choses sales; qui outrage la pudeur; qui contient des ordures.

HORS, * *fors*, excepté; dehors; si ce n'est. Du lat. *foris*.

FORAIN, étranger, qui n'est pas du lieu; qui vient de dehors.

HORMIS, hors, excepté; si ce n'est. De *foris*, et de *missus*, mis hors.

DEHORS, partie extérieure; fortifications extérieures; apparences. *Deforis*.

HORTENSE, nom propre de femme. Du lat. *hortus*, jardin.

HORTENSIA, la rose du Japon, bel arbrisseau à fleurs en corymbes terminales, et de couleur rose pâle; ainsi dite d'Hortense Lépaute, femme de l'horloger célèbre à qui Commerson la dédia; il l'avoit nommée d'abord *Lepautia*, mais ne trouvant pas son hommage assez direct, il l'appela *Hortensia*. A l'époque du consulat, cette fleur fut de nouveau dédiée à madame Hortense Beauharnais, femme de Louis Bonaparte, reine de Hollande.

HORTOLAGE, jardin planté de légumes; toutes espèces de plantes potagères. De la bass. lat. *hortolagium*, fait d'*hortus*.

HOTE, hôtesse, * *hoste*, *hostesse*,

qui tient auberge; qui loge ou qui est logé; qui traite ou qui est traité, soit d'une manière gratuite, soit pour de l'argent. D'*hospes*, homme logeur, qui reçoit, ou d'*hospes*, étranger, que l'on dér. du gr. *hostis*, le premier venu; ou, suivant d'autres, de *fostis*, de dehors, pour *deforis*.

HÔTEL, * *hostel*, habitation somptueuse d'un grand personnage; grand bâtiment consacré à une administration; maison garnie où l'on est logé en payant; grand hôpital pour les malades. D'*hospitalis*, *hospitium*, lieu où l'on reçoit, exerce l'hospitalité; dér. du gr. *hostis*, le premier venu; ou suivant d'autres, de *fostis*, de dehors, pour *deforis*.

HÔTELLERIE, * *hostellerie*, auberge, maison où l'on loge, où l'on mange en payant. De la bass. lat. *hostalaria*, fait d'*hospitium*.

HÔTELLIER, * *hostellier*, qui tient une hôtellerie.

HÔPITAL, * *hospital*, maison pour recevoir, loger, nourrir, traiter les malades indigents, les militaires et les passants. D'*hospitalis*.

HOSPICE, corps-de-logis dans un couvent pour recevoir les voyageurs ou les étrangers; hôpital consacré à un seul genre de malades. D'*hospitium*.

HOSPITALITÉ, action de recueillir, loger, nourrir gratuitement les étrangers ou les voyageurs; droit réciproque des Grecs et des Romains de loger les uns chez les autres. *Hospitalitas*.

HOSPITALIER, qui aime, qui pratique l'hospitalité. *Hospitator*.

INHOSPITALIER, qui n'exerce point l'hospitalité; pays peuplé d'hommes durs ou cruels aux étrangers.

INHOSPITALITÉ, refus, défaut d'hospitalité.

HOST, *ost*, armée, camp, guerre, expédition militaire. D'*hostis*, étranger, ennemi.

HOSTILE, qui concerne, qui annonce la guerre, l'inimitié. *Hostilis*.

HOSTILITÉ, acte d'inimitié de peuple à peuple. *Hostilitas*.

HOSTILEMENT, en ennemi, cruellement. *Hostiliter*.

HOSTIE, victime que les anciens immoloient après avoir repoussé l'ennemi; victime offerte à Dieu par les Israélites; pain très-mince avant ou après la consécration du prêtre catholique. *Hostia*, fait d'*hostis*.

OTAGE, * *hostage*, villes ou personnes qu'on donne pour garantir un traité, et qui sont comme autant d'hôtes.

HUTTE, petite loge en terre, en bois.

HUTTER, faire une hutte; se loger dans une hutte; en construire pour s'y loger.

HOTTE, panier d'osier, étroit par le bas, et large par en haut, qu'on attache sur les épaules avec des bretelles; vase de bois à liquides qu'on porte derrière le dos. De l'all. *hutten*, couvrir, cacher.

HOTTÉE, contenance d'une hotte; plein une hotte.

HOTTEUR, qui porte la hotte.

HOUBLON, la vigne du nord, plante ligneuse, grimpante, de la famille des orties, qui sert à faire la bière. Du lat. *humulus*, fait de *humus*, sol humide, parce que cette plante croît abondamment dans les terrains bas et arrosés par le débordement des eaux.

HOUBLONNER, mettre du houblon dans la bière.

HOUBLONNIÈRE, champ planté de houblon.

HOUE, instrument de laboureur, de vigneron, de jardinier, à fer large et recourbé, à manche de bois court et très-courbe. Du lat. *upupa*, houppe, selon Ménage, dont les Romains se seroient servis en cette signification, à cause de la ressemblance qu'a cet instrument avec la tête d'une huppe. Les Anglois disent *to how*, pour labourer avec la houe, et les Allem. *hauen*, *hauwen*, en flam. *houwen*, pour couper, tailler.

HOUER, labourer avec la houe.

HOUERIE, labour à la houe.

HOUETTE, sorte de petite houe.

HOYAU, sorte de houe à deux fourchons. D'*upupa*.

HOU-HOU, onomatopée ou cri par lequel on montre le sanglier aux chiens.

HOUILLE, sorte de charbon de terre; substance minérale, bitumineuse, propre à brûler. Du saxon *hullu*; d'autres prétendent qu'un prudhomme nommé Houilleux, maréchal-ferrant à Liége en 1198, ayant fait la découverte de cette matière, et en ayant fait usage le premier, lui auroit donné son nom.

HOUILLÈRE, mine de houille.

HOUILLEUR, ouvrier des mines de houille.

HOULE, marmite qui va au feu. Du lat. *olla*.

HOULE, *houlle*, vague après la tempête, vague d'une onde agitée. Onomatopée qui peint le bruit des flots d'une mer irritée.

HOULEUX, *houlleux*, agité, bouillonnant, couvert de houles, en parlant des mers, des lacs, des fleuves.

HOULETTE, bâton de berger, garni d'une petite pelle et d'un crochet; outil de jardinier. Du lat. *agulum*, fait d'*agere*.

HOULQUE, *houque*, sorgho, millet d'Inde, mil d'Italie, plante graminée, vivace, de plusieurs espèces; bon fourrage. Du lat. *holcus*, dér. du gr. *holkô*, tirer.

HOURET, mauvais petit chien de chasse qui fait beaucoup de bruit en chassant. Molière dans ses *Fâcheux* dit :

Dieu préserve, en chassant, toute sage personne,
D'un porteur de huchet, qui mal à propos sonne :
De ces gens qui, suivis de dix hourets galeux,
Disent ma meute, et font les chasseurs merveilleux.

HOURAILLER, chasser avec des hourets.

HOURAILLIS, meute de mauvais chiens.

HOURE, cri dont on se sert à la chasse pour exciter les chiens.

HOURRARI, cri pour rappeler les chiens en défaut, et les ramener aux premières voies; grand bruit, tumulte.

HOURDER, maçonner grossièrement des moellons avec du mortier ou du plâtre, sans y mettre d'enduit; faire l'aire d'un plancher avec des lattes. En bass. lat. *hurdare*, dér. de l'all. *hurd*, claie, et ensuite bouclier, porte, maison rustique. Gebelin dérive le verbe *hourder* du lat. *ordiri*, commencer, ourdir.

HOURDAGE, maçonnage grossier.

HOURDIS, hourdage pour l'aire.

HOURQUE, vaisseau léger; navire hollandois en flûte. Du lat. *orca*.

HOUSEAUX, *houses*, guêtres, bottes, brodequins où les souliers tiennent, bottines qui se ferment avec des boucles et des courroies, parce qu'elles sont fendues d'un bout à l'autre. De la bass. lat. *hosa, hoselum*, que l'on dérive de l'all. *hose*, et non du lat. *osca*, comme le dit Barbazan.

HOUSSE, couverture, étui, enveloppe; de cheval, de meubles, etc.

HOUSSÉ, cheval qui a une housse.

HOUSSETTES, bas des chausses; petites housses.

COURTEHOUSE, surnom donné à Robert, duc de Normandie, parce qu'il avoit les jambes fort courtes.

HOUS-HOUS! *houz-houz!* Onomatopée ou cri pour chasser un chien.

HOUSPILLER, se jeter l'un sur l'autre en parlant des chiens; maltraiter quelqu'un en le secouant, en le tiraillant. Formé du cri *hous*, et du verbe *piller*.

HOUX, arbre et arbrisseau pétalé, toujours vert, de la famille des nerpruns, à feuilles armées de piquants. Du gr. *oxus*, aigu, piquant.

HOUSSET, *housson*, houx-frelon; petit houx; myrte sauvage; arbuste à feuilles piquantes.

HOUSSAIE, *houssière*, lieu planté de houx.

HOUSSEAU, épingle grosse et longue.

HOUSSINE, baguette de houx pour battre.

HOUSSINER, battre avec une houssine.

HOUSSOIR, balai de houx, de branchage, ensuite de plumes et de crin.

HOUSSER, nettoyer avec le houssoir.

HOUSSEUR, qui housse, qui nettoie.

HOUSSAGE, action de housser; fermeture en ais, ou bardeaux d'un moulin à vent.

HUCHE, grand coffre de bois pour pétrir et serrer le pain. De la bass. lat. *hutcia*, dér. de l'anglo-saxon *hutch*.

HUNE, panier, cage placée au haut du mât d'un vaisseau, qui sert à porter un matelot pour observer, découvrir la terre, les forbans, etc.

HUNIER, mât de la hune; voile trapézoïde après ce mât.

HUÉE, clameur de désapprobation qui s'élève dans les assemblées nombreuses, et dont ce mot est formé très-imitativement; cri pour faire lever le loup et le pousser vers les chasseurs, ou pour annoncer que le sanglier est pris; dérision bruyante de la multitude.

HUER, * *hucher*, faire des huées, appeler à haute voix ou en sifflant. Ménage dér. ces mots d'*ululare*, par contraction, et Barbazan, de *vocare*.

HUARD, oiseau de proie, dont le nom imite le cri.

HUCHET, petit cor de chasse, pour appeler les chiens.

HUE, cri de charretiers, pour faire

avancer les chevaux ; surtout à droite ; cri avec lequel on poursuit les personnes dont on se moque ou que l'on insulte publiquement.

HUET, *huette*, sorte de hibou d'un plumage cendré et tavelé de noir, ainsi nommé par imitation de son cri.

HUIR, verbe qui, en fauconnerie, exprime le cri du milan.

AHURIR, rendre stupéfait, étourdir à faire perdre le sens, étourdir à force de huées.

AHURI, interdit, stupéfait ; brouillon qui ne sait plus que dire ou que faire.

COHUE, anciennement petite justice en province ; assemblée nombreuse, tumultueuse et bruyante. Quelques-uns le dér. du lat. *coïre*, s'attrouper ; Ménage le tire de *convocium*, multitude de voix.

FORHUIR, *forhuer*, rappeler les chiens au son du cor. De *foras*, et de *vocare*.

FORHUS, son du cor, pour rappeler les chiens.

D'où les noms propres de *Huard*, *Huet*, *Huchet*, *Huchon*.

HUGUENOT, celui qui professe la réforme de Calvin ou de Luther, ou de Zuingle.

Ce nom leur fut donné en 1560, selon *Mézeray* (t. III, p. 24), pendant le voyage que fit Charles IX, de la ville d'Amboise à celle de Tours.

« Ce fut en ce passage, dit-il, que la cour apprit à marquer les religionnaires ou les réformez du sobriquet de *Huguenots*, parce qu'ils estoient appellez ainsi en ce pays, il y avoit déjà long-temps : comme en d'autres, *Christaudins*, *Fribourgs*, *Dagots*, *Houssarts*. Il ne faut point aller chercher l'étymologie de ce nom en Suisse, le tirant de ces mots *Hens quenaux*, c'est-à-dire gens séditieux, ou du mot dont les cantons désignent leur alliance, *Eidgenossen*, c'est-à-dire confédérez et liguez ensemble, parce qu'en Allemagne et autres pays, ces nouveaux religionnaires firent des ligues pour défendre leur nouvel évangile : elle est sans doute du crû de la ville de Tours, et la naissance en est telle. Il y a peu de villes où l'on ne fasse des contes de certains esprits pour faire peur aux femmelettes et aux petits enfants, qu'on dit qui se promènent de nuit avec tintamarre, à qui ils ont donné divers noms, c'est à Paris le *Moyne Bourru* ; à Orléans, le *Mulet Odet* ; à Thoulouse, le *Croquetaco* ou la *Malobestio* ; à Caen, le *Goblin* ; à Tours, le *roi Huguet* ou *Hugon* ; à Blois, le *loup garou*. Or, les religionnaires du commencement ne s'osant assembler que de nuit et dans des lieux obscurs et reculez, le peuple les appella *Huguenots*, c'est-à-dire *lutins courans la nuit, et vrays suivans du roi Huguet*. Mais eux attribuèrent ce nom à gloire, le tournant en un autre sens, comme s'ils eussent esté les conservateurs de la race royale, descendant de Hugues Capet, qu'ils disoient que les Guises avoient desscin de ruiner pour rendre la couronne à celle de Charlemagne, dont ils se vantoient d'être issus. »

HUGUENOT, *huguenotte*, nom donné par dérision à une sorte de marmite sans pieds et de forme oblongue où l'on fait cuire les viandes sans bruit sur un fourneau. Les Huguenots de France usoient, dit-on, de cette précaution, pour éviter le scandale aux jours défendus.

HUGUENOTIQUE, qui tient à la religion des Huguenots.

HUGUENOTISME, la religion des Huguenots.

Malgré les assertions de Mézeray, de Castelnau et autres, cités par Ménage, le mot *huguenot* vient de l'all. *eidgenosen*, *eidgenoss*, confédérés, formé d'*eid*, foi, croyance, serment, et de *genosen*, *guenoss*, ami, compagnon, associé.

HUIS, porte, entrée en général. Du lat. *ostium*. *Huis-clos*, expression usitée au palais pour dire les portes fermées.

HUISERIE, assemblage de pièces qui forment l'ouverture d'une porte.

HUISSIER, portier, gardien d'un huis, d'une porte dans le palais des autorités ; officier de justice, qui ajourne, fait les significations, assigne, saisit, etc. *Ostiarius*.

GUICHET, petite porte pratiquée dans une grande ; petite ouverture grillée dans une porte ; petite ouverture pour distribuer. Dimin. de *huis*.

GUICHETIER, valet de geôlier, qui a la garde des guichets.

HUIT, * *huict*, nombre indéclinable, composé de deux fois quatre. Du latin *octo*, fait du gr. *oktô*.

HUITAIN, stance composée de huit vers.

Huitaine, nombre de huit; espace de huit jours.

Huitième, nombre ordinal de huit; le demi-quart. *Octavus.*

Huitièmement, en huitième lieu; pour la huitième fois. *Octavò.*

Huit-pieds, jeu d'un orgue.

Octacorde, *octachorde*, intervalle de huit tons; instrument à huit cordes. D'*oktô*, et de *chordé*, corde.

Octaèdre, solide à huit faces ou corps réguliers, terminé par huit faces égales, qui sont des triangles équilatéraux. D'*oktô*, et d'*édra*, siége, base.

Octaétéride, durée de huit ans. D'*oktô*, et d'*etos*, année.

Octandrie, huitième classe du système de Linné, composée de plantes, dont les fleurs ont huit parties mâles ou huit étamines. Du gr. *oktô*, et d'*andros*, mari.

Octandre, fleur à huit étamines.

Octane, fièvre qui revient tous les huit jours.

Octant, instrument d'astronomie qui contient la huitième partie du cercle, ou quarante-cinq degrés.

Octante, terme numéral de huit dixaines; le nombre quatre-vingts ou huit fois dix. *Octoginta.* Dans le midi de la France, on dit encore *huitante.*

Octantième, quatre-vingtième. *Octogesimus.*

Octaples, ouvrage en huit colonnes, qui contient huit versions de la Bible. Du gr. *oktô*, et de *haploô*, j'explique, je débrouille, j'éclaircis.

Octateuque, nom donné aux huit premiers livres de l'ancien Testament. Du gr. *oktô*, et de *teuchos*, livre, ouvrage.

Octave, huitaine; stance de huit vers; espace de huit jours; intervalle de huit notes. *Octavus.*

Octavier, monter à l'octave, se trouver à l'octave sans le vouloir.

Octavin, petite flûte à l'octave.

Octavine, petite épinette qui n'a que la petite octave ou le petit jeu du clavecin.

Octavo (in-), format en huit feuillets, formant seize pages.

Octavon, né de blanc et de quarteronne.

Octidi, *octodi*, huitième jour de la décade.

Octil, position de deux planètes éloignées l'une de l'autre de la huitième partie du zodiaque ou de quarante-cinq degrés.

Octile, distance de deux planètes éloignées de quarante-cinq degrés.

Octobre, huitième mois de l'année romaine; le dixième de l'année moderne. *October.*

Octogénaire, âgé de quatre-vingts ans. *Octogenarius.*

Octogone, figure de huit angles et autant de côtés. *Octogonus*, fait du gr. *oktô*, huit, et *gonia*, angle.

Octogynie, sous-division des classes des plantes dont la fleur a huit parties femelles ou huit pistils. D'*octo*, et de *guné*, femme.

Octopétale, *octopétalé*, qui a huit pétales. Du grec *oktô*, et de *pétalon*, feuille ou pétale.

Octophore, litière pour les femmes, ou lit funèbre des Romains, qui étoit porté par huit esclaves. Du gr. *oktô*, et de *phérô*, je porte.

Octophylle, calice des fleurs, divisé en huit pièces ou folioles. Du gr. *oktô*, et de *phullon*, feuille.

Octostyle, édifice orné de huit colonnes. Du grec *oktô*, et de *stulos*, colonne.

Octuple, contenant huit fois, huit fois plus grand. *Octuplus*; du gr. *oktaploos, octaplous.*

Octupler, répéter huit fois.

HUITRE, * *huistre*, poisson testacée de mer, à coquilles bivalves adhérentes, à battants inégaux. Du latin *ostrea*, *ostreum*; fait du grec *ostréon*, huitre; dér. d'*ostrakon*, écaille, coquille.

Huitrier, marchand d'huîtres; sorte d'oiseau échassier, qui se nourrit d'huîtres. *Ostralega.*

Ostracé, qui est couvert d'une écaille ou coquille; poissons couverts de deux écailles dures, comme les huitres, les moules, etc. D'*ostrakon.*

Ostracions, poissons dont le corps, recouvert d'une peau osseuse, y est renfermé comme dans une coquille. D'*ostrakion*, petite coquille; dimin. d'*ostrakon.*

Ostracisme, sorte de jugement en usage à Athènes, qui condamnoit à dix ans d'exil les citoyens dont la puissance ou le crédit portoit ombrage. *Ostra-*

kismos, fait d'*ostrakon*, parce que les citoyens donnoient leurs suffrages en écrivant le nom de l'accusé sur une coquille. C'est ainsi que furent bannis ces grands hommes dont la vertu et le mérite faisoient tout le crime : Thémistocle, Alcibiade, Conon, Timothée, Iphicrate et Chabrias, qui éprouvèrent la rigueur de l'ostracisme.

OSTRACITE, coquille d'huître fossile, ou pétrifiée. D'*ostrakon*.

HULOTTE, * *huette*, sorte d'oiseau de nuit, espèce de hibou, ainsi nommé de son cri sinistre. En lat. et en it. *ulula*; en angl. *howlet*; en all. *luhu*.

HUMBLE, respectueux, soumis, qui s'estime peu, qui a de l'humilité. Du lat. *humilis*, fait de *humus*, baissé contre terre.

HUMBLEMENT, avec humilité; d'une manière humble. *Humiliter*.

HUMILITÉ, vertu par laquelle on s'humilie; soumission, conscience de sa propre foiblesse. *Humilitas*.

HUMILIER, rendre humble, abaisser, mortifier. *Humiliare*.

HUMILIANT, qui humilie, qui donne de la confusion.

HUMILIATION, action par laquelle on s'humilie; état de celui qui est humilié. *Humiliatio*.

HUMER, avaler un liquide avec une forte aspiration et tout d'une haleine. Cette onomatopée, déjà remarquée par François Pithon, n'a pas été adoptée par Charles Bouvelle et par Ménage. Ils dérivent ce mot du lat. *sumere*, en changeant l's en aspiration.

HUMÉRUS, l'os supérieur du bras, de l'épaule au coude. Du lat. *humerus*; fait du gr. *ômos*, épaule.

HUMÉRAIRE, qui a du rapport à l'humérus.

HUMÉRAL, qui a du rapport à l'épaule.

HUMEUR, substance fluide de quelque corps organisé que ce soit; l'une des qualités du tempérament; disposition de caractère, de l'esprit; caprice, fantaisie. Du lat. *humor*, que l'on dit venir du gr. *chumos*, liqueur, en retranchant le *c*, et laissant l'aspiration, dér. de *chuô*; répandre.

HUMORAL, qui concerne les humeurs, qui vient des humeurs.

HUMORISTE, capricieux comme un malade; qui a de l'humeur, avec lequel il est difficile de vivre.

HUMORISTE, médecin galeniste qui attribue les maladies aux humeurs viciées.

HUMIDE, qui est d'une substance aqueuse, moite, qui est mouillé, imbu, et opposé au sec. Du lat. *humidus*.

HUMIDEMENT, avec humidité; dans un lieu humide. *Humidè*.

HUMIDIER, mouiller, humecter, rendre humide.

HUMIDITÉ, qualité de ce qui est humide. *Humiditas*.

HUMIDITÉS, humeurs, sérosités.

HUMECTER, mouiller, rendre humide. *Humectare*, fait dans la même signification d'*humidus*.

HUMECTANT, qui humecte, qui rafraîchit. *Humectans*.

HUMECTATION, action d'humecter; préparation d'un médicament, en le laissant tremper dans l'eau. *Humectatio*.

HUMUS, couche de terre végétale ou de terreau, recouvrant une partie du globe. Du lat. *humus*, fait du gr. *chamai*, par terre.

HUPPE ou *pupu*, sorte d'oiseau de passage huppé, de la grosseur d'un merle, de la famille des ténuirostres, qui porte une petite touffe de plumes sur la tête. Onomatopée du cri de cet oiseau, que l'on appelle aussi le coq merdeux. Quelques-uns dérivent le mot *pupu* de l'infection de la fiente de cet oiseau. En gr. *epopa*, génit. d'*epos*; onomatopée formée de son cri. En lat. *upupa*, en angl. *hoop*, en flam. *hoppe*.

Aristophane s'est amusé à imiter la voix de la huppe dans ces mots factices :

Εποποί. ποποί. ποποί. ποποί.
Ἰώ. ἰώ. ἰτώ. ἰτώ. ἰτώ. ἰτώ.

HUPPE, touffe de plumes que certains oiseaux portent sur la tête.

HUPPÉ, qui porte une huppe. Au figuré, personnage riche et de considération.

HOUPPE, touffe de fils de duvet ou de soie liée en bouquets.

HOUPPE, *houppette*, sorte d'oiseau qui porte une huppe.

HOUPPÉE. On appelle ainsi en mer l'effet de deux lames qui se choquent et s'écrasent l'une contre l'autre, en s'épanouissant comme une houppe par le sommet qui bouillonne.

Houppelande, sorte de vêtement lourd et fait d'une étoffe grossière, laquelle contient beaucoup de petites houppes. Ce nom a été donné à une cape de berger et de voyageur, faite de cuir, pour les prémunir contre la pluie; à un habit de femme; à une sorte de casaque à manches courtes. Huet dérive ce mot de la province d'Uplande, en Suède, d'où nous seroit venu ce vêtement. Au surplus, ce mot est assez ancien dans notre langue; on le trouve dans l'inventaire des meubles de Charles V, dans les sermons de saint Vincent de Ferrier, en parlant de sainte Élisabeth : *Fecit sibi magnas* houpulandas *ne gentes dicerent;* enfin dans Scarron :

Qu'il a peur de faillir avec sa *houppelande*;
. . . . mais sous sa *houppelande*
Logeoit le cœur d'un dangereux coquin.

Houpper, faire des houppes, faire en houppe; à la chasse, houpper, c'est appeler son compagnon en criant *houp, houp.*

Houppier, jeune chêne, baliveau ébranché et tondu jusqu'à la plus haute houppe; ouvrier qui houppe de la laine.

Éhoupper, écimer la tête d'un arbre.

Pupuler, crier, se dit en parlant des petits de la huppe.

HURLEMENT, onomatopée du cri lugubre et prolongé des loups affamés ou en rut, et des chiens effrayés; par extension, cri que l'on fait dans une violente douleur, dans une affliction profonde ou dans la colère et la fureur. Les Latins ont dit *ululatus* et *ululare*, mots plus propres à exprimer des bruits coulants et modulés que le roulement rauque et effroyable des hurlements. En ital. *urlare* et *ululare*.

Hurler, pousser des hurlements.

Hurleur, qui hurle.

Hurluberlu, *hurlubrelu*, étourdi qui parle à tort et à travers, et qui agit inconsidérément.

Hurhaut, cri des charretiers pour faire tourner les chevaux à droite.

HUSSARD, on a dit *houssard* et *housard*, soldat de cavalerie légère; mot hongrois qui signifie *vingtième.* D'après les lois de ce royaume, vingt laboureurs de chaque canton sont obligés de fournir un cavalier monté et équipé à leurs frais, pour former la cavalerie hongroise. Telle est l'origine des régiments de hussards; d'autres le dérivent du mot *huszar*, cavalier. C'est en 1692 que la France prit des régiments de hussards à son service.

HYACINTHE, *jacinthe*, plante bulbeuse d'agrément de la famille des asphodèles, à fleurs odorantes en épis, fameuse dans les temps mythologiques par la métamorphose du jeune Hyacinthe, tué malheureusement d'un coup de palet par Apollon; pierre précieuse dont il y a trois sortes; l'orientale est d'un rouge tirant sur l'orange; celle de Portugal, qui tire sur le souci; et enfin la belle, d'un rouge clair tirant sur le violet. Ces deux dernières sortes sont moins dures que l'orientale. Du lat. *hyacinthus*, fait du gr. *huakinthos*.

Hyacinthées, *hyacinthies*, fêtes grecques en l'honneur du jeune Hyacinthe. *Hyacinthia.*

Hyacinthine, pierre précieuse qui ressemble à l'hyacinthe. *Hyacinthizontes.*

HYADES, les sept filles d'Atlas changées en constellation, composée de sept étoiles à la tête du taureau; elles passoient pour annoncer la pluie. Du lat. *hyades*, fait du gr. *huades*, dér. de *huô*, pleuvoir.

HYALIN, qui a une apparence vitreuse; quartz semblable au verre; espèce de cristal de roche. Du lat. *hyalynus*, fait d'*hyalus*, verre, dér. du gr. *hualunos*, fait d'*hualos*.

Hyalode, couleur de verre.

Hyalographie, peinture à travers ou à l'aide d'un carreau de vitre. D'*hualos*, verre, et de *graphô*, j'écris, je dessine, je peins.

Hyaloïde, qui ressemble à du verre; membrane de l'œil; pierre précieuse transparente comme du cristal. D'—, et d'*eidos*, forme, ressemblance.

HYBRIDE, plante, née de deux espèces différentes; mot formé de deux mots de langues différentes; animal dont le père et la mère sont de différentes espèces. En lat. *hybrida*, fait du gr. *hubridos*, dont la racine est *hubris*, injure, affront, comme si ces sortes de naissances étoient un outrage fait à la nature.

Hybristiques, fêtes célébrées à Argos en l'honneur de Télésille, qui, s'étant mise à la tête des femmes et des troupes de la ville, avoit obligé Cléomène, roi de Lacédémone, d'en lever le siége. Dans cette fête, les femmes s'habilloient en hommes et les hommes en femmes. Du gr. *hubris*, injure, affront, parce que le courage de Télésille et de ses compagnes étoit un déshonneur pour les hommes.

HYDNE, l'érinace, truffe, sorte de champignon à papilles sous le chapiteau, sans tige ni racine, et très-estimé. Du lat. *hydnum*, fait du gr. *hudnon*, truffe.

HYDRE, serpent d'eau douce, très-venimeux, qui vit de poissons et de grenouilles; serpent fabuleux à sept têtes renaissantes, qui habitoit les marais de Lerne, près d'Argos, et dont Hercule fut le vainqueur; polype verdâtre à bras, dont chaque partie, séparée du tout, redevient un animal vivant; mal qu'augmentent les efforts faits pour le détruire; plante aquatique. Du lat. *hydra*, fait du gr. *hudros*, serpent aquatique, dér. d'*hudôr*, eau.

ENHYDRE, serpent aquatique; géode de Calcédoine, ou morceau de cristal rempli d'eau. D'*en*, dans, et d'*hudor*, eau.

HYDARTHRE, *hydrarthre*, hydropisie des articulations. D'*hudôr*, eau, et d'*arthron*, articulation.

HYDATIDE, *hydratide*, *hydatis*, vésicules transparentes extérieures pleines d'une eau blanchâtre, qui surviennent par maladie; sorte de ver en vessie dans les viscères; tumeur graisseuse de la paupière supérieure. *Hudatis*, fait d'*hudatos*, génit. d'*hudôr*.

HYDATIDOCÈLE, *hydatocèle*, hydrocèle formé par des hydatides; hernie qui en contient. D'*hudatos*, et de *kélé*, tumeur.

HYDATISME, bruit causé par la fluctuation des humeurs contenues dans un abcès.

HYDATOÏDE, qui ressemble à l'eau; humeur aqueuse entre l'uvée et la cornée de l'œil. D'—, et d'*eidos*, forme, ressemblance.

HYDATOSCOPIE, sorte de divination par le moyen de l'eau. D'—, et de *scopéô*, j'examine, je considère.

HYDRACHNES, sorte d'araignées aquatiques. D'—, et d'*arachné*, araignée.

HYDRACHNETTES, insectes, mites aquatiques.

HYDRAGOGUE, médicament qui évacue les eaux et les sérosités du corps. D'*hudragogos*, fait d'*hudôr*, eau, et d'*agô*, je chasse.

HYDRANGÉE, arbrisseau saxifrage qui croît au bord des eaux. D'*hudôr*, et d'*angéion*, vase.

HYDRANGELLES, genre de plantes saxifragées.

HYDRARGYRE, *hydrargite*, le mercure ou vif-argent. D'—, et d'*arguros*, argent; eau d'argent ou argent liquide comme de l'eau.

HYDRARGYROSE, friction mercurielle.

HYDRATES, combinaisons d'oxides métalliques et d'eau.

HYDRAULES, joueurs d'instruments chez les anciens, qui savoient former des sons par le moyen de l'eau. D'*hudraulés*, fait d'*hudôr*, et d'*aulôs*, flûte, tuyau.

HYDRO-PNEUMATIQUE, *hydrolico-pneumatique*, machine qui élève l'eau par le moyen du ressort de l'air. D'*hudôr*, d'*aulôs*, tuyau, et de *pneuma*, air.

HYDRAULIQUE, science du mouvement et de la résistance des fluides, de la conduite et de l'élévation des eaux; machine qui sert à élever l'eau; orgue que l'eau fait mouvoir. D'*hudraulis*, orgue que l'eau fait jouer; d'*hudôr*, et d'*aulos*, flûte ou tuyau. On appela hydrauliques les orgues, parce que dans leur première institution, où l'on n'avoit pas encore trouvé l'usage des soufflets, on se servoit d'une chute d'eau pour y faire entrer le vent et les faire sonner. Ctésibius d'Alexandrie les inventa, au rapport de Vitruve, liv. X, ch. 13.

HYDRÉLÉON, mélange d'eau et d'huile. D'—, et d'*elaion*, huile. *Voy.* OLIVE.

HYDRENTÉROCÈLE, *hydro-entérocèle*, descente des intestins dans le scrotum. D'*hudôr*, d'*entéron*, intestins, et de *kélé*, tumeur.

HYDRIAPHORES, femmes qui portoient les cruches d'eau aux Panathénées. D'*hudria*, cruche, et de *phero*, je porte.

HYDRIE, cruche à mettre de l'eau. *Hudria*, fait d'*hudôr*.

HYDRO-AÉRO-PYRIQUE, phénomène de l'eau, de l'air et du feu. D'*hudôr*, d'*aér*, air, et de *pûr*, feu.

HYDROCARDIE, hydropisie du péritoine ou de la membrane qui enveloppe le cœur. D'—, et de *kardia*, le cœur.

HYDROCÈLE, tumeur du scrotum, causée par des humeurs aqueuses. D'—, et de *kélé*, tumeur.

HYDROCÉLIQUE, de l'hydrocèle.

HYDROCÉPHALE, hydropisie de la tête. D'—, et de *képhalé*, tête, amas d'eau dans la tête.

HYDROCÉRAME, *hygrocérame*, vase qui transsude, pour rafraîchir l'eau. D'*hidros*, sueur, et de *kéramos*, pot de terre. *Hygrocérame* est composé de *hugros*, humide, et de *kéramos*.

HYDROTIQUE, sudorifique; fièvre avec grandes sueurs.

HYDROCHARIS, la morrène, sorte de plante aquatique qui est fort belle. D'—, et de *charis*, grâce, beauté, ornement des eaux.

HYDROCHARIDÉES, familles de plantes aquatiques, semblables à l'hydrocharis.

HYDROCORÉE, punaise aquatique; punaise des poissons. D'—, et de *koris*, punaise.

HYDROCOTYLE, l'écuelle d'eau ou l'herbe aux Patagons, plante aquatique, apéritive et vulnéraire, qui croît dans les marais, dont les feuilles sont rondes et creuses à peu près comme une écuelle, ou une coupe. D'—, et de *kotulé*, écuelle, coupe.

HYDRODYNAMIQUE, science du mouvement et de l'équilibre des eaux. D'—, et de *dunamis*, force, puissance; science des forces qui meuvent l'eau.

HYDRO-ENTÉROMPHALE, hernie ombilicale avec amas de sérosités. D'—, d'*entéron*, intestin, et d'*omphalos*, nombril.

HYDRO-ENTÉRO-ÉPIPLOMPHALE, *hydroépiplomphale*, hernie aqueuse de l'ombilic. D'—, d'*entéron*, intestin, d'*épiploon*, l'épiploon, et d'*omphalos*.

HYDROGALE, eau laiteuse; boisson composée d'eau et de lait. D'—, et de *gala*, lait.

HYDROGÉE, qui est composé de terre et d'eau. D'—, et de *gé*, terre.

HYDROGÈNE, air inflammable; gaz, un des principes de l'eau. D'—, et de *gennaô*, engendrer, c'est-à-dire, générateur de l'eau, parce que l'hydrogène est un des principaux constituants de l'eau. M. Morin fait justement observer que les mots grecs *hudrogénés, hudogénés*, ont une signification passive, et signifient au contraire *né de l'eau*, engendré par l'eau, et non pas générateur de l'eau.

HYDROGRAPHIE, science, description, connoissance des eaux, des côtes, de la navigation. D'—, et de *graphô*, je décris.

HYDROGRAPHE, savant, versé dans l'hydrographie.

HYDROGRAPHIQUE, qui appartient à l'hydrographie.

HYDROLOGIE, traité des eaux en général, de leur nature et de leurs propriétés. D'—, et de *logos*, discours.

HYDROLOGUE, qui sait, enseigne l'hydrologie.

HYDROMANCIE, *hydromantie*, divination par les eaux. D'—, et de *mantéia*, divination.

HYDROMANTIQUE, art de produire des apparences singulières par le moyen de l'eau.

HYDROMEL, breuvage fait avec de l'eau et du miel. *Hudroméli*, composé d'—, et de *méli*, miel; eau miellée.

HYDROMÈTRE, instrument pour mesurer la pesanteur, la force et la densité des liquides. D'—, et de *métron*, mesure.

HYDROMÉTRIE, science qui enseigne à mesurer les propriétés des fluides.

HYDROMÈTRE, *hydrométrie*, hydropisie de la matrice. D'—, et de *métér*, *métra*, mère, matrice.

HYDROMPHALE, tumeur aqueuse au nombril. D'—, et d'*omphalos*, nombril.

HYDROPARASTES, sectaires qui n'employoient que l'eau dans l'eucharistie. D'—, et de *paristémi*, offrir, présenter.

HYDROPÉRICARDE, hydropisie du péricarde. D'—, et de *périkardion*.

HYDROPHANE, pierre qui entoure la calcédoine, opaque et transparente dans l'eau. D'—, et de *phainô*, je brille.

HYDROPHIDE, serpent d'eau. D'—, et d'*ophis*, serpent.

HYDROPHIS, famille des reptiles ou serpents d'eau.

HYDROPHILE, insecte coléoptère aquatique, surnommé l'ami de l'eau. D'—, et de *philos*, ami.

HYDROPHILLUM, *hydrophille*, la feuille d'eau, plante aquatique, médicinale. D'—, et de *phullon*, feuille.

HYDROPHOBIE, maladie appelée la rage, dans laquelle on a une horreur pour les liquides. *Hudrophobia*, fait d'—, et de *phobos*, crainte, aversion. La médecine moderne guérit l'hydrophobie par l'usage interne et externe de l'acide muriatique oxigéné.

HYDROPHOBE, qui a les liquides en horreur; qui est attaqué de la rage.

HYDROPHOBIQUE, virus de l'hydrophobie.

HYDROPHORE, porteur d'eau dans les sacrifices des anciens. D'—, et de *pheró*, je porte.

HYDROPHORIES, fêtes funèbres chez les Grecs, en l'honneur d'Apollon et de ceux qui avoient péri dans le déluge de Deucalion.

HYDROPHTHALMIE, hydropisie de l'œil. D'—, et d'*ophthalmos*, œil.

HYDROPHYSOCÈLE, tumeur du scrotum, hydrocèle mêlée d'air. D'—, de *phasa*, air, vent, fait de *phusaô*, je gonfle en soufflant, et de *kélé*, tumeur.

HYDROPIPER, le poivre d'eau, sorte de plante aquatique. D'—, et de *péperi*, poivre.

HYDROPISIE, enflure de quelque partie du corps, causée par un épanchement d'eau. *Hudrôps*, fait d'*hudôr*, et de *óps*, aspect, apparence; dér. d'*optomai*, je vois, parce qu'on reconnoît à l'enflure du corps la présence de l'eau.

HYDROPIQUE, attaqué d'hydropisie. *Hudrópikos*.

HYDRO-PNEUMATIQUE, appareil chimique pour analyser les gaz au moyen de l'eau et du mercure. D'—, et de *pneuma*, air, parce qu'on se rend maître des substances aériformes.

HYDRO-PNEUMATOCÈLE, hernie, tumeur causée par l'eau et le vent. D'—, de *pneuma*, et de *kélé*, tumeur.

HYDRO-PNEUMONIE, œdème du poumon. D'—, et de *pneumôn*, le poumon.

HYDRO-PNEUMOSARQUE, abcès, tumeur qui contient de l'eau, de l'air, et des matières charnues. D'—, de *pneuma*, et de *sarkos*, chair.

HYDROPOÏDES, excrétions aqueuses, telles qu'elles sont dans l'hydropisie. *Hudrôps*, fait d'—, et d'*eidos*, forme, ressemblance.

HYDROPOTE, qui ne boit que de l'eau. *Hydropotés*, fait d'—, et de *potés*, buveur; dér. de *pinô*, je bois.

HYDROPYRÈTE, fièvre maligne avec colliquation, ou dissolution des humeurs. D'—, et de *purétos*, fièvre.

HYDROPYRIQUE, volcan dont les eaux ont la propriété de s'enflammer. D'—, et de *pur*, feu.

HYDRORACHIS, *hydrorachitis*, hydropisie de l'épine du dos; tumeur molle aux vertèbres des lombes qui sont désunies. D'—, et de *rachis*, l'épine du dos.

HYDRORRHODIN, contre-poison, vomitif composé d'eau et d'huile de rose. D'—, et de *rhodon*, rose.

HYDROSACCHARUM, mélange d'eau et de sucre. D'—, et de *sakcharon*, sucre.

HYDROSARCOCÈLE, fausse hernie du scrotum; hydrocèle et sarcocèle compliqués. D'—, de *sarx*, *sarkos*, chair, et de *kélé*, tumeur formée d'eau et de chair.

HYDROSARQUE, tumeur aqueuse et charnue. D'—, et de *sarx*, *sarkos*.

HYDROSCOPE, espèce d'horloge d'eau en usage chez les anciens; qui devine les sources et les eaux souterraines par leurs émanations. *Hudroskopikon*, *hudroskopos*, faits d'—, et de *scopéô*, je regarde, je considère.

HYDROSCOPIE, art de deviner les sources ou de sentir les émanations des eaux souterraines.

HYDROSTATIQUE, science de la pesanteur des liquides, des solides qui surnagent; théorie de l'équilibre des fluides. D'—, et de *statiké*, science de la pesanteur; dér. d'*histamai*, s'arrêter.

HYDROTHORAX, hydropisie de poitrine. D'—, et de *thorax*, poitrine.

HYDROTILE, géode qui contient de l'eau.

HYDROTIQUE, remède sudorifique qui évacue les eaux du corps.

HYDROTITE, hydropisie auriculaire.

HYÈNE, quadrupède féroce et carnivore de la famille des chiens, grandeur du loup, couleur gris tacheté, le plus farouche des animaux. Du gr. *huaina*, fait de *hénéó*, je sens le porc; dér. de *hus*, porc, cochon, parce que le dos de la hyène est hérissé de poils semblables aux soies du porc.

HYSTÉRIES, fêtes grecques dans lesquelles on immoloit des truies à Vénus. Du gr. *hustéria*, dér. de *hus*, cochon.

HYOSCUAME, *hyosciame*, jusquiame, la fève de cochon, sorte de plante narcotique de plusieurs espèces. Du gr.

huoscuamos, fait de *hus*, *huos*, cochon, et de *kuamos*, fève.

Hyosère, *hyoséride*, *hyoseris*, la salade de cochon, plante qui ressemble à la chicorée, mais qui est plus petite et plus rude au toucher. *Huoséris*, composé de *hus*, *huos*, cochon, et de *séris*, salade.

Hytriciens, genre d'animaux semblables au porc-épic. Du gr. *hustrix*, porc-épic; formé de *hus*, et *thrix*, poil, parce que ses soies ressemblent à celles du sanglier.

Hystricite, bézoard du porc-épic.

HYÉTOMÈTRE, instrument pour mesurer et déterminer la quantité de pluie qui tombe dans un espace de temps. Du gr. *huétos*, pluie; dérivé de *huô*, pleuvoir, et de *métron*, mesure.

Hygie, *hygiée*, nom de la déesse de la santé, que la fable dit être fille d'Esculape. Du gr. *hugiéia*, santé; dér. d'*hugiés*, sain, salubre.

Hygias, fils d'Esculape et frère d'Hygie.

Hygiène, traité de la conservation de la santé. D'*hugiéiné*, saine ; fait d'*hugiéia*, ou d'*hugiéinos*, sain; dér. d'*hugiés*.

Hygiénique, médecine préservatrice.

Hygiététique, propre à conserver la santé.

Hygiocérame, poterie de terre salubre et fine, inventée par le sieur Fourmi. D'*hugiés*, sain, salubre, et de *kéramos*, poterie, vase de terre.

HYGROBAROSCOPE, aéromètre, sorte de pèse-liqueur. Du gr. *hugros*, humide, aqueux, de *baros*, poids, et de *skopéô*, je regarde, j'observe.

Hygroblépharique, conduit excrétoire de la grande lacrymale, près des paupières, et qui sert à humecter le globe de l'œil. D' —, et de *blépharon*, paupière.

Hygrocirsocèle, fausse hernie du scrotum, formée d'eaux et de varices. D' —, de *kirsos*, varice, et de *kélé*, hernie, tumeur.

Hygroclimax, balance comparative pour mesurer la pesanteur des liquides. D' —, et de *klimax*, *klimakos*, échelle, degré.

Hygrocollyre, collyre liquide pour les yeux. D' —, et de *kollurion*. Voy. Collyre, p. 179.

Hygrologie, traité des fluides du corps humain. D' —, et de *logos*, discours.

Hygrome, kiste aqueux.

Hygromètre, instrument qui sert à marquer les degrés d'humidité et de sécheresse de l'air. D' —, et de *métron*, mesure.

Hygrométrie, art de mesurer le degré d'humidité ou de sécheresse de l'air.

Hygrophobie, aversion des liquides. D' —, et de *phobos*, crainte. Voy. Hydrophobie, p. 429, col. 2.

Hygrophthalmique, qui sert à humecter l'œil. D' —, et d'*ophthalmos*, œil.

Hygroscope, instrument qui marque le degré d'humidité de l'air. D' —, et de *skopéô*, je regarde, je considère.

HYLOBIENS, anciens philosophes de l'Inde qui se retiroient dans les bois, les forêts, pour se livrer entièrement à la contemplation de la nature. Du gr. *hulé*, bois, forêt, et de *bios*, vie.

Hylotome, coupeur de bois; insecte hyménoptère, armé d'une tarière en forme de scie ou de râpe, avec laquelle il pratique des entailles dans le bois pour y déposer ses œufs. Du gr. *hulotomos*, bûcheron; comp. d'*hulé*, bois, et de *tomeus*, coupeur, fait de *temnô*, je coupe.

HYMEN, mariage, épithalame, chant nuptial; le dieu des noces ou les noces mêmes; la pellicule ou cercle membraneux à l'extrémité antérieure de la vulve chez les vierges, et qui se rompt lors de la défloration; petite peau qui enveloppe les boutons des fleurs. Du lat. *hymen*, fait du gr. *humén*, noce, mariage, et membrane, pellicule.

Hyménée, divinité qui présidoit aux noces; mariage. *Huménaios*.

Hyménéa, arbres à fleurs en corymbes terminaux.

Hyménode, membraneux, plein de membranes ou pellicules. *Huménôdés*, comp. d'*humén*, membrane, et d'*eidos*, forme, figure.

Hyménographie, description des membranes. D'*humén*, et de *graphô*, je décris.

Hyménologie, traité des membranes. D' —, et de *logos*, discours.

Hyménotomie, dissection des membranes du corps humain. D' —, et de *tomé*, incision; fait de *temnô*, je coupe.

HYMNE, poème qu'on chantoit en l'honneur des dieux et des héros, dans leurs solennités. Chez les anciens l'hymne se composoit de trois stances ou couplets; la strophe se chantoit en allant de l'orient à l'occident, l'antistrophe se chantoit en allant de l'occident à l'orient, enfin l'épode se disoit en s'arrêtant devant l'autel. Cantique d'église en l'honneur de Dieu et des saints. Du gr. *humnos*, chant; dér. de l'inusité *hudô*; je chante, au part. *hudomenos*, dont on a fait *huménos*, chanté, puis *humnos*, chant.

HYMNISTE, qui a fait des hymnes sacrées.

HYMNODE, chanteur d'hymnes dans les fêtes publiques des anciens. *Humnôdos*, composé d'*humnos*, hymne, et d'*ôdos*, chanteur; dér. d'*adô*, je chante.

HYMNOGRAPHE, compositeur d'hymnes. D' —, et de *graphô*, j'écris.

HYMNOLOGIE, chant, récitation des hymnes. D' —, et de *logos*, récit, discours.

HYOIDE, *hyosiloïde*, petit os fourchu, situé à la racine de la langue, en forme de la voyelle grecque Υ, *upsilon*, que les François remplacent par l'*y*, dans le milieu et à la fin, et par *hy*, au commencement des mots. Du gr. *huoeidès*, fait de la voyelle grecque Υ, *upsilon*, et d'*eidos*, forme, ressemblance, figure.

HYPER, préposition grecque qui forme un superlatif et une force augmentative; elle entre dans la composition d'un certain nombre de termes de sciences et d'arts. Du gr. *huper*, en lat. *super*, sur, au-dessus, par-dessus, au-delà.

HYPO, préposition grecque qui marque le contraire d'*hyper*, et l'abaissement, la soumission. Du gr. *hupo*, en lat. *sub*, sous, dessous, au-dessous.

HYPALLAGE, pour *hyppalage*, sorte de trope ou d'inversion vicieuse de mots; figure d'élocution, qui consiste dans un changement de construction. Du gr. *huppallagé*, changement, transposition, renversement; composé d'*hupo*, et d'*allagé*, changement; dér. d'*allattô*, changer.

HYPÉCOON, le cumen cornu, plante narcotique, rampante, qui croît parmi les blés. Du gr. *hupékoos*, soumis, flexible.

HYPERBATE, inversion de l'ordre naturel des mots dans le discours; figure fort employée dans la poésie. Du gr. *huperbaton*, fait d'*huperbainô*, passer outre; composé d'*huper*, au-delà, et de *bainô*, je vais.

HYPERBOLE, augmentation, exagération excessive; section d'un cône. Du gr. *huperbolé*, excès; fait d'*huperballô*, j'excède, je surpasse de beaucoup; composé d'*huper*, au-delà, et de *ballô*, je jette.

HYPERBOLIQUE, qui tient de l'hyperbole, qui exagère beaucoup.

HYPERBOLIQUEMENT, d'une manière hyperbolique.

HYPERBOLOÏDE, hyperbole définie par des équations dans lesquelles les termes de l'équation sont élevés à des degrés supérieurs. D'*huperbolé*, et d'*eidos*, figure, forme, ressemblance.

HYPERBORÉE, *hyperboréen*, peuple du nord, pays du septentrion. *Huperboréoi*, fait d'*huper*, plus, davantage, et de *boreas*, vent du nord. *Voy.* Borée, p. 87.

HYPERCRISE, crise violente et excessive dans une maladie. De *huper*, au-delà, et de *krisis*, crise. *Voy.* Crise, p. 211.

HYPERCRITIQUE, censeur outré; critique très-sévère. D'*huper*, et de *kritikos*.

HYPERDULIE, le culte qu'on rend à la Vierge, qui est d'un ordre supérieur à celui que l'on rend aux anges et aux saints. D'*huper*, au-dessus, et de *douléia*, servitude. *Voy.* Dulie, p. 256.

HYPERICUM, le millepertuis, plante bonne contre la pierre. Du gr. *hupérikon*.

HYPÉRICOÏDES, familles de plantes voisines de l'hypéricum.

HYPÉROSTOSE, nodus, tumeur d'un os. *Hupérostôsis*, fait d'*huper*, sur, et d'*ostéon*, os.

HYPERSARCOSE, chair saillante ou superflue, excroissance charnue, fongueuse, dans les plaies ou dans quelque partie du corps. *Hupersarkôsis*, d'*huper*, au-dessus, et de *sarx, sarkos*, chair.

HYPÈTHRE, temple des anciens, sans toit, à deux rangs de colonnes tout autour. Du grec *hupaithron*, composé d'*hupo*, sous, et d'*aithra*, l'air, exposé au grand air.

HYPNE, famille de mousses à feuilles. Du gr. *hupnon*, mousse des arbres.

HYPNOBATE, somnambule qui marche en dormant. D'*hupnos*, sommeil, et de *bainô*, je marche.

HYPNOBATASE, somnambulisme.

HYPNOLOGIE, règle du sommeil et des veilles; traité de leurs effets pour la conservation de la santé. D'*hupnos*, et de *logos*, discours.

HYPNOTIQUE, somnifère, drogue qui fait dormir. *Hupnôtikos*, fait d'*hupnoô*, j'assoupis, j'endors, dont la racine est *hupnos*.

HYPOCONDRE, chacune des parties latérales de la région supérieure du bas-ventre, sous les fausses côtes. Du grec *hupochondria*, fait d'*hupo*, sous, et de *chondros*, cartilage, parce que ces côtes sont presque toutes cartilagineuses; de là:

HYPOCONDRE, hypocondriaque, personne dont le cerveau est troublé par des vapeurs qui s'élèvent des hypocondres à la tête; personne bizarre, triste, mélancolique, qui se croit malade, et qui est toujours inquiète sur sa santé.

HYPOCONDRIAQUE, hypocondrie, maladie, affection des hypocondres.

HYPOCRAS, hyppocras, breuvage composé de vin, de sucre, de cannelle et autres ingrédients. En lat. *hypocratum*. On le dér. d'*hupo*, sous, et de *kratis*, mélange; fait de *kérannumi*, je mêle, comme le prouve Jault, et non pas d'Hippocrate, père de la médecine.

HYPOCRISIE, affectation, fausse apparence de piété, de probité feinte, mœurs austères simulées. D'*hupokrisis*, déguisement, feinte; dér. d'*hupokinomai*, je feins, je masque, je me déguise.

HYPOCRITE, qui a de l'hypocrisie, qui tient de l'hypocrisie; qui affecte des apparences de piété, de probité. Ce mot n'a pas dans notre langue la même acception que chez les Grecs. Les Athéniens désignoient sous le nom générique d'*hypocrites* les hommes de théâtre qui étoient obligés par état de prendre différents masques, et de représenter en public des mensonges et des fictions, embellis par la poésie et la musique.

HYPOMOCHLION, point d'appui d'un levier. Du gr. *hupomochlion*, fait d'*hupo*, sous, et de *mochlos*, levier.

HYPOPHASE, hypophasie, espèce de clignottement où les paupières se serrent. *Hupophasis*, fait d'*hupophainomai*, paroître en dessous; composé d'*hupo*, sous, et de *phainô*, je montre.

HYPOPHORE, ulcère fistuleux et profond sous la cornée. *Hupophora*, fait d'*hupo*, et de *pherô*, je porte, je conduis.

HYPOPYON, abcès de l'œil dans l'épaisseur de la cornée transparente. *Hupopuon*, fait d'*hupo*, et de *puon*, pus.

HYPOTHÉNUSE, côté opposé à l'angle droit. Du lat. *hypothenusa*, fait du gr. *hupo*, sous, et de *teinô*, je tends.

HYPOTHÈQUE, droit, assurance d'un créancier, sur les biens de son débiteur; biens fonciers offerts ou engagés pour garantir. Du gr. *hupothéké*, gages, chose sur laquelle une autre est imposée; fait d'*hupo*, sous, et de *tithémi*, placer.

HYPOTHÉQUER, donner pour hypothèque; soumettre à l'hypothèque.

HYPOTHÉCAIRE, qui a, ou qui est assuré par des hypothèques; qui y donne droit.

HYPOTHÉCAIREMENT, par une action hypothécaire.

HYPOXIS, plante de la famille des narcisses, à fleurs en étoiles et à feuilles aiguës. Du gr. *hupo*, presque, et d'*oxus*, aigu.

HYSOPE, hyssope, plante vivace, médicinale, incisive, fort amère et très-aromatique. Du lat. *hyssopus*; en grec *hussôpos*; en héb. *ésôb*; dér. de l'arabe *zoupha*.

I

I, neuvième lettre de l'alphabet, et troisième voyelle, étoit souvent employée par les Romains, pour l'E, le G et l'U. Elle devint aussi consonne, en alongeant le caractère par le bas, J. Chez les François, elle a deux valeurs différentes. Quand elle précède une consonne, elle se prononce en voyelle, et si elle est suivie d'une voyelle, elle devient consonne J, ou I tréma. Le J a été quelquefois substitué au G et au Z, à cause du rapport de leur prononciation.

I, comme lettre numérale, équivaloit au nombre cent; mais dans le nombre ordinaire, il marque seulement l'unité. Étant multiplié, il signifie autant qu'il est marqué de fois.

Chez les Latins I, pour *intercedo*, je m'oppose, j'interviens, étoit la prérogative des tribuns du peuple, à Rome, dont le principal pouvoir consistoit à s'opposer aux arrêts du sénat, et à tous les actes des autres magistrats.

IAMBE, pied de vers grec et latin, composé d'une brève et d'une longue; vers composé de ces pieds. Du lat. *iambus, iambicus*, fait du grec *iambos*.

IAMBIQUE, vers composés d'iambes.

DIIAMBE, pied de vers latin, composé de deux iambes. De *dis*, deux fois, et d'*iambos*.

IATRIQUE, la science de la médecine; ce qui la concerne; médecine des chevaux. Du gr. *iatriké*, médecine; dér. d'*iatreuô*, guérir.

IATRE, médecin. Du gr. *iatros*.

ARCHIATRE, nom donné au premier médecin. D'*arché*, primauté, puissance, et d'*iatros*, médecin.

IATRALEPTE, remède qui guérit par les frictions. Du gr. *iatreuô*, je guéris, et d'*aleiphô*, oindre, frotter.

IATRALEPTIQUE, partie de la médecine qui guérit par les frictions, les fomentations et autres remèdes extérieurs.

IATROCHIMIQUE, médecin qui se borne aux remèdes chimiques. D'*iatros*, et de *chéiméia*, chimie.

IATROPHYSIQUE, ouvrage qui traite de la physique, relativement à la médecine. D'*iatreuô*, guérir, et de *phusiké*, la physique.

IBIS, sorte de petite cigogne d'Égypte, qui dévore les serpents. Du grec et du lat. *ibis*.

ICHNEUMON, le rat de Pharaon ou d'Égypte, quadrupède de la grosseur d'un chat, qui fait la guerre aux serpents et aux crocodiles. Du latin *ichneumon*; fait du gr. *ichneuô*, suivre à la piste; dérivé d'*ichnos*, trace, piste, suite.

ICHNEUMON, genre d'insecte qui poursuit et détruit les chenilles.

ICHNEUMONES, mouches qui ne vivent que de chasse.

ICHNEUMONOÏDES, famille d'insectes hyménoptères, dans laquelle est compris le genre ichneumon. D'*ichneuô*, et d'*eidos*, forme, ressemblance.

ICHNOGRAPHIE, dessin ou plan géométral d'un édifice. Du gr. *ichnos*, trace, et de *graphô*, j'écris, je décris.

ICHNOGRAPHIQUE, de l'ichnographie.

ICHOR, sanie, ou sorte de sérosité âcre, qui découle des ulcères. Du grec *ichor*, pus, ou sang aqueux.

ICHOREUX, *ichoroïde*, âcre, séreux, qui ressemble à la sanie qui découle des ulcères.

ICHTHYITE, pierre sur laquelle est empreinte la figure d'un poisson. Du gr. *ichthus*, poisson.

ICHTHYOCOLLE, colle de poisson, qui se tire du grand esturgeon. D'*ichthus*, et de *kolla*, colle.

ICHTHYOLITHE, poisson pétrifié; pierre portant des empreintes de poissons. D'*ichthus*, et de *lithos*, pierre.

ICHTHYOLOGIE, partie de l'histoire naturelle, qui traite des poissons. D'*ichthus*, et de *logos*.

ICHTHYOLOGIQUE, concernant les poissons.

ICHTHYOLOGISTE, qui écrit sur les poissons.

ICHTHYOMANCIE, divination qui se faisoit en observant les entrailles de poisson. D'*ichthus*, et de *mantéia*, divination.

ICHTHYOPÈTRE, poisson pétrifié. D'*ichthus*, et de *pétros*, pierre.

ICHTHYOPHAGE, mangeur de poissons, qui vit de poissons. D'*ichthus*, et de *phagô*, manger.

ICHTHYOPHTHALMITE, sorte de pierre, dite œil de poisson. D'—, et d'*ophthalmos*, œil.

ICHTHYTE, pierre où l'on trouve une cavité qui a la figure d'un poisson.

ICI, *icy*, adverbe de lieu avec ou sans mouvement; en cet endroit, en ce lieu-ci. Du lat. *hic*, ou selon Henri Estienne, du gr. *ekei*.

ICONOCLASTE, briseur d'images; sectaires du viii° siècle qui combattoient le culte qu'on rendoit aux images des saints. Du lat. *iconoclasta*, fait du gr. *eikôn*, image, et de *klaô*, rompre, briser.

Iconographie, description des images, des tableaux, statues et monuments antiques. Du lat. *iconographia*, fait du grec *eikôn*, image, et de *graphein*, décrire.

Iconographe, qui décrit les monuments.

Iconographique, de l'iconographie.

Iconolatre, adorateur des images; nom donné aux catholiques par les iconoclastes. D'*eikôn*, et de *latris*, latrés, adorateur; serviteur.

Iconologie, explication des monuments antiques, des statues, camées et médailles représentant les dieux, demi-dieux, héros, etc. Du lat. *iconologia*; fait du gr. *eikôn*, et de *logos*, discours.

Iconologique, de l'iconologie.

Iconomane, qui a la manie des tableaux, des statues, des médailles, etc. D'*eikôn*, et de *mania*, passion, fureur.

Iconomaque, qui combat le culte des images. D'*eikôn*, et de *machomai*, combattre.

ICOSAÈDRE, solide régulier à vingt faces ou à vingt triangles équilatéraux et égaux entre eux. Du gr. *eikosi*, vingt, et de *hedra*; siége; base; face.

ICOSANDRIE, classe de plantes qui renferme celles dont la fleur a depuis douze jusqu'à vingt étamines ou parties mâles. Du gr. *eikosi*, vingt, et d'*ander*, *andros*, mari.

Icosandre, *icosandrie*, qui appartient à cette classe.

ICTÈRE, jaunisse, épanchement de bile. Du gr. *icteros*, dérivé d'*hikô*, je viens promptement.

Ictérique, attaqué de la jaunisse; remède pour guérir cette maladie.

ICTIS, sorte de fouine, petit animal carnivore de la Sardaigne. Du lat. *ictis*, fait du gr. *iktis*, martre, belette sauvage.

IDA, montagne d'Asie dans l'île de Crète. *Mons Idæus*, que l'on dérive du gr. *eideô*, j'aperçois.

IDE, sorte de poisson blanc du genre du cyprin. Du lat. *idus*.

IDÉE, perception de l'âme par les sens; image ou représentation d'une chose dans l'esprit. Du lat. *idea*, dér. du gr. *idea*, fait du verbe *eidô*, voir, savoir, parce que c'est par l'idée que l'esprit aperçoit les choses et les connoît.

Idéal, imaginaire, chimérique, qui n'existe qu'en idée.

Idéalisme, système de ceux qui voient en Dieu les idées de toutes choses.

Idem, de même, le même. Du lat. *idem*.

Identifier, comparer deux choses sous une même idée. *Identificare*.

Identique, qui est semblable, qui ne fait qu'un avec un autre.

Identiquement, d'une manière identique.

Identité, ressemblance des idées; qualité des choses identiques. *Identitas*.

Idéologie, partie de la métaphysique qui traite des idées ou des perceptions de l'âme. Du gr. *idea*; idée, et de *logos*.

Idéologue, métaphysicien versé dans la science des idées.

IDES, division du mois chez les Romains, le quinze de mars, de mai, de juillet et d'octobre, et le treize des autres mois. Du lat. *idus; iduum, idibus*, que l'on dérive de l'étrusque *iduare*; diviser.

IDIOCRASE, tempérament particulier à un individu. Du gr. *idios*, propre, particulier, et de *krasis*, tempérament, dérivé de *kérannumi*, mêler, tempérer.

IDIOGYNE, étamines séparées du pistil ou organe femelle. Du gr. *idios*, propre, particulier, et *guné*, femme, femelle.

IDIOME, manière particulière de parler une même langue; dialecte, jargon ou variété d'une langue propre à quelque contrée. Du lat. *Idioma*, fait du gr. *idioma*, propriété; dér. d'*idios*, propre, particulier.

Idiot, dépourvu d'intelligence, qui n'a rien étudié, qui n'est propre à aucun emploi. Du lat. *idiota*, fait du gr. *idiôtés*, populaire, qui est du peuple; ignorant, stupide.

Idiotisme, manière de parler adaptée au génie propre d'une langue; sorte d'imbécillité qui prive des facultés de l'entendement; ignorance crasse; dénuement d'idées.

IDIOPATHIE, maladie propre à une partie du corps; affection particulière qu'on a pour une chose. Du gr. *idios*, propre, particulier, et de *pathos*, affection, maladie.

IDIOPATHIQUE, de l'idiopathie.

IDOINE, apte, capable, qui convient à une chose, propre à une chose. Du lat. *idoneus*.

IDOLE, statue, figure, image d'une fausse divinité que l'on adore; objet d'une passion extrême. Du gr. *eidôlon*, dér. d'*eidos*, forme, figure, représentation, ressemblance, dér. d'*eidô*, je vois.

IDOLATRE, qui adore les idoles, qui aime à l'excès. Du gr. *eidôlatrés*, fait d'*eidôlon*, et de *latris*, serviteur, adorateur.

IDOLATRIE, culte des idoles ou des dieux de l'antiquité. D'*eidôlatréia*.

IDOLATRER, adorer les idoles; aimer passionnément.

IDOLATRIQUE, de l'idolâtrie.

IDUMÉE, pays qui tire son nom d'*Edona*, ou d'Ésaü, fils d'Isaac. Les habitants qui, depuis, se fondirent dans la masse des Juifs, sont connus sous les noms d'*Édomites*, d'*Iduméens*.

IDYLLE, petit poëme pastoral de la nature de l'églogue. Du lat. *idyllium*. fait du gr. *eidullion*, dim. d'*eidos*, image, représentation.

IGNÉ, de la nature du feu. D'*igneus*, fait d'*ignis*, feu.

IGNÉOLOGIE, traité sur le feu. D'*ignis*, feu, et de *logos*, discours.

IGNESCENT, qui est en feu; embrasé. *Ignescens*.

IGNICOLE, qui adore le feu.

IGNIFÈRE, qui porte, qui transmet, qui transporte le feu. D'*ignis*, et de *fero*, je porte.

IGNITION, état d'un métal rougi au feu. *Ignitio*.

IGNIVOME, qui vomit le feu. D'*ignis*, et de *vomere*.

IGNIVORE, charlatan qui prétend avaler du feu. D' —, et de *vorare*, manger, dévorer.

IL, pronom qui désigne la troisième personne. Du lat. *ille*.

ILÉON, *iléum*, le troisième et le plus long des intestins grêles. Du gr. *eiléon*, dér. d'*hiléin*, entortiller, tourner, parce que cet intestin fait un grand nombre de circonvolutions.

ILES, os du bassin; parties latérales du bas-ventre. Du lat. *ilia*, fait d'*eiléon*.

ILÉOCOLIQUE, qui a rapport à l'intestin iléon et au colon. *Voy*. COLON, p. 219.

ILÉOLOGIE, traité des intestins. D'*eiléon*, et de *logos*, discours.

ILÉOSIE, colique venteuse avec convulsion de l'intestin.

ILIAQUE, parties qui ont rapport à l'iléon et aux os des îles; maladie dont le siége est dans l'iléon.

ILION, os des hanches; l'ilion, l'ischion et l'os pubis, qui n'en font qu'un chez les adultes.

ILION, la ville de Troie, si fameuse dans les temps héroïques. Du gr. *Ilion*.

ILIADE, poème attribué à Homère sur la guerre de Troie. D'*Ilias*, fait d'*Ilion*.

ILIAQUE (table), fragment de bas-reliefs, contenant l'histoire de la guerre de Troie.

ILLEC, lui, lui-même, celui-ci, celle-là; en cet endroit. Du lat. *ille*, *illic*.

IMAGE, représentation d'un objet, dessinée, peinte, gravée, sculptée; ressemblance, idée, tableau d'imagination; estampe, gravure sans mérite, pour l'amusement des enfants. Du lat. *imago*, que Festus dér. d'*imitari*, imiter, comme si l'on disoit *imitago*, parce que l'image imite l'objet qui le représente. M. Morin prétend que le mot *imago* viendroit du gr. *ekmageion*, qui a la même signification, et qui seroit formé de *ek*, et de *massô*, je pétris, parce que les premières images, dit-il, furent faites de terre glaise qu'on pétrissoit.

IMAGER, marchand d'images et de gravures.

IMAGINER, se former dans l'esprit l'image ou l'idée d'une chose sans modèle sous les yeux; inventer, croire, se persuader sans fondement.

IMAGINABLE, qu'on peut imaginer, se figurer, croire.

IMAGINAIRE, qui n'a rien de réel, qui n'est que dans l'imagination. *Imaginarius*.

IMAGINATIF, qui imagine aisément.

IMAGINATION, art d'imaginer, faculté de l'âme qui peint les objets; opinion sans fondement, chimère.

Inimaginable, qui ne peut s'imaginer.

Imaginative, faculté d'imaginer, d'inventer.

Imiter, prendre pour image, pour modèle, chercher à prendre la ressemblance; saisir la manière d'un peintre; le style d'un écrivain. Du lat. *imitare.*

Imitable, qu'on peut imiter, qui peut être imité. *Imitabilis.*

Imitateur, *imitatrice*, qui cherche à imiter. *Imitator, imitatrix.*

Imitatif, qui imite, qui a la faculté d'imiter.

Imitation, action, art d'imiter, chose imitée. *Imitatio.*

Inimitable, qu'on ne peut imiter, qui ne peut être imité. *Inimitabilis.*

IME, terminaison latine employée dans le langage familier, pour exprimer le superlatif. En tirant leur superlatif du mot *imus*, le fond, le plus profond, les Latins ont fait *infimus*, le plus bas, et les François:

Infime, le dernier, le plus petit.

IMMARCESCIBLE, incorruptible, qui ne peut se flétrir. *Immarcescibilis*, que l'on dit être dérivé d'*amarus.*

IMMOLER, sacrifier à ....; offrir en sacrifice. Du lat. *immolare*, que l'on dit venir de *mola*, gâteau de farine ou de pâte salée que l'on faisoit manger à la victime destinée à être offerte aux dieux, ou que l'on émioit sur son front avant de la dévouer aux autels.

Immolation, action d'immoler. *Immolatio.*

IMPÉRIT, ignorance dans sa profession; neuf en toutes choses. Du lat. *imperitus*, maladroit, inexpérimenté; fait d'*imperitare*, fréquentatif d'*imperare*, pour *in parere*, préparer.

Impéritie, ignorance dans sa profession; manque complet d'habileté, de connoissance. *Imperitia.*

IMPÉTRER, obtenir par requête ou à force de sollicitations. *Impetrare.*

Impétrable, qu'on peut impétrer. *Impetrabilis.*

Impétrant, qui impètre, obtient. *Impetrans.*

Impétration, action d'impétrer. *Impetratio.*

IMPÉTUEUX, violent, rapide, qui se porte avec vitesse vers un endroit, au physique et au moral. *Impetuosus.*

Impétueusement, d'une manière impétueuse. *Impetuosè.*

Impétuosité, qualité de ce qui est impétueux; rapidité, violence, feu, vivacité extrême. *Impetuositas.*

IMPRÉGNER, charger une substance, une liqueur de substances étrangères. Du lat. *imprægnare*, dér. de *gignere*, devenir grosse, enceinte.

Imprégnable, qui peut être imprégné.

Imprégnation, action d'imprégner. *Imprægnatio.*

IN, préposition latine qu'on place au-devant de la désignation des différents formats des livres.

INANITÉ, vanité, futilité, inutilité. D'*inanitas*, fait d'*inanis*, vide, où il n'y a rien; dér. du gr. *inéô*, je vide, je purge.

Inanition, état d'une personne qui a faim, qui a l'estomac vide. *Inanitio.*

INCANDESCENCE, état d'un corps pénétré de feu jusqu'à devenir blanc. *Incandescentia*, fait d'*incandescere*, devenir tout en feu, s'embraser; dér. de *candidus*, blanc.

Incandescent, qui est en incandescence; chauffé à blanc. *Incandescens.*

INCHOATIF, *incoatif*, qui annonce ou exprime le commencement d'une action. Du lat. *inchoativus*, fait d'*inchoare*, ébaucher, commencer; dér. du gr. *chaos*, chaos, principe du monde. *Voy.* Cave, p. 129.

INCULQUER, imprimer une chose dans l'esprit à force de la répéter. Du lat. *inculcare*, dér. de *calcare*, fouler aux pieds.

Inculcation, action d'inculquer; ses effets. *Inculcatio.*

INCUNABLE, édition de l'enfance de l'imprimerie, au XVe siècle. Du lat. *incunabulum*, berceau.

INCUSE, médaille gravée en creux sur une face ou sur les deux. D'*incusus*, battu, piqué avec le marteau; fait d'*incutere*, frapper; formé de *in quatio*, secouer.

INDE, vaste pays de l'Asie; couleur bleue; tirée de l'indigo; sorte de bois pour la teinture. *India.*

Indien, *indous*, qui est de l'Inde, qui en vient. *Indus*, fait du gr. *indikos.*

Indienne, toile de coton peinte à l'imitation de celles de l'Inde.

Indicolithe, sorte de tourmaline de

couleur bleue d'indigo. D'*indikos*, et de *lithos*, pierre.

INDOSTAN, pays des Indes orientales.

INDIGO, fécule bleue, tirée de l'indigotier. *Indicum.*

INDIGOTIER, arbuste des deux Indes, qui fournit l'indigo.

INDIGOTERIE, lieu où l'on cultive et prépare l'indigo.

DINDE, poule d'Inde.

DINDON, coq d'Inde; homme bête.

DINDONNEAU, petit dindon.

DINDONNIER, *dindonnière*, qui garde les dindons; fille de campagne.

DINDONNADE, pustules, petite vérole des dindons.

INDÉHISCENCE, privation de la faculté de s'ouvrir. Du lat. *indehiscentia*, fait d'*hiscere*, s'ouvrir, s'entr'ouvrir, se fendre; dér. d'*hiare*, bâiller; qui vient du gr. *chaô*.

INDÉHISCENT, péricarpe qui ne s'ouvre point.

INDÉLÉBILE, qui ne peut être effacé. *Indelebilis.*

INDÉLÉBILITÉ, propriété de ce qui ne peut être effacé.

INDEX, second doigt de la main qui sert à indiquer; table d'un livre latin; catalogue des ouvrages prohibés dans les états du pape. Du lat. *index*, fait du gr. *deikô*, je montre.

INDIQUER, montrer avec le doigt, désigner, faire connoître, enseigner. Du lat. *indicare*, *indicere*, dér. du gr. *endeikô*, d'où vient *endeiknumi*, montrer, marquer, faire voir.

INDICATEUR, qui indique, qui fait connoître; doigt index, son muscle. *Indicator.*

INDICATIF, qui indique; premier mode d'un verbe. *Indicativus.*

INDICATION, action d'indiquer; signe qui indique. *Indicatio.*

INDICE, signe apparent et probable d'une chose; catalogue de livres; sorte de dictionnaire. *Indicium.*

INDICIBLE, qui ne peut être dit ou exprimé par les paroles.

INDICTION, convocation à jour fixe; période de quinze années. D'*indictio*, impôt, accroissement de subsides.

INDICTIVES, fêtes romaines, indiquées par le magistrat.

INDICULE, petit indice; ce qui montre, annonce, enseigne. *Indiculum.*

COÏNDICANTS, signes qui concourent avec les signes particuliers de la maladie.

COÏNDICATION, connoissance de signes autorisant l'indication que l'on avoit prise; concurrence des signes coïndicants. *Voy.* DIRE, p. 242.

LANDI, *landit*, * *lendit*, pour l'*andi*, l'*andit*, l'*endit*; on appeloit ainsi la foire de Saint-Denis ou le *landit*, mot corrompu du lat. *indictum*, le temps où les écoliers payoient les honoraires à leurs professeurs; et puis congé, temps des vacances, divertissement, joie, plaisir. Cette foire, qui paroît avoir pris naissance en 1109, s'ouvroit au mois de juin, le mercredi d'avant la Saint-Barnabé, par la bénédiction de l'évêque de Paris. Un morceau du bois de la vraie croix, apporté dans la capitale, donna lieu à l'établissement du landit. La cathédrale que l'évêque Maurice de Sully fit abattre cinquante ans après n'avoit pas la moitié de l'étendue de l'église Notre-Dame, et ne pouvoit contenir qu'une très-petite partie des habitants de Paris et des environs. Ces derniers étoient souvent obligés de s'en retourner chez eux sans avoir vu la précieuse relique. Pour obvier aux accidents sans nombre qui résultoient de la foule immense rassemblée dans un espace beaucoup trop petit, il fut convenu que le fragment de la vraie croix, apporté par l'évêque, suivi de son clergé et précédé de tous les religieux, seroit exposé à la vénération des fidèles dans la plaine située entre la Chapelle, Aubervilliers et Saint-Denis, dont le prélat étoit seigneur suzerain. Le second mercredi du mois de juin fut fixé pour cette cérémonie, et comme l'on étoit dans l'usage, en ce jour, de célébrer le jeûne des Quatre-Temps, chacun, après la prière, se rendoit dans les auberges pour apaiser la soif et la faim qui devoient le dévorer. Les marchands de comestibles, attirés par l'espoir du gain, allèrent s'établir en foule dans un endroit où ils ne pouvoient manquer de faire un bénéfice considérable. L'affluence du peuple fut cause que les marchands élevèrent des loges ou plutôt des cabanes sur le territoire de l'abbaye de Saint-Denis. Les religieux parvinrent, après plusieurs contestations, à tirer quelques droits sur ceux qui apportoient des marchandises à cette foire, qui, d'abord, n'avoit lieu que pendant trois jours. Ils demandèrent que la durée du landit fût assimilée à celle de leurs autres grandes foires, et moyennant une somme de quarante livres, qui reviendroient à sept ou huit cent livres de nos jours, Pierre de Nemours, évêque de Paris, par une charte de l'année 1212, consentit à la demande des religieux; il s'engagea pour lui et pour ses successeurs à n'y plus former d'opposition. Philippe-Auguste, avec son conseil, régla les conditions du loyer des loges, afin que les marchands ne fussent point tourmentés par les abbés de Saint-Denis qui, néanmoins, élevoient souvent des contestations dans lesquelles nos rois furent presque toujours obligés de céder. Enfin ces bons religieux suscitèrent tant de querelles et de difficultés, que les évêques de Paris consentirent à ne plus reparoître dans la cérémonie, à condition que les abbés de Saint-Denis ne s'y montreroient plus. Ces derniers étoient devenus maître du terrain vers le commencement du xive siècle, et la foire devint bien plus considérable qu'elle ne l'avoit été. Les voleurs s'y trouvoient en grand nombre, et l'on fut obligé de prendre des mesures sévères pour les empêcher d'exercer leur industrie.

Les registres du Parlement ne donnent aucun détail sur ce que cette compagnie alloit faire au landit, lorsqu'elle se mit dans l'usage de s'y transporter; mais l'Université, qui avoit été établie sur des bases respectables, dans le xiie siècle, venoit y prendre part. Les écoliers et leurs régents se rendoient d'abord à cheval sur la place de Sainte-Geneviève, et de là marchoient en corps au landit, précédés du recteur qui se tenoit à la tête du cortége. Comme le parchemin et le velin étoient les matières dont on se servoit le plus communément pour écrire, il s'en faisoit un débit considérable à cette foire. Le recteur alloit lui-même faire sa provision pour tous ses colléges, et les marchands ne pouvoient en acheter qu'après que l'Université avoit levé la quantité qui lui étoit nécessaire. Les régents et les écoliers escortoient donc à cheval le chef de la *fille de nos rois*, et cette longue cavalcade se terminoit rarement sans effusion de sang. Des gens sans aveu, des laquais, des filles habillées en hommes se joignoient au cortége et devenoient la source d'une infinité de désordres. C'est en vain que le Parlement lança des arrêts pour y remédier; l'on ne parvint à les faire cesser que lorsqu'on eut transporté en 1444 le lieu de la foire dans la ville de Saint-Denis. Le papier, dont l'usage devint assez commun dans le xve siècle, rendit le landit beaucoup moins fréquenté, et les troubles de la Ligue contribuèrent à son entière suppression.

Je terminerai par une anecdote assez plaisante sur la ville de Saint-Denis. Avant l'introduction de l'indigo en Europe, on se servoit pour teindre en bleu d'une sorte de plante appelée guède (*isatis tinctoria*). On en faisoit un grand commerce à Saint-Denis, et la place où elle se vendoit avoit reçu le nom de *marché aux guèdes*. Cette place est à l'entrée de la ville par la route de Paris, la première maison à droite; mais l'écrivain du tableau indicatif des rues ne comprenant pas ce mot de *guèdes*, l'a, par une ignorance assez commune dans nos villes et même à Paris, changé en celui de *guêtres*, en sorte que l'on lisoit *marché aux guêtres*. En passant par Saint-Denis je fus frappé de cette faute grossière; j'en écrivis de suite au maire, qui, sans daigner me répondre, fit substituer à la dénomination ridicule qui existoit, celle plus ridicule encore de *gueldres*; et maintenant on lit *place aux gueldres*.

INDIGENCE, grande pauvreté sans bassesse; besoin, nécessité, disette. Du lat. *indigentia*.

INDIGENT, extrèmement pauvre, nécessiteux, qui a besoin. *Indigens*, fait d'*indigere*, avoir besoin, que l'on dér. d'*indè*, sans, *genere*, produire. *Voyez* GENRE, p. 365, col. 1.

INDIVIDU, une personne; être particulier de chaque espèce en général. Du lat. *individuus*, indivisible, qui ne peut être divisé; fait d'*individuum*, atome, chose indivisible. *Voyez* DEUX, p. 233, col. 1.

INDIVIDUALISER, considérer individuellement; séparer, abstraire de l'espèce.

INDIVIDUALISATION, action, opération d'individualiser: ses effets; état de l'objet individualisé.

INDIVIDUALITÉ, qualité, état de l'individu; ce qui le constitue.

INDIVIDUEL, personnel; de l'individu; qui a rapport à lui. *Individuus.*

INDIVIDUELLEMENT, d'une manière individuelle. *Individuè*, sans pouvoir diviser.

INDULGENCE, bonté, facilité à excuser, à pardonner, à pallier les torts de quelqu'un. Du lat. *indulgentia*, douceur, condescendance; fait d'*indulgere*, dér. du privatif *in*, et d'*urgere*, presser.

INDULGEMMENT, avec indulgence, avec bonté. *Indulgenter, indulgentissimè.*

INDULGENT, qui a de l'indulgence, qui pardonne aisément. *Indulgens.*

INDULGER, traiter avec indulgence. *Indulgere.*

INDULT, concession d'un prince; grâce accordée par le pape; ancien droit du roi d'Espagne sur les produits de l'Amérique importés dans ses états. D'*indultum*, privilége; fait d'*indulus*, grâce, pardon.

INDULTAIRE, qui a droit à un bénéfice en vertu d'un indult.

INDUSIUM, sorte de vêtement que les dames romaines portoient sur la peau. Du lat. *indusium*, fait d'*induere*, vêtir; dér. du gr. *induô*, mettre sur soi. D'autres le tirent d'*intus*, intérieurement.

INDUT, personnage muet, seulement habillé, assistant un diacre ou sous-diacre officiant aux messes hautes. D'*indutus*, vêtu, revêtu; fait d'*indusium*, habillement.

INÉBRANLABLE, que rien ne peut ébranler.

INÉBRANLABLEMENT, avec une fermeté à l'épreuve. *Voy.* BRANLER, p. 95.

INEPTE, sans nulle aptitude à; impertinent, absurde; gauche, maladroit. *Ineptus*, sot, ridicule. *Voy.* APTE, p. 35.

INEPTIE, défaut total d'aptitude; discours, action inepte. *Ineptia*, sottise, niaiserie.

INEPTEMENT, par ineptie. *Ineptè*, sottement.

INERME, plante sans armes, sans piquants, sans épines. Du lat. *inermis*, fait du priv. *in*, sans, et d'*arma*, arme. *Voy.* ARME; p. 41.

INERTE, matière sans ressort, sans activité; qui manque d'énergie, d'activité. Du lat. *iners, inertis*, composé du priv. *in*, sans, et d'*ars*, art, qui n'exerce aucun art, sans industrie. *Voy.* ART, p. 43.

INERTIE, défaut de ressort; indolence, inaction; manque d'activité, d'énergie. *Inertia.*

INEXTIRPABLE, qu'on ne peut extirper. *Voy.* EXTIRPER, p. 299.

INFUNDIBULE, *infundibuliforme*, feuille en forme d'entonnoir. Du lat. *infundibulum*, entonnoir.

INHIBER, prohiber, défendre, empêcher, arrêter, retenir. Du lat. *inhibere.*

INHIBITION, défense, prohibition. *Inhibitio*, action de retirer, de ramener en arrière.

INHIBITOIRE, qui prohibe, arrête, retient. *Inhibitorius.*

INIQUE, sans équité; injuste à l'excès; contraire à l'équité. Du lat. *iniquus*, inégal, raboteux, rude, difficile; composé du priv. *in*, et d'*œquus*. *Voy.* ÉGAL, p. 268.

INIQUITÉ, méchanceté; action contre les lois, la probité; injustice criante. *Iniquitas.*

INIQUEMENT, avec iniquité, d'une manière inique. *Iniquè*, injustement.

INITIER, admettre aux cérémonies secrètes, à la connoissance des mystères d'une association, aux secrets d'une science; enseigner, instruire. Du lat. *initiare*, chercher à pénétrer, à connoître, introduire; fait d'*initium*, commencement.

INITIAL, mis, placé au commencement. *Initialis.*

INITIATIF, qui laisse, qui donne l'initiative.

INITIATION, action d'initier ou d'être initié. *Initiatio.*

INITIATIVE, liberté du choix.

INITIÉ, admis aux mystères, reçu dans une société particulière. *Initiatus.*

COMMENCER, entreprendre, entamer, se mettre à faire; prendre ou donner les premières leçons; faire pour la première fois. De l'it. *cominciare*, fait de la part. *cum*, avec, et d'*initiare.*

COMMENÇANT, qui commence, qui est

aux premiers éléments d'un art, d'une science.

COMMENCEMENT, action de commencer; principe, première partie.

RECOMMENCER, commencer, faire de nouveau.

INNOCENCE, état d'ignorance du mal et du bien; ignorance; simplicité niaise. Du priv. *in*, et de *noscere*, connoître; dér. du gr. *gnósko*. Voy. CONNOÎTRE, p. 186, et NUIRE.

INNOCENT, qui ne sait point, qui est d'une simplicité ridicule.

INSÉRER, mettre parmi; faire entrer dans. D'*inserere*, fait de *sero*, je sème.

INSERTION, action d'insérer; addition d'une lettre dans un mot, d'un mot dans une phrase, d'un article dans un livre, dans un journal; liaison entre les parties des plantes. *Insertio*.

ASSERTION, proposition qu'on établit et qu'on soutient vraie; affirmation en justice. *Assertio*.

ENTE, greffe, scion d'arbre greffé sur un autre arbre; manche de pinceau; peau d'oiseau empaillé. *Insitis, insitum*.

ENTER, greffer, faire une ente. *Inserere*.

ENTOIR, couteau pour enter.

ENTURE, endroit où l'on a enté; pièces de bois de charpente, de bois de traverse formant échelons.

INSTINCT, sentiment naturel, irréfléchi, par lequel agissent les animaux; facultés intellectuelles propres à leur conservation; mouvement avant la réflexion; conscience du bien ou du mal, physique ou moral. Du lat. *instinctus*, fait d'*instinguere*, *instigare*, dont le primitif *stingo* ou *stigo* dér. du gr. *stizô*, piquer, exciter, animer.

INSTINCTIF, par instinct, qui en procède.

INSTINCTIVEMENT, par instinct.

INTERCALER, insérer une chose dans une autre; ajouter un jour à février, une ligne dans un compte, une phrase dans un écrit. Du lat. *intercalare*, formé d'*inter*, entre, et de *calare*, appeler, insérer; dér. du gr. *kalein*, appeler en haussant la voix. Voy. CALENDES, p. 112.

INTERCALAIRE, inséré dans; jour ajouté au mois de février dans les années bissextiles. *Intercalaris*, ainsi nommé, parce qu'il étoit annoncé par les pontifes qui faisoient la cérémonie de l'intercalation.

INTERCALATION, action d'insérer un jour dans un mois, comme il arrive dans les années bissextiles. Cet usage fut établi par Numa. *Intercalatio*.

INTERCALATEUR, qui fait des intercalations. *Intercalator*.

INTERCEPTER, surprendre par ruse; s'emparer par surprise d'une chose envoyée; interrompre le cours, la communication. Du lat. *intercipere*.

INTERCEPTION, surprise, larcin; action d'intercepter; interruption du cours. *Interceptio*.

INTERCUTANÉ, qui est entre cuir et chair. *Intercus*, de *cutis*, peau.

INTERDIRE, défendre quelque chose à quelqu'un avec autorité suffisante; priver judiciairement de l'administration de son bien; déconcerter. D'*interdicere*, enjoindre, ordonner, commander. Voy. DIRE, p. 242.

INTERDICTION, action d'interdire, suspension des fonctions; privation judiciaire de l'administration de ses biens. *Interdictio*, ordre, défense.

INTERDIT, qui est mis en interdiction judiciaire. *Interdictus*.

INTÉRÊT, *intérest*, ce qui importe, convient à l'honneur, à l'utilité; lucre, profit, rapport d'un capital prêté; sentiment de bonne volonté, de bienveillance, de sollicitude; impression vive que laisse un chef-d'œuvre; ce qui attache, satisfait. Du lat. *inter est, fuit, esse*, verbe imperson., il importe, il est de l'intérêt; formé d'*inter*, entre, et d'*esse*, être.

INTÉRESSANT, qui intéresse, qui excite l'attention, la curiosité; qui prévient en sa faveur.

INTÉRESSÉ, fort attaché à ses intérêts, mu par l'intérêt; qui a un intérêt dans une chose, une affaire.

INTÉRESSER, donner un intérêt; faire entrer dans une affaire pour avoir part au profit; présenter l'appât du gain; inspirer, donner de l'intérêt; fixer la curiosité.

DÉSINTÉRESSER, mettre hors d'intérêt en indemnisant.

DÉSINTÉRESSÉ, détaché de l'intérêt personnel; qui n'a aucun intérêt pour ou contre.

DÉSINTÉRESSEMENT, détachement de l'intérêt personnel.

DÉSINTÉRESSEMENT, adv., sans vue d'intérêt personnel.

INTÉRIEUR, le dedans, qui est en dedans; vie privée, ménage, conscience. Du lat. *interior*, qui vient du gr. *entos*, *enteron*, de même que le lat. *inter*, *intra*, *intùs*.

INTERNE, qui est dans l'intérieur. *Internus*.

INTÉRIEUREMENT, au dedans, d'après la conscience.

EXTERNE, qui est du dehors; écolier qui ne demeure point dans sa pension. *Externus*.

EXTÉRIEUR, qui est au dehors, partie en dehors. *Exterior*.

EXTÉRIEUREMENT, à l'extérieur.

ENTRE, préposition qui marque la place, le milieu; parmi, dans. Du lat. *inter*, fait du gr. *entos*.

ENTRAILLES, les intestins, les viscères, toutes les parties renfermées dans le corps de l'animal. De la bass. lat. *enteralia*, dér. du gr. *entera*, plur. d'*enteron*.

ENTÉRITIS, *entérite*, inflammation des intestins. D'*enteron*.

ENTÉROCÈLE, hernie intestinale, descente des intestins dans l'aine. Du gr. *enterokélé*, fait d'*enteron*, et de *kélé*, tumeur.

ENTÉROLOGIE, traité sur les viscères. D'*enteron*, et de *logos*, discours.

ENTRER, passer du dehors au dedans; pénétrer, servir à faire. Du lat. *intrare*.

ENTRANT, insinuant, engageant.

ENTRÉE, action d'entrer; lieu par où l'on entre; réception solennelle; droit de séance, d'admission gratuite; commencement; premiers mets servis dans un repas; droit prélevé sur les marchandises, les vivres aux portes des villes; ouverture d'un opéra; division d'un ballet. *Introïtus*.

INTROÏT, le commencement de la messe.

INTIME, très-intérieur, qui est bien avant; ami particulier avec lequel on est étroitement lié. Du lat. *intimus*, formé d'*intùs*, dér. du gr. *entos*, et de *manere*, demeurer.

INTIMITÉ, liaison intime, liaison étroite d'amitié.

INTIMEMENT, d'une manière très-intime; intérieurement et profondément. *Intimè*.

INTIMER, signifier, faire connoître, notifier; appeler en justice; parce que l'on signifie l'appel à la partie qui a obtenu gain de cause. Du lat. *intimare*, qui, dans les auteurs du moyen âge, a été employé dans cette signification, c'est-à-dire, *in intimos sensus inducere*.

INTIMÉ, défendeur en cause d'appel.

INTIMATION, action d'intimer.

INTERSTICE, intervalle obligé de temps; espace entre les molécules des corps. *Interstitium*, composé d'*inter* et de *sisto* ou *sto*, je suis placé; dér. du gr. *stao*.

INTESTIN, qui est ou qui se passe au dedans du corps; canal membraneux qui s'étend de l'estomac à l'anus. Du lat. *intestinus*, intérieur; composé d'*intùs*, au dedans, et de *sto*, je suis placé.

INTESTINAL, concernant les intestins; qui appartient aux intestins.

VENTRE, partie du corps qui renferme les intestins. Du lat. *venter*, fait du gr. *enteron*, en éolique *venteron*; parce que le ventre renferme les intestins.

VENTRÉE, portée d'un animal; les petits qu'une femelle fait en une fois.

VENTRICULE, poche ou espèce de sac renfermé dans le corps des animaux ruminants. *Ventriculus*.

VENTRIÈRE, sangle pour tenir le ventre. Jusqu'à la fin du XVIᵉ siècle, on donna le nom de *ventrière* aux sages-femmes, nom bien plus conforme à leur profession.

VENTRILOQUE, homme qui semble parler du ventre ou dans un très-grand éloignement. *Ventriloquus*, composé de *venter*, et de *loqui*, parler.

VENTROUILLER, se vautrer sur le ventre.

VENTRU, qui a un gros ventre. *Ventrosus*.

ÉVENTRER, fendre le ventre, tirer les intestins du ventre d'un animal. En lat. *exentero*, fait du gr. *exentérisô*, formé d'*enteron*, intestin.

SOUS-VENTRIÈRE, courroie qui passe sous le ventre du cheval limonier.

DYSSENTERIE, dévoiement avec douleurs d'entrailles; espèce de flux de sang. Du gr. *dusentéria*, fait de *dus*, difficilement, avec peine, et d'*enteron*, entrailles; difficulté des intestins.

Dyssentérique, qui est atteint de la dyssenterie; qui lui appartient.

Intérim, pour le présent, en attendant, durant ce temps-là; l'entre-temps où l'intervalle de temps entre une chose et une autre. Du latin *interim*.

Intérimaire, de l'intérim, pendant l'intérim.

Intérimistes, luthériens attachés au formulaire provisoire de 1548.

Interpeller, sommer de répondre sur la vérité d'un fait. Du lat. *interpellare*, interrompre, couper la parole; troubler, importuner.

Interpellateur, celui qui interpelle. *Interpellator*, fâcheux, importun.

Interpellation, action d'interpeller; sommation de répondre sur un fait. *Interpellatio*, interruption.

Interprète, les anciens donnoient le nom d'*interprès* au proxénète, à l'entremetteur, au courtier qui négocioit un marché entre deux personnes, à celui qui expliquoit les prix entre les vendeurs et les acheteurs qui n'entendoient pas la langue l'un de l'autre. On s'en servoit dans les comices pour faire des conventions en cas que le suffrage fût accordé. Il y en avoit à Rome qui expliquoient au sénat les discours des ambassadeurs qui ne savoient pas le latin. D'autres accompagnoient les consuls qui commandoient dans les provinces, afin d'expliquer leurs ordres aux administrés, parce qu'il étoit défendu aux magistrats de parler autrement que latin dans l'exercice de leurs fonctions. Aujourd'hui *interprète* est celui dont l'emploi est de rendre verbalement ou par écrit, dans une autre langue, les expressions d'un discours, d'une pièce diplomatique; traducteur qui en est chargé dans une légation, qui éclaircit le sens d'un auteur, qui fait connoître, qui énonce les volontés d'un autre, qui explique les présages et exerce les divinations. Du lat. *interpres*, *interpretator*, fait d'*interpretari*, expliquer, développer; que l'on dérive d'*inter*, entre, et de *parere*, préparer, et de *pretium*, prix, valeur.

Interprétatif, qui explique, aide à l'interprétation.

Interprétation, action d'interpréter; explication, traduction. *Interpretatio*.

Interprétativement, d'une manière interprétative.

Interpréter, traduire d'une langue dans une autre; expliquer, développer ce qui est obscur ou caché. *Interpretari*.

Intrus, introduit par force, par ruse; qui possède, occupe sans droit. D'*intrusus*, part. d'*intrudere*, pousser dans; comp. du priv. *in*, et de *trudere*, pousser avec violence.

Intrusion, prise de possession sans droit ni formes; action de s'introduire par force. *Intrusio*.

Intuition, vue claire d'une vérité; vision certaine de Dieu, comme les bienheureux; perception interne, indépendante des sens. Du latin *intuitus*, vue, regard, aspect; fait d'*intueri*, regarder, considérer.

Intuitif, vision de Dieu, à la manière des anges; de Dieu, des bienheureux.

Intuitivement, d'une manière intuitive.

Inviter, convier, prier de se trouver, d'assister; exciter, conseiller. Du lat. *invitare*, que Jauffret pense avoir été fait de *non vitare*; ne pas éviter quelqu'un, dit-il, c'est aller au-devant de lui, le rapprocher de soi.

Invitateur, *invitatrice*, celui qui invite. *Invitator*.

Invitation, action d'inviter; termes par lesquels on invite. *Invitatio*.

Invitatoire, antienne à matines, qui invite à louer. *Invitatorius*.

Involucre, sorte d'enveloppe feuillue et continue de la fleur des plantes ombellifères; petites folioles qui entourent le pédoncule. Du latin *involucre*, *involucrum*, tout ce qui sert à couvrir; fait d'*involvere*, envelopper, entortiller.

Involucelle, involucre partiel.

Involucré, pourvu d'un involucre. *Voy*. Voile.

Iolithe, sorte de pierre à odeur de violette. Du gr. *ion*, violette, et de *lithos*, pierre.

Ionie, l'une des provinces de la Grèce, dans le Péloponèse, où les Ioniens s'étoient d'abord établis. Le Péloponèse est ce qu'on appelle aujourd'hui l'Achaïe, et l'ancienne Ionie se nomme la Morée. Ainsi dite d'Ion, fils de Xuthus et de Créüse, fille d'Érechthée, qui donna son nom à l'Ionie. En grec *iôn, iônos*.

IONIQUE, le troisième ordre d'architecture, qui fut inventé en Ionie.

IONIEN, qui est de l'Ionie, province de la Grèce; l'un des quatre dialectes de la langue grecque, usité dans l'Ionie; l'un des cinq modes de la musique grecque.

IOTA, la plus petite chose, un rien. D'*iota*, neuvième lettre de l'alphabet grec; la plus simple de toutes; c'est le nom de la voyelle *i*.

IPÉCACUANHA, racine purgative et astringente d'un violier d'Amérique, laquelle remplace l'émétique. Du péruvien *ipécacuanha*.

IRE, colère, courroux, dépit, emportement. Du lat. *ira*. C'est encore un de ces mots qu'on a banni de la langue, on ne sait pas pourquoi; cependant, en style lyrique, on dit encore l'*ire céleste*.

IREUX, fâché, en courroux; sujet à la colère. *Iratus*.

IRASCIBLE, irritable, disposé à la colère; faculté qui porte l'âme à l'énergie, à la constance. *Irascibilis*.

IRASCIBILITÉ, qualité de l'être irascible; promptitude à s'irriter.

IRATO (ab), par mouvement de colère.

IRRITER, faire mettre en colère; aigrir, provoquer, causer de l'inflammation. D'*irritare*, qui chez les Romains signifioit agacer un chien.

IRRITABILITÉ, qualité de ce qui ou de celui qui est irritable. *Irritabilitas*.

IRRITABLE, qui peut être facilement irrité. *Irritabilis*.

IRRITANT, qui irrite, rend âcre; qui casse, qui annulle.

IRRITATION, action de ce qui irrite les humeurs. *Irritatio*.

IRÈNE, *irénée*, noms propres d'homme et de femme. Du grec *eiréné*, paix, tranquillité.

IRÉNARQUE, officier dans l'empire grec, chargé de maintenir la paix et la tranquillité. *Eirénarchés*, prince ou juge de paix; fait d'*eiréné*, et d'*archos*, prince.

IRIS, la messagère des dieux. Du gr. *Iris*, fait d'*eirô*, je parle, j'annonce; par analogie on a dit:

IRIS, l'arc-en-ciel, météore qui semble un intermédiaire entre le ciel et la terre, soit parce qu'il annonce la pluie, ou après la pluie le beau temps; la flambe, plante médicinale liliacée, à feuilles gladiolées, dont la fleur, de couleur bleue, donne le vert d'iris, et imite en quelque sorte les couleurs de l'arc-en-ciel; partie colorée de l'œil qui enveloppe la prunelle; couleurs changeantes autour des objets vus dans une lunette; pierre précieuse qui a les couleurs de l'arc-en-ciel.

IRIDÉES, plante de la famille des iris.

IRISÉ, couvert d'iris.

IRONIE, raillerie fine, ingénieuse; figure de rhétorique par laquelle on fait entendre le contraire de ce qu'on dit. Du gr. *eirônéia*, dissimulation, moquerie; fait d'*eirôn*, dissimulé, moqueur.

IRONIQUE, où il y a de l'ironie, qui tient de l'ironie.

IRONIQUEMENT, d'une manière ironique.

IROQUOIS, bizarre, bourru, intraitable. Ainsi dit des Iroquois, peuple sauvage de l'Amérique septentrionale.

ISABELLE, nom propre de femme qui a souffert un grand nombre d'altérations; contraction du nom d'*Elisabeth*. On a dit *Isabeau*, *Babeau*, *Babet*, *Babiche*, *Babon*, *Belon*, *Elisa*, *Elise*, *Lise*, *Lisette*, *Lison*, *Alise*, *Alison*. De là on a donné le nom d'*Isabelle* à une couleur jaune blanchâtre, à une couleur mêlée de blanc, de jaune et de rose, à une coquille jaune du genre porcelaine, à un poisson de mer du genre squale, à corps jaune, brun très-clair.

ISAGONE, figure à angles égaux. Du gr. *isos*, égal, et de *gônia*, angle.

ISATIS, la guède, espèce de plante servant à la teinture. Du lat. *isatis sylvestris*.

ISCHÈME, sorte de plante graminée. Du lat. *ischœnum*.

ISCHION, l'un des os innominés du bassin, dans lequel s'emboîte la tête du fémur. Du gr. *ischion*, rein, hanche, os de la cuisse.

ISCHIADIQUE, *ischiaque*, veine de la cuisse, de la hanche.

ISCHIAGRE, goutte à la hanche. D'—, et d'*agra*, prise.

ISCHIATIQUE, qui appartient à l'os ischion.

ISCHIO-CAVERNEUX, muscles de l'ischion et du corps caverneux. D'—, et du lat. *caverna*. Voy. CAVE, p. 129.

ISCHIOCÈLE, *ischiatocèle*, hernie ischiadique, à travers l'os sacrum et la tubérosité de l'ischion. D'—, et de *kélé*, tumeur.

Ischio-coccygien, qui a rapport à l'os ischion et au coccyx. *Voy.* Coucou, p. 196, col. 2.

Ischio-pectiné, de l'ischion et du pectiné.

Sciatique, *ischiatique*, goutte aux hanches. Du lat. *ischiatica*, dér. du gr. *ischion*.

Sciatique, attaqué de la goutte. *Ischiaticus*.

ISÉLASTIQUES, jeux de la Grèce qui procuroient aux vainqueurs le privilége d'entrer en triomphe par une brèche dans leur ville natale. Du gr. *eiselastikoi*, en sous-entendant *agônes*, combattant; dérivé d'*eiselaunô*, j'entre à cheval.

ISIS, ancienne divinité des Égyptiens, sœur et femme d'Osiris. Les Grecs prétendoient qu'elle étoit la même qu'Io, fille d'Inachus, roi d'Argos, qui, étant venue en Égypte, fut honorée comme une déesse pour avoir enseigné l'agriculture aux Égyptiens.

Iséies, fêtes grecques en l'honneur d'Isis.

Isiaque, initié aux mystères d'Isis; monument antique représentant les mystères d'Isis.

ISLAMISME, religion de Mohammed; pays où sa religion est pratiquée. De l'ar. *islâm*, nom propre de la religion; ou, selon Langlès, d'*islâm*, *eslâm*, obéissance, soumission, dévoûment à Dieu.

ISMAEL, nom du fils d'Abraham ou Ibrahim, et de Sara. De l'héb. *Ismael*, Dieu qui exauce.

Ismaélites, peuples descendants d'Ismaël.

Ismaéliens, les assassins, peuples de la Syrie et de la Perse qui alloient assassiner les ennemis de leur maître, le Vieux de la Montagne.

ISOCÈLE, *isoscèle*, triangle à deux côtés égaux qui ressemblent à deux jambes, lesquelles soutiennent ce triangle. Du gr. *isos, ison*, égal, et de *skélos*, jambe.

ISOCHRISTES, sectaires du vi^e au viiie siècle, qui égaloient les apôtres à Jésus-Christ, après la résurrection. D'*isos*, égal, et de *Christos*, le Christ;

qui est égal, pareil à Jésus-Christ. *Voy.* Chrême, p. 161, col. 1.

ISOCHRONE, vibration d'égale durée; mouvement qui se fait en temps égaux, dans le même temps. D'*isos*, égal, et de *chronos*, temps. *Voy.* Chronique, p. 161.

Isochronisme, égalité de durée dans les mouvements d'un corps.

ISOETE, genre de fougères qui restent toujours vertes et ne se fanent jamais. D'*isos*, égal, pareil, et d'*étos*, année.

ISOGONE, qui forme des angles égaux. D'—, et de *gônia*, angle.

ISOMÉRIE, réduction des fractions au même dénominateur; action de diviser une chose en parties égales. D'—, et de *méris*, partie.

ISOPSÈPHE, vers qui ont le même nombre de lettres. D'—, et de *psephos*, calcul.

ISOPYRE, *isopyron*, sorte de plante dont la graine peut servir à faire du pain. D'—, et de *puros*, blé, froment.

ISRAEL, surnom du patriarche Jacob, puis du peuple juif. De l'héb. *Israel*, qui voit Dieu.

Israélite, bon homme simple et plein de candeur. Le peuple d'Israel.

ISSIR, sortir, s'en aller, se retirer, partir. Du lat. *exire*, en ital. *uscire*.

Issu, qui provient; sorti, descendu de.

Issue, lieu, passage par où l'on sort; terme, fin, conclusion. *Exitus*.

ISTHME, langue de terre resserrée entre deux mers ou deux golfes, et qui joint deux terres ensemble. Du lat. *isthmus*, fait du gr. *isthmos*, col.

Isthmiens, *isthmiques*, jeux grecs qui se célébroient en l'honneur de Neptune, dans l'isthme de Corinthe. *Isthmia*.

ITALIE, beau pays du midi de l'Europe; ainsi dit du roi Italus, qui lui auroit donné son nom. D'autres le dér. du gr. *italos*, bœuf, parce que ce pays en produisoit en abondance.

Italien, d'Italie, qui est d'Italie; langue italienne. *Italus*.

Itale, *italique, italiotes*, anciens peuples de l'Italie. *Italicenses*.

Italianiser, affecter les mœurs ou les locutions italiennes.

Italianisme, locution italienne.

Italique, sorte de caractère d'imprimerie, penché ou incliné de droite à gauche, inventé par Alde Manuce, célèbre imprimeur d'Italie.

ITEM, de plus; article de compte; difficulté. Du lat. *item*, de même; ensuite.

ITÉRATIF, fait, répété plusieurs fois et par intervalle. Du lat. *iteratus*, réitéré, renouvelé; fait d'*iterare*, répéter; refaire de nouveau, dont la racine est *iter*, *itineris*, dérivé d'*ire*, *itum*; aller; d'où *itare*, aller souvent.

ITÉRATIVEMENT, d'une manière itérative. *Iterum*.

ITÉRATO, jugement portant contrainte par corps après les quatre mois expirés.

ITINÉRAIRE, poteau, colonnes placées dans les carrefours pour indiquer les routes; note des lieux par où l'on passe en voyageant; note des aventures d'un voyage. *Itinerarium*, ordre de la route, fait d'*iter*.

RÉITÉRER, dire, faire de nouveau, recommencer. *Reiterare*.

RÉITÉRATIF, qui réitère.

RÉITÉRATION, action de réitérer. *Reiteratio*; répétition.

IVOIRE, dent ou défense de l'éléphant, de l'hippopotame, du morse, mise en œuvre. Du lat *ebur*, *eboris*.

IVOIRIER, qui travaille et façonne l'ivoire.

IVRE, qui a le cerveau troublé par les fumées d'une liqueur spiritueuse, dont les nerfs sont agités par une passion. Du lat. *ebrius*, dér. de *bria*, vase à boire, ou dit pour *quasi ebiberius*.

IVRESSE, état de celui qui est ivre; aveuglement des passions; exaltation, délire, enthousiasme. *Ebriositas* pour *ebrietas*.

IVROGNE, ivrognesse, sujet à l'ivrognerie. *Ebriosus*.

IVROGNER, boire habituellement avec excès. *Ebriare*.

IVROGNERIE, action de s'enivrer, habitude de boire.

ÉBRIAQUE, imbriaque, qui aime à boire. *Ebricus*.

ENIVRER, rendre ivre; étourdir, aveugler, éblouir. *Ebriare*.

ENIVRER (s'), boire jusqu'à l'ivresse.

ENIVRANT, qui cause l'ivresse.

ENIVREMENT, état causé par l'ivresse ou par l'infatuation.

DÉSENIVRER, ôter l'ivresse, en tirer; cesser d'être ivre.

SOBRE, qui boit et mange avec tempérance; modéré, retenu. *Sobrius*, le contraire d'*ebrius*.

SOBRIÉTÉ, tempérance dans le boire et le manger; retenue, usage sans profusion. *Sobrietas*.

SOBREMENT, avec sobriété.

IVRAIE, ivroie, mauvaise herbe qui croît dans le blé et qui l'étouffe. De l'ital. *ebriaca*, parce que le pain dans lequel il entre de l'ivraie enivre et rend furieux.

IXIA, *ixis*, plante bulbeuse printanière, à racines gluantes. Du grec *ixia*, gluant, fait d'*ixos*, glu.

IXEUTIQUE, art de prendre les oiseaux à la glue.

IXODE, la tique, insecte qui s'attache à la peau des animaux, et qui y tient aussi fortement que s'il étoit collé avec de la glue. D'*ixôdés*, visqueux; fait d'*ixos*.

J

J, dixième lettre de l'alphabet, septième consonne ou l'I consonne. *Voy.* I, p. 433.

JA, *déjà*, le temps qui existe maintenant; dès cette heure, dès l'heure dont on a parlé; auparavant, précédemment. Du lat. *jam*, dont les Ital. ont fait *già*.

JADIS, au temps passé, autrefois. De *iam diu*, déjà, depuis long-temps.

JAMAIS, en aucun temps, pour toujours. *Jam magis*.

JABOT, viscère, poche membraneuse sous la gorge des volatiles; mousseline, dentelle à l'ouverture supérieure d'une chemise d'homme. De *capputus*, dim. de *capus*, inusité; d'où *capulum*, ab eo quòd corpus capiat.

JABOTER, *jabotter*, babiller, caqueter, jaser comme les volatiles qui ont rempli leur jabot; faire mouvoir le jabot.

JACINTHE, le rubis tendre, sorte de pierre précieuse, que l'on dit formé de l'ar. *yacur*, que les Orientaux donnent aux rubis. *Voy.* HYACINTHE, p. 427.

JACQUES, nom propre d'homme, le même que celui de *Jacob*, fait de l'héb. *akab*, qui tient le talon, qui supplante. Ce nom fut donné au patriarche Jacob, parce qu'en venant au monde il tenoit son frère Esaü par le talon.

JACOBÉE, l'herbe Saint-Jacques, plante corymbifère à fleurs radiées.

JACOBIN, religieux de l'ordre de Saint-Dominique, ainsi appelés de l'église Saint-Jacques à Paris qu'on leur donna, et près de laquelle ils élevèrent leur couvent; membre de la société des *amis de la constitution*, puis des *amis de la révolution*, dite des Jacobins, à cause du lieu de ses séances dans l'ancien couvent des moines jacobins, rue Saint-Honoré à Paris; partisan sanguinaire de la révolution.

JACOBINISME, système brutal et sanguinaire des jacobins.

JACOBITE, sectaires sortis des Eutichéens, qui subsistent encore dans le Levant; ainsi nommé d'un certain Jacques, moine syrien, qui fut leur chef.

JACQUERIE, nom donné en France à une troupe de paysans qui se soulevèrent en 1358, dans le temps que le roi Jacques étoit prisonnier en Angleterre. On nomma cette ligue la *Jacquerie*, parce que les gentilshommes qui, suivant leur habitude, pilloient le paysan, l'appeloient par dérision *Jacques-Bonhomme*.

JADE, pierre verdâtre tirant sur la couleur d'olive, très-dure, et qui a toujours le coup d'œil huileux. De *Jaddus*, grand-prêtre des Juifs, sous le règne d'Alexandre, roi de Macédoine, qui, dit-on, en découvrit la première mine.

JAIS, *jaïet*, *jayet*, le succin noir, bitume fossile, luisant, susceptible d'un beau poli. Du lat. *gayates*, fait du gr. *gagates*, à cause du fleuve *Gagis*, en Lycie, près duquel se trouvoit cette substance, suivant Pline, liv. XXXVI, ch. 19.

JALAP, racine d'une espèce de convolvulus d'Amérique, violent purgatif. Du péruvien *jalappa*.

JALET, pour *gallet*, petit caillou rond. Du lat. *calculus*.

JALON, * *galon*, bâton planté, dressé pour aligner; ancienne mesure servant aux terres et aux grains. Du lat. *jaculum*. Gébelin le dér. du prétendu celtique *gal*, qu'il dit signifier, but, stade, borne; d'autres le regardent comme un dim. de *camba*, jambe.

JALONNER, planter des jalons.

JAMBE, * *gambe*, partie du corps, du genou au pied. Du lat. *campa*, qui se trouve dans Végèce pour *gamba*, et qui vient du gr. *kampé*, courbure, jointure des membres.

JAMBAGE, ligne droite dans le corps des lettres; chaîne, assise en pierre; ce qui soutient.

JAMBÉ, qui a la jambe bien ou mal faite.

JAMBETTE, petit couteau sans ressort qui ressemble à une jambe, et dont la lame se replie dans le manche.

JAMBETTES, petites jambes; petits poteaux dans la charpente d'un comble, qui soutiennent les chevrons.

JAMBIÈRE, armure de jambes.

JAMBIERS, nom des trois petits muscles de jambe.

JAMBON, cuisse ou épaule de porc salé ou fumé.

JAMBONNEAU, petit jambon; sorte de coquille, ainsi dite de sa forme.

GAMACHES, guêtres de laine; bottines; bas de toile cirée pour garantir les autres de la crotte.

GAMBADE, saut élevé fait sans cadence, sans art.

GAMBADER, faire des gambades, sauter de joie.

GAMBESON, *gambisson*, ancien vêtement militaire, qui se mettoit sur la chair et descendoit jusqu'aux cuisses. En bass. lat. *gambeso*, *gambiso*, fait de *campa* et de *summum*. Nos aïeux avoient donné le sobriquet de *Gambaron* (jambe courte) à Robert, duc de Normandie, dit Courte-House, parce qu'il avoit de grosses jambes sans mollets, et toutes rondes. Charles VII avoit le même vice de conformation; ce fut pour cacher ses jambes, extrêmement courtes, que ce prince portoit ordinairement un vêtement long, usage qui devint presque général sous Louis XI.

GAMBIER, armure de la jambe; barre pour faire tourner un outil.

GAMBILLER, *gambetter*, remuer sans cesse les jambes, de côté et d'autre.

GIGOT, *gigue*, cuisse de mouton; jambes de derrière du cheval. Ménage le dérive de *coxa*.

GIGOTTÉ, qui a les cuisses et les jambes fortes.

GIGOTTER, remuer les jambes.

GIGUE, jambe; gigot; fille dégingandée; air de danse.

GIGUER, sauter, danser, remuer la *gigue*.

GINGUER, donner des coups de pied.

GINGUET, qui a peu de force, qui est trop court; habit qui découvre le bas de la *gigue* (la cuisse).

GINGUET, foible de jambes.

GINGUET, *guinguet*, petit vin qui, n'ayant ni force ni agrément au goût, est propre à faire danser (*ginguer*) les chèvres. Ce mot existoit en 1554, car Pasquier rapporte qu'en cette année on ne recueillit que des vins verts auxquels le peuple donna le nom de *ginguets*.

GUINGUETTE, cabaret hors de la ville où l'on boit du ginguet, du petit vin; grande voiture publique ouverte sur le derrière, et dont le mouvement dur fait ginguer.

ENJAMBÉE, espace entre les jambes étendues; le pas, l'espace qu'on enjambe.

ENJAMBER, étendre la jambe plus qu'à l'ordinaire, passer par-dessus en faisant un grand pas.

ENJAMBEMENT, action d'enjamber; sens qui porte d'un vers sur le vers suivant sans repos.

INGAMBE, qui est bien en jambes, agile, dispos, alerte, qui marche bien.

REGIMBER, ruer des jambes de derrière; résister à son supérieur.

REGIMBEMENT, action de regimber.

JANISSAIRE, garde à pied du grand seigneur, soldat d'infanterie. Corruption du turk *genizeri*, fait d'*iehni tcheri*, nouvelle milice, parce que Othman Ier, qui forma cette milice dans le xive siècle, la composa d'enfants de chrétiens élevés dans la foi musulmane.

JANSÉNISME, doctrine de Jansénius sur la grâce et la prédestination.

JANSÉNISTE, rigoriste en fait de religion, et partisan de la doctrine de Jansénius.

JANTE, chaque partie en bois d'un cercle de roue. Du lat. *canthus*, bande de fer qu'on met autour d'une roue.

JANTIÈRE, machine pour assembler les jantes.

JANTILLES, gros ais autour d'une roue de moulin.

JANTILLER, mettre, garnir de jantilles.

JANUS, divinité des Romains, que l'on dit avoir été le plus ancien roi d'Italie, et dont l'origine est très-obscure. *Janus*. Il étoit le dieu de l'année; les Romains le regardoient comme le plus ancien, et l'invoquoient toujours le premier dans les sacrifices, pour avoir accès auprès des autres dieux par son moyen, dit Ovide, comme par celui d'un portier. *Janus*, *janitor*, d'où le lat. *Janua*, porte. Cicéron tire le nom de *Janus*, de *Eanus*, *ab eundo*, aller, parce que le temps coule toujours. (De *Nat. Deorum*, lib. II, c. 27.)

JANUAL, sorte de gâteau que l'on offroit à Janus.

JANVIER, le premier mois de l'année établie par Numa. *Januarius*, ainsi nommé de ce qu'il étoit dédié à Janus; premier mois de l'année chrétienne.

JAPPEMENT, onomatopée de l'aboiement des petits chiens et des renards.

JAPPER, aboyer, en parlant des petits chiens.

JAQUE, *jacque*, ancienne casaque courte et serrée qu'on mettoit sur et sous le haubert. De l'angl. *iacke*, dér. de l'all. *iach*.

JACQUETTE, habillement court de paysan; robe de petit garçon.

JARDIN, lieu de promenade où l'on cultive des fleurs, des légumes et des arbres. De l'all. *garten*, *garden*, en it. *giardino*.

JARDINAGE, art de cultiver les jardins; réunion de jardins proches les uns des autres; grain dans le diamant.

JARDINAL, qui concerne les jardins; qui y croît.

JARDINER, travailler au jardin; cultiver un arbre des forêts comme ceux des jardins; faire prendre l'air à un oiseau de proie.

JARDINET, petit jardin.

JARDINEUSE, émeraude sombre et peu nette.

JARDINIER, qui cultive les jardins, qui en connoit la culture.

JARDINIÈRE, femme de jardinier; meuble avec un bassin pour mettre des plantes.

JARRE, vaisseau, grande cruche de terre cuite. De l'ital. *giarra*, en espag. *arra*, dér. de l'ar. *djarrah* ou *garrah*.

JARRET, partie postérieure du genou; endroit où se plie la jambe de derrière des animaux. Du lat. *arrectum*, selon de Valois, parce que le jarret sert à se lever. *Voy.* GARROT, p. 360.

JARRETÉ, qui a des jarretières; quadrupède dont les jambes de derrière sont tournées en dedans.

JARRETER, mettre des jarretières.

JARRETIÈRE, muscle sous le jarret.

JARRETIÈRE, ruban, courroie pour lier et retenir les bas sur la jambe.

JARS, le mâle de l'oie, ainsi dit du cri de cet oiseau. Huet le dérive du bas-breton *jar*, poule.

JARGAUDER, action du jars lorsqu'il couvre sa femelle.

JARGON, chant des oiseaux; cri des bêtes; langage des animaux; au figuré, langage corrompu; langue factice dont quelques personnes conviennent pour se parler en public et n'être pas entendues; langue étrangère que l'on ne comprend pas. On dérive aussi cette onomatopée de l'esp. *gerigonza*, langage des Bohémiens; ce qu'il y a de certain, c'est que le mot *jargon* étoit employé dans le XIIe siècle.

JARGONNER, * *jargauder*, *jergoner*, parler un jargon, un langage barbare, corrompu et inintelligible.

JARGONNEUR, qui parle le jargon.

JAS, ce mot, chez nos aïeux, qui disoient aussi *jasard*, *jau*, servoit à désigner le coq, oiseau de basse-cour. Du lat. *gallus*, et au fig. un grand parleur, un bavard. De là :

JASER, causer, babiller comme un coq; être indiscret par bavardage. On se sert encore du verbe jaser en parlant des oiseaux.

JASERIE, babil, caquet, bavardage.

JASEUR, qui jase, qui babille. Ménage et Le Duchat se sont approchés de notre étymologie, en dérivant le verbe *jaser*, le premier de *garrire*, gazouiller comme les oiseaux, et le second de l'ital. *gazza*, pie, oiseau naturellement bavard.

JASMIN, arbuste sarmenteux à feuilles ternées et à fleurs d'une odeur suave. De l'ar. *shamin*, *ïasmin*, en gr. *iasminon*. En lat. *gelsemimum*.

JASMINÉES, arbrisseaux de la famille des jasmins.

JASMINOÏDE, arbuste grimpant, ordinairement épineux, de la famille des solanées. Du gr. *iasminon*, et d'*eidos*, forme, ressemblance.

JASPE, pierre précieuse du genre de l'agate, mais moins dure, dont on connoit trois espèces, le sanguin, l'universel et le floride. En lat. *iaspis* ou *jaspis*, fait du gr. *iaspis*, dér. de l'héb. *iaschpeh*, *iaspeh*, qui signifient la même chose.

JASPÉ, qui est tacheté comme le jaspe.

JASPER, bigarrer de diverses couleurs avec le pinceau.

JASPURE, action de jasper; peinture jaspée.

JATTE, vase rond et sans rebords; grande sébile de bois; enceinte à l'avant d'un vaisseau pour recevoir l'eau des grosses vagues. Du lat. *gabata*, grande écuelle; fait du gr. *gabaton*, plat.

JATTÉE, plein une jatte.

JAUGE, * *jaulge*, d'abord partie de la charrue, celle qui juge ou règle la profondeur du sillon; aujourd'hui mesure de futaille; juste mesure d'un vaisseau pour contenir; futaille servant d'étalon aux autres; boîte pour jauger. On dérive ce mot de *jaculum*, mesure servant aux liquides, aux terres et aux grains; en bass. lat. *galo*, *jalleia*. Voy. JALON. Rigault, de *galba*, gros, gras; Ducange, de la bass. lat. *gagga*, et Barbazan, d'*æqualis*, *æqualitas*, *æquare*, rendre pareil, semblable.

JAUGEAGE, action, art de jauger, droit pour jauger.

JAUGER, mesurer avec la jauge; rendre parallèles les arêtes, les surfaces.

JAUGEUR, celui qui jauge.

JAUNE, couleur semblable à celle de l'or, du soleil, du citron, du safran; de l'œuf; arbre des Antilles, à fruit en prunes à chair jaune. De *galbinus*, dim. de *galbus*, vert pâle; selon d'autres d'*hyalinus*, dim. de *hyalus*, en gr. *huallos*, verre, couleur de verre, et enfin de l'ital. *giallo*, *ghiallo*, en all. *ghel*, en gr. *hélios*, que Gébelin dér. de l'ar. *hel*, le soleil.

JAUNATRE, qui tire sur le jaune ; poisson d'Amérique du genre du labre, à écailles fauve orangé.

JAUNIR, rendre, devenir jaune ou à peu près ; teindre en jaune.

JAUNISSANT, qui jaunit, qui devient jaune.

JAUNISSE, maladie causée par la bile répandue qui jaunit la peau.

REJAUNIR, rendre jaune de nouveau ; redevenir jaune.

JAVART, clou, furoncle, tumeur dure, douloureuse, au bas de la jambe du cheval. De *clavus*, *clavardus*, d'où l'it. *chiavo*, *chiavardo*, selon Ménage ; qui ont aussi fait *giarda*, et *giardoni*, mots de pareille signification.

JAVELLE, poignée de blé scié, couchée et non liée pour assembler et mettre en gerbe. Caseneuve regarde ce mot comme un dim. de *garbe*, gerbe, qui, dit-il, vient du teuton *garivon*, ou selon Barhazan de *carpere*, prendre, cueillir ; dér. du gr. *karpos*, poignet et fruit à cueillir ; quant à Ménage, il le tire de *cavellus*, dit pour *capellus*, dim. de *capus*, poignée ; dérivé de *capio*, je prends.

JAVEAU, a d'abord signifié poignée d'épis coupés ; petits fagots de bois, de sarments de vigne ; tas de blé que font les moissonneurs en le coupant, et que l'on ramasse ensuite pour en former des gerbes ; fagots et faisceaux de telle chose que ce soit ; aujourd'hui, île de sable, de limon, par un débordement ; île de sable au milieu d'une rivière.

JAVELAGE, action de javeler ; son prix.

JAVELER *enjaveler*, mettre en javelle ; couvrir de chaume.

JAVELEUR, celui qui javelle.

JE, pronom personnel de la prem. personne, moi, mon individu. Du lat. *ego*, en gr. *ego* ; dans nos départements méridionaux, *io*, *ion*, *ieu*, en it. *io*, en esp. *yo* ; en allem. *ich* ; en angl. *i* ; en sclavon *la*.

JEAN, terme de mépris pour désigner un sot, un mari trompé, un homme lâche. De l'it. *zuane*, qui a la même signification, et qui n'a aucune analogie avec le nom propre *Jean* ci-après.

JEHOVAH, pour *Iehovah*, nom propre de Dieu dans la langue hébraïque, sur lequel le P. Souciet, jésuite, a fait une bonne dissertation, et qui paroît dériver du verbe *haïah* ou *havah*, être. On désignoit ainsi l'Être par excellence.

JÉSUS, * *Jhesus*, nom propre du Fils de Dieu ; dim. du nom de *Iehovah*. Voy. CHRÊME, p. 160. Les peuples du Nord prononcent *Iésous*.

JÉSUITE, religieux de la société ou compagnie de Jésus ; homme fin et faux, sans principes.

JÉSUITIQUE, de jésuite.

JÉSUITISME, caractère, manière de jésuite, morale très-relâchée.

JEAN, * *Jehan*, nom propre d'homme. En lat. *Joannes*, *Johannes*, fait de l'hébr. *Iehohhanan*, grâce de Dieu, don de Dieu, accordé par Dieu ; composé de *Iehovah*, et d'*hhânan*, faire grâce, accorder gracieusement, être bon, miséricordieux, compatissant.

D'où les noms propres *Jan*, *Janet*, *Janin*, *Jannet*, *Jannin*, *Janon*, *Janot*, *Jeannet*, *Jeannin*, *Jeannot*, *Joannelin*, *Johanni*, *Johanneau*, *Johannot*, *Jouenne*, *Jeanne*, *Jehâne*, *Jenny*, *Jeannette*, *Jeanneton*.

JÉRÉMIADE, plainte fréquente et importune, à la manière des lamentations du prophète Jérémie.

JÉRUSALEM, *Hiérosolyme*, *Solyme*, ville capitale de la Palestine. En gr. *Hiérosoluma* ; en héb. *Ierouschalem*, *Ierouschalaim*, vision parfaite, ou vision de paix ; le mot *schalem* ayant les deux significations.

JÉRÔME, *Hyérome*, nom propre d'homme. *Hyeronymus*.

JET, * *ject*, action de jeter ; tiges dans les arbres ; calcul avec des jetons ; coup de filet, ce qu'on en retire. Du lat. *jactus*, fait de *jacere*, *jacio*, jeter, lancer, darder.

JAVELINE, *javelot*, dard long et menu pour jeter, lancer. *Jaculum*.

JECTIGATION, tressaillement du pouls comme par jets.

JECTISSES, terres remuées qu'on a tirées d'un lieu pour les jeter dans un autre.

JETÉ, pas de danse qui ne fait que partie d'un autre.

JETÉE, amas de pierres, ou digue d'un port de mer pour arrêter les vagues ; ainsi dite parce que l'on construit cette digue de gros quartiers de pierre et de matériaux jetés au hasard dans la mer, lorsqu'on ne peut faire des bâtardeaux pour fonder à sec.

JETER, lancer au loin; produire; calculer. *Jacere, jacio,* pour *jactare.*

JÉTICE, laine de rebut qu'on rejette.

JETON, pièce de métal dont on se sert pour marquer et payer au jeu. De *jactus,* parce qu'on se sert des jetons en les jetant sur la table.

JETONNIER, académicien qui reçoit un jeton par séance.

ABJECT, vil, bas, méprisable, étranger à l'honneur; qui ne s'élève pas et qu'on rejette. D'*abjectus.*

ABJECTION, abaissement, rebut, état abject. D'*abjectio,* formé d'*ab*; dehors, contre, et de *jacio,* je jette.

CONJECTURE, jugement probable seulement sur des vraisemblances; des faits jetés çà et là. *Conjectura.*

CONJECTURER, juger par conjecture; asseoir son jugement sur des probabilités. *Conjectare, conjecturare.*

CONJECTUREUR, celui qui conjecture.

CONJECTURAL, qui n'est fondé que sur des conjectures.

CONJECTURALEMENT, par conjecture.

DÉJETER (se), se courber, se jeter sur le côté. De *dejectus,* jeté hors de sa situation.

DÉJECTION; excréments, les selles d'un malade. *Dejectio,* fait dans le même sens de *dejicere.*

ÉJECTION, expulsion, évacuation, dijestion. *Ejectio.*

FORJET, *forjeture,* saillie hors de l'alignement.

FORJETER; sortir hors de l'alignement. De l'adv. *fort,* et de *jeter,* pencher beaucoup.

INJECTER, introduire un liquide avec une seringue, pour nettoyer. *Injicere,* fait de *in,* dans, sur, et de *jactare,* jeter.

INJECTION, action d'injecter, ou par laquelle on injecte un liquide. *Injectus.*

INTERJECTER, interposer, jeter entre.

INTERJECTION, action d'interjeter un appel; terme de grammaire. *Interjectio.*

INTERJETER, appeler d'un jugement à un tribunal supérieur.

JACTANCE, vanterie ridicule, louange de soi par vanité. *Jactantia.*

JACTANCIEUX, *jactateur,* qui a de la jactance.

JACTATION, agitation continuelle. *Jactatio.*

JACTER (se), parler de soi avec jactance.

JACULATOIRE; oraison courte et fervente qui part du cœur; fontaine en jet. *Jaculatorius.*

ÉJACULATEUR, muscle pour l'éjaculation. *Ejaculator,* qui lance, qui darde.

ÉJACULATION, prière fervente; émission d'un fluide, du pollen. *Ejaculatio,* action de jeter avec force.

ÉJACULATOIRE, conduit des vésicules séminales.

JAILLIR; saillir, sortir impétueusement, s'élancer avec force en parlant des liquides; être dit d'inspiration subite. Ce verbe est bien de la famille de *jeter*; Ménage le tiroit de *jaculire,* pour *jaculum*; Henri Estienne, du gr. *iallein*; et d'autres, de *salire,* avec lequel il a quelque analogie. *Voy.* SAILLIR.

JAILLISSANT; qui jaillit.

JAILLISSEMENT, action de jaillir.

JALLAIE, *jallaye,* certaine mesure de vin, ainsi appelée parce qu'on y fait jaillir le vin des tonneaux.

JALAGE, droit seigneurial sur le vin détaillé par jallaies.

JALE, grande jatte; grand baquet.

REJAILLIR, jaillir étant repoussé, en parlant des liquides; être réfléchi, en parlant des solides.

REJAILLISSEMENT, action, mouvement de ce qui rejaillit.

OBJET, * *object,* tout ce qui frappe les sens et s'offre à la vue; ce qui est jeté devant nous; ce que nous voyons; sujet, but, fin proposés. D'*objectum,* fait d'*ob jactum,* sous-entendu *oculis,* chose jetée devant les yeux.

OBJECTER, jeter devant; faire une objection; opposer une difficulté à quelque proposition. *Objicere,* pour *objectare,* formé de *ob,* devant, et de *jactare,* jeter.

OBJECTIF, verre à lunette, tourné du côté des objets.

OBJECTION, difficulté qu'on jette devant; difficulté opposée à une proposition. *Objectio.*

OBJURGUER, faire des objurgations. *Objurgare.*

OBJURGATION, réprimande, reproche fait sur l'objet traité. *Objurgatio.*

29.

. Objurgateur, qui fait des objurgations.

Projectile, corps abandonné à l'action de la pesanteur; tout ce qui s'élance avec de la poudre à canon ou par des ressorts.

Projectile, mouvement de projection; force projectile. *Projectitius.*

Projection, art de jeter en l'air; mouvement d'un projectile; représentation d'un corps sur une surface; action de jeter par cuillerée dans un creuset; jet d'un métal en sable. *Projectio,* formé de *pro*, devant, et de *jectio*, action de jeter.

Projecture, saillie, soupente.

Projet, * *project,* entreprise, dessein; arrangement de moyens d'exécution; première pensée écrite; dessein d'un édifice à construire. De *projectus, projectio,* faits de *projicio,* formé de *pro*, en avant, et de *jacio,* je jette, parce que l'on jette les premières idées sur le papier pour les perfectionner ensuite.

Projeter, former un projet; tracer un plan; faire la projection.

Rejet, action de rejeter, d'exclure, d'expulser; nouvelle pousse des végétaux; réimposition, renvoi. *Rejectio.*

Rejetable, qui doit être rejeté; qui ne peut être admis, approuvé. *Rejiciendus.*

Rejeter, jeter de nouveau; jeter dehors, renvoyer, repousser. *Rejicere.*

Rejeton, nouveau jet d'un végétal; descendant.

Rejetonner, arracher les rejetons d'un végétal.

Sujet, *subst.*, argument, cause, raison, motif; matière d'un discours, d'un écrit; représentation d'un tableau; motif d'un morceau de musique. *Subjectus.*

Sujet, *adj.*, soumis, astreint, qui est dans la dépendance; citoyen d'un état monarchique; accoutumé à; exposé à. *Subjectus.*

Sujétion, dépendance, assujétissement; assiduité gênante; exactitude obligée. De *subjectio,* action d'être jeté dessous.

Assujétir, ranger, soumettre à sa domination; astreindre à une chose; arrêter, fixer, rendre immobile.

Assujétissement, contrainte, obligation de faire une chose; sujétion, gêne, soumission.

Assujétissant, qui astreint; qui rend très-sujet, qui cause de la gêne, de la sujétion.

Trajet, espace d'eau, de chemin entre le lieu de départ et le lieu d'arrivée. De *trajectus,* distance, passage, ce qui se trouve entre. D'où le nom d'*Utrecht,* ville de la Hollande, *Ultrajectum,* et de *Maestricht, Mosæ trajectum.*

Trajectoire, courbe que décrit un corps détourné de sa projection.

Surjet, sorte de couture faite bord à bord.

Surjeter, coudre en surjet.

JEUNE, peu avancé en âge, à la fleur de l'âge; le moins âgé; qui a encore de la vigueur, de la gaîté; cadet; moins âgé; fou, étourdi, évaporé. Du lat. *juvenis,* fait de *juvare,* aider.

Jeunement, nouvellement, depuis peu. *Juveniliter.*

Jeunesse, la plus belle portion de la vie humaine, entre l'enfance et la virilité. *Juventus.*

Jeunet, encore jeune, fort jeune.

Génisse, jeune vache qui n'a point porté. *Juvenca.*

Jouvenceau, *jouvencelle,* jeune garçon, jeune fille adolescente. *Juvenculus.*

Jouvence, jeunesse. Les Orientaux, dans leurs romans, supposent un paradis terrestre, où parmi les choses remarquables qu'on y trouve, est une fontaine de vie qui donne l'immortalité. Cette fiction, introduite en Europe lors de l'expédition des croisades, devint chez nos romanciers et nos trouvères la fontaine de Jouvence ou de Jeunesse, fable charmante et bien plus ingénieuse que celle des Orientaux, puisque celle-ci, dit Legrand, ne fait qu'empêcher le dépérissement, et maintient pour toujours dans l'état où l'on se trouve, tandis que l'autre fait renaître sans cesse le printemps de la vie.

Juvégnieur, cadet apanagé. De *juvenior,* le plus jeune.

Juvénaux, jeux mêlés de danses et d'exercices, en l'honneur de la jeunesse. *Juvenalia.*

D'où les noms propres *Lejeune, Jeunet, Lajeunesse, Juvénal, Juvenel.*

JEUNE, abstinence d'aliments ou de plaisirs volontaires ou commandés. Du lat. *jejunium.*

Jeun (à), sans avoir mangé. *Jejunus.*

Jéjunum, le second intestin grêle, souvent vide. *Jejunus.*

Jeuner, observer les jeûnes ordonnés par l'église; manquer d'aliments. *Jejunare.*

Jeûneur, qui pratique le jeûne, qui aime à jeûner.

Déjeuner, rompre le jeûne, prendre le repas du matin. *Disjejunare.*

Déjeuné, repas du matin; plateau garni de tasses.

JOCRISSE, homme sottement complaisant qui se laisse mener par sa femme; benêt qui s'occupe de niaiserie. Dimin. de l'ital. *zugo*, prononcé *jog*, suivant Gébelin.

JOEL, nom propre d'homme. De l'héb. *Ioel*, qui veut.

JOIE, * *joye*, mouvement vif et agréable de l'âme satisfaite par la possession d'une chose; démonstration extérieure de satisfaction, de plaisir, d'allégresse. Du lat. *gaudium*, fait de *gaudere*, se réjouir; dérivé du gr. *gathéô*, pour *gethéô*, donner de la joie.

Jovial, gai, joyeux, ami du plaisir. *Gaudialis.*

Joyeux, qui a, qui donne ou inspire de la joie. *Gaudiosus.*

Joyeusement, avec une gaîté franche, ouverte.

Joyeuseté, plaisanterie, mot pour rire.

Jouir, avoir la possession d'une chose; en avoir le plaisir, l'usage, la possession.

Jouissance, usage légal, permis; plaisir des sens, ce dont on jouit; délice de la passion.

Jouissant, qui jouit.

Conjouir (se), se réjouir avec quelqu'un de son bonheur.

Conjouissance, action de se conjouir.

Réjouir, donner, causer de la joie.

Réjoui, personne d'une bonne humeur habituelle.

Réjouissance, démonstration de joie; viande de moindre qualité que les bouchers emploient à compléter le poids.

Réjouissant, qui plaît, amuse, qui donne de la joie, de l'agrément.

JOLI, signifia d'abord gai, enjoué, content, satisfait; puis gentil, agréable; qui plaît à l'œil plus par la grâce et la gentillesse que par la beauté; au fig. déplaisant, ridicule, répréhensible. De *gaudialis*, fait de *gaudere*.

Joliet, *joliette*, dim. de joli.

Joliment, d'une manière jolie, élégante, spirituelle, qui plaît; mal, ridiculement.

Jolivetés, babioles; bijoux pour orner un cabinet; gentillesses d'enfants.

Enjoliver, rendre plus joli; orner avec agrément.

Enjolivement, action d'enjoliver; ce qui enjolive ou sert à enjoliver.

Enjoliveur, qui enjolive.

Enjolivure, petits ornements ajoutés à des ouvrages de peu de valeur.

JONAS, nom propre d'homme. De l'héb. *Ionah*, colombe.

JONATHAN, *Jonathas*, noms propres d'hommes. De l'héb. *Ionathas*, Dieu donné.

JONC, plante marécageuse à fleur rosacée, qui sert à joindre, à lier, à attacher. Du lat. *juncus*, fait de *jungere*, dér. du gr. *zugô*, joindre.

Jonc, canne d'un bois pliant comme la plante marécageuse; bague dont le cercle est partout égal : elle est donnée en cadeau pour lier également le donneur et l'accepteur; bague de mariage. De *jungere*.

Joncacées, *joncées*, famille de plantes, ainsi nommées des joncs qui en font partie.

Joncaire, *juncaire*, petite plante rameuse dont les tiges ressemblent à celles du jonc. *Juncaria.*

Juncago, sorte de plante marécageuse ou cryptogame des marais.

Jonchaie, *jonchère*, plant de joncs, lieu rempli de joncs.

Joncher, parsemer un lieu de joncs, de fleurs, d'herbes odoriférantes. *Voy.* ma nouvelle édition de la *Vie privée des François*, tom. III, p. 154 et suiv.

Jonche, grande corde qui sert à joindre plusieurs pièces de filets l'une au bout de l'autre.

Jonchée, herbes dont on jonche un chemin, ainsi qu'on le pratique à la Fête-Dieu.

Jonchère, touffes de joncs qui se forment dans les étangs; et deviennent quelquefois des îles flottantes.

Jonchets, petits bâtons pour jouer, qui sont de la grosseur d'un jonc.

Joncier, le genêt d'Espagne, arbrisseau dont les tiges droites imitent celles du jonc.

Joncoïdes, plantes de la famille des joncs.

Ajonc, jonc marin, variété du genêt épineux, petit arbrisseau toujours vert.

Jonction, union, assemblage; action de joindre. *Junctio.*

Joindre, approcher deux choses l'une contre l'autre, de manière qu'elles se touchent; ajouter, unir, allier, se rencontrer. De *jungere*, fait de *jugo*, par l'insertion de la lettre *n*; dér. du gr. *zugô*, *zeugnumi*, attacher au joug, lier, attacher.

Joignant, qui joint, contigu, proche, tout auprès.

Joint, rapproché, uni, lié. *Junctus.*

Joint, jointure, articulation des os; point de jonction; point où deux choses se joignent.

Jointé, rapproché; cheval qui a le paturon trop court.

Jointée, intervalle entre les pièces; contenu des deux mains rapprochées ou jointes.

Jointif, qui est joint.

Jointoyer, remplir les ouvertures des joints, des pierres, d'un mortier approchant de la même couleur.

Jointure, joints du corps, des os; point d'union.

Jouxte, auprès, proche, joignant. Du lat. *juxta*, fait de *jungere.*

Joute, combat d'homme à homme, qui se poussent avec une lance pour se renverser; combat de certains animaux; dispute, rivalité de prétentions.

Jouter, faire des joûtes; disputer, lutter à qui appartiendra, obtiendra.

Joutenaux, pièces courbes qui soutiennent l'éperon d'un navire; barres de hune.

Jouteur, qui joûte.

Ajouter, *adjouster*, mettre à la suite. *Ad-juxtare.*

Joug, lien de jonc, ensuite pièce de bois pour attacher les bœufs, et qui sert à les atteler. *Jugum*, du gr. *zugos.*

Jugal, *zygoma*, union de l'os des tempes avec celui de la pommette.

Junte, *junta*, assemblée, conseil en Espagne.

Adjoindre, joindre avec. *Adjungere*, formé de *ad*, et de *jungere.*

Adjoint, celui qui est joint à un autre pour l'aider. *Adjunctus.*

Adjonction, jonction d'une personne avec une ou plusieurs autres. *Adjunctio.*

Bijugées, folioles placées deux à deux, au nombre de quatre, sur un pétiole commun. De *bis*, doublement, et de *jugum*, par allusion aux chars des anciens, *bigæ*, attelés de deux chevaux.

Trijugué, feuille trois fois conjuguée.

Conjoindre; unir par mariage; joindre ensemble, attacher au même joug. *Conjungere.*

Conjoint, uni, joint.

Conjointement, ensemble; l'un avec l'autre. *Conjunctim.*

Conjoints, unis par mariage; le mari et la femme.

Conjonctif, qui conjoint, qui sert à lier, à joindre.

Conjonction, union matrimoniale; ce qui joint les membres du discours. *Conjonctio.*

Conjonctive, le blanc de l'œil; l'albuginée ou tunique extérieure de l'œil qui couvre tout le globe à l'exception de la cornée ou partie antérieure. *Conjunctiva.*

Conjoncture, occasion, rencontre de circonstances, d'affaires; dispositions où se trouvent plusieurs choses en même temps.

Conjuguer, marquer les inflexions des verbes. *Conjugare.*

Conjugaison, manière de conjuguer, de conjoindre; assemblage des modes et temps d'un verbe selon leur ordre. *Conjunctio.*

Conjugal, de mariage, concernant l'union des époux. *Conjugalis*, fait de *conjugium*, mariage; formé de *cum*, avec, et de *jugum*, joug.

Conjugalement, comme époux, comme mari et femme.

Conjugué, attaché au même joug; remplissant les mêmes fonctions; plante à folioles opposées sur un pétiole commun.

Conjungo, le mariage.

Déjoindre; quitter sa jointure.

Disjoindre, rompre le joug; séparer, diviser des choses jointes. *Disjungere*, qui vient du gr. *diazeugnuô*, formé de *dia*, entre, à travers, et de *zeugnuô*, joug.

DIAZEUXIS, ton qui séparoit deux tétracordes disjoints. Du gr. *diazeuxis*, séparation, de *diazeugnuô*.

DISJOINT, séparé, divisé. *Disjunctus*.

DISJONCTIF, qui sépare, qui divise. *Disjunctivus*.

DISJONCTION, séparation, rupture. *Disjunctio*.

ENJOINDRE, ordonner expressément, commander. *Injungere*.

ENJOINTÉ, plus ou moins joint.

INJONCTION, ordre, commandement. *Injonctio*.

REJOINDRE, réunir des parties séparées; ratteindre; joindre de nouveau. *Rejungere*, fait de la particule itérative *re*, et de *jungere*.

REJOINTOYER, jointoyer de nouveau, remplir les joints des pierres d'un bâtiment.

SUBJONCTIF, mode du verbe, subordonné à un autre. *Subjunctivus modus*.

SUBJUGUER, mettre sous le joug; soumettre à son obéissance. *Subigere*.

D'où les noms propres *Lajonchaie*, *Lajonchée*, *Lajonchère*, *Lejoint*.

JONQUE, barque, sorte de petit navire chinois ou indien. Du chin. *junck*.

JONQUILLE, plante bulbeuse, printanière, à fleur jaune d'or très-odorante. Du lat. *junquilla*.

JOSAPHAT, nom propre d'homme et de lieu. De l'hébr. *Iosaphâh*, jugement du Seigneur; fait de *Iaoh*, Dieu, et de *schaphat*, juger. L'opinion populaire que le jugement universel se tiendra en Palestine, dans la vallée de Josaphat, ne vient que de ce que le mot Josaphat, nom d'un roi hébreu qui gagna une bataille dans cette vallée, signifie *jugement de Dieu*.

JOSEPH, nom propre d'homme. De l'héb. *Iosouph*, accroissement.

JOSIAS, nom propre d'homme. De l'héb. *Iosiâh*, feu du Seigneur.

JOSUÉ, nom propre d'homme. De l'héb. *Iosuâ*, sauveur.

JOUE, partie latérale du visage, qui relève en bosse. Ménage le dér. de l'it. *gota*; Henri de Valois, du latin *genicula*, dim. de *gena*; d'autres, de *jugum*; en grec *zugos*, employé pour désigner l'os qui forme la joue, parce qu'il se compose de deux os qui se joignent ensemble.

JOUFFLU, qui a de grosses joues.

ABAJOUE, cavité aux côtés de la bouche; poches de certains singes au bas des joues.

BAJOUE, partie de la tête, depuis l'œil jusqu'à la mâchoire supérieure; grosse joue pendante.

BAJOIRE, médaille, monnoie à deux empreintes de profil l'une sur l'autre.

GANACHE, mâchoire inférieure du cheval; personne qui a l'esprit lourd, épais, pesant. De l'italien *ganascia*; en esp. *ganassa*, dér. du lat. *gena*.

GÉNAL, qui appartient aux joues.

GUENON, singe femelle, ainsi dit de ses grandes joues; femme laide; prostituée.

GUENUCHE, petite guenon; femme laide et parée.

JOUER, s'amuser à un jeu quelconque, folâtrer, se récréer, se battre; badiner, se divertir; faire une partie de jeu; exécuter un air sur un instrument de musique; se mouvoir aisément. De *jocari*.

JEU, divertissement, récréation à volonté, ou soumise à des règles. De *jocus*, que l'on dér. du gr. *Iachôs*, cri; en ital. *ginoco*; en langued. *jhoughé*.

JOUAILLER, jouer petit jeu pour passer le temps; jouer très-mal.

JOUÉE, aisance avec laquelle jouent les portes, les fenêtres, etc.

JOUEREAU, petit joueur.

JOUET, ce qui sert à amuser un enfant, un petit animal.

JOUEUR, *joueuse*, qui joue, qui folâtre; qui fait une partie de jeu; qui a l'habitude ou la passion du jeu; musicien qui joue d'un instrument.

JOUJOU, jouet d'enfant.

DÉJOUER, empêcher l'effet; jouer de mal en pis.

ENJEU, mise d'argent au jeu.

ENJOUÉ, gai, badin, qui a de l'enjoûment.

ENJOUMENT, gaîté douce et habituelle; badinage aimable et léger.

JONGLEUR, conteur, chanteur, musicien, joueur d'instruments, dans les XIIe et XIIIe siècles; bateleur, charlatan; menteur, railleur, moqueur, causeur. De *joculator*, homme dont la profession consiste à procurer du plaisir ou de l'amusement aux autres.

JONGLER, faire des tours, jouer des

farces pour amuser le public; mentir, railler, plaisanter. *Joculari.*

JONGLERIE, l'art du jongleur; charlatanerie; tour de passe-passe.

JOYAU, ornement précieux, bijou, bracelet, collier. De *jocalia.*

JOAILLIER, qui fait et vend les joyaux.

JOAILLERIE, art, ouvrage, commerce de joaillier.

BIJOU, chose jolie, bien faite, qui sert à la parure, à l'ornement. De *bis-jocus,* pour *bis joculus.*

BIJOUTERIE, art, état, ouvrage et commerce de bijoux.

BIJOUTIER, fabricant et marchand de bijoux.

JOUR, clarté du soleil, instant où il paroît, temps où il est sur l'horizon; lumière; espace de vingt-quatre heures; au figuré, ouverture, vide; la vie; heure du lever d'une personne. De la bass. lat. *diurnum,* formée de *dies;* en it. *giorno,* dérivé du gr. *dios.*

JOURNAL, récit de chaque jour; livre de la dépense du jour; mesure de terre qu'un homme peut labourer en un jour; écrit périodique qui paroît chaque jour.

JOURNALIER, de chaque jour; qui se fait par jour; ouvrier à la journée.

JOURNALISTE, qui travaille à un journal.

JOURNÉE, intervalle entre le lever du soleil et son coucher; durée d'un jour; travail d'un jour; salaire de ce travail; jour où a été livrée une bataille.

JOURNELLEMENT, tous les jours; très-souvent.

AJOURÉ, percé à jour.

AJOURNABLE, susceptible de clarté; qui rend la lumière.

AJOURNÉ, assigné à comparoître à jour fixe.

AJOURNEMENT, assignation pour le jour des assises; sommation de comparoître en justice; remise à un autre jour.

AJOURNER, assigner à jour fixe; renvoyer, remettre à un autre jour.

RÉAJOURNER, ajourner de nouveau.

RÉAJOURNEMENT, nouvel ajournement.

SÉJOUR, temps pendant lequel on demeure en un même endroit; lieu de demeure.

SÉJOURNÉ, reposé, délassé.

SÉJOURNER, demeurer quelques jours dans un lieu. Suivant Ménage, de la basse latin. *subdiurnare,* formé de *sub,* sous, et de *diurnare,* vivre long-temps.

BONJOUR, sorte de souhait qu'on se fait le matin, pour *jour bon.*

DIANE, batterie du tambour au point du jour, à la lumière de Diane. De l'esp. *diana,* fait de *dia,* jour; dér. de *dies;* de là, *Diane,* fille de Jupiter et de Latone.

DIORAMA, sorte de panorama éclairé, comme aux diverses parties du jour, par une lumière mobile. De *dios,* jour, et de *horama,* vue.

DIURNAIRE, officier qui écrivoit jour par jour les actions, les gestes et faits d'un prince.

DIURNE, d'un jour, qui a rapport au jour. *Diurnus.*

DIURNAL, livre de prière pour tous les jours. *Diurnalis.*

HUI, le jour où l'on est. *Hodie.*

AUJOURD'HUI, en ce jour, le jour où l'on est; le temps présent. Mot formé de *au jour de hui.*

Jauffret prétend que le mot *hui* signifie *ce,* et qu'il vient du lat. *hic, hæc, hoc;* dire aujourd'*hui,* c'est dire à ce jour; parce que, dit-il, on a cru que *hui* étoit une altération du lat. *hodie;* en effet le mot *hodie* est une altération de *hoc die,* en ce jour.

JUPITER, le souverain des dieux de l'Olympe, le dieu du ciel et le père de la lumière. Du lat. *Jupiter,* fait de *dies,* et de *pater;* d'autres le dériv. de *zeus,* et de *pater,* dieu le père ou le père des dieux, et enfin de *juvans pater.*

Le P. Souciet prétend que les Latins ont nommé le premier de leurs dieux *Iehovah,* et ont exprimé ce nom par *Jovis;* car il est certain, dit-il, que ce *Jovis* a été non-seulement un cas oblique, mais encore le nominatif. Cela paroît évidemment par ces deux vers d'Ennius :

Juno, Vesta, Minerva, Ceres, Diana, Venus, Mars, Mercurius, Jovis, Neptunus, Vulcanus, Apollo;

par Varron, qui dit liv. VII, *De ling. lat. : A dissimilibus similia (declinantur), est Jupiter, Jovis; et Jovis, Jovis;* et par les revers de plusieurs médailles. Or, continue-t-il, ce nominatif *Jovis* n'est autre chose que le *Iehova,* dans lequel on n'a point exprimé le *scheva,* non plus que dans tous les composés de ce nom, *Josué, Josedec, Johanan;*

Les Latins ont seulement changé la terminaison hébraïque *ah*, en terminaison lat. *is*; *Iehovah*, *Jehovis*, *Jovis*. De même, ajoute-t-il, Jupiter n'est autre chose que *Jehupater*, composé de *Iehovah*, et de *pater*; on a fait ensuite *Jupater*, puis, en changeant l'*a* en *i*, *Jupiter*, comme *Diespiter* et *Marspiter*.

Jeudi, cinquième jour de la semaine consacré à Jupiter. *Jovis dies*, d'où, suivant Le Duchat, sont venus les noms propres *Jodelle* et *Jodelet*.

Jombarbe, *joubarbe*, plante grasse, rosacée, à suc rafraîchissant. *Jovis barba*.

JUBE, crin des chevaux, crinière du lion, crête de certains serpents, plumes de cou d'un coq. Du lat. *juba*, dér. du gr. *phobé*, crinière.

JUBÉ, tribune qui étoit anciennement placée dans toutes les églises cathédrales et collégiales, et dont plusieurs subsistent encore dans quelques départements. Ces tribunes séparoient la nef du chœur, et s'élevoient à une hauteur considérable. Les chanoines y montoient pour chanter les leçons de Matines, et avant de les réciter, ils adressoient ces paroles au célébrant : *Jube, Domne, benedicere*. On y montoit aussi pour chanter l'épître et l'évangile, et un verset appelé *graduel*, par les chanoines, ainsi dit de *gradus*, parce qu'il falloit monter des degrés. A Paris, l'église Saint-Étienne-du-Mont est la seule qui ait conservé son jubé ; ce délicat et charmant ouvrage donne une idée fort imparfaite des anciens jubés, dont la construction épaisse et lourde déroboit entièrement la vue du chœur.

JUBILÉ, nom d'une fête célébrée chez les Hébreux tous les cinquante ans; ceux qui avoient vendu des biens de patrimoine y rentroient de plein droit; les Israélites qui avoient été réduits à l'état d'esclaves rentroient dans tous les droits de citoyen ; indulgence plénière accordée par le pape en certaines occasions. De l'héb. *iôbel*, son aigu et prolongé, tel que celui de la trompette ; fait d'*hôbil*, amener, conduire.

Jubilaire, qui a assisté aux fêtes et offices du jubilé; religieux qui a cinquante ans de profession dans un monastère ; ecclésiastique qui a desservi une église pendant cinquante ans.

Jubilation, joie, réjouissance, bonne chère. De l'héb. *iôbel*, d'où l'on dér. les mots lat. *jubilæum*, *jubilari*, *jubilatio*, *jubilatus*.

JUC, *juchoir*, perche où se posent les poules, aussitôt le coucher du soleil, et demeurent pendant la nuit. Ménage le dér. de *jugum*, haut, dans le sens de perche mise de travers, et d'autres de *jacère*, reposer.

Jucher, se percher sur un bâton, sur un arbre pour dormir, en parlant des oiseaux; se placer, se loger dans un lieu élevé, peu convenable.

Déjuc, temps du lever des oiseaux.

Déjucher, quitter le juchoir ou perchoir; chasser d'un lieu élevé.

JUDÉE, autrefois le pays de Chanaan, tire son nom des Hébreux qui en firent la conquête. Comme la tribu de *Juda* étoit la plus nombreuse et la plus belliqueuse, les nations subjuguées se sont accoutumées à appeler les vainqueurs Juifs, et leur pays la Judée.

Juif, *juive*, enfant d'Israël, celui qui suit la loi de Moïse, et dont les ancêtres sont originaires de la Judée, ou terre de Chanaan, contrée de Syrie; au fig. usurier; marchand qui vend trop cher; homme qui prête à trop gros intérêts. Du lat. *judæus*.

Judaïque, qui appartient aux Juifs. *Judaicus*.

Judaïser, suivre la loi judaïque; observer les cérémonies du culte hébraïque. *Judaizare*.

Judaïsme, la religion des Juifs. *Judaismus*.

Judas, nom d'une tribu des Juifs; nom propre devenu commun, pour signifier un traître; petite ouverture avec trape à un plancher pour regarder, voir et entendre au-dessous.

Juiverie, quartier d'une ville où logeoient les Juifs en France, avant les événements de 1789.

JUGULAIRE, veine de la gorge; qui appartient à la gorge, au gosier. Du lat. *jugularis*.

Juguler, égorger, étrangler; couper la gorge; pressurer, enlever tout l'argent. *Jugulare*.

Jugulateur, égorgeur.

JUIN, sixième mois de l'année chrétienne. Son nom vient ou de Junon, à *Junone*, ou des jeunes gens, à *juniori-*

bus, ou plutôt de Junius Brutus qui chassa les rois.

JULEP, potion médicinale composée d'eau distillée et de sirops. Du pers. *djoulab*, en ar. *djoulâb*, formé de *gul*, rose, et d'*ab*, eau.

JULES, nom propre d'homme; monnoie des papes, valant environ six sous ou trente centimes, battue par le pape Jules II. Du lat. *Julius*.

JUILLET, septième mois de l'année commune, ainsi nommé en l'honneur de Julius-Cæsar. Avant cet empereur les Romains l'appeloient *quintilis*, parce qu'il se trouvoit le cinquième de l'année quand elle commençoit par le mois de mars.

JULIENNE, sorte de potage aux légumes inventé par le cuisinier Julienne; plante d'agrément, espèce de giroflée blanche.

D'où les noms propres *Julie*, *Julien*, *Julienne*, *Juliet*, *Juliette*, *Juliot*; la ville de *Juliers*, en lat. *Juliacum*; le bourg de *Juilly* ou *Jully*, si renommé par son collége.

JUMEAU, *jumelle*, né d'une même couche, d'une même portée. Du lat. *gemellus*, pour *geminus*. On donne le nom de *jumeaux* ou de *jumelles* à toutes choses doubles, égales, parallèles ou accolées.

JUMART, mulet d'un taureau et d'une jument, ou d'une ânesse; mulet d'une vache et d'un cheval, ou d'un âne. De *gemardus*, des deux espèces, pour *geminus*.

GÉMEAUX (les), signe du zodiaque. *Gemini*.

GÉMINÉ, double, réitéré, qui a une insertion commune; qu'on trouve deux à deux sur un même pétiole.

JUMELLES, deux pièces de bois parallèles servant d'appui; sorte de voiture dont la caisse est double.

JUMELÉ, formé de deux jumelles.

JUMELER, soutenir par des jumelles.

JUMENT, femelle de cheval, cavalle. Du lat. *jumentum*, que l'on dit dér. de *jungere*, joindre, ou de *juvare*, aider.

TRIJUMEAUX, nerfs cérébraux de la cinquième paire. De *tres*, trois, et de *gemini*.

JUPE, partie de l'habillement des femmes, de la ceinture aux pieds, qui se porte par-dessous la robe. De l'ital.

giubba, *giubbone*; en esp. *aljuba*, dér. de l'ar. *guæbbah*, sorte de tunique, d'où les allem. ont fait *giupp*.

JUPON, courte jupe de dessous; diminutif de jupe.

JURER, affirmer, confirmer, ratifier par serment; blasphémer, faire des juremens; contraster désagréablement. Du lat. *jurare*, fait de *jus*, *juris*, droit; dér. de *jubere*, ordonner.

JURABLE, fief dont le possesseur doit serment de fidélité.

JURANDE, charge de juré d'une communauté, le corps des jurés.

JURAT, nom des anciens échevins de Bordeaux. *Juratus*.

JURATOIRE, caution par serment pour représenter sa personne ou une chose en justice. *Juratorius*.

JURÉ, officier de communauté; membre de jury; qui a prêté serment; promis par serment. *Juratus*.

JUREMENT, action de jurer par serment ou de blasphémer. *Juramentum*.

JUREUR, qui jure par habitude et sans nécessité. *Jurator*.

JURON, façon de jurer.

JURY, commission de jurés ou de citoyens appelés pour constater l'existence d'un délit.

ABJURER, renoncer à une doctrine par serment et acte public. *Abjurare*, d'*ab*, contre, *jurare*, jurer.

ABJURATION, renonciation à une doctrine que l'on croit mauvaise. *Abjuratio*.

ADJURATION, exorcisme, commandement. *Adjuratio*.

ADJURER, conjurer, protester, commander au nom de Dieu. *Adjurare*.

CONJURER, prier, exorciser, former un complot contre l'état. *Conjurare*, formé de *cum*, avec, ensemble, et de *jurare*, faire serment.

CONJURATEUR, qui conjure, qui forme ou conduit une conjuration; magicien qui commande aux démons. *Conjurator*.

CONJURATION, action de conjurer, complot contre l'état; paroles magiques. *Conjuratio*.

CONJURÉ, conspirateur, qui fait partie d'une conjuration. *Conjuratus*.

INJURIER, offenser par des propos ou des soupçons injurieux. *Injuriari*.

INJURE, outrage de fait ou de parole. *Injuria*, tout ce qui est contre la justice; fait du priv. *in*, sans, et de *jus*, *juris*.

INJURIEUX, qui attaque la réputation, offensant; fait à dessein d'injurier. *Injuriosus*.

INJURIEUSEMENT, d'une manière injurieuse. *Injuriosè*.

PARJURE, faux serment, serment violé; qui le fait ou le viole.

PARJURER, soumettre un parjure.

JUS, suc, bouillon, sauce, exprimé, tiré, obtenu par la pression ou la coction. Du lat. *jus, juris*, dér. de *juvare*, aider.

JUTEUX, qui a beaucoup de jus. De *jutus*, part. de *juvare*.

JUSQUE, *jusques*, préposition qui désigne le terme, le but, la fin du temps, des lieux. Du lat. *usquè*.

JUSSION, commandement fait anciennement par le roi aux cours supérieures d'enregistrer contre leur gré. De *jussum*, ordre; fait de *jussus*, part. de *jubere*, ordonner.

JUSTICE, vertu morale bien rare chez ceux qui doivent la posséder, et par laquelle on rend à chacun ce qui lui appartient; bon droit, raison; magistrats qui jugent. Du lat. *justitia*.

JUGE, *jugeur*, magistrat revêtu d'une charge de judicature pour juger les causes et rendre la justice. Du lat. *judex*, fait de *jus dicere*, rendre la justice.

JUDICATURE, office ou charge de juge.

JUDICIAIRE, fait en justice; qui appartient à la justice; faculté de juger. De *justiciari*.

JUDICIAIREMENT, selon la forme de la justice.

EXTRAJUDICIAIRE, acte étranger au procès, au jugement; hors des formes.

EXTRAJUDICIAIREMENT, contre les formes judiciaires.

JUDICATUM, *judicatum solvi*, caution d'un étranger pour les frais de procédure.

JUDICIEUSEMENT, d'une manière judicieuse; avec jugement.

JUDICIEUX, plein de jugement, fait avec jugement.

JUGEMENT, faculté de l'âme qui fait juger des choses; décision des juges; lumière de l'esprit. *Judicium*.

JUGER, rendre à chacun la justice qui lui est due, ce qui malheureusement se fait peu; décider en justice; faire usage des lumières de son esprit. Du lat. *judicare, judicari, judiciari*.

JURIDICTION, *jurisdiction*, pouvoir de celui qui a droit de juger; étendue du lieu où s'exerce ce pouvoir. *Juridictio*, fait de *juris dictio*.

JURIDICTIONNEL, investi de juridiction.

JURIDIQUE, dans les formes de la justice; selon les formes judiciaires. *Juridicus*.

JURIDIQUEMENT, d'une manière juridique.

JURISCONSULTE, homme qui fait profession de donner des conseils selon la justice. *Jurisconsultus*, formé de *jus*, *juris*, justice, science du droit, et de *consulere*, délibérer, discuter, examiner.

JURISPRUDENCE, la science du jurisconsulte ou du droit. *Jurisprudentia*, fait de *jus, juris*, et de *prudentia*, connoissance, science.

JURISTE, docteur en droit, jurisconsulte dans les universités d'Allemagne. Ce mot se donne aussi aux légistes ou étudiants en droit.

JUSTE, homme de bien, dont l'espèce est très-rare, qui suit les sentiers de la justice, qui juge et qui agit selon la raison, le droit et l'équité. *Justus*, fait de *jus, juris*. Deshrosses le forme du lat. *in jure stans*, le verbe *sto* désignoit la constance en une habitude morale.

JUSTAUCORPS, pour *juste-au-corps*, vêtement qui serre le corps et descend jusqu'aux genoux.

JUSTE, avec justesse, dans la juste proportion. *Justè*.

JUSTEMENT, au juste, avec justice.

JUSTESSE, précision exacte; grande régularité dans l'action, le mouvement; dans la voix, l'esprit, le raisonnement.

JUSTICIABLE, soumis à la justice ou a la juridiction du juge; susceptible de justification.

JUSTICIER, infliger une peine corporelle en vertu de sentence; faire subir ou subir un jugement.

JUSTICIER, qui aime à rendre justice, qui a droit de justice.

JUSTIFIER, démontrer qu'on est resté juste, qu'on n'est point coupable; déclarer innocent et non justiciable. *Justificare*.

JUSTIFIANT, qui justifie; qui concourt à la justification.

JUSTIFICATEUR, instrument d'imprimerie pour justifier les lettres ; ouvrier qui les justifie.

JUSTIFICATIF, qui sert à montrer la justice d'une prétention.

JUSTIFICATION, preuve qui sert à justifier. *Justificatio.*

ADJUGER, déclarer par jugement qu'une chose contestée entre deux ou plusieurs parties appartient à l'une d'elles ; donner au plus offrant. *Adjudicare,* formé d'*ad,* pour, et de *judicare,* juger.

ADJUGÉ, mot qui fait connoître qu'un objet mis à la criée est vendu.

ADJUDICATAIRE, celui à qui on adjuge un bien vendu à la criée ou à la folle enchère.

ADJUDICATEUR, qui adjuge.

ADJUDICATIF, qui peut ou doit être adjugé.

ADJUDICATION, acte de justice par lequel on adjuge de vive voix ou par écrit une propriété mise en vente.

AJUSTER, rendre juste ; donner la justesse ; accommoder une chose pour la joindre à une autre.

AJUST, action d'ajuster deux cables, deux grelins, etc.

AJUSTAGE, action d'ajuster les monnoies.

AJUSTEMENT, mise en équilibre, en balance ; action par laquelle on ajuste quelque chose ; habits, parure ; vêtements.

AJUSTEUR, celui qui ajuste les monnoies.

AJUSTOIR, petite balance où l'on pèse, où l'on ajuste les monnoies.

DÉSAJUSTER, déranger ; défaire ce qui étoit ajusté.

FORJUGER, rendre un jugement injuste. De *foras,* hors, et de *judicare.*

FORJUGEMENT, condamnation injuste.

INJUSTICE, action contraire à la justice, au droit d'autrui ; rigueur sans juste cause ; reproche sans fondement. *Injustitia.*

INJUSTE, contraire à la justice, à la loi, à l'équité. *Injustus.*

INJUSTEMENT, d'une manière injuste. *Injustè.*

MAL JUGÉ, erreur, faute des juges sans mauvaise intention ; jugement contraire à la loi ; ce qui le rend tel.

PRÉJUDICE, perte, tort, dommage, dont un autre profite. *Præjudicium.*

PRÉJUDICIABLE, nuisible, qui porte préjudice.

PRÉJUDICIAUX, frais des défauts qui doivent être préalablement remboursés.

PRÉJUDICIEL, incident qui doit être jugé avant le fond, ou avant de passer outre.

PRÉJUDICIER, porter préjudice, nuire, faire tort.

PRÉJUGÉ, ce qui a été jugé avant le fond ; conséquence favorable de ce qui a été jugé avant le fond ; signe, marque de ce qui arrivera ; erreur, prévention, opinion sans examen ; jugement porté avant l'examen. *Præjudicium.*

PRÉJUGER, prévoir par conjecture ; juger, rendre un jugement interlocutoire ; juger par avance, par anticipation. *Præjudicare.*

RAJUSTER, ajuster de nouveau ; raccommoder ; réconcilier.

D'où les noms propres *Juste, Lejuste, Justin, Justine, Justinien.*

K

K, onzième lettre de l'alphabet, et huitième consonne. Les Latins, qui avoient pris cette lettre des Grecs, l'employoient de même pour le C. On imprimoit avec le fer chaud sur le front du calomniateur la lettre K, *kalomniator.* Ce fut, dit-on, un certain Salluste, maître d'école, qui mit le K au nombre des lettres. Dans les nombres, K signifioit deux cent cinquante, et avec un trait au-dessus du K̄, cent cinquante mille.

KABAK, sorte d'estaminet en Russie, où l'on fume, l'on joue et l'on boit.

KABIN, sorte d'union à terme et pour un temps déterminé dans les pays musulmans. De l'ar. *kabin.*

KAKATOÈS, *kakatouès,* le nom de

cette belle espèce de perroquet à couronne, est formé de son cri; aussi les naturalistes le nomment en latin *cacuata*.

KALÉIDOSCOPE, tube de carton ou de métal, ressemblant à une lunette. L'extrémité opposée à celle où l'on applique l'œil, entre deux verres, renferme un certain nombre d'objets, de formes et de couleurs différentes. Dans la longueur de l'intérieur du tube, sont placés deux ou un plus grand nombre de lames de verres à miroir, plus ou moins inclinées les unes à l'égard des autres, et doublées de papier noir. Le mouvement des objets colorés et leur réflexion dans les lames de verre noirci, produisent une variété de dessins réguliers et quelquefois très-piquants. Du gr. *kalos*, beau, d'*eidos*, image, forme, et de *skopéô*, je vois, je considère.

KALI, la soude, plante marine qu'on recueille et qu'on brûle verte; ses cendres sont ce qu'on nomme la soude. De l'ar. *kali*, rôti, brûlé; du verbe *kala*, cuire.

KAN, * *khan*, prince, commandant tartare. Du tart. *kan*, en gr. *kanis*.

KARABÉ, le succin, l'ambre jaune. Du pers. *karabè*, tire-paille.

KARATA, sorte d'aloès sauvage d'Amérique, dont les feuilles sont très-pointues. En les faisant bouillir, les Indiens en tirent une espèce de fil, dont ils font de la toile, des filets, des hamacs, etc. *Karata* signifie bois de mèche, parce que la moelle de cet arbre sert d'amadon.

KARMESSE, *kermesse*, fête, foire annuelle dans le royaume des Pays-Bas.

KAT-CHÉRIF, ce mot turk, qui signifie *noble seing* ou *sublime écrit*, est une lettre de proscription de la part du grand-seigneur. Elle est conçue en ces termes: « Toi qui es l'esclave de ma sublime Porte, va vers un tel, mon esclave, et rapporte sa tête à mes pieds, au péril de la tienne. »

KAZINE, le trésor du grand-seigneur.

KÉRATOGLOSSE, pour *cératoglosse*, muscle attaché à une partie de la racine de la langue. Du gr. *kéras*, corne, et de *glóssa*, langue.

KÉRATOPHYLLON, *kératophyte*, sorte de polypier ou plante marine gluante et visqueuse, dont les feuilles sont transparentes comme de la corne. De *kéras*, corne, et de *phullon*, feuille.

KÉRAUNOSCOPIE, art de deviner par l'inspection de la foudre. Du gr. *keraunos*, foudre, et de *scopéô*, j'observe, je considère.

KERMÈS, excroissance de couleur rouge qu'on trouve sur le chêne vert; gallinsecte qui l'occasione par sa piqûre: teinture rouge; sirop; oxide d'antimoine sulfuré rouge. Du lat. *chermès*, dér. de l'ar. *kermez*, écarlate.

ALKERMÈS, préparation de kermès, d'aloès, de perle, d'or, de musc, de cannelle, etc.

CRAMOISI, couleur rouge du kermès; couleur rouge foncée; teinture qui rend les couleurs plus durables. De l'ar. *kermes*, en ital. *chermisi*, *cremesino*.

KIASTRE, *chiastre*, bandage pour la rotule fracturée en travers, et qui, par sa forme, représente la lettre grecque X. (*chi*). Du gr. *chiasmos*, croix de Saint-André.

KILO, *kilio*, mot générique, lequel, placé devant un autre dans la formation des noms de mesure, signifie mille fois la quantité jointe. Du gr. *chilioi*, par contraction *chiloi*, mille.

KILOGONE, figure à mille côtés et mille angles. De *chilioi*, et de *gónia*, angle.

KILOGRAMME, mesure de pesanteur, poids de mille grammes, deux livres six gros. De *chilioi*, et de *gramma*. Voy. GRAMME, p. 384.

KIOSQUE, pavillon à la turke, sur une terrasse de jardin. Du turk *kiosk*.

KIRSKH-WASSER, pour *kirschenwasser*, eau de cerises, liqueur faite avec des cerises sauvages; le suc exprimé, fermenté et distillé. De l'all. *kirschen*, cerise, et *wasser*, eau.

KIRSOTOMIE, incision des varices. De *kirsos*, varice, et de *tomé*, incision; fait de *temnô*, je coupe.

KOETSCH-WASSER, eau-de-vie de prunes. De l'all. *koetsch*, prune, et de *wasser*, eau.

KOLLYRITE, argile blanche qui absorbe l'eau avec sifflement et la retient. Du gr. *koluô*, j'empêche, et de *rhéô*, je coule. Voy. COLLYRE, p. 179.

KOUPHOLITHE, pierre légère, translucide, nacrée, composée de petites lames. Du gr. *kouphos*, léger, et de *lithos*, pierre.

KYNANCIE, esquinancie inflammatoire qui force le malade à tirer la langue comme les chiens. *Voy.* CYNANCIE, p. 155.

KYRIE ÉLEISON, partie de la messe; commencement ordinaire des litanies. Du gr. *kurie*, vocatif de *kurios*, seigneur, et d'*eléeson*, ayez pitié.

KYRIELLE, multitude, quantité, longue suite de choses fâcheuses et ennuyeuses, de doléances plaintives. De *kurios*.

SIRE. Ce titre affecté aux seules têtes couronnées signifioit, chez nos aïeux, mari, maître, seigneur, souverain, et se donnoit encore indistinctement à toutes sortes de personnes, comme l'on donne aujourd'hui celle de monsieur; c'étoit aussi un terme injurieux en y ajoutant l'épithète de *beau*. Du gr. *kurios*, et non pas de *seniore*, abl. de *senior*.

SIRERIE, ancien titre de certaines terres seigneuriales.

SEIGNEUR, titre donné à Dieu; possesseur d'un pays, d'une terre noble; titre des hommes de la haute noblesse. Du gr. *kurios*.

SEIGNEURIAGE, droit du prince sur la fabrication des monnoies.

SEIGNEURIAL, de seigneur; qui appartient au seigneur, qui en donne les droits.

SEIGNEURIALEMENT, en seigneur.

SEIGNEURIE, droits, autorité de seigneur; titre de dignité; terre seigneuriale.

MONSEIGNEUR, au plur. *messeigneurs*, *nosseigneurs*, titre d'honneur aux grands seigneurs.

MONSEIGNEURISER, donner le titre de monseigneur.

SIEUR, abréviation de monsieur; quelquefois titre d'honneur, mais plus souvent terme de familiarité et de mépris.

MONSIEUR, au plur. *messieurs*, titre de civilité donné aux personnes à qui l'on parle ou l'on écrit.

MONS, abréviation de monsieur.

Malgré la dénégation de Ménage, les mots qui composent cette famille dérivent du gr. *kurios*, seigneur. Léon Trippault avoit aperçu cette étymologie, ainsi que Hauteserre et Dominicy. Estienne Pasquier s'exprime en ces termes : « De ma part, je ne fay aucun doute que nous ne l'ayons emprunté du grec (le mot *sire*), non de la poussière des escholes grégoises, ains des cérémonies de nostre église. Et voicy comment. Encore qu'ès psaumes de David, saint Hierosme eust traduit ce saint mot de *Jehova*, sous celui de *Dominus*, qui n'estoit pas de petite étoffe aux Romains; si est-ce qu'ès plus solemnelles prières de nostre église, mesme au sacrifice de la messe, nous louons Dieu sous cette grande parole de *kyrie*, qui signifie *seigneur*. » Ducange a partagé la même opinion, et Barbazan a démontré que le lat. *senior*, fait de *senex*, vieux, âgé, ne pouvoit avoir engendré le françois *seigneur*. « S'il en étoit ainsi, il n'y a pas d'homme sur terre, de quelque condition qu'il puisse être, qui ne fût un seigneur, lorsqu'il sera vieux, car, dit-il, je soutiens qu'il faut être ancien pour être *senior*. Le fils d'un grand est seigneur au moment de sa naissance, pourquoi ? c'est parce qu'il est distingué par sa naissance, par l'état, la condition de son père; il est *insignis*, *insignior*, il est homme de distinction, par son rang, par les grands emplois qu'il possède. »

Un savant orientaliste, que j'ai consulté à cet égard, me répondit : « Je pense que l'analogie s'oppose à ce rapprochement entre *sire* et la famille de *seigneur*. *Sire* dérive sans doute de *kyrie*, mais *Seigneur* est l'homologue de l'ital. *signore*, et de l'espag. *senor*, qui me semble venir du lat. *senior*; il en est de même du titre honorifique *sir*, des Anglois, ou bien on lui donne une origine celtique insoutenable. »

FIN DU PREMIER VOLUME.

www.ingramcontent.com/pod-product-compliance
Lightning Source LLC
Chambersburg PA
CBHW050604230426
43670CB00009B/1255